우리,
결혼해도 괜찮을까?

우리,
결혼해도 괜찮을까?

© 육헌영·송현신, 2025

초판 1쇄 발행 2025년 12월 22일

지은이   육헌영·송현신
펴낸이   이기봉
편집   좋은땅 편집팀
펴낸곳   도서출판 좋은땅
주소   서울특별시 마포구 양화로12길 26 지월드빌딩 (서교동 395-7)
전화   02)374-8616~7
팩스   02)374-8614
이메일   gworldbook@naver.com
홈페이지   www.g-world.co.kr

ISBN   979-11-388-5129-9 (03330)

평생을 함께할 부부가
꼭 나눠야 할 마음의 대화

육헌영 · 송현신 지음

우리, 결혼해도 괜찮을까?

결혼은 잘 살아 내는 기술이 아니라, 잘 알아가려는 태도다.

오늘도 우리는 서로를 알아간다. 내일도 그럴 것이다.

그리고 그 알아감의 반복이 바로, 결혼이라는 이름의 평생 여정이다.

좋은땅

결혼은 사랑의 끝이 아니라 마음의 시작이다

연애를 오래 해도 '결혼'이라는 단어 앞에서는 마음이 조금 달라진다. 설렘과 함께 알 수 없는 긴장감이 스며든다. "정말 이 사람이랑 평생을 함께할 수 있을까?", "혹시 결혼이 우리를 바꿔 버리면 어쩌지?" 하는 생각이 문득 고개를 든다. 결혼은 단순히 두 사람이 한집에서 사는 일이 아니라, 서로의 인생 전체를 연결하는 결정이다. 그래서 결혼을 앞둔 순간, 사랑의 감정만으로는 설명할 수 없는 복잡한 마음을 마주하게 된다.

심리학에서는 사람의 관계를 **'만남 - 적응 - 변화 - 안정'**의 단계로 설명한다. 연애가 '만남'과 '적응'의 과정이라면, 결혼은 '변화'와 '안정'을 동시에 시작하는 시점이다. 새로운 환경 속에서 두 사람이 어떻게 반응하고, 어떻게 균형을 다시 잡느냐가 앞으로의 관계를 좌우한다.

많은 부부가 결혼 후 위기를 겪는 이유는, 이 '변화의 심리학'을 준비하지 않은 채 사랑만 믿고 뛰어들기 때문이다.

이 책은 결혼을 앞둔 예비부부, 이미 결혼을 경험한 부부, 그리고 특별한 상황 속의 부부까지 아우르며 꼭 짚어야 할 심리적 포인트를 7개의 장으로 나누어 안내한다.

chapter 1. '사랑 말고, 결혼을 선택하는 이유'에서는 결혼이라는 선택이 단순한 감정의 연장이 아니라는 점을 이야기한다. 내가 왜 결혼을 꿈꾸는지, 왜 이 사람을 선택했는지, 그리고 평생 함께 산다는 것이 어떤 의미인지 솔직하게 들여다본다.

chapter 2. '당신과 나는 다르다는 사실'에서는 서로의 다름을 인정하고 이해하는 법을 다룬다. 성격, 가족 배경, 가치관은 결혼 생활의 기본 구조를 만드는 요소다. 심리학적으로, 차이를 인정하는 태도는 관계 만족도와 직결된다.

chapter 3. '말보다 먼저 귀를 여는 연습'은 소통의 핵심이 말하기보다 '듣기'에 있다는 사실을 보여 준다. 경청, 공감, 비언어적 신호 읽기까지, 상대의 마음을 깊이 이해하는 기술을 배운다.

chapter 4. **'싸우더라도 잃지 말아야 할 것'**에서는 갈등 관리의 심리학을 다룬다. 싸움은 피할 수 없지만, 어떻게 싸우느냐에 따라 관계가 무너질 수도, 더 단단해질 수도 있다. 감정을 조절하고 회복 대화를 나누는 방법은 결혼 생활의 필수 기술이다.

chapter 5. **'사랑을 지키는 현실 점검'**에서는 돈, 살림, 가족 관계 등 현실적인 요소를 점검한다. 심리학 연구에 따르면 부부 갈등의 상위 원인 중 절반 이상이 '경제 문제'와 '역할 분담'에서 비롯된다. 결혼 전 반드시 이 주제들을 대화 테이블에 올려야 하는 이유를 설명한다.

chapter 6. **'평생을 함께하기 위한 마음 습관'**에서는 결혼을 오래 지속시키는 부부의 공통점을 살펴본다. 친밀감 유지, 감정 나누기, 성장하는 파트너십, 그리고 서로에게 좋은 사람이 되는 법까지, 평생을 함께하기 위한 심리적 루틴을 제안한다.

chapter 7. **'두 문화가 만난 사랑'**에서는 국제 커플 부부가 겪는 언어·문화·가치관의 차이를 풀어낸다. 언어보다 중요한 건 '감정의 번역'이며, 생활 방식과 종교, 가족 문화의 차이는 갈등이 될 수도, 장점이 될 수도 있다. 이 장에서는 문화적 차이를 오히려 관계의 매력과 강점으로 바꾸는 비밀을 심리학적으로 풀어낸다.

우리, 결혼해도 괜찮을까?

이 책은 결혼을 앞두고 불안과 설렘이 뒤섞인 사람들, 다시 사랑을 시작하려는 이들, 그리고 서로 다른 문화 속에서 함께 살아가는 부부에게 결혼이라는 여정을 안전하게 항해할 나침반이 될 것이다. 책을 덮을 즈음, 이렇게 말하게 될지도 모른다.

"그래, 이제 우리… 결혼해도 괜찮겠다."

차 례
......♥......

chapter 3 말보다 먼저 귀를 여는 연습

chapter 4 싸우더라도 잃지 말아야 할 것

chapter 5 사랑을 지키는 현실 점검

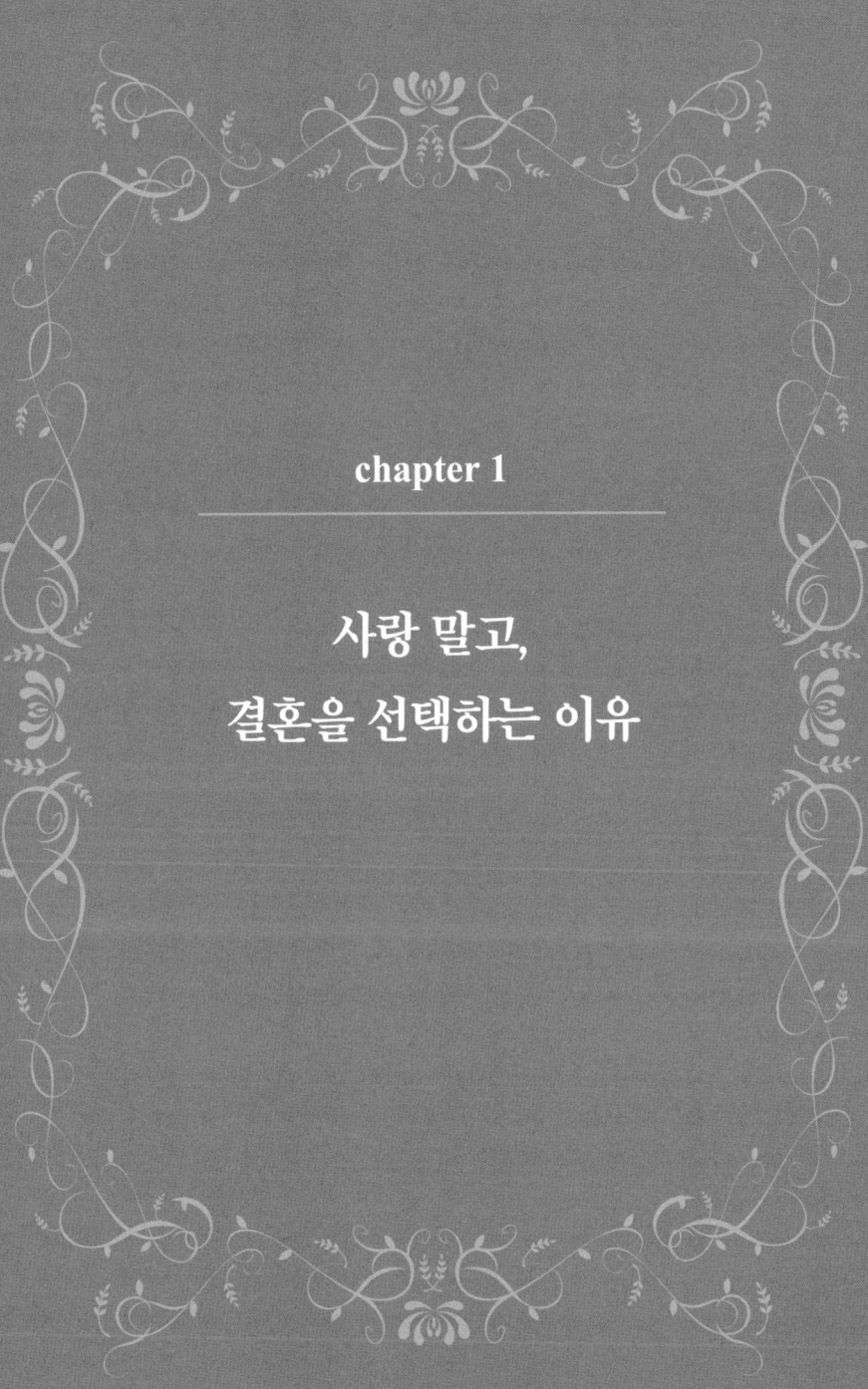

chapter 1

사랑 말고,
결혼을 선택하는 이유

연애를 오래 한 사람도, 결혼 이야기가 나오면 마음이 묘하게 무거워진다. 사랑만으로는 충분하지 않다는 걸, 어쩌면 우리 모두 어렴풋이 알고 있기 때문이다. 결혼은 '우리 사랑이 잘 이어지고 있다'는 증명서가 아니라, 앞으로 전혀 다른 삶의 방식을 함께 선택하겠다는 서명이다. 그리고 그 서명은, 두 사람이 각자의 인생에서 내리는 가장 큰 결정 중 하나다.

심리학에서는 중요한 인생 결정을 내릴 때, 사람은 '감정'과 '이성'이라는 두 개의 엔진을 동시에 가동한다고 말한다. 연애는 감정의 비중이 훨씬 크지만, 결혼은 이성의 무게가 급격히 늘어나는 시점이다. 우리는 사랑이라는 감정에 머물고 싶지만, 결혼을 생각하는 순간 미래의 그림, 현실적인 조건, 서로의 가치관 같은 구체적인 요소들이 마음속에 차례로 떠오른다. 그때부터 사랑은 '결심'이라는 단어와 함께 새로운 의미를 띠게 된다.

우리, 결혼해도 괜찮을까?

많은 사람이 결혼을 '자연스러운 수순'으로 여긴다. 연애를 오래 했으니, 나이가 찼으니, 주변에서 하라고 하니, 마치 정해진 단계처럼 결혼을 받아들이는 것이다. 하지만 결혼은 자동으로 넘어가는 다음 단계가 아니다. 오히려 전혀 다른 규칙이 작동하는 새로운 판이다. 이 판에서는 생활 습관, 돈 쓰는 방식, 가족 관계, 인생 목표 등 그동안 깊이 숨겨 두었던 부분이 수면 위로 올라온다.

결혼 전의 심리를 이해하는 건, 새로운 여행을 떠나기 전 지도를 펼쳐 보는 것과 같다. 아무 준비 없이 길을 나서면 예상치 못한 장애물에 부딪히기 쉽지만, 미리 방향과 지형을 파악하면 훨씬 안전하고 즐겁게 여정을 시작할 수 있다. 내가 어떤 심리를 가지고 있는지, 무엇을 기대하는지, 그리고 그 기대가 상대와 얼마나 맞아떨어지는지를 아는 건 필수다.

심리학 연구에 따르면, 결혼을 결심하는 이유는 크게 세 가지다. 첫째, 정서적 안정감(사랑하는 사람과 함께할 때 느끼는 안전지대). 둘째, 사회적·문화적 요인(가족과 주변의 기대, 나이에 대한 압박). 셋째, 미래 계획과 실리적 판단(경제적 기반, 생활의 편리함, 인생 목표 공유)이다. 문제는 이 세 가지가 섞여 결혼을 결정한다는 점이다. 그리고 사람마다 이 비율이 다르다. 어떤 사람은 감정 쪽이 훨씬 크고, 어떤 사람은 현실 쪽이 더 크다.

그래서 반드시 던져야 할 질문이 있다. "나는 왜 결혼을 하려는 걸까?" 사랑이라는 대답이 전부일 것 같지만, 그 속에는 안정에 대한 욕구, 혼자보다는 둘이 낫다는 판단, 나를 인정해 줄 파트너에 대한 기대가 함께 들어 있다. 그런데 이 요소 중 무엇이 내게 가장 중요한지를 모른 채 결혼을 결정하면, 예상치 못한 불만과 갈등이 찾아오기 쉽다.

이 장에서는 결혼이라는 선택이 왜 사랑만으로는 설명되지 않는지를 살펴본다. 왜 하필 '이 사람'과 결혼하고 싶은지, 그리고 '함께 산다'는 말이 실제로 어떤 의미를 가지는지 구체적으로 풀어 본다. 결혼은 도착지가 아니라, 전혀 다른 트랙의 출발점이다. 그 출발선에 서기 전에 나의 마음과 심리를 점검하는 일은 낭비가 아니라, 평생을 함께할 사람과의 여정을 안전하고 행복하게 만드는 첫 번째 투자다.

이제, 결혼이라는 단어 속에 숨어 있는 심리학의 얼굴을 들여다보자.

그리고 그 안에서, 우리가 진짜 원하는 결혼의 모습을 하나씩 찾아가 보자.

$$\boxed{1\text{-}1}$$

결혼을 꿈꾸게 만드는 심리

사랑을 오래 하다 보면, 어느 순간 마음속에 작은 그림이 생긴다. 아침에 눈을 뜰 때 옆에 있는 얼굴, 퇴근 후 현관문을 열었을 때 들려오는 반가운 목소리, 주말이면 같은 소파에 앉아 각자 책을 읽거나 TV를 보며 보내는 평범한 시간들. 그 장면들이 너무 선명해서, '아, 이 사람이면 평생 함께해도 되겠다'는 생각이 스며든다. 결혼을 꿈꾸게 되는 순간은, 거창한 이벤트가 아니라 이런 사소한 일상 속에서 불쑥 찾아온다.

결혼을 떠올리게 하는 건 단순히 사랑의 감정만이 아니다. 함께 있으면 세상이 조금 덜 날카롭게 느껴지고, 혼자였다면 감당하기 버거웠을 하루가 한결 가벼워진다. 내 이야기를 끝까지 들어주는 사람, 내가 어떤 모습이든 있는 그대로 받아 주는 사람, 나의 꿈과 고민을 같은 무게로 들어주는 사람. 그 존재가 주는 안정감은 말로 설명하기 힘들 만큼 깊다. 심리학에서는 이런 관계를 '정서적 안전지대'라고 부른다. 평생 함께할 사람이 있다는 확신은, 우리가 삶의 여러 폭풍을 마주할 때마다 두려움보다 용기를 먼저 꺼내게 만든다.

또 하나, 결혼을 꿈꾸게 하는 건 함께 성장할 수 있다는 믿음이다. 혼자였다면 도전하지 않았을 일을, 함께라면 해 보고 싶어진다. 상대의 변화를 응원하는 마음, 내 변화에 힘을 실어 주는 마음이 교차할 때, 관계는 연애를 넘어 '동반자'로 진화한다. 물론 성장에는 불편함도 따라온다. 서로가 낯설게 느껴질 만큼 변하는 시기도 있고, 한쪽이 앞서나가면 불안해지기도 한다. 하지만 그 과정을 견디고 응원하는 순간, 두 사람 사이에는 연애 시절에는 없었던 단단한 신뢰가 생긴다.

결혼은 나를 '나답게' 만드는 과정이기도 하다. 사랑하는 사람 앞에서 우리는 평소보다 더 나은 사람이 되고 싶어진다. 하지만 결혼 생활에서는 내 좋은 면만 드러나는 게 아니다. 성격의 모난 부분, 미처 몰랐던 습관, 숨기고 싶었던 약점까지 고스란히 비친다. 그럴 때 서로를 가르치거나 비난하기보다, 이 거울 속 모습을 함께 다듬어 가는 것이 결혼의 힘이다. "이 사람 덕분에 내가 조금씩 좋아지고 있다"는 감각이 드는 순간, 결혼은 단순한 제도가 아니라 삶을 풍요롭게 만드는 여정이 된다.

그리고 결혼은 미래를 함께 설계한다는 안도감을 준다. 나 혼자가

우리, 결혼해도 괜찮을까?

아니라 둘이서 인생의 지도를 그린다는 건, 아직 오지 않은 시간에 다리를 놓는 일과 같다. 직업 변화, 건강 문제, 부모 부양, 아이 계획처럼 인생의 큰 변수들도 둘이 함께 준비할 수 있다면 훨씬 덜 막막하다. 하지만 이 안도감은 '알아서 잘 되겠지'라는 생각에서 오지 않는다. 아직 닥치지 않은 일에 대해서도 용기 내어 이야기할 때, 비로소 두 사람은 같은 방향으로 나아갈 수 있다.

지연과 민수는 대학 시절 도서관에서 처음 만났다. 시험 기간이었지만, 책보다 서로의 얘기를 더 많이 나누며 가까워졌다. 졸업 후에도 5년간 연애를 이어오던 어느 날, 민수가 결혼 이야기를 꺼냈다. 지연은 당황했다. 아직 준비가 덜 됐다고 생각했기 때문이다. 그날 밤 민수는 조심스레 말했다.

"네가 옆에 있으면, 어떤 상황이 와도 버틸 수 있을 것 같아. 좋은 일도, 힘든 일도."

그 한마디에 지연은 깨달았다. 민수가 말한 건 단순히 사랑이 아니었다. 서로의 불안까지 품어 주는 안정감, 함께 성장하고 싶은 마음, 나를 더 좋은 사람으로 만들어 주는 믿음, 그리고 미래에 대한 든든한 안도감. 그 모든 게 결혼이라는 이름 아래 하나로 이어져 있었다.

지연은 그날 처음으로 결혼을 '다음 단계'가 아닌 '함께 만드는 새로운 삶'으로 느꼈다. 그리고 그 생각은, 서류 한 장이 아니라 평생을 걸어갈 길 위에 함께 서겠다는 약속이 되었다.

□ 미니 체크리스트: 나는 결혼을 꿈꿀 준비가 되었을까?

아래 문항에 '예'라고 답한 개수를 세어 보자.
각 문항은 단순한 조건이 아니라, 결혼 생활에서 반드시 마주하게 될 순간을 미리 점검하는 기초 체력이다.

1. 우리는 갈등이 있어도 대화를 통해 풀어 본 경험이 있다.

갈등이 생겼을 때 피하거나 덮지 않고, 불편한 문제를 꺼내 대화로 풀어 본 경험이 있다면 결혼 후에도 위기를 훨씬 건강하게 다룰 수 있다.

2. 상대방의 단점까지도 어느 정도는 받아들일 수 있다.

결혼은 장점뿐 아니라 단점까지 함께하는 과정이다. 단점을 고치려 들기보다 "이건 이 사람의 일부"라고 인정할 수 있어야 한다.

3. 미래에 대한 큰 그림을 서로 공유해 본 적이 있다.

우리, 결혼해도 괜찮을까?

결혼 시기, 거주지, 자녀 계획 같은 현실적인 대화는 로맨틱하지 않지만 꼭 필요하다.

4. 돈, 가족, 직업 문제 등 현실적인 대화를 한 적이 있다.

돈 관리 방식, 양가 부모님과의 관계, 직장 변화 같은 주제는 결혼 후 피할 수 없는 현실이다. 미리 이야기해 기준과 한계를 공유하면, 갑작스러운 갈등을 예방하고 결혼 생활의 안정성을 높일 수 있다.

5. 이 사람이 없을 때보다 있을 때 내가 더 성장한다고 느낀다.

함께할 때 더 도전적이 되고, 새로운 시도를 하며, 긍정적인 변화를 경험한다면 그 관계는 결혼의 좋은 출발점이다. 반대로 함께할수록 지치거나 위축된다면 균형이 맞지 않는 신호일 수 있다.

▶ **4개 이상 '예'라면**: 결혼 모드로 전환할 준비가 된 상태일 가능성이 크다. , 결혼이라는 새로운 트랙에 올라탈 힘이 충분하다.

▶ **3개 이하라면**: 조금 더 서로를 알아가고 대화를 나누는 시간이 필요하다.

□ 액션 플랜

1. 나의 결혼 동기 분리 쓰기(감정/현실/성장)

A4 반쪽에 "감정(사랑/안정)", "현실(경제/생활)", "성장(함께 확장)" 세 칸을 만들고, 각 칸에 떠오르는 이유를 5개씩 적는다. 무엇이 가장 큰 비중인지 스스로 확인한다.

2. 미래 3장면 시나리오

'평일 밤', '주말 낮', '위기 상황(병/실직)'의 3장면을 구체적으로 상상·기록한다. 두 사람이 어떻게 협력할지까지 그림을 그려 본다.

3. 현실 대화 3주제(돈/가족/커리어)

이번 주 안에 30분씩 3번 나눠 이야기한다. 질문 리스트(예: 월 지출 우선순위, 명절 동선, 2~3년 커리어 계획)를 미리 준비해 둔다.

4. 관계 강점 3가지 · 성장지표 2개

우리가 이미 잘하는 것 3가지(예: 갈등 후 회복, 유머, 책임감)와 앞

우리, 결혼해도 괜찮을까?

으로 측정할 지표 2개(예: 갈등 후 화해까지 걸린 시간, 한 주 최소 대화 시간)를 정해 공용 메모에 기록한다.

　사랑은 우리를 설레게 하지만, 결혼은 그 설렘을 현실로 이어 갈 용기를 묻는다. 이 사람과라면 평범한 일상조차 의미 있다는 확신이 생길 때, 결혼은 더 이상 두려움이 아니라 희망이 된다.

1-2

사랑과 결혼의 결정적 차이

사랑은 감정이고, 결혼은 구조다. 사랑이 둘만의 세계에 불을 붙이는 순간이라면, 결혼은 그 불이 꺼지지 않도록 벽을 세우고 장작을 쌓고 바람길을 조절하는 일에 가깝다. 연애는 마음이 움직이는 대로, 하루의 기분에 따라 흘러가도 괜찮지만, 결혼은 그 마음을 오래 버틸 수 있게 지탱하는 방식이 필요하다. 이 차이를 알게 되는 순간, 우리는 비로소 "사랑만으로는 부족할 수 있구나"를 깨닫는다.

연애 시절의 대화는 감정이 중심이다. 오늘 있었던 일, 서로에 대한 애정, 하고 싶은 말들을 자유롭게 쏟아 낸다. 그런데 결혼을 생각하는 순간 대화의 성격이 달라진다. 월세와 대출, 내년의 이직 가능성, 명절 동선, 집안일과 휴일 계획 같은 아주 현실적인 문장들이 대화의 한가운데로 들어온다. 사랑이 "지금 느끼는 우리"에 집중했다면, 결혼은 "내일의 우리"를 운영하는 일이다. 감정은 여전히 중요하지만, 이제는 감정만으로는 결정할 수 없는 문제들이 계속 등장한다.

우리, 결혼해도 괜찮을까?

사랑이 자유롭게 선택한 시간이라면, 결혼은 선택 이후의 책임이 따라붙는 시간이다. 즉흥적인 여행, 새벽까지 이어지는 대화, 아무 계획 없는 주말이 연애의 장점이라면, 결혼은 오늘의 선택이 내일의 삶에 어떤 영향을 주는지 자꾸 계산하게 만든다. 집을 어디에 구할지, 이 동네의 생활비는 어느 정도인지, 둘의 커리어를 어떻게 동시에 지켜 낼지, 아이를 갖는다면 시기와 돌봄은 어떻게 나눌지. 책임이 늘어나면 자유가 줄어드는 것이 아니라, 자유가 더 '의미 있는 선택'이 되기를 요구받는다. 이 책임감이 버거울 수 있지만, 동시에 관계를 지키는 울타리가 되기도 한다.

사랑의 무대는 둘뿐이지만, 결혼의 무대는 관계망이 확장된다. 연애할 때는 서로만 잘 맞으면 모든 것이 수월했지만, 결혼은 양가 가족, 친척, 직장, 친구까지 얽히며 의외의 변수가 많아진다. 명절에 어디를 먼저 갈지, 아플 때 누구에게 도움을 청할지, 경조사와 회사 일정이 겹치면 무엇을 우선할지. "우리는 잘 맞는데 왜 자꾸 문제가 생기지?"라는 질문의 답은 종종 여기 있다. 두 사람의 궁합만으로는 해결되지 않는, '관계의 확장'에서 오는 마찰. 결혼은 그 마찰을 무조건 없애려 하기보다, 다루는 방법을 배우는 과정이다.

또 하나, 연애는 특별한 순간이 관계를 끌고 가지만, 결혼은 평범한 순간들이 관계를 지탱한다. 깜짝 선물과 이벤트보다, 아침에 건네는 짧은 안부, 힘든 날 차려 준 간단한 식사, 늦게 들어오는 날 켜 둔 현관 등 같은 사소한 친절이 결혼을 지킨다. 설렘은 자연스럽게 줄어든다. 그게 사랑이 식었다는 증거가 아니라, 감정의 에너지가 '루틴'과 '책임'으로 재배치되었다는 신호에 가깝다. 중요한 건 설렘을 되살리는 특별한 날보다, 매일의 작은 선택에서 서로를 우선순위에 두는 습관이다.

심리학적으로도 결혼에서 중요한 건 '헌신'과 '복구 능력'이다. 감정의 온도는 오르내리지만, 다투고도 다시 연결될 수 있다는 믿음, 서로의 다름을 조정할 수 있다는 경험이 쌓일수록 관계는 단단해진다. 갈등 자체를 나쁘게만 보지 말자. 갈등은 우리가 어디에서 어긋나는지 알려 주는 신호다. 그 신호를 읽고, 상처를 크게 만들지 않는 대화의 방식을 합의해 가는 과정이야말로 연애와 결혼을 가르는 가장 현실적인 차이다.

윤서는 결혼 1년 차에 "사랑은 내 마음을 자라게 했고, 결혼은 내 삶을 넓혔다"고 말했다. 연애 때는 서로의 기분을 맞추는 데 집중했다면, 결혼 후에는 서로의 일상을 지키는 일이 더 중요해졌다. 직장에서 마음이 다치고 돌아온 날, "오늘은 괜찮아?"라는 한 문장과 함께 전자레인지에 데워둔 수프 한 그릇이 마음을 붙잡아 준다. 큰 이벤트는 기억을 만들지만, 작은 배려는 매일의 안전을 만든다. 결혼은 그 '안전'을 꾸준히 쌓아 가는 기술이다.

우리, 결혼해도 괜찮을까?

지호와 채이의 이야기가 그렇다. 두 사람은 3년 연애 후 결혼을 결심했다. 연애 내내 잘 맞는다고 믿었고, 싸워도 금방 화해하는 편이었다. 그런데 결혼 준비를 하면서 예상치 못한 균열이 생겼다. 신혼집 위치를 두고 의견이 갈렸다. 지호는 직장과 가까운 도심을 원했고, 채이는 미래를 생각해 상대적으로 저렴한 외곽을 원했다. 처음엔 감정싸움이 됐다. "왜 내 일을 존중하지 않아?", "왜 우리 미래를 가볍게 봐?" 서운함이 쌓여 가던 어느 밤, 지호가 말했다. "우리 지금 누가 옳은지 증명하려는 것 같아. 대신 우리 삶의 우선순위를 적어 보자." 둘은 종이에 각각 적었다. "직장 스트레스 최소화", "부채 부담 줄이기", "주말의 여유", "부모님 왕래".

나열하고 보니 해법이 보였다. 도심과 외곽 사이, 환승 한 번으로 직장 접근성이 나쁘지 않고 전세가 덜 부담되는 지역. 그리고 '출퇴근 스트레스가 심한 주엔 라임이 운전, 장보기는 지호' 같은 현실적 약속들. 그날 두 사람은 배웠다. 연애는 마음을 맞추는 일이었지만, 결혼은 삶을 맞추는 일이라는 것을. 사랑이 감정의 언어라면, 결혼은 합의의 언어라는 것을.

□ 미니 체크리스트: 우리는 사랑을 결혼의 언어로 번역할 준비가 되었을까?

아래 문항에 '예'라고 답한 개수를 세어 보자. 각 문항은 로맨스의 온도를 묻는 질문이 아니라, 결혼이라는 구조를 운영할 힘이 있는지를 점검하는 핵심 지표다.

1. 감정이 가라앉는 날에도 관계를 지키는 '기본 규칙'이 있다.

"다투더라도 모욕적인 말은 하지 않는다, 밤샘 다툼을 피하고 다음날 대화로 이어간다"와 같은 최소한의 합의가 있다면 감정의 파도에 관계가 휩쓸리지 않는다.

2. 돈·집·시간 같은 문제를 '의견'이 아니라 '시스템'으로 다룬다.

월별 예산표, 집안일 로테이션, 가족 방문 캘린더처럼 반복되는 이슈에 구조를 만들어 두면 감정 소모가 줄고 협력감이 늘어난다.

3. 둘뿐 아니라 '관계망'(양가·친지·직장)에서 생기는 변수도 함께 설계한다.

우리, 결혼해도 괜찮을까?

명절 동선, 경조사 우선순위, 긴급 상황의 도움망까지 미리 합의해 두면 불시에 흔들릴 일이 줄어든다.

4. 특별한 날보다 '매일의 작은 친절'에 가치를 둔다.

아침 인사, 하루 요약, 수고했어 한마디를 꾸준히 주고받는 습관이 있다면 설렘이 줄어들어도 연결감은 유지된다.

5. 갈등이 생겼을 때, 승부보다 복구를 우선한다.

누가 맞았는지 증명하기보다, 무엇이 어긋났는지 확인하고 어떻게 다시 맞출지 논의하는 태도가 자리 잡았다면 이미 결혼의 언어에 익숙 해지고 있는 것이다.

▶ **4개 이상 '예'라면**: 사랑을 결혼의 구조로 옮길 준비가 된 상태일 가능성이 크다. 감정과 시스템이 균형을 이루고 있고, 책임과 자유를 함께 다루는 힘이 보인다.
▶ **3개 이하라면**: 지금은 '합의와 복구'의 연습이 더 필요하다. 사랑의 언어로만 대화하던 습관에서 한 걸음 나아가, 결혼의 언어(규칙·역할·우선순위)를 함께 만들어 가야 한다.

□ 액션 플랜

1. 생활 보드 만들기(돈/집/시간)

가계부, 집안일표, 주간 일정표를 하나의 화이트보드나 공유 앱에 적어 둔다. 매번 새로 얘기하지 않고 정해진 규칙대로 움직이면 덜 피곤하다.

2. 우리 관계 지도 그리기

부모님·친지·직장·친구를 원처럼 그려 두고, 명절이나 경조사 때 우선순위를 미리 정한다. "이번엔 여기, 다음엔 저기"라는 규칙이 있으면 덜 서운하다.

3. 작은 친절 습관 3가지

아침에 "잘 다녀와", 하루 끝에 "오늘 어땠어?", 주 1번 "고마워" 문자 보내기. 작아도 꾸준히 하면 관계가 부드러워진다.

4. 싸움 규칙 카드

우리, 결혼해도 괜찮을까?

"인신공격 금지, 밤새 싸우지 않기, 20분 쉬었다 말하기, 다시 시작할 때는 '다시 얘기해 볼래'라고 말하기"를 카드에 적어 냉장고에 붙인다. 필요할 때 눈에 보이면 실천하기 쉽다.

사랑이 결혼을 시작하게 만든다. 하지만 결혼을 지키는 것은 사랑을 운영하는 방법이다. 두 사람의 마음이 한때 얼마나 뜨거웠는지보다, 그 마음을 매일 어떻게 다룰 것인지가 결국 우리를 오래가게 한다.

1-3

'당신'을 선택한 마음의 이유

사랑이 자라면 어느 날 이런 생각이 스며든다. "굳이 결혼이라면, 나는 '누구와'가 아니라 '당신과'여야 한다." 이 문장은 단순한 호감의 고백이 아니다. 수많은 가능성 중에 한 사람을 고르는 선택의 선언이다. 선택의 순간에는 설렘만 있지 않다. 책임의 무게, 두려움, 그리고 묘한 평안이 한꺼번에 찾아온다. 마음이 확신을 가질 때는 이유가 붙는다. '그 사람'과 있으면 내가 안정되고, 더 나아지고, 미래가 덜 무섭다는 이유들. 감정은 불씨를 만들고, 이유는 그 불을 지키는 벽이 된다.

사실 '왜 당신인가'를 설명하는 일은 어색하다. 말로 풀어내려는 순간 감정의 입자가 흩어지는 것 같아서다. 그런데 결혼을 앞두면 이 설명이 필요해진다. 이유는 두 가지다.

첫째, 스스로에게 대답해야 한다. '나는 무엇을 보고 선택했는가?' 이 질문에 답하지 못하면, 흔들릴 때 붙잡을 손잡이가 없다.

우리, 결혼해도 괜찮을까?

둘째, 상대에게도 전해야 한다. "나는 이런 이유로 당신과 평생을 약속하려 한다"는 고백은, 사랑을 안전한 약속으로 번역하는 첫 문장이다.

사람이 사람을 선택하는 방식은 생각보다 소박하다. 화려한 장면보다, 반복되는 사소한 순간들이 설득력을 높인다. 비 오는 날 우산을 한쪽으로 더 기울여 주는 습관, 늦은 밤 택시가 잘 잡히지 않을 때 끝까지 통화 연결을 끊지 않는 태도, 배가 고플 때 짧아지는 말투를 스스로 알아차리고 먼저 사과하는 성숙함. 이런 디테일들이 쌓이면 마음은 속으로 메모한다. '이 사람과라면 평생 같이해도 괜찮겠다'고.

심리학적으로 보면, 이 선택의 마음에는 몇 가지 요소가 얽혀 있다.

하나, 안전감. 그 사람 곁에서 숨이 길어진다.
둘, 자기 확장. 함께할수록 내 세계가 넓어진다.
셋, 복구력. 다투어도 다시 연결되는 길을 알고 있다.
넷, 가치의 방향. 중요하게 여기는 것들이 크게 어긋나지 않는다.
다섯, 성장 신호. 이 관계가 나를 더 나은 방향으로 조금씩 밀어준다.

이 다섯 가지가 동시에 반짝일 필요는 없다. 다만 두세 가지가 꾸준히 확인될 때, 마음은 선택 쪽으로 기울기 시작한다.

선택은 거창한 선언으로만 완성되지 않는다. 선택은 '테스트'를 통과하며 단단해진다. 계획대로 흘러가지 않는 날, 서로의 반응을 봤는지. 피곤과 스트레스가 겹칠 때, 예의를 잃지 않았는지. 서로의 실패에 대해, 변명 대신 손을 내밀었는지. 이런 날들의 기록이 쌓일수록 "그래도 우리는 같이 간다"는 문장은 설득력을 갖는다.

반대로 테스트가 한 번도 없었다면, 선택은 아직 '감정의 연장'일 뿐일지도 모른다. 결혼을 전제로 마음을 확인하고 싶다면, 둘만의 작은 시뮬레이션을 만들어 보자. 예산 짜기, 일주일의 가사 로테이션 운영, 서로의 가족 일정 조율, 갑작스러운 변수(야근, 아픔, 계획 변경) 대처. 사랑을 시험하려는 게 아니라, 우리가 함께 문제를 다루는 방식을 연습하는 일이다.

서윤과 태하는 3년을 만났다. 어느 초겨울 밤, 서윤의 팀 프로젝트가 폭삭 무너지던 날이었다. 프레젠테이션을 몇 시간 앞두고 노트북이 먹통이 됐다. 연락을 받은 태하는 미리 단정 짓지 않았다. "왜 그랬어?"가 아니라 "지금 뭐가 가장 급해?"라고 물었다. 그날 밤 그는 새 노트북을 들고 와 파일 복구를 도왔고, 발표 자료의 흐름을 같이 재정리했다. 새벽 두 시, 둘은 편의점 삼각김밥을 먹으며 웃었다. "망했다"던 하루는 "해냈다"로 끝났다.

우리, 결혼해도 괜찮을까?

다음 날, 서윤은 깨달았다. 태하는 위기의 순간에도 판단보다 함께를 먼저 꺼내는 사람이라는 걸. 그 장면 이후로 서윤의 마음속 질문은 바뀌었다. "이 사람과 결혼해도 될까?"에서 "이 사람과 결혼하지 않으면 내가 후회할까?"로. 답은 금방 나왔다.

선택의 마음에는 의외로 두려움과 기대가 동시에 들어 있다. 두려움은 "혹시 달라지면 어쩌지?"이고, 기대는 "그래도 함께라면 괜찮겠다"다. 두려움을 없애려 애쓰기보다, 두려움을 다루는 방법을 만들어 두는 것이 현명하다. 불안을 느끼는 신호가 오면 어떻게 말할지, 질투나 서운함을 어떻게 안전하게 꺼낼지, 서로의 취약점을 어떻게 지켜 줄지. 이 합의는 사랑을 조용히, 그러나 멀리 데려간다.

그리고 마지막으로 중요한 것. '왜 당신인가'를 말로도, 행동으로도 자주 확인해 주자. "너는 나를 성급하지 않게 만들어", "네 옆에서 나는 더 용감해져", "네가 내 일을 존중해 줄 때, 나는 더 멀리 갈 수 있어." 이런 문장들은 낭만이 아니라 관계의 지도다. 지도를 자주 펼치는 사이는 덜 헤맨다.

□ 미니 체크리스트: 나는 왜 '이 사람'인가?

아래 문항에 '예'라고 답하며, 떠오르는 구체적 장면을 한 줄씩 적어

보자. 감정에 이유를 붙이는 일은 선택을 단단하게 만든다.

1. 이 사람 옆에 있으면 숨이 편해진다.

힘든 날에도 함께 있으면 마음이 진정되고 긴장이 풀린다. 내 이야기를 끊지 않고 끝까지 들어주는 모습은 '내가 안전하다'는 신호가 되어 준다.

2. 위기 상황을 함께 헤쳐나간 경험이 있다.

여행 계획이 틀어졌을 때 서로를 탓하지 않고 역할을 나누었거나, 갑작스러운 돈 문제를 함께 조율한 경험은 중요한 지표다. 위기를 어떻게 다루는지가 평온할 때의 모습보다 관계의 힘을 더 잘 드러낸다.

3. 이 사람 덕분에 내가 조금 더 나아졌다.

함께하다 보면 건강을 챙기거나, 성급히 말하기 전에 한 번 더 생각하게 되는 변화가 생긴다.

4. 중요하게 여기는 가치가 크게 다르지 않다.

우리, 결혼해도 괜찮을까?

돈·시간·사람을 대하는 우선순위가 비슷하거나, 옳고 그름을 판단하는 기준이 닮았다면 함께 살아가는 데 큰 힘이 된다.

5. 다투어도 다시 이어지는 방법을 안다.

모욕적인 말은 하지 않는다, 잠깐 쉬었다가 다시 대화한다 같은 '우리만의 규칙'이 있다면 갈등은 금세 회복의 기회가 된다.

▶ **4개 이상 '예'라면**: 마음이 단순한 감정을 넘어 '함께 가도 괜찮겠다'는 결심 쪽으로 기울고 있다는 뜻이다.
▶ **3개 이하라면**: 아직은 더 알아가고, 작은 상황을 함께 겪어 보는 연습이 필요하다. 예산·가사·가족 일정 같은 현실 시뮬레이션을 해 보면서 '우리만의 방식'을 만들어 보자.

□ **액션 플랜**

1. 선택 이유 TOP3+증거

"왜 당신인가?"를 3가지로 요약하고, 각각을 뒷받침하는 실제 에피소드 1개씩을 적는다. 추상적 이유를 구체적으로 고정한다.

2. 위험/리스크 카드

서로의 약점·리스크(예: 회피 습관, 소비 성향)를 카드로 쓰고, "완충 전략(신호어/대체 행동)"을 함께 적어 보관한다.

3. 상호 인터뷰 10문 10답

서로에게 꼭 묻고 싶은 질문 10개를 준비해 녹음하며 인터뷰한다. 오해를 줄이고 "내가 모르는 당신"을 발견한다.

4. 결정 멘토 선정

서로가 신뢰하는 1쌍의 '선배 부부'를 정해, 딱 한 번 60분 코칭을 받는다. 외부 관점으로 블라인드 스팟을 체크한다.

사랑은 나를 움직이게 하고, 선택은 우리를 머물게 한다. '왜 당신인가'에 대한 대답을 스스로 설득할 수 있을 때, 결혼이라는 긴 여정의 첫발은 훨씬 덜 떨리고, 훨씬 더 단단해진다.

우리, 결혼해도 괜찮을까?

1-4

함께 사는 삶의 실제 모습

연애할 때 우리는 서로의 하루 중 가장 빛나는 순간만 공유한다. 퇴근 후 씻고, 예쁘게 꾸미고, 맛집에서 저녁을 먹으며 웃음을 나눈다. 주말에는 여행을 가거나 영화관에 앉아 팝콘을 먹으며 손을 잡는다. 하지만 결혼은 다르다. 아침에 눈을 떴을 때 부스스한 머리로 마주하는 순간, 퇴근 후 피곤에 절어 대화 한마디 없이 소파에 늘어진 시간, 주말에 하루 종일 집안일을 하다 그대로 저녁이 되어 버린 날까지, 하이라이트가 아닌 모든 장면을 함께 살아 내는 일이 결혼이다.

결혼은 '사랑하는 사람과 사는 것'이 아니라 '사랑하는 사람과 생활을 맞추는 것'이다. 연애 시절에는 미처 보이지 않던 생활 습관, 돈 쓰는 방식, 여가를 보내는 패턴, 심지어 물컵을 싱크대에 바로 놓는지 씻어서 놓는지 같은 사소한 습관까지도 매일같이 마주한다. 처음엔 별것 아닌 것처럼 보여도, 하루하루 쌓이면 관계를 지탱하는 힘이 되기도, 갈등의 씨앗이 되기도 한다.

심리학자 로버트 스턴버그는 사랑을 **친밀감, 열정, 헌신** 이 세 가지로 설명한다. 연애 초반의 사랑은 열정이 중심이지만, 결혼 생활에서 관계를 오래 유지하는 힘은 친밀감과 헌신이다. 친밀감은 '서로를 깊이 이해하고, 그 이해 위에 관계를 쌓는 것'을 의미한다. 헌신은 '힘들고 지칠 때도 함께 있기로 한 선택을 지켜 내는 것'이다. 함께 사는 삶은 매일 이 두 가지를 시험받는 과정이다. 단순히 사랑하는 마음만으로는 버티기 어렵다. 서로의 다름을 인정하고, 생활 속에서 균형을 맞추는 능력이 필요하다.

예를 들어, 집안일 분담을 생각해 보자. '나는 설거지, 너는 쓰레기'라는 단순한 약속이라도, 어느 날 한쪽이 피곤해서 그 일을 하지 못하면 작은 불만이 쌓인다. 그 순간 "왜 안 해?"라는 말이 나올 수도 있고, "오늘 내가 대신할게, 너 힘들어 보여"라는 말이 나올 수도 있다. 둘 중 어떤 반응이 나오느냐가 부부 생활의 온도를 결정한다. 함께 사는 삶은 이런 사소한 순간의 선택이 모여서 만들어진다.

지현과 도윤은 연애 때 거의 다투지 않았다. 하지만 결혼 후 6개월 동안은 매주 사소한 일로 언성을 높였다. 도윤은 퇴근 후 집에 오면 30분은 아무것도 하지 않고 소파에 누워 휴식을 취했다. 반면 지현은 귀가 후 곧바로 집안일을 끝내야 마음이 편했다. 도윤이 쉬는 동안 지현이 혼자 분주하게 움직이면, 서운함이 쌓였다. 어느 날, 설거지를 두고

우리, 결혼해도 괜찮을까?

말다툼이 크게 번졌다. 지현은 "내가 너 엄마도 아니고, 왜 네 뒤치다 꺼리를 해야 해?"라고 했고, 도윤은 "나도 하루 종일 회사에서 일했어. 조금만 쉬고 하겠다는데 왜 이렇게 몰아붙여?"라고 맞받았다.

다음 주말, 두 사람은 거실에 마주 앉아 대화를 나눴다. 지현은 '함께 사는 건 함께 책임지는 거라고 생각한다'는 마음을, 도윤은 '조금의 숨 고르기가 필요하다'는 속마음을 털어놓았다. 그리고 두 사람은 새로운 합의를 만들었다. 도윤은 퇴근 후 30분간 온전히 쉴 시간을 갖고, 그 이후에는 집안일에 적극적으로 참여하기로 했다. 지현은 그 30분 동안 혼자만의 휴식 시간을 가지며, 서로의 루틴을 존중했다.

그 후로 그들의 생활은 조금씩 안정되었다. 갈등이 완전히 사라진 건 아니었지만, 이제는 문제를 해결하는 '방법'을 공유하게 된 것이다.

함께 사는 삶에서 가장 중요한 건 완벽하게 맞는 사람이 되는 것이 아니라, 서로의 불완전함을 함께 감싸는 습관을 만드는 것이다. 한쪽이 실수하거나 지쳐 있을 때, 그 빈틈을 어떻게 메워 주는지가 관계의 질을 결정한다. 그리고 그 습관은 단 한 번의 대화로 완성되지 않는다. 수많은 사소한 날들, 크고 작은 오해와 화해 속에서 조금씩 만들어진다.

부부로서 오랫동안 좋은 관계를 유지하는 사람들은 공통적으로 이런 습관을 가지고 있다. 작은 불편을 크게 만들지 않고, 작은 기쁨을 크게 느낀다. 퇴근길에 상대가 좋아하는 음료 하나를 사 오거나, '오늘 하루 어땠어?'라는 질문을 잊지 않는다. 주말에 함께 장을 보며 메뉴를 정하거나, 저녁 식탁에서 오늘 있었던 웃긴 일을 나누는 것처럼 사소한 순간에 웃음을 만들어 낸다. 이때 중요한 건 '무엇을 하느냐'보다 '어떤 마음으로 하느냐'다.

□ 미니 체크리스트: 나는 '함께 사는 삶'을 준비했는가?

아래 항목을 읽고, '예'라고 답한 개수를 세어 보자.

1. 서로의 생활 습관 차이를 알고, 조율해 본 경험이 있다.

청소, 식사, 잠자는 시간처럼 작은 습관 차이를 조정해 본 경험이 있다면, 결혼 후 갈등을 줄일 수 있다.

2. 상대의 피곤한 날을 배려할 수 있다.

약속된 일을 대신해 주거나 휴식을 먼저 권하는 등, 컨디션을 살피는 습관이 관계를 안정시킨다.

우리, 결혼해도 괜찮을까?

3. 갈등이 생겼을 때 감정을 터뜨리기보다 대화를 선택한다.

화를 내기보다 잠시 멈췄다가 구체적으로 문제를 이야기하는 방식이, 관계를 지켜 주는 힘이 된다.

4. 함께 집안일이나 프로젝트를 해 본 경험이 있다.

여행 준비, 이사, 가구 조립처럼 협업한 경험이 많을수록 결혼 생활에서 역할 분담이 훨씬 수월하다.

5. 작은 기쁨을 함께 누릴 수 있다.

산책, 간식, 짧은 대화처럼 사소한 순간을 즐길 줄 아는 부부가 일상의 반복 속에서도 즐거움을 쌓는다.

▶ **4개 이상 '예'라면**: '함께 사는 삶'을 현실적으로 받아들일 준비가 된 것.
▶ **3개 이하라면**: 결혼 전 리허설처럼 일상을 더 공유하며 맞춰 가는 경험이 필요하다.

□ 액션 플랜

1. 집안일 진행판 만들기(해야 할 일 → 하는 중 → 끝남)

냉장고나 벽에 칸을 3개로 나누고, 포스트잇을 붙였다 떼며 진행 상황을 눈에 보이게 관리한다. 서로 누가 어떤 일을 맡았는지 한눈에 확인할 수 있어 불필요한 다툼이 줄어든다.

2. 퇴근 후 30분 쉬는 시간 규칙

집에 들어온 뒤 바로 집안일을 시작하지 않고, 각자 30분은 완전히 자유롭게 쉬는 시간을 갖는다. 이후에는 다시 모여 역할을 나누고 집안일이나 대화를 이어간다. 하루의 긴장을 풀고 서로의 생활 리듬을 존중하는 장치다.

3. 주말 운영 회의(15분 약속)

토요일 오전에 15분만 함께 앉아 이번 주말 계획을 나눈다. 장보기, 청소, 데이트, 휴식 시간을 미리 나누어 두면 즉흥적인 상황도 더 여유롭게 즐길 수 있다.

우리, 결혼해도 괜찮을까?

4. 작은 기쁨 5개 리스트

커피 한 잔, 동네 산책, 음악 듣기, 집에서 영화 보기처럼 자주 할 수 있는 작고 확실한 즐거움을 적어 둔다. 매주 최소 2개 이상 함께 실행하며 일상에 활기를 불어넣는다.

결혼은 두 사람이 같은 집에서 사는 것 이상의 의미를 가진다. 그것은 서로의 하루에 스며드는 법을 배우는 과정이다. 그리고 이 과정은 결코 한 번에 끝나지 않는다. 때로는 서툴게, 때로는 서운하게, 그러나 조금씩 더 나은 방법을 찾아가는 여정이다.

완벽하게 맞는 사람을 찾는 것이 아니라, 서툰 둘이 함께 편안한 하루를 만들어 가는 것. 그것이 함께 사는 삶의 진짜 모습이다.

결혼 전 스스로에게 던지는 질문

결혼이 가까워질수록 마음속엔 두 개의 물음표가 자라난다. 하나는 "이 사람이면 충분하다"는 단단함이고, 다른 하나는 "정말 괜찮을까"라 는 조심스러움이다. 둘 중 하나가 틀린 게 아니다. 설렘은 사랑이 주 고, 경계심은 현실이 준다. 중요한 건 어느 쪽을 지우는 게 아니라, 두 마음이 서로를 보완하도록 질문을 던지는 일이다. 질문은 불안을 키우 는 칼이 아니라, 불확실을 자르는 등불에 가깝다. 등불이 켜지면 길의 굴곡이 보이고, 발 디딜 곳이 분명해진다.

결혼 전의 질문은 "이 사람이 맞는가?"라는 단답형 문제가 아니다. "우리는 어떤 하루를, 어떤 속도로, 어떤 마음으로 함께 살아낼 수 있 는가?"를 묻는 서술형 문제에 가깝다. 사랑의 온도만으로는 모자라다. 대화의 습관, 돈과 시간의 우선순위, 가족과 일에 대한 가치관, 갈등을 복구하는 방식, 이 모든 것이 합쳐져 '평생의 하루'가 만들어진다. 그래 서 질문은 커다란 철학을 시험하기보다, 작고 구체적인 장면을 불러오는 편이 낫다. 예를 들어 "우리는 싸우면 어떻게 멈추고, 어떻게 다시 시작하는가?", "누가 더 바쁠 때 다른 한 사람은 무엇을 내려놓을 수 있는가?", "피로와 짜증이 겹치는 날, 예의를 어떻게 지킬 것인가?" 같은 문장들이다.

나는 결혼을 앞둔 커플에게 종종 '하루 시뮬레이션'을 권한다. 화려한 데이트 대신, 평범한 수요일을 함께 살아 보는 연습이다. 아침에 먼저 일어난 사람이 커피를 내리고, 서로의 출근 준비가 겹칠 때 작은 동선을 조정하고, 퇴근 후 장을 보며 그날그날의 비용을 기록하고, 집안일을 나누며 대화를 이어 가는 하루. 이 하루가 예상보다 매끄럽다면, 그건 감정보다 습관의 상호작용이 잘 맞는다는 뜻이다. 반대로 자꾸 걸리고 삐걱거린다면, 서로의 리듬을 다시 맞추라는 신호다. 삐걱거림은 실패가 아니라 지도다. 어디를 손봐야 하는지 정확히 가리켜 준다.

나래와 지훈의 이야기가 그렇다. 두 사람은 3년 연애 후 결혼을 결심했지만, 막판에 마음이 흔들렸다. 서로 너무 사랑했지만, 살아봄에 대한 그림이 흐렸다. 그들은 '결혼 전 7일의 노트'를 만들었다. 월요일은 돈, 화요일은 시간, 수요일은 집안일, 목요일은 경계(개인 시간과 공간), 금요일은 가족, 토요일은 갈등과 화해, 일요일은 미래. 하루에 한 주제씩, 퇴근 후 30분만 테이블에 앉았다. 규칙은 세 가지였다. "비난 대신 묘사", "요구는 구체적으로", "합의는 작게 시작".

돈의 날, 둘은 월 지출을 펼쳐 놓고 '공용 예산, 개인 용돈, 비상 예산' 등으로 나눴다. 시간의 날에는 '각자 시간' 스티커를 달력에 붙였다. 깜박이던 것이 차트로 바뀌자, 막연한 불안이 줄었다. 경계의 날, 지훈은 "게임할 때만큼은 말을 걸지 말아 줬으면 좋겠다"고 했고, 나래는 "그럼 끝나는 시간을 미리 알려 줘"라고 답했다. 갈등의 날, 둘은 멈춤 신호를 정했다.

감정이 과열되면 말머리에 "타임"을 붙이고, 20분 뒤 같은 자리로 돌아오는 약속. 일주일이 끝나자, 그들의 노트엔 화려한 문장은 없었지만 작은 합의들이 줄줄이 적혔다. 나래가 말했다. "우리가 같은 팀이구나, 서툴지만." 지훈이 웃었다. "이 팀이면 오래 갈 수 있겠다." 선택의 근거는 거창한 감탄이 아니라, 작은 약속의 반복에서 생겼다.

결혼 전 스스로에게 던지는 질문은 사실 상대를 심사하는 게 아니라, 나의 결심을 설명하는 언어를 찾는 과정이다. 왜 이 사람과 함께할 것인지, 무엇을 두려워하는지, 어떤 상황이 오면 흔들릴지, 흔들릴 때 무엇으로 복구할지. 언어가 생기면 마음은 덜 흔들린다. "그냥 좋아서" 는 사랑의 문장일지 몰라도, 결혼의 문장은 아니다.

결혼의 문장은 이렇게 생긴다. "우리는 싸울 때 멈춤과 복귀를 합의했고, 돈은 시스템으로 다루기로 했고, 가족과의 거리는 달력으로 조정하기로 했다. 나는 그 합의 들을 믿는다." 이 문장을 스스로에게 또 박또박 읽어 줄 때, 결혼은 낭만에서 운영으로, 망설임에서 결심으로 옮겨간다.

질문은 때로 불편하다. 그러나 불편을 감수하지 않은 사랑은, 현실의 모서리를 만나면 쉽게 닳는다. 용기를 내어 서로의 취약점을 꺼내 보자. 질투가 일어나는 장면, 존중이 무너지는 순간, 서로가 가장 예민 해지는 버튼. 취약점은 숨길 때 커지고, 말할 때 작아진다.

작아진 취약점은 다루기 쉬운 습관이 된다. "나는 늦게 연락이 오면 버려진 느낌이 들거든", "나는 비교당할 때 얼어붙어", "나는 피곤하면 말끝이 짧아져, 그때는 잠깐만 여유를 줘." 이런 고백들이 겹치면, 두 사람 사이에 보이지 않는 안전망이 깔린다. 다툼의 깊이는 종종, 미리 깔아 둔 안전망의 촘촘함에 의해 결정된다.

그리고 잊지 말 것. 결혼은 '좋은 사람'을 고르는 일이 아니라, 좋은 관계를 함께 만드는 일이다. 나는 이 사람 곁에서 더 나다워지는가, 더 넓어지는가, 더 따뜻해지는가. 우리는 어려움 앞에서 같은 편이 되는가.

대답이 완벽할 필요는 없다. 다만 대답을 향해 가는 길이 보이고, 그 길을 같이 걷겠다는 약속이 선명하면 충분하다. 결혼은 완성된 두 사람이 만나는 게 아니라, 미완의 두 사람이 서로를 버티며 조금씩 완성되어 가는 과정이니까.

□ 미니 체크리스트: 나는 결혼을 꿈꿀 준비가 되었을까?

아래 다섯 가지에 '예'라고 답하며, 떠오르는 구체적 장면을 한 줄씩 적어 보자. 장면이 있을수록 대답은 단단해진다.

1. 우리는 갈등이 있어도 대화로 복구한 경험이 있다.

단순히 싸움이 있었다는 것이 아니라, 우리만의 규칙과 합의가 실제로 작동한 경험이 있는지가 중요하다.

2. 상대의 단점까지도 일정 부분 받아들일 수 있다.

나와 다른 습관이나 부족함을 무조건 바꾸려 들지 않고, '이건 이 사람의 일부'라고 인정할 수 있어야 갈등이 줄어든다.

3. 미래의 큰 그림을 함께 그려 본 적이 있다.

사랑만으로는 결혼을 유지할 수 없다. 거주 계획, 자녀 돌봄, 노후 준

우리, 결혼해도 괜찮을까?

비처럼 구체적이고 무거운 주제를 최소한 한 번은 진지하게 대화해 본 경험이 필요하다.

4. 돈·가족·시간 같은 민감한 주제를 구조적으로 다루기로 했다.

가장 흔한 갈등의 원인은 돈, 양가 가족, 그리고 시간 사용이다. 이를 감정으로만 풀면 싸움이 반복된다.

5. 함께 있을 때 나는 더 나답고, 더 성장한다고 느낀다.

상대 곁에서 나는 위축되지 않고, 오히려 조금씩 더 나은 사람이 되어 가고 있다면, 그건 결혼의 든든한 출발점이다.

▶ **4개 이상 '예'라면**: 사랑은 이미 결심의 언어를 얻고 있다.
▶ **3개 이하라면**: 그것이 결혼의 실패 신호가 아니라 '더 이야기하고 더 합의하라'는 친절한 경고임을 기억하자. 합의는 사랑을 보호하는 가장 현실적인 방법이다.

□ 액션 플랜

1. 핵심 질문 5일 쓰기

하루에 하나씩 "왜 결혼을 하려는 걸까?", "왜 지금일까?", "왜 이 사람일까?", "내가 지켜야 할 것과 포기할 건 뭘까?", "가장 힘든 상황이 와도 우리 버틸 수 있을까?" 같은 질문에 답을 써 본다. 마음속 생각을 글로 꺼내면 서로의 진심을 더 명확히 알 수 있다.

2. 초록·노랑·빨강 표시하기

서로의 장점은 초록색, 조심해야 할 부분은 노란색, 꼭 해결이 필요한 부분은 빨간색으로 색깔을 표시한다. 색만 봐도 우리 관계의 상태를 한눈에 알 수 있어 편하다.

3. 합의 안 될 때 약속 만들기

의견이 안 맞을 때는 며칠간 잠시 미뤄두기로 하거나, 일정 기준 이상이면 전문가 도움을 받기로 미리 정한다. 갈등이 커지기 전에 멈추는 안전장치다.

4. 전문가나 선배에게 한번 물어보기

재무 설계 상담, 부부 상담, 혹은 결혼 선배 부부와의 대화 중 하나를 골라 한 시간 정도 시간을 낸다. 우리끼리만 대화할 땐 놓칠 수 있는 부분을 객관적으로 짚어 줄 수 있다.

결혼은 궁극적으로 "평생의 하루"를 함께 만드는 일이다. 그 하루는 특별한 날보다 평범한 날들로 채워지고, 평범한 날들은 질문과 합의, 그리고 작은 친절로 지탱된다. 여기까지 읽었고, 스스로에게 충분히 물었고, 서로에게 솔직히 대답했다면, 이제 첫걸음은 한결 가벼워진다.

결심이 단단해질수록 우리는 곧 알게 된다. 문제는 사랑이 아니라 '다름'이라는 걸. 나의 기준과 너의 기준, 나의 익숙함과 너의 익숙함이 부딪히는 순간들이 온다.

chapter 2

당신과 나는
다르다는 사실

　사랑이 시작될 때, 우리는 종종 '우린 참 닮았다'는 말에 취한다. 좋아하는 음식이 비슷하고, 같은 음악에 고개를 끄덕이며, 함께 웃는 순간이 마치 오래전부터 예정되어 있던 듯 자연스럽다. 그 닮음은 우리를 더 가깝게 만들고, '운명'이라는 단어에 설득당하게 한다.

　그러나 시간이 흐르면, 그 환상은 서서히 다른 얼굴을 드러낸다. 같은 영화를 봐도 서로 다른 장면에서 웃고, 같은 길을 걸어도 발걸음의 속도는 엇박자가 나며, 같은 문제를 두고도 해결책이 전혀 다르게 나온다. 그때 우리는 처음으로 깨닫는다. 이 사람은 나와 전혀 다른 세계에서 자라온, 다른 방식으로 생각하고 느끼는 '타인'이라는 사실을.

　다름은 처음에는 흥미롭다. "그런 생각도 있구나." "그렇게도 볼 수 있네." 새로운 시각은 관계에 신선함을 불어넣는다. 하지만 그 신선함은 오래가지 않는다. 차이는 곧 불편함이 되고, 불편함은 서운함으로,

　　　　　　　　　　　　우리, 결혼해도 괜찮을까?

서운함은 '왜 이렇게 나랑 안 맞지?'라는 의심으로 변한다. 심리학에서는 이를 '차이의 역전 효과'라고 부른다. 관계 초반에는 차이가 매력으로 작용하지만, 시간이 지날수록 그 차이가 갈등의 주요 원인이 되는 현상이다. 그리고 결혼이라는 일상 속에서는 그 차이가 더 자주, 더 깊게 드러난다.

식탁 위 반찬의 종류, 치약을 짜는 방식, 명절을 보내는 방법, 돈을 쓰는 기준, 집안일을 처리하는 속도… 모두 사소해 보이지만, 하루에도 몇 번씩 부딪히는 작은 차이들이 쌓인다. 문제는 이 차이 자체가 아니라, 그 차이를 대하는 우리의 태도다.

심리학자 고트먼(Gottman)은 오랜 연구 끝에, 관계를 오래 지속시키는 비결이 '합의'가 아니라 '다름을 존중하는 습관'임을 발견했다. 상대를 내 틀 안으로 끌어들이려 애쓰는 순간, 그 다름은 '틀림'으로 변한다. 반대로, 그 다름을 '관계가 확장될 수 있는 가능성'으로 받아들이면, 두 사람은 각자의 영역을 지키면서도 더 넓은 세계를 함께 만들어 갈 수 있다.

다름을 인정한다는 건, 단순히 "그래, 너는 너고 나는 나야"라고 말하는 차원이 아니다. 그것은 낯선 세계 앞에서 호기심을 잃지 않는 일이고, 나와 다르다는 이유만으로 상대를 평가절하하지 않는 태도이며,

때로는 내 고집을 내려놓고 다른 해석을 허용하는 용기다. 이 용기가 없으면, 사랑은 점점 좁아지고 숨 막히게 변한다. 그러나 용기를 내면, 다름은 관계를 지켜 주는 방파제가 된다. 서로의 경계를 존중하고, 그 경계 안에서 안전하게 머물 수 있기 때문이다.

이 장에서는 그 용기를 어떻게 키울 수 있는지, 구체적인 방법과 심리적 기초를 함께 다룬다. 먼저 다름을 인정하는 태도에서 시작해, 성격보다 중요한 '반응 습관'을 점검하고, 우리가 자라온 가족 배경이 무의식적으로 관계에 미치는 영향을 들여다본다. 또한 가치관 차이를 조율하는 대화의 기술, 그리고 관계를 오래 지속시키는 '건강한 경계 설정'에 대해서도 이야기할 것이다.

결혼은 닮은 사람과만 할 수 있는 게 아니다. 오히려 다름을 이해하고 다룰 줄 아는 사람과만 오래 갈 수 있다. 이 장을 다 읽고 나면, 당신은 '다르다'는 말이 더 이상 불안의 신호가 아니라, 관계가 성숙하고 있다는 징표로 들릴 것이다.

우리, 결혼해도 괜찮을까?

2-1

다름을 인정하는 용기

사랑을 시작할 때 우리는 종종 '이 사람과 나는 닮았다'는 느낌에서 안도감을 얻는다. 좋아하는 음악, 웃는 포인트, 음식 취향이 비슷하면 운명처럼 느껴진다. 그러나 시간이 지나 결혼이라는 무대에 오르면, 닮음보다 다름이 더 선명하게 드러난다. 아침에 눈뜨는 시간, 일과를 계획하는 방식, 스트레스를 푸는 습관, 심지어 양치 후 물컵을 씻어 두는지 여부까지. 사소해 보이지만 매일 반복되는 차이는 생각보다 강한 파장을 만든다.

문제는 그 다름이 '잘못'으로 보이기 시작할 때다. 우리는 자신이 익숙하게 해 온 방식이 곧 '정답'이라는 전제를 깔고 살아간다. 그 전제는 연애 초기에는 거의 드러나지 않는다. 보고 싶은 마음과 설레는 감정이 대부분의 차이를 덮어 버리기 때문이다. 하지만 함께 사는 시간이 길어질수록 '왜 저렇게 하지?'라는 의문이 쌓이고, 그 의문이 서운함이나 짜증으로 변해간다.

다름을 인정한다는 것은 '나는 맞고, 너는 틀리다'의 프레임을 내려놓는 일이다. 이는 단순히 상대의 방식을 참고 넘어가는 인내와는 다르다. 진짜 인정은 '내 방식이 전부가 아니다'라는 자각에서 출발한다. 나와 다른 행동이 불편함을 줄 수는 있지만, 그것이 틀린 것이라는 증거는 아니다. 오히려 그 다름이 우리 관계에 새로운 가능성을 열어 줄지도 모른다.

심리학에서는 이를 '관점 전환'이라고 부른다. 내 시선에서만 상황을 판단하는 대신, 상대의 자리에서 세상을 바라보는 시도를 의미한다. 예를 들어, 집에 돌아왔을 때 상대가 바로 대화를 시작하지 않고 혼자 조용히 있는 것을 '무관심'이라 단정하지 않고, '하루 종일 사람들과 부딪히느라 지쳐서 혼자 충전하는 시간'일 수 있음을 상상하는 것이다. 관점을 바꾸는 순간, 섭섭함은 이해로 바뀌고, 갈등의 불씨는 작아진다.

다름을 인정하기 위해 필요한 또 하나의 요소는 '비교 습관 끊기'다. 우리는 무의식적으로 부모님의 부부 모습, 친구의 연애 방식, 드라마 속 이상적인 커플을 기준으로 현재의 관계를 재단한다. 그 비교는 대개 현실을 깎아내리고, 상대를 이상적인 틀에 맞추려는 압박으로 이어진다. 하지만 다른 사람의 방식이 우리에게도 맞는다는 보장은 없다. 비교를 멈추면, 상대를 '있는 그대로' 보는 힘이 생긴다.

우리, 결혼해도 괜찮을까?

연애와 결혼의 차이 중 하나는, 연애는 다름을 '매력'으로 소비할 수 있지만, 결혼은 그 다름을 '운영'해야 한다는 점이다. 운영하려면 최소한의 규칙과 대화법이 필요하다. 나와 다른 습관이 왜 생겼는지, 그것이 상대에게 어떤 의미인지 물어보고 들어야 한다. 단순한 타협이 아니라, 서로의 이유를 이해한 후 합리적인 접점을 만드는 과정이 중요하다.

소연과 민재는 결혼 2년 차 부부다. 소연은 계획적으로 움직이는 타입이고, 민재는 즉흥적인 성향이 강하다. 연애 때는 민재의 갑작스러운 여행 제안이나 깜짝 이벤트가 소연을 설레게 했다. 하지만 결혼 후, 그 즉흥성이 생활에 영향을 미치기 시작했다. 주말에 집안일을 하려던 소연의 계획이 민재의 갑작스러운 나들이 제안으로 무산되는 일이 반복됐다. 소연은 점점 피로감을 느꼈다.

어느 날, 민재가 평일 저녁에 갑자기 "우리 오늘 밖에서 저녁 먹자"고 제안했을 때, 소연은 "왜 이렇게 아무 계획 없이 움직여?"라고 짜증을 냈다. 그 말에 민재도 상처를 받았다. 며칠 뒤, 두 사람은 대화를 나누기로 했다. 민재는 어릴 적 가족끼리 식탁에 모이는 시간이 드물었고, 그래서 함께 식사하는 순간을 소중하게 여겼다고 털어놓았다.

소연은 그제야 민재의 '즉흥 제안'이 단순한 변덕이 아니라, 관계를 확인하고 싶은 방식임을 알게 되었다.

그 후 소연은 '계획된 주말'과 '즉흥적인 하루'를 번갈아 배치하기로 했다. 민재도 갑작스러운 제안을 할 때는 소연이 준비할 시간을 줄 수 있도록 한두 시간 전에 알려 주기로 했다. 다름을 인정한다는 건, 완전히 같아지는 것이 아니라 서로의 이유를 알고 조율하는 것이다.

□ 미니 체크리스트: 나는 다름을 인정하고 있을까?

1. 상대의 행동에 대해 '틀렸다'보다 '다르다'라는 단어를 먼저 떠올린다.

같은 상황을 다르게 해석할 수 있다는 걸 인정하는 순간, 불필요한 비난이 줄어든다. 관점이 바뀌면 감정의 온도도 한결 낮아진다.

2. 내가 옳다고 생각하는 방식을 상대에게 강요하지 않는다.

내 방식이 익숙하고 효율적일 수 있지만, 상대에게는 맞지 않을 수도 있다. 최선은 여럿일 수 있다는 열린 태도가 관계를 부드럽게 만든다.

3. 다른 의견을 들었을 때 이유를 묻는 습관이 있다.

우리, 결혼해도 괜찮을까?

"왜 그렇게 생각해?"라는 질문은 방어보다 대화를 가능하게 한다. 이유를 듣다 보면 생각지 못한 관점을 배우는 기회가 된다.

4. 상대의 방식 중 일부라도 수용하거나 시도해 본 경험이 있다.

작은 부분이라도 해 보면 상대의 생활 리듬과 가치관을 이해하기 쉽다. 이는 서로의 삶을 넓히고 존중의 경험을 쌓아 준다.

5. 차이를 '문제'가 아닌 '특징'으로 바라본다.

문제로 규정하는 순간 갈등이 시작되지만, 특징으로 보면 개성이 된다. 서로의 다름을 색깔로 받아들이면 관계가 한층 편안해진다.

▶ **4개 이상 '예'라면**: 다름을 건강하게 수용할 준비가 된 상태다. 갈등이 생겨도 상대를 있는 그대로 인정할 가능성이 크다.
▶ **3개 이하라면**: '다름'이 곧 '틀림'이라는 고정관념을 깨는 연습이 필요하다.

□ **액션 플랜**

1. 차이 지도 그리기

가치관·리듬·취미·돈·신앙·정치 등 항목별로 서로의 위치를 축에 표시하고,(달라도 괜찮아 → 차이가 크지만 받아들일 수 있는 영역, 서로 맞춰야 해 → 차이가 있어서 대화를 통해 조율이 필요한 영역, 이건 힘들어 → 내 가치관·기준과 너무 달라서 함께하기 어려운 영역.) 색칠한다.

2. 수용 문장 연습

"네 방식이 틀린 게 아니라 다르다", "여긴 네 구역을 존중하겠다" 같은 문장을 실제로 말해 본다.

3. 다름의 이점 발견

서로의 차이 덕분에 '얻는 것' 3가지를 적어 보고, 다름을 자산으로 재해석한다.

4. Don't-fix 시간(주 1회 20분)

고치거나 조언하지 않고 '그저 듣는' 시간을 갖는다. 다름을 바꾸기보다 견디고 이해하는 근육을 만든다.

우리, 결혼해도 괜찮을까?

결혼은 닮아 가는 과정이기도 하지만, 본질적으로는 다른 두 사람이 함께 걷는 길이다. 그 길을 오래 걸으려면, 다름을 인정하는 용기가 필요하다.

성격보다 중요한 반응 습관

연애를 시작할 때 우리는 종종 '성격이 잘 맞아야 한다'는 말을 믿는다. 취향이 비슷하고, 웃음 포인트가 같고, 좋아하는 음식이 겹치는 것에 안도한다. 하지만 결혼 생활을 오래 지켜보면, 성격이 맞는지보다 훨씬 중요한 것이 있다는 사실을 알게 된다. 바로 반응 습관이다.

반응 습관이란, 상대의 말이나 행동, 상황 변화에 우리가 무의식적으로 취하는 태도다. 작은 실수에 "괜찮아"라고 웃어넘기는 사람이 있는가 하면, 똑같은 상황에서 "왜 그렇게 했어?"라며 날을 세우는 사람도 있다. 성격은 고유하고 비교적 변하기 어렵지만, 반응 습관은 반복된 경험과 의식적인 훈련으로 바꿀 수 있다. 그리고 이 차이가 부부 관계의 온도를 결정한다.

사랑할 때는 좋은 모습만 보여 주고 싶은 마음에, 의식적으로 부드럽게 반응한다. 하지만 결혼 후 일상이 반복되고, 피곤과 스트레스가 쌓이기 시작하면, 무의식적인 반응이 드러난다. 바로 그때, 상대가 어떤 상황에서 어떻게 반응하는지가 관계의 질을 가른다.

예를 들어, 늦게 퇴근한 날 설거지가 그대로 남아 있는 것을 봤을 때, 어떤 사람은 짜증부터 낸다. "이거 하루 종일 안 치운 거야?" 하고 목소리를 높인다. 반면 어떤 사람은 먼저 물 한 잔을 마시고, 조용히 싱크대에 다가가 설거지를 시작한다. 두 번째 사람이 성격이 무조건 좋기 때문이 아니라, 그 순간 감정을 조절하는 습관이 몸에 배었기 때문이다.

결혼은 이런 작은 장면이 매일 이어지는 삶이다. 한 번의 짜증은 사라지지만, 그 짜증을 참지 못하는 습관은 누적된다. 그리고 누적된 반응 습관은 결국 '이 사람과 있으면 편안한지, 불안한지'라는 인상으로 굳어진다.

심리학에서도 이를 '정서적 반응성(emotional reactivity)'과 '회복탄력성(resilience)'으로 설명한다. 자극에 얼마나 과민하게 반응하는지, 그리고 부정적인 감정을 얼마나 빨리 회복하는지가 관계 만족도에 큰 영향을 준다. 같은 문제라도 차분히 말하는 습관이 있는 부부는 갈등이 길어지지 않고, 갈등이 곧 '파국'이 되는 부부는 대부분 부정적 반응이 자동화되어 있다.

연애 때는 보이지 않던 이런 차이가 결혼 후 확연히 드러난다. 그래서 결혼 전에는 성격만 보지 말고, 상대가 예상 밖의 상황에서 어떻게 반응하는지를 살펴야 한다. 지각했을 때, 음식이 입맛에 안 맞을 때, 계획이 틀어졌을 때, 상대가 내 이야기에 반박할 때 그 순간의 표정, 말투, 행동이 바로 평생을 함께할 때 마주할 '진짜 모습'이기 때문이다.

민호와 다연의 이야기는 이 차이를 잘 보여 준다. 두 사람은 2년 연애 후 결혼을 앞두고 있었다. 성격은 다소 달랐다. 민호는 계획적이고 차분했으며, 다연은 즉흥적이고 활발했다. 연애 내내 성격 차이로 부딪히는 일은 거의 없었다. 하지만 결혼 준비가 본격화되면서 균열이 나타났다. 웨딩 촬영 날, 스튜디오에 도착했을 때 드레스 한 벌이 잘못 배송된 것이다. 다연은 당황해 목소리가 높아졌고, "이게 어떻게 된 거냐"며 코디네이터에게 연달아 질문을 쏟았다. 반면 민호는 한발 물러서서 직원에게 "혹시 대체 드레스가 있나요?"라고 차분히 물었다.

촬영은 예정대로 진행됐지만, 그날 밤 두 사람은 처음으로 크게 다퉜다. 다연은 "나는 상황을 해결하려고 한 건데, 당신은 나를 방관한 것처럼 느껴졌다"고 말했고, 민호는 "네 반응이 너무 날카로워서 더 큰 문제가 생길까 봐 조심한 거다"라고 답했다. 그 대화는 결혼 전 중요한 계기가 됐다.

우리, 결혼해도 괜찮을까?

다연은 자신의 반응이 종종 불안을 키운다는 걸 인정했고, 민호는 다연이 불안할 때는 먼저 "괜찮아, 내가 같이 해결할게"라는 안심의 말을 해 주기로 했다. 이후 두 사람은 문제가 생길 때, 먼저 감정을 조절하고, 상대의 입장에서 한 박자 늦게 말하는 습관을 들였다. 결혼 후에도 그 습관은 큰 갈등을 줄이는 안전장치가 되었다.

□ 미니 체크리스트: 나는 좋은 반응 습관을 가지고 있을까?

1. 감정이 올라올 때, 먼저 멈추는 습관이 있다.

즉각적으로 반응하지 않고, 심호흡이나 짧은 침묵으로 감정을 정리한 후 대화한다.

2. 비난 대신 구체적인 요청을 한다.

"당신은 늘…" 같은 일반화 대신, "이번 주엔 이런 부분이 힘들었어" 처럼 사례를 들어 말한다.

3. 상대의 말 중 일부라도 먼저 인정한다.

완전히 동의하지 않아도, "그렇게 느낄 수 있겠다"로 시작하면 방어를 줄일 수 있다.

4. 말투와 표정을 의식한다.

내용이 아무리 좋아도, 날카로운 말투와 차가운 표정은 부정적 메시지를 강화한다.

5. 문제를 '우리의 문제'로 정의한다.

'네 문제'나 '내 문제'가 아니라, 둘이 함께 해결해야 할 공동 과제로 인식한다.

▶ **4개 이상 '예'라면**: 이미 건강한 반응 습관을 갖춘 편이다. 갈등 상황에서도 안전감을 주는 관계를 만들 가능성이 크다.
▶ **3개 이하라면**: 즉흥적 반응을 줄이고, 감정 전달 방식을 조율하는 연습이 필요하다.

□ **액션 플랜**

1. 숨 고르기 3초 법

대화 중 감정이 솟구칠 때, 바로 반응하지 않고 3초 동안 숨을 깊게 들이마신 뒤 내쉰다.

→ 이 짧은 멈춤이 방어적 언어 대신 차분한 대답을 가능하게 한다.

2. 감정 먼저 인정하기

상대 말의 옳고 그름보다 감정을 먼저 짚어 준다.

예: "그 말이 너를 불안하게 했구나" / "속상했겠다."

→ 감정을 인정받으면 방어벽이 내려간다.

3. 톤 모니터링 훈련

같은 말이라도 목소리 톤과 속도를 녹음해 들어 본다.

→ 너무 빠르거나 날카로운 톤이면 속도를 80%로 낮추고, 끝음을 부드럽게 마무리한다.

4. '왜' 대신 '어떻게' 질문

"왜 그렇게 했어?"는 방어심을 키우고, "어떻게 그런 선택을 하게 됐어?"는 대화를 확장시킨다.

→ 질문의 방향을 바꾸면 반응 습관도 달라진다.

5. 반응 후 점검 노트

대화가 끝난 뒤 '그때의 내 반응'과 '다른 대안' 두 가지를 간단히 적는다.
→ 주간 패턴을 확인하면 고치는 속도가 빨라진다.

결혼은 결국 수많은 '반응'의 집합이다. 같은 성격이라도 반응이 다르면 전혀 다른 결말이 나온다. 성격은 바꾸기 어렵지만, 반응 습관은 오늘부터도 바꿀 수 있다. 그것이 관계를 지키는 가장 현실적이고 강력한 기술이다.

우리, 결혼해도 괜찮을까?

2-3

가족 배경이 만든 우리

사람은 모두 가족이라는 첫 번째 울타리에서 관계를 배우고, 그 안에서 형성된 습관과 태도를 무의식적으로 가지고 살아간다. 연애를 할 때는 '가족 이야기'를 깊게 나누지 않는 경우가 많지만, 결혼 생활에 들어서면 이 배경이 얼마나 강력하게 우리의 관계 방식에 영향을 미치는지 깨닫게 된다.

누군가는 아침마다 식탁에서 가족이 모여 대화를 나누던 집에서 자랐고, 또 다른 누군가는 각자 방에서 밥을 먹고, 대화를 피하는 분위기 속에서 성장했을 수 있다. 어떤 집에서는 작은 갈등도 바로 대화로 풀었지만, 어떤 집에서는 갈등을 숨기거나 회피하는 것이 자연스러운 생존 방식이었다. 이런 차이는 결혼 후 생활 속에서 고스란히 드러난다.

가족 배경은 단순히 '좋았다' '나빴다'로 나눌 수 있는 것이 아니다. 문제는 각자에게 익숙한 방식이 '정답'이라고 믿는 데 있다. 예를 들어,

한 사람은 "문제가 생기면 바로 이야기해야 한다"는 가치관을, 다른 한 사람은 "시간을 두고 감정을 가라앉힌 뒤에 이야기해야 한다"는 신념을 가지고 결혼 생활을 시작한다면, 갈등 상황에서 충돌이 일어나기 쉽다.

심리학에서는 이를 '애착 스타일(attachment style)'로 설명한다. 안정형, 회피형, 불안형 등 어린 시절의 양육 경험이 성인이 된 후 친밀한 관계에서 보이는 행동 패턴을 결정한다는 것이다. 안정형은 갈등 속에서도 대화와 친밀감을 유지하지만, 회피형은 거리를 두려 하고, 불안형은 상대의 사랑을 지속적으로 확인하려 든다. 문제는, 서로 다른 애착 스타일을 가진 부부가 상대의 행동을 오해하면서 갈등이 심화된다는 점이다.

연애 시절에는 이런 차이가 잘 드러나지 않는다. 데이트는 즐거움 위주로 진행되고, 서로의 단점을 감추거나 부드럽게 포장한다. 그러나 결혼 생활은 매일의 습관, 가정 운영 방식, 휴식과 일의 균형 같은 현실적인 문제들을 드러나게 만든다. 특히 부모님과의 관계, 형제·자매와의 상호작용 방식은 결혼 후 배우자와의 관계 속에서 재현되곤 한다.

서연과 지훈은 결혼 3년 차 부부다. 두 사람은 연애할 때 큰 싸움이 없었고, 서로를 '운명'이라고 믿었다. 그런데 결혼 후, 사소한 일로도

우리, 결혼해도 괜찮을까?

감정이 쉽게 상하는 일이 잦아졌다. 서연은 집안일을 미루는 지훈에게 "왜 미리 말하지 않았느냐"고 자주 화를 냈고, 지훈은 "굳이 말할 필요가 없는 일까지 왜 문제 삼느냐"며 피하려 했다.

나중에 알게 된 건, 서연은 부모님이 매사 솔직하게 대화하는 집에서 자랐고, 지훈은 부모님의 갈등을 피하는 침묵 속에서 성장했다는 점이었다. 서연에게 침묵은 '무관심'이었고, 지훈에게 감정의 즉각적인 표현은 '불필요한 싸움'이었다.

이 차이를 이해한 뒤, 두 사람은 새로운 약속을 만들었다. 서연은 중요한 문제와 사소한 일을 구분해 이야기하고, 지훈은 회피하고 싶은 순간에도 최소한 "내가 생각을 좀 정리하고 다시 얘기하자"라는 신호를 보내기로 했다. 완벽하지는 않지만, 서로의 '가족 배경'을 인정하고 반영한 대화법은 갈등의 빈도를 확실히 줄였다.

☐ 미니 체크리스트: 나는 배우자의 가족 배경을 이해하고 있을까?

1. 배우자가 자란 가정의 대화 방식과 갈등 해결 방식을 알고 있다.

어떤 집은 문제가 생기면 바로 모여서 의견을 나누고, 어떤 집은 시간이 흐른 뒤 조심스럽게 대화를 시작한다. 배우자의 가정이 어떤 방

식이었는지 아는 것은, 그의 말투와 침묵, 반응 속도를 이해하는 중요
한 열쇠다.

2. 서로의 애착 스타일(안정형·회피형·불안형)을 어느 정도 파
악하고 있다.

어린 시절 부모와의 관계 패턴은 성인이 된 후 친밀한 관계에서도
반복된다. 안정형은 갈등 중에도 대화를 지속하지만, 회피형은 거리를
두고, 불안형은 반복적으로 확인을 구한다. 이런 차이를 알면 불필요
한 오해를 줄일 수 있다.

3. 내 가족 방식이 '정답'이 아닐 수 있음을 인정한다.

우리는 자신이 자란 환경을 당연하게 여기지만, 상대에게는 전혀 익
숙하지 않을 수 있다. 나의 기준이 절대적이지 않다는 사실을 받아들
이는 순간, 상대의 방식도 존중할 수 있게 된다.

4. 배우자의 행동을 해석할 때, 그의 성장 배경을 먼저 떠올려 본다.

같은 행동이라도 배경을 알면 의미가 달라진다. 예를 들어, 갈등에
서 침묵하는 배우자가 단순히 회피하는 것이 아니라, 불필요한 감정

폭발을 피하려는 습관일 수 있다.

5. 결혼 생활의 갈등을 줄이기 위해, 서로의 가족 문화를 반영한 규칙을 만들었다.

한쪽의 방식만 강요하면 불균형이 생긴다. 서로의 가정 문화를 절충해 새로운 생활 규칙을 만드는 것이 장기적으로 안정적인 관계를 만든다.

▶ **4개 이상 '예'라면**: 가족 배경의 차이를 관계의 자산으로 전환할 가능성이 높다.
▶ **3개 이하라면**: 무의식적으로 '내 방식'을 강요하고 있을 수 있다. 배우자의 가족사와 성장 맥락을 더 깊이 이해하는 것이 필요하다.

□ **액션 플랜**

1. 내 성장 환경 기록하기

어린 시절 부모님과 가족이 주로 사용한 말투, 가치관, 갈등 해결 방식 등을 짧게 메모한다. 내가 현재 어떤 반응 패턴을 갖게 되었는지 근원을 알 수 있다.

2. '좋았던 것'과 '물려받고 싶지 않은 것' 구분

가족에게 배운 점 중 유지하고 싶은 습관과, 개선하고 싶은 습관을 따로 적는다. 의식적인 선택이 가능해진다.

3. 타인의 가족 문화 존중하기

상대방의 반응을 볼 때, '저건 저 사람의 성격'이 아니라 '그 사람이 자라온 환경의 결과'일 수 있음을 기억한다.

4. 관계에서 '재현' 줄이기

가족과의 갈등 패턴을 직장이나 다른 인간관계에서 반복하지 않도록, 대화 도중 '이건 우리 집에서 하던 방식과 비슷하네'라고 스스로 점검한다.

5. 새로운 기준 만들기

과거 가족 규칙 대신, 지금의 나에게 맞는 소통·갈등 해결 규칙을 만든다. 예: "갈등 시 24시간 내 대화로 풀기"처럼 명확하고 실천 가능한 규칙 설정.

우리, 결혼해도 괜찮을까?

가족 배경을 이해하는 일은 과거를 파헤치려는 것이 아니라, 현재와 미래의 관계를 더 단단하게 만드는 기초 작업이다. 서로 다른 뿌리를 인정할 때, 우리는 비로소 같은 방향으로 자랄 수 있다.

2-4

가치관 차이를 맞추는 방법

사랑을 시작할 때는 서로의 가치관이 크게 다르지 않다고 믿기 쉽다. 좋아하는 음식, 여행지, 취미가 비슷하면 '우리는 잘 맞는다'고 생각한다. 하지만 결혼 생활은 좋아하는 메뉴나 주말 취향보다 훨씬 더 깊은 층위의 가치관 차이를 마주하게 한다. 돈을 어떻게 쓰고 모을지, 아이를 어떻게 키울지, 일과 가정 중 어느 쪽을 우선순위에 둘지, 노부모를 어떻게 모실지 같은 문제들이 그것이다.

가치관은 단순한 의견이나 취향이 아니라, 오랫동안 형성된 삶의 우선순위와 선택 기준이다. 그래서 쉽게 바뀌지 않고, 때로는 타협이 어렵다. 문제는, 우리는 상대의 가치관을 온전히 알기도 전에 결혼을 결심하는 경우가 많다는 점이다. 연애 시절에는 서로에게 좋은 모습만 보여 주려 하고, 중요한 가치관 차이를 일부러 피하거나 깊게 묻지 않는다. 하지만 결혼 생활에서는 이런 차이가 곧바로 생활 속 마찰로 드러난다.

우리, 결혼해도 괜찮을까?

예를 들어, 한 사람은 "돈은 현재의 행복을 위해 쓰는 것"을 중시하고, 다른 한 사람은 "미래를 위해 저축해야 한다"는 신념을 가지고 있을 수 있다. 처음에는 '서로 다른 장점'처럼 보이지만, 시간이 지나면 '상대가 왜 이렇게 사소한 것까지 아끼나' 혹은 '왜 이렇게 계획 없이 쓰나' 하는 불만이 쌓인다. 가치관이 충돌하면 단순한 생활 습관의 차이보다 훨씬 더 깊이 관계를 흔든다.

지영과 민수 부부는 이 문제를 겪은 대표적인 사례다. 지영은 여행과 취미 생활을 즐기며 현재를 만끽하는 타입이었다. 반면 민수는 안정적인 노후와 미래 계획을 중시하는 사람이었다. 결혼 첫해, 두 사람은 돈을 어떻게 관리할지를 두고 끊임없이 다퉜다. 지영은 "우리 지금 젊을 때 즐겨야지"라고 말했고, 민수는 "나중에 힘들어질 생각은 안 하냐"고 답했다. 결국 두 사람은 감정이 상하고 대화를 피하게 되었다.

변화의 전환점은, 서로가 왜 그런 생각을 갖게 되었는지 이야기한 날이었다. 지영은 어린 시절, 아버지의 사업 실패로 가족이 고생했던 기억 때문에 "기회가 있을 때 행복을 챙겨야 한다"는 마음이 강했다.

민수는 정반대였다. 어려서부터 부모님의 안정적인 생활을 보며 '미래를 위해 지금을 절제하는 것'이 당연하다고 여겼다. 이 배경을 이해한 뒤, 두 사람은 예산을 세 구간으로 나누기로 했다. 생활비, 저축, 그리고 '마음껏 쓰는 즐김 예산'. 이 방식은 완벽하진 않아도, 서로의 가치를 인정하며 현실적인 균형을 찾는 첫걸음이 되었다.

가치관 차이를 맞춘다는 것은 상대를 '나처럼 만들기'가 아니다. 오히려 서로의 기준을 존중하며, 둘 모두가 불편하지 않은 새로운 기준을 만들어 가는 과정이다. 때로는 '내가 이 부분은 양보하겠다'는 결심이 필요하고, 또 때로는 '이 부분은 꼭 지켜야 한다'는 원칙을 세워야 한다. 중요한 건, 이런 대화를 회피하지 않고 주기적으로 나누는 것이다.

□ 미니 체크리스트: 우리는 가치관 차이를 대화로 풀고 있는가?

1. 큰 결정을 내릴 때, 서로의 우선순위를 먼저 묻는다.

집을 살지, 여행을 갈지, 일을 줄일지 같은 선택 앞에서 '나는 이렇게 생각해'보다 '넌 어떻게 생각해?'를 먼저 꺼내는 습관이 있다면, 가치관의 충돌을 완화할 수 있다.

2. 서로의 '변하지 않는 원칙'과 '유연하게 조정 가능한 부분'을 구분해 본 적이 있다.

어떤 것은 절대 포기할 수 없는 신념이고, 어떤 것은 상황에 따라 조

우리, 결혼해도 괜찮을까?

정 가능한 영역이다. 이를 구분해 두면 불필요한 싸움을 줄일 수 있다.

3. 과거의 경험이 현재 가치관에 어떤 영향을 미쳤는지 공유했다.

어린 시절, 가족사, 경제적 환경 등은 현재의 우선순위에 깊게 영향을 미친다. 배경을 알면 가치관을 이해하는 속도가 빨라진다.

4. 가치관이 다를 때, '맞다·틀리다'로 결론 내리기보다 절충안을 찾는다.

승부를 가르듯 토론하면 감정만 남는다. 둘 다 받아들일 수 있는 중간 지점을 찾는 것이 관계 유지의 핵심이다.

5. 정기적으로 '우리의 생활 기준'을 점검하는 시간을 가진다.

결혼 초에 정한 기준이 시간이 지나면서 바뀌는 건 자연스럽다. 변화된 상황에 맞춰 기준을 업데이트하는 습관이 필요하다.

▶ **4개 이상 '예'라면**: 가치관의 차이를 오히려 관계의 균형추로 활용할 수 있다.
▶ **3개 이하라면**: 일상에서 작은 불만이 쌓여 큰 갈등으로 번질 수

있다. 대화를 의식적으로 늘려야 한다.

□ 액션 플랜

1. 가치관 지도 그리기

각자 소중하게 여기는 가치(가족, 일, 돈, 여가, 신앙 등)를 리스트로 적고, 중요도순으로 정리한다. 서로의 리스트를 비교하며 '공통 핵심 가치'와 '차이가 큰 가치'를 파악한다.

2. 다름을 대화의 출발점으로

"네가 틀렸어"가 아니라 "네 생각은 왜 그런지 궁금해"로 시작하는 대화 습관을 만든다. 차이를 인정하는 태도가 부부 갈등을 줄인다.

3. 생활 속 합의 지점 만들기

예를 들어, 한쪽은 저축을, 다른 한쪽은 여행을 중시한다면 '연 1회 여행 + 매월 일정 금액 저축'처럼 두 가치가 모두 반영된 실천 계획을 만든다.

우리, 결혼해도 괜찮을까?

4. 정기적인 '가치 점검 데이트'

매달 또는 분기별로 함께 시간을 내어 최근 생활에서 가치관이 어떻게 반영됐는지, 불편한 부분은 없는지 이야기한다.

5. 약속은 구체적으로 기록

말로만 하지 말고, 결정한 내용을 간단히 메모나 가정 노트에 남겨 서로 확인한다. 기록은 분쟁 예방과 신뢰 회복에 도움이 된다.

결국 가치관 차이를 맞추는 방법은 '누가 옳은가'를 따지는 싸움이 아니라, '우리가 함께 갈 길'을 만드는 여정이다. 서로 다른 두 개의 나침반을 맞추는 과정이 쉽지 않지만, 그 속에서 배우는 존중과 이해는 관계를 훨씬 깊고 단단하게 만든다.

경계가 관계를 건강하게 하는 이유

사람들은 흔히 "사랑하면 모든 걸 함께해야 한다"고 생각한다. 연애를 할 때는 하루 일과를 낱낱이 공유하고, 감정 하나하나를 다 나누는 것이 가까움의 증거처럼 여겨진다. 하지만 결혼이라는 긴 여정을 시작하면 이야기가 달라진다. 모든 것을 공유해야 한다는 압박감은 오히려 관계를 무겁게 만들고, 건강한 거리를 유지하지 못한 채 서로의 삶을 침범하기 시작한다.

결혼 생활에서 중요한 것은 '경계(boundary)'다. 경계는 상대를 밀어내는 벽이 아니라, 서로를 존중하며 안전하게 관계를 지속할 수 있도록 해 주는 울타리다. 나와 너 사이에 선이 없으면 사랑이 쉽게 지쳐 버리고, 그 선이 너무 단단하면 마음이 단절된다. 결국 건강한 관계는 서로의 차이를 존중하면서도 함께할 영역과 각자의 영역을 구분하는 지혜에서 시작된다.

심리학에서는 경계를 "나와 타인의 책임과 감정을 구분 짓는 심리적 선"이라고 정의한다. 이 선이 불분명하면, 한쪽은 지나치게 간섭하거나 통제하려 하고, 다른 쪽은 무력하거나 침해당했다고 느낀다. 반대로, 경계가 지나치게 단단하면 친밀감이 자라지 못하고 각자 고립된다.

결혼 생활에서 경계가 필요한 이유는 크게 세 가지다.

첫째, 자율성과 친밀감의 균형

부부는 하나의 팀이지만 동시에 독립된 개인이다. 각자가 원하는 시간을 갖고, 스스로 선택할 권리를 지키면서도, 공동의 생활을 함께 꾸려 가는 균형이 중요하다. 경계가 없는 부부는 '흡수'되거나 '통제'되는 느낌을 받기 쉽다.

둘째, 외부 관계에서의 안전지대

부모님, 친구, 직장, 사회적 관계가 얽히는 순간, 부부가 함께 정한 '경계'가 없으면 외부 요인에 쉽게 흔들린다. 예를 들어, "부모님이 원하시니까"라는 이유로 일방적으로 결정을 내리면, 배우자는 소외감을 느낀다. 경계는 부부의 결정을 우선시하게 만들어, 외부의 압력을 조율할 수 있게 한다.

셋째, 갈등 예방과 회복

경계가 없는 관계에서는 작은 사건도 곧바로 갈등으로 번진다. 예를 들어, "왜 내 물건을 허락 없이 썼어?"라는 상황이 반복되면, 단순한 물건 문제가 아니라 '존중받지 못한다'는 감정으로 확대된다. 반대로 경계가 분명하면 불필요한 갈등을 예방하고, 문제가 생겨도 "우리가 정한 선을 다시 확인하자"는 방식으로 회복할 수 있다.

현정과 수호는 결혼 5년 차 부부다. 현정은 퇴근 후에도 혼자 책을 읽는 시간을 소중히 여겼지만, 수호는 그 시간을 '자신을 피하는 것'으로 오해했다. 반대로 수호는 주말마다 친구들과 축구를 하는 것을 즐겼지만, 현정은 그 시간을 가족과 보내지 않는다는 이유로 불만을 가졌다.

두 사람은 몇 차례 큰 다툼 끝에 부부 상담을 받게 되었고, 상담사는 "경계가 없는 사랑은 결국 지치게 된다"고 말해 주었다. 현정과 수호는 함께 규칙을 정했다.

· 현정의 '저녁 1시간 혼자 책 읽기'는 존중하기
· 수호의 '주말 축구 모임'은 월 2회까지만 유지하기
· 중요한 가사 결정은 반드시 대화 후 합의

그 결과, 현정은 더 이상 오해 없이 편안히 혼자 시간을 가질 수 있었고, 수호도 친구들과의 시간을 죄책감 없이 즐길 수 있었다. 경계를 정

우리, 결혼해도 괜찮을까?

한 뒤 오히려 두 사람의 친밀감은 더 깊어졌다.

□ 미니 체크리스트: 우리 관계의 경계는 건강할까?

아래 문항에 '예/아니오'로 답해 보자. 각 항목은 단순한 질문이 아니라, 관계의 균형을 점검하는 핵심 기준이다.

1. '혼자만의 시간'과 '함께하는 시간'을 구분할 수 있다.

하루 중 일정 부분은 각자에게 할애하고, 그 시간을 존중할 수 있는가?

2. 배우자의 개인 공간(물건·취향·친구 관계 등)을 침해하지 않는다.

휴대폰, 일기, 개인 모임 등 배우자의 선택을 존중하고 있는가?

3. 양가 친지, 친구, 직장 등 외부 관계에서 부부만의 의사 결정 원칙이 있다.

"양가 어른들 말씀은 경청하되 최종 결정은 우리가 한다" 같은 원칙이 마련되어 있는가?

4. 해야 할 일과 하고 싶은 일의 균형을 맞추는 합의가 있다.

가사, 경제, 여가 등에서 합리적인 분배와 합의가 되어 있는가?

5. 불편한 경계 침범이 생겼을 때 즉시 말하고 조율할 수 있다.

침묵하지 않고, "나는 이렇게 느꼈어"라고 표현할 수 있는가?

▶ **4개 이상 '예'라면**: 경계가 비교적 잘 설정되어 있어, 관계가 안정적으로 유지될 가능성이 높다.
▶ **3개 이하라면**: 아직은 대화와 조율이 필요하다. 경계가 모호할수록 불필요한 갈등이 쌓이게 된다.

□ **액션 플랜: 건강한 경계 세우기**

1. 개인 vs 공동 리스트 작성

각자에게 '꼭 지키고 싶은 개인 영역'과 '함께하고 싶은 영역'을 적어 공유한다. 예: 혼자만의 휴식 시간, 부부만의 저녁 식사.

2. 외부 관계 원칙 정하기

부모님, 친구, 직장 문제에 대해 원칙을 세운다. 예: "부모님 부탁은 듣되, 결정은 우리가 함께."

3. 캘린더로 경계 가시화하기

혼자만의 시간, 부부의 시간, 가족과의 시간을 캘린더에 표시해 서로의 일정과 마음을 예측 가능하게 만든다.

4. 경계 침범 시 대화법 훈련

불편할 때는 "너 왜 그래?" 대신 "나는 ~해서 불편했어"라고 말하는 연습을 한다.

5. 우리만의 경계 의식 만들기

예: 매달 마지막 주 토요일은 '부부만의 날', 일요일 오전은 각자 자유 시간. 규칙이 습관이 될 때 신뢰가 쌓인다.

경계는 사랑의 반대말이 아니다. 오히려 사랑을 오래 지키기 위한 보이지 않는 안전선이다. 선이 흐릿하면 관계는 쉽게 흔들리고, 선이 단단하면 관계는 서로의 자유를 보장하며 더 깊어진다. 건강한 부부

관계는 '모든 것을 함께하는 것'이 아니라, '어디까지 함께하고 어디는 존중할지'를 함께 정하는 것에서 시작된다.

우리, 결혼해도 괜찮을까?

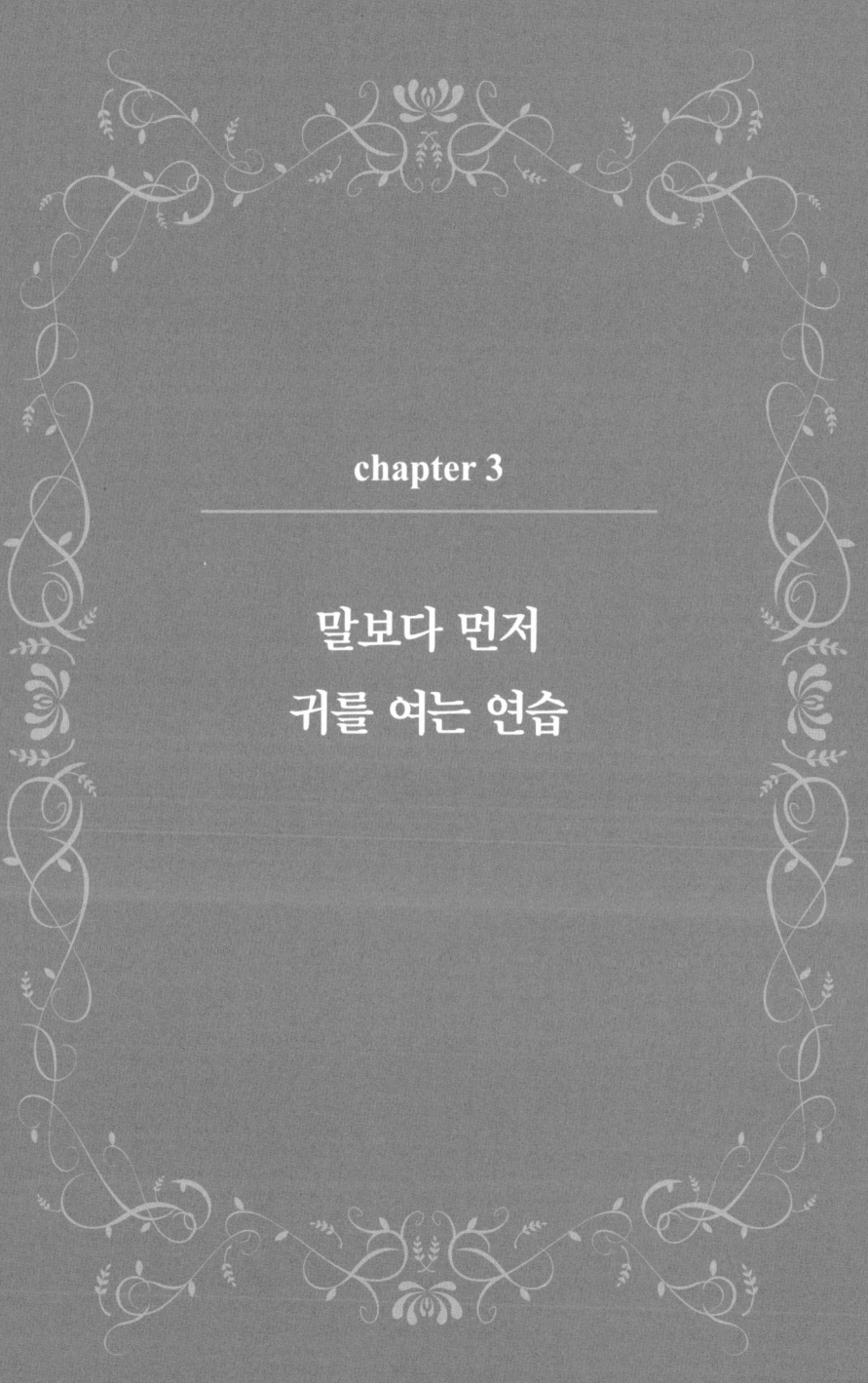

chapter 3

말보다 먼저
귀를 여는 연습

　사람 사이의 관계는 결국 '말'로 이어지지만, 진짜 친밀함은 '귀'에서 시작된다.

　하루에도 수십 번 대화를 나누지만, 그중 몇 번이나 우리는 온전히 '상대에게 집중해서' 듣고 있을까. 머릿속은 이미 다음에 할 말로 가득하거나, 상대의 말이 끝나기도 전에 결론을 내려 버린다. 그 순간 대화는 마음속 깊은 곳까지 닿지 못하고, 표면에서 흩어져 버린다.

　연애할 때는 상대의 말투, 표정, 한숨까지도 놓치지 않으려 귀를 기울인다. 짧은 문자 한 줄의 말끝도 분석하고, 전화 속 잠깐의 침묵조차 의미를 찾으려 한다. 그러나 결혼 후에는 익숙함이 경청을 가로막는다. "그 사람은 원래 저런 성격이야"라는 생각이 먼저 떠오르고, 듣기보다 판단이 앞선다. 같은 이야기도 여러 번 들으면 '또 그 얘기네' 하고 흘려버린다. 어느새 대화는 설득이 되거나, 변명으로 흐르거나, 차

우리, 결혼해도 괜찮을까?

가운 침묵 속에 갇혀 버린다.

사람은 누구나 '이해받고 있다'는 감각이 필요하다. 말의 내용보다, 나의 말이 끝까지 존중받았다는 느낌이 주는 위로는 훨씬 크다. 반대로, 이야기를 하다 중간에 끊기거나, 대답 대신 조언이 쏟아질 때, 우리는 '아, 이 사람은 나를 진짜로 듣지 않는구나'라는 실망을 느낀다. 그리고 그 실망은 대화를 줄이고, 대화를 줄이는 만큼 관계도 멀어진다.

이 장에서는 '말보다 먼저 귀를 여는 법'을 배운다. 먼저, 진짜 경청의 기술에서 귀로 듣는 것을 넘어 마음으로 듣는 방법을 다룬다. 이어서 감정을 있는 그대로 듣기에서는 판단을 내려놓고, 상대의 감정을 왜곡 없이 받아들이는 태도를 배운다.

공감과 위로의 차이와 힘에서는 "괜찮아"라는 말이 때로는 위로가 아니라 부담이 될 수 있다는 사실, 그리고 그 차이를 구체적으로 짚어 본다. "그랬구나" 한마디의 치유력에서는 짧지만 깊은 인정의 말이 어떻게 마음의 상처를 덮어 주는지 이야기한다. 마지막으로 표정과 눈빛이 전하는 무언의 대화에서는 말하지 않아도 서로를 이해하게 만드는 비언어적 소통의 힘을 살펴본다.

경청은 단순한 기술이 아니다. 그것은 "나는 지금 너를 있는 그대로 받아들이고 있어"라는 무언의 약속이다. 귀를 열고, 마음을 연 사람에게는 신뢰가 자란다. 아무리 화가 난 순간이라도, "내 얘기를 들어줄 사람"이 곁에 있다는 사실만으로 관계는 회복의 길로 향한다. 우리가 배우자는 물론, 자녀나 동료, 부모와의 관계에서까지 이 기술을 연습해야 하는 이유가 여기에 있다.

우리, 결혼해도 괜찮을까?

진짜 경청의 기술

우리는 어려서부터 '말하기'는 열심히 배우지만, '듣기'에 대해서는 거의 배우지 못한다. 그래서인지 많은 사람들이 경청을 '그냥 조용히 듣는 것'으로 오해한다. 그러나 진짜 경청은 단순히 귀를 열어놓는 것이 아니라, 마음과 시선까지 온전히 상대에게 맞추는 적극적인 행위다.

경청이 어려운 이유는 우리의 뇌가 늘 '생산 모드'로 작동하기 때문이다. 누군가 말하는 동안, 머릿속에서는 이미 '그건 이렇게 해야 하는데' '저건 내가 전에 겪은 일인데'라는 생각이 떠오른다. 심지어 대답 문장을 미리 만들고 있을 때도 있다. 이런 상태에서는 상대의 말 속 뉘앙스나 감정을 놓치기 쉽다. 말의 표면만 받아들이고, 그 이면에 담긴 진짜 메시지는 흘려보내는 것이다.

심리학에서는 경청을 세 가지 단계로 설명한다. 1단계는 '집중해서 듣기'로, 말하는 사람의 시선과 표정, 몸짓까지 주의 깊게 관찰하는 것이다. 2단계는 '이해하며 듣기'다. 단어 그대로의 뜻뿐 아니라, 감정과 맥락을 함께 읽어 내는 과정이다. 마지막 3단계는 '반영하며 듣기'다. 이는 "네 말이 이런 뜻이구나" 하고 내 언어로 다시 확인해 주는 단계다. 이 과정을 거치면 상대는 '내 이야기가 정확히 전달됐다'는 안도감을 느낀다.

경청이 힘을 발휘하는 순간은 바로 갈등 상황에서다. 예를 들어, 배우자가 "요즘 너무 힘들어"라고 했을 때, 우리는 본능적으로 "왜? 무슨 일 있었어?"라고 묻거나, "괜찮아, 다 잘 될 거야"라고 위로하려 든다. 하지만 진짜 경청자는 먼저 침묵 속에서 그 말을 온전히 받아들이고, "많이 지쳤구나"라고 감정을 확인해 준다. 이 단순한 감정 반영만으로도 상대는 이미 '내 마음을 알아주는 사람'이라는 신뢰를 느낀다.

민호와 수진 부부는 결혼 5년 차다. 최근 들어 두 사람은 사소한 대화에서조차 서로 짜증을 내는 일이 잦아졌다. 어느 날, 수진이 퇴근 후 현관에 들어서자마자 "오늘 회사에서 너무 힘들었어"라고 말했다. 예전의 민호라면 "왜? 또 팀장 때문에?"라고 바로 묻거나, "그만두고 다른 데 알아보자"라는 해결책을 제시했을 것이다. 하지만 그날 민호는 달랐다. 잠시 그녀를 바라보다가 "오늘 하루가 유난히 버거웠나 보네"라고 조용히 말했다. 그리고 부엌에서 물 한 잔을 따라 건넸다.

우리, 결혼해도 괜찮을까?

수진은 그 순간 이상하게 눈물이 났다. 회사 이야기로 옮겨 가기 전에, 자신의 감정을 먼저 확인받았다는 안도감 때문이었다. 민호도 놀랐다. 단지 말을 바꾸었을 뿐인데, 대화의 온도가 확 달라졌기 때문이다. 그날 이후, 두 사람은 '바로 질문하거나 조언하지 말고, 먼저 감정을 되짚어 주기'라는 약속을 세웠다. 그 약속 하나로 대화가 덜 날카로워지고, 서로의 말이 마음 깊숙이 들어가기 시작했다.

□ 미니 체크리스트: 나는 진짜로 경청하고 있을까?

1. 상대가 말할 때 시선과 표정을 함께 읽는다.

눈을 보며 듣는 것은 단순한 예의가 아니라, '당신에게 집중하고 있다'는 무언의 신호다. 표정과 눈빛은 말보다 먼저 감정을 알려 준다.

2. 중간에 끼어들지 않는다.

이야기가 끝나기 전에 끼어드는 순간, 대화의 흐름은 끊기고, 상대는 '내 말을 다 듣지 않았다'고 느낀다.

3. 속으로 반박 문장을 만들지 않는다.

듣는 동안 반박이나 조언을 준비하면, 상대의 말을 필터링하게 된다. 경청은 판단보다 이해가 먼저다.

4. 감정을 먼저 반영한다.

"그랬구나" "힘들었겠다"처럼 상대의 감정을 되짚어 주는 한마디는, 조언보다 먼저 필요한 위로다.

5. 내가 이해한 내용을 확인한다.

"네 말은 ○○라는 뜻이지?"처럼 되물어 주면, 오해를 줄이고 대화를 깊게 만든다.

▶ **4개 이상 '예'라면**: 당신은 이미 경청을 통해 관계를 부드럽게 만드는 사람이다.
▶ **3개 이하라면**: 듣는 습관을 점검할 때다. '말하기보다 듣기'를 하루 한 번씩 의도적으로 연습해 보자.

□ **액션 플랜**

1. 말을 끝까지 듣기

중간에 끊지 않고, 다 말한 뒤에 내 의견을 전한다.

→ "그래서 그랬구나"로 마무리 후 대답 시작.

2. 몸과 표정으로 '듣고 있음' 표현

눈을 맞추고, 고개를 끄덕이며, 표정으로 반응한다.

→ "응", "그렇구나" 같은 짧은 말로도 충분하다.

3. 핵심 감정 되짚어 주기

말 속에 담긴 기분을 짚어 준다.

→ "속상했겠다" "걱정이 컸구나" 등.

4. 판단 · 해결보다 공감 먼저

문제 해결책을 제시하기 전에 감정에 먼저 반응한다.

→ "그 상황이면 나도 힘들었을 거야."

5. 대화 시간 따로 만들기

바쁘거나 피곤한 상태에서 듣기보다, 시간을 정해 대화를 나눈다.

→ 하루 10분 '경청 타임'만 있어도 관계가 달라진다.

경청은 단순히 대화 기술이 아니라, 마음을 연결하는 방법이다. 우리는 종종 '좋은 말을 해 주는 사람'보다 '내 이야기를 끝까지 들어주는 사람'에게 더 큰 신뢰를 느낀다.

귀를 연다는 건, 단순히 소리를 받아들이는 것이 아니라, 상대의 마음을 나에게 맡기게 만드는 일이다. 이 기술이 익숙해질수록, 사랑과 신뢰는 더 단단해진다.

우리, 결혼해도 괜찮을까?

감정을 있는 그대로 듣기

우리는 누군가의 감정을 들을 때, 본능적으로 그 감정을 '바로잡고' 싶어 한다. "그렇게 화낼 일 아니야", "그렇게 슬퍼하지 마", "마음 편히 가져"라는 말이 무심코 나온다. 하지만 이런 말은 의도와 달리 상대의 감정을 '틀렸다'고 선언하는 효과를 낸다. 감정에는 옳고 그름이 없다. 있는 그대로 인정받을 때, 감정은 자연스럽게 가라앉는다.

감정을 있는 그대로 듣는다는 것은, 그 감정이 과도하든, 비합리적으로 보이든, '그럴 수 있다'고 받아들이는 태도를 말한다. 이는 공감을 넘어선 수용의 영역이다. 상대가 화를 내고 있다면, 그 화가 내 기준에서 '이해 가능한지'를 따지기 전에, 먼저 "지금 화가 많이 났구나"라고 말해 주는 것이다. 이때 중요한 것은 억지로 부드러운 표정을 지으려 하기보다, 진심으로 그 감정에 귀를 기울이는 태도다. 억지로 달래거나 웃어넘기려는 시도는 오히려 방어벽을 더 높인다.

심리학에서는 이를 '정서 수용(emotional acceptance)'이라고 부른다. 정서 수용은 감정을 있는 그대로 인정하고, 그 감정이 사라질 때까지 기다려 주는 과정이다. 감정은 마치 거센 파도와 같아서, 막으려고 할수록 더 크게 부딪혀 오지만, 안전한 공간에서 부드럽게 흘려보내면 자연스럽게 잦아든다. 이 과정이 빠질 때, 우리는 대화를 '논리 싸움'으로 만들고, 감정은 해소되지 못한 채 더 깊어지게 된다.

특히 부부나 연인 관계에서는 감정을 있는 그대로 받아 주는 순간, 서로에 대한 신뢰감이 급격히 높아진다. 상대의 감정을 바꾸려고 하지 않고, 그냥 '그 감정을 느끼는 너'를 인정해 줄 때, 그 사람은 자신이 안전한 공간에 있다고 느낀다. 이 안전함이 있어야 진짜 대화가 가능하다. 때로는 아무 말 없이 손을 잡아 주는 것, 혹은 "그래, 오늘은 그냥 네 마음이 그렇구나"라고 말해 주는 짧은 한마디가 수많은 설명보다 훨씬 강력하다.

지영과 민수는 7년 차 부부다. 어느 날, 민수가 늦게 퇴근했는데, 지영이 심하게 화를 냈다. "또 약속 어겼네. 매번 늦는 이유가 뭔데?" 예전 같으면 민수는 "오늘 회의가 길어져서 어쩔 수 없었어"라며 상황 설명부터 했을 것이다. 그러나 최근 대화 훈련을 하며, 민수는 방식을 바꿨다.

우리, 결혼해도 괜찮을까?

그는 먼저 한숨을 쉬고 있는 지영을 바라보며 "오늘 많이 서운했구나"라고 말했다. 지영은 순간 멈칫했다. 보통은 변명부터 듣다가 더 화가 나곤 했는데, 이번에는 자신의 감정을 그대로 확인해 주니, 목소리 톤이 금세 누그러졌다. 대화는 자연스럽게 "앞으로 약속 시간을 지키기 위해 어떻게 할까?"라는 실질적인 이야기로 이어졌다.

민수는 그날 이후, 감정을 인정하는 것이 변명이나 설명보다 훨씬 강력하다는 사실을 깨달았다. 상대방이 '내 감정이 틀리지 않았다'는 확신을 가질 때, 마음의 문이 열린다는 것을 몸소 경험한 것이다. 특히 그는 이 방식을 일상 대화에도 적용했다. 출근길에 아내가 "오늘 이상하게 긴장돼"라고 하면, "왜 긴장해?"라고 묻기보다 "오늘 좀 예민하구나"라고 먼저 말해 주는 것이다. 이렇게 시작한 대화는 훨씬 부드럽게 이어졌다.

□ 미니 체크리스트: 나는 감정을 있는 그대로 듣고 있을까?

1. 상대의 감정을 바꾸려고 하지 않는다.

"그렇게 느끼면 안 돼"라는 말은 상대의 감정을 부정하는 것이다. 먼저 '그럴 수 있다'는 태도로 듣는다.

2. 감정의 강도를 평가하지 않는다.

내 기준에서 '별일 아닌' 일이라도, 상대에게는 큰일일 수 있다. 감정의 크기를 재단하지 않는다.

3. 감정을 정확한 단어로 되짚는다.

"속상했구나" "많이 불안했네"처럼 감정을 명확히 언어화하면, 상대는 자신의 마음이 잘 전달됐다고 느낀다.

4. 설명보다 인정이 먼저다.

상황 설명은 감정이 어느 정도 가라앉은 뒤에 한다. 초반에는 오직 감정 확인에 집중한다.

5. 감정을 인정하는 표현을 일상적으로 사용한다.

"그럴 수 있지" "그랬구나" 같은 짧은 말이 감정 수용의 신호가 된다.

▶ **4개 이상 '예'라면**: 당신은 감정 수용을 통해 대화를 부드럽게 이끄는 사람이다.

우리, 결혼해도 괜찮을까?

▶ **3개 이하라면**: 감정보다 상황에 초점을 맞추는 습관이 있을 수 있다. 감정 확인을 먼저 시도해 보자.

□ **액션 플랜**

1. 사실보다 감정 먼저 주목하기

"무슨 일이 있었어?"보다 "그때 어떤 기분이었어?"로 시작한다.
→ 감정을 먼저 묻는 질문이 대화의 톤을 부드럽게 만든다.

2. 옳고 그름 판단 보류하기

이야기를 들으며 '누가 맞다' 판단하지 않는다.
→ 판단을 멈추면, 상대가 방어하지 않고 더 깊이 털어놓는다.

3. 감정 언어를 반복·확인하기

"속상했구나", "불안했겠네"처럼 상대의 감정 단어를 그대로 되돌려준다.
→ 공감이 '맞다/틀리다' 논쟁을 줄인다.

4. 감정에 숫자 매기기

"지금 속상함이 10점 만점에 몇 점이야?"
→ 수치화하면 감정의 크기를 함께 인식하고 진정 과정을 돕는다.

5. 반박 대신 요약하기

듣고 난 뒤, "네 말은 ○○해서 힘들었다는 거지?"처럼 짧게 요약해준다.
→ 감정을 왜곡 없이 받아들였다는 신호가 된다.

감정을 있는 그대로 듣는 것은 '동의'와 다르다. 상대의 행동이나 생각에 동의하지 않더라도, 그 사람이 느끼는 감정만큼은 인정할 수 있다. 이 단순한 인정이 관계를 지탱하는 기둥이 된다.

사람은 '이해받았다'고 느낄 때, 비로소 마음을 연다. 그 마음이 열려야 진짜 해결책도 들어갈 수 있다.

공감과 위로의 차이와 힘

많은 사람들이 '공감'과 '위로'를 같은 의미로 생각한다. 그러나 이 둘은 관계에서 전혀 다른 역할을 한다. 공감은 상대의 감정을 함께 느끼고 이해하는 것이고, 위로는 그 감정의 무게를 덜어 주기 위해 손을 내미는 행동이다. 공감이 '마음의 온도'를 맞추는 과정이라면, 위로는 그 온도를 서서히 따뜻하게 끌어올리는 행위다.

문제는, 우리가 위로부터 먼저 하려는 습관을 갖고 있다는 것이다. 상대가 "오늘 너무 힘들었어"라고 말하면, 곧바로 "괜찮아, 내일은 나을 거야"라고 대답한다. 이는 의도치 않게 '네 힘듦은 금방 사라질 거야'라는 신호를 준다. 위로가 공감보다 먼저 나오면, 상대는 자신의 감정이 충분히 이해받지 못했다고 느낀다. 마치 깊은 상처에 아직 피가 나고 있는데, 그 위에 서둘러 밴드를 붙이는 것과 같다.

심리학에서는 이 과정을 정서적 동조(emotional attunement)와 정서적 지지(emotional support)로 구분한다. 정서적 동조는 상대의 감정을 느끼고 그 리듬에 맞춰 반응하는 것이고, 정서적 지지는 감정이 안정된 후에 힘을 북돋아 주는 행위다. 순서가 바뀌면, 공감의 힘이 사라지고 위로도 가벼워진다.

공감은 "네 마음이 그렇구나"를 진심으로 느끼고 전달하는 것이다. 말보다 표정과 눈빛이 먼저 하는 경우가 많다. 눈을 맞추고, 고개를 살짝 끄덕이며, 짧지만 진심 어린 "응, 그랬구나"라는 말이 상대의 방어벽을 허무는 열쇠가 된다. 공감의 힘은 '같이'라는 감각을 주는 데 있다. 혼자가 아니라는 안정감이 들면, 마음속 긴장이 서서히 풀린다.

예를 들어, 아내가 직장에서 상사에게 부당한 대우를 받았다고 한다. "그럴 수 있지, 네가 얼마나 당황했을지 알겠다"라고 말하며 잠시 침묵하는 것이, "그 상사 원래 그래, 신경 쓰지 마"라고 말하는 것보다 훨씬 깊이 와닿는다. 전자는 '지금 네 감정을 내가 느끼고 있다'는 신호이고, 후자는 '그 감정을 넘어가자'는 제안이다.

위로는 공감 이후에야 제 역할을 한다. 공감으로 마음의 문이 열린 후에 건네는 위로는, 마치 손을 내밀어 함께 걸어가는 것과 같다. 이때 위로는 '해결책 제시'가 아니라 '정서적 동반'을 의미한다. "그랬구나, 정말 속상했겠다"라는 공감이 끝난 후, "그렇지만 나는 네가 이 상황을

우리, 결혼해도 괜찮을까?

잘 헤쳐나갈 거라 믿어"라고 말하면, 그 믿음이 상대를 앞으로 나아가게 한다.

위로는 반드시 긍정적인 말일 필요는 없다. 때로는 조용히 옆에 있어 주는 것만으로도 위로가 된다. 어깨에 손을 올리거나, 커피 한 잔을 건네거나, "오늘은 그냥 쉬어"라는 말 한마디가 위로가 될 수 있다. 중요한 건, 상대가 느끼는 감정을 인정한 뒤에 건넨다는 순서다.

혜진과 수호는 연애 2년 차다. 어느 날 혜진이 직장에서 큰 실수를 하고 돌아왔다. 집에 오자마자 "나 진짜 바보 같아"라며 눈물을 터뜨렸다. 수호는 당황한 나머지 "괜찮아, 누구나 실수할 수 있어"라고 위로부터 시작했다. 그런데 혜진은 오히려 화를 냈다. "괜찮긴 뭐가 괜찮아! 너는 내 얘기를 듣지도 않아."

수호는 억울했다. 그는 혜진을 위로하려고 했을 뿐인데, 왜 화를 내는지 이해가 안 됐다. 나중에야 알게 된 건, 혜진이 원한 건 '문제 해결'도, '긍정적인 위로'도 아니었다는 사실이다. 그저 "많이 속상했겠다"라는 한마디, 그 감정을 있는 그대로 인정해 주는 말이 필요했던 것이다.

이 일을 계기로 수호는 대화 순서를 바꿨다. 먼저 공감을 하고, 그다음에 위로를 건넸다. 같은 상황에서 혜진이 "오늘 너무 힘들었어"라고 말하면, 그는 "그래, 정말 힘들었겠다"라고 말한 뒤 잠시 침묵했다. 그후 "그래도 네가 잘하려고 얼마나 애썼는지 난 알아"라는 말을 덧붙였다. 놀랍게도, 이 방식은 갈등 없이 대화를 부드럽게 만들었다.

□ 미니 체크리스트: 나는 공감과 위로의 순서를 지키고 있을까?

1. 감정 인정이 먼저다.

상황 설명이나 위로 전에, "그랬구나" "속상했겠다" 같은 감정 확인이 먼저 나온다.

2. 공감과 위로를 구분한다.

공감은 감정을 함께 느끼는 것, 위로는 그 이후에 건네는 정서적 지지임을 이해한다.

3. 위로는 조언이 아니다.

위로는 "넌 잘할 거야" "난 네 편이야" 같은 지지의 말이지, 해결책을 강요하는 말이 아니다.

우리, 결혼해도 괜찮을까?

4. 공감 후 위로가 힘을 가진다.

공감 없이 바로 건네는 위로는 공허하게 들릴 수 있음을 안다.

5. 행동으로도 위로를 표현한다.

말이 아니라, 옆에 있어 주는 시간, 작은 배려, 따뜻한 제스처로 위로
할 수 있다.

- ▶ **4개 이상 '예'라면**: 당신은 공감과 위로의 흐름을 이해하고 실천하
  는 사람이다.
- ▶ **3개 이하라면**: 무심코 위로부터 시작하는 습관이 있을 수 있다.
  대화 순서를 점검해 보자.

□ **액션 플랜**

1. 공감은 '같이 느끼기', 위로는 '달래주기'

공감은 "나도 그 기분 알아"처럼 감정을 함께 느끼는 것,
  → 위로는 "괜찮아질 거야"처럼 그 감정을 누그러뜨리는 것.

2. 순서를 지키기

상처가 생긴 순간엔 먼저 공감, 감정이 가라앉으면 위로로 넘어간다.
→ 공감 없이 위로만 하면 '나를 이해하지 않았다'는 반응이 올 수 있다.

3. 공감할 땐 시선과 표정이 핵심

말보다 진심 어린 눈빛과 고개 끄덕임이 감정을 안전하게 만든다.
→ "그랬구나" 한마디가 큰 위로보다 더 깊이 닿는다.

4. 위로할 땐 미래 가능성을 제시

"다음엔 이렇게 해 보면 어때?"처럼 작지만 현실적인 희망을 건넨다.
→ 단, 조언은 감정이 충분히 진정된 후에만 한다.

5. 일상 속 작은 연습

사소한 대화에도 '공감과 위로' 구조를 연습하면 갈등 시에도 자연스럽게 작동한다.
→ 예: "오늘 힘들었어?", "응, 고생했네. 따뜻한 차 줄까?"

우리, 결혼해도 괜찮을까?

공감과 위로는 함께 있어야 완성된다. 그러나 순서를 지키는 것이 핵심이다. 먼저 공감으로 마음의 온도를 맞추고, 그다음 위로로 온도를 높인다. 이렇게 하면, 위로가 진심으로 닿고, 관계는 더 깊어질 수 있다.

상대가 "네가 내 마음을 이해했다"라고 느낄 때, 비로소 "네가 날 위로했다"라는 감정이 따라온다.

"그랬구나"한마디의 치유력

사람은 누구나 자신의 이야기를 들어주고, 그것이 인정받기를 바란다. 그런데 많은 경우, 대화 속에서 상대방이 원하는 건 해결책이나 조언이 아니라, 단지 "네가 그런 마음이었구나"라는 확인이다. 그 확인을 가장 간단하고 강력하게 전하는 말이 바로 "그랬구나"다. 이 짧은 세 글자는 상대의 감정을 평가하지도, 부정하지도 않으며, 그저 있는 그대로 받아들인다. 그 단순함 속에 놀라운 힘이 있다.

"그랬구나"라는 말은 마치 마음에 안전벨트를 채워 주는 것과 같다. 갑작스러운 감정의 흔들림 속에서도 '여기는 안전하다'는 신호를 준다. 누군가 내 이야기를 조용히 들어주고, 아무 조건 없이 "그랬구나"라고 말해 줄 때, 그 순간 우리는 혼자가 아니라는 안정감을 느낀다. 반대로, "그럴 줄 알았어" "그건 네가 잘못한 거야" 같은 말은 판단과 해석을 담고 있어서 마음의 문을 닫게 만든다.

심리학자 칼 로저스는 '무조건적 긍정적 존중'이라는 개념을 이야기했다. 상대를 평가하거나 교정하려는 시도 없이, 있는 그대로 수용하는 태도다. "그랬구나"는 바로 그 태도를 대화 속에서 구현하는 표현이다. 그 말은 감정을 수정하려는 의도가 없기 때문에, 듣는 사람은 '지금 내 감정을 안전하게 드러낼 수 있구나'라는 신뢰를 갖게 된다.

이 짧은 말의 힘은 위기 순간에 더욱 빛난다. 한 번은 친구가 이별을 겪고 며칠간 연락이 없었다. 어렵게 연락이 닿았을 때 그는 "그냥 다 귀찮아"라고 말했다. 그때 나는 충고 대신, "그랬구나. 많이 힘들었겠다"라고만 답했다. 그리고 잠시 침묵했다. 이상하게도 그 짧은 대화 후에 친구는 오히려 마음을 열고 이별의 전 과정을 이야기하기 시작했다. 그동안 쌓였던 감정이 조금씩 흘러나왔다. 대단한 위로나 해결책이 아니었지만, '내 감정을 있는 그대로 받아 주는 사람'이 있다는 사실만으로 그는 숨을 고를 수 있었다고 했다.

이 한마디의 힘은 연인 관계에서도 크다. 소소한 다툼이 일어났을 때, 대개는 서로의 주장을 관철하려 하다 싸움이 길어진다. 그런데 그 순간 "그랬구나"라고 말하면 상황이 달라진다. 이는 동의나 굴복이 아니라, '네 입장에서 보니 그런 마음이었구나'를 인정하는 신호다. 그 인정이 서로의 긴장을 풀고, 대화를 다시 부드럽게 이어 갈 여지를 만든다.

다만, "그랬구나"는 형식만 흉내 내서는 안 된다. 표정, 목소리, 시선까지 함께 진심을 전해야 한다. 무심한 톤이나 건성의 표정으로 말하면, 오히려 빈말처럼 느껴져 상처를 줄 수 있다. 진짜 힘은 말의 내용이 아니라, 그 말에 담긴 태도와 감정에서 나온다. 마음속으로 '이 사람의 감정을 내가 이해하려 한다'는 생각이 있을 때만, 그 짧은 말이 치유의 언어가 된다.

현수와 민정은 결혼 5년 차 부부였다. 어느 날 민정은 직장에서 있었던 일로 몹시 지쳐 집에 돌아왔다. 현수는 TV를 보던 중, 민정이 무거운 한숨을 쉬며 "오늘 하루 진짜 길었어"라고 말했다. 평소 같으면 현수는 "무슨 일인데?"라며 상황부터 물었을 것이다. 그러나 그날은 잠시 TV를 끄고, 민정의 눈을 바라보며 "그랬구나"라고 했다. 그 순간 민정의 표정이 풀리더니, 소파에 기대어 눈을 감았다. 더 많은 말이 필요하지 않았다. 잠시 후, 민정은 스스로 이야기를 꺼냈고, 그날 밤 대화는 오랜만에 따뜻하게 이어졌다.

□ 미니 체크리스트: 나는 '그랬구나'를 진심으로 말하고 있을까?

1. 상대의 감정을 수정하려 하지 않고 그대로 인정한다.

듣는 순간, '그건 그렇게 느낄 일이 아니야' 같은 생각을 내려놓아야

우리, 결혼해도 괜찮을까?

한다. 감정을 있는 그대로 두는 것이 첫 번째 이해다.

2. '그랬구나' 뒤에 불필요한 조언이나 평가를 덧붙이지 않는다.

"그랬구나, 하지만…"이라는 말은 인정이 아니라 반박이 된다. 말 뒤에 붙는 단어 하나가 온도를 바꾼다.

3. 표정과 목소리에 진심이 담겨 있는지 점검한다.

같은 말도 표정과 톤이 진심을 담아야 전달된다. 무심한 말투는 오히려 상처를 줄 수 있다.

4. 침묵을 두려워하지 않고, 그 순간을 함께 머문다.

'그랬구나' 후 잠시 조용히 있는 시간은 상대가 감정을 정리할 기회를 준다. 조급함을 내려놓아야 한다.

5. 동의가 아닌 이해의 신호로써 사용한다.

'그랬구나'는 상대 의견에 찬성한다는 의미가 아니다. 다만 그 마음을 '이해하고 있다'는 안전 신호다.

▶ **4개 이상 '예'라면**: 당신은 대화 속에서 치유의 언어를 잘 쓰고 있는 것이다.

▶ **3개 이하라면**: '그랬구나'를 습관처럼 말하고 있을 가능성이 있다. 의식적으로 진심과 태도를 담아 보자.

□ **액션 플랜**

1. 판단보다 먼저 '인정'

배우자의 말에 옳고 그름을 따지기 전에 "그랬구나"로 감정을 인정해 준다.

→ 이 한마디가 방어심을 낮추고 대화를 열게 만든다.

2. 톤과 표정이 반을 차지

건조하게 말하면 효과 반감. 부드러운 목소리와 시선 맞춤이 필수.

→ 억양 속 따뜻함이 '진짜로 내 마음을 들어줬다'는 느낌을 준다.

3. 감정 해소의 첫 관문

"그랬구나"는 문제 해결보다 감정의 응어리를 먼저 풀어 주는 열쇠다.

→ 감정이 풀리면 이후의 대화가 훨씬 부드럽게 흐른다.

4. 일상 대화에도 습관화

사소한 이야기도 "그랬구나"로 받아 주면, 갈등 상황에서 자동 반사처럼 나온다.
→ 예: "오늘 커피 너무 달았어", "그랬구나, 네 입맛에는 그랬겠다."

5. 더 묻기보다 잠시 멈춤

"그랬구나" 뒤엔 침묵과 여유를 준다. 상대가 스스로 감정을 더 풀어 낼 공간을 만드는 것.

관계는 서로의 마음에 남긴 문장의 총합이다. 어떤 말은 상처로, 어떤 말은 위로로 오래 남는다.

'그랬구나'라는 한마디는 단순해 보여도, 그 안에는 "나는 네 마음을 보고 있어"라는 깊은 메시지가 숨어 있다. 때로는 긴 설명보다, 이 짧은 말이 마음의 결을 다독이고 관계의 숨결을 부드럽게 만든다. 결국, 잘 들어주고 잘 반응하는 사람이 좋은 관계를 오래 지켜 낸다.

3-5

표정과 눈빛이 전하는 무언의 대화

말은 사람 사이를 잇는 다리지만, 그 다리가 전부는 아니다. 어떤 순간에는 말보다 더 많은 것을 전하는 도구가 있다. 바로 표정과 눈빛이다. 말이 준비되기 전에도, 심지어 침묵 속에서도 표정과 눈빛은 우리의 마음을 솔직하게 드러낸다. 그리고 이 무언의 신호는 종종 말보다 강한 힘을 발휘한다.

사람은 본능적으로 표정과 시선을 읽는다. 연인이 억지로 웃고 있는지, 진심으로 행복한지 우리는 거의 무의식적으로 구분해 낸다. 오랜 시간 함께한 부부일수록 그 감각은 더욱 예민하다. 배우자가 집에 들어오는 순간, 표정 하나만으로도 '오늘 좋은 하루였는지' 아니면 '무슨 힘든 일이 있었는지'를 감지한다. 말이 없어도 '네 마음 알아'라는 메시시가 표성과 눈빛을 통해 전해진다.

"대화"라고 하면 대부분 입으로 주고받는 말만을 떠올리지만, 실제

우리, 결혼해도 괜찮을까?

로 심리학 연구에 따르면 사람 사이의 의사소통에서 비언어적 요소가 차지하는 비중은 60% 이상이다. 그중에서도 표정과 눈빛은 감정의 진위를 드러내는 핵심 신호다. 아무리 따뜻한 말을 해도 표정이 굳어 있거나 눈빛이 피하면, 그 말은 쉽게 신뢰를 잃는다. 반대로 말이 서툴러도, 따뜻한 눈빛과 부드러운 표정은 상대의 마음을 열게 만든다.

민수와 은영은 결혼 5년 차 부부였다. 어느 날, 은영이 저녁 준비를 하며 하루 동안 있었던 이야기를 꺼냈다. 그런데 민수는 피곤한 얼굴로 대답을 건성으로 하고 있었다. 순간 은영은 서운함이 치밀었지만, 눈을 들었을 때 민수가 살짝 미소 지으며 자신을 바라보는 것을 보았다. 그 짧은 시선 속에 '미안해, 지금은 피곤하지만 네 이야기를 듣고 있어'라는 메시지가 담겨 있었다. 은영은 그 표정 하나로 마음이 풀렸다. 말로 다 설명하지 않아도, 표정과 눈빛이 그 자리를 채운 것이다.

하루 종일 바쁘게 보내고 지친 얼굴로 집에 돌아온 배우자에게 '오늘 힘들었지?'라는 말보다, 말없이 옆에 앉아 눈을 바라보며 미소 짓는 것이 더 큰 위로가 될 때가 있다. 눈빛은 마음의 상태를 비추는 거울이다. 사랑과 존중이 담긴 시선은 상대를 편안하게 하고, 부드러운 표정은 대화의 문을 연다.

다만, 표정과 눈빛이 긍정적인 힘을 발휘하기 위해서는 전제가 있다. 바로 마음속 진심이다. 억지 미소나 피곤함이 섞인 시선은 오히려 상대의 불안을 키운다. 감정을 숨기려 해도, 눈과 표정은 무심코 본심을 드러낸다. 그래서 표정과 눈빛을 바꾸고 싶다면, 먼저 마음의 태도부터 바꿔야 한다. 진심으로 상대를 존중하고 이해하려는 마음이 있을 때만, 표정과 눈빛은 자연스럽게 따뜻해진다.

□ 미니 체크리스트: 나는 표정과 눈빛으로 안전 신호를 보내고 있을까?

1. 상대를 바라볼 때 시선을 피하지 않는다.

눈을 마주치는 것은 '나는 네 이야기에 집중하고 있어'라는 기본적인 신호다. 짧게라도 눈을 맞추는 것만으로도 신뢰와 관심이 전달된다.

2. 부드러운 표정을 유지한다.

아무 말도 하지 않아도 얼굴의 긴장감은 그대로 전달된다. 부드러운 표정은 대화를 여는 가장 간단한 열쇠다.

3. 미소를 억지로 짓지 않는다.

억지로 지은 웃음은 눈과 입 주변에서 금방 티가 난다. 상대는 '겉으

우리, 결혼해도 괜찮을까?

로만 웃고 있구나'라는 불편함을 느낄 수 있다.

4. 상대의 말에 맞춰 표정이 변한다.

기쁜 이야기를 들을 땐 함께 웃고, 슬픈 이야기를 들을 땐 눈빛과 표정으로 공감해 주는 것이 중요하다.

5. 말보다 먼저 시선과 표정으로 반응한다.

상대가 말을 다 끝내기도 전에 눈빛이나 표정으로 '네 얘기를 잘 듣고 있어'라는 신호를 줄 수 있다.

▶ **4개 이상 '예'라면**: 당신은 표정과 눈빛으로 따뜻한 대화를 만들어 가고 있다.
▶ **3개 이하라면**: 무심한 표정과 피하는 시선이 오해를 만들고 있을 수 있다. 의식적으로 시선과 표정을 관리해 보자.

□ **액션 플랜**

1. 아침 첫 표정 점검

하루의 시작에 서로를 바라볼 때, 의식적으로 '따뜻한 눈빛'과 '부드러운 미소'를 건넨다. 말보다 먼저 표정이 하루 분위기를 만든다.

2. 대화 중 표정 피드백

서로가 말할 때 자신의 표정이 어떻게 보일지 떠올린다. 무표정보다 약간의 고개 끄덕임, 눈썹의 부드러운 움직임으로 '듣고 있다'는 신호를 보낸다.

3. 눈빛 교환 시간(하루 1분)

TV, 스마트폰 없이 1분간 서로 눈을 바라본다. 말없이도 안정감과 친밀감이 쌓인다.

4. 감정 맞추기 훈련

배우자의 표정과 눈빛에서 감정을 읽고, "지금 피곤해 보여" "행복해 보인다"처럼 가볍게 언어로 확인한다.

5. 표정 전환 리셋

갈등 상황에서 무의식적으로 생긴 차가운 표정을 깨닫는 즉시, 심호흡 후 표정을 부드럽게 풀어 준다. 눈빛과 표정이 먼저 화해의 문을 연다.

관계는 말로만 이어지지 않는다. 표정과 눈빛은 때로 말보다 먼저, 그리고 더 깊게 마음에 닿는다. '네 마음을 보고 있어'라는 신호를 시선과 표정에 담을 수 있다면, 당신은 이미 대화의 절반을 성공시킨 것이다. 말이 막히는 순간에도, 부드러운 시선과 온기 있는 표정만으로 관계는 더 단단해질 수 있다. 결국, 좋은 대화란 귀로만 듣는 것이 아니라 눈과 마음으로 듣는 것이다.

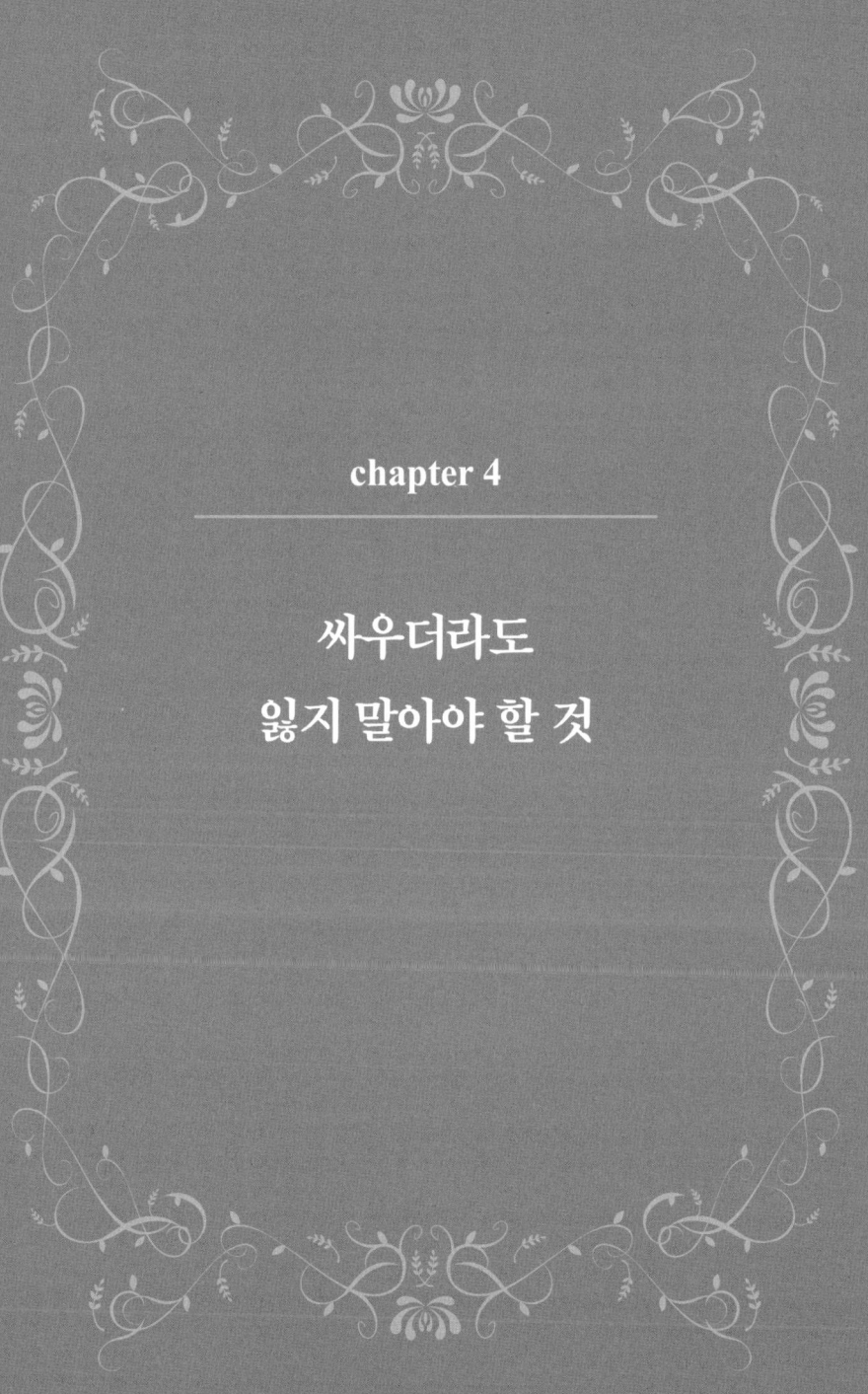

chapter 4

싸우더라도
잃지 말아야 할 것

　가까운 관계일수록 갈등은 더 자주, 그리고 더 깊게 찾아온다. 오히려 전혀 모르는 사람과는 부딪힐 일이 적지만, 매일 마주치는 동료, 오래 알고 지낸 친구, 부부 사이에도 생각의 틀과 생활 습관, 표현 방식에서부터 차이가 불쑥 튀어나온다. 그리고 이러한 갈등은 단순한 의견 충돌이 아니라, 서로의 자존감까지 흔들 수 있는 변수로 작용한다.

　사람들은 흔히 갈등을 피하는 것이 '관계 유지'의 방법이라고 생각한다. 하지만 심리학은 말한다. 갈등을 완전히 회피하는 관계는 표면적으로는 조용해 보여도, 그 속에서 상처가 서서히 곪고 있다는 사실을. 회피는 문제를 사라지게 하지 않는다. 다만 덮어둘 뿐이며, 언젠가 더 크게 터질 수 있는 불씨로 남긴다.

　중요한 건 '갈등이 없는 관계'가 아니라, 갈등을 잘 다루는 관계다. 싸움은 관계를 무너뜨리는 것이 아니라, 오히려 서로를 더 깊이 이해하

　　　　　　　　　　　　　　　우리, 결혼해도 괜찮을까?

고 관계를 단단하게 만드는 과정이 될 수 있다. 전제는 단 하나, 싸우더라도 잃지 말아야 할 것이 있다는 사실을 잊지 않는 것이다. 그것은 신뢰, 존중, 그리고 앞으로도 계속 함께할 수 있다는 마음의 끈이다.

이 장에서는 갈등을 피하지 않으면서도 관계를 지킬 수 있는 방법을 다룬다. 감정이 폭발하기 전에 스스로를 멈추는 기술, 싸울 때 지켜야 할 약속, 그리고 갈등 이후 관계를 회복시키는 대화의 단계까지. 여기에 담긴 원칙들은 단순한 '갈등 회피'가 아니라, 오히려 갈등을 관계 성장의 도구로 바꾸는 힘이 될 것이다.

싸움의 순간에도 상대의 마음을 놓치지 않는 연습, 그 속에서 관계를 지켜 내는 법. 이것이 우리가 이번 장에서 함께 풀어 갈 이야기다.

$$\boxed{\text{4-1}}$$

갈등을 피하지 않는 관계

갈등은 누구에게나 불편하다. 목소리가 높아지고 표정이 굳어지는 순간, 우리는 본능적으로 몸을 움츠린다. 그저 대화를 멈추고, 아무 일 없던 듯 넘어가고 싶은 마음이 앞선다. 하지만 부부나 연인의 관계에서 갈등은 피한다고 사라지지 않는다. 오히려 그 자리에 남아 천천히 곪아 가며, 시간이 흐를수록 더 깊은 틈을 만든다. 겉으로는 평온해 보여도, 속에서는 '아직 끝나지 않은 대화'가 부유한다.

많은 커플이 헤어지거나 멀어지는 결정적인 이유가 '큰 싸움' 때문이라고 생각하지만, 의외로 대부분은 사소한 불편함과 오해가 쌓이고, 그걸 풀 기회를 놓친 채 시간이 흘렀기 때문이다. 작은 불만이 쌓이고 묵혀지다 보면, 나중에는 건드리기조차 두려운 '민감한 주제'가 되어 버린다.

건강한 부부·연인 관계란 갈등이 전혀 없는 관계가 아니다. 갈등이

우리, 결혼해도 괜찮을까?

생겼을 때, 그것을 마주하고 풀어낼 수 있는 용기를 가진 관계다. 회피는 잠시 평화를 주는 듯하지만, 결국 오해와 거리감을 만든다. 반대로, 솔직하게 갈등을 다루는 경험은 관계를 더 단단하게 만든다. 마치 근육이 미세한 손상을 회복하며 더 강해지듯, 갈등을 풀어내는 과정은 관계의 힘줄을 단련시킨다.

민수와 혜진은 결혼 7년 차 부부다. 서로 다른 성향 때문에 종종 작은 불화가 있었지만, 대체로 그냥 넘어가며 살았다. 그러나 어느 날, 가족 모임 참석 문제로 크게 의견이 갈렸다. 혜진은 일정이 부담스럽다며 가지 말자고 했고, 민수는 부모님이 서운해하실 거라며 꼭 가야 한다고 주장했다. 대화는 금세 감정적으로 변했고, 두 사람은 서로 말문을 닫았다.

예전 같으면 그냥 하루, 이틀 침묵하다가 자연스럽게 풀렸겠지만, 이번엔 혜진이 먼저 움직였다. 그날 저녁, 혜진은 민수 옆에 앉아 조심스럽게 말을 꺼냈다.

"아까는 서로 목소리가 좀 커졌네. 나는 솔직히 체력적으로 힘들고, 요즘 너랑 보내는 시간이 부족해서 더 그랬어. 당신은 어떤 마음이었어?"

잠시 고민하던 민수는 부모님에 대한 책임감과, 아내가 가족 모임에 자주 불참하는 것에 대한 서운함을 털어놓았다. 두 사람은 서로의 진짜 이유를 들었고, 결국 가족 모임 참석은 하되, 전날에는 둘만의 시간을 갖기로 합의했다. 만약 그때 대화를 피했다면, 이 문제는 '또 꺼내기 어려운 주제'가 되었을 것이다. 하지만 마주함으로써 두 사람은 오히려 더 깊이 이해하게 됐다.

갈등을 마주한다는 건 불편함 속으로 걸어 들어가는 일이다. 하지만 피하지 않을 때 우리는 두 가지를 얻게 된다. 첫째, 상대의 진짜 의도와 감정을 알 수 있다. 표면적인 말싸움이 아니라 그 이면의 고민과 두려움을 이해하게 된다. 둘째, 나 자신의 마음을 숨기지 않고 표현할 기회를 갖게 된다. 말로 꺼내 놓을 때만 서로의 오해가 풀리고, 마음이 가벼워진다.

다만 중요한 건 '마주하는 방식'이다. 감정이 격해진 상태에서 대화를 이어 가면, 대화는 금세 공격과 방어의 패턴에 빠진다. 따라서 잠시 멈추고, 숨을 고른 뒤 차분히 다시 마주하는 게 필요하다. 갈등을 피하지 않는다는 건 '즉시 해결'이 아니라 '관계를 포기하지 않는 태도'에 가깝다.

우리, 결혼해도 괜찮을까?

□ 미니 체크리스트: 나는 갈등을 회피하지 않고 마주하고 있는가?

1. 불편함이 생기면 바로 표현한다.

감정을 쌓아 두면 작은 오해가 점점 커져서 나중엔 더 큰 폭발로 이어질 수 있다. 가능한 한 빠른 시점에 솔직하게 이야기하는 것이, 갈등을 예방하고 서로의 마음을 가볍게 한다.

2. 갈등의 주제를 명확히 한다.

"그냥 기분 나빠"보다는 "오늘 이 상황에서 내가 이렇게 느꼈다"라고 구체적으로 말해야 한다. 그래야 감정싸움이 아니라 문제 해결의 대화가 되고, 상대도 무엇을 다뤄야 할지 명확해진다.

3. 상대의 입장을 먼저 듣는다.

나의 말부터 쏟아 내기보다는 상대가 왜 그렇게 느꼈는지, 어떤 상황에서 그런 생각을 하게 되었는지를 먼저 들어 본다. 경청은 상대의 방어심을 낮추고, 대화의 문을 열게 하는 첫걸음이다.

4. 목소리와 표정을 조절한다.

내용은 옳아도 목소리가 높거나 표정이 날카로우면 상대는 공격받는다고 느낀다. 의식적으로 차분한 어조와 부드러운 표정을 유지하면, 같은 말도 훨씬 잘 받아들여지고 대화가 이어질 수 있다.

5. 대안을 함께 찾는다.

갈등은 승패를 가리는 싸움이 아니라 문제 해결의 과정이다. '누가 이기나'의 관점에서 벗어나 '어떻게 풀까'를 함께 고민할 때, 싸움은 오히려 관계를 단단하게 만드는 계기가 된다.

▶ **4개 이상 '예'라면**: 당신은 갈등 속에서도 관계를 지켜 내는 대화 습관을 갖고 있다.
▶ **3개 이하라면**: 무심한 회피나 과도한 방어가 관계에 벽을 만들고 있을 수 있다. 작은 불편부터 대화로 풀어 가자.

□ **액션 플랜**

1. 갈등 '조기 발견' 체크인

매주 1회, 서로의 마음 온도 점검 질문하기:
→ "이번 주에 나한테 서운했던 거 있었어?"

"내가 놓친 네 마음은 뭐였을까?"

2. 문제는 '사건'에, 감정은 '사람'에

문제 해결 대화에서는 '사건'을 주어로, 감정 나누기 대화에서는 '나'를 주어로 사용하기.
→ 예: "그 상황이 힘들었어" vs "네가 잘못했어"

3. 타이밍 존중 규칙

화가 난 즉시 풀지 말고, '쿨다운 시간'을 합의(30분~1시간).
→ 감정이 가라앉은 뒤 대화 재개.

4. 공통 해결 프로토콜 만들기

불만 제기, 서로 입장 듣기, 합의안 1·2안 제시, 선택.
→ 매번 동일한 순서로 진행해 감정 폭주 방지.

5. 작은 합의 경험 쌓기

큰 문제 전, 식사 메뉴·주말 일정처럼 사소한 주제로 합의 연습.

→ "우리가 함께 결정했다"는 성공 경험이 갈등 대화의 안전망이 된다.

관계에서 갈등은 피해야 할 장애물이 아니라, 서로를 더 깊이 이해하게 해 주는 '관문'이다. 이 관문을 통과하는 과정이 힘들고 어색하더라도, 그 끝에는 더 단단해진 신뢰가 기다린다.

갈등을 피하지 않는다는 건, 결국 관계를 포기하지 않겠다는 의지이자, 상대를 존중하는 방식이다. 불편함을 마주할 용기를 낼 때, 관계는 비로소 오래간다.

우리, 결혼해도 괜찮을까?

4-2

싸울 때 지켜야 할 5가지 약속

부부나 연인이라 해도, 아니 오히려 가까운 사이일수록 갈등은 더 잦다. 서로 다른 환경에서 자라온 두 사람이 같은 공간에서 일상을 공유하는 건 결코 단순한 일이 아니다. 크고 작은 의견 차이와 오해가 생기는 건 당연하다. 하지만 갈등의 빈도보다 더 중요한 건 '싸우는 방식'이다. 같은 문제를 두고도 어떤 방식으로 다투느냐에 따라, 관계는 서서히 무너질 수도, 오히려 단단해질 수도 있다. 감정이 앞선 싸움은 말이 칼이 되고, 표정이 벽이 된다. 반대로, 기본적인 약속만 지켜도 싸움은 서로를 멀어지게 하는 폭탄이 아니라, 서로를 이해하게 만드는 다리가 된다.

민호와 수진은 결혼 5년 차 부부다. 처음에는 서로에 대한 배려가 몸에 배어 있었다. 그러나 시간이 지나면서 '익숙함'은 '편안함'을 넘어 '방심'이 되었다. 농담이라고 던진 말이 상처가 되고, 무심코 한 표정이 서운함의 불씨가 됐다. 어느 날엔 사소한 집안일 분담 문제로 말이 오가

다 목소리가 높아졌다. 순간 서로의 표정이 굳었고, 대화는 끊겼다. 예전 같으면 몇 시간 지나면 풀렸겠지만, 이번엔 며칠을 서로 말없이 지냈다. 문제는 싸움 그 자체가 아니라, 싸움 속에서 '지켜야 할 선'을 잊어버렸다는 데 있었다.

여기 부부 관계를 지키는 5가지 약속이 있다.

첫째, 존중의 언어를 유지한다.

갈등 중에도 인격 모독, 조롱, 비꼼은 금지한다. 서로의 존엄을 지켜주는 말투가 기본이다.

둘째, 휴식 버튼을 누를 권리를 보장한다.

감정이 폭발하기 직전에 잠시 자리를 비우거나 대화를 멈출 수 있는 '타임아웃'을 합의한다.

셋째, 싸움의 관객을 만들지 않는다.

부모님, 자녀, 친구 앞에서 싸우지 않는다. 부부 문제는 둘만의 문제라는 원칙을 지킨다.

넷째, 몸은 가까이, 마음은 차분히.

소리 지르기보다 물리적 거리를 유지하고, 차분히 앉아 대화하려는

우리, 결혼해도 괜찮을까?

태도를 약속한다.

다섯째, 싸움 후에는 반드시 다리를 놓는다.

갈등 뒤 최소한의 따뜻한 말이나 제스처(차 한잔, 짧은 포옹, "다시 얘기해 보자")로 관계의 연결고리를 복구한다.

부부 상담 경험이 많은 한 심리상담가는 "싸움의 기술은 싸움 중보다 싸움 후가 더 중요하다"고 강조한다.

실제로 한 부부는 자녀 교육 문제로 자주 다퉜지만, 매번 싸움 후 10분 동안 '오늘 나의 말과 행동 중 미안했던 부분'을 서로 이야기하는 시간을 가졌다. 처음엔 어색했지만, 시간이 지날수록 싸움이 오래가지 않고, 마음이 빨리 회복됐다. 싸움 속에서도 '지킬 건 지킨다'는 약속이 있었기 때문이다.

□ 미니 체크리스트: 싸움 중 내가 지키고 있는 원칙은?

갈등 상황에서 내가 얼마나 원칙을 지키며 대화하고 있는지 점검하는 자기 진단표이다. 각 항목은 '말로만 아는 것'이 아니라 실제로 행동에서 구현되고 있는지를 확인하는 기준이다.

1. 문제는 행동과 상황 중심으로 이야기한다.

"너는 항상 게을러" 같은 성격 비난은 상대의 자존심을 건드려 대화를 막는다. 대신 "이번 회의에서 일정 공유가 늦어져서 힘들었어"처럼 구체적인 상황과 행동에 집중하면 문제 해결에 한 걸음 더 가까워진다.

2. 과거 일은 꺼내지 않는다.

싸움 중에 "그때도 그랬잖아"를 반복하면 대화는 현재에서 벗어나 과거의 늪에 빠진다. 지금의 문제를 지금의 자리에서 풀어야 해결이 가능하다. 과거는 되새김이 아니라 학습으로 남겨 두는 게 좋다.

3. 감정을 '사실처럼' 단정하지 않는다.

"넌 날 무시했어"는 단정이고, "그 말이 나를 무시당한 기분이 들게 했어"는 감정 표현이다. 감정은 틀릴 수 없지만, 상대에게 이해의 문을 열어 준다. 표현 방식 하나만 바꿔도 대화의 흐름은 전혀 달라진다.

4. 목소리 톤을 의식적으로 조절한다.

같은 말도 목소리가 날카로우면 공격처럼 들린다. 억지로 다정할 필

우리, 결혼해도 괜찮을까?

요는 없지만, 차분하고 안정된 톤을 유지하면 상대도 방어심을 내려놓는다. 싸움에서 목소리는 무기가 아니라 다리어야 한다.

5. 끝맺음을 함께 정리한다.

갈등이 끝나면 반드시 합의나 약속으로 대화를 마무리해야 한다. "알겠어, 그럼 이렇게 해 보자" 같은 말은 관계의 안전벨트가 된다. 끝맺음이 불분명하면 불씨가 남아 다음 싸움에 옮겨붙을 수 있다.

▶ **4개 이상 '예'라면**: 당신은 싸움 속에서도 관계를 지키는 대화를 잘 실천하고 있다.
▶ **3개 이하라면**: 감정이 앞서 관계를 소모하는 방식으로 싸우고 있을 수 있다. 지금보다 한두 가지 원칙만 더 의식해도 대화의 질이 달라질 수 있다.

□ **액션 플랜**

1. 3-3-3 호흡법 적용

말하기 전 3초 숨 들이마시기, 3초 멈춤, 3초 숨 내쉬기.
→ 즉각 반응보다 감정 온도를 낮추는 게 우선.

2. '너' 대신 '나'로 시작하기

"너 때문에" 대신 "나는 ~~하게 느꼈어"로 말한다.
→ 방어심을 줄이고 대화 유지 가능.

3. 과거 봉인 문장 만들기

대화 시작 전 "오늘 이야기는 오늘로 끝내자" 약속.
→ 반복되는 상처 재생 방지.

4. 목소리 · 표정 체크 미러링

대화 중간, 상대 표정을 보고 내 표정을 점검.
→ '분노'보다 '진지함'이 보이도록 유지.

5. 싸움 후 '정리 대화' 5분 갖기

"우리가 찾은 해결책은…"으로 합의 재확인.
→ 갈등을 마무리하며 심리적 안정 제공

싸움이 무서운 건, 감정보다 관계를 잃을 수 있기 때문이다. 하지만

우리, 결혼해도 괜찮을까?

싸움을 두려워만 하면 관계는 성장하지 않는다. 싸움에도 '예의'와 '원칙'이 있다. 그 원칙이 있으면, 갈등은 무너뜨리는 힘이 아니라 단단하게 묶는 힘이 된다.

싸움 후에도 서로를 바라볼 수 있는 관계, 그것이 우리가 지켜야 할 싸움의 방식이다.

감정 폭발을 막는 멈춤 기술

우리가 누군가와 부딪히는 순간, 말보다 먼저 올라오는 것이 있다. 바로 '감정'이다. 불편함이 쌓이고 쌓이다 보면 어느 날 작은 자극에도 그동안 눌러 두었던 감정이 폭발할 수 있다. 문제는, 한 번 쏟아 낸 말과 표정은 다시 주워 담을 수 없다는 것이다. 순간의 분노가 관계를 무너뜨리는 장면을 우리는 주변에서 수없이 목격한다. 그래서 필요하다. 바로 '멈춤 기술'이다. 멈춤 기술은 감정이 폭발하기 직전, 그 감정을 흘려보내기 전에 스스로를 잠시 멈추게 하는 훈련이다. 이는 회피가 아니라, 오히려 더 나은 대화를 위한 준비 과정이다. 마치 운동선수가 경기 전에 심호흡하며 집중을 다지는 것처럼, 멈춤은 나와 상대 모두를 지키는 최소한의 안전장치다.

감정 폭발을 막는 가장 첫 단계는, 내가 지금 폭발 직전에 있다는 사실을 알아차리는 것이다. 가슴이 두근거리고, 목소리가 높아지고, 말의 속도가 빨라지는 신호가 나타난다면 이미 경고등이 켜진 상태다.

이때 대부분의 사람들은 '말을 더 해야 한다'고 느끼지만, 사실은 그 반대다. 한 박자 쉬는 것이 필요하다.

멈춤 기술은 단순히 '아무 말도 안 하기'가 아니라, 감정의 온도를 내려 다시 선택할 여유를 만드는 행위다. 이를 위해서는 몸과 마음 모두를 잠시 끊어 주는 작은 습관이 효과적이다. 예를 들어, 깊게 호흡하기, 자리에서 잠시 벗어나기, 종이에 생각을 적어 보기, 물 한 잔 마시기 같은 단순한 행동이 감정 폭발을 늦춘다.

주말 저녁, 주방에서 설거지를 하던 수진은 거실에 있는 남편 준호에게 "오늘 약속 있다고 했잖아, 준비 안 해?"라고 물었다. 준호는 휴대폰에서 눈을 떼지 않은 채 "기억 안 나는데?"라며 무심하게 대답했다. 그 말에 수진의 표정이 굳어지고, 목소리가 높아졌다. 속에서 '또 이렇게 무책임하게 나오는구나' 하는 생각이 치밀어 올랐다.

순간 수진은 큰소리로 따지고 싶은 충동을 느꼈지만, 깊게 숨을 들이마시고 싱크대에 손을 멈췄다. 그리고 "나 잠깐 산책 좀 하고 올게"라고 말하며 현관문을 나섰다. 10분 뒤, 머리가 식은 수진은 돌아와 차분히 "나는 네가 약속을 기억해 주길 바랐어. 나한테 중요한 일이었거든"이라고 말했다. 그제야 준호도 상황을 이해하고 사과했다. 만약 그 순간 감정대로 말이 터져 나왔다면, 주말 저녁은 싸움으로 끝났을 것이다. 하지만 '멈춤'이 두 사람의 시간을 지켜냈다.

심리학에서는 이를 '감정 조절(emotion regulation)' 중 반응 억제
(response inhibition)전략이라고 부른다. 인간의 전두엽은 감정을 제
어하고 행동을 조절하는 역할을 하는데, 강한 감정이 치솟으면 이 기
능이 일시적으로 둔화된다.

멈춤은 이 전두엽이 다시 제 기능을 회복하도록 시간을 벌어 준다.
특히, 하버드 의과대학의 연구에 따르면, 분노가 최고조에 달하는 순
간은 보통 90초 이내이며, 그 시간을 넘기면 감정 강도가 자연스럽게
떨어진다고 한다. 즉, 1~2분만 의도적으로 멈추는 것이 충분히 상황을
바꿀 수 있다.

□ 미니 체크리스트: 나는 감정 폭발 전에 멈출 수 있는가?

1. 경고 신호를 알아차린다.

목소리가 높아지거나 심장이 빨리 뛰는 순간은 이미 감정이 끓어오
르고 있다는 신호다. 이때 "지금 위험하다"는 자각을 하면, 감정에 휘
둘리지 않고 한 발짝 물러설 수 있다. 작은 신호를 놓치지 않는 것이
큰 폭발을 막는 첫걸음이다.

우리, 결혼해도 괜찮을까?

2. 심호흡으로 틈을 만든다.

5초간 들이마시고 5초간 내쉬는 호흡은 단순해 보여도, 뇌의 흥분 상태를 가라앉히는 강력한 방법이다. 말이 튀어나오기 전 숨을 고르면, 감정의 불길이 잦아들고 이성을 되찾을 수 있다.

3. 자리에서 잠시 벗어난다.

대화가 과열될 때 잠깐 다른 공간으로 이동하는 것만으로도 압박이 줄어든다. 방을 나가거나 창문을 열고 바람을 쐬는 것처럼 물리적인 변화를 주면, 감정의 고리에서 벗어나 시야가 넓어진다.

4. 즉각 반응 대신 기록한다.

하고 싶은 말을 바로 내뱉으면 후회가 남기 쉽다. 메모장이나 종이에 감정을 적어 두면, 순간의 분노가 가라앉을 시간을 벌 수 있다. 글로 옮기는 과정에서 감정이 정리되고, 표현도 훨씬 차분해진다.

5. '다시 이야기하자'고 요청한다.

"잠깐 멈추고 진정된 뒤에 다시 이야기하자"는 합의는 감정을 존중하는 동시에 대화를 포기하지 않는 태도다. 일시 정지 버튼을 누르는 것처럼, 관계를 안전하게 지키며 갈등을 다룰 수 있다.

▶ **4개 이상 '예'라면**: 당신은 이미 멈춤 기술을 잘 활용하고 있다.
▶ **3개 이하라면**: 사소한 갈등이 감정 폭발로 번질 가능성이 있다. 작은 습관부터 실천해 보자.

□ **액션 플랜**

1. 신호 포착하기

심장 박동이 빨라지거나 목소리가 커지는 순간을 '경고 신호'로 인식.
→ 손끝, 어깨, 얼굴 근육 등 몸의 긴장 변화를 의식적으로 관찰.

2. 물리적 거리 두기

대화 중 격한 감정이 치밀면 잠시 자리를 이동.
→ 최소 5~10분 떨어져 숨 고르기 시간을 확보.

3. 호흡 조절 루틴

'4-4-6 호흡'(4초 들이마시기 → 4초 멈추기 → 6초 내쉬기) 반복 3회.
→ 숨을 내쉴 때 '괜찮아'와 같은 안정 단어를 속으로 반복.

4. 감정 기록하기

왜 화가 났는지, 지금 하고 싶은 말은 무엇인지 간단히 메모.
→ 글로 쓰면 말로 할 때보다 자극이 줄어든다.

5. 재대화 시점 정하기

감정이 가라앉은 후 언제 다시 얘기할지 미리 합의.
→ '내일 저녁에 다시 이야기하자'처럼 구체적으로 약속.

관계에서 중요한 것은 한 번의 이기는 대화가 아니라, 오래 이어 가는 대화다. 순간의 분노를 억누르는 멈춤은 결코 약함이 아니다. 오히려 관계를 지키고 스스로를 존중하는 강한 선택이다.

감정이 불타오를 때 잠시 숨을 고를 줄 아는 사람만이, 폭풍이 지난 뒤에도 같은 자리에 함께 설 수 있다.

4-4

회복 대화의 단계

　사람과 사람 사이의 관계에서 '싸움 없는 평생'을 기대하는 건 불가능하다. 중요한 건 싸움을 피하는 것이 아니라, 싸운 뒤 다시 연결되는 법을 아는 것이다. 어떤 부부는 큰 다툼이 있더라도 하루 안에 풀어낸다. 반면 어떤 부부는 작은 오해 하나가 몇 주씩 이어지며 서로를 지치게 한다. 차이는 '싸움 후 대화의 방식'에 있다. 싸움 뒤의 대화는 갈등을 해소하는 것이 아니라 관계를 다시 세우는 '건축'이다. 그 건축물이 제대로 지어지면, 다음 폭풍이 와도 무너지지 않는다.

　싸움 직후엔 감정이 거칠고 생각이 흐릿하다. 이때 바로 대화를 시도하면, 오히려 싸움을 재점화하기 쉽다. 그래서 회복 대화에는 '순서'와 '간격'이 필요하다. 상처 난 마음을 그대로 맞대면 더 깊이 파이지만, 적절한 절차를 거치면 오히려 다툼 전보다 더 가까워진다.

　회복 대화는 네 단계로 나눌 수 있다.

1단계: 일단 멈추기

싸움이 끝난 직후, 가장 먼저 해야 할 일은 '아무것도 하지 않는 것'이다. 이 단계는 회피가 아니라 정지다. 격한 감정이 가라앉을 시간을 주는 것이다. 부부 상담 현장에서 이 시간을 '감정 냉각 구간'이라고 부른다. 짧게는 30분, 길게는 하루까지도 필요할 수 있다.

2단계: 감정 나누기

다음은 각자의 감정을 전달하는 단계다. 여기서 중요한 건 '왜 그렇게 느꼈는지'를 말하는 것이다. "당신이 늦게 와서 화났어"가 아니라, "당신이 늦었을 때 나 혼자 기다리는 시간이 길게 느껴졌어"처럼 감정을 원인과 함께 전한다. 감정만 말하면 공격처럼 들리지만, 원인을 함께 말하면 이해의 문이 열린다.

3단계: 의미 확인하기

이 단계는 싸움 속에 숨은 '의미'를 함께 찾아내는 것이다. 갈등에는 언제나 표면적인 이유와 깊은 이유가 있다. 예를 들어, 늦게 귀가한 사실이 문제라기보다 '내 시간을 존중받지 못한 느낌'이 문제일 수 있다. 서로가 진짜 문제를 확인해야, 같은 갈등이 반복되지 않는다.

4단계: 합의와 마무리

마지막 단계는 앞으로의 약속을 만드는 것이다. "다음엔 늦을 것 같으면 미리 연락하자"처럼 구체적이고 실천 가능한 약속이어야 한다. 그리고 "그래, 그렇게 하자"라는 말로 대화를 마무리한다. 끝맺음이 없는 회복 대화는 마치 문짝이 달리지 않은 집과 같다. 다시 바람이 불면, 안으로 모든 것이 쏟아져 들어온다.

살다 보면, 같은 문제로 수십 번 싸운 부부가 많다. 한 부부는 집안일 분담 문제로 자주 싸웠다. 아내는 '남편이 집안일에 무관심하다'고 느꼈고, 남편은 '내가 집안일을 못한다는 말을 듣는 것 같다'고 느꼈다.

싸움 후 이들은 회복 대화 단계를 적용했다. 먼저 1단계에서 서로 방으로 들어가 1시간 동안 대화를 멈췄다. 2단계에서는 각자의 감정을 공유했고, 3단계에서는 문제의 의미를 찾았다. 알고 보니 아내의 불만은 '함께 책임지는 느낌이 없다'는 것이었고, 남편의 불편함은 '노력 자체를 인정받지 못하는 기분'이었다. 마지막 4단계에서 이들은 '집안일 목록을 나누고, 서로가 한 일은 반드시 언급하기'로 합의했다. 그 후 갈등 빈도는 크게 줄었다.

☐ 미니 체크리스트: 회복 대화 준비 점검

이 네 가지를 체크하면, 대화가 싸움이 아니라 회복이 된다

우리, 결혼해도 괜찮을까?

1. 감정이 충분히 가라앉았는가?

아직 심장이 두근거리거나 목소리가 떨린다면 대화를 시작하기엔
이르다. 감정이 잦아들 때까지 시간을 두는 게 더 현명하다.

2. 내 감정을 '원인과 함께' 설명할 수 있는가?

단순히 "화났어"가 아니라, "네 말이 나를 존중받지 못한 기분이 들
게 해서 속상했어"처럼 이유를 곁들여 말할 수 있어야 한다. 그래야 상
대도 방어 대신 이해로 반응한다.

3. 갈등 속 '진짜 문제'를 찾았는가?

표면적인 사건은 단순한 빙산의 꼭대기일 수 있다. 뒤에 숨어 있는
감정이나 가치(예: 존중받고 싶은 마음, 안정에 대한 욕구)를 파악해야
대화가 반복되지 않는다.

4. 다음 행동에 대한 구체적 약속이 있는가?

"다음에 잘하자" 같은 추상적 결론은 효과가 없다. "앞으로는 중요한
일정은 하루 전 미리 공유하자"처럼 실행 가능한 합의를 정리해야 한다.

이 네 가지 질문에 '예'라고 답할 수 있다면, 회복 대화를 시작할 준비가 된 것이다. 대화는 문제를 덮는 게 아니라 함께 다시 길을 찾는 과정이기 때문이다.

□ 액션 플랜

1. 감정 인정 단계

서로의 감정을 부정하거나 평가하지 않고 그대로 인정.
→ "그때 당신이 화가 난 건 충분히 이해해"처럼 사실+공감 표현 사용.

2. 사실 확인 단계

감정이 아닌, 실제로 있었던 사건과 말에 집중.
→ "그날 대화에서 내가 이런 말을 했지?"처럼 구체적 내용 점검.

3. 의도 공유 단계

행동의 배경과 이유를 설명.
→ "내 의도는 비난이 아니라, 업무 우선순위를 맞추자는 거였어."

우리, 결혼해도 괜찮을까?

4. 해결안 도출 단계

다음에 같은 상황이 발생했을 때의 대처 방법 합의.
→ 예: "앞으로는 의견이 다르면 메신저로 먼저 공유하자."

5. 긍정 마무리 단계

대화를 끝낼 때 감사와 긍정 메시지로 마무리.
→ "이렇게 이야기해서 다행이야. 고마워."

싸움은 관계의 균열이 아니라, 서로를 더 깊이 이해할 수 있는 '틈'이 될 수 있다. 그 틈을 넓히는 것도, 메우는 것도 대화의 방식에 달려 있다.

회복 대화는 단순히 문제를 해결하는 과정이 아니라, 서로를 다시 '안전한 사람'으로 만드는 시간이다. 싸움의 크기가 아니라, 회복의 깊이가 관계를 지킨다.

갈등이 관계를 단단하게 만드는 순간

사람들은 갈등을 관계의 적이라고 생각하기 쉽다. 부부 사이에 다툼이 잦으면, 무언가 잘못되고 있다고 느낀다. 하지만 모든 갈등이 나쁜 건 아니다. 어떤 갈등은 오히려 관계를 깊게 만들고, 서로에 대한 이해를 넓혀 준다. 마치 나무가 강풍을 견디며 뿌리를 더 깊게 내리는 것처럼, 관계도 적절한 갈등을 지나며 단단해질 수 있다.

그 비밀은 갈등의 '처리방식'에 있다. 피하거나 억누르는 갈등은 언젠가 더 큰 폭발로 돌아오지만, 솔직하고 존중하는 태도로 다룬 갈등은 서로를 더 잘 알게 만든다. 그 과정에서 상대의 진짜 생각, 숨겨진 상처, 기대와 두려움이 드러나기 때문이다. 처음에는 불편하고 감정이 격해질 수 있지만, 그 불편함을 넘기고 나면 두 사람 사이에 '우리는 이런 어려움도 같이 넘길 수 있다'는 신뢰가 생긴다.

민수와 혜진 부부는 결혼 5년 차에 큰 위기를 맞았다. 집안 살림을 어떻게 나눌지를 두고 감정싸움으로 번진 것이다. 처음엔 각자의 불만만 늘어놓았지만, 하루가 지나자 서로가 왜 그렇게 예민했는지 차분히 이야기하게 됐다.

민수는 직장에서 업무 스트레스가 심해 집안일이 더 부담스러웠고, 혜진은 혼자 모든 일을 떠안는다는 외로움이 있었다. 이 과정을 통해 두 사람은 '집안일 분담'이라는 표면적 문제 뒤에, 서로의 고단함과 인정받고 싶은 마음이 숨어 있었다는 걸 깨달았다. 이후 그들은 '서로 힘든 때는 먼저 말하기'라는 새로운 약속을 세웠다.

갈등이 관계를 단단하게 만드는 순간은, 단순히 싸움을 잘 끝냈을 때가 아니다. 그 과정을 통해 서로의 내면을 더 깊이 이해했을 때, 그리고 그 이해를 바탕으로 새로운 약속이나 행동 변화를 만들었을 때다. 그 순간, 갈등은 단절이 아니라 성장의 계단이 된다.

여기서 중요한 건 '결과'보다 '과정'이다. 감정이 상해도 끝까지 대화를 이어 가는 끈기, 서로의 불편한 진실을 들을 준비, 그리고 그 내용을 행동으로 옮기려는 의지가 있어야 한다. 부부 관계에서 갈등이 반복되더라도, 그 과정에서 서로의 안전지대를 지켜 주면 싸움이 두려운 것이 아니라, 서로를 더 깊이 알게 되는 통로가 될 수 있다.

☐ 미니 체크리스트: 우리 부부는 갈등을 성장 기회로 삼고 있는가?

아래 항목을 읽고 '예'로 답한 개수를 세어 보자.

1. 갈등이 생기면 피하지 않고 대화를 시도한다.

갈등을 회피하는 태도는 잠시 평화를 주는 듯 보이지만, 결국 관계의 신뢰를 조금씩 갉아먹는다. 불편하더라도 빠른 시점에 대화를 시도하는 것이 중요하다.

2. 싸움 중에도 상대의 말을 끊지 않고 끝까지 듣는다.

감정이 격해질수록 우리는 상대의 말을 중간에 자르기 쉽다. 하지만 끝까지 듣는 습관은 "네 얘기를 존중한다"는 신호가 되어 대화의 온도를 낮춘다.

3. 갈등 후, 서로 느낀 감정을 공유한다.

난순히 결론만 내고 끝내면 같은 문제가 반복될 수 있다. 갈등 속에서 어떤 감정을 느꼈는지 나누면, 서로가 다르게 받아들인 부분을 이해하고 재발을 예방할 수 있다.

우리, 결혼해도 괜찮을까?

4. 갈등의 원인을 상황과 행동 중심으로 말한다.

인격이나 성격을 비난하면 방어와 공격의 악순환이 생긴다. 대신 "어떤 상황에서 어떤 행동이 힘들었는지"를 구체적으로 말하면 개선 가능성이 높아진다.

5. 갈등 이후, 재발 방지를 위한 새로운 약속을 만든다.

화해만으로는 관계가 쉽게 제자리로 돌아간다. 같은 일이 반복되지 않도록 '앞으로 어떻게 하자'라는 작은 합의를 만들어야 갈등이 관계를 단단하게 만드는 계기가 된다.

▶ **4개 이상 '예'라면**: 갈등을 관계 강화의 계기로 잘 활용하고 있는 것이다.

▶ **3개 이하라면**: 대화 방식과 감정 조율법을 점검해야 한다.

□ 액션 플랜

1. 갈등을 성장의 기회로 인식하기

갈등이 관계를 깨는 사건이 아니라, 서로의 차이를 이해하는 계기임을 기억.

→ 대화 전 '우리는 같은 팀'이라는 인식 공유.

2. 공통 목표 재확인하기

갈등 상황 속에서도 '우리가 함께 이루려는 목표'를 다시 상기.
→ 예: 부부공동 목표 성공, 신뢰 유지, 업무 효율 등.

3. 상대의 강점 찾아 언급하기

갈등 중이라도 상대가 가진 긍정적 역량을 구체적으로 언급.
→ "네 꼼꼼함 덕에 실수가 줄었어"처럼 인정의 말 포함.

4. 합의 후 작은 약속 실천하기

해결한 뒤 바로 적용 가능한 작은 행동 하나를 정해 실행.
→ 예: "대화 때 발언 기회를 번갈아 주기" 실천.

5. 사후 피드백과 감사 표현하기

갈등 이후 일정 시간이 지난 뒤, 그때의 대화와 변화에 대한 긍정적 피드백 제공.

→ "그때 우리 대화가 있어서, 지금 분위기가 더 좋아진 것 같아."

갈등을 완전히 없앨 수는 없다. 하지만 갈등을 '우리 관계의 시험대'가 아니라 '함께 성장하는 훈련'으로 바라본다면, 다툼이 지나간 자리에는 더 단단해진 신뢰와 유대감이 남는다.

결혼 생활에서 중요한 건 갈등이 없는 날들이 아니라, 갈등이 있어도 서로를 놓치지 않는 날들이다. 그리고 그 반복된 선택이, 결국 두 사람의 관계를 누구보다 견고하게 만든다.

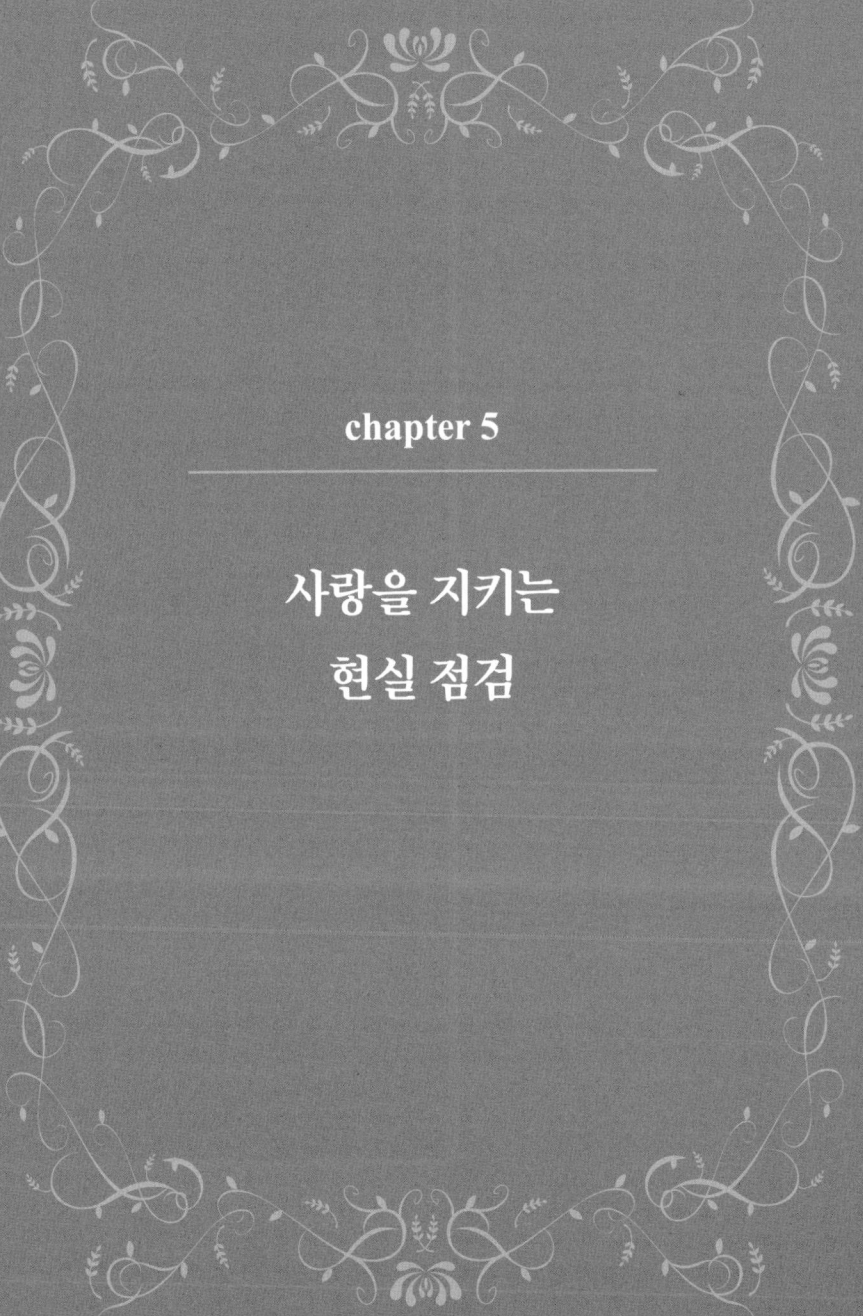

chapter 5

사랑을 지키는
현실 점검

　오래 함께한 연인이라도, '평생'이라는 단어 앞에서는 마음이 조금 조심스러워진다. 사랑이 깊을수록 미래를 함께하고 싶은 마음은 커지지만, 동시에 그 미래가 막연하지 않다는 걸 우리는 안다. 결혼이나 동거처럼 인생의 중요한 선택을 앞두면, 연애의 설렘만으로는 채워지지 않는 현실의 요소들이 하나씩 모습을 드러낸다. 돈, 생활 습관, 가족, 건강, 일… 모두가 우리 사랑을 시험대에 올려놓을 수 있는 변수들이다.

　심리학에서는 이 시기를 '관계의 현실화 단계'라고 부른다. 연애 초반에는 서로의 좋은 면과 감정적인 친밀감이 관계를 주도하지만, 시간이 지날수록 가치관과 생활 방식이 맞는지가 중요해진다. 특히 결혼이나 장기적인 동반을 고민하는 순간, 우리는 더 이상 '사랑하니까 괜찮아'라는 말로 모든 것을 덮을 수 없다는 걸 깨닫는다. 누군가는 이 현실 점검을 불편하게 여기지만, 오히려 이 과정은 관계를 더 단단하게 만들 수 있는 중요한 기회다.

우리, 결혼해도 괜찮을까?

사랑을 지키기 위해서는 때로 감정보다 현실을 먼저 살펴야 한다. 예를 들어, 서로의 돈에 대한 가치관이 얼마나 맞는지, 소비 습관이 얼마나 비슷한지, 생활과 살림을 어떻게 나눌 것인지, 결혼 후나 함께 사는 이후 가족과는 어떤 거리를 유지할 것인지 등을 점검해야 한다. 이런 주제들은 때로 대화의 온도를 높이고 마음을 예민하게 만들지만, 피한다고 해결되지 않는다. 오히려 미리 꺼내 놓고 조율해야 관계의 지반이 튼튼해진다.

이 장에서는 돈과 소비, 살림과 역할, 가족과의 거리 등 사랑을 지키기 위해 반드시 점검해야 할 현실적인 요소들을 심리학적 관점에서 살펴본다. 마치 장거리 여행을 떠나기 전 차량의 엔진오일과 브레이크를 확인하듯, 우리의 관계도 안전하게 달리기 위해 사전 점검이 필요하다. 감정만으로 달리다 보면 중간에 멈추거나 길을 잃기 쉽지만, 현실 점검을 거친 사랑은 더 멀리, 더 안정적으로 나아간다.

우리는 지금, '사랑을 지키기 위한 점검표'를 펼쳐 보려 한다. 그 안에서 불편한 진실을 마주할 수도 있고, 예상보다 잘 맞는 부분에 안도할 수도 있다. 중요한 건, 이 과정이 관계를 위협하는 것이 아니라, 오히려 관계를 지켜 주는 장치라는 사실이다. 감정은 관계의 불씨이고, 현실 점검은 그 불씨를 오래 타오르게 하는 안전장치다.

이제, 사랑이 흔들리지 않도록 지켜 주는 현실의 체크포인트로 함께 들어가 보자.

그리고 그 안에서, 우리만의 균형점과 행복의 설계를 찾아가 보자.

5-1

돈에 대한 심리 지도

돈은 숫자이지만, 단순히 숫자만은 아니다. 같은 10만 원을 써도 누군가는 마음이 놓이고, 누군가는 불안해진다. 금액 뒤에는 "부족해지면 어쩌지?"라는 결핍의 기억, "경험엔 아낌이 없어야지"라는 신념, "가족을 지켜야 해"라는 책임감 같은 심리 지도가 깔려 있다. 연애의 온도가 아무리 높아도, 이 지도가 크게 다르면 일상의 모서리에서 계속 부딪힌다. 그래서 결혼(또는 동거)을 앞둔 사이라면, 먼저 서로의 '돈에 대한 마음의 지형'을 함께 그려 봐야 한다.

심리학적으로 돈을 다루는 태도에는 몇 가지 공통 패턴이 있다. **결핍과 풍요 프레임**(scarcity vs. abundance), **손실과 회피**(잃는 건 두 배로 아프다), **정신적 회계**(같은 돈을 '여행비/생활비/선물비'처럼 다르게 취급하는 경향), 그리고 **돈 스크립트**(어릴 적 배운 돈에 대한 문장: "빚은 절대 안 돼", "지금 즐길 때 즐겨야지" 등). 이 패턴이 서로 다를 때, 한쪽은 "왜 그렇게 인색해?"로, 다른 쪽은 "왜 그렇게 흥청망청해?"

로 해석한다. 다름이 잘못이 되는 순간이다.

방법은 단순하지만 용기가 필요하다. 금액이 아니라 감정과 기준을 먼저 나눈다. "내가 불안해지는 지출은 ○○이야", "나는 경험(여행·배움)엔 값어치가 있다고 느껴"처럼 '돈이 건드리는 마음'을 투명하게 꺼내면, 합의의 속도가 훨씬 빨라진다. 목표도 "누가 맞다/틀리다"를 가리는 게 아니라, 둘이 동시에 편안할 수 있는 범위(안전지대)를 찾는 것이다.

서윤과 태호는 내년 결혼을 앞두고 신혼집 마련을 논의하다 첫 큰 갈등을 겪었다. 서윤은 "월세도 괜찮아, 현금 유동성이 더 중요해"라는 쪽, 태호는 "대출을 끼더라도 전세가 마음이 편해"라는 쪽이었다. 말끝마다 "네가 틀린 건 아닌데…"로 시작했지만 대화는 자꾸 감정으로 번졌다.

둘은 방식을 바꿨다. 첫 만남에서 돈의 감정 단어만 주고받았다.

- 서윤: "잔고가 얇아지는 게 제일 불안해. 그래서 유동성이 중요해."
- 태호: "매달 나가는 '월세'라는 단어가 나를 불안하게 해. 소유/안정에 집착이 있는 것 같아."

감정 지도를 맞춘 뒤, 구조를 설계했다.

우리, 결혼해도 괜찮을까?

① **3포켓 방식**: 공용계좌(주거·공과금·식비) + 각자 '자율비' + '미래 통장'(비상금/여행).

② **기준 문장**: "유동성 6개월분 현금은 유지", "주거비(월세 또는 이자+관리비) 합계는 총수입의 25% 이하."

③ **월 1회 30분 경제 회의**: 지난달 지출 리플레이 + 이번 달 우선순위 1~2개 합의.

세 번의 대화 끝에, 둘은 전세와 월세의 흑백 논쟁에서 빠져나왔다. '이 동네 전세 + 낮은 이자'와 '근교 월세 + 높은 유동성'의 두 안을 현실 수치로 비교했고, 현재 커리어와 가족 계획을 반영해 중간안(보증금 높은 반전세 + 비상금 6개월분 유지)으로 정리했다. "누가 이겼나?" 대신 "우리 팀이 안전해졌나?"를 확인하는 방식으로.

돈 이야기는 사랑을 훼손하지 않는다. 방법이 서툴면 사랑이 상처받을 뿐이다. 금액보다 마음, 지출보다 구조, 당장의 체면보다 장기 안전을 우선하는 대화가 쌓이면, 돈은 관계의 적이 아니라 신뢰를 키우는 도구가 된다. 함께 그린 '우리의 경제 지도'는 위기 때 길을 잃지 않게 해 주는 나침반이 된다.

□ 미니 체크리스트: 우리 '돈 심리 지도'는 얼마나 겹칠까?

1. 돈이 건드리는 내 감정 단어를 알고, 서로에게 말해 본 적이 있다.

돈은 단순한 수치가 아니라 불안·안도·기쁨·죄책감 같은 감정을 불러온다. 이 감정을 서로에게 솔직히 표현해야 오해가 줄고, 상대의 반응을 더 잘 이해할 수 있다.

2. 지출의 우선순위를 서로 3가지씩 합의했다.

주거·식비·여가·경험 등 어디에 '아낌없이 쓰고', 어디는 '관리'할지 합의하면 기준이 생긴다. 이 기준은 충돌을 예방하고, 서로의 가치관을 존중하는 지도가 된다.

3. 정신적 회계에 대해 같은 기준을 갖고 있다.

같은 30만 원이라도 여행비에서 나가면 기쁘고, 생활비에서 빠져나가면 불안할 수 있다. 이런 차이를 공유하고 맞추면, 지출을 바라보는 감정 차이를 줄일 수 있다.

4. 비상금과 목표 저축(혹은 상환) 기준이 숫자로 정해져 있다.

"대략"이 아니라 "6개월 생활비 수준" "월 X만 원 저축" 같은 구체적 수치가 필요하다. 그래야 서로가 같은 기대치를 가지고 안정감을 느낄 수 있다.

5. 월 1회 '경제 회의'를 실제로 진행하고 있다.

경제 회의는 단순한 돈 계산이 아니라 감정을 대신해 주는 장치다. 정기적으로 대화 시간을 정해 두면 불필요한 다툼을 줄이고, 안전감을 높일 수 있다.

▶ **4개 이상 '예'라면**: 돈을 둘러싼 기본 프레임이 어느 정도 합의되어 있는 상태.

▶ **3개 이하라면**: 감정 · 기준 · 구조에 대한 대화를 한 번 더 깊게 진행하자. 중요한 건 정답이 아니라 **서로의 안전지대 파악**이다.

☐ **액션 플랜: 우리 관계의 '경제 안전장치' 만들기**

1. 3포켓 구조부터 깐다(공용 · 자율 · 미래)

· **공용계좌**: 주거, 공과금, 식비, 공용 구독료 등 '우리 생활비'만.
· **자율비 계좌(각자)**: 개인 취미 · 옷 · 친구 모임 등 간섭 금지.

· **미래 통장**: 비상금(6개월 생활비), 공동 목표(여행/교육/상환).

→ 돈 다툼의 80%는 '같이 쓸 돈'과 '각자 쓸 돈'의 경계가 흐릴 때 생긴다.

2. 월 1회 30분 '경제 회의' 루틴화

· 템플릿: 지난달 돌아보기(좋았던 선택 1/아쉬웠던 선택 1)

→ 이번 달 우선순위 2개 → 실행 항목 1개씩.

· 숫자는 공유 스프레드시트나 가계 앱으로 미리 자동 수집

→ 객관화된 숫자 위에서 말하면 감정 소모가 줄고, 합의가 빨라진다.

3. 상한선-하한선 '난간' 설치

· **상한선**: 공용 주거비(전세이자/월세+관리비) 총합 = 가처분소득의 25% 이내.

· **하한선**: 비상금 = 최소 6개월 생활비/ 매달 자동이체.

→ 난간이 있어야 놀이기구가 재밌다. 지출과 저축에도 난간이 필요하다.

4. 24시간 멈춤 규칙(30만/ 50만 등 커트라인 지정)

우리, 결혼해도 괜찮을까?

· 커트라인 넘는 공용 지출은 '24시간 보류 → 다음 날 다시 보기'.

· 그 사이 질문: 정말 필요한가? 더 나은 대안은? 3개월 뒤에도 만족
  할까?

→ 즉흥 소비를 줄이고, 합의의 질을 높인다.

5. '돈 감정 로그' 2주 실험

· 큰/작은 지출 뒤에 느낀 감정을 10초 메모(만족/불안/후회/무감).

· 회의 때 서로 3개씩 공유. "우리는 어디서 불안/만족을 느끼지?"

→ 숫자보다 감정 패턴이 보이면, 합의 지점이 명확해진다.

6. 분기별 재설계(커리어 · 가족 계획 이벤트 반영)

· 이직/육아/이사 같은 큰 변화가 생기면, 규칙을 '업데이트'한다.

· 문장으로 저장: "올 분기는 유동성 우선/ 다음 분기는 상환 우선."

→ 규칙은 돌덩이가 아니라 살아 있는 설계도다.

**금액을 맞추기 전에 마음의 지도를 맞춘다. 그리고 마음이 맞춰졌다
면 구조가 그 마음을 매달 지켜 준다. 돈은 사랑의 적이 아니라, 사랑
을 오래가게 하는 안전장치가 될 수 있다.**

5-2

소비 습관이 드러내는 성향

 사람마다 돈을 쓰는 방식에는 이유가 있다. 누군가는 계획적으로 모아 안정감을 느끼고, 누군가는 즉흥적으로 써서 자유를 만끽한다. 또 어떤 이는 자기만족을 우선시하고, 또 어떤 이는 가족이나 연인을 위한 소비를 더 기쁘게 여긴다. 이러한 소비 습관은 단순한 경제 행위가 아니라, 성향과 가치관, 심리적 패턴이 드러나는 창이다.

 연애 시절에는 이런 차이가 크게 부각되지 않지만, 결혼이나 동거처럼 생활이 합쳐지는 순간, 이 차이는 일상의 마찰음으로 들리기 시작한다.

 소비 습관은 크게 두 가지 축으로 나눌 수 있다.

 첫째, 시간 축: 계획형 vs. 즉흥형.
 둘째, 관계 축: 자기중심 vs. 관계 중심.

우리, 결혼해도 괜찮을까?

- 계획형은 목표와 예산을 세우고 지출을 관리하는 데서 만족감을 얻는다.
- 즉흥형은 현재의 즐거움과 필요를 즉시 충족시키는 데서 에너지를 얻는다.
- 자기중심은 본인 만족과 개인적 성취를 위해 소비한다.
- 관계 중심은 가족·연인과의 경험, 공동체의 편의를 위해 소비한다.

문제는 서로의 축이 다를 때 생긴다. 예를 들어, 계획형·관계 중심 배우자는 '여행 적금'을 꾸준히 모으지만, 즉흥형·자기중심 배우자는 '스트레스 해소'라며 갑작스러운 명품 구입을 한다. 이때 서로의 행동이 '이상하다' 또는 '무책임하다'고 느껴지기 쉽다. 하지만 이는 옳고 그름의 문제가 아니라, 가치와 만족 포인트가 다르기 때문이다.

민지와 준혁은 결혼 1년 차 부부다. 민지는 계획형·관계 중심, 준혁은 즉흥형·자기중심에 가까운 소비 성향을 가지고 있었다.
민지는 큰 지출을 하기 전 반드시 예산과 필요성을 검토하는 반면, 준혁은 기분이 울적하면 갑자기 고가의 전자기기를 구입하곤 했다. 어느 날, 준혁이 사전 상의 없이 180만 원짜리 드론을 산 일이 크게 번졌다. 민지는 '우리 집 예산을 무시했다'고 느꼈고, 준혁은 '내가 번 돈인데 왜 간섭하냐'고 반발했다.

갈등을 줄이기 위해 두 사람은 '큰 지출 기준'을 50만 원으로 설정하고, 이를 넘기면 반드시 상의하기로 했다. 대신, 한 달에 각자 15만 원씩의 '자유 지출 예산'을 마련해, 그 범위 내에서는 간섭하지 않기로 했다. 결과적으로 준혁은 즉흥적 소비의 자유를, 민지는 재정 안정의 안전망을 지킬 수 있었다.

□ 미니 체크리스트: 우리의 소비 습관 점검

(아래 각 항목은 '예/아니오'로 답하고, 간단한 설명을 참고한다.)

1. 나는 내 소비 성향을 한 문장으로 설명할 수 있다.

내가 '계획형·즉흥형/자기중심·관계 중심' 중 어디에 가까운지 알면, 내 소비 패턴을 상대가 쉽게 이해할 수 있다. 성향을 솔직하게 표현하면 불필요한 오해가 줄고, 지출 대화의 출발선이 훨씬 부드러워진다.

2. 우리는 '큰 지출 기준'을 합의했다.

"얼마 이상이면 꼭 상의한다"라는 금액선을 정해 두면 서운함이나 불신이 쌓이지 않는다. 합의된 기준이 있으면 서로 예측 가능성이 생겨, 돈 문제로 감정이 흔들릴 일이 크게 줄어든다.

　　　　　　　　　　　우리, 결혼해도 괜찮을까?

3. 즉흥 소비를 허용하는 '자유 지출 예산'이 있다.

정해진 금액 안에서는 각자 자유롭게 쓰는 공간이 있으면 만족감과 독립성이 함께 지켜진다. 작은 자유가 허용될 때 관계는 더 유연해지고, 재정 안정성도 동시에 보장된다.

4. 지출 후 '왜 샀는지'를 설명할 수 있고, 상대도 이유를 존중한다.

소비의 동기를 공유하면 "괜히 샀네"라는 비난이 아니라 "그럴 만했구나"라는 이해로 바뀐다. 이유를 존중하는 태도는 단순한 물건 문제가 아니라 서로의 가치관을 존중하는 연습이 된다.

5. 큰 소비 전에는 감정이 아닌 '수치'로 대화한다.

예산, 계획, 효과 같은 객관적 기준을 근거로 대화하면 감정적 다툼이 줄고, 대화가 훨씬 건설적으로 흐른다. 숫자를 중심으로 이야기할 때 합의가 빨라지고, 재정 결정을 더 냉정하게 내릴 수 있다.

▶ **4개 이상 '예'라면**: 서로의 소비 성향과 규칙이 안정적으로 합의된 상태.
▶ **3개 이하라면**: '성향 · 기준 · 자유 지출 범위'에 대한 대화가 더 필

요하다.

□ 액션 플랜: 소비 성향 다루기

1. 소비 성향 지도 만들기

계획형·즉흥형, 자기중심·관계 중심 축에 서로를 표시해 본다.

2. 큰 지출 기준 설정

예: 30만 원/50만 원 이상은 24시간 보류 후 상의.

3. 자유 지출 예산 책정

월 고정 금액을 정해 각자 마음대로 사용.

4. 지출 리뷰 타임

월 1회, 이번 달 '잘 쓴 돈'과 '아쉬운 돈'을 1개씩 공유.

5. 즉흥 소비 대안 만들기

우리, 결혼해도 괜찮을까?

충동이 올 때 선택할 저비용 대안(간단 외식, 취미 활동 등) 준비.

소비 습관은 사랑을 시험하는 장면 중 하나다. 서로의 성향을 '고치려' 하기보다 '맞추는 방법'을 찾으면, 돈은 더 이상 갈등의 불씨가 아니라 관계를 단단하게 하는 자원이 된다. 소비 습관을 이해하는 건 단순히 돈 관리를 넘어서, 상대의 삶의 리듬과 가치관을 이해하는 일이기 때문이다.

5-3

결혼 전 꼭 해야 할 경제 협의

결혼은 사랑을 기반으로 하지만, 그 사랑을 오랫동안 안정적으로 유지하게 만드는 건 '경제 합의'다. 결혼 생활의 상당 부분은 돈과 관련된 선택과 결정으로 채워진다. 오늘 저녁 식사 메뉴를 고르는 사소한 순간부터, 집을 마련하고 대출을 갚고 자녀 교육비를 계획하는 중대한 결정까지, 모든 과정에 돈이라는 현실적 요소가 얽혀 있다.

그런데도 많은 커플이 결혼 전에 재정 이야기를 꺼리는 이유는 단순하다. 혹시 상대가 부담을 느끼거나, 관계가 무거워질까 봐서다. 심지어 "사랑하면 그냥 알게 될 거야"라는 막연한 믿음에 의존하기도 한다. 그러나 준비되지 않은 재정은 결혼 후 빠르게 갈등의 불씨가 된다.

경제 협의는 서로의 재정 상태를 '검사'하는 절차가 아니라, 앞으로 함께 살아갈 방식을 설계하는 설계도 작업이다. 자산과 부채, 수입과 지출, 장기 목표와 위험 대응까지 투명하게 공유하고 합의하는 일은 결혼·전 가장 중요한 대화 중 하나다.

경제 협의의 핵심은 두 가지다. 투명성과 합의.

· 투명성은 내가 가진 모든 재정 정보를 숨김없이 보여 주는 것,
· 합의는 그 정보를 바탕으로 '함께' 결정을 내리는 것이다.

이 두 가지가 충족되지 않으면, 결혼 후 생활비 분담 · 저축 계획 · 비상금 운영 등에서 오해와 불신이 생기기 쉽다.

첫째, 자산과 부채 공개
결혼은 법적으로 재정이 연결되는 관계이기 때문에, 부채나 금융 의무를 감추면 큰 신뢰 위기를 맞게 된다. 학자금 대출, 신용카드 할부, 보증금 대출, 투자 손실 등 모든 내역을 명확히 공유해야 한다.

둘째, 수입과 지출 구조 이해
월수입의 안정성(정규직, 프리랜서, 사업 등), 지출의 성격(필수 · 선택 지출 비중)을 파악하면 생활비 예산의 틀을 만들 수 있다.

셋째, 재정 운영 방식 결정
공동 계좌를 사용할지, 각자 계좌를 유지할지, 혼합형(공동 계좌 +

개인 계좌)으로 갈지 결정해야 한다. 이 선택은 생활비, 저축, 투자, 보험, 비상금 운영 방식을 크게 좌우한다.

넷째, 장기 재무 계획 수립

주택 구입, 자녀 계획, 은퇴 준비 등 장기 목표를 설정하고, 이를 위해 얼마를 언제까지 모을지를 합의한다.

다섯째, 위기 대응책 마련

질병, 실직, 예상치 못한 지출 등 비상 상황에 어떻게 대응할지 정하는 것도 중요하다.

민수와 예진은 결혼 전 각자의 월급은 알았지만, 부채나 자산 내역은 이야기하지 않았다. 결혼 후 집을 계약하려는 과정에서 민수의 학자금 대출 3,000만 원이 드러났다. 예진은 숨겼다는 사실에 배신감을 느꼈고, 대출 상환과 생활비 분담 문제로 잦은 말다툼이 이어졌다.

반면, 수지와 재호는 결혼 준비 초기부터 '재정 회의'를 열어 서로의 자산·부채·수입·지출을 표로 작성해 공유했다. 공동 생활비 계좌와 각자 용돈 계좌를 따로 두는 방식으로 운영했고, 비상금과 저축 목표를 명확히 설정했다. 덕분에 결혼 후에도 금전 문제로 큰 갈등 없이 안정적인 생활을 이어 갈 수 있었다.

우리, 결혼해도 괜찮을까?

□ 미니 체크리스트: 결혼 전 꼭 해야 할 경제 협의

(아래 각 항목은 '예/아니오'로 답하고, 간단한 설명을 참고한다.)

1. 서로의 자산·부채 현황을 구체적으로 공유했다.

예금, 투자, 대출, 카드 할부 등 현재 재정 상태를 숨김없이 알면, 시작선이 명확해진다.

2. 월수입·지출 패턴을 서로 파악하고 있다.

필수 지출과 선택 지출의 비율, 주요 소비 항목을 알면 생활 설계가 쉬워진다.

3. 생활비 분담 방식을 합의했다.

비율(5:5, 6:4) 또는 고정 금액 중 어떤 방식을 쓸지 정하면 갈등을 줄인다.

4. 저축·투자·비상금 계획을 수치로 정했다.

"대략"이 아니라 매월 저축액, 투자 비중, 비상금 규모를 명확히 해야 실행이 가능하다.

5. 비상 상황 대응 규칙을 세웠다.

실직·질병·가족 부양 등 위기 시 생활비와 대출 상환을 어떻게 처리할지 미리 약속한다.

▶ **4개 이상 '예'라면:** 재정 협의의 기초 체계가 안정적으로 마련된 상태.
▶ **3개 이하라면:** 자산·소득·분담·목표·위기 대응에 대한 심층 대화가 필요하다.

☐ **액션 플랜**

1. 재정 공유 미팅 2회

첫 미팅은 자산·부채·수입·지출을 투명하게 공개, 두 번째 미팅은 생활비와 저축·투자 운영 방안을 합의한다.

2. 재정 내역 표 작성 및 보관

우리, 결혼해도 괜찮을까?

자산, 부채, 수입, 지출을 표로 정리해 함께 보고, 이후에도 참조할
수 있도록 보관한다.

3. 운용 방안 문서화

생활비, 저축, 투자, 비상금의 비율과 사용 규칙을 문서로 남겨 서로
의 기준을 명확히 한다.

4. 정기 재무 리뷰 미팅

1년에 1회 이상 재무 상황을 다시 점검하고, 소득·지출·계획 변화
를 반영한다.

5. 전문가 상담 활용

필요하다면 재무 설계사나 상담가의 도움을 받아 계획을 최적화하
고, 객관적인 조언을 더한다.

경제 협의는 사랑의 온도를 낮추는 차가운 절차가 아니라, 사랑이
오래도록 지속되게 하는 난방 장치다. 돈 이야기를 꺼내는 건 불편할
수 있지만, 피하면 결국 더 큰 불편과 갈등으로 돌아온다.

결혼 전 경제 협의는 서로의 미래를 위한 '첫 번째 약속'이며, 이 약속이 단단할수록 두 사람의 관계도 단단해진다.

우리, 결혼해도 괜찮을까?

$$5\text{-}4$$

살림과 역할 분담 전략

결혼 전에는 아무렇지 않던 집안일이, 결혼 후에는 갈등의 불씨가 되기도 한다. 이유는 단순하다. 서로가 당연하다고 생각하는 '살림 기준'이 다르기 때문이다.

누군가는 주방의 물때를 당장 닦아야 마음이 놓이고, 누군가는 주말에 한꺼번에 청소하는 걸 효율이라 생각한다. 문제는 이 차이를 '성격 차이'가 아니라 '게으름'이나 '책임감 부족'으로 해석하는 순간부터다.

살림과 역할 분담은 단순히 '누가 뭘 할지'만 정하는 문제가 아니다. 그 속에는 서로의 가치관, 생활 리듬, 그리고 '나는 존중받고 있다'는 감정이 얽혀 있다. 효율적인 역할 분담은 부부가 함께 사는 공간을 안전하고 편안한 생활 베이스캠프로 만드는 첫걸음이다.

역할 분담을 잘하는 부부의 공통점은 '완벽한 균등'이 아니라 '상황

맞춤형 유연성'에 있다. 예를 들어, 한쪽이 바쁜 시기에는 다른 쪽이 더 많이 맡고, 반대로 시간이 생기면 다시 균형을 맞춘다. 이때 중요한 건 역할의 고정화보다 책임의 공유다.

살림의 세부 항목을 나열해 보면 생각보다 많다. 청소, 요리, 설거지, 세탁, 쓰레기 처리, 장보기, 공과금 납부, 각종 수리 연락, 아이 양육 등. 이 모든 걸 '그때그때 알아서' 한다고 하면 결국 한쪽이 과부하가 걸리게 된다.

결혼 초기에 해야 할 일은 다음과 같다.

첫째, 살림 항목 전체를 목록화한다.
둘째, 각 항목에 대해 '선호도'와 '능숙도'를 점수로 매긴다.
셋째, 서로 점수가 높은 항목을 우선 맡기되, 불가피할 때 대체할 수 있는 백업 규칙을 만든다.
넷째, 예상치 못한 변수(야근, 출장, 건강 문제)가 생기면 역할을 재조정한다.

이렇게 하면 '네 일, 내 일'이라는 경계가 아니라 '우리 집의 운영 시스템'이 만들어진다. 이 시스템이 있으면, 상대가 안 한 일에 화가 나기보다 '이번엔 내가 할 차례'라는 공감대가 생긴다.

우리, 결혼해도 괜찮을까?

현우와 민정은 결혼 1년 차 부부다. 초반에는 살림을 '그때그때 보이는 사람이 하는 걸로' 정했다. 하지만 민정이 프로젝트 마감으로 매일 밤늦게 귀가하자, 집안일 대부분이 현우에게 넘어갔다.

처음엔 괜찮았지만, 한 달쯤 지나자 현우는 피로와 불만이 쌓였다. 결국 둘은 주말에 '살림 분담 회의'를 열었다. 항목을 나누어 보니, 민정은 요리와 장보기를 좋아했고, 현우는 청소와 쓰레기 처리에 능숙했다. 각자의 강점을 살려 맡고, 서로의 일이 몰릴 때는 '백업 데이'를 지정했다. 그 결과 갈등이 줄었고, "고마워"라는 말이 오가는 빈도가 눈에 띄게 늘었다.

☐ 미니 체크리스트: 우리의 살림 분담 점검

(아래 각 항목은 '예/아니오'로 답하고, 간단한 설명을 참고한다.)

1. 살림 항목 전체를 목록으로 만들어 본 적이 있다.

집안일을 하나하나 눈에 보이게 적어 두면, 누가 더 많이 하는지 감정이 아닌 '사실'로 확인할 수 있다. 이렇게 해야 불필요한 억울함이나 불만이 줄어든다.

2. 각 항목별 선호도와 능숙도를 서로 알고 있다.

상대가 좋아하는 일, 잘하는 일을 맡기면 집안일이 의무가 아니라 협력으로 바뀐다. 작은 일이라도 맞춤 배분이 되면 만족도와 효율이 동시에 높아진다.

3. 불가피한 상황에 대비한 '백업 규칙'이 있다.

갑작스러운 야근이나 건강 문제처럼 변수가 생겨도 '대신 맡는 사람'을 정해 두면 혼란이 없다. 이런 안전장치가 있어야 갈등 대신 신뢰가 쌓인다.

4. 맡은 일을 했을 때 '고마움'을 표현한다.

아무리 작은 일이라도 '당연히 해야 할 것'으로 치부하지 않고 "고마워"라는 말을 건네면 마음이 부드러워진다. 감사는 집안 분위기를 가장 쉽게 바꾸는 습관이다.

5. 분담 비율을 주기적으로 재점검한다.

계절이나 상황, 직장 환경이 달라지면 집안일 분담도 바뀌어야 한

우리, 결혼해도 괜찮을까?

다. 주기적으로 점검하고 조정하는 과정이 '함께 사는 삶'을 지켜 주는 핵심이다.

▶ **4개 이상 '예'라면**: 살림 운영이 유연하고 안정적인 편.
▶ **3개 이하라면**: 목록화 · 선호도 파악 · 백업 규칙 마련이 필요하다.

□ **액션 플랜: 살림 분담 설계하기**

1. 살림 업무 시각화

화이트보드나 앱에 살림 항목을 적어 두고 가시적으로 관리.

2. 선호도 · 능숙도 점검

각 항목별 '좋아함/잘함'을 1~5점으로 표시해 분담 기준으로 활용.

3. 백업 규칙 만들기

야근 · 병가 · 여행 등 변수 발생 시 자동 전환되는 대체 규칙 설정.

4. 감사 표현 습관화

작은 일에도 "고마워" 한마디로 긍정 피드백을 주고받기.

5. 정기 점검 회의

월 1회, 분담 만족도와 필요 조정을 간단히 논의.

살림 분담의 핵심은 '50:50'이라는 수치가 아니라 '서로의 삶을 존중하는 비율'이다. 한쪽이 무거운 짐을 지는 순간, 불만은 관계의 깊숙한 곳에서 자란다. 반대로, 서로의 시간과 에너지를 배려하며 유연하게 분담하면, 집은 쉼터이자 함께 성장하는 공간이 된다.

5-5

부모님과 건강한 거리 두기

결혼은 두 사람의 결합이지만, 현실에서는 두 집안의 문화가 함께 들어온다. 특히 한국 사회에서는 부모님의 의견이나 기대가 부부 생활 깊숙이 영향을 미친다. 처음엔 작은 조언이었지만, 시간이 지나면 생활 방식, 자녀 교육, 재정 문제까지 간섭이 이어질 수 있다.

문제는 '부모님의 사랑'과 '부부의 독립성'을 어떻게 균형 잡을 것인가다. 너무 가깝게 붙으면 숨이 막히고, 너무 멀어지면 서운함이 커진다. 건강한 거리 두기는 부모님과의 관계를 끊는 것이 아니라, 서로의 삶을 존중하는 경계선을 그리는 것이다.

부모님과의 거리 두기는 단순히 '안 만나기'가 아니다. 이건 물리적 거리보다 심리적 거리와 경계 설정의 문제다.

다음 세 가지 원칙이 기본이다.

첫째, 부부의 의사 결정 우선

중요한 생활 결정은 먼저 부부가 합의하고, 그다음 부모님께 공유한다. 의사 결정 전에 부모님 의견을 들으면, 부부의 합의가 흔들릴 가능성이 크다.

둘째, 경계는 명확하게, 표현은 부드럽게

"그건 저희가 알아서 할게요"를 차갑게 말하는 대신, "말씀은 감사하지만, 저희가 이렇게 해 보기로 했어요"처럼 부드럽게 선을 긋는다.

셋째, 균형 있는 방문과 연락

한쪽 집안에만 치우치면 다른 쪽은 소외감을 느낀다. 방문 · 전화 횟수, 명절 스케줄을 미리 합의해 불필요한 오해를 줄인다.

또한, 부모님의 개입이 잦아질수록 부부끼리 대화가 필수다. 불만을 부모님께 직접 말하기보다, 먼저 배우자와 조율해 '대리 소통' 원칙을 지키면 감정 충돌이 줄어든다.

지훈과 수연은 결혼 초기, 시댁에서 매주 주말마다 모이자는 제안에 어떻게 거절해야 할지 고민했다. 수연은 피곤했지만, 지훈은 부모님 마음을 상하게 할까 걱정됐다.

우리, 결혼해도 괜찮을까?

결국 두 사람은 '월 2회 방문'과 '중간에 하루는 둘만의 시간'을 정했다. 지훈이 부모님께 "저희가 결혼 후 둘만의 시간도 필요해서, 한 달에 두 번은 꼭 뵐게요"라고 말하자, 부모님은 처음엔 섭섭해했지만, 곧 이해해 줬다. 이후 주말마다 부부가 서로의 생활을 챙길 시간이 생기면서, 부모님과의 만남도 더 반가워졌다.

□ 미니 체크리스트: 부모님과의 건강한 거리 점검

(아래 각 항목은 '예/아니오'로 답하고, 간단한 설명을 참고한다.)

1. 부부만의 의사 결정 절차가 있다.

부모님 의견은 귀 기울여 듣되, 최종 결론은 부부가 내린다. 스스로 결정하는 힘이 있어야 두 사람의 삶이 중심을 잃지 않는다.

2. 경계 설정을 부드럽게 표현할 수 있다.

"감사하지만 저희는 이렇게 해 볼게요" 같은 말은 선을 긋되 관계를 해치지 않는다. 존중과 단호함이 동시에 담긴 표현이 필요하다.

3. 양가 방문과 연락 빈도가 균형 잡혀 있다.

한쪽 부모님에게만 치우치면 다른 쪽에 서운함이 쌓인다. 방문과 연락 횟수를 균형 있게 유지하면 갈등이 줄고 평등감이 커진다.

4. 부모님과의 의견 충돌 시, 배우자가 대신 소통한다.

본인 부모님과의 대화는 배우자가 아닌 자녀가 맡는 것이 원칙이다. 이렇게 하면 불필요한 감정 상처를 줄이고 완충 역할이 가능하다.

5. 부모님의 조언을 무조건 거절하거나 수용하지 않는다.

도움이 되는 조언은 받아들이고, 지나친 간섭은 정중히 거절하는 태도가 필요하다. 선별적 수용이 관계를 안정적으로 지킨다.

▶ **4개 이상 '예'라면**: 부모님과의 경계가 건강하게 설정된 상태.
▶ **3개 이하라면**: 의사 결정 절차·경계 표현·방문 빈도 조율이 필요하다.

□ **액션 플랜: 건강한 거리 두기 실천**

1. 의사 결정 순서 합의

우리, 결혼해도 괜찮을까?

'부부 합의 → 부모님 공유' 절차를 생활 전반에 적용.

2. 경계 표현 문장 준비

미리 부드러운 거절·조율 문장을 만들어 두면 상황별 대응이 쉬워진다.

3. 방문·연락 일정 표준화

월별 계획표를 만들어 양가에 균등하게 시간을 배분.

4. 대리 소통 원칙

내 부모님은 내가, 배우자 부모님은 배우자가 전달하는 구조 유지.

5. 감정 체크 미팅

부모님 만남 후, 부부끼리 느낀 점을 공유해 불편함을 조기에 조율.

부모님과의 관계는 끊는 게 아니라 새로운 균형을 만드는 과정이다. 부부만의 경계가 잘 잡히면, 부모님의 사랑은 간섭이 아니라 든든한

후원으로 변한다. 거리 두기는 사랑의 거절이 아니라, 관계를 오래가
게 만드는 배려다.

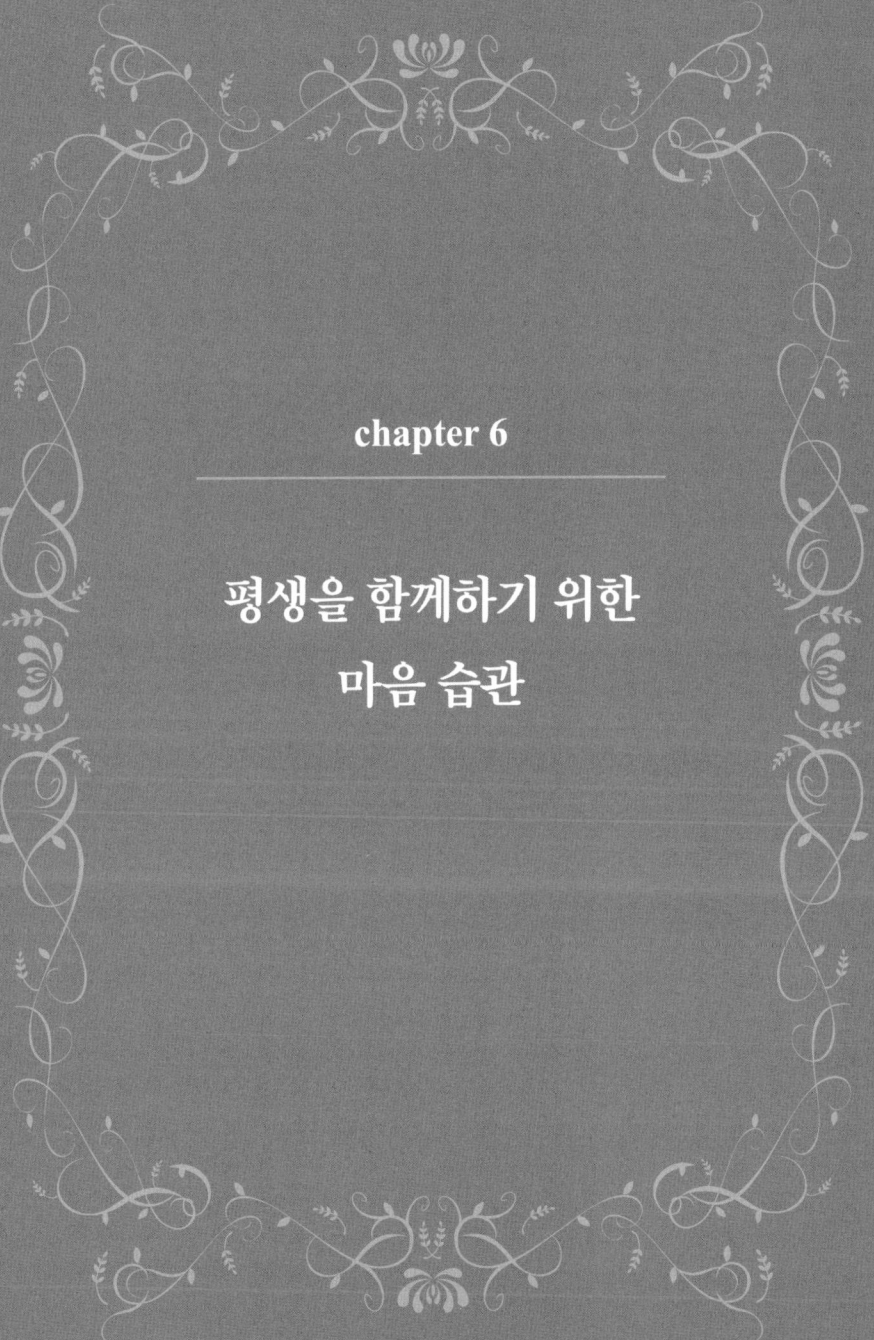

chapter 6

평생을 함께하기 위한
마음 습관

　결혼식 날, 하객들 앞에서 서약을 할 때는 그 약속이 세상에서 가장 단단해 보인다. 그 순간만큼은 서로의 눈빛이 모든 걸 말해 주는 것 같고, 앞으로 닥칠 어떤 어려움도 함께라면 충분히 이겨낼 수 있을 것 같은 확신이 든다. 하지만 시간이 흐르면, 그날의 서약은 '특별한 하루의 문장'이 아니라 '매일 반복되는 작은 선택과 행동' 속에서 진짜 힘을 발휘하게 된다. 평생을 함께한다는 건 거창한 이벤트가 아니라, 크고 작은 순간마다 선택하는 마음의 습관이 쌓여 만든 결과물이다.

　관계가 오래가려면 두 가지가 반드시 필요하다. 하나는 서로를 향한 애정의 온도를 일정하게 유지하는 것이고, 다른 하나는 변화하는 상황 속에서 함께 성장하는 능력이다. 친밀감은 한 번 쌓아 올린 탑처럼 완성되는 것이 아니라, 매일 조금씩 보충해야 하는 '정서의 연료'다. 감정이 메마르면 대화가 줄고, 대화가 줄면 오해가 쌓인다. 그렇게 오해가 쌓인 관계는 작은 말 한마디에도 금이 가기 쉽다. 반대로, 대화와 감정

　　　　　　　　　　　　　　　　우리, 결혼해도 괜찮을까?

교류가 살아 있는 관계는 외부의 충격에도 쉽게 무너지지 않는다.

그래서 결혼 생활에서 중요한 건 완벽함이 아니라 회복력이다. 갈등이 없어서 오래가는 게 아니라, 갈등이 생겨도 서로를 다시 선택할 수 있는 힘이 있기 때문에 오래가는 것이다. 그 힘은 타고나는 것이 아니라, 습관으로 길러진다. 하루 동안 있었던 일을 나누는 습관, 사소한 고마움을 표현하는 습관, 잘못했을 때 빠르게 사과하는 습관, 상대의 변화를 긍정적으로 바라보는 습관…. 이런 작은 마음 근육이 쌓여서 평생의 관계를 지탱한다.

이 장에서는 평생의 동반자 관계를 위해 꼭 필요한 다섯 가지 마음 습관을 다룬다. 친밀감의 시작점에서 관계의 온도를 높이고, 기분과 감정을 나누는 습관으로 서로의 내면을 이해하며, 함께 성장하는 부부의 특징을 통해 변화 앞에서도 유연하게 손을 잡는 방법을 배운다. 또한, '고마워'와 '미안해'의 힘으로 관계의 상처를 회복하고, 마지막으로 서로에게 좋은 사람이 되는 연습을 통해 평생의 사랑을 지켜나간다.

평생 함께하는 관계는 운명이 아니라 '관리'다. 매일의 작은 습관이 그 관리의 도구가 되고, 그 습관이 모여 '우리는 여전히 잘 지내고 있다'는 증거가 된다. 오늘부터 그 습관을 하나씩 점검하고, 내일의 사랑을 조금 더 단단하게 만들어 보자.

6-1

친밀감의 시작점

사랑의 시작은 종종 강렬한 설렘과 호기심으로 시작된다. 하지만 결혼 생활에서의 친밀감은 '첫 만남의 불꽃'이 아니라, '매일 피우는 작은 불씨'에서 자란다. 친밀감은 단순히 함께 보내는 시간의 양에서 생기지 않는다. 중요한 건 그 시간 안에서 어떤 질의 연결이 일어나는가다.

같은 공간에 있어도 각자 휴대폰만 바라본다면, 그건 물리적 동거일 뿐 정서적 친밀감은 아니다. 반대로, 짧은 대화라도 진심과 관심이 담겨 있다면 마음은 훨씬 가까워진다.

친밀감은 '나'와 '너'가 '우리'로 변하는 순간에 깊어진다. 이 과정에는 신뢰, 존중, 개방적인 대화, 그리고 적절한 유머가 필요하다. 신뢰가 없으면 대화가 형식적이 되고, 존중이 없으면 농담도 상처가 된다. 친밀감은 한 번 쌓으면 평생 유지되는 것이 아니라, 매일 조금씩 보충하고 다듬어야 하는 '정서의 예금'과 같다.

우리, 결혼해도 괜찮을까?

심리학자들은 친밀감을 만드는 핵심 요소로 '상호 개방(Self-disclosure)'을 꼽는다. 서로의 생각, 감정, 경험을 나누는 과정에서 관계의 깊이가 생긴다는 것이다. 하지만 개방에는 적절한 타이밍과 방식이 중요하다. 너무 이른 시기에 모든 걸 털어놓으면 상대가 부담을 느낄 수 있고, 너무 늦게 이야기하면 '왜 이제서야 말하느냐'는 서운함이 생긴다.

또한 친밀감은 단순히 '좋은 이야기'를 나눌 때만 형성되는 것이 아니다. 때로는 두려움, 불안, 실패 같은 부정적인 감정을 공유하는 순간에도 깊어진다. 상대가 내 연약한 모습을 봐도 떠나지 않을 거라는 확신, 그것이 친밀감의 본질이다.

관계의 질을 결정하는 것은 '질문과 경청'이다. 대화를 나눌 때, 단순히 "오늘 뭐 했어?"가 아니라 "오늘 있었던 일 중에 너를 웃게 한 건 뭐였어?"처럼 감정을 묻는 질문은 연결의 문을 넓힌다. 그리고 대답을 들을 때는 조언보다 공감이 먼저다. "그랬구나, 그때 기분이 어땠어?"라는 말은 "그렇게 하면 안 되지"보다 훨씬 강하게 마음을 잇는다.

마지막으로 친밀감은 작은 반복에서 유지된다. 함께 차를 마시며 하루를 정리하는 습관, 하루에 한 번 이상 서로의 눈을 보고 웃는 순간, '잘 자' 혹은 '잘 다녀와'처럼 일상의 인사에 감정을 담는 것. 이런 사소한 행동이 쌓여서, 언젠가 큰 위기 앞에서도 서로를 붙잡을 힘이 된다.

민수와 혜진 부부는 결혼 7년 차다. 두 사람은 맞벌이라 하루 종일 바쁘지만, 매일 저녁 10분간 '하루 나누기' 시간을 갖는다. 각자 오늘 있었던 일 중 하나를 고르고, 그때 느낀 감정을 이야기하는 것이다.

처음엔 어색했지만, 시간이 지나자 이 10분이 하루 중 가장 기다려지는 시간이 됐다. 덕분에 사소한 오해가 커지기 전에 풀렸고, 힘든 일이 생겨도 서로를 피하지 않게 됐다. 혜진은 말한다. "친밀감은 하루아침에 생기지 않아요. 그냥 매일 조금씩 서로에게 다가가는 거죠."

☐ 미니 체크리스트: 우리의 친밀감 점검

(아래 항목은 '예/아니오'로 답하고 간단한 설명을 참고한다.)

1. 하루에 최소 10분은 대화만을 위한 시간을 갖는다.

단순히 시간을 함께 보내는 것이 아니라, TV나 휴대폰을 내려놓고 온전히 서로에게 집중하는 시간이 필요하다. 짧더라도 이 집중의 순간이 친밀감을 지탱하는 기둥이 된다.

2. 최근 1주일 안에 서로의 기분 변화를 알아차린 적이 있다.

우리, 결혼해도 괜찮을까?

상대가 평소와 다르다는 걸 눈치채고 먼저 물어봐 주는 것만으로도 "나를 지켜보고 있구나" 하는 안도감이 생긴다. 작은 감정의 변화를 놓치지 않는 관심이 곧 깊은 유대감을 만든다.

3. 즐거운 일뿐 아니라 불안, 걱정도 편하게 나눌 수 있다.

웃을 때만 함께하는 관계가 아니라, 두려움이나 걱정까지 털어놓을 수 있어야 진짜 친밀하다. 약한 모습을 보여도 안전하다는 믿음이 부부 사이를 단단하게 묶는다.

4. 대화 중 휴대폰을 내려놓고 눈을 바라본다.

눈을 마주치는 것은 단순한 행동 같지만, "네가 내게 중요하다"는 신호를 주는 강력한 표현이다. 집중된 시선은 존중과 애정을 가장 직접적으로 전달한다.

5. 대화에서 조언보다 공감을 먼저 한다.

"그랬구나, 속상했겠다"는 말은 "이렇게 해"보다 훨씬 마음을 열게 한다. 해결책은 나중 문제이고, 먼저 감정을 인정해 주는 것이 연결의 시작이다.

▶ **4개 이상 '예'라면**: 관계의 정서 연결이 안정적인 상태

▶ **3개 이하라면**: '대화의 질'과 '감정 공유' 방식을 점검할 필요가 있다.

□ 액션 플랜: 친밀감 높이기 루틴 만들기

1. 하루 10분 대화 타임

잠들기 전이나 식사 후, 휴대폰을 내려놓고 서로에게 집중하는 시간. 짧지만 매일 쌓이면 대화의 깊이가 달라진다.

2. 감정 질문 하나씩 나누기

"오늘 제일 기분 좋았던 순간은?" "오늘 힘들었던 일은?" 같은 질문으로 하루의 감정을 교환한다. 상대의 속마음을 자연스럽게 알 수 있다.

3. 작은 스킨십 유지하기

손잡기, 어깨 토닥이기, 짧은 포옹 등 작은 스킨십은 말보다 빠르게 안정감을 준다. 습관처럼 자주 이어 가면 친밀감이 유지된다.

4. 주 1회 미니 데이트

우리, 결혼해도 괜찮을까?

멀리 갈 필요 없다. 집 근처 카페, 산책, 동네 장보기 같은 소소한 외출도 '우리만의 시간'이 된다. 분위기 전환이 관계를 환기시킨다.

5. 감정 표현 카드 주고받기

"고마워", "미안해", "좋아해" 같은 짧은 메시지를 메모지나 문자로 남긴다. 사소해 보여도 작은 말이 마음을 단단히 묶어 준다.

친밀감은 '좋아하는 감정'이 아니라 '좋아한다고 계속 보여 주는 행동'에서 유지된다. 사랑의 온도는 자연스럽게 유지되지 않는다. 마치 집 안의 화분처럼, 물을 주고 햇볕을 쬐게 하고 적당히 가지 치기를 해야 한다.

매일의 사소한 선택이 친밀감의 불씨를 살리고, 그 불씨가 평생 함께 가는 사랑의 온도가 된다. 오늘 하루 10분, 서로의 마음을 들여다보는 것으로 시작해 보자.

6-2

기분과 감정을 나누는 습관

많은 부부가 "대화가 부족하다"고 말하지만, 사실 그 말속에는 '정보는 주고받지만 감정은 나누지 않는다'는 의미가 숨어 있다. "오늘 회의했어", "장 보러 갔어" 같은 사실 전달은 많지만, 그 속에서 느낀 기분이나 감정은 종종 생략된다. 그러나 결혼 생활에서 정서적 친밀감을 유지하려면 '사건'보다 '감정'을 나누는 것이 훨씬 중요하다.

심리학에서는 이를 정서적 친밀감(emotional intimacy)이라고 부른다. 이는 서로의 내적 세계에 다리를 놓는 과정으로, 단순히 사건을 공유하는 차원을 넘어 상대가 '나의 감정 세계 안으로 들어올 수 있게' 허락하는 행위다. 정서적 친밀감이 높을수록 부부는 위기에도 안정감을 느끼고, 작은 오해가 큰 갈등으로 번지는 것을 막을 수 있다.

감정을 나누는 습관은 단순한 위로 이상의 힘을 가진다. 기분을 표현하면 상대는 나를 더 잘 이해하고, 불필요한 추측과 방어를 줄일 수

우리, 결혼해도 괜찮을까?

있다. 또한, 내 감정을 들려주고, 상대의 감정을 들을 때 우리는 서로의 세계에 더 깊이 발을 들인다. 이 작은 습관이 쌓여 서로의 마음을 안정시키는 '정서적 방패'가 된다.

첫걸음은 '기분에 이름 붙이기'다. "그냥 피곤해" 대신 "회의가 길어져서 답답했어"처럼 구체적인 감정 단어를 사용하면, 상대는 내 상황을 훨씬 선명하게 이해한다. 심리학에서는 이를 정서 명확화(emotional clarity)라고 부른다. 감정을 명확히 언어화할수록 불필요한 짜증이나 억측이 줄고, 관계의 안정성이 높아진다.

다음 단계는 '비판 없는 경청'이다. 상대가 기분을 표현할 때, 중간에 끊거나 평가하지 않는 것이 핵심이다. 예를 들어, "오늘 너무 지쳤어"라는 말에 "그건 네가 시간을 잘 못 써서 그래"라고 하면 대화는 즉시 닫힌다. 대신 "그래서 지금은 좀 쉬고 싶구나"처럼 감정을 받아 주는 반응이 필요하다. 이는 심리학에서 말하는 공감적 경청(empathic listening)의 기본으로, 상대의 감정을 있는 그대로 반영해 주는 방식이다.

또한, 감정을 나누는 습관은 뇌 과학적으로도 유의미하다. 하버드대 연구에 따르면, 감정을 언어로 표현하는 순간 편도체(감정을 조절하는 뇌 영역)의 과잉 흥분이 가라앉고, 스트레스 반응이 완화된다. 즉, 말로 감정을 나누는 행위 자체가 두 사람의 신경계를 진정시키는 효과를 가진다.

이 습관을 지속하기 위해서는 정기적인 감정 점검 루틴이 도움이 된다. 하루나 일주일 중 일정한 시간을 정해 서로의 기분을 묻고 답하는 것이다. 처음에는 어색할 수 있지만, 반복할수록 감정을 표현하는 언어가 풍부해지고, 서로의 감정 패턴을 이해하게 된다. 이렇게 되면 갈등이 생겨도 상대의 '감정 신호등'을 빨리 읽어낼 수 있어 위기를 더 빨리 수습할 수 있다.

지현과 성우는 결혼 4년 차에 접어들며 잦은 말다툼이 늘었다. 다툼의 원인을 찾던 두 사람은 '사실은 서로의 기분을 잘 모른다'는 결론에 도달했다. 그래서 매일 저녁 식탁에서 '오늘의 감정 한 줄'을 나누기로 했다.

"오늘 회사에서 인정받아서 뿌듯했어", "하루 종일 비가 와서 좀 처졌어" 같은 짧은 말이었지만, 서로의 하루와 마음을 훨씬 깊이 이해할 수 있었다. 6개월이 지나자 다툼은 줄고, 대화는 더 풍성해졌다. 성우는 말했다. "감정을 나누니까, 서로를 설득하려는 게 줄었어요. 그냥 이해하게 되더라고요."

이 경험은 부부가 감정을 공유하는 습관이 곧 관계 회복의 속도와 깊이를 결정한다는 사실을 보여 준다.

우리, 결혼해도 괜찮을까?

부부 관계는 거창한 이벤트보다 작은 감정의 나눔 속에서 단단해진다. 대화를 통해 서로의 마음을 이해하고, 감정을 존중하는 습관이 쌓일수록 두 사람은 더 안전하고 편안한 공간을 함께 만들 수 있다. 감정을 표현하는 건 약함이 아니라 용기이며, 그 용기를 내는 순간 부부의 관계는 다시금 따뜻한 온기를 회복한다.

□ 미니 체크리스트: 우리의 감정 나누기 습관

(아래 항목은 '예/아니오'로 답하고 간단한 설명을 참고한다.)

1. 하루에 한 번 이상 서로의 기분을 묻는다.

단순히 "잘 지냈어?"가 아니라, 오늘 하루의 기분이 어땠는지를 물으면 마음을 열 기회가 생긴다. 상대는 자신이 존중받고 있다는 안전감을 느낀다.

2. 기분을 표현할 때 구체적인 감정 단어를 쓴다.

'기분이 나빠'라는 모호한 표현보다 '짜증', '서운함', '설렘'처럼 정확한 단어를 쓰면 상대가 나를 더 잘 이해할 수 있다. 언어의 명확함이 관계의 오해를 줄인다.

3. 상대의 감정을 들을 때 판단이나 조언보다 공감을 먼저 한다.

"그랬구나"라는 말은 상대가 안전하게 감정을 털어놓을 수 있게 한다. 반대로 "그러니까 그렇지"라는 반응은 대화의 문을 닫아 버린다.

4. 기분이 좋을 때와 나쁠 때 모두 공유한다.

행복한 순간만 나누는 관계는 얕아질 수 있다. 불안, 걱정, 서운함까지 편하게 말할 수 있을 때 관계는 진짜 친밀해진다.

5. 정기적으로 감정 점검 시간을 갖는다.

매주 같은 시간에 서로의 마음을 들여다보는 시간을 만들면, 작은 불편도 쌓이지 않고 흘러간다. 반복되는 '점검 루틴'이 관계의 안정감을 높여 준다.

□ 액션 플랜: 감정 나누기 루틴 만들기

1. 감정 단어 리스트 공유

서로 표현하기 쉬운 감정 단어를 10개씩 적어 두면, 모호한 말 대신

우리, 결혼해도 괜찮을까?

정확한 언어로 마음을 전달할 수 있다.

2. 하루 한 줄 감정 나누기

잠들기 전 오늘의 기분을 한 줄로 나누면, 일상의 단편들이 쌓여 정서적 친밀감의 기록이 된다.

3. 경청 훈련

상대의 말이 끝날 때까지 끊지 않고 들은 뒤, 한 문장으로 요약하면 '내 마음을 받아 줬구나'라는 안전감을 준다.

4. 기분 변화 포착하기

표정이나 목소리의 작은 변화를 눈치채고 물어보면, 상대는 '나를 살펴보고 있구나'라는 위안을 얻는다.

5. 주간 감정 회의

주말에 차 한 잔 하며 한 주의 감정을 돌아보는 시간은, 소소한 불편이나 감사의 마음을 정리해 관계를 단단히 한다.

기분과 감정을 나누는 것은 단순히 문제를 해결하기 위함이 아니라, 서로를 더 깊이 이해하고 '같은 편'임을 확인하는 과정이다. 오늘부터 하루 한 줄, 내 기분을 건네 보자. 그 작은 한 줄이 평생의 신뢰와 친밀감을 만든다.

함께 성장하는 부부의 특징

많은 부부가 결혼 초반에는 같은 방향을 바라보며 걸어가지만, 시간이 지나면서 서로 다른 길을 걷는 듯한 느낌을 받을 때가 있다. 한쪽은 발전하고 있는데 다른 한쪽은 제자리에 머물거나, 혹은 서로의 변화 속도를 맞추지 못하면 관계의 거리는 점점 벌어진다.

결혼 생활에서 '함께 성장한다'는 건 단순히 비슷한 목표를 갖는 것이 아니라, 서로의 성장을 지켜보고 응원하며 때로는 자극을 주는 동반자가 되는 것이다. 내가 혼자 잘되는 것이 아니라, '우리'라는 팀이 함께 넓어지고 깊어지는 과정이 바로 부부의 성장이다.

심리학 연구에서도 부부의 만족도와 장기적인 안정성을 설명하는 중요한 요인 중 하나가 '성장 지향적 관계(growth-oriented relationship)'다. 두 사람이 각자의 영역에서 배우고 성장하려는 태도를 유지하고, 동시에 그 과정을 공유할 때 정서적 연결감은 훨씬 더 강해진다. 즉, 성장은 개인의 몫이면서도 관계의 몫이기도 하다.

함께 성장하는 부부에게는 몇 가지 공통점이 있다.

첫째, 성장의 목표를 공유한다.

개인의 목표와 부부의 목표를 구분하면서도, 두 영역을 연결할 수 있는 지점을 찾는다. 한쪽이 직장에서 승진을 준비한다면, 다른 쪽은 집안일을 더 분담하며 그 여정을 돕는다. 반대로 한쪽이 새로운 공부를 시작한다면, 배우자는 그 시간을 존중하고 응원하는 역할을 한다. 이런 합의가 있어야 개인의 성취가 곧 부부의 기쁨으로 이어진다.

둘째, 서로의 배움을 존중한다.

배우자가 배우는 것이 당장 내 삶과 크게 연결되지 않아 보여도 귀 기울이고 함께 경험하려 한다. 심리학자 존 고트만(John Gottman)은 이를 '작은 관심 신호에 응답하기(turning toward bids)'라고 불렀다. 배우자가 꺼낸 작은 관심사와 학습 경험에 긍정적으로 반응할 때, 부부 관계는 신뢰와 존중으로 단단해진다.

셋째, 함께 성장하는 의식을 만든다.

책을 같이 읽거나, 새로운 취미를 배우거나, 여행을 통해 다른 문화와 환경을 경험하는 등 '함께하는 도전'을 생활에 포함한다. 이런 경험

우리, 결혼해도 괜찮을까?

은 단순히 즐거움에 그치지 않고, 부부가 함께 새로운 정체성을 만들어 가는 발판이 된다. 성장의 의식이 반복될수록 '우리는 함께 변하고 있다'는 긍정적 확신이 쌓인다.

은지와 민호는 결혼 8년 차 부부다. 두 사람은 초반에는 각자의 커리어에 몰두하느라 대화가 줄었고, '함께'라는 감각이 점점 옅어졌다. 그러다 2년 전부터 매달 한 번 '성장 데이트'를 하기로 약속했다. 한 달에는 책을 같이 읽고 토론했고, 또 다른 달에는 새로운 전시회를 보러 갔다. 처음에는 어색했지만, 차츰 서로의 관심사가 넓어지고 대화는 깊어졌다. 민호는 말했다. "예전에는 하루에 있었던 일만 보고했다면, 지금은 서로의 생각과 배움을 나누게 됐어요. 그게 훨씬 더 우리를 가깝게 만들었죠."

결국 함께 성장한다는 건 특별한 목표를 이뤄내는 게 아니다. 서로의 변화를 두려워하지 않고, 그 변화 속에서 다시 만나며, 조금씩 더 나은 부부로 나아가는 것이다. 연애는 '현재의 나와 너'를 사랑하는 과정이라면, 결혼은 '미래의 우리'를 함께 키워가는 여정이다.

□ 미니 체크리스트: 우리는 함께 성장하고 있나?

(아래 항목은 '예/아니오'로 답하고 간단한 설명을 참고한다.)

1. 서로의 장기 목표를 알고, 그 목표가 바뀌었을 때도 업데이트 한다.

결혼은 고정된 상태가 아니라 끊임없이 변하는 과정이다. 배우자의 인생 목표와 방향이 달라질 수 있음을 인정하고, 그때마다 서로 업데이트하면 같은 길을 걷는 동반자라는 확신이 커진다.

2. 배우자의 배움과 도전을 응원하는 말을 자주 한다.

"네가 잘될 때 나도 기뻐"라는 메시지를 주고받으면, 상대의 성취가 개인의 일이 아니라 '우리의 성취'가 된다. 작은 격려의 말 한마디가 관계의 지지대가 된다.

3. 새로운 경험을 함께 시도한다.

여행, 새로운 취미, 낯선 환경은 부부를 다시 설레게 하는 촉진제가 된다. 익숙한 일상에 안주하지 않고 변화를 함께 겪으며, 관계가 활력 있고 신선하게 유지된다.

4. 배운 것을 서로에게 나누는 시간을 갖는다.

우리, 결혼해도 괜찮을까?

책에서 얻은 인상 깊은 문장, 강의에서 배운 지식, 일상에서 느낀 교훈을 함께 나누면 지적·정서적 친밀감이 높아진다. 나눔은 단순 정보 전달이 아니라 '나는 너와 공유하고 싶다'는 애정 표현이다.

5. '함께 성장하기 위한 활동'을 정기적으로 계획한다.

성장은 우연이 아니라 의도적인 선택에서 비롯된다. 독서 모임, 취미 클래스, 봉사활동 등 부부만의 성장 루틴을 만들면, 그 시간이 쌓여 '함께 자라는 습관'으로 자리 잡는다.

▶ **4개 이상 '예'라면**: 성장의 리듬이 잘 맞고 있음.
▶ **3개 이하라면**: '공유 목표'와 '함께하는 도전'을 늘릴 필요가 있음.

□ **액션 플랜: 함께 성장 루틴 만들기**

1. 성장 버킷리스트 작성

앞으로 1년 안에 둘이서 해 보고 싶은 도전 5가지를 적어 본다. 여행, 책 읽기, 운동, 취미 같은 작고 구체적인 목표가 좋다. 목록을 적는 것만으로도 "우리는 함께 앞으로 나아가고 있다"는 감각을 갖게 된다.

2. 성장 데이트

매달 하루를 '새로운 경험의 날'로 정해 작은 도전을 함께한다. 새로운 전시회를 가거나, 처음 가 보는 동네 카페를 찾는 것도 좋다. 익숙함을 깨는 시도는 관계를 신선하게 만든다.

3. 배움 공유 타임

각자가 최근에 배운 것 하나를 짧게라도 나누는 시간을 만든다. 책에서 읽은 문장, 회사에서 얻은 통찰, 일상에서 느낀 깨달음도 충분하다. 서로의 세계가 조금씩 겹치며 대화의 깊이가 넓어진다.

4. 목표 점검 미팅

분기마다 커피 한 잔을 사이에 두고 서로의 목표 진행 상황을 점검한다. 잘된 점은 축하하고, 어려움은 함께 풀 방법을 찾는다. 부부가 서로의 코치이자 응원자가 된다는 감각이 든다.

5. 작은 챌린지

한 달에 한 번 '둘이서 함께 해 보기' 과제를 정한다. 예를 들어, 일주

우리, 결혼해도 괜찮을까?

일 동안 간단한 요가 동작 매일 하기, 저녁 식사 3번은 집에서 직접 차려 먹기 같은 것. 작고 짧은 도전이 쌓여 관계에 활력을 준다.

함께 성장하는 부부는 서로의 '성공 스토리' 속에 자연스럽게 등장하는 사람들이다. 한 사람의 성취가 두 사람의 기쁨이 되고, 한 사람의 배움이 두 사람의 자산이 된다.

평생을 함께하려면 사랑만으로는 부족하다. 함께 배우고, 함께 도전하고, 함께 성장하는 힘이 필요하다. 오늘부터 작은 성장의 씨앗을 같이 심어 보자.

6-4

'고마워'와 '미안해'의 힘

부부 관계에서 '사랑해' 못지않게 큰 힘을 발휘하는 단어가 있다. 바로 '고마워'와 '미안해'다. 이 두 단어는 단순한 예의 표현이 아니라, 관계의 균열을 메우고 서로의 마음을 회복시키는 핵심 언어다. 사랑이 관계를 시작하게 한다면, 고마움과 사과는 그 사랑을 매일 이어 가게 하는 접착제다.

'고마워'라는 말은 상대방이 내 삶에 기여한 가치와 노력을 인정한다는 메시지다. 심리학 연구에 따르면, 감사의 표현은 관계 만족도를 높이고, 장기적인 친밀감을 유지하는 핵심 요인으로 작용한다. 하지만 오래된 관계일수록 이 말이 줄어든다. 익숙함 속에서 '당연함'이 커지고, 감정 표현은 줄어들기 때문이다. 그러나 작은 일에도 즉시 고마움을 표현하면, 상대는 자신이 여전히 의미 있는 존재라는 확신을 얻는다.

예를 들어, 단순히 "고마워"라고 말하는 것보다, "오늘 저녁 준비해

쥐서 고마워, 덕분에 하루가 편해졌어"처럼 상황과 감정을 함께 덧붙이면 훨씬 진심이 잘 전달된다. 이는 단순한 습관을 넘어, 상대방의 존재감을 강화시키는 강력한 긍정적 피드백이다.

'미안해'는 잘못을 인정하고 책임을 공유하는 표현이다. 단순한 사과를 넘어서, 상대방의 감정을 이해하고, 나의 행동이 그에게 어떤 영향을 미쳤는지를 수용하겠다는 의지가 담겨 있다. "미안해, 다음부터는 이렇게 해 볼게"라는 말처럼 구체적인 변화의 약속을 포함할 때, 사과는 더 큰 신뢰를 불러온다. 심리학에서는 이를 복구 행동(repair attempts)이라고 부르며, 갈등을 건너뛰지 않고 되돌릴 수 있게 하는 중요한 장치라 한다.

또한 사과에는 타이밍이 중요하다. 감정이 격해진 순간의 사과는 오히려 방어적 반응을 불러일으킬 수 있다. 차라리 잠시 감정을 가라앉히고, 상대의 마음을 받아들일 준비가 되었을 때 전하는 것이 훨씬 효과적이다.

무엇보다 중요한 점은 '고마워'와 '미안해'가 일방적이 아닌 상호작용의 흐름 속에 있어야 한다는 것이다. 한쪽만 계속 고마움을 표현하거나, 한쪽만 사과한다면 균형이 무너진다. 두 단어가 서로 오가며 순환할 때, 부부 관계는 더욱 유연하고 안정적으로 유지된다.

정희와 태수는 결혼 12년 차 부부다. 예전엔 다투면 며칠씩 말없이 지내는 것이 일상이었다. 그러나 상담 후 두 사람은 '고마워'와 '미안해'를 습관화하기로 했다. 정희는 태수가 퇴근길에 아이 간식을 사 온 날, "고마워, 네가 챙겨 주니까 아이가 정말 좋아하더라"라고 말했다. 태수는 정희가 회의 준비 때문에 늦게 귀가했을 때, "미안해, 내가 조금 더 신경 써서 집안일을 해 둘걸"이라고 사과했다.

이 작은 말들이 반복되자 신기한 변화가 생겼다. 서로에 대한 불만이 줄고, 대화는 오히려 늘어났다. 태수는 말했다. "예전엔 같은 실수에 계속 화가 났는데, 이제는 사소한 일에도 고마움이 느껴지고, 실수해도 금방 풀려요. 마음이 한결 편해졌습니다."

'사랑해'가 관계의 뿌리라면, '고마워'와 '미안해'는 매일 그 뿌리에 물을 주는 말이다. 이 두 단어가 오가는 부부는 다툼을 두려워하지 않는다. 갈등이 생겨도 복구할 수 있다는 믿음이 있기 때문이다.

□ 미니 체크리스트: 우리는 '고마워'와 '미안해'를 잘 쓰고 있나?

(아래 항목은 '예/아니오'로 답하고, 간단한 설명을 참고한다.)

1. 하루에 최소 한 번 이상 '고마워'를 말한다.

우리, 결혼해도 괜찮을까?

작은 일에도 감사 인사를 하면, 상대는 자신이 의미 있는 존재라는 확신을 느낀다. 반복될수록 감사의 마음이 커지고, 관계의 온도가 따뜻해진다.

2. '고마워' 뒤에 구체적인 이유를 덧붙인다.

단순한 감사보다, 구체적인 행동과 상황을 언급하면 진심이 더 잘 전달된다. "오늘 설거지해 줘서 고마워, 덕분에 쉬는 시간이 생겼어" 같은 말은 큰 힘이 된다.

3. 잘못했을 때 변명보다 먼저 '미안해'를 말한다.

사과의 첫 순간에 변명이나 해명을 넣으면 진정성이 약해진다. 불편을 인정하는 짧고 분명한 사과가 관계를 빠르게 회복시킨다.

4. 사과할 때 개선 방안까지 함께 제시한다.

단순히 잘못을 인정하는 것에서 그치지 않고, "다음에는 이렇게 해볼게"라는 약속을 덧붙이면 같은 일이 반복되지 않을 가능성이 커진다.

5. 감사와 사과 모두 즉시 또는 적절한 타이밍에 한다.

감사는 가능한 즉시 표현할수록 효과가 크고, 사과는 감정이 진정된 후 빠르게 전해야 한다. 늦어진 표현은 힘을 잃고, 때를 놓치면 진심이 왜곡될 수 있다.

▶ **4개 이상 '예'라면**: 감사와 사과가 관계의 건강한 습관으로 자리 잡은 상태.

▶ **3개 이하라면**: 구체성·타이밍·상호성을 점검할 필요가 있음.

□ **액션 플랜: 감사와 사과를 생활화하는 법**

1. 감사 일기

하루에 한 번, 배우자에게 고마웠던 일을 짧게 적고 꼭 말로 전한다. 작은 일에도 감사 표현을 습관화하면 관계의 온도가 따뜻해진다.

2. 구체적 피드백

"고마워"나 "미안해" 뒤에는 반드시 이유와 감정을 덧붙인다. 예: "오늘 저녁 준비해 줘서 고마워, 덕분에 피로가 풀렸어." 이렇게 하면 진심이 더 잘 전달된다.

3. 사과 리허설

갈등 후 감정이 가라앉으면, 말하기 전에 어떤 표현과 어조로 사과할지 미리 정리한다. 불필요한 변명이나 날카로운 톤을 줄여 사과의 진정성을 높인다.

4. 감사 미션

일주일에 한 번은 평소 잘 하지 않던 고마운 행동을 해 준다. 예: 배우자 대신 설거지하기, 작은 간식 챙겨 주기. 의외의 배려가 관계에 활력을 준다.

5. 피드백 타임

한 달에 한 번, 서로의 감사·사과 습관에 대해 돌아보며 대화한다. "내가 고맙다고 했을 때 어땠어?" 같은 피드백은 표현의 질을 점점 더 깊게 만든다.

'고마워'와 '미안해'는 부부 관계의 윤활유다. 이 말이 오가는 순간, 마음의 벽이 무너지고 신뢰가 회복된다. 작은 말 한마디가 싸움을 줄이고 사랑을 키운다. 매일 주고받는 습관이 쌓이면, 서로는 평생 '마음이 통하는 사람'으로 남게 된다.

**오늘부터 고마움은 더 구체적으로, 사과는 더 진심으로 전해 보자.
그러면 사랑은 자연스럽게 깊어진다.**

6-5

서로에게 좋은 사람이 되는 연습

연애 초반에는 상대를 기쁘게 하기 위해 작은 행동 하나까지도 정성을 쏟는다. 그러나 시간이 흐르고 결혼 생활이 길어질수록, 서로가 '늘 곁에 있는 존재'가 되고 당연함에 젖게 된다. 그 결과 관계에 투자하는 에너지가 줄어들고, 신경 쓰지 않아도 된다는 착각이 자리 잡는다. 하지만 평생을 함께할 사람일수록, 오히려 더 의식적으로 좋은 사람이되기 위한 노력이 필요하다. 좋은 사람이 된다는 것은 완벽하거나 거창한 변화를 뜻하지 않는다.

심리학에서는 이를 '미시적 친절(micro-kindness)'이라고 부른다. 일상에서 자주 반복되는 작은 배려가 쌓일 때, 상대방은 "이 사람과 함께 있으면 편안하다"라는 안정감을 느낀다. 피곤한 날에도 먼저 웃으며 인사하기, 이야기를 끊지 않고 끝까지 들어주기, 퇴근길에 작은 간식을 사 오는 행동이 바로 그 사례다. 이런 사소한 반복은 관계를 지탱하는 보이지 않는 기둥이 된다.

또한, 좋은 사람은 배우자의 성장을 기꺼이 지지하는 사람이다. 파트너가 새로운 목표를 세웠을 때, "네가 잘되면 나도 기쁘다"는 태도로 응원하는 것이 핵심이다. 이는 단순히 도움을 주는 차원이 아니라, 배우자의 삶을 존중하고 함께 성장하는 동반자가 되겠다는 약속이기도 하다. 긍정심리학에서는 이를 '타인의 성장을 지지하는 행위'가 관계 만족도를 높이는 가장 강력한 요인 중 하나라고 본다.

반대로, 좋은 사람이 되려면 해로운 습관을 줄이는 노력도 필요하다. 비난, 무시, 방관 같은 태도는 관계에 독처럼 스며든다. 특히 장기적인 관계에서 가장 큰 적은 '무심함'이다. 익숙함 뒤에 숨어 버린 방관은 사랑을 조금씩 마르게 만든다. 좋은 사람이 된다는 것은 단순히 배려를 늘리는 것이 아니라, 해로운 언행을 의식적으로 줄이고 대체하는 것이다.

세연과 민호의 이야기가 그 예다. 결혼 8년 차에 접어든 두 사람은 서로의 배려를 더 이상 특별하게 느끼지 못하고 당연하게 여겼다. 어느 날 결혼기념일에, 서로의 좋은 점 5가지를 적어 교환하는 이벤트를 하면서 큰 전환점을 맞았다. 세연은 민호가 여전히 매일 아침 커피를 내려 주고 있다는 것을 다시 인식했고, 민호는 세연이 자신이 좋아하는 반찬을 챙겨 두는 습관을 떠올렸다. 그 작은 배려들이 '여전히 우리 사이에 살아 있구나'라는 깨달음을 준 것이다. 이후 두 사람은 매달 '작

우리, 결혼해도 괜찮을까?

은 배려 챌린지'를 정해 서로를 위해 특별한 행동 하나를 실천하기로 했다. 덕분에 대화가 늘고 웃음이 많아졌다.

결국, 좋은 사람이 된다는 것은 상대가 나와 함께할 때 더 따뜻하고, 더 단단한 사람이 되게 만드는 것이다. 그리고 그것은 매일 반복되는 작은 선택에서 시작된다.

□ 미니 체크리스트: 나는 좋은 사람이 되기 위해 노력하고 있는가?

(아래 항목은 '예/아니오'로 답하고, 간단한 설명을 참고한다.)

1. 하루에 한 번 이상 배우자를 위한 배려 행동을 한다.

아침에 먼저 인사하기, 커피 한 잔 건네기처럼 사소한 행동도 반복되면 상대는 '존중받고 있다'는 안정감을 느낀다. 작은 배려가 쌓여 관계의 신뢰 자산이 된다.

2. 배우자의 목표와 꿈에 관심을 갖고 지지한다.

단순히 "잘해 봐"가 아니라, 목표 달성을 위한 구체적 도움(시간 배려, 조언, 응원 메시지)을 건네면 '내 꿈을 함께 키워 주는 동반자'라는 확신을 준다.

3. 부정적인 언행(비난, 무시, 방관)을 줄이려고 노력한다.

순간의 짜증이 습관이 되면 관계에 큰 상처를 남긴다. 의식적으로 줄이는 연습은 긍정적 언어 습관을 자리 잡게 하고, 긴 시간의 갈등을 예방한다.

4. 상대가 힘들어할 때 먼저 위로와 도움을 제안한다.

"뭐 도와줄까?"라는 짧은 말 한마디가 상대에겐 큰 지지가 된다. 어려움 속에서 혼자가 아니라는 경험이 관계를 단단하게 만든다.

5. 관계를 위해 내가 먼저 변하려는 의지가 있다.

서로가 동시에 변하려 하기를 기다리기보다, 한쪽이 먼저 변하는 모습이 결국 상대에게도 긍정적 자극이 된다. 변화의 출발점은 '내 선택'임을 기억하는 게 중요하다.

▶ **4개 이상 '예'라면**: 관계를 위해 꾸준히 노력하는 건강한 상태.
▶ **3개 이하라면**: 배려 습관과 부정적 행동 개선에 집중할 필요가 있음.

우리, 결혼해도 괜찮을까?

□ 액션 플랜: 서로에게 좋은 사람이 되는 방법

1. 하루 한 번 배려 미션

작은 행동 하나(차 따라 주기, 간식 챙기기, 문 열어 주기 등)를 의식적으로 실천한다. 사소한 배려가 반복될수록 상대는 '당연한 존재'가 아니라 '특별한 존재'로 느껴진다.

2. 성장 대화 타임

한 달에 한 번, 배우자의 목표와 근황을 묻고 들어주는 시간을 만든다. "요즘 어떤 게 중요해?"라는 질문 하나가 서로의 방향을 맞추는 나침반이 된다.

3. 나쁜 습관 줄이기

비난, 무시, 무관심 같은 부정적 행동 중 하나를 정해, 한 달 동안 의식적으로 줄인다. '줄이는 노력' 자체가 배우자에게 진심 어린 신호가 된다.

4. 감사 공유

매주 서로의 좋은 점 한 가지를 직접 말해 준다. "네가 늦게까지 준비한 거 멋있었어" 같은 구체적인 피드백은 상대의 자존감을 높이고 관계의 온도를 유지한다.

5. 함께 하는 취미 만들기

산책, 요리, 독서, 드라마 보기 등 부담 없는 활동을 공통의 즐거움으로 만든다. 함께 웃고 몰입하는 시간이 늘어날수록 부부는 더 단단하게 연결된다.

좋은 사람이 되는 연습은 단기 프로젝트가 아니라 평생 이어 가는 과정이다. 상대를 위해 조금 더 따뜻하게 말하고, 조금 더 부드럽게 행동하며, 조금 더 깊이 이해하려는 노력들이 쌓여서 평생 동반자의 기반이 된다.

사랑은 단순한 감정이 아니라 선택과 습관이다. 오늘 하루, 내가 더 좋은 사람이 되기 위한 한 가지 행동을 시작해 보자.

우리, 결혼해도 괜찮을까?

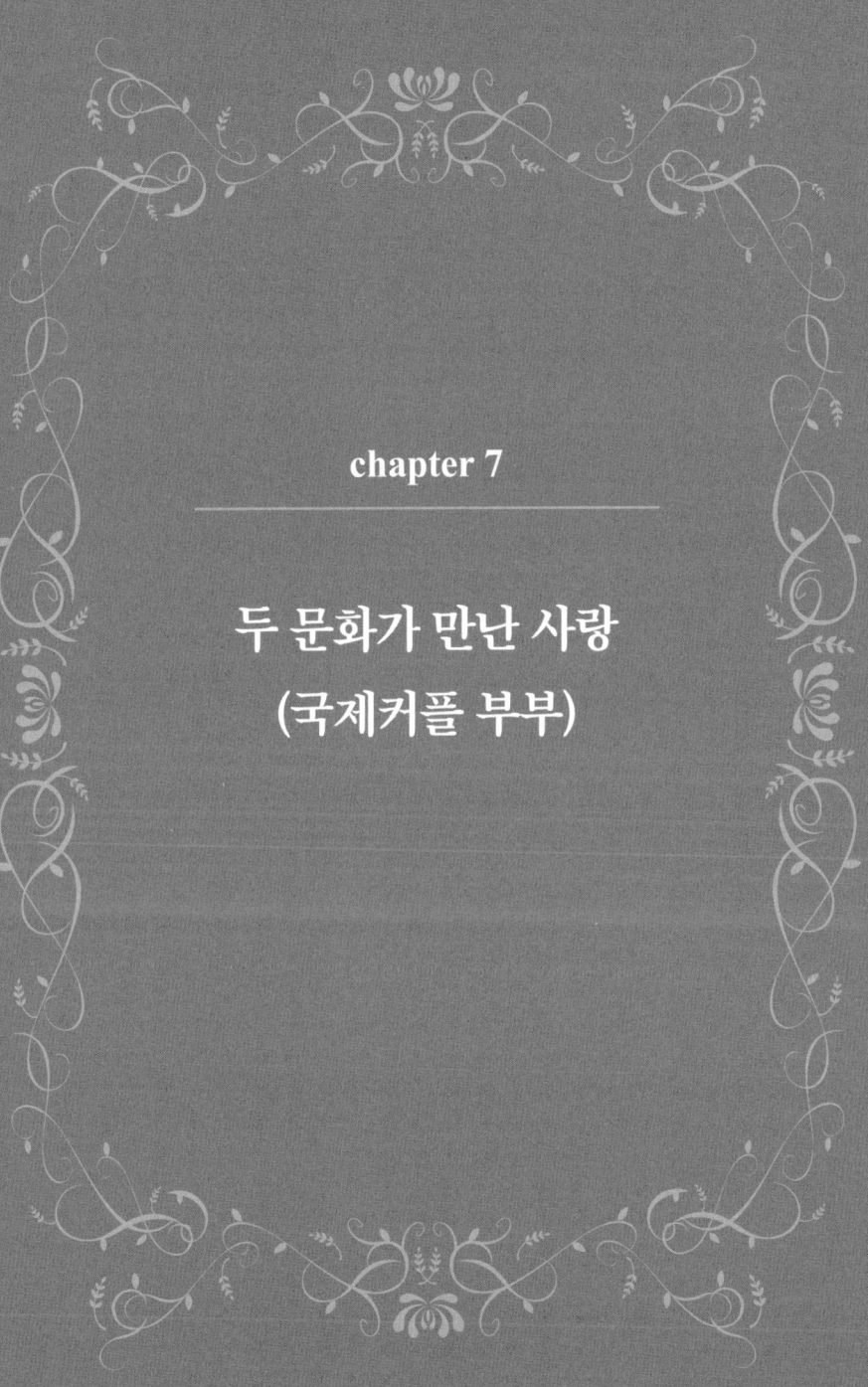

chapter 7

두 문화가 만난 사랑
(국제커플 부부)

사랑은 언어보다 먼저 마음이 닿을 때 시작된다. 하지만 두 사람이 서로 다른 문화권에서 자라왔다면, 그 사랑은 새로운 빛깔을 띠며 깊고도 복잡한 이야기를 만들어 낸다. 같은 말도 문화적 맥락에 따라 전혀 다른 의미를 갖고, 같은 행동도 전혀 다른 해석을 낳는다. 한국에서는 단순한 '배려'로 여겨지는 행동이 상대 문화에서는 '간섭'으로 받아들여질 수도 있고, 서양에서 흔한 '자기주장'이 한국적 맥락에서는 '무례함'으로 읽히기도 한다. 처음엔 낯설고 매혹적이던 차이가, 시간이 지나면 갈등의 불씨가 되기도 하는 이유다.

국제 커플은 단순히 국적이 다른 연인이 아니다. 서로 다른 역사, 가치, 사회적 규칙을 몸에 새기고 살아온 두 사람이 하나의 '우리'를 만들어 가는 과정이다. 식탁 위의 음식 하나, 명절을 보내는 방식 하나, 아이를 키우는 교육 철학 하나에도 각자의 문화가 묻어나온다. 언뜻 보기에 단순한 일상이지만, 그 속에는 부모로부터 물려받은 습관, 사회

　　　　　　　　우리, 결혼해도 괜찮을까?

가 주입한 관념, 지역이 다르게 길러온 기대치가 뒤섞여 있다. 결국 국제 커플의 대화는 곧 '두 세계가 만나는 협상'이다.

심리학에서는 친밀한 관계에서 가장 중요한 요소 중 하나로 '공유된 의미(shared meaning)'를 강조한다. 국제 커플은 이 '공유된 의미'를 만들어 가는 데 훨씬 더 많은 대화와 노력이 필요하다. 언어를 번역하는 것만으로는 충분하지 않다. 눈빛에 담긴 정서, 행동에 숨은 의도, 문화적 배경에서 비롯된 습관까지 해석하고 설명해야 한다. 하루의 대화가 곧 작은 번역 작업이 되고, 그 번역을 통해 상대의 세계를 조금씩 이해해 나가는 것이다. 이 과정은 피곤할 수 있지만, 반대로 그만큼 더 깊은 이해와 존중을 배우게 되는 기회이기도 하다.

물론 국제 커플이 맞닥뜨리는 어려움은 단순히 둘만의 문제가 아니다. 가족과 친지, 주변 사회의 시선까지 얽히면서 더 복잡해진다. 부모님이 기대하는 결혼의 모습, 친척들이 던지는 무심한 말, 직장 동료들의 호기심 어린 질문들이 때론 상처가 되고 시험이 된다. 그러나 이 모든 과정을 헤쳐 나가면서 배우는 건 단 하나다. 사랑은 둘만의 감정이 아니라, 두 세계를 존중하며 함께 만들어 가는 '협력의 기술'이라는 것.

이 장에서는 국제 커플이 부딪히는 주요 지점을 하나씩 다룬다. 언어보다 중요한 감정의 번역, 문화가 빚어낸 생활 습관의 차이, 가족·친지와의 관계에서 오는 긴장, 종교·가치관의 충돌, 그리고 마지막으로 다름을 장점으로 바꿔내는 방법까지. 다른 색깔이 섞여 새로운 빛을 만들어 내듯, 두 문화가 만나 어떻게 사랑을 단단하게 키워갈 수 있는지 그 길을 함께 살펴본다.

이 장의 이야기는 국적이 다른 연인뿐 아니라, 서로 다른 배경·세대·환경을 가진 모든 부부에게도 유용하다. 사실 사랑은 언제나 다름과 함께 오기 때문이다. "두 세계가 만나 하나가 되는 것" 그것이 국제 커플의 특별한 도전이자, 모든 관계가 배워야 할 중요한 비밀이다.

우리, 결혼해도 괜찮을까?

언어보다 중요한 감정의 번역

　사랑은 말로만 이어지지 않는다. 특히 서로 다른 언어를 쓰는 국제 커플에게 대화는 종종 벽이 되기도 하지만, 동시에 마음을 더 깊이 연결하는 다리가 되기도 한다. 문법이 틀린 표현, 억양이 어색한 문장, 번역기로만 이해되는 단어조차, 그 속에 담긴 감정이 진실하다면 오히려 더 크게 와 닿는다. 결국 중요한 건 언어의 정확성이 아니라 감정을 어떻게 전달하고, 어떻게 번역하느냐다.

　말은 뜻을 전달하지만, 감정은 온도를 전달한다. 같은 "괜찮아"라는 말도 미소와 함께 건네면 위로가 되지만, 무표정하게 내뱉으면 거절로 들린다. 국제 커플은 이 '온도 차이'를 매일 체감한다. 상대방의 언어를 완벽히 알지 못해도, 표정·목소리·눈빛에 담긴 감정을 읽어 내는 순간 오히려 말보다 더 강한 이해가 생긴다.

　심리학에서는 이를 비언어적 커뮤니케이션(non-verbal communication)의 힘이라고 설명한다. 연구에 따르면, 사람 사이에서 메시지를 전달하는 요소 중 실제 단어가 차지하는 비율은 10~20%에 불과하다. 나머지는 억양·표정·몸짓 같은 비언어적 신호가 담당한다. 언어가 다를수록, 우리는 자연스럽게 이 신호에 더 집중하게 되고, 오히려 더 민감한 공감 능력을 키워간다.

소영과 마크는 결혼 2년 차 국제 부부다. 한국어와 영어 모두 유창하지 않은 상태에서 연애와 결혼을 이어갔기에, 초반엔 오해가 잦았다. 소영은 사소한 다툼 후 "괜찮아"라고 말했지만, 그 말투에 담긴 서운함을 알아채지 못한 마크는 정말 괜찮은 줄 알았다. 갈등이 커진 후, 둘은 방식을 바꿨다. 말 뒤에 간단히 감정 단어를 붙이기로 한 것이다. "괜찮아… but 조금 hurt." "좋아, but nervous." 단어 몇 개로 감정을 번역한 것만으로도 서로의 이해가 훨씬 빨라졌다. 언어가 달라도, 감정을 공유하는 습관이 다리를 놓아준 것이다.

□ 미니 체크리스트: 우리는 감정을 잘 번역하고 있을까?

(각 항목은 '예/아니오'로 답하며, 간단한 설명을 참고한다.)

1. 상대의 언어 실수에 웃기보다, 감정의 맥락을 먼저 본다.

우리, 결혼해도 괜찮을까?

외국어를 쓰다 보면 단어를 틀리거나 문법이 어긋나는 순간이 생긴다. 이때 실수 자체에 웃음으로 반응하기보다, 그 말속에 담긴 감정을 읽어 주면 상대는 안전감을 느낀다. 언어보다 마음을 먼저 보는 태도가 신뢰를 쌓는다.

2. 말로 다 표현이 안 될 때, 표정·손짓 같은 비언어적 신호를 사용한다.

단어가 막혀도 눈빛, 미소, 손길 같은 비언어는 훨씬 빠르고 직접적으로 마음을 전한다. "괜찮아"라는 말보다 따뜻한 손잡기 한 번이 더 깊은 위로가 될 때가 많다.

3. 중요한 대화는 단어보다 감정 단서를 함께 전달한다.

의미가 애매하게 들릴 수 있는 말일수록, 감정 태그를 덧붙이면 오해가 줄어든다. "좋아, but nervous"처럼 기분을 함께 말하면, 말의 온도와 맥락이 분명해진다.

4. 언어가 막힐 때 억지로 끝내지 않고, '다시 설명하기'를 시도한다.

말이 끊기면 대화를 포기하기 쉽지만, 잠시 멈췄다가 다른 단어로 설명하거나 예시를 들어 다시 풀어내면 상대는 진심을 느낀다. 반복과 수정은 실수가 아니라 신뢰를 키우는 과정이다.

5. 서로의 모국어 표현 중 감정을 담는 대표 문장을 배워둔다.

"힘들었지?", "I'm proud of you" 같은 말은 언어와 문화의 차이를 넘어 마음을 직접 건드린다. 배우자의 언어로 이런 표현을 건네는 순간, 단순한 말이 아니라 "나는 네 세계를 이해하려고 노력한다"는 강력한 메시지가 된다.

▶ **4개 이상 '예'라면**: 당신들은 이미 언어 이상의 대화를 하고 있다.
▶ **3개 이하라면**: 언어보다 감정에 집중하는 작은 습관이 필요하다.

□ **액션 플랜: 감정 번역 연습하기**

1. 감정 태그 규칙 만들기

→ 대화 중 중요한 말 뒤에 한 단어 감정을 덧붙이기(happy, worried, thankful, 서운해 등).

2. 비언어 사전 공유하기

우리, 결혼해도 괜찮을까?

→ "내가 이 표정을 하면 서운하단 뜻이야", "이 말투는 농담이야" 등 서로의 신호를 미리 알려 주기.

3. 공용 감정 단어 10개 정하기

→ 둘 다 이해할 수 있는 기본 단어(기쁨, 분노, 서운함, 피곤, 고마움 등)를 합의해 두고 상황에 활용하기.

4. 오해 시 '리플레이 대화' 시도

→ 다툼이 생기면 24시간 안에 같은 대화를 다시 시도하면서, 이번 엔 감정에 집중해 설명하기.

5. 주 1회 '감정 일기 공유'

→ 각자 한 문장씩, 이번 주 가장 강했던 감정을 공유. 언어보다 감정 연결의 루틴을 만든다.

관계는 언어로 시작하지만, 마음은 언어를 넘어선다. 국제 커플의 대화는 단순한 통역이 아니라, 서로의 마음을 읽는 훈련이다. 단어가 부족해도, 감정이 충분히 전달된다면 두 사람의 대화는 실패하지 않는다.

서로 다른 문화가 만든 생활 방식 이해하기

사랑은 두 사람의 만남이지만, 결혼은 두 세계의 만남이다. 특히 국제 부부에게 결혼은 단순히 국적만 다른 게 아니라, 삶의 방식과 규칙, 일상의 리듬이 다른 두 문화가 매일 부딪히는 사건이다. 아침을 무엇으로 시작하는지, 집안일을 어떻게 나누는지, 휴일을 어떻게 보내는지 같은 사소한 생활 방식이 때로는 큰 갈등의 원인이 된다. 그 차이를 무시하거나 덮어 두면 서운함이 쌓이고, 반대로 차이를 배우고 존중하면 관계는 오히려 더 넓어지고 단단해진다.

문화는 개인이 선택하기 전부터 이미 몸에 새겨져 있는 습관과 가치관의 집합이다. 한국에서는 '가족 중심의 명절 문화'가 당연하지만, 어떤 나라에서는 명절보다 개인의 자유 시간이 더 중요하다. 한쪽은 "가족이 함께해야지"라고 생각하고, 다른 쪽은 "굳이?"라는 마음을 갖는다. 여기서 생기는 오해는 '사랑이 부족해서'가 아니라 '문화가 달라서' 생기는 경우가 많다.

우리, 결혼해도 괜찮을까?

심리학자 기어트 호프스테드(Geert Hofstede)는 국가와 문화별 가치관 차이를 연구하면서, 개인주의 vs. 집단주의, 권위 수용도, 장기 지향성, 불확실성 회피 성향 같은 축으로 각 사회를 설명했다. 예를 들어, 한국은 비교적 집단주의와 장기 지향성이 강한 편이다. 반면 서구권 국가들은 개인주의와 현재의 행복을 중시하는 경향이 있다.

따라서 한국인 배우자는 "내일을 위해 오늘을 아끼자"라고 하고, 서구권 배우자는 "오늘 즐겁지 않으면 무슨 소용이 있어?"라고 할 수 있다. 둘 다 옳고 그름이 아니라, 문화적 배경이 만든 차이일 뿐이다.

진신과 데이비드는 결혼 3년 차 부부다. 처음엔 서로의 차이를 '매력'으로 여겼지만, 생활이 이어지자 작은 불편이 쌓였다. 라라는 저녁마다 함께 식탁에 앉아 밥을 먹는 게 당연했지만, 데이비드는 가끔 혼자 샌드위치로 끼니를 때우고 바로 방에 들어갔다. 진신은 "왜 가족이랑 밥을 안 먹어?"라며 서운했고, 데이비드는 "꼭 매번 같이 앉아야 하는 거야?"라고 답했다. 몇 번의 다툼 끝에, 두 사람은 대화를 통해 '주 4회 이상은 함께 식사, 나머지는 자유'라는 합의를 만들었다. 이 단순한 약속으로 갈등은 줄고, 서로의 문화를 존중하는 방식이 자리 잡았다.

□ 미니 체크리스트: 우리는 생활 방식의 차이를 존중하고 있을까?

(각 항목은 '예/아니오'로 답하며, 설명을 참고한다.)

1. 서로의 '당연한 습관'이 다른 이유를 문화적 배경에서 이해하려 한다.

생활 습관의 차이를 단순히 성격 탓으로 돌리지 않고, 문화적 맥락에서 바라보면 불필요한 비난이 줄어든다. '왜 저래?'라는 짜증 대신 '저 문화에서는 자연스러운 거구나'라는 해석이 관계를 편안하게 만든다.

2. 생활 패턴(식사·휴일·가족 방문 등)에 대해 최소한의 합의를 정해 두었다.

생활의 기본 리듬이 다르면 작은 불편이 계속 쌓인다. 식사 시간, 휴일 사용, 가족 방문 같은 패턴에 대해 미리 규칙을 정해 두면 불필요한 오해가 줄고 안정감이 생긴다.

3. 상대 문화의 명절·행사·음식을 배우고 존중하려는 태도가 있다.

우리, 결혼해도 괜찮을까?

명절에 함께 인사를 하거나, 상대 나라 음식을 시도하는 작은 행동이 큰 존중으로 읽힌다. '나는 네 문화에 관심 있다'는 메시지는 서로에게 소속감을 준다.

4. 갈등이 생겼을 때 '사랑의 문제'로 확대하지 않고 '문화 차이'로 구분한다.

단순한 문화 차이에서 비롯된 문제를 '너는 날 사랑하지 않아'로 해석하면 갈등이 커진다. 문제의 원인을 정확히 이름 붙여 주는 것만으로도 감정 소모가 크게 줄어든다.

5. 서로에게 불편했던 '습관'을 최소 한 번은 구체적으로 대화해본 적이 있다.

작은 차이를 덮어 두면 불만이 쌓이지만, 솔직하게 꺼내면 오히려 조율의 기회가 된다. 불편했던 습관을 한 번이라도 대화로 다뤄본 경험이 있으면 관계의 회복력이 높아진다.

▶ **4개 이상 '예'라면**: 생활 방식의 차이를 건강하게 다루고 있는 상태.
▶ **3개 이하라면**: 아직 '문화의 당연함'을 개인의 성격으로 오해할 수 있다. 대화와 합의가 필요하다.

☐ 액션 플랜: 문화 차이 다루기 훈련

1. 서로의 '하루 루틴' 공유하기

→ 아침부터 밤까지 내가 평소 어떻게 보내는지 구체적으로 적고 비교한다.

2. 문화 교환의 날 만들기

→ 한 달에 하루는 '내 나라 방식'으로 하루를 보내 보기(음식·말투·휴식).

3. 공용 규칙 vs. 개인 자유 구역 나누기

→ 반드시 함께 하는 것(주요 명절·주 3회 저녁 식사)과 각자 자유롭게 하는 것(취미·간식 습관)을 구분한다.

4. 문화 불편 노트 작성

→ 서로의 습관 중 불편했던 경험을 가볍게 기록하고, 주 1회 대화 시간에 공유한다.

우리, 결혼해도 괜찮을까?

5. '문화 차이 문장' 합의

→ "이건 네 성격 문제가 아니라 문화 차이야"라는 합의 문장을 정해
두면, 다툼이 사랑싸움으로 번지지 않는다.

국제 부부에게 생활 방식의 차이는 피할 수 없는 현실이다. 하지만
그 차이는 갈등의 씨앗이 아니라, 새로운 배움을 선물하는 기회가 될
수 있다. 두 사람 모두 자기 문화의 틀만 고집하지 않고, 상대의 세계
를 경험하려는 마음을 낸다면,

**결혼은 단순히 두 사람이 사는 일이 아니라 두 문화가 어울려 하나
의 새로운 문화가 태어나는 과정이 된다.**

가족 · 친지와의 관계에서 생기는 문화 충돌

사랑은 두 사람만의 일이지만, 결혼은 두 집안, 나아가 두 문화 전체의 일이다. 국제 부부라면 이 부분에서 갈등이 더욱 선명하게 드러난다. 배우자는 이해할 수 있어도, 배우자의 부모님이나 친지, 또는 넓은 가족 네트워크 속에서는 작은 차이가 큰 오해로 확대되기도 한다. 명절에 모이는 방식, 부모님을 대하는 태도, 친척과의 교류 빈도 같은 일들이 의외로 관계에 깊은 영향을 미친다.

한국에서는 '가족 중심'의 문화가 강하다. 명절에 부모님 댁을 찾는 건 의무처럼 여겨지고, 장남 · 장녀라는 역할이 존재하며, 친척들의 조언이나 간섭도 어느 정도는 수용해야 한다는 분위기가 있다. 반면 서구권이나 다른 문화권에서는 성인이 된 순간 가족은 '독립된 개인'으로 존중받는다. 명절 모임이나 친척 방문도 선택의 영역이고, 부모님의 간섭을 당연하게 여기지 않는다. 이런 차이는 "사랑하는 사람과 결혼했는데 왜 부모님 때문에 자꾸 다투는 걸까?"라는 질문으로 이어진다.

가족 관계의 문화적 차이를 다룰 때 중요한 것은 '누가 옳은가'를 가리는 게 아니라 '이 문화에서 왜 그렇게 되는가'를 이해하는 태도다. 가족 사회학에서는 이를 가족주의(familism)와 개인주의(individualism)라는 틀로 설명한다. 가족주의 문화권에서는 집단의 조화와 책임이 중요한 반면, 개인주의 문화권에서는 개인의 선택과 자유가 우선한다. 두 문화가 결혼이라는 울타리 안에서 충돌할 때, 배우자들은 양쪽의 기대치 사이에서 곤란함을 느끼기 쉽다.

예를 들어 보자. 한국인 아내 지현과 프랑스인 남편 피에르는 결혼 첫 해 추석을 맞았다. 지현은 당연히 시댁과 친정에 다녀와야 한다고 생각했지만, 피에르는 "왜 내가 가야 하지? 가족 모임은 선택적인 거잖아"라고 답했다. 지현은 서운했고, 피에르는 억지로 따라가며 불편해했다. 그러나 몇 년의 시행착오 끝에 두 사람은 합의를 만들었다. 한국 명절에는 하루만 참석하고, 나머지 일정은 부부의 자유 시간으로 보낸다. 대신 프랑스에 가면 피에르의 가족 모임에도 같은 방식으로 존중을 보이기로 했다. 중요한 건 완벽하게 같은 방식을 따르는 것이 아니라, 서로의 문화적 당연함을 절충하는 지점을 찾는 것이었다.

□ 미니 체크리스트: 우리는 가족·친지와의 관계를 어떻게 다루고 있을까?

(각 항목은 '예/아니오'로 답하고 간단한 설명을 참고한다.)

1. 서로의 문화에서 '부모·친지와의 관계'가 어떤 의미를 가지는지 설명해 본 적이 있다.

각 가정은 부모와 친지의 목소리를 다르게 받아들인다. "우리 집은 부모님 의견이 최우선이야" 같은 말을 공유하면, 행동의 배경을 이해해 오해를 줄일 수 있다.

2. 명절·기념일·가족 모임 참여 범위에 대해 최소한의 합의를 정했다.

언제, 누구와 함께할지를 미리 합의하지 않으면 해마다 같은 갈등이 반복된다. 미리 계획을 세우면 예측 가능성이 커지고 불필요한 다툼이 줄어든다.

3. 배우자의 가족과 시간을 보낼 때, 내 문화 기준으로만 판단하지 않는다.

우리, 결혼해도 괜찮을까?

익숙하지 않은 행동을 보면 '이상하다'가 아니라 '저 나라/저 집에서는 자연스러운 일이구나'라고 해석하는 태도가 필요하다. 이렇게 생각하면 존중이 생기고 긴장이 완화된다.

4. 친척의 조언이나 간섭을 '의견'으로 듣고, 반드시 따라야 할 규범으로 보지 않는다.

"이렇게 해야 해"라는 말도 결국은 조언일 뿐이다. 수용 여부를 부부가 함께 결정하면 외부의 말이 관계를 흔드는 일이 줄어든다.

5. 배우자의 가족에 대한 불만을 말할 때, '사람'이 아니라 '문화 차이'로 표현한다.

"네 가족은 틀렸어"라고 말하면 상처가 된다. 대신 "우리 집에서는 다르게 해서 조금 힘들었어"라고 표현하면 감정의 충돌을 최소화할 수 있다.

▶ **4개 이상 '예'라면**: 가족 문화 차이를 현실적으로 존중하고 있는 상태.
▶ **3개 이하라면**: 여전히 '내 기준'으로 상대 가족을 판단하고 있을 수 있다. 더 열린 대화가 필요하다.

□ 액션 플랜: 가족 문화 충돌 줄이기

1. 가족 기대치 나눔 대화

→ "우리 집은 명절에 무조건 모인다", "우리 집은 개인 선택을 존중한다"를 미리 공유한다.

2. 참여 범위 합의

→ 반드시 가야 할 행사, 선택 가능한 모임, 부부만의 시간으로 구분한다.

3. 문화 번역하기

→ 배우자 가족의 행동을 직접 해석하지 말고, 배우자에게 "이건 어떤 의미야?"라고 물어본다.

4. 부모님과의 거리 규칙 세우기

→ 연락 빈도, 방문 주기, 금전적 지원 등은 부부가 함께 기준을 정한다.

우리, 결혼해도 괜찮을까?

5. '우리 가족 문장' 만들기

→ "우리는 양가를 존중하지만, 최종 결정은 우리가 한다"라는 문장
을 합의해 반복적으로 확인한다.

가족과 친지의 문화적 차이는 국제 부부가 겪는 가장 현실적이고 큰
도전 중 하나다. 하지만 그 차이는 해결할 수 없는 벽이 아니다. 서로
의 문화를 이해하려는 태도, 그리고 명확한 합의와 규칙이 있다면, 두
사람은 양쪽 가족을 모두 존중하면서도 자신들만의 독립된 가족 문화
를 만들어 갈 수 있다.

**결국 중요한 건 '부모님의 문화'를 따르느냐 마느냐가 아니라, '우리
부부의 문화'를 세우는 일이다.**

생활 습관 · 종교 · 가치관의 차이 다루기

사람은 누구나 자신이 자란 환경을 '기준'으로 삼는다. 아침에 일어나 커피를 먼저 마시는지, 차를 마시는지, 휴일엔 교회를 가는지, 친구와 시간을 보내는지, 집안일을 누구 몫으로 생각하는지. 이런 것들은 너무 익숙해서 설명조차 하지 않지만, 다른 문화권 사람과 함께 살면 작은 습관 하나가 큰 차이로 다가온다.

국제 커플이 겪는 가장 큰 현실적 어려움 중 하나가 바로 '생활 습관과 가치관의 충돌'이다. 일찍 자고 일찍 일어나는 문화와 늦게 자고 늦게 일어나는 문화, 가족 중심의 생활과 개인 중심의 생활, 종교적 의례를 중시하는 문화와 그렇지 않은 문화가 부딪히면, 사랑만으로는 해결되지 않는 긴장이 생긴다. 때로는 식탁에 놓이는 음식 하나, 휴일의 일정 하나가 부부의 감정을 흔들기도 한다.

심리학에서는 이를 문화적 스키마(cultural schema)라고 설명한다.

스키마란 우리가 세상을 이해하는 인지적 틀이자 습관화된 해석 방식이다. 같은 상황을 두고도 어떤 문화권에서는 '예의'로, 다른 문화권에서는 '불필요한 간섭'으로 받아들인다. 종교적 의식 참여나 부모님께 드리는 효도의 방식이 대표적이다. 스키마가 다를 때, 우리는 상대가 잘못됐다고 생각하기 쉽지만, 사실은 '다른 방식으로 학습된 것'일 뿐이다.

예를 들어, 미국에서 성장한 안나는 크리스마스를 가족과 보내는 것이 절대적이었다. 반면 한국인 남편 현수는 명절에는 반드시 부모님을 찾아뵈어야 한다고 여겼다. 결혼 첫 해, 두 사람은 크리스마스와 설 연휴를 어떻게 보낼지를 두고 갈등했다. 안나는 "크리스마스는 가족이 함께하는 가장 중요한 날인데 왜 시댁에만 가야 해?"라 했고, 현수는 "명절에 부모님을 안 찾아뵈면 큰 불효야"라고 말했다. 갈등은 몇 차례 반복되었다. 그러다 두 사람은 일정 합의를 통해 새로운 전통을 만들었다. 크리스마스이브는 안나의 가족과, 설 당일은 현수의 부모님과 함께 보내기로 한 것이다. 나머지 명절과 휴일은 번갈아 가며 상대 가족을 우선하는 방식으로 정했다.

□ 미니 체크리스트: 우리는 생활 · 종교 · 가치관의 차이를 어떻게 다루고 있을까?

(각 항목은 '예/아니오'로 답하고 간단한 설명을 참고한다.)

1. 서로의 일상 루틴(식사 · 수면 · 휴일 습관)을 구체적으로 공유해 본 적이 있다.

"나는 아침을 꼭 챙겨야 해" 같은 단순한 습관조차 모르면 불필요한 오해가 된다. 작은 습관을 미리 공유하면 생활 리듬을 맞추는 데 큰 도움이 된다.

2. 종교 행사나 의례에 대한 참여 기준을 합의했다.

반드시 함께해야 하는 행사와 선택적으로 참여할 수 있는 행사를 구분해야 갈등이 줄어든다. 경계가 명확하면 서로의 신앙과 자유를 동시에 존중할 수 있다.

3. 가족 · 사회적 가치관 차이를 '옳고 그름'이 아니라 '문화적 차이'로 인식한다.

"틀렸다"가 아니라 "다르다"라고 보는 태도가 관계를 지킨다. 다름을 이해하려는 시도 자체가 존중의 표현이 된다.

4. 중요한 의사 결정을 할 때, 각자의 가치 우선순위를 비교해 본다.

경제적 안정, 가족 돌봄, 개인 자유 같은 기준을 서로 비교해 보면 충돌의 원인을 줄일 수 있다. 상대의 기준을 미리 알면 협의 과정이 훨씬 수월해진다.

5. '우리만의 규칙'을 만들어 두었다.

양쪽 문화를 그대로 따르기보다 절충해 부부만의 새로운 전통을 세우는 게 현명하다. 이 규칙은 충돌을 줄이고, 두 사람만의 독립적인 문화를 만든다.

▶ **4개 이상 '예'라면**: 서로의 차이를 건강하게 다루고 있다는 신호.
▶ **3개 이하라면**: 아직 한쪽 문화 기준으로 상대를 판단하고 있을 수 있다. 더 열린 대화가 필요하다.

□ 액션 플랜: 생활 · 종교 · 가치관 충돌 줄이기

1. 일상 루틴 공유하기

→ 아침 · 저녁 습관, 휴일 보내는 법 등을 적어 비교한다. 차이를 시각적으로 확인해야 합의가 쉽다.

2. 종교 · 명절 캘린더 합의

→ 연례 의식 · 명절 일정을 미리 정리해, '반드시 참석'과 '선택 가능'을 나눈다.

3. 가치관 우선순위 회의

→ 경제 · 경력 · 가족 · 여가 · 신앙 항목을 놓고 각자 중요도를 매긴다. 1순위가 겹치지 않아도 괜찮다. 다름을 인정하는 게 목표다.

4. 새로운 전통 만들기

→ 두 문화 모두를 존중하는 '우리 부부만의 전통'을 하나씩 만든다. 예: 크리스마스에는 서로의 가족사진 보내기, 설날에는 친구들과

우리, 결혼해도 괜찮을까?

작은 파티 열기.

5. '문화 번역' 대화법

→ 상대가 낯선 행동을 했을 때, 바로 평가하지 말고 "이건 어떤 의미
  야?"라고 묻는 습관을 가진다.

문화적 차이는 피할 수 없는 현실이다. 그러나 그 차이를 잘 다루면,
부부는 두 배의 자원을 얻게 된다. 하나의 문화에 머무는 대신, 두 문
화의 장점을 융합한 새로운 방식으로 살아갈 수 있기 때문이다.

**결혼은 결국 '다른 세계를 이해하는 연습'이다. 그 연습 속에서 두 사
람은 단순히 타협하는 것이 아니라, 더 넓은 세상을 함께 살아 낼 힘을
얻게 된다.**

$$\boxed{7\text{-}5}$$

다름을 장점으로 바꾸는 국제 커플의 비밀

사랑은 닮아서 이어지기도 하지만, 다르기 때문에 더 단단해지기도 한다. 국제 커플은 그 '다름'을 누구보다 가까이에서, 매일같이 경험한다. 말투와 표현 방식, 식습관, 인간관계의 경계, 가치관과 신념까지. 두 사람이 마주하는 차이는 단순히 눈에 보이는 문화적 차원을 넘어, 삶을 살아가는 태도 전체에 걸쳐 드러난다. 이런 차이는 때로는 불편함과 갈등의 씨앗이 되지만, 제대로 다루면 오히려 다른 부부가 쉽게 경험하지 못하는 특별한 힘이 된다. 다름은 피해야 하는 장벽이 아니라, 함께 넓어지고 깊어질 수 있는 성장의 기회이기도 하다.

많은 국제 커플은 처음에는 "이 정도 차이는 금방 적응할 거야"라고 쉽게 여긴다. 하지만 시간이 흐르면서 깨닫는다. 눈에 보이는 단순한 '문화 차이'가 아니라, 뿌리 깊은 '정체성의 차이'라는 사실을. 이때 중요한 건 상대를 내 방식대로 바꾸려는 노력이 아니라, 서로의 차이를 어떻게 활용하고, 어떻게 공존의 언어로 바꿀 수 있을지를 찾는 것이다.

우리, 결혼해도 괜찮을까?

심리학자 존 고트만은 건강한 부부의 특징 중 하나로 '긍정적 해석의 비율'을 강조한다. 차이를 만났을 때 그것을 불편함이나 문제로만 해석하면 관계는 금세 지쳐 버린다. 그러나 "네가 다르게 보기 때문에 내가 놓쳤던 걸 볼 수 있어"라고 의미를 바꾸면, 차이는 관계를 소모시키는 적이 아니라 성장의 자원으로 바뀐다. 국제 커플에게 이 '긍정적 해석 습관'은 단순한 기술이 아니라, 일상의 생존 전략이다.

프랑스인 마리와 한국인 준호의 이야기는 그 좋은 예다. 마리에게 저녁 식사는 하루의 정점을 장식하는 의식이었고, 와인과 함께 길게 대화하는 시간이 중요했다. 반면 준호는 짧고 실용적인 식사를 하고 곧장 일을 이어 가는 습관을 갖고 있었다.

결혼 초기에는 이 차이가 서로에게 불만으로 쌓였고, "왜 이렇게 맞지 않을까"라는 말이 자주 오갔다. 하지만 두 사람은 조금씩 방식을 바꿔갔다. 평일에는 준호의 방식대로 간단히 먹고, 주말에는 마리의 방식대로 여유롭게 대화하며 긴 저녁을 즐기는 것. 서로의 방식을 절반씩 존중하고 조율하자, 불만은 사라지고 오히려 두 가지 리듬이 공존하는 즐거움이 생겼다.

지금 마리와 준호는 이렇게 말한다. "우리는 두 가지 문화를 동시에 살고 있어요. 덕분에 늘 새롭고, 지루할 틈이 없어요."

□ 미니 체크리스트: 우리는 다름을 자산으로 쓰고 있을까?

(각 항목은 '예/아니오'로 답하고, 간단한 설명을 참고한다.)

1. 상대의 차이를 '이해 안 되는 점'이 아니라 '배울 점'으로 본다.

처음에는 낯설고 불편하게 느껴지는 행동도, 다른 시각에서 보면 내가 배우지 못했던 삶의 방식일 수 있다. 차이를 성장의 기회로 바라보면, 갈등이 아닌 확장으로 이어진다.

2. 각자의 문화적 장점을 함께 생활에 녹이고 있다.

음식, 대화 스타일, 여가 방식 같은 작은 습관 속에서 서로의 좋은 점을 가져오면, 일상은 풍성해진다. 두 문화가 섞일 때 생기는 새로운 패턴은 둘만의 특별한 리듬을 만든다.

3. 갈등이 생기면 '누가 맞나'보다 '두 방식을 어떻게 조합할까'를 먼저 묻는다.

옳고 그름을 따지기 시작하면 갈등은 깊어진다. 대신, 두 방식을 절충하거나 새롭게 조합하는 시도를 할 때, 해답은 의외로 쉽게 나온다.

우리, 결혼해도 괜찮을까?

4. 다른 문화권의 가족·친구에게서 배우려는 태도를 가진다.

배우자의 부모, 친지, 친구와 교류하면서 자연스럽게 그 문화를 체험하면, 배우자에 대한 이해도 깊어진다. 존중과 호기심은 관계의 신뢰를 단단하게 하는 자산이다.

5. 다름을 인정한 뒤 '우리만의 규칙'을 새로 만든다.

어느 쪽 방식이 이길 필요는 없다. 두 사람이 함께 합의해 만든 새로운 규칙이야말로, 두 문화를 연결하는 다리이자 안정감을 주는 틀이다.

▶ **4개 이상 '예'라면**: 이미 다름을 관계의 장점으로 전환하고 있다.
▶ **3개 이하라면**: 여전히 차이를 갈등의 이유로만 보고 있을 수 있다. 다름의 의미를 다시 정의해 보자.

□ **액션 플랜: 다름을 장점으로 전환하기**

1. 다름 목록화하기

→ 언어·음식·시간·가족·여가 등 항목별 차이를 리스트로 적는다.

2. 긍정적 의미 붙이기

→ 각 차이에 대해 "이 덕분에 내가 얻게 된 것"을 1개씩 기록한다.

3. 우리 방식 새로 만들기

→ 절충안이 아니라, 전혀 새로운 '부부만의 전통'을 만든다. 예: 평일엔 간단식, 주말엔 파티식.

4. 역할 전환 체험하기

→ 가끔은 상대의 방식을 100% 따라 해 본다. "오늘은 네 문화 데이"처럼 경험을 통해 이해를 넓힌다.

5. 다름 칭찬하기

→ 다를 때마다 불만 대신 감사 표현을 해 본다. "네가 달라서 이런 게 새롭네"라는 말이 습관이 되면 갈등은 줄고 신뢰는 늘어난다.

국제 커플의 삶은 쉽지 않다. 그러나 다름을 장점으로 바꾸는 순간, 그들은 누구보다 넓은 시야와 풍성한 자원을 가진 팀이 된다.

우리, 결혼해도 괜찮을까?

결혼은 닮은 점을 확인하는 여정이 아니라, 다른 점을 활용하는 연습이다. 서로의 세계를 합쳐 새로운 지도를 그려 갈 때, 그 차이는 짐이 아니라 날개가 된다.

"서로를 알아가는 매일, 그게 결혼입니다"

  결혼은 한 번의 선택으로 끝나지 않는다. 법적 서명이나 예식장에서의 맹세는 출발선일 뿐, 진짜 결혼은 그 이후의 매일을 살아 내며 새롭게 이어진다. 우리가 흔히 '평생을 함께한다'고 말할 때, 그 평생은 거창한 순간의 집합이 아니라, 매일의 작은 순간들의 반복이다. 아침에 나누는 인사, 저녁에 함께 먹는 밥, 지쳐 돌아왔을 때 건네는 한마디 위로, 다투고도 다시 이어지는 짧은 대화. 이 평범한 순간들이 쌓여 우리만의 결혼 이야기를 만든다.

  사랑은 불꽃처럼 시작되지만, 결혼은 불을 지키는 기술이다. 바람이 불 때는 바람막이를 세우고, 장작이 꺼질 때는 다시 넣어 주고, 너무 활활 타올라 위험해지면 불길을 조절해야 한다. 그 과정에서 우리는 서로의 다름을 배운다. 갈등이 생기면 두려움 대신 용기를 택하고, 피곤한 일상 속에서도 서로를 다시 바라보며, "우린 아직 배워가는 중이야"라고 인정한다.

결혼은 완성된 그림을 걸어 두는 일이 아니다. 매일 덧칠하고 지우고, 새로운 색을 입히며 조금씩 변해 가는 캔버스다. 때로는 예상치 못한 얼룩이 생기기도 하지만, 그 얼룩마저 우리의 흔적이 된다. 완벽하지 않지만, 함께 그려 가는 그림이라는 사실이 중요하다.

어쩌면 결혼이란 서로를 다 알았다고 착각하지 않고, 매일 다시 알아가는 과정일지 모른다. 어제의 내가 오늘의 나와 다르듯, 상대도 매일 달라진다. 그래서 결혼은 끝없는 '발견'이다. 오늘 상대가 좋아한 음악, 오늘 상대가 힘들어한 일, 오늘 상대가 보여 준 표정 하나까지, 다 작은 발견이다. 그 발견을 소중히 여기는 사람이 오래 사랑한다.

이 책이 전하고 싶은 메시지는 단순하다. 결혼은 잘 살아 내는 기술이 아니라, 잘 알아가려는 태도다.
매일의 순간 속에서 "나는 여전히 너를 배우고 있다"는 마음을 놓지 않을 때, 결혼은 지루하지 않고, 힘든 순간마저도 의미가 된다.

결국 결혼이란, 사랑을 시작한 두 사람이 서로의 여행자가 되어 같은 길을 걷는 일이다. 때로는 발맞춤이 안 돼 멈춰 서기도 하고, 서로 다른 길로 향하려다 다시 맞잡기도 한다. 중요한 건 완벽하게 걷는 게 아니라, 끝내 같은 방향으로 걸어가겠다는 선택을 이어 가는 것이다.

오늘도 우리는 서로를 알아간다. 내일도 그럴 것이다.
그리고 그 알아감의 반복이 바로, 결혼이라는 이름의 평생 여정이다.

부록 A

부부 대화 30문항

결혼 전/후 꼭 나눠야 할 질문 + 이유/사용법

사용법(짧게)

· 한 번에 다 하지 말고, 주 1-2문항씩 차분히. 답은 "정답"이 아니라 "현재 마음 상태"다.

· "너는 왜…" 대신 "나는 …라고 느낀다"로 시작하면 방어가 줄어든다.

· 서로의 답을 '기록'해 두고 6개월 · 1년 뒤에 다시 점검한다(관계는 변하니 질문도 반복이 힘이 된다).

1. "돈이 내게 주는 감정은 무엇인가?"(불안/자유/보상/안정 등)

왜 필요한가: 경제 갈등의 뿌리는 숫자보다 감정이다. 감정 언어를

알면 예산 합의가 빨라진다.

어떻게 쓰나: 최근 지출 3가지를 떠올려 각자 감정을 한 단어로 적고 공유한다.

2. "큰 지출은 얼마부터 '함께 결정'으로 볼까?"

왜 필요한가: 경계가 없으면 '몰랐음'이 곧 서운함이 된다.

어떻게 쓰나: 금액 기준(예: 30만/50만)과 24시간 보류 규칙을 함께 정한다.

3. "한 달 예산에서 '아낌없이 쓰고 싶은 영역' TOP3는?"

왜 필요한가: 절약보다 '집중 투자'가 만족을 높인다.

어떻게 쓰나: 각자 3개 적고, 겹치는 항목부터 공용 예산으로 고정한다.

4. "집안일을 '좋아함/가능/싫음'으로 분류하면?"

왜 필요한가: 능력·선호가 다르다. 좋아하는 일을 맡길수록 지속된다.

어떻게 쓰나: 목록화 → 라벨링 → 교차 배정(싫음+싫음은 외주/기계로 대체).

5. "피곤한 날 내가 원하는 돌봄은 '조용한 배려 vs. 말 걸어 주기' 중 무엇?"

왜 필요한가: 위로 방식이 다르면 선의도 소음이 된다.

어떻게 쓰나: 각자 3가지 구체 행동을 카드로 만들어 냉장고에 붙인다.

6. "갈등이 생기면 내가 보이는 습관은?"(공격/회피/유머/논리화 등)

왜 필요한가: 자동 반응을 알아야 멈출 수 있다.

어떻게 쓰나: 서로의 패턴을 관찰해 '멈춤 신호' 문장을 합의한다(예: "잠깐 멈추자").

7. "싸움 중 절대로 넘지 않을 선 3가지?"

왜 필요한가: 선이 있어야 복구가 빨라진다.

어떻게 쓰나: 인격 비난 금지, 과거 소환 금지, 물리적 이탈 전 '재개 시간' 약속 등.

8. "스킨십에서 내가 중요하게 여기는 것은?"(빈도/분위기/주도/ 사전 대화)

우리, 결혼해도 괜찮을까?

왜 필요한가: 친밀감은 암묵으로 맞추기 어렵다.

어떻게 쓰나: '좋았던 순간' 구체 묘사 → 재현 가능한 요소로 정리.

9. "각자의 '혼자만의 시간'은 언제/어디/얼마나 필요할까?"

왜 필요한가: 여백이 있어야 함께가 지속된다.

어떻게 쓰나: 주간 캘린더에 정기 슬롯을 예약해 충돌을 예방한다.

10. "명절·가족 행사·부모 돌봄의 기본 원칙은?"

왜 필요한가: 관계망 충돌은 예측 가능 갈등이다.

어떻게 쓰나: ① 우선순위 ② 분담 ③ 대체 일정 원칙을 문장으로 저장.

11. "자녀 계획(유·무/시기/돌봄 방식)에 대한 지금 생각은?"

왜 필요한가: 큰 인생 결정은 일찍, 그리고 반복해서 조율해야 한다.

어떻게 쓰나: '확정'보다 '조건부 시나리오'로 여러 안을 같이 적는다.

12. "거주지·주거 형태의 최우선 기준은?"(출퇴근/예산/학군/자연 등)

왜 필요한가: 집은 일상 만족도의 기반.

어떻게 쓰나: 기준에 점수 매겨 객관화하고 감정 언어도 함께 기록한다.

13. "커리어 변화(이직/창업/휴직) 시 서로의 기대와 두려움은?"

왜 필요한가: 전환기의 오해를 줄인다.

어떻게 쓰나: '최악·기준·최상' 3가지 시나리오를 함께 써 본다.

14. "디지털 경계(비번 공유/위치 공유/DM/전 애인 연락)에 대한 규칙?"

왜 필요한가: 모호함은 의심을 키운다.

어떻게 쓰나: 행동 기준 + 위반 시 복구 절차(사과/정보 공유)를 합의.

15. "친구·취미·술자리 등 사적 영역의 경계는?"

왜 필요한가: '자유'와 '존중'의 밸런스가 필요.

어떻게 쓰나: 월/수 빈도·귀가 시간·연락 규칙을 숫자로 정한다.

16. "종교·정치·사회 이슈에 대한 차이를 어떻게 다룰까?"

우리, 결혼해도 괜찮을까?

왜 필요한가: 가치관 충돌을 '설득전'이 아닌 '공존'으로 관리.

어떻게 쓰나: 금지어 없이 말하되, 생활 결정에 미치는 범위를 분리.

17. "건강·운동·식습관에서 서로의 도와줌/간섭의 경계는?"

왜 필요한가: 돌봄과 통제는 한 끗 차이.

어떻게 쓰나: 목표 공유 + 구체 지원(함께 운동/식단 준비/검진 동행).

18. "수면·기상·휴일 리듬을 어떻게 맞출까?"

왜 필요한가: 생활 리듬 불일치는 잔 갈등의 원인.

어떻게 쓰나: '핵심 동시 시간대(예: 22-23시 대화)'를 고정한다.

19. "우리만의 정기 의식(데이트/회복 대화/감사 루틴)은?"

왜 필요한가: 친밀감은 루틴에서 유지된다.

어떻게 쓰나: 주 1회 1시간 '우리 회의' + 월 1회 '작은 기념일'.

20. "질투·신뢰를 다루는 방식은?"

왜 필요한가: 감정은 금지보다 관리가 해답.

어떻게 쓰나: 촉발 요인 파악 → 안심 행동(사전 공지, 소개, 동행 등) 합의.

21. "집·차·보험·대출 등 재무 의사 결정의 의사 결정권 구조는?"

왜 필요한가: 큰 결정엔 프로세스가 필요.
어떻게 쓰나: 정보수집 담당/최종 합의 방식(만장일치/보류선)을 정한다.

22. "가사·육아·돌봄의 '대체 플랜'은?"(아플 때/야근/출장)

왜 필요한가: 위기 때가 진짜 팀워크.
어떻게 쓰나: 백업 인력/유료 서비스/일시 조정 계획을 리스트화.

23. "연말정산·세무·서류 업무는 누가/언제/어떻게?"

왜 필요한가: 미뤄진 행정이 스트레스 폭탄이 된다.
어떻게 쓰나: 분기 체크리스트와 담당자 지정.

24. "휴가 사용의 철학: 쉼 vs. 모험 vs. 가족 방문 비율은?"

우리, 결혼해도 괜찮을까?

왜 필요한가: 기대가 다르면 실망이 커진다.

어떻게 쓰나: 연간 캘린더에 비율(예: 5:3:2)을 먼저 그어 둔다.

25. "우리가 싸운 뒤 '화해의 신호'는 무엇으로 할까?"

왜 필요한가: 복구는 신호가 있어야 시작된다.

어떻게 쓰나: 문자 템플릿/포스트잇/작은 행동(차 한 잔)처럼 구체화.

26. "사생활·비밀·과거 이야기의 공개 범위는 어디까지?"

왜 필요한가: 과잉·과소 공유 모두 문제.

어떻게 쓰나: 금지/선택/권장 공유 항목을 3열 표로 정리.

27. "우리가 각자 놓치고 싶지 않은 '자기다움'은?"

왜 필요한가: 나를 잃지 않아야 우리도 지속된다.

어떻게 쓰나: '나의 핵심 3요소'를 말하고, 서로 지지 행동을 약속.

28. "노후·은퇴·돌봄(부모/우리)의 장기 그림은?"

왜 필요한가: 먼 미래의 불확실성은 일찍 말할수록 편해진다.

부록 A   279

어떻게 쓰나: 5·10·20년 타임라인을 함께 그려 본다.

29. "위기(실직/질병/배신) 시 우리의 원칙은?"

왜 필요한가: 위기는 원칙으로 견딘다.
어떻게 쓰나: 정보 공유/의사 결정/외부 도움 요청 기준을 문서화.

30. "우리 관계의 '좋았던 순간 3'과 '지키고 싶은 습관 3'은?"

왜 필요한가: 좋은 것을 언어화해야 유지된다.
어떻게 쓰나: 사진·문장·달력에 표시해 '재방문' 루틴을 만든다.

작게 시작하는 팁: 오늘은 1번과 30번만. 감정과 기억에서 출발하면 다음 질문이 훨씬 부드럽게 열린다.

기록 포맷 추천: 질문/나의 답/너의 답/합의/다음 점검일(3개월 후).
이 리스트는 관계의 시험지가 아니라, 둘이 함께 만드는 '사용 설명서'다. 답을 맞추려 하기보다, 서로의 지도를 겹쳐 보며 길을 함께 정리해 보자.

우리, 결혼해도 괜찮을까?

1년 부부 생활 체크리스트

매달 40-60분, 커피 한 잔 놓고 함께 점검하자. 체크는 △ ○ ×로 간단히, 필요하면 바로 캘린더에 실행 일정을 잡기!

1월: 기본 세팅의 달

· **우리 규칙 5**: 인격 비난 금지, 과거 소환 금지, 타임아웃 20분, 재개 시간 약속, 밤샘 논쟁 금지.
왜/어떻게: 갈등의 바닥을 깔아 두면 복구가 빨라진다. 둘이 문장 그대로 카드에 적어 눈에 보이는 곳에 붙인다.

· **돈 구조(3포켓) 확정**: 공용/자율/미래 통장.

왜/어떻게: "같이 쓸 돈 vs 각자 쓸 돈" 경계를 분리하면 80%의 돈 싸움이 줄어든다. 자동이체 즉시 설정.

· **공유 캘린더 통합**: 경조사 · 명절 · 정기 모임 · 검진 · 휴가 가안 입력.
왜/어떻게: 일정은 감정의 오해를 줄여 준다. 색상코드(나/너/공용)로 가독성 높이기.

· **집안일 매뉴얼 초안**: 좋아함/가능/싫음 라벨링 후 배분.
왜/어떻게: 선호 기반 배정이 지속가능하다. '싫음+싫음'은 외주/기계화(로봇청소기 · 세탁 수거).

· **디지털 경계 합의**: 비번/SNS/위치 공유/연락 규칙.
왜/어떻게: 모호함은 의심을 키운다. 위반 시 복구 절차(사과 · 현황 공유)까지 함께 정리.

2월: 친밀 루틴 심기

· **주 1회 '우리 회의'**(60분) 고정: 칭찬 10분 → 생활/돈 30분 → 데이트/휴식 20분.
왜/어떻게: 정기 대화가 돌발 싸움을 줄인다. 요일 · 시간을 고정하고 간식은 고정 메뉴로.

우리, 결혼해도 괜찮을까?

· **작은 데이트 루틴 3**: 동네 산책 · 홈 카페 · 공통 취미.

왜/어떻게: 특별함보다 빈도가 친밀감을 지킨다. 캘린더에 반복 등록.

· **수면 · 기상 리듬 합의**: 핵심 동시 시간(예: 22-23시) 확보.

왜/어떻게: 하루의 겹침이 정서의 겹침을 만든다.

· **스킨십 대화**: "좋았던 순간 3가지" 언어화.

왜/어떻게: 암묵은 어긋난다. 재현 가능한 요소(분위기 · 신호)로 정리.

· **감사 1문장 교환**(매일/격일).

왜/어떻게: 인지 편향을 되돌린다. 침대맡 포스트잇/메신저로 가볍게.

3월: 돈과 소비 리듬 점검

· **예산 리뷰**: '잘 쓴 돈/아쉬운 돈' 각 1개 공유.

왜/어떻게: 비난보다 학습에 초점. 다음 달 한 가지 실험을 정한다.

· **큰 지출 기준/24시간 보류 규칙 재확인.**

왜/어떻게: 충동구매의 방파제. 금액 커트라인을 현실에 맞게 조정.

· **구독 · 멤버십 다이어트.**

왜/어떻게: 쓰지 않는 자동결제는 정서적 누수. 해지/통합.

· **비상금 진행률 체크**(목표: 6개월 생활비).

왜/어떻게: 안전감은 사랑의 바닥. 자동이체 증액 여부 결정.

· **세무·연말정산 준비**(서류/공제 항목).

왜/어떻게: 행정 스트레스 선제 제거.

4월: 생활 시스템 리밸런싱

· **봄 대청소 & 물건 방출 30**(각 15개).

왜/어떻게: 공간이 가벼우면 대화가 부드럽다. 방출은 사진 기록 후 기부/판매.

· **집안일 로테이션 미세 조정.**

왜/어떻게: 바쁜 시즌엔 가변 배치가 필요. 2주 시험 후 고정.

· **갈등 로그 1건 리뷰**: 촉발-감정-행동-복구.

왜/어떻게: 패턴을 말로 보면 반복이 줄어든다.

· **정서 온도계**(0-10) 체크 & 원인 한 줄.

우리, 결혼해도 괜찮을까?

왜/어떻게: 수치화가 오해를 줄인다. 6 이하 땐 바로 미니 데이트.

· **가족 행사/명절 동선 예고.**

왜/어떻게: 예측 가능한 갈등을 앞당겨 풀자.

5월: 관계망(양가 · 친지) 설계

· **부모 방문 원칙**(빈도/체류/비용/역할).

왜/어떻게: '당연히'는 없다. 문장으로 합의.

· **지원 · 선물 예산 캡.**

왜/어떻게: 선의도 프레임 다르면 상처. 상한선 정하고 기록.

· **경계 문장 준비**: "그건 우리 둘이 상의 후 결정할게요" 등.

왜/어떻게: 공손하지만 단단한 문장이 방패다.

· **가족 단톡 사용 규칙**(응답 속도/시간대/민감 주제).

왜/어떻게: 번아웃 예방.

· **명절 역할 분담 · 대체 일정.**

왜/어떻게: 공평감이 서운함을 막는다.

6월: 성장과 꿈의 중간 점검

· **올해 목표 중간 리뷰**(각 1-2개).
왜/어떻게: 응원 · 재배치 · 중단 결정을 함께.

· **커리어 변화 시나리오(최악/기준/최상)** 업데이트.
왜/어떻게: 전환기 불안을 줄인다.

· **배움 · 취미 투자 계획**(강의/장비/시간).
왜/어떻게: '각자의 성장'이 '우리의 매력'이 된다.

· **관계 비전 보드 리프레시**(사진/문장 5).
왜/어떻게: 시각화는 끈을 단단히 묶는다.

· **여름휴가 큰 그림**(쉼:모험:가족 비율).
왜/어떻게: 기대 불일치 방지.

7월: 휴식과 회복을 설계

· **휴가 예산 · 루틴**(디톡스/산책/수면).
왜/어떻게: 쉬는 것도 설계가 필요.

우리, 결혼해도 괜찮을까?

· **여행 역할 분담**(계획/운전/사진/요리).

왜/어떻게: 휴가 중 싸움 예방.

· **응급 복구 카드 챙기기**(문장 · 스킨십 신호).

왜/어떻게: 달아오를 때 꺼내 쓸 안전벨트.

· **사진 · 기록 의식**(하루 1컷 + 한 문장).

왜/어떻게: 좋은 순간을 저장해야 다시 꺼내 쓴다.

· **돌봄 백업 플랜**(아플 때/야근/반려동물).

왜/어떻게: 위기 때 팀워크가 빛난다.

8월: 갈등 복구 역량 강화

· **타임아웃 프로토콜 리허설**(코드워드 · 20분 · 재개).

왜/어떻게: 연습이 실전을 만든다.

· **회복 대화 스크립트 점검**(사실-감정-욕구-요청).

왜/어떻게: 구조가 있으면 덜 아프다.

· **애정 표현 챌린지 7일**(터치 · 칭찬 · 도움 · 선물 · 시간 · 말 · 메모).

왜/어떻게: 사랑의 언어 다양화.

· **질투/불안 촉발 요인 업데이트 & 안심 행동 합의.**
왜/어떻게: 감정은 금지보다 관리.

· **용서 · 재신뢰 체크**(완료/진행/대기).
왜/어떻게: 미완의 감정은 조용히 새 나간다.

9월: 생활 시스템 재정렬

· **정리 · 정돈 주기표**(일/주/월/분기).
왜/어떻게: 논쟁을 루틴으로 치환.

· **식단 · 장보기 자동화**(고정 식단표 · 정기배송).
왜/어떻게: 결정 피로 줄이기.

· **정기 결제 · 보험 점검.**
왜/어떻게: 새는 구멍 닫기.

· **캘린더 대청소**(중복 약속/불필요 모임 정리).
왜/어떻게: 공간이 생기면 친밀감이 들어온다.

우리, 결혼해도 괜찮을까?

· 학기/분기 루틴(있다면 육아 · 학업).

왜/어떻게: 급한 일 vs 중요한 일 균형.

10월: 몸과 마음 건강 점검

· 건강검진/치과/안과 예약.

왜/어떻게: 예방이 최고의 효율.

· 운동 루틴 재설계(함께/각자, 주 2-3회).

왜/어떻게: 파트너십은 체력 게임.

· 수면 위생(취침 전 스크린 컷오프 · 침실 환경).

왜/어떻게: 잠이 정서 조절의 엔진.

· 마음 건강 스크리닝(기분 기록/스트레스 지수).

왜/어떻게: 보이는 감정만 감정이 아니다.

· 보험 보장 범위 재확인(실손/치아/암).

왜/어떻게: 위기의 리스크 관리.

11월: 감사와 연말 준비

· **감사 루틴 심화**(주 3회 3감사).

왜/어떻게: 관계의 긍정 잔고를 채운다.

· **연말 행사 · 선물 · 방문 예산 설정**.

왜/어떻게: 12월 과열을 11월에 식히기.

· **내년 목표 '예고안'**(개인/공동 1-2개).

왜/어떻게: 미리 던져야 숙성된다.

· **친구 · 가족 모임 밸런스**(한 달 횟수/시간).

왜/어떻게: 사회적 충전과 둘만의 시간 균형.

· **집콕 연말 시나리오**(작은 파티/영화제/요리).

왜/어떻게: 대안이 있어야 흔들리지 않는다.

12월: 연간 결산과 리뉴얼

· **하이라이트 10 · 배운 점 5**를 같이 적기.

왜/어떻게: 좋은 기억을 언어화해야 지속된다.

· **규칙 업데이트**(효과/비효과 항목 정리).

우리, 결혼해도 괜찮을까?

왜/어떻게: 규칙은 살아 있어야 한다.

· **재무 결산 · 내년 큰 지출 로드맵.**

왜/어떻게: 놀람을 계획으로 바꾸기.

· **관계 비전보드 & 서약 리뉴얼**(한 문장).

왜/어떻게: "우리는 내년엔 ___을 지키자."

· **쉼 주간**(약속 최소화 · 슬로우 데이).

왜/어떻게: 잘 쉬어야 다시 잘 사랑한다.

사용 팁

· **형식**: 매달 같은 노트 템플릿("잘한 것/조정할 것/실험 1개/담당/마감일").
· **분량**: 40-60분, 알람으로 시작 · 종료를 명확히.
· **마무리**: "오늘 당신이 고마웠던 한 가지"로 끝내기(감정의 온도 회복).

이 체크리스트는 '완벽한 부부'가 되는 시험지가 아니라, 지속 가능한 둘만의 운영 매뉴얼을 조금씩 다듬는 과정이다. 한 달에 한 칸만 고쳐도, 1년 뒤엔 전혀 다른 안정감과 친밀감이 쌓인다.

부부 관계 응급 처방 카드

싸움이 올라올 때 바로 꺼내 쓰는 회복 문장 & 대화 팁. 인쇄해서 냉장고/메모앱에 저장해 둬!

사용 순서 Quick Flow(30-90분 내 회복용)

· **STOP**: 당장 멈추고 숨 4초 들이마시고 6초 내쉰다 × 5회.

· **LABEL**: 지금 감정을 한 단어로 붙인다(분노/서운/불안/무력).

· **ASK**: "잠간 쉬고 20분 뒤에 다시 이야기할래?"

· **REJOIN**: 성한 시간에 돌아와 사실 → 감정 → 욕구 → 요청 4줄로 말한다.

· **AGREE**: 끝엔 합의 1개 + 다음 행동 1개 + 감사 1문장.

1. 타임아웃 요청 카드

· **언제**: 목소리가 커지거나 눈물이 맺히면.
· **문장**: "지금 감정이 커졌어. 20분만 쉬고, 00:30에 여기서 다시 얘기하자."
· **왜 효과적?**: 뇌가 흥분 상태(편도체 하이잭)에서 이성 대화가 불가. 회복 시간을 확보.
· **주의**: 무단이탈 금지. 시간·장소를 꼭 명시하고 반드시 돌아온다.

2. 재개 약속 스크립트

· **언제**: 타임아웃 후 복귀 시 첫 문장.
· **문장**: "기다려 줘서 고마워. 나는 네 얘기를 듣고 싶어. 지금부터 천천히 이야기하자."
· **왜**: 방어를 내리고 안전 신호를 준다.
· **주의**: 핸드폰 멀리, TV·노트북 OFF.

3. 감정 라벨링 1문장

· **언제**: 내 감정을 정리해 건네고 싶을 때.
· **문장**: "나는 서운/불안/당황을 느꼈어."

· **왜**: '너는 틀렸어' 대신 '내 감정'으로 전환되어 공격성이 낮아진다.

· **주의**: 감정을 **사실처럼 단정**하지 않기("너는 날 무시했어" ×).

4. 요약-확인(Restating) 카드

· **언제**: 상대가 길게 말할 때 중간 확인.

· **문장**: "정리하면, 이번 주 내가 늦게 말한 것 때문에 혼자 두는 느낌이 들었구나. 맞아?"

· **왜**: 오해를 조기에 수습. 듣고 있다는 신호.

· **주의**: 덧붙여 평가/조언하지 말고 질문으로 끝내기.

5. '그랬구나 + 한 발짝'

· **언제**: 먼저 정서적 안전을 깔고 싶을 때.

· **문장**: "그랬구나, 그 상황이면 나라도 힘들었겠다. 내가 도울 수 있는 건 뭐야?"

· **왜**: 공감 → 요청 순서가 복구 속도를 높인다.

· **주의**: "하지만" 금지. "그랬구나, 그리고…"로 연결.

6. 메시지 변환

우리, 결혼해도 괜찮을까?

· **문장**: "**(상황)**회의가 길어진다고 늦게 말한 걸 듣고, **(감정)**불안했어. **(욕구)**미리 알 수 있으면 좋겠어. **(요청)**다음엔 카톡 한 줄만 보내 줄래?"

· **왜**: 사실-감정-욕구-요청 구조가 협력을 부른다.

· **주의**: "너는 항상/절대" 같은 보편화 금지.

7. 과거 봉인 문장

· **언제**: 예전 일이 튀어나올 때.

· **문장**: "과거 얘기는 오늘 접어 두자. 지금 문제부터 정리하자."

· **왜**: 대화가 과거 늪으로 빠지는 걸 막는다.

· **주의**: 진짜 필요한 과거 이슈는 별도 시간을 잡아 다룬다.

8. 온도계 체크(0-10)

· **언제**: 상승 중 감정 온도 확인.

· **문장**: "지금 내 온도는 7/10이야. 10분만 낮추고 5로 만들고 올게."

· **왜**: 수치화가 '지금은 위험'을 명확히 한다.

· **주의**: 숫자 공유 뒤 실제 행동(호흡/물/산책)으로 연결.

9. 목소리 · 속도 리셋

· **언제**: 톤이 날카로워질 때.

· **행동/문장**: 속도 절반, 볼륨 평소의 70%. "천천히 말해 볼게."

· **왜**: 톤이 내용보다 강력한 메시지.

· **주의**: 비꼼/냉소가 묻지 않게 중립 톤 유지.

10. 문제 vs 사람 분리

· **언제**: 인격 비난 기미가 있을 때.

· **문장**: "우리가 싸우는 건 설거지 시스템이지, 너라는 사람이 아니야. 함께 해결책 찾자."

· **왜**: 문제를 외부화하면 팀으로 선다.

· **주의**: 즉시 다음 행동(로테이션/타이머/외주)을 제안.

11. 재프레이밍 한 줄

· **언제**: 승부 모드로 갈 때.

· **문장**: "지금의 목표는 이기는 것이 아니라 내일도 잘 지내는 것."

· **왜**: 싸움의 목적을 관계 유지로 재정렬.

· **주의**: 말만이 아니라 태도도 바꾼다(몸 기울이기 · 고개 끄덕임).

12. 사과 공식 3단계

우리, 결혼해도 괜찮을까?

· **언제**: 내 말/행동이 상처를 냈을 때.

· **문장**: "**(인정)**방금 말이 상처였어. **(영향)**너를 작게 느끼게 했지. **(수정)**다음엔 메신저 말고 직접 말할게."

· **왜**: 변명 없는 인정 + 구체적 수정이 신뢰를 회복.

· **주의**: "미안하긴 한데" 금지. 그리고/하지만 제거.

13. 용서 · 재신뢰 합의

· **언제**: 큰 감정 이후 관계를 다시 잇고 싶을 때.

· **문장**: "완전한 용서는 시간이 필요해. 대신 오늘부터 이 행동으로 신뢰를 쌓자(예: 일정 공유/귀가 문자)."

· **왜**: 추상적 화해를 행동으로 전환.

· **주의**: 합의한 행동은 기간 · 빈도를 수치로.

14. 유머 안전 사용 규칙

· **언제**: 공기 무겁고 긴장 풀고 싶을 때.

· **가이드**: 자기 비하 · 상황 가벼운 농담만, 상대/가족/돈 소재는 금지.

· **왜**: 잘 쓰면 긴장 이완, 잘못 쓰면 2차 폭발.

· **주의**: 웃지 않으면 즉시 중단하고 "지금은 아닌 것 같아" 인정.

15. 스킨십 신호 3초

· **언제**: 말로 풀기 어려울 때.
· **행동/문장**: 손등 터치 3초 + "나는 네 편이야."
· **왜**: 부드러운 터치는 코르티솔을 낮춘다.
· **주의**: 싫다는 신호가 보이면 즉시 중단.

16. 대화 종료 · 리캡

· **언제**: 합의를 본 뒤 마무리.
· **문장**: "오늘 합의: 퇴근 문자/설거지 타이머. 내가 할 일: 장보기. 고마웠던 말: 내 얘기 끝까지 들어준 것."
· **왜**: 끝이 분명해야 잔상이 없다.
· **주의**: 작은 감사 1문장으로 감정 온도 복구.

17. 트리거 메모 & 예방

· **언제**: 반복되는 촉발 요인이 확인될 때.
· **문장**: "내 트리거는 갑작스런 일성 변경. 예방 행동: 가능하면 2시간 전 공지."
· **왜**: 사전 공지로 큰 폭발을 막는다.

우리, 결혼해도 괜찮을까?

· **주의**: 트리거는 비난 소재가 아니라 관리 항목.

18. 물·자세·거리 리셋

· **언제**: 몸이 싸움 자세일 때(서로 선 채, 팔짱).
· **행동**: 물 한 컵 마시기 → 앉기 → 몸 10도 기울이기.
· **왜**: 몸을 바꾸면 마음이 따라온다.
· **주의**: 손가락질/근접 압박 금지, 사선으로 앉기.

19. 메타 대화 한 줄

· **언제**: 같은 말만 반복될 때.
· **문장**: "지금 우리는 내용이 아니라 방식에서 막혔어. 방식부터 바꿔 보자(번갈아 2분씩)."
· **왜**: 대화로 전환.
· **주의**: 타이머 켜고 중간 끼어들기 금지.

20. SOS 외부 지원 호출

· **언제**: 30분 내 같은 패턴이 3회 이상 반복될 때.
· **문장**: "우리 힘만으로 어렵다. 부부 상담/신뢰하는 멘토에게 시간

을 잡자."

· **왜**: 제3자의 구조가 안전망이 된다.

· **주의**: '누가 옳다' 재판이 아니라 기술 학습 목적을 합의.

포켓 요약: 7문장만 기억하자

① "20분만 쉬고 00:00에 다시 얘기하자."

② "정리하면 _____ 때문에 _____ 느꼈구나. 맞아?"

③ "나는 감정을 느꼈어. 다음엔 요청할게."

④ "우린 문제와 싸우는 거지, 너와 싸우는 게 아니야."

⑤ "지금 목표는 이기기가 아니라 내일도 잘 지내기."

⑥ "내가 미안해, 영향을 이해해. 다음엔 수정 행동할게."

⑦ "오늘 합의는 _____, 나는 _____ 을 할게. 고마웠어."

이 카드는 '완벽한 말솜씨'가 아니라 관계의 안전장치다. 문장 하나, 호흡 다섯 번, 물 한 컵, 그리고 다시 마주 앉는 약속. 그 작은 것들이 위기의 궤도를 바꾼다.

우리, 결혼해도 괜찮을까?

근-현대 중국사

하권
근-현대 중국사
인민의 탄생과 굴기

이매뉴얼 C. Y. 쉬

조윤수, 서정희 옮김

까치

THE RISE OF MODERN CHINA

by Immanuel C. Y. Hsü

Copyright © 1970, 1975, 1983, 1990, 1995, 2000 by Oxford University Press, Inc.
"THE RISE OF MODERN CHINA, SIXTH EDITION" was originally published in
English in 2000.
This translation is published by arrangement with Oxford University Press.
Korean translation copyright © 2013 by Kachi Publishing Co., Ltd.
Korean translation rights arranged with Oxford Publishing Limited through EYA(Eric
Yang Agency).

역자 조윤수(趙倫秀)

1944년 서울 출생. 한국외국어대학교 영어과를 졸업한 뒤 중화민국 국립대만대학교
정치학 연구소에서 석사학위 및 박사학위를 취득했다. 경성대학교 정치외교학과, 부산
외국어대학교 중국어학부와 외교학과에서 정치학, 중국 정치, 동양 정치사상, 고급
중국어 등을 강의했다. 논문으로는 「太平天國軍事制度之硏究」, 「先秦儒家尙賢思想
的硏究」, 「공자의 무위사상 연구」, 「노자의 무위정치이론 연구」, 「연변조선족자치주
조선족 대학생들의 정치태도연구」(공동집필) 등이 있다.

서정희(徐貞姬)

1953년 서울 출생. 한국외국어대학교 중국어과를 졸업한 뒤 중화민국 국립대만대학교
중문연구소에서 박사학위를 취득했다. 현재 부산대학교 중어중문학과 교수이다. 주요
저서로는 『西遊記的八十一難硏究』, 『兩種三邃平妖傳硏究』 외에 다수가 있다.

편집, 교정 _ 김소라

근-현대 중국사 하권 : 인민의 탄생과 굴기

저자 / 이매뉴얼 C. Y. 쉬
역자 / 조윤수, 서정희
발행처 / 까치글방
발행인 / 박후영
주소 / 서울시 용산구 서빙고로 67, 파크타워 103동 1003호
전화 / 02·735·8998, 736·7768
팩시밀리 / 02·723·4591
홈페이지 / www.kachibooks.co.kr
전자우편 / kachibooks@gmail.com
등록번호 / 1-528
등록일 / 1977. 8. 5
초판 1쇄 발행일 / 2013. 3. 11
    3쇄 발행일 / 2020. 3. 5

값 / 뒤표지에 쓰여 있음

ISBN 978-89-7291-537-9 94910
    978-89-7291-535-5 (세트)

상권 차례

20
신해혁명, 공화제, 군벌의 할거

청일전쟁 이후 중국이 당면한 절박한 문제는 외국의 제국주의와 왕조의 쇠퇴가 격심해지는 상황하에서 어떻게 민족을 멸망의 위기로부터 구하는가 하는 것이었다. 이를 위해서 두 개의 커다란 정치운동이 전개되었는데, 각각은 이 문제를 해결하는 서로 다른 방법을 대표했다. 그중 하나는 캉유웨이(康有爲)가 영도한 1898년의 유신운동으로서, 앞에서 언급한 바와 같이 20세기 초 청말 신정 및 입헌운동으로 발전했다. 다른 하나는 서양의 교육을 받은 쑨원(孫文)이 영도한 혁명운동으로서 그는 만청 왕조를 철저히 전복시킬 것을 주장했다. 최초에는 진보개량파가 주도적 지위에 있었지만 청 조정의 노력이 겉치레일 뿐이고 한인에 대한 배척임이 증명되었을 때, 혁명파는 나날이 젊은 지식분자들과 비밀결사 및 해외 화교들의 혁명지지 세력을 획득하여 점차적으로 세력을 확장하고 드디어 오랜 역사를 가진 군주제를 공화제로 대체했다. 이것은 중국의 유구한 역사상 획기적인 전환이었다.

혁명의 배경과 특징

청조의 쇠퇴 19세기 중기부터 시작해서 중국 역사는 대부분 끊임없는 국치의 연속이었다. 즉, 청조는 1842년의 난징 조약부터 1901년의 신축 조약에 이르기까지 수많은 불평등 조약을 맺었으며, 1880년대 및 1890년대에는 조

공국을 상실했고 정부 내정은 활력이 결핍되었다. 이 모든 것은 이미 청 조정이 현대 세계 속에서 중국의 영예를 보호할 능력이 전혀 없음을 입증했다. 과거의 도도했던 천조황국은 이제 식민지로 전락하여, 1644년에 정복자로서 중국에 진입한 만주인은 대중 앞에서 체면을 완전히 상실했다. 청조가 생존을 추구하는 절망의 몸부림 속에서 개혁과 입헌을 구실로 삼아 한족 배척정책을 수립했을 때, 청조의 멸망을 알리는 종소리는 이미 울렸으며 왕조가 급속히 쇠락하는 가운데 행해진 공공연한 차별정책은 피치자의 반항을 격화시켰다.

민중봉기의 전통 청조 268년간의 통치 중에 반만 감정은 시종 사라진 적이 없었으며 청조의 한인 사상가인 꾸옌우(顧炎武), 왕푸즈(王夫之) 같은 이들은 "반청 복명" 사상을 반복해서 제창했다. 그들의 활동이 결코 이민족 통치의 즉각적인 소멸을 초래하지는 못했지만 혁명의 맹아는 지하조직과 비밀결사 속에서 활력을 유지하고 있었다. 명 왕조 유민들이 일으킨 각종 운동, 삼번의 난, 천지회의 활동, 백련교의 난 및 태평천국 혁명은 모두 민족이나 종족의 끊임없는 반항 추세를 나타낸 것이며, 쑨원이 영도하는 혁명은 이 전통에 깊이 뿌리를 박고 있었다.

외국의 영향 근대 서양의 위대한 혁명, 예를 들면 영국의 명예혁명, 미국의 독립전쟁, 프랑스 대혁명 등은 모두 중국에 심대한 영향을 미쳤다. 민주, 독립, 인권, 평등, 자유 등의 관념이 중국 청년들의 사상 속에 널리 퍼졌다. 그뿐만 아니라 1870년 이탈리아와 독일의 민족통일의 성공도 진보적인 중국인들을 위해서 훌륭한 본보기를 제공하여 그들이 유사한 행동을 취하도록 촉진시켰다. 이때, 민족주의, 민주주의, 공화사상이 중국의 혁명적 변혁의 추진력이 되었다.

정치변혁의 필요 쑨원은 봉건왕조가 중국에서 2,000년 동안 지속되었지만

정치의 본질은 바뀌지 않았는데 그 원인은 중국의 군주전제체제에 있다고 보았다. 쑨원은 중국 역사는 분열, 혼란, 통일, 전제의 테두리를 따라서 반복 순환하며, 매번 혼란의 시기가 도래한 이후 이어지는 것은 수많은 왕위 쟁탈자들의 기나긴 무자비한 투쟁으로서 최후의 승자가 나올 때까지 투쟁한다는 것에 주목했다. 이 과정 속에서 국가와 민중은 무고하게 재난을 당하고 역사의 패턴은 계속 순환하고 있는데, 이 순환을 타파하고 의식이 있는 사람들을 위해서 충분한 발전공간을 마련해주려면 반드시 공화제나 연방제로 군주제를 대체해야 한다는 것이었다. 이 제도 속에서 모든 사람들은 자기들의 희망을 실현시킬 수 있고 자기들의 권리를 행사할 수 있으며 성(省)과 국가의 영도를 맡을 수 있다는 것이었다. 목표를 실현시키기 위해서 쑨원은 중국의 자유를 열렬히 사랑하는 모든 사람들이 민족혁명에 참가하여 군주제와 만청 왕조를 전복시키고 현대 공화제를 도입하여 외국의 간섭과 침범을 벗어나도록 격려했다.

3차례의 혁명으로 할 일을 한번에 완성하다 쑨원은 서양 열강이 번영과 독립과 민주를 누리고 있지만 그들은 공업화의 문제로 곤경에 처해 있음을 목격했다. 노사분규, 파업, 높은 임금에 대한 요구 및 부를 가진 소수 자본가들과 다수 노동자들 사이의 불평등한 분배는 한차례의 사회혁명의 도래를 예시하고 있었다. 중국이 아직 이와 동일한 종류의 어려운 문제에 직면할 정도로 공업화되지는 못했지만 자본주의의 종자는 1860년대의 자강운동 이후에 이미 뿌려졌다. 자본주의의 죄악을 예방하기 위해서 쑨원은 자본을 규제하여 재부(財富)가 소수인의 수중에 집중되는 것을 방지할 것을 주장했다.

　이 밖에도 중국의 인구증가가 토지면적의 증가를 초과하여 장기간에 걸친 토지문제를 가져온 것을 감안하여, 쑨원은 평균지권(平均地權)을 제창함으로써 상고시대의 "경자유기전(耕者有其田 : 경작하는 자가 토지를 소유한다)"의 유토피아 이상을 실현시키려고 했다.

　결국 쑨원은 전체 중국인이 추진하는 3차에 걸친 혁명을 한번에 완성시키

는 혁명을 구상했다. 그것은 만청과 군주제를 전복시키는 민족혁명, 공화제와 민권을 건립하는 민주혁명, 평균지권과 자본주의의 죄악을 억제하는 민생혁명이었다. 세계역사상의 혁명들 중에서도 이런 거대한 혁명방식과 필적할 만한 것은 아주 드물다.

쑨원과 혁명

중국 혁명의 아버지인 쑨원, 즉 쑨이시엔(孫逸仙, 1866-1925)[1]은 1866년 11월 12일 광저우 부근 샹산 현에 있는 한 농민의 가정에서 출생했다. 그의 부모는 여섯 자녀를 낳았지만 오직 2남 2녀만 살아남았다. 토지가 척박하여 샹산 현 사람들은 오랜 기간 동안 외지로 나가서 생계를 도모하는 전통을 형성했다. 쑨원의 큰형인 쑨메이(孫眉)는 15세에 호놀룰루로 가서 사업을 했는데 사업이 매우 번창했다. 쑨원 자신은 6세에 초등학교에 들어가 12세에 이르러 초등교육과정을 마치고 사서오경을 전부 독파했다. 가정형편이 빈한했기 때문에 그는 일련의 완벽한 중국 전통교육을 받을 수는 없었다. 쑨원은 태평천국혁명이 실패한 이듬해에 출생했는데, 어렸을 때에 그는 사람들로부터 태평천국 봉기군의 이야기를 자주 들으며 속으로 "제2의 홍슈취안"이 되기를 갈망했다.

호놀룰루와 홍콩의 영향　1879년에 쑨원은 어머니와 함께 호놀룰루로 가서 형과 합류했다. 그는 처음으로 기선의 신기함, 번화하고 풍족한 생활, 호놀룰루의 공평한 세금징수 등의 모습을 목격했다. 그는 성공회의 선교사가 운영하는 이올라니 스쿨(Iolani School)에 입학하여 공부했다. 이후 1883년 오우후 칼리지(Oahu College)를 졸업한 해에 그의 나이는 17세였다. 그의 형이

---

1) 그의 이름은 원(文)이고, 자는 이시엔(逸仙)이다. 중국인들에게 더욱 익히 알려져 있는 이름은 "중산(中山)"인데, "중산"은 그의 일본 이름인 "나카야마(中山)"의 중국어 발음으로, 이 이름은 그가 31세에 일본에 정치적 망명을 하고 있을 때 얻은 것이다.

쑨원이 기독교에 귀의할 것을 걱정했기 때문에 그는 미국에서 학업을 마치겠다는 포부를 이룰 수 없었다. 그래서 그는 홍콩으로 돌아와서 발췌서원(拔萃書院)에서 공부하면서 1년 가까운 기간 동안 영어 수준을 향상시켰다. 이후 그는 황인서원(皇仁書院)으로 전학하여 그곳에서 세례를 받고 교회에 들어갔으며, 1885년에 결혼을 하고 호놀룰루로 가서 단기간의 여행을 한 이후 중국으로 돌아왔는데 때마침 중국이 프랑스와의 전쟁에서 패배하는 것을 목격했다. 청 조정의 쇠락과 부패를 극도로 혐오했기 때문에 그에게는 이 왕조를 전복하겠다는 생각이 싹트기 시작했다.

20세 때, 쑨원은 광저우의 박제의과대학(博濟醫科大學)에서 공부하면서 동시에 이십사사(二十四史 : 중국 청나라 건륭제 때 정한, 중국의 24개 정사[正史])를 독파하여 자신의 국학(國學) 수준을 향상시켰다. 많은 학우들 중에 쩡스량(鄭士良)이라는 인물이 있었는데, 이 사람은 회당(會黨)과 광범위하게 접촉하고 있었다. 그들 두 사람은 자주 혁명의 필요성에 대해서 장기간에 걸쳐서 토론했으며, 쩡스량은 쑨원을 위해서 비밀회당 친구들의 도움을 요청하기를 자원했다. 1887년, 쑨원은 홍콩 서의서원(香港西醫書院)으로 전학하여 공부를 했는데 이곳에는 더욱 훌륭한 과목들이 개설되어 있었을 뿐만 아니라 이 영국 식민지는 혁명활동을 할 자유를 제공했다. 쑨원은 한편으로는 엄격한 영국 국적의 주임교수인 제임스 캔타일 박사로부터 과학과 의학에 대한 완벽한 훈련을 받고 또 한편으로는 학교를 혁명활동의 총본부로 이용하여 홍콩과 마카오를 왕복하면서 혁명사업을 추진했다. 5년간의 교육을 받은 쑨원은 1등의 성적으로 졸업을 하고, 1892년에 마카오에서 개업을 하여 의료업에 종사하기 시작했다. 1년 후 그는 널리 친구를 사귀고 새로운 관계를 발전시키기 위해서 광저우로 이주하여 무료로 가난한 사람들을 위해서 봉사하고 의료품을 제공했다. 이곳에서 쑨원은 한 늙은 도사(道士)를 만났는데, 이 사람은 그에게 혁명을 성공시키려면 반드시 회당의 지원을 요청해야 한다고 건의했다. 그에게서 이들 비밀단체의 조직과 소재지를 알아낸 쑨원은 쩡스량을 파견하여 그들과 연계를 가지도록 했다.

쑨원의 인생관이 형성되던 시기에 하와이와 홍콩이 그에게 강렬한 영향을 미친 것은 분명하다. 그가 이들 지역에서 목격한 것 그리고 이들 지역들과 자기의 고향인 샹산 현 사이의 대비는 그의 젊은 마음속에 깊은 자취를 새겨 놓았다. 그가 하와이에 머물고 있는 기간(1879-1883)에 하와이는 여전히 독립된 조그만 섬 왕국이었지만 미국의 영향이 신속히 침투하여 하와이에 민주관념과 현대 법률제도와 현대 학교 및 공업발전의 필요성을 가져다주었다. 하와이 섬의 진보파는 당시 군주제의 전복을 주장하고 미국식 민주를 지지했지만, 보수파는 외부의 개입과 공화주의를 반대했다. 하와이가 여러 차례 경험한 문제는 중국이 당면한 문제와 동일했다. 하와이는 1893년에 드디어 공화국이 되었지만, 줄곧 미국에 의한 합병의 위협하에 놓여 있었다.[2] 이 역사의 교훈 속에서 쑨원은 오직 만청 왕조를 전복시키고 공화국을 세우는 것만으로는 부족하고, 민중 속에 강력한 민족주의 감정을 주입하고 그 기초 위에서 국가를 재건하고 민족독립을 유지해야 한다고 확신했다.

홍콩도 격려와 교훈을 많이 준 곳이었는데, 영국의 식민지 관리의 효율과 현대 위생의 발전 및 질서 있는 사회의 움직임은 모두 쑨원의 고향과 선명한 대비를 이루고 있었다. 쑨원은 두 지역 간의 거리는 겨우 50마일밖에 안 되는데 무엇 때문에 이렇게 천양지차가 있는가에 대해서 따져보았다. 이후에 그는 성도(省都)와 수도(首都)는 그의 고향보다 더욱 심하게 부패해 있다는 사실을 알게 되었다. 홍콩은 영국인이 오직 수십 년밖에 통치하지 않은 곳이 었지만 중국 4,000년 문명 속에서 홍콩처럼 이렇게 관리가 올바르게 된 도시가 하나도 없었으며, 이런 차이는 쑨원의 마음속에 무능한 청 조정을 전복하겠다는 강렬한 염원을 점화시켰다.

그러나 쑨원은 현실주의자로서 매우 커다란 "전략적인 융통성"을 가지고 있었을 뿐만 아니라 "동시에 상반된 두 목표를 추구하는 데에 숙달되어 있었다."[3] 1894년 이전에 그는 한편으로는 만청 왕조를 전복하는 계획을 세웠고

---

2) 1898년에 하와이는 미국에 합병되었다.
3) Harold Z. Schiffrin, *Sun Yat-sen and the Origins of the Chinese Revolution*(Berkeley,

한편으로는 개혁을 중국을 구출하는 가능한 수단으로 생각했다. 두 개량주의자, 즉 사람들의 존경을 받고 있는 저명한 언론인인 왕타오(王韜), 및 자신이 다니고 있는 서의서원의 설립자인 허치의 영향을 받은 쑨원은 일찍이 개량파 진영에 참여할 생각을 가지고 있었다. 서양 교육을 받았지만 또한 과거에 합격하여 공명을 얻지 못한 농민의 후손이며 기독교도인 쑨원은 전통사회의 핵심권에서 배제된 외부인이었지만, 신사(紳士) 개량파에 참여하면 권력층의 엘리트 속으로 진입하는 데에 도움을 받을 수 있었다. 따라서 그는 사신 개혁의 상징적인 인물인 리훙장에게 접근하기로 결정했다.

1894년 여름, 쑨원은 동료인 루하오뚱(陸皓東)과 함께 수도인 베이징의 정세를 관찰하고 아울러 리훙장을 면회하려고 북상했다. 쑨원은 한 통의 서신을 통해서 리훙장에게 "유럽 국가들이 강대하고 부유해진 이유는 그들이 사람마다 자신의 재능과 지혜를 충분히 발휘시키고, 토지를 합리적이고 효율적으로 이용하여 최대의 이익을 얻었으며, 자원을 조금의 낭비도 없이 충분히 이용했고, 재화가 순조롭게 잘 유통되도록 했기 때문이지 결코 함선(艦船)과 대포로 이룩한 것이 아닙니다. 그러므로 중국은 무료교육 보급과 취업지도와 과학기술 장려와 농업을 통해서 인재를 육성해야 합니다"라고 건의했다. 그는 자신은 해외를 돌아다니며 외국 문학과 정치와 수학과 의학을 공부한 사람이라고 자칭하며 "저는 특히 부국강병의 방법과 민중을 개화하는 규범에 특히 주의를 기울였습니다"라고 말했다.4) 그러나 리훙장은 당시 청일전쟁에서 헤어나지 못하고 있었기 때문에 그를 접견하지 못했으며 더욱이 그의 건의를 받아들이지도 않았다. 그로 인해서 생긴 실망과 베이징의 만주족 정권의 쇠퇴를 직접 목격한 쑨원은 만청 왕조를 전복하겠다는 결심을 더욱 확고히 했다.

흥중회, 1895년 쑨원은 최초의 혁명목표로 되돌아가 해외 화교, 비밀결사,

1968), p. 27.
4) *Ibid.*, p. 37.

기독교도와 선교사들과 같은 중국사회의 주변 사람들이자 그가 가장 잘 알고 있는 사람들이기도 한 사람들의 도움을 구하기로 결심했다.5) 1894년 가을, 그는 호놀룰루로 가서 형의 도움을 받아 1894년 11월 24일에 흥중회(興中會)를 조직했는데 최초의 회원은 112명이었다. 쑨원은 활동을 미국으로 확장하려고 계획했기 때문에 청일전쟁의 유리한 상황을 이용하기 위해서 서둘러 중국으로 돌아왔다. 그는 홍콩으로 돌아가서 1895년 2월 21일에 그곳에 흥중회 본부를 세우고 각지에 지부를 설치했다. 회원들은 모두 "타타르를 몰아내고 중화(中華)를 회복하여 연합정부를 수립한다"고 서약했다.6) 이리하여 첫 번째의 혁명단체가 탄생했다.

3월 16일 흥중회는 광저우 시를 혁명기지로 건설하기 위해서 3,000명을 동원하여 광저우 시 공격을 개시했다. 루하오둥은 혁명가들을 위해서 "청천백일기(靑天白日旗)"를 설계했다. 이 기(旗)는 훗날 중화민국의 국기가 되었다. 이때 광저우에서 징집된 항일 원군(抗日援軍)이 갑자기 해산되어 도시 전체가 불안에 휩싸였다. 쑨원은 싼위안리의 민병과 연락하여 10월 26일 봉기하기로 계획을 세웠지만, 계획이 누설되어 혁명당원들이 무기와 탄약을 상실하고 48명이 희생되었다. 그중에는 첫 번째의 혁명열사인 루하오둥이 포함되어 있었다.

쑨원은 홍콩으로 도주했지만, 영국 당국이 그에게 5년간 입경을 금지해달라는 청 조정의 요구에 동의했다는 사실을 알았다. 쑨원은 캔타일 박사의 건의에 따라서 그의 추종자의 한 사람인 천사오바이(陳少白)와 함께 일본으로 도주했다. 고베에 도착했을 때, 그는 현지 신문이 광저우 무장투쟁을 "불법반란"이 아니라 "봉기"로 부르는 것을 알고 대단히 기뻤다. 쑨원은 뜻밖에 이런 과분한 총애와 대우를 받고 매우 기뻐서 이후의 무장투쟁을 모두 "봉기"라고 부르라고 명령을 내렸다. 요코하마에 흥중회 지부가 설립되었으며

---

5) Schiffrin, p. 40.
6) 한 연구는 이 서약에 대해서 의문을 제기하고 있는데 이것은 이후에 첨가되었다는 것이다. Chün-tu Hsüeh, *Huang Hsing and the Chinese Revolution*(Stanford, 1961), p. 29를 보라.

혁명당원들은 그들을 동정하는 몇몇 일본인들과 접촉하기 시작했는데, 그들 중에는 미야자키 형제(미야자키 야조[宮崎寅藏]와 미야자키 도텐[宮崎滔天])가 있었다. 한편 쑨원의 이미지도 바뀌었는데, 그는 변발을 잘라버리고 양복을 입고 호놀룰루로 가서 혁명을 기획했다.

런던에서 납치를 당하다 쑨원의 호놀룰루 행은 아무런 성과도 거두지 못했는데, 광저우 봉기가 무산된 이후 쑨원을 지원하던 수많은 사람들은 혁명사업에 대해서 아주 무관심해져버렸다. 미국에 도착한 이후 쑨원은 계속해서 화교사회에서 지원을 얻으려고 했지만 그는 그들이 정치적인 면에서의 각성이 아주 낮다는 사실을 발견했다. "홍문(洪門)" 조직은 이미 원래의 "반청 복명"의 목표를 망각하고 거의 호형호제(呼兄呼弟)하는 사회 구락부가 되어버렸는데, 이들 조직들은 쑨원이 반복적으로 혁명사상을 선전한 이후에야 비로소 다시 과거의 혁명적인 열정을 불태우기 시작했다.

1896년 10월 1일에 쑨원은 런던에 도착하여 캔타일 박사의 안배를 받아 그레이 여관에 묵었다. 10월 11일, 교회로 가는 길에 쑨원은 중국 공사관으로 유인되어 납치를 당하여 3층에 연금되었다. 청국 공사는 이때 이미 총리아문의 허가를 얻어 7,000파운드를 지불하고 전세를 낸 기선으로 그를 비밀리에 송환하여 귀국시키려고 했다. 그러나 쑨원은 방법을 강구하여 공사관의 영국인 청소부를 통해서 납치 소식을 캔타일 박사에게 전했다. 캔타일은 런던 경시청의 도움을 얻을 수 없었기 때문에 이 사안을 영국 외교부에 상소했다. 10월 22일 런던의 「글로브(*Globe*)」지는 선명한 표제로써 이 불법적인 납치를 폭로했다. 경악한 외교부는 청국 공사관에 다음 날 쑨원을 석방하도록 조치했다. 이 납치는 예상 밖의 결과를 가져왔다. 이 사건으로 인해서 쑨원은 하룻밤 사이에 유명해졌다. 어느 의미에서 보면 이것 역시 새옹지마라고 할 수 있을 것이다.

쑨원은 최근의 정치와 사회발전을 직접 연구하기 위해서 영국에서 9개월 동안 머물렀다. 그는 수많은 공업화된 국가들의 나날이 증가하는 사회개혁

과 혁명의 추세를 목격했기 때문에 중국이 장래에 이와 유사한 파업과 노사 분규 문제를 피하게 하려고 생각했다. 1897년, 그에게는 일종의 사회혁명의 관념이 형성되어 그의 종전의 민족과 민주혁명을 보충했는데, 이런 것들이 그의 유명한 삼민주의, 즉 민족주의, 민권주의, 민생주의의 기초가 되었다. 쑨원은 자랑스럽게 이것을 "인민의, 인민에 의한, 인민을 위한"이라는 링컨의 견해에 비유했다.

삼민주의는 쑨원과 그의 추종자들의 혁명의 주지(主旨)가 되었다. 첫 번째 주지인 민족주의는 만주 이민족 통치의 전복뿐만 아니라 외국 제국주의의 굴레에서 벗어나도록 요구하고 있다. 두 번째 주지인 민권주의는 그 목적이 인민의 4대 권리인 입법권, 국민투표권, 선거권, 파면권 및 정부의 5대 권력인 행정권, 입법권, 사법권, 감찰권, 고시권을 실현시키는 것인데, 그중 마지막 두 항목은 전통적인 도찰원과 과거시험의 직능을 반영하고 있다. 세 번째 주지인 민생주의는 자본의 절제와 평균지권의 필요성을 강조하고 있다. 여기에서 우리는 민생주의는 고대 중국의 "경작자가 토지를 소유해야 한다"는 유토피아 관념의 유산(遺産)과 태평천국 토지혁명의 영향을 받았음을 알 수 있다. 그러나 그것의 더욱 직접적이고 적극적인 부분은 유명한 단일세론자인 헨리 조지와 존 스튜어트 밀로부터 유래한 것인데, 쑨원은 그들로부터 토지가격이 고정되고서(혁명 이후) 모든 토지가격의 상승은 정부가 주관하게 될 것이라는 것을 이미 인식하고 있었다. 이리하여 1897년에 여전히 맹아 상태였던 쑨원의 사회혁명 관념은 1905-1906년에 이미 충분히 혁명을 지도하는 세 번째의 주지로 발전했다.[7] 오늘날에 이르기까지 삼민주의는 여전히 타이완의 국민정부가 준수하는 신조이다.

어려운 시기, 1896-1900년 쑨원은 이때 이미 유명해졌으며 점차적으로 일련의 혁명사상이 형성되었지만 아직 실질적인 성공은 거두지 못했다. 쑨

---

7) Martin Bernal, "The Triumph of Anarchism Over Marxism, 1906-1907" in Mary C. Wright(ed.), *China of Revolution*, pp. 103-104.

원은 유럽에는 중국 학생과 상인의 수효가 아주 적다는 것을 알았기 때문에 1897년 중반에 일본으로 돌아가기로 결정했다. 그곳의 화교단체는 규모가 비교적 클 뿐만 아니라 대륙의 혁명사업을 지도하기에 편리했다.

일본의 민주자유당 지도자인 이누카이 쓰요시(犬養毅)와의 친분관계 덕분에 오쿠마 시게노부(大隈重信)와 추밀원 부원장인 소에지마 다네오미(副島種臣)와 친교를 맺을 수 있었다. 기타 일부 관직이 없는 인사들도 쑨원의 충실한 지지자가 되었는데, 그중에는 미야자키 형제와 히라야마 슈(平山周)가 포함되어 있었다. 이 일본인들은 쑨원과 마찬가지로 서양 제국주의에 대해서 아시아가 품고 있는 불만의 감정을 함께 가지고 있었는데, 그중 수많은 사람들은 중국이 위대한 오래된 문명을 가진 국가로서 잠시 저조한 상태에 처해 있을 뿐이며, 만일 적당한 외부의 도움과 새로운 지도자들이 있으면 중국은 흥기(興起)할 수 있다고 생각했다. 이 때문에 이미 먼저 현대화를 실현한 일본은 마땅히 중국이 개혁을 하고 현대화를 추진하고 외국 제국주의를 벗어나는 것을 도와줌으로써 일본이 중국에게 진 오래된 문화적인 빚을 갚아야 한다는 것이었다. 이 관점들은 1898년 "오쿠마 시게노부주의" 속에 설득력 있게 제시되어 일본 고위층 인사들에게 널리 받아들여졌다. 그들 중 수많은 사람들은 범아시아주의 사업을 실현시키는 일에서 중국을 부흥시킬 인물은 쑨원으로 운명 지어져 있다고 여겼다.[8]

이 열렬한 일본인 지지자들과는 달리, 일본의 화교사회는 대부분 정치에 무관심했을 뿐만 아니라 보수적이었다. 1만 명 중에서 겨우 100여 명이 쑨원을 지원했다. 반만 활동에 휩쓸려드는 것에 대한 보편적인 두려움이 존재하고 있었기 때문에 중국 본토에서의 혁명활동은 진전이 매우 완만했다. 회당이 예외적으로 혁명을 지지했지만 지도자들이 갖추어야 할 필수적인 교육과 응집력과 지도능력이 제공되지 않았다.

운명이 기구했던 백일유신 이후 캉유웨이와 량치차오(梁啓超)는 일본으

---

8) Marius B. Jansen, *The Japanese and Sun Yat-sen*(Cambridge, Mass., 1954), p. 53.

로 도주하여 보황당(保皇黨)을 영도했다. 이 적대적인 당파로 인해서 쑨원의 혁명활동은 엎친 데 덮친 격이 되었으며, 캉유웨이와 량치차오 그리고 그들의 추종자들은 혁명과 공화제를 강렬하게 반대했다. 똑같이 이역에 거주하고 있던 정치망명자로서 쑨원은 캉유웨이에 대해서 우호적인 태도를 표시했다. 그러나 쑨원의 협력제의를 캉유웨이는 경멸적으로 거절했다. 이때 캉유웨이는 여전히 고귀한 황제의 스승으로 자처하며, 반역도당과는 동지가 될 수 없다고 여겼다. 이누카이 쓰요시는 선의에서 두 사람을 중재하기 위해서 한차례의 만남을 마련했지만 캉유웨이는 제시간에 나오지 않았다. 그러나 량치차오는 그처럼 오만하지 않아 혁명관념을 쉽게 받아들일 수 있었는데, 그의 스승인 캉유웨이는 그가 쑨원과 협력하는 것을 금지했다. 군주 개혁파와 혁명파의 충돌은 마치 물과 불 같아서, 일본 정부가 캉유웨이에게 일본을 떠나라고 명령을 내린 후에야 비로소 전기(轉機)가 마련되었다. 량치차오는 쑨원과 협력사항을 논의하기 시작했고 심지어 두 조직의 합병 가능성도 논의하게 되었다. 쑨원이 총재를 맡고, 량치차오가 부총재를 맡았다. 그때 영국과 캐나다를 여행하고 있던 캉유웨이는 급히 량치차오를 하와이로 보내서 보황당 지부를 책임지게 했다. 그러나 량치차오는 여전히 화해의 경향을 보였을 뿐만 아니라 광서제(光緖帝)가 장래에 공화국의 총통에 취임할 것을 건의했다. 이것은 재미있는 견해였지만 쑨원의 입장으로서는 전혀 받아들일 수 없는 것이었다.

1900년에 의화단 사건이 발생한 기회를 이용하여 쑨원은 쩡스량을 홍콩 북쪽에 있는 후이저우로 보내어 봉기를 준비하도록 했으며 동시에 또 스지엔루(史堅如)를 광저우로 파견하여 이에 호응하도록 했다. 그 자신은 십수 명의 일본 친구 및 관원들과 함께 홍콩으로 가서 혁명군을 이끌고 북상할 것을 계획했다. 그러나 불행히도 계획이 또 한번 발각되었다. 홍콩 당국은 여전히 그의 입경을 거절하여 쑨원은 타이완으로 도주하는 수밖에 없었다. 그곳에서 일본의 주(駐)타이완 총독인 고다마 겐타로(兒玉源太郎)는 그를 환대하고 그에게 도움을 줄 것을 약속했다. 당시 혁명분자들은 비밀회당의

도움으로 이미 광둥 해안에서 봉기를 일으켰다. 최초에 그들은 약간 승리를 거두었지만 아주 빨리 탄약이 소진되어 초조하게 쑨원과 일본인의 증원과 보급을 기다리는 수밖에 없었다. 그러나 예상치 않게 일본 정부는 갑자기 태도를 변경했다. 신임 수상인 이토 히로부미(伊藤博文)는 일본 관원이 혁명군에서 직책을 맡는 것을 금지하고 고다마 겐타로에게 쑨원에 대한 모든 지원을 중지하라고 명령했으며, 심지어 쑨원이 타이완을 떠나는 것도 금지되었다. 증원과 보급이 부족했기 때문에 혁명군은 오랫동안 버틸 수 없어서 결국 해산하는 수밖에 없었으며 혁명군 지도자인 쩡스량도 홍콩으로 도주했다. 그 사이 유일한 일본인이었던 야마다 요시마사(山田良政)가 청군에게 체포되어 살해되어, 그는 첫 번째로 중국혁명을 위해서 몸을 바친 외국인이 되었다. 동시에 스지엔루는 광저우 총독의 관아를 폭파하려다가 체포되어 겨우 21세밖에 안 되는 젊은 나이에 목숨을 잃었다. 이리하여 후이저우 봉기는 참패로 끝나고 말았다.

그러나 이때 쑨원의 이미지는 크게 개선되었다. 청 조정의 의화단 사건에서의 그릇된 조치로 인해서 수많은 사람들은 쑨원을 찬미하는 눈으로 대하여, 그를 더 이상 반란자나 범죄자가 아니라 국민들의 상황을 개선하기 위해서 일하는 애국적이고 충성스러운 혁명가로 보았다. 국내의 학생들 및 재일 유학생들은 모두 열정적으로 그를 지지했으며, 일본에 거주하는 학생들은 또 『국민보(國民報)』와 『20세기의 지나(支那)』를 출판하여 혁명사업을 추진했을 뿐만 아니라 만청 관원 암살을 제창했다. 일부 지명도가 있는 학자들이 귀국한 후 『소보(蘇報)』를 창간했다. 젊은 혁명가인 쩌우룽(鄒容)은 1903년 『소보』에 분량이 1만2,000자에 달하는 「혁명군(革命軍)」이라는 글을 투고하여 청 조정을 공격하고 혁명을 지지했다. 『소보』 편집인인 장빙린(章炳麟)은 이로 인해서 2년간 감금을 당했으며, 쩌우룽은 겨우 20세에 옥중에서 사망했다. 이런 출판물들 이외에도 혁명을 지지하는 많은 단체들이 끊임없이 생겨났다. 상하이에서는 저명한 학자인 차이위안페이(蔡元培)가 광복회(光復會)를 창립했고, 창사에서는 일찍이 일본에서 비밀군사교육을 받은 황

싱(黃興)이 1903년에 화흥회(華興會)를 조직했다. 초창기에는 회원이 500명에 이르렀으며, 그중에는 훗날 두각을 나타내어 혁명의 지도적인 인물이 된 쑹쟈오런(宋敎仁)이 포함되어 있었다. 화흥회의 구성원은 대부분 지식분자와 회당분자였는데 그중에는 회중이 15만 명인 가로회(哥老會)가 돋보였다. 1904년 창사를 탈취하려는 기도가 좌절된 후 황싱은 일본으로 도망하여 그곳에서 점차 일단의 확고한 지지자들을 확보했다.

동맹회 성립, 1905년 1902-1905년 사이 혁명의 전망이 크게 호전되었는데, 이것은 막 지나가버린 암흑의 세월과 선명한 대비를 이루었다. 쑨원은 베트남, 일본, 호놀룰루와 미국 사이를 빈번히 왕래하면서 그의 사업을 위한 지지를 얻으려고 했다. 일본 유학생들의 열정적인 보답은 그를 고무시켜 그에게 혁명정당을 세우겠다는 생각을 가지게 했다.[9] 당시에 수많은 학생들은 군사교육을 받기를 갈망했으나 청국 사절에 의해서 금지되었다. 그러나 쑨원과 이누카이 쓰요시의 도움으로 14명의 중국 학생들이 2명의 일본 장교의 지도하에 비밀리에 무기제조와 군사전략과 유격전에 관한 지식을 배웠다. 이 학생들은 쑨원 앞에서 "만주족을 축출하고 중화를 회복하며 민국을 창립하고 토지소유를 균등하게 하겠다"고 서약했다.

호놀룰루에서 보황당이 쑨원이 이전에 발전시켰던 수많은 세력 거점을 차지하고 있었기 때문에 그는 자기 외삼촌[10]의 건의를 받아들여 홍방(洪幇) 조직에 가입하고 "홍곤(洪棍 : 수령)"으로 선출되었다. 이 직함과 신분을 가시고 있었기 때문에 1904년 그는 "쑨 따꺼(孫大哥 ; '따꺼'는 '큰 형[大兄]'의 의미)"로서 미국 홍방 조직의 열렬한 환영을 받았다. 쑨원은 홍방이 원래 가지고 있던 반청의 취지를 강조하여 홍방의 규정을 수정하는 데에 성공했다. 그리하여 "만주족을 축출하고 중화를 회복하며 민국을 창립하고 토지소유를 균등하게 한다"는 새로운 목표를 삽입했다. 이리하여 그는 또 미국 화교사회

---

9) Leonard S. Hsü, *Sun Yat-sen: His Political and Social Ideals*(Los Angeles, 193), p. 61.
10) 양원삥(楊文炳)이다.

를 보황당의 수중에서 자기편으로 되돌아오게 했다.

1905년 봄, 유럽에 거주하고 있는 중국 유학생들의 초청을 받고 쑨원은 유럽을 방문했다. 쌍방 간의 토론이 있은 후에 그는 학생들과 회당으로부터 뿐만 아니라 청나라의 신군으로부터도 지원을 모색하기로 결정했다. 브뤼셀에서 그는 30여 명의 학생을 동원하여 혁명단체를 조직했다. 그는 또 뒤이어 베를린에서 20명의 학생들을 조직하고 파리에서 10여 명의 학생들을 조직하여 혁명조직을 결성했다. 이 단체들은 모두 상술한 네 가지 목표에 뜻을 두기로 맹세했다. 그러나 최대의 혁명조직은 도쿄에 있었는데 그곳에는 중국 18개 성 중에서 17개성으로부터 온—당시 간쑤 성 출신 유학생은 없었다—수백 명의 학생들이 모여 있었다. 새로운 혁명정당을 결성하는 씨가 뿌려지자, 쑨원도 이로 인해서 크게 고무되어 혁명이 자기 생애에 성공할 수 있다고 생각했다.11)

일본인 친구인 미야자키 도라조(宮崎寅藏)는 일찍이 쑨원은 세계적으로 보기 드문 위인이라고 칭찬한 적이 있는데, 그의 연락과 소통을 통해서 황싱과 쑹쟈오런은 그들의『20세기의 지나』라는 잡지의 사무실에서 쑨원을 대면했다. 쑨원은 정력 낭비와 상호간 권력투쟁을 피하기 위해서 각 혁명단체를 연합하여 하나의 조직을 결성할 필요성을 강조했다. 수차례 만나서 상의한 후에 그들은 1905년 8월 20일에 연합하여 하나의 통일적인 조직인 중국 동맹회(中國同盟會), 약칭하여 동맹회라는 조직을 결성하기로 결정했다. 37세의 쑨원이 추대를 통해 회장으로 선출되었고, 31세의 황싱이 집행부 서무장 및 쑨원의 부재 시에 그의 직책을 대행하는 권한을 가졌으며, 23세의 쑹쟈오런이 사법부의 일원이 되었다. 동맹회 창립식에서 약 70명이 동맹회에 가입하여 상술한 네 가지 원칙을 준수하겠다고 서약한 이후 쑨원은 회원들에게 하나의 비밀악수와 세 개의 은어, 즉 "한인(漢人), 중국사물(中國事物), 천하사(天下事)"를 가르쳐주었다. 그리고 회원들과 일일이 악수하고 흥분한 어

---

11) Leonard S. Hsü, pp. 62-63.

조로 "오늘부터 여러분들은 청 왕조의 신민이 아닙니다" 하고 선언했다. 바로 이 때, 천장 위에 있던 나무 칸막이가 쿵 소리를 내면서 아래로 떨어지자, 쑨원은 익살맞게 "이것은 바로 청 왕조가 타도될 징조입니다" 하고 말했다.

쑨원은 혁명을 위한 상세하고 빈틈없는 순서와 절차를 설계했다. 우선 혁명군이 해방시킨 지역에는 3년간에 걸친 군정기(軍政期)가 있어야 한다는 것이었다. 이 기간 중에 군정부는 현급(縣級) 정권을 통해서 군정과 민정을 장악할 예정인 것이다. 동시에 군정부는 지방인민들과 협력하여 노예제, 전족, 아편흡입, 관료부패 등과 같은 정치 및 사회악을 제거한다. 제2기는 훈정기(訓政期)인데, 기간은 길어야 6년으로 이 기간에는 지방자치정부를 성립시키고 민중이 지방의회와 관원을 선거한다. 그러나 군정부는 여전히 중앙정부에 대한 통제를 유지한다. 이 시기에는 임시헌법이 군정부와 민중의 권리와 의무를 명확히 한다. 훈정기가 종식된 후에는 군정부는 해산되고 새 헌법으로 전국을 통치한다(헌정기[憲政期]). 요컨대 쑨원은 3단계식의 혁명을 통해서 국가를 헌정의 길로 나아가게 할 것을 구상한 것이었다.

쑨원의 삼민주의 원칙은 혁명의 주지로서 동맹회에 의해서 받아들여졌지만, 다수의 구성원들이 오직 앞의 두 항목, 즉 민족주의와 민권주의만 중시했다. 왜냐하면 화흥회와 광복회 모두 만주족 타도와 공화국 건립을 강조했는데, 이 두 조직이 동맹회의 주체를 이루고 있었고 쑨원의 직접적인 추종자는 겨우 작은 부분만을 차지하고 있었기 때문이다. 이제 황싱은 당내의 강자가 되었지만 쑨원과 황싱은 어깨를 나란히 하여 투쟁하는 지도자로 불렸다. 1906년, 동맹회 회원은 963명으로 매우 빠르게 증가했다. 그중 863명은 일본에서 입회했으며 기타 회원들은 유럽, 하와이, 홍콩 및 말레이시아에서 온 사람들이었다.[12] 중국 대륙과 주요 해외 화교사회에 동맹회 지부가 건립되었다.

이때 황싱은 『20세기의 지나』를 동맹회의 기관지로 전환시켰으며 이 잡지

---

12) Chün-tu Hsüeh, p. 44.

는 량치차오와 격렬한 논쟁을 벌이기에 바빴는데, 그 이유는 량치차오가 이 때 혁명과 공화제를 비난하고 입헌군주제를 지지했기 때문이다. 얼마 안 가서 『20세기의 지나』는 「일본 정객의 중국 경영담」이라는 제목의 글을 실어서 민감한 일본정부의 분노를 샀기 때문에 정간되었다. 그래서 혁명당원들은 그 잡지를 『민보(民報)』로 개명하여 1905년 11월 26일 창간했으며, 기고자로는 장빙린, 후한민(胡漢民), 왕징웨이(汪精衛) 등 재사(才士)들이 운집해 있었다고 할 수 있다. 그들의 활기에 넘치는 열정, 결집된 재능과 지혜는 량치차오를 압도했는데, 비록 량치차오의 문필은 청아하고 아름다웠고 문장의 풍격도 유창했지만, 혼자서는 보황당의 진지를 방어할 수 없었다. 그 이외에 량치차오는 비공식적으로 혁명사업에 찬동했으며, 그의 헌법의 필요성에 대한 강조는 만청 정부의 무능을 폭로하는 것이었기 때문에 혁명사업을 간접적으로 촉진시켰다.13) 그뿐만 아니라 청년들 중에는 점점 더 많은 사람들이 혁명쪽으로 전향했다. 동맹회의 성립은 중국 혁명의 기념비적인 사건으로서 혁명의 특징과 방식을 매우 크게 전환시켰다. 쑨원은 이제는 다시는 오직 사회의 주변 사람들 속에서만 일을 할 필요가 없게 되었다. 그뿐만 아니라 그는 이미 "중화민족주의의 주류" 속으로 녹아들어가 귀국 유학생, 현실에 불만을 품고 있는 문인과 진보적인 군장교들 속에서 지지를 얻게 되었는데, 전통적으로 이들은 중국의 지도층이었다. 혁명의 사회적 기초와 혁명활동의 잠재적인 영역이 크게 확장되었다. 광저우인이 절대적인 우세를 점하고 있는 화흥회와 비교하면, 동맹회는 많은 성과 많은 계급을 포괄한 조직이었기 때문에 연해에서도 그리고 내지에서도 봉기를 일으킬 수 있었다. 가장 중요한 것은 동맹회는 현대 정당처럼 통일적인 중앙조직을 제공함으로써 전국의 모든 혁명과 진보세력을 위한 취합소를 제공했다는 것이다.14) 그러므로 동맹회는 "중국 혁명의 어머니"라는 찬사와 특수한 영예를 누리는 데에 손색이 없었다.

이때 혁명의 맥박이 빨라져서 1906-1911년 사이에 봉기가 여기저기서 끊

---

13) 張朋園, 『梁啓超與淸季革命』(臺北, 1964), pp. 325-326, 330-333.
14) Schiffrin, pp. 8-9.

임없이 일어났다. 광둥 성에서 6차례, 광시 성과 윈난 성에서 각각 1차례씩 일어났으며 게다가 1895년의 광저우 봉기와 1900년의 후이저우 봉기를 합하면 모두 10차례에 이르렀다. 마지막 봉기는 1911년 4월에 발생했는데, 그 목적은 광둥 성의 성도인 광저우를 탈취하는 것이었다. 이 봉기는 청 조정에 매우 커다란 충격을 주었으며 반년 후의 우창 봉기의 성공을 예견했다. 72명의 저명한 열사들이 이 봉기에서 몸을 바쳤는데 그들 중 대부분은 일본에서 돌아온 학생들로서 그들은 이후에 광저우 북쪽 교외에 있는 황화강에 묻혔다.15)

공화국의 흥기

앞서 10차례에 걸쳐서 실패한 혁명 시도는 모두 중국 남부와 서남부에서 발생했는데, 이 지역은 홍콩 및 하노이와 인접해 있기 때문에 활동을 계획하고 조직하기에 편리했다. 그러나 이때 동맹회의 실력자들은 이 주변 지역을 뛰어 넘어서 왕조의 급소인 베이징 혹은 양쯔 강 연안의 화중 요충지를 공격할 것을 주장했다. 그들의 추론에 의하면 우한 삼진을 탈취할 수 있으면 유리한 위치를 점유하여 남방에 대응하기에도 편리하고 북쪽에 있는 수도(베이징)로 진군하기에도 편리하다는 것이었다. 그리하여 동맹회의 중부 총회가 1911년 7월13일, 쑹쟈오런을 책임자로 하여 상하이에서 창립되었다. 화중의 후난 성과 후베이 성 두 성이 혁명의 주요 목표가 되었다.

후베이 성에는 이미 2개 조직이 있었는데 그들은 동맹회와 연계가 되어 있었지만 동맹회의 일부분은 아니었다. 그중 하나는 1907년에 창립된 공진회(共進會)로서, 구성원의 다수가 일본에서 돌아온 학생들과 회당분자들이었다. 다른 하나는 1911년 1월 30일에 창립된 문학회(文學會)였는데, 그 전

---

15) "황화강 72 열사들"이 "3월 29일"에 목숨을 잃었다는 일반적인 견해는 부정확하다. 사실상 82명 이상의 혁명당원이 1911년 4월 27일에 목숨을 잃었는데 이날이 바로 음력 3월 29일이다. Chün-tu Hsüeh, p. 93을 보라.

신은 진무학사(振武學社)였다. 이 조직의 명칭은 그 성질과 부합하지 않았는데 그 원인은 주요 구성원이 이미 혁명사업에 참여한 후베이 신군이었기 때문이다. 양자 중 공진회가 명성이 비교적 높았고 문학회는 신군에 침투해 있었기 때문에 실력이 비교적 강력했다. 1911년 6월 1일 쌍방은 공동으로 협력하여 우한에서 한차례의 연합행동을 일으키기로 합의하고, 상하이에 있는 황싱과 쑹쟈오런(쑨원은 이때 해외에 있었다)을 초청하여 혁명을 지도하도록 요청했다. 신군의 반란은 매우 신속하고 매우 성공적이었기 때문에 눈앞에 닥쳐온 봉기를 이미 막을 수 없게 되었는데, 이 봉기를 촉발시킨 원인은 철도분규로 인해서 야기된 소란 때문이었다.

철도의 국유화 1870년대와 1880년대에 중국인들은 중국에 철도를 건설하는 것을 강력히 반대했지만, 청일전쟁 이후에는 철도건설의 열풍이 일었다. 1896년 청 조정은 성쉬엔화이(盛宣懷)를 새로 세운 철도회사의 총감(總監)으로 임명했다. 성쉬엔화이는 원래 정부와 민간으로부터뿐만 아니라 외국 차관을 통해서도 자금을 모집하기를 희망했다. 그런데 정부와 민간이 많은 자금을 염출(捻出)할 능력이 없었기 때문에 철도부설을 위한 자금은 주로 외국인으로부터 염출하게 되었다. 그후 10년 동안 외국 자금의 지원하에 수많은 철도가 건설되었다. 그중 가장 유명한 것은 경한선(京漢線, 베이징-한커우)과 호릉선(滬陵線, 상하이-난징)이다. 1898년, 미국 소유의 중미공동개발회사는 중국 측과 협정을 체결하여 동 회사가 차관을 제공하여 월한 철도(粤漢鐵道, 광저우-한커우)를 부설하기로 했지만 신사와 상인들의 강력한 반대로 인해서 호광 총독인 장즈둥(張之洞)은 1905년에 또 675만 달러를 지불하고 미국 회사로부터 이 철도의 부설권을 회수했다. 그러나 이 돈은 홍콩 정부가 제공한 120만 파운드의 새로운 차관이었다. 설계된 노선이 경과하는 광둥, 후난, 후베이 등의 성에서는 각 성 인민들이 자체적으로 건설하는 것을 승인했다. 그 이외에 쓰촨 성 인민들도 한커우에서 쓰촨 성 내부까지 이르는 철도를 부설할 권한을 가지게 되었다.

그러나 성급(省級)의 능력과 자원으로는 역부족이었다. 후난 성에서는 토지와 쌀과 재산 및 봉급에 대해서 새로운 세금을 징수했지만 겨우 500만 냥을 마련했을 뿐인데, 철도부설 비용은 6,000만 냥이었다. 광둥 성은 겨우 필요한 자금의 절반 정도만 마련했을 뿐이다. 쓰촨 성의 신사들과 관리들은 출자하여 철도회사의 주식을 구매할 사람들이 아주 적다는 사실을 깨달았다. 그 이외에 철도회사의 관리감독 책임자가 200만 냥을 착복했기 때문에 상황은 더욱 혼란스러워졌다. 이런 상황에서 청 조정은 1908년 장즈둥에게 월한 철도와 천한 철도(川漢鐵道, 쓰촨-한커우)의 후베이 성 구간을 책임지고 관리하도록 지시했다. 1909년 6월 장즈둥은 영국, 프랑스, 미국, 독일의 4개국 은행단과 600만 파운드의 차관을 마련하여 철도를 부설하는 협상을 하기 시작했다. 그러나 수개월 후, 장즈둥이 10월 5일 세상을 떠남으로서 협상은 뒤로 미루어졌다.

중앙집권정책에 부응하여(제17장에서 밝힌 그대로이다), 청 정부는 1911년 봄에 하층 급사중[16]의 건의를 받아들여 철도간선을 국유화하고 지선(支線)을 민간에 맡기어 관리하려고 했다. 5월 9일 청 조정은 정식으로 월한 철도와 천한 철도의 두 철도를 국유화했다. 5월 20일 성쉬엔화이는 4개국 은행단과 40년 상환 연리 5리의 차관협정을 체결했다. 4개 성의 신사와 민중들은 국유화정책과 외자의 유입에 강력하게 항의했다. 그들은 철도에 대한 투자는 부족했지만 결국 투자한 액수가 거액이었기 때문에 자신들의 기득이익을 수호하기 위해서 보로회(保路會)를 조직하고 각 성의 자의국을 동원하여 합당한 권력을 쟁취했다. 그들은 베이징으로 대표단을 파견하여 조정에 청원(請願)하고 성쉬엔화이의 해임을 요구했는데, 그 이유는 그가 중국의 이익을 외국에 팔아먹었기 때문이라는 것이었다. 민중은 불공평하다는 느낌을 매우 강렬히 받았기 때문에 쓰촨 성과 후난 성의 민중봉기는 피할 수가 없었다.

6월 17일 조정은 철도투자자에 대한 보상을 제의했다. 즉 후난 성과 후베

---

16) 스창신(石長信)인데, 그는 당시 우전부상서(郵傳部尚書)인 성쉬엔화이의 지지를 받고 있었다.

이 성의 두 지역에 대해서는 전액 보상을 실시하고, 광둥 성에 대해서는 오직 60퍼센트만을 상환하며, 나머지 40퍼센트는 정부채권으로 지불하겠다는 것이었다. 이런 종류의 채권은 철도가 이익을 거둔 후 10년 내에 정부가 상환하겠다는 것이었다.

쓰촨 성에서는 기정사실이 된 횡령행위로 인해서 정부는 상환 가능한 채권만을 발급할 예정이었는데, 이런 채권에는 철도자금 700만 냥과 실제 부설비용 600만 냥이 포함되어 있었고, 연리는 6리였다. 4개 성에 대한 처리가 상당히 불공평했는데, 후난 성과 후베이 성의 이득이 가장 많고 광둥 성이 그다음이었고 쓰촨 성이 가장 적었다. 그래서 사람들은 쓰촨 성의 민중들이 크게 분노하고 있고 반면에 기타 3성의 민중들이 상대적으로 평온한 것에 대해서 의아해하지 않았다.

신사, 부유한 지주, 부유한 상인을 대표하는 쓰촨 성의 자의국이 먼저 이런 불공평한 대우를 반대했다. 자의국은 쓰촨 성의 이익을 외국인에게 팔아버렸다고 공격하고, 베이징 정부가 고압적이고 독단적인 방법으로 쓰촨 성의 자의국과 상의도 하지 않고 차관을 결정한 것과 철도를 국유화한 정책을 강력하게 반대했다. 위안스카이(袁世凱)의 밀사인 탕사오이(唐紹儀)의 격려와 쓰촨 성 총독 서리인 왕런원(王人文)의 사사로운 지원에 고무되어, 쓰촨 성 자의국 지도자들은 학생 및 민중으로 구성된 민중운동을 조직하여 국유화정책을 연기하고 성쉬엔화이를 탄핵할 것을 요구했다.[17] 1911년 8월 24일 1만여 명의 쓰촨 성 민중은 성도(省都)인 청두에서 집회를 열었는데 민중은 감정을 억누르지 못하고 눈물을 흘리면서 통곡했으며, 그들은 납세를 하지 않고 동맹휴학 및 동맹파업을 하기로 결의했고 그들에게 스스로 철도를 부설할 권리를 부여한 광서제의 위패 앞에서 애도를 표했다. 신임 총독 자오얼펑(趙爾豊)은 급히 공을 세워 지위를 유지하기 위해서 신사 대표들을 체포하도록 명령을 내림으로써 군대와 시위자들 간에는 공개적인 충돌이 발생하

---

17) Chūzō Ichiko, "The Railway Protection Movement in Szechuan in 1911", *Memoirs of the Research Department of the Tokyo Bunko*, Tokyo, 14 : 50-57(1955).

여 민중들 가운데 32명이 목숨을 잃었다. 그후 쓰촨 민중과 정부군과의 충돌은 날이 갈수록 격화되었다.

여기에서 반드시 지적해야 할 것은 쓰촨 성 신사들은 당시 분노하여 조정에 반대했지만, 그것은 오직 자신들의 이익을 보호하기 위해서였지 그들에게 왕조를 전복할 의사는 없었다는 것이다. 즉 자의국의 절대 다수인들은 입헌군주제를 신봉했다.[18] 그러나 정부가 그들의 요구를 무시하자, 그들은 태도를 바꾸어서 혁명을 지지했다. 한 쓰촨 성 지도자[19]는 "국내정치는 이미 무망하고, 정부는 백성들에게는 관심이 없는 것이 아주 분명하다. 우리가 중국을 구하려면 혁명이 아니면 다른 방도가 없으며, 우리 쓰촨인들은 이미 상당한 준비가 되어 있으니 각 성과 연락하여 함께 추진하기를 바란다" 하고 공언했다.[20] 상황이 이렇게 되자, 철도분규와 혁명이 결합하여 긴박한 문제가 되었다.

우창 봉기 쓰촨 성의 소란을 억압하기 위해서 청 조정은 후베이 성 신군의 일부를 쓰촨 성으로 이동시켰는데, 이 군사이동으로 인해서 우창이라는 요새지의 수비가 허술해졌으며, 이 기회는 아주 신속히 혁명당원들에게 이용되었다. 여전히 상하이에 머물고 있던 황싱은 10월 말에 봉기를 일으킬 계획이었지만, 10월 9일 폭탄 한 개가 한커우의 러시아 조계(租界)에 자리잡고 있던 혁명지휘부에서 뜻하지 않게 폭발했다. 조계 경찰이 뒤이어 갑자기 수색을 단행하여 32명의 혁명분자를 체포하고 일부분의 무기와 탄약과 일부 중요한 문서들을 압수했는데 그속에는 이미 혁명파에 가담한 신군 명단이 포함되어 있었다. 자신들을 보호하기 위해서 신군 공병대대와 포병대대는 다음 날 거사하기로 결정했다. 10월 10일에 공병대대가 앞장서서 우창의 정부 무기고를 탈취하고 포병대대가 공병대대와 함께 총독관아로 진격하자, 총독은 제독

---

18) Chūzō Ichiko, pp. 68-69.
19) 이 사람은 류성위안(劉聲元)이거나 혹은 푸띠앤쥔(蒲殿俊)일 것이다.
20) 李守孔, pp. 136-137.

과 함께 도주해버렸다.[21] 거의 아무런 저항도 받지 않은 신군은 정오가 되자 이 도시를 완전히 장악했다. 진정한 혁명지도자가 현장에 없었기 때문에(쑨원은 당시에 해외에 있었고, 황싱은 여전히 상하이에 있었다) 별로 취임하기를 원하지 않았던 청군(淸軍) 협통(協統)인 리위안훙(黎元洪)을 추대하여 군정부 대도독을 맡도록 했다. 동시에 오랫동안 혁명에 대해서 지지를 표시했던 후베이 성 자의국 전임국장인 탕화룽(湯化龍)을 군정부의 민정부장으로 추대하여 초보적인 행정기구를 조직하는 책임을 맡게 했다. 탕화룽은 한편으로는 각 성에 전보를 쳐서 그들이 청 조정과의 관계단절을 선포할 것을 촉구하고, 또 한편으로는 한커우에 주재하는 외국 영사들에게 혼란 속에서 중립을 유지해야 한다는 것을 인식하도록 하는 데에 성공했다. 그래서 도주했던 청조의 총독이 외국 영사에게 포함을 보내어 혁명군을 포격해달라고 요구했을 때, 프랑스 영사와 러시아 영사는 간단하게 지금의 형세는 의화단 사건 때와는 완전히 다르다고 말했다. 그리고 기타 영사들은 엄격히 중립을 지켰다.[22] 10월 12일 한커우와 한양도 혁명군의 수중에 들어갔다.

쑨원은 훗날 이렇게 신속히 승리를 거둔 것은 확실히 "행운이었다"고 회고했다. 만일 만주족 총독이 놀라서 도망가지 않았더라면, 그리고 만일 제독(提督)이 계속 직위를 고수했더라면 겨우 2,000여 명 정도로 추산되는 빈약한 혁명세력을 섬멸했을 것이라는 이야기였다. 물론 열강의 중립도 혁명사업을 도와주었지만 가장 고무적인 것은 기타 성과 중요 도시가 신속히 잇따라 독립을 선포한 것인데, 즉 창사는 10월 22일에, 윈난 성은 10월 31일에, 상하이는 11월 3일에, 저장 성은 11월 5일에, 푸젠 성과 광둥 성은 11월 9일에, 쓰촨 성은 11월 27일에 각각 독립을 선포했다. 1개월 반 사이에 15개 성, 즉 중국의 3분의 2가 청 조정을 이탈하여 독립했다.

대중의 분노를 가라앉히기 위해서 청 조정은 10월 26일 성쉬엔화이를 파

---

21) 두 사람은 각각 루이정(瑞征)과 징뺘오(張彪)이다.

22) P'eng-yüan Chang, "The Constitutionalists" in Mary C. Wright(ed.), *China in Revolution*, pp. 175-176.

면하고, 구금된 쓰촨 성의 신사들을 석방했다. 동시에 청 정부의 북양군은 11월 2일에 한커우를 공격하여 점령하고 11월 27일 한양을 수복했다. 그러나 상하이는 1911년 11월 초에, 그리고 난징은 1911년 12월 4일에 잇따라 혁명당원들의 수중에 떨어졌는데, 이로 인해서 한커우와 한양에서의 청군의 일시적인 승리는 득보다는 실이 더 많게 되었다. 난징에는 임시혁명정부가 수립되었으며 황싱은 총사령관에 선출되었고 리위안훙은 부사령관에 선출되었지만, 두 사람은 모두 취임을 거절하여 쑨원이 돌아오기를 기다리게 되었다.

쑨원은 콜로라도 주 덴버 시를 여행하다가 한 지방신문의 보도를 통해서 우창 봉기가 성공했다는 소식을 접했다. 당시 그의 첫 번째 생각은 되도록 빨리 귀국하여 직접 혁명을 지도하는 숙원을 이루려는 것이었지만 그는 즉시 귀국할 것이 아니라 외교적인 문제를 처리하는 것이 옳다는 이성적인 판단을 하게 되었다. 그는 영국의 지지가 혁명사업의 미래에 중대한 영향을 끼친다는 것을 알았기 때문에 동부의 뉴욕으로 가서 그곳에서 배를 타고 런던으로 갔다. 그는 영국 정부로부터 청 정부와의 모든 차관협상을 정지하고 일본 정부가 청 정부를 원조하는 것을 막아주도록 하겠다는 약속을 받아내는 데에 성공했고, 또한 자유롭게 귀국하기 위해서 영국 영토 및 식민지에 들어가지 못하도록 그에게 내려진 금령을 취소하도록 하겠다는 약속을 얻어내는 데에도 성공했다. 동시에 그는 4개국 은행단장의 허락을 얻었는데, 즉 열강이 혁명정부를 승인하기만 하면 은행단은 혁명정부와 차관협상을 할 것이라는 내용이었다. 이런 외교상의 성과를 가지고 그는 프랑스로 갔다. 이곳에서 그는 프랑스 총리 클레망소와 프랑스 국민의 열렬한 환영을 받았다. 12월 25일, 쑨원은 상하이로 돌아왔다. 4일 후 각 성의 대표들은 거의 만장일치로 그를 중화민국 임시 대총통으로,[23] 리위안훙을 임시 부총통으로, 황싱을 육군부장으로 선임했다. 신정부는 양력으로 음력을 대체했으며 1912년 1월 1일을 공화국의 탄생일로 삼았다. 27년간의 고생스런 투쟁을 거쳐서[24] 쑨원의 일생일

---

23) 17장의 총 투표수 중에 쑨원이 16표를 얻었고 황싱이 1표를 얻었다.
24) 1885년 이후부터였다.

대의 꿈이 드디어 휘황찬란하게 실현되었다. 당시 난징 정부가 당면한 문제는 어떻게 청 황실을 전복하고 국가의 통일을 실현하는가 하는 것이었다.

청 황제의 퇴위 활로를 모색하는 최후의 몸부림 속에서 청 조정은 육군부장인 인창(蔭昌)과 해군군관인 싸전빙(薩鎭氷)을 우창으로 파견하여 혁명군을 공격하게 하고 위안스카이를 호광 총독으로 임명했다. 그러나 위안스카이는 1908년에 파면당한 것에 대한 앙심을 품고 있었을 뿐만 아니라 권력이 한정된 이 직책이 불만스러웠기 때문에, "발의 병이 아직 낫지 않았다"(청 황실이 그를 강제로 사직시켰던 구실이었다)는 것을 이유로 다시 나오려고 하지 않았다. 인창 군대의 군관들은 원래 대부분이 위안스카이의 부하들이라 군인들은 전의(戰意)를 가질 수 없어서 전투에서 누차 패배했다. 해군군관인 싸전빙은 리위안홍의 권고하에 11월 11일 청 조정에 반기를 들었다. 이런 상황에서 선택의 여지가 없었던 청 조정은 위안스카이에게 도움을 요청하는 수밖에 없었다. 이에 위안스카이는 다음 6가지 요구를 제시했다. (1) 1년 내 국회를 소집할 것, (2) 책임내각을 조직할 것, (3) 혁명당원들을 대사면할 것, (4) 정당 활동 금지를 취소할 것, (5) 자신이 육해군의 지휘권을 완전히 장악할 것, (6) 군비충족을 보증할 것이라는 내용이었다. 앞의 네 항목의 요구는 민중과 혁명당인사들을 선무하기 위함이었고, 뒤의 항목은 위안스카이 자신이 국내에서 최강자가 되기 위한 것이었다. 아마도 가장 중요한 제2조를 가지고 말하면 위안스카이는 결코 진정한 책임내각을 조직할 의향이 없었으며 이것은 단지 그에게 "은거"하도록 강요한 섭정왕인 순친왕(醇親王)의 권력을 제거하고 황실내각을 없애버리려는 그의 음모였다. 군사상의 실패와 각 성의 신속한 독립의 압력하에서 섭정왕은 위안스카이의 요구에 굴복했다.

1911년 10월 27일, 위안스카이는 흠차대신으로 임명되었고 해군과 육군을 전적으로 책임지는 권한을 받았다. 그의 두 명의 주요 부관인 펑궈장(馮國璋)과 돤치루이(段祺瑞)도 각각 제1군과 제2군의 지휘관이 되었다. 그러나 위안스카이는 여전히 불만족스러워서 계속해서 조건을 내세우면서 다시

나오는 것을 거절했다. 그러나 그는 상황을 통제할 수 있는 능력과 권세가 있음을 보여주기 위해서 펑궈장에게 명령하여 혁명군에 한차례의 맹렬한 공격을 가했으며, 11월 2일 북양군은 한커우를 탈취했다.

대략 이때 화북에서 극적인 사건이 발생했다. 청군 란저우(선양과 베이징 중간에 위치) 주둔 제20진의 군 사령관 두 사람[25])이 청 조정에 대해서 1년 이내에 입헌군주제를 실행할 것을 요구했다. 그들은 원래 청 조정이 이를 거부함으로써 그들이 베이징으로 진군하여 "중앙혁명"을 실현시킬 구실을 제공할 것을 기대했지만, 그들은 놀랍게도 같은 날에 청 조정이 산시(山西) 성의 독립으로 갈팡질팡하다 순순히 그들의 요구에 동의한 것을 알게 되었다. 순친왕은 스스로 자신은 섭정왕을 맡을 자격이 부족하다고 말했으며 경친왕(慶親王)도 총리직을 사퇴했다. 11월 1일 위안스카이를 총리대신으로 임명했다. 이때 비로소 그는 다시 나와 남하하여 혁명군과의 교전을 지휘했다. 이틀 후 청 조정은 황급히 "헌법 19조"를 공포하여 민중의 분노를 가라앉히려고 했다.

위안스카이는 총리대신에 취임하고 자신의 내각을 조직한 뒤, 자신의 심복들을 파견하여 수도 지역과 금위군(禁衛軍)을 완전히 장악했다. 12월 4일 섭정왕이 퇴위하여 매년 5만 냥의 보조금을 받게 됨으로써 청 조정에는 오직 어린 황제와 과부인 태후만 남아 있게 되었는데,[26]) 위안스카이는 이들을 허수아비로 보고 자기 개인의 장래를 위해서 각종 수단을 동원하여 혁명당원들을 조종했다.

11월 10일 이전에 위안스카이는 3차례에 걸쳐서 리위안훙에게 사람을 보내 평화회담을 할 것을 건의했고, 동시에 그의 아들인 위안커띵(袁克定)은 한양 혁명군 총사령관인 황싱을 만나 쌍방의 혁명과 연합행동을 건의했다. 그러나 혁명당인사들은 위안스카이가 쌍방을 겨루게 하여 어부지리를 얻는

---

25) 장사오쩡(張紹曾)과 란티엔웨이(藍天蔚)로서, 이들 두 사람은 일본 사관학교 졸업생이자 동맹회 비밀회원이었다.
26) 융유태후(隆裕太后)로서, 광서제의 부인이다.

권모술수에 능숙하다는 것을 잘 알고 있었기 때문에 위안스카이의 두 차례의 기도는 모두 실현되지 못했다. 이런 냉대를 받은 후 위안스카이는 혁명당의 한양 방어를 분쇄하라고 명령했다. 11월 27일에 한양이 함락되었다. 실력을 과시한 후, 자신의 관용을 보여주기 위해서 위안스카이는 더 이상의 공격을 중지하고 영국 공사 존 조던에게 한커우 주재 영국 영사에게 지시하여 중간에서 정전을 중재하도록 설득하여, 이 평화회담의 일자는 12월 1일로 정해졌다.

위안스카이의 평화사절인 탕사오이는 또 상하이로 가서 혁명군 대표인 우팅팡(伍廷芳)과 협상했다. 황싱은 이때 위안스카이에게 전문(電文)을 보내어, 그가 공화제를 지지하고 청 황제를 퇴위시킨다면 장래 공화국의 총통은 그가 맡게 될 것이라고 했다. 쑨원이 12월 29일 임시대총통에 당선되었을 때, 이 직위를 탐내고 있던 위안스카이는 매우 분노하여 평화회담을 중지시켰다.

이상한 것은 이때 절대다수의 혁명당 인사들이 위안스카이가 없어서는 안 되는 인물이라고 생각했다는 것이다. 즉, 그가 있어야만 비로소 국가가 내전에 휩싸이는 것을 면할 수 있고 청 황제를 퇴위시킬 수 있다고 생각했다는 것이다. 결코 타협을 주장하지는 않았지만 이상주의자였던 쑨원은 청 왕조를 전복할 수 있고 공화의 원칙을 수호할 수 있다면, 그가 총통이 되든 위안스카이가 총통이 되든 상관이 없다고 생각했다. 그 이외에 쑨원은 그의 수하 사람들 때문에 괴로워했는데, 이들은 그의 3단계식 혁명방법을 무시했으며 그의 민권주의와 민생주의를 무시하고 오직 만주족을 배척하는 민족주의만을 강조했다. 이런 심경 속에서 위안스카이의 월등하게 강대한 군사력을 인식한 그는 임시대총통 직위에서 물러나려고 마음먹었다. 그는 익살맞게 위안스카이에게 설명하기를, 그가 임시대총통의 직위를 받아들인 목적은 정식 대총통의 직위를 위안스카이에게 물려주기 위해서라고 했다. 그러나 위안스카이는 여전히 매우 화가 나서 수하의 40여 명의 군관들에게 입헌군주제를 지지하고 공화제를 반대하도록 명령했다. 동시에 그는 혁명군과 교전을 하기 위해서 군비를 모금한다는 구실로 속수무책인 청 태후로부터 8만 온스의 황금을 갈취했다. 쑨원은 부득이 다시 태도를 바꾸어 위안스카이에게 만일

내전을 피할 수 있다면 그가 공정한 보답을 받을 것이라고 보증했다. 일단의 해외에 주재하고 있는 청조 외교관들[27]이 1912년 1월 3일 청 황제의 퇴위를 촉구했을 때, 위안스카이는 청 왕조의 수명이 다했다는 것을 알았다. 그는 난징 정부에게 만일 그가 대총통에 취임할 수 있다면 그 자신이 청 황제가 퇴위하도록 유도하겠다고 통지했다. 쑨원은 위안스카이가 이랬다저랬다 하는 것을 방지하기 위해서 언론매체를 통하여 정권을 이양할 방식을 구체적으로 다음과 같이 규정했다. (1) 청 황제 퇴위의 소식을 외국 공사와 영사들에게 통지한다. (2) 위안스카이가 공개적으로 공화제를 지지한다는 성명을 발표한다. (3) 쑨원은 외교단과 영사단을 통해서 청 황제가 퇴위했다는 사실을 안 이후에는 사직한다. (4) 국회는 위안스카이를 임시대총통으로 선출한다. (5) 위안스카이는 국회가 장차 통과시킬 헌법을 준수할 것을 보증하고 그 이전에는 군사권(軍事權)을 소유하지 못한다.

위안스카이는 그의 친구인 경친왕을 동원하여 청 황실에 압력을 가했는데, 그는 모든 것을 잃는 것보다는 혁명당 인사들이 주동적으로 제시한 유리한 조건하에서 체면을 유지하며 퇴위하는 것이 낫다고 말했다. 1월 17일에서 19일 사이에 이 문제를 논의하기 위해서 3차례에 걸친 어전회의가 열렸는데, 대다수의 만주족과 몽골족의 친왕들은 퇴위에 반대했다. 그러자 위안스카이는 약 50명의 군관들을 동원하여 공화제 지지를 선포하게 했다. 돤치루이는 더욱 도를 넘어, 청 황실에 통고하여 말하기를 만일 만주 귀족이 여전히 공화제에 대해서 회의를 품는다면 그는 군대를 거느리고 베이징으로 가서 그들과 변론을 하겠다고 했다. 펑궈장도 공개적으로 부하들에게 공화제 지지를 선포했다. 앞서 기술한 행동에 발맞추어 위안스카이의 밀사는 또 여러 차례 청 황실을 방문하여 청 황제가 조속히 퇴위할 것을 촉구했다. 그들은 교묘하게 황태후를 설득하여 말하기를 광서제가 헌정운동을 시작했지만 그가 헌정의 실현을 친히 목격하지 못했으니, 태후가 광서제의 사업을

---

27) 그들의 지도자는 주러시아 공사인 루쩡샹(陸徵祥)이었다.

추진하고 공화주의를 받아들여야 한다고 설득했다. 전해지는 말에 의하면 황태후는 "국가는 대중의 소유이지 만주인의 소유가 아니라는 것을 나는 잘 알고 있소. 그러나 만주인이 어쨌든 200여 년 동안 계승해왔소. 나는 오직 광서제의 묘를 보존하고 수리하고 복원해줄 것을, 그리고 황실의 신분을 강등시키지 말 것을 요청할 뿐이오"라고 말했다고 한다. 1월 30일 순친왕과 전임 섭정왕, 즉 총리대신 경친왕은 "관군이 전의(戰意)를 상실했으니 이 기회를 이용하여 퇴위하는 것이 좋습니다" 하고 건의했다. 1912년 2월 1일, 태후는 입궁한 위안스카이를 소견(召見)하고 흐느껴 울면서 "나는 모든 일을 그대에게 맡겨 처리하도록 할 터이니 다만 황상의 존엄과 명예를 보전해줄 것을 요청하노라" 하고 선언했다.28)

난징 정부는 폐위된 청 황제를 외국 군주와 동일하게 예우하고 매년 400만 냥을 보조하며29) 그가 이화원에 거주하고 과거의 경호원들과 시종들을 소유하는 것을 허용하는 조건을 제시했다. 2월 12일 쑨원은 만일 청 황제가 이틀 안에 퇴위하지 않으면 이 좋은 조건의 조항을 취소하겠다고 경고했다. 같은 날 위안스카이는 이미 작성해두었던 총리대신인 그와 전 각료가 서명한 청 황실의 통고서를 대중들에게 공포하고 청 황제가 정식으로 퇴위한다고 선포했다. 이리하여 중국의 25개 왕조 중 마지막 왕조인 청 왕조는 268년을 통치한 후 막을 내렸다.

청 황실은 조서를 통해서 위안스카이에게 임시공화국을 조직하고 아울러 혁명당과 국가의 통일문제에 대해서 협상하는 권한을 부여했다. 이 성명은 최초의 원본에는 없었는데, 이것은 저명한 학자인 장치엔(張謇)이 난징 정부를 위해서 작성한 것으로서 위안스카이의 승인을 받은 것이다. 그러나 이후에 위안스카이가 자기는 난징 정부로부터가 아니라 퇴위한 청 황제로부터 임시대총통의 직책을 획득했음을 보여주기 위해서 청 황실 조서 속에 그것을 집어넣었다. 이에 대해서 쑨원은 매우 진노했지만 이미 돌이킬 수 없는

---

28) 蕭一山, 제4권, p. 2725, 2727.
29) 새 화폐 발행 이후 매년 400만 은원으로 바뀌었다.

일이어서 어떻게 해볼 수 없었다.

같은 날, 위안스카이는 총통 직위를 맡는다는 선결조건 아래 공화제를 지지한다고 선서했다. 위안스카이는 말하기를 "공화제는 가장 좋은 정치체제로서 이는 전 세계가 공인하고 있는 바이며……대청 황제는 이미 본인이 서명한 조서를 통해서 퇴위할 것을 밝혔은즉 퇴위를 선포한 날이 바로 제정(帝政)이 종식되고 민국이 시작되는 날이다. 이제부터 열심히 전진하여 민국이 원만한 상태에 이르도록 하여 **영원히 군주정치체제가 다시는 중국에서 행해지지 않도록 할 것이다**"라고 했다.[30] 2월 13일 쑨원은 임시대총통 직무를 사퇴하고 위안스카이가 승계하도록 추천했다. 그것에 대한 전제조건은 (1) 수도는 종전대로 난징에 둘 것, (2) 위안스카이는 난징으로 가서 임시대총통에 취임할 것, (3) 위안스카이는 임시참의원이 곧 제정할 임시약법을 준수할 것 등이었다.

그러나 위안스카이는 그의 세력이 강대한 북방을 떠나서 혁명당 세력이 강대한 남방으로 갈 의사가 없었다. 그는 자신이 반드시 계속해서 베이징에 머물러 있어야 한다는 것을 증명하기 위해서 수하의 사병들을 사주하여 소란을 일으키게 했다. 혁명당 지도자들은 달리 선택할 방법이 없어 그가 3월 10일에 베이징에서 취임하는 것을 허락할 수밖에 없었다. 다음 날 쑨원은 중국 최초의 헌법인 "임시약법(臨時約法)"을 반포했는데 전문은 모두 56조였다. 1912년 4월 1일 쑨원은 정식으로 임시대총통 직무를 사퇴했다. 4월 5일에 참의원은 투표를 통하여 베이징을 수도로 할 것을 결정했는데, 미국이 가장 먼저 신생 **중화민국**을 승인했고, 그후 브라질, 페루, 오스트리아, 포르투갈 그리고 기타 일부 국가들이 그 뒤를 이어 중화민국을 승인했다.

역사적 의의 민국의 탄생은 중국 역사상 획기적인 의의를 가진 사건으로, 그 이유는 그것이 2,000여 년간에 걸친 왕조시대를 종식시켰기 때문이다.

---

30) 강조된 부분은 본서의 저자에 의한 것이다.

중국은 다시는 "천자(天子)" 또는 어느 왕조에 예속되지 않게 되었으며 전체 민중에게 귀속되었다. 신해혁명(辛亥革命)의 승리는 2세기 반에 걸친 민족 혁명 전통의 꿈을 실현시켰을 뿐만 아니라, 협소한 종족적인 소망을 초월하여 정권을 만주족으로부터 해방시켜 모든 중국인, 즉 한족, 만주인, 몽골인, 회족 및 티베트인으로 확대시켰다. 1911년 10월 10일 우창 봉기의 발생으로부터 1912년 1월 1일 공화국이 수립되기까지의 기간은 오직 83일이었다. 전 세계의 기타 모든 위대한 혁명 중에 이 같은 신속한 승리는 그 유례가 매우 드문 현상이었다.

그러나 혁명은 그다지 철저하지 못했으며 수많은 불행한 결과를 초래하여 쑨원을 실망시켰다. 그의 수많은 추종자들은 오직 만주인을 전복하고 공화국을 건립하는 데에만 힘썼지 민주재건과 민생해결이라는 중요한 임무들에 대해서 관심을 가진 사람들이 매우 적었다. 중화제국이 전복되고 민국이 수립되었을 때, 그들은 자기들의 주요 목표가 이미 실현되었다고 생각했다. 그들은 평화를 몹시 갈망했기 때문에 쑨원의 반대에도 불구하고 위안스카이처럼 아무런 원칙도 없는 사람과 타협하기를 원했다. 쑨원은 다수인의 지지를 얻지 못하여 실제에 맞지 않는 이상주의자로 간주되었다. 삼민주의 가운데 그들은 민권주의와 민생주의를 완전히 포기하고 오직 민족주의의 부분적인 내용, 즉 만주 이민족 통치를 반대하는 민족주의만을 받아들였다. 그들은 민국이 수립된 이후 계속해서 제국주의에 반대하는 항쟁을 벌여야 한다는 것을 의식하지 못했다. 그들은 또한 쑨원의 3단계식 혁명방침을 무시하고 기꺼이 청조의 노소 유신들과 협력하려고 했으며 폐위된 청 황제를 우대했는데, 이런 것들은 모두 이후 군벌할거와 군주제 복고(1915년 위안스카이의 군주제 복고와 1917년 장쉰[張勳]의 군주제 복고)의 길을 닦아놓았다. 쑨원의 정당에 대한 실망은 바로 그가 임시대총통이라는 직책을 포기한 주요 원인이었으며, 그는 일찍이 다음과 같이 질문한 적이 있다. "혁명에 의한 재건이 없는데 혁명총통이 무슨 소용이 있는가?"

위안스카이의 공화제 배반

위안스카이는 일단 임시대총통에 당선되자, 공화제도를 왜곡하기 시작했다. 제1차 내각에서 외교부, 내정부, 육군부, 해군부 등의 4개의 실권이 있는 부의 부장(장관에 해당하는 직책)은 모두 자기의 측근이 맡게 하고, 교육부, 사법부, 농업부, 임업부 등의 권력이 비교적 약한 부의 부장은 동맹회 회원에게 분배하여 맡게 했다. 혁명당이 추천한 육군부장 후보자인 황싱은 겨우 난징 유수사(南京留守使)라는 직책을 맡았을 뿐만 아니라 위안스카이가 황싱 수하의 5만 명의 사병들에게 급여와 군수품을 제공하는 것을 거절했기 때문에, 황싱은 얼마 후에 부대를 해산하는 수밖에 없었다. 총리인 탕사오이는 1872년 미국에 유학한 어린이 유학생 출신으로 그는 진정으로 국가를 법치로 이끌어가려고 했지만, 이것은 분명히 위안스카이의 야심과는 저촉되는 것이었다. 탕사오이에게 모욕을 주기 위해서, 위안스카이는 명령은 반드시 총리의 서명을 거쳐야 한다는 임시헌법의 규정에 따르지 않고 즈리 총독[31]을 난징으로 파견하여 부대를 해산했다. 1912년 6월 16일 탕사오이와 4명의 동맹회 회원은 항의를 표시하기 위해서 사직했다.

후임 총리는 무능한 외교관인 전임 주러시아 공사인 루쩡샹(陸徵祥)이었다. 그는 정견과 지도능력이 없어서 국회의 탄핵을 받았다. 7월 27일 이후 그는 병에 걸렸다는 것을 핑계 삼아 더 이상 집무를 하지 않았다. 위안스카이의 측근이며 내정부장인 자오삥쥔(趙秉鈞)이 이때 총리대리를 맡게 되었으며, 9월 24일에 지오삥쥔이 또 총리직을 계승하게 되었는데, 자오삥쥔 내각은 총통이 조종하는 허수아비에 불과했다. 5개월 동안 위안스카이는 "책임내각"을 큰 혼란에 빠뜨리는 데에 성공했다.

그러나 위안스카이는 남방의 혁명지도자들을 각별히 존중했다. 그는 우호적인 태도를 취하여 쑨원과 황싱이 북상하여 그를 방문하도록 했다. 쑨원과

---

31) 왕즈샹(王芝祥) 장군.

황싱은 동시에 위안스카이에게 해를 입을까 두려워 함께 가지 않았다. 쑨원이 한발 먼저 베이징에 도착했는데, 베이징에 26일간 머무르는 동안 그는 위안스카이의 열정적인 환대를 받았다. 위안스카이는 13차례에 걸쳐 몇 가지 문제에 대한 쑨원의 견해를 경청했다. 그중에는 토지개혁, 단일세 이론, 수도를 베이징에서 내지로 옮기는 것의 중요성 및 20만 마일 철도건설의 중요성 등이 포함되어 있었다. 9월 9일 위안스카이는 쑨원을 전국 철도관리관으로 임명하여 전권을 가지고 전국 철도체계 건설계획을 책임지고 기초하도록 했다. 그러고 나서 쑨원은 베이징을 떠났는데, 이때 그는 위안스카이가 능력이 있고 진실한 사람이며 "앞으로 10년간 총통 직위는 그가 맡지 않으면 안 된다"고 믿었다.[32] 그후에 황싱이 베이징에 왔는데, 이 "중국 혁명의 나폴레옹"은 쑨원과 마찬가지로 열정적인 환대를 받았다. 위안스카이는 마찬가지로 일련의 문제들에 대한 그의 견해를 경청했는데 그중에는 공업발전의 필요성과 효과적인 국회제도의 장점이 포함되어 있었다. 황싱은 월한 및 쓰촨 성 철도총독으로 임명되었다. 이 두 혁명원훈(革命元勳)을 적절하게 안배한 이후에 위안스카이는 독재의 길을 모색하며 더욱 겁 없이 멋대로 행동했다.

제2차 혁명 "임시약법"에 근거하면 정부가 수립된 이후 6개월 내에 국회선거를 해야 한다. 1912년 8월, 임시정부는 "선거법"과 "국회조직조례"를 반포했는데 그속에는 양원제를 채용하는 규정이 포함되어 있었다. 대선이 거행되는 12월에 이르자, 동맹회는 4개 소당파를 흡수하여 쑹자오런이 효과적으로 영도하는 국민당을 조직했다. 쑹자오런은 일찍이 일본에서 국회이론을 배운 적이 있었는데, 이때 그는 황싱의 지원을 받았으며 당 외부의 유명한 입헌인사들로부터 존중받았다. 그는 비록 위안스카이가 총통이 되는 것을 반대하지는 않았지만 강력하게 정당정치를 주장했으며 아울러 책임내각으

---

32) Chün-tu Hsüeh, p. 141.

로 국가를 헌정의 길로 인도하고 총통의 월권행위를 견제할 것을 요구했다.

국민당의 반대자들은 몇몇 소당파들이었는데 예를 들면 통일당, 공화당 및 량치차오가 영도하는 민주당이었다. 대선에서 국민당이 압도적인 승리를 거두어 하원에서는 전체 의석 596석 중 269석을 차지했고, 상원에서는 274석 중 123석을 차지했다. 국민당이 얻은 득표수는 기타 3당이 얻은 표의 총수보다 더욱 많았는데, 이때 3당이 연합하여 진보당이 되어 위안스카이 정부를 지지했다.

국민당의 승리는 주로 쑹쟈오런의 활동 덕택이었다. 그의 조직능력, 자주 행해지는 공개연설, 책임내각제 채용, 총통의 직권남용을 제약하는 충성스러운 반대당체제의 제창은 위안스카이를 매우 격노시켰다. 뇌물을 주는 수단으로 쑹쟈오런을 매수하려다 실패한 이후 위안스카이는 암살로 그를 제거하기로 결정했으며, 총리 직위가 쑹쟈오런으로 교체될 것을 걱정한 자오삥쥔이 이 음모에 가담했다. 1913년 3월 20일 베이징의 국민당 대표라는 이 새로운 직무에 취임하기 위해서 쑹쟈오런이 상하이 역을 떠나려고 했을 때, 그는 총격을 받아 이틀 후에 사망했는데, 그때 그의 나이 겨우 31세였다. 노획한 증거와 이후의 조사 결과 총리인 자오삥쥔이 연루되었으며 또한 총통인 위안스카이가 연루되었을 가능성이 있었다. 그러나 공공조계의 공개재판소에서 청문회가 있은 후, 범인이 옥중에서 급사했다. 자오삥쥔은 병을 핑계로 법정에 출두하라는 소환을 거절했는데, 이후에 그는 또 즈리로 전근하여 군사장관이 되었으며 1914년 2월 17일 원인 모르게 독살당했다. 이 사건에 연루된 기타 인물들은 살해되거나 독살되었고 이 사건은 아무런 결과 없이 시간만 끌며 명확한 판결이 나오지 않았다. 그러나 사람들은 일반적으로 위안스카이를 쑹쟈오런 사건의 막후 주모자로 추측했다.

국민당에 대항할 힘을 증강시키기 위해서 위안스카이는 1913년 4월, 5개국 은행단[33]과 2,500만 파운드의 이른바 "선후 대차관(善後大借款)"을 체결

---

33) 5개국은 프랑스, 영국, 독일, 러시아, 일본이다.

했다. 쑨원과 황싱은 모두 국회가 이 불법적인 차관을 부결시킬 것을 촉구했다. 그러나 위안스카이의 대리총리인 돤치루이는 군대를 거느리고 국회건물을 포위하고 매우 오만불손하게 "일이 이미 이 상태에 이르렀으니 더 이상 말할 필요가 없다"고 선언했다. 국민당 소속 국회의원들이 정부탄핵안을 제출했을 때, 위안스카이와 국민당 사이에는 봉합할 수 없는 균열이 생겼다. 위안스카이는 상대방이 미처 손을 쓸 수 없을 정도로 신속한 기세로 국민당 소속의 장시 성, 광둥 성, 안후이 성의 도독들을 파면시키고 그의 군대를 집결시켜 남하할 준비를 시켰다.

1913년 7월 12일 장시 도독[34]은 독립을 선포했다. 1개월 내에 또 6개 성이 잇따라 독립을 선포했다.[35] 이리하여 모든 사람들이 다 알고 있는 "제2차 혁명"이 시작되었다. 위안스카이의 군대는 파죽지세로 이들 장비가 부실한 남방군대를 격파했다. 수개월 내에 전쟁은 끝나고 위안스카이의 장군들이 지방군벌로서 양쯔 강 유역을 장악했다.

위안스카이의 군주제의 꿈　제2차 혁명이 손쉽게 진압되자, 위안스카이는 몹시 기뻐하면서 그의 사리사욕을 무한히 팽창시켰다. 그는 더 이상 임시대총통이라는 직함에 만족하지 않고 종신 정식총통이 되어 결국 칭제(稱帝)의 목표를 달성하기 위한 준비를 하려고 했다. 그는 1912년 취임 시에 공화제를 수호하고 어떤 군주제의 복고도 반대한다고 선서했지만 이제 그는 독재를 추구하는 몽상 속에서 이 모든 것을 완전히 잊어버렸다.

위안스카이의 첫 번째 계획은 헌법을 제정하기 전인 1913년 10월 5일에 "총통선거법"을 국회에서 통과시키도록 촉구하는 것이었다. 하루가 지난 후 국회의 양원은 이른바 공민단(사실은 위안스카이의 수하들이 위장한 사병 및 경찰과 사복 비밀요원들)의 고함소리 속에서 총통선거를 실시했다. 이들은 국회를 포위하고 "오늘 공민이 원하는 총통을 선출하지 않으면 선거인들

---

34) 리리에쥔(李烈鈞).
35) 6개 성은 장쑤 성, 안후이 성, 광둥 성, 푸젠 성, 후난 성, 쓰촨 성이다.

은 회의장을 한 발자국도 나가지 못하게 할 것이다"하고 소리를 질렀다. 그러나 이런 협박이 있었음에도 불구하고 위안스카이는 여전히 충분한 당선 표를 얻지 못했으며[36] 3번째 투표에서야 비로소 다수표를 획득했다. 1913년 10월 10일 위안스카이가 정식으로 대총통에 취임함으로써 임시정부는 정식 정부로 바뀌었다.

3주 내에 국회는 10월 31일, "천단헌법초안(天壇憲法草案)"을 반포했는데, 이 헌법은 총통제를 채택하지 않고 내각제를 채택하여 위안스카이의 권력을 제약했다. 위안스카이는 매우 분노하여 수하 군관들에게 이 법은 국정에 맞지 않을 뿐만 아니라 실은 국민당이 국회를 장악하려고 하는 도구라고 공격하게 했다. 국회가 원래의 태도를 고수하자, 위안스카이는 아예 11월 4일에 국민당을 해산하고 358명(이후에 또 80명이 증가했음)의 국회의원들에게 제2차 혁명에 참여한 죄명을 씌워 그들의 자격을 취소했다. 1914년 초, 국회는 법정 인원수 부족으로 개회를 할 수 없게 되었다. 위안스카이는 헌법을 폐기하고 국회와 반대당을 물리친 이후, 독재적인 지위를 확고히 했다. 합법의 중요성에 대한 고려에서 위안스카이는 1914년 3월 18일 국민대회를 소집하여 1912년의 "임시약법"을 수정했다. 22개 성은 각각 2명을 파견하여 회의에 참석하게 하고 수도와 전국 상공회는 각각 4명을 파견하여 회의에 참석하게 했으며 몽골, 칭하이 성, 티베트에서 8명이 옴으로써 참석 인원수는 모두 60명이 되었다. 회의는 내각제를 총통제로 바꾸기로 결의하고 총통과 국회에게 새 헌법을 제정하는 권한을 부여했다. 1914년 5월 1일 새로운 "중화민국약법"이 통과되었는데, 이 법은 총통임기를 10년으로 연장하고 무기한으로 경선을 통해서 연임할 수 있도록 했다. 그 외에도 총통은 후계자를 지명할 수 있는 권한을 가지게 되었으며 이렇게 됨으로써 위안스카이의 종신 임기와 총통의 직위를 자손에게 넘겨줄 수 있는 권리가 보증되었다. 그는 면류관이 없는 군주가 됨으로써 뜻을 이루었지만 여전히 만족하지 않았다.

---

36) 759장의 총 투표 수 중에서 그는 첫 번째 투표에서는 471표를 획득했고 두 번째에는 497표를 얻었다.

그는 사실상의 군주가 되고 싶었고, 법통에 맞는 황제가 되고 싶었다. 그의 장자인 위안커띵은 몹시 미래의 통치자가 되고 싶어하여 그의 부친의 야심과 정치욕망을 부추기는 데에 심혈을 기울였다. 1915년에 위안스카이는 이미 나폴레옹 3세가 프랑스에서 한 것처럼 공화제를 배반할 준비를 마쳤다.

열강의 반대를 방지하기 위해서, 위안스카이는 일본이 제시한 악명 높은 "21개조"[37]를 받아들이고 영국 및 러시아와의 협정을 체결하여 그들이 각각 내몽골과 티베트에서 특수한 이익과 지위를 누리는 것에 동의했다. 일본 수상 오쿠마 시게노부의 한차례의 흥미롭지만 애매모호한 성명은 그를 한층 더 고무시켰다. 이 성명의 대체적인 의미는 만일 중국이 군주제로 바뀐다면 그 정치체제는 일본과 같아질 것이며, 위안스카이가 이미 중국의 정권을 장악하고 있는 상황에서 중국이 군주제로 변하면 상황이 국정과 일치하게 될 것이라는 것이었다. 위안스카이는 이 말들이 그의 군주제 회복에 대한 몽상을 일본이 승인하고 묵인하는 것이라고 생각했다.

위안스카이의 미국 국적의 헌법고문이며 존스홉킨스 대학교 총장인 프랭크 J. 굿나우 박사는 한 편의 글을 써서 미국인은 줄곧 중국이 공화정체를 채택하는 것이 적합한지 의심해왔으며 만일 반대하는 사람이 없다면 독재의 전통으로 인해서 입헌군주제가 더욱 적합하다고 주장했다. 위안스카이의 일본인 고문도 입헌군주제는 영국과 일본에서처럼 민족역량의 원천임을 강조했다. 이들 전문가들의 승낙을 받고 군주제 복고운동은 은폐 상태에서 공개화로 나아가게 되었다. 이 운동의 주요 조직자인 양두(楊度)는 공개적으로 입헌군주제를 통하여 민족을 위기로부터 구하자고 제창했다. 1915년 8월 12일 주안회(籌安會)가 조직되어 위안스카이가 황제라고 칭하는 것을 지지했다. 유명한 서양 사상 번역가인 옌푸(嚴復)는 일찍이 중국이 민주정치를 실시하는 것이 적합한가를 의심한 적이 있었는데, 본인의 의사는 아니었지만

---

37) 이 조항은 5부분으로 나뉘어져 있는데, (1) 산둥의 지위 인정, (2) 만주와 내몽골에서의 일본의 특수지위, (3) 중국 강철산업의 공동운영, (4) 연해 지역을 제3국에게 조차하거나 할양하지 않음, (5) 일본이 중국의 몇몇 주요한 내정부문을 통제한다는 내용이었다. 자세한 상황은 제21장을 보라.

6명의 위원 중의 한 사람으로 열거되었다. 위안스카이 본인은 여전히 끊임없이 복고의 마음이 없다고 부인하고 줄곧 군주제 운동에 대해서 냉담한 태도를 취했지만 군주제 운동은 아주 맹렬한 기세로 전개되었다.

여하튼 군주제 운동은 나날이 뚜렷해졌으며 국체 변경을 지지하는 "청원서"가 눈덩이처럼 정부로 쇄도했다. 1915년 11월 20일에 이 문제를 논의하기 위해서 소집된 국민대표 대회는 절대 다수표로 군주제를 승인했다. 12월 11일, 각 성의 대표들은 민의(民意)의 명의로 위안스카이에게 중화제국의 황제에 취임할 것을 요청했다. 덕과 재능이 없다고 이를 완곡하게 거절한 위안스카이는 12월 12일 대표들의 제2차 요청에 "지극히 마지못해서" 동의했다. 하루가 지난 후 그는 다음 해인 1916년을 그의 신(新)조정의 시작으로 명하고 이 해를 홍헌(洪憲) 원년으로 부르도록 했다.

그러나 그는 다른 독재자들과 마찬가지로 아주 거만하고 안하무인격이었으며 적당한 선에서 멈출 줄을 몰랐다. 외관상으로 보면 공화국 초년에는 비록 불확정적인 요소들이 매우 많았지만 한 가지는 확정적인 것이었는데, 즉 군주제의 복고가 불가능하다는 것을 그는 보지 못한 것 같다. 그의 공화제에 대한 배반과 황제의 지위에 대한 염치없는 추구는 국민들이 용인할 수 있는 한도를 넘어섰다. 이것은 그를 비평하는 사람들에게 그랬고, 그의 추종자들에게도 그랬다.

그사이에 쑨원은 제2차 혁명이 실패한 후 일본으로 망명했다. 그는 당 내부가 통일되지 못한 것이 실패의 주요 원인이라는 것을 확인했기 때문에 1914년 7월 8일 국민당을 더욱 긴밀한 조직으로 재조직하고 명칭을 중화혁명당으로 바꾸었다. 당원들은 쑨원에게 충성을 다해야 했고 서약서에 손도장을 찍어야 했다. 쑨원은 조직총부와 각 지부를 엄격히 통제했을 뿐만 아니라 각급 조직의 임면권을 가지고 있었는데 이것이 바로 후에 소위 "민주집중제(民主集中制)"의 시작이었다. 이때 쑨원은 중화혁명군 총사령관을 맡아 위안스카이가 불법적으로 국회 및 임시약법을 파괴하고 공화제를 비열하게 배반한 것에 맞서 싸우기 시작했다.

윈난에서는 전임도독인 차이어(蔡锷)를 포함한 일단의 혁명가들이 호국군(護國軍)을 조직하여 군주제 복고운동을 성토했다. 차이어와 과거의 그의 스승인 량치차오는 위안스카이를 토벌하기로 선서했는데, 한 사람은 무력으로, 한 사람은 문필로 공화제를 수호하고 중국의 4억 인민의 명예와 기개를 보위하기로 했다. 윈난의 혁명당원들은 호국군을 거느리고[38] "국적(國賊)을 소탕하고 공화제를 보위하며 민주를 수호하고 자치정신을 발전시키기로" 결의했다. 12월 23일에 그들은 위안스카이에게 통첩을 보내어 이틀 안에 군주제 복고운동을 취소할 것을 요구했다. 위안스카이가 거절하자 윈난 성은 12월 25일 독립을 선포했다. 1만여 명으로 구성된 호국군이 세 방향으로 나누어 공격을 개시했다. 12월 27일 구이저우 성이 독립을 선포했다. 사태가 이런 식으로 전개되자 위안스카이는 부득이 1916년 1월 1일에 황제로 등극하기로 정해져 있던 계획을 연기했다. 위안스카이의 주력 심복 사령관인 돤치루이와 펑궈장은 모두 병을 핑계로 호국군 토벌 원정군 총사령관에 취임하는 것을 완곡하게 거절했다. 3월 15일에 광시 성이 독립을 선포하고 동시에 군주제 복고를 반대하는 일단의 독자적인 군대가 산둥 성에서 일어났다. 일본 정부도 성명서를 발표하여, 지금의 사태를 감안할 때 베이징 정부는 국내의 안녕을 수호할 능력이 없고 열강의 지지를 획득할 수 없어 중국을 대표할 권한이 없으므로, 일본은 남북 쌍방을 평등한 교전단체로 간주할 것이라고 했다.

이런 실망스러운 국내외의 형세에 직면한 위안스카이는 달리 선택할 방법이 없어서 1916년 3월 22일 "홍헌 군주제"의 꿈을 포기했다. 그러나 그는 총통 직위를 붙들기 위해서 여전히 내각제를 회복하여 혁명당원들을 무마하려고 했다. 그러나 사태는 전혀 그가 통제할 수 없게 발전하여, 4월 6일에는 광둥 성이 독립을 선포했고, 4월 12일에는 저장 성이 독립을 선포했다. 5월 5일에 이르러서는 각 혁명군이 연합하여 군사위원회를 조직하여 위안스카이

---

38) 우연히도 이 군대는 집결 지점을 호국사(護國寺)라는 사원으로 했다.

의 총통 지위에 대한 인정을 거절했고 19성의 유력인사들도 위원회와 마찬 가지였으며, 심지어 캉유웨이도 두 차례에 걸쳐 그에게 퇴위하고 해외여행을 떠나도록 촉구했다.[39] 이때 위안스카이의 사업은 이미 무산되었고, 그의 추종자들은 그를 저버리기 시작했다. 그는 펑궈장에게 장군들과 도독들을 동원하여 그의 총통 유임을 지지하기를 요구했는데, 펑궈장은 오히려 그에게 퇴위를 요구했다. 5월 9일 산시(陝西) 성이 독립을 선포하고 그후 쓰촨 성이 5월 22일에, 후난 성이 5월 27일에 또 독립을 선포했다.[40] 옛 부하들로부터 버림받은 것, 감당하기 어려울 정도의 부끄러움, 지나친 초조감과 극도의 슬픔이 원인이 되어 위안스카이는 1916년 6월 16일에 요독증으로 인해서 급사했는데 향년 56세였다. 군주제 복고라는 희극은 이로써 중지되고 말았다.

위안스카이의 일생을 평가할 때, 량치차오의 견해에 의하면 위안스카이는 사람과 동물의 다른 점을 구분하지 못하고 금전이 모든 것을 구매할 수 있고 무력이 모든 것을 위협할 수 있다고 생각했다고 한다. 위안스카이의 헌법에 대한 희롱, 의회에 대한 불법적인 조종, 그가 사용한 뇌물, 위협, 모살 및 감금 등의 수단은 돌이킬 수 없을 정도로 대중의 인격과 도덕을 모독함으로써 이후의 10년간 법률의 무기력과 사회의 무질서라는 잠재적인 폐해를 남겨놓았다.

군벌할거 시기, 1916-1927년

한 사람의 강권 인물이 사라져 원신력이 생김으로써 국가는 어수선하고 무질서한 상태에 빠지게 되었다. 군벌은 권력과 자기 확장을 위해서 서로를

---

39) 白蕉, 『袁世凱與中華民國』(上海, 1936), pp. 341-342, 350-371.
40) 전해지는 말에 의하면 위안스카이는 그의 심복인 쓰촨 장군인 천환(陳宦)의 전보를 받자, 그 자리에서 졸도했다고 한다. 그 전문에 "오늘부터 위안스카이와 모든 관계를 단절한다"고 되어 있었다. 위안스카이는 이후에 탄식을 하며 말하기를 "이제 천환이 이러하니 내게 또 할 말이 무엇이 있겠는가? 그에게 내가 퇴위하겠다고 회신하여라"라고 했다. Jerome Ch'en, *Yüan Shih-kai, 1859-1916*(Stanford, 1961), p. 232를 보라.

공격함으로써 이지와 논리와 이성이라고는 전무한, 민국의 역사상 가장 어두운 시기를 초래했다.

1916년 6월 7일 부총통인 리위안홍이 총통 직위를 계승했다. 이것은 결국 1912년의 "임시약법"에 근거하여 총통 직위를 계승한 것인지, 아니면 1914년 위안스카이의 "중화민국약법"에 근거하여 작고한 총통의 직위를 대행하는 것인지의 법통에 대한 문제를 즉각 야기했다. 간단히 말하면 즉 두 헌법 중에 어느 것이 합법인가 하는 문제였다. 남방의 혁명당은 1912년의 "임시약법"이 합법임을 고수하여 군주제에 반대하는 모든 운동과 국내전쟁의 목표는 그것의 합법성을 지키기 위해서라고 주장했지만 베이징의 돤치루이 총리는 이미 2년간 실시한 1914년 헌법의 연속성을 지지했다. 상하이 주재 해군 군관[41])이 6월 25일 베이징을 이탈하여 남방을 지지했을 때, 이 논쟁은 비로소 해결되었다. 일찍이 상하이에 세력 기반을 구축한 펑궈장은 이 지역의 상실을 두려워하여 베이징에 압력을 가하여 1912년의 약법을 받아들이도록 했다. 8월 1일 리위안홍은 그의 요청을 받아들여 1914년 1월 10일 위안스카이에 의해서 불법적으로 해산된 구 국회를 다시 소집하고 1912년의 약법을 근거로 하여 돤치루이를 총리로 임명했다. 국가통일의 이익을 감안하여 혁명당원들도 군사위원회를 해산하는 데에 동의했다.

청 황제의 복고, 1917년 중국이 대(對)독일 전쟁에 참가하느냐 하는 것은 이제 중요한 문제가 되었는데, 총리인 돤치루이는 국회와 총통의 허가를 거치지 않고 미국의 지지하에 1917년 5월 14일 독일에 대해서 선전포고를 했다. 국회의원의 반대를 극복하기 위해서 그는 위안스카이의 상투적인 수단을 다시 사용하여 상업계, 정계, 군부로부터 모은 "공민"을 동원하여 국회를 포위하고 국회가 대독일 선전포고를 통과시키도록 요구했다. 돤치루이의 장군들과 독군(督軍)들은 난폭하게 총통인 리위안홍에게 국회를 해산할 것을

---

41) 리밍신(李鼎新)이다.

요구했지만 국회는 보복으로 리위안훙에게 돤치루이의 총리 직위를 해제할 것을 요구했다. 5월 23일에 리위안훙이 경솔하게 돤치루이의 직위를 해제하자, 산시(陝西) 성, 산시(山西) 성, 저장 성, 산둥 성, 즈리 성, 푸젠 성 등 여러 성에 있던 돤치루이의 일당들은 신속히 독립을 선포하고 톈진에서 독군단을 조직하여 베이징으로 진군하기로 결정했다. 리위안훙 총통은 절망한 나머지, 안후이 성 독군인 장쉰에게 도움을 요청하는 수밖에 없었다. 1917년에 장쉰은 5,000명의 사병을 거느리고 베이징에 진입했지만 그는 리위안훙과 돤치루이의 논쟁을 중재하는 선결조건으로 국회해산을 요구했다. 리위안훙은 1912년의 "임시약법"에 의거하면 이것이 불법이라는 것을 알면서도 달리 선택할 방법이 없어 6월 12일에 장쉰의 요구에 동의하는 수밖에 없었다.

베이징에 자리를 잡은 이후 장쉰은 캉유웨이의 지지와 북양 군벌의 우두머리인 펑궈장과 돤치루이의 사적인 동의하에 7월 1일 청조 마지막 황제인 푸이(溥儀)를 다시 추대하여 등극하게 했다.[42] 청대의 기구도 회복되었으며 아울러 관직을 분배했는데, 장쉰은 내각총리를 맡고 차오쿤(曹錕) 대신 즈리 총독을 겸임했지만 돤치루이는 관직을 분배받지 못했다. 돤치루이와 차오쿤은 장쉰에게 우롱당했다고 느끼고 북양 군대를 규합하여 장쉰의 변발 군대에 반기를 들어 그들을 베이징에서 축출함으로서 군주제 복고운동을 신속하게 종결시켰다.

군벌혼전 량치차오가 영도하는 연구계(硏究系)의 지지하에 돤치루이가 재차 총리를 맡았고, 량치차오는 이때에 재정부장을 맡았다. 연구계는 성명을 통해서, 군주제 복고운동으로 인해서 공화국이 없어진 이상 돤치루이의 영도하에 새로운 공화국을 재건해야 한다고 말했다. 이 목적에 도달하는 제1보는 임시국회를 소집해야 하는 것이었으므로 돤치루이는 11월 10일 임시국회

---

42) 1912년 퇴위한 이후 푸이의 생활을 더욱 확실하고 생생하게 알기 위해서는 영어로 번역된 그의 자서전인 *The Last Manchu*, tr. by K. Y. P. Tsai and ed. by Paul Kramor(New York, 1967). 제1-8장을 참조하라.

를 소집했지만, 리위안훙에 의해서 6월 12일 해산된 구 국회를 다시 열지는 않았다. 이때 남방의 혁명당원들은 그가 1912년의 "임시약법"을 위반했다고 비난했다. 쑨원은 광저우에서 또 한차례 군정부를 조직하여 호법운동을 전개했다.

국내의 반대세력을 분쇄하기 위해서 돤치루이는 참전을 핑계로 외국과 차관협정을 체결했는데, 이는 위안스카이가 썼던 상투적인 수단이었다. 또 임시국회를 조종하여 1912년의 약법 중 선거와 조직법을 수정하고 그의 모든 군사 및 민중의 지지세력을 결집시키기 위해서 안복 구락부(安福俱樂部) 조직에 착수했다.[43] 1918년 8월 12일 새로 국회의원을 선출한 국회에서 안복계가 330여 석을 장악했고, 연구계도 약 20석을 얻었다. 안복계 국회는 돤치루이 마음대로 조종할 수 있게 되어 8월 14일에 대독일 선전포고의 결의를 통과시켰다. 이로 인해서 돤치루이는 중국의 전쟁능력 지탱을 이유로 일화(日貨)로 총액 1억4,500만 엔에 달하는 이른바 "니시하라 차관(西原借款)"을 체결할 수 있게 되었다.[44]

충분한 준비를 한 후 돤치루이는 남방 군정부에 대해서 타격을 가하는 일에 착수하기 시작했다. 그는 광저우의 혁명당원들에게 압력을 가하기 위해서 군대를 후난 성으로 진입시켰다. 동시에 윈난 성의 모든 반란을 방지하기 위해서 쓰촨 성으로 군대를 파견했다. 이와 같이 돤치루이는 또 한차례 국내전쟁을 일으켰다. 그러나 리위안훙의 후계자이며 총통인 펑궈장은 국내의 의견 대립을 평화적으로 해결할 것을 주장했다. 돤치루이와 펑궈장은 원래 위안스카이 수하의 동료였지만, 당시 두 사람 사이의 의견 차이로 인해서 북양 집단은 둘로 갈라졌다. 즉 안후이 성의 돤치루이 집단은 안휘계[皖系]라고 불렀고, 즈리의 펑궈장 집단은 직계(直系)라고 불렀다. 펑궈장의 수하들이 돤치루이의 호법군에 대한 진공을 분쇄함으로써 돤치루이의 군사계획은 실패

---

43) 베이징의 안복(安福) 골목의 이름을 따서 명명한 것이다.
44) 일본의 협상자인 니시하라 가메조(西原龜三)의 이름을 따서 명명한 것으로, 그 당시 일본 화폐 1엔은 약 0.5달러였다.

하고 11월 12일에 그는 총리직을 사퇴했다. 그러나 뒤이어 두 파 사이의 광적인 내부투쟁의 시기가 찾아왔고, 결국 직계가 일찍이 토비였던 만주의 장쭤린(張作霖)이 영도하는 봉천군대의 지지를 받아서 승리했다. 1922년 4월, 봉직(奉直) 사이에 또 전쟁이 발생했다. 직계가 다시 승리했지만, 장쭤린은 여전히 만주에 대한 통제권을 유지하고 중앙의 통치로부터 독립할 수 있었다.

승리를 거둔 직계는 리위안홍을 추대하여 총통으로 임명하고 광저우 정부와 평화적인 방식을 통하여 국내통일을 실현하기를 희망했다. 그러나 직계 내의 한 강력한 파벌의 반대에 부딪혔다. 1922년에 이르러 직계는 결국 분열되었는데, 즉 (1) 우페이푸(吳佩孚)의 영도 하에 있던 낙양계(洛陽系)는 무력으로 전국을 통일할 것을 주장하고 총통인 리위안홍을 지지했으며, (2) 우페이푸에게 반대하는 톈진 및 보정계(保定系)는 차오쿤이 총통으로 임명되는 것을 지지했는데 결국 리위안홍 총통은 지극히 굴욕적인 방식으로 축출되었다. 1923년 10월 차오쿤은 뇌물선거로 총통이 되었는데, 전해지는 바에 의하면 500명의 국회의원이 각각 5,000은원의 부정한 돈을 받았다고 한다. 이로써 대중의 신뢰가 땅에 떨어졌으며 민중은 북방의 정치를 혐오하게 되었고, 광저우의 혁명당원들에게 유일한 희망을 걸게 되었다.

그러나 쑨원 역시 남방에서 골치 아픈 일에 시달리고 있었기 때문에 호법운동의 진전은 매우 더뎠다. 그 이유는 1917년 8월 25일 광저우 군정부가 수립된 이후, 명의상 총사령관이었던 그는 군대를 직접 통제할 수 있는 권한이 없어서 어려움을 겪었으며, 진정한 지휘권은 서남성 군벌(예를 들면 광둥성과 광시 성의 루룽팅[陸榮廷]) 등이 수중에 장악하고 있었기 때문이다. 사적인 야심을 품고 있던 루룽팅은 1918년 5월 쑨원에게 군정부를 떠나도록 강요했다. 극도의 실망과 낙심을 한 쑨원은 상하이로 도주하여 은퇴생활을 하면서 주로『건국방략(建國方略)』의 저술에 종사했으며 아울러 정당 재건을 계획했다. 1919년 10월 10일, 그는 중화혁명당의 조직을 더욱 치밀하게 개조하고 명칭을 중국 국민당으로 바꾸었다. 그후 그는 군대를 거느리고 남하하여 광저우의 반란군을 징벌했지만 북방의 돤치루이와는 교전을 하지 않

았다. 일련의 묘책으로 그는 광저우를 수복하고 군사정권을 재건했다. 1921년 4월 2일에 공화정부가 정식으로 수립되었고, 쑨원이 총통으로 임명되어 베이징의 군벌정권과 대치하게 되었다.

1922년 2월 3일, 쑨원은 북벌 준비에 착수하고 계속해서 호법운동을 전개했다. 그러나 쑨원은 자신을 지지했던 천중밍(陳炯明)의 광저우에서의 뜻하지 않은 배신으로 인해서 좌절을 당했고 총통 관저도 심한 포격을 받았으나 쑨원은 요행히도 그를 지원해주는 군함 위로 도피할 수 있었다. 이후에 또 영국과 러시아의 도움으로 상하이에 도착할 수 있었으며 이 때문에 호법운동은 유명무실해졌다.

1923년 10월, 차오쿤의 뇌물선거 이후 봉천군이 만주에서 베이징으로 밀고 들어옴으로써 제2차 봉직 전쟁이 발생했다. 17만 군대를 통솔하는 직군(直軍) 총사령관[45]이 전방으로 출동했을 때, 뜻하지 않게 그의 제3군 군단장인 펑위샹(馮玉祥)이 1924년 10월 23일에 군사 쿠데타를 일으켜 베이징을 점령함으로써 직군 전선의 붕괴를 초래했다. 펑위샹은 그의 국민군 지원하에 내각을 재조직하고 차오쿤에게 압력을 가하여 1924년 11월 2일에 그를 총통 직위에서 물러나게 했다.

이때, 국민군, 봉계, 안휘계는 국가통일을 실현하기 위해서, 공동으로 돤치루이에게 임시집정을 맡도록 요청하고 쑨원에게 베이징에 와서 평화통일에 대한 문제를 논의할 것을 요청했다. 쑨원의 건강 상황은 갈수록 나빠졌지만 그는 여전히 갈 것을 고집하여 1924년 12월 31일에 베이징에 도착했다. 돤치루이의 무성의한 태도 때문에 그는 분노했지만 수도의 10만 명의 사람들이 그를 열렬히 환영했기 때문에 그는 크게 고무되었다. 그러나 1월 20일 이후로 쑨원은 건강이 갑자기 나빠져서 1925년 3월 12일 갑자기 세상을 떠났다. 임종 시에 그는 여전히 "평화, 분투……중국을 구하라"는 말을 잊지 않았다. 세상을 떠나기 하루 전에 서명한 유언장에서 그는 그의 동지들에게

---

45) 우페이푸이다.

그가 완수하지 못한 사업을 완성할 것을 촉구했다. 중국 혁명의 아버지인 쑨원의 일생은 이렇게 마감되었는데, 그는 생애 중의 40여 년을 국민들의 상황을 개선하는 사업에 바쳤다.

쑨원은 한을 품고 세상을 떠났으며 혁명과 민국은 결코 기대한 만큼의 평화와 질서를 가져다주지는 못했다. 즉 민국 시기는 그 이전보다 훨씬 더 고통스럽고 무질서했는데, 이는 전통왕조의 쇠망에 뒤따라오는 무질서와 혼란의 재현이었다. 쑨원이 닦아놓은 진보의 기초 위에서 그의 추종자들은 그의 유업을 계승할 수 있었다. 1926년 젊은 장군 장제스는 아직 미완성인 군벌퇴치를 위해서 북벌전쟁을 다시 일으켜서 비교적 크게 성공을 거두었다. 1928년 국민정부가 난징에 수립됨으로써 결국 오랜 기간 이루지 못했던 통일의 목표를 달성하게 되었다. 그러나 이 통일은 오직 표면적인 것이었다.

V
사상적인 각성과 항전
1917-1945년

21
사상혁명, 1917-1923년

중화민국의 수립은 결코 평화와 질서와 통일을 가져다주지는 못했다. 반대로, 중화민국 초기의 특징은 도덕의 타락과 군주제 복고운동, 군벌할거 및 외국 제국주의 세력의 팽창이었다. 분명한 것은 공화제의 채택이 가져온 정치적인 면모는 국가를 혁신시키기에는 부족했고, 국가와 인민을 깨우치는 더욱 근본적인 운동들이 필요했다는 것이다. 서양의 교육이나 그 영향을 받은 신(新)지식분자들은 국민생활의 철학적 기초의 철저한 변혁을 제창했다. 그들은 현대 서양의 기준으로 중국의 문화유산을 새롭게 평가할 것을 호소했고, 중국의 쇠약을 초래한 요소들과 기꺼이 결별하려고 했으며 게다가 서양의 과학과 민주와 문화를 받아들여 신질서의 토대로 삼기로 결정했다. 동시에, 그들은 백화문(白話文)으로 고문을 대신하는 신문학 운동을 일으켰다. 이와 같은 지식의 범람은 전통윤리와 풍속과 대인관계와 사회풍속을 포함하는 유가에 대해서 치명적인 타격을 주었으며, 동시에 중국의 과거를 전면적으로 부정하는 새로운 태도를 가지도록 유도했다. 이런 사상변혁은 깊이와 범위 면에서 1895-1911년의 변혁을 능가했다(제18장 참조). 확실히 일부 논자들은 춘추전국시대(722-221 기원전) 이후, 중국 역사상 이처럼 격렬하고 근본적인 사회 및 사상변혁은 없었다고 생각한다.[1]

---

[1] 郭湛波, 『前五十年中國思想史』, 重印本(香港, 1965), p. 1.

1917-1923년 사이에 발생한 이 사상혁명은 신문화 운동으로 받들어지고 있고, 어떤 때는 "중국의 문예부흥"으로 과장되게 묘사되는 경우도 있다. 이 소란스러운 시기의 절정은 1919년 5월 4일 베이징에서 발생한 기세가 드높은 학생들의 대규모 시위였다. 이 시위는 매우 빠르게 전국의 호응을 불러일으켰는데, 이것이 바로 모든 사람들이 다 알고 있는 5. 4 운동이다.

배경

지식이 무르익는 격동기는 국내외에서의 몇몇 중대한 발전이 없는 상황에서는 출현할 수 없다. 국외적으로는 제1차 세계대전 기간에 민족주의와 민주주의의 정서가 유달리 격렬했으며, 윌슨의 민족자결주의와 비밀조약 취소의 이념은 중국의 지식인들을 사로잡았다. 그뿐만 아니라, 시대적 의의를 가진 일련의 사건들이 세계 각지에서 잇따라 발생했다. 즉 1917년의 러시아의 볼셰비키(Bolsheviki) 혁명과 핀란드, 독일, 오스트리아, 헝가리 사회주의자들의 저항운동, 1918년 일본의 쌀 소동이었다. 반면 오히려 혼란과 군벌할거의 재난을 겪을 대로 겪은 중국의 지식인들은 분쟁과 내전으로 유린된 조국의 부흥에 대한 책임이 있다는 것을 깊이 느끼고 있었다.

이들 지식분자들이 강렬한 민족주의와 애국주의의 열정을 품고서 이 임무를 짊어진 것은 부분적으로는 1915년 일본이 제시한 치욕적인 21개 조항에 자극을 받은 것에 기인한다.[2] 이 조약은 5개의 항목으로 나뉘어 있는데, 앞의 4개 항목에서 일본이 산둥, 만주, 내몽골, 중국의 동남 연해와 양쯔 강 유역을 통제할 것을 요구하고 있다. 가장 음흉한 요구는 다섯 번째 조항으로, 일본은 중국의 정치, 재정, 군사와 경찰 관련 분야에 일본 고문들을 고용할 것을 요구하고, 또한 중국이 일본으로부터 최소한 50퍼센트의 무기와 탄약을 사들이기를 요구하고 있다.

---

2) 1915년 1월 18일, 중국 주재 일본 공사인 히오키 에키(日置益)가 위안스카이(袁世凱)에게 직접 건네주었다. 상권 p. 574의 주 37번을 보라.

이 조항들은 중국 민중들을 격분시켰지만, 1915년 5월 7일 일본이 중국 정부에 최후통첩을 하자 위안스카이는 앞의 4개 항목은 받아들이고, 다섯 번째 항목은 보류했다. 이어서, 위안스카이는 입법기관의 동의를 구하지 않고 5월 25일에 일본과 이 조약을 체결했다.

이에 대한 항의를 표시하기 위해서 일본에 거주하고 있는 중국 유학생들이 다수 귀국했고, 중국 상인들도 일본 상품 불매운동을 조직했다. 21개 조는 예상하지 못한 결과를 가져왔는데, 멸망이 다가왔다는 공포감과 그로 인해서 생긴 민족주의의 발발을 가속화시켰다.

새로운 민족주의 운동을 가속화시킨 것은 정치적으로 각성한 공상계층(工商階層)과 1919년에 수효가 이미 230만 명에 이른 수많은 노동자들의 신속한 부상(浮上)이었다. 사실상, 제1차 세계대전 기간 중에 국내외적인 유리한 조건으로 인해서 중국의 공상업은 미증유의 확장을 이루게 되었다. 특히 방직, 제분, 비단, 성냥, 시멘트, 담배, 현대식 은행과 주식회사 같은 부문들이 크게 확장되었다. 국내적으로는, 1912년 새로 건립된 중화민국이 군주제 왕조를 대체한 것은 새로운 시대의 시작을 상징하는 것이었다. 또한 정부는 더 이상 기업가와 상인을 의혹의 대상으로 보지 않았고, 청 왕조처럼 개인 "단체"와 협회의 형성을 금지하지 않았다. 지식인[士人]에서 실업가로 변신한 장치엔(張謇)이 공상총장(工商總長)을 맡아 공상업 발전을 장려하고 보호하는 일련의 규정을 공포했다.

국외적으로 제1차 세계대전 기간은 중국에 있던 제국주의 세력이 아주 빠르게 쇠퇴한 시기였고, 이 전쟁은 유럽의 공업 그리고 유럽과 아시아와의 무역에는 부정적인 영향을 끼쳤지만 중국 본국 공업의 원활한 발전을 위해서는 황금시기를 마련해 주었다. 1913-1918년 동안, 외국에서 중국으로 수입된 수입액의 변화는 각각 다음과 같았다. 즉 영국에서의 수입액은 9,600만 냥에서 4,900만 냥으로 하락했고, 프랑스에서의 수입액은 520만 냥에서 150만 냥으로 하락했으며, 독일에서의 수입액은 2,800만 냥에서 0냥으로 하락했다. 이와는 반대로 중국의 대외무역 적자는 1913년의 1억6,600만 냥의 관

세에서 1919년에는 1,600만 냥으로 하락했고 마찬가지로 비단 수출은 1914년의 8만7,517단(担)에서 1919년에 13만1,506단으로 증가했다.3) 이와 유사하게, 중국 본국의 상공업은 급속하게 성장했다. 즉, 방직회사는 1911년의 22개에서 1919년에 54개로 증가했고, 1921년에는 109개에 이르렀으며, 제분공장은 1916년의 67개에서 1918년에는 86개로 증가했고, 현대식 은행은 1911년의 7개에서 1923년에는 131개로 증가했다. 증기선은 1913년의 893척에서(총적재량은 14만1,024톤에 이름) 1918년에는 2,027척으로 증가했고(총적재량은 23만6,622톤에 이름) 석탄생산량은 1913년의 1,280만 톤에서 1919년에 이르러서는 2,010만 톤으로 증가했으며, 강철생산량은 1914년의 100만 톤에서 1919년에는 180만 톤으로 증가했다.4)

이들 신흥 공업과 기업들은 새로운 상인계층과 노동계층을 육성했는데, 이들은 정치에 관심이 없는 구식 상인 및 나태한 농민과는 달리 제국주의의 억압을 받는 중국의 곤경에 대해서 매우 민감했고, 그뿐만 아니라 국가이익을 보위하기로 결심했다. 이 사람들은 대부분 도시에서 거주하고 있었기 때문에 도시의 중심부와 경제가 발전할 수 있었다. 베이징, 상하이, 우한, 난징, 톈진, 광저우는 모두 대도시가 되어 새로운 지식인계층을 육성했다. 1907년부터 1917년까지, 이 계층들 중 적어도 1,000만 명의 사람들이 모종의 현대식 교육을 받았으며, 외국 제국주의와 국내혼란의 이중 고난으로부터 "구국(救國)"하겠다는 강렬한 민족주의자로서의 결심을 주입받았다.

본래 외국에서 공부한 귀국 유학생들은 특히 개혁을 도입하는 데에 열중했는데, 1903년부터 1919년까지 이 학생들 중 41.51퍼센트는 일본에서 공부했으며, 33.85퍼센트는 미국, 24.64퍼센트는 유럽에서 공부했다.5) 현대 서양 문명의 발상지인 프랑스는 제1차 세계대전 기간 중에 많은 중국 고학생들과 노동자들을 끌어들였는데, 1918-1919년 기간 중의 노동자들의 수효는 대

---

3) 1단(一担) = 133과 3분의 1 파운드이다.
4) 周秀鸾, 『第一次世界大戰時期中國民族工業的發展』(上海, 1958), 제1, 2장.
5) Tse-tsung Chow, *The May Fourth Movement: Intellectual Revolution in Modern China* (Cambridge, Mass., 1960), pp. 26, 31.

략 20만 명 정도로서, 도로, 부두, 공장, 임시 무기 및 탄약 집적소에서 일을 했다. 그중 적어도 2만8,000명은 교육을 받은 사람들이었다. 1872년부터 중국 어린이를 양성시킨 전통이 있는 미국은 1915년까지 약 1,200명의 중국 유학생을 받아들였다. 그러나 지리적 위치가 가깝고 비교적 낮은 생활비 때문에 일본으로 간 중국 유학생의 수효가 가장 많았는데, 1906년까지 1만 3,000명에 이르렀다.[6]

가장 뛰어난 귀국 유학생 대표로는 프랑스에서 돌아온 천두슈(陈独秀)와 차이위안페이 및 일본에서 돌아온 궈모뤄(郭沫若)와 루쉰(鲁迅) 그리고 미국에서 돌아온 후스(胡適)와 장몽린(蔣夢麟)이 있었다. 천두슈, 차이위안페이, 후스는 신속히 이 사상혁명의 정신적 지도자가 되었다.

천두슈(1879-1942)는, 안후이 성 출신으로서 젊은 시절에 국학교육(전통교육)을 전면적으로 받았으며, 1896년 수재(秀才)에 합격했다. 1902년과 1906년, 두 차례에 걸쳐서 일본에 건너갔으나, 체류기간은 매우 짧았다. 1907년 초에는 프랑스로 건너가서 프랑스의 정치와 문학의 강렬한 영향을 받았다. 그는 동맹회의 구성원이 아니었음에도 불구하고 1910년에 귀국하여 중화민국 혁명에 참여했다. 뒤이어 제2차 혁명에 관련되어 일본으로 도피했다. 1915년에 귀국하여 21개조를 반대했다.

차이위안페이(1876-1940)는 저장 성 출신으로서 1889년과 1892년에 각각 향시(鄕試)와 진사(進士)에 급제하여 사람들이 존경하고 부러워하는 한림원의 편수(編修)가 되었다. 그후, 1907년 초에 독일로 건너가 라이프치히 대학교에서 공부했다. 4년 후에 제때 돌아와 중화민국 혁명에 참여했고, 쑨원 정부의 교육총장으로 임명되었다. 위안스카이가 총통을 계승한 이후에 그는 그 직위를 사직했다. 1912년 여름에는 다시 독일로 돌아가 약 1년 동안 머물렀다. 그후의 3년은 프랑스에서 보내면서 중국 유학생과 노동자들을 위한

---

6) 대략적인 인원수는 8,000-1만3,000명으로 추산된다. Robert A. Scalapino, "Prelude to Maxism: The Chinese Student Movement in Japan 1900-1900" in Feuerwerker, Murphey, and Wright(eds.), *Approaches to Modern Chinese History*, p. 192를 보라.

고학 프로그램을 맡았다. 1916년에 완곡하게 저장 성장(省長) 직위를 거절한 후, 귀국하여 베이징 대학교 총장을 맡았다.

후스(1891-1962)는 청나라 전기의 저명한 학자인 후웨이(胡渭)의 후예로서, 젊은 시절에 그 역시 국학교육을 받았다. 1909년에 중국 공학(中國公學)을 졸업한 후에 정부의 지원을 받으며 미국에서 유학하여, 코넬 대학교 철학 석사학위 및 컬럼비아 대학교 철학 박사학위를 받았다. 그는 존 듀이와 토머스 헉슬리의 영향을 받아 실용주의와 과학적 사유방법 및 진화적 사회개선관을 강렬하게 신봉했다. 게다가 미국에 7년간 거주하여 미국의 문학과 사회운동에 대해서 자세히 알고 있었다. 이 시기는 마침 새로운 사물에 대한 열중을 기치로 하는 해방시대였다. 예를 들면 신인문주의, 신민족주의, 신역사, 신예술, 신시학(新詩學), 신여성 등이었다. 후스는 해리엇 먼로가 『시간(詩刊)(*Poetry: A Magazine of Verse*)』에서 쉬운 언어로 시가를 창작할 것을 제창한 것의 영향을 받았다. 그의 관점은 문학창작을 문어문(文語文)에서 백화문으로 대체하자는 것인데, 이 점은 그의 사상 속에서 매우 중요하다.[7] 1915년, 그가 아직 코넬 대학교의 학생일 때 그는 자오위안런(趙元任)과 함께 대담하게 백화문을 쓰는 방법을 소개하는 운동을 일으켰다.

이들 신지식분자들은 모두 전환기의 인물들로서, 그들은 모두 중국 고전문화에 뿌리를 깊이 내리고 있었으며 동시에 서양 문명에도 통달했다. 자유주의, 사회주의, 실용주의, 과학과 민주는 그들에게 지울 수 없는 깊은 흔적을 남겼고, 그들이 귀국했을 때(천두슈는 1915년에, 차이위안페이는 1916년, 후스는 1917년에 각가 귀국했다), 그들은 중국의 문학과 사상의 성격을 바꾸었다.

그들의 국수(國粹)에 대한 비판적인 재평가와 서양 사상과 이데올로기 소개에 대한 호소는 한차례의 사상혁명을 일으켰으며, 이 혁명은 전통주의를 깨뜨리고 동시에 신문화 운동의 시기를 열었다.

---

7) 1906-1909년까지 중국 공학에 다닐 때부터 이런 견해를 가지고 있었다.

신문화 운동의 전개

천두슈와 『신청년』　1915년, 일본에서 귀국한 천두슈는 상하이에서 월간지인 『청년잡지(青年雜誌)』를 창간하고 이를 『신청년(新青年)』으로 개명했다. 그는 활기가 전혀 없는 옛 전통을 타파하고, 국내의 청년들을 각성시켜 일종의 신문화를 창건하겠다고 결심했다. 천두슈는 『신청년』 제1기에서 젊은 세대들을 향하여 오래되고 진부한 사회요소들을 타파하고 그들의 사상과 행위를 개혁하여, 민족각성을 실현하기를 호소했다.8) 감화를 받은 청년들은 중국의 신문화를 창조할 수 있도록 전 세계의 여러 문명 속에서 활력 있고 신선한 요소를 채택하려고 했다. 이 영구적인 임무수행에 대해서, 천두슈는 6가지의 지도적 원칙을 제시했다. 즉 (1) 자주적이어야 하고, 노예적이어서는 안 된다. (2) 진보적이어야 하고, 보수적이어서는 안 된다. (3) 진취적이어야 하고, 뒤로 물러나서는 안 된다. (4) 세계적이어야 하고, 쇄국적이어서는 안 된다. (5) 실리적이어야 하고, 형식적이어서는 안 된다. (6) 과학적이어야 하고, 상상적이어서는 안 된다.

천두슈는 보수주의와 전통주의는 중국의 죄악의 근원이라고 맹렬하게 비난했으며, 그의 작품 속에서 유가는 더욱 악의 온상이 되었다. 그는 유가는 농업과 봉건사회 질서의 산물이고, 산업자본주의 사회하의 현대 생활과는 전혀 맞지 않아 반드시 철저하게 근절해야 한다는 의견을 피력했다. 그 이유는 유가는 (1) 번거로운 예의를 제창하고 유순한 미덕을 선양함으로써, 중국인을 연약하고 소극적으로 만들어 현대 세계의 투쟁과 경쟁에 적응하지 못하게 했고, (2) 가정이 사회의 기본단위라는 것은 인정하지만 개인이 사회의 기본단위라는 것은 인정하지 않았으며, (3) 개인지위의 불평등을 지지했고, (4) 사람을 순종하고 의지하게 하는 충효를 강조했고, (5) 정통사상을 선양하고, 사상과 표현의 자유를 완전히 무시했기 때문이라는 것이다.9) 천두슈는

---

8) Tse-tsung Chow, p. 46.
9) *Ibid.*, p. 302; 郭湛波, p. 103.

신문화 건립을 위한 공간을 조성하기 위해서 큰 소리로 보수주의 타파를 외쳤다.

이에 대해서 말하자면, 오늘날의 세계에 생존하기에 적합한 제도와 문물이 어떤 것인지는 정말로 모른다. 나는 차라리 과거의 "국수(國粹)"의 소멸은 참을지언정, 현재와 미래에 우리 민족이 세계 속에서의 생존에 적합하지 못하여 소멸해버리는 것은 참을 수 없다.……세계는 끊임없이 진보하고 있다. 자신을 잘 변화시켜 시대와 더불어 나아가지 못하는 자는 환경과의 생존 다툼에 적합하지 못하여 결국 자연적으로 도태될 것인데, 그래도 보수를 주장할 것인가?[10]

전통주의를 과감하게 공격하여 진부한 사상계에 새로운 전망을 열어놓음으로써, 천두슈는 교육을 받은 청년들의 열정적인 추종을 매우 빠르게 얻게 되었다.

차이위안페이와 베이징 대학교 1916년 12월 차이위안페이가 베이징 대학교 총장에 재임하고 있을 때, 신문화 운동은 큰 추진력을 얻었다. 이 국립대학교는 보수적인 전통을 가지고 있었으며 교수의 대다수는 관료사회 출신이었기 때문에, 학생들은 학문에 뜻을 두지 않고 단지 공부를 관직에 들어가는 출세수단으로만 삼았다. 그리하여 경박한 학교 분위기와 산만한 사제(師弟)의 기풍으로 평판이 극히 나빴다.

총장직을 맡은 후, 차이위안페이는 대학교는 공부하는 곳이지 벼슬이 높이지고 부자가 되는 길이 아니라고 경고했다. 그는 3가지 원칙에 근거하여 학교를 관리했다. 즉, (1) 대학교는 연구하는 기구여야 한다. 서양 문명에 대한 소개에 힘써야 할 뿐만 아니라 새로운 중국 문화를 창조해야 하고, 국수를 보존해야 할 뿐만 아니라 과학적인 방법으로 그것에 대한 재평가를 내려야 한다. (2) 대학교육은 지난날의 과거시험의 대체물이 아니다. (3) 절대적

---

10) Tse-tsung Chow, p. 46.

으로 학술의 자유를 허용하고, 다른 이론과 관점의 자유로운 표현을 보장하며 주장은 근거가 합당하고 말은 이치에 맞으면 되는 것이다.

차이위안페이의 지도하에, 베이징 대학교는 사람들을 분발시키는 고등교육기구가 되었다. 교원들 중에는 다양한 정치이념을 가진 교수들이 있었다. 즉 자유주의적인, 급진적인, 사회주의적인, 무정부주의적인, 보수주의적인, 반동적인 교수들이 있었다. 베이징 대학교는 매우 많은 저작과 다양한 지적(知的)인 생활로 이름을 날리게 되었으며, 중요할 뿐만 아니라 전도가 양양한 국내의 수많은 학자들이 잇달아 교원으로 들어왔다. 1917년에 천두슈는 문과대학장으로 초빙받았으며, 미국에서 돌아온 후스는 문학교수가 되었다. 다음 해, 리따짜오(李大釗)가 도서관 관장으로 임명되었으며, 그는 젊은 마오쩌둥(毛澤東)을 조수로 고용했다.

후스와 그의 공헌 후스는 과학적 사고, 실용주의, 백화문에 의한 창작의 적극적인 창도자인데, 그 이유는 헉슬리와 듀이의 영향을 받았기 때문이다. 후스의 독창적 견해의 주요한 근원은 불가지론과 실용주의였으며, 이것은 그가 전통윤리와 이념을 평가하는 주요한 방법이기도 했다. 실용주의자의 관점에서 보면, 진리는 실용의 정도에 따라서 변화하는 것이고 실용은 실험에 근거한 것이다. 이런 태도는 분명히 산업자본주의 사회의 산물이고 진리는 영원 불변하다는 유가의 관념과는 완전히 다른 것이다. 그래서 후스가 보기에 유가는 근대 세계 속에서의 현실과는 전혀 상관이 없었다.[11] 그는 공가점(孔家店 : 공자의 유교사상을 알리는 거점)이라는 이 모욕적인 어휘를 만들었고 그의 추종자들은 "공가점을 타도하라(유교를 타도하라)[打倒孔家店]"를 격렬하게 외쳤다.

만약 후스가 유가를 반대했다면, 그가 제창한 것은 자유주의, 개인주의, 과학, 민주이다. 실용주의에서 출발하여, 그는 사회문제에 대한 연구와 실험

---

11) 郭湛波, pp. 124-125.

과 해결을 통해서 점차적으로 사회를 개혁할 것을 제창했다. 그의 지지 아래, "덕선생(德先生 : 민주주의)"과 "새선생(賽先生 : 과학)"은 그 시대에 습관적으로 사람들의 입에 오르내리는 말이 되었다. 두 명의 "선생"이 모두 서양에서 왔기 때문에 그는 전면적인 서양화를 제창한 것이고, "서양으로 가자"가 그의 요지였던 것이다.

다음과 같은 후스 자신의 말은 그의 철학을 가장 잘 설명한 것이다.

> 신사조의 정신은 일종의 심판의 태도이다. 신사조의 수단은 문제연구와 학리(學理)를 받아들이는 것이다.……신사조의 구문화에 관한 태도는 소극적인 면에서는 맹종을 반대하고, 조화를 반대하는 것이고, 적극적인 면에서는 과학적 방법을 이용해서 정리하는 일을 하는 것이다. 신사조의 유일한 목적은 무엇인가? 문명을 재창조하는 것이다.12)

후스의 가장 중요한 공헌은 아마도 백화문을 사용한 글쓰기의 제창일 것이다. 그는 전통 글쓰기가 중시한 것은 형식이지 내용이 아니라고 질책했고, 문어문은 생기라고는 전혀 없으며 이런 종류의 죽은 언어는 활력 있는 문학을 탄생시킬 수 없다고 주장했다. 그는 백화문을 사용한 글쓰기를 건의했으며, 또한 매우 분명하고 활력이 넘치는 문체를 만드는 데에 성공했는데, 이 문체는 즉시 자유롭고 진보적인 사람들에게 받아들여졌다. 그는 학생들에게 고전의 인용과 진부한 문구와 변체의 사용을 중지할 것, 옛 사람을 모방하는 것을 피할 것, 참된 의미와 참된 내용과 참된 감정으로서 글쓰기를 할 것을 건의했다.

보수파의 반대는 결코 만만치 않았다. 전통사상의 지지자들은 『국고(國故)』라는 잡지를 출판하여 고문체에 의한 글쓰기 방식을 보존하려고 했지만 잡지의 호소력이 매우 낮아, 단지 4기를 출판한 이후 발행을 중단했다. 그러나 19세기에서 20세기로 넘어가는 전환기에 두 명의 저명한 번역가인 옌푸

---

12) Tse-tsung Chow, p. 219.

(嚴復)와 린수(林紓)는 이 문학혁명을 강하게 배척했다. 린수는 차이위안페이 총장에게 보낸 한 통의 편지에서, 백화문으로 글을 쓰는 것은 "수레를 끌며 콩국을 파는 것과 같은 종류"의 일이라고 비웃었으며, 옌푸는 저속한 백화문을 사용하여 우아한 문어문을 대신하는 것은 역행이라고 꾸짖으며 이런 종류의 신문체(新文體)는 진화와 경쟁의 법칙 아래에서는 생존할 수 없다고 했다. 차이위안페이는 백화문과 문어문이 다른 것은 단지 형식 면이며 내용 면이 아니라고 간결하게 회답했다. 즉 헉슬리와 몽테스키외와 애덤 스미스의 저작 및 옌푸와 린수가 번역한 찰스 디킨스, 뒤마 부자(父子)와 토머스 하디의 소설들은 모두 평이한 말로 쓰였다는 것이었다. 공정하게 말하면 그들이 문어문으로 번역한 것이 원문을 능가한다고 말할 수 있겠는가? 1920년 정부가 학교에서의 교육에 백화문을 채택하여, 백화문은 정부의 인정을 받게 되었다.

역사적 각도에서 볼 때, 백화문 운동의 성공은 최소한 부분적으로는 다음과 같은 사실에 기원한 것으로 볼 수 있다. 즉 1902년에 "팔고문(八股文)"이 폐지된 이후, 중국 학생들에게는 모방할 만한 명확한 본보기가 없게 되었다. 새롭고 예사롭지 않은 사물을 추구하는 과정에서, 그들은 우선 매우 짧은 기간에 량치차오의 문어체와 구어체가 섞여 있는 신문체에 매혹되었다. 그러나 백화문이 출현함에 따라서 그들은 매우 빨리 새로운 조류에 따르게 되었다.

1918년, 베이징 대학교 학생들이 만든 『신조(新潮)』라는 이름의 잡지는 3개의 기준을 규범으로 삼았는데, 즉 비평적 정신, 과학적 사고, 화려한 문체 개혁이었다. 『신청년』과 『신조』와 『매주평론(每週評論)』13)을 포함한 수많은 잡지들은 전통주의의 보루인 구(舊)문학, 구도덕, 구식의 대인관계에 대해서 전면적인 공격을 개시했다. 이런 잡지들은 구식 사유방식, 구식 관습, 관원의 개인에 대한 충성, 부모에게 효도하는 것과 미신, 남녀정결에 대한

---

13) 후스가 편집을 주관했다.

이중 표준, 대가족체제를 비웃었는데, 제일 먼저 공격을 받은 것은 군주제도와 군벌주의였다. 그들은 국수를 전면적으로 받아들이는 것을 비평했고, 모든 경학과 고전문헌을 비판적으로 재평가하고, 신문화를 창조할 것을 요구했다. 그들은 과학, 민주, 과학기술, 불가지론, 실용주의, 자유주의, 의회제도와 개인주의를 흥미진진하게 논했다.

이런 잡지들은 모두 사상적 폭탄이었다. 중국에서 국가와 사회에 관련된 중요 문제가 처음으로 공개적으로 탐구와 논쟁의 대상이 되었다. 중국의 청년들은 잠시도 지체하지 않고 매기(每期) 출간되는 새로운 잡지를 보고 있었다. 1919년, 존 듀이가 중국을 방문했을 때 그는 "전 세계에서 중국 학생처럼 이렇게 일치하여 현대적이고 새로운 사상, 특히 사회와 경제 면의 사상을 열렬히 추구하는 나라의 학생은 없는 것 같다. 동시에, 중국처럼 본래 이미 건립된 질서와 현상을 수호하는 데에 사용할 수 있는 변론들이 조금도 중시되지 않는 국가는 매우 드물다. 사실상 그다지 언급되지 않았다"라고 평론했다.14) 이런 사회와 사상의 태동은 대규모의 전국적인 운동을 야기했다.

5. 4 운동, 1919년

1919년 5월 4일, 약 5,000명의 베이징 학생들이 대규모의 시위를 벌여 베르사유 강화회의에서의 산동 문제에 관한 결정에 반대했다. 이 시위는 매우 빠르게 대중들의 분노를 폭발시켰으며, 민족주의를 발산시켰고, 서양에 대한 깊은 실망감 및 매국적인 베이징 군벌정부에 대한 강렬한 비난을 야기했다. 이 운동은 기세와 영향이 매우 컸으며, 전국이 즉각 이에 호응함으로써 베르사유의 중국 대표단은 강화조약을 거절할 수밖에 없었다. 민족주의, 대중여론, 대중시위는 이미 중국 정치의 신흥 세력으로 부상했는데, 일부 역사학자들은 5. 4 운동이 중국 현대사에서 최초의 진정한 민중운동이었다고 칭

---

14) Tse-tsung Chow, p. 183.

송했다.

5. 4 운동의 근원은 1898년으로 거슬러올라가는데, 당시 독일은 청 왕조로부터 산둥 성의 자오저우 만(灣)을 해군기지로 조차(租借)했으며, 조차 기간은 99년이었다. 제1차 세계대전이 발발했을 때 중국은 중립국이었으며 일본은 연합국에 가담한 뒤에 독일을 자오저우 만에서 축출하고 대부분의 산둥 성 지역을 점령했다. 점령을 합법화하기 위해서 일본은 이 사항을 산둥 지역에서의 지위를 확인하는 21개 조항 속에 포함시켰다. 그 외에도 자국의 요구를 한층 더 공고히 하기 위해서 일본은 또한 열강과 일련의 조약들을 체결했다. 1917년 2월 20일, 일러 협정에서 러시아는 21개조를 인정했으며, 일본은 1912-1915년까지 러시아가 외몽골에서 획득한 이익을 인정하는 데에 동의했다. 다음 날 영일 협정에서 영국은 다음과 같은 의무를 맡게 되었다. 즉 곧 개최될 강화회의에서 일본의 산둥에서의 지위를 지지하고, 독일이 차지한 태평양의 적도 이북의 영토에 대한 일본의 권리에 동의했으며, 일본은 그 보답으로 태평양의 적도 이남의 독일이 차지한 도서에 대한 영국의 권리를 지지하는 것에 동의했다. 일본은 또한 프랑스 및 이탈리아와 유사한 비밀 협정을 체결했다. 이후 1917년 11월 랜싱-이시이 협정을 체결했다. 미국은 "영토가 근접한 국가 간에는 특수한 관계가 있음"을 인정했는데, 즉 일본은 중국에서 특수한 지위를 차지하고 있다는 것이며 일본은 구두로 문호개방 정책을 지지했다.

산둥 문제에 대한 치명적인 일격은 1918년 9월의 베이징 정부와 일본 정부 간의 비밀협정으로, 일본은 중국 군벌정부에게 2,000만 엔의 차관을 제공하고 산둥에 철도 2개를 부설하며 각 요새지에 군대를 주둔시키고 중국 철도 경찰을 훈련하고 지휘하는 권리를 획득했다. 베이징 정부의 지시하에 중국 주일 공사 장종샹(章宗祥)은 이 조항들에 "흔쾌히 동의했다."

일본은 이 비밀조약들을 가지고 베르사유에 옴으로써 산둥 문제에 대한 승리를 확신했다. 일본이 산둥을 지켜낼 수 있으면, 그것은 바로 "21개 조항"의 유효성과 베이징 정권과 체결한 비밀협정의 실행 가능성을 간접적으로

인정하는 것이라는 사실은 말할 필요가 없었다. 이 조약들로 인해서 일본은 만주와 중국의 기타 지역에서 산둥에서보다 더 많은 특권을 얻게 되었다. 일본이 조약에 대처하는 태도는 일본의 국제관계에서의 실용적인 태도를 분명하게 나타내었고, 이것은 서양 사상을 신봉하는 중국인의 천진난만한 태도와는 선명한 대조를 이루었다.

중국 대표단[15]은 민주, 자결, 약자를 보호하는 원칙에 충실하다고 생각되는 이 공정한 법정에 도착했다. 사실상, 윌슨의 이상주의와 14가지의 평화계획은 중국인들을 매혹시켜 수많은 사람들은 이미 오랫동안 기대했던 세계 민주주의가 드디어 도래했으며, 윌슨은 산산조각이 난 구세계 속에서 하나의 새로운 세계를 만들어낼 것이라고 믿었다. 1918년 11월 17일 6,000명의 중국인들이 베이징에서 시위행진을 하면서 서양의 민주가 독일의 전제주의와 호전주의와의 대결에서 승리했음을 경축했다. 이런 높은 기대를 품고, 중국 대표단은 베르사유에 도착하여, 산둥의 수복을 모색하고 불평등 조약을 철저히 폐지할 것을 맹세했다. 그러나 열정이 넘치는 그들의 낙관적인 기분은 급속하게 의기소침해졌는데, 왜냐하면 그들은 강화회의가 결코 이전의 모든 국제 간의 분규를 조정하기 위하여 개최되는 것이 아니라 전쟁종결 후에 나타나는 문제를 해결하기 위해서 개최되는 것이라는 사실을 알게 되었기 때문이며, 그로 인해서 오직 산둥 문제만이 의사일정표에 오르게 되었다.

중국 대표단은 산둥은 공자와 맹자의 출생지로서 중국의 성지(聖地)에 속하며, 게다가 1917년 중국의 참전으로 독일과의 모든 조약을 폐지했을 때부터, 일본이 독일로부터 계승했다고 주장하는 권리는 이미 더 이상 존재하지 않는다고 밝혔다. 그리고 또한 1898년 자오저우 만(灣)과 관련된 협정 제5항에서 "독일은 영원히 타국에 전차(轉借)하지 않는다"고 규정했다는 것이다. 이와 마찬가지로 21개 조항도 무효인데, 그 이유는 그 조항들은 여태까지 중국 국회의 비준을 얻은 적이 없었기 때문이라는 것이다. 다음으로 1917년

---

15) 국가의 통일된 모습을 보여주기 위해서 대표단원은 베이징 정부 및 쑨원의 광저우 정부의 인원들로 구성되었다.

참전 후부터 중국의 지위는 매우 크게 변화하여 중립국에서 교전국으로 바뀌었으며, 이렇게 됨으로써 바로 국제법의 "정세불변"[16]의 원칙을 인용하여, 21개 조항을 폐지할 자격을 가지게 되었다는 것이다. 이에 대한 반박으로서, 일본 대표단은 조용히 1918년 베이징과의 비밀협정을 공개하면서 중국이 참전 이후에 산둥 문제에 "흔쾌히 동의했다"고 밝혔다. 중국의 주장은 이 사실을 결코 바꿀 수 없었으므로 산둥의 운명은 이미 돌이킬 수 없이 확정되어버렸다.

협상국은 일본과의 비밀협정 때문에 일본의 입장을 지지했고, 이로 인해서 윌슨은 중국의 유일한 지지자가 되었다. 일본은 만일 종족평등의 의제를 제출하여 토론한다면 강화회의에서 퇴장하겠다고 위협했다. 매우 분명한 사실은 일본은 산둥과 종족이라는 2개의 의제에서 모두 부결당할 가능성이 없었다는 것이다. 결국, 윌슨은 협상국 대표와 그의 고문[17]에 의해서, 가장 중요한 것은 먼저 일본을 포함시킨 국제연맹(國際聯盟, League of Nations)을 만든 후, 다시 중국의 권리를 쟁취하는 것이라는 설득을 당했다. 1919년 4월 28일, 강화회의는 일본의 입장을 지지하여 산둥 문제를 판정했다.

파리의 소식이 베이징에 전달되었을 때, 윌슨과 그의 이상주의 신조에 대한 신뢰는 산산조각이 났다. 학생들은 윌슨의 배반행위에 격분하여, 피로써 산둥을 지키겠다고 맹세했다. 영향력이 있는『신보(申報)』는 평론을 통해서 "파리 강화회의가 시작되었을 때, 우리들이 이른바 '공정의 승리', '약소한 민족을 지원하는 권리'라는 말들을 많이 들었다. 그러나 우리들이 얻은 것은 무엇인가? 타인의 도움을 추구하는 자는 운명적으로 실망하도록 되어 있다. 오늘날 우리 국민이 깨달은 것은 우리의 힘으로 자력갱생해야 한다는 것이다. 만약 우리 국민이 자신의 이익을 포기하지 않으면, 누가 그것을 침범할 수 있겠는가?" 하고 언급했다.[18]

5월 4일, 해외에서 귀국한 수백 명의 학생들이 함께 모여서 민족위기와

---

16) 이 원칙은 조약의 목표 혹은 조약 체결 조건이 더 이상 존재하지 않을 때는 조약은 무효라고 규정하고 있다.
17) 예를 들면 하우스 대령(Colonel House)이다.
18)『北華捷報』, 1919년 5월 17일, p. 41. 약간의 수정이 있다.

민족이 모욕을 당했을 때 무엇을 할 수 있는지를 토론했다. 그들은 베르사유에 전문을 보내 이 불공평한 결정에 대해서 항의하기로 결정했다. 그 밖에 별도로 중국 대표단에 전문을 보내어 산동과 관련된 조항이 수정되지 않으면 조약을 거절하도록 그들에게 촉구했다. 그들은 또한 한바탕 민중시위를 일으키고, 외국 공사에게 청원서를 제정(提呈)하여, 파리에 전달하기로 결정했다.

시위에 참가한 사람들은 베이징의 13개 대학교와 전문대학에서 온 다수의 학생들로, 그 수는 5,000명으로 급격히 증가했다. 거대한 현수막이 군중들 머리 위의 상공에서 나부꼈으며, 그 위에는 "죽을 힘을 다해서 칭다오를 쟁취하기로 결의하자"와 "매국노 차오루린(曹汝霖)을 처형하라"19)라는 문구가 적혀있었다. 시위대가 차오루린의 주택을 지날 때, 시위 군중은 질서를 잃어버렸다. 이때 학생들은 자제를 하지 못하고 차오루린의 집으로 쳐들어갔다. 차오루린은 이미 도망쳤기 때문에 그들은 바로 다른 손님을 호되게 구타했고 (이 사람이 바로 1918년 비밀협정을 "흔쾌히 동의한" 중국 주일 공사 장종샹이었다), 그뿐만 아니라 차오루린의 집에 불을 질러 태워버렸다. 경찰은 늑장을 부리면서 늦게 도착하여 대다수의 시위자들이 이미 떠난 자리에서 오직 10명만을 체포했다.

체포사건이 일으킨 즉각적인 반향은 베이징 학생들의 전면적인 수업거부와 베이징 대학교 총장 차이위안페이의 사임이었다. 수업거부의 움직임이 아주 빠르게 다른 주요 도시의 학생들에게로 확산되는 가운데, 전국의 상점주인, 공장노동자와 상업기구의 고용인들도 시위에 가담했다. 공동으로 일제 상품을 배척하는 행위가 한차례 뒤따랐으며, 사람들은 일제 상품을 구매하는 것과 일본 증기선 타는 것을 중단하고, 부두 하역부들은 일제 물건을 하역하기를 거부했다. 지속적으로 증가하는 민중의 압력으로 5월 7일, 베이징 정부는 체포당한 학생들을 석방했다.

---

19) 외교부 총장.

동시에, 수천 통의 전보가 파리의 중국 대표단에게로 발송되었는데, 이 전보들은 모두 그들에게 조약을 거절할 것을 요구했을 뿐만 아니라 만약 그렇게 하지 않으면 그들을 처벌할 것이라고 위협하는 내용이었다. 그중에서도 가장 대표적인 것은 아마도 중국 구국회가 보낸 다음과 같은 1통의 전보일 것이다. 그 전보에서는 "전국은 산둥 문제의 실패에 대해서 분개하고 있다. 영원히 서명하지 말아야 한다. 우리들은 당신들에게 즉각 회의에서 퇴장할 것을 요구한다. 주동적으로 투항하기보다 차라리 무력으로 강제점령을 당하는 편이 나은 것이다. 만약 그렇게 하지 않으면 책임은 오직 당신들에게 있다"고 했다.[20] 베이징 군벌정부는 혼란에 빠져 있어서 명확한 입장을 취할 수가 없었으므로, 서명의 결정을 대표단 자체에게 맡겨버렸다. 대표단이 외부압력이나 정부의 비밀명령에 굴복하는 것을 막기 위해서 파리에 있는 중국 학생들은 조직을 만들어 24시간 그들을 감시했다. 대표단원들 중의 어느 누구도 거처를 떠나지 못하도록 하기 위함이었다. 6월 28일의 서명식에 중국 대표는 없었다. 윌슨은 실망감을 느낀 것이 분명했으며, 어떤 사람은 그가 "일을 완전히 망쳐버렸다. 이것이 심각한 혼란을 야기할 것이다.……불행하기 그지없다. 그러나 우리가 무엇을 할 수 있는지 나는 모르겠다" 하고 중얼거리는 소리를 들었다.[21]

일본을 국제연맹에 가입시키기 위해서 윌슨은 중국을 희생했지만 그는 오히려 자신의 국가가 이 국제조직에 가입할 수 없게 만들었다. 한층 더 모순적인 것은 1933년 첫 번째로 국제연맹에서 탈퇴한 국가들 중의 하나가 일본이라는 것이다. 중국의 경우에는 비록 독일과의 강화조약은 거절했지만, 오스트리아와는 조약을 체결함으로써 그로 인하여 자동적으로 국제연맹의 일원이 되었다.

20) 『北華捷報』, 1919년 5월 17일, p. 413.
21) *Foreign Relations of the United States*, 1919, XI, p. 602.

신문화 운동의 확장

5. 4 운동은 중국 사상혁명의 촉매제였다. 뒤이어 서양에 대한 관심이 여전히 지속되자, 중국 지식분자들 사이에 의견이 갈라지기 시작했다. 베르사유 강화회의에 극도로 실망한 지식인들은 러시아 볼셰비키 혁명의 영향을 받아, 마르크스주의를 신봉하는 사회주의로 전향하기 시작했다. 그 밖에 전통사상에 연연하던 지식인들은 서양의 물질주의로 책임을 돌리며 이것을 제1차 세계대전을 야기한 원인으로 여겨, 중국의 유심론(唯心論)을 이를 교정할 방법으로 삼을 것을 건의했다. 이런 서로 다른 사상의 맥락들은—거기에 동서양의 문명과 과학과 형이상학에서 어느 것이 좋고 어느 것이 좋지 않은 것인가에 대한 대토론, 그리고 현대의 방법과 기준을 이용하여 중화민족 유산을 재평가하려는 노력이 첨가됨—신문화 운동을 절정으로 밀고나갔다.

외국 방문객 1919년 5월 1일부터 1921년 7월 11일까지 존 듀이와 그의 부인이 중국을 방문했으며, 후스가 통역을 맡았다. 듀이는 여러 차례 강연을 했는데, 내용은 그의 실용주의 사회 및 정치철학, 그 자신의 교육, 사상에 관한 방법 및 도덕의 이념, 그 시대를 대표하는 대철학자인 베르그송, 러셀, 제임스에 대한 관점이었다. 그가 강연하는 강당은 항상 고등학생과 대학생들을 포함한 수많은 인파로 북적거렸다. 듀이는 청중들에게 "만약 이념의 변화에 근거한 사회변화가 없으면, 중국은 바뀔 수 없을 것이다. 중국의 정치혁명은 실패했는데, 그 이유는 그것(정치혁명)이 외부적이며 형식상의 혁명으로서, 단지 사회행위 메커니즘만을 건드렸을 뿐 실제로 사회를 지배하는 생활관념에는 영향을 주지 못했기 때문이다"라고 말했다.22) 듀이가 해설한 철학과 사회이념은 미국 학생들에게는 분명 무미건조하고 재미없게 느껴졌겠지만, 중국의 청년 학생들은 진지하게 열렬히 경청하여 듀이에게 깊은 인상을 남

---

22) John Dewey, "New Culture in China", *Asia*, XXI : 7 : 581(July 1921).

겨주었다. 그는 "이곳에서는 목이 마른 것처럼 지식을 추구를 하니, 이런 현상은 다른 어떤 나라의 청년들 중에서도 찾아볼 수 없다고 나는 확신한다"고 열정적으로 묘사했다.[23]

1920년 10월부터 1921년 7월까지, 버트런드 러셀은 중국에서 반 년 이상을 체류했고, 자오위안런이 통역을 담당했다. 그도 일련의 공개강연을 했지만 강연내용은 듀이의 것과는 크게 달랐다. 러셀은 열렬한 평화주의자였다. 그는 중국인들이 무엇을 하여 현대 세계에 적응을 해야 하는지 알려주지 않았지만 반대로 그는 중국인들의 생활의 고요함, 인간의 도리, 인내와 평화에 대한 견해를 높이 찬양했다. 그는 유가사상 속의 친효(親孝) 관념에는 비록 결점이 많지만, "서양이 제창하는 애국주의와 비교해보면 해독이 비교적 적다", 후자는 제국주의와 호전주의를 일으키기가 더욱 쉽다고 말했다.[24] 그는 도가의 "생겨도 가지려고 하지 않고, 할 것을 모두 이루나 기대려고 하지 않고, 공을 이루나 그 공을 주장하지 않는다"는 이념에 깊이 매료되었다. 이것은 "창조적인 충동을 촉진시켜, 소유욕망을 없앤다"라는 그의 이념에 매우 근접한 것이었다. 그는 사과조로 "우리와 중국인 사이에는 다른 도덕적 정서가 있다. 차이점은 우리에게 나쁜 면이 있는데, 그 이유는 우리는 정력이 더욱 왕성하여 죄를 더 많이 저지르기 때문이다"라고 평가했다. 러셀의 강연 내용의 본질은 서양은 마땅히 중국의 "정당한 생활관념"을 배워야 하고, 중국은 "서양의 지식을 얻어야 하지만 기계주의(機械主義)의 관념은 버려야 한다"는 것인데, 기계주의의 뜻은 사람을 원료로 하여, 과학적 조작방법으로 제조해내는 것을 말한다.[25]

러셀의 건의는 중국의 지식인들 사이에서 그리 큰 반향을 불러일으키지 못했다. 왜냐하면 그들은 현대인이 되기에만 급급하여, 평화적이고 효성스럽고 소극적인 지식분자가 되기보다는 애국적이고 민족적이고 적극적인 지

---

23) Dewey, p. 586.
24) Betrand Russell, *The Problem of China* (London, 1922), p. 41.
25) *Ibid.*, pp. 81-82, 192-194.

식분자가 되기를 바랐기 때문이다. 그들은 서양에게 중국인의 생활과 관련된 인도(人道) 관념을 얻는 방법을 가르쳐주기보다는 유가를 타파하고 서구화를 더욱 추진시키려고 했다. 이와 같은 관념은 진취적이고, 활력 있는 서양을 본받으려는 중국인에게는 멍에였으며, 진보를 위해서는 반드시 그것을 버려야 했다. 빠른 서양식 변화의 리듬 속에서 유가가 가지고 있던 고요함은 사라졌다.

기타 방문객으로는 1921년에 미국 교육자 폴 먼로, 1923년 독일 철학가인 한스 드리슈, 1924년에는 인도의 노벨상 수상자인 R. 타고르 등이 있었다. 베르그송과 오이켄을 초청하려던 계획은 실현되지 못했다.

외국 방문객의 공헌 외에도 중국의 지식인들은 서양사상과 이데올로기를 열렬히 추구했으며, 그들의 관심은 영국과 미국에서 독일과 러시아로 전환되었다. 프랑스 철학자인 베르그송의 저작은 장쟈선(張嘉森, 장쥔마이[張君勱]/역주)이 번역하여 소개했고, 독일 철학자인 쇼펜하우어와 니체의 저작은 왕국유가 번역하여 소개했다. 천두슈와 리따짜오는 마르크스와 엥겔스를 소개했고, 이다(李達)는 변증법과 레닌, 부하린, 플레하노프 사상과 관련된 글을 썼다. 이스정(李石曾)은 일찍이 러시아의 무정부주의자인 크로폿킨을 소개했다. 크로폿킨은 진보의 기본역량이라고 생각하는 "상부상조"와 "협력"이라는 이념을 널리 보급했는데 이것은 다윈의 "경쟁"사상에 대한 직접적인 반박이었다. 수많은 중국의 지식인, 학자, 정치가들은 무정부주의의 관점을 받아들였다. 5. 4 운동 이후 마르크스주의와 볼셰비키주의는 갈수록 더욱 급진분자들의 환영을 받았다. 점진적 사회변혁과 신속한 근본적 변혁에 대한 우열을 가리는 대(大)변론이 매우 빠르게 퍼져나갔다.

문제와 "주의" 중국에서 후스는 실용주의의 주창자였는데, 그는 구체적이고 실제적인 문제를 해결하고 연구하여 진화 형식으로 점진적으로 사회를 개선할 것을 전력을 다하여 제창했다. 리따짜오 그리고 얼마 가지 않아 천두슈도 소련의 형식을 본받아, 직접적이고 철저한 정치와 사회의 변화를 주장했다.

후스는 「문제를 많이 연구하고 주의를 적게 논합시다」[26]라는 제목의 글에서 국민들에게 공리공론을 늘어놓고 포함하지 않은 것이 없는 "주의(主義)"를 피하도록 촉구했다. 그런 주의들은 옳은 것이 하나도 없을 뿐만 아니라 "스스로를 속이고 남도 속이는 잠꼬대 같은 말에 지나지 않고, 이것은 중국의 사상이 파산했음을 입증하는 확실한 증거이며, 중국 사회개조의 종말일 뿐"이라고 그는 강력하게 주장했다.

> 문명은 총괄적으로 창조되는 것이 아니라 조금씩 창조되는 것이다. 진화는 하룻밤 사이에 총괄적으로 진화된 것이 아니라 점진적으로 진화된 것이다. 현대 사람들은 해방과 개조를 논하는데, 알아야 할 것은 해방은 총괄적인 해방이 아니고 개조는 총괄적인 개조가 아니라는 것이다. 해방은 이런저런 제도의 해방이고 이런저런 사상의 해방이며, 이런저런 사람의 해방으로서 점진적인 해방이고, 개조는 이런저런 제도의 개조이고 이런저런 사상의 개조이고, 이런저런 사람의 개조로서 점진적인 개조인 것이다. 문명을 재창조하는 일에 착수하는 것은 이런저런 문제의 연구이다. 문명을 재창조하는 것은 이런저런 문제의 해결이다.[27]

그는 맹목적인 행동주의와 아무런 목적이 없는 혁명을 반대하고, 사회진보의 5대 적인 빈곤, 질병, 문맹, 부패, 혼란을 제거하기 위해서 자발적이고 점진적인 개조를 제안했다.

리따짜오는 마르크스주의의 충실한 신도였는데, 그는 "주의"가 사회문제를 해결할 수 있기 위해서는 하나의 "총 방향"을 제공하는 것이 필요하다고 대답했다. 그는 마찬가지로 예리한 필봉으로 "반드시 하나의 근본적 해결방법이 있어야 비로소 문제를 하나하나 해결할 수 있는 희망이 생길 것이다. 러시아를 보면, 로마노프 가문이 전복되지 않고 경제조직이 개조되기 이전에는 모든 문제가 전혀 해결되지 못했었는데, 오늘날에는 모두 해결되었다"

---

26) 『每周評論』, 1919년 7월 20일.
27) Maurice Meisner, *Li Ta-chao and the Origins of Chinese Marxism*(Cambridge, Mass., 1967), p. 107.

고 주장했다.[28]

후스는 중국의 모든 어려운 문제를 해결할 수 있는 만병통치약은 없고, 모든 문제는 하나하나 나누어서 난관을 극복하고 나누어 해결해야 하며, 주의는 단지 사회문제만을 해결하는 일종의 낭만적 가설일 뿐이라고 반박했다. 비록 리따짜오는 이 점은 인정했지만, 여전히 정치운동을 지지하여 "경제문제의 해결은 근본적인 해결이다. 경제문제가 일단 해결되면 어떤 정치, 법률, 가정, 여성, 노동자 해방의 문제도 모두 해결할 수 있다"고 했다.[29] 1919년 중반에, 천두슈는 아직 리따짜오처럼 마르크스주의를 신봉하지는 않았지만, 애매모호하게 무정부주의와 사회주의를 논하는 것보다는 차라리 교육과 노동자 해방이라는 실제문제를 제창하는 편이 더 낫다는 점을 인정했다. 그러나 1920년 말에는 그도 확고한 볼셰비키주의자가 되어 정치활동의 효과를 믿었으며, 그는 "주의는 사회개조 시에 마치 항해에서 방향을 정하는 것과 같은 필수적인 기능을 하고 있다"고 주장했다. 그러나 그는 그래도 혁명과 사회개조는 하룻밤 사이에 두루뭉술하게 완성될 수는 없다는 것을 인정했다.[30]

표면상 논쟁은 후스의 우세로 끝났다. 그러나 이것은 공허한 승리에 지나지 않았다. 그 이유는 젊은 사람들의 주의에 대한 토론은 당시의 시대적 흐름이 되었고 심지어 후스 본인도 자주 자유주의, 실용주의, 실험주의 등을 언급했기 때문이다. 한 해학적인 비평가는 후스와 실험주의자들을 "당신들은 모든 주의를 포기함으로써 우리의 '주의'를 받아들여야 한다. 왜냐하면 우리의 '주의'에 의하면 금과옥조로 간주되어야 할 '주의'가 없기 때문이다"라고 했다.[31]

자가당착적인 것은 1920년대에는 절박한 사회와 정치문제를 급속히 해결해야 했음에도 불구하고, "후스와 그의 추종자들은 다양한 문제를 깊이 연구

---

28) Meisner, p. 107.
29) *Ibid.*, p. 111.
30) Tse-tsung Chow, p. 220.
31) *Ibid.*, p. 222.

하라"고 설파한 이후 결국에는 문학비평, 고대역사, 고증과 같은 그다지 실제적이지 못한 일들에 몰두했다는 것이다. 다른 한편으로는 수많은 주의와 근본적인 변화를 제창한 사람들이 노동자와 농민 속으로 들어가 직접 그들의 문제를 연구했다. 후스는 실용주의는 안정된 미국 사회의 산물로서 문제를 자유롭게 시험하고 개조하는 것이 미국에서는 가능하지만 실험과 점진적인 개조에 필요한 사회와 정치적인 조건이 군벌혼전 시기의 중국에는 전혀 마련되어 있지 않았다는 사실을 알지 못한 것이 분명하다.[32]

동쪽으로 가자! 서쪽으로 가자! 제1차 세계대전은 수많은 중국인들을 크게 각성시켰다. 량치차오는 서양의 제국주의와 맹목적인 과학의 숭배가 충돌의 근원이라고 비난했으며 그뿐만 아니라 중국의 정신중시 사상이 이런 불균형 현상을 바로잡을 수 있다고 여겼다. 『동서문화 및 그 철학(東西文化及其哲學)』의 저자인 량수밍(梁漱溟)도 중국 문명의 완전성을 보위하기 위해서 과학과 민주를 열심히 반대했다. 그는 "인류의 생활은 인류의 기본적 정신에 의지하기 때문에 중국 자신의 정신을 희생하고, 외국의 도덕규범과 체제를 지지하면 이것은 스스로 그 자신의 생명을 손상시키는 것이다. 그러므로 우리는 자신의 입장에서 출발하여, 자신의 장점을 발전시켜야 한다"고 공언했다.[33] 두 사람의 량 씨(梁氏)는 서양의 물질문명을 폄하하고, 반면에 중국의 정신문명을 찬양했으며 두 사람은 국민들에게 "동쪽으로 가자!"고 촉구했다.

이와는 반대로 후스와 기타 서구화 제창자들은 "서쪽으로 가자!"고 외쳤다. 우즈후이(吳稚暉)는 량수밍을 "17세기의 무용지물"이라고 호되게 비난했다. 후스는 중국이 과학과 과학기술 면에서 서양보다 뒤떨어졌을 뿐만 아니라, 정치, 문학, 음악, 예술, 정신상태, 심지어 체형 등 모든 면에서 서양보다 뒤쳐져 있다고 주장했다.[34] 그렇지만 서구화 제창자들은 여전히 과학적,

---

32) Meisner, pp. 108-109.
33) 郭湛波, p. 317.
34) *Ibid.*, p. 318.

비판적 방법으로 중국의 문화유산을 재평가하는 것에 대해서 관심을 가졌다. 후스는 서양의 연구방법을 이용하여『중국 철학사 대강(中國哲學史大綱)』을 완성했다. 이 책에서 그는 전례에 없는 하나의 대담한 이론을 제기했다. 즉, 중국 고대의 명가(名家)는 엄격한 의미에서 결코 하나의 학파가 아니며, 백가(百家)의 모든 학파들은 각각 자기 자신의 논리와 사유방법이 있다는 것이었다. 량치차오도 마찬가지로 근대적인 학식을 바탕으로 하여, 고대철학자인 묵자(墨子)의 저서를 새로 연구하고 많은 저서를 편찬했는데, 그중에는 『선진정치사상사(先秦政治思想史)』와 『청대학술개론(淸代學術槪論)』이 있다.35) 마찬가지로 유명한 것은 베이징 대학교의 의고파(疑古派)36)인데, 그들은 고대 전적과 역사를 철저히 연구하여 그것들의 진실성에 대해서 의문을 제기하고는 아울러 공자가 이 작품들의 편찬자라고 하는 전통관념을 뒤집었다. 민족유산의 재평가는 신문화 운동의 또다른 큰 공적이며 또한 최대한으로 그 영역을 확대했음은 말할 필요가 없다.

결론

1917-1923년의 사상혁명은 중국이 서양으로부터 받은 충격에 대한 세 번째 단계의 반응을 대표한다. 첫 번째 단계인 1861년에서 1895년까지의 자강운동에서는 외교와 군사의 현대화 방면에서 초보적인 시험을 해보았고, 두 번째 단계인 1898년에서 1912년까지의 변법과 혁명의 시대는 서양의 정치체제를 받아들인 시기이다. 1917-1923년의 사상적 각성은 전통적인 중국에서 완전한 서양화로의 가일층의 전환을 나타내었다. 1920년에 이르러 중국은 이미 명실상부한 현대 세계의 일부분이 되었다.

신문화 운동의 의의에 대한 평가는 입장이 달라서 의견이 엇갈리게 나타

---

35) 『청대학술개론』의 영역본은 본서의 저자가 번역한 것으로 1959년 하버드 대학교 출판부에서 출판되었다.
36) 예를 들면 첸쉬엔통(錢玄同)(고문헌)과 꾸지에깡(顧頡剛)(역사)이다.

났는데, 자유주의자들은 이것은 구(舊)사상, 구도덕, 구가치관을 해방시키고 인권을 인정하는 운동이라고 주장했다. 신문학 문체의 탄생과 백화문의 정식채용은 일부 사람들이 5. 4 운동을 중국의 문예부흥으로 여기도록 했다. 그러나 비록 보수주의자들은 이 운동이 민족주의를 분발시키는 작용을 한 것은 시인했지만 이 운동이 젊은이들을 타락시키고 전통사상을 존중하지 않는 작용을 했다고 공격했다. 급진주의자들은 이 운동을 찬양했다. 리따짜오는 그것은 하나의 애국운동일 뿐만 아니라 "인류해방의 일부분"이라고 칭찬했고, 마오쩌둥은 이 운동을 지식분자들이 지도하고, 노동자와 학생과 민족 부르주아 계급으로 이루어진 통일전선에 의해서 추진된 "중국의 제국주의와 봉건제도를 반대하는 부르주아 계급의 민주혁명"이라고 묘사했다.37) 마찬가지로, 중국 공산당 및 그들의 역사가들은 1919년 5월 4일을, 80년간의 "구(舊)민주주의" 시기와 "신(新)민주주의" 시기를 분리시킨 분수령으로 간주했다. 그들은 후반의 역사시기에서 프롤레타리아 계급은 하나의 자발적이고 독립적인 정치세력이 되었고, 공산주의는 중국의 정치혁명과 사회혁명과 문화혁명 속에서 나날이 강대한 이데올로기 수단으로 발전했다는 것이다.

이런 다른 관점들은 논하지 않더라도, 5. 4 운동은 본질적으로 하나의 사회-정치-사상 혁명으로서, 목적은 민족독립과 개인해방을 획득하고 하나의 새로운 문화를 창조하며, 비판적이고 과학적으로 민족유산을 재평가하고, 외국의 문화를 선택적으로 받아들이려는 운동이었다. 이 운동의 지도자들은 "사상기초"의 철저한 변화는 현대화와 민족 진흥의 성공을 위한 선결조건이라고 생각했다. 구도덕, 구풍속, 과거의 사회관계 및 구시대의 경제체제, 정치체제는 모두 폄하성을 띤 공격을 받았으며, 신흥체제는 앞길을 개척할 것으로 생각되었다. 그러나 새로운 문화는 더디게 왔으며, 5. 4 운동은 미래의 창조보다 과거의 타파에 더욱 효과적이었다.

그러나 세 가지의 성과는 의심할 여지가 없다. 우선 첫째, 문학혁명은

---

37) Tse-tsung Chow, pp. 347, 349.

1920년 백화문의 정식 확립 및 방언으로 글을 쓰는 신문학의 흥기를 가져왔으며, 이런 문체는 인문주의, 낭만주의, 현실주의와 민족주의를 기초로 삼았다. 문학은 이제 대중들에게 "문학의 혁명에서 혁명의 문학에 이르는" 사회의식을 주입하는 교도적인 역할을 하게 되었다.

둘째, 각종 외래관념들과 이데올로기의 대량 유입은 사회재건과 민족진흥면에 있어서 두 가지 상반되는 관점을 낳았다. 즉 후스(1891-1962)에 의해서 상세히 해설되었고 이후에 국민당이 부분적으로 받아들인 실용주의 및 점진적인 진화방법과, 중국 공산당이 채택한 마르크스주의의 혁명방법이었다. 1921년 이후의 중국 현대사는, 주로 이 두 당파 및 그들의 서로 다른 방법을 통한 투쟁의 역사였다.

셋째, 민족주의의 강화는 젊은 중국의 발흥을 자극하여, 중국이 현대 세계 속에서의 자신의 매우 위험천만한 위치를 매우 민감하게 깨닫게 했고, 자신의 운명을 지배하는 것을 매우 소중히 하도록 했다. 이런 심리가 만들어낸 심리재건과 민족적 자신감은 수십 년간 누적된, 연약하고 무력하며 비천하다는 느낌을 부분적으로 보상해주었다. 그 결과는 외국 제국주의에 대한 맹렬한 저항과 불평등 조약 종식에 대한 강렬한 염원이었다.

그러나 역사적인 각도에서 볼 때, 비록 사상혁명의 특징에 대해서는 약간 과장된 면이 있기는 하지만 그것의 주요한 성취는 서양의 사상을 도입하고 중국의 전통사상을 타파한 것에 있는 것이지, 새로운 사상체계와 새로운 철학학파를 창조한 것은 아니었다. 비판적인 관점에서 보면 중국과 서양의 문명을 재평가하여 일종의 새로운 문화를 만들어내는 이 방법은 단지 일련의 논쟁과 논전을 불러일으켰을 뿐, 새로운 문화를 창조해내지는 못했다. 그러나 그것은 창조적으로 외국의 관념과 체제를 채용하여 중국의 정세를 처리하기 위한 기초를 다져놓았다. 진화노선을 따르든 혁명 노선을 따르든 간에 최종 목표는 같았다. 즉 하나의 완전히 현대적이지만 독특한 신(新)중국을 창조하여 민족을 구하는 것이었다.

22
사상의 팽배와
제국주의 반대운동 속에서의 국가통일

사상혁명 이후 러시아의 볼셰비키 혁명의 반향으로서 두 가지 중대한 정치 사건이 발생했다. 한 사건은 중국 공산당의 부상이고, 다른 하나는 국민당의 개편이다. 이 두 사건의 발생은 중국 현대사의 형성과정에서 중요한 역할을 담당했다.

중국 공산당의 탄생, 1921년

중국인들이 마르크스주의와 접촉을 하기 시작한 것은 대략 1905년 전후인데, 이 당시 『민보』 제2기에 한편의 마르크스의 전기(傳記)가 게재되었다. 1908년 초에 무정부주의 잡지인 『천의보(天義報)』에는 일어 판본에서 번역한, 1888년에 엥겔스가 쓴 「공산당선언 서문」이 게재되었는데, 이것은 『공산당선언(Manifest der kommunistischen Partei)』의 제1장과 엥겔스의 『가족, 사적 소유, 국가의 기원(Der Ursprung der Familie, des Privateigentums und des Staats)』 중 일부분을 발췌한 것이었다. 비록 중국인은 마르크스와 엥겔스가 "과학적 사회주의(Wissenschaftlicher Sozialismus)"의 창건자라는 것을 초보적으로 알고는 있었지만 마르크스주의의 중국에 대한 영향은 여전히 매우 미약했다. 5. 4 운동 시기에 이르러 볼셰비키 혁명이 러시아에서 성공을 거두어, 비로소 이 사상의 위력을 충분히 과시한 이후에야 영향을 받기

시작했다. 베르사유 회의에서 외국이 산둥 문제에 대한 조치를 발표한 이후, 수많은 중국 지식인들은 서양 국가에 대한 신뢰감을 상실했을 뿐만 아니라 서양을 선도자인 동시에 압제자로 받아들이기가 매우 어렵다는 사실을 발견하게 되었다. 그리하여 서양의 이념과 사상을 비판하는 것이 당시의 풍조가 되었다. 게다가 지식인들 중 영향력이 매우 큰 인사들은 생-시몽의 유토피아 사회주의, 크로폿킨과 바쿠닌의 무정부주의 및 마르크스의 혁명철학에 매료되었다. 사회주의가 사람들을 매료시킨 면은, "중국의 옛날 전통과 오늘날 서양의 지배를 거부하는" 실천사상을 제공할 수 있다는 데에 있었다.1) 이 밖에 사회주의가 추구하는 이상적 목표는 아직 서양과 미국에서는 출현하지 않았고, 중국이 만일 사회주의를 받아들일 수 있다면 장래에 사상적으로 자본주의 국가보다 선두에 설 수 있게 되리라는 것이었다. 이 미묘한 심리적 만족감은 서양과 접촉할 때 일어난 보편적 실망감과 이런 감정을 극복하기 위한 내재적 욕망에서 생겨났기 때문에, 마르크스주의는 중국인에게 특별히 매력적이었다.

마르크주의의 사상 및 심리상의 매력은, 소련의 우호 표시와 매혹적인 레닌주의와 제국주의 이론으로 인해서 한층 더 강화되었다. 소련 정부는 우의를 획득하고 새로운 이미지를 수립하기 위해서 서둘러 두 차례에 걸쳐—1918년과 1919년2)—러시아 황제가 가지고 있던 중국에서의 특권과 이익을 포기하겠다고 선언했다. 비록 1920년에, 소련의 입장은 약간 바뀌었으며 협상을 통하여 불평등 조약을 폐지할 것—중국의 승인을 얻는 방법으로서—을 건의했지만 소련이 행동은 여전히 좋은 인상을 가져다주었다. 그 이유는 이는 일종의 주동적이고 일방적인 우호 표시였을 뿐만 아니라 오만하고 탐욕스러운 제국주의 열강의 행위와는 완전히 달랐기 때문이다.

이런 우호적인 표시 이외에, 또 사람의 마음을 고무시키는 레닌의 제국주

---

1) Martin Bernal, Chinese Socialism to 1907(Utica, 1976), pp. 111, 137; Maurice Meisner, *Li Pa-chao and the Origins of Chinese Marxism*(Cambridge, Mass., 1976). p. 100.
2) 1918년 7월 4일 외교인민위원 G. V. 치체린(G. V. Chicherin)과 1919년 7월 15일 부외교인민위원 레프 카라한(Lev Karakhan)을 통해서 선포했다.

의 이론이 있었다. 레닌은 제국주의는 자본주의 최후의 단계의 피할 수 없는 산물이며 자본주의가 절정에 도달했을 때, 바로 19세기 말과 20세기 초와 같이 과잉상품을 판매하고 원자재를 구매하기 위해서 해외시장을 추구하지 않을 수 없다고 주장했다. 이때 자본주의 국가들 간의 시기와 경쟁은 반드시 충돌과 최후의 멸망을 초래하리라는 것이었다. 그러므로 아시아와 기타 낙후된 지역의 억압받는 사람들은 마땅히 분발하여 외국 제국주의에 저항하여 외국의 속박에서 벗어나는 데에 박차를 가해야 한다는 것이었다. 레닌주의 이론은 중국 지식인들에게 위안처를 제공했다. 그 이유는 레닌은 서양이 중국의 고난에 대해서 책임을 져야 한다고 규탄하고 자본주의가 곧 멸망하리라고 예언했을 뿐만 아니라 세계혁명에서 아시아에 한 자리를 부여함으로써, 세계의 문제는 단지 서양 국가에 의해서만 해결될 수 있다는 대다수의 유럽 마르크스주의자들의 확고한 견해를 반박했기 때문이다.

사실상 마르크스-레닌주의의 사상의 매력과 소비에트 정권의 주동적인 우호 표시와 볼셰비키 혁명의 실제적인 성공은 공동으로 중국에서 한 줄기의 맹렬한 사조를 창조했다. 마르크스-레닌주의 학습회가 대량으로 쏟아져 나오기 시작하여 지식의 추구와 언론자유로 유명한 국립 베이징 대학교가 급진주의의 온상이 되었다. 일찍이 1918년 중반기에, 도서관 주임인 리따짜오는 마르크스주의를 신봉하고 있음을 공개적으로 인정하고 볼셰비키 혁명은 프랑스 대혁명과 마찬가지로 중요하며 일종의 "위대하고 세계적이며 기본적인 역량"이라고 칭송했다. 그는 중국이 장차 한차례의 위대한 재생혁명을 겪을 것이라고 전망하고 1918년에 신조사(新潮社)를 창건하고 곧이어 마르크스 연구회를 창건했다. 리따짜오는 1918년 11월호 『신청년』에서, "볼셰비키 혁명의 승리"를 축하하는 글을 썼고, 1919년에는 마르크스주의 특집호를 편집했다. 그는 도서관의 사무실에 익살맞게 "홍루(紅樓)"라는 명칭을 붙였는데, 젊고 열정적인 추종자들이 이곳을 방문했으며 그중에는 그의 제자인 취추바이(瞿秋白)와 장궈타오(張國燾) 및 그의 도서관 조수인 마오쩌둥이 포함되어 있었다. 이들은 모두 미래의 중국 공산주의 운동의 지도자들이

될 운명이었다.

중국 지식인들에 대한 마르크스주의의 충격은 5. 4 운동의 위력과 같이 놀라운 효과를 낳았다. 그러나 초기에 대다수의 지식인들은 민주주의와 자유주의와 국제주의를 열렬히 지지했다. 제국주의 문제에는 그다지 관심이 없었고, 이제 그들은 단호하게 서양에 대한 의존을 끊고 중국의 운명을 자신들의 수중에 장악하기로 맹세했다. 정치상의 행동주의가 새로운 슬로건이 되었다. 막 각성한 열정적이고 호전적인 지식분자들 중에서 가장 중요한 인물은 천두슈였다. 그는 5. 4 운동 중 학생들이 불러일으킨 작용의 강렬한 영향을 받아서 이후의 시위에 참가했지만, 1919년 6월 11일 투옥되었다. 그는 9월에 석방된 뒤, 보수파의 압력으로 대학교의 직위에서 물러났다. 그는 상하이를 자신의 새로운 거처로 삼아 마르크스주의에 더욱 심취하게 되었다. 1920년 중반기에 이르러, 서양에 대한 그의 신뢰는 철저히 산산조각이 났을 뿐만 아니라 민주는 단지 부르주아 계급이 "자신들의 정치세력을 유지하기 위해서 인류를 기만하는 데" 사용하는 도구로 생각되었다.[3] 천두슈는 마르크스주의를 신봉하는 두 번째로 가장 중요한 인물이 되었으며, 1920년 5월에 마르크스 학설 연구회를 조직했고, 8월에는 사회주의 청년단을 조직했는데, 이 조직들은 모두 중국 공산당의 전신이다.

이와 동시에 또 하나의 다른 집단이 리따짜오 주변에 모였으며, 1919년 12월 그의 마르크스주의 연구회는 사회주의 연구회로 대체되었다. 1920년 3월, 베이징의 각양각색의 마르크스주의 집단이 연합하여 베이징 마르크스 학설 연구회를 조직했다. 1919년, 러시아 사람인 A. A. 뮬러와 N. 보르트만이 리따짜오를 도왔지만 당을 조직하는 구체적 절차는 1920년 초에 그리고 리 보이틴스키가 중국에 온 이후에 비로소 착수되었는데, 그는 "제3인터내셔널(Third International)" 즉 "코민테른(Comintern)"이라고 약칭하는 기구의 대표였다. 3월에 그는 리따짜오와 당 조직 문제에 대해서 대화를 나누었으며

---

3) Meisner, p. 113.

얼마 지나지 않아 상하이로 가서 천두슈와 협의했다.

두 차례 이루어진 중요 회담의 주요 내용은, 상하이에 천두슈가 영도하는 당 지부를 건립하고 베이징에 리따짜오가 영도하는 또 하나의 당 지부를 건립하기로 결정한 것이다. 두 개의 당 지부를 연합하기만 하면 중국 공산주의 운동을 통일할 수 있게 되는 것이었다.

1921년 7월, 중국 공산당 창립대회(이후에 당 제1차 대표대회라고 불리게 됨)가 상하이의 프랑스 조계의 한 여자 기숙학교4)에서 개최되었다. 57명의 당원을 대표하는 12명의 대표가 이 회의에 참가했지만,5) 천두슈와 리따짜오는 이 회의에 출석하지 못했다. 천두슈는 광저우에 있어서 저우포하이(周佛海)가 그 집단을 대표했고, 장궈타오가 리따짜오 집단을 대표했다. 비록 그들 두 사람은 모두 결석했지만, 41세의 천두슈와 32세의 리따짜오가 당의 공동 창시자로 불리게 되었다. 비록 중앙당부는 상하이에 건립되었지만, 리따짜오는 베이징 지부에서 여전히 실제적으로 독립적인 지위를 유지하고 있었다. "남진북이(南陳北李)"라는 표현은 긴밀하게 통일된 당 조직이 아직 생기지 못했음을 나타내는 것이었다.

그들은 두 개의 지방파벌을 형성했을 뿐만 아니라, 혁명에서의 노동자와 농민의 지위에 대한 견해에도 현저한 차이를 가지고 있었다. 천두슈는 유럽의 마르크스주의자들이 노동자를 중시하고 산만한 농민대중을 낮게 평가하는 보편적인 견해에 찬동했다. 그는 진보적인 도시세력이 마땅히 선봉을 맡아야 하고, 낙후된 농민은 당연히 순종하며 따라가야 한다고 생각하여, "농민은 분산되어 있어서 힘을 모으기가 쉽지 않고, 문화가 낮고, 생활에서의 욕망이 소박할 뿐만 아니라 보수주의 경향이 되기 쉽다.……이런 환경요소들로 인해서 농민은 혁명운동에 참가하기 어렵다"고 말했다.6) 취추바이도 마찬가지로 농민이 중국 사회를 개조하는 데에 지도적 역할을 맡을 수 있다

---

4) 박문 여학교(博文女學校).
5) 마오쩌둥은 이 회의에 대표로 참가했으나 프랑스에 있던 저우언라이(周恩來)와 독일에 있던 주더(朱德)는 참가하지 못했다.
6) Meisner, p. 242.

는 견해를 받아들이지 않았다. 다른 한편으로 사회변화에 대해서 낭만적 생각으로 가득 찼던 리따짜오는 이와 상반된 관점을 가지고 있었다. 그는 농민의 중요성을 강조하여 "경제가 낙후된 반식민지인 중국에서, 농민은 인구의 90퍼센트 이상을 차지하고 있어서 중요한 지위를 차지하고 있으며, 농업은 여전히 국민경제의 기초이다. 그러므로 혁명역량을 헤아릴 때, 우리는 반드시 농민이 중요한 부분이라는 것을 강조해야 한다"고 말했다.7) 그는 향촌의 순박함을 천성적으로 사랑한 반면, 도시생활의 타락을 몹시 증오했다. 그는 젊은 지식인들에게 러시아의 나로드니키(Narodniki) 운동의 정신으로써 농촌으로 가서 농민을 해방시키고, 그들의 혁명 에너지를 불러일으키라고 촉구했다. 실제로 그는 농민의 해방 속에서 중국의 해방을 보았다.8)

당은 천두슈의 입장을 지지했지만, 리따짜오의 견해도 또다른 강력한 선택의 여지를 제공했을 뿐만 아니라 젊은 조수인 마오쩌둥의 사유에 깊은 영향을 주었다. 1918년, 리따짜오는 마오쩌둥에게 마르크스주의를 소개해주었을 뿐만 아니라, 혁명에서의 농민의 역할에 대한 나로드니키의 민족주의적 관점으로 그를 고취시키는 데에 성공했다. 1927년 4월 28일 리따짜오가 군벌인 장쮜린에게 처형된 이후, 마오쩌둥은 농민투쟁을 고수하여 그의 스승의 이념을 실천에 옮겼다.

국민당의 개편, 1923-1924년

볼세비키 혁명은 중국 공산당 건립에 영향을 주었을 뿐만 아니라 국민당 개편을 촉진시켰다. 장기간 동안, 중국 혁명의 아버지인 쑨원은 당내의 분열과 기강의 결핍 및 서양이 중국의 발전을 도우려고 하지 않는 것에 대해서 몹시 실망했다. 1912년 중화민국 수립 이후에, 쑨원은 당내의 저항과 항명에 직면했으며 협력의 기회를 얻는 데에 곤란을 겪었다. 두 번의 중대한 개편—동

---

7) Meisner, p. 239.
8) *Ibid.*, p. 81.

맹회에서 1914년의 중화혁명당으로, 다시 1919년의 중국 국민당으로―이 이루어진 후에도 당내 협력은 여전히 개선되지 않았다. 쑨원은 여전히 노골적인 배반행동으로 인한 괴로움을 당했는데, 예를 들면 1922년 천중밍의 군사 쿠데타 및 이전에 그에게 충성을 다하기로 맹세했던 남방 독군의 공개적인 방해였다.

이에 못지않게 쑨원을 곤혹스럽게 한 사실은, 서양이 지지한 것은 군벌이며 그가 국제적으로 중국을 발전시키고자 제정한 것에 대해서는 흥미를 느끼지 않았다는 것이었다. 일찍이 1913년에 서양 제국주의는 5개국 은행단을 통해서 위안스카이에게 2,500만 파운드의 차관을 찬조했는데 위안스카이는 이 돈으로 제2차 혁명을 진압했다. 특히 영국 특사 존 조던은 위안스카이에게 무기와 탄약을 제공하여 쑨원과 황싱의 홍콩 상륙을 방해했다. 위안스카이가 사망한 이후, 제국주의는 각지 군벌을 지지하여 국내에서의 충돌을 선동했으며 쑨원의 도움 요청에 대해서는 모른 척했다. 파리 강화회의는 중국의 합리적인 요구를 도외시했다. 1922년의 워싱턴 회의(p. 658) 역시 오직 영국과 일본의 관계를 진정시켰을 뿐 중국 문제는 해결할 생각이 없었는데, 이 모든 것은 서양의 무성의함을 증명한 것이었다.

민국 시기에 쑨원은 세 가지 문제로 인한 고통을 받았는데, 즉 외국 제국주의, 당내 분쟁과 국내충돌이었다. 이 몇 가지 문제는 그가 피하기가 어려웠을 뿐만 아니라 어떻게 해볼 도리도 없었다. 좌절하고 있는 가운데, 그는 볼셰비키 혁명의 눈부신 성공이 사람들의 용기를 북돋고 소련 공산당의 우호적인 태도와 불평등 조약의 폐지가 사람들을 고무시킨 사실을 발견했다. 쑨원은 러시아의 성공은 훌륭한 당 조직과 엄격한 규율에 있다고 본 반면 자신의 실패는 기율의 결핍과 조직의 느슨함 그리고 사상을 충분히 주입하지 못한 점 때문이라고 보았다. 쑨원은 신속하게 소련 공산당의 성공 모델을 채택하여 국민당 개편을 서둘렀으며 그의 국민혁명을 위해서 소련 공산당의 지원을 모색했다.

쑨원은 또 두 가지 요소의 영향을 받았다. 하나는 중국 공산당의 건립으

로, 공산당은 일찍이 노동자조직과 친밀한 관계를 형성하고 있었으며, 다른 하나는 5. 4 운동 후 젊은 세대가 품고 있는 열렬한 민족주의 감정과 고조된 민중정신이었다. 이 두 세력은 모두 그와 마찬가지로, "제국주의 반대와 군벌주의 반대"라는 공통된 목표를 가지고 있었기 때문에 쑨원은 신선한 혈액을 그의 낡은 조직에 주입하려고 했다.

그러나 쑨원은 소비에트 성공의 비밀을 배우고 국민당을 개편하기 위해서는 시기를 기다려야만 했다. 그 이유는 그는 단지 광저우 혁명정부의 지도자이지 베이징 합법정부의 지도자가 아니었으므로, 모스크바가 우선적으로 협상하고자 하는 대상이 될 수 없었기 때문이다. 1920년 러시아는 M. L. 유린과 A. K. 파이케스를 베이징으로 파견하여 조약 체결을 교섭했지만 군벌정부는 영국과 일본의 건의로 이 우호적인 의사를 완곡히 거절했다. 소련 공산당은 또한 강력한 군벌인 우페이푸에게로 방향을 바꾸어 이 기회에 그를 "부르주아 계급 민족주의자"로 개칭했다. 그러나 영국의 압력으로 인해서 우페이푸는 아무런 반응을 보이지 않았다. 이런 상황에서, 소련 공산당은 비로소 쑨원을 다시 생각하게 되었으며 전해지는 바에 의하면 그는 1918년 레닌에게 축하전보를 보내어 이 볼셰비키 지도자에게 깊은 감명을 받게 했다고 한다.9)

1921년 봄, 코민테른의 네덜란드 대표 H. 마링은 쑨원을 광시 성에서 만났는데, 그는 쑨원의 민족주의 정신과 혁명의 관점에 대해서 매우 깊은 인상을 받았다. 쑨원의 입장에서 보면, 그는 소련 공산당의 신경제정책을 알게 된 것을 매우 기쁘게 생각했으며 순진하게도 그것을 자신의 사업계획에 비유했다. 얼마 지나지 않아 마링은 국민당이 민족주의의 주류이며 막 탄생한 중국 공산당은 국민당이 이미 만들어놓은 토대를 이용하여 자신의 영향력을 발휘해야 한다고 굳게 믿었다. 그는 공산당이 국민당에 참여하도록 격려했

---

9) C. Martin Wilbur and Julie Lien-ying How, *Documents on Communism, Nationalism, and Soviet Advisers in China, 1918-1927: Papers Seized in the 1927 Peking Raid* (New York, 1956), p. 138.

느데, 그 이유는 국민당 자체가 부르주아 계급정당일 뿐만 아니라 모든 계급의 동맹체였기 때문이다. 천두슈와 리따짜오는 마지못하여 그의 압력에 굴복했다. 1922년 8월, 중국 공산당 중앙위원회는 공산당원이 개인신분으로 국민당에 가입하는 것을 허락했다. 리따짜오가 국민당의 요직을 맡고 있는 장지(張繼)의 소개로 제일 먼저 국민당에 가입했다.

쑨원이 공산당원을 받아들이려고 한 이유는 아주 많다. 그는 이상주의자여서, 공산당원을 포함한 **모든** 중국인이 국민혁명에 참가할 권리가 있다고 생각했다. 사실상 그는 공산당의 노동자와 농민과의 연계와 소련 공산당의 지원을 이용하여 국민당을 개편하려고 했다. 이 외에 쑨원은 또한 소련 공산당의 비호하에, 계급투쟁을 하는 공산당이 만약 신속하게 독자적으로 성장한다면 장차 결국에는 그의 국민혁명사업을 전복시킬 것이므로 그들을 당내로 흡수하여 적시에 그들을 동화시키는 것이 현명한 것이라고 확신했다. 마지막으로 쑨원은 또한 소련 공산당이 그에게 비우호적인 몇몇 군벌들을 원조할지도 모른다고 우려하고 있었다. 리따짜오와 천두슈는 이미 소련 공산당의 지시로 우페이푸와 천즁밍과의 관계를 발전시키고 있었는데, 이 두 사람은 모두 국민혁명의 불공대천의 적이었다. 소련 공산당 및 중국 공산당과의 우호적 연맹정책은 이 군벌들을 장차 약화시킬 것이었다.[10]

코민테른은 아돌프 요페를 중국에 파견하여 소련 공산당-국민당-공산당 협력의 기초를 마련하기 위해서 심혈을 기울였다. 요페는 1922년 8월 12일에 베이징에 도착했다. 그는 신조사와 기타 13개 조직의 매우 열렬한 환영을 받았는데, 이것은 서양 공사단(公使團)의 심한 질투를 샀고 군벌정부의 심기를 매우 불편하게 했다. 그후 그는 쑨원과 장기간에 걸쳐서 서신을 주고받고 협상을 했는데, 이때 쑨원은 이미 "연아용공(联俄容共 : 러시아[俄羅斯]와 연합하고 공산주의를 받아들인다는 말)"정책을 결정했다. 9월 4일 53명의 국민당 지도자들은 상하이 회의에서 이 정책을 승인했다. 이 정책은 또한

---

10) 蔣永敬, 『鮑羅廷與武漢政權』(臺北北, 1963), pp. 2-3.

국민당 개편의 가장 중요한 원칙이 되었다. 천두슈를 포함한 9명의 위원회가 임명되어 개편작업을 맡게 되었고 그리고 1923년 1월 1일에 후한민(胡漢民)이 기초한 선언문을 공포했다.

1월 12일, 코민테른은 중국 공산당원들에게 국민당에 가입하여 쑨원의 부르주아 혁명에 동참할 것을 지시했다. 천두슈는 내키지 않는 마음으로 이 명령을 받아들였는데, 그 이유는 국민당이 중국 공산당의 노동자, 농민, 당원들을 부패시키는 영향을 미치게 될까 걱정했기 때문이다. 천두슈는 "단지 제3인터내셔널(코민테른)의 압력 때문에 중국 공산당은 마지못해서 국민당 내에서 활동을 전개하는 것이 필요함을 인정했다"고 말했다.11) 그러나 중국 공산당 자체는 결코 해산되지 않았으며 공산당원은 집단 명의가 아니라 개인의 명의로 국민당에 가입했고 국민당 지도자의 명령을 받아들이는 데에 동의했다. 공개적으로 중국 공산당은 국민당이 국민혁명의 지도 및 중심 세력임을 인정했다.

1923년 1월 26일, 쑨원과 요폐의 협상이 타결되어 공동선언문을 작성했는데 이 선언문에는 4가지 요점이 담겨 있다. 즉, (1) 현재 중국에서 공산주의 혹은 소비에트 체제를 실시하는 것은 적절하지 못하다. (2) 소련 정부는 일찍이 1920년 9월 27일에 했던, 중국에서의 특권과 이익포기 선언을 재차 확인한다. (3) 미래의 중동 철도(中東鐵道)의 관리와 재조직에 대해서는 서로 양해한다. (4) 소련은 외몽골에서의 어떤 제국주의적 기도 혹은 정책이 있음을 부인한다.12)

쑨원은 요폐와의 협상에서 냉정하고 실무적인 정치가의 풍모를 보여주었다. 비록 그는 소련 공산당의 원조가 급히 필요했지만 공산주의로서 삼민주의를 대체하는 것을 거절했고, 영도권을 포기하고 공산주의자들에게 넘겨 규율과 명령을 집행하도록 하지도 않았다. 그는 국민당이 국민혁명에서 지

---

11) Benjamin I. Schwartz, *Chinese Communism and the Rise of Mao*(Cambridge, Mass., 1958), pp. 53, 60.

12) 전문(全文)은 Conrad Brandt, Benjamin I. Schwartz, and John K. Fairbank, *A Document History of Chinese Communism*(London, 1952), pp. 70-71을 보라.

도적인 위치를 차지하고 있으므로 공산당원이 국민당에 가입하는 것이지 그 반대는 아니라는 것을 결코 의심하지 않았다. 공산당원들은 개인 명의로 가입했지 집단 명의로 가입한 것은 아니었는데 그 목적은 "당내 집단" 혹은 "당내에 당이 있다"는 난처한 상황을 피하기 위해서였다. 표면상으로 볼 때 쑨원은 자기의 조건으로 자기의 목적을 달성했다.

소련 공산당은 쑨원과 요페와의 협정이 있은 이후, 경험이 풍부한 외교가인 미하일 보로딘을 중국에 파견하여 쑨원이 국민당을 개편하는 것을 돕게 했다. 그밖에도 갈렌을 파견해서 당 군대의 훈련을 돕게 했다. 이밖에 이들과 함께 온 사람들로는 대략 40명의 소비에트 전문가들이 있었다. 1923년 8월 쑨원은 젊은 장군인 장제스(장중정)를 소련에 파견하여 직접 소비에트의 군사체제와 홍군(紅軍)의 정치사상 및 볼셰비키 당내의 규율과 방식을 배우게 했다. 장제스가 3개월간의 방문을 마치고 돌아온 지 얼마 안 되어, 쑨원은 그에게 광저우 교외에 위치한 황푸에 육군사관학교를 건립할 것을 명령했다.

제1회 국민당 전국대표대회가 1924년 1월 20일부터 30일까지 거행되었는데, 모두 165명의 대표가 참가했다. 쑨원은 이 대회에서 당내 단결의 중요성 및 민족통일과 재건을 위한 강대한 조직을 발전시킬 것을 강조했다. 그는 당원들에게 혁명의 목표를 위해서 마땅히 개인의 자유를 희생하는 것도 아끼지 말아야 하고 사심 없이 자기의 재능과 지혜를 바칠 것을 호소했다. 회의 기간 중에 레닌이 1월 25일 서거한 소식이 전해지면서 대회는 3일간 휴회하여 슬픔과 애도의 뜻을 표시했는데, 이는 소련 공산당과의 우호와 동맹체결이라는 신정책을 공개적으로 확인한 것이었다.

물론 비록 일부 국민당 당원들은 소련 공산당과의 결맹에는 반대하지 않았지만, 공산당원들을 받아들이는 것을 원하지 않았다. 쑨원은 그들에게 국민당과 중국 공산당이 모두 제국주의 반대 및 군벌 반대에 힘쓰고 있는 이상, 공동투쟁을 위해서 양당은 연합해야 한다고 인내심을 가지고 설득했다. 1924년 1월 28일, 리따짜오는 공산당원의 국민당 가입은 혁명에 헌신하기

위해서이지 결코 공산주의 사업을 추진하려는 목적은 없다고 재치 있게 발표했다. 게다가 공산당원은 집단의 명의가 아니라 개인의 명의로 가입했기 때문에 설령 그들이 이중 당원 신분을 가지고 있을지라도 그들이 국민당 내에서 "당내 집단"을 형성하는 것은 질책할 수 없었다. 리따짜오는 국민당에 가입한 공산당원은 국민당의 명령을 지키고 훈련활동도 받아들일 것이라고 반복해서 강조했다. 그는 내부로부터 침투하여 국민당을 전복시킬 의도가 전혀 없음을 강력히 시사했다.[13] 비록 리따짜오의 해명이 있었지만 불변의 사실은 중국 공산당 자체가 결코 해산하지 않았고, 국민당에 가입한 공산당원도 공산당원 자격을 상실하지 않았다는 것이다. 사실상 국민당 내에 하나의 공산집단이 있게 되었다.

쑨원은 혁명의 이익을 위해서 공산주의자들을 받아들였지만, 이런 행위가 내포하고 있는 전체적인 의미를 인식하지 못한 듯했다. 이상주의자였던 쑨원은 이런 연합에 찬성한 코민테른이 그가 공산당원을 통제하도록 도와줄 것이며 심지어는 이들이 그에게 복종하도록 지도할 것이라고 여겼다. 그는 또 소수의 공산주의자들은 적당한 시기에 인원수가 많은 국민당의 관료조직 속에 묻혀버릴 가능성이 있다는 환상을 가졌다.

쑨원이 인식하지 못한 것은 모스크바의 진정한 의도였다. 모스크바의 의도는 역사가 짧은 공산당을 이미 성장한 국민당의 몸에 접목시킨 뒤 공산당이 그 안에서 국민당을 전복시켜 프롤레타리아 계급의 지도권을 빼앗아 마치 레몬을 짜내는 것처럼 우익 분자를 밀어내는 것이었다.[14]

동시에, 대회는 또 리따짜오를 포함한 5인의 의장단을 창설했다.[15] 대회는 한 장의 선언문으로 끝났다. 이 선언문은 제국주의와 군벌을 반대하는 입장, 삼민주의 및 5권 헌법의 주지를 실천하는 데에 힘쓸 것, 대외적으로는 불평등 조약 폐지와 대내적으로는 지방자치정부 건립에 대한 의지를 강조했다.

---

13) Wilbur and How, p. 149.
14) Schwartz, p. 80.
15) 기타 구성원은 쑨원 본인, 후한민, 왕징웨이, 린선(林森)이다.

국공합작은 오직 이익 추구를 위한 결합에 불과했는데, 쌍방은 모두 상대방을 필요로 하면서도 상대방을 몹시 싫어했다. 국민당은 당을 흥성시키고 당의 군대를 발전시키고 국민혁명을 진행하며 소련 공산당의 원조를 받기를 갈망했고, 그뿐만 아니라 공산당의 노동자, 농민, 인민대중과의 연계를 이용하기를 희망했다. 다른 한편으로 코민테른과 중국 공산당은 국민당의 기초를 이용하여 영향력을 확대하고 결국에는 내부로부터 국민당을 전복하려고 했다. 이런 미묘한 관계 속에서 만약 쌍방 모두에게 유리하다면 협력은 지속해나갈 수 있지만 상대방이 제구실을 하지 못할 때는 쌍방은 모두 승리자의 태도로 나타나기를 희망했다. 쑨원의 지위와 위엄은 각종 분자들을 연결시키는 결정적인 요소였지만, 일단 그가 세상을 떠나자 분열 세력은 아무런 제약을 받지 않고 나날이 강대해져갔다.

북벌과 국공분열

쑨원은 국민당을 개편한 이후, 서둘러 이미 오랫동안 끌어온 북벌을 개시하여 군벌을 소탕하고, 군벌 배후의 제국주의 지지자를 제거하는 일을 서둘렀다. 그러나 그가 1925년 3월 12일에 세상을 떠남으로써 이 계획은 좌절되어버렸다.

쑨원의 정치적 중책은 왕징웨이와 후한민에게 맡겨졌는데, 두 사람은 각각 국민당 좌파와 우파의 지도자였다. 그러나 군권은 장제스가 독점했다. 그는 황푸 사관학교 교장으로서, 당이 새로 창설한 군대를 충실히 하기 위해서 장교단체의 발전을 책임지고 있었다. 장교는 군사훈련을 받는 동시에, 병사들이 혁명의 정치적 사명에 대한 정확한 지도를 받게 하기 위해서 정치사상 교육도 받았다. 쑨원의 측근인 랴오중카이(廖仲愷)가 당 대표를 맡았고, 허잉친(何應欽)은 군사 총교관이었다. 사관학교와 군대 안에서, 모든 명령과 규칙은 당 대표의 연서를 거쳐야만 효력이 생겨 교장이 집행할 수 있었다. 사관학교 정치교육부의 부주임은 바로 젊은 공산당원인 저우언라이(周恩

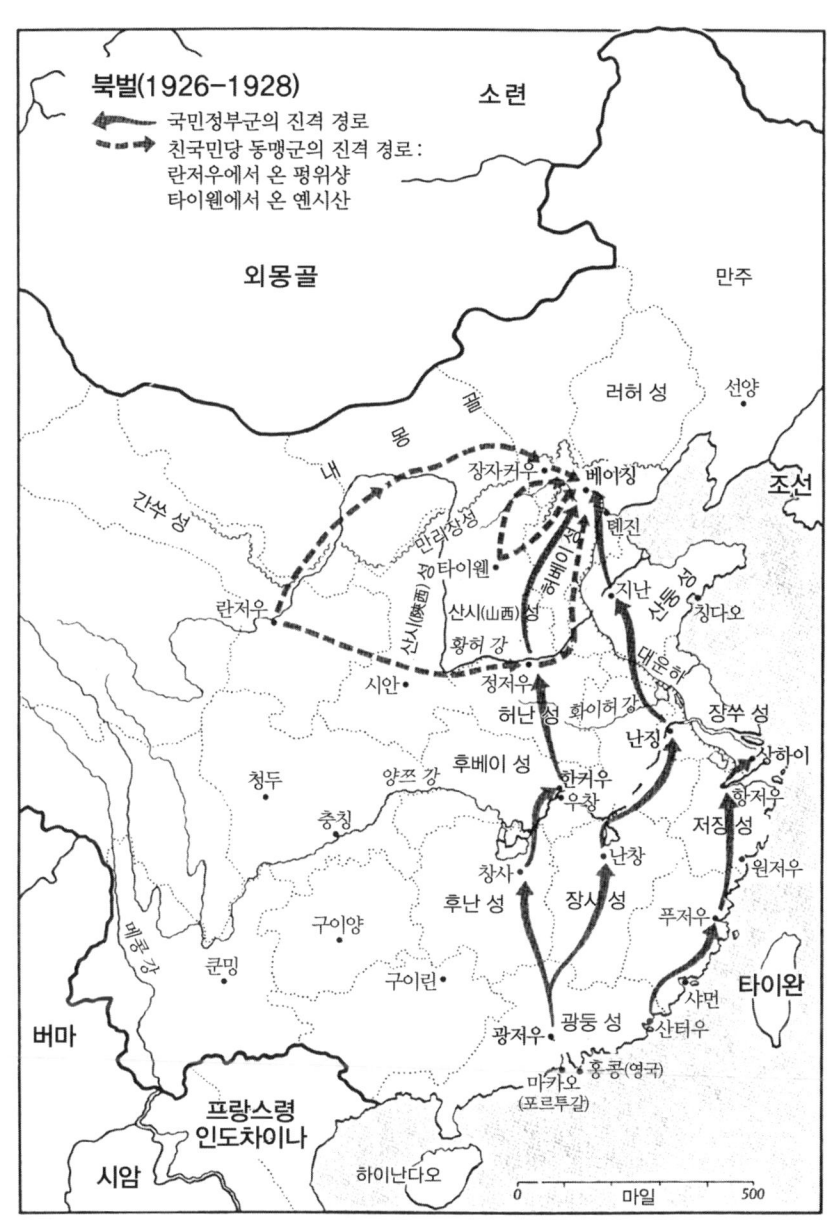

북벌(1926-1928)

국민정부군의 진격 경로
친국민당 동맹군의 진격 경로 :
란저우에서 온 펑위샹
타이웬에서 온 옌시산

소 련

외몽골

만주

선양

러허 성

내　몽　골

간쑤 성

베이징

장자커우

만리장성

타이웬

허베이 성

톈진

조선

산시(陝西) 성

산시(山西) 성

황허 강

지난

산둥 성

칭다오

란저우

시안

정저우

대운하

허난 성

화이허 강

장쑤 성

난징

상하이

청두

양쯔 강

후베이 성

한커우
우창

충칭

창사

난창

저장 성

항저우

원저우

후난 성

장시 성

푸저우

구이양

쿤밍

구이린

광저우

광둥 성

산터우

샤먼

타이완

버마

프랑스령
인도차이나

시암

메콩 강

마카오
(포르투갈)

홍콩(영국)

하이난다오

0　　　　　마일　　　　500

來)였으며, 제4기 졸업반 학생 중 한 명이 바로 린뱌오(林彪)였다.

장교들은 매우 빠르게 강대한 군사력을 이루었다. 그들은 1924년 10월 항월상단(港粵商團)16)의 반란을 진압했고, 반란을 일으킨 성장인 천중밍을 축출했으며, 각양각색의 서남 군벌을 분쇄했다. 광저우가 적대 군벌과의 대결에서 상대적으로 안전했기 때문에, 1925년 7월 1일에 국민정부가 이곳에 수립되어 베이징 군벌정부와 서로 맞서게 되었다. 왕징웨이가 주석으로 선출되었다. 뒤이어 국민정부는 광둥 성과 광시 성에서 일련의 군사반란을 진압하는 작전을 벌였으며, 1926년 2월에 이르러 두 성의 모든 반항세력들은 진압되었다. 국민정부는 다시 북벌을 결의하고, 6월 25일에 장제스를 국민혁명군(國民革命軍)의 총사령관으로 임명했다. 국민혁명군은 황푸 사관학교 출신 장교 6,000명과 8만5,000명의 사병으로 구성되었다. 7월 27일, 장제스는 유명한 북방군벌을 정벌하는 군사행동을 개시했다. 당시 북방군벌의 분포는 아래와 같았다.

1. 직계 군벌(直系軍閥)인 우페이푸는 허난 성, 후베이 성, 즈리(오늘날의 허베이)와 후난 지역 및 경한 철도(京漢鐵路)를 장악하고 있었다.
2. 봉계 군벌(奉系軍閥)인 장쭤린은 이미 베이징에서 총사령관으로 자칭하며, 즈리와 산둥 및 경봉 철도(京奉鐵路)와 진포 철도(津浦鐵路)를 장악하고 있었다.
3. 이미 직계에서 물러난 쑨촨팡(孫傳芳)은 난징에서 자립하여, 동남부의 5개 성인 장쑤 성, 저장 성, 푸젠 성, 장시 성, 안후이 성을 통치하고 있었다.

이 외에도 서북에는 두 파의 독자적인 무장세력이 있었는데, 그들은 군벌집단에도 속하지 않고 혁명군대에도 속하지 않았다. 그러나 그들은 후자인 혁명군대를 더 지지했다. 이들은 각각 다음과 같다.

---

16) 회풍은행(匯豊銀行) 매판(買辦)인 천리앤보(陳廉伯)가 조직한 것이다.

1. 펑위샹의 국민군(國民軍)은 훨씬 더 전에 서북으로 철수하여 직계와 봉계 세력의 압박을 받고 있었다.
2. 옌시산(閻錫山)은 산시(山西) 성에 세운 견고한 근거지에 머물고 있었으며, 국내전쟁에 참가하지 않았다.

　장제스의 전략은 먼저 우페이푸를 토벌하고, 그후에 쑨촨팡과 장쭤린을 토벌하는 것이었다. 소련 공산당의 원조[17]로 공산당의 선발요원들이 농민조합과 노동조합을 조직했으며, 도시에서는 동맹파업과 파괴가 일어나 국민혁명군의 역량을 강화시켰다. 광저우에서 화중(華中)에 이르기까지, 북벌군은 파죽지세의 기세로 나아가 1926년 9월 우한을 함락시키고 11월에는 난징, 12월에는 푸저우를 점령했으며, 1927년 3월에는 상하이와 난징에 진주했다. 9개월 사이에 중국 국토의 절반에 해당하는 남방 지역을 점령함으로써 군사행동의 성과는 아주 우수했으며 전도가 대단히 유망했다. 바로 이때, 당의 파괴와 북벌 중단을 위협하는 국공분열의 조짐이 보였다.
　분쟁의 주요발단은 이중 신분 문제 및 이것에서 비롯된 "당내에 당이 있다"는 것에 있었다. 국민당원은 개인 신분의 공산당원을 받아들였고, 그들이 국민당의 지도와 명령에 복종할 것을 희망했다. 그러나 공산당은 자기 당원들에게 자신의 명령을 받아들이고, 국민당 내부에 비밀집단을 형성할 것을 요구했다. 간단히 말하면, 이중 신분을 가진 사람은 명의상으로는 국민당원이었지만 실제로는 공산당원이었다. 상충된 명령은 자연히 기율이라는 이 민감한 문제와 관련된 마찰을 야기했다. 긴장된 분위기가 지속적으로 상승했지만, 그래도 쑨원이 생존해 있을 때는 공개적인 결렬은 발생하지 않았다.
　1925년 8월 랴오중카이가 암살된 이후, 대략 15명의 국민당 집행위원회와 감찰위원회의 우파 당원들[18]은 광저우를 떠나 베이징 근교인 시산으로 가서

---

17) 1924년 10월부터 1925년 12월까지 소련이 국민당에 제공한 원조는 200만 루블에 이른다. Wilbur and How, p. 169를 참조하라.
18) 따이지타오(戴季陶), 린선, 쥐정(居正), 장지, 쩌우루(鄒魯)가 포함되어 있다.

11월 23일에 쑨원의 영구(靈柩)앞에서 중앙집행위원회 제4차 회의를 거행했다(실제로 회의 참가자는 14명이며 따이지타오[戴季陶]는 회의에 참가하겠다고 선언했지만 출석하지 않았다/역주). 이곳에서 그들은 국민당에서 공산당원을 완전히 제거하고 보로딘의 고문 직무를 해제할 것을 호소하는 선언문을 발표했다.

광저우에 있는 국민당 좌파는 시산 회의파는 법적 성원의 부족으로 유효한 결의를 통과시킬 수 없다고 비난했다. 좌파는 자신들의 중앙집행위원회 제4차 회의를 열고, 시산 회의파를 규탄하는 결의를 통과시켰을 뿐만 아니라, 1926년 1월 1일에 제2차 전국대표대회를 개최할 것을 요구했다. 이 회의에서 보로딘의 권세는 사람들을 두렵게 할 정도로 대단했다. 공산당원은 국민당 감찰위원회에서 새로운 자리를 얻었고, 중앙집행위원회에서의 성원도 증가했다. 집행위원회의 9명으로 구성된 상무위원회에서 9명 중 3명은 공산당원이고 3명은 공산당 지지자였다. 국민당 중앙당부 산하 9개부 중 5-6개부는 공산당원의 지배를 받았는데 즉 조직부, 선전부, 노동부, 농민부, 해외부, 청년부였다.[19]

이런 발전에 맞서, 시산 회의파는 상하이에서 당부(黨部)를 세웠는데, 이는 광저우 당부와의 분열을 나타내는 것이었다.

일을 더욱 심각하게 만든 것은 바로 1926년 3월 20일에 일어난 중산함 사건이었다. 이날 중국 공산당의 영향을 받은 중산함 선장의 장제스 납치 기도가 실패하자, 장제스는 역으로 선장과 모든 소비에트 고문, 제1군 당 대표 및 그에 예속된 군사요원들의 직무를 해제해버렸다. 어느 의미에서 이것은 장제스와 공산주의자의 관계가 결렬되는 첫걸음이었지만, 머지않아 다가올 북벌의 이익을 위해서 공개적인 분열을 선포하지는 않았다. 그러나 장제스는 매우 빨리 공산당원들에 대한 몇몇 제한적인 조치를 취했다. 1926년 5월 15일, 국민당 중앙집행위원회는 9가지 결의를 통과시켜 모든 위원회 내

---

19) 蔣永敬, pp. 10-11.

에서 공산당원 수가 3분의 1을 넘기지 못하게 제한했을 뿐만 아니라 중앙당부의 지도직무에서 공산당원을 완전히 제거했고, 국민당원이 공산당에 가입하는 것을 금지했다. 중국 공산당 중앙위원회는 이 결의들을 거부하고 자신의 군사력을 조직하기로 결정했다. 그러나 스탈린은 이때 분열이 가속화되는 것을 바라지 않았기 때문에, 중국 공산당에게 국민당에 남기 위해서 이 결의를 참고 받아들일 것을 명령했다.[20]

국민당이 이 제한들을 억지로 중국 공산당에게 강요하는 데에 성공한 이후, 장제스는 1926년 7월에 북벌을 시작했다. 앞에서 언급한 대로 장제스 군대의 움직임은 신속하여 화중을 평정한 후에 국민당은 1927년 1월 1일에 정부를 광저우에서 우한으로 옮기기로 결정했다. 동시에, 중국 공산당은 1926년 11월 30일자로 표시된 스탈린의 명령서를 받았는데, 스탈린은 이 명령서에서 중국 공산당에게 군대 내에서의 요직을 확보하기 위해서 혁명군대 내에서 정치공작을 강화하고 군사지식을 향상시키라고 지시했다.

우한 정부는 보로딘과 국민당 좌파의 통치하에 있었는데, 이중 두 개의 중요 부문인 노동부와 농민부는 모두 공산당이 책임지고 있었다.[21] 후자는 스탈린의 1927년 3월 3일의 새로운 명령을 적극적으로 집행했는데, 이 명령은 대중운동을 강화하고 노동자 농민을 무장시킬 것, 그리고 군중을 동원하여 국민당 우파를 교란시키고 공격할 것을 지시했다. 후베이 성, 후난 성과 장시 성을 포함한 우한 정부가 장악하고 있는 지역에서 이 추가된 활동들이 특히 뚜렷했다.

동시에 장제스는 군사행동을 성공적으로 지휘하여, 중국 동부와 동남부에 권력의 기초를 신속히 확립했다. 그는 북방으로 진격하기 위하여 상하이를 공격하지 말라는 보로딘의 건의를 고의로 묵살하고 도리어 군대를 지휘하여 금융 중심지의 대문인 상하이를 곧바로 공격해버렸다. 상하이에서, 공산당이 장악하고 있는 노동조합 총연합회는 이미 한차례의 파괴성이 큰 파업을

---

20) Conrad Brandt, *Stalin's Failure in China, 1924-1927*(Cambridge, Mass., 1958), p. 76.
21) 각각 수짜오정(蘇兆徵)과 탄핑산(譚平山)이다.

개시했고, 그들의 무장한 규찰대를 동원하여 지방의 요새를 공격했으며, 내부로부터 성공적으로 도시를 장악했다. 그들은 장제스와 협력해야 하는지의 여부를 알 수 없었으므로 모스크바의 명령만을 기다릴 수밖에 없었다. 스탈린은 여전히 분열을 원하지 않았기 때문에 상하이 노동자들에게 무기를 "묻어버리고" 장제스와의 "어떤 충돌도 피할 것"을 요구했다. 이리하여 3월 22일에 장제스의 군대는 아무런 저항도 받지 않고 도시로 진입했다.[22] 북벌군은 승세를 몰아 계속 진격하여 3월 24일 난징을 점령했고, 뒤이어 푸젠 성과 저장 성 및 장쑤 성과 안후이 성의 대부분 지역을 장악했다. 우한과 난징이 국민당 통치계층 내의 양대 권력의 중심을 이루게 된 것은 아주 분명했다. 분열이 임박했다.

장제스는 상하이-난징 금융재벌의 지원하에 공산당을 징벌하기로 결심했다. 1927년 4월 10일 "청당(清黨 : 당내 숙청)"위원회가 조직되었으며, 국민혁명군 정치부의 해산 명령을 선포했다. 4월 12일부터, 전면적인 공산당 제거운동이 먼저 상하이에서 시작되었고, 이후에 난징, 한커우, 푸저우, 광저우 및 기타 몇몇 지역에서 시작되었다. 국민당의 군대, 경찰과 특수요원들은 공산당 세포들을 습격하여 용의자들에게 총격을 가했으며, 노동자 규찰대의 무장을 해제하고 노동조합을 해산시켰다. 당내 숙청운동이 종결되었을 때, 중국 프롤레타리아 계급의 선봉대는 치명적인 타격을 입었다. 놀라운 것은, 장제스는 당내의 숙청 기간에 모스크바와의 우호관계를 공개적으로 발표함으로써, 그의 분쟁은 오직 본토의 공산당원에게만 국한된다는 것을 보여주었다.

공산당의 항의에 시달리게 된 우한 정부는 4월 17일 장제스의 국민혁명군 총사령관 직책을 해제했다. 장제스는 이를 방관할 수 없어서, 하루 뒤에 후한민의 도움을 받아 난징에서 자신만의 국민정부를 조직했다. 양대 권력중심 사이의 균열이 극복할 수 없을 정도로 크게 확대되었다.

---

22) Brandt, pp. 112-113.

보로딘은 장제스의 상하이와 난징에서의 성공에 맞서기 위해서, 우한 정부에 대해서 펑위샹과 옌시산과의 협력을 도모하고자 베이징으로 "2차 북벌"[23])을 개시할 것을 건의했다. 이 계획은 코민테른의 새로운 대표인 M. N. 로이의 반대에 부딪혔는데, 그 이유는 펑위샹과 옌시산의 지지에만 의존하는 것은 너무 위험하기 때문이라는 것이었다. 로이와 보로딘 사이에 서로를 격렬하게 폄하하는 싸움이 발생했다. 4월 18일, 왕징웨이의 지도하에 우한 정부는 먼저 북벌을 개시하고 그후 동정(東征)을 개시하기로 결정했다. 이 군사계획의 수립은 우한의 군대와 펑위샹의 군대를 경한 철도에 집결시켜 3개월 후에 베이징을 점령하기로 하는 것이었다.[24])

계획에 정해진 대로, 우한의 군대는 허난 성 공격에 성공하여 봉천군에게 큰 타격을 입혔고, 중요한 철도중심지인 정저우에서 펑위샹과 합류했다. 그러나 허난에서 기반을 잡은 펑위샹은 보로딘이 생각한 것보다 더욱 독립적이었다. 옌시산 문제도 더욱 처리하기가 곤란한 문제였다. 옌시산은 연합을 거절했는데 그 이유는 우한은 공산주의 정권을 대표하고 있으며 난징이 진정한 국민정부이기 때문이라는 것이었다. 동시에 장제스는 진포 철도를 따라서 북벌을 성공적으로 진행하고 있었으며, 1927년 6월 2일에는 쉬저우를 점령했다.

이때, 펑위샹은 장제스와 우한 정부와 자신이 연합해서 북벌을 할 것을 건의했다. 보로딘과 천두슈에게 연합북벌은 "연합해서 공산당을 숙청하는 것"을 의미하기 때문에 그들은 단호히 이 제의를 거절했다. 그후 펑위샹은 6월 20-21일 쉬저우에서 장제스를 방문했는데, 표면상으로는 난징과 우한 사이의 중재를 하기 위해서였지만, 실제로는 협력하여 반공행동을 하기 위해서였다.[25]) 회의는 펑위샹이 공개적으로 보로딘과 공산당원의 추방을 요구하는 것으로 끝이 났다.

---

23) 광저우에서 우한까지의 군사작전은 "제1차 북벌"이라고 불린다.
24) 蔣永敬, pp. 196-199, 202.
25) 蔣永敬 p. 381.

펑위샹의 변절과 옌시산의 협력 거절은 보로딘의 북벌을 분쇄했을 뿐만 아니라, 우한을 적대세력의 포위에 놓이게 했다. 그리고 설상가상으로 스탈린과 트로츠키의 권력투쟁의 영향을 받게 되었다. 장제스가 승리함에 따라서, 트로츠키는 스탈린의 중국에서의 지도가 졸렬했으며 레닌의 중요한 원칙을 위반했다고 비난했다. 즉 공산주의자들은 오직 그들 조직의 독립성과 행동의 자유를 보존하고 있을 때, 부르주아 계급과 잠시 협력하거나 심지어 동맹하는 것도 비로소 허락된다는 것이었다. 트로츠키는 국공합작에서 공산당의 행동의 자유가 어디에 있었는가라고 물었다. 자신의 중국 정책이 정확하다는 것을 증명하기 위해서, 스탈린은 한차례의 승리를 매우 필요로 했다.

1927년 6월 1일, 그는 1통의 전보를 보로딘과 중국 공산당에 보내어 다음과 같이 명령했다. (1) 노동자와 농민으로 구성된 2만 명의 새로운 군사력을 조직하라. (2) 우한에서 국민당을 재조직하라. (3) 국민당 중앙위원회에서 노동자와 농민의 인원수를 증가시켜라. (4) 우한 정부의 명령을 기다릴 필요 없이 현지의 토지를 몰수하라. (5) 국민당 특별 법정을 설립하여, 반(反)혁명 분자를 심판하라. 그러나 공산당원에게는 영향이 미치게 해서는 안 된다.

사실상, 그것은 독립군대를 조직하여 우한을 오직 꼭두각시인 왕징웨이의 지도하에 있는 공산주의 정권으로 변화시키도록 호소하는 것이었다. 이 명령을 실행하는 것은 불가능하다고 생각한 보로딘과 천두슈는 로이에게 집행을 요구했다. 그의 선의와 성실을 표시하기 위해서, 로이는 왕징웨이에게 이 전보를 보여주었다. 이때에 이르러서야 왕징웨이는 비로소 스탈린의 진정한 의도가 바로 국민당 좌파를 파괴하여 우한 정권을 공산주의의 괴뢰정권으로 바꾸려는 것이라는 사실을 알았다. 그러나 그는 즉각 행동을 취하여 이 음모를 저지하지는 않았다. 이와는 반대로 그는 6월 6일 정저우에서 펑위샹을 회견했는데, 펑위샹은 왕징웨이와 장제스 사이의 중재를 제의했다.

7월 13일, 보로딘은 공산당원들이 정권에서는 물러나지만 국민당을 탈퇴하지는 않겠다고 선언했다. 중국 공산당은 당부를 잠시 성의 주장 시로 옮겼을 뿐만 아니라, 우한에 대한 공격도 차츰차츰 강도를 높였다. 7월 14일, 왕

징웨이는 보복으로 국민당 안에 있는 공산당원들이 말과 행동 모두 국민당의 정책과 사상을 위반한 것은 유죄이며, 이를 엄벌에 처할 것이라고 선언했다. 이틀 뒤에 그는 한걸음 더 나아가 만약 공산당원이 우한 정부에서 물러난다면 동시에 국민당, 군대와 각급 정부에서도 물러나야 할 것이라고 선언했다.

비록 외관상으로는 왕징웨이가 이미 공산당과 결별한 것처럼 보였지만, 아직은 그들을 용인해줄 수 있어서 즉각 숙청을 행하지 않았고, 공산당을 국민당내 및 군대 내에서 강제해산하지도 않았다. 7월 26일에 이르러서야, 우한의 의장단은 비로소 공산당이 계속해서 욕설을 퍼붓는 가운데, 공산당원들이 스스로 공산당원 자격을 포기하지 않으면 국민당내와 정부직위에서 공산당원을 추방할 것을 명령했다. 동시에, 국민당원은 기타 당파에 가입하는 것이 허락되지 않았다. 이런 불리한 상황에서는 달리 선택의 여지가 없어서, 보로딘은 1927년 7월 27일 우한을 떠나 몽골을 거쳐 러시아로 돌아갈 수밖에 없었다.

8월 1일, 공산당원은 국민당 좌파의 명의를 빌려 남창에서 봉기를 시작했다가 결국 치명적인 타격을 초래했다. 왕징웨이는 전면적으로 공산당원을 숙청하고 노동조합 총연합회, 농민조합, 부녀협회와 상업연합회 같은 중요 조직의 재조직에 관한 명령을 내리기로 결정했다.

난징과 우한이 공산당을 숙청하자, 상하이의 시산 회의파(국민당 내부의 우파 집단)는 화해를 제의했다. 특수중앙위원회가 난징에 성립되어 당부 권력을 행사했다. 12월 10일, 우한과 난징 사이의 모든 견해 차이가 해결되었다. 이 결과 장제스는 다시 국민혁명군 총사령관으로 임명되었지만 왕징웨이는 출국계획을 선언했다.

비록 1928년 2월 우한 정부는 해산되었지만, 정치위원회의 한 지부는 계속 존재했다. 당내 갈등이 결국 해결되자 장제스는 다시 북벌을 개시했다. 산둥 성의 지난 시에서 일본 군대의 저지를 받았지만, 장제스는 여전히 장애를 극복할 수 있었다. 펑위샹과 옌시산의 도움으로, 장제스는 당시 펑톈 군벌인 장줘린이 점거하고 있던 베이징으로 진군했다. 장줘린은 만주로 피신했는

데, 1928년 6월 4일 일본이 선양 부근의 황꾸툰에서 열차 사고를 일으켜 그를 폭사시켰다.26) 7월, 그의 아들인 젊은 원수 장쉐량(張學良)은 국민정부에 충성을 다할 것을 맹세했다. 그후 12월 31일에 그는 삼민주의를 지지하고 만주지역에 대한 장악을 "포기했을" 뿐만 아니라 국민정부의 기치를 사용함으로써 국민정부에 대한 지지를 표시했다. 1929년 초, 13년의 내란을 거친 이후 장제스는 중국, 아니 중국의 대부분 지역을 통일했다. 난징이 새로운 정부 소재지였기 때문에 옛 수도인 베이징은 새로 베이핑으로 명명되었다.

역사를 돌아보면, 국공분열은 스탈린의 정책이 중국에서 철저히 실패했음을 증명하는 것이라고 결론 내릴 수밖에 없다. 스탈린은 국민당에서의 우세를 탈취하여 마치 레몬 즙을 짜내는 것처럼 국민당 우파를 배척하려고 했으나, 그는 개편된 국민당이 더 이상 일찍이 그가 느슨하고 효율성이 낮다고 생각했던 집단이 아니라는 것을 인식하지 못했던 것 같다. 보로딘은 당의 구조를 회복시켰고 당의 군대는 갈렌의 도움 아래 훈련을 받았다. 가장 중요한 것은 스탈린이 아직 공산당이 군대를 장악하지 못한 사실을 알지 못한 것이었다. 또한 장제스는 절정에 달한 듯한 정치적 감각력을 가지고 있었으며 행동에 과단성이 있고 단호하여, 멀리 천리 밖에 있는 스탈린이 반격할 기회를 가지기 전에 공산당을 축출해버렸다.27) 10년 후 마오쩌둥은 한 미국 기자에게 이 일을 논평할 때 말하기를, 보로딘은 우유부단했고 로이는 말만 하고 행동을 하지 않는 바보였으며 천두슈는 우경 기회주의의 실수를 범했다고 했다.28)

---

26) 이 음모의 주모자는 관동군 참모인 고모토 다이사쿠(河本大作) 대좌(大佐)인데, 그는 혼란을 틈타서 새로운 정치질서를 구축하려고 했다. 이 음모를 사전에 몰랐던 일본 정부는 이 사실을 알게 되자, 다나카 기이치(田中義一) 수상은 탄식을 하며 "참으로 어리석구나! 그들[관동군]이 어린아이처럼 행동했으니 부모가 어떻게 처리해야 할지 모르겠구나"라고 말했다. Takehiko Yoshihashi, *Conspiracy at Mukden: The Rise of the Japanese Military* (New Haven, 1963), pp. 50-51.

27) Schwartz, p. 80.

28) Edgar Snow, *Red Star Over China* (New York, 1938), p. 165.

민족주의 외교

중국에서 사조(思潮)와 정치가 활기를 띠었던 시대는 또한 민족주의가 고조된 시대였다. 외교와 국내전선에서, 중국인의 행동은 강렬하게 터져 나오는 민족주의 감정의 지배를 받았다. 1921-1922년의 워싱턴 회의에서, 중국인은 독립과 국제적인 존엄을 위하여 끝까지 분투하려고 노력했다. 또한 회의가 끝난 뒤에는 관세의 자주와 치외법권의 취소 및 외국 조계의 폐지를 위해서 제국주의 열강과 끊임없이 투쟁했다. 국치폐지를 요구하는 중국인의 강렬한 소망은 외국 경찰 및 용병들과의 수많은 충돌을 초래했을 뿐만 아니라, 항상 강압과 불필요한 잔혹한 진압수단을 초래했다. 그 결과 1920년대는 분노한 중국인들이 "학살사건"이라고 일컫는 사건들로 가득 찼다. 민족주의는 19세기 유럽 사람들을 감동시킨 정신으로서 중국에서도 맹렬하게 타올랐으며, 국가를 제국주의와 군벌혼전의 이중 고난으로부터 구원하는 새로운 사명을 수행하도록 촉진했다.

워싱턴 회의 파리 강화회의에서 산둥 문제를 평등하게 해결하지 못하고, 수많은 태평양 분쟁들 처리에 실패함으로써 미국은 매우 무거운 부담을 지게 되었다. 미국은 파리 강화회의에서의 잘못을 시정하고 파리 강화회의에서 남겨진 사항들을 해결하기 위해서 1920년에 또다른 국제회의를 개최할 것을 계획했는데, 이것이 바로 1921년 11월 12일에서 1922년 2월 6일까지 열린 워싱턴 회의이다. 극동과 태평양에서 직접적인 이해관계가 있는 9개의 국가가 회의에 참석했다. 즉 영국, 미국, 프랑스, 이탈리아, 일본, 중국, 벨기에, 네덜란드, 포르투갈이었다.

희망을 가득 안고 온 중국 대표단은 9가지 제안이 담긴 건의서를 제출했다. 그들은 회의 참가국들에게 중국의 영토 보전과 정치적 독립을 존중하고, 상호간에 중국과 관련된 조약체결을 중지하고, 향후 전쟁 시 중국의 중립권을 존중하며, 정치, 사법, 행정관리에서 중국에 대한 모든 제한을 폐지하며,

외국의 중국에서의 모든 특권 그리고 치외법권과 조계를 재차 심사하여 그 승낙에 대한 기한을 설정하도록 요구했다. 이 제의는 미국과 유럽 대표단으로부터 열렬하고 동정적인 반응을 얻었다.

미국의 지지하에 중국의 건의는 4가지의 총 원칙으로 합병되었으며, 마침내 1922년 2월 6일의 9개국 조약(워싱턴 조약)의 본문에 수록되었다. 서명국들은 중국의 영토 보전과 정치적 독립을 존중하고, 세력 범위를 한층 더 추구하려는 기도를 포기하고, 전시의 중립을 존중하며, 모든 국가의 평등한 상업기회를 존중하는 데에 동의했다.

열강도 각각 1923년 1월 1일, 조차지에 있는 것을 제외하고는 중국에 있는 모든 외국 우편국을 폐쇄하는 데에 동의하고, 중국이 수입관세를 가격의 3.5퍼센트에서 5퍼센트로 증가하도록 했다. 산둥 문제는, 영국과 미국의 호의적인 도움 아래 중일 양국이 직접 협상했다. 세계언론, 특히 미국 정부당국과 비정부조직의 압력으로 일본은 산둥을 포기하고 약간의 경제적 권리만을 가지게 되었다. 일본은 현지의 일본인 공동체가 필요로 하는 영사관 건물, 공립학교, 묘지와 신상(神像) 등 산둥에 있는 토지와 건물들과 같은 몇몇 자산들을 소유하게 되었다. 일본 국민은 각종 공동시설, 가축 수용소와 중요 기업의 고문으로 임명되었다. 그들은 또한 교제 철도(膠濟鐵路)에서 5년 동안 수석 엔지니어, 교통관리자와 총회계사를 담당할 수 있게 되었다. 중국은 일본에서 차관을 들여와 교제 철도를 다시 사들였다. 전체적으로 말하면 중국은 대부분의 목적을 이루었지만 모든 문제를 철저하게 해결하지는 못했다.

이 회의의 다른 장소에서 또다른 2개의 중요한 국제협정도 체결했다. 1921년 12월 13일의 4개국 협정은 영일 동맹을 대신하는 것을 목적으로 이루어졌다. 영국, 미국, 일본, 프랑스는 평화적 방식으로 태평양에서의 분쟁을 해결하는 것에 동의했다. 그밖에도 1922년 2월 5일의 5개국 해군조약을 통과시켰는데, 영국, 미국, 일본, 프랑스 4개국과 이탈리아는 극동의 군사현황을 유지하는 데에 동의하고 동경 110도 이동에서의 새로운 방어구축물과 해군시설의 건설을 금지했다. 영국, 미국, 일본, 프랑스, 이탈리아의 5개국

해군 주전함의 비율을 5 : 5 : 3 : 1.75 : 1.75로 확정지었다. 이 비율로 인해서 영국과 미국은 총 톤수가 각각 52만5,000톤인 주전함(主戰艦) 15척을 보유하게 되었고, 일본은 31만5,000톤의 주전함 9척을 보유하게 되었으며, 프랑스와 이탈리아는 각각 총 17만5,000톤의 주전함을 보유하게 되었다.

　표면상 이 해군조약은 일본의 이익을 희생시키고 영국과 미국에 유리했지만, 실제적으로는 몇 가지 면에서 일본에 유리했다. 우선, 영국과 미국은 대서양과 태평양에서 2개 함대를 보유하고, 일본은 단지 태평양에서만 1개 함대를 보유하게 되었다. 게다가, 조약 체결 시 일본의 해군력은 미국의 절반이어서 5 : 3의 비율은 실제적으로는 일본의 해군력을 10퍼센트 증강시키는 것을 허용한 것이다.[29] 요컨대, 해군조약은 일본의 서태평양에서의 지배적인 지위를 보증했고, 또한 영국이나 미국의 공격에 대한 일본의 상대적 안전을 보증한 것이었다.

중국 민족주의의 고조　워싱턴 조약은 기본적으로 중국의 미래 발전에 대한 선의의 표시였지만 그것은 강제적인 집행권력이 결핍되어 있었기 때문에 열강의 중국에서의 현행특권을 무효화시키지 못했을 뿐만 아니라, 그들에게 반드시 무력으로 문호개방정책이나 중국의 독립을 보호하도록 하지도 못했다. 이리하여 중국의 자존심이 상처를 입었다는 느낌은 결코 경감되지 못했다. 외국인의 계속적인 의기양양한 태도는 중국의 이런 감정을 능가하고 있었으며, 그들은 중국의 세관, 염정국과 우정국에서 계속해서 고급직위를 차지하고 있었다. 외국인 기주지와 도시이 조계는 지난날과 다름없이 존재하고 있었다. 일본인은 여전히 남만주 철도(南滿洲鐵道)를 장악하고서 그것을 침략의 도구로 삼았다. 그리고 영국도 계속해서 홍콩을 통해서 화남의 무역을 통제하고 있었다. 중국 애국자의 입장에서 말하면, 제국주의의 이런 모욕적인 상징들은 항상 사람들을 번뇌하게 했으며, 사람들에게 중국이 반(半)식

---

29) Tang Tsou, *America's Failure in China, 1941-1950*(Chicago, 1963), p. 17.

민지임을 한시도 잊지 못하게 했다. 그리고 이 모든 것은 견디기가 어려웠다. 민족주의의 고무를 받아서 중국인은 제국주의와 자본주의의 착취 그리고 군벌혼전에서 벗어나기 위한 "구국"운동을 전개하기 시작했다. 이런 노력의 과정 속에서 젊은 학생들과 대도시에서 성장하고 있던 노동자계급이 주역이 되었으며, 그들은 국내외의 죄악을 제거하고 만약 필요하다면 무력을 사용하겠다고 맹세했다.

민족주의를 발생시킨 사건들 중 가장 유명한 것은 1925년의 "5. 30 학살사건"이다. 이 사건의 기원은 그해 상하이의 한 일본 면방공장에서 중국인 노동자들이 낮은 임금에 항의하여 행한 파업에서 비롯되었다. 상인단체와 기타 민간단체들은 초보적인 해결방안을 마련했는데, 일본인 직물공장 주인에 의해서 거부당했다. 노동자들은 계속해서 두 번째 파업을 하여, 5월 15일에 또 8명의 대표를 보내어 경영자 측과 협상을 했다. 이런 대립이 만들어낸 결과가 바로 한차례의 무력충돌이었으며, 이로 인해서 한 사람이 죽고 나머지 7명이 상처를 입었다. 영국이 장악하고 있는 행정기관은 발포한 일본인을 처벌하지 않고 도리어 수많은 중국 노동자들을 체포하고, 치안을 어지럽혔다는 죄명을 덮어씌웠다. 5월 22일, 수많은 대학생들과 노동자들은 학살당한 사람들을 위한 공개추도회를 거행하고, 또한 가두연설을 하며, 일본 직물공장의 주인을 비난했다. 그중 많은 사람들이 경찰에 체포되었으며, 이로 인해서 5월 30일에 난징로에서 영국과 일본의 만행에 항의하는 3,000명의 학생들의 시위가 일어났다. 이 중요한 시기에 영국인 조계 경찰서 부서장이 부하들에게 발포 명령을 내려, 이로 인해서 11명의 중국인이 살해되고 수십 명이 부상을 당했다. 이밖에도 약 50명의 학생이 체포되었다.

"5. 30 학살사건"은 전국의 학생, 노동자와 상인들의 항의와 파업 그리고 일본제 상품 배척운동을 야기했다. 12월에 이르러 영국 조계 경찰서의 서장과 부서장이 해직되었으며, 행정기관은 사망자와 부상자에게 7만5,000위안을 배상하여 사람들의 분노를 가라앉힐 수 있었다. 5. 30 학살사건 이후, 민족주의의 소용돌이는 국내의 다른 지역에서도 맹렬한 기세로 일어나 제국주

의와의 충돌을 발생시켰다.

발생된 사건들 중에는 상하이 공공 조계 내의 중국인들이 "세금을 내도 대표권이 없는 것"에 대해서 격렬하게 항의한 것이 있었다. 1926년에는 외국인 유권자들이 양보를 하여, 원래 9명의 외국인이 장악하고 있던 공무국에 3명의 중국인이 진입하는 것을 허가하기로 결정했다. 그러나 이 제의는 1930년 중국인의 인원수가 5명으로 증가함으로써 비로소 받아들여졌으며, 외국인의 인원수는 그대로 변하지 않았다.

제국주의 반대운동의 또다른 성과는, 중국인들이 수많은 도시의 외국 조차지 및 매우 큰 규모의 관세자주권을 성공적으로 회수한 것이었다(다음 장 참조). 1920년대 말에 이르러, 민족주의 혁명은 이미 크게 진보하여 외국 제국주의는 심각한 타격을 받았고, 북벌도 국내의 군벌의 할거 상황을 경감시켰다.

난징 국민정부

1928년에 북벌이 성공함에 따라서 쑨원의 3단계 혁명론 중에서 군정기(軍政期)가 완성되었고 제2단계인 훈정기(訓政期)도 실행할 때가 되었다. 1928년 10월 3일, 국민당 중앙집행위원회는 "훈정강령(訓政綱領)"이라는 임시헌법을 통과시켰는데, 그 목적은 바로 국민당의 정부에 대한 지도를 합법화하는 것이었다. 국민당은 이중의 책임을 부여받았다. 즉, 사람들이 선거권, 파면권, 법률제정권, 국민투표권의 네 가지 권리를 행사하는 것을 지도 및 감독하고, 정부가 행정권, 입법권, 사법권, 감찰권, 고시권의 다섯 가지 권리를 행사하는 것을 감독하는 것이었다. 당의 최고기관은 전국대표대회로서, 폐회 기간 중의 권력은 중앙집행위원회에 맡기게 되는데 이 위원회에는 권력의 진정한 소재지인 당 위원회가 설치되었다. 중앙집행위원회와 나란히 있는 것은 중앙감독위원회로서 이것은 기율에 관한 사무와 재정의 감찰을 책임졌다.

정부의 주요한 특색은 민국 주석하의 오원(五院)구조였다.[30] 오원 중 가장 중요했던 것은 행정원으로서 일반적으로 "내각"으로 불리는 행정관리기구이다. 행정원에는 10개의 부[31]가 있고 모든 부는 각각 1명의 부장과 2명의 부부장이 이끌며, 그 외에 몇 개의 특별 위원회가 국민건설, 해외업무, 몽골과 티베트에 대한 업무 등을 책임졌다. 서양의 관례와는 다르게 행정원은 정부의 입법기구에 대해서 책임을 지는 것이 아니라 당과 국가주석에 대해서 책임졌다.

입법원은 44-99명의 위원으로 구성되었는데 그들은 지역의 크기에 따라서 선거에 의해서 선출되며 임기는 2년이었다. 입법원은 서양의 국회와는 다르며 본질적으로는 법률기초기구로서 국민당 중앙집행위원회가 채택한 입법원칙을 법률로 바꾸고, 직책에는 법률심사, 예산, 특별사면, 선전포고, 평화조약의 체결 등이 포함되어 있었다.

사법원은 국가의 최고사법기관으로서, 법률명령의 해석, 사면, 감형, 민권배상 선포, 법정체제가 조화를 이루게 하는 책임을 졌다. 그러나 법정판결에 대해서는 간섭하지 않았다.

고시원은 정부의 하나의 독립적인 기구로 설정되었는데, 전통적인 과거시험 제도를 상당 정도 답습했다. 그 산하에는 두 개의 부(部), 즉 상이한 유형의 정부고시를 관리하는 고시위원회와 공무원을 비교, 평가하는 인사부이다.

감찰원은 기능 면에서는 예전의 도찰원과 비슷하며 19명에서 29명의 구성원으로 이루어졌는데, 정부의 활동을 감찰하고 예산감사를 하고 독직관리를 탄핵했다. 오원은 각각 1명의 원장과 1명의 부원장이 이끌었으며 일반적으로는 국민당의 고급당원이 맡았다. 국민정부의 최초의 핵심관리의 명단은 아래와 같다.

---

30) 후한민이 쑨원이 「건국대강(建國大綱)」에서 제시한 건의에 근거하여 창립했다.
31) 내정부(內政部), 외교부(外交部), 군정부(軍政部), 재정부(財政部), 농광부(農礦部), 공상부(工商部), 교육부(教育部), 교통부(交通部), 철도부(鐵道部), 위생부(衛生部).

민국 주석 　장제스(장중정)

행정원 　원장 : 탄옌카이(譚延闓), 부원장 : 펑위샹

입법원 　원장 : 후한민, 부원장 : 린선(林森)

사법원 　원장 : 왕총후이(王寵惠), 부원장 : 장지

고시원 　원장 : 따이지타오(戴季陶), 부원장 : 쑨커(孫科)

감찰원 　원장 : 차이위안페이, 부원장 : 천궈푸(陳果夫)

　　신정부는 쑨원의 생전의 염원이었던 삼민주의, 오권헌법, 국민건설대강 그리고 쑨원이 임종 때 호소한 "혁명은 아직 성공하지 못했다. 동지들은 반드시 노력해야 한다!"라고 한 것을 완성하기 위해서 힘썼다. 혁명에서의 미완성 사업을 집행하기 위하여 신정부는 대외적으로는 불평등 조약을 완전히 폐지하여 중국이 열강들과 평등한 지위를 획득할 수 있도록 하고 대내적으로는 민주건설과 사회혁명을 개시할 것이라고 맹세했다. 모두가 바라던 6년간의 훈정기가 1929년 종료되었을 때, 국가는 헌정기(憲政期)로 들어설 수 있게 되었다. 3단계 혁명—민족적, 민주적, 사회적 혁명—의 도전이 참으로 거대하여 정부의 책임이 중대했는데, 정부의 능력이 그런 막중한 임무를 감당할 수 있는지는 아직도 지켜보는 수밖에 없었다.

23
도전이 매우 많았던 10년,
1928-1937년

1928년 수립 이후부터 1937년 중일전쟁이 발생할 때까지, 난징의 국민정부는 줄곧 내부분쟁과 외래침략의 시달림 속에서 거의 하루도 편할 날이 없었다. 정부수립 초기에 국민정부는 국민당 내의 상이한 파벌의 정객과 반항적인 "신(新)군벌"의 도전을 받게 되었다. 그 이외에도 2개의 더욱 중대한 위협이 이런 혼란과 뒤엉켜 있었는데, 즉 동남부 지역에서의 부단히 커지는 공산당의 저항 그리고 만주와 상하이와 화북에서 나날이 심해지는 일본의 침략이었다.

이제부터 언급하려는 이 10년간은 정말로 "내우외환"으로 충만했다고 말할 수 있다. 그 부분적인 원인은 그 기세가 맹렬하여 감당할 수 없는 이런 상황으로 인해서 국민당이 시급히 필요한 사회개혁을 해내지 못하여 농민의 고난을 완화시키지 못했기 때문이며, 이러한 소홀함은 10년 후에 심대한 영향을 미치게 되었다. 형세는 이처럼 좋지 못했지만 그래도 국민정부는 현대화 방면에서 상당한 진보를 이룩했는데, 특히 금융, 교통, 교육, 국방, 경공업 등의 영역에서 그랬다. 이 10년간의 국민당 통치에 대한 올바른 평가는 또한 새로운 기록자료들의 개방을 기다려야 하지만 우리는 이 시기의 주요한 발전맥락을 비교적 심도 있게, 정확히 거슬러올라갈 수 있다.

신군벌과 파벌정객

북벌로 이룩한 국가통일은 그저 표면적인 것에 불과했다. 비록 북방의 수많은 군벌들이 섬멸되었지만, 여전히 몇몇 군벌들은 북벌을 지원했다는 명분으로 계속하여 권력을 누릴 수 있었다. 장제스는 전국통일을 이루는 데에 급급하여 이 군벌들과 협상했으며, 결국에는 합의를 이루어 군벌들에게 지방성을 띤 반(半)독립적 지위를 확실히 인정해주는 위임장을 수여함으로써, 군벌들이 난징 정권을 중국의 중앙정권으로 인정하는 것과 맞바꾸었다.

사실 몇몇 군벌의 사고방식은 상당히 "진보적"이어서, 그들은 관할 구역에서 현대화를 적극적으로 추진했다. 그러나 그들은 국가에 대한 충성심이 부족했는데, 그 이유는 국가에 대해서 책임을 지는 것은 바로 반독립적 지위를 잃는 것과 같았기 때문이다. 난징 정부와 이해 충돌이 없으면 그들은 난징 정부와 오랜 기간 협력할 수 있지만, 일단 이익 충돌이 발생한다면 이 군벌들은 기회를 봐서 행동을 개시할 것이고, 심지어는 난징 국민정부와 무력대결을 할 수도 있었다. 그래서 그들은 신군벌이라고 불렸는데, 그들의 관할 구역은 아래와 같았다.

1. 리중런(李宗仁)과 이지천(李濟琛)을 우두머리로 하는 광시계는 광시 성, 광둥 성, 후난 성, 후베이 성 등의 성들을 장악하고 있었다.
2. 펑위샹과 그의 국민군은 산둥 성, 허난 성, 산시(山西) 성, 간쑤 성, 칭하이 성과 닝샤 성 등의 화북과 서북의 성들에서 우세한 지위를 차지하고 있었다.
3. 젊은 원수라고 불리는 장쉐량은 동북(만주)와 러허를 장악하고 있었다.
4. 옌시산은 산시 성에 견고한 근거지를 구축하고 세력을 허베이 성, 쑤이위안, 차하르까지 확장시켰다.

이들은 모두 각자가 거대한 군대를 보유하고 있으면서 이를 세력 범위를 확장시키거나 자신을 보호하는 데에 사용했다. 그들은 국가에 원래부터 매우 부족했던 국가자원을 대부분 빼돌렸는데, 이 자원들은 국가를 재건하는 데

에 절실히 필요한 것이었다. 1929년 3월 국민당 제3차 전국대표대회는 결의를 통해서, 모든 군사행정 및 군령권은 전부 중앙 최고군사기관이 장악하여 반드시 군사의 절대통일을 이룩하도록 해야 한다고 강조했다. 이 결의는 또한 법률상 중앙정부에 속해 있는 수입을 각 성이 유용하는 것을 방지하기 위해서 지방재정 관리체계를 집중시킬 것을 규정했다. 신군벌들은 이런 결의의 목적이 자기들의 권력을 박탈하는 것이라고 생각하여, 장제스에게 먼저 군대를 감축할 것을 요구했다. 그러나 장제스는 그의 황푸 사관학교의 참모와 군대를 새로운 국군의 핵심으로 간주하여, 각 성의 부대부터 감축을 개시할 것을 고집했다. 쌍방이 각자 자기의 주장을 고집하고 서로 양보를 하지 않았으므로 전국대표대회의 결의는 처음부터 효력을 발생하지 못할 수밖에 없었다.[1]

이들 신군벌들의 말썽이외에도, 국민당은 파벌 간의 알력으로 심각한 곤란을 겪고 있었다. 국민당의 원로인 후한민과 시산 회의파가 주도하는 우파[2]와 왕징웨이를 우두머리로 하는 좌파[3] 간의 투쟁이 지속되고 있었고, 군권을 장악한 신예 장제스는 제3세력을 대표했다. 장제스의 당내의 지위는 후한민, 왕징웨이보다 낮았기 때문에 장제스는 정치적인 필요와 일시적인 편법으로 좌우 세력을 번갈아 지지하는 권모술수를 쓰기로 방침을 정했다. 장제스는 난징 신정부에서 후한민과 합작하고 후한민을 입법원 원장으로 선출했지만, 왕징웨이와 그의 좌파 문도들은 배제되었다. 그리하여 좌파는 장제스가 쑨원 선생의 원칙과 주장을 배신했다고 비난하고, 1924년의 제1차 대회의 선언의 정신에 따라서 국민당을 개조할 것을 요구했기 때문에 그들에게 "개조파(改造派)"라는 별명이 붙게 되었다.

난징 정부가 국민회의를 소집하여 훈정기의 임시헌법인 "훈정약법(訓政約法)"에 대해서 논의하고 있을 때, 1931년 5월 왕징웨이와 천여우런(陳友

1) Ch'ien Tuan-sheng, *The Government and Politics of China* (Cambridge, Mass., 1950), p. 101.
2) 우즈후이, 장지, 쑨커, 린선, 따이지타오를 위시한 집단이었다.
3) 쑨부인(孫夫人), 쑹칭링(宋慶齡), 천여우런을 위시한 집단이었다.

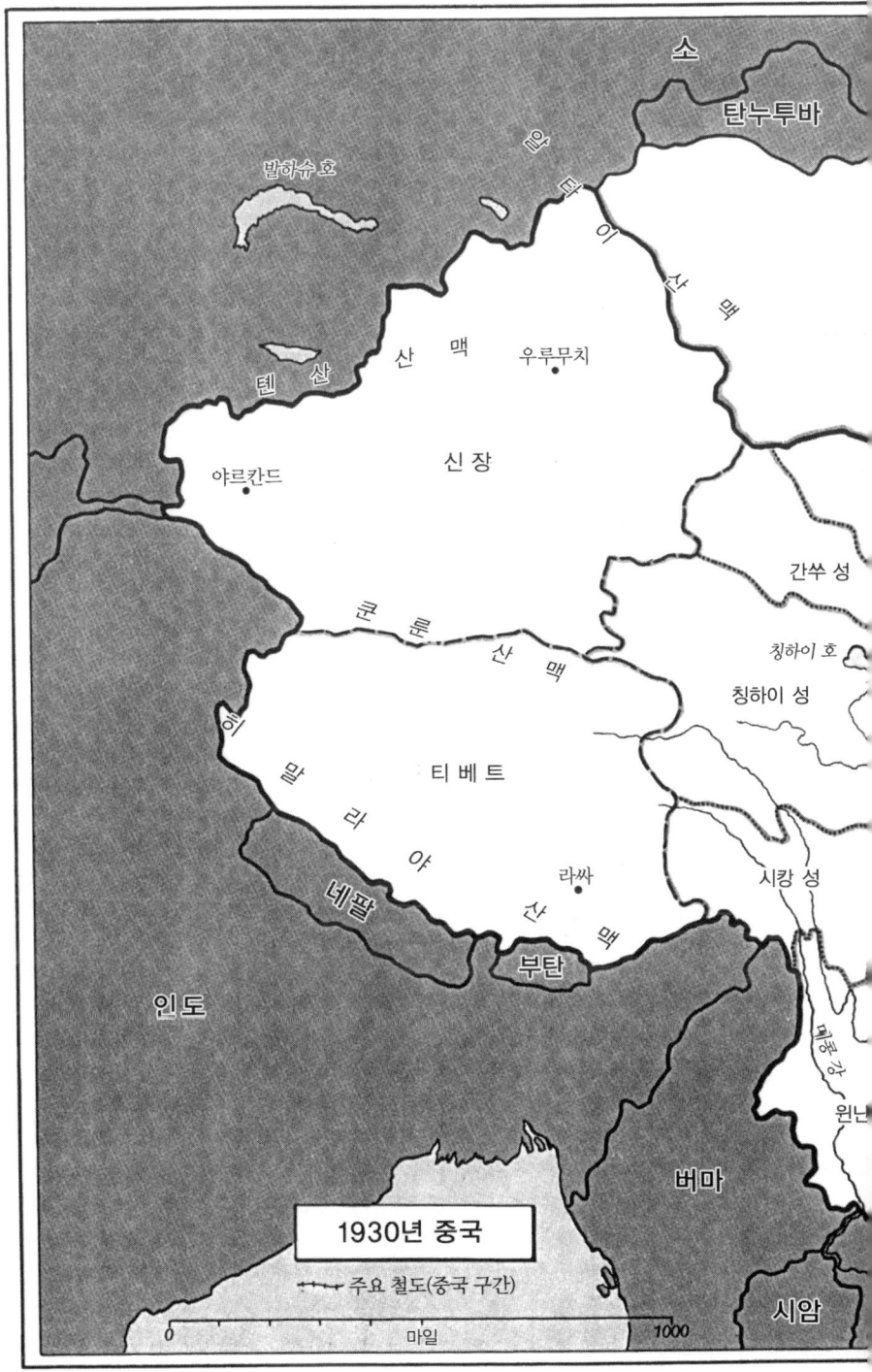

발하수 호

소

탄누투바

알
타
이
산
맥

텐 산 산 맥

우루무치

야르칸드

신 장

간쑤 성

쿤 룬 산 맥

칭하이 호

칭하이 성

히
말
라
야
산
맥

티 베 트

라싸

시캉 성

네팔

부탄

인 도

메
콩
강

윈난

버마

1930년 중국

주요 철도(중국 구간)

0

마일

1000

시암

련

바이칼호

란바토르

몽 골

몽 골 자 치 구

샤 성

쑤이위안 성

타이웬

산시(山西) 성

산시(陝西) 성

시안

촨 성

충칭

구이저우 성

구이양

구이린

광시 성

팡스령
차이나

하이난다오

해이룽 강

헤이룽장 성

하얼빈

만 주

지린 성

블라디보스토크

러허 성

랴오닝 성

선양

치치하얼성

장자커우

베이징

톈진

다롄(일본)

조선

일본

허베이 성

산둥 성

칭다오

황허 강

카이펑

장쑤 성

허난 성

난징

상하이

후베이성

안후이 성

한커우

이창

저장 성

난창

원저우

창사

후난 성

장시 성

푸젠 성

푸저우

태평양

류큐 열도

샤먼

타이완

광저우

산터우

광둥 성

마카오
(포르투갈)

홍콩(영국)

필리핀

㈡) 등은 광저우에 분열된 국민당 중앙영도기구인 중국 국민당 집행 및 감찰 위원회 비상회의를 수립하여 항의를 표시했다. 서로 대립하고 있는 정부와 불리한 여론의 압력에 직면하여 장제스는 12월에 난징 정부의 주석 직위에서 물러났다. 이 직위를 이어받은 사람은 온화한 원로인물인 린선이었고 쑨커(쑨원의 아들)가 행정원 원장 직위를 맡았다. 이와 같이 개편된 이후, 광저우 측은 스스로 조직을 해산하는 데에 동의했다. 새 지도자는 장제스와 왕징웨이에게 국가의 이익을 위해서 과거의 맺힌 감정을 버릴 것을 간청하여, 장제스와 왕징웨이는 항저우에서 대면했으며 화해를 표시하기 위해서 함께 난징으로 왔다. 1932년 1월 25일에 쑨커는 행정원 원장직을 사퇴하고 왕징웨이가 그 직무를 이어받았다. 그리고 장제스는 군사위원회 위원장직을 맡았다. 우리가 주의 깊게 볼 만한 것은 왕징웨이와 장제스가 화해를 할 수 있었던 것은 장제스가 이미 1931년 3월에 후한민과 결별했기 때문이었다는 것이다.[4]

이번 정치개편이 국민당 당내에 어느 정도의 평화를 회복시키기는 했지만 결코 국가에 평화를 가져다준 것은 아니었다. 1933년 푸젠 성에서는 또 한 차례의 사변이 발생했는데 이 사변을 일으킨 사람은 바로 제19로군 사령관[5]이었다. 이 부대는 1년 전 상하이에서 일본군에게 맞서 매우 용감하게 싸웠다(다음 절을 참조). 1932년 5월 상하이에서 휴전한 이후 제19로군은 푸젠 성으로 이동하여, 공산군과 싸우게 되었다. 그러나 그곳에 도착하자마자 이 부대의 사령관은 공산당의 선전과 야심만만한 화남 정객(政客)[6]에게 포섭되어버렸다. 제19로군 장군은 푸저우에 "인민혁명정부"를 수립했다. 그리고 소속 부대의 이름도 "인민혁명군"으로 바꾸고 1933년 11월에 중앙정부에 반기를 들었다. 그들은 일본과 싸우고 중국 공산당 및 소련과는 협력할 것을 호소했다. 이 운동이 비록 뚜렷한 좌파 경향은 있었으나 중국 공산당으로부터 원조

---

4) 두 사람은 "훈정약법" 문제에 대해서 견해의 차이를 가지고 있었다. 장제스는 약법을 원했으나 후한민은 약법이 필요 없다는 입장을 고수했다.
5) 차이팅카이(蔡廷鍇) 장군과 장광나이(蔣光鼐) 장군.
6) 이지천과 천밍수(陳銘樞).

를 받지는 못했는데, 이는 중국 공산당 자신도 국민정부군의 강대한 압력을 받고 있었기 때문이다. 중요한 지원을 받지 못하여 푸젠 사변은 1934년 1월 정부에 의해서 진압되었으며 제19로군은 국민당 제7로군으로 개편되었다.

우리는 이상의 개괄적 서술을 통해서 난징 정부는 최초의 10년 동안은 줄곧 내부의 알력과 내전의 곤란을 겪었다는 것을 분명히 알 수 있다. 비록 이런 위험들을 잘 대처하여 넘기기는 했지만 원래 국가재건에 사용할 수 있었던 정력과 자원이 크게 소모되어버렸다. 난징 정부가 젊은 원수의 칭호를 가지고 있는 장쉐량으로부터 두 번씩이나 "도움"을 받지 못했더라면, 운명은 어쩌면 크게 달라졌을 것이다. 그러나 바로 장쉐량이 모든 부대를 화북으로 이동함으로써 만주 지역은 공격을 받기 쉬운 지경에 놓여버렸다. 일본인들은 아주 빨리 이 점에 주목했다.

일본의 만주 침략

풍요로운 중국의 동북 지역인 만주는 농산물이 풍성하고 지하자원이 풍부한 것으로 유명하다. 중국이 청일전쟁에서 패배한 이후로 일본은 이 지역을 줄곧 노려왔다. 러일전쟁 이후 일본이 제정 러시아의 만주에서의 기존의 권익을 획득함으로써, 그들의 만주 지역에 대한 야심은 더욱더 조장되었다. 1910년 일본이 조선을 병탄함에 따라서 수많은 일본인들은 만주 지역을 순조롭게 다음 정복의 목표로 삼게 되었다. 1912년, 1916년, 1928년의 세 차례에 걸쳐 일본은 "만몽(滿蒙) 자치운동"을 사주하려고 계획했는데, 이 기도는 결국 실패로 끝났지만, "세계를 정복하기 위해서는 반드시 먼저 중국을 정복해야 하며, 중국을 정복하기 위해서는 반드시 먼저 만주와 몽골을 정복해야 한다"[7])는 관념은 날이 갈수록 강해졌다.

---

7) 이 말은 1927년의 「다나카 상주문」에서 나온 것으로 자주 언급되고 있는데 이 상주문은 사실상 존재하지 않았으며, 이 상주문에 들어 있는 견해는 일본인들 사이에서 매우 유행했다. 사실상 1927년의 다롄 회의(大連會議)는 이런 견해들이 포함된 결의를 채택했다. 梁敬錞, 『九一八事變史述』(香港, 1964) pp. 2-3, 197, 199, 218을 참조하라.

일본의 적극적인 활동분자들은 보편적으로 중국이 혼란스럽고 무질서해야 그들의 계략이 뜻대로 달성될 수 있기 때문에, 중국 통일에 대한 어떤 노력도 제지해야 한다고 생각했다. 그들은 만주에 주둔하고 있는 관동군의 공감과 격려를 받았다. 관동군은 일본 군사조직체계에서 아주 특수한 조직으로서, 그 기원은 1905년 일본이 러일전쟁에서 승리한 이후로 거슬러올라갈 수 있다. 강화조약의 일부분으로서, 일본은 랴오둥 반도의 러시아 조차지와 제정 러시아의 만주 지역에서의 철도 및 경제적 이익을 인수했다. 1906년 일본은 뤼순과 다롄 내의 랴오둥 남부 지역을 관동 조차구로 개명하여 총독의 통제를 받게 했는데, 총독의 관할 구역은 또 만주의 철도와 철도구역도 포함했다. 13년 동안, 총독에 임명된 장군은 동시에 현지군대 사령관도 맡았다. 1919년, 총독 직위는 문관이 담당하는 것으로 바뀌었으며 따로 관동군 사령부를 설치하여 조차 구역 및 만주 지역 철도구역의 수비를 책임지게 했다. 관동군은 러시아인을 답습하여 "철도수비대"의 명의로 주둔하여, 만주에서의 입지를 확고히 했다. 사실상 관동군의 만주 지역에서의 지위는 매우 견고했기 때문에, 1928년에 사령부를 뤼순 항에서 선양으로 옮겼다. 관동군은 기본적으로 일본 국내의 통제를 받지 않았을 뿐만 아니라 일종의 반독립적인 지위를 누렸고, 스스로 중국으로부터 만주 지역을 강탈하는 사명을 수행해 나갔다.[8]

관동군이 이와 같이 스스로 설정한 사명은 1928년 이시와라 간지(石原莞爾) 중좌와 1929년 7월 이타가키 세이시로(板垣征四郎) 대좌가 선양으로 온 이후 새로운 동력을 얻었다. 이 두 책략가는 빠르게 관동군의 핵심인물이 되었고 관동군 사령관과 참모장을 완전히 허수아비로 만들었다. 이타가키 대좌와 이시와라 중좌는 공개적으로 만주 지역을 점령하겠다고 공언하고, 만주를 소련의 남진에 대항하는 완충지대와 미국과의 교전 시의 보급기지로

---

8) Sadako N. Ogata, *Defiance in Manchuria: The Making of Japanese Foreign Policy, 1931-1932*(Berkeley, 1964), pp. 3-4; Takehiko Yoshihashi, *Conspiracy at Mukden*, p. 37, 130-131.

사용하겠다고 공언했다. 이 밖에 만주 지역의 광활한 영토와 풍부한 천연자원은 일본의 인구과밀과 자원부족을 개선시키고, 일본에 상업기회를 제공하며 일본의 실업 난제를 경감시킬 수 있었다. 이런 약탈행위를 변명하기 위해서 관동군은 고통 받고 있는 3,000만 민주 지역 민중들은 "일본이 그들을 중국 군벌과 탐관오리의 폭정에서 해방시켜주기를 마음으로부터 기대하고 있다"고 공언했다.9) 그들은 중국이 내부불안과 자연재해의 곤경에 깊이 빠져 있었기 때문에 1931년이 행동을 취하기에 시기적으로 매우 유리하다고 생각했다. 중공의 위협은 날로 심해져, 중앙정부는 대가가 매우 큰 일련의 포위섬멸 작전을 개시했다. 설상가상으로 대운하(大運河), 양쯔 강, 화이허 강에 수재가 휘몰아쳐 중부 10개 성에서 14만 명이 익사했고, 25만 명이 유랑민이 되어 여기저기를 떠돌아다니게 되었다.

국제형세도 마찬가지로 일본에게 유리했다. 경제대공황의 심한 타격을 입은 서양 열강들은 자신들의 국내문제에 바빠서 일본의 침략을 제지할 수 있는 힘이 없었으며, 국제연맹도 관여할 능력이 전혀 없었다. 1922년의 워싱턴 조약은 중국의 정치와 영토보전을 보증했고, 1928년 켈로그-브리앙(kellogg-briand) 파리 조약은 전쟁을 국가정책 수단으로 삼는 것을 배제했으나 이 두 조약은 그 목표를 집행할 수 있는 강제력이 없었기 때문에 한 장의 빈 문서로 전락해버렸다. 일본 내에서는 경제와 사회적 곤란을 표시하는 불길한 징조가 경제대공황의 충격이 있기 전부터 끊임없이 나타났다. 1920년대에 거대한 발전을 이룩한 공업은 과잉생산으로 인하여 기업도산과 실업증가 등의 문제를 초래했다. 1927년에 타이완은행을 포함한 35개의 은행들이 도산했고, 1929년 7월부터 1930년 6월 사이에는 대략 66만 명의 실업자가 발생했다.10) 그 이외에도 전 세계적인 경제대공황은 일본의 미국, 영국, 중국과의 무역량을 격감시켰다. 수많은 팽창주의자들은 이 공황으로 생긴 경제적, 사회적 불안을 이용하여 만주 정복이 국가를 곤경에서 벗어나게 할 수 있다고 부추겼

---

9) Ogata, pp. 42-45.
10) Yoshihashi, pp. 12, 116.

다. 이들의 주장은 육군과 재벌의 찬사를 받았다.

1920년대 이전에 군인은 전통적으로 정치를 멀리했다. 그러나 1925년 다나카 기이치(田中義一)장군이 정우회(政友會) 총재로 선출되고 1927년에 수상이 되면서, 군부지도자가 국가정책 결정과정에서 강대한 세력으로 등장함에 따라서 정당정부체계를 손상시켰다. 군부지도자들은 문관지도자들의 직무상 과실과 무능력을 질책했는데, 특히 워싱턴 회의(1922)에서 이루어진 "모욕적인" 5 : 5 : 3의 해군 선박 톤수 비율을 받아들이고 또한 이 비율을 확인한 런던 해군협정(1930)을 비준한 것을 질책했다. 군부는 문관정부를 비난하고 조소하고 능멸했으며, 일본이 중국을 장악하고, 최종적으로는 세계를 장악하게 하는 극단적인 정책을 추진하겠다고 마구 떠들어댔다. 그들은 이 정책의 제1보는 만주를 정복하는 것이라고 강력하게 주장했다. 만주의 75퍼센트의 외국 투자는 일본에 의해서 이루어진 것이기 때문에 비록 재벌은 적나라한 군사정복보다는 평화적으로 침투하는 것을 선호했지만, 행동에 박차를 가하는 것은 지지했다.

도쿄의 군사당국은 1932년 봄을 만주 점령의 행동시기로 설정했지만, 관동군은 조급해서 기다릴 수 없었다. 이미 정해진 대로 1931년 여름에 이타가키와 이사와라는 기타 직무로 전근될 수 있는 가능성이 있었는데 이는 어느 정도 관동군의 절박함을 촉진시켰다. 1931년 6월, 즉각적인 만주 침입을 요청하기 위해서 도쿄로 파견된 하나야 다다시(花谷正) 소좌는 가장 영향력이 있는 군부인물의 찬동을 얻는 데에 성공했다.

일본 천황은 군부의 오만불손한 행동을 걱정하여 9월 10일과 11일, 신중한 태도를 취하고 인내를 하도록 거듭 촉구했다. 9월 15일 육군대신 미나미 지로(南次郎)는 참모본부의 다테가와 요시쓰구(建川美次) 장군을 선양으로 파견하여 "관동군이 경망한 행동을 하지 못하도록 단속하게 하고 아울러 그들이 정부 측으로부터 지원을 얻기를 기대할 수 없을 것이라고 경고하도록" 했다. 이 소식이 참모본부의 제2부에 의해서 관동군에게 비밀리에 전달되었을 때, 아타가키와 이시와라는 다테가와 밀사가 단속명령을 선포하기 전에

사변을 계획하기로 결정했다. 9월 18일 선양에 도착한 다테가와는 교활한 이타가키에 의해서 영접을 받고 풍성한 연회에 참석하여 인사불성이 되도록 술에 취했다. 전해지는 말에 의하면 다테가와는 비공식적으로 관동군의 음모에 찬성했기 때문에 스스로 명령선포를 지체시키는 계략에 빠지도록 내맡겼다고 한다.[11]

저녁 10시경, 선양 교외의 남만주 철도구간에서 폭탄이 하나 작렬했다. 사실상 폭탄으로 인한 손상은 극히 미미하여 정상적인 철도운행을 중단시키지는 않았지만, 폭발 이후에 일본 순찰대는 중국 사병이 들판에서 발포하여, "자위(自衛)"를 위해서 다른 선택의 여지가 없이 반격할 수밖에 없었다고 주장했다. 이튿날 새벽 3시 40분에 선양의 성벽이 돌파되어 선양 시가 점령당했다. 9월 19일에 창춘이 점령당했고 20일에는 안동과 잉커우가 점령당하고 21일에는 지린이 점령당했다.

도쿄 측과 혼조 시게루(本庄繁) 사령관은 이미 오래전부터 이루어지고 있던 이 음모를 알고서도 행동을 취하여 제지하지 않고, 관동군의 전지(戰地) 장교가 일본의 운명을 장악하도록 놓아두어 일본을 군국주의와 정복 그리고 결국은 패망의 길로 이끌어가게 했다. 많은 사람들은 1931년 9월 18일의 만주 사변이 제2차 세계대전의 원인이 되었다고 생각한다. 한편, 사변의 소식은 9월 19일 새벽 2시 정각에 도쿄에 전달되었다. 정부에서는 미래의 행동방침을 둘러싸고 견해 차이가 생겼다. 육군대신과 참모부는 관동군 지원을 요구했는데 그 이유는 관동군 장교들의 애국적인 열정이 타격을 받아서는 안 되기 때문이라는 것이었다. 와카쓰키 레이지로(若槻禮次郎)를 수반으로 하는 문관내각은 원칙적으로 만주를 군사적으로 점령하는 것을 반대했다. 그들은 관동군의 고집스러운 거동으로 인해서 대단히 골치가 아팠지만, 저지할 능력이 없었다. 9월 19일 정오 무렵에 돌이킬 수 없을 정도의 분열 국면이 발생했다. 이때 내각은 불가침정책을 선포했지만, 육군대신은 육군은 미래의

---

11) Ogata, pp. 58-59.

계획을 내각과 상의할 필요 없이 관동군의 판단에 따라서 행동하게 할 것이라고 선언했다. 비록 내각은 혼조 시게루의 3개 사단 증원요청을 거절하고 조선 주둔군 통수부가 군대를 만주로 파견하는 것도 금지했지만, 관동군은 계속 단독으로 밀고 나갔고, 조선 통수부도 9월 21일 명령을 거역하고 만주로 원군을 파견했다. 와카쓰키는 이에 항쟁하기 위해서 한때 조선 정벌부대의 군사비를 압류했지만, 9월 23일 결국 군부의 압력에 굴복함으로써, 실질적으로 만주 사변에 찬동하게 되었다. 국가가 정치지도를 절실히 필요로 할 때, 와카쓰키는 적절한 지도를 하지 못했다.12) 이후 한동안의 "상호 불신임"의 시기가 출현했고, 문관정부는 수차례에 걸쳐서 전쟁 불확대정책을 선언했으나, 군부 측은 계속해서 만주에서 전쟁 확대정책을 추진했다. 와카쓰키는 점차적으로 압력을 받아 육군의 "기정사실"을 받아들이지 않을 수 없게 되었고, 이로 인해서 생긴 곤경이 1931년 12월 내각의 붕괴를 초래했다.

국제사회의 제제는 서서히 다가왔다. 새로운 영국 정부는 등장한 지 겨우 1달 만에 국내의 난제로 인해서 어려움을 겪었다. 영국의 대중여론은 놀라울 정도로 일본을 비호하여 일본의 만주에서의 행위가 결코 "완전히 도리에 어긋나는 것은 아니라고" 여겼다. 런던의 「더 타임스(The Times)」지는 "일본의 주장은 설득력이 있지만, 전혀 그렇게 할 필요가 없었는데도 불구하고 자신을 잘못을 저지른 위치에 놓은 것은 유감스럽고 불필요한 것이었다"고 주장했다. 미국은 관용적인 태도를 취하여, 도쿄는 파리 조약을 위반한 행위의 책임을 질 수 없는데 그 이유는 관동군이 아직 권한을 부여받지 않은 상황에서 행동했기 때문이라고 했다. 소련은 단지 시베리아 변경지역이 침범을 받지 않으면 되었기 때문에 어떤 행동도 취하지 않았다.13) 이렇게 되어 중국만이 단독으로 적을 상대하게 되었다.

사실상, 일본의 침략을 중국도 전혀 예상하지 못한 것은 아니었다. 1931년 9월 11일 장제스는 장쉐량에게 일본인과 교전하지 말라고 충고하여, 9월 15

---

12) Ogata, pp. 65-69; Yoshihashi, pp. 9, 235.
13) Ogata, pp. 71-73.

일 선양에 주둔하고 있던 동북군의 주력은 다른 곳으로 이동하기 위해서 그 곳을 떠났다. 9월 18일에 충돌이 발발했을 때, 베이징에 몸져 누워 있던 장쉐량은 재차 지시를 요청했지만, 다시 저항하지 말라는 명령을 받았다. 내부투쟁에 깊숙이 빠져 있던 장제스는 대외전쟁을 감당할 수 없어서 국제연맹에 호소하기로 결정했다. 그는 국제연맹이 간여할 만한 힘이 없다는 것을 분명히 알고 있었지만, 그 이외에는 다른 어떤 방법도 찾을 수 없었다. 그는 이 국제조직에 호소하는 것을 통하여 시간을 끌고 방어망을 구축하면서, 일본 국내정치에서 그에게 유리한 전환점이 될 수 있을 만한 사건이 발생하는 것을 기다리고 있었다. 모종의 알 수 없는 원인으로 인해서 그는 전혀 도쿄와 직접적인 협상을 모색하지 않았다. 난징 정부의 이런 정책은 항상 단순히 무저항정책이라고 불리고 있지만, 그것은 사실상 "무저항과 무타협 그리고 직접적이지 않은 협상"이 혼합된 것이었다. 이런 소극적인 방법은 긍정적인 결과를 가져오기가 매우 어려웠다. 만약 난징 정부가 동북군에게 침입자에게 저항하라는 명령을 내렸다면, 침략의 기세가 아마도 잠시 억제되어 그로 인해서 도쿄의 비교적 온화한 문관정부에게 중국 문제에 관하여 더욱 큰 발언권을 가지는 기회를 제공했을는지도 모른다. 그 이외에 난징 정부가 일본 정부와 협상하는 적극적인 정책을 실시했다면, 아마도 더욱 유리한 결과를 얻는 것이 가능했을 것이다.[14] 불행한 것은 난징은 이 2가지 방침 중 그 어느 것도 따르지 않고, 이와 반대로 도쿄에 항의하고 국제연맹에 호소하는 것에 의지했다. 12월 10일, 국제연맹은 조사단을 만주로 파견하기로 결정했다.

미국 측은 1932년 1월 7일에 국무장관인 헨리 스팀슨을 통해서 "불승인주의(不承認主義)"를 선포했다. 이 선언을 통해서 미국은 1928년 켈로그-브리앙 조약(파리 조약)의 조항과 의무에 위배되는 수단으로 획득한 상황, 조약, 협정은 어떤 것도 인정하지 않는다고 선포했는데, 이 조약은 전쟁을 국가의 정책수단으로 여기는 것을 배제했다.

---

14) 梁敬錞, 前言, pp. iii, vi.

아직 어떤 효과적인 국제적인 제재와 중국 측의 일치 단합된 저항을 받지 않은 상황에서, 일본 군대는 5개월 사이에 만주 전역을 석권했다. 중국 측이 가지고 있는 영웅주의의 섬광은 한 지역장군인 헤이룽장 성 대리성장[代省長]인 마잔산(馬占山)에게서 뿜어 나왔는데, 그는 수적인 열세를 고려하지 않고 완강히 적군에게 저항했다. 그의 침략자를 물리치는 능력은 지방민단과 의용군의 흥기를 촉진시켰으며, 그들은 온 힘을 다해서 일본군에게 타격을 주었다. 그러나 이런 산발적이고 조화가 결핍된 항일 운동들로는 결국 적군의 침략을 저지할 수 없었다.

1932년 1월 28일, 일본은 상하이에서 제2전선을 조성하여 국제사회의 시선을 만주에서 다른 곳으로 돌리려고 했지만, 그곳에서 광둥 성의 제19로군과 현대화된 중앙군 제5군의 맹렬한 저항에 부딪쳤다. 적군과 1달여간 공방전을 벌인 이후, 중국의 방어선은 붕괴되었다. 난징 정부는 중원의 뤄양으로 철수했다. 이후에 국제사회의 중재를 통해서 1932년 5월 5일 휴전협정이 이루어졌는데, 이 협정에 따라서 일본인은 상하이와 우쑹의 점령지역에서 철수하는 것에 동의했다.

적나라한 침략을 합법화하기 위해서 일본인은 1932년 3월 9일 괴뢰국인 만주국(滿洲國)을 수립하여 머지않아 도착할 국제연맹 조사위원회에게 만주사변은 "지방적 특색"을 띠고 있다는 인상을 남기려고 했다. 1912년에 퇴위한 청 왕조의 마지막 황제인 푸이가 집정(執政)으로 책봉되었고 일단의 청 왕조의 유신(遺臣)들과 문사들이 대신으로 임명되었다.15) 인도 대리총독인 리튼 경이 이끄는 위원회는 만주에 6주일간(4. 21-6. 4) 체류했으며 9월에 이르러 조사보고서를 제출했다. 위원회는 허상에 기만당하지 않고 일본이 침략자라고 질책했고, 만주국은 만주에서 자발적으로 생긴 운동이라는 일본의 주장을 반박했다. 보고서는 또한 일본 측의 이른바 만주에서의 군사행동이 순전히 자위를 위해서 필수적이었다는 논조를 반박했으며 아울러 만주

---

15) 그들 중에는 국무총리를 맡은 시인이자 서예가인 정샤오쉬(鄭孝胥)가 포함되었다.

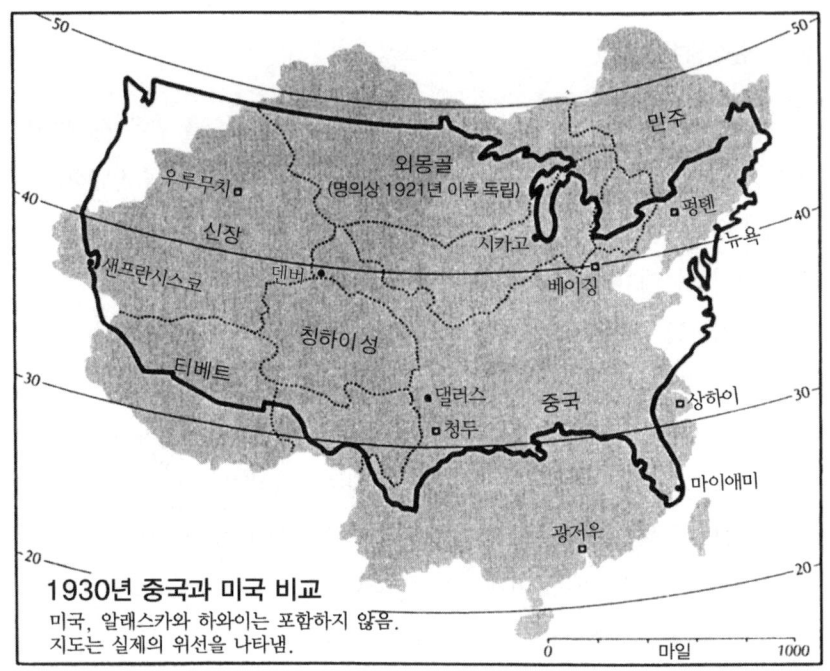

1930년 중국과 미국 비교
미국, 알래스카와 하와이는 포함하지 않음.
지도는 실제의 위선을 나타냄.

국을 일본의 문무관원의 통제 아래 있는 괴뢰국가라고 명시했다. 그리하여 국제연맹은 만주국의 합법성을 인정하는 것을 거부했지만, 이런 도의상의 질책 외에는 다른 아무런 일도 할 수 없었다.

일본의 반응은 지극히 오만하고 무례했으며, 일본은 국제연맹을 탈퇴해버렸다.

일본군의 진격은 결국 1933년 5월31일에 체결된 탕구 협정(塘沽協定)으로 인해서 중지되었는데, 이 협정은 허베이 성 동부 지역을 비(非)군사구역으로 구획하여 중일 양군이 이 지역에서 철군하도록 했다. 그 결과 베이징과 톈진의 방어는 보호벽을 상실했다.

동북 4성의 점령을 완료한 이후 일본인은 1934년 3월 1일 푸이를 만주국 황제로 등극시키고 연호를 "강덕(康德)"으로 정했다.

중국 공산당의 도전

일본의 외래침략, 파벌정객 및 신군벌의 내부 알력의 위협을 받은 것 외에도, 국민정부는 중국 공산당으로부터의 더욱 크고 근본적인 도전에 직면하고 있었다. 1927년 국공분열 이후에 중국 공산당은 성질이 각기 다른 두 개의 실체로 갈라졌는데, 즉 모스크바가 배출한 당원이 이끄는 중앙정치국은 상하이에서 지하활동을 하고 있었고, 마오쩌둥은 후난 성과 장시 성의 농촌에서 자기의 소신대로 행동했다. 정치국은 코민테른의 도시에서 파업 및 태업과 폭동을 일으키는 전략을 따랐지만 마오쩌둥은 오히려 국민당의 통제로부터 멀리 떨어져 있는 지역에서 농민세력을 조직하고 소비에트 구를 발전시켰다. 마오쩌둥이 채택한 비정통적인 방법은 그를 모스크바 및 중국 공산당 정치국과 "대립"하는 위치에 놓이게 했다. 그러나 그는 결국 공산당이 채택한 모든 전략 중에서 가장 큰 성공을 거두었다.

코민테른의 정책 중국 공산당의 혁명전략은 기본적으로 수천 마일 밖에 있는 스탈린에 의해서 원격 조정되고 있었는데, 그의 지시는 때로는 터무니없는 상상의 산물이었고, 때로는 트로츠키와의 논쟁의 결과였다. 국공분열 후, 트로츠키는 중국 혁명은 이미 침체에 빠졌기 때문에 신중하고 평화적인 침투 정책을 취할 것을 요망한다고 주장했지만, 스탈린은 중국은 현재 혁명의 절정을 경험하고 있기 때문에 전적으로 무장활동을 전개하여, 정권을 탈취하고 소비에트를 건립해야 한다고 고집했다. 스탈린은 소련에서의 권력투쟁에서 트로츠키를 패배시킴으로써 그의 노선의 승리를 확보했기 때문에 중국 공산당에게 무장폭동을 일으키라는 지령을 보낸 것이었다.

1927년 8월 1일, 일단의 공산당원들[16]이 새로 창설된 1만5,000명의 노농군대의 지원 아래 난창에서 폭동을 일으켰다. 그들은 3일 동안 난창 시를

---

16) 허룽(賀龍), 주더, 저우언라이를 포함한다.

장악했는데 뒤이어 국민당 군대가 그들을 겹겹이 둘러쌌다. 8월 5일, 공산당 군대는 봉쇄를 돌파하고 광둥 성과 푸젠 성과 장시 성의 접경지역으로 도주했다. 남창봉기라는 이 스탈린의 공상의 산물은 완전히 실패했다.

바로 이때, 중국 공산당 지도층은 한차례의 철저한 개편을 단행했다. 1927년 8월 7일 한커우에서 열린 제1차 긴급회의에서, 천두슈는 "투항주의"를 제창했기 때문에 당의 지도권을 빼앗기고 스탈린의 추종자인 취추바이가 중앙정치국 총서기의 신분으로 당의 지도권을 넘겨받았다. 중앙정치국은 중앙위원회 역할을 대체한 신설기구였다. 스탈린의 신임을 얻은 또다른 사람인 리리산(李立三)이 추천에 의해서 선전업무를 책임지게 되었다. 코민테른의 신임 대표인 B. 로미나제의 지도하에, 이들 지도자들은 중국에서 무장봉기를 일으키고 소비에트를 건립할 시기가 이미 성숙했다고 한 모스크바의 교조를 받아들였다. 온갖 모욕을 받은 천두슈는 탄핑산(譚平山)의 지원하에 제3당(1947년에 중국 농공민주당[中國農工民主黨]으로 개칭)을 조직했다.

마오쩌둥은 스스로 후난으로 들어가 민중의 불만을 부추겼는데, 이런 격분이 쌓여 1927년 9월 7일 추수폭동으로 발전했다. 마오쩌둥의 격려와 지도하에, 폭동농민은 월한 철도(粤漢鐵道 : 광저우-한커우)의 일부 구간을 파괴하고, 후난 성의 몇 개 지역을 장악했으며, "반혁명분자 청산투쟁"과 토지혁명을 전개했다. 그러나 마오쩌둥이 일으킨 이 첫 번째 폭동은 성공하지 못했다. 정부군의 공격하에, 마오쩌둥은 어쩔 수 없이 후난 성과 장시 성의 접경지에 있는 징깡산으로 도주하여 대오를 정돈했다. 원래 농민운동에 찬동하지 않은 취추바이는 중앙정치국 11월 회의에서 회의를 주재하여 "노동자계급의 지도와 지원이 없는 순수한 농민폭동은 결정적인 승리를 거둘 수 없다"는 결의를 통과시켰다.[17] 추수 폭동의 실패로 인해서 마오쩌둥은 정치국 위원의 직위를 상실했다.

무장폭동을 강화하기 위해서 모스크바는 하인츠 노이만[8])을 중국에 파견했

---

17) Benjamin I. Schwartz, *Chinese Communism and the Rise of Mao* (Cambridge, Mass., 1958), p. 104.

다. 1927년 12월 11일, 광저우에서 폭동이 일어났다.[19) 공산당원들은 광저우 시를 3일 동안 장악하면서, "광저우 공사(公社)"와 소비에트 정권을 건립했다. 그러나 승리가 유지된 기간이 매우 짧았는데, 정부군과 광저우 노조노동자들의 연합공격으로 폭동은 갑작스럽게 진압되었다.

이 도시폭동들이 잇따라 실패함에 따라서, 마오쩌둥의 농촌에서의 활동은 중요성을 띠기 시작했다. 1928년 1월 23일, 주더(朱德)와 천이(陳毅)가 징깡산으로 와서 그와 합류했다. 합병한 후 홍사군(紅四軍)을 조직하여 주더를 사령관으로 삼고, 마오쩌둥을 당의 대표로 삼았다. 이로부터 명성이 자자한 주더와 마오쩌둥의 지도가 탄생했다. 7월에 그들은 사령부를 장시 성 루이진으로 이전했고, 그곳에서 소비에트 정권을 건립했다.[20) 산시(陝西) 성에서는 류즈단(劉志丹)과 가오깡(高崗)이 또 하나의 공산당 근거지를 건립했다. 이두 변구(邊區)의 중심지는 중국 공산당 중앙정치국의 관할 범위 밖에서 활동을 했다.

1928년 7월의 중국 공산당 제6차 전국대표대회에서—국민당의 습격을 피하고 코민테른의 국제대표대회와 동시에 개최하기 위해서 중국 공산당 제6차 전국대표대회는 모스크바에서 열렸는데, 코민테른 대표대회의 개최는 트로츠키의 영향을 모조리 제거하기 위함이었다—천두슈의 "우경 기회주의(右傾機會主義)"는 비판을 받았고, 취추바이는 그의 "좌경 일탈주의(左傾逸脫主義)"로 인해서 비난을 받았다. 대회는 (1) 국민정부를 전복하고 그 군사력을 분쇄하며, (2) 중국에 소비에트를 건립하고, (3) 토지혁명을 전개하고 시주의 재산을 몰수하며, (4) 제국주의자를 몰아냄으로써 중국의 통일을 달성하라고 호소했다. 주더와 마오쩌둥의 장시 성-후난 성 내지에서의 활동은

---

18) 독일 간첩으로서, A. 노이베르크(A. Neuberg)라는 가명을 썼다.
19) 장타이레이(張太雷)와 예팅(葉挺)이 주도했다.
20) 그러나 이것은 결코 중국의 첫 번째의 소비에트 정부는 아니다. 최초의 소비에트는 1927년 11월에 광저우 부근에 있는 하이루펑(海陸豊)에 건립되었다. Etō Shinkichi, "Hai-lu feng: The First Chinese Soviet Government", *The China Quarterly*, 8 : 163-183(Oct.-Dec. 1961); 9 : 149-181(Jan.-March 1962)을 참조하라.

중국 공산주의 운동의 합법적인(비록 모범적이지는 않지만) 수단으로 인정받았다. 대회는 샹중파(向忠發)와 리리산을 새로운 지도자로 선출했는데, 샹중파는 총서기를 맡고 리리산은 선전부장을 맡았다. 당의 총부기관(總部機關)은 여전히 비밀리에 상하이에 머물렀다.

상술한 두 사람 중, 리리산은 활력이 가득하고 구변이 출중한 달변가였다. 그는 1929년 6월부터 1930년 9월까지의 기간에 당내의 강자로 부상했다. 1929년 10월 코민테른은 그에게 충분히 준비를 하여 새로운 혁명의 고조의 도래를 맞이할 것을 지시했다. 그후 얼마 안 되어 1930년 7월 화중에서 대규모의 내전이 발발했는데, 리리산은 이런 상황을 이용하여 파업과 태업을 일으키고 아울러 펑더화이(彭德懷)가 통솔하는 새로 조직한 홍군을 파견하여, 후난 성의 성도인 창사를 공격했다. 창사 시는 점령되었지만 이 승리는 일순간에 사라졌다. 3일도 안 되어 정부군이 창사 시를 탈환했고 동시에 반란자에게 심각한 타격을 주었다. 경솔한 "리산 노선(立三路線)"의 실패로, 코민테른 대표 파벨 미프가 모스크바에 리리산의 직무해직을 요청했는데, 미프는 리리산이 중국 공산당을 엄격히 통제하는 것에 대해서 매우 불만스러워하고 있었다. 코민테른은 취추바이를 파견하여 이 일을 조사했지만 그가 리리산을 공격하면 필연적으로 소련 정부의 정책을 비판하게 되어 있었다. 그래서 진퇴양난에 빠진 취추바이는 문제의 핵심과는 거리가 먼 지적만 했다. 그러나 코민테른과 "유학생파"(다음 글 참조)는 리리산에 대해서 맹렬한 대규모 비판투쟁을 개시했다. 그들은 (1) 그의 "기회주의적인 소극적 태도"를 질책했는데, 그 이유는 단순히 세계혁명의 전망에만 의존했기 때문이다. (2) 그의 "소자본계층의 배타적 애국주의"와 "대중화주의"를 질책했는데, 그 이유는 그가 중국 혁명의 중요성을 과장했기 때문이다. (3) 그의 "모험주의"를 질책했는데, 그 이유는 그가 "고조"와 "직접혁명"의 의미를 잘못 이해했기 때문이다. (4) 그의 트로츠키적 성향을 질책했는데, 그 이유는 그가 중국 혁명을 직접 사회주의 혁명으로 전환시킨다는 견해를 언급했기 때문이라는 것이었다.[21] 스탈린이 중국에서 저지른 실책에 대한 속죄양으로서, 리리산은

모스크바로 송환되어 자아비판을 했다. 그는 그곳에서 코민테른 집행위원회 의장단의 호된 질책을 받았고, 잘못을 바로잡기 위해서 레닌 대학교로 보내져 학습하게 되었다. 취추바이의 처지는 더욱 비참했는데, 그는 그의 표리부동함, 종파주의, 기회주의로 인해서 비난받았고, 또한 보로딘과 천두슈와 기타 혐오스러운 인물들의 영향을 받았고, 농촌과 농민문제에 대해서 잘못된 관점을 가졌다는 질책을 받았다.[22] 1달 후에 취추바이는 중국 공산당 정치국에서 축출되었다.

당의 지도권은 왕밍(王明, 본명은 천사오위[陳紹禹])과 보꾸(博古, 본명은 친빵시엔[秦邦憲])의 수중에 들어갔고, 그들은 중국 공산당 내부의 "국제파"의 지도자였다. 국제파는 1926-1930년 사이에 모스크바의 중산 대학교에서 공부를 한 유학생들로 구성되었는데, 1930년 초에 중국으로 돌아와서 "28명의 볼셰비키"와 "중국의 스탈린파"로 불렸다. 1931년 1월, 그들은 국제 공산당 대표 미프의 지지하에 정치국을 인수하여 관할했다.

마오쩌둥의 독자적인 행동 중국 공산당 중앙기관의 관할범위 밖에서 활동하던 마오쩌둥과 주더는, 상대적으로 당내 투쟁의 영향을 받지 않았다. 그들은 장시 성과 후난 성의 내지에서 독자적인 활동 및 상대적으로 그다지 정통적이지 않은 활동을 전개하며 농민을 조직해서 소비에트를 건설했다. 그들은 게릴라 전술을 채택했고, "절대평등주의"의 토지혁명을 일으켜서, 새로 구분한 토지를 부유한 농민과 가난한 농민에게 똑같이 분배했다. 그들은 코민테른이나 상하이에 머물고 있는 당 지도자들의 도움이나 지도에 의존하지 않는 상황에서, 자급자족의 근거지를 발전시키면서 상하이에 머물고 있는 당의 중앙지도자에 대해서는 "겉으로만 복종하는 체하고 실질적으로는 따르지 않는" 태도를 유지했다. 중국 공산당 중앙정치국은 여태껏 진정으로 마오쩌둥의 활동을 찬성한 적이 없었고, 모스크바도 단지 중국 공산당이 지도한

---

21) Schwartz, pp. 151-163.
22) John E. Rue, *Mao Tse-tung in Opposition, 1927-1935*(Stanford, 1966), p. 241.

기타 모든 봉기가 모두 실패했기 때문에 마지못해서 용인한 것에 불과했다. 마오쩌둥의 나날이 강대해지는 세력과 갈수록 강해지는 독립성은, 당 중앙 기관의 처지와는 선명한 대조를 이루었다. 중앙기관은 지도층의 불안정, 경제재건에 몰두 중인 소련으로부터의 재정지원 결핍 및 국민당의 심한 박해 등의 요소들로 인해서 심한 곤란을 겪었다. 국민당은 공산당을 마구 수색하고 체포했는데, 한커우에 있는 중국 공산당의 비밀기관 수뇌부[23)]가 체포당하여 강요에 의해서 당원의 명단을 자백했다. 이로 인해서 총서기인 샹중파는 1931년 6월 24일 체포되어 즉시 처형되었다. 당의 운명은 갑자기 천 길 낭떠러지로 추락해버리고 말았다.

마오쩌둥은 정치국의 처지가 궁지에 몰려 있는 것을 알고, 대담하게 정치국 위원들에게 1931년 11월 7일 루이진에서 열리는 중화 소비에트 제1차 전국대표대회에 출석해달라고 초청했다. 28명의 볼셰비키는 격을 낮추어 마오쩌둥의 수도로 왕림했는데, 그들의 의도는 그의 활동을 지원하는 것이 아니라 비정통적인 행위를 변화시키는 것이었다. 대회가 개막하기 전, 그들은 당내 회의를 소집했다. 그들은 회의에서 결의를 통과시켜, 마오쩌둥이 확고한 "계급과 대중노선"을 취하지 않았고, 게릴라 전술을 사용한 점, 토지개혁 중에 "부농"사상을 가졌던 것 등의 잘못을 질책했다. 그들은 마오쩌둥의 편협한 경험주의, "기회주의적 실용주의"와 "총체적인 이론의 빈곤"을 비난했다. 회의가 끝날 때, 그들은 프롤레타리아 계급이 토지개혁을 지도하고, 홍군을 확대시키고, 정규전쟁으로 유격주의를 대체할 것을 요구했다. 이 28명의 볼셰비키는 마오쩌둥 식의 방법을 완전히 배제하고, 그가 건립한 조직체계를 대체하려고 기도했다.[24)]

그러나 마오쩌둥 일파가 대표대회에서 완전히 국면을 장악하고 있었다. 국민당의 첫 제2차 포위섬멸작전을 분쇄한 이후(다음 글 참조), 그들은 성취감과 자신감으로 충만해 있었다. 그들은 대다수의 표를 장악하고 있었기 때

---

23) 꾸순장(顧順章).
24) John E. Rue, pp. 247-248.

문에, 가볍게 28명의 볼세비키를 물리칠 수 있었다. 마오쩌둥은 중화 소비에트 공화국 중앙집행위원회의 주석에 당선되었을 뿐만 아니라, 홍1방면군(紅 一方面軍)의 총정치위원의 직위를 계속 유지할 수 있게 되었다. 몇몇 전임 당 지도자들은 그의 정부에 흡수되었지만 28명의 볼세비키는 직위분배 시에 냉대를 받았다. 그들 중에서 결석한 왕밍을 포함한 3명만이 중앙집행위원회에 들어갔고, 보꾸는 아무런 직위도 얻지 못했다.

이 권력투쟁에서 마오쩌둥이 중대한 승리를 얻고 자신의 활동에 대해서 더욱 많은 인정을 받게 된 것은 소비에트 정부의 보호에 의해서가 아니라, 그 자신이 5가지 중요한 원칙에 근거하여 발전시킨 일련의 매우 현실적인 전략 때문이었다. 즉, (1) 농민대중의 지지, (2) 그 자신의 당정기관, (3) 하나의 독자적인 군사력, (4) 국민당 통제로부터 멀리 떨어져 있는 견고한 근거지, (5)자급자족이었다.25) 그러나 마오쩌둥의 승리는 아직 철저하지 못했으며 28명의 볼세비키는 완전히 정치국을 독차지하고 있으면서 마오쩌둥이 진입하지 못하게 했다. 마오쩌둥은 여전히 중국 공산당 중앙기관과 대립적 지위에 처해 있는 "국외자"였다. 대표대회 이후, 보꾸와 대다수 정치국 위원은 상하이로 되돌아가서 마오쩌둥과의 다음번 대결을 계획했다.

볼세비키와 마오쩌둥 파는 몇 가지 매우 근본적이고 조화를 이루기 어려운 문제에 대해서 견해가 달랐다. 토지개혁 문제에 대해서 마오쩌둥은 각종 토지를 똑같이 소지주, 부농, 빈농에게 균등하게 분배하는 입장이었지만, 정치국 위원들은 철저하게 지주를 박탈하고, 부자들을 희생시키고 가난한 사람들을 두둔하는 원칙에 따라서 토지를 분배해야 한다는 입장을 견지했다.

그들은 마오쩌둥이 낙후된 농민사상을 지지하고 있으며, 그의 계급의식이 동요하고 있으며 박약하다고 질책했다. 군사전략상에서 마오쩌둥은 적을 깊숙이 유인하는 기동력 있는 게릴라 전술을 지향했다. 홍군은 근거지 내에서 "우세한 병력을 집중하여 적군의 취약점을 공격하고", "각개격파하도록 하

---

25) Schwartz, pp. 189-190.

며, 매번 전투할 때마다 반드시 적군이 많거나 적거나 그중의 일부분을 섬멸한다"는 것이었다. 그리고 "급속하게 우회하여 포위 공격하는 것"을 통하여 홍군은 적군을 미혹시켜 승리할 수 있다는 것이었다.[26] 이와는 반대로 정치국은 진지전으로 근거지를 보위하고, 적이 홍색지구(紅區 : 중국 공산당 통치지역)로 침입하는 것을 기다리지 않고 백색지구(白區 : 국민당 통치지역)로 침투할 것을 고집했다.

일본의 침략이라고 하는 민감한 문제에 대해서, 마오쩌둥은 자신은 통일전선을 결성하여 적에 항거하기를 원하는 모든 군대들로 구성된 연합군을 건립하기를 원한다고 선언했다. 그러나 정치국은 개량파와 협력하는 것을 거부하고, 필요 시에 홍군이 소련을 보위하여 제국주의의 공격을 반대하는 숭고한 직책을 담당할 수 있도록 하기 위해서 홍군을 신속하게 확대할 것을 주장했다. 마오쩌둥 파와 볼셰비키 사이의 간격이 매우 컸기 때문에 "화해"는 거의 불가능해 보였다.

마오쩌둥의 문제는 정치국을 상대하는 것에 그친 것이 아니라 그는 또 국민당 정부의 공격에 대처해야만 했다. 사실, 장제스는 조금도 쉬지 않고 계속 중국 공산당을 소탕하려는 준비를 하고 있었다.

국민당의 포위섬멸 작전 장제스는 1927년 러시아 군사고문을 축출한 이후 군대를 발전시키기 위해서 날이 갈수록 더 많은 독일의 도움을 추구했다. 1928년 제1차 세계대전 기간에 그는 루덴도르프 장군의 보좌관이었던 막스 바우어 대령을 그의 고문으로 임명했으며 이때부터 중국 주재 독일 군사고문단이 점차 형성되기 시작했다. 1933년 유명한 전략가인 한스 폰 젝트 장군이 와서 중국 공산당에 대한 포위섬멸 작전을 조정했고, 다음 해에는 독일 군사고문단의 책임자가 되었다. 1935년 3월에 그는 건강이 좋지 못하여 사직할 수밖에 없었으며 이후 고문단은 알렉산더 폰 팔켄하우젠 장군이 이끌

---

26) Rue, p. 272.

게 되었다. 이들 고문들의 노력으로 장제스는 50만여 명의 독일식 중앙군을 발전시키게 되었다.

1930년부터 1934년까지 장제스는 중국 공산당에 대해서 5차례에 걸친 포위섬멸 작전을 개시했다.[27] 1930년 12월 19일부터 1933년 4월 29일까지의 4차례에 걸친 포위섬멸 작전은 모두 실패했다. 바로 이때 중공 내부에서 한 차례의 격렬한 권력투쟁이 발생했다. 1932년 하반기 혹은 1933년 연초에 보구와 기타 중공 중앙정치국 위원들은 코민테른 군사고문인 리더(李德)[28]와 함께 루이진에 도착했는데 그들의 목적은 마오쩌둥의 위신에 타격을 가하고 군대와 당내에 있는 그의 심복들을 교체하는 것이었다. 그들은 마오쩌둥의 "평균주의" 방법을 질책하고, 지주를 소멸하고 부농에게 타격을 가하며 중농에게 중립을 지키게 하고 빈농과 고용농을 당의 편에 서도록 하기 위해서 한차례의 급진적인 토지조사를 강행했다. 이 운동을 통해서 마련된 자금은 홍군을 확대하는 데에 사용할 예정이었다. 마오쩌둥은 어쩔 수 없이 이 운동에 동의할 수밖에 없었다. 왜냐하면 그는 홍군을 지탱하고 확대하기 위한 자금의 필요성을 반대할 수 없기 때문이었다.

이와 동시에 국민정부는 제5차 포위토벌 작전을 준비하고 있었으며 전투는 그해 10월에 시작되었는데 모두 70만 명이 참가했다. 장제스는 독일 고문과 상의한 후 일종의 "전략적 진공과 전술적 방어" 태세를 취하여 작전부대에게 신중하게 진격하고 봉쇄와 점진적으로 조여들어가는 경제적인 질식 수단을 사용하도록 명령했다. 토벌부대는 진격하면서 요새지와 토치카를 부설하고 부단히 봉쇄에 박차를 가하여 홍색지구의 모든 외래 보급을 차단해버렸다. 장제스는 중공 문제의 본질은 "70퍼센트는 정치, 30퍼센트는 군사"라고

---

27) 이들 포위섬멸 작전의 일자와 국민당군이 포위섬멸전에 투입한 병력에 대해서는 각종 기록마다 내용이 다르다. 저자의 자료는 주로 국민당의 관방자료에서 인용했다. 王健民, 『中國共産黨史稿』(臺北, 1965), 제2권, 제20장을 참조하라.

28) 그의 본명은 오토 브라운(Otto Braun, 1900-1974)이다. 그의 회고록인 *A Comintern Agent in China 1932-1939*(Stanford, 1982), p. 278을 참조하라. 영역본은 진 무어(Jeanne Moore)가 독일어 원본에서 번역한 것이다.

선언했으며, 그래서 그는 수복지구에 대대적으로 향촌을 재건하고 보갑제도를 실시했다. 이번 포위토벌은 진전이 매우 느렸지만 꾸준하게 이루어졌다.

당시 마오쩌둥은 매우 위험하고 곤란한 상태였다. 국민정부가 맹렬한 공격을 가하고 있었을 뿐만 아니라 정치국 위원들도 전력을 다하여 내부에서 그를 비방했던 것이다. 제2차 중화소비에트 전국대표대회에서 그는 중국 공산주의 운동의 지배권을 거의 상실했다. 그는 1934년 1월에 다시 소비에트 정부 주석으로 당선되었지만 중앙집행위원회에 대한 통제력을 상실했다. 이 위원회는 28명의 볼셰비키가 우위를 차지하고 있는 17명의 주석단 산하에 있었으며, 그중의 한 사람인 장원톈(張聞天)이 마오쩌둥의 수중에서 인민위원회 주석이라는 직책을 가져가버렸는데, 이 직책은 소비에트 정부의 총리에 상당하는 것이었다. 비록 마오쩌둥은 중앙집행위원회 주석의 직책을 보존했지만 이 직책은 볼셰비키에 의해서 배척당하여 실권이 없는 이름뿐인 직함이 되어버렸으며, 그들은 전력을 다하여 마오쩌둥이 유명무실한 지도자가 되도록 힘썼다. 최후의 치명적인 타격은 1934년 7월에 발생했다. 루이진에 있는 보꾸와 모스크바에 있는 왕밍이 공모하여 코민테른으로부터 지령을 받아 마오쩌둥을 격리시켜 그가 당내 회의에 출석하는 것을 금지시켰다. 7월부터 3개월에 걸쳐 그는 루이진에서 서쪽으로 60마일 되는 지점에 있는 위두에 연금되었다가 그해 10월 장정(長征)이 시작될 때에야 비로소 석방되었다.29)

장정과 준이 회의 국민정부의 제5차 포위토벌은 창설된 지 17년이 되는 장시 근거지로부터 적을 몰아내었다. 군사적인 각도에서 말하면 중국 공산당의 실패는 주로 브라운의 전략상의 실책 때문으로서, 그는 마오쩌둥에 의해서 시험을 통해서 검증된 게릴라전을 진지전으로 대체했다. 1934년 전반기에 홍군은 줄곧 헤아릴 수 없이 많은 손실을 입었으며, 그해 중반기에 이르렀을 때에는 거의 와해될 지경이었다. 마오쩌둥은 홍군에게 포위를 뚫고 집중된

---

29) Rue, pp. 263-264.

군대를 분산시키도록 하여 게릴라전을 전개하려고 했다. 그러나 브라운이 장악하고 있는 혁명군사위원회가 홍군에게 소규모 유격대로 분산하는 방법이 아니라 전군으로서 포위를 돌파하도록 명령했다. 신체가 건장한 자들이 포위돌파에 참가하도록 허락받았고 부상병과 병자들은 남아 있으라는 명령을 받았다. 1934년 1월 15일 장정이 정식으로 시작되었는데, 참가자는 8만 5,000명의 병사들과 1만5,000명의 당정간부들과 35명의 고급지도자의 부인들이었다. 28명의 볼셰비키의 호의를 받지 못한 마오쩌둥 파의 분자들과 당의 전임 지도자들은 남아서 근거지를 보위하게 되었는데 그중에는 리위(栗裕), 천이와 취추바이가 있었다. 마오쩌둥의 두 자녀도 남아 있게 되었다. 1934년 11월, 루이진은 국민당 정부 수중에 들어갔다.

최초에 장정을 지휘한 사람은 브라운, 보꾸, 저우언라이로 구성된 3인의 군사지휘 집단이었다. 부대의 사기는 매우 떨어져 있었고 정부군의 무차별폭격으로 인해서 일부 군정지도자들은 브라운과 보꾸의 무능한 지도에 대해서 점차 실망을 느끼게 되었다. 이들은 왜 공산당이 앞의 3차례에 걸친 반(反)포위토벌에서 국민당에 승리를 거두었는데 제5차 반포위토벌에서는 이렇게 참패했는지 이상하게 생각했다. 이 밖에도 그들은 브라운의 오만하고 독단적인 태도를 매우 불만스럽게 생각했다. 그들은 브라운이 실제로는 오직 코민테른이 파견한 일개 군사고문에 불과할 따름인데 그의 행동은 마치 총사령관 같다고 생각했다. 더욱 나쁜 것은 모든 것을 책임지고 있는 총서기인 보꾸가 그와 서로 의기투합하여 다른 사람들을 배척한 것이었다. 모든 사람들에게는 가가 이 두 사람을 즉각 퇴진시켜야 한다는 생각이 강렬해졌다.

한 주요한 정치국 위원이자 홍군 총정치부주임인 왕쟈샹(王稼祥)이 먼저 이런 감정을 표시했다. 왕쟈샹은 브라운과 보꾸가 반드시 "물러나야 한다"고 생각하여 마오쩌둥에게 그의 우려를 표시했다. 마오쩌둥은 찬동을 표시했지만 일을 조심스럽고 신중하게 하기 처리하기 위해서 먼저 치밀하게 준비한 이후 다시 마지막 승부수를 던질 것을 강력히 주장했다. 뒤이어 왕쟈샹은 몇몇 중요한 간부들에게 호소하여 그들의 지지를 얻었는데 이들 중에는 인

민위원회 주석인 장원톈과 홍군 총사령관인 주더와 중앙혁명 군사위원회 부주석인 저우언라이가 있었으며 그들은 모두 브라운의 통솔에 대해서 비슷한 우려를 하게 되었다. 1934년 12월 18일 리핑에서 정치국 회의가 열렸는데, 당의 지도자들은 회의에서 곧 정치국 확대회의를 개최하여 국민당 제5차 포위토벌과 서정(장정) 이후의 군사형세를 검토하기로 결정했다. 이때 두 가지 추세가 매우 뚜렷했다. 첫 번째는 대다수 정치국 위원들이 모두 지도층을 개편하기를 희망한 것이고, 두 번째는 마오쩌둥의 위신이 크게 증가한 것인데, 그 이유는 그가 브라운 및 보구와 대립된 정확한 노선을 대표했기 때문이다.

1935년 1월 7일, 홍군은 구이저우 성의 두 번째로 큰 도시인 준이를 점령하고 이틀 후에 중앙기관이 이 도시에 진입했다. 수일간의 철저한 준비를 거쳐서 1월 15일에서 18일까지 한 과거의 군벌(보후이장[柏輝章])의 공관에서 정치국 확대회의를 개최했는데, 18명의 정식 구성원과 2명의 옵서버가 회의에 참가했다. 회의 참가자들은 모두 중공 당내와 홍군 내의 중요 간부, 즉 정치국 위원과 후보위원 및 주력부대 사령관과 정치위원이었다.30) 회의 진행자인 보구는 먼저 정치보고를 하고 이어서 저우언라이가 보충적인 군사보고를 했다. 뒤이어 마오쩌둥은 브라운과 보구의 군사지도의 잘못을 날카롭게 비평하고 그들이 "좌경 모험주의"를 범했다고 질책했다. 이 모험주의로 인해서 제5차 반포위토벌이 실패로 돌아갔으며 근거지를 상실하고 홍군이 거의 붕괴될 뻔했다고 강력하게 성토했다.

마오쩌둥이 발언을 마치자, 왕자샹이 마오쩌둥을 강력하게 지지하는 발언을 했다. 그 외에 장원톈, 저우언라이, 주더 등도 모두 동일한 견해를 발표했다. 신랄한 비평 앞에서 보구는 실패했다는 이 확고부동한 사실을 부인할 수 없었으며, 몇몇 객관적인 곤란에 대해서 무기력한 변명을 했다(제국주의

---

30) Benjamin Yang, "The Zunyi Conference as One Step in Mao's Rise to Power: A Survey of Historical Studies ofthe Chinese Communist Party", *The China Quarterly*, 106 : 241(June 1986). 브라운과 통역인 우슈첸(伍修權)은 옵서버로서 회의에 참석했다. 현재 중공 관방이 공포한 회의참석자 명단에는 『홍성보(紅星報)』 주간인 덩샤오핑(鄧小平)이 포함되었다.

의 국민당에 대한 지원, 적의 우세한 병력 등). 브라운은 잘못을 인정하기를 거절했으며 그는 통역과 함께 문 입구에 앉아 절망한 표정으로 연방 담배만 피웠다.31) 오직 정치국 후보위원인 카이펑(凱豊) 한 사람만이 그를 위해서 변호했지만 아무런 도움이 되지 못했다. 이미 돌이킬 수 없는 일이 되자, 브라운과 보구는 자리를 내놓을 수밖에 없었다. 마오쩌둥은 이후에 왕쟈샹이 "관건적인 한 표"를 던졌다고는 했지만, 회의가 종료되었을 때 투표로 표결을 했음을 표명한 기록은 없다. 이것은 아마도 그가 준이 회의를 안배하고 소집하는 일에서 한 역할을 가리키는 것 같다. 마찬가지로 당시에는 어떤 결의를 통과시키지는 않았지만 이후에 장원톈이 회의의 의사일정을 총결산하는 결의안을 기초했다.32)

마오쩌둥은 정치국 상무위원회 위원이 되었으며 저우언라이의 군사지휘를 도와주었다.33) 1935년 2월 5일, 장원톈이 보구를 대신하여 "총책임을 맡게 되었으며", 3월에는 3인으로 이루어진 새로운 군사지휘부를 조직했는데 구성원은 마오쩌둥, 저우언라이, 왕쟈샹이었다. 이 3인 중 왕쟈샹은 병이 매우 위중했고 저우언라이는 마오쩌둥의 명령을 따랐다. 이로써 마오쩌둥이 수뇌가 되었으며 그는 실권을 장악하게 되었다. 얼마 후 장원톈의 협조하에 마오쩌둥은 군사에 대한 절대적인 통제권을 가지게 되었으며, 이것이 그의 권력의 기반이 되었고 이후에 그는 다시는 이 통제권을 포기한 적이 없었다.

준이 회의는 결코 마오쩌둥에게 철저한 승리를 가져다주지는 못했지만, 그것은 최고권력을 쟁취하는 데에 커다란 디딤돌이 되었다. 그러나 마오쩌둥은 그가 완승을 기두었을 때조차도 여전히 도전을 받았다. 이 회의에 출석

---

31) 伍修權, 「生死攸關的歷史轉折」, 『星火燎原增刊』, 제1권, pp. 19, 26(1982), 中國北京中國人民大学出版.

32) 보구는 상당히 "정중하게" 패배를 인정했으며 나중에 그는 1945년에 개최된 중국 공산당 제7차 당 대회에서 자아비판을 했다. 그는 1946년에 비행기 사고로 사망했다. 그러나 브라운은 패배를 완강히 부인하고 한동안 아무 일도 하지 않았다. 그리고 이후에 그는 배속을 받아 옌안에서 기병을 훈련시켰고 홍군 대학교(紅軍大學校)에서 교편을 잡았다. 1939년에 그는 치료를 받기 위해서 저우언라이를 태운 모스크바행 비행기에 함께 탑승하여 중국을 떠났다. 그는 1974년에 동독에서 사망했다.

33) 기타 정치국 상임위원회 상무위원은 장원톈, 천윈(陳雲), 저우언라이, 보구이다.

692

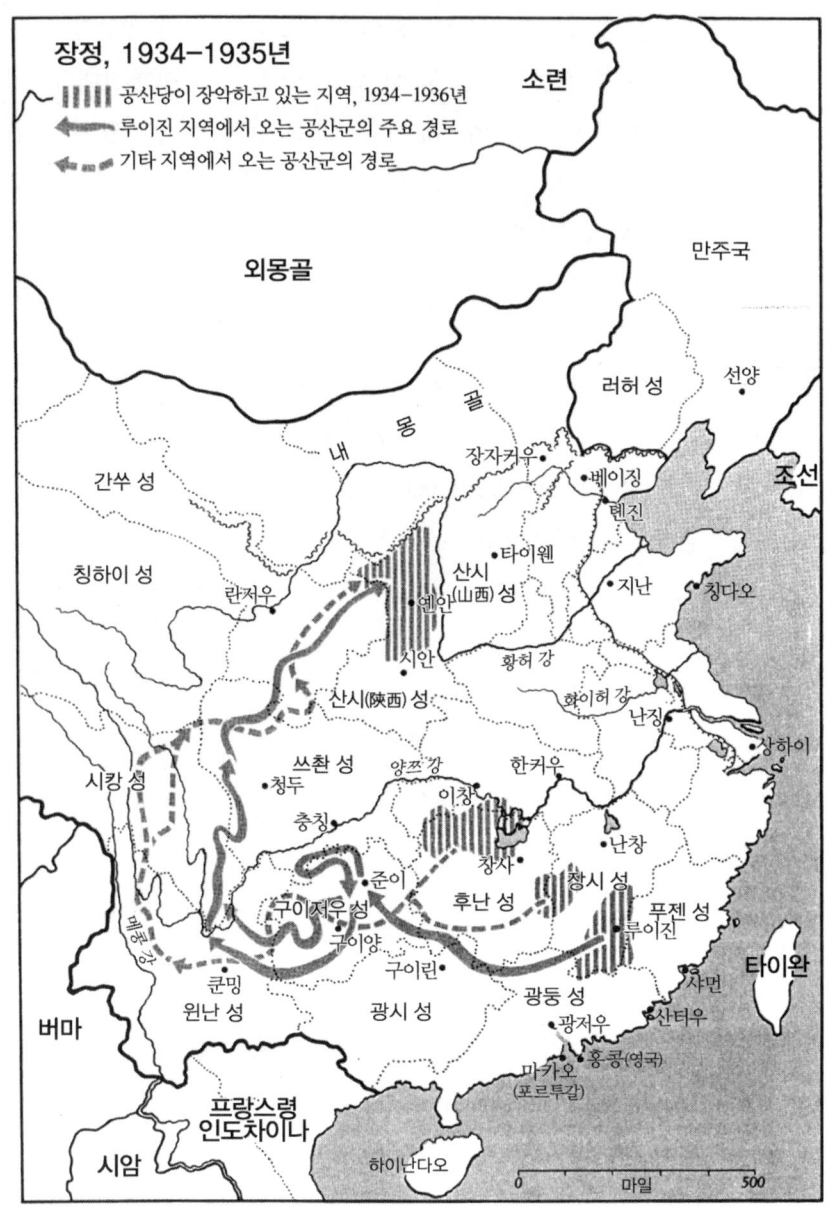

장정, 1934–1935년

||||| 공산당이 장악하고 있는 지역, 1934–1936년
← 루이진 지역에서 오는 공산군의 주요 경로
← 기타 지역에서 오는 공산군의 경로

소련

외몽골

만주국

러허 성

선양

간쑤 성

칭하이 성

내 몽 골

장자커우

베이징

텐진

타이웬

산시(山西) 성

지난

징다오

조선

란저우

옌안

황허 강

하이허 강

난징

상하이

시안

산시(陝西) 성

쓰촨 성

양쯔 강

청두

이창

한커우

충칭

창사

난창

시캉 성

메콩 강

준이

구이저우성

후난 성

창시 성

푸젠 성

루이진

구이양

구이린

광둥 성

샤먼

타이완

쿤밍

원난 성

광시 성

광저우

산터우

버마

마카오
(포르투갈)

홍콩(영국)

프랑스령
인도차이나

시암

하이난다오

0   마일   500

하지 않았던 중공 원로인 장궈타오는 회의의 결정을 인정하지 않았다. 그는 산시(陝西) 성 북부를 장정의 최종 목적지로 선택하는 것에 대한 반대의견을 가지고 있어서 남쪽 혹은 서쪽의 시캉이나 티베트 방면으로 발전할 것을 주장했다. 분열이 발생하자, 장궈타오는 인솔부대를 거느리고 시캉으로 진군했지만 마오쩌둥과 대부분의 정치국 위원 및 인솔부대는 산시 성 북부로 나아갔는데, 그곳에는 가오깡과 류즈단이 이미 소비에트 근거지를 건립하고 있었다.

1935년 10월, 마오쩌둥이 거느리는 부대는 한동안 산을 넘고 물을 건너는 지극히 고생스러운 행군을 한 이후 바오안현(保安縣)의 오기진(吳起鎭)에 도착했다. 이 서사시와 같은 2만 5,000리(6,000마일. 1[里]는 3분의 1 마일)의 장정이 끝났을 때, 마오쩌둥의 관할 부대에는 오직 8,000명만 남아 있었다. 이후 허룽(賀龍), 장궈타오, 주더가 거느리는 기타 부대들이 계속 도착하고 게다가 현지의 중공 군사력이 가세됨으로써 부대는 3만 명으로 확충되었다. 1936년 12월, 중공의 지도부가 옌안으로 옮겨왔다. 마오쩌둥은 그곳에서 자신을 핵심으로 하여 당과 군대를 정돈하고 이론저술에 종사했다. 그는 이제 중국 공산주의의 실질적인 지도자가 된 것이었다.

1938년 마오쩌둥은 그의 권위에 대한 또다른 두 개의 인정을 받았다. 즉 소련의 한 백과사전에서 그가 중국 공산당의 지도자이고 그가 제7차 당 대표대회 준비위원회의 주석으로 당선되었음을 인정한 것이다. 제7자 당 대회는 이후 1945년에야 개최되었다. 바로 이때 마오쩌둥은 완전히 승리를 거두었는데, 즉 그는 중국 공신당 중앙위원회, 정치국, 서기처 및 군사위원회의 주석이 되었고 그 이외에도 그의 사상이 당의 지도원칙으로 받아들여졌다.

역사를 회고해보면 준이 회의는 반드시 정치회의로 보아야지 쿠데타로 보아서는 안 된다.34) 그러나 매우 많은 정치국 위원들과 후보위원들 및 부대지휘관들인 군사 지도자들이 회의에 참석했는데, 이 자체가 브라운의 잘못된

---

34) Yang, p. 250.

군사전략에 대한 마오쩌둥의 비판을 거의 전폭적으로 지지한 것이었다. 엄격히 말하자면 이 정치국 확대회의의 개최는 역사상 유례가 없는 것으로, 그 이유는 당헌(黨憲)이나 당내 규칙과 부칙에 부합하지 않기 때문이다. 그렇지만 여하튼 그것은 중국 공산당 역사 그리고 마오쩌둥이 권력의 정점으로 올라가는 과정에서 하나의 기념비적 사건이었다.

시안 사변과 통일전선

중국 공산당 지위의 급격한 변화는, 코민테른(국제공산당)의 세계혁명전략의 근본적인 전환과 서로 부합한다. 코민테른은 유럽에서는 나치 독일과 파시즘 이탈리아의 부상(浮上)에 직면해 있었고, 아시아에서는 군국주의 일본의 부상에 직면해 있다. 코민테른은 이에 1935년 8월에 열린 제7차 대표대회에서 한 결의안을 통과시켜, 각국 공산당과 좌파 반파시즘 단체에게 연맹을 결성하여 이들 볼셰비키와 마르크스주의의 공개적인 적들의 위협에 반대하도록 촉구했다. 중국의 경우에는, 통일전선을 결성하는 정책은 국민정부의 중국 공산당에 대한 공격을 완화시키는 장점이 있을 수 있었다.

그래서 1936년부터, 중국 공산당은 각 당파, 단체, 군대와 반일 대동맹을 결성할 것을 제창하기 시작했다. 중국 공산당의 제창하에, "전국항일해방연맹(全國抗日解放聯盟)", "인민항일동맹(人民抗日同盟)"과 "전국구망사(全國救亡社)" 등의 민간조직이 생겨났다. "중국인은 중국인을 공격하지 않는다", "즉시 대일전쟁을 개시하고 공산당 토벌을 중지하라" 등과 같은 일부 설득력 있는 구호들이 광범위하게 유포되었고, 이는 애국 민중들 특히 베이핑, 난징, 상하이의 청년들 속에서 강렬한 반향을 일으켰다. 민중의 압력은 격렬하게 고조되어, 내전을 중지하고 총구를 일본인에게 돌릴 것을 요구했다.

앞에서 서술한 바와 같이, 난징 정부는 이미 외적을 물리치기 전에 내부를 안정시킬 계획을 세웠다. 공산당이 서북의 외딴 지역으로 돌입함에 따라서, 장제스는 그들을 단번에 완전히 소멸시켜버리고 싶은 마음이 간절하여 스스

로 확신을 가지고 장쉐량이 통솔하는 동북군(東北軍)35)과 양후청(楊虎城)이 통솔하는 서북군(西北軍)에게 중국 공산당에 대한 공격개시 명령을 내렸다. 그러나 전투는 조금도 진전이 없었다. 고향을 그리워하고 내전을 혐오하는 동북군 장교와 사병들은 날이 갈수록 통일전선 선전의 영향을 받았다. 중국 공산당 대표가 동북군의 장교 훈련단체에 침투하기 시작했다. 1936년 여름에 이르러, 두 군대의 통솔자인 장쉐량과 양후청도 통일전선 쪽으로 이끌려 들어갔다.

12월 3일, 장제스는 비행기로 장쉐량과 양후청의 주재지인 시안에 도착하여 그곳의 불안한 정세를 안정시키고, 토벌의 강도를 강화하기를 바란다는 희망을 피력했다. 그곳에서 12월 12일 새벽, 동북군 제105사단과 장쉐량의 호위대 소속 제2대대가 반란을 일으켰다. 장제스는 수감되었고, 장쉐량은 8가지 주장을 제기했다.

1. 난징 정부를 개편하여, 구국을 공동으로 책임질 각 당, 각 파를 받아들인다.
2. 모든 내전을 중지한다.
3. 상하이에서 체포된 애국 지도자들을 즉각 석방한다.
4. 모든 정치범을 석방한다.
5. 인민의 집회결사의 권리를 보장한다.
6. 민중의 애국운동을 허용한다.
7. 손 총리의 유언을 확실히 실행한다.
8. 구국회의를 즉시 소집한다.

12월 14일, 동북군과 서북군과 중국 공산당 군대는 항일 연합군 군사위원회를 결성했다. 장쉐량이 이 위원회 주석을 맡았는데, 그가 주석을 맡은 것은 어쩌면 통일전선을 지도할 모종의 은밀한 야심을 가지게 될지도 모를 것임

---

35) 이 부대는 1933년 탕구 정전협정 이후 핑진 지역에서 산시(陝西) 성으로 이동했다.

을 암시하는 것이었다.

시안 사변과 장제스의 납치는 국내외를 몹시 놀라게 했다. 국민당의 우익 지도자들은 즉시 토벌하기로 결정했고, 비행기를 시안으로 보내서 실력을 과시했다. 중국은 다시 한번 내전의 위기에 처하게 되었다. 이때 공산당은 반란을 일으킨 자들이 항일 운동보다는 장제스를 반대하는 것에 급급해하는 것을 발견했으며, 국민당의 대규모 공격은 필연적으로 중국 공산당을 그 속으로 휩쓸리게 하여 그들의 사업을 해칠 것이라고 예상했다. 모스크바 역시 중국의 내란이 단지 일본에게만 유리하며, 장제스가 석방되어 항일 전쟁을 이끌어야 한다고 인식하게 되었다. 중일 간의 개전은 일본의 소련에 대한 압력과 국민당의 공산당에 대한 압력을 완화시킬 것이 확실했다. 이런 것들을 고려하여 저우언라이는 막후에서 조정을 했다. 중국 공산당의 태도는 하룻밤 사이에 "반장항일(反蔣抗日)"에서 "연장항일(聯蔣抗日)"로 바뀌었다.

이런 태도의 전환으로 인해서, 젊은 원수로 불리는 장쉐량은 여론에 밀려서 결국 몸값이 오를 때까지 잡아두려던 포로를 석방하는 데에 동의했다. 1936년 12월 25일, 장제스는 한때 그를 감금한 사람(장쉐량)의 수행하에 비행기로 난징으로 돌아왔다. 장쉐량은 자원하여 처벌을 받고자 했다. 특별 군사법정은 그에게 10년간의 감금 외에도 5년간의 공민권 박탈을 선고했다. 그러나 장쉐량이 신속하게 잘못을 뉘우치고 있다는 것을 이유로 장제스가 그를 변호해줌으로써 감금 처벌은 면제되었다. 그러나 그는 그래도 연금되고 말았다.36)

비록 장제스는 석방을 조건으로 하는 어떤 협정에도 서명하지 않겠다는 태도를 견지했지만, 그는 결국 공산당이 삼민주의를 지지하기로 동의만 하면 미래의 항일 전쟁에 참가할 수 있을 것이라고 약속했다. 공산당 토벌은 이미 중지되었지만 정부의 서북 홍색지구에 대한 봉쇄는 여전히 계속되었다.

---

36) 장쉐량은 오랫동안 타이완에 거주했다. 그는 2001년 10월 15일 미국의 하와이에서 노환으로 생을 마감했는데 향년 101세였다. 1991년에 그는 90세의 고령으로 니컬러스 크리스토프 (Nicholas D. Kristof)와 인터뷰했다. *The New York Times*, Feb. 20, 1991을 참조하라.

시안 사변은 불행 중 다행이라고 말할 수 있으며, 국가의 통일을 도왔을 뿐만 아니라 내전을 중지시켰다. 장제스는 이제 더 이상 일본군과 맞서는 것의 걸림돌로 간주되지 않았고, 외래 침략자에 저항하는 중국의 통일전선을 이끄는 새로운 사명을 가진 민족영웅이었다.

성패득실 : 10년의 회고

비록 국민정부는 끊임없이 안팎으로 곤란한 상황에 처해 있었지만, 쑨원의 국가재건의 유지(遺志)를 계승하려고 노력했다. 이 전반기 10년이 종결되었을 때의 기록은 금융, 교통, 공업발전, 교육의 영역에서 어느 정도의 진보가 있었음을 분명히 보여주었다. 이와 반대로 국민정부는 매우 시급히 필요한 사회와 경제의 근본개혁을 소홀히 했고, 무책임한 적자정책을 시행했다. 이 두 가지는 모두 근본적인 심대한 영향을 초래했고, 결국 막심한 피해를 동반한 나쁜 결과를 초래했다. 이어지는 내용은 이 10년간의 득실에 대한 간단 명료한 회고이다.[37)

금융개혁 가장 두드러진 성과는 은원(銀元)으로 은량(銀兩)을 대체한 것과 지폐인 법정화폐[法幣]를 합법적 화폐로 널리 보급했다는 것이다. 비록 1914년에 은원이 기본적인 화폐단위로서 보급되었지만, 전통과 편리한 느낌 때문에 은량을 여전히 상업활동에서 사용하고 있었다. 이 두 종류의 교환매개의 병행은 혼란과 갈등을 야기했는데, 그 이유는 양자 간의 태환율이 지역과 계절의 차이에 따라서 변화를 받았기 때문이다. 1933년 4월 4일, 국민정부는 단호히 은량을 폐지하고, 0.715냥을 1위안(元)으로 태환하는 비율로 하여 은원으로 대체했다.

이 개혁을 추진한 지 얼마 안 되어 새로운 문제가 발생했는데, 즉 세계시

---

37) 이 절의 자료는 주로 中國文化建設協會編撰, 『抗戰前十年之中國』 重版(香港, 1965)에서 인용했다.

장에서 은 값이 급격히 상승하여 백은이 신속히 중국에서 국외로 유출되는 현상이 초래된 것이었다. 지속적인 백은의 외부로의 유출은 인플레이션, 높은 이율, 화폐부족, 주식시장의 파동, 부동산의 불황, 기업의 도산을 야기했다. 1935년 11월 3일에 정부는 백은을 국유화하는 대담한 조처를 취하고, 4대 국가은행이 25퍼센트의 비축된 은으로써 새 지폐인 법정화폐를 발행했다. 그후 1936년 2월, 지폐를 대신한 십진제의 백동전(白銅錢)이라는 보조화폐가 유통되었는데, 이 백동전은 5분(分), 1각(角)과 2각(角)으로 나뉘어 있었고, 그 밖에 2분의 1분(分)과 1분(分)의 두 종류의 동전이 있었다.

4대 국가은행은 서로 다른 직책을 부여받았다. 그중 가장 큰 은행은 1934년에 1억 위안의 자금을 소유한 중앙은행으로서, 화폐의 안정을 유지하는 책임을 맡은 국가의 핵심은행이 되었다. 4,000만 위안의 자금을 소유한 중국은행(中國銀行)은 외화를 관리하는 책임을 졌고, 2,000만 위안의 자금을 소유한 교통은행(交通銀行)은 국내의 공업과 기업을 협조하는 중임(重任)을 맡았다. 중국농민은행(中國農民銀行)은 가치가 5,000만 위안인 농촌신용과 토지저당 업무를 취급했다. 앞에서 언급한 3개 은행은 무제한으로 외화를 매매할 수 있는 허가를 얻었는데, 목적은 환율의 안정이었다. 이와 같이 외화는 정부은행이 통제했는데, 이것은 중국 역사상 처음이라고 할 수 있다.

자주적인 관세 아편전쟁 이후 중국에게 강요된, 가격의 5퍼센트를 세금으로 징수하는 고정관세율은 시시각각 사람들에게 중국의 반(半)식민지적 지위를 생각나게 했을 뿐만 아니라, 중국 국민의 민족의식이 끊임없이 고조되도록 자극했다. 관세제한의 철폐는 국민정부가 수립 때부터 줄곧 실현하려고 했던 목표였다. 국민정부는 날로 고조되는 민족주의를 배경으로 하여 1928년 7월 7일에 2가지 지도원칙을 선포했는데, 즉 이미 기한을 넘긴 조약과 협정은 새 조약과 협정으로 대체하고, 아직 시기가 지나지 않은 조약과 협정은 법률절차에 따라서 폐지하거나 다시 체결할 것이라고 했다. 미국이 먼저 7월 24일에 중국과 평등우호적인 관세협정을 체결했고, 뒤이어서 독일(8. 17),

벨기에(11. 22일), 이탈리아(11. 27), 영국(12. 20), 프랑스(12. 22), 일본 (1929. 5. 6)이 신속하게 동일한 조처를 취했다. 이런 협정들에 의거해서, 열강은 중국의 관세자주를 인정하고 나아가 원칙적으로 영사재판권을 포기하는 것에 동의했다.

외국 조계의 회수 자주적인 관세를 쟁취하는 것에 보조를 맞추어 국민당은 몇몇 외국 조계를 회수하는 데에 성공했다. 영국은 1927년 2월에 한커우와 주장의 조계를 포기하는 데 동의했고, 1929년 2월에는 전장 조계를 포기했고, 1930년 4월 웨이하이웨이의 조계를 포기했으며, 같은 해 9월 샤먼 조계를 포기했다. 벨기에의 톈진 조계도 1931년 1월에 회수되었다. 중국의 손실된 권익 회수는 1943년에 이르러 비로소 완료되었는데, 이해에 미국과 영국은 앞장서서 자발적으로 중국과의 모든 불평등 조약을 폐기함으로써 1세기에 걸친 중국의 굴욕을 종식시켰다.

교통 교통체계를 개선한 것은 국민정부의 또 하나의 긍정적인 성과였다. 1928년에 기존의 선로를 개선하고 새 선로의 부설을 지휘하기 위해서 철도부를 설립했다. 가장 두드러진 공사로 동서 주간선인 룽해 철도(隴海鐵路)가 1934년에 시안까지 확장되었고, 1935년에는 바오지까지 확장되었으며, 1936년에는 중남 주간선인 월한 철도가 준공되었다. 기타 몇 가지 중요한 성과로는, 난징에 연락선체계를 구축하여, 경포 철도(京浦鐵道)와 호녕 철도(상하이-난징)를 연결시킨 것, 1937년에 전당강에 철교를 건조하여 절감(浙贛 : 저장 성과 장시 성)선과 호항 용선(닝보)을 연결시킨 것이 있다. 이런 전국적인 성과와 필적할 만한 것은, 각 성이 완성한 몇 가지 소규모 공사이다. 1928년부터 1937년까지 철로망은 8,000킬로미터에서 1만3,000킬로미터로 증가했다.

더욱 인상적인 것은 도로의 건설인데, 그 이유는 도로의 원가가 비교적 낮아서 대략 철도원가의 20분의 1이었기 때문이다. 1936년 도로망의 총 길

이는 11만5,703킬로미터였지만, 1921년에는 겨우 1,000킬로미터였다.

현대 항공사업도 시작되었다. 1930년에 중국항공공사(中國航空公司) 설립이 계획되었는데, 중국과 미국의 공동투자로 상하이와 칭다오, 상하이와 베이핑, 상하이와 취안저우, 쓰촨과 쿤밍 사이의 4개 항로가 개통되었다. 두 번째로 큰 것은 중국과 독일이 공동으로 경영하는 유라시아 항공회사(Eurasia Avation Corporation)가 1931년에 업무를 시작했는데, 상하이에서 신장 성까지, 베이핑에서 광저우까지, 베이핑에서 란저우까지, 시안에서 청두까지의 4개 노선을 운영했다. 세 번째로 큰 서남항공공사(西南航空公司)는 서남 각 성 당국에 의해서 1933년에 창설되었는데, 광둥과 광시 두 성내에서 취항했으며, 광시 성과 광둥 성에서 쿤밍과 푸저우에 이르는 항로에 취항했다.

이 10년 동안, 우편행정과 전신은 매우 크게 개선되고 확장되었다. 1921년에는 우체국의 수효가 1만 개 미만이었고, 우편배달 경로의 전체 거리는 40만 리였다. 그런데 1935-1936년에 우체국은 1만4,000개로 증가했고, 우편배달 경로의 전체 거리는 58만4,800리로 증가했다. 군벌통치 시기에 심각한 손해를 입은 전보회선은 신속히 회복되고 확장되었으며, 1936년에 이르러 전보회선의 전체 길이는 9만5,300킬로미터에 이르렀다. 동시에 시외전화 회선은 1925년의 4,000킬로미터에서 1937년의 5만2,200킬로미터로 증가했다.

공업발전 사람들은 일반적으로 현대화 국가를 건설하는 데에 경제발전이 반드시 필요하다는 사실을 인정한다. 비록 만주 지역을 상실했고, 일본의 상하이에 대한 공격도 이 중추적인 항구의 대외무역에 막대한 손해를 입혔지만, 중형기계의 수입은 여태껏 감소된 적이 없었다. 한편 1927-1937년에 공업설비의 수입총계는 5억 위안에 달했다. 비록 이 숫자는 서양의 표준을 가지고 보면 비교적 적은 편이지만, 전화(戰禍)로 인해서 극심한 피해를 입었으며 가난하기 그지없는 국가에서는 상당히 큰 노력을 보여주는 것이었다. 비록 공업화 면에서는 두드러진 획기적 진전을 이루지는 못했지만 일부 경공업, 면방직, 밀가루 제품, 시계, 시멘트, 화학공업제조 등과 같은 부문에서는 꽤

커다란 진전을 보였다.

교육 교육부문도 현저히 진보했다. 교육부는 일부 공립 종합대학교, 단과대학, 전문학교를 13개의 국립 종합대학교,[38] 5개의 단과대학, 9개의 성립(省立) 대학교로 재편하고 합병했으며, 아울러 일부 수준 높은 사립 대학교에 대해서까지 경비 지원을 확장하여[39], 새로운 학과를 개설하고 설비를 구입하는 데에 사용하게 했다. 20개의 사립 종합대학교와 33개의 사립 단과대학 중에서, 1934년과 1935년에 32개의 대학이 경제적 지원을 받았다. 과소평가 되어서는 안 되는 성과는 바로 이 10년 동안 중등교육이 4-5배 성장했다는 것이다. 1937년에 이르면 2,042개의 중학교, 1,211개의 사범학교와 370개의 직업학교가 있었는데, 이 학교들에 다니는 학생 수가 54만5,207명에 달했다.

신생활운동 민중의 도덕성 회복과 정신적인 각성의 목표를 실현하기 위하여, 국민정부는 1934년 신생활운동을 제창했다. 이 운동은 위생습관, 신속함과 단호함, 약속의 성실한 이행, 타인에 대한 예의 있는 행동 그리고 예(禮), 의(義), 염(廉), 치(恥)라는 네 가지 전통적인 가치관을 양성할 것을 강조했다. 학자와 관리들에게는 19세기 정치가인 쩡궈판(曾國藩)의 저서를 연구하고, 몸과 마음을 다하여 국가에 충성하는 정신을 양성할 것을 촉구했다. 젊은 세대는 보수파의 가치관을 별로 대수롭게 여기지 않았다.[40] 그러나 신생활운동과 일부 이에 관련된 활동, 예를 들면 체격이 건장한 자가 군사훈련을 받는 것과 학교에서 군사훈련 과목 등을 개설하는 것과 같은 일은, 확실히 모종의 넘쳐흐르는 활력을 양성하고 일본인의 침략에 직면하여 무엇인가 하

---

38) 그중 가장 유명한 대학교는 베이징 대학교, 칭화 대학교, 중앙 대학교(中央大學校)이다.
39) 그중 가장 유명한 대학은 옌징 대학교(燕京大學校), 동오 대학교(東吳大學校), 상하이 대학교(上海大學校), 링난 대학교(岭南大學校), 성 요한 대학교(聖約翰大學校)인데, 이들은 모두 교회에서 운영하던 대학교들이었다.
40) 신생활운동에 관한 유명한 어느 우스갯소리는 그것이 행인에게 우측통행을 할 것을 훈계하는 것이다. 전해지는 말에 의하면 산동 성 성장이며 군벌인 한푸취(韓復榘)는 "모든 사람이 다 우측통행을 하면 누가 왼쪽으로 걷는가?" 하고 비평했다고 한다.

겠다는 감정을 그들에게 가지게 했다.

문학계 이 10년을 회고해보면 문학활동은 매우 활기를 띠었으며, 대다수의 작품들은 모두 당시의 사회현실을 반영했다. 명성과 위세가 드높은 조직인 중국 좌익작가 연맹은 일찍이 중국 공산당의 지지하에 1930년에 창립되었는데, 그 목적은 중국의 문학무대를 점령하는 것이었다. 좌익작가 연맹(좌련 [左聯])의 구성원은 국민정부를 비난하고, 우파 작가와 전통예술을 편애하는 사람들을 조롱했으며, 영미학파의 작가들을 비평하고, 소련문학과 좌파의 창작품을 찬양했다. 좌련의 핵심인물은 바로 공직에서 물러난 중국 공산당 지도자인 취추바이였으며, 그 대변인은 바로 유명작가 루쉰이었다. 좌련은 자체 내의 많은 출판물41)을 통해서 문학계에서 상당히 강력한 지배력을 행사했다.

그러나 또다른 두 집단이 확고하게 좌련과 대립 측에 있으면서 그들 자신의 특색을 통해서 갈채를 받았다. 하나는 린위탕(林語堂)을 대표로 하여 그가 창립한 해학과 풍자뿐만 아니라 약간의 농담거리의 색채를 띤 출판물, 예를 들면 『논어(論語)』, 『인간세(人間世)』, 『우주풍(宇宙風)』 등과 같은 것들이 줄곧 출판계에서 큰 환영을 받았다. 다른 하나는 주로 베이핑의 종합대학교와 단과대학의 교직원을 핵심으로 하여, 『문학계간(文學季刊)』과 『대공보 문예부간(大公報文藝副刊)』을 출판했다. 그들이 광범위한 독자를 얻은 이유는 그들이 식견 있는 비평적 태도를 가지고 있었고, 서양 작가의 선진적인 창작기교와 전략을 채용했기 때문이다. 이 세 개의 주요한 파들이 서로 다투어 논쟁을 한 것이 매우 활기가 넘치는 문학환경을 조성함으로써, 이 10년 동안이 "현대 중국문학이 가장 번창한 시기"가 되었다.42)

설령 이미 창작의 절정기를 넘겼을는지 모르지만, 그래도 이 10년 중 가

---

41) 『世界文化』, 『萌芽』, 『拓荒者』, 『北斗』, 『現代小說』, 『大衆文藝』, 『文學月報』, 『文藝新聞』, 『文學』. C. T. Hsia, *A History of Modern Chinese Fiction, 1917-1957*(New Haven, 1961), p. 125를 참조하라.
42) Hsia, pp. 138-139.

장 중요한 작가는 루쉰(1881-1936)[43]이었다. 그는 구질서와 현상(現狀)의 퇴폐성과 불공정함을 예리하고 풍자적으로 폭로한 것으로 유명하며, 전통생활의 허위와 잔인함을 비판했다.

루쉰의 가장 유명한 작품은 아마도 『아Q정전(阿Q正傳)』일 것인데, 그 소설 속의 주인공은 일종의 국민의 병폐를 상징하고 있다. 청대 말기에 살았던 신분이 매우 비천하며 무례한 농촌 사내인 아Q는 끊임없이 같은 촌사람들에게 괴롭힘을 당했다. 그들에게 대항할 힘이 없는 아Q는 자신만을 위한 하나의 몽상의 세계를 상상해냈다. 모욕을 당할 때면, 그는 바로 남보다 우월하다는 태도를 취함으로써 한 차례의 "정신적인 승리"를 얻은 것처럼 가장했다. 그는 도시에 들어가 도둑질을 했는데, 고향에 돌아와서는 자신의 명성을 높이기 위하여 오히려 농민들에게 자신이 최근에 혁명에 참가했다고 자랑했다. 진짜 혁명가들이 촌에 왔을 때, 그들은 신사(紳士)들과 공모하여, 물건을 훔친 죄로 아Q를 관아에 넘겨 처리하게 했다. 이 소설의 함축적인 의미는, 아Q는 여전히 중국 국민의 병폐의 축소판이며, 그 혁명은 구세력과 타협하여 그 혁명이 공언한 사회를 개선하려는 목표를 포기했다는 것이다.

다른 중요한 좌익 작가는 마오둔(茅盾, 1896-1981)[44]이다. 그는 『단편소설(短篇小說)』지의 편집장으로, 『환멸(幻滅)』, 『동요(動搖)』, 『추구(追求)』 3부작을 포함하여 여러 편의 장편소설을 창작했다. 그의 주요 작품인 『자야(子夜)』는 상하이의 한 민족공업가의 부질없는 투쟁을 묘사했다. 이 공업가는 공산당의 무장봉기로 인한 경제쇠퇴와 사업실패에 직면하여 손실을 만회하기 위해서 주식시장에 뛰어들었지만, 서양인의 후원을 받고 있는 매판에게 사기를 당하여 큰 적자가 나서 파산한다. 작가가 암시하는 것은 이 공업가가 마르크스주의의 본질을 파악할 능력이 없었기 때문에 실패하게 되었다는 것이다.[45]

---

43) 본명은 저우슈런(周樹人)이다.
44) 본명은 선앤삥(沈雁冰)이다.
45) Hsia, pp. 156-157.

마오둔이 마르크스주의를 중국의 문제를 해결하는 좋은 처방이라고 보았다면, 라오서(老舍, 1898-1966)[46]는 애국주의와 개인의 책임을 믿었다. 일찍이 런던에서 5년을 살았던(1925-1930) 그는 영국 작가의 영향을 깊이 받았다. 그의 작품 중 가장 유명한 것은 『뤄퉈샹즈(駱駝祥子)』(1937)인데, 영역본의 제목은 *Rickshaw Boy*로, 내용은 한 인력거꾼의 끊임없는 투쟁을 묘사한 작품이다. 주인공은 열심히 일하여 주인 딸과 결혼하는 것 등, 순수한 개인의 노력을 통해서 자신의 처지를 개선하려고 꿈꾸지만 사회의 장애물이 커서 넘기 어렵다는 것을 깨닫는다. 그는 낙심하여 운명으로 받아들일 수밖에 없어서 담배와 술을 하기 시작하고, 과거의 상황에 안주하여 대신 곡(哭)을 해주는 사람으로 전락한다. 소설의 함축적 의미는 뚜렷하다. 하나의 병적인 사회에서 개인의 노력은 아무런 성과가 없는 헛수고이며, 오직 단결된 행동만이 비로소 가난한 사람의 생활을 개선시킬 수 있다는 것이다.

또다른 비(非)좌익 작가는 바진(巴金, 1904-2005)[47]인데, 그는 작품을 많이 쓴 작가이다. 1937년이 되었을 때 그는 이미 12권의 장편소설과 4권의 단편소설집을 펴냈다. 바진은 쓰촨 성의 중등 가정에서 태어났으며 그의 작품은 일종의 감상주의적 색채를 띠고 있는데, 그는 자주 애정과 혁명, 선과 악, 영웅과 겁쟁이, 용감함과 나약함 등의 주제에서 소재를 얻었다. 그의 『애정 3부곡(愛情三部曲)』—『안개(霧)』, 『비(雨)』, 『번개(電)』—은 직접적으로 젊은 세대의 마음을 뒤흔들어놓았다. 그리고 그의 자서전 문체의 3부곡인 『집(家)』(1937), 『봄(春)』(1938), 『가을(秋)』(1940)은 대가족 속에서의 젊은 가족구성원의 곤경과 시련을 감동적으로 묘사한 것으로서 광범위한 갈채를 받았는데, 이 젊은이들은 윗사람으로부터 벗어나려고 노력했지만 도리어 완강한 반대와 비참한 결말을 맞이하게 된다. 이 작품을 통해서 그는 독자들에게 다음과 같은 계시를 이해하게 했다. 즉, 중국 사회의 폐단은 반드시 중국

---

46) 본명은 수징춘(舒慶春)이다. 문화대혁명 기간에 자살했다.
47) 본명은 리푸깐(李芾甘)이다. 그의 필명인 바진은 러시아 무정부주의자인 바쿠닌과 크로폿킨 두 사람의 중국어 번역 이름(巴枯寧, 克魯泡特金)의 각각 첫 번째 글자와 마지막 글자를 합친 것이다. Hsia, p. 238을 참조하라.

의 죄악적인 제도가 책임을 져야 한다는 것이었다.

그들의 정치신념이 어떻든 간에 1930년대의 작가들은 두 가지 점에서 공통점을 가지고 있었다. 즉, 그들은 세상 사람들에 대한 강렬한 설교와 훈계 의식을 가지고 있었고 작품은 모두 사회현실을 반영했다는 것이다. 그들은 풍자와 빈정거림과 동정을 통해서 구사회의 퇴폐와 낙후를 폭로했다. 아마도 혁명적인 변혁이 발생하고 있고 전통이 현대성과 끊임없이 대립하고 있는 전환기에 이들 작가들이 사회문제에 투신한 것은 불가피한 일이었을 것이다. 이런 각도에서 볼 때, 그들의 작품은 기존질서에 대한 합리적 규탄과 사회에 대한 항의를 대표한다고 할 수 있다.

사회와 경제개혁에 대한 등한시 금융, 교통, 자주관세, 공업발전, 교육 등의 부문에서 얻은 여러 가지 성과와는 대조적으로, 국민정부는 오래된 지주소유제 문제와 농민의 고난을 매우 소홀히 하고 등한시했는데, 농민의 수는 중국 전체 인구의 80퍼센트 이상을 차지하고 있었다. 이 실책의 원인은 부분적으로는 북벌 이후의 신군벌과의 타협 때문이었다. 신속히 승리를 거두고 국가를 통일하는 데에만 급급했던 장제스는 비교적 진보적인 군벌들과 협상을 하고 그들을 받아들여 정부에 참여하게 했다. 이 군벌들은 민중의 이익과 농민의 고난에는 전혀 관심이 없었고, 국민당의 지배층에 진입한 이후에는 이 당의 사회의식을 약화시켰다. 그 밖에도 일부 국민당의 장성들과 관원들은 토지의 이익과 연계되어 있었기 때문에 자신들의 사회적 지위를 위태롭게 하는 급진적인 개혁을 전개하는 것을 결코 서두르지 않았다. 각종 상인, 실업가, 고리대금업자와 같은 중산계급 역시 마찬가지로 이 방면에 관심을 기울이지 않았다.

조약 항구에서 생활하거나 고리대금업자로서 농촌에서 활동하는 그들은 기존질서의 수혜자로서, 파장을 불러일으킬 어떤 변화의 발생도 바라지 않았다. 국민정부를 지탱시켜주는 것은 바로 이들 즉 군벌, 장성, 관원, 상인, 고리대금업자였다. 그러므로 국민정부가 자기가 선언한 사회적 및 경제적

조처들을 널리 시행할 수 없었던 것은 이상한 일이 아니었다. 사실상, 현 상태에 매우 만족하고 있던 수많은 국민당원들의 마음속을 다음과 같은 일종의 보편적인 감정이 지배하고 있었다. 즉, 농민들은 이미 대대로 고난을 겪어왔기 때문에 그들에게 다시 한동안 기다리게 해도 상관없는 일이며, 다시 말해서 정부가 더욱 긴박한 내우외환의 문제를 해결할 때까지 그들을 기다리게 해도 된다고 생각했다.

그러나 농민의 고난은 이미 지극히 위급한 지경에 도달해 있었다. 국제연맹의 한 조사에서 밝혀진 바에 의하면 화남 지역에서는 고용농과 반(半)고용농이 농촌인구의 60-90퍼센트를 차지하고 있었으며 그들은 연간 생산하는 농작물의 40-60퍼센트를 지세로 바치는 것 이외에도 지주를 대신하여 정상적인 지세와 부가세—부가세는 정상적인 지세의 35퍼센트에서 350퍼센트에 이르기까지 일정하지 않았다—를 납부해야 했다는 것이다.[48] 농민에 대한 착취가 극한 상태에 이르렀고, 한차례의 혁명을 통해서만 그들을 구출할 수 있었던 것이다. 그러나 국민당이 한 것은 겨우 지세를 주요 농작물의 37.5퍼센트로 낮추는 결정을 통과시킨 것뿐이며 이 적절한 조치조차도 실행되지 못했다. 쑨원 선생의 "경작하는 자가 토지를 소유한다"는 이상은 실현된 적이 없었다.

재정상의 무책임　다음의 사실도 마찬가지로 국민정부가 토지문제에 대해서 전혀 관심이 없었다는 사실을 반영한다. 즉, 국민정부는 지세(地稅)라는 구 왕조시대의 가장 기본적인 수입원을 각 성의 행정기관에 위탁하여 처리하도록 했고, 관세와 상업세를 재정의 기초로 삼았다. 국민정부는 연해지역을 토대로 세워졌고, 쑹쯔원(宋子文)과 쿵샹시(孔祥熙) 등과 같은 서양에서 양성된 금융가를 기용하여 경제방침을 확정했으며, 농민과 토지에는 접근한 적이 없었다. 어쩌면 토지문제의 심각성에 대해서 전혀 관심이 없었거나 이해

---

48) Swarup, p. 52.

하지도 못한 것 같았다. 1928-1935년에 국민정부는 수입의 42.23퍼센트는 관세, 17.13퍼센트는 염세, 9.16퍼센트는 상업세에서 올렸다. 그러나 이 총 수입은 겨우 80퍼센트의 비용을 지불할 수 있을 뿐이었다. 이 비용은 주로 군사비(40.3퍼센트)와 채무(25-37퍼센트)였다.[49] 이 기간에 정부는 재정의 균형을 이룬 적이 없었으며 적자지출로 유지했다. 장기간에 걸친 예산의 불균형은 지폐의 남발을 초래했는데, 이것은 이후의 중일전쟁과 내전에서 심각한 인플레이션을 초래하여 1949년 국민정부의 경제붕괴를 촉진시켰다.

종합적으로 볼 때, 국민정부의 전반기 10년이 끝났을 때 외관상으로는 내면보다 더욱 강대하게 보였다. 표면상으로는 국민정부는 신군벌과 파벌정객을 평정하고 그들과 잠정적인 협정을 맺고, 공산당을 서북의 한 모퉁이로 몰아넣었으며, 독일식 중앙군을 훈련시키고, 상술한 몇몇 부문에서 현대화 계획을 전개하여 각 당, 각 파와 일본 침략에 반대하는 통일전선을 결성한 것 등 혼란 속에서 하나의 새로운 질서를 만들어낸 것 같았다. 식견이 얕은 관찰자는 아마도 하나의 신(新)중국이 현재 모습을 드러내고 있다고 말할 수 있었을 것이다. 그러나 이 진보의 표상 밑에는 사회와 경제의 불공정과 여러 해 동안 쌓인 재정의 적자 등과 같은 심각한 근본적인 문제가 존재하고 있었다. 1928년에 확립된 세 가지 목표, 즉 민족주의 혁명과 내부재건과 사회개혁에 대해서, 1937년에 이르렀을 때 국민정부는 첫 번째 목표에서는 비교적 큰 진전을 이룩했고 두 번째 목표에서는 약간의 진전을 이루었지만, 세 번째 목표는 철저히 실패했다. 이 밖에도 국민정부가 내우외환을 구실로 삼아서, 원래 정한 1929년부터의 6년간의 훈정기를 연장한 조처도 자유파 인사들을 몹시 실망시켰는데, 그들은 점차 이런 연장을 헌정 희생을 대가로 하여 독재와 전제(專制) 기한을 연장하려는 국민당의 수법으로 간주하게 되었다.

우리가 회고한 이 10년을 한마디로 간결하게 표현하면 "겉으로는 강해 보이나 속은 텅 빈 것[外强中乾]"이었다고 개괄할 수 있다.

---

49) Shun-hsin Chou, *The Chinese Inflation*, 1937-1949(New York, 1963), pp. 40-42.

24
중일전쟁, 1937-1945년

중국이 통일되면 외래 침략에 맞설 것이라는 전망으로 인해서, 일본 군국주의자와 극단적인 분자들은 대륙에서의 팽창정책 수행의 앞날을 걱정하게 되었다. 1931년과 마찬가지로, 중국이 강대해지기 전에 공세를 취할 것을 서두른 사람들은 여전히 관동군의 소장파 장교들이었다. 이 장교들은 수월하게 만주를 정복했고 국제적인 제재도 받지 않았다. 그리고 그들은 유럽에서의 파시스트와 나치의 대두 등과 같은 요소들의 격려를 받아 화북을 제2의 만주국으로 변모시켜 그곳에 일본의 대륙기지 건립을 서둘렀다. 시안 사변 그리고 중국이 통일전선 정책을 채택한 이후 겨우 반년 만인 1937년 7월 7일, 이 장교들은 베이징에서 서쪽으로 10마일 떨어진 곳에 있는 루꺼우차오에서 한 차례의 사변을 계획하여 갑자기 중국 주둔군과 충돌을 일으켰다. 전쟁이 시작되자 평화적으로 해결하려는 모든 희망은 깨졌으며 중국은 생존을 위해서 끝까지 싸우겠다는 단호한 결단을 내리게 되었다. 일본인들이 원래 열망했던 화북을 정복하는 단기 전쟁은 오랜 세월을 끄는 소모전으로 바뀌어 1945년까지 계속되었다. 반세기도 지나지 않아 발생한 제2차 중일전쟁[1]은 중국과 일본 두 국가에 중대하고도 심대한 영향을 끼쳤는데, 즉 일본의 현대 역사에서의 첫 번째의 실패를 초래했고, 중국 국민정부의 세력을 철저히 소

---

[1] 제1차 중일전쟁은 1894-1895년에 벌어졌다.

진시켰으며, 동시에 중국 공산당에게 군대와 당의 조직력을 확장하는 기회를 주어 결국 정권을 탈취하게 했다.

일본 군국주의자들의 대두

비록 1937년의 "중국 사변"은 표면적으로는 관동군이 계획한 하나의 국지적인 사건이었지만 사실상 그것은 치밀하게 설계된 사전의 모의가 있었던 음모였다. 이 사건은 일본 군부와 문관정부 간 그리고 군부 내부의 파벌 간의 일련의 충돌들이 절정에 이르도록 했다. 관동군이 만주 점거에 성공한 이후로 군국주의자들은 문관정부를 희생시키는 것을 대가로 하여, 단번에 국가 정치에 뛰어들었다. 이들 소장파 장교들은 군인은 정치에 간섭해서는 안 된다는 전통적인 계율을 무시하고, 당파 정치가들이 국사를 처리할 줄 모르기 때문에 일본의 국제적 지위를 떨어뜨렸다고 공개적으로 비난했다. 쇼비니즘(chauvinism : 배타적 애국주의) 열정의 자극 아래 그들은 관료들의 무능과 부패를 조소했으며, 재벌들이 경제불황을 초래했다고 명백하게 힐책했다. 이 소장파 장교들은 스스로 국가의 구세주라고 자부하고, 이런 사악한 세력을 제거하고 "쇼와 유신(昭和維新)"을 이룩하겠다고 맹세했으며, 이 유신의 과정에서 천황은 군대를 통하여 농민과 전체 인민 간의 직접적인 관계를 새로 건립할 것이라고 했다. 이 사명은 매우 "신성한" 것이어서 소장파는 일종의 이미지를 구축하는 데에 성공했다. 즉 군대의 명망과 지위를 침해하는 것은 그 어떤 것도 허용할 수 없다는 것이었다. 그들은 냉혹하게 권력을 추구했고, 공개적으로 확장을 부르짖고, 기꺼이 모반, 음모, 협박, 암살 등의 수단을 행사했는데, 이것은 모종의 "비정상적 행위"를 나타내는 것이었다.[2] 확실히 그들의 광폭한 행위는 군기(軍紀)를 중시하는 보수파 장교들조차 용인하기 어려웠다. 그러나 소장파를 저지하기란 매우 어려웠다. 왜냐하면 그

---

2) 이 시기의 일본인의 행위에 대한 계시적인 연구는 丸山正男, 『現代政治の思想と行動』, 제1권(東京, 1961), pp. 7-148을 참조하라.

들은 자신들이 국민의 마음의 소리와 일본의 앞날을 대표한다고 주장했고, 이 주장이 극단파 정객과 비밀결사들의 지지를 얻었기 때문이다. 1932년에서 1936년 사이에 군국주의자들은 국가정치에서 점차적으로 부상하여, 문관정부를 완전히 허수아비로 만들게 하기에 이르렀다. 이것은 현대 일본의 비극이었다.

1932년의 5. 15 정변 군국주의자들의 신속한 대두는 부분적으로 정변과 암살 등의 잔혹한 수단을 통해서 실현되었다. 1931년 봄에 두 차례의 정변이 실패한 이후, 소장파들은 정치적 암살의 수단을 취하여 1932년 봄에 일본은행 총재를 역임한 전(前) 대장상(大藏相 : 재무장관)과 미쓰이(三井) 재벌의 총수를 효과적으로 제거했다.3) 뒤이어 1932년 5월 15일에 한 무리의 육해군 장교들이 도쿄 경찰청, 은행과 정당본부를 공격하여 이누카이 쓰요시 수상을 모살하는 데에 성공했다. 이누카이는 중국에서의 군사행동을 반대했으며, 협상을 통해서 사건의 원인을 해결하는 데에 찬동했던 인물이다. 후안무치한 암살자들은 공공연히 사건의 결과를 대수롭지 않게 생각했으며, 이후에 그들은 경찰에 자수했다. 뒤이은 재판은 대중들에게 모반자의 철학을 유포하는 상황으로 변했다. 즉, 나약한 정객과 부패한 관료와 이기적인 재벌들을 소멸시킴으로써 국가를 구원한다는 것이었다. 그들의 논점은 광범위한 공감을 불러일으켰고, 심지어 기소인과 신문조차도 모두 모반자를 암살자가 아닌 영웅으로 보았다. 1918년부터 존재하던 정당정부는 치명적인 타격을 입었으며 제2차 세계대전 이후에야 비로소 원기를 회복했다.

1936년의 2. 25 정변 비록 군대는 문관통치를 반대하는 것에 대해서는 일치단결했지만, 내부의 분쟁도 존재하고 있었다. 일부 나이가 들고 비교적 책임감 있는 장교들은 정치를 피하는 전통적인 율령을 엄수했으나, 수많은 사람

---

3) 각각 이노우에 준노스케(井上准之助)와 단 다쿠마(團琢磨) 남작이다.

들은 머릿속이 온통 정치로 가득 차 있어서 오직 정치에 개입하려고 했다. 후자에는 두 파가 있었다. 한 파는 황도파(皇道派)로서, 소장파 중의 적극적인 활동분자와 영관급 장교들로 구성되어 있었으며, 그 우두머리는 육군대신 아라키 사다오(荒木貞夫), 참모차장 마사키 진자부로(眞崎甚三郎)와 헌병사령관 하타 도시로쿠(火田俊六)였다. 그들은 군사독재 건립, 국가예산 통제, 육해군 확충, 기초공업 국유화, 아시아에서의 영토확장, 중국에서의 직접적인 행동을 취할 것을 요구했다. 또다른 파는 통제파(統制派)로, 그 구성원은 일부 비교적 나이가 많으며 더욱 군기를 중요시하는 고급장교로, 예를 들면 나가타 데쓰잔(長田鐵山) 장군, 아베 노부유키(阿部信行) 장군 같은 이들이었다. 그러나 이상한 것은 도조 히데키(東條英機) 장군도 여기에 포함되어 있었다는 것이다. 그들 역시 확고한 대외정책을 채택하고, 아시아에서의 일본의 패권을 확장하고자 했다. 그러나 그들은 직접적이고 테러리즘적인 방식에는 찬성하지 않았으며, 합법적인 수단과 정당한 경로를 통해서 성과를 얻고자 하는 경향이 있었다.

군대 내부의 분쟁은 동요와 혼란을 야기했다. 1933년 7월, 일단의 소장파 장교들은 사이토 마코토(齊藤實) 수상이 황도파가 요구하는 개혁을 추진할 능력이 없다는 것에 불만을 품고 비밀리에 모든 내각대신과 정당지도자들을 살해할 모의를 했다. 비록 이 광분한 음모는 즉시 발각되어 대규모의 유혈사태를 모면했지만, 군국주의와 쇼비니즘이 요란한 상황 속에서 44명의 피고인은 1937년 이전에 재판을 면제받았고 1941년에 석방되었다. 그러나 이 정변의 실패로 인해서 통제파가 권력투쟁에서 우위를 차지했다. 아라키 장군의 육군대신 직무는 하야시 센주로(林銑十郎) 장군이 이어받았다. 두 파벌 간의 극한적 대립을 완화시키기 위해서, 1935년 7월에 하야시 센주로는 비교적 온화하고 합리적인 군인인 와타나베 주타로(渡邊重太郎) 중장을 기용하여 마사키 중장을 대신해서 교육총감을 맡게 했다. 이번 개편의 기획자는 통제파의 나가타(永田) 장군이었는데, 그가 승승장구했던 기간은 겨우 1개월이었다. 그는 1935년 8월 12일 한 소장파 급진주의자인 아이자와 사부

로(相澤三郎) 중좌에게 암살당했다. 그러나 이 암살자에 대한 사형판결은 소장파의 광신적인 감정을 전혀 꺾지 못했다. 1936년 1월 대장상이 군대예산을 삭감했을 때, 그들은 다시 행동을 취하기로 결정했다.

2월 26일, 일단의 소장파 장교들과 1,400명의 병사들은 안도 데쓰로(安藤哲郞) 대좌의 인솔 아래, 도쿄 중심부의 요새지를 장악하고 국회의사당, 경찰청, 육군성 및 해군성을 점령했다. 그들은 수상 관저를 습격하여 수상의 처남을 잘못 살해했다. 그밖의 피살자는 전 수상4), 대장상5)과 교육총감6)이었다. 정부에 충성하는 군대가 반란자들을 포위하고, 천황이 그들에게 돌아가라고 명령하는 성지(聖旨)를 낭독한 이후에야 정변은 비로소 제압되었다. 이어서 열린 재판을 통해서 13명의 소장파 장교들이 사형선고를 받고 사형이 집행되었으며, 아라키 사다오와 마사키 진자부로는 감금형의 선고를 받았다.

1936년 3월 오카다(岡田) 대장이 수상 직위에서 사직함에 따라서 히로타고키(廣田弘毅)가 정권을 인수했다. 1933년 가을부터 외상을 담당한 그는 극단분자들과 친밀하게 지내고 중국 침략 정책을 지지하고 있는 것으로 유명했다. 군국주의자들의 지지 아래 그는 정부를 "혁신(革新)"하겠다고 하고, 군부의 인정을 받는 많은 인사들을 임명하여 내각에 진입시켰다.7)

히로타의 중국 정책 히로타의 정책의 목적은 중국이 굴복하도록 압박을 가하기 위해서 중국을 세계의 다른 국가들과 분리시키는 것이었다. 화북에 있는 일본인들은 허베이, 차하르, 쑤이위안, 산시(山西), 산둥 등 5개 성의 자치운동을 발기했으며, 이어서 1935년 12월 허베이 성 동부 방공자치정부를 건립했다. 중국 정부는 이를 견제하기 위해서 총부를 베이핑에 둔 허베이-차하르

---

4) 해군대장 사이토 미노루(齊藤實).
5) 다카하시 고레키요(高橋是淸).
6) 와타나베 주타로 장군.
7) 예를 들면 그의 장상(藏相) 바바 에이이치(馬場英一)는 군부의 앞잡이였다. 신임 추밀원(樞密院) 의장 히라누마 기이치로(平沼騏一郎) 남작은 공인된 파시스트이고 극단분자였다. 그의 육군상 데라우치 주이치(寺內壽一) 장군과 해군상 나가노(永野) 대장은 팽창주의 분자였다.

정무위원회를 설치했다. 그러나 일본 낭인(浪人)들과 조선인과 타이완인들이 공공연히 대규모의 백은과 마약을 밀수함에 따라서 마찰이 부단히 격화되었다. 분명히 화북은 제2의 만주처럼 되어가기 시작하고 있었다.

일본에 대한 저항을 요구하는 중국 민중의 고함소리가 나날이 고조되고, 전국적인 일제 상품 거부운동은 무역량을 3분의 2나 격감시키는 데에 성공했다. 히로타는 민정당이 우위를 차지하고 있는 국회의 소망을 만족시키기 위해서 1936년 여름 중국과 협상하기 시작하여 다음과 같이 제안했다. (1) 중국의 배일 활동을 단속한다. (2) 일본의 화북에서의 특수지위를 인정한다. (3) 중국과 일본이 공동으로 공산당을 막는데, 특히 외몽골 지역에서 그렇게 한다. (4) 중국과 일본은 경제협력을 한다. (5) 일본은 중국 정부 각 부문에 고문을 파견한다. 이 조건들 특히 1915년의 "21개조"의 냄새가 나는 마지막 조항은 중국 정부로부터 거절당했고, 중국은 다음과 같은 반대제안을 했다. (1) 일본인과 조선인과 타이완인의 밀수를 중지시킨다. (2) 일본 군대는 허베이-차하르 두 성으로부터 철수한다. (3) 일본인이 발기한 자치운동을 금지시킨다. 결국 협상은 1936년 12월에 결렬되었다.

국제적으로 히로타는 소련을 고립시키고 미국 및 영국과의 개전을 준비하며 독일 및 이탈리아와 협력하는 정책을 취했다. 일본은 1936년에 독일과 코민테른을 반대하는 협정을 체결함으로써, 날이 갈수록 전쟁의 위기로 다가가고 있었다.

히로타 정부는 1936년 12월 붕괴되고, 이듬해 2월 하야시 센주로 장군이 수상에 취임했다. 신임 외상인 시토 나오타케(佐藤尚武)는 경제관계를 회복시키고 일부 부차적인 쟁점에서의 초보적인 협정을 이룸으로써 중국과의 화해를 위해서 노력할 것을 건의했지만 화북은 여전히 하나의 특수지역으로 유지할 예정이었다. 이때, 중국은 이미 통일전선이 형성되어 있어서, 더 이상의 타협을 할 의사가 없었다. 4개월 이후 하야시 센주로 내각은 와해되었고, 고노에 후미마로(近衛文麿) 친왕을 수반으로 하는 후임 내각은 완전히 군대에게 좌지우지당했다. 관동군 참모장 도조 히데키는 중국에 대한 무력

사용을 제창했다. 비록 그의 견해는 일본 정부로부터 거절당했지만, 화북 주둔 일본 군대는 독자적으로 행동하기로 결정하여 1937년 7월 7일에 충돌을 야기했다.

선전포고 없는 전쟁, 1937년

1901년 신축 조약(辛丑條約)으로 베이핑에서 발해 만(灣) 사이에 외국 체약국의 군대주둔을 허가한 조항에 근거하여, 화북 주둔 일본군은 1937년 7월 초에 베이징 교외의 루꺼우차오 근처에서 한차례 실전연습을 실시했다. 일본군은 1명의 사병이 실종된 것을 구실로 삼아, 7월 7일 심야에 부근의 완핑 시에 들어가서 수색할 것을 요구했다. 현지 중국 주둔군(쑹저위안[宋哲元] 장군 휘하의 제29군)의 거절을 당한 이후, 일본군은 완핑 시를 포격했다. 그리고 7월 8일 새벽 4시 30분에 이 도시를 점령했는데, 이렇게 하여 양국 간의 선전포고 없는 전쟁이 시작되었다.

전쟁이 시작되자, 만주와 일본 본토로부터 온 일본군 증원부대들이 바로 화북으로 쇄도하여, 베이핑 주변의 모든 전략적 거점을 점령했다. 루꺼우차오 사건은 단지 하나의 더욱 큰 계략의 시작일 뿐이라는 것이 분명했다. 이미 항일통일전선에 투신한 난징 정부는 항전을 결정했다.

1937년 7월 17일, 루산의 꾸링에서 열린 제1차 하기(夏期) 회의에서, 장제스는 "최후의 결정적인 고비에 이르렀으니, 중국은 단지 '전 민족의 생명을 걸고 국가의 생존을 위한 투쟁을 전개하는 것' 이외에는 달리 선택의 여지가 없다"고 단호히 선포했다. 1931년부터 시작해서 줄곧 지연되었던 항전은 마침내 응집력과 의의를 갖추게 되었다. 중국 국민과 각개 당파 즉 국민당, 공산당, 청년단 등은 모두 항전을 지지한다고 열렬하게 맹세했다.

비록 중국은 한차례의 지구전을 벌릴 준비를 하고 있었지만, 일본은 아시아 대륙의 수렁에 빠지고 싶지 않았고 참모본부의 마음속에는 소련이 여전히 주요한 적이었다. 일본은 속전속결로 화북을 빼앗고 난징 정부에 경제협

력에 동의하도록 강요하려고 시도했다. 일본 군부는 중국의 전면적인 항전 능력과 의지를 얕보고, 3개월 내에 중국 문제를 해결하겠다고 약속했다. 엄격한 군사적인 각도에서 보면, 그들의 예언은 매우 정확한 것 같았다.

현대화된 일본 군대는 분명히 중국 군대보다 훨씬 더 뛰어났다. 제29군에게 큰 타격을 준 후, 일본군은 7월 하순에 베이핑을 공격할 준비를 완료했다. 고대문화의 진귀한 보물로 유명한 이 도시를 보위하기 위해서 아무리 효과적인 저항을 하더라도, 값으로 계산할 수 없는 진귀한 역사유산 및 예술품에 헤아릴 수 없는 엄청난 손해를 입히게 되리라는 것은 의심할 여지가 없었다. 국민정부는 베이핑이 이런 끔찍한 운명을 당하지 않도록 하기로 결정하여, 7월 28일 군대에 이 도시를 철수하도록 명령했다. 이틀 후 톈진도 함락되었다.

8월 13일, 일본군은 전쟁을 수행하는 데에 필요한 중국의 경제능력을 분쇄하기 위해서 중국의 금융 중심지인 상하이에 제2의 전선을 조성했다. 뜻밖에도 장제스는 그곳에 독일식 훈련을 받은 최정예부대인 제87사단과 제88사단을 투입했는데, 이 부대들은 적군의 진격을 3개월가량 저지하는 데에 성공했다. 그러나 중국 수비대를 우회하여 포위공격하는 일본군의 계략이 성공하여 중국군의 방어선이 예기치 않게 신속히 와해되었다. 난징으로 통하는 도로가 모두 활짝 열려, 적군은 신속히 중국 수도의 대문으로 진격했다.

장제스는 수도를 쓰촨의 충칭으로 옮겼는데, 그곳의 험난한 지형, 가파른 협곡, 물살이 급한 양쯔 강은 적군이 돌파하는 것을 거의 불가능하게 했다. 장제스는 스스로 중국군의 총사령관으로서 전략적 요지인 우한에 머물면서 작전을 시휘했고, 학교와 공장 및 피점령지역의 기타 시설은 내지로 옮기도록 촉구했다. 서남이 하나의 새로운 항전 근거지가 됨으로서, 일본군의 속전속결의 꿈은 분쇄되었다.

난징이 함락된 이후 무차별 학살이 발생하여, 약 10만 명의 평민이 목숨을 잃는 동시에 헤아릴 수 없이 많은 여성들이 치욕을 당했다. 이후에 "난징대학살"로 불리게 된 이 사건은 매우 악명이 높아서 일본 군국주의자들조차도 국내의 대중들에게 진상을 속이게 되었다. 그 진상이 결국 전후 도쿄 국

제전범재판소에서 폭로된 이후, 일본 국민들은 모두 이런 야만적인 행위에 부끄러워해 마지않을 수 없었다.

난징을 점령한 이후, 일본군 주력은 북진하여 중요한 교통의 요충지인 쉬저우와 화이허 강 일대를 공격했다. 그러나 쉬저우 근처의 타이얼좡에서, 그들은 1938년 3월 말에서 4월 초 사이에 중국군의 용감한 저항을 받았고, 사상자는 약 3만 명에 이르렀다. 이것은 난징이 함락된 이후 중국 측의 첫 번째 대승이었으나, 중국군은 결국 5월 19일에 쉬저우에서 철수하지 않을 수 없었다. 얼마 후인 6월경에 중국인은 적군의 진격을 저지하기 위하여 황허 강 기슭의 제방을 폭파해버렸다.

뒤 이은 결전은 장제스의 군사령부 소재지인 우한에서 벌어졌다. 일본군 12개의 사단이 양쯔 강과 화이허 강 연안의 두 방향으로부터 이곳을 협공했다. 4개월 반 동안 크고 작은 수백 번의 전투를 거친 이후, 우한은 결국 1938년 12월 25일에 함락되었다. 우한의 상실에 더하여 10월 21일 광저우의 함락은 입장이 확고하지 못했던 일부 국민당 지도자들을 절망의 지경으로 몰고 갔지만, 장제스는 그가 선서했던 것처럼 계속해서 저항했다.

우한의 함락은 16개월간 지속되었던 전쟁의 1단계가 종료되었음을 나타내는 것이었다. 이 단계에서 중국은 공간으로 시간을 대신하여, 적을 내륙으로 끌어들였다. 일본군은 점점 중국 내륙지역의 수렁에 빠져버려, 다시는 빠져나올 수 없었다.

국제사회의 제재는 아주 느렸는데, 그 이유는 유럽 자신이 나치와 파시즘의 위협을 받고 있었고, 미국은 아직도 엄격히 중립을 지키고 있었기 때문이었다. 그러나 형세가 어떻든 간에, 일본인은 즉각 전쟁에서 승리를 얻을 수 없었다. 일본 정부는 자신이 교착 상태에 빠지는 것을 그대로 둘 수밖에 없었고, 괴뢰정부의 도움으로 점령지역을 유지하는 정책을 유지했다. 1937년 10월 29일, 차하르와 쑤이위안에 몽골 신장 연합자치정부를 수립하고, 내몽골의 덕왕(德王)을 명목상의 통치자로 삼았다. 12월 14일, 다른 괴뢰 임시정부가 베이핑에 수립되었는데, 왕커민(王克敏)을 명목상의 통치자로 삼아 허

베이 성, 차하르 성, 허난 성, 산둥 성 등 5개 성을 관할했다. 1938년 3월 28일 세 번째의 괴뢰정부가 난징에 수립되었는데, 량홍즈(梁鴻志)를 수반으로 삼아 장쑤 성, 저장 성, 안후이 성 등의 화동(華東)의 세 성을 관할했다. 그러나 이 세 명의 수장(首長)들은 통일에 필요한 전국적인 위망(威望)을 얻지 못했기 때문에 일본인들은 명망이 더욱 큰 인물을 찾는 것을 서둘렀다.

왕징웨이의 평화운동

1938년 11월 3일, 메이지 천황의 생신을 축하하기 위해서 일본 수상인 고노에 후미마로(近衛文麿) 친왕이 「아시아의 새 질서」라는 성명을 발표했는데, 그 기본적인 6개 원칙은 다음과 같다. (1) 동아시아의 영원한 평화, (2) 이웃 국가 간의 우호와 국제정의, (3) 연합방공, (4) 경제협력, (5) 새로운 문화의 창건, (6) 세계평화였다. 이것은 일종의 일본식의 먼로 선언으로서 일본이 이미 오래 전부터 아시아 통치를 갈망했다는 것을 보여주는 것이었다. 이런 종류의 갈망은 일찍이 16세기 후반기 도요토미 히데요시(豊臣秀吉)의 조선과 중국 정벌 전쟁 속에서 구체적으로 드러났으며, 20세기 초 일본 지도자들의 범아시아주의 사상 속에도 반영되었고, 더욱이 1927년의 소위 「다나카 상주문(田中奏摺)」 속에도 잘 표현되어 있다.

승리와 평화의 전망이 보이지 않고, 날이 갈수록 격화되는 인플레이션과 어렵고 고통스러운 생활 때문에 실망스럽기 그지없던 중국 정객들에게, 고노에의 성명은 분규를 신속히 해결하는 한 가닥의 희망 같았다. 왕징웨이는 기타 일부 인사들과 마찬가지로 일본의 주장에 매우 호소력이 있다고 생각했다. 그는 1938년 12월 18일 충칭을 떠나 하노이로 가서 평화운동을 전개했다. 4일 후, 고노에는 일본이 국민정부를 분쇄하고, 몇 가지 조건의 기초 위에서 "새로운" 중국 정권과 중일 관계를 조정하기로 결정했다고 선언했다. 그 조건은 다음과 같다. (1) 친선우호. 일본은 장차 어떤 영토나 배상의 요구를 하지 않을 뿐만 아니라, 소유하고 있는 모든 할양지역과 조차지를 중국에

게 반환하고 치외법권을 폐지할 것이다. (2) 추축국 간의 코민테른 반대협정과 동일한 정신에 따라서 공동으로 방공한다. (3) 경제협력에 관해서 일본은 일방적으로 중국 경제를 독점할 의도는 결코 없다.

왕징웨이는 충칭 정부에 이 조건들을 받아들여 평화회담의 기초로 삼을 것을 촉구했다. 장제스는 이를 딱 잘라서 거부했고, 동시에 왕징웨이의 당적을 제명할 것을 국민당에 권고했다. 뒤이어 왕징웨이는 일본과 8개 조항의 협정을 체결했는데, 여기에는 만주국 승인과 연합하여 반공하는 데에 편리하도록 하기 위해서 일본이 중국에 군대를 주둔시키는 것을 허가하는 내용도 포함되어 있었다. 협정의 기타 부분에는 일본이 "경제협력" 협정에 근거해서 중국의 자연자원을 장악하는 것과 일본이 중국에서의 교육과 문화업무 담당고문을 파견하는 권한을 가진다는 내용도 포함되어 있었다.

1940년 3월 일본의 비호하에 왕징웨이는 난징에서 5원제의 정부를 세웠는데, 이 정부는 베이핑과 난징에 원래 있던 괴뢰정권을 흡수했다. 이 정권은 만주국과 3개의 추축국 및 그들의 종속국들[8])의 승인을 받았지만 주요 서양 국가들은 모두 그것을 승인하지 않았다.

사람들은 자연히 이런 의문이 생길 것이다. 즉, 쑨원의 친밀한 측근이며 국민당 내부와 국민정부의 제2인자였던 인물이 왜 명예를 상관하지 않고 배신하여 적에 투항했는가라는 것이다. 가장 중요한 원인은 그가 패배주의에 사로잡혀서, 중국은 이 전쟁에서 이길 수 없으므로 철저히 패배하기 전에 협상을 통해서 평화를 실현시키는 것이 더 현실적이라고 굳게 믿었기 때문인 것 같다. 둘째, 그는 일찍이 장제스와 권력투쟁을 한 적이 있었기 때문에 장제스가 쑨원의 후계자로서의 자신의 위치를 찬탈했다고 생각하고 있었기 때문이다. 셋째, 그는 일본 점령지역의 국민들의 이익에 관심을 가지고 있었기 때문이다. 그리고 그의 수석 보좌관인 저우포하이가 네 번째의 아주 재미있는 해석을 하고 있다. 저우포하이는 어느 기자회견석상에서, 왕징웨이의 평화운

---

8) 예를 들면 루마니아, 불가리아, 덴마크이다.

동은 중국에 손해를 가져다줄 리 없는데, 만일 장제스가 승리하면 왕징웨이와 일본 간의 협정은 자연히 취소될 것이고 만일 장제스가 전쟁에서 이기지 못하면 장래에 그가 일본과 체결할 평화조약은 왕징웨이가 얻은 조건을 초과할 수 없을 것이라고 교활하게 해명했다. 동정을 얻기 위해서 여러 가지로 궁리하고 계산한 저우포하이는 이어서 다음과 같은 예리한 문제를 제시했다. 즉 만일 왕징웨이가 나서서 책임을 지지 않는다면 누가 피점령지역의 백성들을 돌볼 수 있겠는가 하는 것이었다. 사람들은 어쩌면 왕징웨이가 패배주의와 장제스에 대한 질투에 사로잡혀 흉악하고 잔인한 일본 정복자와 고립무원의 중국 백성들 사이에서 완충작용을 맡기로 결정했다고 추측할지도 모른다. 어쩌면 그는 자기의 평화적인 사명이 장기적으로 보면 중국에 해를 끼치지 않을 것이고 단기적으로는 실로 대량의 고난을 감소시킬 수 있다고 생각했을는지 모른다. 그의 진실한 동기가 도대체 어떤 것이었는지는 아마도 영원히 알 수 없을 것인데 그 이유는 그가 1945년 일본이 투항하기 수 개월 전에 세상을 떠났기 때문이다. 그는 비록 공개재판에 의한 말로를 벗어났지만 그의 고위직 동료들은 전후에 아주 신속하게 매국노로 간주되어 총살당했다.

국민당의 항전과 건국계획

항일 전쟁의 초기, 국민당과 정부 내에서는 몇 가지 중요한 진전이 있었다. 중대한 의의를 가지는 것은 1938년 4월 우한에서 개최된 국민당 임시 전국대표대회 및 그 대회에서 통과된 4가지 중요한 결의사항이다. (1) 새로운 총재직을 설치하여 당의 지도자로 하고, 장제스를 초대 총재로 한다. (2) 삼민주의 청년단을 창설하여 청년들을 훈련시켜 항전과 건국의 기본역량으로 삼는다. (3) 국민참정회를 설립하여 전국 국방참의위원회를 대체하며, 이를 전시의 국가 최고민의기구로 삼는다. (4) 항전과 건국강령을 통과시킨다. 국민당 임시대표대회 이후, 국민참정회가 구성되어 각종 정치견해를 가진 성원들을 받아들였는데, 여기에는 마오쩌둥과 기타 몇몇 공산당 지도자들도 포

**1937년부터 1945년까지
일본의 중국 점령지역**

깊숙이 침투한 지역
주요 철도, 1945년
* 괄호 안의 숫자는
점령한 날짜를 가리킴.

소련

외몽골

만주국
(1931–1932)

러허 성

선양

조선

내 몽 골

간쑤 성

칭하이 성

란저우

옌안

시안

산시(陝西) 성

쓰촨 성

청두

충칭

시캉 성

쿤밍

버마

태국

프랑스령
인도차이나

다퉁
(1937. 9)

타이웬
(1937. 11)

베이징(1937. 7)

허베이 성

산둥 성

지난
(1937. 12)

칭다오
(1938. 1)

황허 강

정저우
(1938. 5)

허난 성

장수 성

난징
(1937. 12)

상하이
(1937. 11)

한커우
(1938. 10)

안후이 성

저장 성

양쯔 강

후베이 성

이창
(1940. 5)

창사

후난 성

난창
(1942. 8)

원저우
(1942. 7)

구이저우 성

장시 성

푸젠 성

(1945. 1)

구이양
(1944. 12)

윈난 성

구이린
(1944. 10)

광시 성

광저우
(1938. 10)

샤먼
(1938. 5)

산터우
(1939. 6)

타이완
(일본)

메콩 강

광둥 성

마카오
(포르투갈)

홍콩(영국)
(1941. 12)

하이난다오
(1939. 2)

0   마일   500

함되어 있었다. 성립대회는 1938년 7월 7일부터 15일까지 우한에서 열렸으며, 총 162명의 대표들이 회의에 참석했다. 그들은 모든 중국인은 당파, 종교, 신앙, 직업에 관계없이 최후의 승리를 거둘 때까지 항일 전쟁을 지원할 책임을 가지고 있다고 엄숙하게 선서했다.

중국은 일본에 저항하는 투쟁을 통해서 단결했지만, 전 국민 단결의 격앙된 표상 뒷면에는 깊은 균열과 부조화의 씨앗이 숨겨져 있었으며, 공산당과 관련된 문제가 특히 그랬다.

통일전선 및 그 쇠퇴

중일전쟁이 발발한 지 얼마 지나지 않은 1937년 9월 22일에 중국 공산당은 「함께 국난을 헤쳐 나가자(共赴國難)」라는 제목의 성명을 발표하여, 전시의 중국 공산당의 입장을 다음과 같이 설명했다.

1. 쑨원 선생의 삼민주의는 오늘날의 중국에 꼭 필요한 것이므로, 중국 공산당은 그것의 완벽한 실현을 위해서 분투하고자 한다.

2. 중국 공산당은 국민당 정부를 전복시키는 모든 폭동정책과 적화운동을 취소할 것이며, 폭력으로 지주의 토지를 몰수하는 정책을 중지할 것이다.

3. 전국의 정권을 통일하기 위해서, 현재의 소비에트 정부를 없애고 민권정치를 실시한다.

4. 홍군의 명칭과 부대번호를 없애고 국민혁명군으로 개편하며, 국민정부 군사위원회의 전면적 관리를 받고 출동명령을 기다리며 항일전선의 직책을 맡는다.9)

장제스는 공산당의 맹세를 환영했으며, 중국 공산당이 항전과 국민혁명사업에 대한 실제적인 공헌을 통해서 그들의 충성을 입증하기를 바란다고 말

---

9) 이 선언의 기조는 1937년 2월 10일자 중공 중앙집행위원회의 한 전문에 포함되어 있다. Peter Schran, *Guerrilla Economy: The Development of the Shensi-Kansu-Ninghsia Border Region, 1937–1945*(New York, 1976), p. 183을 참조하라.

했다. 3만 명의 홍군이 8로군으로 개편되고(이후 18집단군으로 명칭이 바뀜) 주더와 펑더화이가 통솔했다. 이 부대는 산시(山西) 성 북부로 파견되어 일본군에 저항했다. 조금 후인 1937년 12월, 양쯔 강 이남에 주둔하고 있던 공산당 부대는 신사군(新四軍)으로 재편성되었으며 예팅(葉挺)과 샹잉(項英)이 통솔했는데, 군대는 총 1만 명이었다. 앞에서 언급한 바와 같이, 국공합작의 또 하나의 상징은 마오쩌둥과 기타 공산당 지도자들이 1938년 국민참정회에 참여한 것이다. 이처럼 양당은 일본의 침략 앞에서 다시 한번 협력했다.

그러나 앞서의 1923년에서 1927년 사이의 연맹처럼, 이번 연맹도 비참한 운명을 맞았다. 처음부터 공산당은 이 연맹을 순전히 코민테른의 지시를 실행하고, 국민당의 공격을 피하고, 또한 항전 기간에 힘을 축적하기 위한 수단으로밖에 간주하지 않았다. 당내의 어떤 구성원도 이런 비밀스러운 목표를 오해하지 않게 하기 위해서, 마오쩌둥은 간부들에게 항일 전쟁 시기의 기회를 충분히 이용하여 스스로를 강대하게 하라고 훈시했다. 그는 "우리의 확정된 정책은 70퍼센트는 세력을 확장하고, 20퍼센트는 국민당에 대응하고, 10퍼센트는 일본에 대항하는 것"이라고 말했다.10) 간부들은 이 원칙에 따라서 기회를 보아 행동하도록 요구받았고, 설령 당 중앙과 연락이 두절되었을 때에도 그래야만 했다. 마오쩌둥은 국민당과의 일시적인 협력은 원칙을 위반하는 것이 아니고, 적에게 투항하는 것도 아니며, 군대를 휴식시키고 재정비하며 장래를 위해서 혁명역량을 보존하는 현실적인 수단이라고 아주 분명히 말했다. 그는 추종자들에게 거듭 말하기를, 홍군을 국민혁명군으로 개편하고 변구정부로 소비에트 정권이 대체된 것은 형식만 바꾸고 내용은 바뀌지 않은 것이라고 했다. 요컨대, 국민당과의 협력은 중국 공산당에게 휴식을 취하고 세력을 확대하고 아울러 새로운 방식을 채용해서 이미 그다지 성공적

---

10) 이 말은 자주 사람들에 의해서 인용되고 있다. F. F. Liu, *A Military History of Modern China, 1924-1929*(Princeton, 1956), p. 206; Chiang Kai-shek, *Soviet Russia in China: A Summing-Up at Seventy*(New York, 1957), p. 85와 Arthur N. Young, *China and the Helping Hand, 1937-1945*(Cambridge, Mass., 1963), p. 58을 참조하라.

이지 못한 것으로 입증된 기존의 방식을 대체할 수 있는 기회를 주었다.

기왕 통일전선을 충분히 이용하기로 한 이상, 마오쩌둥은 곧바로 3단계 전략을 세웠다. 제1단계는 중국 공산당의 존재를 보호하기 위하여 국민당과 타협하고, 제2단계는 대등한 지위로 국민당을 대하며, 제3단계는 화중(양쯔 강 중류, 즉 후베이와 후난 일대)에 침투하여 반격을 개시하고, 국가의 최고권력을 쟁탈하기 위해서 하나의 새로운 근거지를 건립한다는 것이었다.

이런 해석들에 비추어볼 때, 우리는 왜 공산당이 특히 자기발전과 세력 확장을 하여, "100만 명의 혁명전사와 100만 명의 당원"을 모집하는 목표를 완성하기 위해서 노력했는지 어렵지 않게 이해할 수 있다.[11] 1939년 3월, 공산당은 그들 자신의 산시(陝西) 성, 간쑤 성, 닝샤 성 변구정부를 세웠고, 이후에 또 산시(山西) 성, 차하르, 허베이 성, 쑤이위안 변구정부를 세웠다. 국민당과 공산당 양당 군대 사이의 마찰은 날이 갈수록 빈번하게 발생하기 시작했다.

국제정세의 변화무쌍함으로 인해서 국민당과 공산당의 두 군대 사이의 긴장이 갈수록 더욱 고조되었다. 1939년 8월 소련과 독일의 상호불가침 조약 체결—이어서 1941년 4월, 일본과 소련은 중립 조약을 체결했다—은 통일전선의 정책상의 기초와 편의성을 제거해버렸다. 국민당과 공산당의 충돌은 날이 갈수록 심해졌다. 신사군이 주둔하고 있는 산둥 서부 지역과 장쑤 성의 형세가 유달리 심각했다. 1941년 1월 5일에 신사군과 국민당 제40사단 사이에 한차례 대규모 충돌이 발생하여, 정부가 1월 17일에 신사군을 해산하고 신사군의 군단장을 체포하여 군사법정으로 넘기기로 결정했다. 중국 공산당은 즉시 또다른 군단장[12]을 임명하고 신사군의 규모를 7개 사단으로 확대하는 것으로 보복했다. 이 신사군 사건(환난 사변)은 통일전선을 거의 와해시킬 뻔했으며, 국민참정회 소속 중국 공산당 대표는 이 회의에 출석하기를

---

11) 1945년 4월 24일, 마오쩌둥은 1943년과 1944년에 그의 부대는 각각 64퍼센트와 56퍼센트의 일본군 및 95퍼센트의 "괴뢰군[僞軍]"과 교전했다고 주장했다. 『毛澤東選集』, 제3권, pp. 1043-1044를 참조하라.
12) 천이.

거부했다. 1943년 3월 양당이 협상을 재개했으나, 공산당이 4개 군, 12개 사단의 정식 편제를 요구하여 결국 결렬되고 말았다. 1943년 말, 중국 공산당 협상대표인 저우언라이는 충칭을 떠났다.

이후 항일 전쟁 기간 동안, 국민당과 공산당의 충돌은 시종일관 해결되지 못했다. 비록 장제스가 수차례나 밝힌 대로 중공 문제는 본질적으로 정치문제이기 때문에 정치수단을 통해서 해결되어야 했지만13), 그는 오히려 대규모의 최정예부대를 파견하여 서북의 공산당 지역을 봉쇄했다. 그 의도는 대일 전쟁이 끝난 후 내전이 발발하면 곧바로 이 부대를 사용하겠다는 것이었다. 공산당 측도 미래의 대결을 위한 준비를 하기 위해서 끊임없이 군사력과 민중조직을 확충하고, 광범위한 계획을 실시했다.

옌안 경험과 외국의 관찰

항일 전쟁기(1937-1945)는 마오쩌둥과 중국 공산당에게 매우 얻기 어려운 귀중한 시간을 제공하여 정당과 군대를 정돈하고, 민중을 조직하고, 새로운 사회와 정치와 경제의 제도를 창립하도록 해주었다. 마오쩌둥의 창조력은 이 시기에 최고조에 달해 있었다. 그는 마르크스-레닌주의의 보편적인 원리를 중국 형세와 중국 혁명 실행의 특별한 요구와 교묘하게 결합시켰다. 그래서 옌안 경험은 중국 공산주의 발전에서 창조적인 의의를 가지고 있는데, 바로 이 옌안 경험을 통해서 마오쩌둥은 결국 최후 승리의 종자를 심었다.

옌안식 방법의 핵심은 군중 노선을 완벽하게 하고 농촌에 혁명적 민족주의를 강화하는 것인데, 이것은 마오쩌둥 사상의 2개의 큰 지주(支柱)가 되었다.14) 물론 이 사상들은 장시 시기에 일찍이 발전시킨 것이지만,15) 외부로

---

13) *United States Relations with China, With Special Reference to the period 1944-1949*(Washington, D. C., 1949), p. 135.

14) James P. Harrison, *The Long March to Power*(New York, 1972), p. 514.

15) Ilpyong J. Kim, *The Politics of Chinese Communism: Kiangsi under the Soviets*(Berkeley, 1973); "Mass Mobilization Policies and Techniques Developed in the Period of the Chinese

부터 오는 국민당의 계속된 공격과 내부로부터 오는 당내의 끊임없는 알력으로 인해서 충분히 표현되지 못했다. 리리산, 왕밍, 보꾸 등 모스크바가 배출한 중국 공산당원들은 마오쩌둥의 정책에 반대하여 소련식의 도시에서의 프롤레타리아 계급혁명을 지향하도록 고취했다. 이제 옌안에서 마오쩌둥은 외부로부터 오는 공격과 내부 분쟁을 해결했기 때문에 그 자신의 전략을 널리 실행하고 그 자신의 업무방식을 발전시키게 되었다. 이런 전략과 업무방식은 중국 공산주의의 특색 있는 표지가 되었다.

그의 대중노선 방법에 근거하여, 마오쩌둥은 농민이 필요로 하는 것에 열성적으로 관심을 가졌고, 토지개혁을 전개하고 소작료와 이자의 삭감을 실시함으로써 농민들이 전면적으로 근거지의 정치, 경제와 군사조직에 참여하게 했다. 확실히 산시(陝西)와 변구의 토지의 척박함은 농민급진주의의 탄생을 가로막은 것이 아니라 자극했으며,16) 항일 전쟁은 혁명적 민족주의에 새로운 원동력을 부여했다. 그리하여 옌안 시대는 결국 정권을 탈취하기 위한 세력증가와 준비시기였다.

경험이 부족한 농민계층을 동원하기 위해서, 마오쩌둥은 향급(鄕級) 이하에 빈농단과 농민협회를 창립하여, 그들이 토지 나누기 운동에 적극적으로 참여하도록 격려했다. 농민이 직접 농촌의 빈곤과 압박 등의 지방문제에 초점을 맞춘 대중적인 사회정치적 동원에 참여한 것은 계급의식을 강화했을 뿐만 아니라, 그들의 전통적인 나약하고 비겁한 심리를 몰아내게 했다. 그 이외에 1937-1941년에 모든 16세 혹은 16세 이상의 농민들은 무기명 투표에 의한 평등한 직접 보통선거 메커니즘을 통하여 정치활동에 참여했다. 마오쩌둥은 "모든 사람은 계급과 경험과 사상의 한계를 초월하여, 창조적으로 신 중국 건설에 참여할 수 있다"고 믿었다.17) 그는 또한 "삼삼제(三三制)"에

Soviet Republic" in Doak Barnett(ed.), *Chinese Communist Politics in Action*(New York, 1969), pp. 78-98.
16) Mark Selden, *The Yenan Way in Revolutionary China*(Cambridge, Mass., 1971), p. 28, 90, 100.
17) *Ibid.*, p. 210.

대해서 상세히 언급했는데, 이 제도는 변구정부의 참정회에 참가하는 중국 공산당원을 3분의 1로 한정하고 나머지 3분의 2의 의석은 좌파 진보분자와 중립세력 및 기타 인사들에게 넘겨주는 것이었다. 적어도 표면상으로는, 통일전선 정책은 변구에 일종의 민주적 색채를 부여했다.

생산자급운동 합작과 참여의 원칙에 근거하여, 옌안 시기에 6차례에 걸친 큰 운동이 일어났는데, 그것을 통해서 우리는 마오쩌둥의 이후의 정책의 수많은 주요 특징들을 발견할 수 있다.

1. "기구를 축소하고 인원을 간소화하는" 원칙을 채택하여 군대와 정부기관을 간소화했다.
2. "하향(下郷)" 운동을 널리 확대하여, 지식분자 및 당원 간부를 노동자 농민과 결합시켰다.
3. 토지개혁을 하지 않는 곳에서는 소작료를 감소시키고 이자를 낮추었으며, 감소금액의 한도를 25-40퍼센트 사이로 하여 지세가 토지 생산량의 3분의 1이 넘지 않도록 했다.
4. 호조(互助) 운동을 널리 시행하여, 농촌경제를 개편했다.
5. "조직경제"를 널리 시행하여, 각 조직과 간부들에게 경영과 육체노동에 참여하게 했다.
6. 신식의 교육운동을 전개하여, 농업사회의 사회, 경제, 문화에 대한 개혁을 하게 했다.[18]

이렇게 하여, 정치, 경제, 전쟁, 혁명 등 각 방면에서 전개된 군중노선의 방법은 지도자와 인민 간의 긴밀한 유대감을 형성함으로써, 옌안 경험의 핵심을 이루었다.

옌안 시기에 마오쩌둥은 많은 시간을 들여 당과 국가가 직면한 문제와 최

---

18) *Ibid.*, pp. 210-211, 212-274; Jerome Ch'en, *Mao and the Chinese Revolution*(London, 1965), p. 204.

종적인 승리의 기초를 다지는 전략에 대해서 사고하고 이론화하고 저술했다. 나이가 40여 세에 이른 그는 정력이 지극히 왕성하여, 매일 13-14시간을 일하고, 자주 새벽까지 밤샘을 했다. 1938년에 그는 9일 동안 거의 밤잠도 자지 않고 작업을 하여 『지구전을 논함(論持久戰)』이라는 글을 완성했는데, 탈고할 당시 그는 이미 기력이 다 소진되었다. 이 기간 동안에 그가 집필한 기타 수많은 중요한 저작은 『중국 혁명전쟁의 전략문제(中國革命戰爭的戰略問題)』(1936. 12), 『국공합작 성립 후의 절박한 임무(國共合作成立後的迫切任務)』(1937. 9), 『영국 기자 버트럼과의 담화(和英國記者貝特蘭的談話)』(1937. 10), 『항일 유격전쟁의 전략문제(抗日游擊戰爭的戰略問題)』(1938. 5), 『지구전을 논함』(1938. 5), 『전쟁과 전략문제(戰爭和戰略問題)』(1938. 11) 등이었다. 대략 2년이라는 기간에, 그가 지은 논저 중에 200페이지는 전략방면에 관한 것이고, 165페이지는 정치에 관한 것이고, 55페이지는 철학에 관한 것이었다.[19] 이후 그는 또 수많은 기타 유명한 저술을 집필했는데, 그것은 다음과 같다. 『신민주주의론(新民主主義論)』(1940. 1), 『당의 작풍을 바로잡자(整頓黨的作風)』(1942. 2), 『당의 팔고에 반대한다(反對黨八股)』(1942. 2), 『연합정부를 논한다(論聯合政府)』(1945. 4), 『충칭 회담에 대해서(關於重慶談判)』(1945. 10)이다. 1947년 7월에 그는 또 한 편의 중요한 저작인 『인민민주독재를 논함(論人民民主專政)』을 완성했다. 자신의 영토, 정부, 규율이 엄격하고 명확한 정당과 군대 및 탁월한 지도층을 보유하고 있는 이 "또다른 중국"의 존재는 외국인의 호기심을 자극했는데, 그들은 이 독립적인 징치실체가 도대체 국민당 통치구역과 무엇이 다른지 직접 보고 싶어했다. 그 결과 몇몇 외국 방문객이 중국 공산당이 장악하고 있

---

19) Jerome Ch'en, pp. 209, 216-217. 천즈랑(陳志讓, Jerome Ch'en)이 추산한 이 기간의 마오쩌둥 저술의 수량에 대한 통계는 너무 적은데, 그 이유는 그가 기타 많은 저작을 포함시키지 않았기 때문이다. 예를 들면 『中國共産党在抗日時期的任務』(1937. 5); 『實踐論 : 論認識和實踐的關係-知和行的關係)(1937. 7); 『矛盾論』(1937. 8); 『中國共産黨在民族戰爭中的地位』(1938. 10); 『中國革命和中國共産黨』(1939. 12) 그리고 분산되어 있는 대량의 저작이다. 『毛澤東選集』(北京, 1967), 제1, 2권을 참조하라.

는 구역에 들어왔으며 그들이 발견한 것을 보도했다.

외국 관찰자 1936년 7월 에드거 스노는 국민당의 봉쇄를 뚫고 공산당 지배 지역에 진입했다. 이전에 그는 중국 공산주의를 일종의 "농촌공산주의"로 묘사한 적이 있었는데, 그러나 그가 옌안을 방문하여 마오쩌둥과 이야기를 나눈 이후, 그는 중국 공산주의자들을 생기발랄한 마르크스 사상혁명가의 지위로 격상시켰다. 스노는 중국 공산당은 모스크바에 종속되어 있는 꼭두각시에 불과하다는 견해를 반박하고 중국인은 유일무이한 자생적(自生的) 공산주의를 발전시켰다고 단언했다. 그가 쓴 『중국의 붉은 별(*Red star over China*)』은 언론보도체로 된 명저로서 그는 미국 대중의 붉은 중국에 대한 관념에 관해서 강렬한 영향을 미쳤다. 이 책 속에서 스노는 공산당원을 소박한 애국자로 묘사했지만, 국민당은 부패하고 신뢰할 수 없는 자로 묘사했다. 한편 그의 아내는 국민당과 공산당 두 당을 비교할 때 매우 솔직했다. 그녀는 일찍이 1937년에 옌안을 방문하고는 이 여행을 "일종의 새로운 정신과 한 무리의 새로운 인류를 한 차례 발견한 여행이며……이 사람들은 지구상에서 가장 오래되고, 변화가 가장 작은 문명의 심장지대에 하나의 새로운 세계를 창건하고 있다"고 말했다. 그녀가 보기에 중국 공산당원은 일종의 "새로운 유형"의 중국인으로서, 그들은 "인간미가 지극히 풍부했다." 이런 성격적인 특징이 그녀를 "깊이" 감화시켰다.[20] 그녀는 심지어 중국 공산당원은 외관상으로 보면 "우리 미국인을 더욱 많이 닮았다"고까지 말했다. 그들은 "그들의 마르크스주의 관념을 통해서 서방 세계로 통하는 교량을 가설하고 있으며, 그들 자신의 시대의 주인이 되려고 시도하고 있다"는 것이었다. 그녀는 중국 공산당이 "봉건주의를 타파하고 하나의 현대 사회를 건립하려고 노력하고 있다"고 찬양했으며, 중국 공산당원은 "나 자신과 똑같은 부류의 사람에 속한다"고 단언했다.[21]

---

20) Nym Wales(Helen Foster Snow), *Inside Red China*(Garden City, N. Y, 1939), pp. xi, 38.
21) Kenneth E. Shewmaker, *Americans and Chinese Communists, 1927-1945: A Persuading*

대다수의 외국 기자들은 모두 국민당에 대해서는 반감을, 중국 공산당에 대해서는 끌리는 마음을 가지고 있었다. 오직 한 사람의 천주교 신부만이 비교적 뚜렷한 예외였다.22) 비록 이들 방문자들 중에서 어떤 사람들은 적색 중국을 편애하는 선입관을 가지고 있었으나, 전체적으로 말하면 그들은 광범 위한 정치신념들을 대표하고 있었다. 공산당원의 활력, 희망, 성실 및 대중에 대한 관심이 그들에게 깊은 인상을 남겨주었다. T. A. 비슨은 국민당의 "봉건 중국"을 공산당의 "민주 중국"과 구분했다. AP 통신사와 『크리스천 사이언스 모니터(*The Christian Science Monitor*)』지의 건서 스타인은 충칭을 "원한의 도시"와 "한차례의 악몽"이라고 불렀다. 옌안에서 충칭으로 비행하는 것은 마치 "중국의 한 세계에서 다른 하나의 세계로 가는 것과 같다"는 것이었 다.23)『타임-라이프(*Time-Life*)』지의 시어도어 화이트는 옌안 사람이 중국의 기타 어느 지방 사람들보다 더욱 "건장하고 튼튼하다"고 묘사했고, 미국 UPI 통신사와 「뉴욕 헤럴드 트리뷴(*New York Herald Tribune*)」지의 해리슨 포먼 은 1943년에 홍군 병사들을 "대략 내가 일찍이 본 군대 중 영양이 가장 좋은 군대"로 여겼다.24)

비교의 기준으로 삼은 것은 공산 중국과 미국이 아니라 충칭과 옌안이었 다. 전자는 "분위기가 침체되어 있고, 퇴폐적이고 쇠약하며, 자신의 이익만 을 생각하고, 외압을 참고 견디며, 일반 백성들에게 조금도 관심을 가져주지 않고, 가난하고 낙후되고, 비인간적이고, 능력이야 어떻든 자신과 가까운 사

Encounter (Ithaca, N. Y., 1971), pp. 338-339.

22) 이들 내방자들은 브룩스 앳킨슨(Brooks Atkinson), 제임스 M. 버트럼(James M. Bertram), T. A. 비슨, 에반스 F. 칼슨, 이스라엘 엡스타인(Israel Epstein), 해리슨 포먼, 필립 J. 재프 (Phillip J. Jaffe), 랄프 래프우드(Ralph Lapwood), 마이클 린지(Michael Lindsay), 애그니스 스메들리(Agnes Smedley), 에드거 스노, 헬렌 스노(Helen Snow), 건서 스타인, 애너 루이즈 스트롱(Anna Louise Strong), 시오도어 H. 화이트 등이다. 이 예외적인 천주교 신부는 『중국 통신(中國通訊)』(China Correspondent)과 수많은 기타 천주교 출판물을 위해서 일하고 있던 코맥 섀너핸(Cormac Shanahan)이다.

23) Gunther Stein, *The Challenge of Red China* (New York, 1945), p. 5, 88, 460; Shewmaker, p. 340.

24) Jerome Ch'en, p. 248.

람만 임용하는" 현상이 충만한 "구 중국"을 대표하고, 후자는 "희망으로 가
득 차 있고, 생기발랄하고, 능률이 탁월하고, 투지가 드높고, 규율이 엄격하
고, 열정이 충만한", "신(新)중국"을 대표하고 있다는 것이었다. 스노는 하나
의 붉은 별이 중국 하늘에 천천히 떠오르고 있다고 했고, 화이트는 국민정부
가 그들의 부당한 행위로 인해서 천명을 잃었고, 도덕의 상실과 무분별한
폭정으로 부패하고 쇠락하게 되었다고 했다. 화이트는 비록 공산당의 의도
를 신뢰하지 않았고, 중국이 적색의 물결 속에 매몰되는 것을 바라지는 않았
지만 그는 그래도 국민당은 퇴폐적이고 쇠약해져 있지만 공산당은 "생기발
랄하고 활기가 넘치고 있어서" 양자를 "비교해보면" 후자의 "빛이 사방을 환
하게 비추고 있다"고 여겼다.25)

　미국 기자들은 공산당원들이 가난한 사람들을 비호하고 부유한 사람들을
적대시하는 태도를 취했기 때문에 공산당원들이 국민당원들보다 더욱 좋거
나 혹은 그렇게 나쁘지 않다고 생각했다. 이 기자들은 습관적으로 사회개선
과 민주진보 등의 이상을 동경하는 사회출신이었기 때문에, 그들은 인민대
중의 복지와 지력(智力)이 부단히 점차 개선되기를 기대하고 있었다. 그리하
여, 중국 공산당의 가치관과 비교하여 국민당의 전통적인 가치관은 그들의
입맛에 맞지 않았지만, 중국 공산당이 가진 마르크스주의의 역사낙관주의와
유토피아식의 유물주의에 대해서 그들은 모종의 공감을 가지게 되었다.26)
기자들의 보도 속에서 중국 공산당원들은 초인처럼 보이고 마치 짚신을 신
은 용사와 같았다. 그들의 중국 공산당과의 만남은 "만족스러운 것"으로 언
급되었고, 그들의 국민당과의 만남은 "혐오스러운 것"으로 언급되었다.27)

　변구지역에 대한 관찰에 근거하여, 외국 방문자들은 이곳에서 실시하는
"삼삼제"와 선거방식, 민중의 정치참여 진행과정, 공민권의 확대 등의 사항
에 대해서 깊은 인상을 받았으며, 그리하여 그들은 적색 중국이 일종의 "민

---

25) Shewmaker, pp. 340-346.
26) Ibid., pp. 345-346.
27) Ibid., pp. 183, 191-199, 339.

주제도"로 불릴 자격이 있다고 인정하게 되었다.[28] 그들은 중국 공산당원이 "사회개혁가와 애국자" 또는 "농민개혁가"이며 "대의제 민주", "농촌민주 혹은 농민민주" 혹은 일종의 "효과적인 대중민주"를 실시하고 있다고 묘사했다. 중국 공산당원은 "농촌개혁가"이며 소련 공산당과는 다르다는 신화는 미국인의 마음속에서 보편적으로 자리잡았다.

역사를 돌이켜보면, 사람들은 외국 보도자들은 신문기자들로서 보고 들은 것을 기록할 뿐이며, 평소 훈련이 잘 되어 있는 정치학자들처럼 정확하게 중국 공산당의 이론의 본질과 최종목표를 파악할 수 있는 능력을 가지고 있지 못하다고 생각하는 경향이 있다. 이 기자들은 민주적 수단과 중국 공산당의 목적을 구분해낼 능력이 없었고, 또한 통일전선 정책은 정권탈취와 세계혁명의 근본원칙을 포기한 것이 아니라 뒤로 미룬 것이라는 사실을 인식하지 못했다.[29]

사람들이 예측한 대로 장제스는 이 보도들이 "불공정하고……편견을 가지고 있다"고 질책했다.[30] 마오쩌둥도 중국 공산당이 진정한 마르크스주의자가 아니라는 것에 관한 관점을 반박했다. 그는 외국 기자들에게 중국 공산당은 "과거에도 그랬고, 현재에 그러하며, 미래에도 마찬가지로 영원히 마르크스-레닌주의에 충실할 것이며" 중국 공산당은 세계 공산주의 운동을 지지하는 국제주의자라는 것을 분명히 했다. 스노는 이 보도에 근거하여 중국 공산당의 개량주의 경향은 "단지 아주 일시적인 것"이며, 그들의 최종 목표는 여전히 "마르크스-레닌주의 사상이 참으로 철저히 관철되는 사회주의 국가"를 건설하는 것이라고 했다.[31] 그러나 비록 마오쩌둥의 항의와 스노의 보도가 있었음에도, 중국 공산당이 "농촌개혁가"라는 이미지는 미국인들의 마음속에서 해소할 방법이 없었다.

---

28) *Ibid.*, pp. 211, 215.
29) *Ibid.*, pp. 215-216, 227.
30) Jerome Ch'en, p. 242.
31) Edgar Snow, *Red Star Over China* (New York, 1961), p. 188; Shewmaker, pp. 249, 251, 255-256.

외국 정치평론가들은 자연히 러시아와 중국 공산당 사이의 연계문제에 대해서 흥미를 느꼈지만 그들은 1937-1938년 사이에 단지 소련의 관영통신사인 타스(TASS) 통신사 기자 한 사람이 산시(山西) 성에 있었으며, 1944년 여름에 3명의 러시아인이 옌안에 있었음을 알아냈을 뿐이었다. 3명 중 2명은 타스 통신사 기자였고 한 명은 외과의사였는데, 이들은 모두 국민정부의 허가를 받아 그곳으로 간 사람들이었다. 서방 기자들은 그곳에서 소련이 중국 공산당을 원조해준 흔적이 없는 것을 보고 매우 만족스러워했다. 확실히, 마오쩌둥은 1945년 4월에 개최된 중국 공산당 제7차 대표대회에서 러시아의 제도가 러시아 역사에 근거하여 세워진 것과 마찬가지로 중국의 제도는 반드시 중국의 역사에 근거하여 세워져야 한다고 말했다.[32]

딕시 사절단 장제스의 비준을 거쳐서 공산당 구역으로 진입한 첫 번째 미군 장교는 미국 해군해병대의 에반스 F. 칼슨 대위로서, 그는 1927-1928년과 1933-1935년 사이에 중국에서 정보장교를 담당한 적이 있었다. 그는 1937년 7월 중일전쟁이 발생한 후 얼마 되지 않아, 중국 공산당의 군사행동을 시찰하기 위해서 파견되었다. 그는 몹시 동정적으로 중국 공산당의 무력을 미국 혁명전쟁 시의 민병과 동등하게 논하면서, 그들의 "도덕교훈적" 방법을 찬양했다. 그의 생각에, 이런 방법은 비교적 높은 정치적 각성과 도덕적 행위와 장병 사이의 민주적 감정을 증대시킴을 의미하고 있었다. 중공 군대와 인민 사이가 서로 긴밀하게 연결되어 있고 "유기적으로 결합되어 있다"고 한 그의 보고서는 마찬가지로 열정이 가득 차 있었다. 그는 "8로군과 인민은 마치 고기가 물을 만난 듯하다"고 표현했다.[33]

1943년 초, 조지프 스틸웰 장군(다음 절 참조)의 정치고문인 존 P. 데이비스가 미국 군사시찰단을 중국 공산당이 장악하고 있는 지역으로 파견할 것을 건의했지만, 이 건의는 스틸웰에 의해서 받아들여지지 않았다. 데이비스

---

32) *Ibid.*, pp. 231-232, 238.
33) *Ibid.*, pp. 105, 194-195, 197.

는 1943년 6월 24일과 1944년 1월 15일의 2차례에 걸쳐 스틸웰과 국무원에 그의 건의서를 제출했다. 그는 중국 공산당 군대는 화북 지역에서 가장 응집력이 있고, 규율이 가장 엄격하고 또한 가장 진취심을 가진 항일 부대이며 화북은 또한 미래에 소련이 참전했을 때 소련군이 진입할 가능성이 가장 큰 지역이라고 지적했다. 옌안으로 미국 사절단을 파견하면 군사정보를 수집하고 소련의 의도를 판단할 수 있으며 어쩌면 소련의 중국 공산당에 대한 영향력을 제거할 수도 있다는 것이었다.34) 프랭클린 D. 루스벨트 대통령은 비록 이에 대해서 매우 관심을 가지고 있었지만, 장제스의 반대로 인해서 그는 이 일을 보류해버렸다. 미국 국무원 외교관 존 S. 서비스는 또다른 제의를 했다. 그는 중국 공산당은 제2차 세계대전의 영향하에 있는 중국 경내에서 가장 활력이 넘치는 세력이라고 보고하고 미국은 마땅히 중국 공산당을 이용하여 중국과 동아시아에서의 소련의 영향력과 균형을 이루도록 할 것을 건의했다. 결국 1944년 6월 23일, 루스벨트는 장제스의 동의를 얻어 군사시찰단을 옌안에 파견했다.35)

미국의 첫 파견대는 7월 22일 중국 공산당의 수도에 도착했고, 두 번째 파견대는 8월 7일에 도착했다. "딕시(Dixie) 사절단"이라고 불린 이 파견대는 모두 18명으로, 이들을 인솔한 데이비드 D. 배럿 대령은 일찍이 중국어 교관이자 베이징에 파견되어 주재하고 있던 무관이었다. 사절단의 주요 목적은 "그들을 이해하는 것"과 그들이 미래에 미국식 무기로 무장했을 경우 구비하게 될 "잠재적인 작전능력을 판단하는 것"과 "[중국] 공산당의 전쟁에서의 잠재적인 공헌을 평가하는 것"이었다.36)

배럿은 "[중국 공산당의] 훈련방법은 기본적으로 형식화된 것이어서 우리의 기준으로 보면 가치가 별로 크지 않다"는 것을 발견했다. 그가 얻은 결론은 "그들은 대단히 뛰어난 유격전사이지만 대규모의 전쟁에 대해서 말하

---

34) David D. Barrett, *Dixie Mission: The United States Army Observer Group in Yenan, 1944* (Berkeley, 1970), pp. 22-23.
35) *Ibid.*, pp. 26-27.
36) *Ibid.*, pp. 13, 27-28.

면⋯⋯그들은 강대한 일본군과 정면으로 대결하여 승리를 거둘 능력은 전혀 없다"는 것이었다. 그러나 만약 그들이 미국식 훈련을 받고 미국식 장비를 얻으면, 일본군과 정규전을 벌일 수 있다는 것이었다.[37)

중국 공산당 지도자들은 딕시 사절단을 친절하게 접대했다. 그리고 1944년 8월 말, 존 S. 서비스는 오랫동안 보류되었던 마오쩌둥 주석과의 유명한 인터뷰를 했다. 마오쩌둥은 내전은 피하기를 바라지만 미국인들이 관여하여 장제스에게 타협을 받아들이게 했을 때만 비로소 가능하다고 언명했다. 이런 간섭은 극히 중요한 것인데, 그 이유는 미국의 도움 없이는 국민당은 무력으로 중국 공산당을 굴복시킬 방법이 없기 때문이라는 것이었다. 내전은 "면하기 어렵지만 꼭 일어난다고는 할 수 없는데", 이는 결국 미국이 결정해야 한다는 것이었다. 마오쩌둥은 또 어찌되었든 미국이 먼저 중국을 일본으로부터 해방시켜주어야 하며 이 점에서 그의 군대의 지원은 극히 중요하다고 보충적으로 설명했다. 전쟁의 영향은 군사상, 및 전후 시기에 소련의 도움을 제한하리라는 것이었다.[38) 미국 정부는 서비스의 보고서를 읽었지만 묵살해 버렸다. 미국은 계속 장제스를 지지하여 중국의 합법정부의 지도자가 되도록 했고, 동시에 그가 그의 정권을 혁신하여 중국 공산당을 분쇄할 수 있기를 희망했다. 그러나 미국은 가능한 조건하에서 중국 공산당의 부대를 융합시켜 일본과의 전쟁에 투입하기를 희망했다. 데이비스와 서비스는 장제스가 공산당을 소멸시킬 수 없다고 확신했으며, 가장 가능성이 큰 것은 국민당이 격렬한 개혁을 실시한다면 모를까 그렇지 않으면 공산당이 그들을 쳐부순다는 것이었다. 1944년 11월 초, 서비스와 교대하여 옌안에 주재하고 있던 데이비스는 "공산당은 장차 중국에서 계속 존속할 것이며, 중국의 운명은 장제스가 장악하고 있는 것이 아니라 공산당이 장악하고 있다"는 결론을 내렸다.[39)

데이비스와 서비스는 중국 공산당을 지원하는 것이 국민당을 지원하는 것

37) Ibid., pp. 34, 41, 91.
38) John S. Service, The America Papers: Some Problems in the History of U.S.-China Relations(Berkeley, 1971), pp. 172-273.
39) Ibid., pp. 162.

보다 의의가 더 크다고 확신했다. 그들은 중국 공산당의 민족주의적 특징을 이용하여 될 수 있는 한 중국 공산당을 러시아인들과 갈라놓는 것도 포함하는 각종 선택을 고려했다. 그러나 결국 그들은 장제스가 그의 정권을 개혁하지 않을 것이라고 믿었고, 미국이 장제스를 포기할까 걱정했다. 데이비스는 워싱턴 정부에 "우리는 현재 장제스를 포기해서는 안 된다. 지금 상황에서 그렇게 한다면 우리는 얻는 것보다 잃는 것이 더 많을 것이다"라고 건의했다.[40]

이런 애매모호한 상황에서, 미국의 중국 주재 요원들은 비밀리에 중국 공산당과 관계를 맺는 것을 고려했는데 이에 대해서 장제스가 반대하리라는 것은 뻔한 사실이었다. 옌안에 있는 군부 사절단은 공산당 지역을 "하나의 다른 국가"이고, 옌안은 "중국에서 가장 현대적인 곳"이라고 불렀다. 미국인들은 중국 공산당의 민족주의와 실용주의에 여러 차례 주의를 기울였으며, 1944년 가을에 그들은 중국 공산당이 마지막 승리를 거둘 가능성이 크다고 예견했다. 심지어 친(親)국민당 입장으로 유명한 루스벨트 대통령의 중국 주재 특사인 패트릭 헐리도 1944년 11월 옌안을 방문한 후 중국 공산당은 "중국의 유일한 진정한 민주분자"이고 그들은 "사실상 공산당이 아니라 지금 민주원칙을 위해서 분투하고 있다"고 평가했다. 클래런스 가우스 대사도 그들이 최후의 승리를 거둘 가능성이 있다고 믿었으며 "미국이 중국 정국에서 손을 떼어 국민정부가 붕괴하게 내버려두라"고 주장했다.[41]

바로 이런 상황에서 앨버트 C. 웨드마이어 장군의 일부 참모들이 전략정보국과 협력하여, 중국 공산당에게 2만5,000명의 유격대와 더욱 많은 민병을 무장시키는 계획을 건의하기로 결정했다. 미국의 특수부대가 와서 이들을 훈련시키고, 또 그들을 이끌고 웨드마이어가 선정한 몇몇 전략 거점을

---

40) *United States Relations with China, With Special Reference to the period 1944-1949* (Washington, D. C., 1949), p. 574.

41) Herbert Feis, *The China Tangle*(Princeton, 1953), p. 222; U. S. Senate, Committee on Judiciary, Subcommittee to Investigate the Administration of the Internal Security Act and Other Internal Security Laws, *Morgenthau Diary.China*(89th Congress First Session) (Washington D. C., 1965), pp. 1380, 1381, 1247-1248, 1304-1308, 1318-1321.

공격하고, 모든 중국 공산당 군대가 웨드마이어 장군과 협력할 예정이었다. 그러나 미국의 중국 주재 정보기관 가운데 가장 보수적이고 국민당 비밀경찰과 가장 유래가 깊은 미국 해군 정보국이 이 정보를 장제스에게 흘렸다. 웨드마이어와 헐리는 모두 이 계획의 입안에 대해서는 아는 것이 아무것도 없다고 밝히고, 배럿에게 이 계획에 대한 책임을 전가했다. 배럿은 이로 인해서 준장으로 진급할 수 있는 기회를 박탈당하고 어쩔 수 없이 수많은 굴욕을 감당하는 수밖에 없었다.[42]

옌안에서의 경험은 중국 공산당 역사상 대단히 중요한 것이었다. 대내적으로 말하면, 그것은 대중노선에 근거하여 하나의 새로운 사회정치제도를 창립했고, 동시에 마오쩌둥은 창조적으로 그의 혁명운동의 이론적 기초를 다지게 되었다. 대외적으로 말하면, 그것은 한 미국 군사시찰단과 일부 미국 국무원 외교관 그리고 미국 대통령 특사 한 사람의 방문과, 그 이외에도 많은 외국 기자들의 취재를 유도했다. 그것은 실제적으로 국제적인 준(準)승인의 지위를 획득한 것이었다. 1945년에 이르렀을 때 옌안은 100만 제곱킬로미터의 지역과 약 1억 명의 인구를 보유한 18개의 근거지를 장악하고 있었다. 그것은 100만 명의 당원과 그와 동일한 수효의 군사력을 보유하고 있었다. 마오쩌둥은 사실상 국민당 정부와 국가의 최고정권을 놓고 쟁탈할 수 있는 또다른 중국을 건립한 것이었다. 한 유명한 역사학자의 관점에 따르면 마오쩌둥의 정책 중에서 "항일 전쟁 상황에서의 제2차 통일전선 정책"보다 그의 최후승리에 더욱 유익했던 것은 없었다고 한다.[43]

전시의 외교와 미국의 중국 문제 개입

1937년 7월에 전쟁이 발발하고부터 1941년 12월에 일본이 진주만을 기습할

---

42) Charles Romanus and Riley Sunderland, *Time Runs Out in CBI*(Washington, D. C., 1959), pp. 73-76, 250-254; Barrett, pp. 91-92.
43) Jerome Ch'en, pp. 213, 255.

때까지 중국은 독자적으로 항전했다. 비록 서방 국가로부터 동정과 도의상의 지지와 소규모의 차관을 받았지만, 유일하게 중국에게 실질적인 원조를 해준 국가는 소련이었다. 중국의 전쟁으로 인하여 소련은 일본으로부터 오는 직접적인 압력을 피하게 되었기 때문에, 1937년 8월에 주동적으로 중국과 상호불가침 조약을 체결했다. 그리고 중국에 "지원" 비행사들을 파견하고 세 번에 걸쳐 중국에 총 2억5,000만 달러의 차관을 제공했는데, 즉 1937년과 1938년에는 각각 5,000만 달러를, 1939년에는 1억5,000만 달러를 3퍼센트라는 낮은 이자로 차관을 제공했다. 1939년 말까지 소련은 비행기 1,000대를 제공해주었고 약 2,000명의 비행사와 500명의 군사고문을 파견했다. 사실상, 소련의 가장 우수한 일부 군사전문가들이 중국 원조에 참여했다.[44]

같은 시기에 서방 국가의 원조는 형편없이 적었다. 이것은 미국의 고립주의와 유럽의 불안한 정세로 인하여 초래된 것이다. 서방의 원조는 겨우 총 2억6,530만 달러로 간신히 러시아의 2억5,000만 달러를 초과했다. 그중에서 미국은 1억2,000만 달러를 제공하여 비(非)군수용품을 구매하는 데에 사용하도록 했고, 5,000만 달러는 화폐를 안정시키는 데에 사용하도록 했다. 그리고 영국과 프랑스는 각각 미미한 액수인 7,850만 달러와 1,500만 달러를 제공했다. 그러나 미국이 1937년 전쟁발발 시기를 전후로 하여 중국에서 사들인 백은은 3억5,000만 온스로, 그 가치는 2억5,200만 달러로서 이것은 막대한 군사비 부담을 완화시키는 데에 간접적인 도움을 주었다. 그러나 모순적인 것은 1939년 7월, 일본과 미국의 통상조약이 종료되기 전에 미국은 일본산 비단을 가장 많이 구입한 국가였고, 일본의 석유, 파쇠, 자동차 부속품의 주요 공급자였으며, 또한 일본의 금속, 면, 펄프의 총 수요량의 약 40퍼센트에 달하는 양을 공급했다는 것이다.[45] 의심할 여지없이 일본과 미국 시장의 관계는 직접적, 간접적으로 일본의 중국에서의 전쟁행위를 지원해준 것이다.

---

44) 예를 들면 클리멘트 보로실로프(Kliment Voroshilov) 원수(元帥), 게오르기 주코프(Georgy Zhukov) 장군, 바실리 추이코프(Vassily Chuikov) 장군 등인데, 이들은 모두 제2차 세계대전에서 결국 이름을 날리게 되었다.
45) Young, pp. 144, 206-207, 350, 440-441.

그러나 1939년 9월, 유럽전쟁의 발발은 외부원조의 구도를 아주 크게 변화시켰다. 러시아의 원조가 끊임없이 감소하여 결국에는 단절되었고, 영국과 프랑스의 원조도 일본에게 미움을 사는 것을 피하기 위해서 줄어들었다. 일본의 압력 속에서, 프랑스는 1940년 6월 베트남-윈난 노선의 철도운영을 중단하고, 1달 후 영국도 윈난과 버마 간의 도로를 폐쇄시킴으로서 중국을 세계와 완전히 격리시켰다. 이런 상황은, 미국이 미국과 일본의 관계가 점차 악화되어 중국에 대한 원조의 강도를 높임에 따라서 조금 개선되었다. 1941년 3월 루스벨트 대통령은 무기대여법을 중국에 적용했다. 비록 1941년에 중국에 빌려준 돈의 총액은 겨우 2,600만 달러로, 다른 모든 국가에 빌려준 돈의 겨우 1.7퍼센트였지만 이것은 결국 중요한 시작을 나타내는 것이었다. 이 밖에도 미국과 영국의 기타 차관의 기한이 연장된 것은 중국의 화폐와 외화의 환율을 안정시키는 데에 도움이 되었다.

진주만 공격은 중국 전쟁의 성질과 외부원조의 구조를 바꾸어놓았다. 영국과 미국의 일본에 대한 선전포고와 중국의 추축국에 대한 선전포고로 인해서 아시아 전쟁은 세계적인 규모의 반침략과 반독재 투쟁의 일부분이 되었다. 연합국은 중국-버마-인도 작전구역을 설정하고 장제스를 중국 작전구역의 최고사령관으로 삼았는데, 1942년 1월 5일부터 효력이 발생되기 시작했다. 이전에 베이핑에서 언어교관을 한 일이 있던 스틸웰 장군이 충칭으로 파견되어 장제스의 참모를 맡게 되었다. 그뿐만 아니라 1941년 8월부터 계속 쿤밍에서 참전하고 있던 미국의 "지원자" 비행사(비호대[飛虎隊])들이 1942년 7월 4일 클레어 L. 셔놀트 장군을 사령관으로 하는 미국 제14항공대로 편입되었다.46) 이 시기부터 미국의 원조가 대폭적으로 증가했다. 1942년부터 1945년에 전쟁이 끝날 때까지, 미국의 중국에 대한 차관은 지금까지 유래가 없을 정도로 많은 액수인 5억 달러에 달했다. 무기대여법에 의한 원조도 이에 상응하여 13억 달러로 증가했다. 거기에 1941년의 2,600만 달러

---

46) 1991년 5월 3일, 미국 정부는 결국 "비호대(飛虎隊)"가 백악관과 국방부의 지휘하에서 중국에서 비밀활동을 수행했음을 인정했다(*Los Angeles Times*, July 6, 1991).

와 1946년의 2억1,000만 달러를 더하면 차관총액은 15억4,000만 달러에 이르러 각국에 제공한 전체 차관금액의 3퍼센트를 차지했다.

태평양전쟁 초기에 일본은 눈부신 승리를 거두어 홍콩, 싱가포르, 버마, 필리핀을 잇달아 점령했다. 연합군의 무기력한 모습은 중국의 장기간의 항전과 선명한 대조를 이루었다. 중국의 항전은 이제 서방 국가로부터 새로운 존중을 얻었다. 국방장관 헨리 스팀슨은 루스벨트에게 "중국인이 이미 수행했고 지금도 수행하고 있는, 침략에 대한 탁월한 저항 및 공동사업에 대한 공헌은, 우리가 제공할 수 있는 가장 충분한 지원을 할 만한 가치가 있다"고 말했다. 미국 정부는 중국에 3억 달러의 차관을 제공하여 화폐를 안정시키는 데에 사용하게 했을 뿐만 아니라, 또한 영국 정부를 설득하여 1943년 1월 11일에 공동성명서를 발표하여, 지난 세기 중국과 맺은 모든 불평등 조약을 폐지한다고 선언하게 했다. 이 밖에도 루스벨트와 국무장관인 코델 헐은 영국과 소련의 반대에도 불구하고, 중국을 4대국의 하나가 되도록 하기로 결정했다. 영국 외상인 앤서니 이든은 "중국인이 태평양 도처를 뛰어다니게 하는 것을 원하지 않는다"고 했고, 소련 외상인 V. 몰로토프도 "중국은 유럽에서 이렇다 할 만한 이권이 없다"고 주장했다. 그러나 결국에는 두 나라 모두 미국의 설득에 따라서 중국을 1943년 11월 1일 모스크바 선언의 조인국 중 하나로 받아들였다. 이 중요한 문건은 4대국이 작성한 최후의 승리를 거둘 때까지 부단히 전쟁을 수행하겠다는 선서문이며, 이 선서문은 특별히 적국과의 단독 강화조약 체결의 의도를 모두 부정했다.47)

1943년의 카이로 회담 루스벨트는 세계의 지도자들과 회견하여 전쟁의 목표와 미래의 평화방안에 대해서 중대한 결정을 내리는 것을 선호했다. 마찬가지로 각국의 지도자들도 미국의 더욱 강력한 원조를 얻는 것을 보장받기 위해서 루스벨트와 회견하려고 했다. 이런 환경에서 루스벨트는 장제스와 스

---

47) Feis, pp. 20-21, 96, 각주.

탈린과의 면담을 원했지만 중국의 지도자 장제스는 이 러시아의 지도자와 대면하는 것을 그다지 원하지 않았는데, 그 이유는 1941년의 일소(日蘇) 중립협정과 소련의 중국 공산당 지원으로 인해서 장제스는 그를 혐오하고 있었기 때문이다. 장제스는 제일 먼저 단독으로 미국 대통령과 회견할 기회를 얻도록 요청했는데, 만약 이 회견이 이루어지지 않는다면 장제스는 차라리 회견을 미루려고 했다. 그래서 루스벨트와 처칠은 두 번의 회의를 안배하여, 카이로에서 장제스를 회견하고 테헤란에서 스탈린을 회견하기로 했다.

연합국의 대전략에서는 유럽이 첫 번째이고, 태평양은 그다음, 중국은 세 번째였다. 처칠은 미국 대통령이 중국을 편애하여 장제스에게 과도한 승낙을 함으로써 유럽 전쟁에 불리한 작용을 할까 걱정하여 그는 먼저 루스벨트와의 예비회담을 요청했다. 그러나 루스벨트는 이런 행동이 중국과 러시아의 의심을 살 것이 두려워 곧바로 카이로로 향했다. 장제스는 루스벨트와 오랜 시간 동안 화기애애하게 회담을 했다. 웰즐리 여자학교를 졸업하여 영어가 능통한 장제스의 부인이 통역을 맡았다. 그러나 이것은 처칠을 분노하게 하여 그는 다음과 같이 평가했다. "영국 측과 미국 측의 회담은 중국 문제로 인해서 방해를 받아 골치 아파졌다.……대통령은 아주 빨리 문을 닫아걸고 [장] 위원장과 장시간 회담을 했다. 우리들이 테헤란에서 되돌아올 때까지 장제스와 그의 부인이 피라미드를 참관하면서 긴장을 풀도록 권고하려던 모든 희망이 수포로 돌아가버렸다. 결과적으로 원래 카이로에서 가장 부차적이었던 중국 문제가 결국 제일 중요한 위치를 차지하게 되었다"고 했다.[48] 이전에 잃어버렸던 땅들을 모두 즉각 되찾도록 해달라는 장제스의 요청은 루스벨트의 찬동을 얻었으며 뒤이어 처칠과 스탈린의 승낙을 얻었다. 대통령은 더 나아가 험프(히말라야 산)를 통과하여 중국에 공급하는 운송횟수를 증가시키고 일본에 대한 장거리 폭격에 동의하고 미래의 연합국조직에서 비교적 높은 지위를 중국에게 주도록 했다. 루스벨트는 중국에게 체면을 세워

---

48) Feis, p. 103.

주는 포상을 내리면 중국은 이 전쟁에서 적과 열심히 싸울 것이라고 여겼다.

1943년 12월 1일의 카이로 선언은 제일 첫 번째로 일본에게 "무조건항복"을 요구했고, 일본에 빼앗긴 중국의 영토를 전부 반환하고 일본의 본토 이외의 영토, 즉 사할린과 쿠릴열도를 소련에게 반환하고 태평양에 있는 일부 일본의 신탁통치 지역을 미국에게 넘겨줄 것을 요구했다. 미국 대통령은 미국 국민들에게 성탄절 축하 인사말에서 "오늘 우리와 중화민국은 돈독한 우정과 공동의 목표에 대해서 이전 어느 때보다도 더욱 긴밀하게 한편에 서 있다"고 열정적으로 선포했다.49)

스틸웰 위기 중미 관계 내부의 위기는 장제스의 미국 측 참모장인 스틸웰 장군의 성격 때문이었다. 별명이 "까다로운 조(Vinegar Joe)"인 스틸웰은 성격이 강하고 고집불통이었으며, 그의 직위에 요구되는 군사외교관의 자질이 부족했다. 1943년 9월 6일, 그는 군사적인 면에서는 상당히 합리적이지만 정치적인 면에서는 대단히 민감한 건의를 했다. 즉 장제스가 서북의 중국 공산당 관할 구역에 대한 군사봉쇄를 해제하여 제18집단군이 정부군과 함께 대일(對日)작전을 수행하도록 허락하라는 것이었다. 충칭에 주재하고 있는 미국 대사관원들은 중국이 일본과 전쟁을 하고 있는 상황인데도 적어도 20개 사단, 즉 아마도 40만 명에 이르는 장제스의 최정예부대가 명령을 받고 중국 공산당 지역을 봉쇄하고 있을 것으로 추산하고 있었다. 스틸웰의 중국 정치 간섭행위는 장제스를 격노하게 만들었다. 장제스는 미국에 그를 소환하도록 요청하려고 했으나 장제스의 부인이 만류했는데, 그 이유는 그런 행동은 미국에서 환영받지 못할 것이기 때문이라는 것이었다. 장제스와 스틸웰 두 사람의 관계는 버마 북부에서의 전략상의 견해 차이로 인해서 더욱 악화되었다. 스틸웰은 줄곧 버마 북부에서 중국 부대를 훈련시켰는데, 이는 자유 중국으로 통하는 새로운 공급선을 열기 위함이었다.50) 일본군이 일으

---

49) *United States Relations with China*, p. 37.

50) 주로 스틸웰의 노력으로 리도(Lido) 도로와 버마 도로가 결국 1945년 1월에 준공되었으며

킨 1944년의 총공세("1호 공세")에 직면하여, 언쟁은 최고조에 달했다. 일본군의 이번 공세의 의도는 화북에서부터 화남을 거쳐 인도차이나에 이르는 "대륙회랑(大陸回廊)"을 개척하기 위한 것이었다. 이 공세 중 일본군은 광시성의 중요도시인 구이린까지 진출했다. 이전에 미군 B-29 폭격기가 일본 폭격에 사용하도록 제공되었던 비행장이 함락되었다. 그뿐만 아니라 충칭 자체도 위협을 받았다. 스틸웰은 또다시 중국 공산당 부대를 이용하자는 건의를 했으나 장제스는 완강하게 거절했다. 두 사람의 관계는 회복되기 어려울 정도로 악화되었다.

중국 공산당 문제와 중국과 소련의 전반적인 관계에 깊은 관심을 가지고 있던 루스벨트는 부통령 헨리 월리스를 중국으로 파견하고, 모스크바 주재 미국 대사인 애브럴 해리먼에게 스탈린에게 중국과 우호적인 관계를 유지하는 것이 필요함을 깊이 인식시키도록 훈령을 내렸다. 스탈린과 몰로토프는 중국 공산주의자들은 진정한 공산당이 아니라 "인조 버터 공산주의자들", "양배추형 공산주의자들"과 "무형(radish) 공산주의자들"이라고 답변했는데, 이 말의 뜻은 겉은 공산주의자이지만 속은 공산주의자가 아니라는 것이었다.[51] 장제스는 이런 묘사를 들은 후, "그들은 표면상으로는 천진난만한 농촌민주분자이지만 실제적으로는 러시아 공산주의자들보다 더 공산주의화되었다"고 정곡을 찔러 정확히 지적했다. 장제스는 월리스에게 보증하기를, 그는 장차 정치수단을 취하여 중국 공산당 문제를 해결할 것이지만 중국 공산당이 그의 독자적인 군대와 영토를 포기하고 국민정부에 귀속되기를 희망한다고 했다. 중국과 소련의 관계에 대해서 장제스는 루스벨트 대통령이 "중재자"나 "중개자"의 역할을 한다면, 그는 심지어 소련으로 가서까지 스탈린과 회담을 할 수도 있다고 서약했다.[52]

장제스는 스틸웰이 협력심과 판단력이 부족하다고 호되게 비난했다. 백악

이들은 다시 "스틸웰 도로"라고 명명되었다.

51) Feis, pp. 140-141, 180.
52) *United States Relations with China*, p. 558.

관과의 직접적인 관계를 수립하기 위해서, 그는 미국 대통령에게 개인 특별 대표 한 사람을 충칭에 파견할 것을 요청했다.[53] 장제스는 이런 책략을 이용하여, 스틸웰을 지원하는 국무원과 국방부를 피해가기를 희망했다. 윌리스는 "나는 곤경에 빠진 사람의 이런 외침에 크게 감동을 받았다"고 평가했다.

일본군의 공격이 충칭으로 닥쳐옴에 따라서, 미국 합동 참모본부는 스틸웰의 권고하에, 장제스에게 중국 공산당 군대를 포함한 모든 중국 군대의 지휘권을 스틸웰에게 넘기도록 요구할 것을 루스벨트 대통령에게 요청했다. 장제스의 자존심은 커다란 상처를 입었다. 장제스는 루스벨트에게 가혹하지만 진정 어린 건의를 받아들일 수는 있지만 먼저 다음 3가지 조건을 만족해야 한다고 말했다. 첫째, 스틸웰의 권력범위를 명확히 해야 하고, 둘째, 중국 공산당 군대는 그의 지휘에 포함시키지 않으며, 셋째, 장제스 본인이 대여 물자를 장악하고 분배하여야 한다는 것이었다. 루스벨트 대통령은 합동 참모본부에 "장제스 위원장의 말이 상당히 일리가 있다"고 했다.[54]

후버 대통령 시절 국방부 장관을 맡은 적이 있는 헐리 장군이, 대통령 특사의 신분으로 스틸웰과 장제스의 관계를 개선하고 스틸웰이 중국 군대의 총사령관 직위를 맡는 것을 돕기 위해서 충칭으로 파견되었다. 비록 장제스가 스틸웰의 권력이 자신을 넘어서지 못하도록 하기 위해서 중대한 전략결정에서 최종적인 결정을 내리는 권력을 자신이 보유하겠다고 주장했지만, 태도가 온화하고 교양이 있으며 설득력을 갖춘 헐리는 지휘권을 스틸웰에게 넘기는 것에 대한 장제스의 동의를 확보했다. 9월 19일, 바로 이 중대한 고비에 "까나로운 조"는 헐리의 권고를 듣지 않고 중국 지도지인 장제스의 관저로 가서 루스벨트 대통령이 보내온 어휘가 강경하고 책망하는 느낌이 드는 한 전문을 전달했다. 그 내용은 장제스에게 당장 중국 군대의 무제한의 지휘권을 스틸웰에게 넘기라고 요구하고 그렇지 않으면 중국의 신속히 악화되고 있는 군사정세에 대해서 장제스가 개인적 책임을 져야 한다는 것이었

---

53) 처칠은 개인 대표인 카턴 드 위아트(Carton de Wiart) 장군을 충칭에 주재시켰다.
54) Feis, pp. 153, 172.

다. 헐리는 이 전문이 장제스에게 "마치 태양혈을 호되게 맞은 것처럼" 어지럽고 눈이 캄캄할 정도로 심하게 충격을 주었다고 말했다.

장제스는 루스벨트 대통령에게 다음과 같이 말했다. 비록 그가 미국 장군을 받아들이고 자기의 군사지휘 계통을 재조직하기를 원하지만 이처럼 중요한 책임을 스틸웰에게 맡길 수 없으며, 이 사람은 그를 지배할 생각이지 그와 협력을 할 생각이 없다는 것이었다. 장제스는 직설적으로 스틸웰을 소환하라고 요청했다. 지휘권을 잃을지도 모른다고 걱정한 스틸웰은 태도를 누그러뜨려, 중국 공산군 부대를 사용한다는 항목을 취소하는 것에 동의했다. 그러나 상황은 이미 돌이킬 수 없게 되었고, 장제스는 입장을 바꾸지 않았다.

비록 합동 참모본부의 의장이 이 언쟁에서 계속 스틸웰을 지지했지만, 헐리의 교묘한 보고서는 루스벨트 대통령에게 어쩌면 있었을지도 모르는 모든 의혹과 근심을 불식시켰다. 헐리는 장제스는 설득되어 지도를 받을 인물이지만, 스틸웰은 장 위원장이 반드시 핍박을 당해야만 비로소 행동할 것이라고 확신하고 있다고 했다. 그러므로 스틸웰의 모든 행동은 장제스를 굴복시키려는 것이지 그와 협력하는 것이 아니라는 것이다. 헐리는 기민하게 대통령에게 "만약 스틸웰이 없으면 대통령과 장제스 사이에는 아무 분쟁도 없을 것입니다"라고 했다. 그리고 "제가 보기에 만약 대통령께서 이번 분쟁에서 스틸웰을 지지한다면 대통령께서는 장제스를 잃을 뿐만 아니라 장제스를 잃음으로 인해서 중국을 잃게 될 것입니다"라고 했다. 보고서의 말미에서, 그는 "만약 다른 미국 장군을 파견하여 스틸웰을 교체한다면 장제스는 훗날 그와 협력하여 일본군의 공격을 제지하는 방안을 마련해낼 것이라고 믿습니다"라고 했다. 헐리의 건의는 결정적이었음이 입증되어, 스틸웰은 1944년 10월 19일에 소환되었다.[55]

스틸웰을 뒤이은 앨버트 C. 웨드마이어 중장은 중국 주재 미군 사령관 겸 장제스의 참모장으로 임명되었지만 중국 군대의 사령관은 아니었다. 웨드마

---

55) Feis, pp. 191, 198.

이어의 겸허하고 이해심 많은 행동은 스틸웰의 고집스럽고 독단적인 행동과는 선명한 대조를 이루었다. 이로 인해서 장제스는 그를 받아들였으며 중미 관계는 순식간에 개선되었다. 이상한 것은 일본군의 공세도 이와 동시에 약해진 것이다. 그 원인은 일본이 부대를 태평양으로 이동시켜 미국과 전쟁을 하고 있었기 때문이다. 그 이후 중국에 주둔한 일본군은 다시는 대규모 공격을 하지 않았다.

헐리의 중재, 1944-1945년 국공 간의 마찰은 중국의 전쟁수행력을 손상시키고 아울러 미래의 국가통일과 재건을 위협했기 때문에 헐리는 양당의 화해를 촉진시키는 방법을 모색했다. 1944년 11월 7일에 장제스와 미국 합동 참모본부의 동의를 거쳐, 헐리는 옌안으로 날아가서 마오쩌둥과 이틀간에 걸친 회담을 했다. 중국 공산당은 헐리가 주동적으로 이 노정을 제의했기 때문에 감동을 받아 그를 환대했다. 뒤이어 있은 논의를 거쳐서 11월 10일에 5개의 건의사항에 대해서 합의했다. 합의사항은 5가지 내용을 제창했다. 즉, 연합정부 수립, 중공 대표의 전국연합 군사위원회 참가, 중공의 합법적인 지위 취득, 공민의 자유와 정치자유의 실현 및 전국연합정부의 지도하에 모든 군대의 합병 등이었다. 마오쩌둥은 중공 중앙위원회 주석의 신분으로 건의서에 서명했고, 헐리는 "미합중국 대통령의 개인대표" 자격으로 서명했으나, 미국 국무원은 이후에 그가 단지 "증인" 신분으로 서명했다고 주장했다.[56] 미국의 노력에 감사를 표시하기 위해서 11월 10일 마오쩌둥은 루스벨트에게 서한을 보냈다. 그 내용은 "장제스 위원장과, 중국 인민의 행복을 촉진시킬 협정을 체결하는 것이 줄곧 우리의 소망이었습니다. 헐리 장군의 중재를 통해서 우리는 갑자기 이 소망을 실현시킬 희망을 보게 되었습니다"라는 것이었다.[57] 옌안 방문 이후, 헐리는 "국민정부와 국민당이 고수하는 원칙과 중

---

56) Tang Tsou, p. 290; Jerome Ch'en, *Mao*, p. 266.
57) *Foreign Relations of the United States, China* (Washington, D. C., 1967), vol. 6(1944), p. 689.

국 공산당이 고수하는 원칙 사이에 비록 견해 차이가 있지만, 그 차이는 그다지 크지 않다"고 믿게 되었다.[58]

그러나 장제스는 완전히 다른 각도에서 중공 문제를 보았다. 그에게 연합정부는 국민당 훈정(訓政)의 실패를 의미하며, 공산당이 정부로 침투하는 데에 편의를 제공하는 것이었다. 그가 자신의 3가지 방안을 제시했을 때, 그는 5가지 건의사항을 거절한 것이 틀림없다. 그의 3가지 방안은 중공이 쑨원 선생의 삼민주의를 받아들이고, 중공의 군대를 국민정부에게 넘길 것을 요구했으며, 그러면 국민정부는 중공에 합법적 지위 및 전국군사위원회에서의 대표권을 부여하는 동시에 정치적 자유와 공민의 자유를 실행(보장)할 것이라고 했다. 결국, 그는 마오쩌둥에게 군대를 넘기고 미래에 정치권력을 분배하는 일에서 국민당의 성의를 신임할 것을 요구한 것이었다. 마오쩌둥은 『연합정부를 논한다』라는 글에서 다음과 같이 언급했다.

이 사람들이(장제스 및 그의 부하들) 공산당에게 말하기를, 너희들이 군대를 넘기면 너희에게 자유를 주겠다고 했다. 이 말에 따르면 군대가 없는 당파는 자유가 있어야 하는 것이다.……그러나 그들에게는 자유가 없다. 왜냐하면 그들(노동자, 농민, 학생, 지식분자, 부르주아 계급)에게는 군대도 없을뿐더러 자유도 없기 때문이다.[59]

대중여론과 미국으로부터의 건의의 압력으로 어쩔 수 없이 장제스는 국시회의를 개최하는 것에 동의했고, 이 회의에는 모든 당파의 대표와 무당파 인사까지 포함시킬 예정이었다. 이 회의는 표면적으로는 국민당 훈정 종식, 헌법제정, 공동 정치강령 초고 및 헌법이 정식으로 반포되기 이전에 모든 당파가 정부에 참여하는 것 등과 관련된 사항들을 토의할 예정이었다. 그러나 실제로, 연합정부는 장제스와 국민당이 지극히 혐오하는 사항으로서 그들

---

58) *Foreign Relations of the United States, China*, p. 748. 1944년 12월 24일 헐리가 국무장관인 스테티니어스(Stettinius)에게 보낸 서한.

59) 『毛澤東選集』, 제3권, p. 1073; Carsun Chang, *The Third Force in China*(New York, 1952), p. 136; Tang Tsou, p. 292.

은 암암리에 연합정부의 탄생을 저지하는 계획을 세웠다. 1945년 3월 3일, 국민정부는 공산당과 사전협의도 거치지 않고 11월 12일에 국민대회를 개최하여 신헌법을 통과시키겠다고 선언했다. 이 대회의 대표들은 1936년 국민당의 준비 아래 선거를 통해서 선출되었기 때문에 장제스는 국민당에 유리한 헌법을 통과시키기를 기대할 수 있었다. 저우언라이는 국민당의 이런 행동의 "기만성"을 규탄했으며 마오쩌둥은 1936년의 국민대회의 합법성을 인정하기를 거부했다. 사태는 교착 상태에 빠져들었고, 협상은 결렬되었다.[60]

1944년 11월 17일에 가우스 대사가 사임하고 그 뒤를 이어서 헐리가 주중 대사로 임명되었지만, 그는 대사관 사람들의 전폭적인 지원을 얻지 못했다. 다수의 대사관원들은 이미 장제스와 그의 정권을 공개적으로 비평하기 시작했다. 그들은 미국 정부에게 국민당 정부를 배제시키고 중공 및 기타 대일 작전을 하는 당파와 직접 교섭할 것을 촉구했다. 루스벨트 대통령은 이런 견해를 거부하고 조건 없이 장제스를 전적으로 지지하는 헐리의 정책에 찬성했다. 그러나 1945년 5월에 이르자, 장제스에게 압박을 가하여 중공과 협정을 맺게 하고, 그렇게 함으로써 그의 정부를 확대시키는 것을 촉구하는 주장이 날이 갈수록 미국 정부의 찬동을 얻게 되었다. 이와 동시에 국제적으로는 대일 전쟁의 고조와 관련된 중요한 정책결정이 이루어지고 있었다.

1945년의 얄타 회담 1944년 말에 이르러 독일의 패배는 이미 눈앞에 다가왔다. 연합국 지도자들은 전략의 중심을 다시 일본으로 돌렸다. 미국 정부는 원래의 계획대로 중국에서 공격을 개시하지 않고 직접 태평양에서 일본을 공격하기로 결정했다. 합동 참모본부의 추산에 따르면, 독일군 패전 이후 18개월 이내 일본과의 전쟁에서 승리할 수 있을 것이고, 독일은 1945년 7월 1일에서 12월 1일 사이에 패전할 것으로 예상되었다. 일본의 군사력에 대한 과대평가로 인해서, 전쟁기간을 줄이고 연합군의 희생을 경감시키기 위한

---

60) Jerome Ch'en, *Mao*, p. 269.

소련의 참전요청에 대한 논의가 야기되었다. 필리핀을 수복한 맥아더 장군은 만주에 주둔하고 있는 일본군을 섬멸시키기 위해서는 소련군 60개 사단이 필요할 것이라고 예상했다. 소련의 태평양전쟁 참전조건을 확정 짓기 위해서 1945년 2월 얄타에서 제1차 3개국(미국, 영국, 소련) 정상회담이 개최되었다.

이 회의에서 스탈린은 독일 패전 이후 2-3개월 이내에 대(對)일본 전쟁에 참전하기로 동의했으며, 그 조건은 1904년 일본에게 침탈당하기 이전의 러시아의 모든 권리회복 및 만주에서의 특권을 소련에게 반환한다는 것이었다. 구체적으로 말하면, 쿠릴 열도, 남부 사할린, 부동항(不凍港)인 뤼순 항과 다롄 항, 중동 철도와 남만주 철도 획득 및 외몽골의 현 상황에 대한 지지를 요구했다. 그는 루스벨트에게 "아주 분명한 사실은, 만일 이런 조건들이 만족되지 않는다면 그와 몰로토프 외상은 소련 인민들에게 왜 소련이 대일본 전쟁에 참전해야 하는지를 납득시키기 어려울 것"이라고 말했다.[61] 수많은 조건들이 이 회의에 참석하지 않은 중국의 주권과 관련되었기 때문에 중국이 이 조건들에 동의하도록 보장하는 일은 루스벨트에게 맡겨졌다. 스탈린 측은 중국의 만주에서의 주권을 존중하고 장제스가 중국의 유일한 지도자라는 것을 인정하는 조약을 체결하는 것에 동의했다.

루스벨트는 이 당시 병마에 시달리고 있었고 매우 피로했기 때문에, 얄타 회담에서 이치를 따져서 스스로의 권익을 수호하지 못했다. 그는 자신은 이미 회의의 주요 목적을 달성했다고 생각했는데, 그것은 바로 스탈린이 (1) 독일 패전 이후 3개월 내에 참전할 것, (2) 장제스를 중국의 지도자로 지지할 것, (3) 만주 지역에서의 중국의 주권 인정에 동의했기 때문이다. 그러나 그는 권한의 위임을 거치지 않은 상황에서, 중국의 만주 지방에서의 주권상의 권익을 서명하여 양도해버렸다. 영국 외무장관인 앤서니 이든은 소련을 참전시키기 위해서 이렇게 많은 대가의 지불은 전혀 불필요하다는 견해를 고

---

61) Feis, p. 243.

수했는데, 그 이유는 소련이 어쩌면 자신의 필요에 의거해서 전쟁에 참여하는 것일 수도 있기 때문이라는 것이었다. 그러나 처칠은 그의 루스벨트 대통령의 판단력에 대한 신뢰를 표시하고 영국의 극동에서의 이익을 보호하기 위해서, 얄타 협정 조인에 반대하라는 이든의 건의를 거부했다.

얄타 협정의 구체적인 조항은 장제스와 헐리에게 숨겨졌지만, 이 두 사람은 모두 간접적으로 이 협정의 몇몇 부분을 알게 되었다. 헐리는 자신이 무시당하고 모욕을 당했다는 느낌을 받아서 1945년 3월 워싱턴으로 돌아갔을 때 대통령에게 추궁하기로 결정했다. 그를 놀라게 한 것은, 그가 루스벨트와 악수하며 인사를 했을 때, 대통령의 손이 장작개비처럼 바짝 말랐고 볼의 피부가 마치 광대뼈에 붙어 있는 것과 같다는 느낌을 받은 것이다. 헐리는 나중에 말하기를, "아시다시피, 제 마음속에 있는 모든 투지가 다 무너져버렸습니다"라고 했다.[62] 4월 12일에 루스벨트가 세상을 떠나고 해리 트루먼이 얄타 협정에 대해서 아무것도 모르는 상황에서 대통령에 취임했는데, 이 협정서는 레이히 해군대장의 특별 파일 속에 들어 있었다.

소련은 이미 4월 5일, 양국이 1941년에 체결한 중립협정은 이미 의의를 상실해버렸기 때문에 이를 지속하는 것이 불가능하다는 각서를 일본에 보냈다. 사실상, 협정조항에 근거하면 이 협정은 이 각서를 보낸 이후 1년까지는 유효한데, 소련은 그때까지 기다리는 것을 분명히 원하지 않았다. 이제 사태의 발전은 매우 신속해졌다. 5월 1일 히틀러는 자살했고, 일주일 후 독일은 투항했다. 소련군은 유럽에서 아시아로 이동하기 시작했다.

징제스는 치남 쑹쯔원을 모스크바로 파견했는데, 그 목적은 소련군이 만주로 진출하기 전에 스탈린과 한 가지 협정을 체결하기 위해서였다. 스탈린은 중국에 대해서 미래의 일본 침략에 반대하는 30년 기한의 우호동맹조약을 맺자고 제의했다. 스탈린은 장제스를 중국의 지도자로 인정하고 그의 적을 지지하지 않을 것이며 소련군은 일본이 투항한 후 2-3주 내에 만주에서

---

62) Feis, p. 279.

철수를 시작하여 2-3개월 내에 철군을 완료하겠다고 보증했다. 이에 대한 보답으로 중국은 만주에서 소련에 여러 중요한 양보를 해야 했다. 즉, 뤼순, 다롄 및 인근 지역을 포함한 군사구역에 해군과 공군을 주둔시킬 권리와 만주 철도 및 관련기업의 소유, 중국의 외몽골 독립승인이었다. 이 조건들이 정식조약으로 문서화되기 전에 스탈린은 포츠담으로 날아가서 영국 수상 처칠과 트루먼을 면담했다. 중요한 의미가 있는 것은 그가 포츠담으로 떠날 때, 이미 7월 6일에 일본과 연합국 간의 강화(講和)를 위해서 일본이 그에게 중재를 요청했다는 사실을 알았다는 것이다.

1945년 7월 16일 포츠담 회담이 개최된 첫날 저녁, 뉴멕시코 주에서 첫 번째 원자폭탄 폭발실험이 성공했다.63) 이 소식은 트루먼에게 전해졌다. 일찍이 처칠과 스탈린의 면전에서 매우 부자유스러웠던 트루먼 대통령은 "그것[이 소식]으로 인해서 대담해지고 기세가 올랐을 뿐만 아니라 새로운 자신감을 얻었다." 처칠은 시처럼 화려한 언어로 "폭약이 또 무슨 쓸모가 있겠습니까? 한 푼의 가치도 없습니다. 전력이 또 무슨 쓸모가 있겠습니까? 아무런 의미도 없습니다. 원자폭탄은 천벌을 내리기 위한 예수의 두 번째 강림입니다"라고 말했다.64) 이 영국 지도자는 전쟁은 장차 한두 차례에 걸친 원자폭탄의 맹렬한 투하로 종료될 것이기 때문에, 더 이상 소련의 참전요청이 필요 없어졌다고 확신했다. 미국 군부의 장군들은 이 관점에 동의했지만, 그들은 소련의 참전은 신속하게 전쟁을 종료시켜 그만큼 생명의 희생을 줄이게 될 것이라는 견해를 고수했다. 어찌되었든 간에, 당시에는 다음과 같은 정서가 끈질기게 존재하고 있었다. 즉, 미국이 전쟁으로 만주를 지키지 않으면 소련의 만주 장악은 막을 수가 없기 때문에, 가장 좋은 것은 미국이 소련을 참전하게 하여 그 보상을 받도록 허용하라는 것이었다.

1945년 7월 26일 포츠담 선언이 일본에게 요구한 것은 "무조건항복을 하

---

63) 폭죽형 플루토늄 폭탄은 "뚱뚱한 남자아이(Fat Boy)"로 불렸다.
64) Herbert Feis, *Japan Surrendered: The Atomic Bomb and the End of the War in the Pacific* (Princeton, 1961), pp. 72-73, 75.

라. 그렇지 않으면 신속하고도 철저한 멸망을 초래할 것"이라는 것이었다. 일본 정부가 이 경고를 무시해버리자, 8월 6일 히로시마에 첫 번째 원자폭탄이 투하되었다. 8월 9일 나가사키에 두 번째 원자폭탄이 떨어지자, 그다음 날 일본 정부는 조건부로 포츠담 선언을 받아들이겠다고 선포했다. 같은 날 스탈린은 쑹쯔원에게 동맹조약이 조속히 체결되지 않으면, 만주 지역이 장차 중국 공산당의 손아귀에 떨어질 위험에 놓일 것이라고 경고했다. 그래서 8월 14일에 조약이 체결되었다.65) 소련은 장제스를 수반으로 하는 중국 중앙정부에게 도의적, 군사적, 물질적 지원을 할 것, 만주에서의 중국의 주권을 존중할 것, 일본이 패전한 후 3주 내에 소련군을 철수시키기 시작하여 3개월 내에 철군을 완료할 것, 신장 성 지역의 문제에 간섭하지 않을 것, 외몽골의 정치독립과 영토보전을 승인할 것에 동의했다. 중국 측은 외몽골이 전체 인민의 표결을 통하여 자치권을 행사하도록 하고, 30년 동안 소련과 공동으로 중동 철도와 남만주 철도를 관리하며, 30년 후에 이 철도들을 아무런 배상 없이 중국으로 귀속하도록 하는 것에 동의했다. 다롄은 30년 동안 조약을 맺은 모든 국가에게 개방하는 자유항으로, 뤼순 항은 장차 중소가 공동으로 사용할 해군기지로 예정되었다.

비록 이 조약의 대가는 엄청난 것이었지만 장제스에 의해서 만족스럽게 받아들여졌다. 그 이유는 소련이 북방 접경지대의 평화를 보증했고, 아울러 중국의 만주와 신장 성에 대한 주권을 인정했으며, 국민정부를 반대하는 공산당을 지지하지 않겠다고 약속했기 때문이다. 실로 소련과의 평화유지는 중국의 진후 재건에서 대단히 重要하기 때문에 장제스는 소련이 그 조약의 의무를 이행하지 않는다고 하더라도 소련의 행위를 검증하는 기준으로 삼을 수 있다고 여겼다.66)

1945년 8월 14일에 일본 천황은 전쟁의 종식을 알리는 조서를 발표하고,

---

65) 중국 측 조약 서명자는 쑹쯔원이 아니라 외교부장인 왕스지에(王世杰)이었으며 쑹쯔원은 조약 서명이 그의 정치생명에 해를 끼칠 것을 걱정했던 것이다.
66) Chiang Kai-shek, p. 228.

9월 2일 도쿄 만(灣)에 있던 미주리 전함에서 항복문서에 조인했다. 8년간의 항전을 거친 이후, 중국은 마침내 승리했다. 장제스의 위신은 전례 없이 높아졌는데, 그 이유는 그가 중국을 이끌고 가장 어려웠던 전쟁시기를 넘기고 최후의 승리를 거두었기 때문이었다. 중국의 국제적 지위가 현재처럼 사람들의 존경을 받은 적은 없었는데, 중국은 가장 오랜 기간에 걸친 침략과 독재주의에 반대하는 항전을 끝냈기 때문이었다. 중국은 전쟁의 종식에 뛸 듯이 기뻐했고 평화와 전후 재건을 간절히 원했다. 그러나 격앙된 기쁨의 이면에는 아직 해결되지 못한 공산당 문제와 내전 가능성에 대한 깊은 우려가 존재하고 있었다. 사실 마오쩌둥은 정권을 탈취하기 위해서 참고 기다려왔다.

전쟁의 결과

전쟁은 중국과 일본 그리고 동아시아에 심대한 영향을 끼쳤는데 그중 가장 중요한 것은 다음과 같다.

동아시아의 새로운 국제질서 태평양전쟁의 종결은 동아시아의 새로운 시대를 열었다. 중국은 장기간의 반침략투쟁을 통하여, 일본의 강대국 지위를 대체하여 전쟁 전의 반식민지 상태에서 단번에 5대 강국의 하나이자 국제연합(UN) 창설국으로 비약했으며 안전보장이사회 상임이사국 의석과 거부권을 보유하게 되었다. 중국 현대사에서 중국의 국제적인 위세와 명망이 이때처럼 높았던 적은 없었다. 이와는 상대적으로 일본은 더 이상 국제정치에서의 대국이 아닐 뿐만 아니라 미국의 점령과 지도하에 경제를 재건해야 했다. 전통적인 유럽 식민열강인 영국, 프랑스, 네덜란드는 전쟁에서 비록 승리했지만, 종전의 위세와 명망은 크게 하락했다. 그 이유는 이들 국가들이 전쟁 시 일본에 의해서 아시아의 식민지에서 쫓겨났으며, 종전의 식민지였던 인도, 버마, 인도차이나, 인도네시아도 모두 독립하려고 야단법석이었기 때문이었다. 16세기에 시작된 아시아에서의 유럽 식민주의시대는 결국 막바지에

이르렀다. 다른 한편으로 미국은 일본을 물리치는 데에 발휘한 주도적 역할에 힘입어 가장 강대한 태평양 국가로 우뚝 솟았다. 이런 전환은 아시아의 국제관계 발전에서 완전히 새로운 장의 시작을 예시하고 있었다.

국민당의 쇠약 비록 일본에 대한 승리는 주로 미국인으로 인해서 획득한 것이지만, 중국의 기여는 과소평가할 수 없다. 전쟁기간 내내, 중국은 상당히 많은 수의 일본 군대를 견제함으로써 그들이 기타 지역으로 투입될 수 없도록 했다. 1937년부터 1941년까지 중국은 독자적으로 항전하여 중국 본토에 있는 50만-75만 명의 적군(대략 일본 군사력의 절반)에 대해 저항과 반격을 가했는데, 그 외에도 만주에는 20만-70만 명의 관동군이 주둔하고 있었다. 1945년 전쟁이 끝났을 때, 230만 명의 일본 해외 파병군 중에 120만 명이 중국에 묶여 있었다. 중국에서의 전쟁에서 일본은 전체 전쟁비용의 35퍼센트, 즉 340억 달러 중 120억 달러에 달하는 비용을 소모했고, 그 이외에도 39만6,040명의 일본군이 전사했으며, 더 많은 수효의 일본군이 부상을 당했다.[67] 중국 측에서는 1,400만 명을 동원했는데, 전체 사상자가 321만1,419명이었으며(131만9,958명의 전사자, 176만1,355명의 부상자와 13만126명의 실종자를 포함), 여기에 또 1만4,640억 법폐(法幣)라는 무서울 정도로 엄청난 전쟁채무를 초래하게 되었다.[68] 일반민중의 사상자와 재산 손실은 더욱 셀 수 없었다. 교전 중에 가장 먼저 공격의 대상이 된 국민정부는 물질과 정신상에서의 손실이 막대하여, 전후 시대의 새로운 도전에 대한 대응이 불기능한 상황에 직면하게 되었다.

경제적 재난 국민정부는 1928년에 수립된 이후, 계속해서 해마다 적자지출의 어려움을 겪었다. 항전기간에 군사비용이 끊임없이 증가하고 연해의 성들이 적의 손아귀에 들어갔기 때문에 관세수입이 중단됨으로써, 재정적자는

---

67) Young, pp. 417-418.
68) Chiang Kai-shek, p. 131.

(단위 : 100만 법폐)

	전쟁지출	수입
1937	1,167	870
1941	10,933	2,024
1945	1,268,031	216,519

더욱 심각해졌다. 위에 열거한 3개의 대표적인 연도의 통계자료는 수입과 지출 간의 큰 격차를 뚜렷이 보여주고 있다.[69]

정부는 이 격차를 메울 방법이 없어서, 오직 지폐발행량을 증가하는 현명하지 못한 수단을 채택할 수밖에 없었다. 이런 방법으로는 인플레이션의 야기를 피할 수 없다는 것을 분명히 알고 있었음에도 그렇게 했다. 지폐발행량은 1937년 전쟁이 발발했을 때의 19억 법폐에서, 1941년 말에는 158억1,000만 법폐로, 1945년에는 1조3,190억 법폐로 급증했다. 지폐를 남발한 것의 결과는 급격한 인플레이션과 평균 소매가격의 급격한 상승이었다.[70]

인플레이션은 결국 군대의 사기를 손상시키고, 행정능률에 타격을 주었으며, 평민의 생활을 붕괴시키고 중산계층을 빈민으로 전락시켰다. 인플레이션이 일으킨 경제재난으로 인하여, 대부분의 중국인들과 정부는 한마음으로 뭉치지 못하고 반목했는데, 특히 지식인들은 정부의 잘못된 관리와 무책임한 행위를 비난했다. 인플레이션은 전쟁을 지속하는 데에 불가피한 폐단이었지만, 전후 시기에는 일종의 화근이 되어, 정부의 근본적인 경제기초를 훼손시켰다.

심리적 피로 8년간 지속된 항전의 모든 고통을 참을성 있게 견뎌낸 이후, 피로가 극에 달한 중국 국민들은 승리를 거두자마자 다시는 어떤 투쟁도 원하지 않았다. 그들은 평안 속에서 휴식을 취하고 원기를 회복하기를 기대하고 있었지만 일단 이런 소망이 만족되지 못하자, 정부와 집권당을 원망했다.

---

69) Young, p. 435.
70) Young, p. 436.

	소매가의 상승(%)
1937년(개전 후 9개월)	29
1938년	49
1939년	83
1940년	124
1941년	173
1942년	235
1943년	245
1944년	231
1945년(8월까지)	251
1945년(8월부터 연말)	230

마오쩌둥은 일찍이 항전 초기에 이런 사태의 전환을 정확히 예견하고, 민중의 이와 같은 불만을 민첩하게 이용했다. 평화가 회복되자 그는 즉시 국민당의 통치권에 도전하기 시작했다. 내전의 먹구름이 재차 불길하게 중국 대륙을 뒤덮음으로써 이 기진맥진한 민족의 미래는 계속해서 불안으로 가득 차게 되었다.

VI
중화인민공화국의 흥기

25
내전, 1945-1949년

두 개의 원자탄의 공격을 받은 이후 일본의 붕괴 속도는 예상한 것보다 훨씬 더 빨라서, 국민정부는 전쟁의 갑작스런 종식이 가져올 결과에 대해서 전혀 적절하게 대응할 수가 없었다. 몇몇 긴박한 문제들이 시급히 해결되어야 했는데, 그중에서 가장 절박한 것은 중국 공산당이 일본군 점령지역으로 들어가서 적의 무기를 접수하겠다는 위협이었다. 그러나 더욱 무서운 것은 만주의 정세로서, 소련 군대는 이미 그곳의 내지로 깊숙이 들어갔으며 일본이 항복했는데도 불구하고 진격을 중단하기를 거절했다. 비록 스탈린이 3개월 이후에 철군할 것을 약속했지만 소련군의 의도는 여전히 비밀에 부쳐지고 공개되지 않았다. 그래서 전쟁의 종식은 국민정부에 대해서 지극히 위급한 군사형세를 야기했다.

일본이 항복함에 따라서 정부군대와 중공 군대 사이에는 한 차례의 격렬한 경쟁이 전개되었는데, 쌍방은 모두 먼저 적의 점령지역으로 들어가서 일본군의 항복을 받음으로써 적이 가지고 있던 대량의 무기와 군사장비를 접수하려고 했다. 이 경쟁에서는 중공이 뚜렷한 지리적인 우위를 차지한 것 같았다. 중공은 화북, 화남, 화중에서 인구 1억 명의 "해방구" 18개를 장악하고 있었고, 100만 명의 정규군과 200만 명의 민병을 보유하고 있었으며,[1]

---

1) 毛澤東, 『毛澤東選集』(北京, 1963), 제4권, p. 1157.

이들이 황허 강, 양쯔 강, 주장 강 유역의 광대한 농촌에 분포되어 있다고 주장했다. 이 강들 유역에 위치하고 있는 베이핑, 톈진, 상하이, 난징, 한커우, 광저우 등의 대도시들은 중공이 장악하고 있는 농촌이라는 해양 속에 놓여 있는 외딴 섬들과 다를 바 없는 도시가 되었다. 이 유리한 형세를 충분히 이용하기 위해서 마오쩌둥은 1945년 8월 9일, 즉 소련이 참전한 다음 날에 일본의 붕괴는 임박했으며 중국 공산당이 전면적인 공격을 개시할 시기가 도래했다고 선포했다. 8월 10일 중국 인민해방군 총사령관 주더는 소속 부대에게 일본군이 점령하고 있는 모든 도시와 교통의 중심지를 점령하고 적군의 항복과 그들의 군사장비를 접수하라고 명령했다. 8월 11일 린뱌오는 10만 명의 대군을 거느리고 평심 철도(베이핑-선양 철도)를 따라서 만주로 돌입했다. 일본군이 항복한 이후 2주 내에 중공의 근거지는 116개 현에서 175개 현으로 확장되었다.[2]

　정부군은 몇몇 전선과 중국의 서부 지역에 분산되어 있었기 때문에 이 경쟁에서 매우 불리한 위치에 놓이게 되었지만, 장제스는 승리의 과실이 그의 수중에서 빠져나가지 못하도록 하기로 결심했다. 8월 10일 장제스는 중공 지도자들에게 독자적으로 행동하지 말 것을 요구하고, 일본군 및 괴뢰정부의 군대에게는 진지를 고수하고 비(非)국민정부의 군대에 대응하도록 명령했다. 주더는 장제스의 행위는 "일본 침략자와 매국노"에게 유리한 것이라고 비난하고 중국 주재 일본군 총사령관인 오카무라 레이지(岡村寧次)에게 중공 대표에게 항복하라고 직접 명령을 내렸다. 중공의 지리상의 우위를 압도하기 위해서, 장제스는 피점령지역으로 자신의 부대를 공중 수송 및 해상 수송해줄 것을 미국에 요청했다.

　미국은 즉각 와서 지원했는데, 정부군대를 피점령지역으로 수송하도록 지시하고 5만 명의 미국 해병대를 몇몇 중요 항구와 교통중심지에 상륙시켜 정부군대가 도착하기를 기다렸다. 정부의 3개 군단이 베이핑, 톈진, 상하이,

---

2) 毛澤東, 제3권, p. 1119; Jerome Ch'en, *Mao and the Chinese Revolution*(London, 1965), p. 261.

난징으로 공중 수송되었으며 뒤이어 총 50만 명의 부대가 전국 각지로 수송되었다. 그 이외에 미국 정부의 일본에 대한 일반명령 1호는 중국(만주 제외)3), 타이완 및 북위 16도선 이북의 프랑스령 인도차이나에 주둔하고 있는 일본군은 장제스와 그의 대표에게 항복하라고 명확하게 지시했다. 8월 15일에 장제스는 직접 오카무라 레이지에게 피점령지역 내에서 질서를 유지하고 모든 군사장비를 통제하도록 명령했다. 또한 8월 22일 오카무라는 오직 정부군대가 피점령지역에 진주하는 것만을 허락하라는 명령을 받았다. 이 일본군 총사령관은 이 지시들에 전적으로 복종했다.

국민정부는 미국의 지원과 일본의 협력에 힘입어 제1차 경쟁에서 승리를 거두었다. 정부는 새로 화중, 화동, 화남의 거의 모든 중요 도시와 교통의 중심지를 장악했고 중공 부대는 잠시 향촌으로 철수했다. 중공은 이런 좌절을 당했지만 경쟁이 시작된 지 처음 2주 내에 방법을 강구하여 약간의 성과를 거두어, 대부분이 화북에 있는 59개 도시 및 광대한 향촌지역을 장악했다.4)

만주에서는 특별한 장면이 나타났다. 8월 8일, 로디온 말리노프스키 총사령관이 거느리는 소련 군대가 파죽지세로 만주에 돌입하여 이틀 후 또 외몽골에서 증파되어온 돌격부대와 합류했다. 소련군은 8월 14일에 일본의 항복이 있은 이후 진격을 중단하지도 않았고, 만주의 지리경계선상에서 멈추지도 않았다. 소련군은 중공 군대가 만주로 진입하는 것을 돕기 위해서 러하이와 차하르의 내지까지 깊숙이 침투했다. 소련인들은 항복한 일본 군대의 무기의 상당량을 중공 군대에게 넘겨주었다.5) 그러나 소련군은 중국 공산당이 만주를 접수하여 관리하게 하지는 않았다.

이런 골치 아픈 난제들을 해결하고 중공과 화해를 이루기 위해서 장제스는 3차례에 걸쳐 전보를 보내어 마오쩌둥에게 충칭에 와서 회담을 하도록 초청했다. 마오쩌둥은 충칭에 가기를 원하지 않았고 국민당의 흉계를 걱정했지만,

---

3) 소련군은 만주에서 일본의 항복을 받으라는 명령을 받았다.
4) 毛澤東, 제4권, p. 1151. 마오쩌둥이 1945년 8월 26일 발표한 통지문.
5) 毛澤東, 제4권, p. 1134; Tang Tsou, *America's Failure in China, 1941-50*(Chicago, 1963), pp. 315-316. 30만 자루의 보병총, 13만8,000자루의 기관총과 2,700문의 대포 등이다.

미국 특사인 헐리가 옌안으로 가서 그의 안전을 보증한 이후에야 결국 가기로 결정했다. 1945년 8월 28일 마오쩌둥은 충칭으로 갔다. 간절한 소망을 가진 동시에 피로감을 느끼고 있던 중국 인민들은 이번 역사적인 회담에 온 정신을 집중하고 있었으며 회담이 화해로 결말이 나서 내전을 피할 수 있기를 희망했다.

충칭에서의 마오쩌둥

마오쩌둥은 옌안을 떠나기 전에 협상전략을 치밀하게 세워놓았다. 비록 국민정부가 대도시 수복의 초기 단계에서 승리를 거두었지만 마오쩌둥은 중공이 결국에는 양쯔 강 하류와 화이허 강 이북 지역인 산둥, 허베이, 산서와 쑤이위안의 대부분과 러허와 차하르의 전부 그리고 랴오둥의 일부 지역을 장악하리라는 것을 굳게 믿고 있었다. 그러나 머지않은 장래에 또 수많은 곤란이 있게 되리라는 것을 예견한 그는 충칭에서는 일종의 융통성 있고 타협적인 행동방침을 취하지만 몇몇 근본적인 이익 문제에서는 자신의 입장을 고수하기로 결정했다.6) 그래서 그는 국민정부의 전시수도인 충칭에 체류하는 기간에 각종 방법을 다 동원하여 합리적이고 도리에 맞는 태도를 보이고 양보를 하려고 했다. 이런 태도를 취한 목적은 대중의 여론과 중간세력의 지지를 얻기 위해서였다. 그는 모든 면에서 강경하고 성질이 거칠고 조급한 혁명가가 아니라 우호적이고 열정적인 사람이라는 것을 보여주었다. 외관상 주객 쌍빙이 모두 우호적이고 예의를 지키는 모습을 보여줌으로써 대중의 화해와 평화에 대한 기대를 불러일으켰다.

정식협상에서도 마오쩌둥은 합리적이고 도리에 맞고 타협을 원한다는 이미지를 확립했다. 그는 더 이상 연합정부를 고수하지 않았지만 국시회의7)를 열어 연합정부 건립, 국민대회 개최, 헌법제정과 관련된 문제를 연구할 것을

6) 毛澤東, 제4권, p. 1151-1154.
7) 이 회의는 이후에 정치협상회의(政治協商會議)로 불렸다.

요구했다.

국공의 병력 및 쌍방의 병력을 국가군대로 개편하는 문제에 대해서 마오쩌둥은 국민정부가 소속 부대를 120개 사단으로 감축하는 데에 동의하면 공산당은 오직 20-24개 사단만을 남겨두겠다고 제의했다.[8]

해방구 문제에 대해서, 마오쩌둥은 기본적으로 화북과 내몽골 그리고 몇몇 중요 도시에서 규제를 받지 않을 것을 요구했다. 국민당이 이 방법에 동의하지 않자 그는 헌법의 통과를 기다리기 위해서 해방구의 현재 상황을 잠시 그대로 유지할 것을 건의했다. 헌법은 민중선거를 통해서 생성될 지방정부에 관한 사항을 규정할 것이기 때문이었다. 마오쩌둥이 해방구의 지방업무의 통제를 유지하려고 노력한 것은 분명하지만 이 점에서 국민당은 완강하게 양보를 거부했다.

일본의 투항을 받아들이는 문제에 대해서, 국민정부는 적의 무기를 접수하는 것에 대한 독점적 권리를 가질 것을 고수했지만, 공산당은 그 자신이 이미 적극적으로 활동하거나 적군을 포위하고 있는 지역에서는 동일한 권리를 누릴 것을 요구했다. 이 점에 대해서도 합의를 이루지 못했다.

6주일에 걸친 협상이 아무런 진전도 이루지 못한 것은 의심할 여지가 없었다. 비록 마오쩌둥은 표면상으로는 화해의 자세를 취했지만, 그는 중국 공산당의 근본적인 지위와 관련된 기본적인 문제에 대해서는 결코 양보할 생각이 없었다. 다른 한편으로 국민정부는 자신의 특권적 지위가 손해가 없도록 하기 위해서 실력을 기반으로 협상을 하고 타협을 강력히 거부했다. 장제스의 위신은 마침 최고조에 올라 있었는데, 그 이유는 그가 국가를 영도하여 극복하기 어려운 것처럼 보였던 역경을 극복하고 항일 전쟁에서 승리했기 때문이었다. 그 이외에 장제스는 그의 적수에 대해서 거대한 군사적인 우위를 가지고 있는 것[9] 이외에도 미국의 원조와 지지를 얻고 있었고 스탈린과의 사이에는 우호동맹조약이 체결되어 있었다. 장제스는 마오쩌둥이 이 순

---

8) 毛澤東, 제4권, pp. 1155-1164.
9) 국민당 국방부장에 의하면 11 : 1의 비율로 우세했다고 한다.

간에 체결하기를 원하는 모종의 "임시협정"에 대해서 전혀 흥미가 없었다.

장제스는 이미 8년간의 퇴각의 어려움을 이겨내어, 이제 그는 승리로 인한 성과의 대부분을(비록 전부는 아니지만) 차지할 것을 요구했다. 그는 절대로 그의 영예를 공산당과 함께 나누고 싶은 생각이 없었다. 만약 헐리 미국 대사가 훨씬 더 적극적으로 장제스를 설득하여 마오쩌둥의 구미에 맞는 임시타협안을 받아들이게 했다면 아마도 공산당은 화북 지역에 발이 묶였을는지도 모른다. 그러나 헐리 미국 대사는 소극적 평화중재자가 되기로 결정하여 철저히 중립적 태도를 지켰으며, 그가 가장 원했던 것은 쌍방 지도자가 우선 "기본원칙"에 대해서 합의를 이루기 위하여 노력하도록 촉구한 이후에 다시 세부사항을 제정하도록 하는 것이었다. 그러나 바로 이 세부사항 문제에 대해서 양당은 간격을 좁힐 수가 없었다.

장제스와 마오쩌둥은 10월 10일에 발표한 최후의 협정문에서 그들이 정치협상회의를 개최하는 데에 동의했고 평화적으로 국가를 건설하는 것의 중요성을 공동으로 인식했음을 강조했다. 그들 사이의 견해 차이의 정도는 대중에게 알려지지 않았지만 분명한 것은 협상에서 구체적인 결과를 내지 못했다는 것이다. 옌안으로 되돌아간 이후 마오쩌둥은 당원들에게 대중동원과 인민군대 확충을 통해서 새로운 중국을 창설함으로써 "평화"를 위한 노력을 한층 더 강화하자고 호소했다. 그의 이런 대담하고 기세가 등등한 태도는 부분적으로 만주 사태의 새로운 발전에 그 원인이 있었다.

소련의 만주에서의 활동

만주에서의 소련의 활동은 얄타 회담 및 중소 조약 협상에서 했던 스탈린의 약속, 즉 점령 이후 3주 내에 철수하여 3개월 내에 철군을 마무리 짓는다는 것에 완전히 위배되는 것이었다. 1945년 2월과 7-8월 사이에 그가 이와 같은 약속을 했을 때, 그는 중국 공산당이 즉시 일어나서 정권을 탈취하리라는 것을 예상하지 못한 것 같았다. 그는 중국에서의 미국의 조정을 개의하지

않는 것 같았으며, 실제로 그는 마오쩌둥과 장제스에게 모종의 합의를 이루도록 건의했다. 마오쩌둥은 겉으로는 스탈린의 훈계에 따랐지만 암암리에 국민정부와 군사대결을 전개하기로 결정했다.[10] 스탈린은 이후에 자신이 중국의 정세를 잘못 판단했다는 것을 인정했다.[11]

전쟁이 시작되고 얼마 되지 않아 중공의 패기와 지략은 스탈린에게 매우 깊은 인상을 주어서, 당시 그의 태도에 격렬한 변화가 생긴 것이 분명했다. 얄타 협정과 중소 조약이 확정한 만주에서의 소련의 특수이익과 특권이, 소련군의 실제 점령으로 인해서 확보된 이후 스탈린은 그의 언약을 지킬 필요가 없다고 생각했다. 소련군은 만주의 공장과 광산을 모두 약탈하여, 20억 달러에 상당하는 시설들을 전리품으로 삼아 러시아로 이동시켰다.[12] 그들은 각종 구실을 붙여 국민정부 군대의 만주 진주를 방해했다.

장제스는 만주를 수복하겠다고 결심했으며, 그는 이것이 중국이 8년 항일전쟁을 하게 된 근본 원인이라고 했다. 웨드마이어 장군은 국민당의 만주 장악에 대한 능력을 의심하여, 먼저 만리장성 이남과 양쯔 강 이북 지역을 공고히 하고 화북의 교통선로를 확보할 것을 건의했다. 그러나 장제스는 이 건의를 거부하고, 50만 명에 가까운 최정예부대를 만주에 투입했다(그는 훗날 이 결정을 몹시 후회하게 된다).[13] 마침내 소련군 최고사령관은 미국이 국민정부 군대를 만주의 대도시로 수송하는 것을 허가했다. 그리하여 정부군은 1946년 1월 5일 창춘에 진주했고, 3주 후에는 선양(펑톈)에 진주했다. 같은 시기에 중공군은 몇몇 거점 이외의 모든 농촌을 거의 완전히 제압함으로써, 곤경에 처해 있는 국민당에 대항했다. 소련 군대는 결국 1946년 5월 만주에서 철수했다.

---

10) 린뱌오는 1960년에 회고하기를 "국내와 국외[스탈린을 가리킴]의 몇몇 선량한 친구들은……우리를 걱정했다"고 했다. 그러나 마오 주석은 형세를 정확히 파악하고 모든 반동파들을 "종이 호랑이"로 치부했다. Tang Tsou, p. 326을 참조하라.
11) 티토의 보좌관인 에드바르트 카델(Eduard Kardelj)에게 말했다.
12) 이것은 연합국 배상위원회의 미국 측 위원인 에드윈 폴리(Edwin Pauley)의 추산에 근거했다.
13) Chiang Kai-shek, *Soviet Russia in China: A Summing at Seventy*(New York, 1957), pp. 232-233.

마셜의 중국에서의 사명

1945년 11월에 미국은 이미 새로운 정책을 채택했다. 그 정책은 국민정부를 계속 지원하는 것으로, 조건은 국민정부는 미국의 무기를 내전에 사용할 수 없으며 또한 중국 공산당과 협정을 체결하기 위해서 노력해야 한다는 것이었다. 실제로, 이런 정책의 전환이 나타내는 것은 이전에 무조건 국민정부를 지원하던 정책을 번복하는 것이었다. 환멸을 느낀 헐리는 11월 27일에 항의를 표시하기 위해서 사직하고, 국무원 내의 직업관료들이 그의 배후에서 간계를 부리고 중국 공산당과 한편에 서 있다고 질책했다. 그리하여 트루먼 대통령은 제2차 세계대전 기간 중에 가장 뛰어났던 미국 군인인 조지 C. 마셜 장군을 중국 주재 대통령 특사로 임명했다.14) 마셜은 국민정부가 만주에서의 권위를 포함한 권위를 광범위하게 재건하는 것에 가능한 한 협조하지만, 미국이 어떤 직접적인 군사개입에도 휘말리지 않도록 하라는 지시를 받았다. 그는 또 장제스에게 각 중요 당파가 참여하는 국민대회를 개최하여 내전의 중지와 국가통일 등의 사항을 세밀히 심의하도록 촉구하지 않으면 안 되었는데, 그 목적은 "강대하고, 통일을 이룬 민주적인 중국"의 출현을 기대하는 것이었다. 마지막으로 그는 장제스에게 대규모의 미국 원조는 장차 정전(停戰) 달성과 국가통일이 실현되는 상황에 따라서 결정될 것임을 천명하라는 지시를 받았다.15)

마셜은 1945년 12월 중순에 중국에 도착하여 양당의 대표가 모두 중재를 받아들이고 세 가지 당면한 목표를 인정할 준비가 되어 있음을 발견했는데, 이 세 가지 목표는 (1) 내전 중지, (2) 정치협상회의를 개최하여 연합정부 수립을 논의하고, (3) 국공 양당의 군대를 하나의 국가 군대로 편성하는 것이었다. 이 두 적대적인 정당의 진심 어린 환영과 지지의 약속은 사람들을 고

---

14) 1945년 11월 27일 내각회의에서의 농업부 장관인 클린턴 앤더슨(Clinton Anderson)의 건의에 의거했다.
15) *United States Relations with China*, pp. 133, 605-607.

무시켰지만 분명한 것은 그들에게는 이렇게 하는 것 말고는 다른 방도가 없었다는 것이다. 마셜의 높은 위신과 그가 보여준 성실함, 중국이 평화와 통일과 민주를 달성하도록 도와주는 것을 목표로 하겠다는 그의 공언, 그리고 무엇보다도 중요한 미국의 거대한 힘은 국공양당의 성실한 태도를 이끌어내도록 하기에 충분했다. 그러나 이 열정과 감사의 겉치레의 이면에서, 양당의 극단분자들은 이것이 미국 간섭의 전형적인 사례라고 생각하고는 반감을 품었다.

국공 양당의 상호불신임의 정도는 매우 깊었는데, 국민당은 1946년 초에 공산당보다 5배나 많은 군사를 보유하고 있어서 단번에 적을 분쇄할 수 있다고 자신했다. 다른 한편으로, 공산당은 국민당을 멸시하여 "종이 호랑이"라고 불렀을 뿐만 아니라 자기들이 틀림없이 장기적인 투쟁에서 이 종이 호랑이를 완전히 분쇄할 수 있다고 확신했다. 쌍방은 모두 서로 다른 협력조건을 강력히 주장했다. 중화민국 국민정부는 공산당이 입헌정부를 수립하기 이전에 군대를 넘겨줄 것을 요구했고,16) 공산당은 이런 합병은 입헌정부 수립 이후 실시해야 한다는 입장을 고수했다. 국민당 정부는 연합정부에서는 총통제를 실시할 것을 주장했고, 공산당은 내각제를 주장했다. 국민당이 중앙정부, 특히 행정부문을 장악할 가능성이 가장 높았기 때문에 공산당은 비교적 규모가 큰 성급 자치와 강력한 입법 시스템으로 행정기구를 견제할 것을 단호하게 요구했다. 만약 나날이 고조되는 호전적인 감정을 제어하려면, 반드시 이런 관건이 되는 분쟁들에서 쌍방 모두가 만족하는 결과를 얻도록 해야만 했다.

마셜의 적극적인 중재는 사람들에게 신속하고 깊은 인상을 주는 결과를 가져왔다. 1946년 1월 10일, 국공양당은 한 차례의 정치협상회의를 개최하고, 즉시 휴전을 하고 교통을 회복시키는 것에 동의했다. 이 밖에 국민당 대표, 공산당 대표, 미국 대표 한 사람씩으로 구성된 3인 군사중재 집행부를

---

16) "통일군령(統一軍令)이라는 완곡한 표현"으로 중공군을 국민당 군대에 편입시키는 것이다.

설립했는데 미국 측 대표를 집행부장으로 했으며 집행부의 결정은 만장일치의 동의를 얻도록 했다. 마찬가지로, 휴전을 감독하기 위해서 3국 대표로 구성된 조사단이 현장으로 파견되어 순시하도록 했다.

정치협상회의는 1월 10일에서 31일까지의 휴전 기간 중에 개최되었다. 총 38명의 구성원으로 구성되었으며 국민당 8명, 공산당 7명, 민주동맹 9명, 청년당 5명과 무당파 인사 9명이었다. 지루한 논의를 거친 끝에 국가의 최고기구는 입법권과 행정권을 보유하고 있는 다당(多黨)이 참여하는 국부위원회(國府委員會)이며, 이 위원회는 40명의 위원으로 구성되는데 그중의 반은 국민당이, 그 밖의 반은 각 당파와 무당파가 지명한다는 결의를 했다. 국부위원회의 결의가 정치협상회의의 결의를 바꾸는 것과 관련될 때에는 3분의 2의 다수표의 동의를 얻어야 한다. 이렇게 되면 어떤 당파나 집단이 단지 3분의 1의 표까지 모을 수 있기만 하면, 정확하게 말해서 14표만 모을 수 있으면 거부권을 가지게 된다. 공산당과 그의 동조자(주로 민주동맹)들은 정치협상회의의 결정을 수정하려는 국민당의 어떤 시도이든 이를 좌절시키는 데에 필요한 표를 모을 수 있다고 자신했다.

정치협상회의는 행정원이 입법원에 대해서 책임을 지도록 되어 있는 내각 정부제를 채택했다. 이렇게 하여 한걸음 더 나아가 미래의 헌법은 중앙정부와 지방정부 간에 적당한 권력의 분배를 확보하기 위해서 각 성(省)을 지방정부의 최고기구로 인정하고 민선(民選)을 통해서 선출한 성장(省長)과 자체의 헌법을 보유하도록 확정지었다.

정치협상회의의 성과는 국민정부보다는 공산당에게 더 유리했는데, 이는 평화와 민주통치를 갈망하는 민중의 소망을 반영한 것이었다. 마셜은 정치협상회의 토론에는 참여하지 않았지만 이번 협상의 성과를 "자유롭고 미래지향적인 헌장"이라고 찬동했다. 항일 전쟁 종결 이후, 처음으로 평화와 재건을 위한 한 줄기 희망이 나타난 것이다.

마셜이 얻은 또다른 하나의 중요한 성과는, 1946년 2월 25일 체결한 국공 쌍방의 상대적 병력 및 그것을 국가군대로 합병하는 것에 관한 협정이었다.

이 협정은 1년 안에 국민당 군대를 90개의 사단으로 감축하고 공산당 군대를 18개 사단으로 감축하며, 이후 6개월 내에 쌍방은 계속 군대를 각각 50개 사단과 10개의 사단으로 감축하도록 규정했다. 병력 감축 이후의 군대의 분포는 다음과 같았다. 즉 만주에는 국민당 군대 14개 사단, 공산당 군대 1개 사단이 주둔하게 되고, 화북에는 국민당 군대 11개 사단, 공산당 군대 7개 사단이 주둔하게 되며, 화중에는 국민당 군대 10개 사단, 공산당 군대 2개 사단이 주둔하게 되고, 화남(타이완을 포함)과 서북에는 국민당 군대가 각각 6개 사단과 9개 사단이 주둔하게 되며, 공산군은 어떤 부대도 주둔하지 않게 되는 것이었다.[17] 분명히 국민당은 이 군사배치를 통해서 매우 많은 이익을 보게 되었는데, 그 이유는 공산당의 만주와 화북에서의 영향력이 크게 삭감되었기 때문이다. 마찬가지로, 국민당은 또 공산당의 서북 근거지를 접수하여 관리할 수 있게 됨으로써 중국 공산당과 소련 사이의 직접적 접촉을 가로막게 되었다.

　마셜의 신속한 성공은 1946년 2월 25일 트루먼 대통령에게 1946년 2월 25일에 웨드마이어 장군이 거느리는 1,000명의 장병들로 구성된 중국 주재 미국 군사사절단 성립을 선포하게 했다. 마셜의 이전의 승낙에 근거하여, 사람들은 중국 공산당의 부대가 장차 미국 훈련 계획안에 포함될 뿐만 아니라 국민정부의 군대에 편입되기 전에 미국 장비를 얻게 될 것임을 알게 되었다. 1946년 3월 11일, 만족스러움에 마음이 가벼워진 마셜은 미국으로 돌아와 수출입은행이 제공하는 5억 달러의 차관을 처리했다. 그런데 바로 그가 중국을 떠나 있는 짧은 기간에 국민당과 공산당은 혹독한 시련을 겪었다.

　국민당과 공산당은 모두 서로 상대방을 불신임하게 되었는데, 그 이유는 각자가 서로 다른 목적을 추구하는 혁명정당이기 때문이었다. 오직 일시적이거나 임시방편의 기초 위에서가 아니면 두 정당의 협력은 거의 불가능한

---

17) *United States Relations with China*, p. 141. 그러나 장제스는 공산당이 이 개편을 실시할 의향이 있는지를 매우 의심했다. 그는 마셜에게 국공 군대의 합병은 "마치 호랑이와 그 가죽을 벗기는 것을 의논하는 것과 같이 어려운 일"이라고 말했다. Chiang Kai-shek, p. 162.

것이었다. 비록 마셜의 초기의 성공은 주로 그의 적극적인 설득과 사람들의 존경을 받는 그의 지위 때문이었지만, 마찬가지로 분명한 것은 대립하고 있는 이 두 정당이 모두 그의 환심을 사지 못하는 것은 잘못된 전략일 수 있음을 발견한 것이다. 비공식적으로, 두 당내의 극단분자들은 그가 쌍방 각자가 승리하는 길을 가로막고 있다고 생각했다. 마셜에 의해서 "지나치게 이기적이고 화해를 원하지 않는 자"로 불린 국민당 CC파[18]는 중국 공산당과의 이런 협정들은 마셜이 국민당에 강요한 것이며, 만일 그의 간섭이 없었다면 국민당이 아마도 벌써 적군에게 승리를 거두었을 것이라고 생각하는 경향이 강했다. 공산당 측에서는, 오직 협정이 기본적으로 그들에게 유리하거나 혹은 받아들일 수 없을 정도로 유해하지만 않다면 가능한 한 오랫동안 마셜에게 적당히 응대했지만, 결코 은밀히 군대와 지반을 확충하는 활동을 축소시키지는 않았다. 오직 마셜이 현장에 있는 경우에만 양당의 협력은 결렬되지 않았다. 그러나 그가 떠나자 그들은 곧 휴전협정을 무시했으며, 결국 협정이 실현될 수 없을 때 자신이 더욱 유리한 위치를 차지할 수 있도록 전장에서의 형세를 개선하는 길을 모색했다. 국지적인 충돌로 시작된 것이 매우 빠르게 1946년 4월에는 대규모 전투로 확대되었다. 정치협상회의의 결의는 실현되지 못할 휴지화된 문서로 남게 되었다.

만주에서의 전쟁은 유달리 격렬했다. 중국 공산당의 군대는 정부군에 치명적인 타격을 가했으며 그리하여 1946년 4월 18일에 전략 요충지인 창춘을 점령했다. 중국 공산당은 이 거대한 승리에 근거하여, 만주에서의 국민정부 주둔군괴의 비율을 1 : 14개 사단에서 5 : 14개 사단으로 높일 것을 요구했다. 장제스는 화를 내며 이 요구를 거절하고, 모든 전선에서 공격을 가하도록 명령했다. 그 결과 5월에 창춘을 탈환했다. 이때 중국으로 되돌아온 마셜의 충고가 아니었다면 전쟁은 아마도 신속하게 통제불능이 되었을 것이다. 6월 6일, 15일간의 휴전협정이 체결되었다. 양당은 모두 전쟁을 하려고 하는 열

---

18) 그 파의 수장인 천리푸(陳立夫)와 천궈푸의 이름을 따서 명명한 것이다.

정에 사로잡혀서 마셜이 그들의 최후 승리를 방해한다고 생각하는 감정이 나날이 보편화되었다. 1946년의 7월 초, 장제스는 마셜에게 "우선 공산당에 대해서 강경하게 대처해야 하며, 그러고 나서 2-3개월 후에 다시 관대한 태도를 취해야 한다"고 말했고, 다른 곳에서는 "만일 마셜 장군이 인내심이 있다면, 공산당은 한 가지 협정을 하자고 호소할 것이며 그리고 협정에 필요한 양보를 하기를 원할 것이다"라고 말했다.[19] 공산당 측도 마찬가지로 최후의 승리를 거둘 수 있다고 믿었다. 그리하여 그들은 미국이 이중적인 수법을 써서 한편으로는 어느 쪽으로도 치우치지 않는 중재자인 척하고, 다른 한편으로는 국민정부를 원조한다고 비난했다. 그들은 미군이 중국에서 철수할 것을 요구했다. 국공 양당은 모두 1946년 중기의 어느 시점에 새로운 행동방침을 채택하여 마셜의 중재를 무시해버리기로 결정한 것 같다. 마셜의 영향력은 최저점으로 떨어졌다.

승세를 타고 추격한 국민정부는 1946년 7월 4일, 일방적으로 11월 12일에 국민대회를 개최하겠다고 선포하여, 연립정부를 세우기 전에 국민대회를 개최하지 않는다는 정치협상회의의 결의를 공공연히 무시해버렸다. 중국 공산당과 민주동맹은 이 "불법적인" 대회를 보이콧하겠다고 선포했고, 그 이외에 마오쩌둥은 또 한차례의 자위전쟁(自衛戰爭)을 전개할 것을 호소했다. 쌍방 간의 균열은 이미 봉합하기 어려울 정도로 확대되었다. 마셜은 중국 인민에게 국공 양당에 압력을 가하여 화해를 성사시키자고 호소했다. 그러나 그의 호소는 마치 황야에서 울리는 고독한 비명과 같았는데, 비록 매우 큰 동정을 얻었지만 아무런 결과도 없었다. 그는 장제스에게 경제가 아마도 붕괴될 것이고 공산당이 승리할 가능성이 있다고 경고했지만 이 경고는 아무런 효과가 없었다. 장 위원장은 여전히 인플레이션이 비록 두려울 만큼 빠르고 맹렬하지만 결코 경제재난을 초래할 리는 없다고 믿었는데, 그 이유는 중국의 농업경제는 서양의 공업국가와는 다른 요인의 지배를 받기 때문이라는 것이

---

19) Tang Tsou, p. 425.

었다.[20]

1946년 7월부터 9월까지, 국민정부 군대는 실제적으로 전투마다 승리를 거두었으며 이는 실제로 마셜이 국민정부의 승리를 지연시키고 있다고 여기는 견해를 강화시켰다. 잠시 물러난 공산당은 미국이 장제스에게 내전을 치르도록 지원함과 동시에 중재를 이용하여 연막을 치고 있다고 공개적으로 비난했다. 그의 신용과 명예가 의심을 받았기 때문에, 마셜은 10월 1일 장제스에게 전투를 중지하지 않으면 자기는 중재를 그만두고 귀국하겠다고 경고했다. 계속 전장에서 승리를 거두고 있던 장제스는 정전을 거절했다. 뒤이어, 그는 일종의 관대한 듯하면서도 오만한 태도로 11월 8일—국민대회가 열리기 수일 전에—공산당과 민주동맹이 다시 그들의 입장을 고려하도록 하기 위해서 공격을 잠시 중지한다고 선포했다. 자신의 방침이 정확하고 승리할 능력이 있다고 확신한 장제스는 1946년 12월 1일 마셜에게 적군은 8-10개월 안에 소멸되어버릴 것이라고 말했다.[21]

마셜은 슬프게도 자신의 사명이 이미 실패했음을 의식했다. 1947년 1월 6일, 트루먼 대통령은 그를 소환한다고 선언했다. 지극히 실망한 마셜은 중국 인민에게 보내는 고별사에서, 국민 당내의 "비타협적인 집단"이 "중국에 봉건적인 통치를 실시하고 있으며" 정치협상회의의 결의에 대해서는 관심이 없다고 질책하고 그는 또 공산당이 "공평한 양보를 하려고 하지 않는다"고 비평했다. 그는 중국의 희망은 자유주의자들에게 달렸지만 그들은 "통제력을 가진 영향력"을 행사할 힘이 부족하다고 말했다.[22] 평화와 통일의 전망이 분명히 암담해지자, 중국에서 중재를 하겠다는 미국의 꿈은 끝나버렸다.

마셜은 귀국 이후에 국무장관을 맡았지만 중국에서의 경력으로 인해서 그는 자신이 적극적인 대중국 정책을 제정할 수 없게 된 것에 격분했다.[23] 그

---

20) *United States Relations with China*, p. 212.
21) *Ibid*.
22) "Personal Statement by the Special Representative of the President(Marshall), Jan. 7, 1947" in *United States Relations with China*, pp. 686-689.
23) Tang Tsou, p. 445.

는 일종의 "관망적인" 태도를 취하여 중국에서의 일들은 중국 스스로 결말을 짓기를 희망했다. 유일하게 취한 약간의 적극적인 행동은 1947년 7월의 공화당 의원인 월터 저드의 건의로 진상 조사를 위해서 웨드마이어를 중국에 파견한 것이었다. 저드는 이전에 중국에 와 있던 선교사이자 의사로서 장제스의 확고한 지지자였다. 웨드마이어는 중국에서 1개월간 머물면서 장제스가 개혁을 하도록 열심히 설득했지만 헛수고만 했으며, 그는 귀국한 후에 보고서를 제출하여 1만 명의 미군 장병의 감독하에 국민정부에게 "충분하고 신속한 원조"를 제공할 것을 건의했다. 이 보고서는 한걸음 더 나아가 5년 기한의 경제원조를 제공하고 만주를 미국, 소련, 프랑스, 영국, 중국의 5개국의 보호하에 두며, 이것이 이루어지지 않는다면 국제연합이 만주를 "신탁통치"하도록 요청했다. 마셜은 정중하게 이 보고서를 받고 나서 그것을 조용히 묵살해버렸다. 그는 미국이 신속히 병력을 감축하여 오직 1과 3분의 1사단의 병력24)만 남았는데 1만 명의 병력을 중국으로 오도록 빼돌릴 수 있는 방법이 전혀 생각나지 않았다. 유감스럽게도 분명한 것은 웨드마이어의 사명은 장제스와 마셜에게 아무런 영향도 주지 못했다는 것이다.

내전

1946년 중기 이후, 장제스는 만일 중재를 내세운 미국의 방해를 받지 않으면 손쉽게 적을 소멸시킬 수 있다는 것을 증명하기 위해서 군사수단을 이용하여 공산당 문제를 해결하기로 결정했다. 승리가 장차 그의 판단이 옳았다는 것을 증명할 것이고, 미국인이 중국에 연합정부를 건립하기를 바라는 낭만적인 꿈은 현실에 부합하지 않음을 밝혀주리라는 것이었다. 미국이 그에게 내전을 일으키는 것을 지원하지 않을 것이라고 수차 경고했음에도 불구하고, 장제스는 미국이 비호하는 것은 자신이지 공산당이 아니라고 생각했다. 국

---

24) 1947년 6월, 당시 미군의 총병력은 92만5,163명이었다. Tang Tsou, p. 459를 참조하라.

민당 내부의 보편적인 정서는, 미국은 중국이 공산당의 손으로 넘어가는 것을 무시할 리 없기 때문에 미국의 경고가 사실일 리 없다는 생각이었다. 만약에 정세가 매우 나빠진다면, 미국인은 선택의 여지없이 국민당을 원조할 것이라는 것이었다.

내전 초기에 정부군은 각 전선에서 승리를 거두었다. 이와 반대로, 공산당은 수많은 고난의 세월을 거친 이후에야 최후의 승리를 거둘 것이라고 예견했다. 마오쩌둥은 1946년에 국민정부를 타도하려면 대략 5년 정도의 시간이 필요하며, 중국 공산당은 장기간에 걸친 고달픈 투쟁을 할 준비가 되어 있다고 예견했다.25)

1946년 7월부터 12월까지, 국민정부는 공산당의 수중에서 165개의 도시와 17만4,000제곱킬로미터의 영토를 빼앗았다. 1947년 3월 국민정부는 최대의 승리를 거두었으며, 공산당의 근거지인 옌안을 공격하여 점령했다. 장제스는 자신만만하게 미국 대사 레이턴 스튜어트에게 적은 8월이나 9월에 철저히 격퇴되거나 궁벽한 내지로 쫓겨날 것이라고 말했다. 확실히, 마오쩌둥과 중공 중앙기관은 잠시 퇴각하는 수밖에 없었다. 그들은 3월 18일에 옌안에서 철수하여 행방을 감추었으며, 뒤에서는 40만 명의 국민정부 대군이 필사적으로 그들을 추격하고 있었다.26) 1947년 6월에 이르러 첫해의 내전이 끝났을 때, 공산당의 해방구는 19만1,000제곱킬로미터 면적의 땅과 1,800만 명의 인구가 감소했다.27)

연이은 군사승리에 고무되어, 장제스는 매우 자신 있게 정치공세를 개시했다. 1946년 11월 15일, 그는 공산당과 민주동맹이 항의에 아랑곳하지 않고 국민대회를 소집했다. 이 대회의 1,744명의 대표는 성탄절에 14장 175조항으로 구성된 새 헌법을 통과시켰다. 1947년 원단(元旦)에 반포된 이 문건은 삼민주의가 국가의 기본원칙이라는 것, 5원제(행정, 입법, 사법, 고시, 감

25) 毛澤東, 제4권, p. 1364; Jerome Ch'en, *Mao*, pp. 291-292.
26) *United States Relations with China*, p. 238; Jerome Ch'en, *Mao*, pp. 283-284.
27) Jerome Ch'en, *Mao*, pp. 299-300.

찰) 정부의 확립과, 인민의 창의(創議)와 국민투표, 선거와 파면의 4대 자유 보장을 거듭 표명했다. 중화민국 총통은 국민대회에서 선거에 의해서 선출될 것이고, 임기는 6년이라고 했다. 이 문건은 또 행정수장이 입법원의 동의를 거쳐서 행정원 원장을 임명하고, 행정원 원장의 추천을 통해서 행정원의 부장(장관)을 임명할 권리를 가진다고 규정했다. 입법원 위원은 지역과 직업을 기초로 선출되며, 임기는 3년이었다. 사법원은 헌법을 해석할 권리가 있기 때문에, 중국의 법률제도에서 사법심사의 독립성을 확립했다. 근본적으로 말하면, 이 정부구조는 완전한 총통제도 아니고 완전한 내각제도 아닌 양자의 혼합이었다. 예를 들면, 행정원은 중화민국 총통의 동의를 거쳐서 입법원의 결의를 거부할 수 있지만, 만약 입법원이 3분의 2의 다수표로 기각하여 부결하면 행정원은 반드시 이 결정을 받아들여야 하고, 그렇지 않으면 즉시 사직해야 한다고 했다. 지방정부에 관해서는 헌법 속에 공민선거를 통해서 성장(省長)과 현장(縣長)을 선출한다는 조문이 있었다.

예상대로 공산당은 이 헌법은 불법이라고 격렬하게 비난했다. 국민정부는 이런 지탄에 대해서 전혀 개의하지 않고 태연하게 행동했는데, 그들은 1947년 11월에 새로운 국민대회와 입법원 위원 선거에 착수했다. 국민대회는 1948년 3월 29일에 소집되어 4월 19일에 장제스를 중화민국 총통으로, 리중런을 부총통으로 선출했다. 이 선거에 뒤이어, 20년간에 걸쳤던 국민당 훈정기—최초에는 단지 6년간만 연장하도록 설정했다—가 정식으로 종료되었다. 그러나 마침 장제스가 총통직무를 인계받았을 때, 내전은 국민정부에게는 매우 중대한 단계로 진입했다.

1947년 한 해는 전세(戰勢)의 전환점을 나타내고 있는 듯했다. 충분한 승리를 거둔 정부군대에 문제가 나타났는데, 그 부분적인 원인은 탈환 지역을 수비하는 직책을 맡는 부대가 갈수록 많아지기 시작하면서 실제로 전투하는 부대는 이에 상응하여 감소했기 때문이다. 반대로 공산당 군대의 규모는 이미 점진적으로 확대되어 1947년 6월에 195만 명에 이르렀고, 정부군대는 373만이었다.[28] 공산당은 1947년 하반기에 전면적인 공격을 개시하여 허난

과 허베이에서 승리를 거두었다.

국민정부에 대한 가장 막대한 타격은 만주에서 발생했다. 1947년 성탄절 이후 3개월 내에 린뱌오의 부대는 국민정부의 정예부대에 15만 명의 손실을 입혔다. 남은 부대는 압박을 받아 선양, 창춘, 진저우를 잇는 선의 작은 삼각 지대로 몰렸는데, 이곳은 겨우 만주 총면적의 1퍼센트 미만에 해당했다. 이렇게 굳게 지킬 방법이 없는 진지를 지켜야 하는 것은 아무런 희망도 없는 것임에도 불구하고 장제스는 끝까지 싸우기로 결정했다. 1948년 중반에 이르러, 린뱌오는 적이 질식하기에 충분할 정도로 적군을 물샐 틈 없이 겹겹이 포위했다. 10만 명의 정부군을 섬멸한 이후에, 린뱌오는 10월 14일에 진저우를 점령하고, 10월 18일 창춘을 공격하여 빼앗았으며, 11월 2일에는 선양을 점령했다. 만주의 전투는 장제스에게 47만의 최정예부대의 손실을 입게 했으며,[29] 또 전체 정부군의 사기에 치명적인 타격을 주었다. 데이비드 바 장군의 말을 빌려 말하면, 그것은 "국민정부 붕괴의 시작을 초래시킨 것"이었다.[30]

만주 전투가 진행되는 것과 동시에 천이가 이끄는 또다른 중공 야전군이 공세를 전개하여, 1948년 9월 26일의 지난(濟南) 대전이 있은 후 산둥을 점령했다. 이런 전과를 얻자 중국 공산당의 55만 대군은 곧 진포선과 룽해선이 합류하는 곳에 위치한 옛 전쟁터인 쉬저우로 진격했다. 장제스는 탱크, 중포, 장갑차를 갖춘 40만 명의 기계화 부대를 배치하여 난징으로 통하는 이 관문을 보위했다. 그러나 적군의 줄기찬 맹공 아래 장제스 수하의 많은 장교들은 투지를 모두 상실했으며, 게다가 폭우와 눈바람으로 기계의 조작이 불가능해졌다. 1948년 10월 회해(淮海) 전투[31]가 막 시작되자, 국민정부군 2개 사

---

28) 1948년 6월에 이르러 중공 군대의 병력은 280만 명에 이르렀고 국민당 군대는 362만 명이었다. 그해 11월에 중공 군대의 병력은 실제로 국민당 군대를 초과했는데, 즉 300만 명 대 290만 명이었다. 1949년 6월 중공 군대 병력은 국민당 군대에 절대적으로 우세하여 400만 명 대 150만 명이었다. Jerome Ch'en, *Mao*, p. 374를 참조하라.
29) 국민당은 30만 명의 병력을 상실했음을 인정했다.
30) *United States Relations with China*, p. 335. 바 장군은 중국 주재 미국 군사고문단 단장이었다.
31) 화이허(淮河)와 룽해 철도(隴海鐵道)를 합쳐서 명명한 것이다.

단 전체가 반기를 들었다. 11월 11일부터 22일까지 10만 명의 정부군이 섬멸되었다. 쉬저우는 12월 15일 함락되었다. 1949년 1월 회해 전투가 종결되었을 때, 국민정부는 이미 족히 20만 명의 군대를 잃었고, 2명의 유명한 장군[32]이 적의 포로가 되었다. 성공의 열정으로 충만한 마오쩌둥은 자신감에 넘쳐서 1년 내에 승리를 거둘 것이라고 예언했다.[33] 그의 군대는 이제 국민정부 소재지인 난징을 향해서 진격하고 있었다.

이와 동시에, 린뱌오의 80만 대군은 만주에서 벗어나 중공 화북 군단[34]과 함께 1949년 12월에 베이핑과 톈진에 대해서 집게형 협공 태세를 형성했다. 국민정부의 베이핑과 톈진 방위사령관이며 일찍이 쑤이위안에서 공산군을 격파시킨 적이 있는 푸쭤어이(傅作義) 장군 수중에는 50만 명의 군대가 있었다. 그러나 그의 방어계획서를 사령부 내의 공산당 간첩[35]이 훔쳐갔을 때, 모든 저항의 희망은 완전히 수포로 돌아갔다. 국민정부 군대는 전략상 열세에 처해 있었으며 수적으로도 절망적일 만큼 상대보다 훨씬 더 적었기 때문에, 톈진과 베이핑에 주둔하고 있던 수비군은 각각 1949년 1월 15일과 23일에 투항했다. 푸쭤어이 장군 자신은 20만 군대를 거느리고 항복했다. 1948년 9월부터 1949년 1월까지 국민정부 군대는 150만 명을 상실했다.[36] 이처럼 놀라운 손실 앞에서, 전세가 한순간에 뒤집히면서 국민정부는 걷잡을 수 없이 무너져버렸다.

정부의 앞날은 어떻게 될 것인가? 장제스는 당내 주화파의 압박을 받고 1949년 1월 21일에 사직했고, 부총통인 리중런이 대리총통의 신분으로 정부를 접수하여 관리했다. 여전히 양쯔 강 이남의 절반의 국토를 지키기를 소망한 리중런은 공산당과 담판을 시작했지만 실현될 수 없었다. 승리의 열쇠를 쥐고 있는 마오쩌둥은 타협할 이유가 없다고 보았다. 4월 21일에 그의 부대

---

32) 뚜위밍(杜聿明) 장군과 황웨이(黃維) 장군이다。
33) 毛澤東, 제4권, p. 1164.
34) 니에룽전(聶榮臻) 장군의 통솔 하에 있었다.
35) 덩바오산(鄧寶珊).
36) Jerome Ch'en, *Mao*, p. 307.

는 양쯔 강을 건너 3일 후에 난징을 점령했고, 국민정부는 광저우로 도피했다. 이제 중국 공산군은 각 방향으로 급격하게 진격하고 있었기 때문에 도무지 막을 수가 없었다. 중국 전역이 아직 완전히 정복되기 전에, 마오쩌둥은 1949년 10월 1일에 중화인민공화국의 건립을 선포했다. 국민정부가 10월 13일에 광저우에서 충칭으로 도피하고, 12월 8일에는 타이완으로 도피하자, 공산당은 중국 대륙에 대한 정복을 완료했다. 28년간의 분투를 거쳐서, 마오쩌둥은 권력의 최고봉에 올랐다.

미국의 역할

미국은 중국 내전 기간에 무엇을 했는가? 미국이 저지른 일로 인하여 생긴 "죄책" 혹은 수수방관한 것으로 인하여 생긴 "죄책"은 또 도대체 무엇인가? 우선 반드시 공개적으로 선언해야 할 것은 트루먼 대통령이 1945년 12월 마셜 장군을 중국으로 파견할 때, 그는 중국에 대한 대규모 원조는 국가통일의 실현을 조건으로 하겠다고 명확히 밝혔다는 것이다. 마셜 자신도 1946년 중반에 장제스에게 미국은 중국의 내전을 지원할 준비가 되지 않았으며, 급격히 상승하는 인플레이션은 경제붕괴를 초래할 것이라고 수차례 경고했다. 장제스가 이 경고를 듣지 않고 자신의 고집대로 전쟁을 시작했을 때, 사태는 이미 돌이킬 수 없게 되어 있었다.

미국 정부의 중요한 실수는 중국에 대한 적극적인 정책을 정하지 못한 것이었다. 미국 정부는 국민정부와의 관계를 단절하겠다는 성명을 하지 않았으며, 또한 중국으로부터 완전히 벗어나려고 하지도 않았다. 미국은 일종의 부분적인 철수와 국민정부를 제한적으로 원조하는 방침을 실시했는데, 예컨대 1947년 10월에 2,770만 달러의 경제원조를 제공한 것과 국민정부를 위해서 자문을 제공하는 소규모의 군사고문단을 설립한 것 등이었다. 이런 방관적인 정책은 장제스의 미국 친구들과 "차이나 로비단(China Lobby)"에게, 의의가 큰 중국 원조방안이 제기되지 않으면 유럽 부흥계획을 저지하는 활동

을 취하도록 촉진했다. 맥아더 장군은 중국에 더욱 많은 원조를 해줄 것을 강력하게 요구했으며, 아울러 미국이 국민정부에 내전을 하라고 요구하는 동시에 개혁을 하라고 압력을 행사하는 것을 비웃었다. 즉 "이 두 가지 일은 동시에 진행할 수 없는 것이며, 이는 마치 한 채의 집이 화염에 휩싸였을 때 이 집의 구조를 바꾸라고 요구하는 것과 같다"고 했다.37)

1947년 말, 국민정부는 미국에 4년간 15억 달러를 원조해줄 것을 요청했는데, 그중 첫해에 5억 달러의 경제원조와 1억 달러의 군사원조를 요청했다. 이 요청에 대한 응답으로 트루먼은 1948년 2월 18일, 중국의 경제붕괴를 막는 데에 사용하기 위해서 15개월 내에 5억7,000만 달러를 지급할 것을 건의했다. 중국 원조에 대한 안건은 국회에서 통과될 때 13퍼센트가 삭감되어 원조 총액은 4억 달러까지 감소했는데, 이 지출금은 1948년 하반기에 국민정부가 거의 붕괴될 때까지도 지급되지 않았다. 이 원조는 너무 적었을 뿐만 아니라 너무 늦었다. 1948년 7월 30일, 마오쩌둥은 국민당 정권의 붕괴는 이미 "그다지 멀지 않았다"고 선포했다. 보도에 따르면 마설은 8월 13일 "나는 이 문제로부터 빠져나왔으며, 이 문제는 이미 나의 이해와 판단을 내릴 수 있는 능력을 완전히 벗어났다"고 말했다고 한다.38)

국민당의 액운은 또 마침 선거가 실시되는 해에 처해 있던 미국 정치와 뒤얽혀서 더욱 복잡해졌다. 국민정부의 외교관은 민주당 정부에 대해서 실망했으며, 아울러 1948년의 대선은 정부의 교체를 초래할 것이라고 예측하여 전력을 다하여 공화당의 사람들과 친분을 맺었다. 뉴욕 주지사이자 공화당 대통령 입후보자인 토머스 듀이는 1948년 6월 25일, 만약 그가 당선된다면 장차 중국에 대해서 대규모의 재정과 군사원조를 제공하겠다고 선포했다. 그러나 트루먼이 선거에서 완승을 거둠으로써 전 세계와 장제스는 어찌할 바를 몰랐다. 트루먼은 대통령에 취임하자 1948년 11월과 12월 두 차례에 걸친 국민정부의 원조요청을 거절했다.39) 1949년 1월 장제스의 사임 이후,

---

37) Tang Tsou, pp. 466, 468.
38) Tang Tsou, pp. 446, 473, 478.

미국 정부 내에는 미국이 조속히 중국으로부터 손을 떼어야 한다고 생각하는 강렬한 정서가 존재했다.

역사를 되돌아보면 미국은 비록 많은 직무상의 과실과 잘못된 조치로 인한 "죄가 있지만", 미국이 지금까지 "소유한 적이 없는" 중국을 상실한 것에 대해서 미국에 책임을 지도록 할 수는 없다. 중국 공산주의는 30년의 역사를 지닌 거대한 생명력을 가진 내부세력이었기 때문에, 외국의 간섭이 그것의 방향을 바꿔놓을 수 있는 가능성은 별로 없었다. 1948년 봄 이전에는 미국의 적극적인 무력간섭이 잠시 공산당의 승리를 늦출 수도 있었겠지만 결코 그것을 영원히 제지하지는 못했을 것이다. 한 중국 문제 전문가[40]의 관점에 의하면 이런 간섭에는 장차 15만 명의 미국 군대의 투입이 필요했을 것이라고 했지만, 훗날 한국전과 베트남전의 경험에 근거하면 100만 혹은 200만 명이 더욱 실제적일 것 같다. 이어서 또다른 하나의 문제가 있었다. 즉 미국 국내에서 이미 군인의 제대와 정상적인 생활질서의 회복이 확정되었는데, 미국 군인이 중국에서 얼마나 오래 주둔할 수 있었겠는가의 문제였다.

사실상, 미국 정부는 중국의 내전에 말려들 생각이 전혀 없었다. 미국 정부는 대규모의 간섭은 불가능할 뿐만 아니라 바람직하지 않다고 명확하게 선언했다. 그 이유는 중국은 장차 "우리[미국]에게 이 내전에 참가할 뿐만 아니라, 아울러 군사행동 지도와 행정관리의 책임을 지도록 요구할 것이기 때문이었다."[41] 중국의 전략적 가치는 미국의 대규모 개입 결정을 정당화할 수 없었으며, 설령 러시아가 중국을 장악할 가능성이 있다고 하더라도 미국 정부의 입장을 바꿀 수는 없었다.[42] 미국 정부는 공산화된 중국의 대두가 비록 마음에 들지는 않지만 또한 용인할 수도 있다고 생각했는데, 그 이유는

---

39) 첫 번째는 미국 군사고문단 파견을 요청한 것이고 두 번째는 3년 기한의 30억 달러의 원조 계획을 요청한 것인데, 장제스의 부인이 직접 제출했다.
40) 컬럼비아 대학교의 너대니얼 페퍼(Nathaniel Peffer) 교수.
41) *Foreign Relations of the United States, 1947*, Vol. VII, *The East: China* (Washington, D. C., 1972), p. 855.
42) *Ibid.*, p. 854.

중국인들이 미국의 안전을 수년 혹은 심지어 수십 년 동안 위협할 수 없었기 때문이다. 중재의 실패는 미국인들에게 다른 선택의 여지가 없이, 중국 정세의 현실을 받아들일 수밖에 없게 했다.

미국 정책에 대한 재평가

1940년대의 미국의 중국에 대한 정책은 반드시 미국의 전 세계 전략이라는 더욱 커다란 배경 속에서, 특히 미국이 동아시아와 태평양 지역을 대하는 태도에 근거하여 확인해야 한다. 비록 공개적인 장소에서는 중국과의 우의를 크게 외쳤지만, 미국 정책의 장기 목표는 이타주의 혹은 중국문화나 중국 인민들에 대한 감정에 연연해하는 기초 위에서 세워진 것이 아니라, 미국의 전후의 동아시아 전략과 경제이익에 대한 실제적인 고려 위에서 세워진 것이 분명하다.43)

미국 정부는 태평양과 동아시아 지역에서 새로운 세력 균형을 구축하고 미국은 그 속에서 지배적 지위를 점유하려고 했다. 그러나 전후 유럽이 전 세계의 주목의 핵심이었기 때문에 미국인은 최소한의 자원을 투입하여 그들의 동아시아에서의 목표를 달성하려고 했다. 이런 정책은 해당 지역의 한 대국과의 굳건한 동맹결성을 요구했다. 1944년, 코델 헐 국무장관은 중국이 "어떤 안배를 하든 중심적 위치를" 차지할 것이라고 추측했지만 그는 또한 중국이 대국이 될 수 있는 기회는 오직 절반만 있다고 생각했다.44) 헐 국무장관이 국무원에서 퇴직한 이후, 예전에 일본 주재 미국 대사를 맡은 적이 있으며 공개적으로 친일 감정을 가지고 있는 조지프 그루가 국무장관 서리를 맡았다. 그는 만약 중국이 미국의 전략 속에서 지정한 역할을 담당할 수 없음이 증명된다면 부흥하는 일본을 미국의 바람직한 선택 대상으로 간주하고 싶어했다.45) 1945년 봄, 해군부 장관인 제임스 포레스탈은 단도직입적으

---

43) *Ibid.*, p. 790.
44) Cordell Hull, *The Memoirs of Cordell Hull*(New York, 1948), pp. 1586-1587.

로 국방부 장관인 헨리 스팀슨에게 "극동에서의 러시아의 영향에 대한 우리의 정책은 무엇입니까? 우리는 이런 영향에 대항하는 균형추가 있기를 바라는 것 아닙니까? 이 균형추는 중국입니까, 일본입니까?" 하고 문의했다.46) 당시에는 어떤 결정도 내리지 않았지만, 근본적인 문제는 여전히 미국의 동아시아 정책결정자의 앞에 놓여 있었다. 즉, 만약 중국이 그들의 구상에 부합할 수 있다면 지원할 가치가 있고, 부합하지 않는다면 부흥하는 일본이 동아시아에서의 미국의 이익의 버팀목이 될 수 있다는 것이었다. 주로 이런 원인 때문에 트루먼 대통령은 1945년 7월, 포츠담 회담에서 일본은 미국이 점령해야 하고, 소련이나 기타 열강과 구역을 나누어 점령해서는 안 된다는 입장을 고수했다.47)

미국의 장기 목표는 중국에게 소련을 견제할 능력이 있도록 하고, 아울러 미국의 자본침투에 대해서 개방적이면서 상대적으로 강대하고 우호적인 나라로 발전하도록 중국을 촉진시키는 것이었다.48) 미국 정부는 공산당이 통치하는 중국이나 혹은 러시아의 침투를 초래할 허약한 중국이든 간에 모두 이런 목표들을 달성할 수 없을 것이라고 인식했다. 그래서 루스벨트 미국 대통령은 중국을 대국(大國)의 하나가 되도록 하겠다는 구상을 추진했고, 국무원 역시 민주적이고 진보적이고 협력적이며 통일된 중국을 육성하도록 도와주는 정책을 주창했다.49) 바로 국무원이 1945년에 지적한 것과 같이 이 목표는 부분적으로 다음과 같은 인식에 근거한 것이었는데, 즉 "중국이 미국의 상품과 자본을 위해서 거대한 시장을 제공할 것"이라는 인식이었다.50)

45) U. S. Congress, Senate, Committee on the Judiciary, Internal Security Subcommittee, Hearings, *Morgenthau Diary*(China), 89th Congress, First Session(Washington, D. C., 1965), p. 1394.
46) Walter Millis(ed.), *The Forrestal Diaries*(New York, 1951), p. 52.
47) Harry Truman, *Memoirs*, Vol. I, *Year of Decisions*(Garden City, 1955), pp. 551-552.
48) *Foreign Relations of the United States, 1945, The Conference at Malta and Yalta*(Washington, D. C., 1955), p. 353.
49) Charles Romanus and Riley Sunderland, *Times Runs Out in CBI*(Washington, D. C., 1959), p. 337.
50) John W. Dower, "Occupied Japan and che American Lake" in Edward Freeman and Mark Seldon(eds.), *America's Asia*(New York, 1969), p. 167.

사실상, 일찍이 1939년 재무부 관리는 후안무치(厚顔無恥)하게도 "중일전쟁은 미국인을 위해서 미래의 중국 무역에서의 입지를 굳힐 수 있는 매우 좋은 기회이며, 우리는 중국의 전후 재건사업의 많은 부분을 취득할 것이고……평화로운 상태이며 아울러 부흥하는 중앙정부가 통치하는 중국은 장차 미래의 미국 상품과 기업의 아주 좋은 시장이 될 것이다"라고 공언했다.[51]

바로 이런 이유에서 미국은 국민정부에게 무기대여 물자, "화폐안정" 차관과 기타 형식의 군사 및 경제차관을 제공했다. 중국 정부는 이런 차관들을 중국의 "패배주의자들"이 배신을 하여 일본에 항복하는 것을 저지하고, 중국이 전쟁에 힘쓰도록 격려하는 일종의 수단으로 삼았는데, 이렇게 함으로써 상당수의 일본군이 다른 지역으로 이동하여 미국인과 싸울 수 없도록 대륙에 단단히 묶어둘 수 있었다.

미국 정부의 중국의 군사능력에 대한 종래의 평가는 높지 않았지만 오직 전쟁의 초기만은 예외였는데, 그 당시 중국은 독자적으로 일본의 공격에 저항하여 반격했으나 연합국은 일본군에 연거푸 패전했다. 1943년 연말, 미국 합동 참모본부는 중국의 능력을 평가하면서 "우리는 현재 기껏해야 5분의 1을 넘지 않는 중국 군대만이 방어성 전투를 할 능력이 있고, 게다가 오직 (미국의) 공중지원이 있어야만 비로소 전투를 할 수 있다고 느꼈다"[52]고 결론을 내렸다. 그밖에도 재무부 장관인 헨리 모건소는 중국의 금융을 책임을 지고 있는 관리들은 모두 한 무리의 도적이라고 평가했고, 트루먼도 이후에 국민당 지도자들을 "탐관오리"라고 표현했다.[53] 태평양 전쟁 초기에 펜타곤은 중국을 미군이 일본 열도에 공격을 개시할 부대의 집결 지역으로 삼을 것을 진지하게 고려했다. 그러나 뒤이어 이 전략에 대한 의문이 제기되었으며 1943년 11월 카이로 회담에서 거부되었다. 합동 참모본부 의장인 조지

---

51) *Morgenthau Diary*, p. 7.
52) *Foreign Relations of the United States, The Conference at Cairo and Teheran, 1943* (Washington, D. C., 1961), p. 242.
53) *Morgenthau Diary*, p. 133; Joyce Kolko and Gabriel Kolko, *The Limits of Power*(New York, 1972), pp. 554-555.

마셜은 1944년 스틸웰에게 중국-버마-인도 작전구역의 역할은 일본 군대를 미군의 중남 태평양 전장으로부터 분산시키고 철수시키는 것으로, "비록 아시아 대륙에서의 일본과의 결전을 통하여 일본을 격파시키는 목표를 달성할 수 있지만 우리는 결코 그런 방법으로 일본을 패배시킬 생각은 없다"고 명확히 알려주었다.54) 미국은 중국에서 일본군과 지상전을 전개하는 것을 피하려고 한 것이 분명하다. 그렇게 하면 승리의 대가가 물적 자원으로 측정되는 것이 아니라 인력으로 측정되기 때문이었다. 바로 이런 바람은 전쟁기간 중 미국의 동아시아 정치와 군사의 전략에서의 매우 중요한 제약요소를 이루고 있었고, 그것은 또한 미국이 중국 공산당과의 연계를 발전시키려고 노력하고 러시아에는 대일본 전쟁에 참여하도록 요청하려고 힘쓴 원인이기도 했다. 그밖에, 미국인은 또한 장제스가 정식으로 그와 공산당과의 내전에 미군을 끌어들이려고 시도한다고 의식했다. 헨리 스팀슨은 "이 일은 나를 때려죽인다고 해도 결코 하지 않기로 결심했다"고 선언했다.55)

중국의 분쟁에 말려드는 것에 대한 두려움이 미국에 국공 간의 분쟁에서 정치상의 분쟁을 가라앉히는 중재의 책략을 채택하도록 촉구한 것이었다. 이와 동시에 미국 정부는 개혁을 통하여 공산당을 분쇄하기 위해서 장제스에게 그의 정부를 혁신하도록 강렬하게 촉구했다. 그러나 장제스는 건의사항에 귀를 기울이지 않았을 뿐만 아니라 또한 공산당이 제기한 조건을 받아들여 정치상의 분쟁을 해결하는 것을 거부했다. 중국에 주재하고 있는 미국의 옵서버들은 매우 현실적으로 미국 정부에게 군사적인 수단으로 중국 내부의 심각한 문제를 해결하면 장차 거대한 충격이 발생할 것이고 국민정부가 이 충격을 감당할 수 없다고 경고했다. 국무원 외교관 존. P. 데이비스와 존 S. 서비스는 "중국의 운명은 장제스가 아니라 공산당이 장악하고 있다고 믿는다"고 대담하게 공언했다. 1945년 4월, 국무원은 트루먼에게 미국이 계

---

54) Charles Romanus and Riley Sunderland, *Stilwell's Command Problems*(Washington D. C., 1956), pp. 363-364.

55) Gabriel Kolko, *The Politics of War: The World and United States Foreign Policy, 1943-1945*(New York, 1968), p. 535에서 인용.

속해서 장제스를 지원하도록 건의했는데, 그 이유는 "그가 여전히 통일 중국을 대표하고 있고 중국의 전란을 막을 수 있는 가장 훌륭한 희망이기" 때문이며, 그러나 "현 정부의 권위가 붕괴될 가능성이 있다면", 중국에서의 미국의 장기적인 이익은 "기타 더욱 전도가 유망한 어떤 지도층과도 협력하는 융통성을 유지하도록" 요구한다고 했다.56) 6월에 국무원은 정책보고서에서 중국 통일의 보증을 건의할 때 국민당이나 장제스에 대해서 조금도 언급하지 않고 단지 "하나의 강력하고 안정된 정부", "각국의 중국에서의 공업과 상업의 기회균등원칙을 보호할 정부"가 있기를 희망한다고만 했다.57) 1947년 초, 마셜을 소환한 이후 미국 정부는 장제스와 국민당에 대한 희망을 완전히 포기했다. 유럽은 미국이 가장 중요하게 고려하는 지역이었고, 또한 미국이 장차 그들의 주요 인력과 재력을 투입시킬 지역이었기 때문이다. 중국은 미국의 전 세계 원조 순서표에서 기껏해야 단지 세 번째 위치를 차지할 뿐이었다. 사실상, 1947년 5월에 이르러 합동 참모본부는 이미 "중국을 마땅히 원조해야 하는 국가의 순서표에서 상당히 낮은 위치"에 놓았다.58) 1947년 하반기에 미국은 이미 일본을 동아시아에서의 미국의 세력 구축을 위한 중요한 기지로 재건하기로 결정했다. 미국의 각도에서 볼 때, 일본을 재건하는 것이 중국에서 간여하면서 투입해야 하는 자원보다 훨씬 더 적을 뿐만 아니라 성공의 가능성이 더욱 높아보였다. 이렇게 하여 일본이 중국의 자리를 대신하여 동아시아와 태평양 지역에서의 미국의 이익의 초석이 되었다.

미국의 중국에서의 중재는 국공 양당 중에서 어느 한편의 호감도 얻지 못했다. 국민당은 미국 정부가 그들의 적수를 타파할 가장 좋은 시기를 훼손시켰다고 질책했고, 공산당은 미국이 표면상으로는 중재자인 척하면서 실제로는 국민당을 지원했다고 비난했다.

장제스는 군사적인 수단을 이용하여 중국의 정치적인 문제의 해결을 추구

---

56) Harry S. Truman, *Memoirs*, Vol. I, pp. 102-103.
57) *Foreign Relations of the United States, The Conference of Berlin(The Potsdam Conference), 1945*(Washington, D. C., 1960), I, p. 858.
58) *Foreign Relations of the United States, 1947, op. cit.* Vol. VII, pp. 853-854.

했기 때문에 동아시아에서 미국을 위한 이익의 버팀목이 될 기회를 상실했다. 그는 미국인이 그에게 건의했던 것처럼 개혁을 통해서 현재의 지위를 견고히 하고 공산당에게 타격을 주는 일에 실패했으며, 반대로 그는 전쟁 이후 중국의 취약한 사회구조를 와해시키는 전략을 채택함으로써 공산당이 승리를 가져가도록 대문을 활짝 열어놓았다. 장제스는 공산당이 그의 계승자가 되는 것을 미국인이 용인할 리 없다고 생각했지만, 미국의 정책 속에는 미국이 아무리 감당하기 어려운 대가를 치른다고 하더라도 그의 정권을 포기할 리 없다고 그에게 분명하게 믿도록 할 어떤 시사도 없었다.

중국에서의 미국의 모험은 국민정부를 이용하여 미국의 동아시아에서의 이익을 지키는 목표를 달성하지 못했을 뿐만 아니라 공산당과도 소원해지게 했다. 미국은 전후 세계에서의 중국 공산당의 역량을 정확하게 평가할 능력이 없었고, 또한 그들과 원만한 관계를 수립하여 그들의 소련에 대한 의존을 약화시키지도 못했다. 이것은 일종의 판단 오류와 중국에서의 기회 상실을 반영하는 것이었다.[59] 요컨대, 미국의 실패 원인은 미국이 자기의 목표와 중국의 현상(現狀) 간의 차이를 뛰어넘을 능력이 없었던 것에 있었다.

국민정부 실패의 원인

국민당 정부가 중국 대륙에서 붕괴된 이 중요한 사건의 원인을 평가하는 것은 역사학자들의 미룰 수 없는 책임이다. 사람의 가치는 관 뚜껑을 덮고 나서야 아는 것처럼, 국민정부가 대륙에서 붕괴한 원인을 정확히 분석하는 것은 어쩌면 시기상조로서 아직도 기록자료의 더욱 철저한 개방을 기다려야 할는지도 모른다. 그러나 우리가 지나친 단순화의 위험을 무릅쓰고 약간의 시험적인 해명을 해보는 것은 가능할 수도 있을 것이다. 국민당 정부가 와해된 가장 중요한 직접적인 원인은 8년간에 걸친 항일 전쟁으로, 이 전쟁은

59) Joseph W. Esherick(ed), *Lost Chance in China: The World War II Dispatches of John S. Service*(New York, 1974).

군사적, 재정적, 정신적 면에서 국민당 정부의 원기를 철저히 소진시켰다. 만약 항일 전쟁이 없었다면 중국의 정세는 아마도 완전히 달랐을 것이다. 그 때문에 앞 장에서 이미 논의했던 항일 전쟁의 많은 재앙을 초래한 영향은 이후에도 계속해서 국공 투쟁 중 국민당 정부를 괴롭혔다. 국민당 정부가 항일 전쟁에서 승리를 거두고 지불한 대가는 결국 정권의 붕괴를 초래한 첫 번째 원인이었다.

유명무실한 군사력 비록 항일 전쟁을 겪은 국민정부의 군대는 장비와 훈련 면에서 이전 어느 때보다 우수했지만, 완전히 지쳐버린 군대였다. 이 군대는 항일 전쟁 최후의 단계에서 이미 지쳐버린 기미를 보였고, 오직 민족주의와 애국주의 그리고 연합군이 장차 승리할 것이라는 기대에 의지해서 억지로 지탱되고 있었다. 일본의 항복은 이 군대에게 일종의 해탈감과 사명을 완성했다는 감정을 가져다주었으며, 그들은 전쟁이 끝난 이후 세상이 평안해지기를 기대하고 있었다. 그들에게 다시 내전을 벌인다는 생각은 정말 지극히 혐오스러운 일이었다. 그들은 비록 명령에 따라서 전투를 했지만 사기가 매우 떨어져 있었고, 체력도 매우 쇠약해져 있었다. 그들이 1947년 중반 이전에 신뢰할 만한 전투력을 발휘한 것은 단지 마지막으로 붕괴 전의 전력을 다한 최후의 분투를 보여준 것뿐이었다.

이와 반대로, 공산당은 항일 전쟁 기간에 대대적으로 군사력을 확충했다. 항일 전쟁의 종결은 바로 그들이 인정을 받는 순간이었으며, 그들은 이제 원기가 왕성하고, 투지가 드높고, 앞날에 대한 자신감이 충만해 있었다. 이 데올로기는 논하지 않더라도, 국공 양군의 투지 면에서의 차이 역시 국공 대결의 결과에 영향을 미쳤다.

전쟁에 대한 혐오의 문제 이외에 국민정부 군대의 전략도 개선해야 할 부분이 많았다. 장제스는 본래 병력을 집중하여 만리장성 이남의 지역을 지킬 수 있었지만, 그는 미국의 건의를 듣지 않고 대규모 병력을 만주로 파병하여 결국 그중 47만 명의 군인이 참혹하게 학살되거나 포로가 되게 했다. 옌안을

점령하고 도주하는 중공의 지도자를 전략적 의의가 별로 중요하지 않은 서북 지역까지 추격하여 섬멸하는 것은 실패할 운명의 정책결정으로서, 이로 인해서 또 40만의 군대를 소모했다. 회해 전투와 핑진 전투는 부적절한 지휘로 인해서 다시 한번 돌이킬 수 없는 병력 손실을 야기했다. 1948년 9월부터 1949년 1월 사이의 짧은 기간 내에 국민정부는 100만여 명의 군대를 잃었다. 정부군의 사기는 거의 완전히 사라졌고 남은 부대는 더 이상 싸울 힘이 없었다.

인플레이션과 경제붕괴 급격히 상승하는 인플레이션은 전쟁에 대한 혐오와 전략상의 잘못보다 더욱 큰 재앙을 가져다주었다. 이것은 항일 전쟁 시기에 이미 매우 심각했으며 전후에는 완전히 통제가 불가능한 상태에 이르렀다. 이런 인플레이션의 가장 중요한 원인은 지폐 발행의 남발이었는데, 유통화폐는 1937년 1월의 13억 위안에서 1948년 연말에는 245,589,990억 위안으로 미친 듯이 상승했고, 그 결과 1945-1948년 사이에 물가는 매월 30퍼센트 이상의 폭으로 상승했다. 오직 1948년 8월에서 1949년 4월 사이에만, 지폐는 4,524배 증가했는데, 상하이의 물가지수는 천문학적 숫자와 같은 13만 5,742배로 높아졌다. 인플레이션과 재정상의 실책은 수천 수백만 중국인의 생계를 무너뜨렸으며 정부의 신용을 철저히 손상시켰다. 인민대중들은 국민당 정부의 통치를 반대했을 뿐만 아니라 심지어 또 정권이 바뀌기를 기대했는데, 이것은 조금도 이상한 것이 아니었다.

민심과 정부위신의 상실 급격한 인플레이션과 재정과실을 초래한 것 이외에도 전후 일본 점령지역으로 되돌아온 국민정부 관리들의 혐오스러운 행위는 또한 국민당 정부의 위신에 영구적인 손상을 입혔다. 그들은 정복자의 모습으로 돌아와서 피점령지역의 민중들을 마치 그들이 모두 일찍이 매국노와 반역자였다는 듯이 경멸적으로 대했다. 이 관리들은 단지 사리추구와 적산(敵産)을 접수하는 것에만 관심이 있었으며, 일본군 점령 시기에 그토록 많

은 고난을 겪었던 민중들의 고통은 상관하지도 않았다. 그들은 당당하게 인민들과 이익을 다투었으며 이익이 많이 생기는 상품과 재산을 독점했고, 공공연히 구제 물품을 경매하여 중간에서 사복을 채웠다. 가장 나빴던 것은 그들은 억지로 200 대 1의 비율로 화남과 화중 지역에서의 일본 괴뢰정권의 화폐를 법정지폐(국민당 정부가 발행한 법정지폐)로 환전해준 것인데, 비교적 적당한 환전율은 이 비율의 절반이어야 했다.[60] 민중들의 예금과 현금 저축은 이렇게 하여 급감했고, 그들의 직접적인 반응은 심한 증오심이었다. 그 이유는 특히 수년 전 괴뢰정권이 2 대 1의 비율로 강제로 그들 수중의 법정지폐를 괴뢰정권의 화폐로 환전했기 때문이었다. 이 두 차례에 걸친 환전은 결국 400배의 비율로써 인민들이 저축해둔 현금을 휴지 조각으로 만들어버렸다. 피점령지역의 인민들은 8년을 기다리면서 국민정부 통치의 복귀를 간절히 바랐지만, 이렇게 잔혹한 착취와 멸시적인 대우를 받음으로써 그들은 일본인 통치 아래에서의 생활이 훨씬 더 좋지 않았겠냐는 상상을 했다. 국민정부 관리들의 부당한 행위가 초래한 최종 결과는 수천 수백만의 고통받는 인민들을 멀어지게 했다.

미국의 중재와 원조의 실패 만약 미국이 항일 전쟁 시기에 또다른 방침을 따랐다면 전후 중국의 사태는 아마도 다른 방향으로 발전했을 것이다. 우선 만약 전쟁 초기 4년, 즉 1937-1941년에 미국의 중국에 대한 원조의 강도가 조금 더 컸다면 아마도 국민정부의 재정을 강화시켜 비교적 이른 시기에 인플레이션의 정도를 억제할 수 있었을 것이다. 만약 사태를 미연에 방지할 수 있었더라면, 이후의 통제 불능 상태는 아마도 애초에 일어나지 않았을 것이고, 그랬다면 최후의 경제붕괴를 면할 수 있었을 것이다. 그다음으로 만약 미국이 중국 대륙을 통해서 일본을 공격하는 초기의 전략을 고수했더라면, 미국 병사들이 중국 연해의 성에 상륙하여 일본군으로부터 영토를 빼앗고 다시 수복

---

60) Shun-hsin Chou, p. 24.

한 영토를 국민정부에게 넘겨주었을 것이다. 그러나 이 계획은 취소되었는데, 그 이유는 1943-1944년 사이에 연합군의 전략에 변화가 생겨 완전히 중국을 우회하여 태평양으로부터 일본을 공격하도록 했기 때문이다. 이 정책결정으로 인해서 국민정부하의 중국은 일종의 전략상 그다지 중요하지 않은 위치에 두어졌으며, 전쟁이 갑자기 종결되었을 때 국민정부는 예기치 않게 닥쳐온 평화의 결과에 대해서 적시에 적절하게 대응하지 못했다.

이런 발생 가능한 것에 대한 경제적, 군사적 고려 이외에도 미국은 적어도 세 번의 외교를 통해서 중국에 대한 결정적인 영향을 발휘할 기회를 잃었다. 첫째, 만약 헐리가 1945년 8월에서 10월 사이에 마오쩌둥이 충칭을 방문한 기간에 더욱 적극적인 영향력을 발휘했다면 그는 어쩌면 장제스가 마오쩌둥이 제시한 "임시협정"을 받아들이도록 설득할 수 있었을 것이고, 따라서 내전의 직접적 발발을 면할 수 있었을는지도 모른다. 이 대단히 좋은 기회는 전혀 관심을 받지 못한 채로 포기되었다. 둘째, 마셜이 더욱 강력하게 국민정부와 장제스에게 정치협상회의의 결정을 준수하라고 압박했다면 전쟁이 제지될 수 있었을지도 모른다. 셋째, 1948년 봄에 국민정부가 궤멸 상태에 처했을 때, 미국은 또 마지막으로 한번의 군사적인 간섭을 할 기회가 있었는데, 그러나 미국은 이렇게 하는 것을 선택하지 않았다. 돌이켜보면, 미국은 실책으로 인하여 이 모든 기회들을 잃어버린 것 같다.

사회개혁과 경제개혁의 지체 위에서 서술한 이런 직접적인 원인이 국민당의 붕괴를 초래한 것 이외에도, 하나의 더욱 기본적인 원인은 당시 매우 필요했던 사회개혁과 경제개혁의 지속적인 지체였다. 개혁을 소홀히 한 부분적인 원인은 아마도 국민정부가 통제할 방법이 없었던 종합적인 환경에 의해서 빚어진 결과일 것이다. 국민정부는 당초부터 "신(新)군벌"과 파벌정객의 도전을 받았으며, 일본의 침략과 공산당 봉기의 위협이 날로 심각해져 골머리를 앓던 시기에, 국민정부는 아직도 신군벌과 파벌의 문제를 해결하지 못했다. 국민정부는 그들이 동원할 수 있는 모든 역량과 자원과 기교를 동원하여

한차례의 일본과의 전쟁을 피하고 공산당에 대해서 5번에 걸친 포위토벌을 개시했다. 국민정부는 경제상의 공평과 사회개혁 등의 문제에 대처할 시간이나 의향이 별로 없었다. 이런 문제들은 비록 매우 근본적인 것이지만, 결코 그다지 긴박하지 않은 것 같았다. 민생주의 원칙인 자본의 절제와 균등한 토지소유권은 여태껏 실현되지 못했으며 지세(소작료)를 연간 생산량의 37.5퍼센트로 감소한다는 비교적 온화한 규정조차도 이행된 적이 없었다. 쑨원의 "경작하는 자가 토지를 소유한다"는 이상은 단지 거울 속의 꽃과 물 속의 달과 같은 비현실적이고 허황된 꿈일 뿐이었다. 항일 전쟁이 발발하자, 군사(軍事)가 가장 우선적인 지위를 차지했으며, 이는 장기간 지체되었던 사회혁명을 한층 더 부속적인 지위로 낮추었다.

　비록 이런 되돌리기 어려운 주위 환경들이 있었지만, 확실하게 말할 수 있는 것은 국민정부 자체에도 사회와 경제의 개혁의 제창에 필요한 동기가 부족했다는 것이다. 난징 정부는 내륙에서 멀리 떨어진 연해 지역을 근본으로 삼고 세관관세와 도시 상세(商稅)로 생계를 유지했기 때문에 농촌문제에 대해서는 관심이 별로 없었다. 국민정부는 농민을 이해하지 못했고 농민의 문제를 해결할 절박함을 인식하지도 못했으며 농민의 고통에 대해서도 전혀 관심이 없었다. 얄궂은 것은, 정신노동을 하는 자와 육체노동을 하는 자를 구분하는 것에 관한 유가의 학설의 영향 아래에서 계속해서 생활해온 국민정부의 관리들은 농민을 활력 없는 대수롭지 않은 존재로 경시함으로써 농민대중의 혁명능력을 보지 못했고, 이 때문에 그들을 조직하려고 시도한 적도 없었다는 것이다. 바로 이 경시당하는 영역에서 마오쩌둥의 천재성이 최고도로, 그리고 가장 성공적으로 발휘되었다. 집을 짓는 자가 버린 하나의 돌이 다른 집의 기둥과 주춧돌로 변해버린 것이다.

26

중화인민공화국 : 제1차 10년

전국을 거의 완전히 정복함에 따라서, 마오쩌둥은 1949년 9월 12일 중국 인민 정치협상회의를 개최하여 새로운 정부를 수립할 준비를 했다. 정치협상회의는 12일 동안 거행되어, "중앙인민정부 조직법 초안(中央人民政府組織法草案)"과 "공동강령(共同綱領)"을 통과시켰다. "공동강령"은 기본적으로 국가의 목표에 관한 선언이었다. 또한 이 회의는 국기(國旗)를 확정했는데, 붉은색을 바탕색으로 하고 좌측 위쪽 모서리에는 노란 색의 오각별이 1개, 그 주변에는 4개의 작은 별이 박혀 있다. 큰 별은 중국 공산당의 지도를 상징하고, 4개의 작은 별은 노동자, 농민, 소부르주아 계급 및 민족 부르주아 계급 등 4개 계급의 연맹을 나타낸다. 10월 1일, 베이징으로 개명한 베이핑을 수도로 하는 중화인민공화국이 정식으로 수립되어 하루가 지난 후에 소련의 승인을 받았으며, 기타 몇몇 공산국가들도 아주 신속히 승인의 의사를 잇따라 표시했다.[1] 신(新)중국을 승인한 비(非)공산국가로는 인도, 버마, 파키스탄, 실론(스리랑카의 옛 명칭), 영국, 프랑스가 있었다.[2] 그러나 미국은 1979

---

[1] 1949년 10월 3일 불가리아와 루마니아, 10월 4일 체코슬로바키아, 폴란드, 헝가리, 유고슬라비아, 10월 27일 동독, 11월 23일 알바니아가 승인했다.

[2] 1968년에는 51개 국가가 중화인민공화국을 승인했고 국민정부를 승인한 국가는 65개국이었다. 그러나 1974년 10월에 이르면 80여 개 국가가 중화인민공화국을 승인했으며 이에 비해서 겨우 32개국이 타이완의 중화민국과 외교관계를 유지하고 있었다. 1988년에는 150개국이 중화인민공화국을 승인하고 있었으며 약 23개의 국가가 타이완의 국민정부를 승인하고 있었다.

년 1월 1일 전까지 줄곧 중화인민공화국 정부를 승인하지 않았다.

신중국 정부의 이론과 실천은, 대부분이 마오쩌둥이 『신민주주의론』과 옌안 정풍운동(整風運動) 중에 나타낸 이론을 구현한 것이었다. 1940년에 집필된 『신민주주의론』은 중요한 이론저작으로서, 마르크스-레닌주의를 중국의 실제 형세에 창조적으로 적용하여 중국을 반식민지에서 사회주의로 전환하도록 이끌었을 뿐만 아니라 경제구조를 국영경제, 농업경제, 사영경제의 세 부분으로 구성할 것을 제의했다. 국영경제는 정부가 대공업(大工業 : 대규모 공업), 대광업(大鑛業 : 대규모 광업), 대상업(大商業 : 대규모 상업), 공공시설을 통제하고, 농업경제는 개별 농가가 집단농장으로 발전하는 것이며, 사영경제는 중소자본가가 허가를 얻어 영업하는 것이다. 이 세 가지 중에서 국영부문이 지도적 지위를 맡아서 가능한 한 경쟁을 해소하기 위해서 사영부문보다 더욱 빠른 속도로 생산발전을 쟁취하기 위해서 노력하고, 그 이외에 기타 부문이 사회주의를 지향하도록 지도하는 책임을 지는 것이다. 정치조직면에서, 이 저작은 "민주집중제(民主集中制)" 원칙과 프롤레타리아 계급 및 그 정당인 중국 공산당의 지도하에서의 4개 계급의 공존을 제기했다. 외국문화의 유용한 요소를 선택적으로 받아들이는 것은 가능하지만 신민주주의의 문화는 마땅히 민족적이고 제국주의에 반대하는 문화여야 하며, 중화민족의 존엄과 독립을 지킬 수 있어야 한다는 것이다. "그것은 우리 민족의 것이고, 우리 민족의 특성을 가지고 있다."[3]

마오쩌둥의 옌안 시기의 두 번째의 이론상의 공헌은 1942년의 정풍운동이었는데, 이 운동은 다음과 같은 것을 반대하는 데에 사용되었다. (1) 주관주의와 바르지 못한 풍조, (2) 당내의 종파주의 (3) 당 팔고(공산당 내부에서 성행한 일종의 문풍으로 내용은 없고 격식화된 글이나 보고/역주)이다. 이 운동의 목적은 당원들에게 마르크스-레닌주의, 마오쩌둥 사상과 당의 노선에 대한 정확한 이해를 주입시켜서 그들이 "우경(右傾)"과 "좌경(左傾)"의 잘

---

3) 毛澤東, 제2권, pp. 655-704.

못을 범하는 것을 피하도록 하는 것이었다. 이 투쟁은 원칙에 대한 투쟁이었지, 사람에 대한 투쟁은 아니었으며, 그 목적은 교육, 사상개혁, 잘못의 인식을 통해서 잘못을 범한 동지를 바른 길로 되돌려놓는 것이었다.4) 중국 공산당은 이런 일종의 사상교정 운동을 통해서, 소련 특유의 끊임없는 당내 투쟁의 잘못을 다시 범하는 것을 피하기를 희망했다.

정치조직

1949년의 "조직법 초안"에서는, 중화인민공화국은 소련과 같은 "프롤레타리아 계급 독재정치"가 아닌, 중국 공산당이 지도하며 4개 계급연맹을 기초로 하는 일종의 "인민민주 독재정치[人民民主專政]"라고 명확하게 규정했다. 4개 계급의 공존은 중공 정권에게 "민주"의 성격을 부여했지만 반혁명분자에 대한 강경하고 단호한 태도는 "독재"의 특성을 부여했다. 새 정부가 준수하는 하나의 주요한 원칙은 "민주집중제"로서, 이 제도는 각급 정부가 보통선거의 기구를 가지도록 규정했다. 각급 인민대표대회는 그들 자신의 대표관원을 선출하여 상급기관에 비준해줄 것을 상신한다. 이 과정에서의 "선출" 부분은 "민주적"이지만, 상급기관에 대한 복종은 "집중제"를 나타낸다. 이 어휘는 정책결정 논의 중에는 하고 싶은 말을 마음 내키는 대로 할 수 있지만 일단 결정을 내리면 개인의 원래의 입장이 어떻든 간에 한 치도 어김없이 절대복종해야 함을 의미하는 것으로 확대 해석할 수 있는 것이었다. 신민주주의 시기는 사회주의 개조계획이 전개된 1953년까지 지속되었다. 1956년에 이르러서는 사회주의 건설의 새로운 시기가 시작되었다. 이 세 단계는 어느 정도 중국 공산주의의 발전과정을 나타내준다.5)

---

4) 毛澤東, 제3권, pp. 813-830.
5) Charlmers Johnson, "The Two Chinese Revolutions", *The China Quarterly*(July-Sept, 1969), 39 : 17.

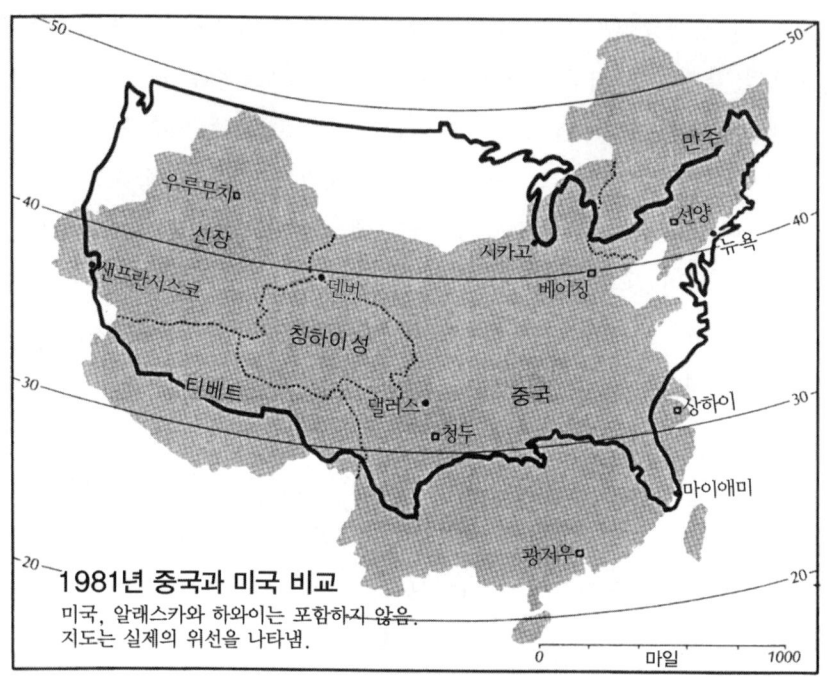

1981년 중국과 미국 비교
미국, 알래스카와 하와이는 포함하지 않음.
지도는 실제의 위선을 나타냄.

0　　　　마일　　　　1000

정부조직 "조직법 초안"에 따라서, 신중국의 최고기구는 중앙인민 정부위원회로서, 행정과 입법과 사법의 직무를 수행했다. 매월 두 번의 회의를 개최하고, 국가의 중대한 정책을 심사했다. 위원회 성원은 주석(마오쩌둥), 6명의 부주석과 또다른 56명의 중국 인민 정치협상회의가 선출한 위원으로 구성되었다. 위원회의 폐회 기간에는 권력이 국가정무원에 넘겨졌으며, 정무원의 20여 명의 위원들은 내각과 유사한 소집단을 구성하여 정부위원회에 대해서 책임을 지지만 위원회 폐회 기간에는 국가주석인 마오쩌둥에 대해서 책임을 졌다. 국가정무원은 총리 저우언라이와 부총리 몇 사람을 수반으로 하고 산하에 4개의 위원회를 두었는데, 정법, 재경, 문교, 인민 감독위원회이다. 모든 위원회는 각각 일정 수의 부(部), 위(委), 국(局)을 거느리는데, 모두 합하여 30개가 있었다. 정무원과 동급인 기관은 최고인민법원과 총검찰서(總檢察署)였다.

중앙정부 밑에 있지만, 성급(省級) 기구보다 더 높은 것은 6개의 매우 독

특한 대(大)행정구6)로서, 각각의 행정구마다 수 개의 성을 관할했다. 이런 중개적 성격을 띤 기구를 설치한 목적은 아마도 중앙정부가 각 성에 대한 통제를 공고히 하는 것을 도와주기 위함이었을 것이지만, 이후에 나타난 것과 같이 이 기구들은 차츰 중앙권력을 손상시키는 분열의 경향을 드러내기 시작했다. 그리하여 이 기구들은 1953년에 폐지되고 정부기구는 전통적인 중앙, 성과 현(縣)의 3급 행정체제로 회복되었다. "조직법 초안"은 5년 동안 시행되었으며 그 기간에 헌법을 기초하는 조치를 취했다. 1953년에는 인구조사를 실시했고, 선거법을 공포하여 지주와 반혁명분자 이외의 만 18세의 모든 공민에게 투표권을 부여했다. 1954년 초에 선거를 실시했는데, 촌(村)과 향(鄕)의 인민대표대회는 현 인민대표를 선출했고 뒤이어 현 인민대표대회는 성 인민대표를 선출하고, 성 인민대표대회는 다시 전국인민대표를 선출했다. 전국인민대표대회는 9월 15일부터 28일까지 거행되어, 4장 106조로 구성된 신헌법을 통과시켰다. 제1장은 "민주집중제" 원칙과 4개 계급의 연맹을 거듭 천명했고, 국영, 공동경영, 개인, 자본가 등의 4종 소유제를 명확히 인정했다. 제2장은 정부기구를 규정했는데, 대행정구 제도를 의도적으로 폐지했다. 제3장은 일반적인 공민의 권리를 규정했지만 특히 정부가 "모든 매국노와 반혁명분자 처벌"의 권리를 가지고 있다고 규정했는데, 이렇게 됨으로써 불행히도 정부와 대립하는 사람들에 대한 법률적 보호를 박탈해버렸다. 제4장은 베이징을 수도로 확정했고 국기를 규정했다(앞에서 서술한 내용).

이 헌법에 따르면, 국가의 최고권력기구는 전국인민대표대회이고, 대회는 매년 개회되어 중대한 정책결정을 심의하고 정부 최고관리를 선출해야 했다. 국가주석(마오쩌둥)의 권력은 이전보다 훨씬 더 커졌는데, 그 이유는 원래의 6명의 부주석이 1명(주더)으로 줄어들었기 때문이다. 기타 중요한 중앙기구로는 국무원, 국방부, 최고인민법원과 최고인민검찰원이 있다. 중앙정부 산하에는 성과 현의 행정기구를 설립하도록 되어 있었다.

---

6) 동북(東北), 화북(華北), 화동(華東), 중남(中南), 서북(西北), 서남(西南).

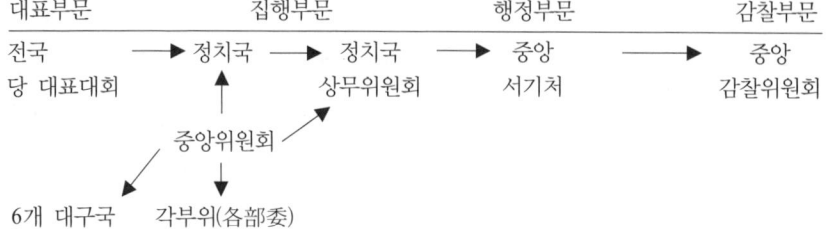

대표부문　　　　　집행부문　　　　　　행정부문　　　　　감찰부문

전국　　　　➡️　정치국　➡️　정치국　　➡️　중앙　　　➡️　중앙
당 대표대회　　　　　　　　상무위원회　　　서기처　　　　감찰위원회
　　　　　　　　　⬆️
　　　　　　중앙위원회 ⬈
　　　　　　⬋　　⬇️
6개 대구국　각부위(各部委)

정당 가장 주요한 정당은 물론 중국 공산당으로, 이 당은 1949년에는 450만 명의 당원을 보유하고 있었고, 1961년에는 1,700만 명의 당원, 1988년에는 4,600만 명의 당원을 보유하고 있었다. 중국 공산당은 대표, 집행, 행정, 감독이라는 4개의 방법을 통해서 조직되었다. 1956년의 당헌(黨憲)에 따르면, 대표부문의 최고기관은 당의 전국대표대회로서 매년 한 번 개최되고, 대회 대표는 선거를 통해서 선출하고 임기는 5년이다. 집행부문에는 권력이 막대한 중앙위원회가 있고,[7] 역시 5년에 한 번 선거를 통해서 선출하며 그 수뇌는 주석 1명과 부주석 4명이었는데, 1958년에 또 1명의 부주석 직위를 증설했다. 중앙위원회는 매년 2번 개최되고 폐회 기간에는 권력을 정치국[8]에 위임하며, 정치국에는 상무위원회가 설치되어 있으며 중국에서 권력이 가장 큰 7명으로 구성된다. 문화대혁명 이전에 이 7명은 중앙위원회 주석(마오쩌둥)과 5명의 부주석(류사오치[劉少奇], 저우언라이, 주더, 천윈[陳雲]과 린뱌오)과 당의 총서기(덩샤오핑[鄧小平])[9]였다. 중앙위원회에는 6개 대구국(大區局)과 조직부, 선전부와 사회부 등과 같은 몇몇 부 및 위원회가 설치되었다. 당의 행정부문에는 중앙서기가 있고, 감찰부문에는 중앙감찰위원회가 있다. 위의 표는 중국 공산당 조직구조 일람표이다.

주의할 만한 현상은 당과 정부가 밀접하게 결합되어 있고, 핵심당원이 정

---

7) 1956년의 중앙위원회 위원은 97명의 정식위원과 73명의 후보위원이 있었고, 1969년에는 각각 1,708명과 109명으로 증가했으며 1973년에는 195명과 124명으로 증가했다.
8) 1956년에는 정치국 위원은 17명의 정식위원과 7명의 후보위원이 있었고, 1969년과 1973년에는 각각 21명의 정식위원과 4명의 후보위원이 있었다.
9) Franz Schurmann, *Ideology and Organization in Communist China* (Berkeley, 1966), pp. 143, 146.

부 및 노조, 농업합작사와 민중단체 등 반관방조직(半官方組織)에서 중요 직위를 차지한 것이었다. 마오쩌둥은 1949년에 중국 공산당 중앙위원회 주석, 정치국 주석, 중앙서기처 서기, 중화인민공화국 주석, 혁명군사위원회 주석, 전국인민대표대회 주석을 맡았다. 그러나 1956년 중국 공산당 개조 이후, 그는 중앙서기처 서기 직위를 사직했고, 1959년에는 또 중화인민공화국 주석 직위를 사임했다. 그후에 그 자리를 류사오치가 맡음으로써, 류사오치는 중국 공산당 중앙위원회 제1부주석을 겸임했다. 1966년에 류사오치가 타도된 이후 국가주석의 직위는 줄곧 공석으로 남아 있다가, 1983년에 이르러 이셴니엔(李先念)이 국가주석으로 당선되었다.

중화인민공화국은 "프롤레타리아 계급독재"가 아니라 "인민민주 독재"를 실시했기 때문에 일부 민주당파의 존재를 허용했다. 가장 중요한 민주당파로는 다음과 같은 것이 있다. (1) 중국 국민당 혁명위원회(민혁) : 이 위원회는 국민당 좌파 당원으로 구성되었는데, 이들은 대륙에 남을 것을 선택하여 타이완의 국민정부에 가담하지 않았다. (2) 중국 민주동맹(민맹) : 이 조직은 국공투쟁 기간에 시종 공산당을 지지했다. (3) 제3당 : 이 당은 일찍이 국민당과 공산당의 화해를 서둘러 성사시키려고 노력했지만 성공을 거두지 못했다. (4) 치공당(致共黨) : 치공당은 주로 화교로 구성되었는데, 지난날의 회당(會党)과 홍문(洪門)으로부터 발전되어온 조직이다. (5) 민주건국연맹(민건) (6) 중국 인민구국회 : 이 조직은 1930년대에 단호한 항일의 탁월한 명성을 가지고 있었다.

공산당의 독재정치는 서양이 이해하고 있는 "충실한 반대파"를 인정하지 않고, 정당의 자유로운 결합도 인정하지 않았다. 그래서 중국의 민주당파는 기본적으로 장식품이며, 다시 말하면 중국 공산당과 정부에 찬동하고 그들과 합작하는 권리만을 가지고 있다.

중국 공산주의의 특수성 중국과 러시아의 혁명경험에서의 차이는, 중국 공산주의의 많은 특수성을 조성했다. 우선 중국 혁명을 지도하여 승리를 획득한

사람들은 농민계급의 광범위한 지지를 받은 일단의 직업 혁명가들이었다. 그러나 러시아에서 직업 혁명지도자들에게 결정적인 지지를 해준 사람들은 도시노동자들이었다. 중국 지도자들은 주로 중산계급 출신의 지식분자들이었고, 순수한 프롤레타리아 계급출신은 매우 작은 비율을 차지했다. 중국 경험의 성공은 정확한 이론을 장악하는 것이 형식상으로 프롤레타리아 계급과의 조직상의 연계를 유지하는 것보다 더욱 중요함을 분명하게 보여주고 있다. 그러나 중국 공산당 지도자들은 비록 그들이 사회배경 면에서는 프롤레타리아 계급이라고 할 수 없지만 정신상으로는 프롤레타리아 계급이라고 주장했다.[10)

둘째, 봉건주의에서 자본주의와 사회주의로 이행하는 것에 관한 마르크스주의 고전의 사회발전모델은 중국에 부적합한데, 그 이유는 중국에는 결코 적절한 자본주의 단계가 존재하지 않았기 때문이다. 그리하여 중국 공산당은 반봉건, 반식민지 단계로 자본주의 단계를 대신하고, 중국은 이 단계에서 신민주주의라고 하는 과도시기로 진입하고 그후에 다시 사회주의 단계에 진입할 것을 제시했다.

셋째, 신민주주의 시기에는 4개의 계급이 공존할 것이므로, 민주당파의 활동을 허가했다. 그러나 그들의 활동은 매우 제한적이었다. 이와는 정반대로, 소련의 프롤레타리아 계급 독재정치는 하나의 계급과 하나의 정당만 존재하는 것을 허용했다.

넷째, 중국 공산당이 정권을 탈취한 기초는 농촌에 있었을 뿐만 아니라 장기간의 분투를 한 이후에야 비로소 승리를 거둘 수 있었다. 러시아 혁명의 특징은 중심도시에서 파업, 태업, 봉기를 일으키는 것이었고, 혁명이 승리를 거두는 데에 걸린 기간이 중국 혁명보다 훨씬 더 짧았다.

다섯째, 소련의 지속적인 당내 숙청으로 인해서 1934년에 당선된 중앙위원 중에서 70퍼센트가 피살되었는데,[11) 이와는 반대로 중국은 사상개조 실

---

10) Benjamin I. Schwartz, "On the 'Originality' of Mao Tse-tung", *Foreign Affairs*(Oct. 1955), p. 74.

시를 강조했다. 1960년대 중기 문화대혁명이 발생하기 전에 중국의 지도층은 줄곧 매우 안정되고 단결되어 있었다. 사람들의 주목을 끈 유일한 당내 숙청은 1953-1954년의 반당활동과 관계가 있었고, 이 음모의 주인공은 중국 공산당의 만주 지도자인 가오깡과 화동국의 제1서기인 라오수스(饒漱石)였다.

중국 공산당 혁명의 성공은 마오쩌둥에게 중국의 경험은 아시아를 위한 혁명 모델을 제공할 것이라고 공언하게 했다. 그가 암시하려고 한 것은 소련 모델의 보편적 적용성을 부인하고, 그것을 일종의 유럽 혁명 모델로 폄하하려는 것이었다. 중국 측의 이런 이론은 중소 관계에 심대한 영향을 주었기 때문에 우리는 다음 장에서 이 점을 논할 것이다. 이런 이론은 아마도 의외로 동유럽 위성국들이 "다른 사회주의의 길"을 주장하도록 부추겼을는지도 모른다.

경제발전

1949년 중국 공산당 정부는 거의 수습이 불가능한 상태에 이를 정도로 어려운 경제를 이어받았다. 인플레이션은 완전히 제어 불능이었고, 홍수가 30-40퍼센트의 경작지에 영향을 미쳤으며, 공업생산량과 식품생산량이 각각 전쟁전의 최고치의 56퍼센트와 70-75퍼센트 수준으로 급격히 감소했다. 이 때문에 가장 중요한 과업은 바로 국가의 경제생활을 정비하여 농업과 공업생신량을 전쟁 전의 수준으로 회복시키는 것이었다.

재정의 안정을 촉진하기 위해서 정부는 1949년 5월에 인민폐를 발행하고, 외화를 교환매개체로서 유통하는 행위를 금지했다. 그 이외에 강력한 조치를 취하여 물가와 임금을 안정시키고 지폐의 유통을 대폭적으로 줄이고, 5종류의 기본 물품, 즉 쌀, 기름, 석탄, 밀가루, 면직물의 가격에 의거해서 노동

---

11) Chün-tu Hsüeh, "The Cultural Revolution and Leadership Crisis in Communist China", *Poltical Science Quarterly*, LXXXII : 2 : 184(June 1967).

자의 급여에 대해서 "실물환산 단위급여제도"를 실시했다. 이 물품들의 가격이 매주일 요동치고 있었기 때문에 "실물환산 단위급여"도 이에 상응해서 증감했으며, 이리하여 노동자의 평균임금의 액수가 부단히 변했지만 실제구매력은 결코 변하지 않았다. 저축과 은행예금을 보호하는 데에도 이와 유사한 조치가 사용되었다. 이 밖에, 해방군은 물품의 교환을 보증하기 위하여 교통선을 회복하는 데에 협조적인 행동을 취했다. 또한 농업세, 공업세, 상업세, 판매세, 소득세 등 각 방면을 포함하는 일련의 새로운 세금제도를 시행했는데, 이런 조치들을 통해서 1950년에 이르러 인플레이션이 억제되었고, 정부의 예산도 균형을 이루게 되었다.

토지개혁과 농업의 집단화 인플레이션을 해소하고 재정안정을 회복하려는 노력 이외에도 정부는 오래된 지주소유제라는 어려운 문제를 해결하기 위해서 한차례의 격렬한 농업혁명을 일으켰다.[12] 1950년 6월 정부는 "토지개혁법"을 공포하여, "봉건착취의 토지소유제" 폐지를 호소하고 지주의 재산과 농기구를 몰수하여 토지가 없는 농민에게 새로 분배했다. 농촌인구는 5종류로 분류되었다. (1) 지주 : 다량의 토지자산을 소유하고, 자신은 노동을 하지 않으면서 고리대금을 하고 타인을 착취하여 생활하는 사람이다. (2) 부농 : 토지를 소유하고 있지만 스스로 농사일을 하면서 동시에 고용농을 고용하고, 돈놀이를 하며 일부분의 토지를 빈농에게 임대해주는 사람을 가리킨다. (3) 중농 : 자신의 땅을 가지고 있지만, 스스로 경작도 하면서 타인을 착취하지 않는 사람을 가리킨다. (4) 빈농 : 토지와 농기구를 아주 조금 가지고 있으며 토지를 팔아 생활하지 않을 수 없는 사람 혹은 타인의 경작지를 임대하지 않을 수 없는 사람을 가리킨다. (5) 고용농 : 토지가 없고, 일을 하거나 돈을 빌려서 생활하지 않을 수 없는 사람을 가리킨다.

---

12) 사실상 지주가 점유하고 있는 토지의 평균면적은 오직 40에이커였다. T. J. Hughes and D. E. T. Luard, *The Economic Development of Communist China, 1949-1960* (London, 1962), p. 143을 참조하라.

이론상으로 정부는 토지를 새로 분류할 때, 지주가 자신의 일부분의 경작지를 소유하는 것을 허용하고, 부농 자신이 경작하는 부분의 토지는 몰수하지 않기로 규정했다. 그러나 실제로 각 지방의 "규탄대회"에서는 수많은 불공정하고 폭력적인 행위가 자행되었는데, 이 규탄대회들은 냉정을 잃고 열이 오른 당원 및 간부들과 보복에 급급한 농민들의 인도를 받아 지주와 부농에게 맹렬한 비난을 가했다. 지주와 부농은 규탄대회에서 참혹한 손실을 입었는데, 수많은 사람들이 적당히 공개재판을 거친 이후 즉시 총살되었다. 이전의 전통사회에서 통치 엘리트로 사회의 근간을 담당하던 신사(紳士)계층이 이제 완전히 붕괴되었다.

1952년 12월에 이르러 약 7억 묘(1묘는 6분의 1에이커에 해당함)의 토지가 3억 명의 농민들에게 분배되었다. 인구밀도가 가장 높은 화동과 화남에서는 1인당 토지분배가 1묘였고, 화중에서는 2-3묘였으며, 만주에서는 7묘였다. 전반적으로 토지혁명은 지주와 부농의 이익을 희생시켰으며 빈농과 고용농에게 유리했고, 중농이 받은 영향은 가장 작았다.

토지개혁이 1952년 12월에 완성되자 정부는 곧 제2단계의 농촌혁명을 일으켰는데, 1953년의 집단화 운동이 바로 그것이다. 이 운동의 취지는 생산량을 높이고, 부농이 새로 생기는 것을 방지하며, 한층 더 대규모의 농업전문화를 이룩하고, 사회주의 개조의 실현을 가속화하는 과정이었다. 집단화는 몇개의 단계로 나누어지며 가장 낮은 단계는 "호조(互助)"조이다. "호조" 조에 속해 있는 농민들은 힘을 합치거나 서로 농기구도 빌려주고, 봄갈이와 추수의 계절에는 함께 노동한다. 두 번째 단계는 초급 합작사로서, 합작사의 사원(社員)은 농기구와 노동을 합칠 뿐만 아니라 토지도 합친다. 이론상으로는 그들은 여전히 각자의 토지소유권을 보유하지만 말이다. 세 번째 단계는 고급합작사로서 소련의 집단농장과 비슷한데, 모든 사원이 토지를 집단적으로 소유한다. 1956년 연말에 이르러 약 96퍼센트의 농가가 정식으로 합작사 사원이 되었다. 1957년 집단화 운동이 완성되었을 때 전국에는 모두 76만-80만 개의 합작사가 있었고, 매 합작사는 평균 160가구, 즉 600-700명 정도의

사람들로 구성되어 있었다. 더 진일보한 사회주의화로의 개혁은 1958년의 인민공사로의 확대였다.

공업발전 레닌은 "사회주의 사회에는 오직 하나의 진정한 기초만 있는데 그 것이 바로 대공업이다"라고 주장했다. 중국 공산당은 사회주의 국가건설에 서의 공업화의 중요한 역할을 인식하게 되어 이로 인해서 이 목표를 달성하 기 위해서 온 힘을 다 기울였다. 1952년에 이르러 중국의 공농업(工農業) 생산은 전쟁 전의 최고치에 도달했을 뿐만 아니라 1949년의 생산량의 77.5 퍼센트를 초과했다. 1951년에 제1차 5개년 계획의 준비 작업을 시작했고, 이듬해 가을에는 국가계획위원회를 설립하여 만주 행정구 주석인 가오깡이 위원장이 되었다. 제1차 5개년 계획은 1953년에 시행하기 시작할 예정이었 지만 통계지식과 계획의 기술 및 방법이 부족해서 끊임없이 지연되고 수정 되었다. "1.5(제1차 5개년)" 계획은 1955년 2월에야 비로소 시행됨으로써, 시 작하기로 계획된 시기보다 약 2년이 늦춰졌기 때문에 실제적으로는 2년 반 계획에 지나지 않았다. 이 계획은 694개의 공업 프로젝트 건설을 요구했는 데, 그중 156개 공장은 소련의 원조하에 시공할 예정이었다. 5개년 계획 기 간이 끝날 때가 되면 공업생산량이 갑절로 증가할 것이고, 농업합작사가 널 리 보급될 것이며, 상공기업의 공사합작 경영이 장차 완성될 것이고 이렇게 되면 사회주의 개조는 실현될 것으로 예상되었다. 예산 총지출 중에서 58.2 퍼센트는 공업건설에 투입되었고, 19.2퍼센트는 교통과 우편 관련 행정과 전신업에, 7.6퍼센트는 농업과 임업과 수리업에, 7.2퍼센트는 문화와 교육 및 위생사업에 투입되었다.

1956년의 공업생산량은 비약적인 성장을 보여 전년의 25퍼센트를 초과했 고, 동시에 자본투입도 60퍼센트 증가했다. 비록 향상의 속도가 1957년에 비해서 완만해졌지만 "1952년의 고정물가"에 근거하면 제1차 5개년 계획은 원래 목표의 17퍼센트를 초과 달성했다. 강철생산량이 530만 톤에 이르렀고, 생철 생산량도 580만 톤에 이르렀으며 전력생산량은 190억3,000만 킬로와

트에 이르러, 각종 생산량이 모두 원래의 지표보다 25퍼센트 성장했다. 1억 2,200만 톤의 석탄생산량은 8퍼센트 초과 달성했고 식량 생산량은 원래의 지표를 11.6퍼센트 초과달성했다.

제1차 5개년 계획의 성공은 정부가 더욱 야심만만한 제2차 5개년 계획 (1958-1962)을 제정하도록 격려했다. 이 계획은 1962년에 이르면 농업 생산량의 총체적 성장은 75퍼센트에 이르고, 국민소득은 50퍼센트 성장시킬 것을 요구했다. 몇 개의 공농업의 생산목표 자료는 계획자의 자신감을 보여주었는데, 즉 생산목표는 석탄은 1억9,000만-2억1,000만 톤, 철강은 1050만-1200만 톤, 전력은 400억-430억 킬로와트, 원유는 500만-600만 톤, 식량은 2억 7,500만 톤, 면직물은 240만 톤이었다.[13]

경제가 신속히 성장함에 따라서, 정부는 고등교육제도를 철저히 수정했는데 그 목적은 단기간 내에 대량의 엔지니어와 기술자를 양성하기 위함이었다. 기술교육을 북돋우기 위해서 인문과학은 억제되고, 수많은 공과대학이 설립되었지만 종합대학교의 숫자는 감소되었다. 교육과정 목록도 수정되고 대학교 내의 학과도 조정되었는데, 그 목적은 학생들에게 더 많은 정력을 전공에 집중시키도록 하기 위함이었다. 이렇게 해서 좁은 영역 내에서의 전문지식을 장악하는 것이 일반교육을 받는 것보다 더 우선시되었다. 미국의 한 유명한 과학자의 연구에 근거하면, 1960년 당시 25만 명의 과학자와 엔지니어 중 90퍼센트가 1949년 공산당이 권력을 장악한 이후 양성되었으며 1960년에 중국 공과대 졸업생의 수효는 미국 공과대 졸업생의 75퍼센트였다고 한다.[14]

"대약진" 운동과 인민공사 제2차 5개년 계획이 막 시작되었을 때, 정부는 이미 과열된 경제성장을 가속화시키기 위해서 다급하게 열광적인 새로운 운동에

---

13) Hughes and Luard, pp. 31, 64-65.
14) John A. Berberet, *Science and Technology in Communist China* (Santa Barbara, 1960), p. 3.

몰입했다. 1958년 2월 전국인민대표대회는 앞으로 3년 내에 "대약진" 운동을 전개할 것이라고 선포하고, 1958년에 강철은 19퍼센트 증산할 것이고 전력생산은 18퍼센트, 석탄생산은 17퍼센트 성장시킬 것을 호소했다. 마오쩌둥은 15년 내에(1972년 이전) 영국의 공업생산력을 따라잡거나 심지어 추월할 것이라고 언급했다. 낙관주의의 부추김 아래 과장적인 계획자들은 역사상 유래 없는 증가율을 이룰 것을 희망하여 이후 수개월 동안 생산지표를 부단히 제고시켰다. 강철생산지표는 1958년 2월의 620만 톤에서 5월에는 800만-850만 톤으로 향상되었고 8월에는 1,070만 톤으로 상승했다. 사람들은 대담하게도 그해의 공업생산량이 전체적으로 33퍼센트 성장할 것이라고 예측했다.15) 이 기적과 같은 발전기록에 도달하기 위해서, 모든 사람들을 공업생산에 참가하도록 촉구했다. 이리하여 모든 사람들이 정부관리, 농민, 교수, 노동자 등 직업의 여하를 불문하고 모두 프롤레타리아 계급이 되었다. 1958년 가을에 이르러 전국적으로 60만 개의 소형 용광로가 세워졌다.

이 열광적인 공업화 운동에 수반된 것은 정부가 인민공사의 건립을 통하여 사회주의 개조를 향한 또 한걸음을 내디딘 것이다. 1958년 봄 허베이 성, 허난 성, 만주의 일부 지역은 이미 농업생산 합작사를 하나하나 합병하기 시작했고 이해 7월에 이르러 이 운동이 "절정"에 이르자, "인민공사(人民公社)"라는 어휘가 정식으로 모습을 드러냈다. 마오쩌둥과 기타 고급관리들은 허난 성과 허베이 성에 있는 몇몇 인민공사의 초기 모형을 시찰했고, 중공중앙위원회는 인민공사의 탄생을 정식으로 선포했다. 1958년 11월이 되자, 2만6,000개의 인민공사가 생겨나서 98퍼센트의 농민을 수용했다. 모든 농촌공사는 각각 평균 약 30개의 합작사, 즉 약 5,000호 인가(人家)(2만5,000명)로 이루어졌다. 공사는 각 촌의 행정기능을 맡았고 해당 지역의 공업 및 농업 자원을 장악했으며 세금을 거두어 학교, 은행, 탁아소, 공공식당, 노인원(老人院), 공동묘지 등을 세웠다. 공사는 토지, 가옥, 가축 같은 모든 사유재산

---

15) Hughes and Luard, pp. 66-69.

을 점유했다. 그러나 가정구조는 파괴되지 않았으며 한 가족은 계속해서 같은 지붕 밑에서 함께 생활했고, 오직 의지할 곳 없는 외로운 사람들만이 공사 주택에서 생활했다. 공사의 규모는 이후에 축소되었는데, 1960년대 초에 이르면 전국에는 7만4,000개의 공사가 있었으며, 각 인민공사는 공업과 농업의 생산량을 향상시키기 위해서 다수의 생산대대와 생산소대로 나뉘었다.

농촌공사와 병존하는 것으로는 도시공사가 있었는데, 그중에서 화북 정저우의 홍기공사(紅旗公社)가 모범적이었다. 이 공사는 1958년 8월에 건립되었는데, 정저우의 방직 기계공장을 중심으로 하여 4,134개의 인가, 1만8,729명으로 이루어졌다. 집단생활이 시작되자 노동자들은 공장지역으로 거처를 옮겼기 때문에 공사는 공장 지역 주변에 포목전, 공공식당, 유치원, 탁아소, 병원, 학교, 은행, 영화관을 세웠다. 그 이외에 노인원, 신용금고, 공공식당을 위해서 채소를 재배하고 돼지와 가금을 사육하는 농장이 있었다. 80퍼센트의 여성들이 출근하여 일을 했기 때문에 "가정 봉사소"와 가도봉사단위(街道服務單位 : 가도는 도시의 말단 행정단위로서, 가도봉사단위는 주민과 관련된 업무를 처리해주는 곳이다/역주)도 없어서는 안 되었다. 이런 곳들은 노인들이 운영했는데 그들은 각종 비용 납부, 의복 수선, 집안 청소, 병자 간호, 보수 수령과 같은 각종 가사(家事)를 처리했다. 조직상으로는 정저우 방직공장장 겸 공사사장과 공장 당 위원회가 공사를 엄격히 통제하고 있었다. 공사 산하에는 공업, 농업, 재무와 회계, 계획, 보안, 복지, 위생, 문화 등의 각 부문이 설치되어 있었다. 물론 그 이외에 또 각 생산조가 있었는데 이들은 단(團 : 연대), 영(營 : 대대), 배(排 : 소대) 등과 같은 군사편제로 이루어져 있었는데, 그들의 임무는 공업, 농업과 기타 각 방면의 생산량을 제고시키는 것이었다.16)

역사상으로 두 차례에 걸쳐 공사를 실험해본 적이 있는데 이 두 차례의 실험은 모두 아주 빨리 불명예스럽게 실패로 끝나고 말았다. 한 차례는 1871

---

16) Janet Salaff, "The Urban Communes and Anti-city Experiment in Communist China", *The China Quarterly* (January-March 1967), pp. 82-110.

년의 파리 코뮌으로서, 3월 17일부터 5월 28일까지 지속되어 모두 73일이었고, 또 한차례는 소련 혁명 초기의 농촌공사였다. 1930년, 스탈린은 공사단위는 요원한 미래의 이상이지 사회주의의 현상(現狀)에 부합하지 않는다고 선언했다. 마오쩌둥은 물론 이 실험들을 모를 리 없었지만 그는 청조의 유신론자인 캉유웨이가 저술한 『대동서(大同書)』의 영향을 더욱 많이 받은 것 같은데 이 책은 고대의 서적인 『예기(禮記)』 속의 「예운(禮運)」 편에서 시사를 받았다. 『대동서』 속에서 캉유웨이는 하나의 유토피아의 건립을 제창했는데, 그곳에는 개인의 재산과 재산권, 토지매매, 가내공업, 개인상업이 없고 미래에는 공공의원, 공공간호사, 공공복지, 공공교육, 공공노인원과 공공묘지가 있다는 것이었다. 이런 유토피아의 기본적인 특징은 가정을 해체하여 여성들을 부엌일에서 해방시키는 것이다.[17] 결코 우연이 아닌 것은 마오쩌둥이 공사의 특징을 "대(大)"와 "공(公)"이라고 부른 것인데 이것은 바로 「예운」의 첫머리에 나오는 기본개념이다. 예운 편의 첫머리는 "대도(大道)가 행해지니 천하는 만민의 것[公]이 되었다[大道之行也, 天下爲公]"이다.[18] 중국 공산당은 공사의 등장을 "동아시아의 광활한 지평선에서 막 떠오르고 있는 태양"이라고 환호했을 뿐만 아니라 자신만만하게 "중국에서의 공산주의의 실현은 더 이상 요원한 일이 아니다"라고 자랑했다.[19]

대약진 운동과 공사의 보급으로 인해서 정부는 1958년 연말에 자랑스럽게 이해의 공업생산량은 1957년의 생산량을 65퍼센트 초과 달성했다고 선포했다. 기계제조는 3배 증가했고 석탄과 강철은 갑절로 증가했으며, 석유는 70퍼센트 증가했고 전력은 40퍼센트 증가했다는 것이었다. 이 자료들은 분명 과장된 면이 있었지만 이해에 이룩한 진보는 아주 대단한 것이었다. 그러

---

17) 『대동서』의 내용에 대해서는 Liang Ch'i-ch'ao, *Intellectual Trends*, pp. 95-98을 참조하라. 캉유웨이의 마오쩌둥에 대한 영향에 대해서는 Wen-shun Chi, "The Ideological Source of the People's Communes in Communist China", *Pacific Coast Philology*, II(April 1967), pp. 62-78을 참조하라.
18) 강조된 부분은 본서의 저자에 의한 것이다.
19) Benjamin I. Schwartz, "China and the Communist Bloc : A Speculative Reconstmction", *Current History*, 35 : 208 : 326(Dec. 1958).

나 정부가 이후에 인정한 것과 마찬가지로 수량에 대한 추구가 품질에 대한 요구를 희생시켜버렸다. 1958년에 생산한 1,100만 톤 중에서 300만 톤이 1958년 8월에 공업용으로는 부적합한 것으로 선포되었는데, 소형 용광로는 대형 강철공장과 같은 기능을 할 수 없었다. 이렇게 단번에 최고의 경지에 오르려는 유토피아의 꿈 사이에서 일종의 실용주의 정서가 고개를 들기 시작하여 계획 속에서의 현실성과 기술조작에 대한 전문성을 강조했다. 또한 진정한 경제발전을 이룩하려면 오직 정신력에만 의존해서는 턱없이 부족하다는 점이 갈수록 확연히 드러났다.

서양의 연구는 일반적으로 1950년대의 중국의 경제성장은 대단히 거대했지만 1960년대는 그렇게 크지 않았다는 데에 의견이 일치한다. 한 저명한 미국 경제학자는 중국의 국민생산 총액은 1952년도의 738억 위안(인민폐)에서 1959년도에는 1234억 위안(인민폐)으로 증가함으로서 70퍼센트 증가했는데, 이에 비해서 1959년에서 1970년(인민폐 1714억 위안)사이에는 단지 30퍼센트 증가했다고 추산했다. 1952년에서 1970년까지를 하나의 기간으로 본다면 그간의 연 성장률은 4-4.5퍼센트로, 이것은 상당히 괜찮은 성장이지만 결코 놀랄 만한 정도는 아니라는 것이었다.[20]

사회와 심리적 통제

마오쩌둥 사상의 기본요소는 끊임없이 군중운동을 조직해서 당이 사전에 세운 특정목표를 실현하는 것이었다. 확실히 대중운동의 용솟음치는 파도는 공산당이 지배하는 중국의 일상생활 리듬을 가속화시켰고, 과거에는 마치 느슨한 모래더미처럼 단결력이 없는 민족으로 묘사되었던 중국인들은 이제 전 세계의 기타 모든 국가의 사람들보다 더욱 엄밀하게 조직되었다. 실제로

---

20) 1952년의 가격지수를 보면 1952년의 환율은 인민폐 2.46元 : 1달러였다. Alexandeer Eckstein, "Economic Growth and Change in China: A Twenty-Year Perspective", *The China Quarterly* (April-June 1973), 54 : 234-235.

중국인들은 모두 몇 개의 군중조직에 소속되어 있었고, 당과 정부는 이 조직들을 통해서 국민들을 통제하고 국가정책을 시행했다. 이 밖에, 당과 정부는 통신매체를 독점했고 공안경찰과 당 간부들이 도처에 있었기 때문에 사회는 중국 역사상 유례가 없는 밀폐된 사회로 변화했다. 이런 엄격한 통제하에 국가의 이익을 위해서 일하는 것을 제외하고는 이른바 자유라고는 조금도 없었다.

대중조직은 사실상 규모가 방대한 반(半)정부단체였다. 1953년에 가장 중요한 군중조직으로는 1,800만 명의 회원을 가진 중화 전국청년 연합회, 1020만 명의 회원을 가진 중화 전국노동조합 연합회, 7,600만 명의 회원을 가진 중화 전국부녀 민주연합회, 329만 명의 회원을 가진 중화 전국학생 연합회가 있었다. 이 밖에, 9세에서 14세 사이의 아동으로 구성된 소년선봉대는 800만 명의 회원을 보유했고, 14세에서 25세 사이의 회원으로 구성된 민주청년연맹은 1,200만 명의 회원을 보유한 것으로 알려졌다. 정부는 이 방대한 조직들을 통해서 국민들을 교육시켰고, 아울러 그들을 조직하여 시위와 데모를 했으며, 1951년의 항미원조 운동(抗美援朝運動, 한국전쟁을 중화인민공화국에서 지칭하는 말/역주), 1951년의 독직과 낭비와 관료주의에 반대하는 "삼반(三反)"운동, 1952년의 뇌물, 세금포탈, 국가재산 도용, 날림 공사, 경제기밀 누설에 반대하는 "오반(五反)"운동과 같은 각종 운동에 국민들을 투입했다. 1966년의 가장 큰 대중운동은 아마도 수천 수백만 명의 학생들이 홍위병을 조직해서 마오쩌둥 사상을 지키려고 한 것일 것이다.

사회주의의 새로운 세대 공산당이 통치하는 새로운 사회는 새로운 풍조의 양성과 사회주의의 새로운 세대의 육성을 장려하고, 국민들이 그들 자신의 일에 관심을 가질 뿐만 아니라 서로 사상과 행동을 감시하고 각종 정책집회에 참석하며 학습반과 비판 및 투쟁집회에 참여하도록 요구했다. 사회주의의 새로운 세대는 체면을 차리지 않고 과감하게 공개적으로 자기비판을 해야 하고, 국가를 가정 위에 두어야 했으며, 시종일관 프롤레타리아 계급의

혁명사업 추진에 헌신해야 했고, 구시대의 봉건제도처럼 개인의 발전이나 가문과 조상을 빛내는 것을 추구해서는 안 되었다. "공동강령"의 제42조는 사회주의의 새로운 세대에게 조국을 사랑하자, 인민을 사랑하자, 노동을 사랑하자, 과학을 사랑하자, 공공재산을 애호하자는 "다섯 가지 사랑"을 요구했다. 이렇게 되면 비록 누군가는 사회주의의 새로운 세대가 너무 엄숙하고 자연스럽지 못하여 사랑스럽기보다는 경외심을 가질 만한 사람일 것이라고 걱정할지 몰라도, 새로운 세대가 여전히 어느 정도의 인성을 유지하고 있음을 발견함으로써 이런 걱정은 조금 완화되었다.

심리적 통제 새로운 풍조를 조성하는 것과 연관되는 것은, 중국 공산당이 엄청난 파괴력을 가지고 있지만 또한 매우 미묘한 일련의 사상주입 수단을 발명했다는 것이다. 이런 수단은 시사용어로 "세뇌"라고 불린다.[21] 이는 일종의 파블로프(Pavlov) 이론을 근거로 한 심리적인 통제과정이다. 파블로프 이론은 조건반사가 사람의 의지를 변화시킬 수 있고, 사람의 성격을 재창조할 수 있다고 말한다. 그래서 세뇌는 적을 감화시키고 범인의 자백을 받아내는 데에 사용될 뿐만 아니라, 당원 간부들을 교육하고 지식분자들을 개조하여 혁명 이후의 러시아처럼 그들을 완전히 숙청해버리는 것이 아니라 그들이 계속해서 국가를 위해서 봉사하도록 만드는 데에 사용되었다.

사상주입 과정은 보통 수개월에서 1년에 이르기까지 상황에 따라서 다르게 지속되었는데, 훈련을 받는 목표의 중요성에 따라서 결정되었다. 그러나 훈련은 항싱 통제를 받는 외진 숙영지에서 행해지는데, 그곳에서 개인은 모든 안전감을 박탈당한 채 바깥 세상과 철저히 단절된다. 훈련을 받는 사람들은 숙영지에 도착하면 도피가 불가능하다는 것을 강렬하게 느낀다. 그들은 몇 개의 소집단으로 나뉘며, 모든 집단은 각각 집단 내의 적극적인 대원 1명

---

21) Edward Hunter, *Brainwashing in Red China* (New York, 1951); Richard L. Walker, *China under Communism: The First Five Years* (New Haven, 1955), ch. 3; Robert J. Lifton, *Thought Reform and the Psychology of Totalism: A Study of "Brainwashing" in China* (New York, 1961).

이 집단을 인솔한다. 그들을 기진맥진하게 만들기 위해서 그들은 중노동을 하도록 보내지며, 이렇게 함으로써 그들의 저항의지는 약화된다. 이런 조건 하에서 그들은 학습을 하고 서로의 출신과 경력을 비판한다. 이 시작 단계는 대략 2개월 동안 지속되는데, 그동안의 급식과 숙박 조건은 아주 형편없다.

그다음 단계는 3-4개월 동안 지속되는데, 그동안의 급식과 숙박 조건은 다소 개선되고 체력 소모도 다소 줄어들지만 하루 종일 일을 한 후의 사람들의 피곤함은 여전하다. 이 단계에서 학습반과 소집단의 회의는 많아지며, 이 회의들에서는 개인은 보잘것없는 존재이며 당 조직은 만능이라는 것이 강조된다. 마르크스, 레닌, 스탈린, 마오쩌둥의 저작은 새로운 "성서"가 된다. 과거의 생활은 암담하고, 부패하고 타락한 것으로 질책받는데, 이에 반하여 공산당 정권 아래서의 새로운 생활은 해방과 진보를 대표하며, 새롭고 의미 있는 생존을 위한 기회를 제공한 것으로 칭송받는다. 계급투쟁과 공산당이 반드시 최후의 승리를 거둔다는 사상이 훈련받는 자들에게 끊임없이 주입된다.

제2단계가 끝났을 때, 훈련받은 자들의 십중팔구는 한 차례의 정신적 위기를 경험한다. 이 사상투쟁을 통하여, 그들은 진상을 숨기고 저항하는 것은 아무런 의미가 없고 어찌되었든 간에 당은 승리를 거둘 것이라는 결론을 내리게 된다. 그래서 그들은 해방을 추구하고, 자신의 감정을 포기하며, 성심성의껏 당과 당이 대표하는 모든 것을 받아들인다. 이렇게 하여 그들은 부담을 떨치고 다시 태어난다. 그들은 공산당의 전문용어와 선전 속에서 새로운 의미를 찾고, 그들과 비슷한 경험을 한 사람을 돕기를 열망하는데, 이것은 어떤 의미에서는 자신들의 전향이 완전히 옳다는 것을 증명하기 위한 것이다. 이런 심리 상태를 공고히 하는 데에는 대략 4개월이 필요하다. 훈련이 끝나면 졸업생의 4분의 1은 새로운 학습반을 개설하는 데에 파견되지만, 나머지 사람들은 사회조직 속으로 깊숙이 들어가서 대중을 지도한다. 사실상, 사회전체가 대중이 통제하는 하나의 실험실인 것이다.

군중조직, 비밀경찰, 대중통신매체, 사상주입을 통하여 정부는 성공적으로 사회와 국민들을 통제하고 개조했는데, 그 정도는 중국 역사상 전례가

없는 것이었다. 일찍이 개인주의 색채가 매우 강했던 중국인들은 전 세계에서 단체정신이 가장 강한 민족이 되었다.

대외관계

비록 마오쩌둥과 그의 추종자들은 국제공산주의 운동에 깊숙이 개입했지만, 마음속에는 민족주의를 품고 있는 공산당원들이어서 중국이 과거 100년 동안 입었던 재난에 대해서 잘 알고 있었다. 그들은 기타 각종 신앙을 가진 중국인과 마찬가지로, 다급하게 세계에서의 중국의 합법적인 위치를 회복하고 아편전쟁 이후 줄곧 박탈당했던 대국의 지위를 쟁취하려고 했으며, 또한 중화민족의 자신감과 자존심을 다시 진작시키려고 노력했다. 여러 차례 외부로부터의 굴욕을 당했던 1세기 동안 중화민족은 이미 자신감과 자존심을 상실했다. 중국 공산당의 새 정권은 처음부터 서양 열강에 대해서 강경한 태도를 취했고, 그들은 제국주의의 포함(砲艦) 앞에서 굽실대며 아첨하던 만청 왕조와는 달리, 서양 열강을 두려워하지 않는다는 것을 분명하게 표명했다.

중화인민공화국 초기의 주요한 힘의 근원은 소련과의 긴밀한 관계였다. 마오쩌둥은 1949년에 서슴없이 그의 "일변도"정책을 선포했는데, "중국인은 제국주의 편으로 기울지 않고 사회주의의 편으로 기울 것이며 결코 예외는 없다. 기회주의적인 태도를 취해서는 안 되며 제3의 노선은 없을 것이다"라고 했다. 이 정책을 내놓은 것은 이데올로기상의 공통성뿐만 아니라 현실적인 고려도 있었기 때문이다. 신생 인민공화국은 볼셰비키 혁명 이후 시베리아에서 발생한 것과 같은 서양 열강의 간섭을 방지하기 위해서 소련의 지원과 보호가 필요했다. 그리하여 마오쩌둥은 1949년 집권 이후 얼마 되지 않아 우호동맹조약을 모색하기 위해서 소련을 방문했는데 이것은 그의 평생에서 최초의 출국이었다. 1950년 2월 14일에 모스크바-베이징 간의 연합전선이 정식으로 체결되었는데, 이것이 중화인민공화국 초기 10년 대부분의 기간에 대외정치의 초석이 되었다. 스탈린은 마오쩌둥에게 군사동맹과 3억 달러의

차관을 주었고, 전문가를 파견하여 중국의 공업화와 군사현대화를 돕겠다고 약속했다. 마오쩌둥은 1952년에 이런 연합전선은 "지속적이고, 견고하여 깰 수 없으며, 싸우면 반드시 이길 것"이라고 찬양했으며, 류사오치는 중국과 소련의 동맹을 "자본주의 국가 상호간의 고유의 상황과는 달리, 우리의 사이 에는 서로 속고 속이는 일이 없고, 어느 한 국가가 다른 한 국가를 압박하거 나 약탈하는 것은 존재하지 않는다"고 열렬히 찬양했다. 비록 소련인 자신들 도 매우 곤궁했지만, 그들은 여전히 중국에 대단히 많은 수의 과학자들과 기술요원들과 군사고문들을 파견했다. 1953년, 중국의 공군과 해군에는 각 각 1,000명에서 2만5,000명에 이르는 소련의 고문들이 있었고, 육군에는 5,000명에서 1만 명에 이르는 소련의 고문들이 있었는데, 1954년 2월에 이 르러, 중국의 각종 산업 및 광업기업에는 약 40만 명의 소련 전문가들이 있 었다. 1954년에 흐루쇼프와 불가닌이 베이징을 방문했을 때, 그들은 156개 의 생산기업의 건설지원에 동의했다. 1955년에 이르러 소련 정부는 중국을 국제공산주의 운동의 부수령으로 격상시켰는데, 이는 바로 소련의 외상인 몰로토프가 중앙정부의 각부 장관회의에서 발표한 바와 같이 "제2차 세계대 전의 가장 중요한 결과는 소련을 대표로 하는, 더욱 정확하게 말하면 소련과 중화인민공화국을 대표로 하는 세계사회주의의 민주진영이 세계자본주의 진영과 동등해진 것"이었다.22)

중국과 소련의 상호우의와 열성은 많은 곳에 반영되었다. 소련 측이 우의 를 표시한 행동은 다음과 같다. 1952년 만주의 "전리품"을 중국에 반환했고, 1953년 소련의 중동 철도에 대한 연합 소유권을 중국에게 되돌려주었으며, 1955년 소련은 뤼순 항구를 해군기지로 사용하는 권리를 포기하는 선언을 했고, 아울러 소련의 신장 기업에서의 "연합주식"을 포기했다. 1957년 소련 인은 또하나의 후한 표시를 하여, 중국이 핵기술을 개발하는 것을 원조하는 데에 동의했고, 1년 후에는 또 중국에게 한 개의 중수원자로를 증정했다. 베

---

22) Peter S. H. Tang, *Communist China Today*(New York, 1957), pp. 378-381, 383.

이징 측은 1956년에 모스크바와 모스크바의 동유럽 위성국 사이의 분쟁을 조정하여, 소련의 사회주의 진영에서의 지도적 지위를 유지할 수 있도록 도와주었다. 이 일은 이후에 논하도록 하겠다.

베이징과 기타 아시아 국가와의 관계발전은 베이징의 아시아에서의 지도권 쟁취에 대한 강렬한 욕망을 반영하고 있는데, 이 방면에서 역사상 중국과 그 주변 소국과의 관계, 특히 명과 청 시기의 가장 중요한 속국인 조선과 월남(안남)의 관계는 분명히 마오쩌둥과 그의 동료들에게 영향을 주었다. 1950년, 그들이 스스로 막 정부를 수립했을 때, 그들은 조금의 망설임도 없이 100만 지원군을 보내어 북한이 미국의 침략에 저항하고 반격하는 것을 도와주었다. 1954년의 제네바 회의에서 그들은 북베트남의 큰 형님 역할을 맡았고, 북베트남이 남베트남 및 미국과 전쟁을 하고 있을 때 그들은 북베트남에게 엄청난 지원을 해주었다.

인도, 파키스탄, 인도네시아, 버마, 라오스, 캄보디아 등 아시아의 비(非)공산국가에 대하여, 베이징은 평화공존의 원칙을 강조하여 그들에게 중립을 유지하도록 했다. 평화공존의 원칙은 (1) 상호간 영토주권 존중, (2) 상호불가침, (3) 상호간 내정 불간섭 (4) 상호간 평등한 이익, (5) 평화공존이었다. 이 5개의 원칙을 통하여, 베이징은 이들 국가들이 서방 국가들과 제휴하는 것을 막는 데에 크게 성공했다. 1955년 29개의 아시아와 아프리카 국가가 개최한 반둥 회의에서 평화공존의 원칙을 거듭 표명했으며, 이로 인해서 저우언라이는 높은 명성을 얻어 아시아와 아프리카 국가민족주의의 지지자와 서방 제국주의에 반대하는 투사로 공인받게 되었다. 사실상, 제네바 회의와 반둥 회의는 중국에 아시아와 아프리카 국가집단의 지도자의 지위를 얻게 했다. 약자로서 중국은 스스로의 운명을 바꾸고 매우 신속하게 국가지위를 향상시키는 실질적인 방법을 찾아냈으며, 이리하여 베이징은 몇몇 후진국가들에게 고무와 영감을 주었다.

이상에서 약술한 것을 통해서, 우리는 중국의 대외정책에는 최소한 5개의 기본 요인이 있다고 총괄할 수 있다. (1) 민족주의와 대국의 지위를 쟁취하려

는 노력, (2) 국제공산주의 운동에 의한 정치, (3) 내정 고려, (4) 마르크스-레닌주의와 마오쩌둥 사상, (5) "전통적인 공간-이데올로기"의 세계질서에 근거한 "전략-정치"라는 상상(想像)이다.23)

초기 긴장의 징조

중화인민공화국의 최초 10년의 성과는 풍성했지만 결코 어떤 압력이나 긴장이 없었던 것은 아니었다. 제1차 내부갈등은 1953-1954년에 일어났는데, 그 당시 권세가 대단한 두 명의 지방지도자가 중앙정부의 제2와 제3의 지도자에게 도전한 것이다. 중국 공산당의 만주의 지도자인 가오깡24)과 화동 군정위원회의 주석인 라오수스25)가 연합하여, 소련의 경제발전제도를 받아들이고, 당 그룹 간부가 기업과의 관계를 끊고 각급 공업관리에서 "기업장 단독책임제(企業長單獨責任制)"를 실시할 것을 건의했다. 이 건의는 실제로는 류사오치와 저우언라이가 현재 실시하고 있는 정책을 비판하는 것이었다. 저우언라이는 이 건의를 거부하고, 공업관리에서 "집단지도"를 실시할 것을 제의했다. 도전자들은 류사오치와 저우언라이와 총서기 덩샤오핑이 현직에서 물러날 것을 요구하여 갈등은 정점에 이르렀다. 세 사람의 응전자는 베이징 시장인 펑전(彭眞)의 도움을 받아, 두 사람의 도전자가 반당활동을 하고 망령되게 "독립왕국"을 세우려고 한다고 고발하여 1954년 두 사람을 중앙위원회에서 축출했다. 결국 가오깡은 자살했고 라오수스는 수감됨으로써, 제1차 권력투쟁은 종결되었다.

1956년에 민중 측에서 정부에 대한 제2차 도전이 나타났다. 7년에 걸친 공산당의 엄밀한 통치는 상당한 불만과 억압을 받는다는 감정을 불러일으켜,

---

23) Albert Feuerwerker, "Chinese History and the Foreign Relations of Contemporary China", *The Annals of the American Academy of Political and Social Science*, July 1972; *China in the World Today*, p. 5.
24) 그는 국가부주석과 국가계획위원회 주석을 겸임하고 있었다.
25) 또한 그는 중공 중앙조직부 부장이었다.

마침내 헝가리 반란 이후에 폭발했다. 마오쩌둥이 묘사한 것처럼 "1,000만 명의 사람들이 거리로 나아가 인민정부를 반대했다."26) 한편으로는 헝가리 식의 반란이 중국에서 재연되는 것을 막기 위해서 인민들에게 울분을 쏟아내는 기회를 주고, 또다른 한편으로는 진정한 비판을 유도하기 위해서 마오쩌둥은 재치 있게 "백화제방, 백가쟁명(百家爭鳴, 百花齊放)"을 호소했다. 수많은 지식분자들은 순진하게도 이 구호가 언론의 자유를 의미한다고 오인하여 그들의 속마음을 드러냈다. 이로 인해서 야기된 신랄한 비평은 정부의 예상을 초과했다. 마오쩌둥은 정세가 용인하기 어렵고 몹시 불리한 것을 발견하고는 신속히 진압했다. 그는 의견을 제시한 사람들을 붙잡아 가두었는데, 비록 그들은 자신의 경솔한 행동을 후회해 마지않았지만, 했던 말을 다시 거두어들이기에는 너무 늦었다. 많은 사람들이 노동개조소로 보내지거나 "사회주의 자아개조 결심서"에 서명하여 입장을 바꾸지 않을 수 없었다. 이 반(反)우파 운동이 막 끝나자, 정부는 1957년에 공업과 농업에 종사하는 사람들을 대상으로 "사회주의 교육운동"을 일으키고, 이어서 또 군정간부를 육체노동에 종사하도록 파견하여 인민대중들의 본보기가 되게 했다. "전(專 : 전문적인 지식)"보다는 이데올로기상의 "홍(紅 : 공산주의의 혁명성)"이 더욱 많이 강조되었다.

종합적으로 보면, 중화인민공화국 최초 10년의 성과는 상당히 뛰어났다. 대내적인 면에서는 국가에 대한 통제를 공고히 하고 상당한 경제적 성장을 이룩했으며, 대외적인 면에서는 소련과 유럽 위성국가들과의 긴밀한 관계를 유지했고, 국제연합군과 한반도에서의 전쟁에서 무승부를 거두었으며(이 자체가 일종의 승리였다), 제네바와 반둥 회의에서는 대국의 역할을 했고, 소련과 위성국가들 사이의 분규를 조정했다. 그 외에도 핵 기술의 개발을 시작했다. 이런 종류의 기쁨 속에서 마오쩌둥은 인민공사를 보급하기 시작하여, 중국을 소련보다 더욱 높은 이데올로기 차원으로 끌어올려 공산주의 대문으

---

26) Gene T. Hsiao, "The Background and Development of 'The Proletarian Cultural Revolution'", *Asian Survey*, VII : 6(June 1967), p. 393.

로 향하는 경쟁에서 소련을 초월하기를 희망했다.

그러나 이런 눈부신 성과의 표상 밑에는 이미 경제정책과 관련된 내부의 의견대립과 "모스크바-베이징 간의 연합전선"에서의 분리 경향이 나타나고 있었다. 1959년에 제2의 10년이 시작됨에 따라서, 정부는 소련과의 관계악화와 고위층 지도자들 사이의 권력투쟁 출현이라는 이중적인 도전에 직면하게 되었다.

27
중국-소련의 분열

모스크바(소련)-베이징(중국) 간의 연합전선이라는 확고한 국제 프롤레타리아 계급의 단결을 상징하고 있는 이 전선은 1950년대 말 급속도로 악화되었다. 일찍이 "지속적이고, 견고하여 깰 수 없으며, 싸우면 반드시 이길 것"이라고 불리던 관계가 뜻밖에 격렬한 이념 분쟁과 국경충돌로 빠르게 변질되어, 세계공산주의 운동의 일치단결의 신화를 깨뜨렸다. 사회주의 진영은 분열과 와해의 위협에 당면하게 되었는데 이것은 참으로 하나의 수수께끼이다. 역사학자들이 이런 복잡한 사태 진전에 대해서 어떠한 해석을 내릴지 매우 흥미롭다.

갈등의 역사적 근원

중국 공산주의 운동의 탄생 시기부터, 마오쩌둥과 모스크바(소련)의 접촉은 유쾌하지도 만족스럽지도 않았다. 마오쩌둥은 농촌에서 농민을 동원하여 혁명을 전개해나갔는데, 이는 비정통적인 혁명수단으로 간주되었다. 모스크바(소련 정부)가 혁명운동에서의 그의 합법적 지위를 인정한 것은 단지 중국 공산당이 일으킨 기타 각종 유형의 폭동이 모두 실패로 끝나버렸기 때문이었다. 스탈린은 시종일관 마오쩌둥의 방법이 중국 혁명에 적합하지 않다고 생각했다. 스탈린은 취추바이, 리리산, "28명의 볼셰비키" 등 소련에서 유학

한 중국인들을 계속해서 지지하여, 그들에게 중국 공산당에 대한 지도를 일임하고, 마오쩌둥을 중앙위원회에서 배제시켰다. 1936년 대장정이 끝나고, 마오쩌둥이 중국 공산당의 실제적인 지도자가 된 이후에도 스탈린은 여전히 마오쩌둥의 지도적 지위를 인정하려고 하지 않았다. 이런 상황은 1938년까지 줄곧 지속되었다. 1938-1945년까지의 시기에도 스탈린은 지속적으로 왕밍을 마오쩌둥을 대신할 수 있는 지도자 후보로 간주했다.

마오쩌둥은 스탈린을 사회주의 건설자로서 존중했지만, 그는 1920년대와 1930년대 초에 코민테른이 중국에서 펼친 우둔한 정책을 직접 목격했다. 이 때문에 그는 소련 정부의 판단을 신뢰하지 않았으며, 스탈린을 "중국 혁명을 위한 정치와 군사전략 제정에 대한 권위자"로 인정하지 않았다.[1] 1962년 마오쩌둥은 지난 30년의 세월을 회고하며 말하기를, "중국의 객관적인 현실을 이해할 수 있는 사람들은 오직 중국인이지, 코민테른의 중국 문제에 관심이 있는 사람들이 아니다. 그들 코민테른 동지들은 중국 문제에 대해서 전혀 알지 못했거나 중국의 사회, 국정, 중국의 혁명에 대해서 전혀 이해하지 못했다고 말할 수 있다"고 했다.[2] 오직 마르크스주의와 중국의 혁명실천을 어떻게 결합시켜야 하는지를 아는 중국인이라야 비로소 중국 혁명을 승리로 이끌 수 있는 것이었다. 그러므로 마오쩌둥은 그 자신의 방식으로 분투하여 성공을 거둔 것이지, 그 성공은 결코 스탈린의 지원에 의한 것이 아니었다. 마오쩌둥과 스탈린의 관계는 매우 화목하지 못했고, 실제로 그들 사이에는 암암리에 서로 불신임하고 혐오하는 감정이 존재했다. 스탈린은 마오쩌둥이 마르크스주의에 대한 이해가 보잘것없고, 국제적인 안목이 부족하며 자기의 혁명경험에만 한정되어 있다고 생각했다.[3] 니키타 흐루쇼프는 "스탈린은 줄

1) Benjamin Schwartz, "China's Developmental Experience, 1949-72" in Michael Oksenberg(ed.), *China's Developmental Experience*(New York, 1973), p. 19.
2) Stuart R. Schram, "Introduction: The Cultural Revolution in Historical Perspecrive" in Stuart R. Schram(ed.), *Authority Participation and Cultural Change in China*(Cambridge, Eng., 1973), pp. 15-16.
3) *Ibid.*, pp. 16-17.

곧 마오쩌둥을 비판했으며", 그를 "가짜 마르크스주의자"라고 불렀다고 회상했다.[4] 기타 몇몇 소련 측의 논조를 보면 그들은 중국 공산당을 "양배추형 공산당"과 "무형(radish) 공산당"으로 불렀는데 그 의미는 겉만 붉고 속은 희다는 뜻으로, 이로써 중국 공산당을 비하하고, 마오쩌둥의 위신을 추락시키려는 것이었다. 일찍이 1936년 초에 마오쩌둥은 에드거 스노에게 "우리가 중국을 해방하려고 노력하는 것은 우리나라를 소련에게 넘기려는 것이 아니다!"라고 말했다.[5]

제2차 세계대전이 막 종식되려고 할 때, 마오쩌둥과 저우언라이는 결국 소련에 완전히 종속되는 것을 피하기를 기대했다. 1945년 1월 그들은 은밀히 "중국의 중요 정당의 지도자"의 신분으로 워싱턴을 방문하여 루스벨트와 회견하기를 희망한다는 건의를 했다. 그들은 루스벨트에게 중국의 미래를 대표하는 것은 국민당이 아니라 공산당이라는 것을 믿게 하고 싶었다. 그들은 연합정부를 건립하여 티토의 모델에 따라서 미국의 원조를 받아들이고, 미국이 중공을 불법정당이 아니라 주요정당으로 승인하며, 중공이 교전자의 지위를 가짐으로써 전후의 중국의 안배와 연합국의 건설에 참가하기를 희망했다. 가장 중요한 것은 만약 장제스가 연합정부를 거절할 시에, 미국이 공산당을 지지할 가능성이 어느 정도인가를 알려고 한 것이었다.[6]

마오쩌둥의 요청서는 헐리 대사가 있는 곳에서 한동안 머문 후 비로소 루스벨트에게로 넘겨졌으며, 헐리는 이 건의서를 올릴 때 옌안(중국 공산당)과의 군사협력은 "중공을 교전자로 승인하는" 것이 되며, "중국 국민당의 붕괴를 초래하고……혼란과 내전으로 인해서, 미국의 대(對)중국 정책의 실패를 초래할 것"이라는 논평을 덧붙였다.[7] 1945년 1월 14일 루스벨트 대통령은 이 보고서를 받았는데, 그 당시 그는 얄타 회의의 준비와 연합군이 승리한

4) Nikita Khrushchev, *Khrushchev Remembers*(Boston, 1970), p. 462.
5) Schram, p. 18.
6) Barbara W. Tuchman, "If Mao Had come to Washington: An Essay in Alternatives", *Foreign Affairs*(Oct, 1972), pp. 44, 50-51, 58.
7) *Ibid.*, p. 55.

이후 발생할 문제들 즉, 전후 독일의 처리, 전범 문제, 소련의 연합국에서의 16개 의석 획득 문제, 폴란드 국경을 포함한 문제들에 몰두하고 있었다. 그 이외에 스틸웰을 소환한 지 5개월이 조금 지났을 때이므로 그는 장제스와의 관계에서 더 이상의 파란을 일으키고 싶지 않았다. 그래서 루스벨트 대통령은 마오쩌둥의 요구를 수용하지 않았다.8)

비록 워싱턴 방문 희망은 물거품이 되었지만, 마오쩌둥은 계속 옌안에 주재하고 있는 딕시 사절단의 정치 관료인 존 S. 서비스와 미국 원조의 필요성을 논의했다. 마오쩌둥은 1945년 3월 13일에 다음과 같이 지적했다.

전후 중국이 가장 필요로 하는 것은 경제발전입니다. 중국은 스스로 이 과업을 수행하는 데에 필요한 자금이 부족한 상태입니다.……경제방면에서 미국과 중국은 상호보완적인 관계여서 서로 경쟁을 할 리는 없습니다. 중국은 경공업을 건립하여 중국 자국의 시장에 물품을 공급하여, 중국 국민의 생활수준을 향상시켜야 합니다. 미국은 중국의 경제발전에 도움을 줄 수 있는 가장 적합한 국가이고, 중국의 경제재건에 참여할 수 있는 능력을 가진 유일한 국가입니다. 어느 각도에서 보아도, 중국 인민과 미국 간에는 어떤 충돌도 있어서는 안 되고 있을 수도 없습니다.9)

미국을 전후 중국의 경제발전을 원조하는 데에 "가장 적합하고", "유일한 국가"라고 칭한 것은 마오쩌둥이 단지 소련의 원조에만 의지하지 않겠다는 희망을 강조한 것이었다. 미국인들은 그의 암시에 어떤 반응도 보이지 않았다.

제2차 세계대전 종식 전야에 소련 군대는 만주로 돌입하여 20억 달러 가치의 공업시설을 "전리품"으로 강탈해갔으며, 30억 달러의 금괴와 8억5,000만 위안의 만주 괴뢰국 화폐를 몰수했다.10) 소련군은 중공군에게 대량의 일

---

8) *Ibid.*, pp. 50–51, 56.
9) *Foreign Relations of the United States, Diplomatic Papers, 1945, Vol. VII, The Far East: China*(Washington, 1969), p. 273ff, report by John S. Service on a conversation with Mao Tse-tung, March 13, 1945.
10) Taisung An, *The Sino-Soviet Territorial Dispute*(Philadelphia, 1973), p. 62.

본군 무기를 넘겨주었지만, 그들은 중공군이 만주를 장악하지 못하게 했으며 실제로 또 어느 때에는 중공군과 마찰을 일으키기도 했다.[11] 마오쩌둥은 소련이 장제스와 체결한 우호조약에 대해서 불쾌하게 생각했는데, 이 조약은 마오쩌둥의 지위를 크게 폄하시켰다. 스탈린은 또한 중공이 국민당과 협력할 것을 건의했고, 이것도 마오쩌둥을 불쾌하게 했다. 1962년 9월 28일 마오쩌둥은 중국 공산당 중앙위원회 제8기 10중전회에서 불평하며 다음과 같이 말했다.

> [중소 분쟁의] 원인은 이미 오래전에 형성되었습니다. 그들[소련 공산당]은 중국이 [공산주의] 혁명을 하지 못하게 했습니다. 1945년 당시 스탈린은 중국의 [공산주의] 혁명에 찬성하지 않았고, 내전을 벌이지 말고 반드시 장제스와 협력해야 한다고 했습니다. 그렇게 하지 않으면 중화민국이 붕괴될 것이라고 했습니다. 그 당시 우리는 그의 말을 듣지 않았지만, 결국 우리의 혁명은 승리를 거두었습니다.[12]

1949년 마오쩌둥이 대륙정복을 완료했을 때에도 스탈린은 또 신장 성의 독립선포를 획책했는데, 1921년 외몽골 독립 때와 마찬가지로 그는 외교상으로 신장 성의 독립승인을 보장하고, 이어서 신장 지역을 자치공화국으로 삼아 소련에 합병하려고 했다. 그런데 신장 성의 국민정부군 사령관[13]이 협력을 하지 않아서 이 계획은 실패했다. 이로 인하여 신장 지역은 중화인민공화국의 구성부분이 되었고, 다행히도 외몽골과 같은 운명에서 벗어날 수 있게 되었다.

1949년 12월, 중국 공산당이 승리하고 얼마 지나지 않아 마오쩌둥은 스탈린의 70세를 축하하고, 원조를 얻고 동맹을 모색하기 위해서 모스크바를 방문했다. 스탈린은 마오쩌둥이 귀국하겠다고 위협할 때까지 여러 날 동안 마오쩌둥을 상대해주지 않았다.[14] 이런 일이 있은 후에야 이 소련 지도자는 비로소 협상에 동의했지만, 이어서 진행된 협상은 오랫동안 지속된 고생스

---

11) James B. Harrison, *The Long March to Power*(New York, 1972), p. 379.
12) Quoted in Taisung An, p. 63.
13) 타오즈위애(陶峙嶽).
14) "Khrushchev's Last Testament: Power and Peace", *Time*, May 6, 1974, p. 44.

러운 분투였다. 1950년 2월 14일 체결된 중소 우호동맹과 관련협정은 표면
상으로는 국제공산주의 운동의 일치단결을 기초로 하는 견고한 모스크바-베
이징 간의 연합전선의 형성이었지만, 실제로 이 동맹에서 더욱 주요한 것은
사실상의 필요에 의한 것이었지 프롤레타리아 계급 국제주의의 구현이 아니
었다.15) 마오쩌둥은 기대한 것보다 얻은 것이 훨씬 더 적었지만 지불한 것은
너무 많았다. 마오쩌둥은 하나의 동맹과 5년 동안에 걸쳐서 제공되는 3억
달러라는 소액의 차관을 얻었지만, 그가 지불한 대가는 강요에 의한 외몽골
독립인정, 신장 성의 광산자원에 대한 중소 공동개발, 창춘 철도(중동 철도
와 남만 철도를 합쳐서 창춘 철도라고 함)의 공동관리, 뤼순과 다롄 항 공동
사용의 승인이었다. 스탈린의 행위는 마치 "신(新) 차르" 같아서, 흐루쇼프마
저도 그의 행동이 "현명하지 못하고", "중국인을 모욕했다"고 여겼다.16) 소
련은 1952년이 되어서야 만주의 전리품을 반환했고, 1953년에야 비로소 만
주 철도를, 1955년에는 뤼순, 다롄 항과 신장 성 기업의 연합주식을 반환했
다. 스탈린이 중국에서의 특수이익을 얻도록 요구한 것에 대한 마오쩌둥의
분노는, 그가 1962년 9월 28일 제8기 제10차 중앙위원 전체회의에서 한 보
고 속에 명확히 반영되었다. 그는 다음과 같이 말했다.

중국 공산당이 승리한 이후, 스탈린은 중국이 유고슬라비아가 되어 내가 또 하나
의 티토가 될까 두려워했습니다. 이후에 1949년 12월에 나는 모스크바에 가서
중소 우호동맹 상호원조조약(1950. 2. 14)을 체결했는데, 그곳에서 한차례의 투
쟁을 전개했습니다. 스탈린은 서명하기를 원하지 않았지만, 2개월간의 협상을 거
쳐 그는 결국 동의했습니다. 스탈린이 언제부터 우리를 믿기 시작했을까요? 그
것은 1950년 겨울, 우리나라가 항미원조 전쟁에 참가했을 때입니다. 스탈린은
그제야 비로소 우리가 유고슬로비아가 아니고 티토가 아니라고 믿었습니다.17)

---

15) John Gittings, "The Great-Power Triangle and Chinese Foreign Policy", *The China Quar-
terly*(July-Sept. 1969), 39 : 44-45.
16) Khrushchev, p. 463.
17) Quoted in Taisung An, p. 66.

스탈린의 신임을 얻는 것에 대한 대가는 매우 컸다. 즉 중국은 100만 명의 "지원군"을 파견하여 한국전쟁에 개입하면서 이 모험에 필요한 소련의 장비와 물자를 구매하기 위해서 13억5,000만 달러를 지불했으며, 또한 마오쩌둥은 이 전쟁에서 아들을 하나 잃었다.

중소 동맹의 초기 단계에서, 이념 분쟁의 씨앗이 이미 배태되었다. 소련인들은 중국인들이 마오쩌둥을 마르크스-레닌주의 사상보고(思想寶庫)의 창조적 공헌자라고 하는 것에 명백히 반대했고, "마오쩌둥식의 방법"을 아시아 혁명운동의 본보기라고 말하는 것에도 반대했다. 1949년 11월 23일, 아시아 및 오스트랄라시아 국가노조회의가 베이징에서 열렸는데, 류사오치는 회의 석상에서 발표한 연설에서 다음과 같이 선언했다.

> 중국 인민이 제국주의를 물리치고 중화인민공화국을 건립하기 위해서 걸어온 길은, 수많은 식민지와 반식민지 국가의 인민들이 민족독립과 인민민주주의를 쟁취하기 위해서 반드시 걸어야 할 길입니다.……이 길은 마오쩌둥식의 길입니다. 이 길은 상황이 서로 비슷한 다른 수많은 식민지와 반식민지 국가의 인민이 해방을 쟁취하는 기본적인 길이 될 것이고, 이것은 수많은 식민지와 반식민지 인민이 독립과 해방을 쟁취하는 피할 수 없는 길입니다.[18]

중국은 특히 "마오쩌둥식의 길"의 2가지 특징을 주장했는데, (1) 노동자계급과 공산당이 지도하는 전 민족 반제국주의 연합전선, (2) 공산당이 지도하는 인민군대가 시구적인 무장투쟁을 진개하여 농촌으로부터 도시를 포위하는 것이었다. 1951년 7월 1일, 중국 공산당 건립 30주년 기념대회에서, 중국 공산당 중앙선전부(中央宣傳部) 부장인 루띵이(陸定一)는 다음과 같이 선언했다.

---

18) Philip Bridgham, Arthur Cohen, and Leonard Jaffe, "Mao's Road and Sino-Soviet Relations: A View from Washington, 1953", *The China Quarterly*(Oct.-Dec. 1972), 52 : 678. 강조된 부분은 본서의 저자에 의한 것이다.

마오쩌둥의 중국 혁명이론은 마르크스-레닌주의의 식민지, 반식민지 국가들의 혁명과정 속에서, 특히 중국의 혁명과정 속에서의 새로운 발전인 것입니다. 마오쩌둥의 중국 혁명이론은 중국과 아시아에 대해서 의의를 가질 뿐만 아니라 세계 공산주의 운동에 대해서도 보편적인 의의를 가지고 있습니다. 그것은 확실히 마르크스-레닌주의 사상보고에 대한 하나의 새로운 공헌입니다.……제국주의 국가들의 혁명의 고전적 유형은 10월 혁명입니다. 식민지, 반식민지 국가들의 혁명의 고전적 유형은 중국 혁명입니다.[19]

이어서 중국 공산당 중앙선전부 부부장인 천보다(陳伯達)는 마오쩌둥이 "마르크스-레닌주의의 동방에서의 발전"을 촉진시켰다고 찬양하고는 마오쩌둥이 성공한 혁명방식은 "마르크스-레닌주의가 식민지 반식민지 국가에 도달함으로써 생긴 새로운 결론"이라고 격찬했다. 한 중국 잡지는 자랑스럽게 "중국의 오늘은 베트남, 버마, 실론, 인도와 여타의 수많은 아시아 식민지와 반식민지 국가의 내일이다"라고 예언했다.[20]

소련의 선전요원들은 마오쩌둥의 이론이 창조적이며 그의 "방식"이 아시아 지역에 적합하다는 견해에 전혀 동의하지 않았는데, 그들은 중국 혁명의 승리는 결국 마르크스-레닌주의가 스탈린의 민족과 식민에 관한 보편적인 문제, 특히 중국 문제에 대한 관념과 함께 운용됨으로써 생긴 필연적 결과일 뿐이라고 훈계했다.

1951년 11월 12일 모스크바 과학대회에서 수석 대변인인 예. 주코프는 "만약 중국 혁명을 아시아 기타 국가의 인민민주혁명의 모종의 본보기로 간주한다면 그것은 대단히 위험할 것이다"라고 경고했다. 소련의 입장에서 말하면, "마오쩌둥의 길" 혹은 "마오쩌둥 사상"은 결코 없으며 아시아 각국 인민이 따라야 할 유일한 길은 마르크스와 레닌과 스탈린이 제시한 길이라는 것이다. 소련인들은 마오쩌둥의 중요성과 공헌을 제약하기 위해서 온갖 방

---

19) *Ibid.*, p. 681. 강조된 부분은 본서의 저자에 의한 것이다.
20) *Ibid.*, pp. 681-682.

법을 다 강구했고, 또한 아시아와 세계혁명의 문제에서의 마오쩌둥의 권위를 헐뜯으려고 노력했다. 그러나 모스크바에서 열린 과학대회 이후 "마오쩌둥식의 길"에 대한 논쟁이 점점 잠잠해진 것은 상호합의에 의한 것임이 아주 분명했다.

만약 마오쩌둥과 스탈린의 관계가 씁쓸한 것이었다면, 그와 흐루쇼프의 관계는 신랄한 비평으로 가득 찬 것이었는데, 스탈린은 최소한 그 자신의 오래된 자격과 사회주의 건설에서의 업적으로 인해서 모종의 존경을 받았지만, 흐루쇼프는 이 두 가지 특징을 전혀 갖추지 못했다. 마오쩌둥과 저우언라이는 1954년과 1958년의 두 번에 걸쳐서 흐루쇼프와 외몽골의 지위에 대한 논의를 시도했지만, 어떤 반응도 얻을 수 없었다. 중소 국경선 문제에 대해서 흐루쇼프는 중국의 지도는 "사람을 너무나 화나게 하여, 우리는 화가 나서 그것을 한쪽으로 던져버렸다"[21]고 했다. 또다른 기회에 마오쩌둥은 중국과 소련이 힘을 합치면 서방 자본주의의 힘보다 더 크다고 평가하자, 흐루쇼프는 듣고 난 이후 마오쩌둥을 다음과 같이 훈계했다.

마오쩌둥 동지, 이런 생각은 오늘날에 이르러서는 이미 시대에 뒤떨어진 생각이오. 당신은 다시는 누구의 인원수가 가장 많은가 하는 것에 근거하여 힘의 대소를 추산해서는 안 되오. 주먹과 칼로 분쟁을 해결하던 과거에는 어느 편의 인원수가 많고 어느 편의 칼이 많은지가 그래도 의의가 있었지만……현재는 원자폭탄이 있어서 쌍방 군대의 수효는 실제로 힘의 대소와 전쟁결과에 대해서 아무런 의의도 없소. 한쪽의 군대가 많으면 많을수록 원자폭탄에 의해서 잿더미로 변해버릴 것이 더욱 많아질 뿐이오.[22]

마오쩌둥은 흐루쇼프를 겁쟁이라고 생각했다.

1959년에 또다시 불유쾌한 일이 생겼는데, 그때 흐루쇼프가 중국에 와서 소련의 잠수함과의 연락을 유지하기 위해서 중국 영토에 무선전신국을 개설

---

21) Khrushchev, p. 474.
22) *Ibid.*, p. 470.

하는 것을 허가해달라고 요청했고, 그는 또한 소련의 군함이 중국에서 급유하고 수리할 수 있도록, 그리고 소련의 해군병사들이 상륙하여 휴식할 수 있도록 허가해줄 것을 요구했다. 마오쩌둥은 화를 내면서 이 요청을 거절하고는 "마지막으로 말하오. 안 되오. 그뿐만 아니라 나는 다시는 이런 일에 대한 어떤 것도 듣고 싶지 않소" 하고 공언했다. 흐루쇼프가 여전히 같은 입장을 고수하자, 마오쩌둥은 "안 되오!……우리는 당신들이 이곳에 오도록 하고 싶지 않소. 우리는 이미 영국인과 여타의 외국인들을 우리나라의 영토에서 몰아내는 데에 여러 해 걸렸소. 지금 우리는 다시는 어떤 사람이든지 그들 자신의 목적을 위해서 우리의 영토를 사용하도록 하지 않을 것이오" 하고 선언했다. 흐루쇼프는 그가 인내심을 잃었다고 진술하고는, 일찍이 1954년에 그는 "중국과의 충돌은 피할 수 없다"고 예상했다고 회고했다.[23]

이상의 개괄적인 서술은 마오쩌둥이 30년 동안 줄곧 소련 지도자들과 유쾌하게 지내지 못했음을 나타내주는 것이다. 그는 처음에는 스탈린에 의해서 중국 공산주의 운동의 지도층에서 배제되었고, 이후에는 스탈린과 흐루쇼프 두 사람으로부터 무례한 대우를 받았다. 개인이 입은 마음의 상처와 불만의 감정은 국가관계에 대해서도 유해한 결과를 야기할 수 있는 것이다.

이념 분쟁

외관상으로 보면, 중소 분열의 직접적인 원인은 흐루쇼프가 1956년의 소비에트 공산당 제20차 대회에서 스탈린을 비판하고 "개인숭배"를 비난했기 때문이다. 마오쩌둥은 흐루쇼프에 대해서 조금도 경의를 표하지 않았을 뿐만 아니라 그 자신도 "개인숭배"를 실행하고 있었기 때문에, 그는 소련의 사태 발전에 찬성하지는 않았지만 표면상으로는 모스크바와 협력했으며, 소련의 모델에 의거하여 중국 공산당 중앙위원회를 "집단지도"로 개편했다. 모스크

---

23) *Ibid.*, pp. 466, 472-473.

바-베이징 간의 연합전선이 협력하는 외관적인 모습은 계속 유지되었지만 마오쩌둥은 마르크스-레닌주의의 調子수를 대표하고 있는 것은 자신이지, 흐루쇼프가 아니며 중국의 경험은 아시아와 기타 식민지, 반식민지 국가를 위한 혁명의 본보기를 제공했다고 확신했다. 그는 빗대어서 소련식을 일종의 유럽 모델로 깎아내리고, 그것이 세계적인 보편성을 구비하고 있다는 것을 부인했다.

마오쩌둥은 자신이 국제공산주의 이데올로기의 지도자가 되고, 베이징을 사회주의 집단의 새로운 중심이 되게 하기로 결심했다. 소련 공산당은 스탈린이 죽은 이후에 비범한 매력을 구비한 탁월한 지도자를 배출하지 못했는데, 이런 상황은 그의 계획에 유리했으며, "스탈린주의 격하 운동"에 뒤이어 동유럽 위성국가에서 출현한 불안정은 이 계획을 실현하는 데에 아주 좋은 기회를 제공했다. 1956년 헝가리 반란의 뒤를 이어서 폴란드인들이 "다른 사회주의의 길"을 걸어갈 권리인 "인민민주주의"의 획득을 요구했다. 마오쩌둥은 이 기회를 잡아서 사회주의 진영의 조정자 역할을 맡았고, 열정이 넘치는 총리 겸 외교부장인 저우언라이를 외교사절로 동유럽에 파견하여 사태 진정의 사명을 수행하게 했다. 저우언라이는 자본주의의 위협 앞에서 사회주의 국가는 소련의 지도 아래 일치단결할 것을 강조하고 아울러 각 위성국가의 상황이 다른 것을 인정하는 것은 중대한 의미가 있다고 강조했다. 마오쩌둥의 행동은 비록 오직 임시방편의 계책이었지만 공산주의 세계의 와해 추세를 저지했으며, 사회주의 집단에서의 소련의 가장 높은 위치를 견지하게 했다. 베이징은 최초로 아시아 밖에서 영향력을 발휘하여 모스크바와는 다른 목소리를 낸 것이다. 이 성과에 고무된 마오쩌둥은 1957년 티토의 수정주의에 대해서 맹렬한 비판을 가함으로써 자신이 마르크스-레닌주의 정통원칙의 수호자가 되게 했다. 1958년에 마오쩌둥은 이미 베이징을 모스크바 외의 다른 중심지로 만들었다. 사회주의 진영의 견고한 구조는 헐거워졌고, 소련의 지도적 위치도 무너졌다.

마오쩌둥의 부상(浮上)과 공산당이 지배하는 중국의 소련의 패권에 대한

도전은 "사회주의 세계는 두 목소리와 두 중심을 용납할 수 있는가?"라는 문제를 제기했다. 이 문제가 어떤 해답을 얻게 되든지 그것이 양자 사이의 긴장 국면을 조성한 것은 의심할 여지가 없으며, 세계전략과 세계혁명방식과 관련된 문제에 대해서는 더욱 그랬다. 1957년 8월과 10월에 소련이 처음으로 대륙간 탄도 미사일과 인공위성을 성공적으로 발사했을 당시, 마오쩌둥은 기쁨에 넘쳐서 "동풍이 서풍을 압도했다"고 선언했다. 그는 형세가 국제사회주의 사업을 추진하는 데에 매우 유리하다고 생각했지만 흐루쇼프는 결단을 내리지 못하고 망설였다. 1958년 진먼-마쭈다오 위기 중에 소련은 이 연해 도서들을 점령하려는 베이징의 노력을 지원하지 않았다. 중국과 소비에트의 관계를 가장 심각하게 손상시킨 것은 흐루쇼프가 중국의 내정에 간섭한 것이었다. 1959년에 그는 소련을 방문한 중국 국방부 부장인 펑더화이에게 마오쩌둥을 반대하도록 부추겼으며, 같은 해 6월에 펑더화이가 귀국한 지 1주일 후에 일방적으로 1957년 10월에 체결한 국방신기술 협정을 취소하여, 마오쩌둥의 지위를 약화시키려고 했다.24) 1957년의 협정은 모스크바가 중국에 원자폭탄 샘플과 과학자료와 기술자를 제공하고 중국이 원자탄을 연구 및 제조하는 것을 도와주도록 규정했다. 1958년에 중수원자로를 증정한 이후 흐루쇼프는 자신의 승낙을 후회하기 시작했다. 원자탄 샘플은 다시는 오지 않았을 뿐만 아니라 1959년에 과학기술정보의 수송도 제한을 받았으며, 소련 기술자들은 중국에서 철수하면서 이미 절반이 완성된 공사 청사진을 가지고 가버렸다. 마오쩌둥은 매우 격노하여, 흐루쇼프가 미국의 선전에 굴복한 것, "수정주의"를 실시한 것, 전쟁의 성질과 세계혁명의 전략상에서 이단적인 관점을 주장한 것을 비난했다. 그는 암시적인 방식으로 흐루쇼프가 국제공산주의 운동을 지도하는 데에 적합한지 의심스럽다는 표시를 했다. 이념 분쟁 역시 치열해졌다.

중국 공산당은 사회주의 세계와 자본주의 세계 간의 전쟁은 불가피하다는

---

24) 관련된 상세한 상황은 다음 장에 언급되는 펑더화이의 해임에 대한 내용을 보라.

마르크스-레닌주의의 전통 관념을 지지했다. 베이징의 관점에 따르면, 전쟁은 공산주의 사업을 저지하기보다는 촉진한다는 것이었다. 제1차 세계대전으로 인해서 소비에트 러시아의 출현이 가능해졌고, 제2차 세계대전은 공산당이 지배하는 중국의 건립을 초래했으며, 제3차 세계대전은 공산당이 미국의 정권을 탈취하게 함으로써 자본주의 세계를 매장시키리라는 것이었다.

베이징은 전쟁은 결코 무섭지 않으며, 핵무기로 인한 재난은 3억 명의 중국인의 생명을 희생시킬 것이지만 서양 자본주의 선진국의 상황은 더욱 나빠질 것이라고 선언했다. 전해지는 말에 의하면 저우언라이는 다음 전쟁이 있은 후에는 "2,000만 명의 미국인, 500만 명의 영국인, 5,000만 명의 소련인, 3억 명의 중국인"이 살아남게 될 것이라고 주장했다는 것이다.[25] 이런 대담한 입장은 아마도 그 목적이 전쟁에 대한 두려움을 없애고 세계공산주의 운동의 봉화가 꺼지는 것을 막는 데에 있었던 것 같다.

흐루쇼프는 중국인의 관점을 반박하고 전쟁의 파괴성은 너무나 커서 반드시 방법을 강구하여 피해야 하며 제3차 세계대전은 지구를 철저히 훼멸시켜서 공산주의의 승리를 전혀 의미가 없는 것이 되도록 할 것이라고 주장했다. 다른 한편으로 사회주의 진영에는 우월한 제도가 있기 때문에 평화적인 경쟁을 통해서 자본주의 세계를 능가하여 휘황찬란한 승리를 거둘 수 있다는 것이었다. 베이징의 입장에서는 이 관점들은 이단이었다. 1960년 4월 중국인들은 흐루쇼프가 마르크스-레닌주의를 조각내어 무의미하게 하고, 배반하고, 수정했으며 이런 행위들은 반드시 국제공산주의 운동에 재난을 가져올 것이라고 맹렬히 비판했다. 흐루쇼프는 마오쩌둥이 "스탈린처럼 오직 자기의 이익만을 기억하고 현실세계의 객관적인 현실에서 벗어난 이론들을 날조했다"고 질책했다.[26] 모스크바와 베이징 사이의 논쟁은 1960년 11월에 모스

25) Zbigniew K. Brzezinski, *The Soviet Bloc: Unity and Conflict*(Cambridge, Mass., 1960), p. 403.
26) Donald S. Zagoria, "The Future of Sino-Soviet Relations", *Asian Survey*, 1 : 2 : 3-14(April 1961); Edward Crankshaw, "Khrushchev and China", *The Atlantic Monthly*(May 1961), pp. 43-47.

크바에서 81개 공산당이 참가하는 대회를 개최하여 중소 논쟁에 대한 판정을 시도하도록 촉진했다.

중국 대표단은 평화공존의 관념은 환상이라고 조소하고 해방전쟁과 민족독립운동을 더욱 강력히 지원하라고 주장하여 평화적으로 승리하는 기회를 폄하했다. 소련인들은 세계전쟁의 위험은 너무나 크며 공산주의 집단이 아직 결정적인 전략적 우위를 차지하지 못했기 때문에 신중하게 행동해야 한다고 반박했다. 그 이외에 경제상의 경쟁이 결정적인 요소가 될 것이며 시기도 사회주의 진영에 유리하다고 주장했다.[27] 회의는 1960년 12월 6일 마지막 성명서를 발표하여 소련의 평화공존에 대한 관점을 지지한다고 선언하고 따로 중국인들을 위로하기 위해서 내용을 약간 개정했다. 베이징은 매우 못마땅했지만 사회주의 집단의 단결을 수호하기 위해서 성명서에 서명했다. 그러나 그 물밑에는 견해 차이가 여전히 존재하고 있었다. 소련인은 회의에서는 승리를 거두었지만 베이징이 이미 모스크바에 도전을 하고도 사회주의 집단으로부터 축출당하지 않을 정도의 존재가 된 것은 분명했다. 소련의 패권시대는 이미 사라졌다.

아래에 열거하는 사건들은 중국과 소련의 관계를 가일층 긴장시켰는데, 즉 1962년 쿠바 미사일 위기 기간의 모스크바의 일방적인 행동, 모스크바가 중국인들과의 협의를 거치지 않고 핵무기 실험금지 조약을 받아들인 것, 1962년 중국과 인도의 국경전쟁 중 중국을 지지하기를 거부한 것 등이었다.[28] 1964년에 이르러 중소 간의 적대시는 이미 상당히 심각해져서 사실상 중국의 핵무기 제조가 거의 성공 단계에 이르자, 흐루쇼프는 결국 중국의 원자탄 기지를 파괴할 것을 고려했다. 다른 소련 지도자들은 이 계획에 너무나 놀라서 즉각 이 사실을 중국 지도자들에게 통보했다. 마오쩌둥은 소련이 그의 아시아 위성국조차도 보호할 수 없다는 것을 보여주기 위해서 외몽골

---

27) 모스크바 회의에 대한 심층적인 분석은 Donald S. Zagoria, *The Sino-Soviet Conflict, 1956-1961*(Princeton, 1962), 제15장을 보라.
28) 외교부장 천이가 일단의 스칸디나비아 기자들에게 발표한 성명으로서, *The Christian Science Monitor*, May 27, 1966에서 보도되었다.

을 침입하겠다고 위협했다. 1964년 10월15일 비교적 실용적인 소련의 지도자인 레오니트 브레즈네프와 알렉세이 코시긴이 중앙위원회에서 충분한 수효의 지지자들을 모아들여 흐루쇼프의 각료회의 의장의 직위를 해제시키는 데에 성공했다.29) 다음 날 중국의 첫 번째의 원자탄이 신장 성에서 작렬했는데, 이것은 소련 측 인원들이 철수한 후 중국 과학자들이 독자적으로 이룩한 성과였다.

중소 관계는 잠시 개선되었으나 새로운 소련 지도자들이 결코 흐루쇼프가 확정한 방침을 변경할 의사가 전혀 없다는 것이 곧 밝혀졌다. 그리고 베이징이 다시 소련의 수정주의를 비판함으로써 균열이 확대되었다. 전 세계 공산주의 정당 중에서 베이징의 강경한 입장을 지지하는 정당이 몇 개 있었지만 기타 정당들은 친중파와 친소파로 나뉘어졌다. 소련은 부단히 중국을 국제 공산주의 운동에서 축출하려고 시도했지만 성공을 거두지 못했다.

영토 분쟁

중국과 소련의 국경 4,150마일의 영토 분쟁에 대해서 제정 러시아와 스탈린이 중국인에게 가지게 한 가장 심각한 피해의식은 이념 분쟁 및 국제공산주의 운동의 지도권 쟁탈 문제와 얽혀 있었다. 마오쩌둥은 모든 상실된 영토와 권리를 되찾는 일에 전념했다. 중국인의 영토 상실에 대한 원한은 깊은 역사적 근원이 있다. 러시아와 체결한 최초의 두 조약은 1689년의 네르친스크 조약과 1727년의 갸흐티 조약인데, 비록 일반적으로 모두 공평한 조약으로 생각되고 있지만 중국은 이로 인해서 각각 9만3,000제곱마일과 4만 제곱마일의 영토를 상실했다. 그 나머지 러시아와 체결한 조약들이 불평등 조약이라는 것은 의문의 여지가 조금도 없었다. 1858년의 아이후이 조약으로 헤이룽 강 유역 18만5,000제곱마일의 영토를 러시아에 할양했는데, 이 지역은

---

29) Harold C. Hinton, *Communist China in World Politics*(New York, 1966), pp. 478-482.

아무르 성이 되었고, 1860년의 베이징 조약은 아이후이 조약을 확인시켜주었다. 그밖에도 우수리 강 이동의 13만3,000제곱마일의 영토를 할양했다. 그것은 러시아의 연해주가 되었고, 1881년의 상트페테르부르크 조약에서 1만5,000제곱마일의 중국 영토가 러시아에 할양되었다. 1921년 민국 원년 공화혁명 시기에, 러시아는 몽골 독립운동을 선동하고 외몽골의 "자치"를 승인하여 외몽골을 실제적으로 러시아의 보호국가로 변모시켰다. 볼셰비키 혁명 이후 중국은 1919년에 다시 외몽골에 대한 통제권을 획득했으나, 소련군이 1921년 7월 몽골에 침입하여 몽골의 "독립"을 회복시키고 동시에 탄누투바를 합병했다.30) 1924년 몽골 인민공화국이 수립되어 소련의 첫 번째 위성국가가 되었고 쿨롱을 수도로 삼았는데 현재는 울란바토르(붉은 영웅)로 불리고 있다. 뒤이어 1945년 2월 얄타 협정에 근거하여, 그리고 이후에 다시 1945년 8월 14일에 중소 조약의 확인을 거쳐서 소련은 1905년 러시아가 전쟁에서 패배하여 일본에게 할양한 차르의 만주에서의 모든 특권과 특수이익을 다시 획득하게 되었다. 중화인민공화국 건립 이후에도 스탈린은 마오쩌둥에게 수많은 굴욕적인 양보를 강요했다.

중국의 모든 애국자와 마찬가지로 마오쩌둥은 계속 중국이 과거에 받은 피해를 바로잡으려고 생각했다. 일찍이 1936년 초에 그는 미국 기자인 에드거 스노에게 "중국이 당면한 임무는 우리의 모든 실지(失地)를 되찾는 것입니다"라고 말했다. 외몽골을 포함한 그것들이 마땅히 "중화연방"의 한 부분이 되어야 한다는 것이었다.31)

1963년 3월 8일, 베이징은 실지의 목록을 한 장 작성했는데, 거기에는 시베리아 남부와 연해주와 러시아의 중앙 아시아 지역의 적어도 50만 제곱킬로미터의 영토가 포함되어 있었다. 베이징은 소련에 대해서 지금의 중국과 소련의 국경은 수많은 "불평등" 조약으로 인한 "비합법" 조약의 산물이라는 것을 공식적으로 인정하라고 요구했다. 모스크바는 어떤 이웃나라와도 영토

---

30) Taisung An, pp. 50-51.
31) Edgar Snow, *Red Star Over China* (New York, 1961), p. 96.

문제가 존재한다는 것을 부인하고 중국과의 기존 조약의 비합법성을 확인하는 것도 거절했다. 1964년 7월 10일, 마오쩌둥은 내방한 일본 사회당 대표단에게 "대략 100년 전, 바이칼 호수 이동이 러시아 영토가 되었고 그 이후에 블라디보스토크, 하바롭스크, 캄차카와 그 외 지역이 소련의 영토로 변해버렸습니다. 이 실지들을 우리는 아직도 되찾지 못했습니다"라고 말했다.[32)

모스크바는 마오쩌둥의 성명은 사람들에게 히틀러가 "생존 공간"을 추구하는 것을 상기시키는 표현이라고 비난했다. 흐루쇼프는 만약 제정 러시아가 팽창주의자였다면 중화제국도 피차일반이며, 이 두 국가는 모두 타인의 영토를 강탈했으니 그들의 행위는 서로 비긴 것으로 해야 할 것이라고 공개적으로 반박했다. 그래서 1964년 2월 25일 베이징에서 시작된 국경협상은 아무런 성과 없이 10월 15일에 결렬되었다. 이 이후로 국경충돌의 빈도수가 날이 갈수록 높아졌고, 강도도 갈수록 커졌다. 1968년 11월에 이르러, 브레즈네프-코시긴 지도체제가 영토분쟁에 대해서 강경한 태도를 취하기로 결정함으로써 대규모의 충돌을 피할 수 없게 되었다.

중국 측의 성명에 의하면, 1964년의 회담 결렬 이후부터 1969년 3월에 이르기까지 소련이 중국의 국경을 모두 4,189번 침범했다고 한다. 국경의 긴장 상황은 나날이 심해졌으며 이어서 1969년 3월 2일과 3월 14-15일에는 양측의 대규모의 충돌이 우수리 강의 전바오다오에서 발생했다. 중국과 소련은 모두 전바오다오는 자국의 영토라고 주장했는데, 이 섬은 동경 133도 51분, 북위 46도 51분에 위치해 있으며, 길이가 대략 1마일 정도이고 넓이는 3분의 1제곱마일 정도이다. 중국인들은 이 섬이 일찍이 역사상 중국 강가의 한 부분이었으며, 늦여름의 수위가 낮아지는 기간에 중국인들은 도보로 강물을 건너서 이 섬에 도달했으며, 중국의 어민들은 이곳을 이용하여 어망을 햇볕에 말렸다고 주장했다. 소련인들은 1922년부터 이 섬에 1개의 초소를 세웠지만 중화인민공화국이 수립된 이후 1950년에 이 초소를 철거했으며,

---

32) Taisung An, pp. 76, 82.

그 외에도 중국인들이 정기적으로 전바오다오를 빌려달라고 신청했던 사실이 이 섬이 소련의 소유임을 증명하는 것이라고 주장했다.

3월 1-2일 밤 사이에 약 300명의 위장한 중국 병사들이 전바오다오에 도착하여 관목이 울창한 지대에 참호를 파고 매복공격을 할 준비를 했다. 다음 날 오전 약 11시쯤, 외관상으로는 무기를 휴대하지 않은 것처럼 보이는 중국인들이 대열을 지어 소련인들에게로 다가갔다. 그들이 적편 앞 20피트 정도 지점에 이르렀을 때, 첫 번째 대열의 사람들이 신속하게 옆으로 숨자 두 번째 대열의 사람들이 총을 쏘아 지휘관을 포함한 7명의 소련인을 살해했다. 기타 중국인 병사들이 은신처로부터 뛰쳐나와 일거에 이 소련 군인들을 제압하여 19명의 사병을 포로로 잡고 다량의 소련군의 군비를 노획했다. 소련군 증원부대가 마침내 이 섬에 도착하여 중국인들을 축출했다. 쌍방은 모두 승리를 거두었다고 주장함과 동시에 상대방이 침범했다고 비난했다.

3월 14-15일의 제2차 충돌은 소련인들이 일으킨 보복행동으로서, 탱크와 수많은 사병들이 투입되었다. 오전 10시부터 시작된 전투는 9시간 동안 지속되었으며 60명의 소련인과 800명의 중국인 사상자를 냈다.[33]

양측 모두 이 충돌 사건을 힘을 다하여 과장 선전했는데, 전람회를 개최하여 상대방의 잔인함을 폭로하고, 방대한 시위행진을 조직하여 민족감정과 전쟁에 대한 공포를 부추기려고 했다. 뒤이어 헤이룽장 성의 빠차다오(골딘스키)와 신장의 국경선 상에서 발생한 충돌은 전쟁의 긴박감을 가일층 격화시켰다.

전쟁의 위기

1968년 소련이 체코슬로바키아를 침입하면서, 브레즈네프는 만약 기타 공산

---

33) Thomas W. Robinson, "The Sino-Soviet Border Dispute: Background Development, and the March 1969 Clashes", *The American Political Science Review*, LXVI : 4 : 1199(Dec, 1972).

주의 국가가 사회주의 사업을 저버린다고 생각되면, 소련은 이런 국가의 내부문제에 간섭할 권리가 있다고 공언했다. 중소 국경충돌에 뒤이어 이런 사태가 발생함으로써 소련이 중국을 공격하리라는 불길한 전망이 예측되었다. 사실상 모스크바의 일부 대담한 군부 및 정부수뇌들은 중국의 원자탄 핵실험 기지에 핵 선제공격을 가하고 아울러 미국을 끌어들여 함께 공격하거나 최소한 미국이 묵인하도록 할 수 있는 가능성을 타진하자고 진지하게 건의했다. 이보다 먼저 도쿄와 캔버라 주재 소련 대사관 무관과, 이후에는 더 높은 고위층 관리가 미국에 합동하여 중국을 공격하자고 제안했다. 그러나 닉슨 대통령은 이에 대해서 "격렬하고 분노에 찬 반대"를 하라고 명령을 내렸다.[34] 1969년 9월 11일, 소련 각료회의 의장인 코시긴은 호찌민(胡志明)의 장례식에 참석한 이후 비행기로 귀국하던 중에 비행기가 이르쿠츠크 부근 상공에 이르렀을 때, 명령을 받고 베이징으로 가서 저우언라이와 공항에서 3시간 동안 회담을 했다. 그들은 다음과 같은 사항에 대해서 양해하기로 했다. 즉, 무력을 사용하지 않는 조건하에서 협정을 체결하여 국경의 현황을 유지하고, 군사충돌과 마찰을 방지하며, 분쟁이 생긴 지역에서는 군대를 격리시키고 협의를 통해서 모든 국경선 문제를 해결하고 서로 침략하지 않는다는 것이었다. 이 회담 이후에 국경선 분쟁이 잠잠해졌으며 1969년 10월 20일 베이징에서 고위층 협상이 재개되었다. 그러나 1970년 7월, 소련은 다시 미국에 대해서 중국 혹은 기타 핵 국가의 "도발 행동"에 대응하기 위한 공동협정을 체결하자고 건의했다. 이 건의는 중국과 관련될 뿐만 아니라, 또한 나토 동맹 내의 핵 국가와도 관련된 것이기 때문에 미국 정부로부터 거절당했다.[35]

베이징에서 다시 시작한 국경선 협상에서 중국은 소련에 할양한 영토를 모두 반환할 것을 요구하지는 않았다. 그러나 그들은 기존의 조약을 협상의

---

34) Joseph Alsop, "Thoughts out of China-(I) Go versus No go", *The New York Times Magazine*, March 11, 1973, p. 31.
35) John Newhouse, *Cold Dawn: The Story of SALT*(New York, 1973), pp. 188-189.

기초로 삼아서 국경문제를 전면적으로 해결해야 하고 그 밖에 소련이 중국과 제정 러시아와의 기존의 조약이 불평등하고 비합법적이라는 것을 인정해야 한다고 주장했다. 중국은 제정 러시아와의 기존의 조약 이외에 소련이 얻은 모든 영토를 무조건 중국에게 돌려줄 것을 요구했는데, 거기에는 우수리 강과 헤이룽 강의 700개의 도서 중의 600개와, 모두 대략 400제곱마일의 육지 면적 및 신장 성의 파미르 산악 지역의 1만2,000제곱마일의 영토가 포함되어 있었다. 이 요구들을 논증하기 위해서, 베이징은 국제법의 "주요 항로" 원칙을 원용했다. 즉, 경계선이 되는 하천의 주요 항로 중심선을 따라서 국경선을 구분하면 헤이룽 강과 우수리 강이 이런 상황에 속하게 되며, 이에 근거하면 중국이 전바오다오와 빠차다오를 포함한 이 600개의 섬을 소유하게 된다는 것이다. 파미르 구간의 국경선에 대해서, 중국인은 러시아 군대가 1884년의 국경선 의정서를 위반하고 그곳을 불법으로 점령한 것이라고 했다.[36]

소련 대표는 청나라 정부와 제정 러시아가 체결한 조약들은 결코 "불평등한" 것이 아니며, 법률과 역사적으로 보면 중국과 소련의 국경선은 이미 확정된 것이라고 주장했다. 소련인은 비록 현재의 국경선을 변경할 아무런 이유도 없다고 생각했지만 그들의 호의를 표시하기 위해서 일부 특수한 국경 지역에서, 즉 전략적 의의가 있는 신장 성과 블라디보스토크 지역에서 약간의 작은 수정을 하려고 했다. 파미르 구간의 국경선과 헤이룽 강, 우수리 강에 대해서, 소련인은 파미르에서 불법적인 점령의 상황이 있었음을 부인했다. 동시에 헤이룽 강과 우수리 강에서 주요 항로의 원칙에 따라서 국경선을 정하는 것에 반대하며, 그 600개의 도서들은 소련에 속한다고 주장했다. 협상에서 어떤 협정 혹은 받아들일 수 있는 타협을 이루지는 못했다.

분명히 양측은 모두 다른 목표들을 달성하기 위해서 협상을 이용하여 시일을 끈 것이었다. 1973년 중반에 이르러 소련은 이미 중소 국경에 배치한 병력을 100만여 명으로 증가시켰을 뿐만 아니라, 미사일과 핵무기를 배치하

---

36) Tai-sung An, 109, 114-115 ; Robinson, 1180-81쪽.

고, 그 밖에 또 태평양에 적어도 150척의 군함을 주둔시켰다. 그들은 또 중국에 대한 첫 번째의 공격상의 우위를 획득하기 위해서, 모스크바와 레닌그라드 주위에 갤로시(Galosh) 시스템이라고 불리는 탄도 요격 미사일(ABM)을 약 100개 배치했다.[37] 이와 동시에 그들은 두 전선에서의 전투를 피하기 위해서 서유럽, 특히 서독과 양해를 이루려고 노력했다. 중국도 최소한 100만 명을 집결시켜 국경지역을 강화하고 거대한 외교정책상의 전환을 택하여 미국, 일본과의 양해를 통하여 제국주의의 포위를 타파하고 미소가 결탁할 가능성을 방지하려고 했다. 두 개의 전선에서의 전쟁을 피하는 것이 마오쩌둥의 가장 큰 관심사였다. 동시에 중국은 가장 나쁜 가능성을 고려하여, 각 대도시에 방대한 방공망을 건설하고 물과 음식물과 의료설비를 배치했다. 신장 성의 뤄부보에 위치한 핵 시설은 조용히 티베트 오지의 몇몇 이름이 알려지지 않은 장소로 이전되었고, 구 기지는 진짜 핵 시설처럼 위장했다. 블라디보스토크, 이르쿠츠크와 기타 국경 부근의 소련 도시를 공격하기 위해서 중국의 단거리 미사일이 배치되었고, 사정거리가 1,200-2,300마일의 중거리 미사일은 시베리아와 소련의 중앙 아시아 지역의 목표를 공격하는 데에 사용할 예정이었다. 1973년에 이르러, 사정거리가 3,500마일에 달하고 모스크바와 레닌그라드까지 공격할 수 있는 중거리 미사일이 생산되기 시작했다. 1980년에 중국은 사정거리 6,000마일의 대륙간 탄도 미사일을 보유했다. 중국은 신속하게 두 번째의 공격 능력을 발전시키고 있었다.[38] 군사적인 면에서 보면 소련이 징벌을 받지 않고 핵 공격을 가할 시기는 이미 지나가버렸고, 외교적인 면에서 보면 국제사회 역시 이런 핵 공격을 용인할 리가 없었다. 보도에 따르면, 닉슨은 1972년 5월 모스크바를 방문했을 때 "가장 솔

---

37) Peter S. H. Tang, "Russian Threat to China", *The Christian Science Monitor*, Sept. 12, 1972; Shinkichi Etō, "Motivations and Tactics of Peking's New Foreign Policy," pp. 33-34. 1973년 6월 24-30일 녹일 농아연구협회 슐로스 라이젠베르크 국제회의에서 낭독한 논문이다.

38) 보도에 의하면 1973년 중반까지 중국은 사정거리가 1,200마일인 미사일을 15개 보유하고 있었다고 한다. 1980년 5월에 중국은 사정거리가 6,000-7,000마일인 2개의 CSS-X-4형 미사일의 시험제작에 성공했다.

직한 어휘"로, 브레즈네프에게 소련의 중국 공격은 세계평화를 위협할 것이며, 미국의 국가이익을 침범하는 것으로 간주될 것이라고 경고했다고 한다. 브레즈네프는 단도직입적으로 미국이 공산국가 간의 문제의 중재자 역할을 맡을 자격이 있는지를 따졌다고 한다. 그러나 소련은 미국의 밀, 기술, 긴장완화를 간절히 원했는데, 이것이 대체적으로 모스크바가 미국의 경고를 무시하지 못하도록 했다. 이탈리아, 루마니아, 유고슬라비아 등의 공산당들과 같은 몇몇 강대한 유럽 공산당들은 소련이 중국을 공격하는 것을 강력히 반대했다. 이후 브레즈네프는 "아시아 안보체계"를 구상하여, 소련은 인도, 일본, 북한, 인도차이나 국가와의 연계를 강화함으로써 중국을 포위하려고 했다. 그러나 인도와 베트남에 대한 경우를 제외하고 이 계획은 아무런 효과를 거두지 못했다.

결국 중국인들은 사회주의 개조, 공업발전, 지도부 문제와 "후계" 등의 일에 몰두하고 하고 있었고, 전쟁을 벌일 생각이 없었다. 소련인들도 중국 문제로 몹시 골머리를 앓았으며, 도대체 어떻게 해야 할지를 몰랐다. 소련 정부는 위협과 화해의 사이에서 왔다 갔다 했고 1973년 6월 중순에 소련은 상호불가침 협정 체결을 제안했지만, 베이징으로부터 거절당했다.[39) 뒤이어 1974년 11월 초, 중국은 뜻밖에도 상호불가침 협정을 체결하자고 건의하고, 1969년 9월의 코시긴과 저우언라이 간의 양해각서에 근거하여 분쟁이 있는 국경지역에 주둔하고 있는 쌍방 군대가 접촉하지 않도록 하자고 제의했다. 그러나 브레즈네프는 이에 대하여 코웃음 쳤다. 중소 관계의 상태는 1980년에 중국이 30년 전 체결한 우호동맹 조약을 지속할 것을 거부한 것에 반영되어 있었다. 전쟁의 위험은 비록 낮아졌지만 양국 사이의 긴장관계는 계속되었는데, 이것은 삼각관계에 있던 또다른 주역인 미국을 이롭게 했다. 미국은 정말로 어부지리를 얻었다고 말할 수 있다.

1980년대의 대부분의 기간에 중소 관계는 다음 3가지의 장애물의 영향을

---

39) Robert A. Scalapino, "China and the Balance of Power", *Foreign Affairs*(Jan, 1974), p. 361.

받았다. (1) 소련이 베트남이 캄보디아를 점령한 것을 지지한 것, (2) 소련이 아프가니스탄에 침입한 것, (3) 소련이 중소 국경지대에 대군을 배치한 것이었다. 중국은 양국 관계의 정상화는 이 3가지의 장애물을 제거하는 것을 전제로 해야 한다고 주장했다. 1987년 소련 10월 혁명 70주년 경축식전에는, 공산국가 중에서 오직 중국만이 정식 정당 대표단을 파견하지 않았다. 그러나 중국은 소련 지도자 미하일 S. 고르바초프의 글라스노스트(glasnost : 공개)와 페레스토로이카(perestroika : 정치개혁)정책의 진전을 면밀하게 주시했는데 그 이유는 중소 양국이 모두 국내경제를 점검하기 위해서 동일한 노력을 하고 있었기 때문이다. 고르바초프는 중국과의 관계개선을 가장 중요한 일로 간주했다. 1987년 11월 그는 중국의 지도자인 덩샤오핑과의 회담을 요구했지만 덩샤오핑은 이 제의를 거절했는데, 그 이유는 소련이 캄보디아에서 베트남 군대의 철수를 촉구하지 않았기 때문이었다. 그러나 소련이 아프가니스탄에서 군대를 철수시킨 이후 양국 관계의 발전추세가 뚜렷해졌다. 1988년 5월에 중국과 소련은 문화교류 협정을 체결했고, 이것에 근거하여 볼쇼이 발레단이 베이징을 방문하여 공연했고, 레닌그라드의 수도박물관과 베이징의 고궁박물관은 교류전시를 했다. 1988년 후반기에 모든 징조는 고르바초프가 1989년 5월 덩샤오핑과 최고위층 회담을 하여 양국은 즉시 정상관계를 회복할 것이라는 것을 분명히 시사해주었다.

28
프롤레타리아 계급 문화대혁명

대약진 운동, 인민공사, 중소 분열은 중국 지도부 내부의 견해 차이와 긴장 관계를 격화시켰다. 마오쩌둥보다 더욱 실용적인 성향의 일단의 중진 당원들은 "최고지도자"가 제정한 방침에 의심을 품기 시작했다. 그들은 이 방침들이 너무나 무모하며 너무나 타당하지 않다고 생각했고, 대약진 운동과 인민공사의 최초의 결과에 대해서도 실망을 느꼈다. 소련과의 견해 차이를 처리하는 마오쩌둥의 방식에 대해서도 상당히 불만이었는데, 그들은 소련의 지원을 계속 받는 것이 중국의 경제, 군사, 과학의 발전에 매우 중요하다고 생각했다. 그들은 농업합작화와 공업발전에 대한 지나치게 빠른 속도와 기술과 군비영역에서의 "홍(紅 : 혁명의식)"을 강조하고 "전(專 : 전문지식)"을 경시하는 방법 및 끊임없이 국민의 정신을 소모시키는 대중운동의 발동 등에 대해서 의심을 품었다.

이 지도자들은 오랫동안 마오쩌둥을 도와서 일했고 실질적으로 당과 정부의 일상적 활동을 장악하고 있었으며, 이 때문에 그들은 높은 자리에 앉아 있어서 현실과 동떨어져 있던 마오쩌둥보다 자신들이 국가가 필요로 하고 있는 것을 더욱 정확하게 알고 있다고 생각했다. 그들은 마오쩌둥의 사회주의 개조 방식이 지나치게 낭만적이고 조급하다고 몹시 걱정하여, 그의 정책 실시를 교묘하게 저지하고 늦추기로 결심했다. 이 두 가지 노선의 충돌은 1960년대 중후반기에 사회, 정치, 문화상의 거대한 격변인 프롤레타리아 계

급 문화혁명을 유발했다.

이 지도자들이 마오쩌둥의 방침을 집요하게 바꾸려고 한 이유는, 이미 지난 수년 동안 바로 그들의 권력이 크게 증가했고 특히 1956년 중공 개편 이후 더욱 증가했기 때문이다. 이 개편을 통해서 4개의 중앙위원회의 부주석 직위와 정치국 상무위원회와 중앙서기처가 설립되었다. 중앙위원회 주석은 더 이상 서기처의 수장을 겸임하지 않게 되었고, 서기처는 이제 당의 총서기가 책임지게 되었다. 정치국 상무위원회는 권력의 핵심으로서 그것은 중앙위원회 주석, 4명의 부주석과 당의 총서기로 구성되어 6명의 집단지도를 대표하고 있었다. 마오쩌둥은 계속해서 중앙위원회 주석을 맡았지만 류사오치가 제1부주석이 되어 주석의 직권을 대행했고, 덩샤오핑은 총서기에 임명되었다. 이 개편을 통해서 마오쩌둥은 "2선"으로 물러나고, 류사오치와 덩샤오핑이 "1선"으로 올라감으로써, 그들의 위신과 지위가 크게 향상되었다. 마오쩌둥이 10년 후에 1966년을 회고하며 말한 바와 같이, 그가 이렇게 안배한 목적은 "내가 세상을 하직했을 때 국가가 커다란 혼란을 모면할 수 있게 하기 위해서였다."[1] 새롭게 이전보다 더 높은 직위를 맡게 됨으로써, 류사오치와 덩샤오핑은 중대한 정책업무에 대해서 의견을 대담하게 발표할 수 있는 충분한 자신감을 가지게 되었다. 그들은 비교적 안정된 사회질서를 조성하고 공업발전을 농업집단화보다 우선적으로 하기 위해서 비교적 온화한 행동방침을 취하는 것에 찬성했다. 그러나 마오쩌둥은 계속해서 대중운동을 추진하고, 집단화와 대약진과 인민공사의 속도를 가속화시켰다. 1958년에 이르러, 류사오치, 덩샤오핑은 중앙위원회를 회고하게 장악했는데, 중앙위원회는 인민공사의 발상이 "부당하다"는 것을 발견했다. 1958년 12월 10일의 6중전회(中全會)는 두 가지 결의안을 통과시켰는데, 하나는 공사제도를 수정하는 것이었고, 다른 하나는 다시는 새 임기의 국가주석(즉, 중화인민공화국 주석) 직무를 맡지 않겠다는 마오쩌둥의 요청을 받아들이는 것이었다. 마

---

1) Gene T. Hsiao, "The Background and Development of 'The Proletarian Cultural Revolution'", *Asian Survey*, VII : 6 : 392(June 1967).

오쩌둥은 이 같은 요청을 한 이유를 그가 당과 국가의 일상업무에서 벗어나서 마르크스-레닌주의의 이론저작을 깊이 연구하는 데에 더 많은 시간을 쓰고 싶기 때문이라고 했다. 관계인사들이 갖은 방법을 다 써서 마오쩌둥이 주동적으로 이 결정을 내렸다는 인상을 전달했지만, 실제상황은 류사오치가 전혀 내색을 하지 않고 태연히 그를 국가주석 자리에서 "밀어낸 것이었다." 1966년 10월, 마오쩌둥 본인은 이 일을 평가하여 말하기를 "나는 그 결정이 매우 불만스러웠지만 어떻게 할 수 없었다"고 했다.2) 그는 몹시 원망하면서 자신이 "제사상이 차려진 죽은 사람처럼" 취급받았다고 말했다.3)

1959년이라는 해는 경제발전 정책에서 특히 위태로운 한 해였다. 대약진과 인민공사의 결과는 매우 실망스러웠다. 재래식 설비와 방법으로 인해서 원료가 많이 낭비되고 생산에 대한 대가가 높아졌으며, 생산된 제품의 품질은 매우 낮았다. 작은 용광로에서 정련된 강재(鋼材)는 공업의 요구에 부합되지 못했고 수많은 간이 용광로는 폭풍우에 붕괴되었다. 수리시설이 건전하지 못했고 토양에 비료를 잘못 주어 농업생산도 심각한 손실을 입었다. 높은 생산지표에 맞추기 위해서 기계를 과부하되도록 돌렸고, 또한 적당한 정비가 결핍되어 이것은 생산도구의 신속한 노화와 파손을 야기했으며, 비숙련노동자들을 필사적으로 모집한 것도 관리상의 번거로움을 야기했다.4) 인민공사는 농업생산의 증산이 아니라 감산을 야기했다. 식량의 생산량은 1958년의 2억 톤에서 1959년의 1억6,500만 톤으로 하락했고, 다시 1960년에는 1억6,000만 톤으로 하락했다. 만약 1957년도의 농업생산 총지수를 100으로 한다면, 1958년에는 108, 1959년에는 86으로 하락했고, 1960년에는 다시 83으로 하락했다. 공업생산지수는 이에 비해서 조금 나은 편인데 1957년을 100으로 가정하면 1958년은 131, 1959년은 166, 1960년은 161-163, 1961년은 107-110이었다. 국민총생산액(GNP)의 전체 상황은 1958년의 950

2) *Ibid.*, p. 395.
3) James Pinckney Harrison, *The Long March to Power*(New York, 1972), p. 477.
4) Kang Chao, "Economic Aftermath of the Great Leap in Communist China", *Asian Survey*, IV : 5 : 851-858(May, 1964).

억 달러에서 1959년에는 920억 달러로, 1960년에는 890억 달러로, 1961년에는 720억 달러로 하락하여 사람들을 실망시켰다.5) 요컨대, 대약진과 인민공사의 최초 수년의 결과는 상당히 만족스럽지 못했으며, 인민들 사이에는 거대한 불만의 감정이 존재하고 있었다.

실용주의파 인사들은 갈수록 마오쩌둥의 정책에 불만을 품었다. 그들은 마오쩌둥이 시대와 완전히 부합되지 않는 게릴라 사상으로 국가를 관리하고 있으며, 대국의 최고 통치자로서의 그와, 원래의 혁명가로서의 그의 성공 역할을 비교해 볼 때 서로의 차이가 너무 크다고 여겼다. 어떤 사람들은 그의 재능에 한계성이 있다고 교묘히 암시하기도 했다. 확실히 "삼면홍기(三面紅旗)"—당의 총 노선, 대약진 운동, 인민공사—는 이미 경제혼란과 사회동요를 조성했고, 이것은 실용주의파 인사들의 마음속에 마오쩌둥 노선에 대한 의문을 날로 증폭시켰다. 그들은 비록 영도자의 비위를 거스를 위험이 있었지만 방법을 바꾸도록 대담하게 제의했다.

펑더화이의 해임

1959년 8월, 중국 공산당 중앙위원회는 루산 회의(盧山會議)를 개최했다. 당내 서열 5위의 인물이자 주요한 경제설계사인 천윈은 인민공사를 합작사로 되돌리고, 더욱 실제적인 경제발전계획을 제정하며, 소련과 제한적인 합작을 하는 것을 포함한 몇 가지 중대한 개혁을 채용하자고 회의석상에서 주장했고, "사상 면에서도 건전하고 기술면에서도 우수해야 함"을 더욱 많이 강조했다. 천윈의 발언은 아마 사전에 국가주석인 류사오치의 동의를 얻었을 것이며, 이것은 마오쩌둥 일파 사람들을 불쾌하게 했음이 분명하다.6)

---

5) *People's Republic of China: An Economic Assessment*, A compendium of papers submitted to the joint Economic Committee, Congress of the United States(Washington, D. C., 1972), p. 5(이하에서는 *Joint Economic Committee Report*라고 표기).
6) Henry G. Schwartz, "The Great Proletarian Cultural Revolution", *Orbis* (Fall 1966), pp. 813-814.

국방부 부장인 펑더화이는 더욱 솔직히 비평했는데, 그는 마오쩌둥의 오랜 전우이자 출중한 군인이었다. 그는 3주일 동안 동유럽 친선방문을 마치고 막 귀국했는데, 그동안 그는 알바니아의 수도 티라나에서 흐루쇼프를 만났다. 두 사람은 중소 관계의 악화에 대해서 논의했다. 펑더화이는 흐루쇼프에게 중국에 핵 원조를 제공하겠다는 언약을 철회하지 말도록 설득했고, 경솔하게도 중국의 혼란 상태와 대약진 운동의 결점을 누설했다. 흐루쇼프는 마오쩌둥을 반대하도록 그를 부추겼다. 펑더화이가 귀국한 지 1주일 후에 소련은 2년 전 중국과 체결한 핵 기술 협정의 중지를 선언했는데, 이는 아마도 마오쩌둥에게 도전하도록 펑더화이의 지위를 강화시키기를 희망했기 때문일는지도 모른다. 루산 회의에서 이 경솔한 국방부 부장은 의견서를 배포하여 마오쩌둥의 사회주의 개조 방식이 "경솔하고", "지나치다"고 비판했고, 혼란의 원인이 인민공사를 시행한 것 그리고 작은 용광로가 20억 위안의 인민폐를 낭비한 데에 있다고 지적했다. 그는 격렬하게 다음과 같이 비판했다.

우리는 대약진 운동의 성과와 대중운동의 열정에 사로잡혀, 좌경 사상의 대두를 통해서 결국 한걸음 더 공산주의로 진입하기를 바랐습니다.……일부 동지들의 관점에 따르면 정치제일주의는 모든 것을 대신할 수 있다고 하지만……그러나 정치제일주의는 경제법칙을 대신할 수 없고, 경제수단을 대신할 수는 더더욱 없습니다.[7]

그는 대약진 운동을 "소부르주아 계급의 열광성"에 비유하여, 그것을 공상주의의 "열이 발끈 오른 것"이라고 일컬었다. 이것은 확실히 마오쩌둥의 건강 상태를 풍자한 것이었다. 펑더화이는 15년 만에 영국의 공업생산량을 추월한다는 생각을 비판했고, 중국의 경제는 "아주 크게 잘못되었다"고 질책했다. 그는 당이 군대를 통제하는 것을 비난하고, 최신장비를 구비한 현대화된 직업군대를 창설할 것을 호소했다. 이에 근거하여 그는 신식무기를 공급받

---

7) Stanley Karnow, *Mao and China : From Revolution to Revolution*(New York, 1972), pp. 117-119.

기 위해서 소련과 더욱 밀접한 관계를 유지하자고 주장했으며, 마오쩌둥의 "인민전쟁"에 대한 관념에 대해서 의문을 제기하고, 끊임없이 군인들을 정치활동에 참가하도록 하여 그들의 정력을 분산시키는 방법을 격렬하게 비난했다. 펑더화이의 비판은 비록 날카로웠지만 결코 마오쩌둥의 사퇴를 촉구하지는 않았으며, 단지 그의 정책을 수정할 것을 주장했다.[8]

천원은 이렇게 마오쩌둥을 비판하는 것은 반작용을 불러일으킬 것이라고 생각했다. 마오쩌둥에게 영향을 줄 더욱 효과적인 방식은 그의 정책이 조성한 잘못된 결과와 자료를 그의 앞에 가져다놓아서 그가 스스로 결단을 내리도록 하는 것이라고 보았다. 이렇게 하면 마오쩌둥은 타인의 도전을 받았다고 느끼지 않을 것이고, 아마 스스로 대약진 운동을 종결시키거나 완화시키리라는 것이었다.[9]

예측한 대로 펑더화이의 비판의 격렬함은 마오쩌둥을 경악하게 했는데, 그는 그것을 "거의 루산의 반을 폭파시켜버릴 기세였다"고 묘사했다. 펑더화이는 원래 성격이 급하기로 유명했으므로, 만약 그가 마오쩌둥이 싫어하는 흐루쇼프와 만나지 않았다면 그의 전례 없는 날카로운 비판은 어쩌면 수용되었을지도 몰랐다. 그러나 소련 사회제국주의와의 결탁은 용서할 수 없는 일이어서 그는 이로 인하여 자연스럽게 수정주의자가 되었다. 펑더화이는 현대화된 장비를 갖춘 직업군대를 창설하자고 요구했다. 이런 요구는 필연적으로 소련의 원조에 더 많이 의존하게 되고 아울러 중국의 제한된 자원이 군사상으로 분산되는 일로 이어지는데, 이는 곧 정책중점의 경중과 완급에 대한 새로운 조정을 요구하게 되는 것이었다. 마오쩌둥은 이후에 흐루쇼프가 "형제 당을 반대하는 막후 분열활동"에 가담했다고 질책했고, 또한 펑더화이가 "나라를 팔고", "외국의 교사를 받아 불화를 야기한 것"을 비난했다.

---

8) 루산 회의의 충돌에 대한 기술에 대해서는 David A. Charles, "The Dismissal of Marshal P'eng Teh-huai", *The China Quarterly*(Oct.-Dec. 1961), 8 : 63-76; Robert S. Elegant, "Mt. Lu Meeting Paved Way for Turbulence in China", *Los Angeles Times*, Dec, 17, 1967; Karnow, ch. 6, "The Marshal vs. Mao"를 보라.
9) *Joint Economic Committee Report*, p. 55.

이것은 마오쩌둥이 펑더화이와 흐루쇼프 사이의 미심쩍은 관계에 대해서 매우 화가 났음을 분명히 보여주는 것이었다.[10] 펑더화이는 류사오치와 덩샤오핑의 지지를 기대한 것이 분명했지만, 두 사람 모두 그를 지지해주지 않아서 그는 실패했다.

마오쩌둥은 펑더화이에 대해서 격분하여 어쩔 줄을 몰랐지만, 다른 사람들에 대해서는 융화적인 태도를 취했다. 그는 자발적으로 사과하고 인민공사와 대약진 운동에 대한 잘못된 지도를 시인하면서 "사람들은 누구나 결점이 있습니다. 공자조차도 실수한 적이 있고, 마르크스도 잘못한 적이 있습니다. 그는 그가 살아 있는 동안 유럽에서 혁명이 발생할 것이라고 생각했습니다. 나는 레닌의 친필원고를 본 적이 있는데, 위쪽 곳곳에 고친 곳이 있었습니다. 그도 잘못을 범한 적이 있었습니다"라고 말했다. 마오쩌둥은 최고의 수준의 경지에 오른 책략가였으며, 그는 책임을 전가하지 않고 경제재난에 대한 책임이 있다고 자책하며 "나 자신은 혁명에만 전념하여 건설에 대해서는 문외한이며, 공업계획에 대해서는 모릅니다. 그러니 내 영도 방법이 현명했다고 쓰지는 마십시오. 그 이유는 나는 여태껏 이런 일을 관리해본 적이 없기 때문입니다. 그러나 동지들, 나는 마땅히 1958년과 1959년에 대해서 주요한 책임을 져야 합니다. 욕하려면 나를 욕하십시오"라고 했다.[11] 그가 암시하는 것은, 그의 잘못은 지도상의 잘못이고 다른 사람은 그가 범한 것보다 더 많은 잘못을 범했다는 뜻이다. 그리고 나서 마오쩌둥은 화제를 돌려서, 중국 공산당은 집단지도이므로 책임을 반드시 분담해야 한다고 주장했다.[12]

마오쩌둥은 좌절은 일시적이라는 입장을 견지하며 "우리가 옳았는지 아니면 틀렸는지는 10년 후에 다시 뒤돌아봅시다"라고 했다.[13] 그는 일종의 불가항력적인 기세를 이용하여, 만약 그가 지지를 얻지 못한다면 그는 곧 농촌

---

10) Karnow, p. 116.
11) *Ibid.*, p. 121.
12) Richard H. Solomon, *Mao's Revolution and the Chinese Political Culture*(Berkeley, 1971), pp. 395, 400.
13) Karnow, p. 119.

으로 가서 다시 농민군을 일으켜 정부를 전복할 것이라고 경고했다. "그러나 나는 여러분들이 나를 따를 것이라고 생각합니다"라고 했다. 일이 이 지경에 이르자 정치국 위원들은 모두 그를 지지하겠다는 뜻을 표시했으며 마오쩌둥은 성공리에 루산 회의를 끝냈다. 1959년 9월 17일 펑더화이 원수는 국방부 부장의 직무에서 해직당했고, 린뱌오가 그 직책을 이어받았다.14) 마오쩌둥은 초고속으로 추진되던 대약진 운동은 끝났으며, 다시는 성과를 지나치게 과장하는 일은 없을 것이라고 선언했다. 그는 적어도 잠시 온건한 정책을 묵인했다.

긴축과 완화

루산 회의 이후 3년 동안 흉작, 악천후, 농공업의 생산량 감소, 소련이 전문가를 철수시키는 일 등 불행한 사건들이 발생했는데, 이런 상황으로 인해서 중국은 어쩔 수 없이 견고하고 실용성 있는 방침을 채택할 수밖에 없게 되었다. 국가는 심각한 경제적 혼란에 직면해 있었다. 1961년 봄, 류사오치는 후난 성을 시찰했다. 비록 평생에 걸친 투쟁의 경험은 이미 그의 성격을 매우 꿋꿋하게 만들었지만, 그는 인민의 극빈 상태에 마음이 몹시 동요되었다. 도처는 피로함과 괴로움 그리고 슬픔과 무관심으로 찌들어 있었다. 류사오치는 비공식적으로 "이런 문제들은 하늘에 의한 재해[天災]가 아니다. 그것들은 인위적으로 생겨난 것[人災]이다"라고 비평했다. 이 말의 의미는 마오쩌둥이 초래한 것이라는 뜻이었다.

그래서 실용주의파 지도자들은 농업을 지원하는 긴급계획을 실시하기로 결정했고, 적극적으로 생산성을 진작시키기 위하여 규제를 푸는 정책을 실시했다. 류사오치의 지도하에, 중앙위원회는 마오쩌둥의 "삼면홍기" 운동의 후유증을 없애버리기 위해서 1962년 1월 "삼자일포(三自一包)"의 국내방침

---

14) 펑더화이의 지지자이고 총 참모장인 황커청(黃克誠)도 과거의 경호 책임자였던 로루이칭 (羅瑞卿)으로 교체되었다.

을 통과시켰다. "삼자"는 농민이 자류지(自留地)를 경작하고 개인이 소규모 공장을 단독으로 운영하며 자유시장에 제품을 출시하는 것을 허가하는 것이다. "일포(一包)"는 농민에게 정부가 규정한 농업생산 지표를 청부받도록 하여 책임지고 완성하도록 요구하는 것이다. 대외업무에 대해서 중앙위원회는 "삼화일소(三和一少)" 정책을 통과시켰는데, "삼화"는 "제국주의, 반혁명, 수정주의"와의 충돌을 완화시키는 것을 가리키며, "일소"는 국외의 민족해방운동에 대한 원조를 줄이는 것을 가리킨다.[15]

마오쩌둥은 어쩌면 자본주의가 부활하고 신(新)관료계급이 대두하며 소련 수정주의와 타협하는 미래가 올지도 모른다는 경각심을 가지게 되었을 것이다. 만약 이런 추세가 계속된다면, 그가 평생 해온 대중동원 노력은 수포로 돌아갈 것이고, 당은 대중의 기반을 잃게 되어 국가는 다시 쇠퇴하여 소련에 의지해야 하는 신세로 전락할 것이라고 생각했다. 마오쩌둥은 당원 간부가 계속 개혁하는 것을 원하지 않는 경향을 우려했다. 그는 그들에게 무사안일을 추구하고 물질적인 자극과 급여 대우를 모색하는 성향이 있다는 것을 발견했다. 그것은 의심할 여지없이 당이 점점 관료화되는 것을 초래하고 개인주의의 대두를 촉진할 것이며, 이에 상응하여 혁명의 열정이 상실되어 소련 공산당의 "관료집단"과 유사한 신관료계급이 장차 생길 것이라는 사실을 그는 감지했다. 이 관료들은 열심히 현 상태를 유지하고, 프롤레타리아 계급혁명의 정신을 버리고, 집단경제를 손상시키며, 대중과 단절된 엘리트주의를 배양하려고 노력하리라는 것이었다. 마오쩌둥은 이런 경향들은 매우 무서운 일이라고 생각했다. 중국은 절대로 소련 모델을 본받아서는 안 되고, 흐루쇼프식의 정부의 "자유화" 및 서양 자본주의와 평화공존하겠다는 사상은 지극히 해로우며, 그들의 영향은 반드시 없애버려야 한다는 것이었다.[16]

마오쩌둥은 마찬가지로 젊은 사람들에게 혁명적인 도전이 결여되고 교육

---

15) 1964년 하반기에 저우언라이가 제3차 인민대표대회에서 한 보고서에 근거한 것으로, Solomon, p. 419에서 인용.
16) 마오쩌둥이 1967년 앙드레 말로에게 한 말. Daubier, p. 11에서 인용.

제도가 불건전한 것을 걱정했다. 문학예술계에서도 위험한 신호가 있었는데, 즉 당원 지식분자들은 사회주의 개조를 반영하는 작품을 만들지 않았고, 수많은 사람들이 마치 옛날의 전통문화로 되돌아가는 것 같았다. 1962년 11월, 중앙선전부의 부부장인 저우양(周揚)은 산둥에서 "공자 토론회"를 발기하여, 이 철인의 서거 2,440주년을 기념했다. 마오쩌둥 일파가 보기에 이 활동은 계획적으로 과거의 "인심(仁心)", "인정(仁政)"의 관념을 널리 선양하고 "마오쩌둥이 정치투쟁을 강화하여 얻은 성과"를 파괴하는 것이었다.[17]

이런 상황을 바로잡기 위해서 마오쩌둥은 1962년 9월 사회주의 교육운동을 일으켜, 계급투쟁을 벌일 것을 강조했다. 간부와 지식분자를 농촌으로 하방(下放)하여 대중들에게 배우게 했다. 그들은 사회주의 개조의 진실된 면모를 반영하는 작품을 만들라는 요구를 받았다. 그러나 많은 사람들은 하방운동은 소중히 해야 할 경험이라기보다는 고통의 지속이라고 생각했다. 1964년, 마오쩌둥의 부인 장칭(江靑)의 주관하에 몇몇 새로운 혁명문예형식이 출현했는데, 예를 들면 연극 「기습백호단(奇襲百虎團)」과 발레 「홍색랑자군(紅色娘子軍)」이었다. 그러나 이런 새로운 동향에 대해서 거부하는 현상이 나타났다. 베이징 시의 시장 펑전은 공개적으로 경극을 좋아한다고 밝히고 일부 무대작품을 지원하여, 장칭의 혁명모범극과 맞서서 경쟁했다.

한편 사회주의 교육운동은 아무런 성과도 없었는데, 그 이유는 이 운동을 시행하는 당이 마오쩌둥의 관점에 동의하지 않아서 그의 지시에 호응하지 않았기 때문이었다. 마오쩌둥은 문제는 그의 정책에서 생긴 것이 아니라 당내외 고위지도자들에게서 생긴 것이며, 그들이 교활하게 정책의 시행을 늦추고 방해하고 왜곡하고 약화시켰다고 점차 확신하게 되었다. 마오쩌둥은 대약진 운동 이후 어려움이 생긴 주요 원인은 당의 노선이 잘못되었기 때문이고, 게다가 1959-1961년의 흉작과 1960년 여름에 소련이 기술원조를 철회한 것 때문이라는 입장을 고수했다.[18]

---

17) Solomon, p. 449.
18) *Joint Economic Committee Report*, pp. 21, 54.

권위 문제도 매우 예민해졌다. 마오쩌둥에게는 하나의 근본적인 신념이 있었다. 즉 전국적으로 절대적인 정책결정권을 가진 최고 중심의 권위인 "중앙"이 반드시 있어야 한다는 것이었는데, 류사오치 일파 사람들의 행위는 이 신념에 대해서 도전한 것이었다. 1960년대에, 마오쩌둥 자신이 이런 중앙권위의 생동적인 구현이었다는 것은 의심의 여지가 없다.[19] 그러나 만약 당이 감히 그의 의지를 위배한다면, 만약 류사오치가 또다른 방침을 요구한다면, 마오쩌둥의 절대권력은 틀림없이 쇠약해지게 되어 있었다.

결국 마오쩌둥은 그가 선정한 후계자인 류사오치가 그가 평생 세워놓은 권위와 사회진보를 추진한 방식과 그의 지도방식을 암암리에 파괴시키고 있다고 느꼈다. 중국 공산당은 점점 그를 멀리하고 대중을 멀리했을 뿐만 아니라, 지식분자의 "우파 경향", 농민의 "자본주의로 가는 자발적 경향"과 소련의 수정주의로 빠져드는 추세를 반대하는 투쟁을 원하지 않았다. 마오쩌둥은 중국 공산당과 류사오치가 그의 사후 혁명과업을 실행할 수 있을지 확신할 수 없었다. 그는 그들에게 철저한 충격을 주어, 권력의 구조를 변화시켜서 인민들의 사상과 행동방식에 한 차례의 "돌이킬 수 없는 전환"이 일어나도록 촉진하기로 결심했다.[20]

문화대혁명의 시작

당시 마오쩌둥과 매우 가까웠던 린뱌오가 말한 바에 의하면, 일찍이 1962년에 마오쩌둥은 가장 먼저 류사오치 및 극소수 사람들의 반혁명 음모에 대한 위험을 예견하여 당의 "1선" 지배권을 되찾고 싶어했지만, 성공하지 못했다고 한다.[21] 1964년 중반, 마오쩌둥은 이미 류사오치가 자신의 후계자로서

19) Benjamin Schwartz, "Thoughts of Mao Tse-tung", *The New York Review of Books*, Feb. 8, 1973, p. 29.
20) Stuart R. Schram, "Introduction: The Cultural Revolution in Historical Perspective" in Stuart R. Schram(ed.), *Authority Participation and Cultural Change in China*(Cambridge, Eng., 1973), p. 85.

적당한지 아닌지에 대해서 매우 의심을 품고 있었다. 마오쩌둥은 흐루쇼프가 스탈린을 배반한 것처럼 류사오치가 자신을 배반할 수도 있다고 생각했다.[22] 베트남 전쟁이 끊임없이 확대되고 있었기 때문에, 류사오치는 중소 동맹을 복원할 것을 건의했다. 이때, 마오쩌둥은 1965년 1월 25일 제1차 당회의에서 류사오치의 후계자 자격을 박탈하고 당의 조직을 철저히 타파한 후에 중국 공산당을 개조하기로 결정했다.[23]

마오쩌둥은 다시 그의 절대적 권위와 혁명노선 및 업무방식을 새로 확립하고, 젊은이들을 격려하고 군중을 동원하려고 했으며, 낡은 풍속, 낡은 습관, 낡은 문화, 낡은 사상과 투쟁하기를 원했다. 그는 한차례의 직접적인 숙청을 통해서 목표를 달성하려고 했다. 건강에 대한 고려도 아마 그의 긴박감을 심화시켰을 것이다. 1964년 그의 나이가 이미 71세에 이르렀을 때, 그는 파킨슨 병에 걸렸고 아마도 그해 가을 중풍을 한차례 앓았을 것이다. 그는 에드거 스노에게 그가 곧 세상을 하직할 것이라고 말했고, 1965년 8월, 앙드레 말로는 그의 옆에 간호사 한 명이 서 있는 것에 주의했다. 마오쩌둥은 아마 그가 눈에 보이는 문제들을 바로 잡는 데에 사용할 시간이 많지 않음을 느꼈을 가능성이 매우 높다.

문화대혁명의 첫 번째 총소리는 상하이의 『해방군보(解放軍報)』 편집장인 야오원위안(姚文元)에 의해서 울렸다. 1965년 11월 10일 『문회보』는 야오원위안의 「새로 편집한 역사극 「해서파관」을 평가한다(評新編歷史劇「海瑞罷官」)」라는 글을 게재했고, 이 글은 우한(吳晗)을 지명하여 비판했다. 우한은 일찍이 내학교수를 역임한 적이 있으며, 당시 베이징 시 부시장을 맡고 있었다.[24] 우한은 예전에 "해서가 황제를 욕하다(海瑞罵皇帝)"라는 글을 써서 1959년 6월 16일 「인민일보(人民日報)」에 필명으로 발표했는데, 당시는

21) Harrison, p. 492; Solomon, p. 453.
22) Solomon, p. 459.
23) Edgar Snow, "Mao Tse-tung and the Cost of Living: Aftermath of the Cultural Revolution", *The New Republic*, April 10, 1971, p. 19.
24) 그는 공산당원이 아니라 중국민주동맹의 회원이었다.

국방부장 펑더화이가 해직당하기 얼마 전이었다. 해서는 16세기 중엽의 명나라 왕조의 관리로, 전해지는 바에 의하면 그는 일찍이 다음과 같이 황제를 책망하며 욕을 한 적이 있다고 한다. 즉, "천하의 사람들이 폐하를 불만스럽게 여긴 지 이미 오래되었습니다. 내외의 신하들은 모두 폐하께서는 오직 불로장생만을 원하고 마음은 미혹되어 있으며, 사람들을 지나치게 가혹하게 대하여 성품이 편벽되어 있음을 알고 있습니다. 자신만이 옳다 생각하고 다른 사람의 비평을 거부하니 폐하의 잘못은 너무나도 많습니다"라고 했다는 것이다.25) 이 이야기는 후에 역사극으로 각색되어 「해서파관(海瑞罷官)」이라는 제목으로 1961년 1월 『베이징 문예(北京文藝)』에 게재되었다. 이 극 속에서 해서는 충신으로 묘사되었는데, 그는 상소를 올려서 부유한 지주에게 빼앗긴 토지를 농민에게 돌려주어야 한다고 하여 황제의 미움을 샀고, 이 때문에 순무(巡撫) 관직을 상실했다. 그후 마오쩌둥 일파는 작가가 황제를 마오쩌둥에 빗댄 것이고, 관직에서 해고된 해서는 펑더화이를 빗댄 것이라고 생각했다. 마오쩌둥이 이후에 1967년 12월 21일 말한 것처럼, "펑더화이가 바로 해서인 것이다."26) 베이징 시 정부의 또다른 두 사람은 지도자를 비판할 때 더욱 신랄했다. 베이징 시 위원회 서기이자 베이징 시 위원회 이론 잡지 『전선(前線)』의 편집장이며, 일찍이 「인민일보」의 편집장(1954-1959)을 맡은 적이 있는 덩퉈(鄧拓)와 베이징시위원회 통일전선부 장관인 랴오모사(廖沫沙)였다. 1961년 10월 10일부터 1964년 7월까지 우한, 덩퉈, 랴오모사 세 사람은 "우난싱(吳南星)"27)이라는 필명을 사용하여 『전선』에 공동으로 67편의 글을 발표했는데, 마오쩌둥 일파는 그것을 암암리에 남을 비방하고 옛것을 가져와 현재를 풍자하는 방식으로 위대한 지도자인 마오쩌둥을 비판한 것이라고 생각했다. 덩퉈는 특히 대담하게 말하는 사람으로서,

25) Chün-tu Hsüeh, "The Cultural Revolution and Leadership Crisis in Communist China", *Political Science Quarterly*, LXXXII : 2 : 173(June, 1967).

26) Solomon, p. 479.

27) "우(吳)"는 우한을 대표하고 "난(南)"은 덩퉈의 필명 "난춘(南邨)"을 대표하며 "싱(星)"은 랴오모사의 필명인 "판싱(繁星)"을 대표한다.

1961년 3월에서 1962년 9월 사이에 『베이징만보(北京晚報)』에 153편의 글을 발표했는데 전체 표제는 「연산야화(燕山夜話)」였다. 1961년 6월 15일에 발표된 제1편인 「야화」는 풍자의 어투로 대약진 운동을 공중누각을 건조하는 것에 비유했다. 1962년 7월 25일 『전선』에 게재된 「건망증의 전문적 치료」라는 또 한편의 글 중에는 다음과 같은 말이 있다.

세상에는 병이 있는 사람이 매우 많은데, 그들이 앓고 있는 질병은 없는 것이 없을 정도로 다양하다. 그중에는 일종의 건망증이라고 불리는 질병이 있다. 누구든지 만약 이런 질병에 걸린다면, 매우 번거롭고 치료하기도 쉽지 않으며……이런 병이 있는 사람은……자신이 한 말을 금방 잊어버리고, 했던 일은 더욱 기억하지를 못한다.……천천히 기뻤다 노여웠다 하고 변덕스러워지며, 말하기가 매우 힘겨워지고, 쉽게 화를 잘 내며, 최후에는 발광으로까지 발전한다.……또다른 증상으로는 간혹 의식을 잃고 쓰러진다. 만약 조기에 치료를 하지 않는다면 반드시 미치광이로 변하고 말 것이다. 만약 이런 양극화 중에 어느 한 증상이라도 발견되면 아무 일도 할 수 없는데, 억지로 말을 하고 일을 하면 혼란을 가져올 것이다.[28]

이런 류의 빗대어 비방하고 옛것을 빌려 현재를 풍자하는 방식으로 마오쩌둥과 그의 정책을 비평하는 풍자적인 글들이 자주 나타났는데, 이것은 고위층 인물이 지도하는 조정행동임을 나타내는 것이었다. 이 세 명의 협력자들은 모두 베이징 시 정부의 구성원이었기 때문에 마오쩌둥 일파는 그들의 배후인물은 베이징 시 시장인 펑전이나 당내의 직위가 더욱 높은 몇몇 사람들이 분명하다고 생각했다. 마오쩌둥은 반격을 개시하려고 했지만, 베이징 시 시장이 베이징을 물샐 틈 없이 철저히 통제하고 있어서 마오쩌둥은 "물을 끼얹어도 들어가지 않고 바늘로 찔러도 들어가지 않는다"고 느낄 정도였다.[29] 1965년 여름에 그는 조용히 베이징을 떠나 상하이로 향했고, 9월에

---

28) Chün-tu Hsüeh, p. 175에서 인용.
29) 이것은 마오쩌둥 자신이 한 말로서, Gene T. Hsiao, p. 397에서 인용.

상하이에서 제1차 중앙위원회 부문 업무회의를 소집했다. 그는 회의에서 "반동적인 부르주아 계급 이데올로기"의 비판을 호소했다. 한차례 대규모의 반격준비를 완료한 것이다. 마오쩌둥과 그의 부인의 지시하에 1965년 11월 10일, 『해방군보』의 상하이 지국의 편집장인 야오원위안은 「해서파관」의 극본을 비판하여 문화대혁명의 첫 번째 총소리를 울렸다. 우한은 "인도주의"를 고취하고 "계급관념"이 부족하다는 비판을 받았는데, 그 이유는 그가 통치계급에 속해 있는 관리인 해서가 또다른 계급인 농민계급을 이해할 수 있고 도울 수 있다고 주장했기 때문이다. 기타 우한, 덩퉈, 랴오모사를 겨눈 비판도 잇따라 계속 쏟아져서, 이 세 사람에게는 반동조직의 구성원이라는 칭호가 붙게 되었다. 그들의 죄명은 역사적 인물을 날조하여 위대한 지도자를 풍자하고, 사람들을 미혹시켜 과거의 봉건도덕을 배우게 하며, 계급투쟁을 헷갈리게 하고, 토지와 경제사유제도 부활을 부추긴다는 것이었다.

마오쩌둥이 우한을 첫 번째 공격 표적으로 선택한 것은 심사숙고를 거친 일이었다. 우한은 베이징 시의 부시장이자 덩퉈, 랴오모사의 동료인 중요한 지식분자로서, 그에 대해서 성토하면 반드시 나머지 두 사람도 연루될 것이고 어쩌면 시장인 펑전도 연루될 수 있을 것이었다. 만약 펑전이 정말로 이 "반혁명 수정주의" 반동조직의 구성원임을 증명할 수 있다면, 펑전의 후견인인 류사오치도 연관을 면할 수 없게 되는 것이었다. 그들의 마오쩌둥의 경제조처와 개인숭배 방법에 대한 비판은 흐루쇼프의 스탈린에 대한 비판과 매우 유사했기 때문에 그들은 수정주의자라는 낙인이 찍힐 수 있었다. 이렇게 되어 한 차례의 문학과 문화의 혁명이 고위층 지도자들 간의 잔혹한 권력투쟁으로 확대되었다.

전면숙청

우한이 받는 압력은 갈수록 커졌다. 그는 1966년 12월 30일 자아비판을 하여, 극본에서 마오쩌둥의 계급투쟁 이론을 활용하지 않았음을 시인했다. 마

오쩌둥 일파의 사람들은 여전히 만족하지 못하고 진상을 조사하여 밝히겠다는 입장을 고수했다. 한편 류사오치는 이 비판운동의 심도를 알지 못한 것이 분명하며 또한 자신이 당의 내부조직의 작동을 통제할 수 있다고 믿었다. 그는 1966년 3월 26일 베이징을 떠나 예정된 계획에 따라서 파키스탄과 아프가니스탄을 공식방문했다. 그런데 그가 베이징을 떠나던 그날, 부총리이자 정치국 서열 8번째 인물인 베이징 시장 펑전이 소리도 없이 종적을 감추었다.

4월 8일, 『해방군보』는 「마오쩌둥 사상의 위대한 붉은 깃발을 높이 들고, 적극적으로 사회주의 문화 대혁명에 참여하자」라는 사설을 발표했다. 이것은 군대가 마오쩌둥과 그의 정책을 지지한다는 명확한 선언이었다. 류사오치가 외국을 방문하는 동안, 마오쩌둥 일파의 사람들은 중국 공산당 베이징 시 위원회를 포위공격하고 반동조직은 죄를 인정하라고 요구했다. 5월 초, 마오쩌둥의 상하이에서의 대변인인 야오원위안은 류사오치 일파가 저우언라이의 자리를 펑전으로 대체하려고 했으며, 또한 린뱌오를 희생시키고 전 국방부장인 펑더화이와 그의 수정주의 노선을 복권시키려고 했다고 고발했다. 5월 16일, 마오쩌둥의 개인비서인 천보다가 편집을 주관하는 『홍기(紅旗)』지에 한 편의 글이 실렸는데, 이 글에서는 "누가 덩퉈와 그 무리를 비호하고 있는가?"라고 추궁했다. 6월 1일, 마오쩌둥 일파의 세력은 「인민일보」를 접수하여 관할했는데, 그 신문은 뒤이어 서서히 문화대혁명에 참여했다.

한편 마오쩌둥의 건강은 외관상으로는 호전된 것 같았다. 1966년 7월 그는 양쯔 강을 마음껏 헤엄침으로써 그의 활기를 과시했고, 또한 젊은이들에게 그와 함께 어려움을 무릅쓰고 용감하게 나아가면서 혁명의 경험을 체험할 것을 촉구했다.[30] 마오쩌둥은 자신이 체력적으로 문화대혁명을 지휘할 능력이 있다는 것을 증명했다.

마오쩌둥은 군대에 의존해서 당을 공격했으며, 이것은 린뱌오의 권력과

---

30) Solomon pp. 464, 476.

위신을 빠르게 상승시켰다. 마오쩌둥은 1966년 7월 18일 베이징으로 돌아왔는데, 이때 린뱌오와 그의 군대는 이미 아무 걱정 없이 베이징을 확보했으며, 린뱌오는 강력한 인물이자 마오쩌둥을 확고히 지지하는 중요한 기둥이 되었다. 8월 1일, 마오쩌둥은 린뱌오를 중앙위원회의 제1부주석, 즉 권력서열의 두 번째 인물로 지명했으며, 류사오치는 여덟 번째로 떨어졌다. 마오쩌둥과 린뱌오는 함께 어깨를 나란히 하고 이제 막 결성된 홍위병(紅衛兵)을 사열했으며, 마오쩌둥은 친근하게 린뱌오를 그의 "가장 다정한 전우"라고 불렀다. 8월 5일, 마오쩌둥은 "사령부를 폭격하라!"라고 하는 첫 번째 대자보를 썼다.

중앙위원회 제11차 회의는 7가지 항목의 중요 결정을 통과시켰다. 이 회의는 "당내 집권파"와 "주자파(走資派)"를 타도의 대상으로 정했다. 이 회의는 홍위병을 조직하여 운동을 확대하는 "전투대"로 삼아, 혁명을 베이징에서부터 각 성으로 확대시켜 류사오치가 통제하고 있는 당 조직과 공산주의 청년단을 상대하지 말고 피해 가자고 호소했다. 이 회의는 항구적인 각급 "문화혁명 소조(小組), 위원회와 대표대회"를 건립하여 마오쩌둥의 대중노선, 계급투쟁과 모순론에 관한 사상을 활용하자고 호소했다. 1966년 11월 22일에 17명으로 구성된 중앙 문화혁명 소조가 결성되었는데, 마오쩌둥의 비서 천보다가 주임을 맡고, 마오쩌둥의 부인 장칭이 제1부조장을 맡았다. 이 위원회는 린뱌오가 장악하고 있는 군대와 저우언라이가 장악하고 있는 국무원과 함께 마오쩌둥 지도하의 삼두마차가 되었다. 린뱌오의 권력은 특히 컸는데, 문화대혁명 후반기에 그는 마치 숙청하는 대권을 넘겨받은 듯했다.

젊은 홍위병들은 자신들을 "혁명의 계승자", "혁명의 조반파(造反派)"라고 생각하여 낡은 사상, 낡은 문화, 낡은 풍속, 낡은 관습을 소멸시키는 데에 몸을 바쳤다. 그들은 목숨을 걸고 마오쩌둥 사상을 수호할 것을 맹세했으며, 부르주아 계급의 영향과 수정주의 경향을 철저히 제거하기로 결심했다. 그들은 대자보를 쓰고, 개인자산을 몰수하고, 남의 눈을 끌도록 과시하며 거리를 몰려다녔고, 거리의 명칭을 바꿨으며, 옷차림과 몸치장이 현대적인 사람

들을 비난했고, 외국 외교관에게 모욕을 주었다. 1967년 봄에 이르러, 홍위병의 분별없는 행동은 사람들의 눈을 휘둥그레지게 할 지경에 이르렀다.[31]

홍위병은 류사오치는 수정주의 분자이자 중국의 흐루쇼프라고 비판했고, 그와 그의 부인에게 공개비판을 받도록 강요했다. 수천수만 명의 홍위병은 그의 거처 주위에서 시위하면서 그를 파직시킬 것을 요구했다. 1968년 11월, 중국 공산당 중앙위원회는 류사오치의 당내외의 모든 직무를 박탈한다고 선포했다.

그 외의 중요 관리들도 공격을 받고, 모욕을 당했으며, 해직을 당하고, 개조를 받아들였다. 그들 중에는 당 총서기인 덩샤오핑, 홍군의 창시자인 주더, 부총리이자 국가경제 위원회 주임인 보이보(薄一波)와 정당과 정부의 지도자들 수백 명이 있었다.

문화대혁명 기간 중, 저우언라이 총리는 시종일관 "분쟁 중재자"의 역할을 했다. 그는 마오쩌둥을 지지했고 린뱌오의 군부 및 장칭의 중앙 문화대혁명 소조와 그런 대로 무난한 관계를 유지했다. 이와 동시에 그는 혼란을 일정한 범위 내에서 통제하기 위해서 충돌을 완화시키려고 노력했다. 그는 여러 차례에 걸쳐서 홍위병의 과격한 행동을 공개적으로 반대했다.

바로 저우언라이의 중재로 인해서 전국의 각급 혁명위원회에는 "해방군 대표", "혁명"간부 와 "혁명"대중대표로 구성된 삼자의 결합 조직이 결성되었다. 이렇게 해서 각종 다른 파벌 사이에서 모종의 조화가 이루어졌으며, 그렇지 않았다면 그들은 제멋대로 행동하여 일을 더욱 엉망으로 만들었을 것이나. 저우언라이는 또한 몇몇 홍위병의 공격을 받은 관리와 장군들을 보호했다. 1968년 겨울과 봄, 그는 선진 무기 연구를 지도하는 국방 과학기술 주임 니에룽전(聶榮臻)을 호전파 분자들로부터 보호하여 원자탄 연구와 무기계획을 방해하는 위협을 받지 않도록 했다. 요컨대, 저우언라이는 문화대혁명이 꾸준히 제약을 받도록 힘썼다.

---

31) William W. Whitson, *The Chinese High Command: A History of Communist Military Politics, 1927-71*(NewYork, 1973), p. 392.

그러나 군대의 도움은 없어서는 안 될 필수적인 것이었다. 1967년 1월, 마오쩌둥은 질서를 회복하는 데에 군부가 개입하도록 지시했다. 역사를 회고해보면 이는 의의가 매우 큰 결정이었다. 왜냐하면 그것은 린뱌오와 해방군에게 각급 당 조직의 마비로 야기된 권력의 진공을 메우고 세력을 광공업 기업과 기타 기구에 침투시킬 수 있는 매우 좋은 기회를 주었기 때문이다. 군대가 역사상 전례 없이 강대한 정치세력이 된 것이다.

홍위병이 초래한 격렬한 혼란은 아마 가장 먼저 그들을 선동한 사람을 몹시 놀라게 했을 것이다. 1968년 7월, 마오쩌둥은 베이징의 규모가 큰 홍위병 단체를 대표하는 다섯 명의 학생 지도자들을 직접 접견하고 그들이 "극좌 경향을 가지고, 파벌의식을 조성하며, 미친 듯이 날뛰며 자기들끼리 서로 죽인다"고 비판했다. 그는 눈물을 글썽거리며 그들이 그를 가슴 아프게 했다고 말했다.

이와 동시에 1958년 이후 첫 번째의 당 대표대회 개최의 준비작업도 대대적인 선전하에 여론을 조성하며 진행되고 있었다. 제9차 당 대표대회는 결국 1969년 4월에 개막되었다. 이 회의는 만장일치로 마오쩌둥을 중국 공산당 주석과 중앙위원회 주석으로 선출하고 린뱌오를 부주석으로 선출했다. 새 당헌은 마오쩌둥 사상이 국가의 정책지도 방침임을 거듭 천명했고 아울러 린뱌오를 마오쩌둥의 후계자로 정했다. 중앙위원회는 170명의 위원과 109명의 후보위원으로 확대되었는데, 그중 상당히 많은 사람들은 군부의 수뇌와 문화대혁명의 지도자들이었다.

문화대혁명에 대한 회고

마오쩌둥 일파의 사람들은 문화대혁명을 위대한 승리라고 환호했다. 그 이유는 그것이 마오쩌둥의 권위 및 사상체계의 절대적 지위를 재확립함으로써 마오쩌둥 사상이 중국의 진보에 없어서는 안 될 필수적인 것으로 간주되었기 때문이었다. 그것은 하나의 계획적인 대격변이었는데, 시작하자마자 마

오쩌둥이 지도하고 안배했다. 그것은 부단한 정풍운동의 구성부분으로 간주되었고, 이 운동은 당의 순수성과 당 노선의 정확함을 확보하기 위해서 반드시 일정한 시간 차이를 두고 한번씩 일어나야 한다는 것이었다.32) 마오쩌둥은 1967년에 앞으로 "제1차, 제2차, 제3차 혹은 제4차 문화대혁명"을 전개할 것이라고 경고했다.

문화대혁명으로 인해서 린뱌오와 군대가 이익을 얻은 것은 분명하지만, 장기간에 걸친 동란 기간에 마오쩌둥의 아내가 국가의 지도층으로 상승한 것은 주목할 만한 사실이다. 1960년대 초, 마오쩌둥의 지지하에 장칭은 문예개혁에 매우 큰 흥미가 생겨서 8편의 "혁명모범극"을 출시했다. 뒤이어 그녀는 뉴스 매체를 접수하여 전국의 문화와 인민들의 사상을 통제하기 위한 준비를 했다. 그녀의 전기를 쓴 미국 작가는 "그녀는 그녀 개인의 권력과 권위를 세우기 위한 기초를 마련하기 위해서, 대중의 인정을 받는 것을 포함하여 대중의 의식을 통제할 필요가 있다고 느꼈다"고 평가했다.33) 그녀가 배후에서 마오쩌둥이 문화대혁명을 일으키도록 조장했다는 것은 의심할 여지가 없다. 1965년, 그녀는 마오쩌둥을 따라서 상하이로 가서 야오원위안에게 문화대혁명의 첫 번째 총성을 울릴 것을 지시했고, 1년 후에는 중앙문혁 소조 제1부조장의 직위에 올랐다. 그녀의 로켓식 상승은 물론 마오쩌둥의 지지에 의한 것이었다. 마오쩌둥이 그의 고위급 동료들을 숙청할 때, 그는 무의식적이든 고의적이든 간에 그녀와 그녀의 추종자들의 권력기초를 건립하기 위한 길을 닦아놓았고, 그녀는 이런 기회를 충분히 이용했다. 그녀가 문화대혁명이 후계를 위한 투쟁과 관련이 있는지 내부의 권력투쟁인지 하는 질문을 받았을 때, 그녀는 "후계를 위한 투쟁이라고 말해도 어느 정도 일리가 있다"고 아주 솔직하게 인정했다.34) 어떤 사람들은 마오쩌둥이 문화대혁명을 일으키며 어떤 다른 동기를 가지고 있었던 간에, 그가 그의 부인을 정치무대의 전

---

32) Solomon, p. 476.
33) Roxane Witke, *Comrade Chiang Ch'ing*(Boston, 1977), p. 380.
34) *Ibid.*, p. 297.

면으로 내세우는 데에 편의를 제공함으로써 그녀에게 결국 후계를 쟁취하는 조건을 구비하게 했다고 말할 수도 있을 것이다.

회고해보면, 문화대혁명은 10년에 걸친 소요와 내부투쟁을 야기하여 국가를 온통 혼란과 붕괴 직전까지 몰고 갔다. 당 조직은 심하게 파괴되었고, 수많은 당의 지도자들이 숙청되기도 하고 파면당하기도 했다. 공업, 농업의 생산은 심각한 후퇴 현상을 나타냈고, 교육제도의 마비로 인해서 국가는 훈련을 잘 받은 한 세대의 인재들을 모두 잃었다. 실제적으로 젊은 세대만이 교육의 기회를 박탈당했을 뿐만 아니라, 수많은 노동에 종사하게 된 중년과 노년의 학자들과 과학자들도 농촌으로 보내져서 연구하고 가르쳐야 할 다년간의 세월을 상실했다. 이 손실은 3대에 걸쳐서 영향을 미쳤다. 대단히 모순적이게도 문화대혁명의 결과는 뜻밖에도 반문화(反文化), 반지식(反知識), 반과학(反科學)이었는데, 그 이유는 지식이 반동을 일삼는 부르주아 계급사상 행위의 근원으로 생각되었기 때문이었다. 무수한 관리들과 백성들이 반혁명활동을 했다고 질책을 받아서 자살을 하거나 수감되었다. 그러나 온 마음으로 혁명을 하려던 사람들의 입장에서 보면, 마오쩌둥 사상과 사회주의 개조의 진행과정이 영원히 변하지 않도록 하기 위해서는 아무리 많은 대가와 큰 희생을 치르더라도 조금도 거리낄 것이 없었다. 1981년 중공 중앙은 문화대혁명에 대해서 권위적인 평가를 내렸다(제36장 참조).

29

린뱌오의 몰락과 그 여파

린뱌오는 제9차 당 대표대회에서 승리를 거두었을 뿐만 아니라 어떤 투쟁에서도 반드시 이길 기세였다. 린뱌오는 중국 공산당의 부주석이자 마오쩌둥의 후계자로서 중국 공산당 역사상 유일무이한 지위를 차지했다. 중국 공산당 당헌은 이전부터 지금까지 후계자를 정한 일은 없었고, 새 당헌에서 이루어진 수정은 린뱌오의 거대한 영향력 그리고 린뱌오에 대한 마오쩌둥의 관심과 총애를 반영하는 것이었다. 마오쩌둥은 그를 "가장 다정한 전우"라고 부를 정도로 신임하여, 겉으로 보기에는 이미 린뱌오를 중국의 미래의 지도자로서 선정한 것 같았다.

린뱌오의 막강한 권세는 강대한 중국 인민해방군의 지지를 받았다. 인민해방군은 일찍이 문화대혁명 중에 발휘한 역할로 인해서 점점 중국의 정치구조 속에서 중요한 위치를 차지하게 되었다. 170명의 중앙위원과 109명의 후보위원 중 44.1퍼센트가 군부 인사들이었다. 21명의 정치국 위원 중에 4명의 원수와 6명의 장군이 있었으며, 그 이외에 또 린뱌오의 부인인 예췬(葉群)도 있어서, 만약 표결을 할 때 이 사람들이 동일한 표를 던진다면 그들은 다수를 획득하게 되어 있었다. 각 성에서도 군대의 발언권이 마찬가지로 막강했다. 19명의 성 혁명위원회 주임과, 20명의 성 혁명위원회 부주임이 해방군인으로, 절반 이상의 성급 최고직무를 차지했다. 이 밖에 성급과 현급의 군사령관과 정치위원의 수효가 종종 같은 등급의 당 서기와 정부책임자들보

다 2배 이상 많은 경우가 자주 있었다.[1]

린뱌오의 부상

린뱌오는 1907년에 태어나 10대에 중국 공산당에 가입했고, 20세가 되지 않은 나이에 황푸 사관학교의 제4기 학생이 되었다. 장정 기간 중에 그는 내내 선봉에 섰고, 내전 시기에는 명성이 자자한 제4야전군을 통솔하여 만주를 소탕하고, 화남과 화동으로 곧바로 진격하여 모든 전투에서 전승을 거두었다. 1954년에 린뱌오는 부총리로 임명되었고, 1년 후에는 중국 인민해방군의 원수계급을 수여받고 정치국 위원에 당선되었으며, 1958년에는 정치국 상무위원으로 당선되었다. 1959년 린뱌오는 펑더화이에 이어서 국방장관으로 임명됨과 동시에 중앙 군사위원회의 실제적인 책임자가 되었는데, 이 직무는 모든 군대를 주관한다는 것을 의미했다. 그는 감독 직권을 활용하여 군대의 전비 상황을 개선하고, 그들의 정치 신뢰도를 강화시켰다. 전군 장병들의 사상교육에 대해서 분명한 정치제일주의와 "당이 절대적으로 군대를 지휘한다"는 것을 명확히 제시했다. 린뱌오는 군대의 정치위원이 대권을 장악하고 특수한 지위를 누리도록 보장했다. 린뱌오는 당내 동지들의 찬양을 받았으며, 마오쩌둥 사상을 "창조적으로 운용한다"는 칭찬을 받았다. 1961년 그는 린 "총(總)"이라는 유일무이한 칭호를 얻었다.[2] 1962년 인도와의 전쟁에서 승리함으로써 린뱌오와 해방군의 위신과 지위는 가일층 향상했다.

린뱌오는 매번 약간의 성과를 거둘 때마다 더욱 열성적으로 마오쩌둥을 찬양했으며 마오쩌둥 사상은 모든 시대의 정신적인 지침이라고 칭찬했다. 린뱌오의 영향력은 거의 중국인의 각 방면에 스며들었으며, 군인들은 당의 활동, 특히 생산과 경제관리와 관련된 업무까지도 감독했다. 이와 같이 군대

---

1) Ralph L. Powell, "Party Still Striving to Retain Control of 'the gun' in China", *The Christian Science Monitor*, Sept. 21, 1973, p. 11. 기타 연구에 게재된 숫자는 조금씩 다르다.
2) Ralph L. Powell, "The Increasing Power of Lin Piao and the Party-Soldiers, 1959-1966," *The China Quarterly* (April-June 1968), 34 : 44.

는 중국 공산당이 군대에 침투하던 방법을 완전히 바꾸어 반대로 자신의 영향력을 당정기관으로 확대했다. 핵 능력의 개발은 한층 더 린뱌오의 지위와 군대의 위신을 향상시켰다. 1966년 10월 제4차 핵실험이 있은 이후에 발표된 성명은 가장 사람들의 주목을 끌었는데, 이 성명은 이번 프로젝트에 참가한 인원들은 모두 "열렬히", "린뱌오 동지의 호소"에 호응했음을 강조했다.[3] 1965년 9월, 린뱌오가 2만 자에 달하는 「인민전쟁 승리 만세」라는 글을 발표한 후, 그의 명망도 급상승하여 그는 이제는 더 이상 군인에만 머물러 있지 않게 되었다. 린뱌오는 농민을 조직하여 부르주아 계급에 반항하는 것에 관한 마오쩌둥의 사상을 교묘히 이용하여 세계의 "농촌"지역에 자리잡고 있는 저개발 국가들이 "도시"지역에 자리잡고 있는 자본주의 공업국가들을 포위하여 패배시킬 수 있다는 견해를 제시했다.[4] 이 글로 인해서 린뱌오는 중요한 이론가이자 마오쩌둥 사상의 해석자이며 홍보자가 되었다.[5]

문화대혁명 기간에 마오쩌둥은 한층 더 신격화되었다. 사람들은 마오쩌둥을 공산주의 혁명의 선구자 대열의 제1인자, 즉 마르크스, 엥겔스, 스탈린보다도 더 높은 위치로 올려놓고, 의도적으로 마오쩌둥이 창조적으로 마르크스주의를 새로운 극치로 발전시켰다고 말했다. 1967년 린뱌오는 마오쩌둥을 다음과 같이 열정적으로 찬양했다.

바로 이 시대의 세계 프롤레타리아 계급의 위대한 지도자이신 마오쩌둥 동지께서는, 새로운 역사조건 아래 프롤레타리아 계급독재가 역사적으로 검증한 경험을 체계적으로 개괄하셨고, 사회주의 사회의 모순을 과학적으로 분석하셨으며, 사회주의 사회의 계급투쟁 법칙을 선명하게 밝히시고 프롤레타리아 계급 독재정치하에서의 계속혁명에 관한 일련의 이론, 노선, 방침, 보급, 정책을 제시하셨습니다. 마오 주석께서는 위대한 기백과 고도의 지혜로 역사상 최초의 프롤레타리

---

3) *Peking Review*, 44, Oct. 28, 1966, special supplement, iii, 41, Oct. 7, 1966, p. 31.
4) Text in *Peking Reviews*, 36, Oct. 3, 1965, pp. 9-30.
5) 「人民日報」, 1964년 12월 29일; Chu-yüan Cheng, "Power Struggle in Red China", *Asian Survey*, VI : 9 : 472-474(Sept. 1966).

아 계급 문화대혁명을 성공적으로 지도하셨습니다. 이것은 마르크스—레닌주의가 마오쩌둥 사상 단계로 발전한 가장 큰 징표입니다.6)

1967년 1월에 마오쩌둥은 질서 회복을 위해서 해방군을 문화대혁명에 개입시키기로 결정했는데, 이 결정은 린뱌오와 군대에게 중대한 의의를 가졌다. 그들은 문화대혁명 참가를 통하여 한층 더 공업, 농업, 교육전선에 침투했고, 동시에 그들의 권력을 전국적으로 확대했다. 당 조직의 마비로 형성된 권력의 진공 상태는 군부에 의해서 신속히 메워졌다. 1969년 4월에 이르러 린뱌오는 보편적으로 마오쩌둥의 "가장 충실한 지지자"와 "가장 훌륭한 후계자"라고 불렸다. 1969년 4월에 중국 공산당 제9차 당 대표대회에서 린뱌오는 "철저한" 승리를 거둠으로써 중공 중앙 부주석과 마오쩌둥의 후계자로 확정되었다.

린뱌오는 총명한 음모자로서 자기의 부상(浮上)이 "당이 군대를 지휘하며, 군대가 당을 지휘하는 것은 절대로 허용하지 않는다"는 마오쩌둥의 격언에 위배된다는 것을 아주 잘 알고 있었다. 그는 자신의 지위가 매우 취약하다는 것을 알았을 뿐만 아니라 그가 진정한 지도자가 되기 전까지는 그의 성공이 불완전하고 불확실하다는 사실을 알아차렸다. 이 순간이 도래하기 전에 그는 승리의 과실을 보위하고 계승권을 확보하기 위해서 전력을 다하지 않으면 안 되었다. 그래서 그는 공개적인 석상에서 온갖 방법을 다하여 그가 마오쩌둥에게 절대적으로 충성을 한다는 것을 표명했는데, 언제나 마치 겸손한 학생처럼 마오쩌둥의 뒤를 맹목적으로 따라다녔다. 그러나 이런 아첨하는 행동의 배후에서 그는 부지런히 정당, 정부, 군대의 각 부문과 각 성에 대한 장악을 확대했다. 그의 지위는 매우 확고해졌기 때문에 그의 계승권에 대한 모든 도전은 어쩌면 대규모의 충돌과 혼란을 야기할 수도 있었다. 어느 모로 보나 1970년의 린뱌오의 지위는 마치 반석처럼 견고했고 그가 해야 할

6) *Peking Review*, Nov. 10, 1967; 강조된 부분은 본서의 저자에 의한 것이다.

일은 단지 권력이 그의 수중으로 전해지기를 참을성 있게 기다리는 것뿐이었다. 그러나 중국 공산당의 역사는 변수로 충만해서, 오직 시간만이 마오쩌둥이 마음속으로 도대체 무엇을 생각하고 있는지를 밝혀줄 수 있었다.

린뱌오의 몰락

중국 공산당 군대는 지금까지 앞에서 언급했던 마오쩌둥의 격언을 엄격하게 지켜서, 정치에 참여하는 것을 자제했다. 주더는 1928년에 마오쩌둥 부대와 합류했던 그때부터 기꺼이 정치지도자 마오쩌둥에게 복종했다. 비록 그가 이끄는 부대가 마오쩌둥의 부대보다 더 강했지만, 그 이후의 세월에서 정치가 모든 것에 우선한다는 원칙에 회의를 품은 적이 없었다. 문화대혁명 기간 중에도 군대는 자발적으로 개입한 것이 아니라 마오쩌둥의 명령을 받고 정치적 역할을 발휘한 것으로, 이런 역할은 린뱌오의 마음에 꼭 들었다.[7] 마오쩌둥은 이렇게 하기를 원하지 않았지만, 선택의 여지가 없었던 그는 오직 군대에 의지하여 당을 공격할 수밖에 없었다. 그 이유는 이 당이 현재 교활하게 그의 정책을 형식적으로 집행하거나 저지하고 있었기 때문이다.

그러나 마오쩌둥은 이미 린뱌오의 의도를 의심하고 있었다. 마오쩌둥은 1966년 7월 8일 아내에게 보낸 한 통의 편지에서, 린뱌오의 몇몇 관점에 대해서 다음과 같은 의문을 제기했다.

내 친구[린뱌오]는…… 정변문제 담론에 능숙하오. 이런 생각은 예전에 결코 해본 적이 없어서, 그것은 나를 매우 **불안**하게 만들었소. 나는 지금까지 나의 몇 권의 책이 그렇게 신비한 힘을 가지고 있다고 믿은 적이 없었소. 그러나 그의 제의로 전국적으로 그것들이 찬양받고 있소. 이것은 마치 왕 노파가 오이를 팔면서 오이가 좋다고 자화자찬하는 것과 같은 것이오. 나는 그와 함께 가지 않을 수 없으며

---

7) Ellis Joffe, "The Chinese Army after the Cultural Revolution: The Effects of Intervention", *The China Quarterly* (July-Sept. 1973), 55 : 451-452.

나에게는 다른 선택의 길이 없는 것 같아서 동의할 수밖에 없었소. 중대한 문제에 대해서, 이것은 내가 처음으로 본의에 어긋나게 다른 사람의 의견에 동의한 것이오.8)

린뱌오가 계속 마오쩌둥의 명의를 이용하여 권력을 크게 확대하자 마오쩌둥은 내심으로 몹시 놀랐지만 어떤 직접적인 행동도 취하지 않았다. 그러나 중국 공산당 제9차 전국대표대회 이후, 마오쩌둥은 입장을 바꾸어 갈수록 저우언라이에게 많이 의지하여 당내의 문관들의 세력을 재건하기 시작했다. 그리고 또다른 증거는 1968년 가을에 당내 간부를 숙청하는 강도 문제에서, 마오쩌둥과 린뱌오 사이에 이미 의견 차이가 생겼음을 보여주고 있다.9) 마오쩌둥은 스스로를 "중좌파(中左派)"라고 불렀으며, 군대가 당원 간부를 숙청하고 대하는 데에 너무 적극적이고 격렬하다고 생각했다.

마오쩌둥은 린뱌오를 점점 불신하게 되었기 때문에, 1970년 3월에 국가주석 직위를 없애기로 결정했다. 새로 기초된 국가헌법에는 국가주석 직위에 대한 규정이 없었으며, 이렇게 함으로써 린뱌오가 이 직위를 빼앗지 못하도록 방지했다. 린뱌오는 후계자 지위를 박탈당할 가능성이 있다고 생각해서 국가주석 직위를 다시 두자고 계속 요구했지만, 마오쩌둥은 린뱌오에게 6차례나 그것이 전혀 필요하지 않다고 생각한다고 말했다. 린뱌오는 헌법에 마오쩌둥의 천재성을 찬양하는 조항을 넣을 것을 제의했지만, 마오쩌둥에 의해서 거부당했다. 마오쩌둥은 말하기를 "나는 천재가 아니오. 6년 동안 공자를 공부했고, 7년 동안 서양식 교육을 받았으며, 25세가 된 해인 1918년에 이르러서야 비로소 마르크스-레닌주의를 공부하기 시작했는데, 내가 어떻게 천재일 수 있겠소?……천재는 한 사람이나 몇 사람에게 의지하지 않고 당에 의지하며, 당은 프롤레타리아 계급의 선봉대이오. 천재는 대중노선과 중지(衆智)에 의지하는 법이오"라고 했다.10)

---

8) 1966년 7월 8일 마오쩌둥이 장칭에게 보낸 서신으로, 1972년에 공개적으로 발표되었다.
9) Claude Julien, "The Lin Piao 'mystery'", *Le Monde*, Dec. 30, 1971에서 인용. Philip Bridgham, "The Fall of Lin Piao", *The China Quartely*(July-Sept. 1973), 55 : 429.
10) 中共中央文件,『中發』, 1972년 3월 17일, 제12호, 표제는「毛主席視察外地期間與領導同

1970년 8월, 루산에서 거행된 중국 공산당 제9기 2중전회 석상에서 처음으로 공개적으로 국가주석 직위 설치, 무엇이 천재인가의 문제, 그리고 기타많은 문제들에 대한 논쟁을 벌였다. 새로운 헌법을 기초한 마오쩌둥-저우언라이 일파 인사들은 도전을 받았는데, 어떤 사람은 새 헌법의 사고와 권력구조 및 정치노선이 정확한지 등의 문제들에 대해서 의문을 제기했다. 반대파인 린뱌오와 천보다11)는 군부 측 요원들의 지지를 받았는데, 그중에는 참모총장 황융성(黃永勝), 공군사령관 우파시앤(吳法憲), 해군 제1정치위원 리쭈어펑(李作鵬), 부총참모장 추후이쭈어(邱會作)이 포함되어 있었다. 마오쩌둥은 1972년 3월 17일의 1차 보고서에서, "루산 회의에서 그들은 처음에는 은밀하게 음모를 꾸미고 있다가 뒤에 기습을 했다.……어떤 사람은 국가주석이 되어 당을 분열하고 권력을 빼앗으려는 데에 급급했다"라고 회상했다.12) 이 "기습"은 8월 23일부터 8월 25일 정오까지 지속되었으며 뒤이어곧 실패했다. 기습의 성격은 1973년 8월의 제10차 당 대표대회가 되어서야폭로되었는데, 당시 저우언라이는 이 습격의 특성을 두 번 실패한 마오쩌둥암살 행동의 첫 번째라고 규정했다.

루산 회의는 마오쩌둥과 린뱌오 사이의 공개적인 분열을 상징하고 있었는데, 린뱌오는 전력을 다하여 후계자 지위를 지키려고 했지만 마오쩌둥은 이지위를 없애려고 노력했다. 마오쩌둥은 만약 황급히 반대파 세력을 분쇄한다면, 반드시 반란을 촉발할 위험을 무릅써야 했기 때문에 신중히 처리해야한다는 것을 알았다. 그는 직접 린뱌오와 충돌하지는 않고, 천보다를 "극좌분자"와 "정치사기꾼"으로 몰아 처벌하고, 린뱌오 수하이 몇몇 군부지도자에

志的談話記要(1971년 8월 중순-9월 12일)」인데, 전문(全文)은 1972년 8월 10일자 「中央日報」상에 전재되었다. 영문본은 *Studies on Chinese Communism*, 6：9：18-24(Sept. 10, 1972)에 수록되어 있다.
11) 천보다는 오랫동안 마오쩌둥의 개인 비서이자 연설원고 작성자였으며, 문화대혁명 기간에 중앙문혁 소조 조장(組長)으로 승진했다. 전해지는 바에 의하면 그는 저우언라이가 차지하고 있는 총리 직위를 노리고 있어서 모주파 집단(毛周派集團)에 반대하는 권력투쟁에서 권세가 급격히 커진 린뱌오 쪽으로 기울어졌다고 한다.
12) 中共中央文件, 『中發』, 1972년 3월 17일, 제12호.

게 자아비판을 하게 하고, 천보다의 관점을 비판하게 했다. 군부지도자들이 굴복했을 때, 천보다가 종적을 감추어버림으로써 린뱌오는 중요한 지지자 한 사람을 잃었다. 저우언라이는 그후 "5대 명장(名將)"(앞에서 언급한 4명에 린뱌오의 아내인 예췬을 추가한 것)들을 비판하는 운동을 단기간 전개한 이후에 문제가 해결되었다고 선언했다.

린뱌오의 지위를 약화시키기 위해서 마오쩌둥은 각각 아래와 같이 생동감 있게 표현되는 3가지 전략을 취했다. (1) "돌을 던지는 것(깨우치기 위해서 주의를 주는 것)", 즉 천보다를 숙청해서 린뱌오에게 경고를 한 것이다. (2) "모래를 흙에 섞는 것(뭉치거나 배타적 경향이 있는 무리에 새 사람을 넣어 원래의 상황을 변화시키는 것)", 즉 자기 사람을 파견해서 중앙군사위원회에 침투시켜 린뱌오를 감시하게 한 것이다. (3) "담 밑을 파는 것(기반을 무너뜨리는 것)", 즉 1971년 1월 베이징 군사구역을 재조직하여 린뱌오의 근거지를 파괴한 것이다.[13]

천보다가 파면되고 몇몇 명장들이 세력을 잃음에 따라서, 린뱌오는 다음 목표가 자신이라는 것을 알았다. 1970년 겨울과 1971년 봄, 그는 점차 그가 유일하게 할 수 있는 선택은 쿠데타밖에 없다는 결론을 얻었다.[14] 그는 아들인 린리궈(林立果)(공군소장, 공군 작전부 부주임)를 파견하여 쿠데타 계획을 작성하게 했으며, 이 쿠데타는 극소수의 강경파의 지원을 받게 될 예정이었다. 1971년 3월 22일에서 24일 사이에, 음모분자들은 비밀리에 상하이에 모여 "오칠일 공정기요(五七一工程紀要 : 1971년 3월 린뱌오가 세운 무장 쿠데타 계획/역주)"를 준비했다.[15] 중국어에서 "오칠일"의 발음은 "무장봉기

---

13) *Ibid.*
14) Bridgham, p. 436.
15) 中共中央文件,『中發』, 1972년 1월 13일, 제4호는 "오칠일" 계획을 폭로했으며, 이후에 저우언라이가 몇몇 외국 동료들에게 이 음모를 간단명료하게 폭로했다. 이 기요는 1972년 4월 13일자 타이베이의 「中央日報」상에 전재되었다. 영문개요는 *Studies on Chinese Communism*, 6 : 7 : 7-12(1972. 7)에 게재되었다. 서양의 관찰자들은 베이징의 비밀 파일에서 나온 이 문건의 신뢰성을 인정하고 있다. Robert E. Elegant, "China Politics still haunted by Lin Piao", *Los Angeles Times*, April, 1973을 보라.

[武起義]"의 발음과 비슷하다. 이 기요에서 마오쩌둥은 "B-52"로, 린뱌오는 "최고지도자"라는 암호로 지칭되었으며, 그의 추종자들은 "연합함대"로 지칭되었다. 이 계획서에는 "현재 적과 우리 쌍방은 모두 이러지도 저러지도 못하는 상황에 처해 있다. 생사를 건 투쟁이며, 우리가 그들을 해치우지 않으면 그들이 우리를 해치운다"고 밝혀져 있다.16) "기요"에는 마오쩌둥이 "사디스트(sadist), 의심병이 심한 사람"이라고 언급되어 있으며, 이어서 다음과 같은 내용이 나온다.

B-52는 항상 한 파가 다른 한 파와 투쟁하도록 부추기고 있다.……그는 오늘 아마도 지지를 얻을 필요가 있는 사람들에게 감언이설을 할지도 모르지만, 내일 그들은 날조된 죄명이 씌워져 죽음으로 몰리게 될지도 모른다.……일단 그가 어떤 사람을 그의 적으로 생각하면, 그는 이 사람을 괴롭혀서 죽이지 않으면 멈추지 않을 것이다. 그의 기분을 상하게 하면 그는 끝까지 각종 죄를 꾸며내어 상대방에게 그 자신이 저지른 범행을 감당하게 한다.17)

"오칠일" 기요에는 계속해서 행동방법에 대해서 언급되어 있다.

B-52가 우리 수중에 있으면 적의 주력함[중앙 고위책임재]은 모두 우리 손바닥 안에 있게 된다. 스스로 그물에 걸려들게 되는 식이다. 고위층의 집회를 이용하여 일망타진할 것인데, 먼저 몇몇 앞잡이들을 죽이고 나서 B-52에게 강제로 따르게 하여 퇴위를 강요하는 형식이다. 특종의 방법을 이용하는 것으로, 예를 들어 독가스, 폭격, 543[일종의 성능이 불분명한 비밀무기로 추정됨], 교통사고, 암살, 납치, 도시유격대를 이용하는 것이다.18)

전해지는 말에 의하면 이 계획은 모스크바의 지지를 받았다고 하는데 이것은 매우 가능성 있는 것이다. 그 이유는 린뱌오는 미국 자본주의 세력과의

---

16) "오칠일" 파일.
17) *Free China Weekly*, Taipei, April 16, 1972; Bridgham, p. 439에서 번역한 것이다.
18) Robert Elegant, *Los Angeles Times*, April 1, 1973.

870

어떠한 타협도 프롤레타리아 계급의 국제주의에 대한 배반이 될 것이라는 이유로, 소련과 가깝게 지내는 것을 주장하고 마오쩌둥과 저우언라이의 미국과의 완화정책에 반대했기 때문이다.19)

린뱌오는 그가 임명한 수많은 지방 각 성의 군사지도자들이 그에게 감격하고 그를 지지하기를 기대했다. 그러나 마오쩌둥은 최고의 경지에 이른 투쟁의 대가였다. 군사적 대결의 발생을 막기 위해서 그는 1971년 8월 중순에서 9월 12일까지 난징과 광저우를 시찰하고 군구(軍區)의 장군들에게 정치참여의 포기를 강조했다. 마오쩌둥의 엄숙한 태도에 겁을 먹고는, 반항이 소용없다는 것을 깨달은 지방의 군사지도자들은 어쩔 수 없이 중립의 입장을 취할 수밖에 없었다. 이 시찰 도중에 린뱌오의 심복들은 마오쩌둥의 암살을 시도했지만 목적을 달성하지는 못했다. 폭풍우가 곧 닥쳐오게 되어 있었다.

기본적으로 린뱌오의 세력은 마오쩌둥의 비호와 군대의 지지에 의지하고 있었다. 그가 마오쩌둥의 총애와 군대의 강력한 지지를 잃었을 때, 그의 주변에는 오직 몇몇 확실히 믿을 수 있는 지지자들만 남게 되었다. 린뱌오는 온갖 어려움을 무릅쓰고 "오칠일" 음모를 실행에 옮기려고 했지만, 한 공모자가 갑자기 밀고하고 말았다. 그 사람의 이름은 리웨이신(李偉信)으로, 그는 공군 제4군 정치부 비서처의 부처장이었다. 린뱌오는 황급히 베이따이허에 있는 그의 피서지로 비행기 1대를 보내도록 명령을 내렸는데, 그곳은 베이징에서 동쪽으로 175마일 떨어진 곳에 자리잡고 있었다. 마오쩌둥은 모든 비행기에 대해서 비행 정지를 명령했다. 린뱌오의 아들은 방법을 강구하여 번호가 256번인 트라이던트 비행기 1대를 마련했다. 이 비행기에는 연료가 부족하고, 조종사도 없고, 무전기를 조작할 수 있는 사람조차도 없었지만,

19) 한 자료에 의하면, 백악관은 크렘린 궁에 깊숙이 침투한 이스라엘 정보원을 통해서 놀랍게도 린뱌오의 음모와 그와 모스크바와의 비밀관계를 알아냈으며, 닉슨 대통령은 마오쩌둥에게 이 사실을 통보하기로 결정하고는 1971년 7월 키신저의 첫 번째 저우언라이 회견 시에 키신저가 이 정보를 저우언라이에게 전달했다는 것이다. 믿기 어려운 이 자료는 워싱턴의 *Evening Standard*지 런던 주재 기자인 제러미 캠벨(Jeremy Campbell)에게서 나온 것으로, 이 보도는 1972년 1월 30일자 타이베이의 *Free China Weekly*에 전재되었다.

린뱌오 일가 3명과 그 외 6명은 그래도 비행기에 탑승하여 이륙했고, 비행기는 소련 방향으로 날아가 몽골로 진입했다. 비행기는 급유하기 위해서 외몽골의 운더한 근처의 시설이 형편없는 공항에 불시착하려고 시도했지만, 비행기 날개가 지면에 부딪히는 바람에 비행기는 추락하여 부서졌고, 비행기에 탄 사람들은 모두 사망했다. 그날이 바로 9월 13일이었다.[20]

린뱌오와 마오쩌둥 사이에 앞당겨 도래한 최후의 승부는 이렇게 싱겁게 끝나고 말았다. 밀고자의 진술에 근거하여 판단해볼 때, 린뱌오의 우유부단함이 몰락의 주요 원인이었던 것 같다. 천보다가 숙청되고 "명장"들이 비난을 받은 이후 황용성과 린뱌오의 부인은 큰 재난이 닥쳐온 것을 느꼈다. 그들은 행동을 촉구했지만, 린뱌오가 머뭇거리는 바람에 주동권을 상실했다. 그 대신 린뱌오와 그의 아들은 공군 제4군과 제5군을 동원하여 상하이를 점령하고, 그곳을 요새로 삼아 난징 군구사령관인 쉬스여우(許世友)가 개시할는지도 모르는 군사개입에 대항할 것을 고려했다. 만약 이 계획이 실패하면 린뱌오의 부대는 저장 성 산간지역으로 철수하여 게릴라전을 벌일 예정이었다.[21] 그러나, 최후의 순간에 대항하지 못했기 때문에 이 계획들은 실현시킬 기회가 없었다. 린뱌오는 64세에 "반역자, 매국노"[22]라는 죄명을 쓰고 죽었고, 그의 주요 지지자들은 모두 정치무대에서 종적을 감추었다.

마오쩌둥은 린뱌오 사건을 중국 공산당 50년 역사상 10번째로 심각한 노선투쟁이라고 불렀으며, 이후에 또 수많은 이런 투쟁들이 발생할 것이라고 경고했다. 투쟁은 중국 공산당의 일종의 기풍으로서, 7-8년마다 필연적으로 한차례의 "대린"(일종의 7년에 한 번씩 발작하는 근질거리는 증세?)이 있다는 것이었다. 이 각도에서 볼 때 린뱌오 사건은 피할 수 없는 것이었으며,

20) 저우언라이가 21명으로 구성된 미국 신문편집협회 대표단에게 발표한 성명서는 1972년 10월 12일자 *The Christian Science Monitor*에 게재되었다. 그러나 린뱌오의 사망에 대한 한 비공식적인 견해는 린뱌오는 베이징에서 마오쩌둥 일파에게 암살당했다고 주장하고 있다. Ming-le Yao, *The Conspiracy and Murder of Mao's Heir*(London, 1983)를 보라.
21) 리웨이신의 공술서는 "오칠일" 파일 후면에 붙어 있으며, 1972년 4월 13일자 「中央日報」에 게재되었다.
22) 저우언라이의 성명서는 *The New York Times*, Oct, 12, 1972에 게재되었다.

사람의 의지에 따라서 바뀌는 것이 아닌 투쟁법칙의 부산물이라는 것이었다. 이 말이 암시하는 뜻은, 린뱌오와 같은 악당을 감싸준 사람들을 비난할 필요가 없다는 것이었다.

중공십대(中共十大), 1973년

린뱌오와 그의 일당이 몰락한 이후, 당과 정부에는 수많은 공석이 생겨났다. 21명으로 구성된 정치국에는 오직 10명만 남았고 5명의 상임위원도 오직 3명만 남았는데, 즉 마오쩌둥, 저우언라이 그리고 병약한 캉성(康生)이었다. 그리하여 한 차례의 당 대표대회를 개최하여 새로운 구성원을 선출하여 공석을 채울 필요가 있었으며, 동시에 린뱌오라는 "홍기를 들고 홍기에 반대한" 이 매국노이자 정치사기꾼 및 우경 기회주의자를 정식으로 비판할 필요가 있었다. "홍기를 들고 홍기에 반대한다"는 뜻은 좌파의 면목으로 나타나서 실질적으로는 지도부를 점령하고 권력을 탈취하여 우경 목표를 추진하는 것이다.

새로운 권력구조 제10차 당 대표대회가 1973년 8월 24일에서 28일까지 개최되었는데, 중앙문혁 소조가 회의에서 필사적으로 권력을 탈취하려고 한 것은, 마오쩌둥의 지지를 얻은 것이 분명했다. 장칭과 야오원위안은 정치국에 진입했으며, 장춘차오(張春橋)는 정치국 상임위원회에 진입했다. 사람들을 가장 놀라게 한 것은 37살의 왕훙원(王洪文)을 선출하여 당의 제2부주석을 맡게 한 것인데, 이로써 그의 지위는 마오쩌둥과 저우언라이의 다음 서열이 되었다. 왕훙원은 이전에는 상하이의 방적공장의 노동자였고, 장춘차오의 제자였다.

국내외 형세 평가 제10차 당 대표회의에서는 중요한 보고서 2개가 제출되었다. 75세의 부주석인 저우언라이는 첫 번째 보고를 했고, 37세의 왕훙원이

⟨1921–1973년 중국 공산당 10차 전국대표대회 기본자료⟩*

대회	1	2	3	4	5	6	7	8	9	10
기간	1921년 7월	1922년 7월	1923년 6월	1925년 1월	1927년 4월	1928년 6월	1945년 4월	1956년 9월	1969년 4월	1973년 5월
지점	상하이	상하이	광저우	상하이	우한	모스크바	옌안	베이징	베이징	베이징
대표	12	12	27	20	80	84	547	1,026	1,512	1,249
의장단 구성								63	176	148
부의장 혹은 의장단 상무위원회								13	1	5
중요 보고							3	3	1	2
중앙위원	3	5	9	10	29	31	44	97	170	195
중앙후보위원	3	5	5		11		33	73	109	124
정치국 위원						7	9	17	21	21
정치국 후보위원								7	4	4
정치국 상무위원회								6	5	9
중앙위원회 부의장								5	1	5
중앙위원회 전체회의						6	7	12	2	3
대회 간격(년-월)		1-0	0-11	1-8	2-3	1-2	16-10	11-5	12-7	4-4
당원	57	123	432	950	57,967	40,000	1,211,128	10,734,384		—28,000,000

*이 자료는 「中共十次全國代表大會資料簡表」, 『中華月報』, 제697기(1973. 10), p. 39에서 약간의 변동을 거쳐 인용했음.
출처: Chinese Law and Government: The Tenth CCP Congress, Analysis and Documents(Spring–Summer 1974, pp. 106–107). International Arts and Science Press, Inc.의 특별 허가를 받아서 전재함.

두 번째의 보고를 했다. 저우언라이는 대체적으로 온화한 정부관리와 당원 간부를 대표하고, 왕훙원은 급진적인 문혁 소조의 대변자였다. 저우언라이는 "우리의 위대한 지도자이신 마오 주석을 암살하고, 따로 중앙을 세우려는" 음모를 꾸미고, 제9차(당 대표회의)의 노선과 정책을 배반하고, 소련의 특급 간첩이라는 매국적 역할을 담당하여 중국을 소련의 수정주의와 사회제국주의의 식민지로 전락시키려고 시도한 것을 포함한 린뱌오의 반혁명활동을 예리하게 비판했다.

왕훙원은 처음으로 모습을 드러내어 당 대표대회에서 중요한 보고를 했다. "류사오치와 린뱌오를 대표로 하는 두 개의 부르주아 계급 사령부"를 분쇄한 것이 프롤레타리아 계급 문화대혁명의 주요 성과라고 주장했다. 이런 식으로 그는 문화대혁명을 현재 진행되고 있는 과정으로 간주하고, 1960년대 중기부터 시작하여 제9차 당 대표대회까지 계속 진행되었으며 앞으로도 계속 진행될 것이라고 했다. 그리고 그는 마오쩌둥의 말을 빌려, 매 7, 8년마다 필연적으로 한차례 대란이 있을 것인데, 그 이유는 계급본성에서 비롯된 온갖 악인들이 필연적으로 뛰어나오려고 할 것이기 때문이라고 했다. 왕훙원은 대담하게 조류에 반대하는 혁명정신과 젊은 지도자 육성의 중요성을 강조했다. 중국의 미래는 젊은이들의 수중에 있고, 투쟁과 계속되는 혁명은 장차 중국인의 정치생활의 중점이라고 주장했다.23)

---

23) 이 보고서는 1973년 8월 24일, 8월 28일에 통과되었다. 전문은 *Peking Review*, Nos. 35-36, Sept. 7, 1973, pp. 29-33에 게재되었다. 강조된 부분은 본서의 저자에 의한 것이다.

30
중국의 국제사회 재진입

중국과 미국의 긴장 완화

1971년 7월 15일, 닉슨 대통령은 국가안전문제 담당 고문인 헨리 키신저 박사가 7월 9-11일 사이에 비밀리에 베이징을 방문했으며 그 자신은 중화인민공화국 방문 초청을 받아들였다고 밝혔다. 이 소식은 중미 관계에 커다란 변화가 발생했음을 보여준 것이었다. 닉슨 대통령의 성명은 국제사회를 깜짝 놀라게 했으며, 특히 일본에 대한 충격은 유달리 강렬했다. 왜냐하면 미국은 줄곧 일본과 중국이 밀접한 관계로 발전하는 것을 가로막았기 때문이다. 이 "닉슨 충격"은 외교상의 중대한 돌파구로서 22년간에 걸친 중국에 대한 적대시를 완화시켰고, 역사발전의 관점에서 보면 미국의 중화인민공화국에 대한 정책에서 하나의 분수령이 되었다.

미국 정책의 변천 1949년에 중국 공산당이 내전에서 승리를 거두었을 즈음, 트루먼 대통령은 중국 공산당이 타이완을 정복하도록 내버려두고 동시에 중화인민공화국을 승인할 것을 고려한 것 같았다.[1] 미국의 입장에서 보면 공산당의 흥기는 비록 마음에 들지는 않았지만 받아들일 수는 있는 것이었는

---

1) Warren I. Cohen, *America's Response to China: An Interpretative History of Sino-American Relations*(New York, 1971), p. 201.

데, 그 이유는 중국 공산당이 결코 미국의 안전과 패권을 위협하는 것은 아니었기 때문이다. 그러나 1950년 한국전쟁의 발발과 뒤이은 중국의 참전은 미국 대외정책 수립자의 생각을 바꿔놓았다. 중국과 소련은 서방의 민주제도를 분쇄하려고 작정하고 있는, 견고하게 뭉쳐진 국제적 공산주의 음모집단으로 간주되었다. 그리하여 마오쩌둥의 타이완 정복은 더 이상 미국 정부에 의해서 중국 내전의 필연적인 결과로 간주되지 않았고, 아시아에서의 공산주의 확장이라는 더욱 큰 의도의 구성부분으로 간주되었다. 트루먼은 이 때문에 제7함대를 타이완 해협에 파견하여 효과적으로 중국 공산당의 타이완 점령을 저지함으로써 또다시 미국을 중국 내전으로 끌어들였다. 갈수록 많은 미국 군인들이 한국전쟁에서 전사함에 따라서 미국 정부도 갈수록 중국을 적대시했다. 트루먼은 봉쇄정책을 아시아로까지 확대했고, 일본 재건에 박차를 가하여 러시아와 중국과 균형을 이루게 함으로써 베이징과의 화해를 완전히 불가능한 일로 만들었다. 그러나 중국 측은 "일변도"정책의 수행을 선포하여, 미국의 승인과 연합국 회원국 지위에 대하여 조금도 개의하지 않고 있음을 나타냈다.

아이젠하워 정부는 더욱 격렬하게 베이징을 적대시했다. 국무장관인 존 포스터 덜레스는 공산주의는 인륜에 어긋나는 데다가 지극히 커다란 위험성을 가지고 있는데, 중국식 공산주의가 특히 그렇다고 확신했다. 미국은 중화인민공화국을 승인하는 것을 거부했을 뿐만 아니라 국제연합 가입을 완강히 반대했다. 미국은 중국에 대한 군사포위정책을 실시했는데, 그 안에는 미국이 한반도, 일본, 오키나와, 타이완, 남베트남, 버마와 태국에서 군사기지를 유지하는 것이 포함되어 있었다. 이런 군사기지들을 공고히 하기 위하여 미국은 동남아시아 집단방위 조약을 통하여, 남한, 태국, 오스트레일리아, 뉴질랜드와 일련의 군사동맹을 맺었으며, 1954년에는 타이완의 국민정부와 공동방위조약을 체결했다. 중국 문제 전문가 존 K. 페어뱅크의 관점에 의하면 "1950년대에 덜레스가 중국에 대하여 일으킨 냉전은 근본적으로 잘못된 것이고 불필요한 것이었으며, 그것은 중국 역사와 중국 혁명에 대한 완전한

오해의 기초 위에서 이루어졌다"는 것이다.[2]

국내에서 아이젠하워 정부는 매카시즘을 허용하고 비밀리에 그것을 조장했는데, 이 주의는 미국의 중국 정책에 대하여 지울 수 없는 깊은 상처를 남겼다. 국무원의 일부 관원들은 "중국을 상실한" 책임을 져야 한다는 비난을 받게 되어[3] 해직을 당하고 극심한 모욕을 당하거나 한직으로 밀려났는데, 그것은 유배를 당한 것과 마찬가지였다. 미국의 관계(官界)와 대학교 내에서의 중국 문제 전문가들은 자유롭게 관점을 표현하는 데에 매우 불리한 일종의 공포감에 사로잡히게 되었다. 이런 상황 속에서는 베이징과의 화해를 건의하는 어떤 요구도 모두 정치적 화를 불러들이거나, 또한 타협주의를 행하고 "공산주의에 동조한다"는 누명을 받을 위험이 높았다. 비록 아이젠하워는 이후 매카시즘과 분명한 경계선을 그으려고 시도했지만 매카시즘의 유산은 너무 강렬하여 중국에 대한 모든 적극적인 정책상의 태도를 저지하기에 충분했다. 모든 사람이 다 알고 있듯이 덜레스는 예컨대 "고통스러운 재평가"와 "대규모의 보복"과 같은 악담을 습관적으로 사용했으며, 그는 결국 체면 불구하고 1954년의 제네바 회의에서 저우언라이 총리와의 악수를 거절했다. 1954년과 1958년 진먼 및 마쭈의 여러 섬의 연해를 둘러싼 위기 기간에 미국 정부는 국민정부를 지원하기 위해서 중국 공산당에 대해서 핵무기를 사용하겠다고 위협했다.[4] 아이젠하워 정부는 이런 식으로 베이징과의 관계개선을 완강히 거부했다.

케네디 정부는 비록 총체적으로는 진보적인 관점을 가지고 있었지만, "중국을 억제하고 고립시키는" 전통적인 정책을 계속 수행했다. 아이젠하워는 신임 대통령에게 중국에 대한 정책을 변화시키는 어떤 행위라도 있으면 자

---

2) John K. Fairbank, "The New China and the American Connection", *Foreign Affairs*(Oct. 1972), p. 37.
3) 예를 들면 존 S. 서비스, 존 패튼 데이비스, 존 카터 빈센트(John Carter Vincent), O. 에드문드 클러브(O. Edmund Clubb) 등이다.
4) Allen S. Whiting, "Statement on U. S.-China Relations", 상원 외교관계 위원회에서 낭독했다. June 28, 1971, p. 17.

신은 정계로 복귀하여 (새 정부와) 대결을 펼칠 것이라고 경고했다.5) 케네디
또한 형세가 정책의 혁신과 수정을 하기엔 불리하다고 생각하여, 1961년에
그는 미국은 지속적으로 중화인민공화국의 국제연합 가입을 받아들이는 투
표에서 거부권을 행사할 것을 국민정부에게 보장했다. 그의 국무장관인 딘
러스크는 중국이 "동유럽식의 만주국"이며 소련과 비교하여 중국이 더욱 모
험성을 가지고 있어서 세계평화에 대한 위협이 크다고 생각했다. 1962년 중
국과 인도의 국경충돌과 중국의 신속한 승리가 대대적으로 과장됨으로써 미
국 정부의 우려를 더욱 깊어지게 했다. 이 때문에 케네디 정부는 중국과 미
국 사이의 적의를 완화시킬 것을 고려하지 않았을 뿐만 아니라, 실제적으로
미국의 중국 남부 국경지역에서의 압력을 강화하기 위하여 월남에서의 활동
에 박차를 가했기 때문에, 두 나라 사이의 대치는 심화되었다.

1960년대 초기, 중국과 소련의 이념 분쟁이 공개되었는데 이는 국제공산
주의 운동의 확고한 일치단결의 신화를 깨뜨리는 것으로서, 중국이 러시아
의 추종자라고 생각되는 관점이 성립하기 어려워졌으며, 중국과 국교를 회
복할 새로운 기회를 열어놓았다. 그러나 미국 정부는 이런 새로운 가능성에
관심을 가지지 않았는데, 그 이유는 미국의 정책수립자들이 중국과 소련 양
국 중에서 어느 한쪽과 관계가 개선된다면 그것은 반드시 다른 한쪽의 원한
을 불러일으킬 것이라고 믿었기 때문이다. 서양과 평화롭게 공존하려는 흐
루쇼프를 비판하는 마오쩌둥의 정책을 고려하고, 또한 소련의 미국에 대한
군사위협이 더욱 큰 것을 고려하여, 미국 측은 베이징이 아니라 모스크바와
의 긴장완화가 더욱 유리하고 더욱 실행 가능하다고 생각한 것 같았다.6) 전
해지는 바에 의하면, 케네디는 중국의 핵무기 제조에 대하여 "극도의 비관적
인 태도"를 취했고, 그는 심지어 중국의 핵능력을 분쇄하기 위해서 소련과
협력하여 한 차례의 핵 공격을 가하는 것조차도 고려했다고 한다.7) 비록 이

5) James C. Thomson, Jr., "On the Making or U. S. China Policy, 1961-9: A Study in
   Bureaucratic Politics", *The China Quarterly* (April-June 1972), 50 : 220-221.
6) Cohen, p. 220.
7) Joseph Alsop, "Thoughts Out of China — (1) Go versus No-go", *The New York Times*

런 기도는 근본적으로 실행될 수 없었지만 케네디가 중국에 대해서 비우호적인 태도를 가졌던 것은 명백하다.

그러나 국무부는 기구를 조정하기 시작하여 중국의 중요성이 어느 정도 인정되었음을 보여주었다. 1962년에 "중국 대륙 업무과"가 신설되었는데 그곳의 직원은 매카시즘 시대 이후의 젊은 전문가들이었고, 반대로 "중화민국 업무과"의 직원들은 비교적 나이가 많은 중국통들이었다. 신설한 이 과는 처음에는 별로 중요하지 않은 지위였지만 1년 후에는 완전히 독립적인 "아시아 공산주의 사무국"으로 승격되었다. 1963년 11월 14일 케네디는 기자회견에서 "우리는 결코 적색 중국을 적대시하는 정책에 얽매이지 않겠다"고 선언했다. 전해지는 바에 의하면 그는 중국에 대한 정책의 재결정을 두 번째 임기에 내리도록 유보했다고 한다.8)

존슨 정부는 베트남의 긴급 사태에 대처할 방법을 강구하는 데에 어려움을 겪고 있어서 중국 문제는 부차적인 위치에 놓았는데, 이런 상황은 중국이 문화대혁명 기간 중 내부문제에 몰두해 있었기 때문에 더욱 심화되었다. 국무장관인 딘 러스크는 "핵무기로 무장된 10억의 대륙 중국인"에 대한 그의 "두려움으로 가득 찬 견해"를 표현했다. 그러나 존슨은 이데올로기 문제에 대해서는 예상 밖으로 융통성이 있었다. 그는 베트남에서의 교착 상태를 숨기기 위해서 마치 태평양을 뛰어넘는 치국 재능을 발휘하려는 것 같았다. 1966년 7월 12일에 그는 중국과 "적대시가 아니라 협력하는" 정책을 추진하겠다고 선언했다. 그뿐만 아니라 중국의 국제연합에서의 의석 획득 가능성을 암시했고, "중국을 견제는 하지만 반드시 고립시키는 것은 아닌" 정책을 찬성했다. 존슨은 "중국을 상실한" 이후 처음으로 화해의 어조로 중국 정부를 논한 미국 대통령이었다. 그러나 존슨은 단지 국무장관이 그에게 촉구할 때만 비로소 행동을 취할 수 있었는데, 딘 러스크는 중국과의 관계개선을 건의할 리가 없었다. 이런 행동은 공화당으로부터 타협주의라는 비난을 받

Magazine, March 11, 1973, p. 31.
8) Thomson, pp. 226, 229.

게 될 것이었다. 존슨은 국내의 정치상의 고려와 딘 러스크의 태도를 감안하여 자신의 감정을 억제했다. 전해지는 바에 의하면 그는 일찍이 모스크바 혹은 베이징에서 정상회담을 함으로써 자신의 대통령 임기가 유종의 미를 거두기를 상상했지만, 1968년 여름에 발발한 소련의 체코슬로바키아 침입과 이에 대한 미국의 반응은 이 소망을 깨뜨려버렸다.9)

이상의 간단한 고찰을 통해서 볼 때 분명한 것은 20년이라는 기간에 걸친 미국의 고집과 중국의 냉담함이 쌍방의 외교관계 개선을 방해한 것이었다. 양국 간에 존재한 유일한 접촉은 1955년에서 1967년 사이에 제네바와 바르샤바에서 거행된 130여 차례의 대사급 회담인데, 이 회담의 목적은 단지 상대방에게 중요 문제에 대한 각자의 입장을 통보하는 것이었다.10) 그러나 1969년 닉슨이 대통령에 취임했을 때, 변화의 시기는 비교적 성숙된 듯했다. 국제적으로 중국의 핵보유 국가로서의 지위는 갈수록 많은 승인을 얻었고, 일본이 미국의 경제상의 경쟁자로 부상하게 되었으며, 중소 분열의 악화는 오히려 이를 빌미로 미국의 우세를 강화할 기회를 제공했다. 국내에서는 베트남 전쟁 반대운동이 맹렬히 전개되고 있었고, 진보적인 정치가와 학자들은 보편적으로 중국에 대한 정책을 재평가하도록 요구했으며, 상업계 인사들은 대(對)중국 무역을 전개할 것을 강렬히 갈망했고, 미 연방정부는 미국이 더 이상 "세계경찰"이 아님을 인정하여 아시아로부터 철수하려고 했다. 이런 상황들은 베이징과의 관계를 개선하는 데에 유리한 분위기를 조성했다. 그래서 닉슨은 비록 정치적으로 강경한 반공주의자였지만, 다른 사람들에 의해서 회유적인 정책을 행한다는 비난을 걱정할 필요 없이 중국에 대해서 타협정책을 채택할 수 있었다. 닉슨은 키신저의 가르침을 받았는데, 키신저는 일찍이 하버드 대학교의 교수를 역임했으며 19세기 오스트리아의 정치가 메테르니히의 외교를 전공했다. 메테르니히는 각국 간의 세력 균형의 원칙,

---

9) *Ibid.*, pp. 240-242.
10) Kenneth T. Young, *Negotiating with the Chinese Communists: The United States Experience, 1953-1967*(New York, 1968).

어떤 국가에 대해서도 모두 절대적 안전이 아닌 제한적인 안전체계를 주창한 인물이었다. 키신저의 영향하에서 닉슨은 억제정책을 종료하고 새로운 정책을 채택했다. 그 취지는 중국과 소련과 미국 사이의 세력 균형을 이룩하고 동시에 일본 및 서유럽과도 양호한 관계를 유지하는 것이었다. 그는 세력 균형의 개념을 재해석했다. 현재는 5극 세계로서 그중의 1극은 바로 중국이며 중국은 마땅히 고립 국면에서 벗어나야 하는데, 이런 고립 국면은 한편으로는 중국 자신이 조성한 것이고 다른 한편으로는 미국과 소련의 포위로 인해서 초래된 것이라는 관점을 제시했다. 중국 측에서도 상응하는 정책변화를 나타냄으로 인해서 중국과 미국의 친선은 확실히 가능해졌다.[11]

새로운 세력 균형 닉슨과 키신저의 세계관은 현실정치의 산물이었다. 그것은 미국과 소련의 패권을 특징으로 한 전후(戰後) 시대의 양극화 상태가 이미 마지막 단계에 가까워졌다고 가정했다. 금후 10년, 더 나아가 금세기 이후에는 전 세계에는 미국, 소련, 중국, 일본, 서유럽의 5개 세력 중심이 존재하리라는 것이었다. 5개의 세력 중심 중에서 단지 중국만이 국제사회에서 고립되어 있었기 때문에 중국이 국제사회에 다시 가입하는 것은 "피할 수 없는 추세"였다. 소련이 중국과의 적대관계에 휩쓸리면서 주동권은 미국 쪽으로 넘어갔다. 미국은 소련과 전략적인 무기제한 회담을 거행하고 있었기 때문에 핵 대결의 전망은 감소했으며, 이로 인해서 미국의 지위가 더욱 강화되었다. 그 외에 미국은 일본 및 서유럽과 조화로운 관계를 유지하고 있었다. 그래서 미국은 단지 중국의 "대문"을 열 수만 있으면 외교의 새로운 시대를 열 수 있었다.[12] 자연히 중국이 국제정치에서 적극적인 역할을 발휘한다면 더욱

---

11) Robert A. Scalapino, "China and the Balance of Power", *Foreign Affairs*(Jan. 1974), p. 356.
12) 1971년 7월 6일 닉슨 대통령이 캔자스 시티의 중서부 신문 및 방송관계자 기자회견석상에서 발표한 평론이다.
전문은 *U. S. News & World Report*, Aug. 2, 1971, pp. 46-47에 게재되었다. 반드시 지적해야 할 것은 5극 세계의 개념은 매우 훌륭한 견해이지만 결점이 없는 것은 아니라는 것이다. 이 개념은 주로 국제권력요소에 기초를 두고 있어서 흔히 정치문제와 얽혀 있는 경제요소를 적절히 고려하지 못하고 있다. 한 적절한 예증은 1973년의 "석유 위기" 중, 아랍 국가들은

쉽게 러시아를 견제할 수 있고, 또한 경제적으로 강대한 일본은 중국과 맞설 수 있는 것이다. 이렇게 참신한 외교적 구도 속에서 미국은 장차 단독으로 세계지도자의 역할을 하게 될 것이었다. 이로 인해서, 닉슨 대통령의 외교공세에서 매우 중요한 관건은 중국이었다.

일찍이 1969년 1월의 취임 연설 속에서, 닉슨 대통령은 "대결로부터 대화로의 전향"이라는 사고를 제시했다. 2주일 이후에 그는 키신저 박사에게 화해를 추구하는 방법을 연구하라고 지시했다. 그러나 몇 차례에 걸쳐서 중국 대사에게 바르샤바 회담의 재개를 건의한 시도는 효과를 거두지 못했지만 중국도 이 건의를 완전히 거절한 것은 아니었다. 중국 측은 매우 신중했으며 그들은 미국의 정책변화의 더욱 명확한 조짐을 기다리고 있었다. 닉슨 대통령은 1970년 10월 내방한 루마니아 대통령 니콜라이 차우셰스쿠를 환영하는 연회에서, 뒤이어 1971년 2월의 "세계정세 보고"에서도 여러 차례 (적색 중국이 아닌) "중화인민공화국"이라는 표현을 사용함으로써 그의 소망을 나타냈다. 니콜라이 차우셰스쿠는 베이징에 미국이 대화를 전개하고 싶어한다는 비밀정보를 전달했다. 저우언라이는 뒤이어 닉슨이 중국이라는 "합당한 명칭"을 사용했다고 공개했다. 그와 동시에, 1970년 10월의 공개사열식에서 중국은 전략적으로 중국을 6개월 동안 방문 중이던 미국기자 에드거 스노를 마오쩌둥과 저우언라이의 가운데에 서도록 배치했다. 마오쩌둥은 스노에게

일본과 서구의 경제를 마비시킬 수 있고 미국의 경제를 심각하게 손상시킬 수 있는 능력을 지니고 있었지만── 일본, 서구, 미국은 5극 중 3극이다──아랍 국가들은 배제되어 있었다는 사실이다. 강대국들은 갈수록 더욱 제3세계의 원자재에 의존하고 있음에도 제3세계는 무시되고 있었는데, 이는 닉슨-키신저의 정책구상을 매우 의심스럽게 한다. 정치적인 각도에서 보아도 5개의 세력중심은 고전적인 균형이 아닐 뿐만 아니라, 오늘날의 외교를 제약하는 요소들은 19세기와는 판이하게 다르다. 그래서 국무차관 조지 볼(George Ball)은 의심하는 어조로 "이 개념은 오직 19세기의 전제정부들에게만 적용되며 그들은 결정을 할 때, 여론이나 국회를 고려할 필요가 없었다"고 평론했다. 중소 우호가 균형을 깨뜨려 이 체제가 효력을 상실할 수 있었다는 것을 가상해볼 수 있다. 그러므로 닉슨-키신저의 국제관계관의 지속 가능성은 의심해 볼만하다. 하버드 대학교의 에드윈 O. 라이샤워(Edwin O. Reischauer) 교수, 컬럼비아 대학교의 즈비그뉴 브레진스키 교수 및 조지 볼 등의 관점에 대해서는 "The Kissinger Revisionists", *Newsweek*, July 30, 1973, p. 12; Douglas D. Adler, "Kissinger, A Historian's View", *The Christian Science Moniter*, Jan. 30, 1973; Max Lerner, "Kissinger's World May Be Corning Unhinged", *Los Angeles Times*, March 28, 1974를 보라.

중미 간의 문제는 단지 직접적인 협상을 통해서만 해결할 수 있으며 그는 닉슨이 대통령의 신분이든 관광객의 신분이든 그의 방문을 환영할 것이라고 말했다.13) 얼마 지나지 않아 "핑퐁 외교"가 있었는데 저우언라이는 미국의 운동선수들을 친절하게 접견했다. 저우언라이는 민간외교를 강조하고는, 미국 탁구팀의 방문은 "중미 양국민 간의 관계에 새로운 장을 열었다"라고 선언했으며, 또한 "중미 양국민의 우호적 왕래는 장차 양국민의 대다수의 찬성과 지지를 얻을 것"이라고도 했다. 닉슨 대통령은 신속히 반응을 보여 중국에 대한 5가지 무역금지 조처를 완화하겠다고 선포했다. 이후 중국에 고위급 특사를 파견하는 비밀조치를 취했는데, 그 이유는 중국 측이 그에게 이런 사절을 환영할 것임을 보장했기 때문이다. 그 결과 7월 9일에서 11일까지 키신저의 비밀방문이 있었고, 7월 15일에 대통령은 그가 이미 그의 중국 방문을 요청하는 저우언라이 총리의 초청을 수락했다는 극적인 성명을 발표했다. 이것은 닉슨 대통령의 거대한 외교적 승리였다. 그는 사람들에게 중국의 대문을 여는 시도를 하고 아울러 베이징과 모스크바를 통해서 베트남에서 평화를 이룩하는 통로를 찾아내려고 시도한 것은 민주당이 아닌 공화당이었다고 말했다. 그 외에 대중에게 텔레비전으로 생중계를 하도록 안배된 이 방문은 대선 기간에 정치적 이익을 가져올 것이었다. 그러나 대통령은 중국의 대문이 조금씩 열리는 것은 전적으로 중국 측의 동의로 인한 것이라는 사실을 알고 있었다.

중국의 동기 베이징이 닉슨의 방문을 환영한 것에는 실제적인 원인이 있었을 뿐만 아니라 심리적인 원인도 있었다. 비록 중국 사람들이 예전에는 닉슨을 제국주의 전쟁도발자라고 비난했지만, 이제 그들은 그가 유용할지도 모르는 역사적 동력을 대표한다는 것을 발견했다. 그는 바로 중국인들이 국제연합 의석, 미국의 승인, 타이완 문제의 해결, 일본의 잠재적인 재무장, 미국

---

13) Edgar Snow, "A Conversation with Mao Tse-tung", *Life*, April 30, 1971, p. 47.

비행기와 과학기구의 구매 등의 사항을 논의하고 그리고 가장 중요한 것은 소련의 가능한 공격을 저지하기 위해서 국제적 지위 개선을 함께 논의하기를 원하는 인물이었다. 의심할 여지가 없이 이 방문은 중국인들에게 거대한 심리적 만족을 가져다줄 것이었다.

소련의 위협 중소 관계는 이미 통제력을 완전히 상실했다. 1949-1958년까지 10년간의 협력을 거친 이후, 양국의 이데올로기에 대한 견해 차이, 혁명전략, 핵자료 공유, 소련의 경제 및 기술원조, 국제공산주의 운동 지도권과 국경분쟁 등의 문제에서의 긴장관계가 표면화되기 시작했다. 상황은 이미 이토록 심각하고 험악해져서, 소련 지도층의 어떤 일파들은 중국에 "선제공격"의 타격을 가해야 한다고 주장하기까지 이르렀다. 소련의 중소 국경지역에서의 군사적 배치는 1960년대 중기에 시작되었으며, 1968년 소련이 체코슬로바키아를 침입한 이후 이 지역의 소련군 규모는 더욱 팽창했다. "브레즈네프 독트린"의 제기로 인해서 정세가 더욱 위험해졌다. "브레즈네프 독트린"은 만약 기타 사회주의 국가가 사회주의 사업을 배반했다고 인정되면 소련은 이들 국가들의 내정에 간섭할 권리가 있다고 선언했다. 중국인들의 관점에서 보면 이것은 그들이 장차 소련이 침입할 다음 목표가 될 가능성이 있다는 것을 의미하고 있었다. 이런 전망은 단지 그냥 해보는 것이 아니라 특히 사람들이 체코슬로바키아의 운명을 떠올려보면 더욱 그러했다. 체코슬로바키아는 중국과 서로 비슷하게 고립된 상황에 처해 있었으며 국제연합에서의 의석도 없었다.

1969년 우수리 강과 신장 성에서 일어난 국경충돌은 소련의 의도에 대한 중국인의 의심을 더 한층 입증하여 전쟁의 위험이 눈앞에 임박한 듯했다. 소련은 1969년에 중국의 핵능력에 대해서 예방성을 띤 공격을 가하는 것에 대해서 미국의 동의를 구하기 위해서 각종 시도를 했지만 닉슨 대통령은 화를 내면서 반대의 뜻을 나타냈다. 북베트남 정부도 이 두 강대국 사이에 전쟁이 일어나지 않을까 걱정하여, 같은 해 9월 중순 소련 각료회의 의장인

알렉세이 코시긴이 하노이를 방문했을 때 베트남은 그에게 중국과의 전쟁을 피해달라고 촉구했다. 소련이 전쟁을 포기하기로 결정한 것은 첫째는 닉슨의 강렬한 반대 때문이었고 다음으로는 하노이로부터의 호소 때문이었을 가능성이 상당히 높다.

1969년 여름, 소련이 중소 국경지역에 배치한 지상군대는 아직 성공적인 공격을 하기에는 불충분한 것 같았다. 그래서 소련은 전술 핵무기를 사용하지 않을 수 없게 되었는데 이런 무기는 일본과 한국 그리고 심지어 미국에 대한 오염을 초래할 가능성이 있는 위험이 있었다. 1969년 전쟁에서 물러난 이후부터 소련은 만주 국경지역에 있는 지상군을 대대적으로 증가시켰고 핵탄두가 장착된 미사일과 로켓을 배치하여 부대의 전투능력을 증강시켰다. 소련의 시베리아 횡단철로를 통한 군대와 군수품 운송이 이렇듯 맹렬했기 때문에 1970-1972년 사이에는 비군사적인 운송업무가 여러 차례 중단되기까지 했다.[14] 1973-1974년에 이르러 중소 국경지역에 배치되어 있던 소련군은 45-49개 사단에 이르렀는데(100만 명), 그들은 또한 태평양에서 150척 군함의 지원을 받고 있었다. 그리고 서독 총리 빌리 브란트의 "동방정책(Ostpolitik)" 및 그와 모스크바의 화해로 인해서 소련인들이 군대를 동유럽에서 중소 국경지대로 이동시키게 된 것은 의심할 필요가 없었다.[15]

중국은 중소 국경지역에 최소한 소련과 동등한 수효의 부대를 배치했고, 각 대도시에 방공호를 파서 적의 공격에 대처할 준비를 하고 있었다. 중국은 브레즈네프와 코시긴이 "니키타 흐루쇼프보다 훨씬 더 나쁘다"고 생각하고 있었다. 왜냐하면 이 두 사람이 중소 국경지대에 막강한 군대를 배치하고, 소련의 중국 침공에 대한 동유럽 사회주의 국가들의 지지를 얻기 위해서 몰두하고 있었기 때문이었다. 그리고 또한 중국은 1955년 모스크바에서 흐루

---

14) Alsop, p. 100

15) Strategic Survey 1973(The International Institute for Strategic Studies, London, 1974), p. 67; Shinkichi Etō, "Motivations and Tractics of Peking's New Foreign Policy", p. 33, 독일 동아연구회가 주최한 중국 문제 국제회의(1973년 6월24일-30일에 쉴로스 라이젠부르크에서 열림)에서 낭독한 논문.

쇼프가 독일 수상인 콘라트 아데나워에게 "황화론(黃禍論)"을 주입시킨 것을 회상하기 시작했는데, "황화론"은 독일의 마지막 황제가 한 말이었다.16)

이로 인해서 임박한 소련의 중국 침략은 중국이 미국과의 접촉을 모색하여 국제연합의 의석과 광범위한 외교적 승인을 얻도록 촉진시킨 것 같다. 고립 상태의 종식은 소련의 무모한 공격을 종식시키는 국제정세를 조성하게 되었다. 그 이외에 중국은 양면 공격에 직면하는 상황에 빠지지 않기로 결심함으로써 소련이 중국의 주적(主敵)이 되어버렸기 때문에, 미국은 중국의 안전에 대단히 중요해졌다.

그러나 자본주의 미국과의 협력은 이데올로기상의 배신으로 불릴 수도 있었다. 그래서 베이징은 1945년에 있었던 국공협상을 열심히 논하면서 현행정책을 설명하려고 했다. 마오쩌둥의 「충칭 협상에 대하여」(1945. 10)라는 글을 다시 끄집어내어 널리 배포하여 중미의 화해는 전략상의 변화일 뿐, 세계혁명전략의 변화가 아니며 원칙을 배반하는 문제가 전혀 없다는 것을 증명하는 데에 사용했다.

타이완　에드거 스노의 견해에 따르면, 타이완과 중국 대륙의 통일은 마오쩌둥의 "국가통일의 궁극적인 목표"라는 것이다. 마오쩌둥은 타이완은 중국의 하나의 성이며 반드시 해방시켜야 한다는 입장을 고수했지만, 그는 이 문제를 처리하는 태도에서는 매우 관대했다. 즉, "만약 장제스가 평생 동안 타이완에서 성장(省長)이 되고자 한다면 그에게 모종의 자치지위를 줄 수도 있다"는 것이었다.17) 그러나 무엇보다도 마오쩌둥은 미국이 타이완과 타이완 해협으로부터 군대를 철수시키고 타이완이 중화인민공화국의 일부라는 원칙을 인정하기를 원했다. 베이징은 이런 방식을 통하여 끊임없이 국민정부를 고립시켜서 그들에게 협상을 강요하여 끝내 그들을 굴복시키려고 했다.

---

16) Alsop, p. 102-103. 저우언라이 총리와의 대화에 관한 보도.
17) Edgar Snow, "China will Talk from a Position or Strength", *Life*, July 30, 1971, p. 24.

일본의 재무장 중국은 일본의 거대한 경제성장을 일본이 다시 군사대국이 되는 기초라고 생각했을 뿐만 아니라 일본이 타이완과 한국에 영향력을 행사하는 것에 대해서 깊은 관심을 가지기 시작했다. 중국은 1894년 이후 일본의 침략을 받았기 때문에 일본 군국주의의 부활 가능성에 대해서 지극히 민감했다. 그러나 일본이 미국의 핵우산의 보호를 받고 있었으므로 중국은 반드시 닉슨과 이 문제에 대해서 논의해야 할 필요가 있었다.

위의 세 가지 주요한 문제점에 덧붙여, 국제연합에서의 의석 회복, 미국의 외교승인을 얻는 것, 무역 및 경제교류의 발전을 희망했기 때문에 중국은 닉슨의 중국 방문을 추진하게 되었다. 닉슨의 중국 방문은 미국이라는 이 강대한 서방 국가의 현직 대통령이 최초로 중국을 방문하는 것으로서[18] 이것은 의심할 여지없이 중국 사람들에게 심리적인 커다란 만족을 안겨주게 되어 있었다. 일부 아시아 사람들은 닉슨의 중국 방문을 한 차례의 입조(入朝) 의식으로 보았는데, 그 이유는 역사상 중국 황제들은 본국을 떠난 적이 없었으며, 속국의 국왕이나 사신들만이 중국에 와서 황제에게 경의를 표시했기 때문이다. 닉슨의 방문은 중국에게 일종의 새로운 존엄성을 안겨줄 뿐만 아니라 동시에 그들에게는 대국의 지위를 얻는 것이기도 했다.

마오쩌둥과 저우언라이는 모두 총명하고 뛰어난 혁명가였으며 역사를 잘 알고 있었다. 그들은 이 황금 같은 기회를 잘 잡아서 그것을 자신들을 위해서 유용하게 사용하는 것의 중요성을 알고 있었다. 중국의 대문을 열려고 탐색하는 미국의 노력이 그들 자신의 큰 구상과 서로 일치함으로써 닉슨은 베이징이 환영하는 손님이 되었다.

베이징에서의 닉슨 닉슨은 1972년 2월 18일에 중국으로 출발했는데, 그가 탄 비행기는 방금 페인트를 칠한 하늘색과 흰색의 대통령 전용기 "76 정신호(Spirit of '76)"였다. 그는 하와이에서 이틀 동안 휴식하고 괌에서 하룻밤

---

18) 율리시스 그랜트(Ulysses Grant) 대통령은 퇴임 후 행한 세계일주 여행 중, 1879년에 베이징을 방문했다.

묵은 다음에 2월 21일에 비행기로 베이징에 도착했다. 그를 수행한 사람은 닉슨 부인과 국무장관 로저스와 키신저 등이었다. 저우언라이 총리는 일단의 중국 고위관리들을 이끌고 비행장에서 그들을 영접했지만, 마오쩌둥은 얼굴을 내밀지 않았고 군중이나 외국 외교사절단도 현장에 없었다. 환영식은 적절하고 격식을 갖추었으나 분위기는 무겁게 가라앉아 있었고 조금 엄숙한 기색을 띠고 있었으며, 중국인들은 이 일을 반(半)공식적인 업무로 취급하고 있는 것 같았다. 1만6,000마일을 비행한 닉슨은 정신을 가다듬고, 얼굴에 미소를 지으면서 비행기에서 내려와 손을 내밀어 저우언라이와 역사적인 악수를 했는데, 이는 덜레스가 일찍이 1954년에 회피했던 일이다. 닉슨의 악수하는 자세는 힘이 있고 친절하여 마치 덜레스의 실례를 보상하려고 하는 것 같았다. 뒤이어 대통령은 기타 중국 측 관리들과 일일이 악수를 했고, 오랫동안 서서 군악대가 두 나라의 국가(國歌)를 연주하는 것을 경청했으며, 중국 인민해방군 3군 의장대를 사열했다. 미국 언론매체에서는 15분 동안 이루어진 비행장에서의 환영식이 "열렬하지도 냉담하지도 않았다"고 묘사했지만[19] 중국인들의 입장에서 보면 이것은 매우 적절한 것이었는데, 그 이유는 워싱턴(미국)과 베이징(중국)사이에는 아직 정식 외교관계가 없었기 때문이다.

닉슨 일행은 베이징 시의 중심에서 서쪽으로 5마일 떨어진 곳에 있는 규모가 웅장한 국빈관에 투숙했다. 그곳에는 미국 국기가 하나 걸려 있었는데 이것은 22년 만에 처음 있는 일이었다. 몇 시간 이후 서재에서 마오쩌둥은 닉슨과 키신저를 접견했다. 이것은 사전에 안배되어 있지 않았던 대면으로, 1시간 동안 계속되었다. 대통령과 그의 외교정책 고문은 서재에 들어설 때 그저 "한 사람을 방문하는 것이라기보다 그 이상의 존재를 방문하는 것" 같았다. 마오쩌둥의 말은 "시원스러웠고", 위엄과 자신감으로 충만했으며 소박하고 교묘했으며, 반면 저우언라이는 침묵을 지키고 있었다. 닉슨은 "마오쩌

---

19) *San Francisco Examiner*, Feb. 21, 1972, A.

둥에게 매력을 느꼈고", 동시에 신문매체에서는 한번도 보이지 않았던 "보기 드문 겸손과 경외의 표정"을 드러냈다.[20] 이런 식의 안배는 마오쩌둥이 화해를 찬성하고 있으며, 중국인들의 가라앉아 있고 약간 경직적이던 태도가 바로 열정이 충만한 태도로 변했음을 나타내는 것이었다. 뒤이어 저우언라이는 인민대회당에서 닉슨을 위해서 정부가 주최하는 성대한 연회를 베풀었다. 대통령은 열정이 넘쳐흘렀지만 저우언라이는 성실하고 주도면밀한 주인이었다. 연회장 안은 친절하고 즐거운 분위기로 충만했다. 저우언라이는 먼저 연단에 올라가서 치사를 했는데, 이 성대한 모임은 역사상 전례가 없는 특성을 가지고 있음을 강조하고 아울러 중국 인민과 미국 인민 사이의 전통적인 우의를 강조했다. 저우언라이는 20여 년이 흘러 "우호적인 교류의 대문이 마침내 열렸으니", 이제 관계의 정상화를 실현하기 위해서 노력할 것을 호소했다. 닉슨은 흥이 나서, 답사를 할 때 마오쩌둥의 유명한 "시간을 다투어라"라는 표현을 인용했고, 다음과 같이 말했다.

앞으로 5일 동안 우리는 함께 새로운 장정을 시작하여, 머뭇거리며 앞으로 나아가지 못하지 말고, 가는 길은 다르지만 함께 같은 목적지에 도달합시다. 즉 평화롭고 공정한 세계구조를 건설하는 목표를 실현하여 이 구조 속에서, 모든 국가들이 평등한 존엄으로 함께 서고, 크고 작은 모든 나라들이 외래의 간섭과 통제를 받지 않고 자신의 정치체제를 결정하는 권리를 가지는 것입니다.……우리는 적이 될 이유가 없습니다. 우리 모두 상대방에 대한 지배를 추구하고 있지 않습니다. 우리는 상대방을 지배할 생각이 없습니다.

협상 중간에 틈을 이용하여 닉슨은 만리장성, 십삼릉(十三陵), 경치가 산뜻하고 아름다운 서호와 상하이의 공업전람회를 참관했고 그의 부인은 몇몇 학교, 병원, 상점을 방문했다. 방문 기간 내내 대통령은 중국 측에 그가 보고 들은 것을 고도로 찬미하고 있으며, 친절한 접대에 대해서 매우 감사해하고

---

20) Hugh Sidney, "The Visit to Mao's House," *Life*, May 17, 1972.

있음을 확실하게 알게 하려고 했다. "장정"과 "시간을 다투다" 등과 같은 널리 알려진 표현을 인용하여 연회에서 충심으로 친절한 모습을 드러내는 것과 같은 닉슨의 자태는 의도적으로 자신의 새로운 이미지를 수립하기 위해서였다. 즉 그는 호의를 감사히 받을 줄 아는 손님이며, 과거의 지나치게 잘난 체하던 외국의 정계요인이나 제국주의 분자들과는 완전히 다르다는 이미지를 수립하기 위해서였다. 매우 사려 깊은 행위로 평가된 그의 행동은 한 세기 동안 서양이 중국을 착취하고 억압한 시대가 종결되었음을 나타내는 것이 그 목적이었다. 이런 각도에서 보면 닉슨의 태도는 크게 찬양할 만한 것이었다.

쌍방의 태도는 온화하고 품위가 있었지만 협상은 매우 어려웠다. 이 점을 뚜렷하게 증명하는 것은 5일간에 걸친 베이징에서의 회담이 아직 합의에 도달하지 못했다는 것이다. 6일째 되는 날에 항저우 서호에서 비로소 교착된 국면이 타개되었고, 방문 마지막 날에 상하이에서 성명서를 발표했다. 중국인은 상당한 이익을 얻은 것 같았는데, 그것은 닉슨 대통령이 직접 와서 관계를 회복시켰기 때문에 그들이 비교적 유력한 협상 위치에 있었던 덕분이었다. 그들은 외부를 향해서 어떤 양보도 하지 않았다고 공언했지만, 중미 우호관계 구축을 서둘렀기 때문에 최후의 결과는 일종의 타협으로 나타났다. 닉슨은 외관상으로 보기에는 양보한 것이 비교적 많았지만, 그는 중국과 직접적인 연계를 구축하여 긴장되어 있던 국제정세를 완화시킴으로써 세계평화의 전망을 증진시켰다.

「상하이 성명서」 1972년 2월 28일에 발표된 이 문건은 미래에 대한 희망을 표현했을 뿐만 아니라 일반적인 것과는 달랐다. 왜냐하면 성명서에는 쌍방이 동의한 분야가 기록되어 있었지만, 쌍방 간의 견해 차이가 있는 분야도 기록되어 있었기 때문이다. 성명서의 전체 글자 수는 1,750자인데, 기본적인 내용은 아래와 같다.

1. 타이완 문제에 대해서 미국 측은 다음과 같이 발표했다.

타이완 해협 양쪽에 있는 모든 중국인들은 중국은 하나만 있을 뿐이고 타이완은 중국의 일부라고 생각한다. 미국 정부는 이런 입장에 대해서 이의를 제기하지 않는다. 미국 정부는 중국인들 자신이 타이완 문제를 평화롭게 해결하는 것에 대해서 기쁘게 생각한다는 것을 재천명하는 바이다. 이런 전망을 고려하여, 미국 정부는 타이완으로부터 미국의 모든 군대와 군사시설을 철수시키는 것이 궁극적인 목표임을 확인한다. 이 기간에 미국 정부는 이 지역의 긴장된 정세가 완화되는 것에 맞추어, 점차 타이완에 있는 군대와 군사시설을 감소시킬 것이다.

비록 닉슨은 양보를 했지만, 그것은 어쩌면 화해에 필요한 최소한의 양보였을지도 모른다. 장기적인 면에서 보면 이 화해는 미국에게 이익을 주었고, 세계평화의 전망을 증진시켰으며, 소련이 중국을 침략할 위험성을 감소시켰다. 그러나 반드시 주의해야 할 것은 닉슨은 한편으로는 "하나의 중국만 있고, 타이완은 중국의 일부"라는 것에 동의했지만, 다른 한편으로는 "타이완이 중화인민공화국의 일부분"이라는 것에 대해서는 언급을 회피했으며 그는 또한 어느 정부가 중국을 대표하는가의 문제에 대해서는 어떤 승낙도 하지 않았다는 것이다. 그러나 대륙이 타이완보다는 너무나 크고, 전통적으로 중국이라고 불리는 지역을 망라하고 있기 때문에, "대륙의 중국이 진정한 중국"이라는 암시는 매우 분명했다. 중국 측의 양보는 미국이 "베이징이 중국의 유일한 합법적인 정부"라고 선포하도록 고집하지 않았으며, 1954년 국민정부와 체결한 공동방위조약의 폐기도 고집하지 않은 것이었다. 이 이전의 한 협정에서, 게니디는 베이징의 타이안에 대한 주권에 "주목한다"는 말을 기입하고 국민정부와 외교관계를 단절하는 것에 동의했다. 일본은 1972년 9월, 더욱 명확하게 중화인민공화국이 유일한 합법정부임을 공개적으로 인정했다. 닉슨의 양보는 사실상 "하나의 중국을 인정한 것이지만, 지금은 아니라는 것"이었다.[21]

---

21) Robert A. Scalapino, "First Results of the Sino-American Detente", p. 14. 독일 동아연구회가 주최한 중국 문제 국제회의(1973. 6. 24-30, 슐로스 라이젠부르크에서 열림)에서 낭독한 논문.

2. 미국은 1955년에 베이징 측이 반둥에서 처음으로 제창한 평화공존 5가지 원칙에 찬성했다. 이 원칙은 (1) 상호주권과 영토 보전의 존중, (2) 상호불가침, (3) 상호내정 불간섭, (4) 평등호혜, (5) 평화공존이다. 이 원칙들 자체는 무해하지만, 이 원칙들은 제국주의와 식민주의 그리고 미국의 공산주의 저지정책을 적대시하는 "비동맹"국가들에 의해서 언급된 것이기 때문에 미국은 줄곧 이것을 받아들이기를 거부했다. 그리하여 닉슨의 찬성은 일종의 심리적인 양보였다. 그러나 그것도 소련의 중국 공격의 가능성을 낮추어주었다.

3. 쌍방은 아시아 지역에서의 "패권"을 추구해서는 안 된다는 것에 동의했다. 이 말의 뜻은, 소련이 이 지역을 제패하는 것을 반대한다는 것이었다.

4. 쌍방은 국제적인 군사충돌의 위험을 감소시키는 것을 보증할 뿐만 아니라 "어느 대국이 다른 대국과 결탁하여 다른 나라에 반대하는 것, 혹은 대국들이 전 세계를 여러 개의 세력 범위로 가르는 것은 모두 세계각국의 인민의 이익을 위반하는 것"이라는 점에 대해서 동의했다. 이 선언은 미국과 소련이 연합하여 중국에 반대하는 어떤 가능성도 방지한 것이다.

5. 양국은 상호간의 과학, 기술, 문화, 뉴스, 체육 방면의 교류를 발전시키기 위한 편의를 제공하는 것에 동의했다.

6. 양국은 장차 미국의 베테랑 외교관을 베이징에 특파하는 것을 포함한 각종 수단을 통하여 관계정상화를 위해서 계속 노력하는 것에 대해서 동의했다. 1973년 4월, 미국 국무원은 우선 소규모 선발대를 베이징에 파견하여 연락 사무소를 세웠다. 5월 14일, 대사로서 런던, 파리, 본에 주재한 적이 있는 75세의 데이비드 K. E. 브루스가 연락사무소 주임의 신분으로 중국에 입국했다. 2주일 후에는 66세의 중공 중앙위원이며 중국에서 명망이 가장 높은 외교관인 전 프랑스 주재 대사였던 황전(黃鎮)이 워싱턴으로 가서 중국 연락사무소 주임에 취임했다.

공동성명은 협력의 분위기, 호의와 상호간의 우정을 반영했다. 닉슨은 예전에는 외국 제국주의의 강경분자였지만, 상하이를 떠날 때는 격정이 가슴에 가득 차서 "두번 다시 외국의 통치와 외국의 점령이 이 도시와 중국 그리

고 세계의 모든 독립국가의 어느 곳에서든 일어나는 일이 없을 것입니다"라고 선포했다.[22] 닉슨의 중국에서의 활약은, 아마도 그의 임기 내에서의 최고의 활약이었을 것이다.

화해의 성과 중국인은 얻은 성과에 대해서 만족한 것이 분명한데, 저우언라이가 베이징으로 돌아왔을 때 받은 성대한 환영은 바로 이 점을 나타내주는 것이었다. 특히 닉슨의 "입조"는 한 세기의 치욕을 겪을 대로 겪은 중국인의 마음속에 따스함을 느끼게 했고, 또한 이번 방문은 중국의 국제적 지위를 크게 향상시켰다. 닉슨이 중국을 방문하기 얼마 전인 1971년 10월 15일에 중국은 국제연합에 가입했는데, 이는 화해의 추구가 불러온 성과를 나타낸 것이었다. 미국은 평화공존의 5가지 원칙에 찬성했고 그것이 어떤 국가이든 아시아 태평양 지역에서 패권을 잡으려는 태도에 반대함으로써, 비록 소련이 중국을 침략할 가능성을 제거하지는 못했지만 최소한 그럴 가능성을 제한시켰다. 이리하여 중국은 어느 정도의 안전을 확보했는데, 이것이 바로 이번 외교공세를 전개한 가장 중요한 목표였다.

타이완에 대해서는, 중국은 철저하지는 못했지만 매우 실질적인 승리를 거두어 미국에 "하나의 중국"의 원칙을 인정하게 했고, 이 지역의 긴장정세의 완화에 맞추어 타이완에 주둔하고 있는 미국의 군대와 군사시설을 철수시키게 했다. 그러나 베이징은 미국으로부터 베이징 정부가 중국의 유일한 합법정부라는 것에 대한 완전한 승인을 얻어내지는 못했으며, 미국도 타이완과의 공동방위조약을 폐지하는 일을 감당하지 않았다. 그러나 미국의 새로운 태도는 이후에 베이징 정부를 승인하겠다는 것을 간접적으로 승낙하는 것처럼 보였다.

중국과 미국의 화해로 인해서 베이징은 미국의 비행기, 과학기기, 화학 및

---

22) 「상하이 공동성명서」의 전문은 The Department of State, Selected Documents, No. 9, *U. S. Policy, Toward China, July 15, 1971-January 15, 1979* (Washington, D. C., 1979), pp. 6-8에 수록되어 있다.

공업제품, 농업제품을 구매할 수 있게 되었는데, 이것들은 중국의 현대화에 시급히 필요한 제품들이었다. 학자, 기자, 운동선수, 과학자들, 관료들의 교류는 관념과 지식의 상호이동을 편리하게 했고, 22년 동안 교류가 없었던 상황을 바꾸어놓았다.

다른 한편으로, 자본주의 국가인 미국과의 화해는 이데올로기 면에서 하자가 있는 것처럼 보였을 뿐만 아니라 사람들에게 세계혁명의 원칙을 훼손시킨다고 느끼게 하여, 기타 국가들, 특히 아시아의 공산주의 국가들 앞에서 중국의 신망은 의심을 받게 되었다. 중국과 미국의 화해는 아마도 세계 사회주의 국가들의 혁명에 대한 열정을 손상시켰을 것이다.

미국의 입장에 대해서 말하자면, 화해를 통해서 중국과의 직접적인 연계가 시작되어 중국과 소련의 전쟁 가능성이 낮아졌기 때문에 세계평화의 전망은 향상되었다. 번영하는 우호적인 중국은 줄곧 미국의 이익에 부합된다고 생각되었다. 5극 세계의 개념은 곧 현실이 되려고 하고 있었다. 베이징이 국제분쟁의 평화적 해결을 약속한 것은, 베이징이 이후 베트남에 대해서 군사관여를 하지 않겠다는 것과 무력으로 타이완을 통일시키지 않겠다는 것을 의미했다. 결국에 중국에 의해서 구금된 미국인의 석방 가능성도 크게 증가했다. 20여 년 동안 수감되어 있던 중앙정보국의 특수요원23) 1명과 베트남 전쟁기간에 중국 상공에서 격추된 비행사 2명이 1973년 3월에 석방되었다.

물질적인 이익의 각도에서 보면, 미국의 가장 현저한 수확은 중미 무역의 증가로서 이것은 미국의 무역적자 완화에 도움을 주었다. 미국의 과학기술과 농업제품을 얻으려고 하는 중국의 갈망은 미국의 중국 상품에 대한 수요를 크게 넘어섰다. 그리하여 미국은 거대한 무역흑자를 거두었다. 닉슨이 중국을 방문하고 얼마 후에, 중국인은 RCA 전세계 통신회사(RCA Global Communications)로부터 인공위성 기지 2개를 구입했다. 이후에 그들은 보잉 707 비행기 10대, 프랫 앤드 휘트니 사(社)가 생산하는 제트기 교체 엔진

---

23) 존 도니(John Downey).

연도	미국의 대(對)중국 수출(100만 달러)	중국의 대(對)미국 수출(100만 달러)
1972	60	32
1975	304	156
1980	3,755	1,059
1985	3,855	3,840

40대, 지상 비행기 견인차 20대, 대량의 밀가루와 옥수수와 면화를 수입했다. 중국은 단지 미국에 적은 양의 함석, 주석합금, 돼지 털, 비단, 식물기름, 예술품을 수출했다. 위의 표는 중미 무역의 추세를 나타낸다.

전체적으로 보면, 닉슨은 중미 화해를 통해서 상당히 많은 이득을 얻었다. 중미 화해는 소련의 국제적 지위를 약화시켰고, 협상 중이던 문제들에 대해서 소련은 미국과의 합의를 더욱 서두르게 되었다. 중국은 100만의 소련군을 만주-시베리아 국경지대에 묶어둠으로써 소련의 기타 지역에서의 군사압력을 감소시켰다. 이렇게 하여 새로운 삼각관계 속에서 미국은 확실히 균형을 유지했다. 마치 영국의 정치가인 조지 캐닝이 1825년에 말한 "새로운 세계를 끌어와서 구세계의 균형을 바로잡은 것"처럼, 닉슨은 어떤 의미에서는 중국을 끌어와서 세계의 균형을 바로잡은 것이다. 닉슨은 국제관계의 새로운 시대를 열기를 기대했는데, 이 점에서 닉슨은 제2차 세계대전 이후 시기의 외교구도를 위해서 대부분의 기초를 다진 루스벨트를 본받았다.

중국과 일본의 국교회복

1971년 7월 15일 닉슨의 중국 방문에 대한 성명 발표와 1972년 2월 28일의 「상하이 공동성명서」의 내용은 일본인들을 경악하게 했다. 그들은 미국이 이런 중대한 정책결정을 사전에 통보하지 않은 것은 일본에 대한 일종의 모욕이기 때문에, 일본은 심지어 미국의 행동에 대해서 보복행동을 취해야 한다고까지 생각했다. 그들의 독립성을 분명하게 밝히고 그들의 이익을 보호

하기 위해서, 일본은 미국의 행위보다 더 투명한 방식을 이용하여 중국과의 관계를 정상화하기로 결정했다. 1971년 7월 닉슨 대통령이 성명을 발표하기 이전에, 일본이 이미 중국과의 관계를 점차적으로 개선할 것을 고려하고 있었다는 것은 의문의 여지가 없다. 그러나 "닉슨 충격"은 중국과의 관계개선의 진행과정을 크게 가속화시켰다.

일본의 언론매체는 이미 적어도 2-3년 동안 미국의 태도가 어떻든 간에 중국과 더욱 긴밀한 관계를 맺을 것을 촉구했다. 즉 국제정세 변화에 대한 현실적인 평가, 중국과 더욱 긴밀한 경제연계를 맺게 될 전망, 오래된 문화적 유대, 국교회복을 지지하는 좌익 세력의 선전 등 요인들이 이런 태도의 형성을 촉진했다. 몇몇 일본 상사들은 중국이 1970년 4월 19일에 선포한 "무역 4원칙"을 받아들였다. (1) 중국과 무역하는 회사는 타이완 및 남한과는 무역을 해서는 안 된다. (2) 상술한 두 지역에는 투자를 해서는 안 된다. (3) 미국에 무기를 수출하여 인도차이나에서 사용하도록 공급하게 해서는 안 된다. (4) 미국인이 일본에서 개설한 회사와 공동출자를 하거나 그 자회사가 되어서는 안 된다. 비록 양국 간에는 이데올로기와 사회적 차이가 분명히 존재하고 있으나 더욱 밀접한 관계를 맺는 것이 유익하며 또한 피할 수 없는 일이었다. 이때 "닉슨 충격"은 이런 전망의 실현을 가속화하는 동력을 제공했다.

일본 국내에서는, 공산당과 일본 사회당이 중국과의 외교관계 회복이 반드시 필요하다고 강력히 주장했다. 일본 사회당의 한 저명한 당원[24]은 중국의 신임을 얻어 중일 관계정상화를 촉진시키기 위해서 일본이 과거에 저지른 만행에 대하여 중국에게 사죄할 것을 요구했다. 1972년 3월, 외무대신 후쿠다 다케오(福田赳夫)는 일본은 반드시 만주 사변과 1937-1945년의 중일전쟁 기간에 저지른 모든 과오에 대해서 "반성하는 동시에 중국에 사과해야 한다"고 말했다.[25] 확실히, 중국에 주동적으로 외교공세를 펼칠 적당한

---

24) 고바야시 스스무(小林進).
25) *Los Angeles Times*, March 1, 1972, Part I, p. 7.

시기가 성숙해진 것 같았다. 그러나 사토 에이사쿠(佐藤榮作) 수상은 보수파 정치가였다. 장제스의 전후 일본에 대한 관대한 태도 때문에, 사토는 감정적으로 국민정부에 마음이 쏠려 있어서 객관적으로 반응하는 것이 매우 어렵다고 생각했다. 그는 국제정세 및 국내정세의 조류를 돌려놓을 힘이 없어서 결국 1972년 6월 17일 사직을 함으로써, 7년 8개월에 걸친 임기를 끝냈다. 사토의 사직은 중화인민공화국과의 관계정상화 달성을 쟁취하리라고 예상되는 신임 수상 선거를 위한 길을 활짝 열어놓았다.

다나카 가쿠에이의 중국에 대한 신정책 다나카 가쿠에이(田中角榮)는 1972년 7월 6일 수상으로 취임하자 곧바로 중국과의 국교회복을 호소하는 요구에 직면하게 되었다. 친(親)중국 성향의 좌익 정치가, 언론매체, 중국과의 무역에 기반을 두고 있는 상인들, 마지막으로 중국 등 각계각층이 압력을 가하고 있었다.

중국의 일본에 대한 태도에는 이미 급격한 변화가 발생했다. 중국은 더 이상 일본의 경제제국주의와 군국주의 부활에 관하여 비난하지 않았으며, 빈번히 다나카 가쿠에이에 대해서 찬사를 보내고 그의 중국 방문을 환영했다. 8월 11일, 다나카 수상이 정식으로 중국 방문을 요청하자 이튿날 저우언라이는 그의 방문 소식을 환영한다고 공표했다. 일정은 9월 25일부터 1주일 간으로 확정되었다. 양국 간의 국교회복을 더욱 순조롭게 하기 위해서, 저우언라이는 일본 정부에 대해서 다음과 같은 사항을 명확히 밝혔다. (1) 중국은 일본에 대한 전쟁배상금 요구를 포기한다(비공식적으로 사람들은 수십 억 달러의 배상을 운운했다). (2) 중국은 미일 안보협정과 1969년 11월 22일의 사토-닉슨 공동성명이 중국과 일본의 외교관계 수립에서 장애가 된다고 생각하지 않는다. (3) 중국은 일본과 타이완의 국민정부와의 평화조약을 대신하는 새로운 평화우호조약을 체결할 것이다.[26]

---

26) Gene T. Hsiao, "The Sino-Japanese Rapprochement: A Relationship of Ambivalence", *The China Quarterly* (Jan.-March 1974), 57 : 109-110.

일본 정부는 중화인민공화국을 중국의 합법적인 정부로 승인하기를 원하고 있었다. 그러나 일본은 타이완 문제에 대해서 명확한 성명을 하려고 하지 않았는데, 그 이유는 일본은 이미 샌프란시스코 평화조약에서 타이완에 대한 모든 권리를 포기하여 이제 다시 타이완 문제에 대해서 성명을 하는 것은 "불필요한 일"이라고 생각했기 때문이다. 장제스의 은혜를 입었다고 느끼는 감정 때문에, 타이완과의 통상 및 타이완에 대한 투자를 유지하고 강화하기를 희망했기 때문에, 일본인은 정식으로 타이완과의 평화조약을 폐기하기를 원하지 않았다. 다나카 수상은 이런 견해 차이를 해결하기 위한 시간을 필요로 했으며, 외무성도 경솔하게 화해하지 말라고 경고했다.

1972년 8월 키신저 박사는 하루 일정으로 일본을 전격 방문했다. 미국 정부는 일본이 미일 안보조약과 그에 따른 대(對)타이완 조항을 손상시키는 어떤 의무도 중국에 지지 않을 것을 확실히 보장받으려고 했다. 1951년에 체결되었고 1960년에 다시 개정된 이 조약은 미국이 안전을 수호한다는 명의 아래 일본에 주둔하고 있던 미군을 동아시아 기타 지역으로 이동시켜 사용하는 것을 허용하고 있다. 1969년 닉슨과 사토 수상은 "타이완 조항"을 포함한 공동성명을 발표했는데, 이 조항은 타이완의 안전이 일본의 안전에 매우 중요하다고 언급하고 있으며, 이 때문에 1960년 조약의 적용 범위가 타이완까지 확장되게 되었다. 키신저가 일본에 도착했을 때, 일본 정부는 그에게 중일 국교회복이 미일 안보조약에 손상을 주지 않을 것이라고 거듭 천명했지만, 타이완 문제에 대해서는 승낙하기를 거부하고, 닉슨의 중국 방문이 극동지역의 형세를 엄청나게 변화시켰으며, 이로 인해서 타이완 문제를 현실적으로 해결해야 한다는 입장을 고수했다.

다나카 가쿠에이 수상은 그의 베이징 방문 전에 다음 3가지 장애를 극복하지 않으면 안 되었다. (1) 중일 양국의 신속한 국교회복에 대한 미국 측의 걱정을 완화시키는 것, (2) 타이완의 국민정부에게 일본의 입장을 이해시키고, 중국과의 국교수립이 일본과 타이완의 문화와 경제관계에 악영향을 끼치지 않게 하겠다는 것을 확실히 보장하는 것, (3) 그의 대중국 정책에 대해

서 자민당의 일치된 동의를 구하기 위해서 자민당 내 보수파의 반대를 극복하는 것이었다. 첫 번째 장애를 해결하기 위해서, 다나카 수상은 호놀룰루로 가서 닉슨을 만날 예정이었다. 두 번째 장애를 해결하기 위해서는 자민당 부총재이자 타이완에서의 교우관계가 매우 넓은 시나 에쓰사부로(椎名悦三郎)를 특사로 파견하여 국민당 정부에게 일본의 입장을 이해시키려고 했다. 그리고 세 번째 장애에 관해서는 우익 당원을 조정하는 작업을 위해서 전 외무대신27)의 설득력에 의지했다.

1972년 8월 31일부터 9월 1일까지 다나카 가쿠에이는 호놀룰루를 방문했는데, 당시 그는 미국이 그의 대중국 정책을 지지하도록 미국을 "매수"하기를 희망했다. 일본의 대외수출액의 약 30퍼센트 정도가 대미 수출이었고, 미일 쌍무교역에서 일본이 상당히 곤혹스러울 정도로 높은 30억 달러의 고액의 대미 흑자를 거두고 있는 사실은 다나카에게 대범한 태도를 유감없이 표출할 수 있는 능력을 가지도록 했다.

이틀간의 회담을 통해 쌍방은 공동성명을 발표했는데, 성명은 일미 안보조약의 중요성을 재천명했지만 타이완 문제는 언급하지 않았다. 이렇게 되어 쌍방은 자유롭게 이 조약에 대해서 자기 나름의 해석을 할 수 있게 되었다. 미국의 입장에서는 이 조약이 타이완에 적용되었지만 일본은 그렇게 보지 않았는데, 그 이유는 동아시아 형세의 변화로 인해서 이미 타이완 조항이 효력을 상실했기 때문이라는 것이었다. 확실히 일본인들은 중미 화해로 인해서 베이징 측이 무력으로 타이완을 해방할 가능성이 사실상 제거되었기 때문에 미군을 이용해서 타이완을 보위하는 문제는 실제적인 의미가 없는 공론이 되어버렸다고 생각했다.

다나카 가쿠에이는 타이완 문제를 회피했고, 아울러 아시아의 긴장 상태를 한층 더 완화시키기 위한 자신의 중국 방문에 대한 닉슨의 지지를 쟁취했다. 이에 대한 보답으로서, 다나카 가쿠에이는 엄청난 양보를 하여 일본이

---

27) 고사카 젠타로(小坂善太郎).

10억 달러의 미국 제품을 더 구입함으로서 미국의 무역적자 폭을 줄이도록 하는 데에 동의했다. 다나카 가쿠에이가 아낌없이 베풀어서 성공했다고 한다면, 그가 타이완으로 파견한 특사에게는 그런 행운은 없었다. 시나 에쓰사부로 일행은 9월 17일에 타이베이에 도착했다. 그들은 곧 수백 명의 항의자들과 마주쳤는데, 항의자들은 그들의 차량 행렬을 가로막고 곤봉으로 그들의 차량을 내리쳤다. 그들은 국민정부 지도자와 3일간에 걸쳐 회담을 했다. 이 기간에 그들은 인내심을 발휘하여 저자세를 취했지만, 회담은 조금도 진전이 없었다. 일본인은 자발적으로 4,000만 달러 가치의 원자력발전소 건조와 1,700만 달러 가치의 도로건설을 포함하는 타이완의 경제발전을 지원하겠다고 제의했지만 이 제의는 거절당했다. 시나가 장징궈(蔣經國) 행정원장에게 타이완이 일본으로부터 무엇을 얻고자 하는지 묻자, 장징궈는 일본은 마땅히 친구를 팔아넘기는 것을 그만두고 일본 자신이 공산화되는 것을 피해야 한다고 말했다. 만약 일본이 베이징 정부를 승인하면, 타이완은 일본과의 관계를 단절하기로 결심했다는 것이었다. 시나는 실망하여 일본으로 되돌아갔지만 수많은 일본인들은 다음과 같은 관점을 받아들였다. 즉, 비록 감정적으로 일을 처리했지만 감정이 누그러진 후에 타이완은 형세에 순응할 수밖에 없는데, 그 이유는 타이완은 일본에 대한 무역과 일본과의 경제협력에 아주 크게 의지하고 있기 때문이라는 것이었다.28) 다나카 가쿠에이의 세 번째 임무인 "보수파 분자를 무마하는 것"은 비교적 쉽게 완수되었다. 자민당은 우파의 아래와 같은 제안을 받아들였다. 즉, "과거의 우리나라와 중화민국 사이의 관계를 지속하는 것"을 고려해야 한다는 것이었다. 그러나 이 건의는 자민당에 대해서 구속력이 없었는데, 그것은 단지 우익 세력이 베이징과의 국교회복을 방해하지 않고서도 그들의 타이완 지지의 신의를 지키게 할 수 있도록 하는 일종의 전략에 지나지 않았다.

3가지의 걸림돌을 제거한 이후, 다나카 가쿠에이는 중국행의 길에 오를

---

28) Gene T. Hsiao, p. 113.

준비를 했다.

베이징에서의 다나카 가쿠에이　일본 대표단은 1972년 9월 25일 오전 베이징에 도착해서 5일간에 걸친 방문을 시작했다. 대표단의 구성원은 모두 50명이었는데 다나카 가쿠에이 수상, 오히라 마사요시(大平正芳) 외상과 내각관방장관 니카이도 스스무(二階堂進)를 수반으로 하고 있었다. 공항에는 일장기가 펄럭이고 있었는데, 이것은 22년 전 일본의 항복 이후 처음이었다. 저우언라이와 기타 중국 관원들은 간단한 환영의식을 거행하고 내빈과 함께 의장대를 사열했는데, 일체의 안배는 닉슨이 중국을 방문했을 때의 모습을 연상하게 했다. 뒤이어 불안한 모습의 일본인들은 국빈관으로 안내되었다. 그날 오후에 그들은 저우언라이와 엄숙하고 솔직한 협상을 했다. 저녁에 다나카 가쿠에이 일행은 환영연회에 참석했고, 석상에서 중국 군악대는 일본의 유행 가곡인 「사쿠라(벗나무)」를 연주했다. 이때, 다나카 가쿠에이는 비교적 긴장이 풀린 것 같았다. 저우언라이가 먼저 치사를 하며 간단명료하게 일본의 침략에 대해서 언급했고, "중국 인민은 극소수의 군국주의자와 일본의 인민대중을 엄격히 구분한다"고 강조했으며, "지금은 우리가 외교관계 회복이라는 이 역사적 과업을 완성할 때입니다"라고 선언했다.

다나카 가쿠에이는 치사를 통해서 앞으로의 관계의 중요성을 강조하고 다음과 같이 과거의 잘못을 사과했다.

> 유감스러운 것은 과거 수십 년 동안 일중 관계가 불행한 과정을 겪었는데, 그동안 우리나라는 중국 국민들에게 매우 큰 폐를 끼쳤다는 것입니다. 이것에 대해서 저는 재차 깊은 반성을 표하는 바입니다. 제2차 세계대전 이후, 일중 관계는 비정상적이고 부자연스러운 상황에 머물러 있었습니다. 우리는 다만 솔직하게 이 역사적 사실을 인정할 수밖에 없습니다.

다나카의 "깊은 반성"은 중국인들의 박수를 받았다. 그는 비록 자민당 내에서 여전히 그의 대중국 정책을 비판하는 우익 세력을 무마하기 위해서 매우

신중하게 유감과 참회를 표현하는 어휘를 선택했지만, 마지막의 공동성명에서의 사과는 비교적 명확했다. 그는 이 공동성명에서 "일본 측은 일본이 과거에 전쟁으로 중국 인민에게 야기한 중대한 손해에 대한 책임을 통감하여 깊은 반성을 표하는 바입니다"라고 했다.

환영연회가 끝난 후 마오쩌둥은 책으로 꽉 차 있는 그의 서재에서 다나카 가쿠에이를 약 1시간 동안 접견했다. 과거에 관동군 기병대 장교였던 다나카 가쿠에이는 몹시 긴장한 듯했다. 마오쩌둥은 그의 부자연스러운 모습을 감지하고 반농담조로 "그러면 당신들(다나카와 저우언라이)은 싸움을 다 끝냈소?" 하고 말했다. 다나카가 공손하게 회담이 매우 우호적이었다고 말하자, 마오쩌둥은 곧 "싸우지 않으면 안 되오. 싸우지 않으면 사귈 수가 없소" 하고 대답했다. 마오쩌둥은 다나카에게 『초사집해(楚辞集解)』한 질, 판다 두 마리, 접이부채 한 개를 선사했다. 다나카는 마오쩌둥에게 현대 그림 한 폭을 선사하고 저우언라이에게는 벽걸이 융단을 한 개 선사했으며, 베이징 인민들에게는 2,000그루의 벚나무와 대량의 묘목을 선사했다.

진지한 분위기는 협상에서도 나타났다. 중국인은 모든 전쟁배상에 대한 요구를 포기했을 뿐만 아니라 공동성명에 1952년 일본과 타이완 간에 맺은 강화조약의 한 조문을 폐지한다는 내용을 넣는 것을 더 이상 고수하지도 않았다. 일본은 이하의 조문(條文)을 받아들였다.[29]

1. 본 성명이 공포되는 날부터 중화인민공화국과 일본 간의 지금까지의 비정상적인 관계는 종식된다.

2. 일본은 중화인민공화국이 중국의 유일한 합법정부임을 인정한다.

3. 중화인민공화국은 타이완이 중화인민공화국의 분할할 수 없는 영토의 일부분임을 거듭 천명하는 바이다. 일본 정부는 중국의 이런 입장을 충분히 이해하고 존중하며 포츠담 선언 제8조의 입장을 계속 준수한다.[30]

---

29) 중일공동성명서의 전문은 *The New York Times*, Sept. 30, 1972; *Peking Review*, 40 : 12-13, Oct. 6. 1972에 게재되어 있다.

4. 중화인민공화국 정부와 일본 정부는 1972년 9월 29일부터 외교관계를 수립하기로 결정한다.

5. 중화인민공화국 정부는 중일 양국의 우호를 위하여 일본에 대한 전쟁배상 요구를 포기할 것을 선언한다.

6. 양국 정부는 평화공존 5원칙의 기초 위에서 양국 간에 항구적인 평화우호관계를 수립한다.

7. 중일 국교정상화는 제3국을 겨냥한 것이 아니다. 양국 중의 어느 쪽도 아시아와 태평양 지역에서 패권을 추구해서는 안 되고, 양국은 모두 기타 모든 국가나 국가집단의 패권을 구축하려는 노력에 반대한다.

저우언라이가 고별연회 석상에서 건배를 제의했을 때 다나카는 중국의 마오타이주가 아닌 일본의 미주(米酒)를 드는 실수를 범했다. 저우언라이는 넌지시 그것을 지적했다. 다나카는 자책하며 자신의 이마를 치고는 즉시 술잔을 바꾸어들었다. 73세의 저우언라이와 54세의 다나카 가쿠에이의 만남은 중국의 청일전쟁 패배 이후의 협상과 선명한 대조를 이루었다. 당시 73세였던 리훙장(李鴻章)은 일본의 시모노세키로 가서 55세의 일본 수상인 이토 히로부미와 52세의 외상인 무쓰 무네미쓰(陸奧宗光) 앞에서 평화를 애걸했다. 이토 히로부미와 무쓰 무네미쓰의 오만하고 우쭐대고 비타협적인 태도는 다나카 가쿠에이가 보여준, 저우언라이에 대한 겸손하며 뉘우치는 태도 및 마오쩌둥에 대한 경외심과는 판이하게 달랐다.

중일 공동성명은 중국이 85퍼센트의 승리를 얻었다고 하지만[31], 그래도 일본인은 매우 기뻐했다. 타이완 문제에 대해서 일본은 중국의 이 섬에 대한 권리를 충분히 이해하고 존중했지만 타이완이 중화인민공화국의 일부분이라는 것을 직설적으로 인정하지는 않았다. 일본인은 또한 계속해서 타이완

---

30) 포츠담 선언 제8조는 타이완은 전후 중국에 반환한다는 1943년의 카이로 선언의 내용을 재확인하고 있다.

31) Scalapino, p. 13.

및 남한과의 경제교류를 유지하는 절대적인 권리를 취득했다. 그 이외에, 일본은 공동성명에서 정식으로 일본과 타이완 간의 평화조약을 폐기하지는 않았지만 오히라 외상은 베이징에서의 기자회견 석상에서 일본과 타이완 간의 평화조약은 시한이 지나서 취소한다고 선포했다. 오히라 외상의 성명의 합법성은 논쟁의 여지가 있지만, 국민정부는 중일 공동성명을 알게 된 후 일본과의 관계를 단절했다. 이로 인해서 형세는 명확해졌다.

국제적인 시각에서 볼 때, 일본은 자국과 미국과의 안보조약을 보전했을 뿐만 아니라 이후 소련과의 영토 및 평화조약 교섭에서의 자국의 지위를 강화했다.32) 일본은 중국의 지원을 얻을 것이고, 쌍방은 모두 소련 또는 미국이 아시아 태평양 지역에서 패권을 다투는 것에 반대하기로 약속했다.

국내에서는 세력이 강대한 일본 좌익 "중국 로비스트"들이 다시는 정부가 중국 정부에 대해서 의무를 지라고 강요할 수 없게 되었다. 중국에 대한 정식사과는 다년간에 걸친 죄책감을 없앴으며, 반성의 시기도 종식되었다. 일본은 미국의 통제를 받지 않고 중국과 전망이 매우 밝은 일종의 새로운 관계를 전개할 수 있게 되었다. 중국은 얻으려고 했던 것을 대부분 얻었고 오직 아주 작은 양보를 몇 개 했을 뿐이다. 일본의 승인은 기타 국가, 특히 아시아 국가에 대해서 거대한 심리적 영향을 미쳤다. 중국과 일본 간의 새로운 형태의 관계는 타이완의 고립을 심화시켰고, 타이완 독립운동을 지지하는 일본 보수파 세력의 모든 기도를 제지했다. 중국과 일본의 화해로 인해서 일본의 투자와 기술원조는 중국의 경제발전에 더욱 커다란 역할을 발휘하기 시작했고,33) 소련과의 대결에서 중국의 지위를 강화시켰다. 역사발전의 시각에서 보았을 때, 새 협정은 일본이 중국을 착취한 한 세기의 종식을 상징하는 것

---

32) 일본은 소련이 북방의 여러 섬들 즉 하보마이, 구나시리, 에토로후, 시코탄을 반환해주기를 원하고 있다. Elizabeth Pond, "Japan and Russia: The View from Tokyo", *Foreign Affairs*(Oct. 1973), p. 145를 보라.

33) 1972년 일본은 중국에 6억900만 달러를 수출했고, 중국으로부터 4억9,000만 달러를 수입함으로써 1억1,900만 달러의 순 흑자를 거두었다. 1973년 8월 30일, 도쿄와 베이징은 서로 상대방에게 최혜국 대우를 부여했다. 쌍방무역은 1972년의 11억 달러에 비해서, 1973년에는 18억 달러에 이르렀다.

이었고 하나의 새로운 시대의 시작을 상징하는 것이기도 했는데, 외래의 속박을 벗어난 중국은 자기의 의사대로 자기의 문제를 처리할 수 있게 되었다.

중일 국교회복으로 가장 불리한 영향을 받은 쪽은 타이완이었다. 국민정부는 먼저 리처드 닉슨의 베이징과의 화해 때문에 경악했으며, 이제는 다나카 가쿠에이의 행위로 인해서 망연자실하고 분노에 차 있었다. 그들은 다나카가 신의를 저버리고 조약임무를 방기했으며 전후 장제스의 관대한 태도에 대해서 배은망덕으로 갚았다고 규탄했다. 일본의 타이베이 주재 대사관은 항의자의 위협을 받아서 300명의 경찰과 사복경찰이 보호하지 않으면 안 되었다. 국민정부는 즉시 일본과의 관계를 단절했고, 그들의 확고부동한 반공입장을 거듭 표명했다.34) 타이베이 정부는 더욱 긴밀한 단결과 확고한 자력갱생으로써 불리한 국제환경 속에서 생존을 추구하기 위해서 노력할 것을 호소했다. 그러나 최초의 격분과 배반을 당했다는 감정이 점점 가라앉은 이후 국민정부는 실용적인 태도로 돌아왔다. 타이완과 같은 작은 섬은 일본과의 거액의 무역을 통해서 생존해야 했고, 그뿐만 아니라 수많은 중국인들이 일본에 살고 있고 수천 명의 일본인들이 타이완에 살고 있으므로 그들은 보호를 받아야 했다. 이 밖에 타이완에 우호적인 수많은 일본인들은 모종의 형식의 문화, 경제, 기술, 과학교류를 유지하기를 희망했다. 이런 원인들로 인해서, 1972년 12월 1일, 일본의 친(親)타이완 인사들은 도쿄에 "일본 대외교류협회"를 설립하고, 타이베이에 주 지부를 두고, 가오슝에 또 하나의 지부를 두었다. 하루가 지난 후, 타이베이도 이와 유사한 단체인 "아동 관계협회(亜東關係協會)"를 설립하고 도쿄에 주 지부를 설치하고, 오사카와 후쿠오카에 따로 지부를 설치했다. 이 두 조직의 주지(主旨)는 모두 상대방의 관할권 구역 내에 있는 본국 교민의 생활을 보살피고, 문화, 경제, 과학교류를 촉진시키기 위한 것이었다. 이것들은 비록 "비공식적인" 조직들이지만 정부

---

34) 1974년 4월에 도쿄와 베이징이 항공협정을 체결하자, 국민정부는 모든 일본 항공기의 타이완 취항이나 타이완 상공의 통과를 금지시켰고, 자국에서의 중화항공공사의 일본 취항을 취소했다.

의 전폭적인 지지를 얻었으며, 이 조직의 근무요원들은 신분을 감춘 관리로서 준(準)외교관의 지위를 누리면서 정규적인 영사의 기능을 수행하고 있었다.[35] 이리하여 일본과 타이완 간의 공식적인 관계는 비록 단절되었지만 비공식적인 연계는 여전히 온전하게 유지되었다.

일본은 78번째로 중화인민공화국을 승인한 국가이며, 이후 기타 국가들이 잇달아 일본을 본받아 타이완과의 관계를 단절했다. 서독은 1972년 10월 타이완과의 외교관계를 단절했고, 뉴질랜드와 오스트레일리아는 각각 1972년 12월과 1973년 1월에, 에스파냐는 1973년 3월에, 말레이시아는 1974년 5월에 타이완과의 외교관계를 단절했다. 타이완은 갈수록 고립되어갔다. 1988년 10월에 이르러 타이완은 오직 23개의 국가와 외교관계를 유지하게 되었다.

마오쩌둥-저우언라이의 외교적 대(大)구상은 특효가 있어서 중국의 국제지위를 크게 향상시켰고, 중국은 대국 그리고 제3세계의 대표자로서 국제연합에서의 영구적인 의석을 획득했으며, 아울러 사면팔방의 국가들의 원수와 지도자들이 끊임없이 중국을 내방하게 되었다. 베이징은 국제교류의 중추가 되었다. 중국은 더 이상 고립되지 않았고 성공적으로 소련과 미국의 포위를 타파했다. 중국은 다시 한번 국제공동체에 진입했는데, 이제는 허약한 반봉건, 반식민지 국가가 아니라 지위가 우월하고 존경을 많이 받는 대국으로서였다.

---

35) Gene T. Hsiao, pp. 118-120, JIA 회장인 이타가키 오사무(板垣治)는 전 타이베이 주재 대사(1969-1971)였고, 타이베이 지부의 주임 이토 히로노리(伊藤洋典)는 1972년 9월 이전에 일본의 타이베이 주재 대사관에서 근무했으며 가오슝 지부의 주임은 일본의 전임 총영사였다. 동아관계협회(東亞關係協會)의 도쿄 지부의 주임 마수리(馬樹禮)는 화교 업무를 책임지던 국민당 고위관리였다.

31

국민정부의 타이완에서의 통치

대륙의 중화인민공화국과 대결하고 있는 것은 타이완의 국민정부였으며 쌍방은 모두 자신들이 중국의 합법정부라고 칭했다. 일찍이 대명유신(大明遺臣)들의 항청(抗淸) 기지1)였던 타이완이 새로운 저항운동의 보루가 되었다. 타이완은 포르모사(formosa)라고도 불렸는데, 이 단어는 포르투갈어로 "아름답다"라는 의미이다.

타이완은 아시아 대륙의 동쪽에서 약 100마일, 일본의 남쪽에서 695마일 지점에 자리잡고 있다. 가장 넓게 계산하면 이 도서는 길이가 240마일이고, 넓이가 98마일이며, 총면적이 1만3,844제곱마일이다. 즉, 네덜란드보다 크고 스위스보다 약간 작으며, 대략 미국의 매사추세츠 주, 로드 아일랜드 주, 코네티컷 주를 합친 면적과 비슷하다.2) 청일전쟁 이후 청 정부는 타이완을 일본에게 할양했다. 1943년의 카이로 선언과 1945년의 포츠담 선언에서, 연합국은 민주, 디이완, 펑후 제도가 일본 패전 이후 중국에 반환되는 것을 허락했으며, 이것에 근거하여 타이완은 1945년 중국으로 돌아오게 되었다.

1948년 말에 국민정부의 군사상황이 신속히 악화됨에 따라서, 장 총통은 눈을 타이완으로 돌려서 그곳을 피난할 장소로 보았다. 이 마지막을 위한

---

1) 우두머리는 국성야(國姓爺)인 정성공(鄭成功)과 그의 아들이었으며, 1661년부터 1683년까지 지속되었다. 제2장을 참조하라.
2) Chiao-min Hsieh, *Taiwan: Ilha Formosa* (London, 1964), pp. 3-6.

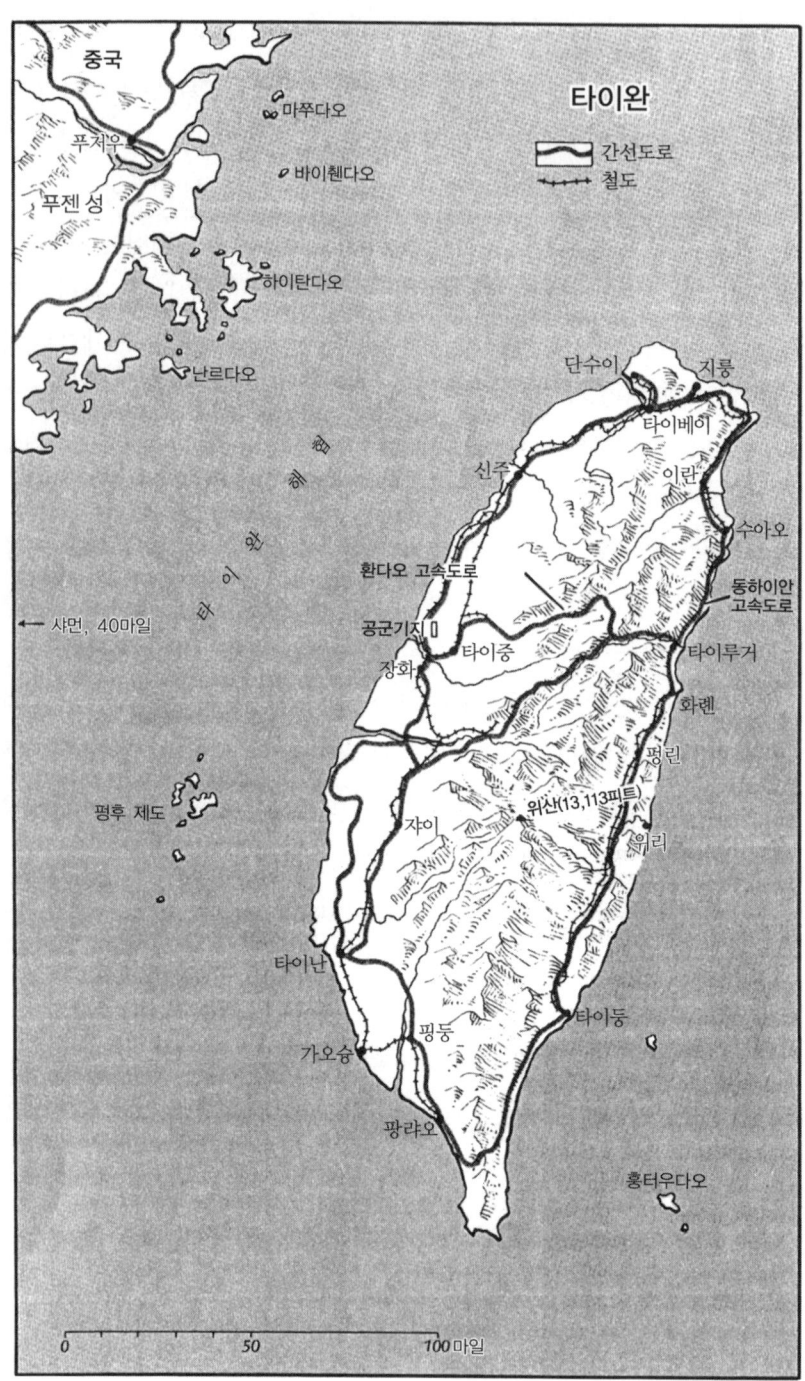

타이완

중국

마쭈다오

푸저우

바이첸다오

푸젠 성

하이탄다오

난르다오

단수이   지룽

타이베이

이란

신주

수아오

환다오 고속도로

동하이안
고속도로

공군기지 ⊡

타이루거

← 샤먼, 40마일

장화   타이중

화롄

펑린

평후 제도

위산(13,113피트)

윈리

자이

타이난

타이둥

핑둥

가오슝

팡랴오

훙터우다오

간선도로
철도

0   50   100마일

계획을 세우기 위해서 그는 1948년 12월 29일에 심복이자 유능한 인재인 천청(陳誠)을 타이완 성 주석으로 임명했다. 장제스는 1949년 1월 21일 총통 직위를 사직하고 닝보 근처에 있는 고향3)으로 물러나서, 타이완 섬으로 철수하기 위한 응급방안을 제정했다. 그가 이렇게 할 수 있었던 이유는 그가 정부의 직책은 정식으로 사직했지만 국민당 총재의 자리는 여전히 유지하고 있었고, 정부의 군대와 자금을 장악하고 있었기 때문이다. 1949년 4월 난징이 함락됨에 따라서, 국민정부의 붕괴는 얼마 남지 않게 되었다. 새로운 저항 기지를 건립하기 위해서 장제스는 정부군과 군사장비 및 3억 달러 가치의 비축된 황금과 외화를 타이완으로 철수시켰다. 비록 대리총통인 리중런이 명의상으로는 대륙의 국가원수였지만, 장제스는 타이완에서 실제적인 지도자의 지위에 올랐다. 국민정부가 결국 1949년 12월에 타이완으로 자리를 옮기자 리중런은 "치료를 받으러" 미국으로 건너갔다. 장제스는 1950년 3월 1일, 새롭게 중화민국 총통의 직위를 맡게 되었다.

장제스는 타이완의 방어를 지탱하기 위해서 몇몇 전초 진지에서 "전략적인" 철수를 했다. 1950년 4월과 5월, 정부군은 하이난다오와 저우산 군도에서 철수했고, 1953-1954년, 북베트남과 윈난 성 및 버마 접경지대를 떠돌고 있던 국민정부 게릴라 부대를 철수시켰다.

1954년 1월, 한국전쟁에서 포로로 잡힌 1만4,209명의 중공군 포로들이 국민정부군에 참여함으로써 국민정부의 군사력을 강화시켰다. 1년 후, 즉 1955년 1월에 저장 성 근처 해상에 위치한 다천다오에 있던 수많은 민간인들과 군대가 타이완으로 철수했다. 이 군대들의 철수에다가 새로운 군사훈련 및 모병계획이 첨가되어 타이완은 60만 명의 거대한 군대를 창설했다. 그중의 5분의 1이 대륙에서 겨우 수 마일 떨어진 곳에 있는 진먼다오와 마쭈다오에 주둔하고 있다.

---

3) 계구(溪口).

미국의 타이완에 대한 정책

미국의 국민정부에 대한 정책은 한 바퀴 크게 빙 돌았다. 즉, 완전한 무관심에서 적극적인 지원으로 바뀌었고, 적당히 소홀한 자세로 물러났다가 결국은 1979년 1월의 승인 철회로 바뀌었다. 1949년 하반기에 미국 정부는 국민정부의 대륙에서의 붕괴를 보고, 타이완이 함락되도록 내버려둘 계획이었다. 1950년 1월 5일, 트루먼 대통령은 다음과 같이 불개입 정책을 선언했다.

미국은 타이완 혹은 다른 어떤 중국 영토에 대해서 침략하여 차지할 의도가 전혀 없다. 미국은 지금 타이완에서 특별한 이익 혹은 권익을 얻을 생각이 전혀 없으며, 그곳에 군사기지를 세울 생각이 없다. 미국은 또한 군사력을 사용하여 현재의 상황에 간섭할 어떤 의도도 없다. 미국 정부는 중국 내전에 말려들게 되는 방침을 실시하지 않을 것이다.

마찬가지로, 미국 정부는 타이완의 중국 군대에 대해서 군사적인 원조나 조언을 하지 않을 것이다.[4]

그러나 1950년 6월 25일 북한이 남한을 공격한 이후, 이 정책은 바뀌었다. 트루먼은 6월 27일 "공산주의는 전복에 의해서 독립국가를 정복하는 한계선을 넘어서서 현재 무력으로 침입과 전쟁을 하려고 한다.……이런 상황에서, 공산군의 타이완 점령은 장차 태평양 지역의 안전과 미국의 이 지역에서의 군사력을 직접적으로 위협할 것이다" 하고 선언했다.[5] 그는 제7함대에게 타이완을 보위하고, 공산군의 침입을 저지하라고 명령하고 전쟁의 확대를 막기 위해서 국민정부에게 대륙에 대한 공격을 멈추도록 촉구했다. 이와 같이 정책이 바뀜에 따라서 미국 정부는 1950년 7월 28일에 대리대사를 타이완에 파견했으며 3일 후에 맥아더 장군이 장제스를 방문하여, 공동방위 계획에

---

4) Joseph W. Ballantine, *Formosa: A Problem for United States Policy*(Washington, D. C., 1952), p. 120에서 인용.
5) Ballantine, p. 127.

대해서 논의했다. 8월 4일, 맥아더의 부참모장[6])이 타이완에 도착하여 국민정부와 항구적인 연락망을 구축했다. 이로 인해서 한국전쟁은 미국-타이완 관계에서 하나의 전환점이 되었다.

타이완을 "중립화하고", 동시에 그것이 공산당의 전리품이 되는 것을 방지하기 위해서 미국 정부의 "타이완 포기" 정책은 포기되었다. 1950년 10월 중국 공산당의 "지원군"이 한국전쟁에 참가한 이후, 미국의 입장은 더욱 확고부동해졌다. 미국 정부는 중화인민공화국에 대한 외교적 승인을 거부하고, 중화인민공화국의 국제연합 가입을 반대했다. 이와 동시에 미국은 다시 타이완에 군사장비를 수송하고 경제원조를 제공하기 시작했는데, 1950년 6월 1일부터 1951년 6월 30일까지, 미국의 원조 총액은 9,800만 달러에 달했다.[7]) 이 밖에 1951년 4월에는 윌리엄 C. 체이스 장군을 단장으로 하는 군사고문단이 타이베이에 진주했는데, 1952년 5월에 이르러서 이 고문단의 인원은 400명으로 증가했다. 타이완은 미국의 방위 계획에서 새로운 전략적 중요성을 획득했다. 맥아더 장군은 타이완 섬을 가리켜 "가라앉지 않는 한 척의 항공모함이며 잠수함의 공급함으로서 위치가 매우 이상적이고, 그것은 공격 전략을 완성하는 데에 사용할 수 있으며, 동시에 오키나와와 필리핀에 주둔하고 있는 우리 측의 우군이 개시한 방어 혹은 반격 작전을 좌절시킬 수 있다"고 했다.[8]) 1952년 4월 28일, 일본은 대륙의 중화인민공화국이 아니라 중국의 국민정부와 평화조약을 체결하기로 결정했는데, 이것은 국민정부의 사업을 한층 더 촉진시켰다. 국민정부가 중국 전역에 대해서 합법적 관할권을 가진다고 성명한 것을 고려하여, 일본은 조약에서 이 조약의 조항은 현재 및 "장래에 있을 수 있는" 국민정부가 장악하는 모든 영토에 적용된다

---

6) 폭스(Fox) 소장.
7) 미국 경제원조 액수는 다음과 같다. 즉 1951－1952년, 8,100만 달러; 1952-1953년, 1억500 만 달러; 1953-1954년, 1억1,600만 달러; 1954-1955년, 1억3,800만 달러; 1955-1956년, 7,900만 달러; 1956-1957년, 9,000만 달러; 1957-1958년, 6,100만 달러; 1958-1959년, 7,400만 달러; 1959-1960년, 7,000만 달러; 1961-1962년, 1억3,400만 달러.
8) Ballantine, p. 153에서 인용.

고 했다.

타이완의 지위 개선은 미국의 타이완 주재 대리대사가 1953년 1월에 대사급으로 격상된 것9) 및 1954년 12월 타이완과 미국이 체결한 공동방위 협정을 통해서도 반영되었다. 중국 공산당은 1954년의 가을과 1958년에 진먼다오와 마쭈다오를 공격하여 점령하려고 시도했지만, 국민정부는 미국의 격려 하에 굳건하게 저항하여 중국 공산당의 기도를 좌절시켰다. 아이젠하워 대통령은 이 근해 도서들의 군사적 가치가 어떻든 간에 이 도서들을 포기하는 것은 바로 무릎을 꿇고 항복하는 것과 같다는 국민정부의 관점을 받아들였다. 케네디 대통령은 만약 이 섬들에 대한 공격이 미국이 보기에 타이완 공격의 서곡이 된다면, 미국은 적당한 조치를 취하여 타이완의 안전을 보위할 것이라고 선언했다. 이리하여, 타이완의 안전은 미국의 보호를 받게 되었다. 1971년 이전에 국민정부는 줄곧 국제연합에서 중국을 대표하고 있었다.

그러나 1971년 7월 15일 닉슨 대통령이 베이징을 방문하겠다고 선언한 성명은, 타이완의 국제적 지위를 손상시키는 일련의 외교행위를 불러왔다. 첫 번째 중대한 타격은 1971년 10월 중화인민공화국이 국제연합에 가입하고, 뒤이어 국민정부 대표단이 항의를 표시하기 위해서 국제연합을 탈퇴한 것이다. 이어서 중미 화해가 있었고, 뒤이어 일본이 중화인민공화국을 중국의 유일한 합법정부로 인정하고 1952년에 일본과 타이완이 맺었던 평화조약을 폐지한 것이다. 이런 사건들은 다른 국가들에게 시세를 따르는 심리를 불러일으켰다. 한 국가 한 국가씩 잇따라 타이완을 버리고, 태도를 바꾸어 베이징이 중국의 합법정부를 대표한다고 선언한 베이징의 주장을 지지했다. 1969년에 타이완은 65개국과 외교관계를 유지했으나, 1974년 10월에 이르러서는 단지 32개국과 외교관계를 유지했으며 계속해서 중화민국을 인정하는 국가의 수효가 감소되었다. 미국도 점차 이 방향으로 움직이기 시작했는데, 이것은 1973년 5월 베이징과 워싱턴 사이에 서로 연락사무소를 설립한

---

9) 초대 대사는 칼 L. 랜킨(Karl L. Rankin)이다.

것을 통해서 나타났다. 결국 1979년 1월에 미국은 베이징이 중국의 합법정부라는 것을 승인했다. 1988년에 이르러 타이완과 통상관계를 유지하는 국가는 151개국이었으나, 타이완의 국민정부를 승인하는 국가는 겨우 22개국밖에 남지 않았다.

정치구조

일본이 1945년 8월 패전하여 항복함에 따라서 타이완은 복귀하여 중국의 하나의 성이 되었고, 천이(陳儀)[10]가 행정장관의 직책을 맡게 되었다. 천이를 선택한 것은 아주 잘못된 결정이었는데, 그 이유는 그가 진지하고 착실한 행정장관이 아니었기 때문이다. 그의 임기 내에는 부패가 성행했고 차별대우가 심하게 행해졌으며, 몰수한 일본 재산을 공개적으로 경매하여 큰 이익을 획득하는 것을 포함한 무수한 추문들로 가득했다. 또한 난폭하게 타이완인을 차별대우하고, 그들을 식민지 주민으로 간주했으며, 그들이 정부와 대기업에서 행정 및 관리직을 맡는 것을 허용하지 않았다. 원래 국민정부의 접수관리를 환영했던 타이완인들은 급속히 천이의 통치에 대한 신뢰감을 상실하고, 점차 그의 통치가 일본의 식민통치보다 더욱 나쁘다고 여기게 되었다. 결국 대중의 의분이 폭발하여 1947년 2월 28일 폭동이 일어났다. 천이는 시간을 벌기 위해서 타협을 가장하고, 동시에 대륙에 원군을 증파시켜달라고 요청했으며 원군이 도착한 이후에 곧 타이완인에 대한 무차별적인 살육을 자행했다. 비록 천이가 바로 해직되어[11] 정세는 어느 정도 완화되었지만, 그의 잘못된 통치는 국민정부의 기반을 크게 손상시켰고 대륙인에 대한 타이완인의 반대를 심화시켰다.[12] 1949년 1월에 천청(陳誠)이 주석을 맡은 후

---

10) 이 사람을 중공외교부장 천이(陳毅)와 혼동해서는 안 된다. 이 두 사람의 이름은 글자는 다르지만 발음은 같다.
11) 나중에 그는 1949년 1월에 중공 대표와 음모, 결탁했다고 하여 총살되었다.
12) 1950년 타이완인과 대륙인의 비율은 680만 명 : 52만4,940명이었고, 1968년에는 대체로 1000만 명 : 300만 명이었다. 1992년 2월, 타이완 행정원은 『2. 28사건 연구보고서(二.二八事

에야 양자 간의 원한관계가 비로소 개선되기 시작했는데, 주요 원인은 점점 많은 타이완인들이 성과 지방정부에 참여했기 때문이다. 물론 중앙정부의 고위직위는 여전히 그들에게 개방되지 않았지만 1974년에 이르러 대부분의 성 정부 직책, 각료직의 3분의 1과 몇 개 중요 도시의 시장을 타이완인이 맡게 되었다.

타이완의 국민정부는 총통을 수장으로 하고, 1명의 비서장과 1명의 참모총장이 총통의 군정업무처리를 보좌한다. 5원제 구조는 계속 유지되었지만 몇 개의 원(院)의 직능과 법률지위에는 변화가 있었다. 입법원의 권력은 증가했지만, 행정원의 권력은 상대적으로 축소되었다. 행정원장의 임명은 입법원이 동의해야 하며, 입법원은 질의권을 가지고 있다. 입법위원은 선거에 의해서 탄생되고, 또한 그들은 상호 선발로 총통과 부총통을 선출한다. 입법원은 입법을 발의할 수 있고, 중앙정부의 각 부 장관들에게 질의하고, 재정예산을 심사하고, 독자적인 조사를 할 수 있어서, 훈정기의 입법원과는 차이가 매우 크다. 훈정기의 입법원은 단지 국민당 중앙집행위원회의 법률기초부문에 불과했다.

사법원의 구성에도 비교적 큰 개선이 있었다. 그것은 이하 몇 개 부분으로 구성되었다. (1) 대법관회의로서, 대법관회의는 헌법과 법률과 법령을 해석하고, 모두 중화민국 총통이 감찰원의 동의를 거쳐 임명하는 17명의 구성원으로 조직되어 있다. (2) 최고법원, (3) 행정법원, (4) 공무원 징계위원회이다.

감찰원 위원은 성(省)과 시(市)의 의회가 선거를 통하여 선출하며, 임기는 6년이고, 감찰원 원장과 부원장은 감찰원 위원이 선거를 통해 선출한다. 고시원은 1명의 원장과 19명의 위원을 두고 있는데 모두 선거에 의해서 선출하며, 임기는 6년이다.

타이완의 성 정부는 5원제 기구를 완전히 모방했는데, 단지 외교부와 국방부만 없다. 성 정부는 자체의 내정, 재정, 교육, 농림, 교통, 공공위생, 공

件硏究報告)』를 공포하고 리덩후이(李登輝) 총통은 희생자에게 정식으로 사과했다.

안 등의 부문을 두고 있다. 행정효율의 각도에서 보면 타이완에 2개의 병행하는 정부 부처가 존재하는 것은 조금 사치스러우며, 이렇게 작은 섬이 이를 유지하는 것도 조금은 힘든 일이었다. 그러나 이런 기구의 중복은 일종의 정치적인 필요에 의해서였다. 왜냐하면 중앙정부의 설립은, 단지 중앙정부가 공언한 전(全) 중국에 대한 관할권을 증명할 수 있을 뿐만 아니라, 결국에는 대륙으로 돌아가겠다는 희망을 나타내고 있기 때문이다.

비록 중화민국 자신은 입헌제 민주정부라고 공언했지만, 인민에게 미국과 같은 완전한 언론과 집회의 자유를 준 적이 없었다. 그것은 전 국민을 동원하여 공산주의자의 반란을 평정해야 하는 시기에는 반드시 몇몇 제한조처를 취해야 한다는 이유에서였다. 국민정부는 엄격하게 출판과 대중매체를 통제했고, 어떤 사람에게도 마르크스주의에 관한 간행물을 배포하는 것을 허락하지 않았으며, 특별한 허가를 거치지 않고는 어떤 사람도 공산주의 서적을 읽는 것을 허가하지 않았다. 장제스와 그 가족 그리고 국민당의 통치를 비판한 사람과 타이완 독립운동을 고취시킨 사람은 모두 비밀경찰에 의해서 체포될 가능성이 있었다. 대륙에 반격을 가할 군사적 준비와 중공침투에 대한 고도의 경계로 인해서, 타이완 섬은 계엄법의 관제하에 놓이게 됨으로써 민중들 속에 일종의 긴장과 조심스러워하는 정서를 야기했다. 국민정부가 공민의 자유를 박탈한 방법은 국외 인사들의 비평을 받았지만 국민정부는 국가의 안전을 이유로 하여 자신의 제한조치를 변호했고, 비평가들에게 타이완과 대륙의 자유수준을 비교하도록 요구했다. 총체적으로 말하면, 타이완인들은 이런 규제를 받아들였으며 이것은 상대적으로 자유롭고 풍족한 생활을 하는 데에 반드시 지불해야 하는 대가라고 생각한 것 같았다.

타이완의 정치생활 속의 한 가지 민감한 화제는 총통 장제스의 임기였다. 헌법은 총통이 선거에 의해서 선출되며, 임기는 6년이고 제2임기까지 연임할 수 있다고 규정했다. 장제스는 1948년 처음으로 난징에서 총통에 당선되었으며 1954년 타이완에서 또다시 당선되었다. 총통으로 3차례 당선될 수 있는가 하는 것은 지금까지 없었던 미묘한 문제였는데, 1960년이 다가옴에

따라서 이 문제가 부상하게 되었다. 장제스가 헌법개정을 찬성하지 않음으로 인해서, 1960년 2월 국민대회는 "전 국민을 동원해 반란을 평정하고 나라를 구하는" 시기에 총통 임기 횟수를 제한한 헌법규정을 잠시 중지하기로 결정했다. 1960년 3월 21일, 장제스는 세 번째 총통으로 당선되었고, 천청이 부총통으로 당선되었다. 1966년에 그는 또 네 번째 연임을 했고, 옌자깐(嚴家淦)이 부총통 겸 행정원장으로 당선되었다.

1972년 장제스는 다섯 번째 총통에 당선되었고, 옌자깐이 부총통에 당선되었으며, 장제스의 맏아들인 장징궈는 행정원장을 맡았다. 중화민국에서 이 시기는 가혹한 시련을 겪은 시기였으며 정부는 일련의 국제적인 곤경에 직면해 있었다. 즉, 국민정부 대표단은 국제연합에서 탈퇴했고 워싱턴과 베이징은 화해를 이룩했으며, 일본은 중화인민공화국을 승인한 것이다. 국내에서는 86세의 고령인 장제스의 건강 상태가 악화되어, 1974년 5월 이전까지 줄곧 공개석상에 모습을 드러내지 않았다. 정부의 중요한 일은 부총통과 행정원장이 관장했으며, 그들은 타이완의 앞날은 이미 25년 동안 고위급 위원회에서 배척당한 타이완인과의 화해를 이룩하는 것에 달렸다는 것을 인식했다. 당시 62세로서 자기 아버지의 후계자로 정해져 있던 행정원장 장징궈는 일부 타이완인들을 정부요직에 임명했는데 전례 없이 많은 인원이었다. 즉, 6명의 각료와 타이완 성의 성장[13]과 타이베이 시의 시장[14]이었다. 1972년 12월에 입법원 53개의 의석을 선출하기 위해서 실시한 대선은 타이완인의 정부 내에서의 대표권을 가일층 확대시켰다. 옌자깐과 장징궈는 마치 미래의 타이완 안정을 확보하는 3가지 중요한 비결을 장악한 듯했다. 즉 (1) 장제스의 계승문제, (2) 타이완인을 받아들여 고위급 직위를 차지하게 하는 것, (3) 장제스의 엄격한 통제를 적절하게 완화함으로써 현존 정치절차를 자유화하는 것이었다. 그들의 영도 아래 국민정부는 국제적인 곤경과 베이징의 외교와 심리공세 앞에서 묵묵히 존엄을 유지했다. 국민정부는 인민들에

---

13) 셰둥민(謝東閔).
14) 장펑쉬(張豊緒).

게 "자력갱생" 하고 "최후 승리에 대한 확고한 신념으로" 국제적인 유화주의를 "극복하도록" 호소했다.

중미 화해는 뜻밖의 결과를 발생시켜 400만 대륙인과 1,200만 타이완인을 더욱 밀접하게 연계시켰다. 베이징은 국민정부와 타이완 독립운동을 불법적인 것으로 간주했기 때문에, 국제적 고립은 곧 이 양자가 모두 마찬가지로 막막한 앞길에 직면해 있음을 의미하고 있었다. 이전에 타이완인을 학살한 적이 있는 대륙인들과 국민정부의 통치에 불만을 가지고 있는 타이완인들은 갑자기 그들의 운명이 서로 뒤엉켜 있음을 발견했고, 그들은 서로 연합해야 쌍방에게 모두 유리하다는 것을 깨달았다. 단결은 그들에게 더욱 좋은 생존의 기회를 보장하지만, 분쟁은 그들을 베이징의 희생물이 되게 한다는 것이었다. 이런 인식은 두 집단 간의 정치, 사회, 심리상의 격차를 줄였으며, 통혼도 성행하기 시작했다. 사실상의 극소수 산간 지대 토착민을 제외하면 타이완인과 대륙인 모두는 동일한 종족으로부터 뻗어 나왔으며 "사회와 정치 관념에서 보든 조상에 대해서 보든 간에 그들은 근본적으로 모두 중국인인 것이었다."15) 오늘날의 타이완인 중에서 75퍼센트는 푸젠 성 이민자의 후예이며, 13퍼센트는 화남에서 온 객가인이다.16) 타이완에 거주하는 대륙인과 타이완인 사이의 차이는 인위적인 구분이며, 현재 정부와 민중 모두 이런 구별을 희석시키려고 의식적으로 노력하고 있다.

에드거 스노의 보도에 의하면 마오쩌둥은 타이완을 대륙의 주권으로 복귀시키는 것을 중국 통일의 최종목표로 간주하여, 타이완을 중국의 하나의 성으로서 반드시 해방해야 한다는 입장을 고수했다. 그러나 그는 이 문제를 선처하여, "만일 장제스가 평생 그곳에 머물러 성장을 맡기를 바란다면 아마 그에게 자치의 지위를 줄 수도 있을 것이다"라고 했다는 것이다.17) 장제스와

---

15) Sheldon Appleton, "Taiwanese and Mainlanders on Taiwan: A Survey of Student Attitudes", *The China Quarterly* (Oct,-Dec. 1970), 44 : 56.
16) Mark A. Plummer, "Taiwan's Chinese Nationalist Government", *Current History* (Sept. 1971), p. 171.
17) Edgar Snow, "China Will Talk from a Position of Strength", *Life*, July 30, 1971, p. 24.

그의 추종자의 입장에서 보면 이런 생각은 매우 황당하고 무례한 것이었기 때문에 그들은 중공과의 협상을 완강히 거부했다. 이와는 반대로, 베이징은 북쪽 변방에서의 소련의 위협에 직면해 있었고, 또 미국과 화해를 이룩했기 때문에 무력으로 타이완을 해방시키는 것을 서두르지 않는 것 같았다. 베이징 측은 시간이 자기편에 있다고 믿고 있었기 때문에, 타이완을 국제적인 고립으로 빠지게 하는 외교활동을 통해서 국민정부의 사기를 꺾으려고 시도했고, 타이완이라는 이 외딴섬을 두려움에 떨게 하기 위해서 타이완과 대륙의 통일을 피할 수 없는 추세라고 대대적으로 과장했다. 다른 한편으로 국민정부는 되도록 오랫동안 현상을 유지하는 정책을 실시하고 이와 동시에 온 힘을 기울여 경제를 발전시키고, 국제적인 유대관계가 손상을 입지 않도록 노력했다.

경제와 사회발전

대륙에서 실패한 비통한 교훈으로 인해서 국민정부는 사회와 경제개혁의 긴박한 문제를 소홀히 할 수 없다는 것을 깨닫게 되었다. 타이완에서 기반을 확고히 하자마자, 그들은 이전에 실패한 곳에서 성공을 쟁취하려고 노력했다. 국민정부는 농촌재건 연합위원회를 통한 미국 측의 건의를 받고서, 고도로 집중된 두뇌집단과 기술수단에 의지하여, 확고한 결심으로 세 단계로 나눈 토지개혁운동을 성공적으로 전개하여, 쑨원 선생의 "경자유기전(耕者有其田 : 경작자에게 땅을 준다)"의 이념을 실현했다.

이 농촌재건운동 배후의 핵심인물은 성 주석인 천청이었는데, 그는 1949년에 제1단계의 개혁을 시작하여 소작료 삭감을 강제로 시행했으며, 소작료를 당시에 성행한 주요 작물 생산량의 50-70퍼센트에서 37.5퍼센트로 낮추었다.[18] 현재의 소작료가 37.5퍼센트를 밑도는 곳에서 소작료는 종전대로

---

18) 국민당은 처음으로 1930년에 37.5퍼센트의 지조율(地租率, 당시 삼칠오감조[三七五減租]라고 불렀다)을 받아들였지만, 실시한 적은 없었다.

되었다. 이 밖에, "구두(口頭) 소작"이라는 오래된 방법은 소작인에게 법률적인 보호를 해줄 수 없기 때문에 강제로 취소되었으며, 이를 서면에 의한 임대차 계약으로 대체했는데 유효한 임대차 기한은 최소한 6년이었다. 이런 조치들을 통하여 30만 농가의 형편은 크게 개선되었고, 수입이 증가함으로써 그들은 "375 밭갈이 소"와 "375 가옥"이라는 별명이 붙은 밭갈이 소[耕牛]와 집을 사들일 능력을 가지게 되었다.[19)

제2단계의 토지개혁은 1951년 6월에 시작했는데, 43만 에이커의 공유지를 판매했다. 이 토지들은 타이완의 모든 경작지의 20퍼센트를 차지했는데, 원래 일본 식민정부가 일본 이민자들을 배치하기 위해서 남겨둔 것이었다. 국민정부는 모든 농민들이 각각 6명의 가족을 부양할 정도로 충분히 큰 경작지를 이 토지에서 구매하는 것을 허가했는데, 즉 7묘의 논이나 혹은 14묘의 밭이었다. 토지의 판매가는 이 토지의 주요작물의 연 생산량의 2배 반으로 정했으며, 정기분할의 형식으로 반년씩 20개 기간으로 나누어 상환할 수 있고 연 이자는 4퍼센트였다. 매 기간의 지불은 현재의 소작료를 초과해서는 안 되었다. 제2단계의 개혁으로 13만9,688명의 농민이 토지의 소유자가 되었다.[20)

제3단계의 토지개혁은 1953년 1월에 시작되었다. 개인의 논밭과 소작을 준 논밭을 강제로 정부에 팔도록 했으며, 정부는 다시 이것을 4퍼센트의 연리만을 받고 똑같은 가격에 농민에게 되팔았다. 이런 조치들을 통해서 적어도 19만3,823개의 농가가 이득을 보았으며, 토지를 소유한 가정의 총 수는 40만 호에 달하여 개인 수로는 250만에서 300만 명이었다. 토지개혁계획의 완성으로 모든 농토의 임대율은 39퍼센트에서 15퍼센트로 하락했다.[21) 1968년 초, 오직 10퍼센트의 토지만이 소작인에 의해서 경작되었고, 90퍼센트의 토지는 모두 경작지 소유자에 의해서 경작되었다.[22)

---

19) W. G. Goddard, *Formosa: A Study in Chinese History* (East Lansing, Mich., 1966), p. 191.
20) Goddard, p. 192; Chiao-min Hsieh, pp. 285-286.
21) Goddard, p. 193; Chiao-min Hsieh, p. 286.
22) *Free China Weekly*, Taipei, Feb. 4, 1968.

이런 경작지 개혁정책으로 인하여 주요 작물의 생산량은 크게 향상되었다. 농민의 생활이 보편적으로 중류 수준에 이르렀다는 것은 그들이 대량으로 가옥들을 건조 혹은 수리하거나, 대량의 자전거와 재봉틀을 소유하고 있는 것을 통해서 입증되었다.

가장 사람들의 주목을 끈 것은 공업발전의 속도였다. 최초 단계(1945-1952)는 주로 전쟁으로 파괴된 공업시설을 회복하는 것이었다. 이 이후 정부는 1953-1956년의 4개년 경제발전계획에 착수하여 우선적으로 중소형 기초공업을 장려했다. 왜냐하면 이 기업들은 너무 많은 자본을 투입할 필요가 없을 뿐만 아니라 현지의 원자재를 이용할 수도 있기 때문이었다. 농촌사회의 취업률을 향상시키기 위하여 정부는 또한 가내공업과 수공업 회복을 장려했다. 제1차 4개년 계획이 거대한 성공을 거둔 것은 대륙에서 온 기술 및 관리 분야의 인재, 미국의 경제원조, 타이완을 태평양 지역 경제발전의 본보기가 되도록 하겠다는 확고한 결심 때문이었다. 거의 모든 각종 항목의 공업 활동이 진보했는데, 즉 알루미늄, 알칼리, 방직, 전력, 화학, 제지, 황마, 설탕, 파인애플, 버섯, 공예품 등이었다. 1956년 말에 이르러 약 2,000개의 공장이 영업 중이었고, 그중의 3분의 1은 1952년 이후에 건조된 것이었다. 이 시기에 노동자의 수효는 27만4,000명에서 34만 명으로 증가했고, 1956년의 생산지수는 1951년에 비하여 2배 이상 증가했다. 1956년의 1인당 평균수입은 1953년에 비하여 4퍼센트가 증가했다.[23)]

제1차 4개년 계획의 거대한 성과는, 정부가 뒤이어 더 많은 4개년 계획을 시행하도록 격려했으며 이 계획들은 모두 성공했다. 1963년에서 1973년까지 타이완의 경제성장률은 평균 9.7퍼센트였다. 가장 높은 해인 1964년은 14.2퍼센트에 달했고, 가장 낮은 해인 1966년도에는 8.07퍼센트로, 매해의 성장률은 모두 원래의 7퍼센트의 목표를 초과달성했다. 1973년의 국민총생산액은 93.9억 달러에 달했는데, 이에 비해서 1952년은 겨우 12억 달러에

---

23) Chiao-min Hsieh, pp. 309-310.

불과했다. 정부관리는 1973년도 타이완의 1인당 연평균수입은 이미 467달러에 이르렀고, 개인의 1일당 칼로리 섭취량은 2,697칼로리에 달하며, 타이완 국민의 생활수준이 아시아 국가 중에서 일본 다음이라고 자랑스럽게 말했다.[24] 비록 1956년 중반에 미국의 원조가 중단되었지만, 타이완은 여전히 상당한 경제번영을 유지했다. 1974년 타이완의 국민총생산액은 141억 달러였으며, 1인당 평균수입은 702달러에 이르렀다. 1965년에서 1972년 사이에 타이완은 미국이 베트남 전쟁을 위해서 작성한 구매 주문명세서로 인해서 큰 덕을 보았지만, 베트남 전쟁이 끝난 후에도 타이완의 경제는 계속 호황을 누렸다. 1973년의 대외무역은 82억6,000만 달러로 증가하여, 1972년에 비해서 50.2퍼센트가 증가했으며, 그중 수출총액은 44억7,000만 달러, 수입총액은 37억9,000만 달러였다. 1973년, 타이완은 기타 모든 국가와의 무역에서 흑자를 유지했지만 오직 대일 무역만은 예외였는데, 통계에 따르면 일본에 대한 무역적자는 6억300만 달러였다.[25] 상술한 통계수치는 비록 타이완의 정치적인 앞날은 매우 불확실했지만 경제적으로는 오히려 상당히 강대한 독립적인 실체라는 것을 분명히 나타내주었다. 그러나 이로 인해서 타이완은 중국 정부에게 더욱 매력적인 쟁탈의 대상이 되었다.

문화생활

1967년에 타이완의 식자율은 97.15퍼센트에 이르렀다. 이렇게 사람들에게 주목을 빌을 민한 성과를 얻을 수 있었던 것은 아마도 국가예산의 15퍼센트, 성(省) 정부예산의 25퍼센트와 현(縣) 정부예산의 35퍼센트를 교육에 투자해야 한다는 헌법규정 때문이었을 것이다. 1968년 가을 학기가 시작되면서부터 의무교육이 6년에서 9년으로 연장되었다. 1973년에 타이완의 전체 인구 중에서 4분의 1을 초과하는 사람들이 학교에 다니고 있는 학생들로서,

---

24) *Free China Weekly*, Dec. 23, 1973, May 5, 1974.
25) *Free China Weekly*, Jan. 20, March 24, 1974.

그들은 2,307개의 초등학교, 948개의 중학교와 99개의 종합대학교 및 단과대학에 분포되어 있었다. 일본의 통치가 종식된 이후, 타이완의 교육제도는 매우 크게 개선되었으며, 그중 두드러진 개선은 교육기구의 수효가 증가한 것으로, 1946년에 타이완에는 겨우 초등학교 1,130개, 중학교 215개, 종합대학교 1개와 단과대학 3개가 있었다.[26] 1974년 중반에는 타이완은 인구 1,000명당 278명이 학생이었는데, 이것은 1950년과 비교하면 3배나 증가한 것이다.[27]

타이완 교육제도의 발전과 상호보완을 이룬 것은 타이완 연구기구 범위의 확장과 질의 향상이었다. 국립 타이완 대학교는 타이완에서 가장 중요한 고등교육 기관으로서 대학원생을 양성하는 전공이 설치되어 있었고, 1960년대부터 대학과 교육부가 공동으로 박사학위를 수여하기 시작했다. 순수한 연구기관 중에서 가장 높은 명성을 얻고 있는 곳은 타이베이 시외의 난강에 자리 잡고 있는 중앙연구원이다. 그곳의 수려한 위치와 주위의 전원풍경은 진지한 학자들을 위해서 천국과 같은 연구 장소를 제공한다. 연구원은 수학, 역사학, 언어학, 화학, 동물학, 인류학, 근대사 등과 같은 분야의 연구소를 두고 있다. 근대사 연구소는 가장 최근에 지어진 연구소 중 하나로서 1955년에 설립되었고, 이미 재능 있는 젊은 학자들이 저술한 우수한 전문저서들을 출판했다. 기타 언급할 만한 연구기관으로는 칭화 대학교의 원자력 연구소와 교통 대학교의 전자 연구소가 있다.

타이완 학자들은 타이완을 중국문화유산의 저장소라고 생각한다. 이전에 베이징과 난징 박물관에서 소장하고 있던 많은 예술품들이 현재 타이완에 소장되어 있다. 베이징의 고궁박물관에서 23만1,910점의 예술진품과 선본서적(善本書籍)들이 운송되어 왔으며, 난징 중앙박물관에서는 1만1,729점의 가격을 매길 수 없는 진품들이 운송되어 왔다.

이 중국 예술의 진귀한 보물들이 정기적으로 타이베이 시외의 장엄한 고

---

26) 「中央日報」, 臺北, 1974년 10월 24일.
27) *Free China Weekly*, July 21, 1974.

궁박물관에 전시되어 있다. 이상과 같은 타이완의 주요 발전상황에 대한 개략적인 논평은 다음과 같은 사실을 밝혀준다. 즉, 대륙에서 참패를 당한 국민정부가 타이완에서는 성공적으로 이 섬을 하나의 모범적인 성과 아시아에서 뛰어난 지역으로 건설했다는 것이다. 타이완 인민들은 물질적으로 중국 역사상 여지껏 누려본 적이 없는 중류 수준의 경제상황과 높은 생활수준을 누리고 있다. 그러나 비록 표면적으로는 이런 번영이 있지만, 타이완은 한계가 있는 작은 섬일 뿐이다. 그곳은 중국의 정신적인 고향이 아니다. 나이가 비교적 많은 대륙인들은 사회적 기반이 없고, 사상적으로 고립되어 있으며, 정신이 공허하다고 느끼고 있다. 젊은 사람들은 재능을 발휘할 여지가 없어서 자신감을 잃었다. 수많은 사람들의 가장 큰 소망은 다른 곳으로 거처를 옮겨서 새로운 생활을 찾는 것이었다. 비록 대륙인들은 여전히 대륙으로 돌아가기를 간절히 바랐지만, 현실적인 사고를 가진 사람들은 그것은 단지 하나의 꿈일 뿐이고, 자기들이 살아 있는 동안에는 실현되기 어려운 일이라는 것을 알았다. "대륙으로 돌아가자"는 구호는 이미 잠잠해졌고, 반대로 사람들은 타이완을 영원한 가치가 있는 "보물 같은 섬"으로 일컬으며 이를 더욱 중요하게 여겼다. 타이완은 더 이상 최후에 대륙으로 돌아가기 전의 중간역이 아닌, 공산당의 통치를 벗어나서 머물 수 있는 곳이 되었다. 물질적 번영과 정신적 초조감이 공존했는데 이것은 성경에 나오는 "사람은 단지 빵에만 의존해서 살아갈 수는 없다"는 하나의 진리를 검증했다. 사람은 희망이 있어야 의미 있는 삶을 살 수 있는 것이다.

1975년 4월 5일, 장제스의 서거는 국민당의 사업에 심각한 심리적 타격을 주었다. 오랫동안 장제스는 줄곧 아시아 반공운동의 상징이었고, 그는 제2차 세계대전 시기의 연합국의 주요 지도자 중에서 가장 오래 생존한 인물이었다. 타이완인들은 깊은 공허감을 가지고 그의 죽음을 애도했지만, 이것이 권력의 조직 혹은 정부의 정책에 큰 영향을 주지는 못했다. 왜냐하면 정부는 1972년부터 시작해서 이 순간을 위한 준비를 잘 해왔기 때문이다. 헌법의

절차에 근거하여 부총통인 옌자깐이 4월 6일 신임 총통으로서 취임 선서를 했지만, 그는 단지 명의상의 수장이었을 뿐이었고 행정원장 장징궈가 정부의 실권을 장악하고 있었다. 장제스는 1975년 3월 29일에 쓴 유서에서 인민들이 그의 죽음으로 인해서 실망하지 말고 쑨원 선생의 삼민주의(민생주의, 민족주의, 민권주의)를 실현시키는 데에 헌신하고, 대륙을 광복하고, 문화유산을 부흥시키며, 민주제도를 고수할 것을 요구했다. 그의 유서는 형식에서는 쑨원 선생이 1925년에 쓴 유서와 매우 유사했다. 포드 대통령은 장제스가 "정직하고 용감하며 확고한 정치적 신념을 가진 인물"이라고 찬양했다. 많은 서양인들의 입장에서 볼 때 장제스의 죽음은 중국 역사상의 한 시대의 종결이지만, 타이완에 있는 그의 추종자들에게는 그의 유서를 실현하는 과업이 이제 막 시작된 것이었다.

VII
마오쩌둥 이후의 중국 :
새로운 질서의 추구

32
4인방 분쇄

1976년은 중국에는 고통스러운 한 해였다. 중화대지의 방방곡곡이 모두 3명의 위대한 지도자를 잃은 슬픔 속에 잠겨 있었다. 저우언라이 총리, 주더 원수, 마오쩌둥 주석이 각각 1월, 7월, 9월에 잇따라 세상을 떠난 것이다. 일련의 자연재해는 사람들의 비통한 심정을 더욱 가중시켰다. 7월에는 한 차례의 대지진이 베이징 동남쪽 105마일 지점에 있는 공업도시인 탕산을 파괴했으며, 뒤이어 2개월 동안 황허 강에서는 7차례에 걸쳐 홍수가 일어났다. 이 재난들과 정치적인 불안정을 수반한 것은 마오쩌둥의 아내인 장칭과 그 일파(나중에 "4인방"으로 불린 무리들)가 야기한 후계자 문제를 둘러싼 위기였다. 이 불안한 해는 정말로 중국인들이 일컫는 "천재(天災)와 인재(人災)"로 충만했다고 말할 수 있다. 이 시기는 비애의 시기였지만 여명 전의 암흑과 마찬가지로 희망으로 가득 찬 시기이기도 했다. 일종의 새로운 질서가 혼란 속에서 태어나려고 노력하고 있었는데, 이 새로운 질서는 인민들에게 더욱 안정되고 진보적이고 아름다운 생활을 가져다줄 것으로 기대되었다.

국가지도자들의 서거

저우언라이(1898-1976) 1976년 1월 8일의 저우언라이의 서거는 만회할 수 없는 큰 손실이었다. 그는 당과 정부의 지주(支柱)로서 무수한 정치위기 속

에서 줄곧 완충작용을 해오고 있었다. 저우언라이는 문화대혁명이 절정에 달한 시기, 극도의 혼란 속에서 중국을 구출해냈을 뿐만 아니라 4인방이 국가의 최고권력을 탈취하는 것을 저지하는 데에 일조했다.

저우언라이는 청조 말년에 사오싱의 한 향신가정(鄕紳家庭)에서 출생했다. 그는 난카이 중학(南開中學)에서 공부한 후 일본으로 건너가서 공부를 더 했다. 1920년 프랑스로 건너가서 고학을 했으며 유럽에서 4년간 머물렀다. 그곳에서 그는 학우인 덩샤오핑과 함께 중국 공산주의 청년단에 가입하고 이후에 중국 공산당에 가입했다. 1935년 1월의 준이 회의 이후 저우언라이는 마오쩌둥의 충실한 지지자가 되었다. 1949년부터 세상을 떠나기까지 저우언라이는 정부의 총리를 맡아, 마오쩌둥의 변화무쌍한 지도에 복종하면서 묵묵히 정부의 업무를 장악하여 처리하고 침착하게 마오쩌둥의 몇몇 과격한 행위를 완화시켰다.

저우언라이는 온 몸에 사람들을 완전히 사로잡는 매력과 온화하고 품위 있는 노련함을 풍기고 있었다. 그의 그런 현명한 태도와 세계문제에 대한 해박한 지식은 외래 방문객을 탄복하게 했다. 닉슨 대통령은 "20세기에 세계 역사에 끼친 영향에 대해서 말하면 저우언라이에 필적할 수 있는 사람은 오직 극소수이다.……민첩함, 달관함, 예지 면에서 그와 필적할 만한 사람은 아무도 없다. 이런 것들이 모두 그를 위대한 지도자가 되게 했다"고 했다.[1]

일찍이 1972년부터 저우언라이는 암으로 인한 고통에 몹시 시달리고 있었는데, 그는 1973년에 덩샤오핑을 다시 불러내어 부총리의 직책을 맡도록 하고 그를 후임지로 추천한 것 같다. 급진파들은 이에 대한 부복으로 비림비공 운동(批林批孔運動 : 린뱌오와 공자에 대한 비판운동으로서, 저우언라이를 공자에 빗대어 비판한 것이다. 이 운동의 주요 목적은 린뱌오를 비판하는 것이 아니라 저우언라이를 비판하는 것이었다/역주)을 일으켜 저우언라이를 빗대어 공격했다. 저우언라이는 1974년 여름에 입원하여 치료받은 이후에도

---

1) *The New York Times*, Jan. 9, 1976, pp. 11-12.

변함없이 계속해서 일을 했다. 그는 병상에서 국사(國事)를 처리하고 내빈을 접견했으며 간간이 공개적으로 모습을 드러냈다. 그는 중화인민공화국 25주년 건국기념일 경축행사에 출석했고 1975년 1월 제4기 전국인민대표대회 석상에서 주제보고를 했다. 이 보고서는 나중에 "4개 현대화"라고 불리는 운동을 위한 기초를 닦아놓았다. 이른바 "4개 현대화"는 농업, 공업, 국방, 과학기술의 현대화를 전면적으로 실현하여 금세기 말에 중국을 세계 선두의 강국으로 건설하려는 것이었다. 78세의 저우언라이가 서거하자, 9억의 중국인들은 많은 존경과 사랑을 많이 받아온 이 호국(護國)의 장자(長者)에 대해서 애도하지 않는 사람이 없었으며, 혁명투쟁을 하고 국사를 위해서 수고를 아끼지 않았던 이 위인을 그리워하지 않는 사람이 없었다. 오랫동안 그가 국가를 위해서 이룩한 엄청난 공헌, 특히 "10년 동란"(문화대혁명) 중 그가 이룩한 공헌은 그가 인민의 존경과 사랑을 받기에 조금도 손색이 없게 했다.

화궈펑의 부상(浮上) 저우언라이는 일찍이 조심스럽게 덩샤오핑을 그의 후임자로 추천했다. 저우언라이가 입원하여 암 치료를 한 마지막 1년 동안, 덩샤오핑은 상당히 큰 권력을 획득하여 실제적인 총리가 되어 국무원의 일상업무를 주관하고 외국 지도자들을 접견했다. 그러나 1976년 1월 15일 저우언라이의 추도회의 석상에서 추도사를 한 이후 얼마 지나지 않아 덩샤오핑은 공개석상에서 사라졌는데 이에 대해서 정부는 아무런 해명도 하지 않았다. 2월 6일자 「인민일보」 제1면에 "자본주의의 길을 걷는", "죽어도 후회하지 않는" 집권파를 비판하는 한 편의 글이 발표되었다. 장칭이 장악하고 있는 중앙문혁 소조는 제2부총리인 장춘차오의 총리 임명을 극력 추천했지만 수많은 당내 및 군부 고위간부들이 장춘차오를 받아들이지 않았다. 2월 7일, 중국 정부는 뜻밖에도 제6부총리 겸 공안부장인 화궈펑(華國鋒)을 대리총리로 임명했음을 선포했다. 급진파이든 온건파이든 간에 이 선택에 모두 불만을 가졌지만 마오쩌둥이 가진 지고(至高)의 위신 때문에 아무도 이에 대해서 이의를 제기하지 못했다.

마오쩌둥은 생명이 얼마 남지 않은 수개월 동안 아내의 압력을 받아 중앙 문혁 소조를 지지하려고 생각한 적이 있었으나, 경솔하게 고급간부와 군부 지도자들의 비위를 거스르고 싶지 않았다. 마오쩌둥은 이런 양난의 처지에서 화궈펑을 선택했다. 화궈펑은 사상적으로 신뢰할 만한 충실한 추종자여서 장칭 일파가 정권을 접수하여 관할할 수 있을 때까지 그가 총리직을 맡을 예정이었다. 화궈펑은 농업전문가로서 일찍이 마오쩌둥의 고향인 후난 성의 제1서기를 맡은 적이 있었다. 그를 선택한 것은 일종의 타협인 것이 분명했는데, 그 이유는 그가 실무파 및 급진파와 아무런 연고가 없었기 때문이었다. 아울러 마오쩌둥은 화궈펑의 임명을 통해서 교묘하게 덩샤오핑을 후계자로 안배한 저우언라이의 계획을 좌절시켰다.[2]

화궈펑을 임명한 이후 얼마 지나지 않은 청명절(淸明節) 기간에 중대한 사건이 발생했다. 청명절은 중국인이 전통적으로 조상의 무덤에 성묘하는 명절이다. 3월 29일에서 4월 4일 사이에 끊임없는 인파가 매일 톈안먼 광장으로 달려가서 이미 고인이 된 저우 총리를 추모하고 인민영웅 기념비에 화환을 바침으로써 기념비는 저우 총리의 상징적인 능묘가 되었다. 그런데 경찰과 보안요원이 화환을 가져가버리자 군중들은 격분했다. 4월 5일, 톈안먼 광장에 10만 명의 항의군중이 모여서 "진시황의 시대는 이미 지나가버렸다"는 구호를 높이 외치고 덩샤오핑을 지지하는 표어를 들어올렸으며, 저우언라이와 덩샤오핑을 찬양하고 마오쩌둥을 빗대어 말하는 시구(詩句)를 낭송했다.[3] 군중들의 감정이 아주 빨리 최고조로 끓어올라 시위활동을 통제할 수 없었다. 광분한 시위자들이 4대의 오토바이에 불을 지르고 병영의 창문을 깨뜨리자, 뒤이어 경찰과 공안과 민병들이 군중들을 해산했다.

베이징 시장인 우더(吳德)는 이 소요를 "우파 복권 풍조 반대투쟁[反擊右傾翻案風鬪爭]"에 반대하는 사람들과 연계시켰다. 덩샤오핑은 공개적으로

---

2) Ch'en Yung-sheng, "The 'October 6th Coup' and Hua Kuo-feng's Rise to Power", *Issues and Studies*, XV : 10 : 80-82(Oct. 1979).
3) 마오쩌둥은 일찍이 자기 자신을 기원전 221년 중국을 통일한 진시황(秦始皇)에 비유했다.

이번 소요의 원흉이며 "주자파이자 우경화의 막후 총지휘자"라는 질책을 받았다. 이틀 후 4월 7일, 마오쩌둥의 제의를 거쳐서 중앙위원회는 덩샤오핑의 "문제는 이미 적아(敵我)의 모순으로 바뀌었기 때문에" 그의 당내의 모든 직무를 해제한다고 선포했다. 그러나 "당적은 보류시켜 이후의 품행을 관찰하기로" 했다.

이와 동시에 화궈펑을 총리이자 중앙위원회 제1부주석으로 임명한다고 정식으로 선포했다.4) 4월 8일, 10만 명의 군중이 톈안먼 광장으로 가서 시위하며 새로 탄생된 지도집단을 성원했다. 화궈펑이 총리 후계 투쟁에서 예상외로 승리자가 된 것이다.

4월 30일 마오쩌둥은 화궈펑에게 친필로 된 다음과 같은 3가지 지시사항을 써주었다. (1) 조급하지 말고 천천히 하라. (2) 과거의 방침대로 일을 처리하라. (3) 그대가 업무를 맡아 처리하면 나는 안심하겠다.5)

화궈펑은 이 지시들을 마오쩌둥이 자기를 후계자로 지정했다는 의사를 표명한 것으로 간주했다. 그는 정치국 회의석상에서 성이 나 있는 4인방에게 앞의 두 가지 지시사항을 보여주었으며, 4인방 일파들은 그를 다시는 가능한 동맹자로 생각하지 않고 새로운 적으로 생각하게 되었다. 화궈펑은 냉정을 유지했고, 그는 후일에 사용하기 위해서 은밀히 세 번째의 지시를 남겨두었다.

탕산 대지진 마치 국가지도자들의 서거와 후계 투쟁으로 인한 정치불안만으로는 아직도 이 나라에 대한 징벌이 불충분하다는 듯이, 1976년 7월 28일에 160만 명의 주민이 살고 있는 석탄의 중심지인 탕산에서 리히터 8.2도의 대지진이 발생했다. 지진은 도시 전체를 완전히 초토화시켰으며 부근의 대도시인 톈진에 엄청난 파괴를 안겨주었다. 톈진은 중국에서 세 번째로 큰 대도

---

4) 中共中央公告의 영문역본(英文譯本)은 *The New York Times*, Apr. 8, 1976, p. 16에 게재되었다.
5) *Peking Review*, Dec. 24, 1976, p. 8. 또한 Richard C. Thornton, "The Political Succession to Mao Tse-tung", *Issues and Studies*, XIV : 6 : 35(June 1978)을 보라.

시로서 당시 인구는 430만 명이었다. 탕산은 폐허로 변해버렸다. 정부의 비밀보고서의 통계에 의하면 65만5,237명이 사망하고, 77만9,000명이 부상을 입었다고 했지만 중국 지진학회가 이후에 공포한 숫자는 이보다 훨씬 더 적었다.[6] 전통적으로 중국인은 이런 거대한 자연재해를 사회 및 정치상의 거대한 변화가 발생할 조짐이라고 생각했다.

마오쩌둥(1893-1976) 마오쩌둥은 다년간 파킨슨 병에 의한 고통으로 시달리고 있었는데, 이것은 만성적으로 악화되는(퇴행성) 질병으로서 근육이 뻣뻣해지고 부들부들 떨리는 현상이 일어난다. 그의 생명이 붙어 있던 마지막 2-3년 동안 그의 건강은 한 차례의 중풍으로 인해서 신속히 악화되었는데, 이 중풍은 왼쪽 몸에 영향을 주어 언어기능을 손상시켰다. 그에게는 매일 정신이 맑고 편안한 순간과 의식이 혼미해지는 현상이 번갈아 나타났기 때문에 그를 만나고자 하는 외국 정치요인들은 엉뚱한 시간에 회견을 했으며 갑작스러운 통지를 받았다. 그는 1976년 9월 9일 세상을 떠났다.

오직 역사가 중국과 세계에 대해서 마오쩌둥이 야기한 영향을 정리할 시간이 흐르기를 기다린 후에야 비로소 그에 대한 전면적인 평가를 할 수 있을 것이며, 현재는 오직 초보적인 평가를 내릴 수밖에 없다. 마오쩌둥은 레닌과 스탈린을 한 몸에 결집한 인물이다. 그는 20세기 중엽에 가장 성공한 위대한 혁명가였다.

그의 최대의 업적은 마르크스-레닌주의를 창조적으로 중국의 실제 상황에 활용하여 중국의 정권을 탈취한 것이다. 리따짜오의 영향하에서 그는 농민해방이 중국 해방의 서막이라고 믿었다. 그는 농민을 조직하여 도시를 포위하는 전략을 창출하고 제3세계를 위한 성공적인 혁명의 본보기를 수립했다. 그는 이 전략을 국제무대에 활용하여 제3세계가 단결하여 열심히 분투하여 서양 자본주의 사회를 분쇄하도록 격려했다.

---

6) 24만 명이 사망하고 16만4,000명이 부상을 입었다고 한다. *Los Angeles Times*, June 11, 1977.

마오쩌둥은 일생 동안 지속적인 불안증의 시달림을 받았다. 그는 그의 부친에게 반기를 들었고, 지주와 자본가에게도 반기를 들었으며, 국민당 통치에도 반기를 들었고, 소련의 통제와 수정주의에도 반기를 들었으며, 마지막에는 자기의 정당과 옛 전우들에게도 반기를 들었다. 그는 한시도 참지 못하고 초조하게 변화를 요구하고 단번에 국가와 사회와 인성(人性)을 바꾸려고 하여 "1만 년은 너무 길다. 오직 시간을 다투어라"라고 했다. 그는 내심으로는 순수한 것을 추구하는 사람이었고, 끊임없는 변혁을 추구했으며, 혁명의 기세를 유지하려고 노력하여 국가와 인민을 숨 돌릴 틈이 없을 정도로 몰아쳤다. 국가의 거대한 정력이 모두 대중운동과 내부투쟁에 소모되었다. 그의 27년간에 걸친 통치는 인민의 생활수준을 전혀 개선해주지 못했다.

그러므로 1949년 혁명이 성공한 이후 마오쩌둥은 재능이 고갈된 것 같았다. 그가 정권을 탈취하도록 인도한 재능은 이 방대하고 어지러운 국가를 성공적으로 통치하도록 인도해주지 못했다. 해방 이후 최초의 수년간에 걸친 실천을 거치면서 마오쩌둥의 지도력은 흔들리게 되었다. 반(反)우파 투쟁(1957)은 지식분자에게 돌이킬 수 없는 커다란 상해를 입혔는데, 그들의 지식과 기술은 중국이 긴급히 필요로 한 것이었다. 인민공사는 너무 황급히 전개되었고, 대약진 운동은 상황을 원상태로 후퇴시켰으며, 펑더화이와의 투쟁은 현명하지 못한 처사였고, 문화대혁명 기간 중 당 조직이 당한 훼멸적인 파괴는 한차례의 엄청난 재난이었다. 장칭을 국가의 지도자와 후계자로 육성하겠다는 생각은 인민과 마오쩌둥의 오랜 동료들의 소망에 위배되는 것이었다. 세상을 떠나기 전의 마지막 기간에 마오쩌둥 본인은 갈수록 자승자박의 처지에 빠지게 되어 그가 줄곧 자기가 대표한다고 공언한 인민대중에 대한 감정적인 반응도 무뎌졌다. 마오쩌둥은 세상을 떠날 때 고독하고 슬픔에 가득 찬 사람이었으며, 인성을 개조하고 중국을 현대화된 강국으로 변모시키겠다던 그의 꿈은 실현되지 못했다. 나는 개인적으로 적당한 시기에 역사의 투시를 통해서 마오쩌둥의 업적과 잘못에 대해서 전면적인 평가를 할 예정이다. 그의 일생에 대한 나의 견해는 다음과 같은 말로 개괄할 수 있다.

혁명가로서는

되고도 남음이 있었지만

건국의 과업을 이룩하기에는

자격이 부족한 인물이었다(革命有餘, 建國不足).

4인방

4인방의 음모 평화적으로 권력을 인계인수하는 헌법 메커니즘이 없는 상황에서 현직에 있는 지도자가 서거했을 경우, 후계 문제로 인한 위기가 생기게 된다. 마오쩌둥이 세상을 떠난 이후 갑자기 생긴 격렬한 권력투쟁은 그의 부인인 장칭이 일으킨 것이다. 장칭은 마오쩌둥을 계승하여 당 주석이 되고, 왕훙원을 전국인민대표 상임위원회 위원장으로, 장춘차오를 국무원 총리가 되게 하는 것을 희망했다. 이미 중앙선전부를 주관하고 있던 야오원위안은 아마 다시 몇몇 직무를 더 맡아 "문화 차르"의 역할을 맡게 되었을 것이다. 중앙문혁 소조의 핵심을 이루고 있는 이 4명의 인물들이 공모하여 정권을 탈취할 계획을 세웠지만, 그들의 주요 방해자는 화궈펑이었다. 중국 공산당 중앙 제1부주석이자 국무원 총리이고, 또한 마오쩌둥의 지시("그대가 일을 맡아 처리하면, 나는 안심한다")가 가리키는 인물인 화궈펑은 후계에 대한 견고한 권리를 가지고 있었다. 그는 또한 왕둥싱(汪東興)의 지지를 얻고 있었는데, 왕둥싱은 마오쩌둥의 경호실장으로서 2만 명으로 구성된 8341부대의 수상이었나.

장칭이 의지하던 비장의 카드인 마오쩌둥은 이미 서거했다. 그녀의 수중에 남아 있는 수단은 언론매체 및 상하이, 베이징, 톈진, 광저우 등 중요 지역의 도시민병이었다.[7] 마오쩌둥이 서거하기 전에, 4인방은 이미 계략을 꾸미 상하이 민병에게 총과 탄환을 나누어주었으며, "전국민병 총지휘부"를 설

---

7) Chien T'ieh, "The Chiang Ch'ing Faction and People's Military Forces", *Issues and Studies*, XII : 1 : 25쪽(Jan. 1976).

936

치하여 베이징의 중국 공산당 중앙군사위원회와 맞서려고 했다. 마오쩌둥이 서거한 이튿날, 600만 발의 탄환이 상하이 민병에게 지급되었다.8)

당과 군대의 고위간부들은 장칭과 그녀의 일당을 매우 싫어했지만 마오쩌둥 생전에 그들은 이들을 반대할 힘이 없었다. 톈안먼 사건 이후, 그들은 비공식적으로 다음과 같은 결론을 내렸는데 즉 한차례 반(反)쿠데타를 일으켜야만 비로소 4인방의 정권탈취를 제지할 수 있다는 것이었다. 그들은 국방부장 예젠잉(葉劍英)에게 화궈펑과 우의를 쌓으면서 그에게 그가 마오쩌둥의 후계자가 되는 것을 지지하겠다고 보증하게 하는 미묘한 일을 맡겼다.9)

장칭을 반대하는 또다른 세력도 은밀히 행동했다. 4월에 해직당한 덩샤오핑은 4인방의 핍박을 받자, 예젠잉과 쉬스여우의 보호하에 광저우로 도피했다. 이 3명과 훗날의 총서기인 자오쯔양(趙紫陽)을 포함한 다른 수 명이 한차례의 비밀회의를 거행했다. 회의에서, 그들은 푸젠 군구 및 난징 군구와 함께 4인방에 대항하는 연맹을 건립하고, 광저우를 근거지로 삼기로 결정했다. 만약 장칭이 정권을 탈취한다면, 그들은 임시중앙위원회를 건립하여 그녀와 맞설 예정이었다. 마오쩌둥이 세상을 떠난 후에 덩샤오핑은 은밀히 베이징으로 돌아와 조용히 사태의 발전을 기다리고 있었다.10)

이와 동시에 4인방도 정치국 위원을 암살하기로 계획하고 화궈펑, 예젠잉과 기타 몇 명을 주요 목표로 삼았다. 공동의 위협에 직면하여, 화궈펑과 예젠잉 두 사람은 긴밀한 동맹자가 되었으며, 그들은 정변을 일으키는 데에 필요한 준비 조치를 취했는데, 그 조치에는 왕둥싱을 끌어들이는 것이 포함되어 있었다. 이렇게 되어 3인방의 연합이 이루어졌는데 그중 예젠잉은 지도자이고, 화궈펑은 행동계획을 세웠으며, 왕둥싱은 계획을 실행하는 책임을 맡았다. 우선 상하이를 공고히 해야 했다. 이를 위해서는 광저우 군구사령원인 쉬스여우의 도움이 필요했다. 그는 상하이와 난징 지역에 광범위한 관계

8) *Peking Review*, Feb. 4, 1977, pp. 5-10; Andres D. Onate, "Hua Kuo-feng and the Arrest of the 'Gang of Four'", *The China Quarterly*, 75 : 555-556(Sept. 1978).
9) Ch'en Yung-sheng, p. 78.
10) 전 중공 중앙선전부 부장 장핑화(張平化)의 진술, Ch'en Yung-sheng, pp. 85-86에서 인용.

망을 보유하고 있어서, 그를 통하여 상하이 경비구 사령관의 협력을 얻어 도시민병이 공격을 개시하기 전에 중요 도시를 장악할 수 있었다.[11] 베이징에서는 화궈펑이 천시롄(陳錫聯) 사령관과 우더 시장의 지지를 얻었으며, 위수 부대, 해방군 총사령부 및 8341부대와 협력을 유지하고 있었다.

9월 18일 추도회의에서, 화궈펑은 "총대에서 정권이 나온다"는 마오쩌둥의 유명한 격언을 인용함으로써 그가 이미 군대의 지원을 얻었음을 암시했다. 화궈펑은 또 마오쩌둥의 "삼요삼불요(三要三不要)", 즉 (1) "마르크스주의를 실시해야 하고, 수정주의를 해서는 안 된다", (2) "단결해야 하고, 분열해서는 안 된다", (3) "공명정대해야 하고, 음모나 술수를 써서는 안 된다"의 지시를 인용했다.[12] 이 인용문의 의미를 소홀히 해서는 안 되는데, 그 이유는 마오쩌둥이 최초에 이 지시들을 내렸을 때 일찍이 그의 부인 및 기타 일당들에게 "4인방을 조직해서는 안 된다"고 경고했기 때문이다.

10월 6일 정변 9월 말이 되어 수차례에 걸친 정치국 회의가 개최되었는데, 회의는 아주 험악한 분위기 속에서 진행되었다. 장칭은 화궈펑이 당을 영도하는 중책을 감당할 수 없다고 말하고, 자신에게 중앙위원회 주석을 맡게 해달라고 요구했다. 화궈펑은 자신이 그 직책을 충분히 감당할 수 있을 뿐만 아니라 어떻게 "문제를 해결하는지" 안다고 반박했다. 그 뒤에 생각해보니 이것은 그가 4인방을 완전히 제거할 뜻이 있음을 표명한 예시였던 것이다.

10월 5일 새벽에 중국 인민해방군 총사령부에서 비밀회의가 열렸다. 참가자는 5명으로, 화궈펑, 예젠잉, 왕둥싱, 베이징 위수 지역 사령관 천시롄, 부총리 이셴니엔(그는 덩샤오핑의 동맹자이다)이었다. 그들은 4인방이 정변을 일으키기 전에 신속히 과단성 있는 행동을 취하여, 일거에 4인방을 체포하기로 결정했다. 화궈펑과 예젠잉은 각 방면에 대해서 책임을 지고, 천시롄은 베이징을 보위하는 중책을 맡으라는 명령을 받았으며, 왕둥싱은 4인방을 체

---

11) Onate, p. 556.
12) 추도사 전문(全文)은 *Peking Review*, Sept. 24, 1976, pp. 12-16에 게재되었다.

포하는 책임을 맡았다. 이와 동시에 광저우 군구는 경계 상태에 진입하여 언제든지 명령을 받으면 2개 사단을 베이징으로 공수할 준비를 하고 있었다.

이어서 화궈펑은 4인방을 초청하여 10월 5일 심야에 중난하이(中南海)에서 열리는 정치국 긴급회의에 참석하도록 했다. 왕홍원이 제일 먼저 도착했다. 그는 체포에 저항하여 경호원 2명을 살해했지만, 자신도 상처를 입고 제압을 당했다. 장춘차오와 야오원위안이 뒤이어 도착하여 두 명 모두 함정에 걸려들었다. 장칭을 체포하러 갔을 때, 그녀는 아직 침대에 누워 있었다. 그녀는 "주석의 시신이 아직 식지도 않았는데, 너희가 감히 반란을 일으키다니!"라고 큰 소리로 외쳤다.13) 10월 6일 새벽녘, 4인방 일당은 모두 일망타진되었다. 4인방은 베이징에서 격리 수감되었다.

10월 7일, 화궈펑과 왕둥싱은 각각 정치국에 2편의 보고서를 작성했고, 예젠잉은 1편의 보고서를 작성했다. 이 보고서들 안에는 4인방에 대한 상세한 고발내용이 들어 있었는데, 이 보고서들은 사전에 매우 비밀스러운 정황에서 작성된 것이 확실했다. 4인방은 이와 같이 간단히 순조롭게 분쇄되어 마침내 내부 분쟁문제를 일으키지 않았다. 이 승리의 공로는 반드시 3명의 핵심인물에게 돌려야 하는데, 그들은 오랜 세월에 걸친 경호와 군사경험을 갖춘 인물들이었다. 정치국은 화궈펑을 천거하여 중앙위원회 주석 겸 중국 공산당 중앙군사위원회 주석을 맡도록 했고, 그에게 『마오쩌둥 선집(毛澤東選集)』 제5권 편찬을 주관하는 권한을 부여했다.14)

10월 24일, 100만 군민은 톈안먼 광장에서 4인방 분쇄를 경축하는 대회를 거행했다. 화궈펑은 고위 장성들의 수행하에 미소 지으며 경축의식에 참석했는데, 이것은 군부가 "궁정 쿠데타"에서 중요한 역할을 했음을 과시하는 것

---

13) 「中央日報」, 臺北, 1980년 9월 23일 보도.

14) 화궈펑 추대는 10월 7일에 한 것으로 추측되지만 조금 늦을 수도 있다. 10월 7일에 최초로 발표된 정치국 공고에는 화궈펑의 임명이 언급되어 있지 않다. 1976년 10월 29일자 *Peking Review*는 "Great Historic Victory"라는 글(p. 14)을 게재했는데, 이 글은 뒤늦게 "위대한 영도자이시고 지도자이신 마오쩌둥 주석의 생전의 안배에 의거하여, 1976년 10월 7일 중공 중앙위원회는 화궈펑 동지를 중국 공산당 중앙위원회 주석과 중국 공산당 중앙군사위원회 주석으로 임명하는 결의안을 통과시켰다"고 선언했다.

이었으며, 또한 군대가 계속 화궈펑을 지지하고 있음을 표명하는 것이었다. 화궈펑은 당의 "영명한 지도자"이고, 마오쩌둥을 계승한 "위대한 지도자"이며 마오쩌둥과 저우언라이와 같은 우수한 인품을 거의 완전히 갖춘 탁월한 지도자라는 환호를 받았다.[15] 다음 날, 「인민일보」, 『홍기』 및 『해방군보』는 공동으로 "위대한 역사적 승리"라는 사설을 발표했다. 잠시 후, 중국 공산당 중앙 제10기 3중전회(1977. 7)는 4인방 분쇄를 중국 공산당 역사상 11번째 중대 노선투쟁이고, 그 중요성은 거의 준이 회의(1935)와 동등하다고 언명했다. 그리고 화궈펑이 당을 구제하고 혁명을 구제했다고 찬양했다.[16]

몇 가지 요소가 화궈펑의 승리를 촉진시켰다. 당의 제1부주석이자 국무원 총리로서 그는 현직에 있는 지도자가 가지고 있는 우위를 모두 보유하고 있었다. 그는 군대와 당 지도자들의 지지를 얻었고, 왕둥싱과 8341부대의 협력을 얻었다. 그는 국가의 상황을 완전히 파악하고 있었으며, 인민들이 장칭과 그 일파들을 몹시 증오하고 있다는 것을 잘 알고 있었다. 그는 4인방 분쇄를 통하여 인민들의 "공동소망"을 표현했다. 마지막으로 일찍이 린뱌오 사건 조사위원회의 구성원이었던 그는 린뱌오가 실패한 주요 원인이 바로 주저하며 결단을 내리지 못한 것에 있음을 알고는 과단성 있고 신속하게 행동을 취하여 일거에 음모자를 타도했다.

다른 한편으로 4인방의 실패는 결국 마오쩌둥의 서거로 거슬러올라가게 된다. 마오쩌둥의 보호하에서 4인방은 그의 명의로 명령을 내렸으며, 협력하지 않는 사람들에게는 함부로 폭력을 사용했다. 그들은 수천 명의 덕망이 높은 장지와 지도자들을 학대했으며, 때리고 파괴하고 약탈하는 부자들과 특수임무 요원들을 이용하여 지식인들과 일반백성들을 억압했다. 그 외에도 4인방은 퇴폐적이고 특권적인 부르주아 계급의 사생활을 누리고 있었다. 예를 들면 장칭은 "은백색"의 전용 제트기를 사용하고 있었으며, 가장 값비싼

---

15) "Comrade Hua Kuo-feng Is Our Party's Worthy Leader"와 "Great Historic Victory", 이 두 편의 글은 *Peking Review*, No. 44 : 14-16, Oct. 29, 1976; No. 45 : 5-6, Nov. 5, 1976에 게재되었다.

16) *Peking Review*, No. 47, Nov. 19, 1976.

독일 사진 장비를 사용했고, 비단옷을 입고 있었으며, 호화스러운 장소에서 손님을 접대했다.[17] 이런 과분한 행위는 대중을 이탈시키고 중국 혁명의 이상을 더럽혔지만, 마오쩌둥의 보호는 그들에 대한 비평을 효과적으로 억제했다.

4인방이 허약하기 이를 데 없었던 두 번째 중요 원인은 군사력과 매체 사이의 비대칭이었다. 4인방은 군대를 장악할 수 없었으며 오직 언론매체만을 장악했는데 매체는 조직과 화력이 결핍되어 있었다. 그래서 그들은 매체와 문화무대에 대한 장악에 크게 의존하여 대중여론을 조작하고 일종의 과대적인 권력 이미지를 만들어냈다. 그들에 대한 요란한 지지와 광범위한 보도 등은 그들 자신의 힘이 매우 강대하다고 믿도록 유도했지만 사실상 그들은 결코 그렇게 강대하지는 못했다. 그 이외에도 장칭은 마오쩌둥의 부인인 자신을 감히 반대할 사람이 없다고 과신하고 있었다. 그러나 사실상 그녀가 마오쩌둥의 미망인이 되자, 그녀의 운명은 끝나버렸다.

4인방은 당에서 제명되고 쫓겨났으며 모든 직무를 박탈당했다. 그들은 음모자, 극좌분자, 반혁명주의자, 국민당의 대표라는 질책을 당했다.

마오쩌둥과 4인방

마오쩌둥과 4인방의 관계를 끊도록 하는 것은 불가능한 일이다. 그 이유는 그가 없으면 4인방도 없으며 그의 부인이 없으면 4인방은 안심하고 보호를 받을 수 있는 수령이 없어지기 때문이다. 장칭은 과거에 좌익 영화배우였으며 대장정 이후 옌안에 와서 마오쩌둥의 비서가 되었다. 두 사람은 열애에 빠졌고 마오쩌둥은 그녀를 아내로 맞아들이려고 했다. 경악을 금하지 못한 세 번째 아내는 강력히 항의하며 마오쩌둥과 이혼하기를 거부했다. 고위간부들도 이 혼사에 찬성하지 않았다. 그럼에도 두 사람은 1939년에 결혼했다.

---

17) Roxane Witke, *Comrade Chiang Ch'ing*(Boston, 1977), pp. 37-38.

전해지는 말에 의하면 결혼하기 전에 고위간부들은 마오쩌둥에게 그의 아내가 영원히 정치에 참여하지 않을 것이며 또는 최소한 20년간은 정치를 하지 않을 것을 약속하라고 강요했다고 한다.[18]

마오쩌둥은 주석이 되고자 하는 장칭의 "큰 야심"을 알았으며, 또한 그는 그녀가 문화혁명 기간 중에 무수한 사람들에게 억울한 누명을 씌우고 상처를 입히고 체포하여 살해했다는 사실을 들었다. 1974년 7월 17일, 마오쩌둥은 4인방 일당에게 "너희들은 주의하라, 4명의 작은 파벌을 조직하지 말라"고 경고했다. 1975년 5월 그는 "삼요삼불요"의 지시로써 그들에게 경고했고, 마지막으로 "4인방을 조직하지 말라, 너희들은 4인방을 조직해서는 안 된다"고 말했다.[19] 이것으로 미루어 보아, 마오쩌둥은 4인방의 지나친 행위를 알아차렸으며 한 차례의 분명한 명령을 내림으로써 4인방의 수령(首領)을 단속할 수 있었다. 그러나 그는 그렇게 하지 않았다. 이것은 그가 당의 주석이자 위대한 지도자로서의 직책을 다하지 못했음을 나타내는 것이다. 미국의 극작가인 아서 밀러는 1978년 중국 방문 기간 중에 중국의 작가, 예술가, 영화감독, 극장 관리자들을 만났다. 그는 중국의 많은 중요한 예술가들과 지식인들이 살해되거나 감금당하고 고통을 받았다는 사실을 알게 되었다. 밀러는 장칭이 마오쩌둥의 지지를 얻지 못한 상황에서 이런 불공정한 일을 하는 것은 불가능하며, 그것은 상상할 수 없는 일이라고 생각했다. 밀러는 "사람은 부추가 아니다. 그들의 머리는 자르면 다시 생겨나지 않는다"는 마오쩌둥의 말을 인용했으며, "한 '파벌'이 위대한 지도자의 동의를 얻지 못했는데, 마음대로 중화인민공회국을 유린할 수 있었다는 것은 믿을 수 없는 일이다"라고 최종 결론을 지었다.[20] 밀러는 마오쩌둥이 자기의 직책을 다하지 못한 것의 잘못을 그가 연로하고 몸이 허약했기 때문으로 돌릴 수는 없다고 했다. 그는 그 이유는 1960년대에 그가 길이가 6,500미터인 양쯔 강을 마음껏 헤엄칠 수

---

18) Witke, pp. 148-157, 335.
19) 1976년 10월 25일 「人民日報」, 「紅旗」와 「解放軍報」의 공동사설.
20) Inge Morath and Arthur Miller, *Chinese Encounters*(New York, 1979), pp. 21, 40.

있을 정도로 건장했을 때도 수감되어 살해당한 사람들이 있었기 때문이라고 생각했다. 밀러는 마지막으로 "4인방은 단지 하나의 치부를 가리는 천으로 마오쩌둥의 신성한 명망을 지키는 데에 사용되었다"고 단언했다.21)

비록 마오쩌둥이 9억 인민에게 신처럼 숭배되었지만, 일상적인 사생활 속에서는 한 집안의 늙어서 동작이 부자연스러운 남편에 불과했다는 것이다. 날이 갈수록 장칭의 압력에 굴복함에 따라서, 그는 국가와 사물에 대한 적절한 감각을 상실했다. 치맛바람으로 인해서 더럽혀진 공산주의는 모종의 "사회봉건주의"의 색채를 띠게 되었다. 그러나 1976년의 이런 극적인 사건과 극좌적인 사조의 붕괴로 인해서 중국은 더욱 안정과 번영을 향해서 나아가리라는 희망이 보였고 또한 현대화를 실현할 동력도 출현했다.

---

21) *Ibid.*, p. 7.

33
덩샤오핑과 중국의 새로운 질서

4인방이 몰락한 이후 화궈펑 주석은 3가지 긴박한 문제에 직면해 있었다. (1) 마오쩌둥의 후계자로서의 그의 합법성, (2) 덩샤오핑의 복권, (3) 경제발전계획을 재조정하여 현대화 건설을 추진하는 것이었다. 후계 문제에 대해서 예젠잉과 덩샤오핑의 지지자들[1]은 마오쩌둥이 화궈펑에게 "그대가 일을 맡아 처리하면, 나는 안심한다"고 말한 것은 오직 마오쩌둥 개인의 견해를 반영한 것이지 당의 의향을 대표하는 것이 아니며, 당 중앙 주석의 선거에 대해서는 당헌의 규정이 있다고 여겼다. 그것이 암시하는 말은 화궈펑이 중앙위원회 주석직과 중앙군사위원회 주석을 맡는 것은 당헌에 부합하지 않지만 화궈펑이 덩샤오핑을 재기용하는 데에 동의하면 이 합법성 문제는 타협할 수 있으며 심지어는 포기할 수 있다는 것이었다. 그래서 이 두 문제는 상쇄할 수 있게 된다는 것이었다. 예젠잉 원수와 이셴니엔 부총리는 평온하게 마오쩌둥 이후의 시대로 넘어가기를 몹시 희망하여 중재에 나섰으며, 그 결과 화궈펑은 원칙적으로 덩샤오핑을 재기용하고 5개년 계획을 수정하여 현대화 건설속도를 가속화하는 데에 동의했다. 1976년 하순에 화궈펑은 덩샤오핑 복권 문제는 1977년 7월에 개최되는 다음번 중앙위원 전체회의에서 논의하겠다고 선언했다. 그에 대한 보답으로 그는 그가 중앙위원회 주석과

---

1) 예를 들면 쉬스여우와 웨이궈칭(韋國淸) 장군으로, 이들은 정치국 위원이었는데 쉬스여우는 또한 광저우 군구사령관이었고 웨이궈칭은 광둥 성 제1서기였다.

중앙군사위원회 주석직을 맡는 것에 대한 예젠잉과 이센니엔 그리고 기타 사람들의 지지를 얻게 되었다.

제10기 3중전회는 3가지 결의사항을 통과시켜 이전의 정치국의 결정들을 확인했다. 첫 번째 결의사항은 화궈펑이 당 주석과 중앙군사위원회의 주석직을 맡는 것을 추인하는 것을 동의한 것이고, 두 번째 결의사항은 화궈펑의 건의에 동의하여 덩샤오핑의 원래의 직무인 정치국 상무위원, 중앙위원회 부주석, 국무원 제1부총리, 중앙군사위원회 부주석, 중국 인민해방군 총참모장의 직무를 회복시키는 것이었는데 이 직무들은 정당, 정부, 군대의 고위직무였다. 세 번째 결의사항은 4인방의 반당 활동을 규탄하고 그들이 "저우언라이 동지를 타도하는 음모를 꾸미고", "덩샤오핑 동지를 미칠 듯이 공격하고 잘못 비판했으며", 마오쩌둥 주석이 화궈펑 동지를 후계자로 선출한 것을 "극단적으로 적대시하고 대대적으로 반대했으며", "화궈펑 동지를 위시한 당 중앙위원회를 전복하고 반혁명을 부활시키려는 음모를 꾸몄다"고 비난한 것이었다. 4인방은 정식으로 당적을 박탈당하고 출당(出黨)되었다.[2]

덩샤오핑의 정치통제권 쟁취

권력 기반의 확대 덩샤오핑은 마오쩌둥과 4인방(왕훙원, 장춘차오, 장칭, 야오원위안)의 통치시기에 박해를 받은 사람들의 억울한 누명을 벗겨주기 위해서 그의 권력기반을 넓히기를 희망했다. 그는 문화대혁명에 참가하고 4인방과 공모한 지도자들을 강력하게 반대했으며, 특히 그를 비판하고 그가 저우언라이의 직무를 인계받는 것을 저지한 사람들을 반대했다. 그 사람들은 화궈펑(마오쩌둥의 비호 아래 아주 빠르게 출세), 왕둥싱(마오쩌둥의 경호대장), 우더(베이징시 시장), 지덩쿠이(紀登奎. 교조적인 정치국 위원)이었다. 덩샤오핑은 화궈펑을 비판하지는 않았으나 그의 일당들을 비판하고, 그의

2) Richard C. Thornton, "The Political Succession to Mao Tse-tung", *Issues and Studies*, XIV: 6 : 47-49(June 1978); 『紅旗』 雜志, 1977년, 제8기, pp. 7-8.

정치적 지지자들을 숙청해버림으로써 그의 실권이 유명무실해지게 했다. 이와 동시에 덩샤오핑은 그의 경제정책을 관철할 수 있도록 하기 위해서 유능하고 젊은 지지자들을 육성하여 그들에게 중요한 직무를 맡겼다.

그러나 덩샤오핑은 일부 사람들을 비판하거나 "젊은 인재"를 임명하는 데에 그치지 않고, 동시에 이념에 바탕을 둔 그의 과거 적수들의 권력기반을 약화시키기 위해서 사람들의 뇌리에 깊이 뿌리박혀 있는 "마오쩌둥 사상"의 최고지위에 도전했다. 이를 위해서 그는 1978년 5월과 6월에 매우 현명한 두 가지 지도원칙을 선포했는데 즉 "실천이 진리를 검증하는 유일한 기준이다"와 "실사구시(實事求是)"였다. 그 말의 뜻은 하나의 정책 혹은 하나의 행동이 정확한지 그렇지 않은지는 더 이상 마오쩌둥 사상을 기준으로 하여 검증할 필요가 없다는 뜻이다. 마오쩌둥의 지도 및 그가 문화대혁명과 중국의 재난에 대하여 마땅히 져야 할 책임 등의 문제에 대해서는 4인방이 와해된 이후 정부의 주요 관심사가 되었다.

"경제 제1주의": 반대파를 숙청하고 "새로운 피"를 수혈하다 중국 공산당 제11기 5중전회(1980. 2. 23-29)는 마오쩌둥이 세상을 떠난 후의 과도기가 끝났음을 상징했다. 이 시기 덩샤오핑은 신속히 정계에서 최대 권력을 장악한 인물로 상승했다. 중국 공산당은 마오쩌둥의 "정치 제1주의"를 포기하고 대신 덩샤오핑의 "경제 제1주의"로 대체하여 2000년까지 중국을 선진국가로 건설하기를 희망했다. 이 노선에 동의하지 않는 사람들은 모두 숙청당하고, 이 노선에 위배되는 활동은 모두 중지당했다. 이리하여 비록 약간의 이견은 어느 정도 용인될 수 있었지만, "민주의 벽[民主牆]"에 정부를 비판하는 대자보를 붙이는 것과 같은 반대행위는 용인되지 않았다.[3] 당과 정부는 과도한 자유가 취약한 안정 국면을 어지럽히지 않을까 하여 걱정했지만, 그들은 국가의 새로

---

3) 민주화 운동지도자인 웨이징성(魏京生)은 15년 동안 수감되었다가 1993년 9월에 형이 만기되기 6개월 전에 석방되었다. 당시 중국 정부는 2000년 베이징에서의 올림픽 경기 개최를 신청했는데, 웨이징성 석방은 이를 위한 노력의 일부분이었다.

운 목표가 분출해낸 창조력과 주동성과 열정을 압살하려고 하지는 않았다. 그들의 타협은 적절히 통제된 일종의 "제한적인 민주"를 가져왔다.

국내의 이견을 제거하려는 경향은 민주의 벽을 겨냥한 것만은 아니었다. 덩샤오핑 및 그의 정책에 대해서 냉담하거나 반감의 태도를 가진 4명의 정치국 위원들도 당정부문의 고위직에서 해직되었다. 다른 한편으로 덩샤오핑의 유능한 두 심복이 정치국 상무위원으로 임명되었는데, 그들은 쓰촨 성 위원회의 제1서기인 유능한 자오쯔양과 덩샤오핑의 당무 방면의 심복인 후야오방(胡耀邦)이었다. 후야오방은 또한 새로 개편된 중앙 서기처의 총서기를 맡아 당의 일상업무를 주관했다.

이와 동시에, 덩샤오핑에게 많은 이익을 가져다준 억울한 누명 벗기기 운동이 계속되었다. 전 국가주석 류사오치는 문화대혁명 기간에 덩샤오핑과 함께 타도되어 치욕을 당했는데, 중국 공산당은 그의 명성을 회복시키기 위해서 그의 누명을 벗겨주기로 결정했다. 1980년 5월 17일 류사오치를 위한 전국적인 추도회가 거행되었고, 그는 위대한 프롤레타리아 계급전사라는 칭송을 받았다. 이 사건은 문화대혁명의 가치관에 대한 반박이며 마오쩌둥의 일관된 관념에 대한 부정으로 간주되었다.

화궈펑의 총리 직무 사직 제5기 전국인민대표대회 제3차 회의(1980. 8. 29-9. 10)에서 덩샤오핑 일파의 사람들은 권력의 정상에 올랐다. 덩샤오핑은 오랫동안 줄곧 당정부문의 직능 분리와 간부 임용의 종신제 폐지를 제창했다. 제5기 전국인민대표대회 제3차 회의는 그의 개편 계획을 비준함으로써, 권력을 질서 정연하게 비교적 젊은 실무자들의 집단지도로 넘겨 그들이 덩샤오핑과 기타 나이 많은 지도자들이 세상을 떠난 이후 현대화 건설의 중책을 계속할 수 있도록 보장했다. 화궈펑은 총리직을 사퇴하고 자오쯔양을 그의 후계자로 추천했다. 덩샤오핑과 기타 6인의 부총리도 직무를 사퇴했는데, 사직의 이유는 나이가 많아서거나 다른 요직을 맡았기 때문이었고, 혹은 자진하여 자리에서 물러났다.

주의해야 할 것은, 전국인민대표대회는 단지 정부의 임명에 관한 것만을 심의했다는 것이다. 관직에서 물러나거나 사직한 사람들은 여전히 당내의 직무를 유지하고 있었다. 화궈펑은 여전히 중국 공산당 중앙 위원회와 중앙 군사위원회의 주석이었고, 덩샤오핑은 여전히 당의 부주석이었으며, 기타 4명의 부총리는 여전히 정치국 위원을 맡고 있었다. 자오쯔양이 총리를, 후야오방이 당의 총서기를 맡게 됨에 따라서, 실무파는 당과 정부 부문을 확고히 장악했다. 중국은 처음으로 이전의 재직자들이 여전히 건재하고 있는 가운데 질서 정연한 권력이양을 한 것 같았는데, 이것은 이후의 지도자들에게 과거의 고통스러웠던 정치적 혼란과 불확실성을 피하게 하는 선례를 만들었다.

마오쩌둥의 비신격화

마오쩌둥은 그의 생애 중 마지막 15년 동안, 중국에서 "레닌과 스탈린을 한 몸에 결집한" 인물로서 절대 잘못을 범할 리 없는 전지전능한 반신(半神)으로 신격화되었다.

마오쩌둥이 세상을 떠나고 4인방이 분쇄되자, 마오쩌둥의 이미지는 즉각 빛을 잃게 되었다. 그가 4인방의 부상(浮上)에 대해서 져야 할 책임을 사람들은 다 알고 있었지만, 흐루쇼프가 스탈린을 비판했던 것처럼 대담하게 그를 폭로하려는 사람은 없었다. 지도자들은 매우 조심스럽게 마오쩌둥이 1950년대에 언급했던 내용을 인용하여 그의 이후의 정책에 대해서 비판했다. 그러나 비모화(非毛化)는 신중하게 행할 수밖에 없었는데, 왜냐하면 1977년 당대표대회를 거쳐 지위를 확인한 화궈펑의 직위의 합법성은 주로 마오쩌둥의 비호에서 근원했기 때문이다. 화궈펑은 그 자신의 지위를 공고히 하기 위해서 마오쩌둥의 유산을 존중했으며 동시에 새로운 시기와 새로운 환경에서 그의 수요를 만족시키기 위해서 마오쩌둥을 다시 새롭게 해석했다.

중국이 직면한 가장 다급한 문제는 중국의 근년의 재난에 대해서 마오쩌둥이 져야 할 책임을 어떻게 처리할 것인가의 문제였다. 해답을 제시하기

이전에, 중국 공산당은 저우언라이를 마오쩌둥과 거의 동등한 위치에 올려놓음으로써 마오쩌둥의 유일무이했던 숭고한 지위를 종결시켰다. 저우언라이의 부인인 덩잉차오(鄧穎超)가 전국인민대표대회 부위원장에 임명되었다. 마오쩌둥의 부인이 법정에서 심문을 받는 죄인으로 전락한 일과 저우언라이의 부인이 영광스럽게 고위직을 차지한 일은 마오쩌둥을 비신격화하는 것에 대한 온 국민의 공통된 인식을 상징하는 것이었다.

마오쩌둥이 세상을 뜬 이후 첫해에는, 나날이 강해지는 안도감과 새로운 시작을 지향하는 움직임이 한꺼번에 생겨났다. 마오쩌둥 혹은 4인방이 추진했던 관념의 틀은 현재의 질서가 안정, 단결, 기율, 경제발전인 현실 생활에는 더 이상 부합하지 않는 것이 분명했다. 혁명을 강조하는 과장된 수식어와 문화상의 포용성 결핍은 중국을 예술의 숨결이 전혀 존재하지 않는 사상의 사막으로 만들었는데, 이제는 일정 정도의 규제 해제와 표현의 자유를 허용하고 있었다. 4인방이 강화시킨 문화속박(즉 "중국은 오직 8편의 혁명 모범극만을 필요로 한다" 혹은 "지식이 많으면 많을수록 반동이다")이 이제는 창조력을 말살하는 황당무계한 행위로 비판받았다. 일찍이 "프롤레타리아 계급의 부패와 몰락의 상징이며 제국주의의 앞잡이"였던 베토벤, 모차르트, 셰익스피어가 1977년 중기에 다시 등장했으며, 소위 "봉건 구시대의 산물"인 이백(李白)과 두보(杜甫) 등 위대한 시인들의 작품들도 다시 그 모습을 드러냈다.

1977년 7월 덩샤오핑이 복권됨에 따라서, 마오쩌둥에 대한 비신격화가 가속화되었다. 우선 마오쩌둥의 조각상이 완곡한 비평을 받았고, 이후에는 공개적인 비판을 받아 잇따라 다른 곳으로 옮겨졌다. 그해 8월, 중국 공산당 제11차 전국대표대회에서 화궈펑은 문화대혁명의 종결을 선포했는데 이는 문화대혁명은 지속적인 과정이므로 7, 8년마다 한 번씩 행해져야 한다는 마오쩌둥의 유명한 선언을 위반한 것이었다. 덩샤오핑의 "경제 제1주의"가 승리를 거두어 새로운 노선으로 확립되었다. 1978년 7월 1일은 중국 공산당 건립 57주년 기념일로, 이날의 신문에는 마오쩌둥이 1962년에 발표했던 담화를 다시 게재했다. 이 담화는 마오쩌둥이 스스로 잘못을 저질렀으며, 경제

계획, 공업, 상업에 대해서 이해가 부족했다고 인정했다는 것을 보여주고 있다. 그는 말하기를 "사회주의 건설에 대해서 우리는 아직도 커다란 맹목성을 가지고 있습니다. 나를 예로 들면, 경제건설 업무에서의 수많은 문제에 대해서 잘 알지 못합니다.……공업, 상업에 대해서 나는 잘 알지 못합니다. 농업에 대해서는 약간 알지만 비교적 안다고 할 수 있을 정도이며, 많이 알지는 못합니다. 생산력 방면에 대한 나의 지식은 매우 적습니다"라고 했다.4) 이 담화를 게재한 실제적인 의도는 아주 명확했는데 마오쩌둥이 전지전능한 신이 아니라 잘못을 저지를 수도 있는 사람이라는 사실을 밝히기 위해서였다.

1978년 9월 9일 마오쩌둥의 서거 2주년 기념일은 조용히 지나갔다. 그후 얼마 지나지 않아 마오쩌둥의 문화대혁명 지지의 상징이었던 홍위병은 해산되었고 『홍보서(紅寶書)』도 자취를 감추었으며, 신문의 「마오쩌둥 어록」 게재란도 보이지 않게 되었다. 1978년 후반기 내내 대자보와 기타 글들은 끊임없이 마오쩌둥의 잘못을 비평했는데, 이는 마오쩌둥에 대한 비신격화를 실시하고, 신과도 같았던 그의 이미지를 잠식시키려는 사람들의 일치된 행동을 보여주는 것이었다. 「인민일보」의 사설은 다시는 "마오 주석"이라고 하지 않고 점차 "마오쩌둥 동지"로 부르기 시작했고, 그가 문화대혁명에서 한 역할에 대해서 비평했다. 오늘날에는 문화대혁명은 "10년 대동란"으로 불린다.

덩샤오핑의 두 가지 원칙인 "실천이 진리를 검증하는 유일한 기준"과 "실사구시"는 마오쩌둥 사상의 급소를 찌른 것이었다. 실천을 통해서 진리를 검증하는 것은 확실히 마르크스주의 이론이었다. 마오쩌둥 사상은 실천하여 성공을 거두기 전에는 진리가 아니라 단지 이론에 불과한 것이다.5) 마오쩌둥 스스로도 일찍이 "우리는 과학을 제외하고 그 어떤 것도 믿어서는 안 된

---

4) 「人民日報」, 1978년 7월 1일.
5) 마르크스는 「포이에르바하에 관한 테제(Thesen über Feuerbach)」라는 글에서 말하기를 "인간의 사유가 객관적인 진리성을 가지고 있는가 하는 것의 여부는 결코 이론의 문제가 아니라 실천의 문제이다. 인간은 실천을 통해서 자기사유의 진리성을 증명해야 하는데, 즉 자기사유의 현실성과 힘, 다시 말하면 자기사유의 차안성(此岸性)을 증명해야 한다. 실천과 유리된 사유가 현실성을 가지고 있는가의 여부에 대한 논쟁은 하나의 순수한 스콜라 철학의 문제이다"라고 했다. "實踐是檢驗真理的唯一標準", 「人民日報」, 1978년 5월 12일을 참조하라.

다. 다시 말해서, 미신을 믿어서는 안 된다는 것이다. 옳은 것은 옳은 것이고, 옳지 않은 것은 옳지 않은 것이다. 그렇지 않으면 미신이라고 불러야 한다"고 말한 적이 있다.[6]

11월 22일 톈안먼 광장에 붙은 한 대자보에는 덩샤오핑의 구호를 사용하여 마오쩌둥의 성과를 비평했다.

> 우리는 마오 주석의 거대한 업적을 의심하지 않습니다. 그러나 이것은 결코 그가 잘못을 저지르지 않았다는 것을 의미하는 것은 아닙니다. 마오쩌둥은 신이 아니라 한 사람의 인간에 불과합니다. 우리는 반드시 그에게 상응하는 합당한 지위를 부여해야 합니다. 이렇게 해야만 비로소 우리가 마르크스-레닌주의와 마오쩌둥 사상을 수호할 수 있습니다. 만약 마오쩌둥을 부정확하게 이해한다면, 언론자유는 공론일 뿐입니다. 지금이 모든 중국인들이 있는 힘을 다해서 자신들의 사상과 행동에 채워져 있는 족쇄를 벗어나야 할 때입니다.[7]

사람들은 마오쩌둥에 대한 비신격화를 진행하는 영리한 방법을 찾아냈는데, 즉 덩샤오핑의 관념을 사용하여 마오쩌둥의 행동을 비평하고, 마르크스의 말과 마오쩌둥 초기의 말을 사용하여 후기의 마오쩌둥을 반박하는 것이었다. 이런 방법도 마오쩌둥의 지위에 자신의 정치생명을 의존하고 있는 일부 사람들의 지위에 커다란 타격을 주었다.

1979년 9월, 마오쩌둥 서거 3주년 기념일도 조용히 지나갔다. 이듬해 봄이 되자 대부분의 공공장소에 있던 마오쩌둥 초상화는 완전히 철거되었고, 거리의 교차로에 있는 마오 주석 어록이 쓰여 있는 표어판도 대부분 철거되었다. 1980년 3월, 중국 공산당은 이미 죽은 캉성을 비판했는데, 이 사람은 마오쩌둥 휘하의 비밀경찰 두목이었다. 1980년 중기에 와서, 마오쩌둥이 아끼고 사랑했던 생산 모범과 다자이 대대(大寨大队)(산시[山西] 성의 다자이 인민공사가 자력갱생의 정신으로 생산을 올린 것을 배우자는 운동이 1965년

---

6) "科學和迷信", 「人民日報」, 1978년 10월 2일.
7) 1979년 1월 3일자 「中央日報」상에 전재되었다.

부터 전국적으로 실시되었던 것을 말한다/역주)와 다칭 유전(大庆油田)(헤이룽장 성 남서부에 있는 유전으로, 이곳에서 생산량을 많이 올렸다고 하여 이곳을 배우자는 운동이 전국적으로 보급되었던 것을 말한다/역주)은 "모범 본보기"의 지위를 상실했다. 다자이는 실패의 전형으로 선포되었고, 다칭은 효율이 떨어지고 과학적이지 못한 것으로 밝혀졌다. 심지어 마오쩌둥의 혁명의 요람인 옌안(저자는 1980년 5월 이곳을 방문한 적이 있다)도 별로 사람들의 관심을 받지 못했다. 옌안은 이전의 혁명성지로 생각되었지만 사람들의 현 단계의 주의력은 이미 4개의 현대화 실현에 집중되어 있었다.

이런 비(非)마오쩌둥화의 행위들은 당내에서 줄곧 진행되고 있는 한 차례의 격렬한 논쟁의 외재적 표현이었고, 이 논쟁이 언급하고 있는 것은 마오쩌둥 지도의 성격과 그의 책임에 대한 평가였다. 중국 공산당은 실사구시의 원칙에 근거하여 마오쩌둥 사상을 면밀히 고찰하고는, 그가 27년의 통치기간에 중국의 현대화를 실현시키지 못했기 때문에 그를 "추상적으로는 긍정했지만 구체적으로는 부정했다." 다른 한편, "범시파(凡是派 : 마오쩌둥의 지시에 무조건 복종하는 사람들)"는 여전히 마오쩌둥의 기치를 내걸고 혁명으로 현대화를 지휘하려고 했다. 그들이 보기에, 실사구시는 덩샤오핑이 마오쩌둥의 기치를 타도하려고 기도하는 또 하나의 교묘한 구호에 불과했다.

마오쩌둥의 날로 하락하는 위신에 대한 견해 차이는 계속 존재하고 있었는데, 이 기간에 예젠잉 원수(元帥)는 1979년 10월 1일에 중화인민공화국 수립 30주년 경축대회 석상에서 한편의 담화를 발표했다. 이 담화는 마오쩌둥의 지도와 그의 실책을 면밀히고 신중하게 따져서 비난한 것이었다.

> 물론 마오쩌둥 사상은 마오쩌둥 동지 한 사람의 지혜의 산물이 아니라, 그의 전우들과 당과 혁명인민들의 지혜의 산물입니다. 바로 그 자신이 말한 것처럼 "당과 인민의 공동분투 속에서" 생성된 것입니다.

예젠잉은 지난 30년의 역사를 고찰하고는, 마오쩌둥의 인도하에서 당이 저지른 잘못을 명확히 했다.

그러나 우리는 거대한 승리 앞에서 신중하지 못하게 되었습니다. 1957년에 극소수 부르주아 계급 우파 분자의 공격에 대해서 반격을 가한 일은 필요한 것이었지만, 투쟁 속에서 확대화의 잘못을 범했습니다. 1958년에는 경제사업 지도에서 객관적 법칙을 위반했으며, 심층적인 조사연구와 시험을 거치는 모든 원칙에서 벗어나 "터무니없는 지휘", "실속 없이 성과를 부풀리는 풍토"와 "공산풍(共産風)"의 잘못을 범했습니다. 1959년에는 당내에서 부적절하게 소위 우경 사회주의 반대투쟁을 전개했습니다.

예젠잉은 문화대혁명은 "건국 이후 우리나라 사회주의 사업이 받은 아주 심각한 좌절이었다"고 지적했다. 그는 뒤이어 정곡을 찔러서 다음과 같이 언급했다.

어떤 지도자이든지 모두 신은 아니며 결점이 없을 수는 없는 것이기 때문에, 신격화해서는 안 됩니다. 결코 집단을 비하해서는 안 되고, 군중을 비하해서도 안 되며, 함부로 지도자의 역할을 과장해서도 안 됩니다.[8]

중국 공산당은 이런 방식을 통해서 마오쩌둥에 대한 숭배를 포기하고, 그를 높고 높은 신단(神壇)에서 끌어내려 그의 보통 사람의 면모를 회복시켰다. 그러나 아직도 미해결로 남아 있는 중요한 문제가 있었는데, 즉 마오쩌둥에 대한 비판을 어느 정도까지 해야 할 것인가 하는 것이었다. 1980년 2월, 예젠잉은 마오쩌둥을 철저히 부정하는 경향을 겨냥하여 다음과 같은 간절한 건의를 했다.

우리는 결의를 통해서 우리 당의 잘못을 인정할 수 있습니다. 우리는 류사오치의 오명을 씻어주고 그에게 매우 높은 긍정적인 평가를 줄 수 있습니다. 그러나 우리는 마오쩌둥을 완전히 부정함으로써 우리 자신의 기반을 허물어뜨려서는 안 됩니다.……소련인들이 스탈린의 묘를 다른 곳으로 옮겨버렸으니 우리도 죽은

---

8) 葉劍英, "在慶祝中華人民共和國成立三十周年大會上的講话", 「人民日報」, 1979년 9월 30일.

마오쩌둥에게 채찍을 내려쳐야 할까요? 이것은 인민들을 자극하여 사회주의는 어디가 옳고 공산주의는 어디가 좋은가라는 질문을 하도록 할 것입니다. 우리는 어쩌다가 자기의 뺨을 때릴 수 있지만 우리는 새롭게 시작할 수도 없고 그럴 시간도 없습니다. 그를 지지하는 사람들이 전적으로 옳은 것이 아닌 것처럼, 마오쩌둥을 반대하는 사람들이 전적으로 잘못한 것도 아닙니다. 그를 반대하는 사람들과 그를 지지하는 사람들은 모두 그를 따르던 사람들이었습니다. 그를 따른 것이 옳은 일이었습니까? 잘못된 일이었습니까? 누가 그를 아주 높이 끌어올리고 그에게 그렇게 큰 권력을 부여했습니까? 전국 인민입니까? 그것은 당과 당 중앙과 당 영도 아래에 있는 군대입니다.……우리가 그 근원을 철저히 추궁해보면 우리는 책임이 마오쩌둥 한 사람에게만 있는 것이 아니라 우리 모두에게 책임이 있다는 것을 알게 됩니다.[9]

대부분의 당원들은 모두 예젠잉과 같은 절충적인 느낌을 가지고 있었는데, 특히 농촌지역에서 그리고 문화혁명 기간 혹은 문화혁명 이후에 입당한 당원들이 그랬다. 그들의 인원수는 3,800만 당원 중의 절반을 차지하고 있었다. 그들은 마오쩌둥을 가혹하게 비판하는 것에 반대했는데, 그는 결국 사람이지 신이 아니라는 것이었다. 그에 대한 전면적인 부정은 중국 공산당 자체를 부정하는 위험을 무릅쓰는 것이었다.

중국 공산당이 마오쩌둥의 공헌을 부정할 수도 없었고, 또한 그의 잘못, 특히 그가 "10년 동란" 속에서 한 역할을 숨길 수도 없는 것은 분명했다. 마오쩌둥에 대한 정식 평가가 1981년 중기의 당 대회에서 이루어질 예정이었다. 이 기간에 화궈펑이 책임지고 편집한 『마오쩌둥 선집』 제5권은 수정될 예정이었는데, 이것은 이 편집자 그리고 그가 선택한 편명(篇名)에 대한 불만을 암시하는 것이었다. 이렇게 되어, 마오쩌둥의 지위뿐만 아니라 그가 선정한 후계자인 화궈펑의 지위조차도 흔들리게 되었다.

---

9) 1980년 4월 30일자 「中央日報」상에 전재되었다.

34
중국과 미국의 관계정상화

1972년에 닉슨이 베이징을 방문한 이후, 중국과 미국 내의 불리한 정세로 인하여 양국관계의 진전은 아주 미미했다. 중국에서는 급진적인 4인방 세력이 한창 융성하고 있을 때였고, 그들은 권력을 탈취하려고 계획하고 있었다. 그들의 원칙은 확고하게 외세를 배척하는 것이었고, 자본주의 국가인 미국과의 화해에 대해서 의심을 품고 있었다. 미국에서는 타이완 문제로 인해서 중국에 대한 승인이 진척을 보지 못하고 있었는데 그 이유는 베이징이 세 가지 조건의 충족을 고집했기 때문이다.

(1) 타이완에 있는 중화민국과 외교관계를 단절할 것, (2) 1954년의 미국과 타이완의 공동방위조약을 폐지할 것, (3) 미국 군대는 타이완에서 철수할 것이었다. 전 세계적인 각도에서 보면, 이 조건을 받아들이면 타이완을 포기한 것으로 간주되며, 또한 미국이 동맹국에 대해서 약속한 신뢰도가 의심을 받게 된다. 타이완 문제는 미국의 국제 이미지의 거울이 되기 때문에 타이완 문제의 해결은 중미 관계의 정상화 문제를 넘어선 그 외의 부가적인 의미를 가지고 있었다.

전해지는 바에 의하면 닉슨 대통령은 베이징을 승인하려고 했지만, 워터게이트 사건 때문에 할 수 없었다고 한다. 닉슨의 정치적인 미래는 날이 갈수록 국회의 보수파 인사들의 지지에 의존하게 되었는데 이들은 중미 관계의 정상화를 반대하는 사람들이었다. 그뿐만 아니라 닉슨이 대통령 직위를

유지할 수 있는지가 중국에 대한 외교적 승인보다 더욱 절박했던 것이다. 그는 정치적 생명을 유지하기 위해서 전력을 다해야 하는 상황에 깊이 빠져 있었기 때문에 중국 문제에 대해서 아무런 행동도 취하지 못했다.[1]

닉슨이 물러난 이후, 임시 대통령인 포드가 직면한 우선적인 문제는 베트남 정세 붕괴로 인한 재난이었다. 이어서 또 날이 갈수록 1976년의 대선에서 승리를 거두기를 희망했기 때문에 그는 손발이 묶여 있었다. 포드는 비록 원칙상으로는 정상화에 찬성했지만, 그는 보수파 세력의 지지를 받을 필요가 있다는 것을 깨닫고 있었기 때문에 중국을 승인하기 위한 어떤 행동도 취할 수 없었다. 포드의 계승자인 지미 카터도 원칙상으로는 정상화를 찬성했지만 임기 첫해에는 다음과 같은 골치 아픈 문제들로 몹시 애를 먹었다. 즉, 파나마 운하 문제, 소련과의 전략무기 제한에 대한 협상문제, 아프리카에서의 소련과 쿠바의 활동, 중동 문제 등이었다. 이런 긴박한 문제들은 모두 국회에서 보수파의 지지를 받아야만 했는데 이 보수파 인사들은 언제나 자신들을 "타이완의 친구"로 생각했다.

확실히, 타이완은 미국 국내정치에서 정상화의 길에 가로놓인 하나의 민감한 장애물이 되었다. 미국의 대중여론은 타이완과 외교관계를 끊는 것을 반대했지만, 중국을 승인하는 것은 찬성했다.[2] 미국의 앞에 놓인 문제는 "만약 정상화를 한다면 어떤 방법으로 타이완을 보전할 것인가" 하는 문제로 바뀌었다. 정치가들은 만약 계속해서 타이완에 무기를 팔 수 있다면 미국은 충실한 동맹국을 포기한 것처럼 보이지 않을 것이며, 또한 미국에 대한 신망 및 미국이 기타 국가에 대해서 지고 있는 의무 등의 문제들을 크게 줄이게 된다는 데에 의견을 같이했다.

중미 양측이 정상화를 실현할 준비를 다했다고 생각하기 전에 양국의 국내정세가 반드시 어느 정도 완화되어야 했다. 결국, 주로 중국의 정책변화로

1) Warren I. Cohen, *America's Response to China: An Interpretative History of Sino-American Relations*, 2nd ed.(New York, 1980), p. 244.
2) *The New York Times*, Dec. 15, 1978, p. 8.

인해서 교착된 국면이 타파되었다. 중국 측은 태도를 바꾸어 약간의 미묘한 양보를 했는데, 이 양보들을 미국의 대통령들은 3대에 걸쳐 이미 7년 가까이 기다렸던 것이다.

외교관계의 정상화

워터게이트 사건과 닉슨 대통령이 사직한 이후 3년 동안 중국 측은 종종 중미 관계의 정상화의 속도가 더딘 것에 대해서 조급해하는 모습을 드러냈다. 카터 대통령은 베이징과 타협해야 할 어떤 긴박한 이유를 발견하지 못했는데 특히 그때까지도 타이완 문제를 해결할 임시적인 방안조차 찾지 못한 듯했다. 그러나 그는 국가안보 문제 고문과 외교정책 팀 및 진보적인 민주당 인사들이 가하는 압력을 받았는데, 그들은 그에게 중국을 승인하고 타이완과 공식적인 관계를 단절할 것을 강렬하게 요구했다. 시기를 기다리던 카터는 국무장관인 사이러스 밴스를 베이징으로 보내서 "의사 타진적인 성격을 띤 사명"을 수행하게 했는데, 사실상 이것은 실질적인 의미가 없는 하나의 "접촉"의 사명이었다.

밴스의 중국 방문 1977년 8월 21-25일, 밴스는 중국을 방문했다. 비록 그는 카터 정부에서 첫 번째로 중국을 방문한 고위관리였지만, 중국 정부의 접대는 상당히 냉담했다.[3] 밴스는 베이징에 미국 대사관을 설립하고 타이베이에는 연락사무소를 설립할 것을 건의했지만, 중국 측은 이 견해를 거절했으며, 미국이 전술한 그 세 가지 조건을 충족시켜줄 것을 고집했다. 정상화 이후 미국이 계속하여 타이완에 무기를 판매하는 문제에 대해서는 언급조차도 하지 못했다.[4] 중국 측은 비무력의 방식으로 타이완을 해방하는 의무를 감당

---

3) *The Wall Street Journal*, Aug. 23, 1977.
4) 이것은 덩샤오핑 부총리의 견해에 의거한 것이다. *The Christian Science Monitor*, Sept. 8, 1977, p. 3.

하기를 원하지 않았다.

미국의 각도에서 보면, 이번 사명은 추진한 것이 아주 적었기 때문에 얻은 것도 매우 적었다. 파나마 운하 조약이 국회의 비준을 기다리고 있었기 때문에 미국 정부는 중국 문제에 관해서 "성급한" 행동을 취할 필요가 없다고 생각했다. 그러나 중국은 밴스의 중국행은 중미 관계에서의 후퇴라고 생각했다.

브레진스키의 중국 방문　밴스가 중국에서 불친절한 접대를 받았다면, 국가안전 고문 즈비그뉴 브레진스키의 중국 방문(1978. 5. 20-22)의 상황은 판이하게 달랐는데, 그는 중국 측이 전력을 다해서 쟁취하려고 하는 대상이 되었다. 소련의 중미 추축에 대한 두려움과 의심은 장차 미국이 전략적 무기의 제한을 협상하는 데에 하나의 강력한 비장의 무기가 된 것임을 깨달은 미국 정부는 중국에게 양보하는 것이 "실리적인" 것이라고 생각했다. 미국 정부는 중국의 세 가지 요구를 받아들이겠으며, 동시에 중국이 무력으로 타이완을 점령하지 말고 또한 정상화 이후 미국이 계속해서 타이완에 무기를 판매하는 것을 반대하지 않기를 희망한다는 의사를 밝혔다.

베이징에서 브레진스키는 "미국 대통령은 강대한 중국과 우호적인 관계를 수립하기를 기대하고 있습니다. 그분은 귀측과 함께 우리가 전면적인 정상화 관계를 실현하는 데에 여전히 존재하는 장애물을 극복하기로 결심했습니다"라고 선언했다. 그는 미국은 중국과 마찬가지로 "전 세계 혹은 지역패권을 추구하려고 하는 모든 국가를 배척하기로" 결심했다고 언급하고, 이어서 "우리 양국은 모두 국제침략자들이 비동맹이라는 명목을 내세워서 아프리카에서 대국의 야심을 추진하려는 것을 용인하지 않습니다. 우리 양국은 모두 무력을 통해서 우리의 이웃 국가에 대해서 정치적 복종을 강요하는 것을 추구하지 않습니다"라고 했다.[5]

미국의 성의를 표시하기 위해서 브레진스키는 중국 측에게 제10호「대통

---

5) *The New York Times*, May 21, 24, 1978.

령 평론 비망록」(미국의 세계형세에 대한 평가)과 제18호 「대통령령」(대통령 안보정책 실시계획) 이라는 두 개의 비밀문건의 내용을 알려주었다. 그 외에 일부 미국 전문가들과 중국의 전문가들은 국방과 기술 및 쌍방관계 등의 문제에 대해서 협의했다.

비록 정상화 사항을 공개적으로 발표하지는 않았지만 브레진스키는 비공식적으로 화귀평과 덩샤오핑에게 연락사무소 소장인 레너드 우드콕이 이 목표를 실현하기 위해서 진지한 협상을 할 준비를 하고 있다고 통보했다.6) 중국 측은 브레진스키의 중국 방문에 대해서 만족했으며, 이를 "앞을 향해서 두 걸음 전진한 것"이라고 했다.

정상화로 향하다 1978년 10월, 카터는 정상화와 관련된 가장 중대한 결정을 내렸다. 카터 대통령은 마침 이집트 대통령 안와르 사다트와 이스라엘 총리 메나헴 베긴과 함께 거행한 캠프 데이비드 회담에서 조정자의 역할을 성공적으로 해내어서, 자신이 정치적으로 비교적 확고해졌다고 생각했다. 그는 결국 미국이 타이완에 대해서 지고 있는 의무를 폐기할 수 있다는 확신 아래, 1979년 1월 1일을 외교적으로 중국을 승인하는 최후의 기한으로 확정했다. 미국 측은 그때가 되면 이집트와 이스라엘 간의 조약이 이미 정식으로 체결될 것이며 그런 즐거운 분위기 속에서 정부의 타이완을 처리하는 방법에 대한 어떤 비평도 모두 무력해질 것이라고 생각했다.7) 다른 한편으로는 만약 중동 합의가 물거품이 된다고 해도, 중국과의 관계정상화 실현의 성공은 미국 유권자들에게 그가 세계적인 지도자로서의 정치재능을 가지고 있음을 확신시키게 되는 것이었다. 그는 자신이 결단력이 있음을 보이고 싶어했고, 중국을 이용하여 소련인과의 전략무기제한의 협상을 가속화하고 또한 에드워드 케네디 상원의원 등 중국 승인을 고취하는 진보적 인사들의 기세

---

6) Martin Tolchin, "How China and the U. S. Toppled Barriers to Normalization", *The New York Times*, Dec. 18, 1978, A12.
7) Fox Butterfield, "After Camp David, Carter Set a Date for China Ties", *The New York Times*, Dec. 18, 1978, A12.

를 압도하기를 희망했다.[8]

일찍이 자동차 노조연합 의장을 맡았던 우드콕은 경험이 풍부하고 능숙한 협상가였다. 11월, 그는 베이징에 공동성명의 원고를 제출했는데, 중국 측은 이에 대한 반응으로 몇 가지 사항을 분명히 밝힐 것을 요구했다. 뒤이어 덩샤오핑 부총리는 뜻밖에도 미국 방문을 희망한다고 선언했는데, 즉 이것은 바로 그가 협상이 성공하기를 원한다는 하나의 신호였다. 12월 4일, 중국 측은 그들의 공동성명에 대한 수정원고를 제출했으며, 12월 11일, 덩샤오핑은 미국 방문에 대한 정식 초청을 받았다.

1978년 12월 15일, 몹시 침울한 표정을 한 카터 대통령은 급히 마련된 텔레비전에 모습을 드러내어 미국은 중화인민공화국과 1979년 3월 1일 서로 대사를 파견하여 대사관 설립을 하는 것을 포함한 전면적인 외교관계를 1979년 정월 초하루에 수립할 것에 이미 동의했다고 공표했다. 미국은 장차 타이완과의 공식관계를 단절할 것이며, 1954년 미국과 타이완의 공동방위조약에서 규정한, 1년 전에 미리 고지한다는 조항에 근거하여 1980년 정월 초하루에 그 조약을 폐지할 예정임을 밝혔다. 대통령은 타이완을 "희생시키지 않을 것"을 보증했다. 미국은 장차 비공식 대표를 통해서 계속하여 타이완과의 상업과 문화 및 기타 관계를 유지할 것이며 미국과 타이완과의 관계에는 무기판매가 포함될 것이라고 했다. 뒤이어, 그는 매우 기쁜 표정으로 덩샤오핑 부총리가 1979년 1월 미국을 방문할 것이라고 공포했다.

대부분의 미국인들은 비록 미국이 타이완의 국민정부를 "갑작스럽게 포기한" 것에 대해서는 유감스러워했지만 중국 대륙의 9억 인구와의 관계수립에 대한 타이완의 1,700만 명 인구와의 관계유지라는 단순비교의 결과를 반대하기는 매우 어려웠다.[9] 중국과의 정상화의 실현을 통해서 카터는 의지가 확고한 대통령의 이미지를 보여주었으며, 그가 정치적으로 얻은 이익은 대

---

8) *Ibid*.
9) 갤럽 여론조사로 밝혀진 바에 의하면 58퍼센트의 사람들이 대통령의 행동에 찬성했고 24퍼센트의 사람들은 반대했으며 18퍼센트의 사람들은 태도를 밝히지 않았다고 한다. *The New York Times*, Jan. 14, 1979.

중의 지지율 방면에서의 손실을 능가했다.[10)]

이와 동시에 화궈펑 주석은 베이징에서 역사상 유례가 없었던 내외 기자 회견을 거행하여 중미 관계의 정상화 소식을 발표했다. 그는 중국은 미국이 타이완에 무기를 판매하는 것 그리고 타이완과 문화와 상업관계를 유지하는 것을 좋아하지는 않지만 이 문제가 정상화에 방해가 되지는 않을 것이라고 특별히 밝혔다.

공동성명의 요점은 아래와 같다.[11)]

1. 미합중국과 중화인민공화국은 1979년 1월 1일부로 서로 승인하고, 외교관계 수립에 합의했다.

2. 미합중국은 중화인민공화국 정부가 중국의 유일한 합법정부임을 승인한다. 이런 맥락에서 미국 국민들은 장차 타이완 국민들과 문화적, 상업적, 기타 비공식적 관계를 유지한다.

3. 미합중국과 중화인민공화국은 「상하이 성명서」에서 양측이 모두 합의한 각 항의 원칙을 재확인하고 다음 사항들을 재차 강조한다.

   a. 양측은 모두 국제적인 군사충돌 위험의 감소를 희망한다.

   b. 양측 모두 아시아 태평양 지역 또는 전 세계의 어떤 지역에서도 패권을 추구해서는 안 된다. 양측 모두 다른 국가 혹은 국가집단들이 이런 패권을 확립하려는 노력을 하는 것에 반대한다.

   c. 양측은 모두 제3자를 위해서 협상하거나, 다른 제3국을 목표로 하여 다른 국가들과 합의와 이해를 가질 용의가 없다.

   d. 미합중국 정부는 하나의 중국만이 존재할 뿐이며 타이완은 중국의 일부분이라고 하는 중국의 입장을 확인한다.

   e. 양국은 중미 관계정상화는 중국 인민과 미국 국민의 이익에 부합될 뿐만 아니

---

10) Stanley D. Bachrack, "The Death Rattle of the China Lobby", *Los Angeles Times*, Dec. 20, 1978.

11) The Department of State, Selected Documents No. 9: *U.S. Policy Toward China, July 15. 1971-January 15, 1979*, Office of Public Communication, Jan. 1979, pp. 45-46.

라 아시아와 세계의 평화사업에 기여한다고 확신한다.

4. 미합중국과 중화인민공화국은 1979년 3월 1일 서로 대사를 교환하고 대사관을 설립한다.

미국 측은 타이완 문제에 대해서 단독으로 다음과 같은 성명을 발표했다.[12]

1. 동년 동일, 즉 1979년 1월 1일에 미합중국은 장차 타이완에 외교관계의 종료와 미국과 중화민국 사이의 공동방위조약도 조약의 규정에 따라서 종료될 것임을 통고할 것이고, 미국은 또한 4개월 안에 잔여 주둔 미군을 타이완으로부터 철수시킬 것을 천명한다.

2. 금후에도 미국 국민과 타이완 국민들은 장차 공식적인 정부대표기구와 외교관계 없이 통상, 문화 및 기타 관계를 유지한다.

3. 미국은 타이완 국민들이 평화롭고 번영하는 미래에 직면해 있다고 확신한다. 미국은 타이완 문제의 평화적인 해결에 지속적인 관심을 가질 것이며, 타이완 문제가 중국인 자신들에 의해서 평화롭게 해결되기를 기대한다.

주도적으로 타이완 문제의 교착 상태를 타개한 것은 중국 측이고 덩샤오핑이 바로 주요 발기인이라는 것은 분명했다. 정상화로 인해서 그는 마오쩌둥과 저우언라이가 이루지 못한 성과를 거두었으며, 그가 미국을 방문할 수 있게 됨으로써 중국은 무역을 확장하고 미국의 과학, 기술, 자금, 차관을 얻을 수 있게 되었다. 이 각도에서 보면, 타이완은 상대적으로 그렇게 중요하지 않았다. 어찌 되었든 간에 중국은 그들이 타이완에 대해서 공격을 개시할 해군력이 부족하다는 것을 매우 잘 알고 있었다. 또한 중국은 지금 4개 현대화를 하는 데에 전념하고 있어서, 대가가 크고 곤란할 뿐만 아니라 이미 오랜 시간 지체해온 타이완과의 전쟁을 일으키려고 하지 않으리라는 것은 분

---

12) *Ibid.*, p. 48.

명했다. 현재 상황을 받아들인 것은 일시적인 조치로서, 이를 받아들인 이유는 비록 중국은 타이완을 즉각 점유하는 것은 아니지만 미국으로부터 타이완에 대한 주권 소유를 인정받았기 때문이다.[13]

베이징은 지금의 세계구도에서 중미 관계가 타이완에 비해서 훨씬 더 중요하다는 새로운 관점을 받아들였다. 1978년 11월의 소련과 베트남 간의 조약은 매우 강한 군사적 동맹의 의미를 포함하고 있어서, 아마도 중국이 미국과의 긴밀한 유대의 수립을 추구하도록 자극했을 것이다. 모순적인 것은 과거의 두 동맹국에 대한 중국의 갈수록 깊어지는 근심이 어쩌면 과거의 서양의 적들과 화해하도록 촉진했을 것이라는 것이다. 중국은 심지어 나날이 악화되는 캄보디아 정세 때문에 베트남에 대해서 군사적 행동을 가할 것을 고려할 가능성이 있었으며, 어쩌면 우호적인 미국을 이용하여 소련의 개입을 저지하기를 기대했을지도 모른다. 어찌되었든 간에 소련 신문은 중국이 미국 및 서방과의 내통을 추구하는 동기에 대해서 맹렬하게 비난했다.

타이완과의 관계 타이완에 대한 타격을 완화하기 위해서 카터는 1978년 12월 27일 고위대표단을 타이베이로 파견했는데, 국무차관인 워런 크리스토퍼가 대표단을 인솔했다.[14] 그는 공식적인 관계가 끝났다고 하더라도 미국은 통상과 문화관계가 계속적으로 발전하기를 희망한다는 전갈을 가지고 왔다. 그러나 미국 대표단은 1만 명의 분노한 항의군중과 맞부딪히게 되었다.

장징궈 총통은 대표단에게 그의 정부와 국민은 미국 정부가 베이징과 협의를 하기 전에 타이베이와 사전에 협상을 하지 않은 것에 대해서 분개한다고 했다. 그는 미래의 타이완과 미국의 관계는 반드시 정부 대 정부의 기초 위에서 진행되어야 하며, 그의 정부는 마땅히 실제적으로 타이완을 지배하는 정부로 인정되어야 하고 타이완 정부는 계속하여 중국의 합법적 정부로

---

13) Linda Mathews, "Is the U. S. About to Take a Dragon by the Tail?" *Los Angeles Times*, Feb. 11, 1979.

14) 법률고문 허버트 핸설(Herbert Hansell)과 미국 태평양 지구 사령관인 모리스 와이스너(Maurice Weisner) 대장이 수행했다.

모습을 드러낼 것이라고 강력히 주장했다. 그러나 미국은 단지 비공식적인, 그리고 비정부 접촉의 구조만을 준비했을 뿐이었다. 이틀 동안의 협상 노력은 아무런 결과가 없었으며 대표단은 아무런 성과도 없이 귀국했다.

미국과 타이완의 관계는 지극히 복잡한 것이었다. 공동방위조약 이외에 미국과 중화민국 정부는 59개에 걸친 부차적인 조약과 협정들을 유지하고 있었다. 이 조약과 협정들은 양측의 농산품, 원자력, 항공, 재산권, 약품통제, 경제와 기술협력, 교육, 투자보증, 해상업무, 우편행정, 세수와 상업무역 등의 분야에서의 특수한 관계를 보호해주고 있었다.15)

미국의 타이완에서의 투자는 상당히 많았다. 타이완에서 사업을 하고 있는 미국의 대기업으로는 뱅크 오브 아메리카, 체이스 맨해튼 뱅크, 시티코프, 아메리칸 익스프레스, 포드, RCA, 유니언 카바이드, 제니스, 코닝 글라스 등의 상업계의 거두들이 있었다. 1978년에는 220개의 미국 회사가 타이완에 5억 달러를 투자했다.16) 1978년, 타이완의 번창하는 대외무역 총액은 237억 달러에 이르렀으며, 그중 약 3분의 1(73억 달러)이 대미 무역이었다. 미국과 타이완의 경제적 유대는 쉽게 약화될 수 없는 것이 분명했다. 만약 변화가 있다고 한다면 사람들은 외교적 승인의 취소와는 상관없이 이런 관계들이 계속하여 확대되기를 기대하고 있다는 것이었다. 최초의 분노가 폭발한 이후 타이완의 지도자들은 평온을 되찾았고, 존엄과 헌신과 자립으로써 이 정치적 위기를 견뎌냈다. 그들은 자신들이 도를 넘어 미국의 노여움을 사는 것을 감당하지 못하리라는 것을 깨달았다. 왜냐하면 미국과의 관계가 비공식적이지만 디이원의 입장에서 보면 대단히 중요한 것이기 때문이었다.17)

미국의 주(駐)타이베이 대사관과 중화민국의 주워싱턴 대사관이 예정대로 1979년 3월 1일에 문을 닫음으로 인해서 반드시 대체할 기구를 지정하여 지속될 미국과 타이완의 관계를 처리해야 했다. 1979년 2월 15일 양측은 드디

---

15) *The New York Times*, Dec. 18, 1978, A10.
16) Ross Terili, *The Future of China*(New York, 1978), p. 201.
17) *Los Angeles Times*, Dec. 25, 1978.

어 협의를 거쳐 타이베이에 미국의 재(在)타이완 협회를 설립하여 대사관을 대체하고, 워싱턴에는 북미 사무 조정위원회를 설립하여 타이완의 이익을 보살펴주기로 결정했는데, 이 위원회는 아홉 개의 도시에 영사관과 비슷한 지부를 설립하기로 했다. 미국의 재타이완 협회의 직무는 장차 미국 국무원과 기타 정부부문의 "퇴직"관리들이 맡을 것이며, 그들은 어떤 관직명도 가지지 않기로 했다.

이와 동시에 국회는 타이완의 미래에 대한 관심을 표시하기 위해서 몇 개의 결의사항을 발표했다. 1979년 3월 10일 상하 양원은 절대 다수로 판본이 약간 다른 법안인 "미중 관계법" 혹은 "타이완과의 관계법"을 통과시켰고, 중국과의 관계정상화를 비준했으며 또한 타이완과의 비공식관계를 유지하는 것에 동의했다. 법안은 미국이 타이완 국민과의 광범한 관계를 유지하기로 한 결심을 표시했고, "배척과 수출입금지를 포함한 비평화적 방식으로 타이완의 미래를 결정하는 모든 노력은 서태평양 지역의 평화와 안전에 대한 위협이고 또한 미국의 중대한 관심사"임을 강조했다. 이 법안의 두 개의 판본 통일에는 상하 양원 합동위원회의 조정이 필요했는데, 법안의 최종적 완성판은 3월 28일 상원(85 대 4표)과 하원(339 대 50표)에서 통과되었다.

베트남의 캄보디아 침입 공인되지는 않았지만 매우 가능성이 있는 중미 관계 정상화의 영향은 바로 베트남이 소련의 보호하에 캄보디아를 침입한 것이었다. 베트남과 캄보디아의 관계는 계속해서 악화되고 있었다. 1978년 11월, 베트남과 소련은 실제적인 군사동맹을 체결했다. 미국이 중국을 승인한다고 선포한 지 10일 후에 베트남은 캄보디아를 침입했다. 1979년 1월 7일, 15일간의 놀랍고 효과적인 전격전을 거친 이후 베트남 군대는 캄보디아의 수도인 프놈펜을 함락시켜 중국이 지지하는 폴 포트 정권을 전복시켰다. 캄보디아는 국제연합 안전보장이사회의 개입을 호소했고 중국은 이번 침입을 소련이 아시아에서 패권을 추구하고 있음을 증명하는 것으로 간주하고서 군대를 신속히 중국과 베트남의 국경지대로 이동시켰다.

미국의 중국 승인과 베트남의 캄보디아 침입이라는 이 두 사건 사이의 인과관계는 입증할 수 없는 것이지만, 수많은 사람들은 비공식적으로 중미 관계정상화는 확실히 소련과 베트남이 캄보디아에 대해서 행동을 취하도록 자극했다고 생각했다.18) 중국은 이번 침입에 어떻게 대처해야 하는지의 어려운 선택에 직면했다. 덩샤오핑의 미국 방문은 중국 사람들이 미국의 태도를 평가하는 데에 도움이 될 것이 분명했다.

덩샤오핑의 미국 방문 키가 작고 다부지게 생긴 덩샤오핑 부총리는 1979년 1월 28일 비행기로 워싱턴에 도착하여 9일 동안의 방문을 시작했다. 이는 30년 만에 중화인민공화국의 고위관리가 처음으로 미국을 방문한 것이며, 이로 인해서 미국 정부는 평소보다 훨씬 더 호화롭고 장엄한 접대 요건을 마련했다. 비록 덩샤오핑은 중국에서의 정식직함으로는 서열상 세 번째였지만, 중국에서 그가 최고의 권력을 가지고 있는 지도자라는 것은 의심할 여지가 없었다. 미국 정부는 그가 미국을 보고 이 나라의 창조력과 다양성을 느끼도록 하고, 미국의 국가정책을 제정하는 일에서의 국회의 중요한 역할을 이해시키려고 했다. 미국 정부는 암암리에 덩샤오핑이 타이완 문제에 대해서는 온건하게 발언하고 소련을 자극하는 성명을 발표하지 않기를 희망했다.

도착한 다음 날 덩샤오핑은 백악관에서 정식 환영의식에 참석했는데, 의식에 따라서 열아홉 발의 예포가 발포되었으며, 덩샤오핑은 의장대를 사열했다. 카터 대통령은 이번 방문은 양국이 "다시 수교를 통해서 새로 시작하는 순간"이라고 환호했으며 "이날은 오랫동안 닫혀 있던 창문이 다시 열린 화해의 날"이라고 했다. 덩샤오핑은 답사에서 감사의 뜻을 표시했지만, 또한 기회를 놓치지 않고 소련에 대해서 거명을 하지는 않고 다음과 같이 간접적으로 비난했다. 그는 말하기를 "오늘의 세계는 평온과는 거리가 멉니다. 평화에 대한 위협이 존재할 뿐만 아니라 전쟁을 야기할 요소들이 뚜렷하게 증

---

18) CBS radio broadcast by Marvin Kalb, Jan. 9, 1979.

가하고 있습니다"라고 했다. 정식 환영의식이 끝난 이후, 두 지도자와 그들의 수행원들은 4시간에 걸쳐 회담을 했다.

수백 명의 기업총수, 국회의원과 기타 미국 고위관리들이 백악관의 환영 만찬회에 참석했다. 만찬회 석상에서 덩샤오핑은 소련의 세계평화 위협에 대하여 또 한번의 함축적이지만 명백하기 이를 데 없는 맹렬한 비난을 가했다. 그는 "국교수립 공동성명에서 우리 양측은 모두 패권을 추구해서는 안 되며 또한 어떤 국가나 국가집단이든지 이런 패권을 건립하는 노력을 하는 것에 반대한다고 장엄하게 확약했습니다"라고 했다.

호화스러운 만찬회가 끝난 후 손님과 주인은 케네디 센터로 가서 미국 음악과 춤 공연과 할렘 글로브트로터스 팀의 아주 멋진 농구 시범을 관람했다. 그러나 만찬회의 중심은 덩샤오핑이었다. 그는 관중이기도 했고 사람들의 이목을 끈 눈부신 연기자이기도 했다. 그는 무대로 올라가서 연기자들과 악수하고 합창단의 어린 연기자들의 이마에 키스도 했는데, 이는 완전히 공직에 입후보하는 미국 정치가의 방식이었다. 그래서 부통령 먼데일은 농담으로 "귀하가 미국 국민이 아니라서 다행입니다. 미국 국민이었으면 귀하께서 원하시는 어떤 직위에도 당선되었을 것입니다"라고 했다.[19]

미국 상원의원과 하원의원들을 만났을 때 덩샤오핑은 미국 국회를 뒤흔들어 놓았다. 타이완 문제에 대하여 그는 중국은 "타이완 해방"이라는 표현을 사용하지 않고 조국의 "통일"이라고 고쳐 부르겠다고 하면서 다음과 같이 말했다.

우리는 타이완이 조국의 품으로 돌아와 중국 통일을 실현할 때까지 타이완의 실제적 상황을 충분히 존중할 것입니다. 중국은 장차 타이완의 현존하는 제도와 타이완의 생활방식을 유지하는 것을 허가할 것입니다. 중국은 장차 타이완의 지방정부가 일본과 미국 등의 국가들의 국민들과 민간관계를 유지하는 것을 허가

---

19) *U. S. News & World Report*, Feb. 12, 1979, p. 26.

할 것입니다. 이런 정책을 통해서 우리는 우리가 평화통일을 실현할 수 있을 것이라고 믿습니다. 우리 중국 사람들은 인내심이 있습니다. 그러나 중국은 기타의 수단을 쓰지 않는다고는 약속할 수 없습니다.

이 말들로 인해서 헨리 잭슨 상원의원 등의 국회위원들은 마음을 놓게 되었다. 그들은 물론 더욱 확실하게 무기를 사용하지 않는다는 보증을 얻기를 원했지만, 그들은 중국의 선택권 행사에 대한 덩샤오핑의 신중한 방법을 존중했다.

소련에 관해서 덩샤오핑의 비평은 매우 예리했다. 비록 그는 미국이 장차 소련과 어떤 전략적 무기협의를 하는 것을 반대하지는 않았지만, "당신들은 소련인들을 믿어서는 안 됩니다"라고 강력히 주장했다. 모든 의원들은 듣고 고개를 끄덕이며 동의를 표시했다. 그러나 신문기자와 단독회견을 할 때 덩샤오핑은 더욱 격렬하게 소련을 질책하고, 미국, 일본, 서유럽, 중국 등으로 구성된 공동전선을 구축하여 전 세계지역에서의 소련의 확장을 저지할 것을 촉구했다. 그는 소련이 베트남의 캄보디아 침입을 지지한 것을 비난하며, 미국이 반드시 이 두 국가를 규탄하거나, 혹은 적어도 베트남을 규탄할 것을 건의했다. 덩샤오핑은 베트남은 "동방의 쿠바"이고, "반드시 철저히 응징하여 그들의 버릇을 가르쳐놓아야 한다"고 강력하게 주장했다.

덩샤오핑은 친선대사의 역할을 훌륭하게 잘 해냈다. 그는 카터와 열정적인 우의를 다졌고, 그의 넘치는 기지와 유머 그리고 적절한 자신감은 미국 국회를 매료시켰다. 익수, 포옹, 입맞춤, 미소, 웃음과 농담 등과 같은 그의 기민한 태도와 행동거지는 미국 대중의 사랑을 받았고, 그들에게 이렇게 카우보이 모자를 쓴 호탕한 사람이 설령 공산주의자라고 하더라도 미워하기 어렵다고 생각하도록 했다. 중국 사람들은 텔레비전 위성을 통해서 덩샤오핑의 모든 행적을 추적했고, 마음속으로 무한한 자부심과 기쁨을 느꼈다. 이전에는 덩샤오핑이 직설적이고 논쟁하기를 좋아하며 쉽게 화를 내는 사람이라고 전해졌는데, 현재 많은 기자들은 그가 가는 곳 어디에서도 그에게서

상술한 그런 면모를 찾아볼 수 없었다. 덩샤오핑은 자신의 이미지를 투지가 드높은 혁명가가 아니라 열정이 충만한 보통 사람으로 만들어놓았다. 그는 비록 중국이 빈곤하고 낙후되었지만 중국은 결코 국제적인 거지가 아님을 극력 표명했다. 덩샤오핑의 사람들의 마음을 사로잡는 매력적인 인격, 군중 심리를 훤히 꿰뚫고 있다는 점, 신선한 것을 좋아하고 새로운 유명인을 숭배하는 미국인들의 취향으로 인해서, 덩샤오핑의 뛰어난 행적은 미국인들에게 마음속으로 중화인민공화국을 동경하게 했다.

이번 방문은 또 하나의 동등하게 건설적인 성과를 거두었는데, 그것은 바로 덩샤오핑이 미국의 민주제도와 현대 경제가 작동하는 모습을 직접 자신의 눈으로 보았다는 것이다. 행정부문은 비록 권력이 엄청나게 컸지만 한계가 있었으며 덩샤오핑은 국회의 국가정책 제정에 대한 독특한 역할을 보았다. 포드 회사의 한 조립공장, 휴스 기계회사와 존슨 우주 센터를 참관했을 때 덩샤오핑은 미국 기업의 관리효율이 매우 뛰어나며 이것이 우주 시대의 기술과 근면한 직원들을 효과적으로 활용하여 분명히 쾌적한 미국인의 생활 수준을 향상시켰다는 것을 알게 되었다. 덩샤오핑이 배운 수많은 것들은 중국 미래의 설계에 긍정적인 역할을 발휘할 가능성이 매우 컸다.

덩샤오핑은 자신의 미국행 결과에 대해서 매우 만족해했다. 그와 외교부장 황화(黃華)는 카터 및 밴스와 과학기술, 문화교류, 영사관에 관한 3가지 합의사항에 정식으로 서명했다. 마지막 합의사항은 바로 중국이 샌프란시스코와 휴스턴에 영사관을 설립하고 미국은 광저우와 상하이에 영사관을 설립한다는 것이었다. 카터에게 보낸 고별사에서 덩샤오핑은 이번 방문은 "완전히 성공을 거두었다"고 했으며, 그는 중미 관계가 "장차 새로운 역사의 조건하에서 거대한 진전을 이룰 것"을 믿는다고 했다. 중미 양국 국민의 흥분과 희망은 심지어 덩샤오핑의 낙관적인 감정을 뛰어넘었으며, 그들은 공개적으로 자유롭게 서로가 서로를 이해할 수 있게 되었는데, 이는 30년 만에 처음 있는 일이었다.

중국의 베트남 침입 1979년 2월 17일, 덩샤오핑이 귀국한 지 1주일이 지난 뒤에 중국 군대는 대규모로 베트남을 침공했다. 침공의 명분은 베트남의 무수한 중국 영토 침범에 대한 보복이라고 했지만, 사실상 이것은 베트남의 캄보디아 침입과 베트남이 25년 넘게 중국의 원조를 받은 이후 공공연한 배신행위를 한 것에 대한 중국의 징벌이었다.

일찍이 1950년, 마오쩌둥은 호찌민에게 군사적, 정치적, 경제적 원조를 제공했으며 유명한 디엔비엔푸 전투(1954)는 바로 베트남인들이 주로 중국의 무기를 사용하여, 중국인들의 지도하에 전개한 것이었다. 미국의 베트남 개입이 절정에 이르렀던 시기(1964-1971)에 중국은 30만 명의 기술자와 군대를 베트남에 파견하여 그들의 방공, 공사, 철도부설, 도로보수, 병참 보급시설들의 작업을 도와주었는데, 그 와중에 약 1만 명이 목숨을 잃었다. 1950년에서 1978년 사이에, 중국의 베트남에 대한 원조 총액은 약 150억 –200억 위안으로, 이는 중국인들이 매우 큰 희생을 했다는 사실을 분명하게 나타내고 있다.[20]

이렇게 많은 우호적 행동을 했기 때문에 중국은 베트남이 감격과 호의를 보여주기를 기대했지만, 하노이가 베트남 전역을 장악하게 되자, 베트남은 중국에 대해서 아무런 표시를 하지 않았다. 어쩌면 중국의 커다란 영향을 걱정해서인지 베트남은 중국에 의지하는 것을 거절하고 도리어 태도를 바꾸어 소련의 도움을 추구했다. 베트남에 거주하는 화교와 화교상인들은 점차 날이 갈수록 심한 학대를 받았으며, 이어서 대대적인 박해운동이 발생하자 약 16만 명의 중국인들이 피난을 가지 않을 수 없게 되었다. 극도로 모욕적이었던 것은 베트남이 소련과 25년 기한의 우호조약과 공동방위조약을 체결한 것인데, 이 조약의 의도는 소련이 중국을 포위하도록 하는 것이었고, 또한 베트남이 중국을 맹렬하게 배척한다는 것을 표명하는 것이었다. 베트남의 캄보디아 침입과 라오스 침입 그리고 뒤이어서 중국이 지지하는 폴 포트

---

20) 「中央日報」, 臺北, 1979년 7월 31일, 12월 7일, 1981년 10월 15일.

정권의 붕괴로 인해서 중국은 더 이상 참을 수 없게 되었다.

덩샤오핑은 워싱턴에서 머물고 있는 기간 중에 공개적으로 "베트남을 호 되게 응징하여 버릇을 고쳐놓겠다"고 했지만 그는 중국이 장차 어떤 행동을 취하겠다고는 명확하게 밝히지 않았다. 중국은 1962년 인도 침입 때처럼 속 전속결의 전쟁을 치러 가볍게 승리를 거두고 소련이 적당한 대응책을 결 정하기 전에 신속하게 철수하려고 했다. 이것은 덩샤오핑이 생각했을 때 해 볼 가치가 있는 수지가 맞는 모험이었다. 그는 중국이 최근에 획득한 국제적 인 연계 때문에 소련은 군사적 관여를 할 리 없다고 예측했다. 세계여론을 가라앉히기 위해서 중국은 침입을 개시하자마자 "이것은 단기간의 제한적인 행동으로 중국은 절대로 베트남의 영토를 점령할 의도는 없다"고 선포했다.

중국의 침입에는 25만 명의 군대, 수백 대의 탱크, 전투기 및 화포가 투입 되었고, 450마일의 전선을 따라서 10개의 방향으로 나뉘어 전개되었다. 이 런 규모는 이것이 심혈을 기울여 계획한 군사행동임을 보여주는 것이었다. 중국 군대는 처음부터 신속하게 진격을 시작했는데, 진격이 순조롭게 이루 어져 1주일 내에 국경 부근의 베트남의 4개 성도를 점령했다.[21] 그러나 그들 의 진격은 얼마 지나지 않아 크게 완만해졌는데, 주된 요인은 현대식 무기의 부족 때문이었다. 중국인들은 일찍이 적군을 결전으로 유인하여 섬멸하기를 희망했지만 베트남인들은 의도적으로 직접적인 대결을 피했다. 60만 베트남 군대 중에서 약 3분의 2가 캄보디아와 베트남 남부에 주둔하면서 "점령임무" 를 수행하고 있었다. 베트남 측은 이 군대들을 끌어냄으로써 이 지역들의 안전을 위태롭게 하는 위험을 무릅쓰고 싶지 않았으며, 베트남의 계획은 오 직 지방부대와 민병을 동원하여 중국 군대와 싸우게 함으로써 그들의 정예 부대가 포위섬멸을 당하지 않도록 보전하는 것이었다.

전쟁이 시간을 끌게 됨에 따라서 중국이 신속히 승리를 거둘 전망은 암담 해졌으며 이에 상응하여 소련이 보복할 위험도 증가했다. 3월 1일, 중국은

---

21) 라오까이, 라이쩌우, 까오방, 몽까이.

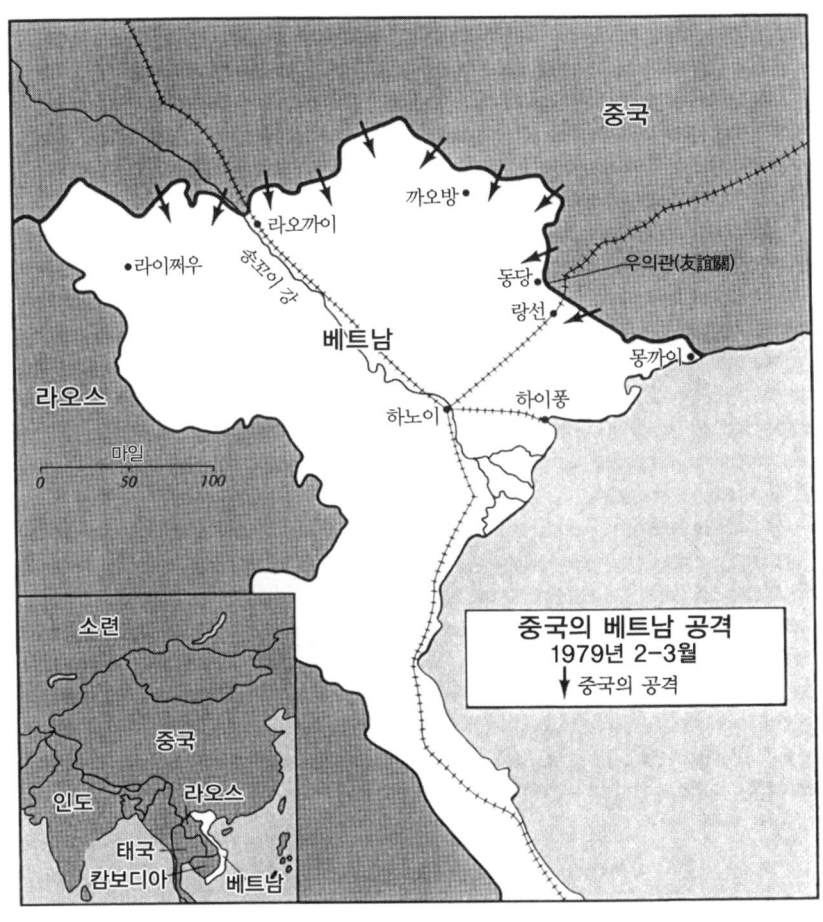

중국의 베트남 공격
1979년 2-3월
↓ 중국의 공격

평화회담을 제의함과 동시에 매우 큰 대가를 치른 랑선에 대한 공세를 강화
했다. 사람들은 보편적으로 중국 측이 랑선을 함락하자마자 승리를 선언하
고 개선하여 귀국할 수 있다고 믿었으며 심지어 그러기를 희망했다. 3월 2일
에 랑선은 거의 완전히 폐허가 되었고, 베트남 사람들은 이 도시에서 철수하
여 주위 산지에 배치되었다. 중국 군대는 마침내 랑선을 점령했지만, 이 승
리는 아주 어렵게 거둔 승리였으며 또한 별로 돋보이는 승리가 아니었다.
즉, 중국 사람들이 꿈꾸었던 속전속결의 목표와는 거리가 아주 멀었던 것이
다. 베트남 북부 접경지대의 거의 모든 주요 도시와 성도를 함락시킨 후, 중

국은 그들의 목표를 이미 완성했음을 선언하고 휴전을 선포했다. 3월 5일, 중국 정부는 중국 군대가 17일에 걸친 전투를 끝낸 뒤에 철수를 시작했다고 선포하고, 다음 날 하노이는 평화회담을 개최하는 것에 동의했다. 3월 16일까지 중국은 철군을 완료했다.

서방 군사전문가들은 중국이 왜 아주 적은 이득을 위해서 그속에 소련과의 군사대결 문제가 포함되어 있는 큰 위험을 무릅썼는지 매우 의아하게 생각했다. 그들은 중국이 예전에 자신에게 애원하며 도와달라고 했던 국가로부터 배신당했을 때 느낀 치욕과 배신의 이중적인 감정을 이해하지 못했다. 그리고 중국 및 기타 인근 약소국가에 대해서 나날이 오만해지는 베트남의 태도와 베트남의 소련과의 동맹체결은 중국의 배신감을 더욱 심화시켰다. 중국은 이런 공공연한 적대적인 태도에 반격을 가하지 않으면 중국의 신망은 끝장이라고 생각했다. 덩샤오핑은 또한 중국이 전쟁을 두려워하지 않으며 소련 간섭의 위협도 두려워하지 않는다는 것을 전 세계에 보여주려고 했다.

만약 중국이 베트남에게 응징을 통해서 교훈을 주었다면 중국 자신도 한 가지의 교훈을 얻게 되는 것인데, 즉 만약 군비를 잘 정비해두지 않으면 중국은 현대식 전쟁을 효과적으로 치를 수 없으며 그 외에 전쟁의 경제적 결과는 참담하다는 것이었다. 17일간에 걸친 군사행동에서 중국은 4만6,000명의 사상자를 냈고, 400대의 탱크와 장갑차를 잃음으로써 총 13억6,000만 달러를 소모했다. 빈약한 국가의 자원은 아주 막대한 타격을 입어서, 이것은 직접적으로 4개 현대화 건설에 대해서 부정적인 영향을 야기하여 부득이 1980년도의 군비예산을 19억 달러 삭감시켰다. 동시에 군사상의 과학기술 현대화도 나날이 절대적으로 필요한 목표가 되었다.

통상과 기타 관계의 정상화

중국이 외교적 승인을 얻은 이후, 중미 쌍방은 무역, 문화, 과학관계 및 어느 정도의 군사관계의 정상화를 촉진시키기 위해서 일련의 협상을 전개했다.

중국은 아직까지 최혜국의 대우를 얻지 못하여 미국 수출에서 경쟁력을 가지기 매우 어려웠다. 미국 정부가 중국에 최혜국 대우를 부여하게 하려면, 우선 중국에 의해서 몰수된 중국에 있는 미국의 자산과, 미국에 의해서 동결된 미국에 있는 중국의 자산 문제를 반드시 해결해야 했다.

채무협정과 무역협의 1979년 3월 1일 미국의 베이징 주재 연락사무소가 정식대사관으로 바뀐 다음 날, 젊은 시절 상하이에서 살아본 경험이 있는 미국 재무부 장관인 마이클 블루먼설과 중국 재정부장인 장징푸(張勁夫)가 하나의 협정에 가조인함으로써 "동결된 자산과 몰수된 자산권"의 분규를 해결했다. 이 분규는 1950년대 한국전쟁 초기로 거슬러올라가는데, 사실 트루먼 대통령은 중국의 참전에 대한 대응으로 8,050만 달러의 가치에 달하는 중국의 재미 자산을 동결시켰다. 중국은 이에 대한 보복으로 미국의 교회, 기업, 학교, 개인이 보유하고 있는 가치가 1억9,690만 달러에 달하는 재중 자산을 몰수했다. 사실상, 1949년 10월 중화인민공화국성립 이후부터 논란이 있던 이 미국 자산들은 이미 중국이 장악하고 있었다. 총 384건의 미국의 재산권이 있었는데 그중에서 최대의 재산권은 보이시 캐스케이드 사(社)가 소유한 것이었다.

　베이징에서 가조인된 협정으로 인하여 중국은 미국에 있는 자산을 유지할 수 있게 되었다. 중국은 8,050만 달러를 지불하여 모든 미국 측의 재산권을 해결해야 했는데, 이는 대략 41센트로 1달러를 상환하는 것이었다. 중국은 1979년 10월 1일, 3,000만 달러를 지불하고 나머지 금액은 정기 분할지불하기로 함으로써, 매년 10월 1,010만 달러를 지불하여 1984년에 완납하도록 했다. 미국 측은 8,050만 달러 상당의 중국의 자산을 해동시킬 예정이었지만 그중 얼마가 중국 정부에 속해 있는지, 그리고 얼마가 중국 내외에 있는 은행, 기업, 학교, 개인의 소유인지 알 수가 없었다. 주의할 만한 점은 중국의 지불은 비록 중국의 동결된 자산금액과 비슷했지만 동결자산과 연계를 짓지는 않았다는 것이다. 즉 미국 재산권인은 즉시 중국의 배상을 받을 예정이었

다. 이것은 국제협정에서는 매우 보기 드문 일이었다. 기타 이런 종류의 국제협정에 비교해볼 때, 이것은 하나의 매우 유리한 합의로서 중국의 배상은 미국인이 일찍이 기대한 것보다 더욱 유리한 것이었다.[22]

이 가계약의 협정은 양국 정부의 대표가 정식으로 공식서명을 해야만 효력이 발생했고, 각자의 의회에 넘겨 비준할 필요는 없었다. 이 협상에 공식서명하고 새로운 무역협정을 교섭하기 위해서 미국 정부는 무역부 장관인 주아니타 크렙스를 중국에 파견했다. 1979년 5월 11일, 그녀는 중국 재정부장 장징푸와 "동결된 자산-몰수된 재산권"에 대한 협정에 공식서명하여, 결국 장기간의 분쟁을 해결했다. 그리하여 통상조약을 교섭하는 길이 트였다. 이 통상조약을 통해서 상대방에게 최혜국 대우를 해주게 되었고, 상인들이 상대방 국가에서 사무기구를 설립하고, 특허와 상표와 판권을 서로 보호하고 아울러 규정에 따라서 저축과 환전에 의한 거래를 하는 것이 가능해졌다. 이 문제들은 매 항목마다 상세한 논의가 요구되어 크렙스의 방문 마지막 날에야 비로소 쌍방은 합의에 도달하여 가조인을 하게 되었다.

2달 후, 이 통상협정은 정식으로 공식서명되었지만 부분적인 면에서, 미국이 중국산 직물의 대량유입을 걱정했기 때문에 의회의 승인이 지연되었다.

중미 관계정상화가 가져다주는 혜택들을 미리 집약해보는 것은 불가능하다. 즉, 그것들은 끝없이 발전하고 있으며 그것들에 대한 평가는 평가하는 사람들의 서로 다른 입장과 정치신념에 따라서 서로 다른 것이다. 그러나 그들 모두가 똑같이 인정하는 기본적인 혜택들이 있다. 첫째, 하나의 안정된 중국은 미국과 세계평화의 이익에 가장 부합할 수 있다는 것이다. 비록 사람들이 타이완의 안전에 대해서 매우 관심을 가지고 있지만, 미국이 대륙정부를 승인하기 전과 비교해볼 때, 중미 관계정상화 이후 타이완은 결코 무력에 점령당할 위협을 크게 받지 않았다. 중국은 타이완에 대해서 대륙과 통일할

---

22) Anthony M. Soloman, "When 41¢ on the dollar is a good deal", *The Christian Science Monitor*, Mar. 28, 1979. 솔로만은 당시 미국 재무부 화폐업무 담당차관이었다. 소련과 체결한 유사한 협정은 달러당 12센트였고, 헝가리와 맺은 협정은 30센트였으며, 폴란드 및 루마니아와 맺은 협정은 40센트였다.

것을 끊임없이 호소했는데, 이런 자세는 많은 사람들이 느꼈던 극도의 긴장 국면을 완화시켜주었다. 중국과 미국의 문화적 유대가 확장됨으로써 중국은 현대화의 모델과 현대화 실현의 수단을 신중하게 선택할 수 있었다. 동시에 농후한 흥미와 감상력을 가지고 있는 미국은 중국 민족의 지혜, 기예, 예술의 거대한 보고 속에 여유 있게 들어설 수 있었는데, 그중에는 전통적인 것도 있었고 현대적인 것도 있었다. 중국은 보다 쉽게 서양 과학기술의 발전과 접촉하게 되었는데, 이것은 장차 4개 현대화의 "신장정(新長征)"을 추진하는 데에 유리할 것이었다. 한편 미국이 수출증가를 필요로 할 때 미국 상품이 날로 확대되는(비록 여전히 제한적이기는 하지만) 시장을 얻을 수 있게 해줄 것이었다. 마지막으로, 중국의 우수한 장비를 갖춘 군사력은 장차 아시아의 평화를 수호할 것이며, 중미 간의 연계가 새로운 형태의 균형 잡힌 삼각세력을 구축함으로써 세계는 불안한 미국과 소련 양극 간의 구도에서 벗어날 수 있게 되었다.

35
4개 현대화

만약 중국 전체의 인민들에게 모종의 공통된 인식이 존재한다면, 그것은 바로 4개 현대화, 즉 농업, 공업, 과학기술, 국방에 대한 현대화의 실현인 것이다. 공개적으로 발표된 이 목적은 중국을 2000년까지 선진적인 현대 국가로 건설하는 것이었다. 4개 현대화는 당헌(1977년 8월 18일 제11차 전국 당 대표대회)과 국가헌법(1978년 3월 5일 제5기 전국인민대표대회)에 명문화되었으며, 이렇게 함으로써 이 발전계획은 지도자 교체의 영향을 받지 않게 되었다.

10년 계획

1978년 2월 제5기 전국 인민대표대회 제1차 회의에서, 화궈펑 주석은 1976-1985년의 현대화 10개년 계획을 발표했는데, 이미 2년이 경과했기 때문에 그것은 사실상 8개년 계획이었다. 그것은 4개 부문에서 실현해야 할 중대한 목표를 상세하게 계획했다.

공업부문 공업기초건설의 투자는 그 이전의 28년간의 투자총액과 비슷하거나 초과할 예정으로, 통계에 따르면 4,000억 달러 정도였으며, 매년 공업성장률을 10퍼센트로 설정했다. 화궈펑은 120개 대형 프로젝트의 완성을 제기했는데, 그 항목에는 10대 강철기지, 6대 유전, 3개의 대형 발전소, 8개의 석탄

기지, 9개의 비철금속기지, 7개의 새로운 간선철도, 5개의 중점항구가 포함되어 있었다. 정부는 20세기 말까지 중국 주요 부문의 공업생산량이 가장 발달된 자본주의 국가의 생산량에 근접하거나 그것을 초과하기를 희망했다.[1]

강철 : 1952년의 강철생산량(155만 톤)은 이미 해방 전의 최고점을 초과했으며, 1960년에는 1,867만 톤으로 증가했다. 대약진 운동은 강철생산량을 저하시켰으며, 1961년 강철생산량은 겨우 800만 톤 정도였고, 문화대혁명은 강철생산량을 더 한층 감소시켰다. 1970년에 이르러서야 비로소 강철생산량이 회복되었으며 1973년에는 생산량이 2,550만 톤에 이르렀다. 그러나 4인방 집권 시기에 강철생산량은 다시 하락하여, 1976년에는 겨우 2,100만 톤 생산에 그쳤다. 결론적으로 1960—1976년 사이에는 약간 증가했을 뿐이다.

10개년 발전계획은 1985년까지 강철생산량을 6,000만 톤으로 증가시키고, 1999년에는 1억8,000만 톤으로 증가시킬 것을 요구했다. 이런 거대한 성장을 달성하기 위해서, 독일 회사와 협력하여 140억 달러를 투자하여 허베이 성 동부에 매년 생산능력이 1,000만 톤에 달하는 대형 강철기지를 설립할 것을 계획했다. 이 밖에 일본 회사와 협력하여 20억 달러로 추산되는 자금이 소요되는 초기 비용을 투입하여 상하이 교외에 있는 바오산에 연 600만 톤의 생산능력이 있는 기지 건설을 계획했다. 그리고 기타 지역에도 비교적 규모가 큰 강철공장을 건설하고, 기존의 강철공장을 갱신할 예정이었다.

석유 : 1957년 이전에 중국의 석유 생산량은 보잘 것 없었다(매년 146만 톤의 원유를 생산). 1960년대에 거대한 진전이 있었는데, 만주 지역에 다칭 유전(大慶油田)을, 산둥 지역에 성리 유전(勝利油田)을, 톈진 항에 다강 유전(大港油田)을 건설했다. 1960년부터 1965년 사이에 원유생산량은 2배가 되었으며, 1969년에 다시 2배가 되었다. 1978년에 이르러 석유 생산량은 1억400만 톤에 이르렀다. 10개년 발전계획은 600억 달러를 들여 10개의 새로운 석유 가스전을 건설할 것을 요구했다.[2]

---

1) 「人民日報」, 1978년 3월 9일, pp. 1-5.
2) Chu-yüan Cheng, "The Modernization of Chinese Industry" in Richard Baum(ed.), *China's*

석탄 : 중국 에너지 공급의 70퍼센트는 석탄에 의지했지만 대부분의 탄광은 규모가 영세했고 시설도 빈약했다. 10개년 계획은 생산량을 2배로 늘려 매년 9억 톤에 도달하기 위해서 8개의 새로운 탄전을 건설하고 동시에 기존의 탄광을 새롭게 변화시킬 것을 요구했다. 이것은 연평균 성장률이 장차 7.2퍼센트 정도에 이르고, 1970-1977년간의 연성장률이 6.3퍼센트임을 의미하는 것이었다.

전력 : 사람들을 놀라게 한 것은 전력생산량이 현대화 계획 중 가장 취약한 부분이라는 것이었다. 1978년의 총 발전량은 2,566억 킬로와트시로서, 중국은 세계 전력량 9위의 국가였지만 1인당 전력 소비량은 인도와 파키스탄보다도 훨씬 더 낮았다. 10개년 계획은 30개의 대형 발전소 건설을 제기했는데, 그중 20개는 수력발전소였다. 가장 큰 프로젝트는 후베이 성 이창 부근의 양쯔 강에 자리잡고 있는 총 설비용량 270만 킬로와트의 꺼저우 댐 수력발전소, 그리고 칭하이 성 시닝 부근의 황허 강 상류에 자리잡고 있는 총 설비용량 160만 킬로와트의 룽양협 수력발전소였다. 이 30개의 새로운 발전소는 연 발전량을 600만-800만 킬로와트시로 증가시킬 예정이었는데, 이것은 10퍼센트의 연평균 공업성장률을 유지하는 데에 필요한 13-14퍼센트의 성장률보다 훨씬 더 낮았으므로, 개인의 전력 소모량 증가는 더욱 말할 필요도 없었다.

농업부문 농업은 중국 경제의 기초이다. 그러나 1949년 이후 농업에 대한 투자는 항상 공업과 국방에 못 미쳤다. 농업집단화와 인민공사는 농업생산을 별로 향상시키지 못했다. 1963년의 "농업은 다자이를 배우자[農業学大寨]"는 운동은 단지 한 차례의 선전수단에 불과했고, 문화대혁명은 농업을 붕괴직전으로 몰아넣었다. 1977년 8월 8일 「인민일보」는 솔직하게 "자연재해가 발생하면 수확이 큰 폭으로 감소하고, 작은 재해에는 수확의 감소폭이

Four Modernizations: The New Technological Revolution(Boulder, 1980), p. 26.

적다. 기후가 양호한 때조차도 수확량이 별로 증가되지 않았다"고 했다.[3] 한 중국 지도자는 "1977년에 전국의 1인당 평균 식량은 1955년도 수준과 비슷했는데, 바꾸어 말하면 식량 생산량의 증가가 대체로 인구증가에 공업 및 기타 용도의 식량 수요에 대한 증가를 합친 것과 같았다"는 것을 인정했다.[4] 농업현대화는 4개 현대화를 성공시키기 위해서 매우 중요한 것이었다.

화궈펑은 10개년 계획을 선포할 때 기계화, 전동화, 수리관개, 화학비료의 더욱 효과적인 이용을 통해서 농업생산량을 최대한도로 향상시킬 것을 호소했는데, 구체적인 목표는 다음과 같다.

1. 매년 농업의 총생산량을 4-5퍼센트 증가시킨다.
2. 1985년까지 식품생산량을 4억 톤으로 증가시킨다(1977년은 2억8,500만 톤이므로 연평균 증가율은 4.4퍼센트).
3. 85퍼센트의 주요 농사작업에는 기계화를 실시한다.
4. 수리공정을 발전시켜 농업에 종사하는 사람 개개인이 1묘(6분의 1에이커)의 비옥한 농지 혹은 1묘의 관개를 확보한 농지를 점유하도록 보장하며 농지 총면적이 8억 묘(1억2,100만 에이커)에 이르게 한다.
5. 전국에 12개의 식량기지를 건설한다.

1957년 이후 매년 2퍼센트의 완만한 성장률을 보이는 농업생산을 제고하기 위해서 정부는 몇 가지 새로운 지도원칙을 확립했다. 이전에는 줄곧 손익에 대해서 스스로 책임을 지던 기본 계량단위인 "생산소대"가, 이제는 더욱 규모가 큰 "생산대대"로 대체되었다. 그다음으로 농촌의 창조성과 노동열정을 자극하기 위해서 "무노동 무임금" 원칙을 채택했으며, 그 결과 "노동의 정도에 따른 대가를 얻도록 하는 것"이 기본적인 농촌경제정책이 되었다. 그 이외에 가정의 "부업"에 대한 장려는 집단경제를 보충하는 데에 도움이 되었

---

3) 「人民日報」, 1977년 8월 8일, "在全国農田基本建設會議上的報告".
4) Hu Ch'iao-mu, "Observe Economic Laws, Speed Up the Four Modernizations", *Peking Review*, 47 : 8(Nov. 24, 1978).

다. 농촌가정은 인민공사가 분배하는 "자류지(自留地)"를 소유하고 있지는 않았으나 그것들을 경작할 권한을 가지고 있었다. 농민은 토지를 임대하고 팔거나 양도할 수는 없지만 자류지의 생산물은 소유했다. 또한 "부업"으로 부터의 생산은 농업과 농산품 가공업 생산총액의 2.5퍼센트를 차지했다. 마지막으로 정부는 집중적인 개발을 통하여 인민공사와 생산대대가 운영하는 기업이 대공업과 수출무역을 지원할 수 있기를 희망했다.

과학의 현대화 과학기술은 기타 3개 부문이 현대화를 성공적으로 실현하는 기초로 간주되었다. 1978년 3월 전국과학대회 석상에서 팡이(方毅) 부총리는 "전국과학기술 발전요강(초안)"을 제시하면서 다음과 같이 호소했다. 즉 (1) 과학기술의 각 영역에서 1970년의 선진국가의 과학기술 수준에 도달하거나 접근하게 하고, (2) 과학 전문기술 연구인력 규모를 80만 명으로 확대하며, (3) 최고의 선진과학 실험 센터를 발전시키고, (4) 전국적인 과학기술 연구제도를 완벽하게 갖추자고 했다. 이 요강은 27개 영역 내의 108개 항목을 중점 연구 프로젝트로 열거했다.[5] 중앙정부는 1985년까지 중국이 가장 선진화된 국가에 비해서 단지 10년 정도 뒤떨어지고, 금세기 말까지는 선진국가를 따라잡는 견실한 토대를 갖추기를 희망했다.

군사현대화 중국은 세계에서 가장 방대한 군사력을 보유하고 있었는데, 그 수는 약 432만5,000명이었다. 그중에서 육군만 325만 명이나 보유하고 있었으며, 해군과 공군은 수치상으로 3위를 차지했다.[6] 그러나 전략부문에서 집

---

5) 이 27개 영역에는 자연자원, 농업, 공업, 국방, 운수, 해양학, 환경보호, 의학, 금융, 무역, 문화 및 교육이 포함되어 있으며 그 외에 몇몇 기초과학과 기술과학 분야가 있다.
6) 런던 왕립 국제문제 연구소의 로런스 프리드먼(Lawrence Freedman)이 작성한 연구서인 *The West and the Modernization of China*(London, 1979), p. 5에 따르면, 중국의 군대는 다음과 같은 주요 단위로 이루어져 있다고 한다.
   전략부대 중거리 미사일: 사정거리가 600-700마일인 CSS-I형의 미사일 30-40개. 중거리 탄도미사일: 사정거리가 1,750마일인 CSS-2형 미사일 30-40개(장거리 탄도미사일: 1976년 처음 시험발사한 약간의 CSS-3형 미사일은 사정거리가 3,500마일이며, 수량이 더욱 적은 CSS-X-4형 미사일은 사정거리가 6,000-7,000마일로서 1980년 5월에 처음으로 시험

중 개발한 무기(핵폭탄과 탄도 미사일)를 제외하고는, 중국의 군사기술은 여전히 서방보다 20-30년 뒤떨어져 있었다. 군대는 훈련이 잘 되어 있고 투지가 강렬하며 정치적 자각도가 높았지만, 무기와 장비에서의 상황은 이와는 아주 걸맞지 못했다. 경비의 부족과 기술의 낙후가 가져온 상황은, 마오쩌둥이 정신이 무기를 능가할 수 있다고 한 강조 때문에 더욱 악화되었다. 그의 "인민전쟁"에 대한 견해는 정치적 동원과 엄격한 훈련을 거친 대량의 게릴라 부대를 활용함으로써 침입자를 교란하여 쫓아내는 것인데, 이것은 기본적으로 일종의 방어의 개념으로서 공격적인 활력이 결핍되어 있었다. 1979년 중국이 베트남 침공에서 뛰어난 공격력을 발휘하지 못한 것은 바로 이 점을 확실하게 입증해주는 것이었다. 뛰어난 전략가인 전 참모총장 수위(粟裕)는 마오쩌둥의 관념이 "사람들의 사고를 심하게 속박하여, 군사사상의 발전을 가로막았다"고 주장했다.[7] 1950년대에 소련의 원조하에, 중국은 자급자족형 국방공업을 건립했는데, 몇몇 제품(예를 들면, AK-17 소총)은 세계에서 가장 우수한 무기였다.[8] 그러나 전체적으로 보면 중국의 군사기술은 20-30년 뒤쳐져 있었다. 진정으로 신속한 현대화는 외국 무기와 계기의 대량구매를 필요로 하지만, 엄청나게 돈이 많이 들기 때문에 중국이 외국 공급업자들에게 좌지우지당할 우려가 있었다. 중국의 장기 군사계획 중 가장 우선적으로 고려해야 할 점은 여전히 국내의 고유한 생산능력을 장악하는 것이었기 때문에 중국의 계획은 전문적인 구매주문서를 통하여 선택적으로 첨단기술 시스템과 무기생산 설비를 구입하여 자국의 무기생산을 돕는 것이었다.

중국의 지도자들은 낡은 장비에 대한 대규모 혁신이 절실히 필요하다는

발사했다/저자).

육군 325만 명, 10개 장갑사단, 121개 보병사단, 150개의 독립연대.

해군 3만 명, 별도로 3만 명의 해군항공병과 해안에 기지를 둔 비행기 700대, 3만8,000명의 해병대, 23척의 대형 수면작전 함정이 있으며, 미사일 발사능력을 갖춘 잠수함과 구축함이 있다.

공군 40만 명, 약 4,000대의 MIG-17기와 MIG-19기와 수량이 많지 않은 MIG-21기와 F-9형 비행기를 포함한 5,000대의 전투기가 있다.

7) Lawrence Freedman, p. 6에서 인용.

8) Jonathan Pollack, "The Modernization of National Defense" in Baum(ed), p. 247.

것을 인식했지만, 그것에는 경악할 만한 대가를 지불해야 한다는 것을 알았다. 중국 국방예산은 국가기밀이지만, 서방 국가들은 중국의 국방예산이 1973년도에는 328억 달러로서, 세계 3위일 것으로 추산했다.[9] 영국의 한 자료에 따르면 중국의 1978년도의 국방비지출은 국민 총생산의 7-10퍼센트, 즉, 약 350억 달러라고 한다.[10] 신식 장비의 생산과 설비 및 수리가 이 수치의 58퍼센트를 차지했다. 중국 군사(軍事)의 일부만을 현대화한다고 해도, 1985년이 되면 지출비용이 3,000억 달러로, 이것은 지출 자체가 불가능한 액수이다.[11] 이렇게 엄청난 지출은 외국 자본과 설비의 대량투입을 요구하므로, 군사현대화는 중국 지도자들의 고려 순서에서 비교적 부차적인 위치를 차지할 수밖에 없었다. 가장 근본적인 문제는 중국이 아마도 전력을 다해서 현재 최신식의 기술과 무기를 취득한 이후 5-10년 동안 이런 신식 장비를 기존의 기제와 결합시키면 더욱 선진화된 국가들은 더욱 신식의 장비를 구비하게 되어 중국은 여전히 5-10년이 낙후된 상태일 것이라는 것이다. 이것은 비록 현재 능력보다는 향상되는 것이라고 할 수 있겠지만, 그것은 진정한 현대화 목표에 도달하지 못한 것으로 생각되어야 한다.

축소와 중점 조절

최초의 10개년 계획은 하나의 경제적인 청사진이라기보다는 일종의 정치적 소망이어서, 실행 가능성 방면에 대한 신중한 연구가 결핍되어 있었다. 이 계획의 첫해에 정부는 10만 개의 기본건설 프로젝트를 시작하여 400억 달러를 소비했으며, 게다가 군사와 과학방면의 구매로 인해서 총지출이 1978년에는 국민총소득인 1,980억 달러의 24퍼센트에 이르렀다. 일부 대형 대외계약도 교섭 중이었는데, 여기에는 바오산 강철기지(20억 달러), 지동 강철기

---

9) Jonathan Pollack, p. 243.
10) Lawrence Freedman, pp. 19-20.
11) *Ibid.*, p. 19.

지(140억 달러)와 미국 국제호텔 회사와 협의한 호텔 건설 프로젝트(5억 달러)가 포함되어 있었다. 이 밖에 지역의 기구도 외국 공급업자와 상당한 규모의 협정을 체결했는데, 이 협정에 기층 기본건설 프로젝트가 추가되어 1978년의 투자총액은 국민수입의 36퍼센트로, 대약진 시기의 40퍼센트의 비율에 접근했다. 이와 같은 과다지출은 명백히 감당할 수 없는 것이었다.[12]

경제현상은 오래되지 않아 비판적인 검토를 초래했다. 최고위층 내에서는 투자의 범위와 중점 문제에 대해서 한바탕 논쟁을 전개했다. 1978년 7월 중국 사회과학원 원장 후챠오무(胡喬木)는 마땅히 농업생산을 더 많이 중시해야 한다고 제의했는데, 이것은 최고지도층이 새롭게 평가한 결과를 반영한 것이었다.[13] 이와 동일한 정서가 1978년 12월의 제11기 3중전회에서 나타났다.

중국의 제한된 재정과 과학자원은 부득이 지도층이 다시 10개년 계획을 분석하고 연구하지 않을 수 없게 했다. 당 중앙은 발전의 중점은 우선 경제의 기초인 농업이어야 하고 그다음으로 국내수요를 만족시키고 외화를 벌어들일 수 있는 경공업이며, 그런 다음에 비로소 중공업이어야 한다고 결정했다. 농업에 대한 자금투자는 260억 달러에서(400억 인민폐), 500억 달러(900억 인민폐)로 증가했고, 경공업과 수출산업도 정부의 새로운 자금지원을 얻게 되었다. 중공업 방면의 강철생산지표는 6,000만 톤에서 4,500만 톤으로 감소했다. 그러나 석탄, 전력, 석유, 건축업의 투자비율은 변하지 않았다.[14] 즉시 외화를 벌 수 있는 프로젝트가 장려되었으며 이후의 투자항목은 정부의 자금이 아니라 은행융지에 의지하도록 계획했다. 다른 한편으로 거액의 자금이 필요하고 자원, 원자재, 부지선정, 교통, 기술능력 혹은 에너지 공급 등의 방면에서 문제가 있는 프로젝트들은 착수가 지연되거나 아예 취소되었다. 제5기 전국인민대표대회(제2차 회의, 1979. 6)석상에서, 화궈펑은 국민

12) Chu-yuan Cheng, "Industrial Modernization in China", *Current History*, Sept. 1980, p. 24.
13) *Peking Review*, No. 47 : 17-21(Nov. 24, 1978).
14) Chu-yuan Cheng, in Baum(ed.), 41; *Los Angeles Times*, May 10, 1979.

경제는 3년 기한(1979-1981)의 "조정, 개혁, 정돈, 제고"를 실시한다고 선포했다. 긴축정책의 직접적인 결과는 348개 중공업의 대형 프로젝트(38개 강철공장과 야금공장 포함)와 4,500개의 소형 프로젝트를 중지시켰다. 1979년의 자본투입은 국가지출의 34.8퍼센트로 삭감되었다. 구체적으로 말하면 철강, 기계와 화학공업 방면의 투자의 감소폭이 가장 컸다. 1979-1980년도의 투자배정액은 30-45퍼센트 감소되었다.15) 기초건설자본도 큰 영향을 받아서 상하이는 33퍼센트, 내몽골은 40퍼센트 감소했다. 이와 동시에 농업투자는 1978년 국가예산의 10.7퍼센트에서 1979년의 14퍼센트, 1980년의 16퍼센트로 향상되었고 방직업과 경공업의 투자는 1978년의 5.4퍼센트에서 1979년의 5.8퍼센트, 1980년에는 약 8퍼센트 상승했다.

긴축정책을 피할 수 없었던 이유는 중국의 외화잔고와 재정자원과 소화능력 모두 매우 한계가 있었기 때문이고, 또한 1979년 베트남 침입의 대가가 예상 외로 컸기 때문이다. 이 밖에, 석유의 최초 생산량과 그것의 수출능력에 대한 추산도 너무 낙관적이었고 에너지원 부문이 제대로의 역할을 하지 못했기 때문에, 중국의 석유수출을 이용하여 현대화를 위한 자금을 조달하려던 구상은 허사가 되어버렸다. 1978년의 예산적자는 65억 달러였으며, 1979년에는 113억 달러로 상승했다.16) 중국에는 경험과 더 정확한 경제계획이 있어야 하는 것이 분명했다. 일본 경제연구센터 회장이자 일본 경제기적의 설계사인 오키타 사부로(大來佐武郞)가 중국의 초청을 받아들여 고문을 맡았다. 긴축정책으로 인해서, 1985년 예정했던 국민경제가 도달해야 할 지표가 크게 하락했다. 다음의 표가 나타내는 것은 하락한 후의 새로운 지표와 1985년 5대 공업 업종의 실제생산량이다.17)

주의해야 할 것은 두 종류의 주요한 에너지인 석탄과 원유의 생산량 증가폭이 매우 작았다는 것이다. 석탄생산량은 1978년 12.5퍼센트 증가했지만

15) Chu-yuan Cheng, "Industrial Modernization", *Current History*, p. 25.
16) John Bryan Starr, "China's Economic Outreach", *Current History*, Sept. 1979, pp. 50-51.
17) Chu-yuan Cheng, "Industrial Modernization", *Current History*, Sept. 1980, p. 26; James T. H. Tsao, *China's Development Strategies and Foreign Trade*(Lexington, Mass., 1987), p. 151.

	1978년	1979년	1985년 (10개년 발전계획)	1985년 (수정 후의 계획)	1985년 (실제생산량)
강철(100만 톤)	31.8	34.5	60	45	46.66
석탄(100만 톤)	618	635	900	800	850
원유(100만 톤)	104	106.2	500	300	125
전력(10억 킬로와트)	256.6	282	미상(未詳)	미상(未詳)	407
시멘트(100만 톤)	65.2	73.9	100	100	142.46

1979년에는 겨우 2.75퍼센트 증가했다. 원유생산량은 1978년에는 11퍼센트 증가했고, 1957년에서 1977년 사이까지 연평균 증가율이 22.5퍼센트였던 것에 비해서 1979년에는 증가율이 겨우 1.9퍼센트였다. 이 거대한 격차는 어쩌면 당시 개발지점의 석유생산량이 이미 최고점을 넘겼기 때문에 반드시 새로운 탐사를 해야 할 필요성을 나타내는 것임을 표시하는 것일 수 있다. 발전량은 1957-1978년 사이의 13퍼센트의 연평균 증가율에서 1979년의 9.9퍼센트와 1980년의 2.9퍼센트로 하락했다.[18]

이런 수치는 교통과 에너지가 여전히 현대화 계획에 대한 중요한 장애라는 것을 분명하게 나타내 주고 있다. 석유, 석탄, 전력생산은 새로운 수요를 만족시키는 것과는 아주 거리가 멀었다. 비록 화물운송량은 1950년부터 1978년까지 9.7배 증가했지만 철도노선의 길이는 겨우 1.4배 증가하여 교통도로의 부하(負荷)가 극한에 이르렀다. 에너지와 교통의 장애가 완화되지 않으면 중국의 현대화는 손발이 묶이게 되어 있었다. 석유생산량의 소폭 증가는, 중국이 외화를 벌어들여 해외의 첨단기술을 구매하기 위한 자금조달 능력을 엄청나게 약화시켰다.

어쩌면 방직업과 경공업으로부터 부가적인 수입을 얻었을는지도 모르는데, 이런 업종들은 비교적 쉽게 소비자의 수요를 만족시키고 또 외화를 벌어들일 수 있었기 때문이다. 국가의 투자와 은행대출 증가 및 비교적 양질의

---

18) Cheng, p. 27.

원료로 인해서 1980년 제1사분기의 방직물 생산량은 1979년 동시기에 비해서 30퍼센트 증가했고 또 경공업은 21퍼센트 증가했다.[19] 그러나 이 자원들이 현대화 추진을 강력하게 가속화하는 데에 필요한 충분한 자금을 조달해낼 수 있는지는 대단히 의심스러웠다.

급속한 현대화의 결과

현대화의 실현에 문제가 생기게 된 것과 마찬가지로 현대화의 가속화 실현도 문제가 생겼다. 가장 중요한 것은 인플레이션이었는데, 이것은 이전의 시기에는 거의 전혀 존재하지 않았었던 것으로서, 당시 정부는 의도적으로 낮은 임금과 낮은 물가정책을 실시했다. 민중의 구매능력이 매우 작을 때에는 물품에 대한 수요는 비교적 낮은 수준에 머물렀으며 물가는 비교적 안정을 유지했다. 임금의 향상과 정부의 농산물 구매가격이 상승함에 따라서(1977-1979년 사이에 20-50퍼센트가 상승했음), 국가는 이에 상응하여 각종 상품의 판매가격을 높여서 인플레이션을 야기했다. 1979년 정부통계의 인플레이션은 5.8퍼센트였지만 실제로는 15퍼센트에 이르렀을 것이다. 물가는 아무런 통제를 받지 않고 계속 급등하여 1980년의 인플레이션은 연 15-30퍼센트에 이르렀고 경공업의 성장은 겨우 9.7퍼센트에 지나지 않았다. 물가의 상승이 생산력의 증가보다 빠르자, 물가상승의 심리가 생겨서 암시장과 투기거래를 야기했다. 정부예산도 적자의 부단한 증가를 반영하여 1979년에는 113억 달러, 1980년은 100억-120억 달러였고, 1981년에는 아마도 60억 달러였을 것이다. 적자를 감소시키기 위해서 재정부는 1981년 봄, 연리 4퍼센트인 33억 달러의 10년 만기 국채(國債)를 발행하기로 계획했다. 정부기업, 행정기관, 인민공사, 군대는 능력에 따라서 이 채권들을 구매하라는 명령을 받았지만 개인은 자신의 의사에 따라서 구매를 결정할 수 있었던 것 같다.[20] 국

---

19) *Ibid.*, p. 27.
20) *Far East Times*, San Francisco, Mar. 10, 1981.

채(國債) 발행은 중국이 재정곤란에 직면하고 있음을 나타내는 것이었다.

인플레이션과 과도한 초과 지출의 또다른 직접적인 후유증은 1981년의 대형 기초건설 프로젝트를 40퍼센트 삭감하기로 결정한 것이었다. 외국 기업이 참여한 수많은 대형 프로젝트들이 갑자기 종료되었다. 비교적 빨리 중국에 진입한 일본의 경우가 손실이 가장 심각했는데, 즉 일본의 손실 총액은 15억 달러에 이른 것으로 추산되며 그중에는 바오산 철강기지와 3개의 석유화학 공업기지가 포함되어 있었다. 독일의 손실은 이보다 조금 더 적었으며 비교적 늦게 중국시장에 진입한 미국은 손실이 가장 적었다. 중국인들은 솔직하게 그들에게는 현재 이런 값비싼 공정을 계속 추진해나갈 돈이 없다고 설명하고 이로 인해서 생긴 손실을 배상하는 데에 동의했지만 정확한 금액을 언급하지는 않았다.21) 외국인들은 중국의 재정곤란을 이해했지만, 중국이 일방적으로 이미 결정된 합의 사항을 취소했을 때에는 필연적으로 이 국가의 국제적 신용을 의심하게 되었다. 중국이 신뢰할 수 있는 거래자로서의 명예가 실추된 것은 의문의 여지가 없었다.

기초건설공정의 중단은 무수한 노동자들의 해고를 초래하여 이미 심각한 수준이던 실업문제를 더욱 악화시켰다. 중국은 일찍이 그들의 사회주의 제도는 노동능력이 있는 사람은 모두 일자리를 가지도록 보장한다고 자랑하며 중국에는 실업자는 없고 오직 취업대기자만 있다고 자랑스럽게 선언했었다. 현대화가 초래한 또 하나의 이상한 현상은 이른바 무계급사회에서 새로운 계급들이 생겨난 것이다. 현대화는 과학자, 엔지니어, 기술자들, 공장관리인, 작가, 예술가 및 기타 지식인들에게 새로운 명망을 얻도록 했고 그들은 장차 중국을 영도하여 "비약하도록" 할 인물들이었다. 사회에는 "세상 모든 일이란 다 하찮은 것이며 오직 과학기술만이 최고이다"라는 새로운 관념이 존재했다. 과학자, 지식인, 고급간부들이 특권을 가진 고급계층을 이루었으며, 도시기업의 노동자 및 기층간부들이 제2등급의 계층을 이루고 있었고, 농민

---

21) *The Christian Science Monitor*, Feb. 20, 1981. 보도에 의하면 일본 미쓰비시 중공업은 400만 달러의 배상을 요구했다고 한다.

과 농촌에서 살고 있는 사람들이 가장 낮은 등급을 이루었다. 일부 학자들과 학생들이 외국에 파견되어 연수를 받았는데 그들 중 많은 사람들이 고급간부들의 직계친족이었으므로 이것은 엘리트주의 경향을 한층 더 강화시키고 사회의 계층분화를 확대시켰다.

또 하나 부단히 심화된 문제는 도시와 농촌 사이와 각종 공업 및 광업기업 간의 격차가 나날이 확대된 것이다. 정부가 일종의 "지역 특수화"전략을 채택하여 일부 중요한 공업을 선택된 도시지역에 정착시켰기 때문에 이 지역들은 비교적 편리하게 현대화의 과실, 즉 더욱 높은 임금과 더욱 큰 상향이동과 더욱 높은 생활수준을 누리게 되었다. 도시의 한 일반 산업노동자는 매월 대략 40달러를 벌며 그 외에 보너스가 첨가되지만 한 농민의 매월 평균 현금수입은 겨우 5-7달러였다. 도시노동자의 한 사람의 수입이 농민 수입의 6-8배가 되는 것은 아주 일반적인 일이었으며 과학기술자들의 수입은 농민보다 10배가 훨씬 더 넘었다. 공업부문 내부에서의 이윤 역시 크게 고르지 못했는데 1978년에 석유업은 40퍼센트 정도의 이윤을 얻었고, 전력업은 31퍼센트, 야금업종은 13퍼센트, 탄광업은 겨우 1퍼센트에 머물렀다. 이윤이 투자수준을 결정했을 뿐만 아니라 보너스와 복지금액을 결정했으며 이는 노동자의 생활방식에 커다란 영향을 미쳤다. 보너스의 차이로 인하여 노동에 대한 열정의 차이가 생기게 되었다.

이런 급속한 현대화가 낳은 모든 불리한 결과의 배후에는 중국에서 가장 심각하다고 생각되는 어려운 문제인 신뢰의 위기가 숨어 있었다. 30년간에 걸쳐서 사회주의를 건설했지만 중국은 여전히 가난하고 낙후되었다. 과거의 성과 보도는 순수한 선전임이 드러났으며 수많은 사람들, 특히 젊은이들은 사회주의의 우월성에 대한 신뢰를 상실했다. 사람들은 여전히 진정한 현대화 실현에 대해서 매우 불신했다. 젊은이들은 당원과 간부의 특권적 지위와 그들의 관료주의적인 태도에 대해서 특히 반감을 가졌으며, 이들의 과거의 행태에 근거하여 그들에게 현대화 계획을 수행할 능력과 성의가 있는지 의심했다. 확실히 수많은 중하층 직무를 담당하고 있는 당원 간부들은 재능이 없었

기 때문에, 현대화의 새로운 요구의 도전을 받자 은밀히 반대하고 그들의 이익과 상충되는 새로운 조처들을 배척하거나 지연시켰다.[22] 당시 "양쪽 끝은 열성적으로 하는데 중간은 냉담하다[兩頭熱, 中間冷]"는 말이 유행하고 있었다. 이 말의 뜻은 국가지도층과 인민들은 현대화를 하려고 하지만 중국의 관료들은 개혁을 반대한다는 것이다. 중국의 간행물들은 중국의 3중 위기, 즉 당과 정부에 대한 신념, 신뢰, 신임의 결핍을 공개적으로 논의했다.[23]

외래 가치관과 중국 문화의 정수

현대화는 줄곧 100여 년 동안의 중국의 목표였다. 그러나 급진적인 중국 공산당은 서양과 일본을 본보기로 삼는 것은 체면을 잃어버리는 일이라고 생각했다. 1975년 9월, 4인방의 한 대변인은 다음과 같이 공언했다.

"전면적 서구화"는 정치적으로 나라가 주권을 잃고 치욕을 당하는 것과 마찬가지이며, 조국의 독립과 주권을 전면적으로 팔아넘기는 것이고……"전면적 서구화"는 사상적으로는 서양을 찬미하고, 중국을 배척하는 것과 마찬가지이며……"전면적 서구화"는 경제적으로는 서양의 자본주의 물질문명에 대한 미신을 유포하여, 중국 경제를 완전히 제국주의의 종속물로 전락하게 하는 것이다.[24]

이 때문에 마오쩌둥주의파는 자력갱생을 제창했다. 마오쩌둥은 중국이 낙후되어 있음을 인식하고 있었고 또한 중국의 자원이 적다는 것을 알고 있었다. 그는 현대화가 수입분배, 노동자의 지위와 엘리트주의 및 관료주의 복고와 같은 민감한 문제에 대한 부작용을 야기하여 그의 평균주의가 희생될까 걱정했다. 그러나 20년간(1958-1976)의 자력갱생과 외국 기술배척은 오히려 중국을 낙후와 빈곤의 심연에 빠지게 했고 이 기간에 기타 국가들은 기술혁

---

22) 『紅旗』雜志, 제14기, pp. 25-27(1980).
23) 「人民日報」, 1980년 7월 1일; 1980년 11월 11일; 1981년 2월 24일; 「光明日報」, 1981년 3월 28일.
24) 梁效, 「洋務運動和洋奴哲學」, 『歷史研究』, 제5기(1975. 10. 20).

신을 통해서 비약적으로 발전했다.

마오쩌둥이 사망하고 4인방이 몰락함에 따라서, 시간의 손실을 메우기 위한 새로운 시작을 여는 길이 완전히 닦였다. 한 가지 현대화의 응급조치 계획이 이미 시작되었는데, 덩샤오핑이 비약의 "기둥"이었다. 중국 지도자들은 과학기술과 기술갱신의 동력은 기본적으로 중성이고 계급성이 없어서 그것들을 중국 사회와 문화제도에 이식해도 해가 없을 것이라고 생각했다.25)

중국 지도자들은 그들은 서양을 모방하고 싶지는 않으며 일종의 "중국 특색의 현대화"를 이룩하려고 한다고 선언했다. 그러나 외국 기술과 연계되어 있는 지식과 기능이 이런 것들을 취득하는 사람의 사유와 행위에 영향을 미치게 될 것은 불가피했다. 청대 말기의 "체용(體用)" 논쟁이 또다른 종류의 형식으로 재현되었다. 중국에 있는 서양 과학자들과 선진국에서 훈련을 받은 "귀국" 유학생들이 중국인의 생활과 사유에 새로운 영향을 발휘하리라는 것은 의심할 여지가 없었다.

비록 중국 공산당은 외국 문화의 영향을 받지 말라고 여러 차례 경고했지만 외국의 이데올로기, 제도와 생활방식과의 접촉이 가져온 문화상의 결과는 완전히 저지할 수 없는 것이었다. 한 가지 소망은 중국인이 일종의 절충적인 방법을 얻어서, 이런 방법을 통해서 사상과 전문분야에서 확실하게 현대화를 실현함과 동시에 중국 혈통의 독특성을 잃지 않을 수 있도록 하는 것이었다. 비록 중국 현대화가 완전히 하나의 특수한 시간표에 따라서 진행될지는 미지수이지만, 중국 지도층의 날로 더해가는 실용화가 지향하는 목표는 중화민족의 현대화의 최종적인 성공인데 이는 아마도 21세기에 들어서서 30년이 지나야 비로소 대체로 완성될 수 있을 것이다.

---

25) Genvieve C. Dean, "A Note on Recent Policy Change" in Baum(ed.), p. 105.

36
마오쩌둥 시대의 종결

4인방과 린뱌오 집단을 심판하다

1980년 11월부터 1981년 1월까지, 중국에서는 전례 없는 법률과 정치상의 중대사가 발생했다. 바로 4인방과 린뱌오 일당을 심판한 것이다. 과거에는 권력투쟁에서 실패한 이단자나 정치적인 반대파들은 종종 간단하게 숙청되거나, 수감되거나, 완전히 제거되거나 잊혔다. 그러나 현재 새로운 지도층은 법률을 존중한다는 이미지를 표방하기를 원하여, 특별 법정을 설치해서 장칭 집단과 린뱌오 집단이 국가와 인민에게 저지른 범행을 심판했다.

4인방을 체포하고 나서 법정에서 재판을 하기까지는 4년이라는 간격이 있었다. 이것은 문제가 지극히 민감하고 복잡하다는 것을 나타내는 것이며, 또한 당내에서 그렇게 하는 것이 현명한 것인지 아닌지, 어떤 양식을 취할 것인지 등의 문제에 대해서 격렬한 논쟁이 있었다는 것을 나타냈다. 문제의 관건은 마오쩌둥이 4인방의 부상(浮上) 및 그들의 활동과 밀접한 관계가 있다는 데에 있었다. 만약 마오쩌둥이 4인방의 심판에 연루되어 있다면, 진상을 밝히기 위해서 중국 공산당은 반드시 그의 문화대혁명 기간과 그 이후의 역할에 대해서 정식으로 평가를 해야 한다. 그러나 각 지도자들이 가진 견해의 차이가 지극히 컸기 때문에 아주 빨리 공감대를 형성할 수 없었으며, 평가를 기다리기 위해서 심판을 계속 뒤로 미루게 되었다. 한편 화궈펑 주석은

4인방이 국가정책을 좌지우지하고 있을 당시 공안부장(그리고 이후의 총리)을 맡고 있었기 때문에, 그의 지위는 매우 미묘했다. 그는 증인으로 호출되어 법정에 출두할 가능성이 있었으며 심지어 이는 필연적인 일로 생각되었다. 이 때문에 마오쩌둥과 화궈펑 주석을 재판에서 완전히 벗어나도록 하는 것이 국가 고위층 인사들의 쟁점이 되었다. 이 문제는 오랜 논쟁과 격렬한 협의와 수많은 타협을 거치지 않고서는 해결될 수 없는 것이었다.

1976년 10월에 체포된 후, 4인방은 끊임없이 정부 조사요원에게 소환되어 심문을 받았다. 정부는 이렇게 증거와 자백 내용과 기타 관련된 모든 정보를 수집하여 정식기소의 기초로 삼기를 희망했다. 그러나 노련한 정객이었던 네 사람은 교묘하게 문제를 회피하여 행위의 모든 책임을 마오쩌둥에게 전가했다. 1980년 5월, 중국 공산당은 4인방에 대해서 비밀예심을 실시하여 증언을 청취했다. 장칭은 자신은 무죄라고 격렬하게 변명하며, 자신이 행한 모든 행동은 하나하나 마오쩌둥의 명확한 지시에 근거한 것이고 중앙위원회의 동의를 얻은 것이라는 입장을 고수했다. 그녀는 마오쩌둥의 유일한 잘못은 바로 화궈펑을 총리로 선택한 것이라고 말했다. 그 이유는 그럼으로써 화궈펑의 더 높은 직위를 쟁취하려고 하는 욕심을 자극시켰기 때문이며, 그는 결국 마오 주석의 지도를 배반하고 마치 1세기 전의 리훙장처럼 자본주의 국가에 굴복했다고 말했다. 그는 화궈펑이 그녀의 활동을 완전히 알고 지지했을 뿐만 아니라 사실상 (공안부장으로서) 1976년 4월 5일 톈안먼 광장 사건의 진압에 매우 깊이 연루되었으며 이 때문에 그는 반드시 법정에 소환되어 증언해야 한다고 강력히 주장했다.[1]

왕훙원과 장춘차오도 행동의 모든 책임을 마오쩌둥에게 전가했는데, 그들은 한걸음 더 나아가 화궈펑이 그것에 연루되어 있는 사람이며 모든 것을 알고 있다고 지적했다. 야오원위안의 해명은 약간 달랐는데, 그는 당 중앙위원회가 마땅히 책임을 져야 한다고 생각했을 뿐만 아니라, 현임 지도층이

---

1) 「中央日報」, 1980년 11월 16일. 국민당 측 전문가의 보고서에 근거했다.

외국 자본가와의 협력을 통해서 4개 현대화를 하는 것은 마오 주석의 노선을 이탈하는 것이라고 비판했다. 요컨대, 4명 모두 마오쩌둥과 화궈펑을 끌어들여서 자신들의 입장을 변호했다.

중국 공산당 지도층 내부에서 아주 빠르게 두 가지 견해가 대두되었다. 총서기인 후야오방과 당 부주석인 천윈은 먼저 마오쩌둥의 공헌과 잘못을 평정(評定)해야만 비로소 타당하게 4인방의 범죄행위를 확정할 수 있다고 주장했다. 만약 마오쩌둥이 당내 민주를 경시하지 않고, 4인방의 권력 장악을 비호하지 않았다면, 이 4명이 어떻게 국가에 대해서 이렇게 포악하게 상해를 입힐 수 있었겠는가라는 것이었다. 다른 한편으로, 화궈펑과 그의 지지자들은 재판 전에 마오쩌둥의 책임에 대해서 판정을 하게 되면 4인방의 죄과를 경감시키게 되고 그 결과 장차 마오쩌둥과 당이 최종적인 책임을 지게 될 것이라고 주장했다. 그들은 마오쩌둥을 평가하기 전에 먼저 4인방의 죄행을 판정할 것을 요구했다.

심판이 더욱 지연되는 것을 피하기 위해서, 지도층은 결국 마오쩌둥의 영향에 대해서 먼저 판정을 하지 않은 채로 심판은 선포된 일정에 맞추어 실시하기로 결정했다. 중앙위원회는 몇 개의 지도원칙을 통과시켰는데, 그중 가장 기본적인 것은 덩샤오핑 부주석의 의견에 따라서 "정치적인 잘못 또는 판단 착오"와 모해, 불법구금, 신체상해 등 실제 범행 간의 차이를 분명히 가리는 것이었다. 마오쩌둥의 문화대혁명에서의 영향은 잘못이지 범죄행위가 아닌 것으로 간주되었다. 이 때문에 그에 대해서는 고발을 제기할 수 없었다. 통과된 기타 몇 가지 원칙은 아래와 같다.

1. 4인방에 대한 정식 심문은 2-3개월 내에 실시한다. 국가기밀을 지키고, 마오쩌둥의 명망 유지를 고려하여 심문은 비공개적인 방식을 취한다.
2. 마오쩌둥과 4인방을 분리시키기 위해서 최대한 노력하고 마오쩌둥에 대해서는 "적게 언급할수록 좋다." 마오쩌둥의 공적과 과실 평가를 탄력적으로 조정하기 위해서 먼저 "4인방"의 죄행을 결정한다.

3. 장춘차오, 왕훙원, 장칭, 야오원위안 4명의 죄행은 대체로 같지만 잘못의 정
도는 다르다. 장칭은 죄악이 극도에 달하여 4인 중 최고이며, 왕훙원은 장칭에
게 빌붙어 요직으로 고속 승진했고 그 경력이 부족하기 때문에 4명 중 마지막
에 속한다. 예심의 결정에 근거하여 4명의 이름을 순서에 따라서, 장칭, 장춘
차오, 야오원위안, 왕훙원으로 배열한다.[2]

35명의 법관으로 구성된 특별 법정은 다시 2개의 재판 법정으로 나뉘었는
데, 민사법정은 4인방을 재판하고, 군사법정은 린뱌오 집단 6명의 재판을 맡
았다. 린뱌오 집단은 마오쩌둥을 반대하려는 음모로 고발당했고, 4인방은 마
오쩌둥의 비호 아래 당과 국가의 영도권을 탈취하려고 한 것으로 고발되었
기 때문에, 이 두 집단을 한데 묶어 재판하는 것은 그다지 논리에 맞지 않는
듯했다. 그러나 정부는 이 두 집단은 문화대혁명 기간 중에 음모와 결탁을
통해서 무모하게 프롤레타리아 계급의 독재정치를 전복시키려고 하여, 국가
와 인민 그리고 당시의 지도자들에게 심각한 손해를 입혔다고 설명했다. 아
주 우스꽝스러운 것은 이 두 집단은 모두 각기 다른 시기에 마오쩌둥에게
총애를 받았지만, 최고권력을 탈취하려는 그들의 기도는 전혀 이루어지지
못했다는 것이다.

재판 1980년 11월 20일, 최고인민법원 원장인 장화(江華)는 인민이 오래도
록 기다린 재판을 정식으로 선포했다. 그 밖에 30-40명의 법관 가운데는 군
인, 정치가와 저명한 지식인들이 있었는데[3] 그들 중 7명은 법률적 훈련을
받은 적이 없었다. 그들은 추천에 의해서 문화대혁명과 4인방에 대한 인민의
질책을 표시하기 위한 "특별 고문"으로 선출되었다. 외국 기자의 취재는 허
가하지 않았고, 단지 각 성과 중앙의 정당, 정부, 군대 기구에서 엄선된 880
명의 대표들만이 번갈아가면서 방청하도록 허가했다.

---

2) *Ibid.*, 1980년 8월 12일. 전문가의 보고.
3) 저명한 사회학자인 페이샤오퉁(費孝通)이 포함되어 있다.

초점은 자연히 가장 유명한 67세의 피고인 장칭에게 집중되었는데, 그녀는 매우 득의양양한 모습으로 법정으로 걸어 들어갔다. 그녀는 검은색 옷을 입고 있었는데, 이 색은 그녀에게 불공평이 가해질 것임을 상징하거나, 어쩌면 이전에 그녀가 대표했던 좌파 사조의 몰락에 대한 그녀의 비애를 나타내는 것인지도 몰랐다. 4인방의 기타 구성원인 63세의 장춘차오는 위축되고 무뚝뚝한 모습이 그의 실제 나이보다 좀더 연로해보였고, 49세의 야오원위안은 살이 쪘으며, 45세의 왕훙원은 매우 망설이는 태도를 보였는데, 이는 아마도 그가 이른바 "유죄 답변 교섭"에서 공소인 측에 협력했기 때문일 것이다. 기타 공범으로는 76세의 천보다가 있었는데, 그는 이전에 마오쩌둥의 정치비서였으며 린뱌오 쪽으로 넘어갔다가 1970년에 숙청되었다. 또한 린뱌오와 결탁한 5명의 장군[4]도 있었다. 그들은 피고석의 철장 뒤에 앉아 있었는데, 의기소침한 표정이었고, 거동이 부자연스러웠으며, 깔끔하지 못하고, 초췌해보이고, 늙어보여 오랜 시간 동안 감옥에 갇혀 있었다는 것을 즉각 알 수 있었다. 단지 장칭만이 거만하고 대단히 고집스러운 모습이었으며, 법관과 검찰관을 완전히 경멸적인 태도로 직시하고 있었다.

먼저, 최고인민 검찰원장인 황훠칭(黃火青)은 특별 검사로서 이미 죽은 6명을 열거했는데, 그들이 만약 살아 있었다면 피고로 고발되었을 것이다. 그들은 린뱌오와 그의 부인과 아들, 1971년 항공사고로 목숨을 잃은 다른 한 명의 추종자, 캉성(마오쩌둥의 전 경호실장) 그리고 그 자리를 계승한 시에푸즈(謝富治)였다. 분명한 것은 마오쩌둥의 이름은 언급되지 않았는데 그럼에도 불구하고 많은 사람들이 그를 "5인방" 중 "기소되지 않은 피고"로 생각했다는 것이다.

뒤이어 황훠칭은 이들 피고들에 대해서, 국가정권과 당의 영도권을 찬탈하려던 기도를 고발하는 2만 자에 달하는 공소장을 낭독했는데, 그들의 주요

---

4) 이 5명의 장군은 70세인 해방군 전 총참모장 황융성, 65세인 전 공군사령관 우파시앤, 66세인 전 해군 정치위원 리쭈어펑, 66세인 전 해방군 총후근부장 추후이쭈어, 61세인 전 난징 공군 정치위원 장텅자오(江騰蛟)이다.

한 죄상은 4가지였다.

1. 당과 국가 지도자를 모함하고 박해했으며, 프롤레타리아 계급 독재정권을 전복하려는 음모를 꾸몄다.
2. 수많은 간부와 대중을 박해하고 살해하고 학대했는데, 그 인원수가 3만4,375명이 넘는다.
3. 마오쩌둥이 세상을 떠난 후에 상하이에서 무장봉기를 일으킬 음모를 꾸몄으며, 1976년 8월 왕훙원은 민병들에게 300문의 대포와 7만4,000개의 보병총과 총알 1,000만 발을 나누어주는 책임을 맡았다.
4. 마오쩌둥을 암살하고 반혁명 무장 쿠데타를 일으키려는 음모를 꾸몄다.

상술한 앞의 두 가지는 모든 피고에게 적용되었고, 세 번째는 4인방을 겨냥한 것이며, 네 번째는 린뱌오 집단을 겨냥한 것이었다. 피고들에 대해서는 48가지에 달하는 법률에 의한 엄격한 구체적인 고발사항을 제시했는데, 이데올로기나 정치상의 잘못은 여기에 포함되지 않았다.[5]

　재판 기간에 장칭은 자신을 변호하는 방식을 선택했다. 이 과거의 여배우는 그녀의 일생 중에서 가장 뛰어난 연기를 했다. 그녀는 일부러 죄가 없는 듯한 태연한 표정을 지었는데, 그 속에는 일종의 긍지와 오만함이 뒤섞여 있었고, 그녀는 모든 재판 절차를 오만한 태도로 경멸했다. 그녀는 일종의 혁명열사의 이미지를 형상화하려고 시도했다. 그녀는 중국의 잔 다르크로서 자신의 유일한 과실은 정치투쟁에 실패했다는 것이었다. 그녀는 모든 행동은 마오쩌둥의 명확한 지시에 근거하여 중앙위원회의 동의를 거쳐서 취한 것이라는 입장을 고수했다. 그렇지 않으면 그녀가 무엇을 할 수 있었겠는가? 그녀를 "마녀"와 "세계에서 가장 가증스러운 사람"이라고 부르는 수많은 중국인들은 내심으로 그녀의 관점에 동의하고 심지어 개인적으로 그녀에게 불요불굴의 정신이 있음을 인정했다. 그들이 얻은 결론은 마오쩌둥이 진정한

---

5) 기소장 전문은 『世紀大審判』(北京, 1981), pp. 18-26, 49-98에 수록되어 있다.

죄인이라는 것이었는데, 그 이유는 만약 그가 없었다면 장칭은 영원히 그런 일들을 할 수 없었기 때문이다.

장칭은 다음과 같은 음모의 주요한 계획자로서 고발당했다. 즉, 1974년 10월 왕홍원을 마오쩌둥에게 파견하여 저우언라이 총리가 수상하게도 기타 몇몇 지도자를 회견했다고 무고하게 했으며, 저우언라이가 덩샤오핑을 제1부총리로 지명하는 것을 저지하려고 기도했다는 것이었다. 그녀는 이 고발에 대해서 경멸적인 태도로 "아니, 나는 (이 일에 대해서) 모른다. 내가 어찌 이 일을 알 수 있는가?"라고 대답했다. 검사는 뒤이어 왕홍원에게 이것을 입증하게 했다. 왕홍원은 1974년 10월에 그들 4명이 확실히 베이징에 있는 장칭의 처소(조어대[釣魚台] 국빈관)에서 대면하여, 비밀리에 저우언라이와 덩샤오핑을 모함하려고 모의했다는 것을 인정했다. 그는 또 "장칭이 우리들을 만나게 한 목적은 덩샤오핑이 제1부총리가 되는 것을 막으려는 것이었다"고 보충하여 말했다. 왕홍원은 또한 야오원위안이 그더러 마오쩌둥에게 지금 베이징의 형세가 위험하며, 1970년 8월 루산 회의에서 린뱌오가 쿠데타를 기도했을 때의 상황과 아주 비슷하다고 말하라고 시켰다고 했다. 야오원위안은 자신이 한 일에 대해서 부인하지는 않았지만, 그가 강조한 것은 장칭이 저우언라이와 덩샤오핑을 비방하는 이 계획을 세웠다는 것이었다. 두 명의 기타 증인인 마오쩌둥의 외손녀인 왕하이룽(王海容, 외교부 부부장)과 탕원성(唐聞生, 마오쩌둥이 가장 총애한 영어 통역)도 증언을 했는데, 장칭이 일찍이 그녀들에게 마오 주석 앞에서 저우 총리와 덩샤오핑에 대한 험담을 하도록 요구한 적이 있었지만, 그녀들은 거절했다고 했다

재판장은 장칭 집단(이제 이 어휘가 "4인방"이라는 어휘를 대체했다)이 스스로 당과 국가의 지도권을 찬탈하기 위한 좋은 조건을 조성하기 위해서 저우언라이와 덩샤오핑을 모함했다는 검찰 측의 논증을 받아들임으로써, 이 사건의 증거는 "충분하고", "확실해졌다."

4인방은 또한 1966-1976년에 불법적으로 75만 명의 사람들을 박해했는데 그중 3만4,375명이 살해되었다는 죄목으로 고발당했다. 이런 범행을 증명하

기 위해서 검찰 측은 대형 스크린으로 전 석탄부 부장의 상처투성이 시체 사진을 보여주었고, 몇몇 지식인들의 비명소리, 울부짖는 소리, 신음소리가 수록된 녹음 테이프를 틀었다. 이 사람들은 장칭과의 협력을 거절했다가 결국 그녀의 사형실(私刑室)에서 참혹하게 학대를 당한 것이다.[6]

1970년 공직에서 물러난 후에 이미 죽었다고 생각되었던 천보다는 허약하고 노쇠한 모습이었다. 그는 1967년 7월에 장칭, 캉성과 함께 류사오치를 타도하고 그를 핍박하여 옥중에서 죽게 한 음모를 비밀리에 꾸몄던 것을 시인했다. 천보다는 한걸음 더 나아가 덩샤오핑(당시의 중공 중앙총서기), 타오주(陶铸, 중공 광둥 성위[省委] 지도자)와 루띵이(중공중앙선전부 부장)를 숙청하도록 명령을 내렸던 것도 자백했다. 1967년 후기에 천보다는 심지어 홍군의 창시자 중 한 사람이자 전국인민대표대회 위원장인 주더를 무고하기까지 했다. 천보다는 문화대혁명 시기에 총 8만4,000명을 부당하게 박해하여, 2,950명의 목숨을 잃게 했다는 죄목으로 고발당했다.

끊임없는 추궁을 받고 장칭은 붕괴되었는데, 그녀는 일찍이 류사오치에 대한 박해를 책임진 집단에게 편지를 써서 류사오치를 사지로 몰아넣도록 지시했던 일을 시인했다. 그녀는 또한 류사오치를 "갈기갈기 찢어 죽여야 한다"고 말한 적이 있다는 것도 시인했다.[7] 이 반박할 수 없는 증거로 인해서 검찰 측은 재판에서 큰 진전을 이루게 되었다.

장칭의 유죄를 증명하기 위해서, 검찰 측은 마지막 행동을 취하여 그녀가 문화대혁명 기간에 준비했던 숙청할 중앙위원의 명단(류사오치, 덩샤오핑, 펑더화이 원수, 베이징 시장 펑전)을 제시했다. 검찰 측은 강조하기를 이후의 사실들은 이들이 공직에서 물러나게 되었을 뿐만 아니라 장칭이 제공한 거짓된 고발 때문에 타도되었음을 밝혀주었다고 했다.

린뱌오 집단의 6명의 피고들은 모두 자기의 죄를 인정하여, 1971년 9월

---

6) 석탄부 부장은 장림지(张霖之)이다. 11명의 교수와 류사오치의 지인(知人)들은 학대를 당했는데 그중 3명은 박해를 받아 사망했다. 『世纪大審判』, pp. 43–45, 56–57.
7) *Ibid.*, p. 39.

마오쩌둥이 전국을 시찰하던 기간에 린뱌오의 명령으로 마오쩌둥을 살해하려는 계획을 꾸몄다고 시인했다. 그들 중 최고연장자인 천보다는 할 말이 없다고 말하고 당이 관대하게 처리해주기를 부탁했는데, 이것은 6명 모두의 심정을 표시하는 것이었다.

27일간의 재판을 거치고 거기에 더하여 총 2개월간에 걸친 여러 차례의 휴정이 있은 이후, 법정은 1980년 12월 29일에 재판을 마쳤지만 판결 결과를 선포하지는 않았다. 10명의 피고 중에서 8명은 자신의 죄를 인정했지만, 장춘차오는 시종 협력을 거절했고, 장칭은 죽어도 잘못을 뉘우칠 뜻이 전혀 없었다.

공소인인 장원(江文)은 장칭이 "특별히 중대하고, 특별히 악독한" 반혁명 활동을 했기 때문에, 그녀를 반드시 사형은 아니더라도 엄벌에 처할 것을 요청했다. 그는 "전국의 각 민족과 인민은 모두 마오쩌둥 주석이 지도의 책임을 져야 한다는 것을 알고 있습니다. 그는 마땅히 그들이 문화대혁명 기간에 당했던 고난에 대한 책임을 져야 합니다. 또한 그는 린뱌오와 장칭의 반혁명집단을 분명히 파악하지 못한 것에 대해서 책임을 져야 합니다"라고, 마오쩌둥을 질책하는 것에 가까운 말을 했다. 그러나 이 공소인은 곧 보충하여 말하기를, 마오쩌둥 주석이 제국주의와 봉건주의와 관료 자본주의를 전복시키는 데에 큰 공헌을 했고, 중화인민공화국의 창립을 이끌었으며 중국에서 사회주의 사업을 일으켰다고 말했다. 이 공소인은 덩샤오핑의 관점을 인용하여 마오쩌둥은 공로가 1위이고, 잘못은 2위라고 말했다.[8]

장칭은 여전히 매우 충동적이고 뉘우침이 없으며 오만했는데, 그녀는 법정에서 큰 소리로 "좋소. 마음대로 하시오. 당신들은 마오 주석을 죽일 수는 없을 것이오. 그러나 당신들은 나를 죽일 수는 있소. 나는 여전히 조금도 후회가 없소. 내가 옳소"라고 외쳤다. 그녀는 목이 잘리는 것이 그녀를 박해하는 사람에게 굴복하는 것보다 더 영광스럽다고 공언하고, 법정에 대하여 "내

---

8) *Ibid.*, p. 105.

가 추측건대 당신들도 감히 톈안먼 광장의 100만 인민 앞에서 나에게 사형을 선고할 수는 없을 것이오"라고 말했다.

결론적으로 말해서, 이 재판은 정치적인 행위와 마찬가지로 판결 역시 반드시 당시 지도층의 생각을 반영해야 했기 때문에 3주 내에 공감대를 형성할 수는 없었다. 1981년 1월 25일 특별 법정은 장칭과 장춘차오에게 사형과 집행유예 2년을 선고했다. 왕훙원은 무기징역을 선고받았다. 야오원위안은 징역 20년을, 천보다는 징역 18년을 선고받았다. 기타 5명의 장군은 각각 16-18년의 징역에 처해졌다.

중국 지도자들이 이렇게 오랜 시간을 들여서야 비로소 판결을 낸 것을 보면, 가부장적인 마오쩌둥의 영향이 여전히 매우 크다고 사람들은 생각할 수 있다. 그는 생전에 그의 아내가 차츰차츰 높은 지위로 올라가도록 보살피고 도와주었으며, 자신이 죽은 후에 그녀가 즉시 사형당하지 않도록 비호해주었다. 장칭은 현재의 지도층이 마오쩌둥과 당의 제9차 및 제10차 대표대회를 감히 완전히 부정하지는 못할 것이며, 그렇게 하면 필연적으로 당 자체의 위신에 심각한 손상을 입히리라는 것을 알고 있는 듯했다. 확실히, 그녀의 변호의 주된 사고의 맥락은 여태껏 검찰 측의 직접적인 반박을 받은 적이 없었다. 그러나 박해와 3만4,375명의 목숨을 앗아간 일에서 그녀가 한 역할 그리고 사형실을 설치한 일은 용서할 수 없는 범죄행위여서, 설사 그녀에게 사형판결을 내리더라도 관대한 처분이었다. 그러나 그녀에 대한 판결과 그녀에 대한 재판 자체는 모두 정치적 동기에 의해서 추진되었으므로 역시 정치적인 각도에서 결정을 해야 했다. 정권을 장악하고 있는 지도층이 그녀를 처형하는 것을, 마오쩌둥의 유령이 저지한 것이었다.

어떤 의미에서 보면 이 재판은 마오쩌둥에 대한 간접적인 심판이며 장칭은 마오쩌둥의 대체물이었다고 볼 수 있다. 더욱 깊이 탐구해보면 이 재판은 모든 제도에 대한 고발이었고, 그 제도는 마오쩌둥이 중앙위원회를 제압하도록 허락했으며 그의 부인 일당이 국가를 대혼란과 경제재난의 직전으로 몰고 가도록 허용했다고 말할 수 있다. 이 재판의 최종 효과는 마오쩌둥의

이미지와 그가 만든 제도의 효력을 한층 더 잠식시킨 것이다.

재판이 야기한 예상하지 못한 반응은, 화궈펑 주석의 이후 운명에 대해서 불리한 영향을 초래한 것이었다. 4인방이 횡행하던 당시에 공안부 부장이었던 그는 체포, 감금, 심지어 4인방의 정적(政敵)을 처단하도록 하는 수많은 권리를 부여하는 공문서에 서명했기 때문에 몇몇 사람들은 그가 마땅히 이에 대한 책임을 져야 한다고 말했다. 재판 도중에 대화는 간혹 예정된 범위를 넘어서서, 그가 "덩샤오핑을 비판하고, 우경 복권 풍조에 반대하는" 운동과 톈안먼 광장 사건을 진압하는 중에 행한 작용을 넌지시 암시했다. 덩샤오핑 일파의 인사들은 곧 이런 상황을 이용해서 그가 4인방을 분쇄한 후에 "개인숭배"를 추구했고, 그의 현대화 계획에 대한 조치는 합당하지 못했으며, 그가 혁명의 열정은 강조했지만 착실한 경제계획은 소홀히 했다고 비난했다. 덩샤오핑 일파 인사들은 화궈펑의 지도는 마오쩌둥의 "잘못된" 정책의 연속이고, 그것은 불만을 품은 극좌분자들에게 장래에 재기하여 현임 지도층의 정책을 반대할 기반을 제공할 것이라고 생각했다. 화궈펑은 사직을 요구하는 거대한 압력을 받았다.

보도에 의하면, 화궈펑은 1980년 11월 정치국 회의에서 중국 공산당 중앙위원회 주석의 직무를 사직하겠다고 제의했고, 사직은 1981년 6월에 다음번의 당 중앙위원 전체회의에서 정식으로 효력이 발생할 예정이었다고 한다. 이 일이 있기 전에, 화궈펑은 비록 여전히 당의 주석이기는 했지만 명목상의 인물로 전락했다. 당내의 실권은 총서기인 후야오방의 수중으로 떨어졌고, 덩샤오핑이 공산당 중앙군사위원회의 실제적인 주석이 되었다. 비록 화궈펑이 4인방 분쇄에서 행한 결정적인 역할을 부정하는 사람은 없지만, 중국의 신문들은 날이 갈수록 이런 눈부신 성과는 개인의 공로로 돌려서는 안 되고, 마땅히 역사 발전의 법칙과 인민대중의 염원으로 돌려야 한다고 주장했다. 화궈펑이 조용히 사라짐에 따라서 마오쩌둥 시대는 거의 종결되어가고 있었다.

마오쩌둥에 대한 평가

중국 정치에서, 마오쩌둥에 대한 평가처럼 이렇게 격렬한 논쟁을 야기한 사건은 극히 드물었다. 문화대혁명과 4인방의 희생자였던 실무파 지도자들 및 수많은 젊은이들은 마오쩌둥의 공적과 과실에 대하여 공정하고 엄격한 평가를 내릴 것을 주장했다. 그들은 마오쩌둥의 유산이 현대화라는 새로운 사명에 적합하지 않았고, 그는 중국을 빈곤에서 벗어나도록 하지 못했기 때문에, 이것은 그의 노선이 적절하지 못한 증거로 볼 수 있다고 생각했다. 다른 한편 수많은 당과 군대의 지도자들과 간부들은 마오쩌둥의 혁명으로 인하여 지위를 얻었는데, 특히 "구세대 사람들"과 문혁에서 출세한 사람들이 그랬다. 이들은 이런 평가는 혁명을 승리로 이끌었고 중화인민공화국을 창건했으며 중국에서 사회주의 사업을 일으킨 인물을 모독하는 것이라고 생각했다. 후자의 관점은 기타 수많은 사람들의 동정을 얻었다. 이들은 어릴 때부터 끊임없이 사상을 주입받았는데, 즉 마오쩌둥 주석은 중국을 제국주의와 봉건주의와 자본주의의 위험한 곤경으로부터 구출해내고 인민들에게 새로운 생활을 마련해주었다는 것이다. 이들은 위대한 지도자에 대한 습관화된 숭배와 존경을 쉽사리 포기할 수 없었다.

각종 대립된 관점들이 가장 격렬하고 첨예한 상태에 있었기 때문에, 공감대를 형성하는 것은 매우 어려웠다. 공감대 형성에 가장 근접한 것은 바로 마오쩌둥의 공적이 첫 번째이며 잘못은 그다음이라는 덩샤오핑 부주석의 성명이었다. 중국 공산당은 마오쩌둥 사상을 마오쩌둥의 지도적 지위와 구분하는 원칙을 채택했다. 마오쩌둥 사상은 중국 혁명실천의 총화로서, 이 혁명에 참가한 모든 사람이 해낸 공헌으로 간주되었다. 이 때문에 그것은 결코 마오쩌둥 개인의 사유를 반영하는 것이 아니라, 모든 중국인의 유산이기 때문에 반드시 지속적으로 마오쩌둥 사상을 소중히 해야 한다는 것이었다. 다른 한편 마오쩌둥은 지도자로서 수많은 공헌을 하기도 했고 심각한 잘못을 저지르기도 했다는 것이다. 그의 공적과 과실에 대한 공정한 평가는 반드시 실사구시적으로

해야 하며, 과거의 경험으로부터 교훈을 받아들여야 한다는 것이었다.

중국 공산당의 평가 1981년 6월 27일에서 29일까지 열린 제11기 제6차 중앙위원 전체회의에서 마침내 사람들이 오랫동안 고대했던 마오쩌둥에 대한 당의 평가가 내려졌다. 임기만료에 의한 지도층의 교체에서 이 회의는 화궈펑의 사직을 받아들이고 후야오방을 중앙위원회 주석으로, 덩샤오핑을 중앙군사위원회 주석으로 임명함으로써 한 사람이 이 두 가지의 직무를 겸하던 과거의 전통을 타파했다. 또다른 인사이동은 총리 자오쯔양을 당의 부주석으로 임명한 것이며, 이로써 후야오방, 덩샤오핑과 함께 "3두 집단체제"를 형성하게 되었다. 화궈펑은 6명의 부주석 중에서 최하위의 서열로 강등되었으며 비록 실권은 없었지만 지위는 여전히 상당히 높았다.[9]

제6차 중앙위원 전체회의는 3만5,000자에 달하는 "건국 이래 당의 약간의 역사문제에 관한 결의"를 통과시켰는데, 이 결의는 당의 지난 60년 동안, 특히 1949년 이래의 성과를 자세하게 평가했다. 그러나 이 문건의 핵심은 문화대혁명과 마오쩌둥의 그속에서의 역할이었다. 당의 입장은 조금도 애매모호함이 없이 엄격했다. 즉, "1966년 5월부터 1976년 10월까지의 '문화대혁명'은 당과 국가와 인민에게 건국 이래 가장 심각한 좌절과 손해를 입게 했다. 이 '문화대혁명'은 마오쩌둥 동지가 일으키고 지도한 것이었다"는 것이었다.

중국 공산당은 이 운동이 마르크스-레닌주의와 마오쩌둥 사상에 부합하지 않을 뿐만 아니라 중국의 현실에도 부합하지 않는다고 했다. 역사를 회고해보면, "문화대혁명"이 수정주의와 자본주의에 반대하는 투쟁이라는 것은 전혀 근거가 없는 것이 확실하다. 문화대혁명에 대해서는 잘못된 것이라는 질책으로 가득 차 있었는데, 타도된 "주자파"는 사실상 각급의 당과 정부의 지도자로서, 사회주의 건설의 핵심역량이었다는 것이다. 소위 류사오치와 덩샤오핑을 수반으로 하는 "부르주아 계급사령부"라는 것은 시종 존재하지

---

9) 『中國共産黨第十一屆六中全會公報』, 1981년 6월 29일 통과됨. *Beijing Review*, No. 27 : 6-9(July 6, 1981).

않았다는 것이다. "반동적 학술권위"에 대한 비판으로 인해서 수많은 재능 있고 업적이 많은 학자들이 타격과 박해를 당했었다는 것이다. 이 밖에도 문화대혁명은 인민대중의 명의로 진행되었지만, 실제로는 당을 이탈했을 뿐만 아니라 대중으로부터도 이탈했다는 것이다. 이 문건은 한마디로 정곡을 찔러서 "마오쩌둥 동지의 좌경적인 착오와 개인지도는 실제적으로 당 중앙의 집단지도를 대체했고, 그는 열광적인 개인숭배의 대상이 되었다"고 주장했다. 마오쩌둥의 뚜렷한 잘못은 그에 대한 진지한 평가를 하는 일을 전적으로 필요하게 했는데, 그 이유는 "잘못을 경시하거나 잘못을 숨기고 보기 좋게 꾸미는 것은 허락되지 않을 뿐만 아니라, 그 자체가 바로 잘못인 것"이기 때문이었다. 마오쩌둥에 대한 결론은 다음과 같았다.

실천은 "문화대혁명"이 어떤 의미에서도 혁명이나 사회진보도 아니고, 그럴 수도 없는 것임을 증명했다. 그것은 전혀 "적을 혼란시킨 것"이 아니라, 단지 자신을 혼란시킨 것이기 때문에, 시종일관 "천하대란"으로부터 "천하대치"에 도달한 적도 없었고 도달할 수도 없었다.……역사가 이미 판명했듯이 "문화대혁명"은 지도자가 잘못하여 일으켰고, 반혁명 집단에 의해서 이용되어 당과 국가와 각 족의 인민들에게 심각한 재난을 가져다준 내란이었으며……마오쩌둥 동지는……많은 문제들을 정확하게 분석하지 못했을 뿐만 아니라, 시비를 가리지 못하고 적과 우리 편을 혼동했다.……이것이 그의 비극의 원인인 것이다.

이 당의 문건은 화궈펑에 대해서도 평가했는데, 결의는 비록 그의 4인방 분쇄와 몇몇 경제사업에서 건설적인 역할을 한 것에 대하여 합당한 긍정적인 평가를 했지만, 그의 좌경 사상을 비판하기도 했다. 화궈펑은 "범시파"로 불렸는데, 즉 마오 주석이 한 모든 정책결정은 우리 모두가 단호히 수호해야 하고, 마오 주석이 내린 모든 지시는 우리 모두가 언제나 변함없이 따라야 한다고 했기 때문에 좌경적인 착오를 지속시켰다는 것이었다. 화궈펑은 "덩샤오핑 비판" 운동에 참여했고, 당 주석을 맡은 후에 오판 사건을 바로잡는 것을 저지했으며, 피해 간부와 톈안먼 사건에 대해서 억울한 누명을 벗겨주

는 것을 저지했다는 것이다. 그는 심지어 "개인숭배"를 추구했다고 지적받았다. 더욱 나쁜 것은, 1977년 8월의 제11기 중앙위원회 회의에서 그는 문화대혁명을 비판하는 노력을 저지하고, 도리어 그의 권세를 이용하여 문화대혁명을 긍정적으로 평가했다는 것이며, 그는 이후에 무모하게 추진한 경제정책에 대해서 책임이 있다는 것이었다. 이 문건은 "그가 당내의 좌경착오를 바로잡는 것, 특히 당의 훌륭한 전통을 회복하도록 이끄는 것은 불가능한 것임이 매우 분명하다"라고 했다.[10]

후야오방 주석은 중국 공산당 창립 60주년(1981. 7. 1)을 경축하는 첫 번째 중요 연설에서 마오쩌둥에 대하여 간단명료하게 평가했다. 후야오방은 마오쩌둥의 가장 위대한 공헌은 그가 이전의 1929-1930년대의 외국(소련)의 경험을 숭배하는 소아병(깊은 분석을 하지 않는 사상적 병폐/역주)을 배척한 것이라고 주장했다. 그는 창조적으로 마르크스주의의 보편적인 진리와 중국 혁명의 실제 상황을 결합하여, 중국 정세에 적합한 새로운 전략을 형성했다는 것이다. 마오쩌둥 사상은 "당의 중지(衆智)의 결정(結晶)이고, 중국 인민의 위대한 투쟁승리의 기록"이며, 그것의 창조성은 마르크스주의의 이론 보고(寶庫)를 풍부하게 했다는 것이었다. 후야오방은 이 때문에, 그것은 과거와 현재 그리고 미래에 우리 당의 지도원칙이라고 했다. 마오쩌둥을 칭찬한 후에 후야오방은 정식으로 다음과 같이 비평했다.

역사적 조류 앞에 서 있는 매우 많은 위대한 인물들 대부분에게 그들 나름의 결점과 잘못들이 있었던 것처럼, 마오쩌둥 동지도 그 나름의 결점과 착오가 있었습니다. 주로 그분은 노년에 이르러, 오랫동안 전 당과 전국의 각 종족 인민의 존경과 추대를 받았지만 지나치게 자신을 믿었기 때문에, 날이 갈수록 실제에서 이탈하고, 군중으로부터 이탈했습니다. 그분은 특히 당의 집단지도에서 이탈하여, 흔히 다른 사람의 정확한 의견을 거부하고 심지어 억압하기까지 했고, 이 때문에

---

10) 중국어본 "결의"는 1981년 7월 1일자 「人民日報」에 게재되었다. 영문본은 *Beijing Review*, *ibid.*, pp. 10-39에서 볼 수 있다.

많은 오류가 발생하지 않을 수 없었습니다. 그리고 그분은 "문화대혁명" 같은 장기간에 걸친 전면적인 엄청난 잘못이 발생하도록 하여, 당과 인민에게 매우 커다란 불행을 가져다주었습니다. 물론 "문화대혁명" 이전의 일정 기간과 문화대혁명이 일어난 당시, 당이 마오쩌둥 동지의 점차 확대되어가는 잘못을 저지하지 못했을 뿐만 아니라 그의 몇몇 잘못된 주장을 받아들이고 찬성했다는 것을 마땅히 인정해야 합니다. 우리와 같이 오랫동안 마오쩌둥 동지를 따라서 투쟁을 한 그분의 문하생들은 자신이 이에 대하여 책임이 있음을 깊이 느낄 뿐만 아니라 아울러 응당 받아야 할 교훈을 받아들일 것을 다짐하는 바입니다.

비록 마오쩌둥 동지는 노년에 심각한 잘못을 저질렀지만, 그분의 일생을 보면 매우 분명한 것은 그분의 중국 혁명에 대한 공적이 그분의 과실보다 훨씬 더 크다는 것입니다. 마오쩌둥 동지는 청년 시절부터 중국 혁명에 헌신하셨고, 이를 위하여 평생을 분투하셨습니다.……그분은 우리 당의 창시자 중의 한 분입니다. 그분은 영광스러운 인민해방군의 중요한 창립자이십니다. 그분은 중국 혁명이 가장 곤란한 때, 가장 빠르게 혁명이 나아가야 할 정확한 길을 찾으셨고, 정확한 총 전략을 세웠을 뿐만 아니라, 점차 정확한 이론과 전략을 형성하여 혁명을 패배에서 승리로 전환시키셨습니다. 건국 이후에 당 중앙과 마오쩌둥 동지의 지도 아래, 신(新)중국은 아주 빨리 토대를 마련하고 위대한 사회주의 사업을 일으켰습니다. 마오쩌둥 동지는 그분 일생의 마지막 수년 동안, 잘못이 이미 매우 심각했을 때도 여전히 민감하게 조국의 독립과 안전을 주시하면서 정확하게 세계정세의 새로운 발전을 파악하고 있었으며, 당과 인민을 이끌어 패권주의의 모든 압력을 견뎌냈고, 우리의 대외관계의 구도를 확정하셨습니다. 장기간의 투쟁에서, 우리 모든 당 동지들은 마오쩌둥 동지와 마오쩌둥 사상으로부터 지혜와 힘을 얻었습니다. 그분은 우리 당의 대대로 이어지는 지도자와 대량의 간부를 양성하셨고, 전국 각 종족의 인민들을 교육하셨습니다. 마오쩌둥 동지는 위대한 마르크스주의자이고, 위대한 프롤레타리아 계급혁명가이고, 이론가이며 전략가이고, 중화민족 역사상에서 가장 위대한 민족영웅이십니다. 그분은 전 세계의 피압박 민족의 해방사업과 인류를 위해서 중대한 공헌을 하셨습니다. 그분의 위대한 공

적은 천추에 길이 빛날 것입니다.[11]

주목할 만한 것은 후야오방의 연설 전문에는 마오 주석이라는 호칭은 한군데도 없었고, 마오쩌둥 동지라고 부를 뿐이었다는 것이다. "문화대혁명"에도 따옴표를 붙여, 그가 그것의 합법성을 인정하지 않는다는 것을 나타냈다.

역사학자의 관점 객관적으로 마오쩌둥을 평가할 때, 실사구시적인 역사학자들은 우선 한 사람의 혁명가로서, 중화인민공화국 창시자와 중국 사회주의 사업의 창업자로서의 그의 위대함을 인정할 것이다. 그러나 만약 그들이 마오쩌둥의 각종 정책상의 잘못과 그 여파를 소홀히 한다면 그들은 자격이 부족한 역사학자일 것이다. 가장 큰 잘못은 그가 인구를 전혀 통제하지 않은 것이었다. 베이징 대학교 총장 마인추(馬寅初)를 포함한 일부 전문가들[12]은 인구의 폭발적인 증가가 경제와 사회에 미치는 심각한 결과에 대하여 경고했지만, 마오쩌둥은 인구문제는 단지 자본주의 사회에서만 존재하는 것이라고 반박했다. 소련은 인구통제를 전혀 하지 않았지만 아무런 부정적인 여파를 겪지도 않았는데, 중국은 무엇 때문에 다르냐는 것이었다. 마오쩌둥은 사람이 많으면 많을수록 일을 더욱 많이 할 수 있다는 단순한 신념으로써 맬서스의 인구이론을 반박했는데, 즉 일을 많이 하면 할수록 생산량이 더욱 많아져 경제발전이 더욱 빨라진다는 의미였다. 그 결과 인구는 통제를 받지 않고 계속 증가하여, 1950년대 초의 5억 명에서 10억 명을 초과한 현재의 수효로까지 증가했고, 전국적인 재해, 공업부지의 증가, 가난한 사람들의 연료용 벌목으로 인해서 경지면적이 증가되지 않았을 뿐만 아니라 도리어 감소했다. 10억 명의 인구에게 의식주(의복, 식사, 주거)와 일자리를 제공하는 것은 거대한 부담이었으며, 지구상에 다른 어떤 국가도 이렇게 무거운 부담을 진 곳은 없었다. 그것은 본래 경제발전에 사용할 수 있는 대량의 국가자원을

---

11) 후야오방 연설문의 중국어본은 1981년 7월 2일자 「人民日報」에 게재되었다.
12) 그 밖에 진달(陳達)과 오경초(吳景超)가 있다.

낭비했다. 방대한 인구 중 80퍼센트가 농촌에서 거주하고 있었기 때문에, 농업생산량을 향상시키는 것이 바로 중국 사회주의 건설의 기본이었다. 그러나 마오쩌둥은 중공업에만 대대적으로 투자하고 농업에 대한 투자를 경시한 소련의 모델을 모방함으로써, 농업생산량의 극단적인 저하를 초래했다. 마오쩌둥은 한 사회의 기초는, 농업노동자의 생산율이 노동자 개인의 수요를 초과함으로써 잉여물자를 생산하여 국가의 기타 부문을 지원하는 것에 달려 있다는 마르크스주의의 격언에 주의를 기울이지 않았다. 30년 동안 중국의 농업부문은 경시되고 반자주적인 상태에 처해 있었으므로, 반드시 식품을 수입하여 국내수요를 만족시켜야 했기 때문에 원래 부족했던 외환 보유액을 대량으로 소모하게 했다. 1978-1979년에 농촌 1인당 평균생산액은 너무 형편없이 낮아서 겨우 50달러로, 경제성장을 지원하고 생활수준을 개선시킬 수 있는 잉여생산액을 창출할 수 없었다. 농업상황이 크게 개선되고 출생률이 엄격하게 통제되지 않는 한, 중국이 현대화로 나아가는 것은 느리고도 험난한 길이었다. 과거를 회고해보면, 마오쩌둥의 인구와 농업정책은 현대화에 대한 가장 심각한 장애를 초래했다.

두 번째의 중대한 정책상의 실수는 중국의 고립 국면을 강화한 것이었다. 중국과 소련의 협력이 전성기에 있던 1950년대를 제외하고, 중국은 외부와의 관계를 20년 동안 완전히 단절했다. 자력갱생사상의 지도하에, 중국의 과학, 기술, 예술, 교육과 기타 문화 분야는 다른 국가들의 발전성과를 본보기로 삼지 못했다. 1960년대와 1970년대에 서양과 일본은 거대한 발전을 했는데, 바로 이때 중국은 오히려 내분과 계급투쟁에 몰두해 있었다. 중국이 이렇게 고립됨으로써 지불한 대가는 실제로 계산해낼 수 없을 정도로 큰 것이었다.

세 번째 정책상의 실수는 경제발전 분야에서의 "좌경 맹동주의(左傾盲動主義)"와 "모험주의"였다. 1980년 12월의 중앙 업무회의에서, 당의 부주석이자 경제학자인 천윈은 "개국 이래 경제건설 분야의 주요 착오는 '좌경적'인 착오입니다. 1957년 이전에는 일반적인 상황이 비교적 좋았는데, 1958년 이

후부터 '좌경적인' 착오가 심각해지기 시작했습니다. 이것은 중대한 착오인데……이런 착오의 주요 근원은 '좌경적인' 지도사상이었습니다"라고 예리하게 지적했다.13) 이런 "잘못된 사유"의 명확한 현상은 즉시 효과가 나타나는 것을 매우 선호하는 것으로, 객관적인 경제현실을 전혀 고려하지 않아서 "공상을 진리로 받아들이고, 완고하게 자아의식에 근거하여 일을 처리하며, 미래에 가능한 일을 현재에 하게 되는" 것을 초래한다. 이런 "좌경 모험주의"는 경제구조에서의 생산관계를 심각하게 손상시켰다. 그뿐만 아니라 끊임없는 혁명의 신조는 또한 "맹동주의"를 초래하여, 실제에 부합하지 않는 경제목표를 제정했으며, 이 목표들은 국가의 지불 능력을 훨씬 더 초과한 투자수준에 의해서 지탱되었다. 이로 인해서 생긴 것이 허위 수치를 상부에 보고하여 지도자를 기만하는 성과를 과장하는 풍토로서, 모진주의(冒進主義 : 무모하게 추진하는 주의)와 맹동주의가 뒤섞인 이 쌍둥이 기형아가 중화민족을 붕괴 직전으로 몰아넣었다.14)

마오쩌둥의 네 번째 큰 착오는 자신이 당내에서 의심할 여지없는 최고의 지위를 차지하고 있다고 생각함으로써, 당내 민주주의와 집단지도를 파괴하고 "1인 통치"의 모델을 세운 것이다. 혁명의 지도자와 중화인민공화국의 창시자로서 마오쩌둥은 "가장(家長)"을 자처하며, "대중의 의견에 귀를 기울이지 않고 자기 의견만을 고집했다[一言堂]." 그의 행위는 "한 집안의 천하[家天下]"라는 봉건주의 관념을 반영한 것이었다. 이로 인해서, 정부문서는 늘 첫머리에 "마오 주석과 당 중앙……"이라는 문구를 사용하여 개인이 당 위에 군림하고 있음을 나타냄으로써, 제8차 당 대회에서 확립한 집단지도체제가 유명무실해졌다. 비밀경찰 두목인 캉성과 같은 부류의 아부하는 자들은 마오쩌둥의 비위를 맞추어, 당사(黨史)가 만약 기타 지도자의 공헌을 언급하면 이는 마오쩌둥을 비하하는 것이며, 하나의 대립되는 중앙을 만드는 것이

---

13) "端正經濟工作的指導思想", 「人民日報」의 특약 평론가가 쓴 것이다. 1981년 4월 9일자 「人民日報」에 게재되었다.
14) *Ibid.*

라고 주장했다. 이리하여 당사는 위대한 지도자 마오쩌둥이 기타 지도자들과 끊임없이 투쟁한 하나의 연대기가 되었으며, 그 연대기에서 그는 결국 모든 사람들을 하나하나 전부 타도했다.[15] 과거의 황제와 같이 마오쩌둥은 가장이자 선도자 그리고 심지어 신이었기 때문에, 잘못된 일을 할 리 없었다. 그는 태연자약하게 후계자를 "지정했고" 아내가 그녀가 차지해서는 안 되는 높은 지위까지 올라가도록 도와주었다. 액튼의 명언인 "권력은 부패를 초래하고, 절대적인 권력은 절대적인 부패를 초래한다"는 말은, 프롤레타리아 계급 독재정치에서조차도 정확하게 들어맞았던 것이다.

마오쩌둥의 정치방식은 그 자신에게 절대적인 통제권을 주는 것 이외에도 각 성과 각지의 현임 당 서기에게 본보기를 수립했다. 그들이 각자의 관할구역에서 마치 작은 가장 및 더욱 작은 가장처럼 행세하도록 한 것이다. 그들의 동의가 없으면 어떤 일도 할 수 없었으며, 그렇게 되어 전국 각지에는 하나의 고도로 관료화된 특권계급이 건립되었다.[16]

당이 어떻게 이 모든 것이 일어나게 할 수 있었을까? 중국인 자신도 타당한 답안을 찾아내기는 매우 힘들지만, 그들은 최종적으로 두 종류의 해석을 내놓았다. 첫 번째 해석은, 중국에서는 기타 공산주의 국가에서처럼, 혁명정당의 지도자가 정권을 쟁취하는 기간에 아주 많은 결정권과 행동의 자유를 부여받는다는 것이다. 승리를 얻게 되면 이런 식의 권력집중은 더욱 계속되는 추세가 되며, 지도자의 명백한 크나큰 공헌으로 인해서 그의 추종자들은 그의 숭고한 지위를 받아들이기를 원한다는 것이다. 그래서 그의 지위는 결국 제도화되어 평생의 지도자 지위를 얻을 뿐만 아니라 다른 사람의 노동성과를 자신의 명의하에 포함시킨다는 것이다.

더욱 널리 유포되어 있는 공식적인 해석은 과거 중국의 봉건시대가 모든 사람들의 사상과 행위에 대해서 야기한 심각한 영향을 연관시키고 있다. 관리의 등급과 등급제도에서의 높고 낮음의 구분 및 가장 역할의 흔적을 어디

---

15) *Ibid.*, 1980년 9월 18일, p. 5.
16) 「必須改革領導制度」, 『紅旗』의 평론가가 쓴 것이다. 『紅旗』, 1980년, 제17기, pp. 2-4.

서나 볼 수 있다는 것이다. 농민과 소생산자들은 자신의 운명을 장악하는 것에 익숙하지 못해서, 도리어 "구세주"로서의 황제의 인자함에 의지하며, 그 보답으로서 그들은 그에게 충성과 감사를 나타낸다는 것이다. 이 때문에, 한 사람이 고도로 집중된 권력을 장악하는 것이 강력한 사회적인 전례를 가지게 되었다는 것이다. 중국 공산당 자체도 이런 봉건적 영향을 반영함으로써 아무도 감히 가장을 비판하지 못하는 상황이 생기게 되었다는 것이다. 그 결과, 집단지도와 민주집중제는 하나의 공허한 말이 되어, 집단지도에서는 어느 한 사람이 다른 사람보다 "더욱 평등해지고", 민주집중제에서는 집중이 민주를 압도했다는 것이다.[17]

이런 해석들이 설득력이 있음은 의심할 여지가 없지만 이것들은 하나의 매우 중요한 요소를 간과하고 있다. 즉 마오쩌둥이 군대, 비밀경찰, 경호체계, 8341 부대, 정보 네트워크와 조사기관을 통제했는데, 이것이 바로 그와의 대결을 완전히 불가능한 일로 만들었던 것이다. 감히 그를 비판하는 사람은 자신과 모든 가족의 목숨의 위험을 무릅써야 했다. 결국, 역사학자들은 혁명가로서의 마오쩌둥은 매우 성공했지만, 국가건설자로서는 사람을 실망시킬 정도로 괴팍하고 변덕스러운 사람이었다는 것에 동의한다. 그가 1957년 이전에 이룩한 거대한 업적은 바로 다른 사람들에게는 영감의 원천이었지만 모든 사람들은 그의 이후의 심각한 착오로부터 교훈을 얻어야 한다.

새로운 지도층과 새로운 질서

마오쩌둥 평가라는 미묘한 문제가 해결되고 당의 착오가 인정됨에 따라서, 무거운 심리적인 부담은 없어졌다. 새로운 권력구조는 후야오방, 덩샤오핑, 자오쯔양이 당과 군대와 정부를 확고히 장악하게 하여 중국의 미래에 대한 설계도를 공고하게 했다. 그들은 한차례의 현대화 혁명에 주력했다. 모든 오

---

17) *Ibid.*, pp. 5-8.

해를 없애기 위해서 후야오방은 중국 공산당 60주년 경축대회에서의 연설에서 다음 여섯 가지를 강조했다.[18]

1. 우리 당의 모든 당원은 중국 사회주의 현대화 건설사업을 위해서 자신을 돌보지 않고 분발하여 전심전력으로 인민을 위해서 봉사해야 합니다.

2. 우리는 새로운 역사조건 아래서 마르크스-레닌주의와 마오쩌둥 사상을 훌륭하게 계속 추진해나가야 합니다[후야오방은 4항 기본원칙—사회주의 노선, 프롤레타리아 계급독재, 중국 공산당의 영도, 마르크스-레닌주의와 마오쩌둥 사상—의 중요성을 재차 천명했다].

3. 우리는 당 전체의 민주생활을 한층 더 건전하게 하고, 당의 조직기율을 엄격히 해야 합니다.……우리는 어떤 형식의 개인숭배도 금지해야 합니다.……무릇 중대한 문제는 모두 당 위원회의 공동토론을 거쳐서 결정을 해야 하며 개인이 단독으로 결정해서는 안 됩니다. 당 위원회의 결정은 모든 당원들이 반드시 준수해야 합니다. 각급 당 위원회는 모두 집단지도를 실시하고……질을 중시하며 효율을 중시해야 합니다. [당내 민주를 강화하기 위해서,] 모든 당원은 당 회의에서 큰 불이익을 당하는 일 없이 당내의 어떤 개인 심지어 중앙지도자조차도 비평할 권리가 있습니다. [그러나 어떤 당원도 자기의] 독립왕국을 건립해서는 안 됩니다.

4. 우리는 항상 자기 몸에 있는 먼지를 깨끗이 없애어 집권하고 있는 상황에서 혁명의 활기를 영원히 간직해야 합니다. [후야오방은 아주 솔직히 인정하여 말하기를] 과거에 우리의 주요 잘못은 지나친 투쟁이었으며, 그 결과 부정적인 면으로 작용하여 사람들이 자이비판을 원하지 않고 감히 비판을 하지 못하게 되었습니다. 우리는 이런 건전하지 못한 풍조를 바로잡아야 합니다.

5. 우리는 더욱 많은 덕과 재능을 겸비하고 젊고 기력이 왕성한 간부들을 각급 지도직책으로 발탁해야 합니다.

---

18) 전문은 1981년 7월 2일자 「人民日報」에 게재되었다.

6. 우리는 영원히 국제주의를 고수하여 세계 프롤레타리아 계급 그리고 인민대중과 호흡을 같이하고 운명을 함께해야 합니다.……어떤 강국과 부유한 국가와 교류하든 우리의 민족자존심을 유지해야 하고, 비굴하며 아첨하는 사고행위는 절대로 허용하지 않습니다. 우리는 타이완 동포를 포함한 전국의 인민들과 함께 타이완이 진정으로 조국으로 돌아오게 하여 조국통일을 철저히 실현하는 신성한 대업을 위해서 분투하기로 결심해야 합니다.

마오쩌둥의 정치방식과 경제발전 방침이 준수되지 않으리라는 것은 분명했다. 즉, 다시는 개인숭배를 추진하지 않고, 당내에서의 발언의 자유를 다시는 억제하지 않으며, 지도자를 비평하는 것에 대해서 징벌을 가하지 않게 되었다. 그러나 전체 간부들은 상부의 명령에 복종하고 경제발전을 추진하며, 겉으로는 복종하는 체하면서 속으로는 거역해서는 안 되었다. 마오쩌둥의 계급투쟁사상과 지식인과 대외접촉에 대한 경시 및 유한 사유기업에 대한 반대도 배척을 당하게 되었다. 사회주의 현대화는 "그 자체가 하나의 위대한 혁명이었다." 혁명의 성공을 확실히 보장하기 위해서 후야오방은 당내의 단결과 당과 대중의 단결을 촉진하고 경제, 문화, 과학, 기술 면에서의 국제교류를 적극적으로 추진하여 "번영되고, 부강하고, 고도로 민주화된 그리고 고도로 문명화된 사회주의 현대화 강국"의 건설을 호소했다. 이것이 결국 중국이 공산주의의 이상을 실현하도록 인도하리라는 것이었다.

후야오방의 연설과 6중전회의 성명과 결의는 실무파의 승리 획득을 완벽하게 보여주는 것이었다. 단결, 안정, 화해, 실무, 민주 및 착실한 경제발전 정신에 입각하여 하나의 새로운 질서가 새로운 역사조건하에서 탄생했다. 이 새로운 질서의 탄생과 더불어 마오쩌둥 시대는 막을 내렸다.

중국 공산주의 : 35년의 회고

1949년 10월 1일, 마오쩌둥은 톈안먼 성루 위에 서서 중화인민공화국의 수

립을 선포하고는 "중국 인민은 일어섰다"고 환호했다. 이 얼마나 우렁찬 목소리이고 얼마나 순조로운 출발이었는가? 외국의 제국주의와 국내의 반항은 이미 완전히 일소되었으며 중국은 19세기 중엽 이후 미증유의 방식으로 통일되었다. 예술가적 기질이 있는 마오쩌둥에게 중국은 폭이 아주 넓은 캔버스였고, 그의 그런 혁명적 낭만주의, 상상력, 이상주의, 평균주의는 일찍이 5억 중국 동포들을 무한한 상상으로 충만하게 했다. 마오쩌둥의 온몸에서 발산된 재능의 광환과 성공적으로 혁명을 이룩한 공헌은, 중국이 국내적인 안전을 이룩하고 국제적 존중을 받아 결국에는 세계의 대국이 되는 목표의 달성을 보증하는 것처럼 보였다.

그리고 이 목표들이 최소한 부분적으로 달성된 것은 분명했다. 가장 커다란 성과는 다음과 같다. 즉 (타이완을 제외한) 중국이 하나의 중앙정부 아래 통일됨으로써 국제문제에 대한 주요 참여자의 지위를 획득했고, 지주제도를 소멸시키고 공업화를 위한 기초를 확립했으며, 공공위생을 개선했고, 과학기술(특히 원자력과 로켓 방면)을 선택적으로 발전시켰으며, 식자율을 향상시켰고, 중대한 고고학적 발견을 이룩했다. 이런 발견들은 고대 중국 역사에 대해서 새로운 해석을 할 수 있게 했다. 10억 이상의 인구에게 의복, 식사, 주거, 생활 및 일자리를 제공한 것은 하나의 거대한 도전에 대한 응수였으며, 지구상의 다른 어떤 국가들도 아직 이런 도전에 직면해본 적이 없었다. 마지막으로 통계수치에 의하면 공업과 농업의 총생산액과 사회서비스 부문의 발전이 상당히 크게 증가했음을 보여주었다.

그러나 최근 중국 지도자들은 중국은 어느 정도 진보했지만 여전히 빈곤한 상태라는 것을 공개적으로 인정하고 있다. 국가의 물질조건과 인민의 생활수준은 20년 동안 실질적인 개선이 없었고,[19] 기타 국가들의 과학기술과 경제발전의 거대한 진보로 인해서 중국과 선진국가들과의 격차가 1980년대

---

19) 이것은 중국 사회과학원 원장 후챠오무의 관점에 근거한 것이다. 그의 글 "Observe Economic Laws, Speed Up the Four Modernization", *Peking Review*, 47 : 18-19(Nov. 24, 1978)를 보라.

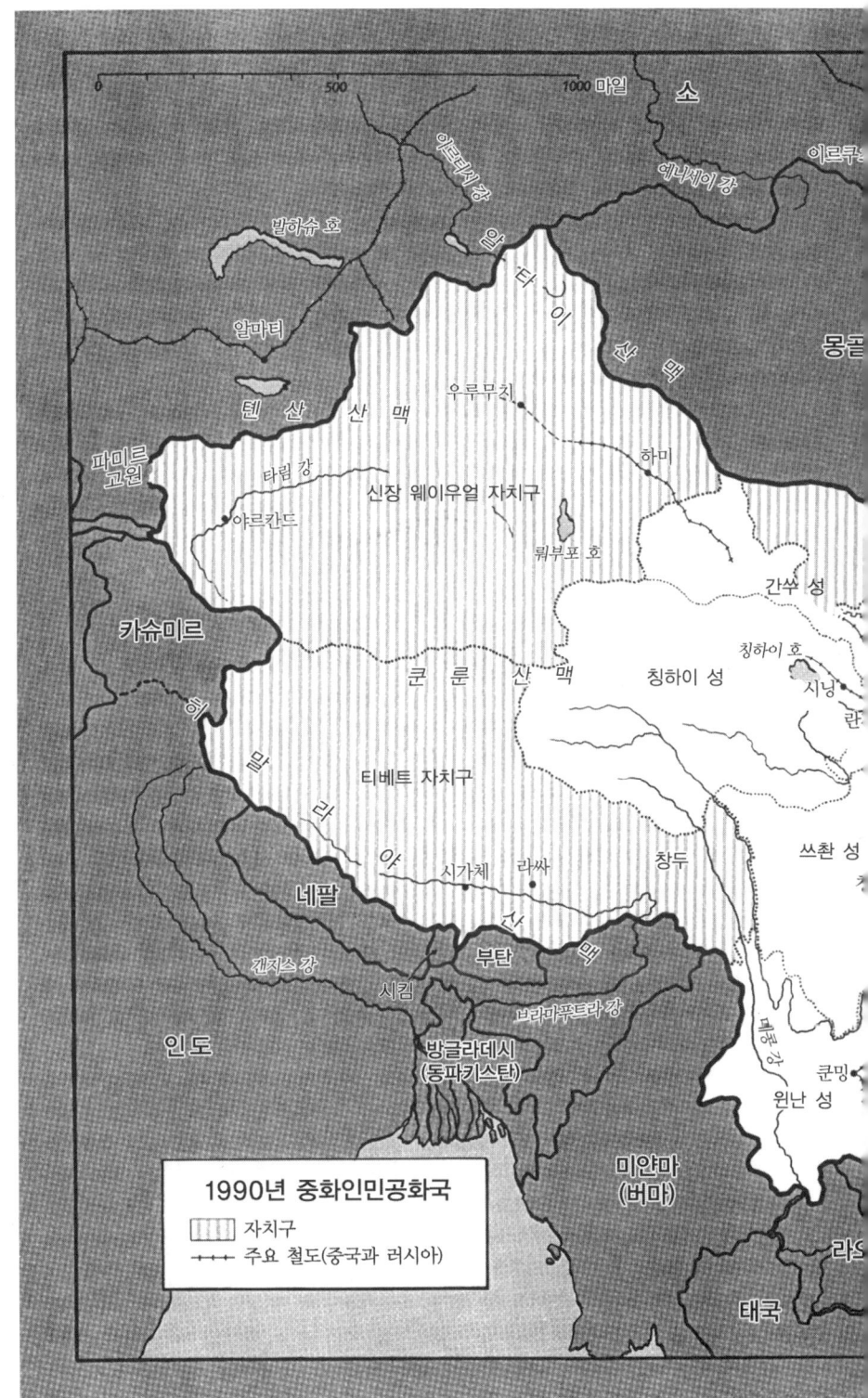

1990년 중화인민공화국

|||||| 자치구

+++ 주요 철도(중국과 러시아)

런
바이칼호   네르친스크
콤소몰스크
하바롭스크
란바토르   만저우리   헤이룽 강   헤이룽장 성
치치하얼   하얼빈
지린 성   블라디보스토크
몽골 자치구   후허하오터   창춘
바오터우   선양
베이징   라오닝 성   북한
허베이 성 톈진   다롄   평양   일본
산시(山西)   탕산   뤼순   서울
타이웬   성   엔타이   남한
산시(陝西) 성   지난
황허 강   카이펑   산둥 성   칭다오
시안   대운하
허난 성   장쑤 성
안후이성   난징
후베이 성   우한   상하이
저장 성   항저우
창사   난창   닝보
후난 성   원저우   루큐 열도   오키나와 섬
저우 성 구이린   장시 성   푸젠 성   푸저우
광시 성   시장 강   샤먼   타이베이   태평양
난닝   광저우   산터우   타이완
남   광둥 성   홍콩(영국)   평후 제도
마카오
(포르투갈)
하이난다오   남 중 국 해   필리핀

Vaughn Gray

에는 1949년 당시보다 더욱 커졌다는 것이다. 무엇이 해방 후 30년 동안 중국의 커다란 진보를 가로막았는가?

중국 내부의 주요 장애는 정치의 불안정과 당 내외의 민주원칙이 파괴된 것이다. 혁명의 원동력과 새로운 세계건설의 열정으로 충만했던 7년(1949-1956)을 제외하고는 중국의 최근 역사는 줄곧 동란과 투쟁으로 고통 받았으며 국가가 거의 붕괴될 지경에까지 이르렀다. 정치적 불안은 다수의 유능한 인재들의 방치, 경제발전의 중단, 사상과 예술창조력의 심각한 손상을 초래했다.

중국 정치의 불안정의 연원에 대해서 사람들은 보편적으로 1956년의 중국 공산당 제8차 당 대회를 정치발전에서의 분수령으로 본다. 이 대회는 바로 이전 대회와 마찬가지로 당내의 민주와 자유토론문제를 강조했다. 이 대회가 마오쩌둥, 류사오치, 저우언라이, 주더의 집단지도를 확인했고, 1956년부터 1957년 초까지는 중국 공산당 역사상의 "극성기(極盛期)"로 보고 있다.

이 극성기에 마오쩌둥은 백화제방운동(百花齊放運動)을 일으켰는데, 지식인들은 당의 일부 정책들에 대해서 예리하게 비평했다. 중국 공산주의 자체가 비평의 위협을 받고 있다고 생각한 마오쩌둥은 반(反)우파운동을 일으켜 100만 명의 사람들에게 상처를 주었다. 마오쩌둥은 제8차 당 대회의 결정을 번복하여, "제8차 당 대회의 선진 사회주의 제도와 낙후된 사회생산력 간의 모순이 주요 모순이라는 결정은 부정확한 것이고", 부르주아 계급과 프롤레타리아 계급 간의 투쟁 그리고 자본주의 노선과 사회주의 노선과의 투쟁이 여전히 중국 사회의 주요 모순이라고 공언했다. 이후 마오쩌둥은 계급투쟁의 범위를 확대하여 끊임없는 불안을 야기했다. 가부장제 개념이 집단지도를 물리치고 우위를 차지함으로써 당 중앙은 마오쩌둥의 독단적인 태도에 의해서 좌우되었다. 1959년 대약진에 대한 견해를 표시한 국방부 장관 펑더화이는 해직을 당하고 "우경 기회주의자"라는 오명이 씌워졌다. 이후에는 어느 누구도 감히 진실을 말하지 못했다. 당의 민주주의는 붕괴되었다.[20]

마오쩌둥의 "무소불위"가 모습을 드러내자 기회주의자와 음모자들이 그의

주위로 몰려들었으며, 그에게 바싹 붙어 권력을 획득했다. 그들의 권력투쟁
은 국가전체를 격렬한 계급투쟁과 문화대혁명으로 밀어넣었다. 캉성, 린뱌
오와 4인방의 득세는 프롤레타리아 계급독재를 파시스트 독재로 변질시켰는
데, 그 속에는 봉건주의와 수정주의의 특징이 덧붙여져 있었다.[21]

정치적 불안정과 당내 민주의 실종이 경제발전과 인민의 생활에 영향을
미친 것은 불가피했다. 1979년 7월 1일, 「인민일보」는 사설에서 다음과 같
이 평론했다.

> 과거 30년 동안 당내 민주가 상대적으로 충분하고 민주집중제가 상대적으로 건
> 전할 때는 당의 경제업무의 지도는 비교적 실제에 부합했으며, 문제가 생겼을
> 때 비교적 쉽게 발견되고 시정되어 사회주의 경제의 신속한 발전을 이룩했다.
> 당내에 민주가 결핍되어 있을 때에는 감히 진실을 말하려고 하는 사람이 없었다.
> 맹목적인 복종이 성행하고, 당내 경제정책은 종종 실제 그리고 객관적인 법칙에
> 서 벗어났다. 사회주의 경제발전의 속도가 완만해지고 정체되었으며 심지어는
> 퇴보하는 상태에까지 이르렀다.[22]

중국 측의 통계에 의하면 경제발전은 3개의 성장기(1949-1957, 1963-
1965, 1977-1988)와 2개의 하락기(1958-1962, 1966-1976)가 있었음을 보여
주고 있다. 마오쩌둥의 27년의 통치기간에서 오직 1952-1957년만이 진정으
로 성장한 연도이고, 1949-1952년은 내전으로부터의 회복을 나타내고
1963-1965년은 대약진으로부터의 회복을 나타낸다. 다음에 열거한 수치는
과거 30년 동안의 발전을 개괄한 것이다.

중국의 기복이 심한 경제발전은 정치투쟁에 뛰어난 혁명지도자가 반드시
경제문제에 통달한 것은 아니라는 점을 보여주었다. 마오쩌둥은 특히 경제전
문가의 건의에 주의를 기울이지 않았고 경제법칙과 국가의 실제 상황에 근거

---

20) 盧中堅, 「三十年的敎訓」, 『爭鳴』雜志, 香港, 제24기, p. 8, 11(1979. 10. 1).
21) *Ibid.*, p. 14.
22) 「人民日報」, 1979년 7월 1일.

〈회복과 성장기〉

	1949-1952	1953-1957	1963-1965	1977	1978-1986
공업	36%	19.2%	7.9%	14.1%	134.3%
농업	14%	4.5%	11.1%		67.2%
국민소득	미상(未詳)	미상(未詳)	14.5%		

〈하락기〉

	1958-1962	1967	1968	1974	1976
공업	+3.8%	-13.8%	-5%	+0.3%	+1.3%
농업	-4.3%	4.5%	-2.5%		
국민소득	-3.9%	미상(未詳)			

통계수치의 출처 : 南京大学, 『哲学社會科學學報』, 1979, 제3기, pp. 1-8; CIA, *China-Economic Policy and Performance in 1987*(Washington, D. C., 1988).

하여 업무를 처리하지도 않았다. 1950년대에 그는 소련의 발전모델을 받아들여 중공업을 강조하고 농업과 경공업을 경시했지만, 중국의 실제 상태는 상반된 방침이 더욱 합리적이었음을 보여주고 있다. 소련 모델이 적합하지 못한 것으로 증명되었을 때, 그는 갑자기 방향을 바꾸어 인민공사와 대약진 운동을 실시했다. 이후 20년 동안은 모든 사람들이 알고 있는 "좌경 모험주의" 경험으로 인해서 시간, 정력, 자금 및 재능의 낭비가 초래되었다. 그 결과 중국의 1인당 평균수입(300달러)은 사회주의 국가 중에서도 최하위에 놓이게 되었으며 생산능력은 홍콩 및 한국보다 훨씬 더 뒤떨어지게 되었다.[23]

그러나 정치적 불안정과 경제발전의 기복이 있었지만 중국은 공업 및 농업생산 면에서 엄청난 진보를 이루었다. 농업의 평균성장률은 2-3퍼센트, 공업성장률은 9-10퍼센트였다. 1952년에서 1987년 사이에 식량생산량은 1억6,390만 톤에서 4억200만 톤으로 증가했고, 석탄생산량은 6,640만 톤에서 19억2,000만 톤으로 증가했으며, 강철생산량은 135만 톤에서 5,622만 톤으

---

23) Lu Chung-chien, p. 6.

로 증가했고, 원유생산량은 44만 톤에서 1억3,400만 톤으로 증가했으며, 전력은 73억 킬로와트시에서 4,960억 킬로와트시로 증가했다.24) 그러나 생산증가로 비롯된 수많은 이익은 인구가 5억7,000만 명에서 10억8,000만 명으로 급증함으로써 상쇄되어버리고 말았다.

　과거 35년간을 통해서 얻은 교훈은 매우 많았다. 첫째, 정치와 사회가 안정되어야 정부는 체계적인 개혁과 발전을 추진할 수 있다. 둘째, 인구증가를 엄격히 통제하여 인구증가율이 0에 머물도록 해야 한다. 셋째, 과학, 기술, 교육, 예술영역을 포함한 모든 영역에서 국제적인 협력을 강화해야 한다. 넷째, 가능한 한 전쟁을 피해야 하는데 그 이유는 전쟁은 재정과 인력자원을 낭비하는 것이기 때문이다. 다섯째, 정치제도를 개혁하여 새로운 가부장적 통치의 실현을 방지하고 당내외의 민주를 확보해야 한다. 관료주의와 간부의 임용종신제와 특권을 만일 근절할 수 없다면 최소한 억제는 해야 한다. 여섯째, 경제발전은 지나치게 우경화되어서도, 좌경화되어서도 안 되며 중도적인 입장을 취해야 하고 실제 상황과 경제법칙에 의거해야 한다. 마지막으로 가장 중요한 것은, 당은 반드시 "권력은 부패를 초래하고, 절대적인 권력은 절대적인 부패를 초래한다"는 액튼 경의 격언을 명심해야 한다. 이런 심각한 문제들이 효과적으로 해결되지 못하면 인민들의 당에 대한 신망은 크게 감소하리라는 것이다("중국 공산주의 45주년"에 대해서는 제41장을 보라).

---

24) Xue Muqiao(ed.), *Almanac of China's Economy, 1985 / 1986*(Hong Kong, 1986), p. 26; 國家統計局, 北京, 1988년 2월 23일, *Beijing Review*, March 7-13, 1988.

37
중국적 특색을 가진 사회주의 건설

1978년 12월의 중국 공산당 제11기 3중전회는 "마오쩌둥 시대 이후"의 중국 정치와 경제생활에서의 획기적인 사건이었다. 이 회의는 덩샤오핑이 최고지도자로 부상했음을 보여주었으며, 일련의 경제발전과 대외개방을 가속화하는 매우 중요한 결정을 통과시켰다. 덩샤오핑은 새로운 사회주의 개혁의 설계사가 되었는데, 이 개혁을 통해서 중국은 가난과 정체 상태에서 벗어나게 되었다.

덩샤오핑의 구상

최초에 덩샤오핑에게 결코 총체적인 계획은 없었다. 그는 단지 일종의 실무적인 의식만 있어서, 개혁이 성공하도록 하기 위해서는 중국에서의 사회주의 건설이 반드시 중국적 특색을 가져야 하고 마르크스-레닌주의가 반드시 중국의 실제와 결합되어야 한다고 생각했다. 이 점에서 그는 마오쩌둥과 다르지 않았다. 마오쩌둥은 일찍부터 중국 공산주의 혁명이 승리를 거두려면 마르크스-레닌주의를 중국에서의 구체적인 실천과 결합시켜야 한다고 생각했다. 역사는 마오쩌둥의 혁명과 덩샤오핑의 건설을 20세기 하반기의 중국, 더 나아가서 전 세계에서 가장 중대한 사건으로 받아들일 것이다. 이 두 사건은 모두 합당한 인정을 받을 것이다.

3중전회가 폐막된 지 2년 후에, 덩샤오핑은 점차 중국을 발전시킬 미래의 계획을 더욱 명확히 밝혔다. 1979년 12월, 내방한 일본 수상인 오히라 마사요시가 "각하의 4개 현대화의 목표는 무엇입니까?"라고 묻자 덩샤오핑은 즉시 대답하기를, 목표는 국민총생산액을 4배로 증가시키는 것인데, 현재의 2,500억 달러에서 금세기 말까지 1조 달러로 증가시켜서 1인당 평균 총생산액이 1,000달러가 되게 하는 것이라고 했다. 이후에 인구가 10억에서 12억으로 증가되는 것이 불가피함을 고려하여, 그는 2000년이 되었을 때의 1인당 평균 총생산액은 800달러로 낮춰지겠지만, 국민총생산액은 여전히 1조 달러 수준을 유지할 것이라고 말했다. 일단 이 목표를 이루면 중국은 장차 더욱 큰 발전을 이룩할 튼튼한 기초를 갖추게 될 것이라는 이야기였다. 그러면 중국은 30-50년 안에 비교적 발달한 국가의 대열에 들어설 수 있다는 것이다. 2000년의 국민총생산액 1조 달러라는 숫자는 아주 빨리 전파되어 전국인민의 확고한 개념으로 자리잡았다.[1]

물론 이 목표에 도달하려면 상하 구분 없이 전국적인 공동노력이 필요하고, 경제성장을 가속화시켜야 하며, 외국 자본과 과학기술 및 관리기술을 받아들여야만 한다. 이를 위해서 반드시 경제개혁과 대외개방이 결합된 정책을 취해야 했다. 80퍼센트의 인구가 농촌에서 살고 있기 때문에, 농촌경제를 활성화시키고, 농촌수입과 농민의 생활수준을 향상시키는 것이 가장 중요한 과업이 되었다. 농촌개혁이 성공한 이후에는 도시지역에서 공업개혁이 전개될 것이었다. 이와 동시에 장기적인 개방정책을 실시하여 대외무역을 확대하고, 관광업을 발전시키며, 외국의 자금과 기술과 관리기술을 끌어들인다는 것이다. 덩샤오핑은 개방정책은 중국의 진보에 절대적으로 필요한 것이라고 강조했다. 즉, 명조 중엽에서 1840년 아편전쟁 시기까지의 쇄국정책과 1958-1976년의 불행한 시기는 오랫동안 우매함과 낙후를 초래했다.[2]

---

1) Teng Hsiao-p'ing, *Building Socialism with Chinese Characteristics*(Peking, Foreign Languages Press, 1985), pp. 35-40, 49-52, 58-59, 70-73.
2) *Ibid.*, p. 61.

덩샤오핑은 인민들에게, 개방은 자본주의가 사회주의를 침식하는 것을 의미한다고 걱정하는 사람들의 견해는 전혀 근거가 없는 것이라고 보증했다. 중국 경제의 주류는 여전히 사회주의라는 것이었다. 즉, 중국은 여전히 사회주의 분배원칙을 계속 유지할 것이고 국가가 계속해서 생산수단과 모든 기본적인 경제구조를 장악한다는 것이었다. 외자의 유입은 사회주의 경제의 기초를 손상시키지 않을 것인데, 그 이유는 외국 상사와의 합자기업 중에서 적어도 50퍼센트의 주식이 중국 측의 소유이기 때문이라는 것이었다. 개방정책에 몇몇 부정적인 영향이 있으리라는 것은 확실하지만, 그것이 자본주의의 부활을 야기할 리는 없다는 것이었다. 설령 1인당 평균 생산액이 수천 달러에 이르더라도, 새로운 자본가계급의 탄생을 두려워할 필요가 없다는 것이었다. 덩샤오핑은 "국가와 국민의 재산을 증가시키는 것이 무엇이 잘못인가?"라고 반문했다.[3]

덩샤오핑은 지역에 따라서 자연자원과 인력자원이 다르기 때문에 어떤 두 지역 사이에서도 동일한 보조로 발전할 수 없다는 사실을 매우 현실적으로 인식하고 있었다. 그는 일부 지역들과 인민들을 먼저 부유하게 하여 다른 지역과 국민을 위한 본보기를 수립하기를 원했다. 상하이에서 70마일 떨어져 있는 쑤저우 시는 사람들에게 시사해주는 바가 있는 곳인데, 그 이유는 그곳이 이미 1인당 평균 생산액이 800달러라는 부유한 수준에 도달했기 때문이다. 그곳의 생활의 질을 통해서 2000년의 중국의 모습을 예측할 수 있었기 때문에, 이에 흥미를 느낀 덩샤오핑은 1983년에 쑤저우를 시찰했다. 그는 그곳 사람들이 잘 먹고, 잘 입고 있으며, 주거지도 다른 지역보다 더 넓고(1인당 평균 거주면적이 20제곱미터), 텔레비전을 보유하고 있으며, 지방교육에 투자하기를 원하고, 범죄율이 비교적 낮아서 현지인들이 행복하고 자신 있는 표정을 드러내고 있는 것을 발견했다. 그들의 생활방식의 특징은 자신이 사는 곳을 열렬히 사랑하여, 보편적으로 베이징이나 상하이 같은 대도시

---

3) *Ibid.*, p. 62.

로 이사 갈 생각을 하지 않는다는 것이었다.[4]

덩샤오핑은 날이 갈수록 그의 이상이 실현될 수 있다고 믿게 되었다. 1984년 10월 1일, 중화인민공화국 35주년에 즈음하여 그는 자신 있게 전 국민에게 1979-1983년의 연평균 경제성장률은 7.9퍼센트이고, 1984년도 성장률은 14.2퍼센트로서, 이는 2000년도까지 국민총생산액을 4배로 증가시켜서 1조 달러의 목표에 도달하는 데에 필요한 연평균 성장률 7.2퍼센트를 초과하는 것이라고 선포했다. 만약 계속해서 현재의 성장률을 유지하면 중국은 예상한 목표에 도달할 수 있다는 것이었다. 세계은행 역시 이 점에 동의한 것 같다.[5] 덩샤오핑의 실무적인 전략은 "한걸음 한걸음 앞으로 나아가고, 한편으로는 나아가면서 또 한편으로는 살피면서, 상태를 유지하는 것"이었다.

농업개혁

전통적으로 농업은 중국의 국가와 경제의 기초였다. 이 때문에 우선 농업에서의 중대개혁은 매우 중요한 것으로 생각되었다. 1957년부터 1978년까지 20여 년 동안 농업은 줄곧 열악한 상태였고, 식량생산의 연평균 성장률은 겨우 2.6퍼센트에 머물렀으며, 면화의 성장률은 2.1퍼센트였다.[6] 중국은 날로 증가하는 인구의 끼니 해결을 위해서 대량의 식량을 수입하지 않을 수 없었다. 농촌경제는 빈사 상태에 처해 있지는 않았지만 활기는 전혀 없었다. 20년 동안에 농촌의 생활수준은 전혀 개선되지 못했으며, 농민은 일에 대한 열정을 거의 가지고 있지 못했다.

---

4) *Ibid.*, p. 53.
5) *China: Long-Term Development Issues and Options*(Washington, D. C., The World Bank, 1985). 세계은행은 만일 중국이 (1) 국민소득의 30퍼센트의 비율로 인프라 건설에 효과적으로 투자하고, (2) 에너지와 원자재 이용을 적당하게 개선하고, (3) 인구를 2000년에 12억을 초과하지 못하게 통제하면 국민총생산액이 4배로 증가하는 것이 가능하다고 믿는다.
6) Nicholas R. Lardy, "Overview, Agriculture Reform and the Rural Economy", *China's Economy Looks Toward the Year 2000*, Joint Economic Committee, Congress of the United States(Washington, D. C., 1986), Vol. I, The Four Modernizations, pp. 325, 331.

사람들은 모두 농촌경제 진흥에 대한 가장 주요한 장애는 인민공사제도라는 것을 알고 있었다. 그것은 마오쩌둥의 농촌경제구조의 지주였기 때문에 마오쩌둥이 살아 있는 한 감히 이 신성불가침한 체제를 약화시키거나 비판할 사람은 없었다. 이제 사람들은 근본적인 혁명이 있어야 비로소 경직된 농촌경제에 새로운 활력을 불어넣을 수 있고, 새롭게 노동에 대한 열정에 불을 붙일 수 있으며 농민대중의 거대한 잠재력을 방출시켜서 그들의 생활수준을 향상시킬 수 있다는 것을 알고 있었다.

　1978년 12월 당의 3중전회가 일련의 과단성 있는 결정을 통과시켜 더욱 큰 물질적 유인책의 채택을 장려하고, 줄곧 농업부문의 생산증가를 제한하고 있던 이전의 통제 메커니즘을 느슨하게 했다. 뒤이어 수개월 동안에 걸친 지방과 중앙정부 지도자 사이의 논의는 소위 "책임제" 혹은 "농가 세대별 생산 책임제"를 탄생시켰다. 이 제도하에서 땅은 여전히 공유이지만 개개 농가는 경작에 사용할 농토를 얻어서 인민공사의 생산대 혹은 경제합작사와 계약을 체결했다. 계약서에는 경작하는 작물의 생산량과 토지사용 비용을 지불하기 위해서 생산대나 합작사에 바치는 생산량 지표가 정확하게 적혀 있었다. 이 지불 내용에는 수리비와 위생비와 복지후생비 등 공공비용도 포함되어 있다. 개개 농가는 모두 노동력 자원을 완전히 장악하고 동시에 계약서상의 지표를 초과하는 생산품은 계속 남겨서 사용하거나 자유시장에 내다팔 수 있다. 농가는 생산과정 전체에 대해서 전적으로 책임을 지는데, 즉 종자와 화학비료 선택, 노동의 분배, 휴식계획, 토양의 준비에서 최종적으로 수확에 이르기까지의 전 과정을 책임지는 것이다.

　책임제는 1979년에 시작되었으며 1980-1981년 사이에 점차 각 성으로 점점 확대되었고, 1982-1983년 사이에 이 과정은 가속화되었다. 1984년에 이르러서는 약 98퍼센트의 농가가 이 책임제 아래 있게 되었다. 처음에 매 농가에 분배한 토지는 기한이 1사분기 혹은 1년이었다. 그러나 이후 1984년에 이르러 책임전(責任田)에 장기적인 계획과 투자가 이루어지도록 장려하기 위해서 책임기간이 15년으로 연장되었다. 더욱 긴 계약기간을 정한 것은 생

산상의 고려 때문이었는데, 예를 들면 농사의 강도나 작물의 선택(특별히 비교적 생장이 느린 과일나무)과 토양비옥도의 배양 등이었다.[7] 더 나중에 토지계약은 더욱 장기간의 투자를 장려하기 위해서 이 토지를 경작하는 농가가 계승하는 것이 가능해졌다. 그러나 만약 처음의 책임규정을 완수하지 못했을 때에는 계약을 취소하는 상황이 생기기도 했다. 정부는 또한 농촌의 노동자들이 작물, 가축, 가금 혹은 기타 각종 부업의 전문적 생산에 힘쓰도록 장려했다. 이것은 마오쩌둥의 식량생산에 대한 대대적인 강조와는 현저히 달랐다. "전문농개[專業戶]"가 점차적으로 출현했는데, 그들은 결코 전답에 파종하지 않고 완전히 비(非)작물 생산에 종사했다. 전문농가와 일반농가 사이에 "겸업농가"가 있는데, 그들은 토지에 경작을 하지만 주로 비작물 활동에 종사하여, 예를 들면 양어(養魚)를 하거나 동물을 사육하는 일 등을 했다. 1984년 10월 현재 이 두 종류의 농가는 약 2,400만 가구로, 전체 농가의 13퍼센트를 차지했다.[8]

청부책임제가 점차 인민공사의 직능을 대체하게 되어 결국 인민공사는 완전히 자취를 감추었다. 오늘날에는 오직 아주 적은 수의 모델 인민공사만 남아서 역사적인 이정표 혹은 전시물로서 외국 방문자들과 중국 사회경제사를 연구하는 사람들이 참관하고 있다. 1984년에 더욱 중대한 조정이 이루어졌는데, 개개 농가가 만약 현지 생산단위의 동의를 얻는다면 책임 맡은 토지를 다른 농가에 양도하는 것도 가능해졌다. 규정에 근거하면 한 농가가 질병이 걸리거나 사망하거나 기타 어떤 번거로운 일들을 당해서 농사를 지을 수 없게 되었을 때 책임전을 양도하는 것을 허가한다는 것이다. 1987년 제13차 당 대회는 농가 사이의 토지경작권의 판매를 한층 더 개방했다. 이론상으로는 한 농가가 2, 3개 농가 혹은 더 많은 이웃 농가의 책임전 경작권을 획득하는 상황이 불가능하지 않았다. 그래서 어떤 비평자들은 이런 가능성은 자본

---

7) Frederick W. Crook, "The Reform of Commune System and the Rise of the Township-Collective-Household System", *China's Economy Looks Toward the Year 2000*, Vol. I, pp. 362-363.
8) Crook, p. 370.

주의 대두의 징조라고 지적했지만 이런 상황은 거의 발생하지 않았다. 어찌 되었든 간에 토지는 여전히 공유의 것이어서, 자본주의가 부활할 기회는 아주 적은 것 같았다.

농업개혁으로 인해서 농업생산량과 생산력은 모두 급속히 향상되었다. 1987년 쌀과 보리의 생산량은 인민공사 시기의 생산량에 비해서 50퍼센트 증가했다. 더욱 중요한 것은, 농업합작화 시기에 농민들은 1년에 250-300일 동안 논밭에서 일해야 했는데 이제는 매년 평균 60일 정도만 농작물에 시간을 투자하게 되었다는 것이다. 그리고 남는 시간은 이익을 올리는 부업에 시간을 투자하게 되었다. 그래서 현금 수입이 4배로 늘어나서 생활수준이 크게 향상되었다. 개혁에 참여한 농가는 새로운 벽돌집을 짓기 시작했고, 새로운 텔레비전과 가구를 구입했으며, 색채가 화려한 새 옷을 입을 수 있게 되었다. 쓰촨 성과 기타 매우 많은 성에서는 책임전 부분이 성 전체의 총생산량의 6분의 1을 차지했다. 비록 책임전의 면적은 1에이커보다 작았지만 모든 농가를 충분히 부양할 수 있는 식량을 생산했다. 농민은 유산계층의 사람들과 같은 생활을 하기 시작하여, 적지 않은 농가가 1만 위안이 넘는 수입을 거두어들였다(완위안후[萬元戶]).9)

따라서 인민공사의 해체는 갑작스레 이루어진 것이 아니라 5년의 과정을 거쳤다는 것을 알 수 있다. 이제 신형(향-촌-호) 농촌구조가 생겨났는데, 그것은 이전 인민공사의 일부 직능들을 맡지만 뚜렷이 분업이 되어 있었다. 향(鄕)은 주로 정부와 행정사무를 처리하고, 당원은 당무를 처리하며, 촌(村)은 개별 농가와 책임체결을 하는 등의 직책을 수행하게 되었다. 매우 자주 눈에 띄는 현상은 이전의 인민공사의 생산대대와 생산소대가 새로운 경제합작조(촌)로 변했고, 이전의 인민공사의 몇몇 부문이 "향진기업(鄕鎭企業)"으로 변하여 제조, 가공, 운송, 시장거래, 서비스업에 종사하게 된 것이다.10)

농촌개혁의 결과는 완전히 기적이었다. 식량생산의 연 증가율이 1957-

---

9) *Los Angeles Times*, Nov. 25, 1987.
10) Crook, pp. 364-365, 368-369.

〈주요 농산물 생산량〉 (단위 : 100만 톤)

	1952년	1957년	1965년	1978년	1980년	1984년	1987년
식량	163.42	195.05	194.53	304..77	320.56	407.32	402.41
면화	1.30	1.64	2.09	2..16	2.07	6.25	4.19
유료작물	4.19	4.19	3.62	5.21	7.69	11.91	15.25
사탕수수	7.11	10.39	13.39	21.11	22.80	39.51	46.85

출처 : Xue Muqiao(ed.), *Almanac of China's Economy, 1985/86*(Hong Kong, 1986), p. 19; 國家
統計局 자료, 1988년 2월 23일, *Beijing Review*, March 7-13, 1988.

1978년의 2.1퍼센트에서, 1979-1984년의 4.9퍼센트로 증가했다. 1984년에는 대풍년을 기록하여 생산량이 4억700만 톤에 이르렀는데, 전년에는 3억 500만 톤이었다. 1인당 식량생산량도 1957년에 이루었던 302킬로그램이라는 높은 생산을 초과했고, 심지어 해방 전의 최고치를 초과했다. 작물과 가축의 총생산량은 1978-1984년 사이에 49퍼센트 증가했다.[11]

농업생산 방면에서의 거대한 진전으로 인해서 중국은 양식 순수입국에서 곡물, 대두(大豆)와 원면(原棉)의 수출국으로 변모했다. 1980-1984년 사이에 중국은 농산품에서 40억 달러의 대외무역 흑자를 이루었는데, 이것은 35년 동안의 최대수확이었다.[12] 농촌의 1인당 소득은 1979년의 134위안에서 1983년에는 310위안 그리고 1987년에는 463위안으로 향상되었다. 성공의 원인은 농민의 부지런한 노동과 주도면밀한 계획이 있었을 뿐만 아니라 정부가 농산물에 대한 수매가격(1978년부터 1983년 사이에 50퍼센트 상승) 및 목축업, 어업, 임업 등의 부업이 가져다주는 수입을 높였기 때문이었다. 국가의 농업에 대한 투자감소가 현저하게 성공하여, 1978-1979년도에서 1981-1982년도까지 50퍼센트 감소했다. 그러나 인민은행이 제공하는 대부금과 농기계, 트랙터와 주택건설에 대한 개인투자가 크게 증가하여, 1982년에는 총

11) Frederick M. Suris, "China's Agriculture in the Eighties", *China's Economy Looks Toward the Year 2000*, Vol. I, p. 338.
12) Lardy, p. 327.

액이 157억 위안에 달했고 1983년에는 214억 위안에 달했다. 이런 것들이 국가투자의 감소를 보충했다.[13)

인민공사가 해산된 이후에는 모두들 인민공사가 행해왔던 대형 프로젝트들을 갈수록 소홀히 하게 되었는데, 예를 들면 기계화된 관개체계와 중형 트랙터를 이용해서 땅을 평평히 고르는 것 등이었다. 사회봉사와 보건위생과 기초교육도 영향을 받았다. 그 외에도 국가가 새롭게 무거운 부담을 지게 되었는데, 왜냐하면 국가가 농산물에 비교적 높은 가격을 지불했기 때문이다. 그러나 인플레이션과 대중의 분개를 걱정했기 때문에 상품가격을 높일 수는 없었다. 국가의 곡물과 식용유의 보조는 1974년의 40억 위안에서 1983년에는 200억 위안으로 증가했다.[14)

그 외에 기타 몇몇 농업문제들이 있었다. 첫째, 피나는 분투와 물질적 유인책에는 한도가 있었고, 이 한도를 넘기면 포화 상태에 이르게 되었으며, 근면의 정도나 의지력의 높고 낮음은 생산량의 고저에 아무런 영향을 주지 못했다. 생산력을 증가시키려면 정부가 농업에 대한 투자를 확대해야 했지만, 정부의 재정이 매우 어려워서 농업투자의 예산액은 실제로는 낮추어져, 1978년에 국가지출의 13퍼센트를 차지하던 것이 1983년에는 6.8퍼센트, 1985년에는 5.6퍼센트로 하락했다. 둘째, 집단화가 쇠락함으로써 관개체계를 장기간 수리하지 않고 방치하는 일, 기계화의 감소 및 저질 비료를 더욱 많이 사용하는 일 등의 현상이 일어났다. 경작 단위의 자연재해를 막아낼 능력이 크게 약화되었다. 셋째, 식량의 낮은 가격은 농사를 짓는 것이 기타 생산활동에 비해서 효과가 떨어지는 현상을 초래했다. 1985년 비교적 부유한 장쑤 성의 평현에서는 한 농민이 1년에 650원을 벌었지만 가축 사육업을 하는 사람의 1년 소득은 2,375위안이었으며, 공장노동자의 1년 소득은

---

13) *Ibid.*, pp. 328-330. 정부수매가는 1979년에 22.1퍼센트 향상되었고, 1980년에는 7.1퍼센트 향상되었으며, 1981년에는 5.9퍼센트, 1982년에는 2.2퍼센트 향상되었다. Nai-Ruenn Chen and Jeffrey Lee, *China's Economy and Foreign Trade, 1981-1985*(U. S. Dept. of Commerce, 1984), p. 6을 보라.
14) Lardy, p. 333.

4,199위안에 달했고, 건축 노동자들은 4,033위안, 운수업 노동자들은 47,62 위안을 벌었다. 평균적으로 말해서 비농업 종사자들이 농민보다 4.1배나 많이 벌었다.[15] 일부 식량생산자들이 기타 업종으로 전환하여 보조금을 얻거나 농사일을 순수한 부업으로 변화시켰다. 넷째, 국가가 토지를 징발하여 공업발전에 사용하고, 농촌에는 새로운 주택이 건설되고, 목재와 가축업과 어업 발전을 위해서 토지가 점용되었기 때문에 농지는 끊임없이 줄어들었다. 오직 1985년에 유실된 농지만 해도 1,500만 묘(250만 에이커)였다. 다섯째, 장기간에 걸쳐 존재해온 문제들이 지속적으로 존재하고 있었는데, 예를 들면 높은 문맹률과 농업기술자 부족(4,000호당 1명 정도) 및 홍수, 침수, 화재 등이 정기적으로 일어났다.

더욱 심각한 도전은 막 나타나기 시작한 인구폭증이었는데, 이것은 증가된 공업제품, 농업제품을 대부분 소모하게 하여 개혁의 효과를 상쇄시켰다. 인구의 증가가 통제력을 잃지 않게 하기 위해, 정부는 "오직 한 자녀 낳기" 정책을 내놓아서 규정을 준수하는 부부에게는 물질적인 보상을 주었고(직업, 승급, 주택과 학교 분배 방면에서의 우대 보증 등), 규정을 준수하지 않는 부부에 대해서는 징벌을 가했다(소속 직장에서의 직위 강등, 벌금, 식량배급 정지 등). 이 정책은 1982년 대대적으로 실시되어 도시지역에서는 성공을 거두었지만, 농촌지역에서는 효과가 그리 크지 못했다. 농민은 장래에 집안에서 일을 돕고 대를 이을 사람이 있도록 하기 위해서 여전히 남자아이를 낳기를 희망했다. 다시 한번 남자아이를 가질 기회를 가지기 위해서 그들은 자주 여자 갓난아이를 살해했다. 이후의 농촌경제의 번영으로 수많은 농민들은 정부의 금지령을 무시하고, 남자아이를 얻기 위하여 차라리 벌금을 내더라도 두 번째, 세 번째 아이를 낳기를 원했다. 오늘날의 중국에서는 자녀가 하나만 있는 가정의 아이들은 흔히 부모와 조부모의 귀여움을 듬뿍 받아 마치 "어린 황제"처럼 되었다. 이런 아이들은 통상적으로 가정의 사랑과 관심

---

15) 『經濟學周報』, 上海, 1986년 7월 20일. 식품 문제에 관한 글.

과 각종 활동의 중심이고, 날이 갈수록 총애를 받아 마르크스주의와 마오쩌둥 사상과는 전혀 맞지 않는 이기주의와 개인주의에 물들게 되었다. 이런 새로운 세대의 공산주의 아동의 성장과 성숙의 상황을 추적해보는 것은 매우 흥미로운 일일 것이다.

비록 각양각색의 문제가 있지만, 1986년의 식량생산량은 그래도 3억9,000만 톤에 이르러 1985년에 비해서 1,000만 톤이 증가했으며 1986년의 농촌의 1인당 평균소득은 425위안으로 전년에 비해서 7퍼센트 증가했다. 1987년에 식량생산량은 지속적으로 상승하여 4억241만 톤에 이르러 2.8퍼센트 성장했다.16)

결론적으로 말해서 5년간에 걸친 농업개혁은 농업부문에서 감추어져 있던 거대한 잠재력을 방출시켰는데, 이것은 정부가 도시지역에서 공업개혁을 전개하도록 용기를 북돋아주었다. 여기에서 문제는 훨씬 더 복잡해졌다.

공업개혁

1952-1983년에 중국의 공업성장은 상당히 높은 수준으로, 연평균 성장률이 9.8퍼센트였다.17) 그러나 서양의 많은 경제학자들이 말하는 "비합리적인 방법"이 효율과 생산력과 노동력을 억제시켰다. 마오쩌둥이 1950년대 초에 건립한 공업구조는 소련의 제도를 모방한 것인데, 이것의 뚜렷한 특징은 중앙계획과 중공업의 발전을 강조한 것이다. 국가는 소유자와 경영자와 고용주의 신분으로서 모든 공유기업을 계획하고 지도하며 그들에게 자금을 제공했다. 국가는 또한 토지, 공장, 설비, 기본재료, 운전 자금, 관리인원과 생산과

---

16) 中華人民共和國國家統計局, 『1987年社會經濟發展統計』, 1988년 2월 23일 공포되었다. *Beijing Review*, March 7-13, 1988에 게재되었다.
17) Robert Michael Field, "China, The Changing Structure of Industry" in *China's Economic Toward the Year 2000*, Selected Papers submitted to the Joint Economic Committee, Congress of the United States(Washington, D. C., 1986), Vol. I, *The Four Modernizations*, p. 505(이하에서는 *China's Economy*로 표기한다).

정 전체가 필요로 하는 일체를 제공했다. 국가는 또한 제품의 가격을 확정했지만 제조원가와 품질은 상관하지 않았다. 완전히 가치법칙이나 공급과 수요원칙을 전혀 인정하지 않았다. 국영기업은 중앙정부로부터 그들 전부의 이윤과 상각자금을 상납하라는 요구를 받았다.

이런 제도 아래, 기업은 그들의 업적이 어떻든 상관없이 모두 국가의 지원을 받았으며, 근로자들은 그들의 일의 질에 상관없이 모두 기본임금을 받았다. "모든 기업은 국가라는 큰 솥의 밥을 먹고, 모든 근로자들은 기업이라는 큰 솥의 밥을 먹는다"라는 말이 있다. 이런 체제가 최초에 효과를 거둘 수 있었던 것은 혁명의 동력, 애국주의, 국민들의 사회주의 신사회를 건설하고자 하는 헌신정신 때문이었다. 그러나 시간이 지나감에 따라서 기업이나 근로자들의 근무성적이 아무리 두드러져도 아무 상관이 없었다. 상황이 어떻든 보수는 모두 같았는데, 즉 공장은 똑같은 지원금을 받았고 노동자는 똑같이 낮은 임금을 받았다. 소위 사회주의는 완전고용을 보증한다는 과대선전은 사실상 평생직업의 안전을 보증하는 것이었으며, 게으르고 제멋대로인 노동자를 해고시키는 것은 거의 불가능했다. 어떤 공장장이 어떤 노동자를 해고시키려고 한다면 그는 불명예스러워졌는데, 그 이유는 노동자를 해고시켰을 뿐만 아니라, 사람들이 그의 지도가 냉혹하고 매정하다고 말할 것이기 때문이었다. 마찬가지로, 경영을 잘하지 못하거나 부채가 아주 많은 국영기업을 처벌하는 일은 보기 드물거나 전례가 없었다. 1979-1980년에도, 대략 25-30퍼센트의 국영기업이 경영에서 적자를 보았다.[18) 가격구조는 더욱 "비합리적"이었다. 국가가 제조원가와 품질은 상관하지 않고 모든 제품의 가격을 제정했다. 이렇게 되어 종종 다음과 같은 상황이 나타나게 되었다. 즉, 한 제품의 생산원가가 판매 가격보다 더 높으며, 품질이 낮은 제품의 가격이 품질이 높은 같은 종류의 제품가격보다 더 높아지는 것이다. 이런 체제는

---

18) Nai-Ruenn Chen and Jeffrey Lee, *China's Economy and Foreign Trade, 1981-85*, U. S. Department of Commerce(Washington, D. C., 1984), p. 13(이하에서는 Chen and Lee로 표기한다).

비록 비합리적이지만, 중국은 이를 관습적으로 30년 동안 운용해왔다. 어떤 부분에 대해서 개혁을 하게 되면, 계획, 관리, 생산, 판매, 가격의 일련의 방대한 연쇄망에서의 균형을 파괴하게 된다. 이 과정은 수백만 명의 간부들과 관련되어 있어서 이 과정의 어느 단계에 대해서 개혁을 하면, 그들의 생활에 영향을 미치게 되었다. 사람들을 걱정스럽게 하는 가장 나쁜 상황은 가격통제력이 상실되어 무시무시한 인플레이션 현상을 일으키는 것이다. 대중의 분개와 불안을 일으킬 수 있는 어떤 행동도 피하고 싶었던 중앙정부는 사정을 보아가면서 착실하게 일을 진행시키는 방식을 채택하여, 매 단계의 반응을 알아보고, 그것의 결과를 평가한 후에 계속해서 추진하기도 하고 물러서기도 했다.

제1단계 1978-1984년의 공업개혁 정신은 일에 대한 열정을 다시 점화시켜 노동자의 잠재력을 충분히 발휘시키고, 공업구조를 활성화시키며, 생활수준을 향상시키는 것이었다. 채용한 방식은 단지 물질적인 유인책일 뿐이었다. 이것은 마오쩌둥이 통치하던 혁명시기에는 가장 경멸당하던 가치관이었다.

　1978-1979년은 착수 시기였다. 쓰촨 성과 기타 몇몇 특정 지역에서 이윤을 일부 떼어놓는 계획의 실험을 실시했다. 실험이 성공을 거둔 후에 그것은 전국으로 널리 확대되었다. 이 개혁의 핵심은 일종의 공업책임제를 수립한 것으로서, 그중에서 국영기업이 주관 부문과 손익책임계약서[盈虧包乾書]를 체결하여 일정 액수의 이윤을 국가에 납입하지만, 이 액수 이상의 기본이윤을 남겨두는 것에 동의했다. 1980년이 되자 대략 6,600개의 국영기업이 이런 제도를 채택했다. 남겨진 이윤은 상여금 지급과 근로자 복지와 공업혁신에 사용할 수 있었다.[19] 일을 많이 하면 수입이 많아지고, 일의 성격(숙련노동과 비숙련노동, 정신노동과 육체노동)에 따라서 보수를 결정하도록 하는 공개적인 명령이 내려졌다. 이리하여 하룻밤 사이에 근로의욕이 회복되었다.

---

19) Barry Naughton, "Finance and Planning Reforms in Industry", *China's Economy*, I, p. 608.

1981-1982년에는 이윤을 남겨놓는 제도를 더욱 완벽하게 하여, 기업이 지표 이상을 초과하는 더욱 큰 액수의 이윤을 남겨놓는 것을 허가했으며, 또한 손실을 낮추어서 생긴 예산상의 여축 금을 일부분 남겨두는 것을 허가했다. 남겨놓는 액수는 높은 이윤을 내는 업종에서는 10퍼센트, 낮은 이윤을 내는 업종은 30퍼센트, 기타 모든 업종은 20퍼센트였다. 1982년 말에 이르러 모든 공업기업은 책임제를 실시했다. 제도규정에 따르면 모든 공업기업은 자사의 각종 경제적인 결정 및 그것에 따른 손익에 대해서 책임을 져야 한다. 공장장은 근로자를 임용하거나 해고할 수 있고, 그들의 임금과 보너스를 결정할 수 있으며, 국가가 허가한 범위 내에서 가격을 제정하게 되었다. 그러나 공장장은 더 이상 종신제가 아니었다. 그들은 1985년 1월 1일부터 부임하며, 임기는 4년이고 3번 연임할 수 있었다.[20]

책임제의 직접적인 효과는 국가가 기업에게서 받는 자금이 크게 감소됨으로써 기업과 지방이 보유하는 자금이 증가된 것이다. 이 자금은 중앙의 통제나 조정을 받지 않는 기본건설에 사용됨으로써, 1982년 말에 이르면 지방건설 기금투자는 420억 위안에 달했다.[21] 국가는 재정적자와 지방투자에 대한 통제 상실이라는 이중 타격을 받았다. 갑작스레 많아진 건설은 건축자재의 부족과 가격급등을 초래했다. 1983년 6월 1일, 정부는 세금으로 이윤을 대신한다는 정책을 내놓았다. 대형, 중형 기업인 경우에는 자신들의 55퍼센트의 이윤을 세금으로 납부할 것을 요구받았으며, 소형 기업은 8개 등급으로 나누어진 세납규칙에 따라서 납세해야 했다. 이렇게 함으로써 국영기업과 정부부서 간의 직접적인 연계가 단절되었다.[22] 이 밖에 점차 3가지 다른 세수를 징수하기로 했는데, 그것들이 전체 이윤에서 차지하는 상대적인 몫은 다음과 같다. (1) 생산세는 이윤의 40퍼센트, (2) 소득세는 33퍼센트, (3) 조정세는 연해의 비교적 발달된 지역에서 징수하는 부가세로서, 12퍼센트였다. 이

20) Christine Wong, "The Second Phase of Economic Reform in China", *Current History*, Sept. 1985, pp. 261, 278.
21) Chen and Lee, p. 13.
22) Field, p. 532.

제 국영기업이 남겨둔 이윤의 총액은 대략 15퍼센트에 달했다. 이 밖에 지방 수준에서는 다른 두 가지 세금을 더 징수하는데 즉 토지, 도로, 가옥, 도시시설의 사용에 대해서 징수하는 자본사용비와 도시건설비였다.[23]

공산주의 제도하에서 소득세를 징수하는 것은 하나의 획기적인 사건이었다. 과거에는 공장은 공공재산으로서 토지임대료를 지불할 필요가 없었으며, 자금을 운용할 때 지불되는 이자는 매우 적거나 전혀 없는 경우도 있었고, 국가가 제공하는 고정자산투자는 분할상환을 할 필요가 없거나 조금만 상환하면 되었다. 수많은 국영기업은 경영이 효과적이지 못하거나 혹은 적자를 보아도 여전히 매우 높은 이윤을 유지하고 있었다. 이제는 공업이윤은 징세의 대상이 되었고, 소득세는 일시적으로 가격왜곡 현상을 조정하는 작용을 하게 되어 일종의 가격개혁의 대체품이 되었다.[24]

이런 새로운 조치들은 확실히 공업부문의 개선을 가져와서, 더 높은 생활수준과 새로운 상업상의 순이익 및 대규모 토목공사를 가능하게 했지만 기업의 이익에 더 많은 개선을 가져왔다는 증거는 없었다. 중국 공업이 이룩한 성과는 결코 최초에 예상했던 것처럼 그렇게 효과적이지 않았다.[25] 실제로 1982년에 약 30퍼센트의 기업은 여전히 적자경영으로 손실액이 40억 위안에 이르러, 국가예산 수입의 4퍼센트와 맞먹게 되었다. 1983-1985년에, 약 4만2,000개의 공업기업이 합병되거나 겸병되었다.[26] 경제개혁의 가장 뚜렷한 결과는, 아마도 도시와 농촌지역의 개인기업과 자유시장이 끊임없이 꼬리를 물고 생겨난 일일 것이다. 개인기업은 1978년의 10만 개에서 1983년에는 580만 개로 증가했고, 1985년에는 1,700만 개로 증가했다. 그들 중이 일부는 자본주의의 방식을 이용해서 매우 큰 이윤을 얻었다.[27] 3차 산업으로

23) Naughton, p. 612.
24) Ibid., p. 611.
25) Ibid., p. 608-609.
26) Chen and Lee, p. 14.
27) Sung Ting-ming, "Review of Eight Years of Reform", Beijing Review, Dec. 22, 1986, p. 15.

생각되는 서비스업도 크게 진보했다. 그것이 국민총생산에서 차지하는 비율은 1980년의 18.7퍼센트에서 1985년의 21.3퍼센트로 증가했다. 1985년을 예로 들면, 서비스업은 7,368만 명에게 취업의 기회를 주었다.[28] 농촌자유시장의 수효는 1985년에 4만 개에 달했는데, 도시자유시장의 총수는 약 3,000개였다. 도농의 자유시장을 모두 합치면 1978년에 소매총액의 6.6퍼센트, 1979년에 9.5퍼센트, 1980년에는 10.2퍼센트, 1981년에는 11.4퍼센트를 차지했다. 이런 자유시장과 개인기업들은 국유기업의 대해(大海) 속에서 매우 활력 있는 외딴 섬이 되었다.[29]

도시경제개혁과 관련된 매우 민감한 문제는, 결국 정부의 소비재에 대한 보조금 제공의 필요성을 배제하게 할, 현실에 부합하는 가격 시스템을 도입하는 것이었다. 정부는 매우 조심스럽게 몇몇 지정된 상품에 대한 가격통제를 완화하여 가능한 한 이런 조치가 시장에 끼치는 영향을 감소시키려고 시도했다. 1979년에서 1982년 사이에 석탄, 사철(沙鐵), 담배, 주류의 가격은 상승했지만, 기계와 의류의 가격은 하락했다. 1983년에 가격조정은 10만 종의 상품에 영향을 미쳤는데, 총액수는 400억 위안에 이르렀으며 그중 화학공업제품을 포함한 가격은 20-50퍼센트 증가했고, 철도운송비는 20퍼센트 증가했으며, 선풍기와 컬러 텔레비전 등과 같은 경공업 내구 소비재의 가격은 8-17퍼센트 상승했다. 민중은 가격상승을 원망했는데, 그것이 임금상승과 생활비용 증가의 속도를 초과했기 때문이다. 정부가 공표한 인플레이션은 1979년에는 4퍼센트, 1980년에는 6퍼센트, 1981년에는 2.4퍼센트, 1982년에는 1.9퍼센트였지만,[30] 비공식적인 추산에 의하면 매년 15-20퍼센트이고, 심지어는 더 높았다는 것이다. 1984년 10월에 중국 공산당이 도시개혁계획 추진을 가속화하겠다고 선포했을 때 사람들은 물가상승에 대응하기 위해서, 잇달아 은행으로 몰려가 예금을 인출하여 부족할 것이 예상되는 상품을

28) Tung-hsia Li, "Tertiary Industry Takes Off in China", *Beijing Review*, Feb. 9, 1987, pp. 18-19.
29) Chen and Lee, p. 15.
30) *Ibid.*, p. 8.

사들였다. 1945-1949년에 가격급등으로 인해서 생기는 고통을 경험한 중국인들은 그런 상황이 다시 재현될 징조들에 대해서 매우 두려워했다.

1979-1984년의 도시개혁은 자유로운 시장 시스템 구축을 의도하여 이루어진 것이 아니었다. 그것들은 단지 이것저것을 끼워 맞춘 방안들에 불과했다. 그 취지는 기존의 경직된 체계에 생기를 불어넣도록 하기 위해서, 현실적인 경제적 사고와 시장 메커니즘을 이용하여 효율이 낮은 기존의 시스템을 보수하는 것이었다. 이 과정에서, 정부는 "지령적 계획"을 특징으로 하는 관료주의식 경제를 포기하고, 방향을 바꾸어 "지도적 계획"의 태도를 취했다. 1984년에 이르러 공업 생산의 오직 30-40퍼센트만이 중앙계획의 생산으로 귀속되고, 20퍼센트는 시장경제이고, 40-50퍼센트는 지방계획이나 지도적 계획의 생산에 속하게 되었다.

제2단계 농업개혁의 성공과 공업부문이 이룬 진전으로 인해서 중국 공산당은 고무되었다. 1984년 10월 20일, 중국 공산당은 새로운 「경제 시스템 개혁과 관련된 결정」을 통과시켜 도시개혁에 박차를 가했다. 이것은 이상하고, 재미있는 문서였는데, 그 이유는 그것은 개혁의 청사진이 아니라 하나의 낙관적인 의도와 4,400만 당원들에 대한 지도원칙과 관련된 성명이었기 때문이다. 이 문건은 일련의 좋은 소식에 뒤이어 나온 것이라서 미래의 성공에 대한 자신으로 충만되어 있었다. 좋은 소식들이란 바로 기록적인 곡물생산량(4억700만 톤), 역사상 유례가 없는 외화 보유액(200억 달러), 중국의 운동선수들이 로스앤젤레스 올림픽에서 뜻밖의 좋은 성적(32개의 금, 은, 동메달)을 보여준 것이었다. 이 밖에도 농공업 총생산액은 중국 역사상 최초로 1조 위안이라는 심리적인 목표를 돌파했다.[31]

또 하나의 유리한 발전이 중국의 새로운 자신감을 증강시켰다. 그것은 바로 홍콩의 주권회복에 관한 영국과의 성공적인 협상이었다. 중영 양국은 이

---

31) 趙紫陽, 『當前的經濟形勢和經濟體制改革』, 1985년 3월 27일 제6차 전국인민대표대회에서의 보고서.

미 19세기에 불평등 조약에 의해서 영국에 할양되거나 조차된 중국의 3개의 영토의 앞날에 대해서 2년여에 걸친 논의를 해왔다. 이 3개의 영토는 (1) 1842년의 난징 조약에 근거해 할양한 홍콩, (2) 1860년의 베이징 협상에 근거하여 할양한 주룽 반도 남단과 스장다오, (3) 1898년 영국에 조차해준 신계(新界)와 235개의 부근 섬들로서 이 3개 영토는 홍콩 육지면적의 92퍼센트의 넓이를 가지고 있었다. 이 조차지들의 조차 기한은 99년으로서, 1997년 6월 30일에 기한이 만료되기로 되어 있었다.

조차지의 임대 기한이 머지않아 만기가 되기 때문에, 중영 양국은 모두 우호적인 협정을 체결하기를 기대했다. 영국 측의 희망은 1997년 이후 모종의 행정권한을 유지하여 홍콩이 앞으로도 계속 안정과 번영을 확보하는 것이었다. 반대로, 중국 측은 3개의 영토에 대한 주권을 완전히 회복하는 것을 주장했다. 1982년 9월, 영국 수상 마거릿 대처가 베이징을 방문한 후 중국 측의 희망에 따라서 실질적인 진전이 이루어졌다.

1984년 9월 26일, 중국과 영국은 홍콩의 미래 문제에 관해서 합의했다. 합의에 따르면, 홍콩은 1997년 6월 30일 이후 중국의 특별 행정구가 되지만, 홍콩의 사법과 교육 그리고 더욱 중요한 경제 및 재정제도 면에서 자유로운 기업 체제를 포함하여 고도의 자치를 유지하게 되었다.[32] 중국은 1997년 이후 50년 동안 홍콩의 사회경제제도에 관여하지 않을 것을 약속했기 때문에 실제로 "일국양제(一國兩制 : 1개 국가 속의 2개 정치체제)" 협정을 한 것이며, 덩샤오핑은 언젠가는 "일국양제"를 타이완에 응용하기를 희망했다.

1984년 10월에 이 협정에 가조인하고, 같은 해 12월 마거릿 대처 수상과 자오쯔양 총리가 이 협정을 정식으로 체결한 것은 중국이 하나의 획기적인 성격을 띤 승리를 거두었음을 상징했다. 이것은 외국 제국주의의 중국에서의 마지막 흔적이 종말을 고하는 것을 의미했다. 영국 수상은 이 협정을 위

---

32) 이 합의의 상세한 내용에 대해서는 『中華人民共和國政府和大不列顚及北爱爾蘭聯合王國政府關于香港問題的聯合聲明』, 香港, 1984년 9월 26일을 참조하라. 또 언급해야 할 것은 포르투갈도 1986년 10월, 1999년 12월 20일 마카오를 반환하기로 중국과 합의했다는 것이다.

해서 이전에 중국을 두 번 방문했으며, 영국 여왕이 역사상 최초로 중국을 방문하기로 예정되어 있었던 관계로 이 승리는 사람들을 더욱 만족시켰다.

바로 이런 기쁨의 분위기 속에서, 제 2단계의 도시개혁은 시작되었다. 기존의 경제에는 도대체 어떤 문제가 있는가? 이에 대해서 자오쯔양 총리는 경제가 경직화된 것은, 정부와 경제기업을 독립된 실체로 여겨 분리하지 않았고 정부의 기업에 대한 통제가 매우 엄격하기 때문이라고 주장했다. 상업 활동, 가치법칙과 시장요소 간의 정당한 관계에 대한 경시가 일련의 균형 상실을 가져왔으며, 이런 균형 상실은 반드시 시정되어야 하는 것이었다. 분배 면에서는 "절대 평균주의"를 지나치게 강조함으로써, 모든 사람들이 국가의 "평균분배"를 받았으며 어느 누구도 열심히 일하려고 하지 않았다. 기업과 노동자들이 적극성과 창조성을 상실하여 보편적인 마비 상태에 빠졌다. 이런 사태 중에서 가장 나쁜 것은 1957년부터 성행하기 시작한 "좌경" 사고로서, 상품경제를 발전시키려는 노력은 모두 자본주의의 부활이라고 질책한 것이었다. 자오쯔양은 대담하게 사상을 해방하여 이런 경직된 사유를 바로 잡아야 한다는 것을 인정하여 말하기를, "사회주의의 기본기능은 사회생산력을 발전시키고 사회의 재부를 부단히 증가시켜서, 국민들의 나날이 높아지는 물질과 문화상의 욕구를 만족시키는 것입니다. 사회주의는 가난을 종식시켜야 하며 가난은 사회주의가 아닙니다"라고 했다.[33]

자오쯔양이 말한 경제에 활력을 불어넣는 방법은 국가가 대형, 중형 기업에 대한 통제를 완화하는 것이었다. 공유제가 반드시 국가의 직접통제와 같은 것은 아닌데, 즉 소유권과 경영권은 두 가지 다른 기능이라는 것이었다. 자오쯔양은 국가가 통제하는 구조 내에서, 기업에 대해서 충분한 자주권을 주어서, 공급, 판매, 자본이용, 임용과 해고, 급료, 임금, 보너스, 완제품 가격 등을 스스로 결정하게 해야 한다고 생각했다. 기업은 법인의 지위를 가지고 손익을 스스로 책임져야 한다는 것이었다.

---

33)「中共中央關於經濟體制改革的決定」(中共中央十二屆三中全會通過), (香港, 1984), pp. 4-6, 17.

우리는 반드시 계획경제를 상품경제와 대립시키는 전통관념을 타파해야 하며, 사회주의 계획경제는 반드시 자발적으로 가치법칙에 근거하고 그것을 응용해야 하며 공유제의 기초 위에서 계획된 상품경제라는 것을 명확히 인식해야 합니다. 상품경제의 충분한 발전은 사회경제의 발전에 필수불가결한 단계이고, 우리나라 경제의 현대화를 실현하는 데에 필요한 조건입니다. 사회주의 경제와 자본주의 경제의 구별은 상품경제의 존재 여부와 가치법칙의 효과 발휘 여부에 달려 있는 것이 아니라, 소유제와 착취계급의 존재 여부 그리고 근로자가 주인 역할을 하느냐에 달려 있습니다.[34]

자오쯔양은 가격통제의 점진적인 완화는 국가의 보조금을 없애고 가치법칙과 시장의 공급과 수요에 근거하여 가격을 변동시킬 수 있기 때문에 가격통제의 완화가 도시 경제개혁의 핵심이라고 생각했다. 그러나 물가가 오르는 것은 반드시 특정 범위 내로 제한해야 했으며, 국민들의 봉급과 임금은 반드시 인플레이션 정도에 따라서 조정해야 하는 것이었다. 경제기업의 이윤은 더 나은 관리에 있는 것이지 스스로 물가 상승을 결정하는 것에 의해서 실현되는 것은 아니며, 그렇게 되면 단지 시장형세를 왜곡하는 것이다. "절대 평균주의"의 나쁜 영향을 없애기 위해서, 자오쯔양은 일한 만큼 보수를 받는 원칙을 거듭 표명했다. 즉, "많이 일하면 소득도 많고, 적게 일하면 소득도 적다"는 것이었다. 크게 왜곡된, 평균적으로 보수를 받는 방법은 사회 생산력 제고의 주요 장애물이라는 것이었다.

자오쯔양은 "공동부유"와 "모든 사람들이 같은 속도로 평등한 부를 얻는 것"을 동일시하는 것은 불가능하며, 공동의 빈곤을 초래할 뿐이라고 선언했다. 기타 지역, 기업, 개인들에게 용기를 북돋우기 위해서 일부 지역, 일부 기업, 일부 사람들이 먼저 부유해지는 것을 허용해야 한다는 것이었다. 그러나 중국은 소수의 사람들이 착취를 통해서 대부분의 사람들을 빈곤으로 몰

---

34) *Ibid.*, pp. 9–10.

아가는 것을 허용하지 않겠다는 것이었다.[35] 마지막으로, 자오쯔양은 사유기업을 계속 발전시켜 공유제를 보완하고 중소형 국영기업을 개인이 경영하도록 임대하거나 개인경영에 맡겨서 경제생활의 다양성을 풍부하게 하는 것에 찬성했다. 이런 발전은 장차 사회주의의 기초를 해칠 리가 없으며 사회주의를 발전하는 데에 꼭 필수적인 절차로 보아야 한다는 것이었다.

이 결정이 통과됨과 동시에 경제는 계속 앞으로 매진하고 있었다. 1978-1986년, 농공업 생산총액은 매년 10퍼센트의 속도로 증가했고, 국민소득은 매년 8.7퍼센트의 속도로 증가되었다. 사람들에게 특히 깊은 인상을 준 것은 국가의 예산 외에 기초건설이 급격히 증가한 것인데, 1978년에 투자총액의 16.7퍼센트를 차지하던 것이 1984년에는 57퍼센트로 증가했다. 곳곳에서 대규모 토목공사를 볼 수 있었다. 자본투입의 증가율은 1982년에는 25퍼센트, 1984년에는 23.8퍼센트, 1985년에는 42.8퍼센트였다. 투자수준은 1958-1960년의 대약진 운동 이후 최고조에 달했다. 그러나 이런 발전속도는 지속될 수 없었는데, 그것은 건축재료의 부족, 낭비, 혼란과 가격의 폭등을 초래했기 때문이다. 이와 같은 고액의 자본투입이 있었기 때문에 공업성장은 자연히 매우 빨라져, 1984년에는 성장률이 14퍼센트, 1985년에는 18퍼센트에 달했지만, 1986년에는 힘겹게 9.2퍼센트의 성장률을 유지했다. 1987년에는 성장률이 다시 16.5퍼센트로 상승하여, 공업 총생산액이 거의 1조4,000억 위안에 이르렀다.[36]

그러나 과열된 경제는 국가의 장기적인 이익에 대하여 많은 역효과를 낳았다. 이하의 것은 가장 뚜렷한 영향이다.

1. 1978-1985년의 국가예산의 적자는 1,000억 위안에 달했는데, 대부분 지나친 투자와 대량의 보조금 때문이었다.

---

35) *Ibid.*, pp. 17-18.
36) Chu-yuan Cheng, "China's Economy at the Crossroads", *Current History*, Sept. 1987, p. 272; 國家統計局, 北京, 1988년 2월 23일. *Beijing Review*, March 7-13, 1988.

2. 1985년과 1986년의 무역적자는 280억 달러였다.

3. 인플레이션은 높은 비율을 유지하며 떨어지지 않았는데, 1985년에는 12.5퍼센트였고, 1986년에는 7퍼센트였으며, 1987년에는 8퍼센트였지만, 비공식적으로는 매년 15-20퍼센트인 것으로 추산된다.

4. 경제범죄와 부패의 횡행은 특히 고위간부의 자녀와 친척들에 의해서 이루어졌는데, 그들은 사리사욕에 눈이 멀어 자신들의 특수한 지위를 이용하여 불법행위를 하고 기타 규정을 어긴 거래를 했다.

5. 1986년에는 내구 소비재의 발전이 아주 빨랐는데, 예를 들면 세탁기(900만 대), 선풍기(3,300만 대), 냉장고(285만 대) 등이었다.

6. 기본 에너지 공급이 완만하게 증가함으로써(1986년의 증가율은 2.9퍼센트), 신속하게 증가하는 공업발전(9.2퍼센트)에 대처하지 못하여 에너지 부족을 야기했기 때문에, 많은 공장들이 1주일에 단지 4일간만 생산작업을 할 수밖에 없었다.

7. 향촌공업의 발전이 신속히 이루어져 1985년에는 공장이 82만 개에 이르렀고, 총생산액은 1,375억 위안에 달했으며, 공업 총생산액의 15.7퍼센트를 차지했다. 그러나 향촌공업 상품의 품질은 매우 낮았다.

8. 공업부지의 증가와 새로운 주택건설, 매년 1,400만 명의 인구증가로 인해서 경지면적이 매년 2,000만 묘, 즉 329만 에이커의 규모로 유실되었다.[37]

신속한 공업화의 심각한 문제에 직면하여, 보수파 지도자들은 경제개혁의 방향과 속도와 규모 등의 문제에서 실무파와 충돌했다. 그들은 대외개방정책이 외부로부터 온 "정신적 오염"의 근원이라고 비평했다. 이 충돌은 1986년 1월의 다음 4개의 중요개념을 강조하는 긴축정책을 초래했다. (1) 이미 이룩한 성과를 공고히 하고 개혁의 기초를 충실히 한다. (2) 필수적인 가격개혁과 임금조정이 야기한 변화를 소화하고 각개 단위의 재정과 실제 능력에

---

37) Chu-yuan Cheng, pp. 272-273.

〈주요 공업 생산량〉

	1952년	1957년	1965년	1978년	1981년	1984년	1987년
석탄 (억 톤)	0.66	1.31	2.36	6.18	6.22	7.89	9.20
원유 (100만 톤)	0.14	1.46	11.31	104.05	101.22	114.61	134.00
천연가스 (억 세제곱미터)	0.08	0.7	11.00	137.30	127.40	124.30	140.15
전력 (10억 킬로와트시)	7.3	19.3	67.6	256.6	309.3	377.0	495.0
강재완제품 (백만 톤)	1.06	4.15	8.81	22.08	26.70	33.72	43.91
강철 (100만 톤)	1.35	5.35	12.23	31.78	35.60	43.47	56.02
무쇠 (100만 톤)	1.93	5.94	10.77	34.79	34.17	40.01	54.33

출처 : *Almanac*, p. 26; 國家統計局, 1988년 2월 23일, *Beijing Review*, March 7-13, 1988, 『每月統計報告』, 중국, 1988년 3월.

근거하여 개혁의 문제를 처리한다. (3) 개혁의 불완전한 것과 불건전한 부분을 수정하고 보완하여 조화를 강화시킨다. (4) 거시경제를 완벽하게 통제하여 공급과 수요 사이에 더 나은 균형을 이루게 한다.

그러나 긴축정책은 경제발전의 관성을 저지할 수 없었다. 1987년 농업생산액은 그 전해의 4,447억 위안보다 또 4.7퍼센트 증가했고, 공업생산액은 그 전해의 1만3,780억 위안보다 16.5퍼센트 증가하여 역사적인 기록을 세웠다. 그러나 발전이 고르지 않아서 에너지와 교통은 계속 정체되었으며, 석탄생산량은 단지 2.9퍼센트만 증가했고, 원유생산량은 2.6퍼센트 증가했다. 에너지의 정체는 다가오는 미래의 경제성장을 제약하고 균형적인 발전을 저해할 것이었다. 계속해서 성장의 전체적인 추세는 비록 무질서한 면이 있었지만, 여전히 지속되고 있었다.

대외개방정책

중화인민공화국의 최초 10년 동안(1949-1559), 중국은 단지 소련과 동유럽 위성국가와만 외교 및 무역관계를 유지했다. 중국과 미국 사이에는 어떤 비즈니스상의 왕래도 없었다. 1960년 중소 분열 이후로 중국은 완전히 국제사회에서 고립되었고, 동시에 미국과 소련이라는 잠재적인 적에 직면하게 되었다. 1972년 닉슨 대통령이 중국을 방문한 이후에야 비로소 중국과 미국 간에는 약간의 제한적인 무역관계가 시작되었다. 1972년, 중미 무역액은 단지 9,200만 달러였으나, 1978년에는 11억8,900만 달러까지 급증했고, 1981년에는 54억7,800만 달러에 이르렀으며, 1986년에는 80억 달러로 증가했고, 1988년에는 135억 달러에 이름으로써 중국의 대외무역 총액의 10퍼센트에 근접했다.[38]

1978년 이후의 대외무역의 신속한 증가는 1978년 12월의 당의 제11기 3중전회에서 취한 대외개방 신정책 때문이었다. 이것은 1958-1978년의 20년간 실시되었던 마오쩌둥의 쇄국정책과는 완전히 상반되는 것이었다. 덩샤오핑과 그의 실무파들은 중국이 고립된 상태에서 발전할 수 없음을 인식했으며, 그리하여 중국은 성공적으로 현대화를 실현하기 위해서 반드시 국외의 과학, 기술, 자본, 관리기술을 도입하지 않으면 안 되었다.

일본, 홍콩, 미국, 서독이 중국 최대의 무역상대국이었다. 1983년, 일본의 대중국 무역액은 97억6,400만 달러에 이르렀고, 홍콩은 83억4,100만 달러에 이르렀으며, 미국은 44억2,500만 달러, 서독은 17억4,300만 달러에 이르렀다. 중국의 수출입물품의 종류도 매우 크게 변화했다. 최초에는 중국 측은 원자재를 대량으로 수입했는데, 예를 들면 농산물(주로 곡물), 합성섬유, 목재, 화장품이었다. 그러나 이후에 중국의 농업생산에서 자급자족이 가능해

---

38) 미국의 통계수치와 중국의 통계수치가 일치하지 않는데, 그 이유는 미국은 "원산지" 방법으로 계산하는 반면 중국은 세관의 통계수치를 사용하고 있으며, 그 속에는 종종 보험비와 운송비가 포함되기 때문이다. 1987년 중국이 통계한 중미 무역액은 약 85억 달러인데 미국의 통계수치는 105억 달러이다.

졌을 때는 수입의 중점은 공업기계, 완제품, 기술, 사무용 설비, 상업용 비행기, 서비스 시설로 바뀌었다.

지리적 근접과 어느 정도 문화상의 유사함으로 인해서 일본과 중국은 일종의 특수한 관계를 가지고 있었다. 이로 인해서 일본인은 기타 외국 상인들보다 더욱 깊이 중국인의 심리와 중국의 직접적인 수요를 이해할 수 있게 되었다. 일본의 세계시장에서의 기술과 재정상의 성취는, 일본이 양허성 차관, 신용차관과 일반특혜제 아래에서의 특수 관세를 제공할 수 있도록 했다. 홍콩도 중국의 세계에 대한 무역개방 과정 중에 특수한 위치를 차지하여, 중국과 외부세계 간의 연결점을 맡았다. 미국과 서독은 이런 우위를 구비하고 있지는 못했지만, 중국인은 전통적으로 미국과 독일이 제조한 비행기, 기계 및 기술제품을 매우 숭배했다.

대외무역 계획의 주요 목표는 충분한 외화를 축적하여 현대화에 필요한 자금을 늘리는 것이었다. 제품의 경쟁력을 강화하기 위하여, 중국인은 제품을 다양화하고, 품질수준을 높이며, 인민폐를 평가절하하고, 국제 비지니스 관행을 열심히 배웠다. 그들은 엄격하게 다음 3가지 표준에 근거하여 구입했다. 즉 좋은 가격과 좋은 품질과 우대적인 지불 방식이었다. 그들은 가장 선진적인 기술을 얻고는 싶었지만, 몇몇 가격이 싸고 그다지 첨단이 아닌 공장, 예를 들면 1982년 경기쇠퇴 기간에 미국에서 구식의 강철공장, 반자동 생산라인과 방직공장을 구매했다.[39]

엄격한 외화통제, 수출확장과 수입제한을 통하여 중국은 착실히 외환보유액을 축적했다. 중국은 서방의 중국 방직품을 겨냥한 보호주의에 직면하자 중동, 라틴 아메리카, 동유럽 및 소련 지역에서 새로운 시장을 개척했다. 그러나 이 지역들에서의 무역액은 적었다. 1981년 초, 중국은 채무국에서 채권국으로 바뀌는 경계선을 돌파했다. 1983년 말에 중국의 외환 보유액은 역사상 유례가 없던 200억 달러에 이르러 세계 10위를 차지함으로써, 182억 달

---

39) Helen Louise Noyes, "United States-China Trade", *China's Economy*, II, p. 343.

러를 보유하고 있는 영국을 앞서게 되었다. 외화 수입의 일부분은 장기간에 걸쳐서 등한시되었던 에너지, 교통, 통신, 경공업 영역의 국내 기초 프로젝트 건설에 사용되었다.[40]

중국의 대외무역체제의 지속적인 어려움은 중국의 국내가격체계가 불합리한 것이었다. 중국의 국내가격은 세계가격 궤도에서 벗어나 있었다. 비록 원자재 수출과 완제품 수입은 중국의 입장에서는 이익을 볼 수 있지만, 2.8위안 인민폐 : 1달러의 정부 환시세에 따라서 원재료를 수입하고, 완제품을 수출하면 상당한 손실이 생겼다. 1981년 이전에 중국의 수출은 보편적으로 적자였고 수입은 이윤을 남겼는데, 이것은 인민폐가 너무 높게 평가된 확실한 신호로서, 그로 인해서 정부는 수출에 대해서 보조금을 지급하지 않을 수 없었다. 이 가격에서의 왜곡을 상쇄하기 위해서 중국은 1984년에 화폐를 평가절하하여 3.7위안 인민폐를 1달러로 환전했지만, 이것은 수많은 수입에 대한 보조금을 지급하는 현상을 야기하여 또 한번의 적자가 발생하게 되었다.[41]

대외무역의 이익이 뜻밖에 발생한 근원은, 북한과 이집트를 통해서 중동 국가에 무기와 탄약을 팔았기 때문이며, 이 수출은 1980년의 제로 성장에서 1983년에는 15억 달러, 1987년에는 50억 달러로 성장했다. 이 무기들 중 가장 유명한 것은 이란에 판매한 실크웜 단거리 미사일, 사우디아라비아에 판매한 CSS-2 중거리 미사일(2,000마일)이었다. 그 외에도 이라크, 요르단, 이집트, 시리아, 이스라엘에 무기를 팔았다.[42] 또다른 수입원이 된 관광수입은 1987년에는 18.4억 달러에 이르러, 1986년 대비 20.3퍼센트 증가했다.[43]

1982-1983년간의 긴축정책 기간에 자본재 수입이 하락한 것을 제외하고는 중국의 대외무역은 매년 성장하고 있었는데, 수입 연 성장률이 20퍼센트, 수출 연 성장률은 10-15퍼센트에 이르렀다.[44]

---

40) John L. Davie, "China's International Trade and Finance", *China's Economy Looks Toward the Year 2000*, II, pp. 311-312, 323.
41) *Ibid.*, p. 319.
42) *Los Angeles Times*, May 4, 1988.
43) 國家統計局, 北京, 1988년 2월 23일.

외국 자본과 투자를 끌어들이기 위하여 중국은 투자환경을 개선하는 몇몇 조치를 취했다. 이하는 몇 개의 비교적 뚜렷한 조처이다:

1. 1979년 선전, 주하이(광저우와 인접한 주장 강 삼각주 맞은편), 산터우(광둥 성 북부 연해)와 샤먼(푸젠 성 남부 연해)의 4개의 "경제특구"를 개방했다(최혜 국 대우를 누림). 이 특구들은 타이완의 "수출가공 지역"과는 달리, 중국 경제 개조 "실험실"이었다.[45)]

2. 1984년 연해 14개 지역과 하이난다오를 외국에게 투자하도록 개방하고, 세입 과 수입관세 방면에서 특혜 조건을 주었다.

3. 국제회의에서 외국의 컨설팅, 자본, 설비, 관리, 시장을 필요로 하는 항목을 광고했다.

4. 지방당국이 중앙정부의 동의를 거치지 않고 외국과 투자교섭을 하는 것을 허 가했는데, 이것은 외국으로부터의 수입의 급증을 초래했다. 이에 따라서 철강, 비철금속, 목재, 플라스틱 등으로 외화보유액이 대량으로 유출되었다.

5. 관련 세입, 채무, 특허권 보호와 외국 상표 등 사무의 법률과 규칙을 통과시켰다.

6. 중재 절차, 노동력 보상, 외국 이윤의 반환 등의 사항을 규정했다.[46)]

중국의 외국 투자 유치에서의 성공률은 대단히 낮았다. 1983년 말까지, 오직 188개의 "주식제"와 1047개의 "계약제" 중국-외국 합자기업만이 66억 달러의 자금을 계약했지만 실제 수입은 겨우 23억 달러였다. 가장 큰 3개의 중미 합자기업은 장성호텔(1,100억 달러), 건국호텔(1,100억 달러)과 아메리 칸 모터 베이징 지프 회사[美國通用北京吉普公司](1,600억 달러)였다. 애 틀랜틱 리치필드 회사는 2억5,000만-3억 달러를 들여 하이난다오 인근에서 유전탐사와 개발에 참여했다.[47)]

---

44) Davie, p. 318.
45) Victor C. Falkenheim, "China's Special Economic Zones", *China's Economy*, II, pp. 348-
350; Y. C. Jao and C. K. Leung(eds.), *China's Special Economic Zones: Policies, Problems, and Prospects*(Hong Kong, 1986).
46) Noyes, p. 340.

외국인들은 중국의 환경이 투자에 그다지 유리하지 않다는 것을 발견했다. 지속적인 협상과 관료식의 꾸물거리는 일처리는 사람의 인내심을 소진하게 했다. 통상과 거주조건 역시 표준에 미치지 못했다. 수많은 외국 기업은 부득이 사무실을 호텔에 둠으로써, 중국의 서비스업에 고액의 임대료와 비용을 지불하게 되었다. 물론 그들의 중국 측 고용자는 단지 외국 임금의 극히 일부분을 얻었고, 이윤의 대부분은 모두 정부의 통상부문으로 넘어갔다. 수많은 외국 기업은 영업이 실패하고 돈을 벌 희망도 보이지 않자, 중국에서 철수했다.

중일 무역 중국의 주요한 무역동반자로서 일본은 현대화 공장설비 및 재정과 기술원조의 최대의 제공자였다. 이 밖에도 일본은 중국의 석유와 기타 노동집약적 제품의 수출을 위한 시장을 제공했다. 양국의 수요는 상호보완적이었다. 중국 측은 다음과 같은 전략을 채택했는데, 즉 일본이 중국에 판매할 수 있는 물품은 반드시 일본이 중국으로부터 구입할 수 있는 물품과 서로 보조를 맞추어야 한다는 것이었다. 이렇게 함으로써 중국은 비교적 적은 무역적자를 유지했다. 일본은 중국의 수출발전을 도와서 일본 상품을 구매하는 데에 필요한 외화를 벌어들이게 하고, 또한 중국에게 양허성 저리 차관을 제공했다. 1983년에 중일 무역은 100억 달러에 달했는데, 그중 49억 달러가 일본의 대중국 수출이고, 51억 달러는 중국의 대일 수출이었다. 이런 종류의 쌍무무역이 중국의 대외무역 총액의 22퍼센트를 차지했고, 일본의 대외무역 총액의 3퍼센트를 차지했다.[48] 1983년, 중국의 가장 주종을 이룬 수출은 원유로서(수출총액의 40.9퍼센트), 일본 석유 수입총액의 5.2퍼센트를 점유했으며 석탄은 일본 석탄 수입총액의 4.4퍼센트를 차지했다. 중국의 기타 수출품은 경공업제품, 농산물, 육류, 어류, 패류, 골동품, 예술품, 화포였다.

---

47) Davie, pp. 324-325; Noyes, p. 341.
48) Dick K. Nanto and Hong Nack Kim, "Sino-Japanese Economic Relations", *China's Economy*, II, pp. 454, 466.

일본의 중국 수출품은 주로 금속과 금속제품(철과 강철)이었고, 그것들은 1983년에 일본 수출총액의 49.6퍼센트를 차지했고 중형기계와 기계 측정 기구는 28.5퍼센트, 화학제품은 11퍼센트, 방직품은 5.8퍼센트를 차지했다.

일본이 중국에서 성공을 거둔 원인은 다음과 같다. (1) 지리적 위치가 가까워서 운송비용이 절감된 것이다. 도쿄에서 상하이까지의 거리는 샌프란시스코까지의 거리보다 5,000마일 가까웠다. (2) 문화가 비슷하여, 일본인은 중국인의 심리와 취향을 비교적 깊이 이해해서 자신들의 제품이 더욱 중국인의 생활방식에 적합하도록 했고, 게다가 두툼한 판촉 선물과 무료 일본 관광은 중국 관리들에게 효과적인 영향력을 행사했다. (3) 일본 상인은 경쟁력 있는 가격과 판매 훈련을 제공했고, 일본 정부는 최혜국 대우 이외에도 일반특혜제 제공에 근거하여 특혜 관세율을 제공했다. (4) 도쿄는 양허성의 엔화 차관과 신용차관을 제공했는데, 이자가 낮아서 매우 매력이 있었다. 1979- 1983년간 대중국 차관은 3,000억 엔(15억 달러), 이자는 3.5퍼센트였으며, 1984년의 차관은 4,799억 엔(21억 달러)이었고 이자는 3.5퍼센트였다. 이런 차관들은 중국의 철도, 항만, 전화시설과 수력발전소 등 중점 발전 프로젝트의 자금이 되었다. (5) 1978년에서 1982년 사이에 엔화 대 달러와 인민폐의 환율이 떨어져서, 일본 제품이 가격 면에서 매우 강한 경쟁력을 가지게 되었다. 1982년 이후 엔화 대 달러와 인민폐의 환율이 상승했지만, 매력 있는 양허 재정협정은 여전히 일본 제품에 매우 큰 이점을 안겨주었다. (6) 중국의 자원개발을 도와주어 일본 상품을 구매하는 데에 필요한 외화를 획득하게 하는 기본정책을 취했다.[49] 그러나 비록 이런 유리한 점들이 있었지만, 일본은 절대적인 성공을 거두지는 못했다. 중국인은 항상 일본 제품이 "2류 품질"이며 심지어 아주 형편없으며, 처음의 주문서와 서로 부합되지 않는다고 불평했다. 또한 일본인의 몰인정한 장사 수단, 즉 단지 상품의 전시 효과만 추구하고 진짜 "기술"은 이전하지 않는다는 것에 불만을 품었다.

---

49) Ibid., pp. 465-466.

〈1979-1992년의 중일무역〉 (단위 : 100만 달러)

연도	중국의 수출	중국의 수입	중국의 무역균형
1979	2,954	3,698	-744
1980	4,323	5,078	-755
1981	5,291	5,097	+194
1982	5,352	3,510	+1,842
1983	5,087	4,912	+175
1984	5,155	8,057	-2,902
1985	6,091	15,178	-9,087
1986	5,079	12,461	-7,384
1987	6,392	10,087	-3,695
1988	8,046	11,062	-3,016
1989	8,395	10,534	-2,139
1990	9,210	7,656	+1,554
1991	10,265	10,079	+186
1992	17,000(추산)	12,000(추산)	+5,000(추산)

출처 : International Monetary Fund, *Direction of Trade Statistics Yearbook, 1992*(Washington, D. C.)

〈중국의 대일본 수출상품 분류통계표 1980-1983년〉 (단위 : 1,000달러)

물품	1980년	1981년	1982년	1983년	1983년 점유율(%)
동물제품	297,108	316,311	272,910	262,467	5.2
어패류	181,979	188,042	138,042	131,314	2.6
채소제품	321,623	407,377	377,977	484,236	9.5
광산품	2,514,233	3,060,980	3,212,072	2,926,877	57.5
석탄	116,519	188,676	212,536	212,958	4.2
원유	1,949,172	2,332,960	2,340,918	2,080,959	40.9
방직품	682,967	691,504	722,582	806,577	15.9
비단	171,611	116,587	153,262	158,487	3.1
면방직품	92,180	115,865	118,248	140,121	2.8
복장	230,704	242,748	263,896	270,895	5.3
기타	507,443	815,628	766,876	607,200	11.9
총계	4,323,374	5,291,800	5,352,417	5,087,356	100.0

〈일본의 대중국 수출상품 분류통계표 1980-1983년〉(단위 : 1,000달러)

물품	1980년	1981년	1982년	1983년	1983년 점유율(%)
화학제품	575,416	559,599	512,139	539,674	11.0
화학비료	244,476	213,120	84,712	17,509	0.4
금속 및 그 제품	1,686,655	1,255,421	1,355,788	2,434,133	49.6
철과 구리 및 그 제품	1,618,233	1,197,407	1,292,616	2,253,334	45.9
기계와 기계 측정기	2,154,309	2,440,450	1,007,491	1,399,656	28.5
보통기계	1,164,226	1,440,696	399,967	545,107	11.1
전동기	422,428	554,861	203,868	264,502	5.4
운수기계	426,746	225,294	309,836	320,580	6.5
광학 및 정 밀측정기	140,909	219,599	163,820	269,466	5.5
방직품	403,900	599,233	368,220	286,567	5.8
수공직물	156,127	201,815	115,869	81,997	1.7
기타	258,055	242,486	197,817	252,304	5.2
수출총액	5,078,335	5,097,189	3,510,825	4,912,334	100.0

출처 : U. S. Congress, *China's Economy Looks Toward the Year 2000*(Washington, D. C., 1986), II, pp. 460-463.

중미 무역 미국인은 일본인 같은 유리한 점은 없었고 또한 양허성 차관과 신용차관을 제공하지도 못했지만, 중국인들은 그들에게 커다란 호감을 가지고 있었다. 중국인은 미국이 제조한 비행기, 컴퓨터, 전자제품, 전기통신 설비와 석유시추 설비를 선호했다. 이 제품들은 품질이 특히 우수하고 오래 쓸 수 있는 것으로 세계적으로 유명했다.

미국은 대량의 중국 방직품, 의류, 석유제품, 각종 수공도구, 가정용기구, 약제, 가구, 골동품과 예술품을 수입했다. 1981년에 중미 무역은 단번에 55억 달러라는 최고점으로 도약하여, 중국의 대외무역 총액의 14퍼센트와 미국의 대외무역 총액의 3퍼센트를 차지했다. 1972년에서 1983년 사이에, 중국의 대미 무역은 시종 무역역조를 유지함으로써 적자가 77억 달러에 이르

〈1972-1992년의 중미 무역〉(단위 : 100만 달러)

연도	중국의 수출	중국의 수입	중국의 수출초과 혹은 수입초과
1972	32	60	−28
1973	61	741	−680
1974	112	819	−707
1975	156	304	−148
1976	202	135	+67
1977	203	171	+32
1978	324	865	−541
1979	594	1,724	−1,130
1980	1,059	3,755	−2,696
1981	1,875	3,603	−1,728
1982	2,275	2,912	−637
1983	2,244	2,173	+71
1984	3,065	3,004	+61
1985	3,865	3,856	+6
1986	4,771	3,106	+1,665
1987	6,293	3,497	+2,796
1988	8,511	5,021	+3,490
1989	11,990	5,755	+6,235
1990	15,237	4,806	+10,431
1991	18,969	6,278	+12,691
1992	25,728	7,418	+18,309
1993	31,530	8,760	+22,770

출처 : 1972-1982년의 통계수치의 출처는 *China's Economy Looks Toward the Year 2000* (Washington, D. C., 1986), Vol. 2, pp. 329-330. 1983-1992년의 통계수치는 *U. S. Foreign Trade Highlights*, U. S. Department of Commerce, International Trade Administration, 1989 and June 1993.

렀다.[50] 현대화를 추진함에 따라서, 중국은 최신의 기술수준이 필요했고, 화학비료, 화학제품, 목재제품도 필요하게 되었다. 중국의 30만 개의 국영 공업기업은 미국인의 기술개선, 관리기술과 기초발전 면에서의 건의를 받아들

50) Noyes, pp. 335-337.

〈중국의 대미 주요 수출〉 (단위 : 100만 달러, FAS)

분류	1983년 가치	1983년 점유율(%)	1984년 상반기 가치	1984년 상반기 점유율(%)
총액	2,244	100.0	1,482	100.0
제조품	1,026	45.7	689	46.5
복장과 액서세리	774	34.5	499	33.7
고리버들, 바구니제품	58	2.6	35	2.4
신발류	34	1.5	24	1.6
연료	430	19.2	263	17.7
휘발유	309	13.8	149	10.1
원유	79	3.5	62	4.2
반제품	390	17.4	272	18.4
방직물	241	10.7	184	12.4
화학품 및 관련제품	131	5.8	79	5.3
폭죽	29	1.3	19	1.3
약제	25	1.1	13	0.9
식품	112	5.0	78	5.3
채소 통조림	34	1.5	30	2.0
찻잎	10	0.4	8	0.5
원자재	97	4.3	55	3.7
바륨황산염과 탄산염	26	1.2	14	0.9
다운과 깃털	8	0.3	6	0.4
기계, 운송설비	42	1.9	29	2.0
잡화	10	0.5	12	0.8
음료 및 담배	4	0.2	2	0.1
맥주	2	0.1	1	0.1
동물지방 / 식물유	2	0.1	2	0.1

일 수 있었다. 서비스업 또한 거대한 잠재력이 존재하고 있었고, 미국은 또 식수, 살충제, 수토보양, 음식물 비축, 석탄채굴, 화물하역, 출생률 규제, 집 적회로 방면과, 모든 발전활동 방면에 대해서 조언과 지도를 해줄 수 있었다. 가능성은 무한했다.[51]

중미 쌍방의 교역에서 감정적 마찰과 좌절이 생기는 것은 불가피했다. 미 국인의 불만은 협상이 무한정 지연되는 것, 양국 간의 투자협정이 없다는

---

51) Davie, p. 324; Noyes, p. 342, 344.

〈중국의 대미 주요 수입〉(단위 : 100만 달러, FOB)

분류	1983년		1984년 상반기	
	가치	점유율(%)	가치	점유율(%)
총액	2,173	100.0	1,162	100.0
기계 및 운수설비	586	27.0	284	24.4
비행기 및 부속품	235	10.8	49	4.2
건축과 채광설비	52	2.4	45	3.9
사무설비	52	2.4	34	2.9
식품	541	24.9	284	24.4
곡물	536	24.7	283	22.4
화학품	354	16.3	265	22.8
화학비료	168	7.7	119	10.2
플라스틱	92	4.2	73	6.3
원자재	300	13.8	173	14.9
송재	228	10.5	129	11.1
완제품	220	10.1	61	5.2
알루미늄제품	87	4.0	3	0.3
종이	41	1.9	22	1.9
잡화	172	7.9	94	8.1
전자계기, 조종장치	92	4.2	46	4.0

출처 : U.S. Congress, *China's Economy Looks Toward the Year 2000*(Washington, D. C., 1986), II, pp. 336-340.

것, 중국에서 자금을 되돌려받기가 매우 어려운 것이었다. 다른 한편으로, 미국의 중국 방직품 수입에 대한 보호주의와 미국의 첨단기술 수출제한 방법이 중국인을 불쾌하게 했다. 공산주의 국가인 중국은 미국 수출입 은행의 몇몇 규정의 제한을 받았는데, 즉 5,000만 달러를 초과하는 차관을 얻을 수 없다는 것이었다. 게다가 중국은 또 일반 특혜제의 면세 대우를 누리지 못하고 있었다. 그 외에도 미국의 상품 "원산지(原産地)"에 관한 원칙으로 인해서 중국은 차별대우를 받는다고 느꼈고 중국 투자에 대한 미국의 지나치게 신중한 태도는 중국 측을 실망시켰다. 만약 불쾌감을 제쳐놓으면, 중미 무역은 미래에도 계속 성장할 가능성이 있고, 새로운 최고봉에 도달할 것으로 예상되었다.

〈중국, 인도 및 몇몇 서유럽 국가들의 국내총생산(GDP) 예측, 1980-2020년〉

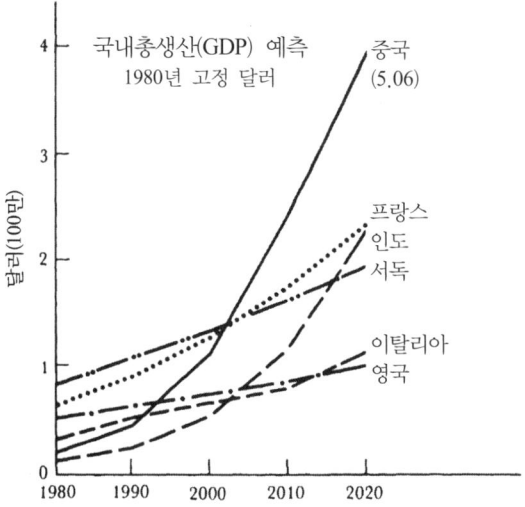

출처 : The Economist, Dec. 21, 1985, p. 69.

미래발전의 전망

개혁개방의 경제와 기술의 효과는 매우 분명했다. 농촌지역은 끊임없이 번영했고 농민들의 생활수준은 크게 향상되었다. 도시생활은 날이 갈수록 풍부해지고, 개방적이고, 여유 있어졌으며 외국과의 무역거래 및 과학교류도 급속히 발전했다. 외국 옵서버들은 덩샤오핑의 성공적인 영도를 프랑스의 콜베르, 프러시아의 프리드리히 2세, 일본의 메이지 초기의 지도자들과 동일시했다.[52] 기타 일부 사람들은 중소전쟁 같은 대재난 혹은 문화대혁명 같은 규모가 큰 동란이 발생하지 않으면 연평균 8퍼센트의 속도로 성장하는 중국의 국민총생산액은 2000년 이전에는 이탈리아와 영국을 능가하고, 2020년에 이르면 서독과 프랑스를 능가할 것이라고 낙관적으로 예언했다.[53]

---

52) Paul Kennedy, *The Rise and Fall of the Great Powers: Economic Change and Military Conflict from 1500 to 2000*(New York, 1987), p. 448.
53) *Ibid.*, p. 455.

통계학의 각도에서 보면 이런 예언은 일리가 있다. 개혁 이후 10년 동안 중국의 경제지수는 빠르게 높아지고 있으며 완만해질 기미는 전혀 없다. 그러나 앞에서 언급한 몇 가지 대재난을 완전히 배제할 수는 없다. 몇몇 불안정한 요소들이 이미 암암리에 모습을 드러냈다. 이 요소들은 통계수치로는 알아낼 수 없다. 장기적으로 보면 그것들은 지극히 해로울 것이다. 가장 중요한 요소들은 다음과 같다. (1) 마르크스-레닌주의와 마오쩌둥 사상에 대한 신봉과 집권당의 지도적 지위에 대한 신뢰가 끊임없이 잠식되고 있다. (2) 당정부문의 부패가 횡행하고 있는데, 이것은 장차 공공도덕의 붕괴를 초래할 것이다. (3) 급격한 인플레이션은 가격의 통제 불능을 수반함으로써 대중의 불만을 야기할 것이다.

개혁 개방 10년이 끝나가면서 불길한 징조가 나타났는데, 즉 이데올로기의 혼란, 사회 불안정, 도덕의 타락이었다. 따라서 지도층은 새로운 기회에 직면하게 되었을 뿐만 아니라 심각한 도전에 직면하게 되었다.

38
전환 중인 중국, 1986-1988년 :
개방정책의 문화적 영향

1978년 12월에 중공 중앙이 가장 먼저 개방정책을 채택할 때, 중앙지도자들은 과학기술을 도입하면서 외국의 문화와 가치관을 들어오지 못하게 하려고 했다. 그러나 관념은 마치 바람과 같이 경계선을 뛰어넘을 수 있었으며 명령으로는 그것들을 저지할 수 없었다. 개방정책의 문화적 영향은 중공 지도층이 예상했던 범위를 훨씬 더 초과했고, 이에 따라서 보수파 이론가들이 서양 "부르주아 계급자유화"의 침입을 외래의 "정신오염"이라고 질책하는 현상이 일어나게 되었다. 정통 이데올로기의 각도에서 보면 이런 걱정과 질책은 이해할 수 있는 것이지만, 객관적으로 서구화는 막을 수 없는 일종의 전 세계적인 현상이었다.

서양과의 30년간에 걸친 단절을 거친 이후 문호가 갑자기 개방되면서 외국의 관념, 소식, 영화, 드라마, 음악, 문학, 대중문화가 마치 폭풍우가 휩쓸듯이 중국으로 몰려들어왔다. 이후 10년 동안 6만 명의 유학생들과 방문학자 그리고 수만 명의 관리들이 출국하여 학습하고 방문함으로써, 중국과 외부세계 사이에 수십 년간 없었던 국제교류를 형성했다.

서양 민주제도의 효율과 인민의 자유는 서양을 방문한 중국인들에게 깊은 인상을 주었다. 특히 시사적인 의의를 가지고 있는 것은 그들이 이하의 각종 문물의 작동을 목격한 것인데, 즉 제도의 억제와 균형, 정부에서의 권력의 분할, 사법권의 우월(법원에 법률의 실질적 심사권을 부여함으로써 사법권

의 우위적 권능을 인정하는 제도/역주) 및 법에 의거하여 국가를 다스리는 것, 정치다원화, 언론과 결사 및 출판의 자유 등이었다. 수많은 중국인들은 중국은 정치민주를 5번째 현대화로 여겨야 하며 정치적 민주가 없으면 진정한 현대화를 실현시킬 수 없다고 점차적으로 확신하게 되었다. 대학생들은 특히 이 변혁 속에서 선봉적 역할을 맡는 것은 자신들의 일종의 사회적 책임이라고 생각했다.

서양뿐만 아니라 일본 그리고 아시아의 작은 네 마리 용들, 즉 홍콩, 싱가포르, 타이완, 한국도 그들을 깨우치게 한 원천이었다. 그들을 중국과 비교하는 것은 필연적으로 다음과 같은 문제들을 초래하게 되어 있었다. 마르크스주의와 마오쩌둥 사상이 중국 현대화를 지도하는 데에 적합한 사상체계인가? 중국 공산당은 중국을 이끌고 21세기로 나아가게 할 수 있는 가장 효과적인 대표인가? 이 두 가지 점에 대한 의문은 일부 사회비평가, 작가, 신문기자, 예술가, 교수, 과학자, 대학생들을 괴롭히고 있었지만 그들 중 대부분은 침묵을 지키는 것을 선택했다.

당 자체는 자유화에 대한 필요성과 어느 정도의 정통성 유지의 절박성 사이에서 분열되었다. 이데올로기가 끊임없이 동요하고 있었다. 수많은 당원들은 곤혹스러움을 느꼈다. 즉 공산주의 제도는 자본주의의 물질적 유인책과 시장의 수요공급과 가치법칙의 기초 위에 구축된 시장 메커니즘을 채택해야 되는지, 자본주의의 관리방식과 사유기업을 용납해야 하는지에 대한 것이었다. 그리고 기타 사람들은 정치적 다원화의 요구와 타이완을 다른 한 종류의 발전모델로서 내놓는 것을 막기 위해서 4항 기본원칙(사회주의 노선, 프롤레타리아 계급독재, 중국 공산당의 영도, 마르크스-레닌주의와 마오쩌둥 사상)을 경시해서는 안 되는 것인지 물었던 것이다.

1986-1988년의 중국은 경제 쾌속성장이 가져다준 갈수록 커지는 고통 그리고 가치관 변화가 가져다준 극도의 고초를 겪고 있었다. 학생운동, 이데올로기 혼란, 지도층의 위기, 보편적인 부패, 높은 인플레이션율, 방향감각의 상실 등의 각종 액운이 중국 사회를 괴롭히고 있었다. "고통지수"를 대표할

수 있는 것이 있다면, 문화대혁명 종결 이후 1986-1988년이 이런 지수가 가장 높은 기간이다. 그러나 혼란과 소동의 깊은 곳에서는 모종의 부흥과 미래에 대한 희망으로 가득 찬 모습이 희미하게 보이고 있었다.

학생시위

1986년 12월, 중국의 15개 대도시에서 거대한 규모의 학생시위가 발생하여 당과 정부 내부의 질서를 크게 혼란에 빠지게 했다. 150여 개 대학의 10만여 명의 학생들이 거리에 나와 시위를 하며, 언론, 집회, 보도의 자유를 요구했고 아울러 민주선거를 실시할 것을 요구했다. 그들의 메시지는 아주 분명했는데 즉 중국의 젊은이들은 정치적 자유화를 요구한다는 것이었다.

현대 중국 역사 속에서, 학생의 적극적인 열정은 결코 새로운 것은 아니었으며, 1986년 12월의 사건 이전에도 이미 수많은 선례가 있었는데 제일 유명한 것은 1919년의 5. 4 운동이었다. 가장 최근에는 1985년 9월에 학생들이 일본의 새로운 경제침략과 중국 정부가 한결같이 일본에 영합하는 태도에 대해서 항의한 적이 있다.

이 항의는 마침 만주사변의 54주년 기념과 중복되었다. 항의는 학생들이 그 외의 격분들을 표현하는 방법이 되기도 했다. 예를 들면, 물가 급상승, 경제범죄, 관료의 부당행위, 고위간부 자녀들의 정실성(情實性)을 띤 위법 등에 대한 것들이었다. 1985년 12월 9일, 베이징 대학교와 칭화 대학교 학생들이 계획한 시위는 정부의 간섭으로 인해서 좌절되고 말았다. 그러니 불만은 계속 존재하고 있었다.

1986년 12월의 항의는 최초에, 월초에 안후이 성 성도인 허페이에서 발생했다. 중국 과학기술 대학교는 이 도시의 선거구 범위 내에 위치하고 있었는데, 이 대학교의 학생들은 그 지방 당 위원회가 대학교와 협의도 하지 않고 8명의 장래의 전국인민대표대회 대표를 지정한 것에 항의했다. 1986년 12월 1일, 대학교 캠퍼스 내에 12월 8일에 거행될 예정인 "사이비" 선거를 전면적

으로 거부하자고 호소하는 한 장의 대자보가 붙었다. 다음 날의 사생(師生) 대회에서, 저명한 천체 물리학자이자 대학교 부총장인 팡리즈(方勵之)는 정치민주를 쟁취하는 투쟁에서 획기적인 계기를 취득하기 위해서 단호한 행동을 취할 것을 호소했다. 그는 그의 널리 알려진 다음과 같은 명언을 되풀이했다. 즉 민주는 위에서 부여하는 것이 아니라, 반드시 아래로부터 쟁취하여 얻어내는 것이다. 받은 것은 회수해갈 수 있지만 쟁취한 것은 회수할 수 없다는 것이었다.

현지의 또다른 두 대학교[1]의 학생들도 중국 과학기술 대학교 학생들의 항의운동에 동참했다. 12월 5일, 3,000여 명의 학생들이 행진하여 시 정부 앞에 이르러, 민주선거, 언론과 집회의 자유, 보복을 당하지 않을 것을 요구하고, 아울러 대중매체가 자기들의 항의를 보도하는 것을 허락하라고 주장했다. 그들은 더 나아가 대학생들의 민주연맹 결성을 요구했다. 학생들의 목표는 당의 신문과 학생들에 대한 통제를 타파하는 것이었다. 현지 당 위원회는 마지못해 대학교 선거구에서 4개의 대표 자리를 대학교에 분배하고, 선거를 12월 29일로 연기하는 것에 동의했다.[2] 학생들은 한걸음 더 나아가 선거 개혁을 요구하며, 큰 소리로 "우리는 민주를 원한다, 우리는 자유를 원한다, 우리는 언론의 자유를 원한다, 민주가 없으면 현대화도 없다"고 외쳤다.[3]

상하이에서 규모가 웅대한 성원운동이 한차례 일어났다. 12월 19일, 약 3만여 명의 학생[4]과 약 10만여 명으로 추산되는 노동자들이 시 정부까지 시위행진했다. 이것은 이 항의가 고조에 이르렀음을 의미하는 것이었다. 베이징에서는 4,000여 명의 학생들이 톈안먼 광장 앞까지 행진했으며, 공산당 기관지인 「인민일보」를 한 묶음씩 태워버렸다. 한 항의자는 피어오르는 연

---

1) 안후이 대학교(安徽大學校)와 허페이 공과대학(合肥工學院).
2) 방여지 교수는 3,503표로 당선되었고, 온위안카이(溫元凱) 교수는 2,406표로 당선되었으며, 학생지도자인 사마(沙馬, 음역된 이름)는 2,164표로 당선되었고, 네 번째 대표는 미상이다.
3) 『十月評論』, 香港, 專刊(1987), 제14기, 제4-5호, pp. 6-8.
4) 대부분 통지 대학교(同濟大學校)와 교통 대학교(交通大學校) 학생들이었고, 소수의 푸단 대학교(复旦大學校)학생들도 있었다.

기를 보고 흥분하여 "바람과 함께 사라졌다!"고 말했다.[5]

이 항의자들은 자기들은 비록 민주화를 요구하지만, 모두 덩샤오핑의 개혁개방정책의 진정한 지지자라고 명확히 밝혔다. 이에 「베이징 일보」는 그들이 홍기를 내걸고 홍기와 맞서는 것이라는 풍자적인 평론을 실었다.

중국은 어찌 할 바를 몰랐고, 이에 대해서 과단성 있는 대책을 취할 수가 없었다. 보수파는 강제진압을 요구했지만 총서기인 후야오방은 진보적인 자세를 취하여, 청년들의 이상주의를 공격해서는 안 되고 그것을 다른 건설적인 목표로 이끌어야 한다고 생각했다. 국가 교육위원회 부주임[6] 자신도 젊었을 때에 시위행진에 참가한 적이 있었는데, 그는 시위자들은 중국 200만 명 재학생 중의 2퍼센트 미만이고, 그들 대부분은 애국심이 있고 선량한 사람들이지만 서방 자유주의에 의해서 오도(誤導)되었다고 말했다. 그는 "하느님은 젊은이들이 잘못을 저지르는 것을 허락하셨습니다.……우리들의 그들에 대한 정책은 그들을 교육하고, 그들을 타이르는 것이며, 그들을 적절하게 지도하는 것입니다"라고 말했다. 그러나 그는 학생들이 절대로 4항 기본원칙을 반대해서는 안 되며, 그럴 경우에는 중국이 어렵게 얻은 안정과 단결이 손상을 입게 될 것이라고 경고했다.[7]

기타 일부 고위관리들도 유화적인 행동을 취했다. 상하이 시의 시장[8]은 학생들의 행동은 "정상적이고 합법적이며 애국적인 것이고", 헌법이 허용하는 범위 내의 것이라고 인정했다. 그는 보복행동을 취하지 않을 것을 약속했다.[9] 경찰과 공안도 자제를 유지했다. 그들은 시위자의 사진을 찍었지만, 시위자를 분노하게 하여 시위가 수습할 수 없는 정도로 확대되는 것을 피했다. 당의 기관지는 학생들에게 대학생들이 교육받을 권리를 포함하여 중국이 최

---

5) *Los Angeles Times*, Jan. 6, 1987. 이 항의자는 자신이 이 유명한 미국 영화인 「바람과 함께 사라지다(Gone with the Wind)」의 명칭을 알고 있는 것을 자랑스럽게 생각했다.
6) 허동창(何東昌), 중앙위원.
7) *Los Angeles Times*, Dec. 31, 1986.
8) 장쩌민(江澤民).
9) *Los Angeles Times*, Dec. 22, 1986.

근 수년 동안 이룩한 물질적인 진보와 생활의 질의 향상을 소중히 할 것을 촉구했다. 한 저명한 사회학자[10)는 학생들에게, 그들이 기존의 경로를 통해서 그들의 불만을 표현하고 안정과 단결에 유리한 방식으로 비평을 발표하여 자칫 좋은 일을 나쁜 일로 변화시키지 않도록 부탁했다. 중국 공산당은 학생들의 동기를 추궁하지 않고, 다만 그들의 행동이 교통을 방해하거나 경제생산에 지장을 줄까 걱정했다.

비교적 보수적인 지도자들은 서방 부르주아 계급의 자유주의를 말썽의 근원이라고 비난했다. 소수의 학생들이 체포되었지만 대부분의 사람들은 아주 빨리 석방되었다. 그러나 몇 명은 수개월 동안 수감되었다.[11) 시간은 정부에 유리했다. 학생들은 얼마 가지 않아 학기말 시험에 몰두하게 되었고 뒤이어 또 겨울방학이 닥쳐왔다. 총체적으로 말하면, 정부당국의 학생들에 대한 태도는 처음에는 느슨했지만 나중에는 엄격해졌다. 중앙의 재학생들에 대한 통제를 한층 더 강화하기 위해서 학교에 군사훈련과목과 정치과목을 개설했고, 졸업생들에게 일자리를 분배하기 전에 그들을 "기층"농장과 공장에 보내어 1년 동안 노동시키는 사람들이 혐오하는 정책을 부활시켰다.[12) 그러나 정부의 노동자들에 대한 정책은 처음부터 아주 엄격하여 노동자들의 시위 참가는 엄격히 금지되었다. 당국은 중국에서 폴란드식의 노동조합 동맹파업이 일어나는 것을 방지하기로 결심했다.

후야오방 총서기의 소란을 처리하는 방식은 완고한 보수파의 분노를 일으켰다. 그들은 그의 진보적인 자세를 더 이상 참을 수 없었고, 그의 지도력에 날이 갈수록 더욱 불만을 가졌다. 많은 당과 정부와 군대의 보수파들은 하나

10) 페이샤오퉁 교수.
11) 그들 중 양웨이는 32세로서 1983-1986년에 애리조나 대학교에서 공부했고 그곳에서 분자생물학 석사학위를 획득했다. 1986년 1월 상하이에서 체포되었고 그해 12월에 이르러 재판을 받아 2년 징역형을 선고받았는데, 죄명은 상하이에서 한 차례 민주시위에 참여했으며 중국 민주연맹 및 그 간행물인 『中國之春』과 연관되어 있는 것을 포함한 "반혁명"활동을 했다는 것이었다. 중국 민주연맹의 본부와 그 간행물은 뉴욕에 있는데 중국에 민주가 없는 것에 대해서 매우 비판적이다.
12) *The Christian Science Monitor*, Jan. 6, 1988.

의 큰 동맹을 결성하여, 최고지도자인 덩샤오핑에게 가서 그를 고발했다.

그들은「미국의 소리」방송과 타이완의「자유 중국의 소리」방송이 소란의 외부 선동자들이라고 비난했지만, 그들은 서방 부르주아 계급의 자유화가 불만과 부조화의 근원이라고 더욱 강렬하게 비난했다. 이 보수집단은 12월 하반기에 수차례에 걸쳐 비밀회의를 열었으며 월말에 이르러 그들은 덩샤오핑의 지지를 얻었다. 그들은 엄중히 학생들의 소동을 제지하고, 엄격하게 후야오방을 처리하며, 부르주아 계급자유화를 반대하기로 결정했다.「인민일보」의 사설은 "이제는 정신을 차릴 때이다. 부르주아 계급자유화는 확실히 일종의 사조이다. 그것은 지금 우리의 청년들에게 해독을 미치고 있으며, 사회의 안정과 단결을 위협하고, 우리의 개혁과 개방을 방해하고 있으며, 현대화의 진행을 저해하고 있으니 우리가 어찌 전혀 무관심할 수 있겠는가?"라고 선언했다. 신년이 다가올 무렵, 중앙은 전체 당원들에게 "부르주아 계급자유화"의 중국에서의 확산에 대한 경계성을 강화할 것을 주문했다.13) 총서기인 후야오방의 운명은 아주 위험해졌다.

부르주아 계급 자유주의 학생운동은 결코 젊은이들의 열정이 고립되었다가 갑자기 폭발한 것이 아니라 수년 동안 계속 쌓여서 생긴 운동이었다. 1978년 12월 당의 제11기 3중전회는 현대화와 대외개방정책을 채택했다. 그때부터 외국의 언론, 외국과의 교류, 국외여행으로 인해서 중국의 대중들은 전에는 이단시했고 상상도 못했던 문화와 정치관념들을 대량으로 접촉하게 되었다. 중국인들의 눈앞에는 한 폭의 현대 사회의 새로운 경관이 펼쳐지게 되었다. 인권, 민주, 자유선거, 언론 자유, 집회 자유, 보도 자유, 삼권분립과 "충성스러운 반대파" 등의 사상은 중국 사람들의 마음을 감동시켜, 중국인들은 이를 극도로 찬양했다. 특별히 찬양을 받은 관념은 다음과 같은 관념들이었다. 즉

---

13)「人民日報」, 1987년 1월 6일. "자유주의"라는 어휘가 아니라 "자유화"를 사용한 것은 하나의 사실이 아니라 현재 전개되고 있는 과정을 나타내기 위해서인데, 그 사이에는 미묘한 구별이 있다.

언론매체의 감독, 서로 다른 정견을 가진 사람들의 권리와 정치적 다원성이 정부행위의 부당함을 제지하는 역할을 할 수 있고, 이런 제동수단들을 통하여, 통치집단이 피치자의 감독을 받을 수 있다는 것이었다. 중국인들 생각에, 이런 관념들은 민주제도의 진정한 특징을 대표하고 있고, 민주제도는 인간의 잠재력을 최대한도로 발휘시키는 데에 기여한다는 것이었다.

몇몇 국제적 사건은 대중의 이런 심리 상태를 형성하는 것을 도와주었다. 1986년 2월, 필리핀의 마르코스 정권이 "인민의 권력"에 의해서 전복되었고, 아이티 독재자 장-클로드 뒤발리에가 대중봉기에 의해서 쫓겨났으며, 타이완의 정치는 자유를 맞이하여 반대파가 민주진보당(민진당)을 창당했고, 프랑스에서는 엘리트 교육정책 추진을 반대하는 학생들의 수업거부 운동이 일어난 것이었다.

중국 국내의 지식층과 문화계에서는 강렬한 소동이 있었다. 1978년 12월의 3중전회는 당의 중심임무를 계급투쟁에서 경제건설로 전환시켰으며, 그때부터 지식인들은 비교적 높은 지위를 가지게 되었는데, 그 이유는 현대화는 지식과 재능을 필요로 했기 때문이다. 덩샤오핑이 지식인은 노동자계급의 일부분이며, 당연히 받아야 할 존중을 받아야 하고, 국가로부터 좀 더 나은 대우를 받아야 하며 다시는 마오쩌둥 시절처럼 사회 최하층인 "아홉 번째로 냄새나는 놈[臭老九]"이 아니라고 선언했다. 새로운 지위를 받은 것에 고무되어, 독립적 견해가 있는 작가, 예술가, 과학자와 사상가들이 그들의 마음의 소리를 표현하기 시작했고, 사회와 정치문제에 관심을 가지기 시작했다.

이런 다른 정치적인 견해를 가진 사람들은 중국 공산당의 민감한 신경을 자주 건드려서 중국 공산당은 자신의 통치권 행사 및 절대적인 복종 요구의 권리를 매우 경계심을 가지고 지켰다. 다른 정치견해는 당의 권위를 무시하여 도전하는 것과 동일시되었다. 1979년의 "민주의 벽" 운동이 발생한 후, 정부는 이 운동의 지도자[14]에게 징역 15년을 선고했다. 1983년, 중국 공산당

---

14) 웨이징성.

은 서방의 관념과 이론과 실천이 민중의식 속으로 침투하고 있다는 것을 의식하자, "정신오염 반대"운동을 일으켜 "퇴폐적" 가치관의 침입에 저항했다.

1984년 4월 로널드 레이건 대통령이 중국을 방문했다. 온몸이 사명감으로 흘러넘친 그는 미국의 민주주의에 대한 경험, 하느님에 대한 신념, 자유, 개인의 창조력과 자유기업과 진보정신을 대대적으로 설교했다. 그는 인민대회당에서 600명의 중국 사회의 유명인사들에게 한 연설에서 다음과 같이 선언했다.

우리의 뿌리에서 우리는 두 개의 거대한 동력을 통해서 거대한 힘을 얻었는데, 바로 신념과 자유입니다. 미국을 창건한 사람들은 하느님을 숭배하는 자유를 추구하고, 하느님이 지혜, 힘, 선량함, 동정으로 그들의 일상생활을 이끌 것이라고 믿었습니다.

우리의 자유에 대한 열정이 미국 혁명을 야기했고, 이 혁명은, 인권을 추구하고 식민통치에 반대하며 독립을 추구한 위대한 봉기였습니다. 우리는 우리들이 다른 모든 사람들과 자유를 함께 누리지 않으면 우리 모두는 스스로의 자유를 누릴 수 없다는 것을 잘 알고 있습니다. 우리는 우리를 평등하게 대해주는 법률 체계의 보호를 받지 못하면 우리들의 자유는 진정으로 안전할 수 없다는 것을 알고 있습니다.

조지 워싱턴은 우리에게 자유인의 신성한 박애를 통해서 한데 뭉치라고 가르쳐 주었습니다. 에이브러햄 링컨은 미국 민주의 핵심을 정의하여 말하기를 "누구도 타인의 동의를 거치지 않고 타인을 통치하기에 충분할 정도로 훌륭할 수는 없다."고 했습니다. 이런 위대한 원칙들은 미국의 영혼을 살찌웠고, 그것들은 일의 존엄과 이웃과의 우정, 가정의 따스함 등과 같은 가치관으로 인해서 더욱 풍부해졌습니다.

"인민을 믿는다(Trust the people)"는 말은 미국 역사의 핵심과 영혼일 뿐만 아니라 오늘날 세계인류 진보의 가장 강대한 동력입니다.……가장 짧은 기간에 가장 현저한 진보를 이룩한 사회는, 결코 가장 엄밀하게 조직된 사회도 아니고 심

지어는 자연자원이 가장 풍부한 사회도 아닙니다.

그렇습니다. 인민들에게 창조와 경쟁과 건설을 하는 것이 허락되고, 독립적인 사고와 경제적인 결정을 내리는 것이 허락되며, 사람들이 그들 자신의 모험 속에서 이익을 얻는 곳에서 사회는 비로소 번영하고 진보하고 활력이 넘치고 가장 자유로워집니다.[15]

이것은 무신론을 신봉하는, 전제적인 사회에 가져다주는 강렬하고도 충격적인 메시지였다. 중국 지도자들은 확실히 그것을 무례한 것으로 받아들여, 그들은 이후의 뉴스 보도에서 중국 인민들에게 듣게 해서는 안 되는 글귀를 삭제하기로 결정했다. 중국의 텔레비전 시청자들은 신념과 자유에 관한 내용을 듣지 못했고, "자유로운 인민이 모든 사람들의 발전을 촉진시키는 자유시장을 만든다"는 것과 같은 충고도 역시 듣지 못했다.

대통령의 부대변인인 래리 스픽스는 비록 심사결정은 "중국 인민들이 선택할 수 있는 내부문제"이지만 그는 "미국인들이 소중히 하는 가치관에 대해서 대통령이 언급한 중요한 단락"을 삭제한 것에 유감을 표시하면서, "이 단락들이 중국 인민들이 우리나라와 우리의 인민들을 더욱 잘 이해하도록 하는 것"이라고 했다.[16]

레이건 대통령은 푸단 대학교에서 한 텔레비전 연설에서 동일한 주제를 되풀이했다. 그는 특히 인권을 강조하면서 말하기를 "우리는 모든 남녀와 아이들의 존엄을 믿습니다. 우리의 모든 제도의 기초는 바로, 모든 사람들 개개인의 타고난 재능을 존중하는 것입니다.……사람들이 자기 스스로 자기 생활을 결정하여 영위해나가는 특수한 권리를 존중합니다"라고 했다.[17] 중국 당국은 텔레비전 생중계 시에 연설을 중국어로 번역하는 것을 허락하지 않았지만, 많은 사람들이 레이건 대통령의 말을 알아들었다. 두 편의 연설

---

15) U. S. Dept. of State, Bureau of Public Affairs, Washington, D. C., "President Reagan, A Historic Opportunity for the U. S. and China", April 27, 1984.

16) *Los Angeles Times*, April 28, 1984.

17) *The Christian Science Monitor*, May 1, 1984.

전문은 아주 신속히 자유시장에 나타났고, 곧바로 앞다투어 전부 팔려나갔다. 레이건은 결국 그의 메시지를 널리 전파했고, 중국의 청중들은 배후에서 그의 대담성과 "기개"를 찬양했다.[18]

중국 청년들은 외국에 나가는 일과 레이건의 방문을 통해서 서양의 정치관념과 접촉하게 되었는데, 이런 관념들은 중국 청년들에게 깊은 영향을 미쳤다. 점차적으로 중국 청년들은 서방 민주제도의 이상을 벗어난 모든 정치제도는 개인의 충분한 발전을 억압하기 때문에, 모두 낙후되고 전제적이며 시대와 맞지 않는 것으로서 배척되어야 한다고 생각하게 되었다.

1984년 도시경제개혁이 시작됨에 따라서 범죄와 부패가 날이 갈수록 심각해지고, 제3세대의 리더를 육성한다는 구실하에 고급간부의 자녀들을 비호하는 현상 역시 날이 갈수록 심각해졌다. 대학생들은 자신들을 젊은 세대의 양심으로 생각했으며 날로 타락하는 사회의 기풍에 저항하는 책임을 짊어지고 있다고 느꼈다. 그들은 인권, 민주, 법치, 언론과 집회와 출판의 자유를 원했고, 임의적인 체포와 기타 사법규범을 초월한 각종 방식을 금지할 것을 요구했다.

대학생들뿐만 아니라 문화계, 예술계, 학술계도 모두 서방 자유화의 영향을 받았다. 작가와 예술가들은 더욱 큰 창작의 자유를 요구했고, 진보적인 지식인들은 자유선거, 삼권분립, 다른 정견을 가질 권리와 다당제 등과 같은 화제를 긴급히 논의했다. 상하이의 한 저명한 작가는 "이데올로기는 반드시 자유롭고 해방되고, 풍부하고 다채로워야 한다.……나는 나 자신을 위해서 4개의 기본적인 사유원칙을 수립했는데, 즉 이데올로기이 구속으로부터 벗어나고, 맹종과 미신에서 벗어나며, 자주적인 사고를 하며, 나 자신의 이데올로기가 필연의 영역에서 자유의 영역으로 도약하도록 돕는 것이다"라고 썼다.[19]

저명한 천체 물리학자인 팡리즈는 열심히 인권과 민주를 제창했다. 그는

---

18) *Sino Express*, New York, May 6, 1984.
19) 사예신(沙葉新), *Los Angeles Times*, Jan. 7, 1987에서 인용.

중국의 사하로프로 불렸으며, 자주 대학교와 연구기관을 방문하고 순회강연을 했다. 팡리즈가 가장 언급하기 좋아한 화제는 법치, 자유선거, 언론 자유, 출판 자유와 정치다원화였다. 그는 학자는 시대의 중요한 문제에 대해서 솔직하게 자신의 견해를 밝힐 사회적 책임이 있다고 굳게 믿었다. 그는 자기는 그 누구도 두렵지 않고, 행동의 결과를 책임지겠다고 했다. 그는 대학교는 마땅히 과학, 민주, 창조, 독립을 4개의 기본신념으로 받들어야 한다고 주장했다. 그는 그가 경멸적으로 미신, 전제, 보수, 종속에 비유한 4항의 기본원칙을 이 네 가지 신념으로 대체할 것을 역설했다. 그는 과학, 자유, 전면적인 서구화 등 5. 4 운동의 정신과 관념을 충분히 가지고 있었다. 그는 마르크스주의는 이미 시대에 뒤떨어진 것이며, 이 주의가 중국의 지속적인 낙후와 중국 공산당이 거리낌 없이 권력을 사용하도록 보증한 것에 대해서 책임을 져야 한다고 여겼다. 그는 중공의 통치는 군사정복의 기초 위에서 건립된 것이지 공적의 기초 위에서 건립된 것이 아니며 중공의 과거 35년간의 모든 활동은 실패로 간주해야 한다고 언급했다. 방리즈는 학생들이 그들의 권리를 쟁취하기 위해서 분투하도록 격려했지만, 학생들에게 거리로 나아가 시위를 하라고 요구한 적은 없었다.[20]

「인민일보」의 취재기자인 류빈옌(劉賓雁)과 작가인 왕뤄왕(王若望)은 관료주의의 어두운 면과 공권력이 문학과 출판을 장악한 것을 남김없이 폭로했다. 그들은 1942년 마오쩌둥의 옌안 문예좌담회에서의 연설을 특히 반대했는데, 그 연설은 문예와 언론은 정치를 위해서 봉사해야 한다고 선언한 것이다. 중국 작가협회의 부주석이었던 류빈옌은 당의 4항 기본원칙을 풍자하고, 중국에서 사회주의를 견지하는 것에 대한 논리를 따져 물었다. 류빈옌은 "만약 1953-1976년의 마오쩌둥 시대의 사회주의가 정확한 것이라면, 1979-1986년의 덩샤오핑이 지도하는 사회주의는 또 무엇인가? 이 양자 사

---

20) 팡리즈가 발표한 일련의 강연의 요목은 1986년 11월 15일 상하이 교통 대학교에서의 강연. 1986년 11월 18일 통지 대학교에서의 강연. 1986년 9월 27일 안후이 경제문화 연구센터(安徽經濟文化研究中心)에서의 강연이다.

이의 차이가 이렇게 큰데, 그것들이 어떻게 모두 정확할 수 있겠는가?"하고 물었다. 그는 경멸하는 어투로 다음과 같이 추궁했다.

극좌 사조의 근본은 무엇인가? 그것은 서로 혐오하고 서로 파괴하고 서로에게 잔인하게 대하는 것이다. 그것은 사람을 비인간적이 되게 한다. 그것은 자유로운 사람을 자유롭지 못하게 한다. 그것은 독립된 인격을 가진 사람을 순종적인 도구로 만든다. 그것은 사람을 야수로 만든다. 이런 과정 속에서 양심은 상실되고, 자아비평 의식도 사라진다. 이를 대체하는 것은 상호 적대시, 원한, 의심과 서로에 대한 잔인함이다. 결국에는 대기가 공포로 가득해진다. 잔혹한 권력에 대한 공포, 지도자에 대한 공포, 권위에 대한 공포.……그래서 나는 좌경사조의 근본은 비인간주의라는 것을 인정하지 않을 수 없다.

류빈옌은 국민이 네 가지 환상의 기만을 당했다고 비난했다. 그것은 (1) 사회주의는 완벽한 것이다. (2) 공산당은 영원토록 정확하다. (3) 마르크스-레닌주의는 영원한 진리이다. (4) 사회주의와 자본주의 사이에는 커다란 간격이 있어서, 과거 수백 년 동안 자본주의 사회에서 발생한 것들 중에 그 어느 것 하나도 적합하다고 인정할 만한 것이 없다는 것이다. 류빈옌은 이런 잘못된 관념들 때문에, 중국은 맹목적인 희생과 불필요한 손실이라는 엄청난 대가를 치렀다고 주장했다. 그렇지만 이 모든 것이 가져다 준 것은 무엇이냐는 것이었다.[21]

이 밖에 비평가인 왕뤄왕은 중국 작가협회 이사였는데, 그는 1986년 11월 지접적으로 덩샤오핑 본인을 비평했다. 덩샤오핑은 일찍이 컬럼비아 방송국 기자인 마이크 월리스와 인터뷰를 수락하며, 중국의 사회주의는 일부분의 사람들을 먼저 부유하게 만들어야 하지만(거점주의), 부자와 가난한 사람들 사이에 양극화의 출현은 막아야 한다고 말했다. 덩샤오핑의 견해에 의하면, 어찌되었든 중국의 사회주의 제도 아래서는 백만장자가 되기 어렵기 때문에

---

21) 중공 현 단급(團級) 이상 간부가 사용하는 내부자료(中共縣團級以上干部使用的內部材料) : 批判方勵之和劉賓雁, 『九十年代』에 전재됨, 香港, 1987년 6월, pp. 37-40.

중국 사회에 새로운 자본가계급이 출현할 것이라는 걱정은 할 필요가 없다는 것이었다. 이 주장은 듣기에는 문제가 없는 것 같지만, 왕뤄왕은 이런 사고방식에 대해서 몇 가지 쟁점을 제기했다. 그는 발전 도상에 있는 사회주의 국가에서 양극화는 피할 수 없는 현상이라고 주장했다. 양극화와 상대적인 것은 평균주의와 평등주의(모든 사람들이 동일한 대우를 받는 것)인데, 중국은 이미 30년 동안 이것을 실행해왔지만 아무런 소득이 없었고, 단지 공산주의의 가난만을 야기했다는 것이다. 왕뤄왕은 주장하기를, 양극화를 피하는 것은 더욱 큰 생산력과 더욱 많은 이윤을 실현하는 동력을 없애는 것이라고 했다. 백만장자가 생겨날 수 없다고 예언하는 것은 바로 사람들의 기대와 성취욕을 제한하는 것이라는 말이었다. 왕뤄왕은 중국과 같은 이런 대국에서, 설령 3,000-5,000명의 백만장자가 있더라도 그것은 전혀 많다고 할 수 없으며, 중국 사회주의 산물로서의 그들은 마르크스가 정의한 자본가와는 다를 것이라고 했다.[22]

팡리즈, 류빈옌, 왕뤄왕과 같은 지식인들만이 서양의 자유주의 영향을 보여준 것이 아니라, 사회적으로도 서양의 모든 것에 대한 갈망이 존재하고 있었다. 항상 수천 명의 사람들이 피카소의 회화 전람회, 황실 발레단의 공연, 아서 밀러의 연극을 관람하려고 줄지어 몇 시간씩 기다렸지만, 중국 인민혁명군사박물관을 참관하러 가는 사람은 극소수였다. 거의 모든 외국 문물이 사람들의 호기심을 자극했는데, 즉 정치사상, 사회이론, 미래학, 소설, 연극, 예술, 패션 그리고 심지어 코카콜라, 블루마운틴 커피, KFC 같은 평범한 것들도 호기심을 유발시켰다. 당시 가장 환영받는 결혼예물은 중국어판『브리태니커 백과사전』이었다. 중앙 번역국 국장은 대중의 열정을 이렇게 설명했다.

30여 년 동안 우리는 서양문화를 금기시했으며, 서양의 모든 문물을 포기했습니

---

22) 왕뤄왕의 덩샤오핑의 관점에 대한 비평은 다음과 같은 표제를 사용했다. 즉, "兩極分化之我見-與鄧小平同志商権", 『工人日報』, 深圳經濟特區, 1986년 11월 12일, 『九十年代』, 香港, 1987년 2월, pp. 58-59에 전재됨.

다. 그 결과 우리는 서양에 대한 이해가 전무하게 되었습니다. 밀턴, 쇼펜하우어, 루소, 발자크, 보카치오, 괴테 등의 작품과 바흐와 모차르트의 음악, 셰익스피어와 입센의 희극 등은 모두 "부르주아 계급"의 물건으로 간주되어 출판과 상연이 허락되지 않았습니다. 성서 이야기를 모르는 사람들이 도대체 얼마나 될지 모릅니다.[23]

부인할 수 없는 것은 서양의 영향이 도처에 가득 차 있을 뿐만 아니라 날로 증가하고 있었다는 것이다.

이런 새로운 추세에 대한 당 내의 반응은 각양각색이었다. 총서기인 후야오방은 이런 경향에 대해서 자유방임의 태도를 취했다. 그는 세계적인 정보혁명은 각국을 서로 긴밀하게 연계시켰으며 새로운 관념의 검증은 중국의 공산주의를 위해서 중국의 이익에 부합하는 새로운 형상을 만들어냈다고 믿었다. 그의 진보적인 방법은 보수적인 원로들을 상심하게 했다. 그들은 서양의 자유주의는 교란적인 영향력을 가지고 있으며, 중국인의 생활 속의 퇴폐와 정신오염의 근원이라고 생각했다. 디스코 음악, 로큰롤, 스케이트보드, 청바지, 에로 영화, 자유민주를 고취하는 외국 출판물이 날이 갈수록 유행하자 그들은 몹시 화가 났다. 그들은 부르주아 계급 자유주의의 침입이 당의 위신을 하락시키고, 지도자에 대한 존경심을 잃게 했으며, 공산당 통치의 합법성에 대한 의구심을 가지게 하고, 서양의 가치관에 대해서 맹목적인 숭배를 초래했다고 생각했다. 그들은 부르주아 계급 자유주의를 적시에 저지하지 않으면 공산주의의 정통사상은 발붙일 곳이 없다고 주장했다. 후야오방이 당내 이데올로기의 책임을 맡은 지도자로서 이 투쟁을 지도하는 데에 너무 연약했다는 것이다. 오직 확고부동한 이데올로기 전문가만이 공산주의 신앙의 순결함을 수호할 수 있다고 했다. 그래서 장정에 참가했던 70-80세의 원로들은 자신들이 서양의 자유주의를 반대하는 신성한 책임을 지고 있

---

23) Shang Jung-kuang, "Bridging Ocean-Wide Chasm", *Beijing Review*, Jan. pp. 18-24, 1988, p. 31. 그의 성명은 류춘치(劉尊棋)로서 76세이다.

다고 생각했다.

정통이론가와 진보개혁파 사이의 갈등은 오직 최고지도자인 덩샤오핑만이 해결할 수 있었다. 이해하기 어려운 것은 덩샤오핑은 경제상의 진보주의와 정치상의 보수주의를 겸비하고 있었다는 것이며, 그는 정치적인 필요에 의해서 균형을 이루는 것에 천부적인 재능이 있었다. 인치(人治)가 법치(法治)보다 더 위에 있는 제도에서 그는 최고의 중재자였다. 그가 생각하고 있는 개혁개방정책은 단지 외국 기술과 자본 및 관리기술을 도입하는 수단에 불과했다. 이런 것들은 공산당의 통치를 강화하는 도구로 봐야지 결코 중국을 서양식 민주로 나아가도록 하는 단계가 아니라는 것이다. 그는 삼권분립은 하나의 국가에 3개의 정부가 있는 것이라고 비웃고 정치다원화는 어불성설이라고 생각했다. 오직 그가 1979년 3월에 선포한 4항의 기본원칙만이 안정과 질서를 보증하며 현대화를 위한 필요한 환경을 마련한다는 것이라는 것이었다. 중국은 학생의 소란과 같은 혼란을 용인할 수 없으며, 서양의 자유주의와 같은 영향이 나타나서는 안 된다는 것이었다. 요컨대, 그가 흥미를 느끼고 있는 것은 서양의 과학이지 서양의 가치관은 아니었다.24)

1986년 9월의 제12기 6중전회 석상에서 보수파 이론가들은 덩샤오핑의 묵인 아래 정치개혁에 관한 토론을 제지함으로서 개혁추진을 주장하는 개혁인사들을 압도했다. 이와는 반대로 그들은 아주 대폭적인 수정(8번의 수정)을 거친 "사회주의 정신문명"에 관한 결의를 통과시켰다. 이 결의는 "부르주아 계급자유화"라고 표제를 단 부분을 부각시켰다. 민주화사업에 대한 한 차례의 철퇴가 가해진 것이다. 바로 이런 배경 아래 1986년 12월 학생시위가 발생했다.

후야오방의 해직 학생시위의 최대 결과는 총서기인 후야오방의 해직이었는데, 그는 너무 진보적이었고 너무 솔직했다. 그가 총서기 직책을 5년 동안

---

24) 中央文件, 1987년 제2급 4호, 『潮流月刊』, 香港, 1987년 4월 15일, pp. 14-17에 전재됨.

(1981-1986) 맡은 것은 주로 덩샤오핑의 지지에 의한 것이었다. 덩샤오핑은 그를 자기의 후계자로 추천했고 안심하면서 말하기를, 후야오방이 당을 관장하고 자오쯔양이 정부를 관장하면 하늘이 무너져도 두렵지 않다고 했다. 그러나 이제 당내와 정부 내와 군부 내의 보수파들이 잇따라 덩샤오핑에게 후야오방을 해직시키라고 요구했는데, 그 이유는 그가 학생에 대한 대처와 서양 부르주아 계급의 자유주의 침입을 제지하는 문제에서 부당한 처리를 했기 때문이라는 것이었다. 인민대회 상임위원장 펑전과 기타 3명의 이론가들 및 2명의 군부요원들이 앞장서서 후야오방을 공격했다.[25] 노련한 정치가인 덩샤오핑은 이런 강대한 연맹과 대결하는 것은 헛수고라는 것을 알았고, 그 외에 그의 후야오방에 대한 신뢰도 이미 감퇴해 있었다. 1986년 12월 하반기, 수차례에 걸친 비밀회의를 거쳐서 덩샤오핑은 후야오방이 반드시 물러나야 한다는 결정을 고통스러운 심정으로 받아들였다. 덩샤오핑은 후야오방을 희생시켜 보수파 지도자들의 지지를 유지했다.

새해가 지나자 공개석상에서 후야오방의 모습이 사라졌으며 그의 해직이 임박해 있었다. 이와 동시에 제1차 정치국 확대회의 준비 작업이 요란하게 진행되었는데, 회의는 1987년 1월 16일 개최되었다. 그날 회의 마지막 시간에 후야오방은 한차례의 자아비판을 하여 자기가 "몇몇 중대한 정치원칙 문제에서 잘못을 범했으며 당의 집단지도 원칙을 위반했다"고 인정했다. 1987년 연초에 내부에 배포된 8건의 문건을 통해서 최고회의 석상에서 생긴 논쟁 내용을 알 수 있다. 후야오방에 대한 비판 내용은 6가지 사항으로 정리할 수 있는데, 그 안에는 정책상의 이견과 개인적인 원한이 표출되어 있었다.

1. 일찍이 공청단(共靑團) 총서기를 역임한 그는 파벌주의를 조성하여 공청단 계통의 간부들을 우선적으로 발탁했다.

---

25) 펑전과 기타 권력이 막강한 이론가인 덩리췬(鄧力群), 후챠오무와 보이보는 모두 정치국원으로 그들은 때로는 신4인방(新四人幇)으로 불린다. 두 명의 군부지도자는 총참모장 양더지(楊得志)와 중앙군사위원회 부주석인 양샹쿤(楊尙昆)이다.

2. 외교적인 장소에서 말을 함부로 했다. 즉 1983년 도쿄를 방문하는 기간 중, 만일 미국이 타이완 문제에 간섭하면 중국은 장차 자오쯔양 총리와 레이건 대통령의 상호방문을 취소할 것이라고 공언했다.

3. 잘못된 판결의 시정작업을 효과적으로 하지 못했다.

4. 지나치게 빠른 개혁속도는 경제적인 불균형과 상황에 대한 통제력 상실을 초래했다.

5. 당내 업무를 주관하며 인치가 법치보다 위에 있다고 주장했다.

6. 조직의 원칙을 준수하지 않고 외국인과 신문기자들에게 국가기밀을 누설했다.

정치국 확대회의에서는 후야오방의 과오를 아래와 같이 정리했다.

1. 당의 집단지도를 위반했다.

2. 중대한 정치적 원칙에 대해서 과오를 범했다.

3. 여러 차례 독단적으로 정부의 일에 간섭했다.

4. 여러 차례 덩샤오핑의 건의를 받아들이지 않았다.

5. 중대한 외교문제를 독단적으로 결정했다.

6. 정치업무에 대한 태도에서 전면적인 서구화의 경향을 나타냈다.

이런 공식적인 질책의 배후에는 후야오방이 당내의 원로인사들에게 끊임없이 은퇴하라고 호소한 것에 대한 깊은 불만이 존재하고 있었다. 전해지는 말에 의하면, 그는 1987년 10월에 열리게 될 중공 제13차 전국대표대회에서 중앙위원의 퇴직연령은 60세, 정치국 위원은 72세로 결정하여 선포하려고 계획했다고 한다. 연로한 지도자들의 퇴직에 대한 원칙은 확실히 당과 덩샤오핑의 승낙을 받은 것이었지만, 구체적인 실시는 총서기가 집행하도록 남겨두었다. 사실이 보여주는 대로 이 문제는 굉장히 민감한 것이었다. 만약 퇴직제도가 없다면, 직무는 바로 권력과 정치적 영향과 경제적 특권을 의미하는 것이었다. 장정에 참가한 노인들은 그들이 스스로 책임을 져야 할 일에

대하여 특별히 민감했다. 퇴직은 곧 한 푼의 가치도 없어짐을 의미했고, 퇴직을 피하기 위해서 그들은 어떤 일이라도 하기를 원했다. 덩샤오핑도 후야오방의 퇴직에 대한 언급을 불쾌해했는데, 특히 그 이유는 후야오방이 기타 원로 동지들에게 모범을 보이기 위해서 덩샤오핑이 먼저 퇴직해야 한다고 암시했기 때문일 것이다. 확실히 덩샤오핑은 자기는 퇴직하고 싶지만 다른 사람들이 그를 퇴직하지 못하도록 한다고 일찍이 누차 항의조로 말했다. 후야오방은 아마도 천진난만하게도 덩샤오핑의 말을 진실로 믿고 그렇게 함으로써 덩샤오핑의 분노를 사고, 덩샤오핑이 후야오방의 정치적인 역량을 의심하도록 했을는지도 모른다. 학생운동과 덩샤오핑의 불쾌함이 원로 지도자들에게 후야오방을 물러나게 하고 자신들의 직위를 지키게 할 수 있는 절호의 기회를 제공했다.

군부도 후야오방에게 이용되지 않았는데, 그 이유는 그와 군부와의 관계가 밀접하지 않았으며 4개 현대화 과정에서 군부에게 분배된 이익 배당이 비교적 낮았기 때문이다. 그 외에도 후야오방은 100만의 병력을 감축하자고 주장했고 베트남과의 전쟁을 비판하기까지 했다. 1986년 9월부터 군부는 후야오방의 실각을 예견하고 이런 방향으로 노력을 했다.

완고한 원로 세대들은 제13차 전국대표회의가 개최되기 전에 후야오방을 물러나게 하기로 결정했는데, 그렇게 하면 대표선정과 회의의정을 준비하는 과정에서 그가 영향력을 발휘하지 못하게 할 수 있었다. 군부의 지지로 인하여 그들의 세력은 놀랄 정도로 커졌다. 덩샤오핑은 정치적으로 보수 중도파였기 때문에 그들의 요구에 동의했는데, 이는 아마도 당의 단결과 사상의 정통성을 수호하기 위해서였을 것이다.

후야오방이 자아비판을 하고 사직서를 제출한 후에 40명의 회의 참여자 중 21명이 발언을 하여 그를 비판했는데, 그중에는 그와 가장 긴밀한 관계를 유지했던 협력자들도 있었다. 후야오방은 얼굴이 온통 눈물로 범벅이 되어 있었지만 판결을 영원히 뒤집지 않는 데에 동의했다. 문제는 후야오방이 그의 정치국 위원과 중앙위원의 지위를 유지하는 것으로 해결되었다. 그리고

그에 대한 공개적인 비판은 하지 않았다. 사실상 그의 명망은 급상승했다. 자오쯔양 총리가 대리 총서기에 임명되었고 그의 다른 직무를 겸임했다. 개혁파의 사업은 한 차례의 큰 타격을 입었으며 보수파의 지위는 상승했다.

부르주아 계급자유화 반대　펑전과 덩리췬(鄧力群)은 "부르주아 계급자유화 반대"운동을 맹렬히 전개했다. 1987년 1월 국무원은 언론출판부를 만들어 언론매체와 출판간행물에 대한 감독을 시작했다. 주로 중국 공산당을 비평했던 3명의 인사가 즉각 당적을 박탈당하고 출당처분을 받았는데, 즉 천체물리학자 팡리즈, 기자 류빈옌, 작가 왕뤄왕이 그들이었다. 그러나 그들에 대해서는 어떤 육체적 고통도 가하지 않았다. 팡리즈는 중국 과학기술 대학교 부총장이라는 권위 있는 직위에서 보잘것없는 베이징 천문대 연구원으로 전출되었다. 그는 계속 연구활동을 하고 국내의 학술회의에 참석하며, 가끔은 국외의 학술회의에 참석하는 것을 허가받았지만 다시는 공개강연을 할 수 없게 되었다. 다른 두 비평가들의 경우처럼 그의 명망이 어쩌면 그가 더 큰 징벌을 받지 않도록 그를 보호한 것인지도 모른다. 또다른 몇몇 문화계와 지식계 인사들도 역시 정도는 달라도 징벌을 받았지만 문화대혁명 기간처럼 난폭한 대우를 받은 사람은 없었다.[26]

이에 대한 반응으로 미국에 거주하고 있던 1,000명의 중국 유학생들과 방문자들은 1월 19일에 연명하여 당 중앙과 국무원에 항의서한을 보냈다. 항의서한은 후야오방의 해임과 팡리즈 및 그 외 인사들의 당적이 박탈당한 것과 "문화대혁명에서의 폭행"을 상기하게 하는 좌경 사조의 부활 등의 문제에 대해서 관심을 표명했다. 유학생들은 개혁과 민주와 법치를 지지한다는 것을 거듭 밝혔고, 퇴보하는 것을 반대한다고 공언했다.

덩샤오핑은 부르주아 계급의 자유화 반대운동을 지지하지만, 이 운동이

---

26) 그들 중 수사오즈(蘇紹智)는 철학자이자 개혁이론가로서 마르크스-레닌 연구소 소장이었고, 왕뤄수이(王若水)는 전 「人民日報」 부편집장이고, 오주광(吳祖光)은 극작가이며 그 외에도 몇 명의 작가 등이 있다. 그들은 탈당을 요구받았다.

안정과 단결을 파괴하는 것을 허락하지는 않았다. 운동은 정당, 정부, 군대 기관과 도시기업에 한정되었다. 농촌과 민주당파와 무당파의 지식인들은 이 운동의 대열에 참가하지 않았다. 또한 문화대혁명의 유풍을 띠고 있는 표현 방법이나 어휘의 사용을 금지했다.[27]

1987년 1월에서 5월까지 보수파의 사조는 격렬한 언사와 악의적인 대응으로 사상계, 문화계, 문학계, 언론계에 침투했다. 부르주아 계급자유화 반대운동은 대도시를 석권하려는 것 같았으며, 개혁파 인사들은 혼란에 빠지고 무력해진 것 같았다. 강경파는 서양의 영향을 배제하기 위해서 마오쩌둥 시대의 원로 간부, 중년 간부, 청년 간부의 3결합 방법을 회복할 것을 호소하고, 절약, 인내, 소박, 국가에 충성하는 것 등 기존의 미덕을 제창했다. 마오쩌둥의 "레이펑(雷鋒) 동지에게서 배우자"라는 구호가 다시 울려퍼졌다. 용기가 없는 사람들은 그들의 서양식 복장을 숨기거나 인민복장으로 바꾸기 시작했다.

그러나 대부분의 사람들은 옛 시절로 되돌아가기를 싫어했다. 일단 자유와 텔레비전, 냉장고 등의 물질적 향유를 맛보게 되자, 사람들은 마오쩌둥 시대의 스파르타식의 검소한 생활로 되돌아가는 것을 받아들일 수 없었다. 강경파의 자녀와 손자 손녀들 역시 노인들의 공허한 도덕설교에 반대했으며 전국의 국민들 역시 또 한차례의 문화대혁명이 출현하지 않기를 원했다. 5월이 되자 부르주아 계급자유화 반대운동의 고조는 지나가버렸다. 당내의 원로세대는 고통스럽게도 그들이 사회의 주류의 밖에서 한가로이 방황하고 있음을 발견했다. 사람들은 그들의 성명을 무시해버렸으며 대다수의 사람들은 아예 그들이 빨리 세상을 뜨기를 원했다.

중국 공산당은 확실히 진퇴양난이었다. 1949년 이후 중국 공산당은 줄곧 권력을 독차지하고 있었으며, 그들이 통치권력을 행사하는 데에 의문을 품은 사람은 없었다. 그런데 이제는 젊은 세대가 민주화를 고취하면서, 현대

---

27) 中央文件, 1987년 제2호, 제4호.

사회에서 볼 수 있는 자유로운 생활을 갈망하고 있었다. 마르크스주의와 마오쩌둥 사상은 호소력을 상실하여, 당 자신도 신임 위기를 겪고 있었다. 만약에 경제개혁 그리고 더욱 큰 정치적 자유를 실시하는 데에 동의하지 않으면 인민과 더욱 멀어지게 되고 당은 시대와 현실로부터 더욱 멀어지게 될 것이었다. 그러나 민주주의를 허용하면 사회적 부조화를 초래하여 결국 공산주의가 중국에서 멸망하게 될 수도 있었다. 최고 지도층은 공산당이 그의 이데올로기에 충실하면서도 "정통 마르크스주의 종파주의"의 착오를 범하지 않게 하는 중간노선을 찾아내기 위해서 노력하게 되었다. 공산당은 시장 메커니즘을 허용하고 외국 자본과 기술을 도입하고 자본주의 관리기술을 귀감으로 삼는 이론을 모색하게 되었는데, 이 모든 것들은 융통성 있는 틀 안에 넣기만 하면 마르크스주의적인 것으로 보일 수도 있고 중국적인 것으로 보일 수도 있었다. 이런 공식을 일단 찾아내기만 하면 개혁개방정책의 전개를 논증할 수 있고 개혁개방의 지위를 확고히 할 수 있으며, 보수파들의 열정에 좌절을 안겨줄 수도 있었다.

자오쯔양 총리는 내심으로는 전문가 통치 주창자이지만 강경파에게는 겉으로는 호의를 베푸는 척하면서 그들과의 대립을 피해왔다. 그는 오직 그들과 1987년 5월 13일의 정치국 확대회의에서 한번 대결하여 그들의 지나친 좌경 사조를 억제하려고 했다.[28] 주목할 만한 것은 덩샤오핑은 그해 봄 내내 침묵을 유지하면서 후야오방을 잃음으로써 생긴 마음의 아픔을 치유했던 것이다. 그는 마침내 문제의 관건은 누가 사직해야 하는가가 아니라 개혁개방정책의 장래에 있다는 것을 깨달았다. 만약 보수파의 위세를 저지하지 못하면 현대화는 정지될 위기에 처해 있었다. 침묵의 여유가 지난 후에 덩샤오핑은 나서서 자신의 입장을 표명하지 않을 수 없었다.

5월과 6월 중에 덩샤오핑은 4차례의 모임에서 외국 방문자들에게 좌경을 제지하려면 개혁개방의 범위를 확대해야 한다고 강력하게 입장을 밝혔다.[29]

---

28) 자오쯔양은 3명의 주요 보수이론가인 덩리췬, 후차오무, 보이보를 비평했다.
29) 외국 방문객 중에는 캐나다 총리 브라이언 멀로니(Brian Mulroney), 싱가포르 제1부총리,

줄곧 메시지를 기다려왔던 언론매체에서는 즉각 이 소식에 응답했다. 이는 좌경 사조 반대 측의 승리이며, 또한 부르주아 계급자유화 반대운동에 대한 타격이었다. 개혁파 인사들은 새롭게 어느 정도의 응집력을 얻게 되었으며 7월에 피서 명승지인 베이따이허에서 개최되는 정치국 확대회의에서 공세를 취할 계획을 세우기 시작했다. 베이따이허에서 각 측의 정치권력을 대표하고 있는 인물들 사이에 열렬한 논쟁이 벌어졌으며 마침내 4개 주요 문제에 관하여 다음과 같은 합의를 도출했다. (1) 1987년 10월에 개최될 예정인 중공 제13차 전국대표대회에서 미래발전 방침에 대한 정치보고를 발표한다. (2) 원로 동지들은 퇴직하고 미래의 지도부를 선출한다. (3) 현 단계의 사회주의 건설의 성격에 대한 정식성명을 발표한다. (4) 정치를 개편한다. 이런 고려들은 13차 전국대표대회에서 최종 결정이 날 때까지 잠시 비밀에 붙이기로 했다.

중국 공산당 제13차 전국대표대회

많은 사람들이 기대하고 있던 중국 공산당 제13차 전국대표대회가 1987년 10월 25일부터 11월 1일까지 베이징 인민대회당에서 개최되었다. 이 회의에 참가한 대표 1,936명은 전체 4,600만 명 당원을 대표했다. 초청을 받고 온 타이완 기자들을 포함한 200명의 외국 기자들이 개막식과 폐막식을 취재했는데, 이것은 역사상 전례가 없는 일이었다. 대회의 중요 의의는 아래에 기술한 몇 가지 점으로 요약해볼 수 있다. 첫째, 1978년 12월에 개최된 제11기 3중전회에서 제정한 개혁개방정책은 정확한 것이라는 것을 거듭 밝혔고, 경제발전을 전당의 중심과업으로 삼았다. 둘째, 대장정 세대인 원로 동지들의 주동적인 은퇴를 통해서, 대회는 지도집단의 갱신을 실현하여 비교적 젊고 더욱 훌륭한 교육을 받은 기술전문가들이 그들의 직책을 대신하도록 보장해

일본 및 유고슬라비아 대표단이 있었다.

주었다. 셋째, 시장지향적인 개혁을 하는 것에 관한 새로운 이론 틀을 통과시켰는데, 이것은 예전에는 보수파에 의해서 비(非)마르크스주의로 생각되었다. 넷째, 행정효율을 향상시키기 위해서 정치개조의 범위를 확정했다.

대리총서기인 자오쯔양은 개막식에서 1978년 12월 이후 9년간에 걸친 거대한 성과를 총결산하는 훌륭한 정치보고를 했다. 국민총생산액과 도농 주민의 평균수입 액수는 2배가 되었다. 전국 10억 인구 중의 거의 대부분의 사람들은 먹고사는[溫飽] 문제를 해결했다. 자오쯔양의 말에 따르면 덩샤오핑 동지의 지도하에서의 "중국적 특색을 가진 사회주의" 건설은 중국 혁명 60년 역사상 "2대 역사적 비약" 중의 하나이고, 또다른 비약은 1949년 마오쩌둥이 지도한 신민주주의 혁명의 승리라는 것이었다. 이 말은 덩샤오핑의 지위는 마오쩌둥의 지위와 동등하며, 그들은 중국에서 마르크스-레닌주의의 내용을 풍부하게 한 2명의 주요 공헌자라는 것을 암시했다. 많은 사람들은 지금의 현대화를 제2차 혁명 혹은 새로운 대장정으로 보았다.[30]

인사변동 덩샤오핑은 직접 시장지향적인 개혁을 비평한 90명의 당내 원로의 퇴임을 유도했다. 그들 중 85세의 펑전은 전국인대상무위원회 위원장이고, 82세인 천윈은 중국 공산당의 주요 경제전문가이자 중앙계획자이며, 75세의 후챠오무와 72세의 덩리췬은 모두 정통이론가인 동시에 부르주아 계급 자유주의의 격렬한 비평가이고, 78세의 이셴니엔은 중화인민공화국 주석이었다. 덩샤오핑 본인도 당내의 모든 직무를 사직했지만 특별 당헌 수정안에 근거하여 중공 중앙군사위원회 주석을 유지했는데, 이 수정된 규정은 덩샤오핑이 중앙위원이 아님에도 이 직위를 유지할 수 있도록 허락했다. 대회는 또한 총서기 자오쯔양이 중앙군사위원회의 제1부주석 자리를 맡고, 양산쿤(楊尚昆)이 상임부주석을 맡도록 안배했다. 이런 안배는 군부가 자오쯔양이 덩샤오핑의 잠재적 후계자임을 받아들였음을 암시한 것이라고 할 수 있다.

---

30) *Beijing Review*, Nov. pp. 2-8, 1987, p. 10, 12, 18-19; *News and World Report*, Oct. 12, 1987, p. 41.

285명의 새로운 중앙위원 중에는 정식위원 175명과 후보위원 110명이 포함되어 있었다. 원래의 348명 중앙위원 중에서 150명(43퍼센트)의 연로한 위원은 재차 당선할 수 없게 되었다. 재미있는 것은 1976년 마오쩌둥을 계승했던 화궈펑이 중앙위원의 신분을 유지한 것이다. 자오쯔양은 압도적인 다수표로 총서기에 당선되었다. 새로운 통치집단의 평균 나이는 55.2세로 그전 회기의 59.1세보다 크게 낮아졌다. 새로 늘어난 87명의 위원과 후보위원, 전체 중앙위원 중 209명(73퍼센트 차지)이 고등교육을 받았다.[31]

정치국의 17명 위원과 후보위원은 기본적으로 비교적 젊은 개혁지지자였다. 그전 회기의 20명 중 9명의 정치국 위원은 이미 퇴직했다. 그러나 전임 총서기 후야오방은 여전히 위원 직위를 유지했고, 또 그의 친밀한 동료인 완리(萬里)와 톈지윈(田紀雲)은 부총리였다. 정치국 위원의 평균연령은 63세로, 그전 회기보다 7세 낮아졌다. 새로운 정치국 상무위원의 평균연령은 64세로서 그전 회기보다 13세 낮아졌다.

매우 큰 권력을 가진 상무위원회에서는 견해의 균형을 유지했는데, 당선된 다섯 사람은 다음과 같다. 68세의 자오쯔양, 59세의 리펑(李鵬), 58세의 후치리(胡啓立), 70세의 야오이린(姚依林), 63세의 차오스(喬石)였다. 사람들은 보편적으로 자오쯔양과 후치리는 시장지향적인 경제발전의 확고한 지지자이고, 리펑과 야오이린은 소련식의 중앙계획경제 쪽으로 기울어져 있고, 전적으로 공안을 담당하는 차오스의 입장은 중립이라고 생각했다. 사실상, 그들은 모두 개혁지지자로 알려져 있었고 다만 품격, 방법, 속도, 범위가 조금 다를 뿐이었다. 경제발전은 이미 전국상하의 일치된 강렬한 소망이 되었고, 이 때문에 어떤 정치가도 감히 다른 것을 한다고 자칭하려는 사람은 없었다.

기타 몇몇 중요한 당내 직책의 임명은 천윈이 200명으로 구성된 중앙고문위원회 주임을 맡았고, 후치리가 4명으로 구성된 서기처의 책임자를 맡은 것이었다.

---

31) *Beijing Review*, Nov. 16-22, 1987, p. 6.

보수파의 대부분의 비평이 억제됨에 따라서, 개혁파는 전속력으로 전진하는 권한을 획득했다. 그러나 그들은 퇴직한 노인들이 그들의 영향력을 포기하지 않았다는 것을 알고 있었다. 그들이 퇴직을 원한 것은 어쩌면 다음과 같은 양해가 이루어졌기 때문일 것이다. 즉 그들이 지지하는 후보자인 리펑이 정치국 상무위원에 임명되고, 또 이후에 총리를 맡는 것이었다. 사실상 제13차 당 대회가 폐막되고 3주가 지난 후에 리펑은 대리총리에 임명되었고, 뒤이어 1988년 3월의 전국인민대표대회에서 정식으로 총리에 임명되었다.

리펑은 초기 혁명열사[32])의 아들으로, 그는 이미 세상을 떠난 저우언라이 총리의 집에서 성장했다. 리펑은 17세에 입당했고, 1948년에 소련으로 파견되어 전기기계를 공부하고 6년 후에 귀국했다. 그는 전력과 에너지원 전문가로서 고속 승진했으며, 당내 원로인 천윈, 펑전과 덩잉차오(저우언라이의 아내)와 가까워서, 당내의 보수파, 정치부문 중의 저우언라이의 지지자들 및 각 전선에서 중요 직책을 맡고 있는 50대의 소련 유학생 출신들의 광범위한 지지를 얻고 있었다. 리펑은 그의 교육배경에 대해서 매우 민감했기 때문에 자신은 특별히 소련의 경제제도와 중앙계획에 찬성하지 않는다는 입장을 분명히 밝혔다. 그는 정치국 상무위원에 당선된 이후 얼마 되지 않아, 1987년 11월 2일 "내가 중앙계획경제를 지지한다고 단언하는 것은 완전히 오해이다. 중국의 경제체제는 반드시 개편되어야 한다"고 주장했다. 대리총리로 임명되었을 때, 그는 "계속 안정 단결을 유지하고, 예전처럼 독립 자주적인 대외정책을 집행함과 동시에", 개혁개방정책의 실시를 지지한다고 선언했다.[33] 총서기인 자오쯔양이 발표한 제13차 대회 석상에서의 정치보고서 중의 한 단락인 "국가가 시장을 조절하고, 시장이 기업을 지도한다"는 내용은 아마도 리펑의 공헌일 것이다.[34]

---

32) 이숴신(李碩勛).
33) *Los Angeles Times*, Nov. 25, 1987.
34) *Beijing Review*, Nov. pp. 2-8, 1987, p. 12.

사회주의 초급 단계 시장지향적인 메커니즘은 근본적으로 비마르크스주의적인 것이라며 강경 보수파는 이를 부단히 책망하고, 다른 많은 사람들도 항상이에 대해서 의혹을 품었다. 이런 논조는 진보운동의 입장에서 보면 마치 목구멍에 가시가 걸린 것 같은 껄끄러운 일이었다. 그러나 경제발전을 위해서는 반드시 시장의 요소를 인정해야 하고, 외부세계와의 왕래 역시 현대화에 절대적으로 필요한 것이었다. 개혁파에게 가장 절박한 임무는 그들이 하는 일이 비자본주의적일 뿐만 아니라 마르크스주의를 반대하는 것도 아닌, 사회주의 범위 내에서도 매우 필요하고 허용된 것이라는 것을 논증하는 데에 사용할 일련의 이론 틀을 발전시키는 것이었다. 장기간에 걸친 모색을 통해서 중국의 사회과학자들은 다음과 같은 새로운 개념을 제시했다. 즉 중국은 사회주의의 초급 단계에 처해 있으며, 이 단계에서는 시장요소, 자본주의적 기술과 관리기법 및 여러 종류의 소유제를 특징으로 하는 혼합된 경제는 모두 받아들일 수 있다는 것이었다. 이 이론적 지지의 격려하에 자오쯔양은 정치보고에서 자신감이 넘치는 어조로 "개혁만이 중국을 진흥시킬 수 있는 유일한 과정입니다. 이것은 인민의 소망과 역사발전의 전반적인 추세에 부합하는 거스를 수 없는 필연적인 과정입니다"라고 선언했다.

자오쯔양은 다음과 같은 논점을 제시했다. 즉 중국의 이전의 낙후된 생산력과 발달되지 못한 상품경제로 인해서 중국은 적절한 자본주의 단계를 거치지 않았다는 것이다. 중국이 자본주의에서 사회주의로 이행할 것을 고집하는 것은 기계적인 사고로서, 정치적으로 우경적인 착오를 범하는 것이라는 것이다. 그러나 중국이 사회주의 초급 단계를 뛰어넘어 사회주의로 진입할 수 있다고 생각하는 것은 유토피아적인 사고로서, 정치적으로 좌경적인 착오를 범하게 된다는 것이었다. 자오쯔양은 총체적으로 결론짓기를, "이 단계에서 우리는 기타 국가가 자본주의 조건하에서 이미 실현한 생산의 상품화, 사회화, 현대화를 완성할 것입니다"라고 했다. 자오쯔양은 중국적 특색을 가진 사회주의 건설은 19세기의 유럽 이론가들이 예견하지 못한 실험이라고 선언했다.

우리는 마르크스주의의 창시자가 설정한 조건하에 있지 않은데, 그들에게 사회주의는 고도로 발달된 자본주의의 기초 위에서 건립된 것이었습니다. 우리나라의 상황은 기타 사회주의 국가의 상황과 다릅니다. 그러므로 우리는 맹목적으로 교본에 쓰여 있는 대로 따를 수도 없고 또한 기타 국가[소련?]의 모델을 기계적으로 모방할 수도 없습니다. 따라서 우리는 중국의 실제 상황에서 출발하여 마르크스주의의 기본원리를 이 상황과 결합시켜야 합니다. 우리는 실천을 통하여 중국적 특색이 있는 사회주의의 길을 찾아내야 합니다.

자오쯔양은 경제구조의 경직화를 피하고 상업경제를 발전시키며 노동생산력을 제고시키고 4개 현대화를 실현하기 위해서, 국민들에게 다종 소유제의 병존을 허용하는 방법을 찾도록 촉구했다.

이 이론은 다음과 같은 사고방향으로 발전하고 있었다. 즉 사회주의 초급단계에서의 중심과업은 빈곤과 낙후를 종료시키는 일이라는 것이다. 계급투쟁은 일종의 모순으로서 여전히 존재하고 있지만 그것은 더 이상 계급투쟁이 아니라는 것이었다. 경제발전과 대외개방정책의 실시를 확보하려면 중국은 4항의 기본원칙의 고수를 통하여 안정과 단결을 유지해야 한다는 것이다. 사회주의 초급 단계는 100년간 지속될 예정으로, 이 단계는 1950년대에 시작되었는데 그 당시에 사유생산수단이 사회주의적 개조를 거쳤으며 그것은 21세기 중엽까지 계속될 것이고, 그때가 되면 사회주의 현대화를 기본적으로 완성하게 된다는 것이다. 이 장기적인 과정은 3개 시기로 나뉜다. 제1시기는 1980년의 국민총생산액의 기초 위에서 갑절의 수준으로 발전하여 인민의 먹고사는 문제를 해결하는 시기로서, 이 목표는 이미 기본적으로 실현되었다. 제2시기는 2000년까지 국민총생산액을 다시 갑절로 늘려서 인민의 생활을 중류수준으로 끌어올리고, 제3시기는 다음 세기 중엽까지 대다수 중등 선진국가들이 누리고 있는 부유한 수준에 이르게 한다. 이 목표들을 성공적으로 실현시키려면 과학, 기술, 교육발전이 관건이라는 것이었다.[35]

중국을 지속적으로 고통스럽게 하는 문제는 "개혁이 중국을 자본주의로

변모시키는가? 사회주의나 자본주의의 성질에는 일종의 측정 기준이 있는가?"라는 문제였다. 수많은 중국인들과 외국인들은 "시장 메커니즘"을 자본주의와 연계시키고 "중앙계획"을 소련 혹은 사회주의 제도와 연계시키는 경향이 있었다. 중국 지도자들은 현재 다음과 같은 관점에 만족한다. 즉, 시장 메커니즘과 중앙계획은 모두 "중성적인 수단과 방법으로서 그것들은 결코 한 사회의 근본적인 경제제도를 결정하지 못한다"는 것이다.[36] 그래서 사회주의 초급 단계에서는 자본주의의 기술과 관리기법을 채택하고 다종 소유제를 특징으로 하는 혼합경제를 채용하며 일반대중이 갈수록 많이 정치문제에 참여하는 것을 허용할 수 있다는 것이다. "어떤 것이든 간에 경제발전을 추진할 수 있으면 좋은 것이고 경제발전을 방해하는 것이면 좋지 않다"는 유행어가 있었다. 이런 관념들은 미국의 실용주의와 아주 유사하게 들린다.

정치개혁 정치개혁은 결코 일종의 서양식 개혁을 의미하는 것이 아니었기 때문에 자유선거, 삼권분립, 상이한 정당이 교대로 집권하는 것 등의 형식을 포함하는 완비된 민주제도와는 관련될 리 없었다. 반대로 그것은 단지 행정효율 제고, 지나치게 방대한 관료기구의 간소화, 인원 과잉현상을 해소시키는 것을 의미했다. 개혁의 주요 특징은 당을 정부부문 및 기업의 일상적인 운행과 분리시키는 것이었다. 정부의 기업에 대한 관리는 간접적인 통제로 대체하고, 관료기구에 대해서는 위에서부터 아래로의 합리화를 추진하며, 재능에 근거하여 임용하는 공무원제도를 건립하는 것이었다.

중공 지도층의 견해에 의하면 중국은 반드시 사회주의 민주라는 선명한 특색을 가진 독특한 정부형식을 유지해야 했다는 것이다. 일반민중의 정치참여가 증가하는 가운데 각급 인민대표대회, 민주집중제와 다당(多黨) 합작은 지속된다는 것이다. 효율적인 사법제도의 발전을 통해서 인민의 권리는

---

35) 趙紫陽,「沿着有中國特色的社會主義道路前進」, 1987년 10월 25일 중국 공산당 제13차 전국대표대회석상에서 행한 보고.
36) David Holly, "New Leaders, Reforms to be Weighted at Chinese Party Congress", *Los Angeles Times*, Oct. 24, 1987.

관원의 임의적인 침해와 비합법적인 절차로부터 보호를 받게 된다는 것이다. 이런 방법으로 사회민주주의는 건립될 수 있다는 것이다.

평가 중공 제13차 당 대회가 중시를 받는 이유는 다음과 같은 몇 가지 원인 때문이다. 이 대회는 중국을 경제발전을 가속화하고 대외개방의 강도를 높이는 길로 진입시켰다. 기타 어느 공산국가의 지도층도 권력을 자원하여 젊은 세대의 지도집단에게 넘겨준 일은 없었다. 더욱 중요한 것은 중국 지도자들은 공산주의제도가 시장 메커니즘을 받아들이지 않으면 효과적으로 작동할 수 없다는 것을 알아차렸다는 것이다. 소련 지도자인 고르바초프도 이런 이치를 깨달은 것 같았지만 중국이 소련보다 앞서서 정통 마르크스주의의 속박을 벗어났다. 중국은 이미 중요한 사상적 무기를 만들어냈다. 즉, 일종의 현실에 부합하는 이론을 발명한 것이지, "현실을 이론에 적응시킨 것"은 아니었다.[37] 덩샤오핑은 경제개혁을 인민의 광범위한 지지를 얻는 확고부동한 의무로 변모시켰다. 이와 동시에, 고르바초프는 여전히 전체 소련 관료기구를 이끌고 낮은 속도로 힘들게 천천히 언덕을 올라가고 있었다. 식견이 있는 인사들은 중국 경제의 성공가능성이 소련보다 크다고 믿었다.[38]

　그러나 중국 공산당 제13차 당 대회의 성과는 뛰어났지만 해결하지 못한 많은 문제들을 남겨놓았다. 첫째, 이 대회의 성과는 결코 진보개혁파의 명확한 승리를 보여준 것이 아니라 단지 당내 각 파벌 간의 타협이었다. 퇴직한 보수파 원로들은 활동을 중단하지 않고 계속 그들의 영향력을 이용하여 더욱 적극적인 해금조치를 방해할 수 있었다.[39] 가격자유화, 인플레이션, 국유기업을 개인에게 임대하여 경영하게 하는 것, 파산법, 토지사용권(실은 개인

---

37) Henry A. Kissinger, "China Now Changing Rules and Ruling Party", *Los Angeles Times*, Oct. 25, 1987.

38) Joseph C. Harsch, "A New Look", *The Christian Science Monitor*, Nov. 5, 1987, and "Fortunes Shift for Leaders of World's Three Powers", *ibid.*, Nov. 6, 1987.

39) Adi Ignatius, "China's Party Meeting Unlikely to Seattle Success Issue", *The Wall Street Journal*, Oct. 23, 1987.

소유권의 완곡한 표현)의 양도 등과 같은 수많은 민감한 문제들은 여전히 일촉즉발의 영역이었다. 특히 자오쯔양이 가장 찬양한 온저우 사유제 모델은 여전히 장차 논쟁을 유발하게 될 것이었다.

둘째, 덩샤오핑은 자오쯔양이 중앙군사위원회 부주석을 맡도록 안배했지만, 자오쯔양이 그를 계승하여 최고사령관 혹은 최고지도자가 되도록 전혀 보장하지 않았다. 과거에는 후계자로 지정된 인물들이 모두 권력을 장악하기 전에 실각했는데, 류사오치는 1966년에, 린뱌오는 1972년에, 화궈펑은 1978년에 실각했다. 어떤 공산국가도 선천적으로 지도자 계승의 문제가 불안정했다. 사람들은 비록 자오쯔양이 덩샤오핑이 살아 있는 동안에는 덩샤오핑의 보호를 받을 수 있지만 덩샤오핑이 세상을 떠난 후에는 또 어떻게 될 것인가라는 상식적인 질문을 던지게 된다. 이 점에 대해서 안정을 이룩하려면 반드시 법치가 인치를 대신하도록 해야 하는 것이다.

셋째, 가속화된 경제발전과 더욱 확대된 대외개방은 필연적으로 "정신오염", "부르주아 계급자유화"와 오래되어도 쇠퇴하지 않는 "체용(體用)"의 논쟁 등과 같은 문제들이 재차 출현하도록 만들었다. 제13차 당 대회는 이 문제들을 회피해버렸다.

넷째, 당과 정부의 직능 분권은 장차 수백만 명의 기득권에 영향을 미치게 되어 있었다. 이 방침의 관철은 극도로 완만하고 어려운 것일 수밖에 없었다.

다섯째, 지고무상한 4항 기본원칙은 공산당 이외의 통치 가능성을 배제해버렸으며 공산당이 허용한 범위 밖의 어떤 자유도 배제해버렸다. 오직 극소수의 다른 정견을 가진 사람들의 존재만 허용되었는데, 즉 저명한 천체 물리학자 한 사람, 유명한 기자 한 사람, 작가 혹은 예술가 한 사람이었다. 이것은 단지 겉치레를 하기 위한 것일 뿐, 관용의 정도는 엄격히 통제되고 제한되었다.

총괄적으로 말하면 제13차 당 대회는 각파의 지도자들이 일치하여 국가의 경제발전을 추진하기로 동의했음을 보여주었다는 점에서 성공적이었다고 할 수 있다. 그러나 민주화, 다원화, 인권 등의 더욱 높은 목표를 추구하려면

또 한 차례의 장정(長征)이 필요할 것이었다.

연해 경제발전 계획

1987-1988년 사이에 중국은 점차 일련의 연해 지역 경제전략을 발전시켰다. 이 지역들의 발전을 가속화하고 아울러 이 지역들을 국제시장과 긴밀히 결합시킨다는 전략이었다. 연해 경제발전 계획은 2개의 기본적인 구성부분으로 이루어졌는데, (1) 국외로부터의 원자재 수입, (2) 외화를 벌기 위한 세계시장으로의 가공완제품 수출이었다. 이렇게 하여 축적된 기금은 장차 첨단기술 설비를 구매하는 데에 사용할 예정이었는데, 이것은 중국의 중공업을 위한 자금조달을 돕는다는 것을 의미했다. 이것들은 오히려 농업발전을 돕게 되었다. 연해의 경제는 주로 생산과정의 두 부문인 원자재의 공급과 완제품의 판매가 모두 세계경제에 깊숙이 관여되는 수출지향형이다. 외국 재료의 수입은 처음부터 필수적이었는데, 그 이유는 중국 내지의 성들이 이런 재료들을 제공할 수 없었기 때문이다. 그러나 조건이 개선됨에 따라서 중국의 서북 지역이 일부분의 원자재를 제공할 수 있게 되었다. 장기적으로 보면 전국이 이런 상황에서 이익을 얻을 수 있었다.

　연해 경제발전 계획은 1978년 채택된 대외개방정책의 필연적인 확장이었다. 1978년 12월부터 시작하여 중국은 줄곧 더욱 확대된 개방과 더욱 밀접한 국제적 접촉의 방향으로 발전했다. 그 구체적인 성과는 1979년 4개의 경제특구의 건립, 14개 항구의 개방, 그리고 이후의 양쯔 강 삼각주, 주장 강 삼각주와 민난 삼각지역의 개방, 1985년 하이난다오의 제5경제특구로의 확정으로 나타났다. 연해 경제개발 계획은 중앙이 현실적으로 다음과 같은 사실을 인정했다는 것을 나타낸다. 즉 중국의 각 지역은 동일한 속도로 발전할 수 없으므로 중국이 현재 수출무역을 통해서 최대한도로 이익을 얻기 위해서는 연해 지구의 발전을 가속화해야 한다는 것이었다.

　이 계획의 이론의 기초는 34세의 한 경제설계사가 1987년 6월에 제시한

것이다. 이 설계사는 중국의 연해 경제를 국제시장 속에 편입시킴으로써 생기는 장점을 열정적으로 설명했다. 중국의 연해 경제는 하나의 순환을 이루어 가공용의 원자재를 수입한 후에 다시 완제품을 수출함으로써 중국의 현대화를 위한 자금을 조달한다는 것이었다.[40] 이 계획은 3개의 발전단계를 제시했다. 제1단계는 5-7년의 기간인데 그 기간에 연해는 특히 방직, 식품, 소형 가전제품과 경공업제품 부문에서 수출지향적 경제를 구축한다. 이와 동시에 연해와 내지 성들과의 교통을 개선시키도록 노력하며, 다만 중공업 투자는 수출로 외화를 벌어들인 후에 진행한다. 제2단계도 5-7년인데, 이 기간에는 내지의 제품을 국제시장에 진입시켜 노동집약형 공업능력을 얻는 대외교류를 대대적으로 확장하기 시작한다. 제3단계는 1996년에서 2000년까지인데, 이 기간에는 첨단적, 기술집약형 공업제품 수출을 대대적으로 증가시키며 이에 상응하여 노동집약형 제품 수출은 감소된다. 그리고 더욱 많은 잉여노동력이 첨단기술 측의 생산으로 유입되어 경제성장의 속도와 질을 향상시킨다. 제1단계에서는 약 6,000만 명의 농촌노동력이 수출지향 활동에 흡수될 수 있으며, 제2단계와 제3단계에서는 1억2,000만 명의 농촌노동력이 흡수될 수 있다는 것이다. 20세기 말에 이르면 중국은 장차 매년 1,500억 달러의 제품을 수출할 수 있게 되는데, 이것은 수출성장률이 연 12퍼센트에 이를 것을 요구하게 된다는 것이다. 경제발전이 절정시기에 이른 기타 몇몇 국가들의 수출성장률과 비교해보면 중국이 예상한 이 성장률은 지나치게 높은 것은 아니었는데, 즉 일본은 당시에 17퍼센트, 브라질은 16퍼센트, 남한은 40퍼센트였다.

　　연해 경제발전 계획은 1949년 해방 이후 중국에 줄곧 존재해온 독특한 이원화 경제구조를 고려했다. 소련의 영향하에서 중공업이 우선시되었고, 경공업은 경시되었으며, 농업은 더욱 아주 낮은 기술수준을 유지하고 있었고

---

40) 王建, "選擇正確的長期發展戰略—關於'國際大循環'經濟發展戰略的構想", 『經濟日報』, 北京, 1988년 1월 23일(게재 날짜에 오류가 있음. 이 글은 1월 5일자에 게재되었다/역주). 이 글의 관점은 본 절의 대부분의 내용을 제공했다.

대량의 농촌노동력은 토지에 묶여 있었다. 이런 이원화 경제구조 속에서 모순은 피할 수 없었는데, 즉 더욱 큰 공업화는 더욱 많은 노동력을 해방시키지만 첨단기술의 발전은 노동력에 대한 수요를 배제하게 되는 것이다. 게다가 노동집약형 공업은 소비를 증가시키는 방향으로 나아갔지만 첨단공업의 발전은 자본이 필요했다. 어디에서 자본을 찾을 것인가? 세계시장을 통해서인 것이다.

중국의 연해 지역은 노동집약형 수출지향성 공업을 발전시키기에 매우 적합했다. 왜냐하면 이곳은 총명, 근면함, 자질적인 면이 상대적으로 비교적 높으면서도 임금이 싼 우수한 노동력을 구비하고 있었기 때문이다. 이들 지역들은 또한 상당히 많은 과학기술정보와 비교적 좋은 전신시설을 구비하고 있었으며 이런 요소들은 노동집약형과 지식집약형을 하나로 결합시키는 활동을 하는 데에 적합한 환경을 제공했다. 확실히 동부 및 동남 연해 지역에는 향촌공업이 번창하고 있는데, 즉 광저우 부근의 주장 강 삼각주, 양쯔 강 삼각주, 민난 삼각지역, 산둥 성과 랴오둥 반도가 모두 이에 해당했다. 간단히 말하면 연해 지역은 광저우, 상하이, 톈진 등의 대도시와 광둥, 푸젠, 장쑤, 산둥 등의 성들과 랴오둥 반도의 남단(뤼순과 다롄)으로 이루어져 있다. 향촌공업은 줄곧 자력갱생과 고효율을 유지하고, 손익을 스스로 책임져왔다. 1987년, 잘 훈련된 8,500만 명의 노동자들을 보유하고 있는 이 지역들은 4,500억 위안(인민폐) 가치의 제품을 생산해냄으로써 농업부문의 생산액을 초과했다. 이 방대한 염가의 노동자집단이 수출 쪽으로 전환하면 중국을 최소한 20년 안에 아시아의 네 마리의 작은 용들보다 더욱 유리하고 더욱 경쟁력이 있는 위치에 놓이게 만들 것이었다.[41]

그 이외에 일본, 남한, 타이완의 화폐는 평가절상되고 있지만 달러와 인민폐는 평가절하되어 중국 제품은 세계시장에서 더욱 매력을 가지게 될 것이

---

[41] 1987년 중국 노동자들의 평균임금은 타이완과 남한의 동류 노동자들의 임금의 5분의 1이었고 홍콩과 싱가포르 노동자들의 임금의 8분의 1이었다. 『大公報』, 香港, 1988년 2월 12일, 제1판.

다. 중국의 연해 지역은 "외래 원자재 가공", "규격서에 의한 외래 주문서 접수", "외래 부품 조립"을 원했고, 중국 정부는 "중국 제품으로 거래하는 외국 상인에게 보조금을 주기를[三來一補]" 원했다.

연해 경제발전 계획은 단호하게 개혁하려는 총서기 자오쯔양의 주의를 끌었고, 국무원 고위층 회의에서 상세히 논의되었다. 제13차 당 대회 이후 자오쯔양은 1987년 1월에 두 차례에 걸쳐서 상하이, 장쑤, 저장, 푸젠 등의 성들을 시찰하고 이 계획의 실행 가능성을 확신했다. 그의 낙관적인「연해 경제발전 전략문제」 보고서는 덩샤오핑의 전폭적인 지지를 얻었다.[42] 이 계획에 대한 덩샤오핑의 1988년 1월 23일자 소견은 "전적으로 동의한다. 여러분들은 반드시 대담하고 빨리 추진해야 하며 이 중요한 기회를 놓치지 말아야 한다!"라는 것이었다.[43] 1988년 2월 6일 정치국은 정식으로 이 계획을 비준했다. 그리고 연해 각 성과 도시의 지도자들에게 이 계획을 완성하도록 노력하고, 각자의 관할 구역 내에서 외국 투자를 환영하고, 합자항목을 만들고 외국 전문가가 중국 기업관리에 참여하는 것을 환영하도록 지시했다.

연해 경제발전 전략은 개혁파들의 독창적인 훌륭한 조치로 보아야 한다. 그들은 이 전략을 통하여 중국을 세계경제와 연결시켰고, 이와 동시에 보수파가 중국 경제를 중앙계획과 경제고립이라는 기존의 방식으로 되돌리려는 모든 기도를 저지했다. 그러나 이 계획으로 인해서 중국은 국제경제에 아주 크게 의존하게 되었고, 변화무쌍한 국제경제의 지배에 순응하게 됨으로써 자국의 경제운명에 대한 장악력을 박탈당했다. 중국 제품이 세계시장에서 한자리를 차지하도록 보장하기 위해서는 반드시 고품질로써 기타 태평양 국가들의 수출제품과 경쟁하지 않으면 안 되었다. 외국의 주문서와 계약을 쟁취하고 외국에 판매망을 구축하기 위해서 중국은 외국어와 시장형세와 국제거래 방법에 통달한 다수의 판매 및 거래 대표를 육성할 필요가 있었다. 이

---

42) 이 보고서의 영문 개요는 "Chao on Coastal Areas' Development Strategy",이다. *Bejing Review*, Feb. pp. 8-14. 1988, pp. 18-23.
43) 『大公報』, 香港, 1988년 3월 21일, 제2판.

계획을 성공시키려면 시간이 문제였다. 만일 20년이나 30년 전에 이 일을 했다면 중국은 아마도 이미 일본 및 아시아의 네 마리 용들과 어깨를 나란히 하고 있었을 것이다. 그러나 이제 서양과 일본의 날이 갈수록 심각해지는 보호주의와 1990년대 초기 세계경제의 활기감소 혹은 쇠퇴가 가져다준 은근한 위협으로 인해서, 중국은 서양과 일본의 강력한 배척에 직면하지 않으면 안 되었다. 결국 연해 경제발전 계획의 채택은 다음과 같은 달갑지 않은 사실을 증명했는데, 그것은 공산주의 자체는 중국을 현대화된 국가로 개조할 능력이 없고 자본주의의 도움을 받아야 한다는 것이었다.

불안정한 사회 : 인플레이션과 도덕타락

중국의 빠른 경제성장은 높은 인플레이션을 수반했는데, 정부 측에서 발표한 인플레이션 변동 폭은 1985년에는 12.5퍼센트, 1986년에는 7퍼센트, 1987년에는 8퍼센트였다. 그러나 비공식적인 추산으로는 매년 20-30퍼센트였다. 모든 샐러리맨이 모두 급격한 가격인상으로 인한 충격을 느꼈으며, 그들의 관념, 생활방식, 행동 및 가장 중요한 사회윤리도 영향을 받았다. 의심할 여지없이, 각종 개혁조치 중에서 가격의 자유화와 급여조정은 가장 고통스럽고 또한 가장 성공하지 못한 부분이었다. 정부는 과거의 부식품, 식용유, 주택 및 기타 모든 물품의 보조금제도가 가치법칙을 경시하여 국가예산만 소모했으므로, 물가개혁을 실시하기로 결정했다. 정부는 가격의 자유화가 경제개혁 성공의 관건으로서 미래에 고통을 받는 것보다는 차라리 잠시 조금 괴로움을 당하는 것이 낫다고 생각했다. 그러나 인민의 입장에서 보면 가격의 자유화는 언제나 임금상승보다 더 빠른 물가상승을 초래했다. 1988년 5월과 6월 사이에 4종류의 부식품(돼지고기, 계란, 채소, 설탕)에 대한 통제가 풀리자, 대도시에서의 가격은 하룻밤 사이에 30-60퍼센트 급상승했다. 정부는 모든 노동자들에게 각각 10위안의 인민폐를, 대학생들에게는 8위안을, 중고등학생에게는 각각 7위안을 보조해주었다. 그러나 비록 정부는 지난 10년간의

빠른 경제성장이 이미 통제 완화의 고통을 감소시켰다고 공언했지만, 가격의 상승을 근본적으로 상쇄하지는 못했다.[44]

인플레이션은 정부의 부패, 고위간부 자녀의 족벌주의, 뒷거래와 암거래를 심화시켰다. 정부의 한 고문은 "오늘날 관리에게 뇌물을 주지 않고 어떤 일을 성사시키는 것은 거의 불가능하다"는 것을 인정했다.[45] 이익의 동기가 기타 모든 고려를 압도해버린 것이다. 한 종류의 물건에는 항상 4종류의 가격이 표시되어 있었는데, 즉 국가정가, 시장가, 협정가격, 외국 손님용 가격이었다. 비행기 표와 기차표는 사기 어려운 것일 뿐만 아니라, 여행객에 따라서 각기 다른 가격이 표시되었다. 대학교에 대해서는 부업을 통하여 돈을 벌어 교육비용을 보탤 것을 요구했다. 식견 있는 인사들은 중국 "전 국민의 장사꾼화[全民皆商]"를 걱정했다. 전 사회적으로는 온갖 돈만 추구하는[向錢看] 구호가 유행하기 시작했다. 부당하게 이득을 취하는 것, 남을 속여 사취하는 것과 경제범죄 등이 도처에 만연했고, 여관과 음식점과 국가기관에서는 바가지를 씌우고 비용을 제멋대로 받는 현상이 보편적으로 생겨났다.

1980년대의 보편적인 곤란은 사람들의 자아존중감을 떨어뜨려서 그들을 성질이 조급하고 화를 잘 내게 하고 마음이 울적하게 만든 것 같다. 생활은 무관심과 무감각과 거친 성격으로 충만했다. 심리학자들은 이런 태도는 사람들의 철저한 낙심과 무력감을 반영하는 것이지 그들이 난폭한 것을 좋아하는 것은 아니라고 말한다. 사람들은 이미 경제곤란으로 인해서 고생스럽게 발버둥치고 있는데 게다가 물가상승이 그들의 불안한 심리에 또다른 부담을 가중시켰다. 가격이 부단히 상승됨으로 인해시 저금한 돈이 가시가 별어지는 것을 뻔히 보게 되자, 사람들은 1945-1949년과 같은 그런 가격폭등이 재연되는 것이 아닌가 하여 두려움에 떨며 필사적으로 방법을 강구하여 가격폭등에 대처했다.

1983-1988년 사이에, 대부분 도시의 샐러리맨 계층은 구매능력이 100퍼

---

44) *Beijing Review*, May 23-29, 1988, 10; June 20-26, 1988, 7-9.
45) *Newsweek*, Hong Kong, June 6, 1988, pp. 25-26.

센트, 심지어는 이보다 더 많이 떨어졌으며 생활수준이 급격히 떨어졌다는 사실을 발견했다. 1988년에는 좋은 음식점에서 한 끼 식사를 하는 데에 드는 돈이 1983년보다 5배나 많아졌다. 1956년에 대학 졸업생은 매월 인민폐로 55위안을 벌어서 이 돈으로 4인 가족을 충분히 부양할 수 있었으나, 1988년의 대학 졸업생의 월급은 133위안으로 많아졌음에도 4인 가족의 생활을 유지할 수 없었다. 그는 하루의 임금으로 수박 2덩이만을 살 수 있었을 뿐이다. 황금평가에 따라서 계산하면, 1987년 그의 수입은 1979년의 49퍼센트, 1956년의 15.7퍼센트였다.

1987년, 한 보통 노동자 가정은 수입의 35-45퍼센트를 먹는 것에 소비하고, 그 외의 25-35퍼센트를 기타 생활필수품에 사용했다.[46] 이렇게 되자 기타 모든 필요한 비용을 지불할 돈이 얼마 남지 않았다. 좌절이 걱정, 이기심, 불만과 거친 행동을 야기했다. 사회도덕은 와해될 지경으로 추락했다. 가치관의 혼란과 관리의 무질서가 곳곳에서 나타났다.

가격의 자유화는 물가상승에 기회를 제공했지만, 인플레이션의 다른 두 가지 기본적인 원인 역시 간과해서는 안 된다. 첫째, 1984-1988년의 화폐공급이 매년 20퍼센트 증가함으로써 화폐발행 속도의 신속한 증가가 인플레이션을 초래했다는 것이다. 둘째, 은행 저금(인민폐 3,075억 위안)과 유동자금 중 1987년 말 약 4,200억 위안의 인민폐에 해당하는 다량의 과잉현금이 인플레이션을 초래했다는 것이다. 사람들은 물가가 오르기 전에 서둘러서 필수품을 구매하기 위해서 자주 은행으로 몰려가 돈을 찾았다. 너무 많은 돈으로 너무나 적은 상품을 다투어 구매하게 되자, 널리 알려진 인플레이션이 발생했다.

대중들의 가격상승에 대한 불만과 항의로 인하여, 정치국은 1988년 7월 베이따이허에서 여러 차례의 격렬한 논쟁이 오고간 회의를 개최했다. 총서기인 자오쯔양은 가격개혁은 경제개혁의 핵심임을 부단히 주장한 것에 반하여, 총리 리펑과 부총리 야오이린은 어차피 개혁을 멈추지는 않더라도 최소

---

46) Feng Ching, "The Life of Ordinary Chinese People", *Beijing Review*, July 4-10, 1988, pp. 21-26.

한 가격자유화를 늦추어야 하는데, 그 이유는 임금이 물가상승을 따라갈 수 없기 때문이라고 주장했다. 결국, 대중들의 불만에 대한 관심이 우세했다. 정부는 대출금의 통제, 금융긴축, 기본건설 및 자본지출규제 조치를 취하여, 과열된 경제를 냉각시켰다. 8월 중앙은 1988년의 남은 기간과 1989년 중에는 더 이상의 가격자유화를 하지 않을 것이라고 선언했다. 이로써 국민들은 한숨 돌리게 되었다.

그러나 일단의 사람들은 이 어수선한 기간에 부자가 된 것 같다. 그들은 두각을 나타낸 개인기업가와 자영업자들[個體戶]로서, 이들 대부분은 수공예품, 소규모 제조업, 가정용구 수리와 판매, 운수 및 소비 서비스업 등의 업종에 종사하고 있었다. 그들은 근면하고, 안목이 있고, 판단력이 뛰어났고, 용기를 내어 위험을 무릅쓰고 경영을 잘 했기 때문에 성공을 거둔 것인데, 이런 현상은 어떤 기타 국가에서도 마찬가지이다. 1988년 6월, 이 개인기업들은 22만5,000곳으로서 360만 명을 고용했다. 정부는 이 기업들이 합법적이라는 것을 인정했는데, 그 이유는 그들이 생산력 발전에 도움을 주었기 때문이었다. 수많은 자영업자들이 백만장자가 되었다. 랴오닝 성 선양의 한 농민은 운수 팀을 조직하여 1987년에 인민폐 100만 위안을 벌었다. 또 한 기업가는 100만 위안을 투자하여 압연공장을 세웠는데, 고용인 명부에 등록되어 있는 종업원이 100명이었다. 푸저우 시의 한 31세의 젊은이는 코닥 필름 현상인화점을 경영하여 53만9,000달러의 자산을 모아 에어컨이 달린 10만8,000달러짜리 집에 살았다. 한 목조 조각품의 "대왕"은 3,000명의 노동자들을 고용하여 2,000만 달러의 재산을 모았다. 경영에 크게 성공한 베이징의 한 오토바이 헬멧 제조상은 한 외국 회사로부터 공동출자 및 연봉 8만2,000달러의 지급을 제의받았다.[47] 비교적 작은 규모에서는, 별로 교육을 받지 않은 경영자들, 즉 소규모 점포 주인, 차 재배농, 택시 차주들은 1년 동안에 3만-10만 원 정도를 벌었는데 이는 교수나 외과의사 연봉의 10-30배 정도였

---

47) *The Christian Science Monitor*, June 9, 1988; Oct. 4, 1988. *Asiaweek*, Hong Kong, July 1, 1988, 19; U. S. News and World Report, Sept. 8, 1986.

다. 일부 가장 돈이 없는 사람들이 범죄로 눈을 돌려 옛무덤을 도굴하여 한 순간에 부자가 되려고 한 것은 결코 놀라운 일이 아니었다.[48]

미친 듯이 돈을 추구하는 것이 중국을 자본주의로 향하게 하는 것일까? 대다수의 중국의 이론가들은 아니라고 생각했는데, 그 이유는 개인기업의 총생산액이 중국의 공업 총생산의 1퍼센트를 차지한 데에 불과했기 때문이다.[49] 그러나 기업정신은 오히려 중국인의 마음을 사로잡았다. 그러므로 리 아이어코카 자서전의 중역본이 마침내 1987-1988년의 최고의 베스트셀러가 된 것은 그리 놀랄 만한 일이 아니었다. 이 자서전이 설교하는 것은 바로 개인의 창조력이었다.[50]

이런 분위기 속에서, 이데올로기의 최고지위가 약화됨으로써 방향의 모호함과 자기회의(自己懷疑)가 일어났다. 마르크스-레닌주의와 마오쩌둥 사상에 대한 존중은 더욱 현실적인 평가에 자리를 양보했다. 자오쯔양은 마오쩌둥의 최후의 20년을 "잃어버린 20년"이라고 칭했고, 덩샤오핑은 1988년 6월에 중국을 방문한 모잠비크 대통령에게 "사회주의를 해서는 안 된다"고 충고했다.[51]

한 중국 이론가는 "마르크스주의가 도대체 뭔지 누가 알겠는가? 오늘 우리는 마르크스가 상상한 것을 뛰어넘는 기술세계에서 살아가고 있다"고 문제를 제기했다.[52] 또 한 이론가는 마르크스는 오직 자본주의의 초기 단계만을 보았을 뿐이고, 레닌은 그가 살아 있을 때 진정한 사회주의를 얼마 보지 못했다고 말했다. 그 외에 또 일부 사람들은 자본주의와 사회주의는 서로 상대방의 장점을 참고로 할 수 있기 때문에 중국의 "사회주의 상품경제(사실상 자본주의의 일부 메커니즘을 받아들이는 것을 의미함)"로의 전향은 사회주의의 초기 단계에서는 매우 합당한 것이라고 생각하고 있었다.[53]

---

48) *China Daily*, Bejing, June 28, 1988.

49) *Beijing Review*, July 18-24, 1988, pp. 12-13.

50) *U. S. News and World Report*, Feb. 8, 1988, p. 30.

51) 조아킹 시사누(Joaquim Chissano) 대통령. *Asiaweek*, Hong Kong, July 1, 1988, p. 18.

52) *U. S. News and World Report*, Feb. 8, 1988, p. 30.

53) *Asiaweek*, July 1, 1988, pp. 20-21.

1988년의 중국은 어수선한 상황에 놓여 있었다. 마르크스주의 질서는 기본적으로 소멸했지만 이를 대체할 새로운 질서는 아직 나타나지 않았다. 중국의 경제성장률은 17퍼센트에 이르렀지만, 인플레이션율은 26퍼센트에 달해서, 중국은 개발도상국이 반드시 겪어야 할 나날이 강렬해지는 고통을 겪고 있었다. 이 불안정한 시기에, 경제의 활성화, 이데올로기의 혼란, 날이 갈수록 심해지는 사회기풍의 타락과 부패의 보편화가 극단적인 모순상황을 만들어내고 있었으며, 그 와중에 일련의 새로운 질서가 모습을 드러내려고 발버둥치고 있었다.

39
타이완의 경제기적과
중국 대륙 통일의 앞날

타이베이의 번화가를 걸으면, 여러분들은 오토바이, 버스, 소형 승용차의 왕래가 끊이지 않는 모습을 보게 될 것이다. 길 양쪽에는 호텔, 현대 주택, 하늘을 찌를 듯한 오피스 빌딩이 서 있다. 사무실 안은 성공한 기업의 온통 시끌벅적하면서도 질서를 잃지 않은 모습이고, 엘리베이터 소리, 에어컨 소리, 타이핑 소리, 컴퓨터 소리, 때로는 전화벨 소리와 국제전화를 할 때 높아지는 목소리가 서로 뒤섞여, 전자화된 교향악을 이룬다. 타이베이에서 멀리 떨어진 시끌벅적한 곳에서는 농민들이 자랑스럽게 그들의 노동의 결실을 드러내면서 잘 먹고, 잘 입고, 쾌적한 집에 살면서 생활에 매우 만족해하고 있다.

이것이 바로 한 세대 동안 농업사회에서 부강한 공업사회로 바뀐 현대의 타이완이다. "제2의 일본(Little Japan)"이라는 호칭은 일종의 복잡한 반응을 일으켰는데, 즉 표면상으로는 좋아하지 않지만 타이완인은 마음속으로는 매우 자랑스러워하고 있다. 공업화, 대외무역, 생활의 질 면에서 타이완은 확실히 동아시아에서 일본 다음가는 국가이다. 타이완의 성공은 타이완이 생존, 안전, 국제유대를 쟁취하는 투쟁에서 가장 중요한 무기이다. 타이완의 성과를 가까이 다가가 살펴보면, 타이완의 현재의 지위와 미래의 발전을 분석하는 데에 도움이 될 것이다.

1988년까지 타이완은 이미 35년이 넘는 속에서 평화, 안정, 지속적인 경제성장을 누렸다. 1950년대의 연평균 성장률은 7.3퍼센트, 1960년대에는

9.1퍼센트, 1970년대에는 10퍼센트에 근접했다. 『유로머니(Euromoney)』지[1]에 따르면, 1974-1984년의 10년 동안 타이완은 싱가포르에 버금가는 세계에서 두 번째로 높은 경제성장률을 이룩했다고 한다. 1980년대에 타이완의 발전속도는 더욱 가속화되었다. 1980년에 타이완의 국민총생산액은 403억 달러, 1인당 생산액은 2,100달러에 달했고, 외환 보유액은 74억 달러에 달했다. 1984년에는 성장률이 10.52퍼센트에 달했으며, 이로 인해서 국민총생산액은 575억 달러에 이르렀고 1인당 생산액은 3,046달러에 이르렀으며, 대외무역 총액은 520억 달러,[2] 외환 보유액은 160억 달러에 이르렀다. 1992년에는 강력한 경제발전 기세로 인해서 국민총생산액이 2,110억 달러, 1인당 생산액 1만215달러, 대외무역 총액 1,390억 달러, 외환 보유액 820억 달러로서, 세계 외환 보유액의 선두국가로 도약했다. 사람들을 놀라게 한 것은 인구가 겨우 2,000만 명밖에 되지 않는 타이완이 세계 외환 보유액 총량의 10퍼센트를 차지한 것이었다.[3] 타이완의 대부분의 외환 보유액은 미국과의 무역흑자에서 온 것으로, 즉 1986년에는 136억 달러, 1987년에는 190억 달러, 1988년에는 141억 달러, 1989년에는 130억 달러였다. 만약 2000년이 되기 전까지 경제성장률이 계속 6.5퍼센트 선을 유지할 수 있다면, 1인당 수입은 1만5,000달러에 달하고 대외무역 총액은 2,900억 달러에 달하게 되었는데, 이렇게 되면 타이완은 전 세계 10대 무역국의 대열에 오르는 선진국이 될 것이었다.[4]

주목할 만한 것은, 타이완에서는 부(富)가 결코 소수인의 수중에 집중되어 있지 않고 대다수의 사람들이 그것을 함께 누림으로써, "균부(均富)"의 고대 이상을 충분히 실현했다는 것이다. 1952년에는, 샐러리맨 계층 중에서 봉급이 가장 높은 20퍼센트와 가장 낮은 20퍼센트 사이의 수입비율은 15 : 1이었

1) 유럽의 금융잡지.
2) 300억 달러의 수출과 220억 달러의 수입.
3) 국제통화기금(IMF)의 통계수치, *Los Angeles Times*, 1988년 1월 4일과 3월 7일의 보도; *The Free China Journal*, Taipei, Feb. 19 and 23, 1993.
4) *The Free China Journal*, Taipei, March 24, 1986.

지만, 1964년에는 단지 5.33 : 1였고, 1987년에 이르러서는 4.69 : 1까지 낮아짐으로써, 미국보다 임금격차가 작아졌다.[5] 텔레비전, 냉장고, 세탁기는 매우 보편적이었으며, 실업률은 1988년에는 겨우 1.69퍼센트였다. 타이완의 평균수명은 남자는 71세, 여자는 76세이고, 칼로리의 1일 섭취량은 2,845칼로리이고, 단백질의 섭취량은 80그램으로서, 모두 국제표준을 넘어섰다. 인플레이션은 1988년에 겨우 1.1퍼센트 정도로 비교적 낮은 수준을 유지하고 있었다. 동시에 고속 경제성장, 물가안정, 부의 평균분배를 유지하고 있는데, 이것은 놀랄 만한 일로서, 타이완은 중국 역사상 가장 높은 생활수준을 누리고 있었다고 말할 수 있다.

타이완 경제성공의 원인

경제전략 타이완의 경제전략은 우선은 농업, 두 번째로는 경공업, 그다음으로는 중공업을 발전시키는 것이었다. 1949년에서 1960년까지, 정책의 중점은 농업과 경공업 발전을 지향하는 것이었다. 시작은 세 단계로 나뉜 토지개혁운동이었고, 뒤이어 농업생산량을 제고시킨 노동력과 기술혁신이었다. 그 외에 정부는 또 일련의 조치를 취하여 물질과 사회기초를 확대하고, 물가를 안정시키며, 외환체제를 개혁하고, 수입대체형 경공업을 발전시켰다.

협소하고 자원이 부족한 타이완은 별다른 선택의 여지가 없어서 오직 무역에만 의존했다. 경제계획 담당자는 이 점을 인식하고, 1960년대에 공업화와 수출을 강조했다. 정부는 일련의 조치를 취하여 내구 소비품(경공업)의 생산량을 증가시키고, 노동집약형 및 수출지향형의 조립산업을 장려했으며, 농업생산을 수출에 유리하게 다원화시켰다. 전자, 합성섬유, 플라스틱 등의 공업은 신속하게 발전하여 세계시장에 진입했다. 타이완은 저렴한 노동력과 고도의 품질관리로 인하여 외국 시장에서 충분히 경쟁력을 가지게 되었다.

---

5) *The Christian Science Monitor*, editorial, July 1980. 미국에서는 임금격차의 비율이 9 : 1이고 멕시코는 20 : 1이다. *The Free China Journal*, Taipei, August 11, 1988.

1970년대에는, 정책의 중점을 첨단공업과 중공업 발전으로 전환하고 아울러 인프라를 확대했다. 1973년에는 70억 달러를 들여, 다음과 같은 10대 건설(그중 7개 항목이 기초건설과 연관됨)을 시작했다. (1) 중산 고속도로라고 불리는 남북 고속도로, (2) 장중정(장제스의 본명)의 이름으로 명명한 타이베이 교외의 타오웬 국제공항, (3) 서선 철도(西線鐵道)의 전기화, (4) 북회 철도(北回鐵道), (5) 타이중 항, (6) 수아오 항, (7) 타이완 섬 북단의 진산 부근에 두 세트 기기를 갖춘 원자력발전소 건립 (8) 중국 철강공사라고 명명한 현대 철강공장, (9) 중국 선박건설공사로 명명한 대형 가오슝 조선소, (10) 석유화학 공업기지이다. 마지막 3가지 공정은 가오슝 혹은 가오슝 부근에 위치하고 있는데, 1979년에 가오슝은 타이베이와 같은 특할시(特轄市)로 바뀌었다.

이 10대 건설이 1979년에 준공됨에 따라서 타이완은 부유한 개발도상국의 면모를 갖추게 되었다. 이 건설으로 대량의 자본이 투입되어, 1974-1975년 사이의 경제쇠퇴를 호전시켰다. 그 이외에도 이 공정에 참가한 많은 경제 설계사, 엔지니어, 기술자들은 귀중한 경험을 얻었고, 무수히 많은 노동자들이 양성되었으며 그들은 자신의 두 손으로 현대 사회를 건설한 능력에 대해서 일종의 아주 새로운 자신감을 가지게 되었다.

이런 새로운 기능들을 충분히 이용하고 더 나아가 타이완을 현대화시키기 위해서, 정부는 즉각 12가지의 중요한 공정을 시작하여 기술형과 자본집약형 공업건설에 역점을 두었다. 이 공정들은 강철공장을 증축하고, 원자력발전소를 늘리고, 섬을 가로지르는 새로운 고속도로를 건설하며, 타이중 항 건설과 원형 교차로 철도 시스템을 완성하고, 고속주행 차신을 확장하며, 지역 관개 시스템을 개선하고, 대형 방파제를 건설하고, 농업기계화를 향상시키며, 새로운 도시와 문화 센터와 주택을 건설하는 것이었다. 57억5,000만 달러의 자금을 들인 공정이 성공적으로 준공됨에 따라서, 타이완은 신흥 선진국들 중의 하나가 되었다.

1985년, 정부는 경제토대를 확대하기 위해서 200억 달러의 자금을 투입한 것으로 추측되는 14가지 중요한 공정을 전개했다. 이 공정은 주로 기초건설

과 기존 구조의 개선으로 이루어졌는데, 중국 철강공사의 세 단계에 걸친 증축과 새로운 철도의 부설, 타이베이 시 지하 쾌속교통망, 전신설비의 현대화, 4대 국가공원 개발, 홍수방지 공정, 댐 및 쓰레기 처리장 증설, 석유와 해상자원 개발, 자연생태 보호 등이 이 공정에 포함되어 있다. 프로젝트의 완성은 1990-1991년으로 예정되어 있었다.

현대화의 수단 현대화에는 자금과 우수한 인재와 과학적인 관리가 필요하다. 비록 정부와 타이완 섬 내의 개인투자가 자본의 중요한 근원을 이루었지만, 외국 투자와 해외 중국인(싱가포르, 홍콩, 미국 등지의 중국 상인)의 투자도 매우 컸는데, 이것은 타이완의 훌륭한 투자환경 때문이었다. 1960년의 "투자 장려법"은 자본집약형과 첨단기술 공업에 대해서는 5년 동안 소득세를 면제했으며, 면세 기간 후의 소득세의 최고 한도액을 25퍼센트로 하고, 그 밖에 또한 수출세, 관세, 영업세 등을 면제하는 기타 일부 특권을 제공할 것을 규정했다. 1979년에 이 법을 다시 수정하여 외국의 투자를 더 많이 유치하기 위한 세무 신용대출(tax credit)을 제공함으로써, 타이완 섬 외부로부터의 대량의 투자는 계속 증가했다.

1960년대에 3개의 수출 가공구역(두 곳은 가오슝 지역, 한 곳은 타이중 부근)을 설립하여 관세절차를 간소화하고 수출을 관리함으로써 외부투자를 장려했다. 1974년까지 수출지역의 291개 항목의 투자총액이 1억5,675만 5,000달러에 달했고, 수출총액은 5억1,132만2,000달러에 달하여, 2억 달러의 흑자를 유지했다.

외부로부터의 새로운 생산기술 도입 또한 신속한 경제발전에 중요한 역할을 했다. "기술합작법"에 근거하여, 1952년에서 1974년까지 837개의 기술합작과 관련된 민간차원의 계약을 맺었다. 일본은 한참 앞서 615개의 항목에 참여했으며, 미국이 그다음으로 151개, 유럽이 57개, 기타 국가는 14개였다.[6]

---

6) *A Review of Public Administration: The Republic of China*, compiled by the Administrative Research and Evaluation Commission, Executive Yüan, 1975(Taipei, 1975), pp. 79-80, 96.

타이완의 훌륭한 교육체제는 투자와 현대화를 촉진시키는 데에 필요한 충분한 자격을 갖춘 인재들을 제공했다. 모든 사람들은 9년제의 의무교육을 받았다. 1977-1978년도에는 99.6퍼센트의 취학연령 아동이 초등학교에 다녔고, 50.9퍼센트의 15-17세 청소년이 고등학교에 다녔으며, 25.2퍼센트의 18-21세 청년은 101개의 4년제 종합대학교와 단과대학에 다녔다. 이 외에도 타이완은 많은 유학생을 미국에 보내어 공부시켰다.7) 이 때문에 타이완 섬 안에는 훈련이 잘 되어 있는 인재가 결코 부족하지 않았다. 충분한 인센티브와 우대정책 그리고 잘 훈련받은 인재와 값싼 노동력은 외국과 해외 화교의 투자를 신속히 촉진시켜, 투자액이 1950년대의 매년 수백 만 달러에서 1978년의 2억1,300만 달러로 증가했다. 25년 동안에 이런 투자총액은 19억 2,000만 달러에 이르렀는데 그중 31퍼센트는 해외 화교(5억9,500만 달러)로부터 온 것이고, 30퍼센트는 미국(5억8,600만 달러), 17퍼센트는 일본(3억 2,100만 달러), 12퍼센트는 유럽(2억2,700만 달러)으로부터 온 것이었다. 비교적 인기 있는 투자항목은 전자 및 전기제품(6억3,300만 달러)과 화학공업 제품(2억9,100만 달러), 그다음은 서비스업, 기계와 도구, 금속 제품과 방직 제품이었다.

1979년 1월 1일 미국이 중화인민공화국을 승인했지만, 타이완의 경제발전과 외국 투자에는 별로 영향을 주지 못했다. 1979년의 국민총생산액은 20퍼센트 증가했고, 대외무역은 31퍼센트, 외국 투자는 50퍼센트 증가했다. 더욱 주목할 만한 것은 홍콩과 일본의 중계를 거친 중국 대륙과의 비공식적인 무역이 1979년에 1억 달러, 1988년에는 27억 달러에 이르렀다는 것이다.8) 1987년, 타이완의 대외무역 규모는 아시아에서 제2번째, 세계에서 제14번째

---

7) 1979-1980년도에 1만7,560명의 타이완 학생이 미국의 대학에서 공부했는데 이는 이란의 5만1,310명의 유학생 다음으로 많은 숫자이다. 재미 유학생 수가 많은 기타 국가들은 나이지리아 1만6,360명, 캐나다 1만5,130명, 일본 1만2,260명, 홍콩 9,900명이었다. *The Chronicle of Higher Education*, May 11, 1981, p. 14를 참조하라. 1985년, 타이완은 2만2,590명의 학생을 미국에 유학시켜 외국 유학생 중 가장 많은 수를 차지하게 되었다.

8) U. S. Department of State, "Review of Relations with Taiwan", Current Policy No. 190, June 11, 1980(Washington, D. C.), *The Free China Journal*, March 30, 1989.

를 차지했다.

신속한 공업화가 교통, 오염, 공업폐기물, 인플레이션, 청소년 범죄 등을 포함한 일련의 피할 수 없는 환경과 사회문제들을 야기하고 농촌주민의 도시이주를 촉진함으로써, 도시는 급격하게 팽창하고 농업에 종사하는 인구는 지속적으로 감소하게 되었다.[9] 또다른 심각한 사회적 및 경제적 문제는 높은 출산율로서, 1980년에는 2.064퍼센트에 달하여 1990년의 인구밀도가 매 제곱킬로미터당 564명에 이르는 현상을 야기했는데, 타이베이 시는 매 제곱킬로미터당 1만160명으로 뉴욕의 9,050명과 도쿄의 5,388명보다도 더 높았다.[10] 정부는 해마다 인구출생을 통제하여 결국 1990년에는 출생률이 소망하던 1.241퍼센트로 낮아졌다. 1993년 현재, 타이완에 살고 있는 인구는 대략 2,079만 명이다.

사회변화 신속한 공업화의 영향하에, 사회구조와 가족관계에 커다란 변화가 생겼다. 이런 변화 중 가장 현저한 것은 최근 20년 동안 이루어진 중산층의 신속한 부상으로, 1985년에는 총인구의 50퍼센트를 차지했다. 그들은 출신이 제각기 다르고 유동성이 매우 큰 사람들로서, 소상인, 전문직업인, 기술자, 관리자로 구성되어 있고, 훌륭한 교육을 받았으며, 상당한 재산을 보유했다. 그들 중에서 비교적 두드러진 것은 변호사, 엔지니어, 건축사, 의사, 약사, 회계사, 공무원, 재계의 사장 등이다. 그들은 정치에 참여하고 공공의 문제에 대해서 대담하게 견해를 발표한다. 그들은 소비를 통해서 생활을 즐기며, 전통적인 구세대 중국인들처럼 그렇게 돈을 절약하려고 애쓰지 않는다. 그들은 만족스러운 생활상태에 이르렀기 때문에 급격한 사회적 혹은 정치적 변동을 두려워한다. 그들은 공산주의를 싫어한다.

가정관계에도 중대한 의의를 가진 변화가 발생했다. 자녀의 결혼과 직업

---

9) 농촌인구가 1953년 전체인구의 51.9퍼센트를 차지하던 것이 1986년에는 21.6퍼센트로 하락했다. *The Free China Journal*, May 12, 1986.
10) *The Free China Journal*, April 4, 1991.

선택 등의 일에서 부모의 권위는 급격하게 쇠락했다. 자녀들은 그들 스스로 배우자를 선택하거나, 친구 혹은 중매인의 소개를 통하여 상대방과 교제를 하며, 일이 성사된 후에야 비로소 부모의 동의를 구하는데 이것은 형식적인 절차에 불과하다. 부모는 자녀에게 조상 대대로 전해져 내려오는 직업을 계승하도록 요구하는 전통적인 권한을 상실했다. 교육의 보편화와 공업기업이 제공하는 아주 많은 기회들로 인해서 젊은 사람들은 이전보다 더욱 독립적이고, 더욱 자신을 가지게 되었다. 그들은 가정의 영향력에 의해서가 아니라 열심히 일하는 것을 통하여 사회에서 설 자리를 마련했는데, 조사자 중 74퍼센트가 사회의 인정을 얻는 수단으로써 가업을 계승하는 것에 대하여 흥미를 가지지 않았다. 집에서 거주하는 사람들도 과거처럼 그렇게 자발적으로 돈지갑을 부모에게 바치지 않고, 외지에 사는 사람은 단지 상징적으로 부모에게 돈을 조금 부쳐드렸다. 전통사회의 가치관은 신속한 공업화로 수립된 새로운 관념으로 빠르게 대체되었고, 개인의 자유와 더욱 빠른 사회이동성은 이런 변화를 나타내는 표지였다.[11]

부의 신속한 축적은 경제적 행위와 사회윤리에 부정적인 영향을 주었다. 장기간에 걸친 무역상의 흑자와 일반적으로 비교적 높은 저축률(34퍼센트)로 인해서, 사회에는 쓰일 곳이 필요한 유휴자금으로 넘쳐나게 되었다. 일상화된 주식, 선물(先物), 상품과 부동산에서의 투기는 앞다투어 물가를 상승시켰다. 이 과정에서, 경제범죄와 사기 수법이 도처에서 기승을 부려 사회의 도덕을 손상시켰다. 기타 일부 벼락부자들은 함부로 돈을 쓰고, 과도하게 향락에 빠지며 미인 선발대회 개최에 탐닉하는 등의 행태를 보였다.[12]

오래된 가치관에 급속한 변화가 일어난 사회에서는 정체성과 재보증이 필

---

11) 賴澤涵, 「社會變遷中的家庭制度」, 『海外學人』, 臺北, 1985년 1월 31일, pp. 11-15.
12) 1988년, "미스 중화민국 선발대회[中華民國小姐大賽]"가 24년 만에 부활했는데 1등 상금이 35만 달러였다. 1988년 5월에는 "미스 타이완[寶島小姐]" 선발대회를 개최했고, 1등 상금은 2만 달러였다. 제37회 "미스 월드" 선발대회가 타이완에서 거행되었고, 1등 상금은 25만 달러였다. 타이완의 개최자는 결선 콘테스트의 대미를 장식하기 위해서 7,420만 달러를 소비했다. The Free China Journal, April 11, May 9 and 16, 1988.

요하다. 미국 정치만화가인 레이넌 R. 루리는 초청에 응하여 하나의 타이완 중국인의 전형적인 만화 캐릭터를 창출했다. 1985년 12월, 유명한 "리뺘오띠(李表弟)"가 탄생했다. 이 사람은 중국 무술복인 쿵후 복장[功夫服]을 한 젊은이로서, 긴 턱, 큰 귀, 짙은 눈썹, 온통 봉두난발한 모습을 하고, 온몸으로 결의와 힘과 활력을 발산하고 있다. 정부당국은 이것이 타이완의 적극적인 이미지를 대표하는 캐릭터라고 생각하고 매우 만족해했다.

장징궈는 타이완의 경제발전을 주도하고 미국과 베이징의 화해가 야기한 위급한 정세에 대처하는 데에 큰 공헌을 했다. 그는 유능한 행정지도자로서, 그의 주위에는 경제와 과학과 각 분야를 관리하는 전문가들이 모여들었다. 그는 경제문제와 인민의 생계에 지대한 관심을 가졌다. 1973년 행정원장 직위에 있었던 그는 10대 현대화 건설을 발기했고, 이후에는 또 12개의 더욱 큰 중점 건설을 발기했다. 1975년 장제스가 세상을 떠났을 때, 부통령 옌자깐이 총통 직무를 승계하고, 장징궈가 국민당 주석으로 당선되었다. 1978년 5월 옌자깐의 임기가 끝나고, 68세의 장징궈가 국민대회에서 거의 만장일치로 6년 임기의 총통에 당선되었다.

장징궈는 부친에게 매우 효성스러웠지만, 그들 부자는 교육, 관념, 성격과 생활방식에서 서로 완전히 달랐다. 장제스는 비교적 융통성이 없고 단호하고 냉담한 성격이었으며, 군사에 관심을 가지고 있었던 것에 비하여, 장징궈는 비교적 온화하고 친근하며 경제에 관심을 기울였다. 장징궈는 자주 농민과 사병과 병원의 환자를 방문했고, 매우 평등하고 자유롭게 지식인, 예술가, 작가, 야구선수 등과 내왕했다. 그는 이와 같이 상당한 "친민(親民)"의 고풍을 가지고 있었다. 타이완인과 타이완에 거주하고 있는 대륙 출신 사람들은 모두 그를 매우 좋아했는데, 그 이유는 그가 단결, 경제발전, 민생의 개선을 상징하고 있었기 때문이다.

장징궈 통치의 특징은 정치혁신, 경제발전, 사회안정과 번영 그리고 군대 정비와 무력강화이다. 그는 개인 영웅주의의 시대는 이미 지났다고 믿었으며, 모든 사람들에게 그들의 최대역량을 아름다운 미래를 건설하는 데에 쓰

도록 촉구했다. 그는 젊은 사람의 재능을 향상시키는 것에 특별한 관심을 가졌고, 타이완 본토인들이 정부의 주류에 들어가도록 했다. 부총통(셰둥민 [謝東閔]), 타이완 성장, 여러 명의 내각각료, 수많은 입법위원과 각급의회의 의원들이 모두 타이완인이었다. 장징궈 총통은 날이 갈수록 강한 자유주의 를 보여주었지만, 그는 국민당의 전체 중국에 대한 통치권 포기를 완강히 거절했고, (베이징이 공산주의를 포기하지 않는 한) 베이징과 협상하는 것을 거절했으며, 타이완의 독립운동을 용인하지 않았고, 소련과 협상하지 않았 으며, 타이완에서 공산주의를 선전하거나 국민당과 삼민주의를 공격하는 것 을 용납하지 않았다.

장징궈(1910-1988)의 유산 장징궈 총통은 1984년에 두 번째로 총통에 당선 되었으며, 타이완 출신의 농업경제 전문가인 리덩후이(李登輝) 박사를 부총 통으로 삼았다. 비록 장징궈는 타이완의 경제기초를 튼튼히 하기 위해서 계 속해서 대형 기본건설(예를 들면 14항목의 중점 건설)을 제창했지만, 나이가 점점 많아지고 당뇨병이 날이 갈수록 건강에 영향을 미쳤기 때문에, 점점 국민당과 타이완의 미래와 관련된 비교적 크고 기본적인 문제에 대해서 더 욱 많이 전념했다. 1986-1987년, 국제정세와 타이완 내부의 격렬한 사회변 화로 인해서 그는 정치해금과 법치 강화를 통해서만 비로소 타이완이 진정 한 민주제도를 발전시키고 경제번영, 정치적 성숙, 사회안정의 특징을 구비 할 수 있다고 믿게 되었다. 그가 구상한 새로운 질서는 서양 민주제도의 특 성을 중국의 정치 및 문화유산과 하나로 융합시켜서 독특한 정체를 창출하 는 것이었는데, 이 정체는 장차 중국 대륙의 생활방식을 대신할 본보기로 할 수 있다는 것이었다.

   장징궈의 사고는 과거 수년 동안 국외와 타이완의 주된 발전 추세의 영향 을 받았음이 틀림없다. 민주화의 물결이 이미 여러 아시아 국가를 석권했다. 필리핀에서는 민중의 세력이 이미 1986년에 마르코스의 정권을 전복시켰고, 남한에서는 전두환 대통령의 독재 정치를 반대하는 항의가 지속되고 있었다.

중국 대륙에서는, 학생들이 1985-1986년 기간에 항의시위를 하며 더욱 많은 자유와 민주화를 요구했다. 장징궈는 자발적으로 자유화를 향하여 매진함으로써 타이완이 이와 유사한 상황의 고통을 받지 않게 하려고 했다.

타이완 내의 신속하게 변화하는 사회상황으로 인해서, 장징궈는 갈수록 높아지는 신흥 중산층의 포부에 관심을 가지게 되었다. 중산계급은 경제적으로 부유하고, 훌륭한 교육을 받았으며, 매우 적극적으로 사회활동을 하고 정치의식이 강한 사람들이다. 그들은 정치참여를 현대 공민권의 구성부분으로 생각하고 주저 없이 인권, 경제범죄, 출판의 자유, 정치다원화, 공기오염, 교통체증 같은 문제들에 대해서 하고 싶은 말을 모두 했다. 국민당의 역할은 더욱 비판의 대상이 되었다, 국민당은 최초로 창당될 때 만청 왕조, 외국 제국주의와 국내군벌을 타도하는 데에 뜻을 두었던 정당이었는데, 이후에 점차 모든 것을 압도하는 세력이 되어 훈정기(1928-1948)의 정부가 되었으며, 당의 총재가 최고 통치권력을 행사했다. 총재의 말은 곧 법률이었으며, 정부의 명령을 통해서 통치하는 방식이 관행이 되어버렸다. 그러나 현재는 시대가 변하여 인치는 장차 반드시 법치로 대체되어야 했다. 이런 구조는 반드시 민주입헌제도로 발전해야 한다. 타이완의 민주화에 대한 제도화를 진행하고, 아울러 그것의 인위적인 요소를 떨쳐버리게 할 시기가 이미 도래했다.

국민당 내에서는 원로의 당에 대한 통제를 타파하기 위해서 반드시 내부의 민주화와 개편이 필요한 것처럼 보였다. 당내 직무 담당자는 반드시 민주적인 선거를 통해서 탄생해야 했고, 임기는 고정적이어야 했으며, 당 강령의 매우 중요한 부분은, 마땅히 다른 민주사회에서와 마찬가지로 전당대회에서 선거로 탄생된 대표가 동의해야만 했다. 국민당 내부의 대중의식과 진보적인 요소는 국민당을 점차 혁명정당으로부터 정규정당으로 개조하는 데에 유리했다. 즉, 만약에 당이 정말로 민중의 지지를 얻지 못한다면, 권력을 포기할 준비가 되어 있으며 야당의 지위를 받아들이기를 원한다는 것이었다.[13]

---

13) 국민당 부비서장(國民黨副秘書長) 마잉주(馬英九) 박사의 관점. *Free China Review*, editorial, March 1988; Alexander Ya-li Lu, "Democratic Values With Another Round", *ibid.*,

장징궈 총통은 이런 의견들에 주의를 기울였고, 나아가 인민과 정부와 정당에 민주정치의 더 큰 책임을 지울 시간이 이미 도래했다고 믿었다. 그는 적극적인 행동을 취하여 민주입헌제도를 위한 기반을 다졌는데, 이 제도는 법치, 평화로운 변혁, 사회안정, 국민당의 쇄신을 집중적으로 실현하는 것이었다. 그는 오직 자기처럼 이런 최상의 지위에 있는 매력이 충만한 지도자만이 이런 근본적인 변화를 실행하여 언덕을 오르는 것과 다름없는 과정을 추진할 수 있으며, 이 진행과정은 매우 힘들고 시일이 필요하겠지만 민심을 고무시킬 것이라는 사실을 알았다. 이것이 바로 장징궈의 진정한 공헌인 것이다. 그는 자진해서 장씨 가족의 국민당에 대한 통제를 포기하고, 당의 정치권력에 대한 독점을 완화함으로써 법률과 민주의 발전을 위한 길을 닦아놓았다. 자신의 원대한 계획을 실시하기 위해서, 장징궈는 1986년 3월 국민당 중앙위원회에서 12명을 선발하여 위원회를 조직했다. 그리고 다음에 열거한 6개 문제를 연구하고 보고서를 제출하게 했는데, 즉 (1) 계엄법을 성립하게 한 "긴급 상태령" 중지, (2) 새 정당 창립의 합법화, (3) 지방자치의 강화, (4) 진정한 의회제도의 실행, (5) 국민당의 내부개혁, (6) 세상의 기풍이 날로 타락하고 범죄율이 증가하는 문제였다. 이런 문제들에 대한 자세한 논의를 거쳐서 결국 다음 몇 가지 결정을 내렸는데, 즉 38년 동안 실시한 계엄법 정지 (1987. 7. 15), "반대파"의 합법적인 지위 인정, 새로운 정당 창립 허가, 타이완 거주민이 대륙으로 가족을 방문하는 일에 대한 허가였다(1987. 11. 2).

사실상 이 이전에 정당은 이미 "불법적으로" 존재하고 있었지만, 1986년 9월 28일 현재 6개 정당이 정당 등록을 통해서 합법적인 지위를 취득했는데, 그중 최대정당은 바로 민진당이었다. 1986년 12월의 선거에서 민진당은 18.9퍼센트의 지지율로 국민대회에서 11개의 의석을 획득했고, 22.17퍼센트의 지지율로 입법원에서 12개 의석을 획득했는데,[14] 야당의 입장에서 보면

---

ctober 1987, pp. 8-9; Wei Tsai, "Transformations in the Body Politics", *Ibid*., pp. 14-15.

14) *The Free China Journal*, Taipei, Feb. 21, 1987; Peter Chang, "Party Politics Redefined", 국민당 부비서장 마잉주 박사와의 인터뷰에 대해서는, Deputy Secretary-General, KMT, *Free China Review*, Oct. 1987, pp. 16-17.

이것은 사람들에게 깊은 인상을 준 성과였다.

　장징궈의 또 하나의 큰 공헌은 그가 지속적으로 당과 정부에 신선한 혈액을 수혈한 것이다. 대다수의 새 당원은 우수한 교육을 받았으며 상대적으로 젊었다. 그들은 국외, 특히 미국의 유명한 대학교의 고급학위를 소지하고 있었다.15) 그들은 타이완에 더욱 진보적인 분위기를 조성하는 데에 지대한 공헌을 했다. 확실히 국민당의 제3대, 제4대 지도자들의 신조는 그들의 선배들과는 크게 달랐다. 그들 중 다수는 타이완에서 출생했는데, 이것은 "정권을 타이완 본토인에게 돌려준다"는 추세를 분명하게 나타내는 것이었다.

　1988년 정월 초하루 이후로 장징궈는 건강이 급격하게 악화되어 1월 13일에 세상을 떠났다. 타이완은 큰 상실감에 빠졌는데, 그 이유는 그가 상당히 추앙받던 지도자였기 때문이다. 몇 시간 후에 부총통 리덩후이는 헌법절차에 따라서 새 총통에 취임한다고 선서했다. 권력의 교체는 매우 순조롭고, 평온하고, 신속했으며 계승이 이루어지는 데에는 어떤 위기도 없었다.

리덩후이 시기　리덩후이 총통은 총통 취임 시에 나이가 65세였다. 그는 학자형의 정치가로서, 코넬 대학교의 농업경제 박사학위를 가지고 있다. 그는 독실한 기독교 신자이며, 식견이 넓고, 인품이 순수하며 올바르고, 행정경험이 풍부하며, 타이베이 시장(1978-1981), 타이완 성장(1981-1984), 부총통(1984-1988)을 역임했다. 그는 기층 출신의 새 세대 지도자의 상징이며, 가문의 비호에 의지하지 않았다. 열심히 일하는 것, 관리에 대한 재능, 정치상식을 발휘하여 최정상에 올랐다. 그는 전임자가 완성하지 못한 사업을 계속해서 추진하겠으며, 특히 국민당 지도층의 토착화, 중국 대륙에 대한 개방, 민주입헌의 세 방면을 증진하는 데에 더욱 역점을 두겠다고 맹세했다. 그의 통치방식의 특징은 고도의 실용주의였다. 1988년 7월의 국민당 제13차 당 대표회의에서, 리덩

---

15) 몇몇 사람을 언급해보면 롄짠(連戰), 시카고 대학교 박사; 첸푸(錢復), 예일 대학교 박사; 마잉주, 하버드 대학교 법학박사; 웨이융(魏鏞), 스탠포드 대학교 박사; 쑹추위(宋楚瑜), 조지타운 대학교 박사 사오위밍(邵玉銘), 시카고 대학교 박사이다.

후이는 국민당 주석으로서 인정받았으며, 수많은 타이완 출신의 당원들이 지도자의 위치로 올라섰다. 31명으로 구성된 중앙상임위원회는 역사상 처음으로 타이완인이 다수(16명)를 차지하는 상황이 나타났다. 뒤이은 내각개편에서는 15명의 신임 각료 중 8명이 타이완인이고, 13명은 외국에서 고급학위를 획득했으며 다른 2명은 타이완 대학의 전문학위를 소유하고 있었다.[16] 이 내각은 전 세계에서 학력이 가장 높은 내각임에 틀림없었다. 국민당 제13차 당 대표대회는 타이완과 대륙 간 인원의 접촉과 관련된 몇 가지 조치를 통과시켰는데, 이 조치는 다음과 같다.

1. 대륙과 간접무역을 하고, 대륙에 투자한다. 이를 통하여 타이완은 공업부문에 대해서 대륙으로부터 원자재를 확보하고 이미 사양길에 접어든 노동집약형 산업을 대륙에 배치하도록 한다.

2. 타이완 기자는 임명 파견을 통해서 자유롭게 대륙에 가서 취재를 한다.

3. 국외에서 생활하는 대륙의 지식분자와 공산주의를 피하여 학술의 자유를 추구하는 학자가 타이완을 방문하는 것을 허락한다.

4. 대륙 거주민이 병에 걸린 타이완의 친지를 방문하거나 타이완에서 거행하는 장례식에 참석하는 것을 허가한다.

5. 문화와 체육 부문에서 교류한다.

6. 전문적인 정부기관을 설립하여 대륙과의 관계를 책임지고, 타이완의 안전과 사회안정이 해를 입지 않도록 확실히 보장한다.[17]

리덩후이가 생각한 가장 중요한 일은 민주입헌제도를 추진하고 정치다원화와 정당정치를 실행하겠다는 그의 약속을 굳건하게 이행하는 것이었다. 그는 거대한 경제와 사회변화, 즉 풍요로움, 높은 식자율, 날이 갈수록 강대해

---

16) *The Free China Journal*, July 25, 1988. 그들 중 10명이 박사학위를 획득했고, 1명은 미국의 대학교에서 석사학위를 획득했으며, 다른 2명은 각각 서독과 일본의 대학교에서 석사학위를 획득했다. 그 이외에 2명은 각각 타이완에 있는 대학교에서 석사와 법학 학사학위를 획득했다. *The Free China Journal*, July 25, 1988.

17) *Los Angeles Times*, July 13, 1988; *The Free China Journal*, July 18, 1988.

지는 중산층, 민간조직과 노동조합 수효의 점차적인 증가를 분명히 보았으며, 이런 것들은 이미 "참여정치문화"를 양성하여, 타이완을 "요구가 많은 공민사회"로 변모시켰다.

반대파 집단, 즉 소위 "당외(黨外)"라는 단체, 특히 민진당은 정치에 더 많이 참여하도록, 진정한 민주입헌을 가로막는 모든 방해요소를 제거하도록 요구했다. 그들은 특히 세 개의 중앙대의기구 중 불공정한 대표의석을 규탄했다. 즉 국민대회와 입법원과 감찰원의 위원 대부분은 1947년 대륙에서 선출되었으며, 1950년대 초 대법관 위원회의 헌법해석을 거쳐서 그들은 재차 경선을 거치지 않고도 의석을 보존할 수 있었던 것이다. 이 40년 동안에 그들은 타이완 유권자의 이익과 의견을 대표하지도 않았고, 대륙인의 의견과 태도도 대표하지 않았다. 비록 1969년부터 정부가 이미 당시에 이 기구들에 소속되어 있는 현지대표의 의석을 늘리기 위해서 보궐선거를 한 적이 있지만, 1980년대 초까지도 국민대회의 대표 1,000명 중의 900명과 입법원의 대표위원 300명 중의 200명이 여전히 대륙에서 선출된 연로한 대표나 위원들이었다. 이 사람들은 나이가 너무 많아서 정규적인 변론과 토론회의에 참석하기 어려웠으며, 그들의 유일한 역할은 투표로 표결할 최후의 중요한 순간에 얼굴을 내미는 것이었다. 이 때문에 당외 단체는 그들을 "투표기계"라고 풍자했고, 그들이 계속해서 권력을 장악하고 있으면 국민당 통치를 동요시킬 가능성이 있을 수 없다고 주장했다. 그 이유는 국민대회는 각 성의 선거인단의 자격으로 총통을 추천하여 선출하고, 헌법을 개정하며, 총통은 성장 그리고 타이베이 및 가오슝의 2대 도시의 시장을 임명하기 때문이었다.[18]

1989년 2월, 리덩후이 총통은 연로한 대표와 연로한 위원들이 점차적으로 퇴직하고 새 구성원을 추가로 선출할 것을 건의했다. 그의 계획은 3개 기구의 전체 의석을 579개로 축소하는 것인데, 그중 국민대회가 375개, 입법원이

---

18) Yangsun Chou and Andrew Nathan, "Democratizing Transition in Taiwan", Occasional Papers / Reprints Series in Contemporary Asian Studies, No. 3, 1987(80) : 21-22, School of Law, University of Maryland.

150개, 감찰원 54개로 모두 일정한 기간 내에 완성하도록 규정할 것을 호소했다. 예를 들면 국민대회가 분배한 신임 대표의 의석은 84석에서 1992년 12월에는 230석으로 증가하고, 또 1998년에는 375석으로 증가하는 것이다. 입법원의 신임 위원의 정원은 98석에서 1989년 12월에는 130석으로 증가하며, 또 1992년에는 150석으로 증가하는 것이다. 감찰원의 54개 의석은 1992년에는 모두 신임 위원이 맡게 되는 것이다.19)

1991년 6월, 대법관 위원회는 3개 기구에 소속되어 있는 대륙에서 선출된 모든 구성원은 반드시 1991년 12월 31일 이전에 퇴직해야 한다고 판결했다. 1991년 12월 21일, 1949년 이래 유명한 제1차 대선을 실시했다. 국민당은 경선의 강령 중 헌법개혁 실행 및 대륙과의 통일을 제창했다. 민진당은 타이완이 독립하여 "타이완 공화국"의 명칭으로 중화민국을 대체하여 국제연합에 가입할 것을 주장했다. 이런 대담한 강령은 민진당 측의 고의적인 모험이었지만, 그 효과는 정반대가 되었다. 중국 정부는 만약 타이완이 독립을 선포하면 공격을 개시할 것이라고 부단히 경고했으며, 국민당 지도층도 타이완 독립운동은 불법이라고 규탄했다. 수많은 유권자들은 분명히 이런 경고들을 마음에 두고 있었기 때문에, 국민당이 제창하는 비교적 온화한 방침 쪽으로 기울어졌다. 국민당은 71퍼센트의 표를 획득했는데, 325석의 국민대회 의석 중 254개를 획득했다. 이에 반해서 민진당은 겨우 24퍼센트의 표와 66개의 의석을 얻었는데, 이는 1989년에 얻었던 30퍼센트보다도 훨씬 더 적었다. 일부 소수의 작은 정당은 5개 의석을 획득했다.

게다가 1986년 신출된 78명의 대표를 포함힘으로씨 국민딩은 국민대회에서 79퍼센트의 의석을 확보하여, 다음 해 헌법개정안을 통과시키는 데에 필요한 75퍼센트를 넘어섰다. 이 외에, "전국"과 "해외 화교"를 위한 의석 할당의 특수 비율공식에 근거해서, 국민당은 "전국"부문에서 60개의 의석을 얻었

---

19) Wu Wen-cheng and Chen I-hsiu, "Entering the Age of Party Politics", *Free China Review*, April 1989, pp. 52-57; Chen Wen-tsung and Richard R. Vuylsteke, "Demo-cratization in the ROC", *Free China Review*, March 1989, pp. 46-56.

고, "해외 화교"의 부문에서 15개 의석을 더 얻었지만, 민진당은 단지 각각 20개와 5개의 의석만을 얻었다. 이런 선거들을 통해서, 3개 대의기구에서 타이완 출생의 구성원이 다수가 되었지만, 그들 중 수많은 사람은 대륙인의 후손이었다.

1992년 12월 19일의 입법원 선거에서, 민진당은 이전보다 더 강대해지고 신망도 높아져서 31퍼센트의 표를 얻었는데, 이에 비해서 국민당은 오직 53퍼센트의 표만을 얻었다. 비록 국민당이 여전히 103석의 다수 의석(80개 지역 의석, 19개 전국 의석과 4개의 해외 화교 의석)을 장악하고 있었지만, 국민당 대표의 총체적 비율은 이미 74퍼센트에서 63퍼센트로 하락했으며, 민진당은 14.4퍼센트에서 31.1퍼센트로 상승했다. 이 때문에 타이완은 제도화된 양당 정치체제를 향해서 전진하고 있으며, 민진당은 그 속에서 야당의 역할을 맡게 되는 듯했다. 1980년에서 1989년 사이의 모든 선거에서 국민당은 14.4퍼센트의 표를 상실했고, 민진당은 14.2퍼센트의 표를 얻었는데, 이로써 민진당이 15년 내에 여당이 될 가능이 매우 커졌다.[20]

신(新)국민대회와 신(新)입법원의 선거는 타이완이 민주입헌을 향해서 큰 걸음을 내딛었음을 의미했다. 그러나 해야 할 일들이 아주 많았다. 타이완 성의 성장과 타이베이 및 가오슝 두 도시의 시장은 여전히 국민선거로 선출되지 않았다. 총통도 국민선거가 아닌 국민대회의 추천으로 선출되었다. 진정한 민주입헌제도를 작동시키려면, 이런 요직들은 반드시 국민선거로 선출해야 하는 것이었다. 이 외에, 3대 텔레비전 네트워크는 반드시 정부의 통제에서 벗어나야 했고, 대중이 사용하기 위한 몇몇 네트워크와 채널을 늘려야 했다. 타이완의 민주화는 대륙의 민주에 대한 열정을 끓어오르게 하여 대륙 정부가 정치해금(政治解禁)을 향하여 매진하도록 촉구할 수 있었다.

타이완은 타이완 섬 내의 "경제기적"과 정치민주화에 대해서 매우 긍지를

---

20) Zhou Xiaomeng, "On the Road Toward Democracy: Party Politics in Taiwan", Papers of the Center for Modern China, Vol. 3, No. 10(Oct. 1992) : 14; *The New York Times*, Dec. 22, 1991; *Los Angeles Times*, Dec. 21, 1991.

느끼고 있지만, 더욱 긍지를 느끼는 것은 중국 문화유산 보호자의 역할을 했다는 것이다. 타이베이의 고궁박물관은 30만여 개의 중국 회화, 서예, 도기, 옥기, 청동기와 이전의 황실에서 소장한 가치를 헤아릴 수 없는 기타 진품들을 소장하고 있다. 1987년 10월, 중정 공원에 국가 대극장과 교향악 극장이 새로 건립되었다. 그곳에서는 빈번히 중국 전통극과 서양의 교향악 및 실내음악을 공연하여 타이완의 문화생활을 매우 풍부하게 하고 있다. 타이완인들은 비록 그들의 섬은 매우 작지만 그곳은 경제상의 활력과 눈부신 문화로 충만하고, 미래의 대국이 될 잠재력을 가지고 있다고 주장한다.

   타이완은 자유기업과 삼민주의를 기초로 한 현대 발전의 모델을 창출해서, 그것이 대륙 제도의 대체품이 되게 하려고 결심했다. 대륙인들은 타이완의 민주화에 대해서 면밀하게 주시하고 있다. 타이완은 베이징이 결국 타이완의 모델이 정치자유화로 통하는 길임을 인정하게 되기를 희망하고 있다.

통일의 전망

중국의 통일은 국민당과 공산당의 공통된 소망이다. 타이완은 대륙 인민의 복지에 대한 관심을 공개적으로 표명했으며 내심으로 타이완의 경제성과를 찬양하는 대륙인들의 수효도 적지 않았다. 중국 정부는 더 이상 타이완 해방이라는 말을 사용하지 않고 타이완의 조국 복귀라는 말로 바꾸었다. 타이완도 대륙 광복이란 말을 다시는 사용하지 않고 태도를 바꾸어서 쑨원의 삼민주의 아래에서의 중국 통일의 목표를 완성하겠다고 공언했다.

   베이징은 중국의 통일을 1980년대의 가장 중요한 대사(大事)로 간주했다. 이 목표를 위하여 베이징은 세 가지 원칙을 기초로 하는 통일방안을 제시했는데 즉 타이완은 (1) 타이완이 전 중국의 합법정부라는 모든 주장을 포기해야 한다. (2) 현재의 경제 및 사회제도를 유지한다. (3) 군대를 포함한 일정 정도의 자치를 유지한다는 내용이었다. 화해의 문호를 개방하기 위해서 베이징은 1979년 원단에 타이완과 우편, 통상, 해운, 항공관계를 건립할 것을

제의했다. 1981년 10월 1일 국경일에, 베이징은 또 9개 사항의 건의를 제시하고 쌍방 집권당의 회담을 제의했다. 실제로 베이징은 국민당이 통일 대업을 위해서 사실상의 독립을 포기할 것, 전 중국의 대표임을 고수하는 주장을 포기할 것, 국제정치상 독립된 정치실체로서 존재하는 것을 포기할 것, 중국의 기타 성들과 동급인 자치특구의 지위를 받아들일 것을 요구했다.

장징궈 총통은 평화회담 제의를 "미소(微笑) 외교"로 보고, 이는 중국 공산당의 위장된 통일전선 전략으로서 그 목적은 타이완의 경계심을 마비시키는 것이라고 보고 이 제의를 단호하게 거절했다. 장징궈는 베이징이 공산주의를 포기하고 자유기업과 삼민주의를 찬성하면 합작은 가능하다고 말했다. 그때까지 타이완은 삼불정책(三不政策), 즉 "접촉거부, 협상거부, 타협거부[不接觸, 不談判, 不妥協]"정책을 취하고 있었다. 국민당은 1924-1927년과 1937-1941년의 2차에 걸친 국공합작의 경험은 공산당과의 합작은 공연히 헛수고라는 것을 분명히 보여주었다고 주장했다. 베이징의 4항 기본원칙 고수(사회주의 노선, 프롤레타리아 계급독재, 공산당의 영도와 마르크스-레닌주의와 마오쩌둥 사상)는 당시의 상황을 더욱 악화시켰는데, 이런 원칙들은 국민당이 진정으로 연합정부에 참여할 수 없도록 하는 것이었다. 타이완은 또한 3통(三通 : 통우[通郵], 통상[通商], 통항[通航])과 4류(四流 : 가족방문, 여행, 학술문화 교류, 체육 교류)를 실시하자는 베이징의 호소도 거절했다.

1984년 중국이 1997년 홍콩의 중국 복귀에 대해서 영국과 성공적으로 합의를 이룬 후, 덩샤오핑은 자신의 "일국양제(一國兩制)"이론이 통일의 방법이라고 자랑스럽게 선언했다. 홍콩이 1997년 이후 50년간 자신의 사회 및 경제제도를 유지하도록 허락된 것처럼, 타이완이 베이징 중앙정부의 특별행정구의 지위를 받아들인다면 중국은 타이완이 대륙과 통일한 이후에도 타이완의 정치, 경제, 군사제도를 유지하도록 허락하겠다는 것이었다.

타이완은 이런 방식은 매우 합당하지 못할 뿐만 아니라, 타이완을 홍콩과 동일시하는 견해는 실제에 맞지 않는다고 여겼다. 타이완인은 홍콩과 타이완의 중국에 대한 지위는 두 가지 면에서 완전히 다르다고 주장했다. 첫째,

영국은 홍콩을 위해서 싸울 의사가 없었기 때문에 홍콩은 조건을 홍정할 아무런 힘을 가지지 못했다는 것이다. 둘째, 홍콩은 자체의 군대가 없을 뿐만 아니라 대륙의 식품 및 담수 제공에 의존한다는 것이었다. 반면에 타이완 인민은 정치적으로 적극적이고 주동적이며, 식품을 자급자족할 수 있으며 게다가 그들의 생활방식을 유지하기를 갈망하고 있으며, 타이완은 훈련이 잘 되어 있는 현대화된 군대를 보유하고 있어서 언제든지 침략자를 막아낼 준비가 되어 있고 또한 그만한 능력을 가지고 있다는 것이었다. 이 밖에도 타이완은 1979년의 "미국-타이완 관계법"의 "보호"를 받고 있었는데, 이 법령에 근거하면 미국은 타이완에 방어용 무기를 제공하도록 되어 있다. 대륙의 타이완에 대한 어떤 침략도 "서태평양 지역의 평화와 안전에 대한 위협이고 아울러 미국이 커다란 관심을 가져야 할 사항"으로 간주한다는 것이다.

가장 근본적인 것은 타이완 지도자들이 삼민주의를 에이브러햄 링컨의 "인민의, 인민에 의한, 인민을 위한 정치"의 이상과 동일시하고 있다는 것이었다. 그들은 중국 인민들이 타이완을 공산주의를 대체할 모델로 생각하게 하고 삼민주의를 통일의 기초로 받아들이기를 원했다. 그래서 "1개 국가 속의 2개 정치체제"는 타이완에 의해서 전혀 받아들여지지 않았다.

타이완의 지지자들과 타이완 내의 진보적인 인사들은 타이완이 대륙에 대해서 더욱 융통성 있는 정책을 취하도록 촉구했는데, 그들은 "삼불정책"은 소극적이고 자기 제한적이며 주동성이 결핍되어 있다고 말했다. 리덩후이 총통은 정치현실주의를 그의 집정기의 초석으로 삼고 있었기 때문에 일종의 융통성 있고 실용적인 외교를 채택하는 것에 찬성했다. 1988년 7월에 열린 국민당 제13차 당 대회에서 그는 전체 당원들에게 "더욱 굳건한 결심과 더욱 강력한 실용정신과 더욱 큰 융통성과 더욱 넓은 시야로 주로 객관적인 관계에 바탕을 둔 외교정책을 전개하도록 노력할 것을" 요구했다. 리덩후이는 실제를 중시하는 정치가로서 언제나 실질을 중시하고 언사(言辭)를 경시했다. 1989년 3월 그가 싱가포르를 방문했을 때, 당지의 신문들은 그를 타이완의 "중화민국 총통"이 아니라, "타이완에서 온 총통"이라고 불렀다. 그는 항의하

지 않기로 결정하고는 "우리는 지나치게 명칭에 개의할 필요가 없습니다. 만일 우리가 언제나 이런 조그만 문제들에 신경을 쓴다면 타이완의 고립 국면을 타개할 수 없습니다"라고 설명했다. 1989년 5월 그는 재정부장인 퀘완룽(郭婉容) 박사를 "중국 타이베이"의 명의로 베이징에서 개최되는 아시아 개발은행 회의에 출석하게 했다. 그는 6월 3일에 이에 대해서 "중화민국 외교정책의 최종 목표는 완전한 국가주권을 지키는 것입니다. 우리는 다음과 같은 현실에 직면할 용기가 있는데, 즉 현재 우리에게는 대륙을 효과적으로 관할할 능력이 없다는 것입니다. 이것을 알아야만 우리는 비로소 자신을 과시하고 자신을 속박할 리 없으며 또한 변화하는 시대와 환경에 걸맞는 실용적인 방안을 제시할 수 있습니다"라고 설명했다.[21]

리덩후이의 "실용외교"로 인해서 타이완의 중화민국은 자신이 전체 중국의 합법정부라고 칭하는 주장을 포기하게 되었다. 중화민국은 다시는 "오직 하나의 중국만 있고, 타이완에 소재하는 중화민국이 중국이다"라고 주장하지 않았다. 그는 중화민국은 오직 타이완, 펑후 제도, 진먼 섬, 마쭈 섬, 둥사 군도, 난사 군도 및 그 주변 소도(小島)를 관할할 뿐이라는 것을 현실적으로 인정했다. 그리하여 국민당이 장악하고 있는 "타이완 지역"과 공산당이 장악하고 있는 "대륙 지역"이 존재하게 되었다. 1991년 4월, 타이완은 이미 40년 동안 유지해온 "공산당 반란진압을 위한 전 국민 총동원 시기"를 종료시켰으며 이때부터 타이완은 다시는 베이징 정부를 "불법반란자"로 간주하지 않게 되었다. 이로 인해서 타이완의 대륙 정책은 거대한 전환을 이루게 되어 대결과 냉전적 언사에서 평화경쟁과 신뢰 배양으로 방향을 바꾸게 되었다.

리덩후이는 베이징의 "1개 국가 속의 2개 정치체제"의 강령을 거부했는데, 그에 의하면 그것은 타이완을 하나의 성급(省級) 단위로 격하시킨다는 것이었다. 그러나 만일 베이징이 (1) 정치민주와 자유경제정책을 실시하고, (2) 타이완을 대등한 정치실체로 간주하며, (3) 타이완 해협에서의 무력사용을

---

21) Fredrick F. Chien, "A View from Taipei", *Foreign Affairs*(Winter 1991-1992) : 97-98.

취소하고, (4) 다시는 국제조직이나 국제활동에서 타이완을 봉쇄하거나 고립시키지 않는다면, 리덩후이는 베이징과 협상할 예정이었다.[22] 그러나 베이징은 그 조건들 중 그 어느 것도 받아들이지 않았으며, 리덩후이의 "실용외교"를 "하나의 타이완, 하나의 중국" 혹은 "두 개의 중국"을 조장하는 음모라고 비난했다. 타이완은 해협 양안(타이완과 중국)의 형세에 대한 비교적 현실적인 기술은 "하나의 국가, 두 개의 지역, 두 개의 정치실체"여야 한다고 말했다. 통일의 과정은 길고 긴 고달픈 과정이어서 너무 성급하게 추진해서는 안 되는 것이다. 그래서 타이완은 1991년 2월 23일 "국통강령(國統綱領)"을 통과시켰다. 이 강령은 "민주, 자유, 공평한 번영"을 쟁취하는 통일 중국을 제시했는데, 베이징이 이 조건들을 받아들일 리 없다는 것은 분명했다. 그러나 강령은 이 목표를 위한 시간표를 설정하지는 않았다. 이 문건은 평화통일과 아울러 타이완 인민의 권리와 이익을 적절히 존중할 것을 고수한다는 조건 아래 "하나의 중국"의 원칙을 인정했다. 이 문건은 3단계로 나누어서 해협 양안이 통일의 틀에 적응할 것을 건의했다.

제1단계에서는 비공식적인 내왕과 교류 및 사람들의 접촉을 장려한다. 제2단계는 공식적인 교류 채널의 개방을 통해서 상호신임 및 협력을 구축하는 것을 목표로 한다. 타이완은 생활수준의 차이를 축소시키기 위해서 대륙의 동남 연해 지역의 개발을 돕는다. 쌍방은 국제조직에 참여하고 정부 간에 서로 방문한다. 제3단계에서는 국가통일을 협의하는 연합협의 위원회를 설치하여 정치민주, 경제자유, 사회공정과 군대의 국가화라는 기초 위에서의 국가통일 대업을 준비한다. 타이완은 자신의 "경제기적"과 정치민주화가 대륙의 영감과 포부의 원천이 될 수 있을 뿐만 아니라 최종적인 통일을 향한 대륙의 평화적인 변화를 부추기기를 희망했다.[23]

---

22) Lee Teng-hui, "Opening a New Era for the Chinese People", Inaugural address by Che eighth-term President of the Republic of China, May 20, 1990, in *Creating the Future towards a New Era for the Chinese People*(Taipei, 1992), p. 8.

23) Jason C. Hu, "Building Democracy for Unification", an address to the Los Angeles World's Affairs Council, Oct. 26, 1992; Lee, pp. 126-127.

리덩후이 총통은 6-10년 내에 통일을 실현할 가능성이 있다고 믿었지만, 타이완 대중의 여론은 그렇게 낙관적이지 않았다. 겨우 10퍼센트의 사람들만이 통일을 확고히 지지했고, 5-6퍼센트의 사람들은 타이완의 독립을 주장했으며, 양자 사이에서 의견을 표시하지 않은 대다수의 사람들은 "하나의 중국을 원했지만 지금은 아니다"라고 생각했다. 1992년 4월의 또다른 조사에 의하면 76.5퍼센트의 타이완인들은 통일을 서두르지 않았고, 7.8퍼센트의 사람들은 통일을 원하지 않음을 보여주었다.24) 타이완은 갈수록 민주화되어가고 있었고, 1992년의 1인당 평균수입이 1만215달러에 이르렀다. 이에 비해서, 대륙은 계속 레닌주의식의 독재통치를 실시하고 있었으며 1인당 평균수입은 겨우 350달러에 불과했다. 양자 간의 격차는 메우기 어려울 정도로 큰 것이었다. 또한 통일은 큰 물고기가 작은 물고기를 삼켜버리는 것일지도 모른다는 잠재적인 공포감이 존재하고 있었다. 국민당과 민진당은 모두 통일은 "대처해야" 하지만 절대로 조속히 "해결해서는" 안 되는 문제라고 생각했다.25)

평화적인 통일을 달성하기 전에 타이완은 계속해서 민주입헌의 더욱 높은 단계로 올라가고, 6년 기한의 3,030억 달러의 기초구조 발전 프로젝트를 실행할 예정이었다. 이 프로젝트는 국민총생산액을 1996년이 되면 다시 배로 증가시키고 1인당 평균수입을 1만215달러에서 1만4,000달러로 증가시키며 생활의 질과 환경을 개선할 것이었다. 많은 사람들은 타이완의 정치민주화와 경제적인 풍요함이 최종적인 통일을 용이하게 할 것이라고 믿었다. 이 기간에 타이완은 조심스럽게 자기의 생활방식과 현재 상황을 유지하면서 동시에 차례대로 3단계의 통일과정을 추진해나갈 예정이라는 것이었다.

베이징은 타이완의 대등한 지위의 요구를 비웃으며 국민정부는 1949년에 대륙에 대한 통제를 상실했기 때문에 중국을 대표할 권리가 없다고 주장했다. 베이징 정부는 전 세계 155개 국가의 승인을 받고 있는데, 이에 비해서 타이완을 승인하고 있는 국가는 겨우 29개국(1993)이었다. 타이완의 면적은

24) Lee, 101; *The Free China Journal*, April 10, 1992.
25) Zhou Xiaomeng, p. 7.

겨우 대륙의 266분의 1이고, 인구는 겨우 55분의 1인데 타이완이 어떻게 대등한 정치실체라고 주장할 수 있겠는가? 베이징은 타이완이 중국의 자치성 중의 하나임을 고집하면서 만일 타이완이 독립을 선포하거나, 외국과 결탁하여 중국을 분열시키거나, "지나치게 오랫동안" 통일을 지연시키면 베이징은 군사적인 공격을 하게 될 것이라고 경고했다.26) 정치국 상무위원인 리루이환(李瑞環)은 1992년 11월 타이완 독립을 저지하기 위해서 타이완을 공격할 것이며 이를 위해서 경제발전 정체의 대가를 지불하는 것도 감수하겠다고 선언했다.27)

그러나 베이징은 민중, 경제, 통상, 문화의 교류를 환영했으며, 1988년 7월 "타이완 기업의 대륙 투자 장려규정"을 공포하여 타이완 투자자들에게 대출, 관세, 세수 및 기타 특혜조건을 제공했다. 베이징은 타이완의 투자, 자본, 기술적인 노하우가 대륙의 경제발전을 위한 자금을 제공하고 이를 가속화하는 것을 환영했다. 1987-1992년에 약 500만 명의 타이완 주민들이 대륙을 방문했는데, 1인당 선물, 관광 및 숙박 등에 4,000달러를 소비함으로써, 대륙 시장에 약 200억 달러를 부어넣었다. 대륙은 염가의 노동력과 충분한 원자재와 토지를 보유하고 있었기 때문에, 약 1만 개의 타이완 기업이 생산설비를 대륙으로 이전함으로써 투자액이 100억 달러에 이르렀다.28) 타이완의 홍콩을 경유하는 대륙과의 간접무역은 1992년에 74억 달러에 이르렀고, 1993년에는 아마도 93억 달러에 이르렀을 것으로 생각된다.

해협 양안은 날이 갈수록 경제상의 상호의존의 필요성을 느끼게 되었다. 대륙의 입장에서 보면, 타이완의 투자는 대륙의 국민총생산액 중 86억 달러를 차지했으며 1인당 평균수입을 7.2달러 향상시킨 것이다.29) 다른 한편으로 세계 대부분의 지역에서 경제쇠퇴 현상이 일어나고 있을 때 대륙에 대한

---

26) 중국 정협 부주석(中國政協副主席) 첸웨이창(錢偉長)의 성명, 1992년 12월 9일.
27) *The Free China Journal*, Nov. 6, 1992에서 인용.
28) 타이베이 중국은행(臺北中國銀行)의 통계수치, *The Free China Journal*, Nov. 27, 1992에서 인용.
29) *The Free China Journal*, Oct. 30, 1992.

간접무역은 타이완이 1991년의 7.3퍼센트와 1992년의 6.9퍼센트의 경제성
장률을 유지하도록 도와주었다.30) 타이완은 대륙에 대한 지속적인 무역흑자
를 누리고 있는데 즉 1988년에는 17억6,000만 달러, 1989년에는 23억 달러,
1990년에는 25억1,000만 달러, 1991년에는 35억4,000만 달러, 1992년에는
51억6,000만 달러였다.31) 사람들은 타이완에 대해서 무역흑자와 중국의 거
대한 시장이 타이완 경제에 제2차 기적을 불러오도록 촉진하고, 경제상의
호혜가 정치수단으로 해결할 수 없는 난제들을 해결하는 데에 도움이 되기를
바라고 있다.

경제상의 상호의존이 나날이 두터워짐에 따라서, 학술, 과학, 언론, 체육,
문화교류가 나날이 증가하고 있다. 비교적 중대한 사항은 1992년 10월의 중
국 중앙발레극단의 타이완 방문, 1992년 11월의 9명의 베이징 경제학자로
구성된 대표단의 타이완 방문, 1993년 4월의 경극대사(京劇大師)인 메이란
팡(梅蘭芳)의 아들이자 유명한 경극 배우인 메이바오쥬(梅葆玖)의 2주간에
걸친 타이완 공연이다. 타이완 측에서는 1992년 6월, 타이완 중앙연구원 원
장인 우따여우(吳大猷)가 베이징을 방문했다.

이어서 1993년 4월 28-29일에 사람들이 이미 오랫동안 고대했던 해협 양
안 간의 준(準)정부회담이 싱가포르에서 거행되었는데, 타이완의 해협교류
재단 회장인 꾸전푸(辜振甫)와 대륙의 해협양안관계 협회 회장이며 전임 상
하이 시장인 왕따오한(汪道涵)이 만났다. 회담은 비(非)정치회담으로 설정
되어 있어서 의제는 경제문제에 집중되어 있었는데, 예를 들면 타이완의 대
륙 투자, 지적소유권 보호, 밀수의 공동퇴치, 불법도피자와 범죄자의 상호송
환 및 어로 분규 해결, 등기우편 유실에 대한 배상 및 자연자원의 공동개발
등이었다. 이 역사적인 회담은 4개의 역사적인 문건을 내놓았고 협의를 거쳐
서 이후 매년 4차례 만나기로 결정했다. 꾸전푸-왕따오한 회담은 40년간의
적대관계를 거친 이후에 양안 간에 비교적 친근한 관계를 열어놓았다. 이

---

30) *Ibid.*, 1993년 7월 9일.
31) 홍콩 정부의 통계수치.

회담의 안배는 쌍방의 실용적인 태도를 보여주는 것이었다.[32] 그러나 진정한 통일은 여전히 기약도 없이 아득하기만 하다.

100여 년 전, 자강운동의 지도자들은 현대세계에서 중국이 생존하기 위한 관건이 "부강"이라고 여겼다. 1919년 5. 4 운동기간에는 생존하려면 국가의 독립과 통일, 과학과 민주와 자유와 민생의 개선이 필요했다. 또한 이후에는 사상의 자유와 개인 창조정신의 해방에 대한 요구가 출현했다.[33] 인민의 이상은 바로 민주입헌제도를 건립하는 것이었다. 이런 소망들을 만족시킬 수 있기만 하면 어떤 정부도 전국 인민의 지지를 받을 수 있었다.

문자기록에 의한 4,000년의 역사 속에서 중국은 일찍이 무수히 분열되기도 하고 통합되기도 했다. 만일 역사가 길잡이 역할을 해주고 정치가 최대의 가능성을 모색하는 예술이라면 어느 누구도 현재의 곤란에 대해서 낙심할 필요가 없다. 중국 인민의 지혜는 전체 중국인을 다시금 통일시키는 길을 찾게 할 것이다.

---

32) *The New York Times*, April 28, 1993; *Los Angeles Times*, April 28 and 29, 1993.
33) 邵玉铭, 「試論中共政權在中國近代史上的功過」, 『海外學人』, 제99기, p. 8(1980).

40
톈안먼 광장의 무력진압,
1989년 6월 3-4일

1989년은 뱀의 해였다. 새해가 시작되자 불길한 징조가 나타나서, 중국에 머지않아 발생하게 될 사회적 불안을 예시했다. 국가는 나날이 심해지는 인플레이션, 사회풍조 타락, 보편적 부패, 관리 독직, 소수 특권계층과 일반대중 사이 소득격차의 부단한 확대, 사람들의 공산주의 신념이 날로 희박해지는 현상에 직면했다. 확실히 이런 현상은 몇 년 전부터 이미 존재하고 있었지만(제38장 참조), 잠재해 있던 불만이 표면에 드러나서 이제 폭발 직전에 이르렀다. 전국의 많은 지역에는 실망과 불안의 정서가 가득했다.

민주와 자유화의 세력이 끊임없이 억압과 전제의 세력과 충돌했는데, 혹은 공개되거나 혹은 은폐되었지만 긴장 상황은 항상 존재하고 있었다. 국제정치 중의 2가지 큰 추세로 인해서 이런 충돌은 더욱 깊은 의미를 가지게 되었다. 이 2개의 큰 추세는 다음과 같다. 즉 폴란드, 헝가리 및 발트 해 3국(리투아니아, 라트비아, 에스토니아)에서 자유와 민주의 물결이 점점 고조되고 있는 반면에, 공산주의는 끊임없이 쇠퇴하고 있는 추세였다. 소련에서조차도 글라스노스트와 페레스트로이카가 공산주의의 면모를 변화시키고 있었다. 불안정과 동란 그리고 타협과 양보가 마치 공산주의 세계의 특징인 것 같아서, 일부 정치학자들은 공산주의의 멸망은 역사의 동력이라고 예언했다.[1]

---

1) Zbigniew Brzezinski, *The Grand Failure: The Birth and Death of Communism in the Twentieth Century* (New York, 1989).

1989년도 역시 의의가 거대한 한 해였는데, 그 이유는 1989년은 많은 중대한 역사적 사건의 기념의 해였기 때문이다. 중화인민공화국 건국(1949. 10. 1) 40주년, 5. 4 운동(1919) 70주년, 자유, 평등, 박애를 제창한 프랑스대혁명(1789. 7. 14) 200주년이었다. 어떤 기념이든, 2년 전에 이미 정치민주화를 추구했지만 저지당한 대학생들을 일깨워 민주를 요구하는 시위가 발생할 가능성이 있었다. 두려움과 불안함을 느낀 정부는 당원과 군대에 각별히 경계태세를 취하여 동란을 방지하고 폴란드식의 자유노조운동이 중국에서 발생하는 것을 엄격히 방비할 것을 호소했다.

위급한 형세

새해가 막 지나자, 유명한 천체 물리학자인 팡리즈는 1월 6일 덩샤오핑에게 한 통의 공개서한을 보내어, 5. 4 운동 70주년 무렵 혹은 중화인민공화국건국 40주년 무렵에 대사면을 실시하도록 호소했다. 팡리즈는 특히 웨이징성(魏京生)을 석방하도록 제안했는데, 웨이징성은 전기기술자로서 1979년 민주를 "다섯 번째 현대화"로 널리 선전하고, 덩샤오핑에게 제2의 마오쩌둥으로 될 가능성이 있다고 경고하여 15년간의 감금형을 선고받은 사람이다. 팡리즈의 서한은 해외의 유명한 중국인 학자 51명과 39명의 중국의 주요 지식인들의 공동서명을 받았다. 격노한 덩샤오핑과 정부는 이에 거절로 응답했다.

1989년 2월 하순에 조지 부시 대통령이 베이징을 방문한 기간에 민주사업은 좌질당했다. 레이건 대통령이 그전 해 여름에 모스크바 주재 미국 대사관에서 일단의 소련의 반체제 인사들을 접대한 선례에 따라서, 부시 대통령은 중국의 주요 자유주의파 인사 4명을 2월 26일 일요일 연회에 참석하도록 초청했다. 이 손님들은 팡리즈와 그의 부인 리수시엔(李淑嫻)과 그 외 3명[2]으로서, 그들은 총서기 자오쯔양의 개혁을 적극적으로 지지했으며, 보수파 지

---

2) 이 3명은 마르크스 레닌주의 이론가 수사오즈, 극작가 오주광, 정치학자 옌자치(嚴家其)이다.

도자들을 호되게 비평했다. 대다수 중국인들은 이 초청을 미국이 중국의 민주와 자유화를 지지하는 공개적인 표시로 간주했다. 국가주석인 양산쿤과 총리인 리펑은 만약 팡리즈 부부가 참석하면 자기들은 연회에 참석하지 않겠다고 위협했다. 그러나 그들은 결국 다음과 같은 타협을 받아들였다. 즉, 부시 대통령이 팡리즈 부부 테이블 앞으로 가서 그들과 건배하지 않는다는 것이었다. 그러나 비록 이런 식으로 안배는 되었지만 중국 공산당의 입장에서 보면 이것은 대단히 큰 모욕이었다. 맨 마지막 순간에 중국 지도자들은 생각을 바꾸어, 경찰을 파견하여 팡리즈 부부가 연회에 참석하는 것을 저지했다. 부시 대통령은 이 뜻하지 않은 일에 대해서 아무것도 모르고 있었으며, 연회시간 내내 손님 중에 방씨 부부 두 명이 있으리라고 줄곧 생각했다.

정부의 행위는 중국의 학생과 지식인들을 격노하게 했으며, 그들은 다시 2년 전에 저지당한 민주시위를 개시할 분노를 쏟아낼 기회를 기다리고 있었다. 4월 15일 전 총서기 후야오방의 서거가 이 기회를 제공했다. 후야오방은 1987년 1월, 학생들을 대하는 태도가 온화했다고 하여 해직당했기 때문에 많은 사람들의 마음속에 정직과 정치진보의 상징으로 생각되고 있었다. 학생들은 아주 정중히 그를 애도했으며, 이 기회를 이용하여 그의 억울한 누명을 벗기고 명예를 회복시키며 더 나아가 언론, 집회, 보도의 자유를 제창하고 부패에 대한 강력한 응징을 요구할 것을 계획했다. 베이징 대학교에는 후야오방을 찬양하고 보수파 지도자들을 풍자하는 포스터가 게시되었다. 즉 "죽어서는 안 되는 사람은 죽었고, 죽어야 할 자는 아직 죽지 않았다", "진실한 사람은 가버렸지만 위선자는 아직 살아 있다" 등의 내용이었다.

중국 공산당은 후야오방의 명예회복을 거절했는데, 그 이유는 그렇게 하면 덩샤오핑과 기타 강경파분자를 포함한 그를 해직한 사람들이 모두 잘못한 것이 되기 때문이었다. 수천 명의 학생들은 거리로 나가 시위를 하고, 톈안먼 광장에 묵묵히 버티고 앉아 큰소리로 "민주 만세! 자유 만세! 부패 타도!"의 슬로건을 외쳤다. 4월 22일, 학생 3명은 정부를 풍자하는 행동을 했다. 그들은 인민대회당 앞에 있는 섬돌 위에 무릎을 꿇고 앉고는, 그중 한

사람이 그들의 요구사항이 쓰여 있는 커다란 종이 두루마리 족자를 머리끝까지 높이 올려 "이것은 황제에게 청원하는 방식이다. 지금이 어느 시대인가? 우리는 아직도 이런 방식이 필요하니 이것은 우리에게는 자유가 없다는 것을 의미하는 것이다"라고 큰소리로 외쳤다. 학생들이 잇달아 수업을 거부하고, 광장에서 6주 동안 시위를 지속하자, 각 성의 대학생과 베이징 및 그 외의 성의 노동자, 지식인, 신문기자, 교수, 연구원, 음악가, 배우, 일반시민, 심지어 일부 당원들과 군인들이 갈수록 강렬하게 성원했다. 5월 중순에 이르자 민주를 외치는 항의대열의 인원수는 100만 명을 돌파했고, 기타 23개 도시에서도 규모가 비교적 작은 시위가 발생했다. 이 100만 군중들은 이미 계급을 초월한 항의의 거대한 물결이 되어, 국내외의 텔레비전 시청자들의 많은 관심과 주시를 불러일으켰다. 5월 30일 중국 지도자에 대한 철저한 모욕이 나타났다. 이날 중앙미술대학의 학생들은 톈안먼 광장에 높이가 30피트인 민주여신상을 세웠는데, 조각상은 대체로 미국의 자유여신상을 모방한 것이었다. 톈안먼 광장의 북쪽에 놓인 이 조각상은 고궁의 대문을 마주하고서, 꿋꿋하게 마오쩌둥의 대형 초상화를 주시하고 있었다.

당의 분열

총서기인 자오쯔양은 그의 전임인 후야오방과 마찬가지로 시위활동에 대해서 아주 관용적인 태도를 취했고 학생운동에 대해서 공감을 표시했다. 그는 개혁과 현대화의 제창자로서 공산당의 개방을 더욱 크게 확대시키고 점차 정치자유화의 방향으로 전환하여 이끌고 나가기를 희망했지만 반드시 자본주의의 민주를 실천하려고 한 것은 아니었다. 그는 총리인 리펑 및 천원, 펑전 및 국가주석인 양상쿤 등과 같은 기타 몇몇 강경파 원로들과 충돌했다.

중국 사회과학원에 있는 그의 고문들과 4개 "고문단"[3])의 영향을 받은 자

---

3) 중앙정치체제개혁 연구실(中央政治體制改革研究室), 중국 경제체제개혁 연구소(中國經濟體制改革研究所), 국무원 농촌발전 연구센터(國務院農村發展研究中心), 중국 신탁국제관

오쯔양은 나날이 성장하는 학생의 힘을 자기편으로 끌어들임으로서 보수파와의 대결에서 그의 지위를 강화하여, 개혁 사업을 추진하는 데에 이용하기를 희망했다. 다른 한편 보수파는 2년 전에 첫 번째 대결에서 승리하여, 덩샤오핑을 설득하여 학생시위를 잘못 대처했다는 죄명으로 후야오방을 해임시킨 적이 있다. 이제 그들은 자오쯔양이 시위학생의 비밀 보호자라는 것을 암시하는 모의를 획책하여 그를 총서기의 지위에서 끌어내리려고 시도했다. 이렇게 되면 시위학생들은 곧 자기도 모르는 사이에 당내의 치열한 정치투쟁의 희생물이 되는 것이었다.

강경파는 학생시위를, 민주운동을 탄압하고 경제개혁을 가로막는 좋은 기회로 삼았다. 자오쯔양과 학생들 간의 갈등을 교묘하게 격화시킬 수 있으면 강경파는 일거양득의 효과를 거두게 되는 것이었다. 경제전문가인 천원과 부총리인 야오이린은 비밀리에 계획을 세웠는데, 이 계획에 의하면 총리인 리펑은 장차 학생들의 요구에 대해서 단호하게 비타협적인 입장을 취함으로써 학생들을 더욱 호전적이 되도록 자극한다. 아울러 자오쯔양은 시위군중의 은밀한 지지자, 즉 당내의 반역자라는 비난을 받도록 한다. 그리고 학생들의 나날이 오만해지는 태도와 자오쯔양의 그들에 대한 지지로 덩샤오핑을 노하게 하여, 그가 격렬한 반응을 취하도록 한다는 것이었다. 그러면 조정을 받은 덩샤오핑은 마치 그들이 2년 전에 덩샤오핑을 설득하여 후야오방을 몰아낸 것처럼 일거에 학생들과 자오쯔양을 타도하게 된다는 것이었다. 그러므로 성공의 관건은 덩샤오핑을 격노시켜 대치 상태를 일정 정도로 고조시키어 군사적 진압이 충분한 이유를 가지도록 하는 것이었다.[4]

4월 24일 베이징 시 위원회의 서기[5]는 보수파 원로의 지시를 받고 중앙위원회에 상황 보고서를 제출했다. 이 보고서는 학생들의 대자보와 구호 그리

계 연구원(中國信托國際關係硏究院).

4) 이것은 전(前) 중국 경제체제개혁 연구소 소장 천이쯔(陳一諮)와 전 마르크스-레닌주의 연구소(馬克思列寧主義硏究所) 주임 수사오즈의 관점, 「中央日報」, 臺北, 1989년 9월 10일과 『明報』, 香港, 1989년 9월 6일의 보도.

5) 리시밍(李錫銘).

고 국가안전회의의 비밀보고에 의하면 시위는 이미 2년 동안 준비되어왔으며, 공개적인 목표는 바로 사회주의 사업을 부정하고 공산당의 지도를 전복시키는 것이 분명하다고 서술했다. 정치국 상무위원회와 국가주석 양산쿤은 시위가 "조직적이고, 사전 모의된 반당, 반사회주의 활동이라는 점"에 동의했다. 다음 날 덩샤오핑은 시위가 반드시 진압해야만 하는 음모와 동란으로 발전했다고 선포하고, 그의 지시하에 일찍이 문화대혁명 및 1986년의 "자본주의 자유화 반대운동"과 관계가 밀접한 두 명의 당내 작가6)가 4월 26일에 「인민일보」에 1편의 사설을 썼는데, 사설 제목은 "분명하게 동란에 반대해야 한다"였다. 이 글의 핵심은 정부는 현재 동란에 반대하는 위대한 정치투쟁을 하고 있는데 이 동란의 목적은 당의 영도와 사회주의를 근본적으로 부정하는 것이라는 내용이었다. 이 글은, 학생들의 요구에 양보하는 것은 장차 희망이 있는 국가를 희망이 없는 불안한 국가로 만드는 것이라고 경고했다. 사설의 내용은 북한을 방문 중인 자오쯔양에게 팩스로 보내졌으며 그의 원칙적인 동의를 얻었다.

물론 2년 전과 마찬가지로, 강경파는 덩샤오핑을 그들 편으로 끌어들였다. 중국 공산당은 시위자에게 단호한 입장을 취할 예정이었고, 리펑이 학생 지도자를 한사코 만나지 않음으로써 비교적 일찍이 정세를 완화시키고 대화를 할 수 있는 시기를 상실했다. 결국 5월 18일에 학생들을 접견하는 데에 동의했을 때, 그는 학생 지도자인 왕단(王丹)과 우얼카이시(吾爾開希)를 거세게 나무람으로써 대화를 나누거나 속마음을 털어놓을 여지를 조금도 남겨주지 않았다. 이와 동시에 중국 공산당 상하이 시 위원회 지도자인 장쩌민(江澤民)은 『세계경제보도』 잡지의 편집장인 친번리(欽本立)를 직위 해제했는데, 원인은 그가 민주적 입장을 지지하는 태도를 취했기 때문이었다.

4월 29일에 귀국한 자오쯔양은 고문7)의 건의하에, 4월 26일 사설을 비평

---

6) 루런(陸仁)과 쉬웨이청(徐惟誠).
7) 중앙정치체제개혁 연구실 주임 포동(鮑彤)과 농촌 연구센터(農村研究中心) 주임 뚜룬성(杜潤生).

하면서 학생들의 행위는 자발적이고 애국적일 뿐만 아니라 정부의 반부패정책과 일치한다고 아주 긍정적으로 평가했다. 그는 4월 26일자 사설을 수정하려고 했지만 성공하지 못했다. 이어서 5월 4일 베이징에서 거행된 아시아 개발은행 회의석상에서 자오쯔양은 발언 중에 당내에 의견대립이 있음을 암시했다. 그러나 정부는 "냉정하고, 이지적이고, 자제하며, 질서 있는 입장을 취하여 민주와 법제의 궤도에서 문제를 해결할" 것임을 명확히 밝혔다. 강경파는 화를 참지 못하여 자오쯔양이 사전에 당의 동의를 얻지 않고 성명서를 통해서 지도부의 의견대립을 폭로했다고 질책했다. 리펑은 자오쯔양의 발언은 단지 자기 개인의 견해를 대표할 뿐이고, 당의 관점은 오직 덩샤오핑만 대표할 수 있다고 주장했다. 리펑은 덩샤오핑이 자오쯔양을 반대하도록 부추기는 데에 성공했다.

더 심각한 대결은 5월 16일에 출현했다. 그날 자오쯔양은 내방한 소련 공산당 총서기인 고르바초프에게 1987년 11월의 제13차 당 대회 이후 중국 공산당의 모든 중요한 결정은 덩샤오핑의 동의를 얻어야 한다고 알려주었는데, 이것은 모든 중요한 결정과 잘못에 대한 책임자는 자오쯔양이 아니라 덩샤오핑이라는 것을 암시한 것이었다. 덩샤오핑과 강경파는 자오쯔양이 외국 손님에게 "국가기밀"을 누설한 것에 대해서 몹시 화를 냈다.

고르바초프의 3일 간의 방문 동안 100만 명 이상의 사람들이 톈안먼 광장을 점거함으로써 중국 지도자들은 체면이 말이 아니게 되었다. 환영의식은 광장에서 비행장으로 옮겨 거행하지 않으면 안 되었다. 수많은 사람들이 고궁 입구에 모여 있었기 때문에 고르바초프의 고궁 참관 프로그램은 취소되어버렸고, 그와 그의 부인 라이사의 광장에 있는 중앙인민영웅 기념비에 화환을 바치려고 했던 계획도 취소되지 않을 수 없었다. 그의 기자회견은 인민대회당에서 그가 투숙하고 있는 조어대 국빈관으로 장소를 옮겨서 거행되었다. 그가 좋아하는 산보도 아주 짧게 한 차례 한 것을 제외하고는 안전상의 이유로 취소되었다. 이런 갑작스런 변동은 중국 지도자는 우유부단하고 정세를 통제할 능력이 없다는 인상을 주었다. 이런 상황으로 인해서 덩샤오핑

은 손님들이 떠난 후에 이 젊은이들을 호되게 응징해야겠다는 결심을 날이 갈수록 하지 않을 수 없게 되었다. 덩샤오핑은 확대된 중국이라는 대가정의 가장으로서, 고등교육의 질적 향상과 학생생활의 개선을 포함한 그의 경제개혁이 가져다준 모든 이점을 학생들이 고맙게 생각하지 않는다고 느꼈을는지도 모른다. 윗사람에게 반항하고 존중하지 않은 대가는 조금도 사정을 보아주지 않는 호된 징벌일 것이었다.

강경파는 학생동란의 근원은 중공 당내에 있으며 자오쯔양과 전임 총서기인 후야오방의 잘못된 경제정책이 고도의 인플레이션, 경제균형 상실 및 혼란을 초래했다고 고집했다. 바로 이 두 사람의 학생들에 대한 방임과 1983년의 "성신오염반대"운동(오직 20일간만 지속되었다)과 1986년의 "부르주아 계급자유화 반대운동"을 적당히 처리한 것 때문에 현재의 어려움이 초래됐다는 것이었다. 추가로 밝혀진 증거는 자오쯔양이 시위자를 지지하고 선동했으며 공개적으로 시위학생들을 찬미하고 그들에게 중요한 정보를 누설했음을 보여주었다는 것이었다. 학생들은 늘 다른 사람들보다 먼저 정치국의 결정을 알았다는 것이다. 자오쯔양과 그의 자유파 고문의 비호를 받았기 때문에 원래 의기소침했던 학생들의 기세가 격려를 받았으며, 그들의 담력은 날이 갈수록 커졌다는 것이다. 자오쯔양의 두 명의 고문들[8]은 일찍이 "사용된 문구가 지극히 격렬하고 악랄한" 5. 17 선언을 기초했다는 고발을 당했는데, 이 선언에서 그들은 공공연히 다음과 같이 선언했다는 것이었다. 즉, "독재자는 무한한 권력을 장악하고 있기 때문에 정부는 이미 스스로의 책임과 정상인으로서의 감정을 상실했다.……비록 청나라 왕조가 76년 전에 이미 붕괴되었지만 현재 중국에는 여전히 무명유실한 황제가 존재하고 있다. 연로하고 우매한 독재자……노인 정치는 반드시 마감되고 독재자는 반드시 물러나야 한다." 공격의 목표는 아주 분명했는데, 바로 덩샤오핑이 노쇠한 독재자였던 것이다.[9] 일부 시위자들은 덩샤오핑의 허수아비를 불태우면서

---

8) 옌자치. 정치학자, 중국 사회과학원 정치학 연구소(中國社會科學院政治學研究所) 전임 소장; 빠오준신(包遵信). 철학자, 역사연구소(歷史研究) 부연구원.

큰 소리로 "덩샤오핑 물러나라", "리펑 물러나라", "자오쯔양 만세"라는 구호를 외쳤다.

사태의 발전은 강경파에게 한층 더 자오쯔양과 그의 고문들이 통제가 불가능한 학생들의 힘을 이용하여 당을 분열시키고 있다고 믿게 했다. 자오쯔양이 시위자들에게 덩샤오핑과 다른 방침을 취한 것은 사실상 당내에 또다른 사령부(파벌)를 설치하여, 다른 목소리로 당과 인민의 눈과 귀를 혼란하게 했다는 것이었다. 이 엄청난 잘못 외에도 자오쯔양은 이전에 고발된 잘못들을 포함한 또다른 몇몇 잘못을 범했다는 것이다. 예를 들면 그는 4월 26일의 사설에 반대하려고 시도했다는 것이었다. 즉 아시아 개발은행 회의석상에서 멋대로 성명을 발표하고, 고르바초프에게 국가기밀을 누설 발표했으며, 그의 두 아들에게 투기성 장사를 허락하여 폭리를 취하게 했다는 것이다. 일찍이 직접 자오쯔양을 후계자로 확정했던 덩샤오핑이 지금은 그를 반역자라고 불렀다. 분열은 완전히 이루어졌고 이제 징벌을 하는 것만이 남았다.

5월 17일을 전후로 하여 중국 공산당 최고위층은 한 차례의 작전회의를 개최했는데, 단지 당과 국가에 중대한 공헌을 한 경력이 가장 오래된 당내 원로들 7, 8명만이 이 회의에 출석했다.[10] 그들이 모인 의도는 시위와 자오쯔양에 대해서 어떤 조치를 취할 것인가를 결정하기 위해서였다. 그들은 가장 중요한 의제를 당이 학생시위 앞에서 퇴각할 것인가를 결정하는 것으로 단순화시켰다. 항의자들의 조직이 갈수록 강대해지고, 동시에 대중의 광범위한 지지를 얻게 되면서 학생시위는 갈수록 격해졌다. 퇴각은 학생의 민주와 자유요구를 받아들이는 것을 의미하는 것이고, 퇴각하지 않는 것은 동란 진압의 강행을 의미하는 것이었다.

9) 베이징 시장 천시통(陳希同)의 1989년 6월 30일 제7회 전국인민대표대회 제8차회의에서의 연설문. 제목은 「關於制止動亂平息反革命暴亂的報告」이다. *Beifing Review*, July 17-23, 1989, pp. 12-13.
10) 이 8명은 덩샤오핑, 전(前) 국가주석 이셴니엔, 국가주석 양산쿤, 국가부주석 왕전(王震), 경제전문가 천윈, 전 전국인민대회 상임위원장 펑전, 저우언라이의 부인 덩잉차오, 그 외에 경제문제 전문가인 보이보일 것이다.

이 원로급의 지도자들은 절망적인 상태였다. 톈안먼 광장에서 100만 명 이상의 시위자들이 날마다 행진을 하고, 노래를 부르고, 구호를 외치고 팔을 휘두르며 거대한 깃발을 흔드는 광경은 그들에게 무기력감을 느끼게 했다. 그 이외에 기타 23개 도시에서도 시위가 발생하여 통제 불능의 민중봉기 현상으로 나타났다. 이 수 명의 원로들은 최종적인 상황 분석을 거친 후에, 현재 직면한 상황은 공산주의와 민주주의 사이에 벌어진 전쟁이라고 단정했다. 양보는 지도부의 붕괴와 사회주의 질서의 전복을 초래하여 결국에는 존 포스터 덜레스가 바라던 것처럼 부르주아 계급정부가 통치하는 자본주의가 부활하리라는 것이었다. 그들은 학생들이 요구하는 변화의 소망을 만족시킬 방법이 없으며, 요구를 들어주면 줄수록 끊임없이 더 큰 요구를 할 것이라고 추론했다. 어느 정도까지 요구를 들어주어야 만족하게 될 것인가? 그들은 학생들이 공산당과 4항의 기본원칙을 뒤엎기 전에는 포기하지 않을까 염려했다. 아마도 그 자리에 참석했던 모든 사람들에게 공포감을 불어넣으려는 의도가 있었는지는 모르겠지만, 85세의 연로한 경제전문가 천윈이 다음과 같은 충동적인 발언을 했다. 그는 "우리는 수십 년간에 걸친 필사적인 투쟁을 거쳐서 정권을 탈취하여 중화인민공화국을 건립했습니다. 이 과정에서 우리의 수천수백만 명의 혁명영웅들이 목숨을 잃었습니다. 우리가 그래 겨우 학생들이나 만족시키려고 이 모든 것을 포기한단 말입니까?"라고 했다. 회의에 참석한 사람들은 표결을 통해서 퇴각에 반대하고, 곧바로 자오쯔양의 당내 총서기 직위를 해제하는 데에 모두 동의했다.[11]

물론 이 원로들은 어떤 대가를 치르더라도 그들이 정치권력과 경제특권을 지켜내기를 희망했는데, 사회주의 제도를 수호해야만 비로소 그들의 특수한 지위를 유지할 수 있었다. 시위자들을 살해하는 것은 대수롭지 않은 일이었다. 그 이유는 그들은 모두 반당 및 반혁명 분자들이어서, 소멸당하는 것은 마땅히 받아야 할 벌을 받는 것이었기 때문이었다. 이렇게 하면 비록 관광수

---

11) 국가주석 양산쿤의 1989년 5월 24일 군사위원회 긴급 확대회의 석상에서의 발언.

입, 외국 투자, 무역, 대출 및 차관 상실 등의 위협이 있지만, 그러나 공산당의 지도적 지위를 지속적으로 유지한다는 광범위한 각도에서 보면 이런 위협들은 대수롭지 않다고 생각했다.

덩샤오핑은 자신은 국내외 여론도 두렵지 않고, 어떤 대결 속에서의 유혈 희생도 두렵지 않다고 선언했다. 5월 19일 그는 우한으로 가서 중앙군사위원회 확대회의를 소집했는데, 그 목적은 그의 진압정책에 대한 지지를 얻어내기 위해서였으며, 아울러 일단 베이징의 정세가 악화되면 곧 이곳에서 제2사령부를 건립할 수 있기 때문이었다. 전해지는 바에 의하면 덩샤오핑은 만일 모든 수단이 실패하면 은밀히 외국으로 도주할 준비를 마쳤다고 한다. 우한에서 덩샤오핑은 해군, 공군 및 모든 군구사령관의 지지를 얻었다. 이런 확고한 보증을 얻은 후에 그는 5월 19일 저녁에 리펑 총리에게 베이징에 계엄령 실시를 선포하도록 하달했다. 얼마 지나지 않아 덩샤오핑은 거의 모든 성, 시, 자치구에서 그의 정책에 대한 지지를 얻었다. 군사진압의 서막이 열렸다.

노인 정치의 심리상태

중국 공산당 원로의 심리는 정책결정 시에 매우 중요한 역할을 했다. 그들은 몇 안 되는 장정 세대의 인물들로서, 오랜 세월 동안 파괴, 계급투쟁, 내전, 외전, 이런저런 끝없는 군중운동들을 경험했다. 그들은 이미 안정, 안전 및 가장 중요한 생존에 대해서 고도로 민감해져 있었다. 장기간의 권력투쟁 속에서 그들은 다음과 같은 하나의 사고를 받아들였는데, 즉 권력은 바로 생명이기 때문에 권력이 없으면 살아 있어도 아무런 의미가 없다는 것이었다. 그들은 어떤 투쟁 속에서도 절대로 인자함과 인간미를 가지는 것을 용납해서는 안 된다고 믿었다. 만일 생존하려면 반드시 확고부동하고, 잔혹하고, 심지어 잔인하기까지 해야 한다는 것이다. 그리고 그것은 먼저 선수를 치는 자가 유리하다는 것이었다. 덩샤오핑은 전혀 개의하지 않고 이 관념에 찬성

했는데, "누구든 관계없이, 정권 투쟁에서 이기기만 하면 최고의 자리에 앉을 수 있다. 현재도 이렇고 과거에도 이랬다. 중국도 이렇고 외국도 이렇다"라고 공언했다.[12] 당내 원로의 생명과 지위와 특권은, 모두 사회주의 질서의 지속에 달려 있기 때문에 그들은 모든 것을 희생해서라도 그것을 지킬 예정이었다.

보수파 지도자들은 자신들이 연로하고, 건강이 좋지 못하고, 정력이 쇠퇴하고 있으며, 주류사회에서 벗어나 있다는 것에 대한 민중의 보편적인 비판에 직면하여, 자신들에게 과단성 있는 정책결정과 강력한 행동을 취할 수 있는 능력이 있다는 것을 더욱 증명하고 싶어했다. 그러나 그들의 불안감과 변혁에 대한 공포심은 여전했다. 바로 이렇게 혼란스럽고 모순된 심리 상태 하에서 내린 판단은 과민반응, 충동, 경솔로 기울어질 수밖에 없었다.

진압정책은 의식적이건 무의식적이건 간에 학생들에 대한 오해에서 비롯되었다. 학생들은 정부와 함께 부패반대 조치를 취하고, 정부지도자와 민주, 언론 자유, 집회 자유와 보도 자유의 전망에 대해서 토론할 것을 요구했는데, 이런 것들은 대다수 현대 문명국가의 기본권리인 것이다. 정부가 그들의 마음의 소리를 귀담아 듣는 것을 거부했을 때, 좌절당한 학생들은 리펑, 덩샤오핑, 양산쿤이 권좌에서 물러나야 한다고 외쳤다. 그러나 학생들에게는 그들을 물러나게 하거나 정부를 전복시킬 방법이 없었고, 또한 그럴 힘도 없었다. 학생들에게는 목표를 위한 강령이나 행동에 대한 계획이 없었으며, 또한 풍부한 경험과 출중한 매력이 있는, 그들의 염원을 대표할 수 있고 흩어져 있는 모든 단체를 단결시킬 만한 지도자도 없었다. 비록 광장의 희생과 광장 밖의 성원자들은 이렇게 부패하고 무책임한 정부는 이미 통치를 할 도덕적 권위를 상실했다고 주장했지만, 이런 견해에는 진정한 위협의 힘이 결여되어 있었다. 한편 무력으로 시위를 진압하는 정책을 채택하기로 결정함으로써, 지도부는 현명하고 책임감 있게 민중의 염원에 응답하고, 국민의 거대한

---

12) Fox Butterfield, "Deng Is Said to Link Fear to Safety of Party," *The New York Times*, June 17, 1989, p. A4에서 인용.

에너지를 그들이 달성하기를 바라는 건설적인 목표로 이끌어 갈 귀중한 기회를 잃어버렸다.

계엄령이 선포된 후에 정부 지도자들은 바로 숨어버렸고, 시위가 진압된 후에야 비로소 다시 모습을 드러냈다. 그러나 자오쯔양은 5월 19일 마지막으로 공개적으로 모습을 드러냈는데, 그는 광장의 굶주리고 있는 단식자들을 방문하고 자신이 뒤늦게 온 것에 대해서 사과했다. 그리고 곧 그는 해직당했다. 6월 24일, 장쩌민이 새로운 총서기로 임명되었다.

학살

5월 19일 계엄령이 선포되고 나서 6월 4일 피비린내 나는 진압이 있기까지, 꼬박 2주 동안 덩샤오핑과 양산쿤에게는 심혈을 기울여 군사행동을 취할 계획을 세울 충분한 시간이 있었다. 국가주석 양산쿤은 스탈린 시기에 소련이 육성한 직업군인이자 대권을 쥐고 있는 군부의 인물이었으며, 군대 지휘 서열에서 덩샤오핑 다음가는 인물이었다. 양산쿤 집안의 사람들은 중요한 군사직책을 맡고 있었으므로, 중국인들은 우스갯소리로 "양가장(楊家將)"이라고 불렀다. 양산쿤 본인은 중국 공산당 중앙군사위원회 상임 부주석 겸 비서장이었고, 그의 이복형제인 양바이빙(楊百冰)은 총 정치부 주임이었으며, 그의 사위인 츠하오톈(遲浩田)은 인민해방군 총참모장이었고, 그의 조카인 양젠화(楊建華)는 6월 3일과 4일에 살육의 대부분을 자행한 27군 사령관이었다. 덩샤오핑 자신의 장기간에 걸친 군대생활과 정치진압에 대한 경험은 그가 침착하게 시국에 대응할 수 있기에 충분했다. 일찍이 그는 1948년 후기에 내전 중 회해 전투를 지휘하여, 탱크와 대포로 국민정부군을 소멸했다. 1957년의 반우파 운동기간에 덩샤오핑은 중공 중앙총서기로서 50만여 명의 지식인들을 박해하는 책임을 맡았는데, 그는 빈틈없이 성실하게 일을 처리함으로서 마오쩌둥으로부터 고도의 찬사를 받았다.

덩샤오핑과 양산쿤은 전국 각지의 10개 군(軍)[13]으로부터 30만 군대와 장

갑사단 하나, 공수사단 하나와 기타 특수부대를 소집했다. 그들이 베이징 교외로 이동한 것은 학생들과 맞서기 위해서가 아니라, 자오쯔양과 그의 군부 지지자들의 궁정 쿠데타(측근자 쿠데타)를 방지하기 위해서였다. 물론 규모가 이처럼 방대한 군대는 학생들을 겁먹게 할 수 있고 아울러 정치국과 전국인민대표대회가 태도를 바꾸어 진압정책을 지지하도록 할 수 있었다.

2주일에 걸친 휴식기 중, 6주일 동안 톈안먼 광장을 "점령하고" 있던 학생들은 점차적으로 매우 피곤해졌다. 많은 현지 학생들은 집으로 돌아가거나 학교로 돌아가 쉬었지만, 각 성에서 오는 학생들은 계속해서 벌떼처럼 몰려오고 있었다. 그들은 먼 길을 왔기 때문에, 자연히 그렇게 빨리 떠나기를 원하지 않았다. 현지 시민들은 그들에게 음식, 머물 곳, 기타 생활필수품을 제공했다. 수많은 시민들이 다가오는 부대를 저지하기 위해서 학생들이 교통요충지에 바리게이트를 치는 것을 도와주었다. 첫 번째 부대가 도착했을 때 그들은 무기를 휴대하지 않았고, 온화하고 선량하게 사람들을 대했으며, 시민이 제공한 음식물과 음료를 받았다. 사람들은 보편적으로 부대가 자신의 시민을 향해서 총을 쏠 리가 없다고 믿었다. 그러나 계엄령이 이미 선포되어 있어서 결말이 어떨지는 알 수가 없었다. 첫 번째 부대의 온화하고 선량한 태도가 사람들을 미혹시키는 연막일지도 모른다고 의심하는 사람은 아주 적었다. 일부 교수들은 살며시 학생들에게 흩어질 것을 권고했는데, 그 이유는 그들이 이미 목표를 달성했기 때문이었다. 그러나 학생들은 그 장소를 떠나기를 원하지 않았다. 그들은 6월 20일을 철수일로 예정했는데, 이날 전국인민대표대회 긴급회의가 개최될 예정이었다. 시간이 하루하루 지나감에 따라서 무력에 의한 공격이 임박했다는 공포감과 폭력이 발생할 리 없다는 안도감이 번갈아 출현했다. 그러나 모든 사람들은 마음속으로 유혈 사태는 피할 수 없다는 것을 알고 있었다.

6월 3일 저녁, 위기가 임박했다는 불길한 징조가 매우 뚜렷해졌다. 정부의

---

13) 12군(十二軍), 20군(二十軍), 24군(二十四軍), 27군(二十七軍), 28군(二十八軍), 38군(三十八軍), 54군(五十四軍), 63군(六十三軍), 64군(六十四軍), 65군(六十五軍).

어느 텔레비전 아나운서는 정중하게 베이징 시민에게 인민해방군이 질서를 회복하기 위한 필요한 조처를 취할 것이기 때문에 톈안먼 광장에서 멀리 떠나라고 경고했다. 베이징 대학교의 학생들은 다시 한번 이 경고가 허세일 것이라고 생각했다. 그들의 관심 어린 심정을 표시하기 위해서, 그들은 곧장 광장으로 갔다.

톈안먼 광장은 세상의 종말이 다가오는 것 같은 긴박감으로 가득 차 있었다. 6월 3일 일요일 오후 4시에 학생지도자의 지휘부로 한 익명의 전화가 걸려왔는데, 군대가 곧 공격을 개시할 것이라고 경고했다. 당시 자발적으로 조직된 베이징 대학생 자치연합회는 모든 사람들에게 유혈 사태를 피하기 위해서 그곳을 떠나라고 요청했지만, 4-5만 명의 학생들과 10만 명의 기타 시민들은 죽기를 각오하고 떠나지 않기로 결심했는데, 만약 필요하다면 그들은 민주와 자유의 사업을 위해서 죽기를 원했다. 그들은 여전히 군대가 맨주먹의 시민들에게 총을 쏠 리 없다고 믿었다.

저녁 10시, 총리 리펑은 군대에게 전속력으로 광장으로 달려가서 고집불통의 모든 시위자들에게 기총소사(機銃掃射)를 가한 후 동틀 무렵까지 광장을 깨끗이 치우라는 명령을 내렸다. 탱크, 장갑차와 자동무기를 휴대한 병사들이 사전 계획에 따라서 3개의 방향에서 가도(街道)를 따라서 진격했다. 한 무리의 군대는 광장에서 4마일 떨어진 중국 인민혁명 군사박물관에서 공격을 개시하여 장안가(長安街) 서단을 따라서 광장을 향하여 나아가면서 눈앞에 보이는 모든 사람들에게 총을 쏘았다. 다른 한 무리의 군대는 장안가 동단에서 공격을 개시했으며, 세 번째 무리의 군대는 북쪽에서 남쪽으로 나아갔다. 세 무리의 군대는 전부 광장으로 모였다. 군대와 탱크가 광장에 도착하기 전에 수많은 학살이 행해졌다.

자정 무렵에 2대의 장갑차가 전속력으로 광장으로 들어왔는데, 장갑차 위의 고음용 확성기는 날카로운 목소리로 경고 "통지"를 방송했다. 6월 4일 새벽, 35대의 중형 탱크가 천막으로 된 학생들의 주요 숙영지로 밀고 들어가 아직 그 안에 남아 있던 학생들을 깔아 죽였다. 새벽 4시, 광장의 불빛이 갑

자기 꺼졌고, 고음용 확성기는 다시 한번 남아 있는 시위자들에게 떠나라는 명령을 내렸다. 그후 4명의 단식 시위자(그중에는 타이완 대중음악 가수 허우더지엔[侯德健]이 있었다)들이 몇몇 군 장교들로부터 그곳에 남아 있는 학생들을 안전하게 통과시킨다는 보증을 얻었지만, 학생들이 아직 통지를 받기 전에 병사들은 시민영웅 기념비에 공격을 개시했다. 4시 40분, 한 줄기의 빨간 신호탄이 머리 위를 가로질러 갔는데, 이것은 또 한번의 공격개시를 나타내는 것이었다. 인민대회당에서 뛰쳐나온 병사와 무장경찰의 수중에 있는 자동소총에서 탕탕 소리가 나면서 총탄이 뿜어 나왔고, 그들은 전기 방망이, 고무로 된 경찰봉과 기타 각종 특수 제작된 무기를 사용했다. 그리고 탱크와 장갑차가 놀라서 멍해 있는 시위자와 군중 사이를 마구 뚫고 들어왔다. 2명은 베이징 대학교에서 왔고, 9명은 칭화 대학교에서 온 11명의 학생들이 손에 손을 잡고 민주여신상을 보호하는 상징적 자태를 취하다가 그 소상과 함께 밀려 쓰러져버렸다. 새벽 6시에 이르자, 도주할 수 있는 사람은 모두 도주해버리고 사망자들과 중상자들이 선혈로 낭자한 살인 장소 곳곳에 산재해 있었다. 병사들은 서둘러 불도저를 사용하여 시체를 여러 무더기로 쌓아서 현장에서 태우거나, 시신들을 비닐봉지에 넣어 교외에 있는 팔보산으로 가져가 화장했는데, 그곳에서의 어떤 상황도 누설이 허용되지 않았다. 학살은 7시간 내에 완료되었다.[14]

정확하게 사상자 수를 통계하는 것은 불가능하다. 서방 측 자료는 3,000명이 사망했고 1만 명 혹은 그보다 더욱 많은 사람들이 부상을 당했다고 추산했지만, 「뉴욕 타임스(The New York Times)」지는 이후에 사망자 수를 400명에서 800명 사이라고 정정했다.[15] 6월 16일, 중국 정부대변인인 위안무(袁

14) 1989년 6월 3-4일 톈안먼 광장에서 발생한 일에 관한 눈물겨운 두 개의 목격기록을 보라. 하나는 20세의 칭화 대학교 학생의 것이고(The San Francisco Examiner, June 11, 1989, 또한 The New York Times, June 12, 1989), 또 하나는 23세의 학생지도자인 차이링(柴玲)의 것이다(The Free China Journal, Taipei, June 15, 1989).
15) The New York Times, June 12, 13, 21, p. A6; The Chronicle of Higher Education, June 14. 1989.

木)는 NBC 뉴스 아나운서 톰 브로카우에게 "광장 안을 소탕하는 전 과정 중 사상자는 전혀 발생하지 않았다. 맞아 죽거나 장갑차 바퀴에 깔려 죽은 사람도 없다. 피가 흘러 강을 이루었다거나 수많은 사람들이 깔려 죽었다고 한 외국의 보도는 정확하지 않다"고 말했다. 그러나 정부는 23명의 학생이 광장 밖에서 의외의 죽음을 당했고, 동시에 5,000명의 병사들이 부상을 당했으며, 그중 158명이 사망했음을 시인했다.16) 정부의 자기방어 권리에 의문을 제기할 수 있는 사람은 없고, 또한 정부가 붕괴의 위협을 받았을 때 정권을 넘겨주기를 바랄 수도 없다. 그러나 여기에서의 문제는 결코 생존이나 멸망의 문제가 아니라, 학생지도자와 만나 반부패에 대한 대책과 정치자유화를 논의하는 것이었다. 근본적인 문제는, 정부가 도전을 정확하고 진실하게 판단하고 적합한 대응조치를 마련했느냐 하는 것인데 대답은 "없었다"는 것이다. 대다수의 문명국가에서는 대규모 대중시위에 대한 제압 수단으로써 치명적이지 않은 무기, 즉 물대포와 최루탄을 사용하며, 비록 폭동 방지 경찰은 경찰봉과 방패를 장착하기는 하지만 탱크와 총포는 절대 사용하지 않는다. 결국, 1989년 5-6월의 중국 지도자에 대한 위협은 대부분 날조된 것이지만, 결국 정부에게 하나의 구실을 주어 평화시위자를 "반당 반혁명분자"로 몰아 살해하게 만들었다. 만약 그들 80여 세의 노인들이 인내심을 좀더 가지고서 그토록 충동적이지 않았다면, 학생들이 이미 6월 20일에 철수를 선포했기 때문에 시위는 2-3주 안에 끝났을 것이다. 그리고 모든 유혈 사태는 가볍게 피해갈 수 있었을 것이다.

수많은 평론가들은 1989년의 동란을 문화대혁명과 비교하는 경향이 있는데, 이 양자 사이에는 근본적인 차이가 존재한다. 가장 중요한 것은 문화대혁명은 마오쩌둥이 위에서 직접 지휘하여 홍위병을 이용해서 자기의 정적을 붕괴시켰다는 것이다. 이 정적들은 마오쩌둥과 마찬가지로 모두 오랜 기간의 시련을 거친 혁명가였으며 당내 투쟁의 규칙과 위험성을 완전히 인지하

---

16) *Beijing Review*, June 12-25, 1989, p. 9, July 3-9, 1989, pp. 15-16.

고 있었으므로, 이것은 강경파 간의 투쟁이라고 말할 수 있다. 이와 반대로 1989년의 시위는 이상주의로 충만한 젊은 학생들이 아래에서 위를 향하여 시작한 한차례의 자발적인 애국운동이었다. 정부는 탱크와 총포를 써서 평화적인 항의자를 분쇄했다. 이 힘 겨루기—만약 여러분들이 이것을 힘겨루기로 부른다면—는 잔혹하고 완전히 일방적인 것이었다.

역사를 다시 쓰다

전제제도(專制制度)를 연구하는 사람들은 권력투쟁과 정적을 숙청하는 일에서 거짓말은 흔히 있는 일이라는 것을 알고 있다. 폭행이 대규모적일수록 더욱 진상을 왜곡하여 역사를 개작할 필요가 있다. 스탈린이 그의 볼셰비키 동료들을 숙청한 구실은 그들이 트로츠키와 결탁하여 그를 쫓아내려는 음모를 꾸몄다는 것이었다. 히틀러의 선전상인 요제프 괴벨스는 "허위선전" 이론의 발명자인데, 그는 주장하기를 거짓말의 정도가 심하면 심할수록 사람들은 그것의 진실일 가능성이 더욱 크다고 믿는다고 했다. 이전에 중국에서 마오쩌둥의 후계자가 되려는 장칭의 의도가 실패했을 때, 그녀는 중국 공산당으로부터 국민당의 비밀첩자 노릇을 했다는 것을 포함한 각종 범죄행위를 저질렀다는 혐의로 고발당했다.

텐안먼 대학살과 같은 추악한 재난은 가장 대담하고 가장 상상을 초월한 거짓말로 덮어 가릴 필요가 있었다. 진압이 발생한 지 얼마 안 되어 덩샤오핑은 일부 군부지도자들에게 "여론을 대대적으로 조성하여 인민들이 노대체 무슨 일이 발생했는지 알게 해야 한다"고 말했다.17) 당의 선전기구들은 뒤이어 사건의 내용을 날조하기 시작했는데, 그들은 대학살은 발생한 적이 없으며 외국 기자의 보도는 잘못된 정보와 중국의 실제 상황에 대한 오해에서 비롯된 것이라고 주장했다. 용감무쌍한 인민해방군이 진압한 것은 학생시위

---

17) *The New York Times*, June 17, 1989, p. A4; Harrison E. Salisbury, "China's Peasants Get the Bad News", *The New York Times*, June 19, 1989, p. A15.

가 아니라 극소수의 폭도, 불량배, 무뢰한 및 일부 "선량하고 천진난만한" 학생들이 선동한 "반혁명폭동"이며, 이 선동자들은 미국, 영국, 홍콩 및 타이완의 반동세력들로부터 금전적인 지원을 받았다는 것이었다.[18] 잘못된 길로 들어선 몇몇 당내 지도자들[19]이 은밀히 그들을 지원하고 격려하여 정부를 전복시키려는 정변을 일으키려고 했다는 것이었다. 이 계급의 적들의 음모는 반드시 분쇄되어야 하며 비록 그들이 최초의 진압에서 벗어났다고 할지라도 뒤이은 철저한 조사를 통해서 "쥐 잡듯이" 체포하여 반드시 재판에 회부해야 한다는 것이었다. 그들 중 어느 누구도 반드시 법에 따라서 처벌을 받아야 하고, 절대로 관용을 베풀어서는 안 되며, 도주범들을 철저히 추적하여 체포해야만 비로소 항의가 다시 발생하는 것을 막을 수 있다는 것이었다.

피 비린내 나는 진압이 있은 후에 대대적인 체포가 즉각 시작되었다. 당 중앙은 21명의 학생을 체포하라는 지명수배령을 내리고 군중이 그들을 신고하도록 격려했다. 7월 17일까지 이미 약 4,600명을 체포했는데, 죄수들 중 29명이 간단한 심문을 거친 후에 처형되었다. 이런 광경은 사람들에게 1917년의 볼셰비키 혁명 후와 중국의 문화대혁명 기간(1966-1976)에 나타난 "백색공포"를 상기하게 했다. 1989년 6월의 중국은 그야말로 마치 조지 오웰의 소설에서처럼 도처에 빅 브라더(Big Brother)가 존재했다. 어머니가 아들을 고발하거나 누나가 형을 고발하는 사례를 흔히 볼 수 있었다. 사람들은 길을 다니면서도 서로 이야기를 나누지 않거나 자기들끼리 나지막한 소리로 의견을 나누었으며, 어쩌다가 지나가는 사람에게 눈을 깜빡거리기도 했다. 웃음소리와 흥겨움과 쾌활함은 일상생활 속에서 사라져버렸다. 정부의 신문은 장황하게 톈안먼 광장에서 발생한 일에 대한 것을 게재했지만 대다수의 도시주민들은 이 "새빨간 거짓말"을 믿지 않았다. 그러나 도시생활과 격리되어 있는 상당수의 농촌주민들은 아마도 정부의 견해를 받아들였을 것이다. 홍

---

18) 「미국의 소리」는 특히 중국 상황을 허위보도하여 중국 대중에게 거짓 정보를 제공했다는 비난을 받았다. 2명의 미국의 소리 베이징 보도처 책임자인 앨런 W. 페신(Alan W. Pessin)과 마크 W. 홉킨스(Mark W. Hopkins)는 중국에서 추방되었다.
19) 자오쯔양과 그의 진보적인 고문.

콩과 기타 외국 자료들은 도시인들에게 대량의 정보를 제공했는데, 「미국의 소리(美國之音)」 중국어 방송이 정보를 널리 전파하는 임무를 맡았다. 장거리전화, 팩스, 컴퓨터 네트워크, 위성 텔레비전이 도처에 가득한 시대에, 중국 정부가 국가를 완전히 봉쇄하는 것은 불가능하다. 결국 정보혁명을 야기한 마이크로칩은 시대에 뒤떨어진 전제주의의 정보통제를 패배시킬 것이다.[20] 저명한 작가인 루쉰은 1926년에 "이것은 일의 종식이 아니라 시작이다. 먹물로 쓴 거짓말은 피로 쓴 사실을 가릴 수 없다"라는 글을 썼다.[21]

진압에 뒤이어 행해진 대규모 체포로 야기된 반향은 매우 거대했다. 일찍이 국제사회에서 중국 정부는 갈수록 세계문제에 대해서 잠재적 안정작용을 하는 책임 있는 구성원임을 보여주었다. 그러나 이제 이 이미지는 돌이킬 수 없는 손상을 입게 되었다. 진압은 전 세계의 비난을 초래했고 중국은 경제 및 군사적인 제재에 부딪치게 되었다. 또한 중요한 외교회의에서 현저하게 배척을 당하게 되었다. 홍콩과 타이완과의 관계는 심각한 타격을 입었다. 100만 홍콩 주민들은 시위행진을 하면서 톈안먼 광장의 대학살에 항의했으며, 베이징(중국 정부)이 홍콩의 자본주의 생활방식이 1997년 이후 50년 동안 변함이 없을 것을 허락한 약속을 믿지 못하겠다고 했다. 타이완과의 통일에 대한 앞날은 과거 어느 때보다도 더욱 요원해졌다. 가장 슬픈 것은 중국 인민의 정신이 손상을 입은 것이며, 진압의 고통스러운 경험은 상당히 오랫동안 잊히지 않을 것이며 용서받지도 못할 것이라는 사실이다.

20) *The Christian Science Monitor*, June 14, 1989; *Los Angeles Times*, June 14, 1989.
21) 鲁迅, 『華蓋集續篇·無花的薔薇之二』에서 인용.

41
중국의 발전모델 :
독재정치하에서의 준자본주의

1989년 6월 톈안먼 진압이 있은 후 겨우 6개월 만에 공산통치에 항의하는 물결이 동유럽을 휩쓸어, 예상치 않게 공산정권의 붕괴를 초래했다. 그리고 1991년 말에 소련이 해체되었다. 이런 거대한 변화 이후 중국의 미래는 어떻게 될 것인가?

덩샤오핑의 전략

톈안먼 진압으로 중국은 전 세계의 비난을 받았을 뿐만 아니라 경제와 군사상에서도 심각한 국제적인 제재를 받았고, 외교상으로도 배척당했다. 덩샤오핑은 "금후 3-5년은 중국 공산주의의 생사존망에 대단히 중요한 시기로서, 중국은 사회안정에 힘써야 할 뿐만 아니라 국제문제에 개입할 필요가 없다"고 결론지었다. 이 중요한 역사시기에, 덩샤오핑은 "행동하는 것이 가만있는 것만 못하며", 정치 및 경제정책의 논쟁과 중요한 인사변동과 정치방침에 대한 변화는 중국에 백해무익한 것이라고 생각했다. 덩샤오핑의 서방국가들에 대한 태도는 "당신들은 당신네 자본주의를 하고, 우리는 우리식 사회주의를 하는 것이다. 서로 상관하지 말자"는 것이었다.

 톈안먼 진압과 거의 같은 시기에, 루마니아의 차우셰스쿠 대통령 부부가 동란 중에 횡사했다. 중국의 지도자들은 밤에 편히 잠을 자지 못했으며, 고

르바초프가 사회주의를 내부에서 붕괴시켰다고 신랄히 비난했다. 고르바초프의 동유럽에 대한 불간섭 태도는 바르샤바 조약 기구에 대한 영도를 포기했다는 비난을 받았다. 그리고 고르바초프가 1990년 2월 5일에서 7일까지 소련 공산당 중앙위원회 확대회의 석상에서 한 보고는 더욱이 마르크스-레닌주의에 대한 배반이라는 비난을 받았다(이 보고서에서 공산당의 일당독재 정치의 포기를 제안하고, 다당제와 "대통령제" 건립을 승인하며, 일종의 "인도적이고 민주적인 사회주의"를 제창했다). 중국은 고르바초프가 계급투쟁을 부정하고 서방 의회민주주의를 적극적으로 추진함으로써 공산주의의 기본원칙을 저버렸다고 보았다.[1]

동유럽과 소련의 결말이 중국에서 재현될 것인가? 본래 베이징(중국 정부)은 중국의 특수성을 상당히 자신했고, 중국 공산당원의 마르크스-레닌주의와 마오쩌둥 사상에 대한 충정과 풍부한 군중기초를 굳게 믿고 있었다. 그러나 1991년 말에 이르러, 외부의 도움을 전혀 받지 않고 성장하고 발전해 온 소련 공산당이라는 이 가장 오래된 정당이 해체되어버렸다. 서방과 소련 두 방면에서의 변혁의 바람이 가져온 충격을 받은 베이징 정부는 한편으로는 고르바초프의 "인도적이고 민주적인 사회주의"를 증오했다. 그 이유는 소련이 "진정한 사회주의"의 한계를 뒤섞어놓아 이데올로기를 혼란시켰으며, 다른 한편으로는 소련의 해체를 야기한 서방 세력이 "평화적인 변혁"의 힘을 빌려 중국 전복의 음모를 꾸밀 것이라고 확신했기 때문이었다. 이 같은 국면의 발생을 방지하기 위해서, 중국은 이데올로기의 통제와 군비를 강화하여 서양 사상, 문화, 가치관을 배척하고 동시에 친절하고 온화한 모습을 사람들에게 보여주기로 결정했다. 베이징의 이런 이중적 태도는 바로 이른바 "내긴 외송(內緊外鬆 : 대내적으로는 통제를 강화하고 대외적으로는 여유로운 모습을 보여주는 것)"이었다.

중국의 지도자들은 일련의 실제적인 결정을 내렸다. 첫째, 소련의 지도자

---

1) 中共中央文件 : 對蘇共二中全會的批判. 原件(機密). 『中國之春』 1990년 5월, pp. 64-65에 서 전재함.

가 어리석게 행했던 것처럼, 주동적으로 권력독점을 영원히 포기하지 않는다. 이에 대해서 그들은 성공을 확신했다. 왜냐하면 민주세력은 거의 완전히 진압되었고, 티베트인들은 총체적으로 상당히 순종적이며 반항하는 자는 개별적이었고, 중국의 각 민족은 결코 독립을 추구하지 않았기 때문이다. 요컨대 소련과는 달리 중국에는 오랫동안 통일된 전통이 있다. 둘째, 경제는 반드시 지속적으로 발전시켜야 하고 인민의 생활은 반드시 개선시켜야 한다. 셋째, 정부매체는 항상 끊임없이 소련인들이 당면한 생활의 어려움을 부각시켜야 하는데, 예컨대 식량의 부족, 급속도로 팽창하는 인플레이션, 암시장, 정치투쟁, 경제혼란, 전임 공산당 지도자들에 대한 경시와 증오 등을 생생히 묘사할 뿐만 아니라 인민들에게 소련에서 발생한 일이 중국에서 재현되면 대혼란이 일어날 것이라고 알려야 한다는 것이었다. 오직 인민과 정부가 혼연일치될 때만 당국은 경제번영과 정치안정을 보장할 수 있다는 것이었다.

평화적인 변혁

중국 지도자들은 정통적인 마르크스주의의 관점을 받아들였다. 즉, 자본주의와 사회주의의 충돌은 피할 수 없으며 서방 측의 사회주의 반대음모는 영원히 계속된다는 것이었다. 1950년 6월에 한국전쟁이 발발했는데, 이때 중화인민공화국은 성립된 지 9개월밖에 되지 않았다. 베이징은 서방 측이 이 전쟁에 간여한 진정한 목적은 신(新)중국 정부를 혼란시키거나 전복시키는 것이었는데, 목적을 달성하지 못했으므로 태도를 바꾸어 평화적인 방식으로 침투하여 내부로부터 사회주의를 파괴하려고 했다고 주장했다. 중국은 미국 국무장관 존 포스터 덜레스가 이 전쟁의 설계자라고 생각했다. 1950년대에 그는 모든 경로와 장소를 개방하여 공산국가와 접촉하도록 노력했으며, 모든 가능한 수단을 사용하여 서방의 사상, 가치, 종교, 문학, 예술과 생활방식을 전파할 것을 강력하게 주장했다는 것이다. 사회주의 국가의 생산력과 생

활수준이 서방 국가보다 낮은 시기에, 사회주의 국가의 젊은이들이 서방의 유혹 앞에서 아주 쉽게 흔들릴 것이기 때문에 이런 심리전은 효과적이라고 생각되었다는 것이다.[2]

중국의 입장에서 보면, 소련 공산당이 붕괴된 후에 중국의 유일한 선택은 "사회주의라는 강철같이 튼튼한 장성"을 꿋꿋이 지키면서 서방 측의 "평화적인 변혁"의 음모에 저항하는 것이었다. 중국 지도자들은 "우리는 지난날 오직 사회주의만이 중국을 구할 수 있다고 했지만 이제는 중국만이 사회주의를 살릴 수 있다"고 선언했다. 분명히 그들은 민주의 추구, 경제자유, 무역개방, 인권보장 같은 이런 전 세계의 전반적인 추세에 대해서 관심이 없었고, 홍콩, 싱가포르, 타이완, 한국이라는 "아시아의 네 마리 작은 용"이 평화적인 변혁을 통하여 경제번영을 실현한 것을 인정하고 싶지 않았다. 물론 미국과 영국의 사회복지가 소련, 쿠바, 동유럽 및 중국보다 훨씬 더 잘 되어 있다는 사실을 받아들이기도 원하지 않았다. 이들 국가들에서 정부는 겨우 기본생계인 "철 밥통"만을 유지해주었고, 이 기본생계의 보장은 게으름과 태만을 부추겨서 결국 인민의 생활수준을 매우 낮은 수준에 머물게 했다.[3]

보수적인 중국 지도자들은 이에 대해서 별로 관심이 없었으며 "옌안 심리상태" 속에 도취되어 있어서 "우리를 멸망시키고자 하는 해외의 적대적인 세력의 마음은 사라지지 않았다"는 생각을 고수했다. 그들은 미국인들의 의중에 대해서 경계심을 품고 있었다. 미국 국무장관인 제임스 A. 베이커는 솔직하게 "미국의 중국에 대한 방침과 정책은 타인에게 말할 수 없는 어떤 비밀스러운 것도 없으며, 중국인과 미국인이 보는 것은 모두 같습니다. 우리는 인권을 보호하고 자유를 촉진시키고자 하여 핵무기와 미사일의 확산을 반대하며, 우리는 양국과 모든 지역에 이로운 자유롭고 공평한 무역이 있기를 갈망합니다.……우리의 이상과 가치관은 반드시 중국과 교류하는 데에 기

---

2) 劉學民, 「和平演變救中国」, 『探索』, 1991년 6월, pp. 35-36.
3) 劉鍾祥, 「夜行人的口哨 : 和平演變數中國」, 『探索』, 1991년 11월, p. 54; 千家駒, 「和平演變與反和平演變的問題」, 『探索』, 1992년 4월, p. 13.

초가 되는 것입니다. 우리는 물론 정치적 압제와 종교적 박해와 투쟁할 것입니다"라고 말했다.[4] 그러나 보수파는 덩샤오핑과 그의 개방정책의 수위가 갈수록 점점 높아지는 것을 비평했다. 그들은 이 정책들은 해롭고, 청년들을 타락시키는 부르주아 계급사상이 들어오도록 대문을 활짝 열어놓아 1989년의 학생항의 운동을 야기했다고 말했다. 천원의 부하인 강력 보수파 이론가인 덩리췬은 일찍이 은밀하게 말하기를 "당내에는 주자파가 존재하고 있지만, 내가 가리키는 것은 덩샤오핑이 아니다"라고 했다.[5] 확실히 덩샤오핑의 개혁과 "사회주의 시장경제"의 추진은 평화적인 변혁의 변종이라고 말할 수 있다. 심지어 부시 대통령은 일찍이, 한 국가가 세계시장에서 상품과 서비스를 수입하면서 외국의 사상을 어떻게 국경 밖에서 막을 수 있는지 모르겠다고 말한 적이 있다.

소련의 해체는 덩샤오핑에게는 청량제 한 첩을 복용한 것과 같았다. 그는 공상가가 아니라 실용주의자로서 자본주의의 힘을 빌려 공산주의를 구하려고 했다. 그는 공개적으로 그의 개혁개방이 없었으면, 중국은 동유럽과 소련의 운명에서 벗어나기 어려웠을 것이라고 말했다. 이것은 실제로 (비록 공개적으로 인정하지는 않았지만) 평화적인 변혁이 중국을 구출했다는 것을 분명히 밝힌 것이다. 덩샤오핑은 한차례의 새로운 반격을 개시할 준비를 마치고, 다시 중국을 개혁개방의 궤도 위로 올려놓으려고 했다. 87세의 고령인 그는 이 조처를 자신의 역사적 지위를 확립하는 마지막 기회라고 생각했다. 그는 다음과 같은 메시지를 가지고 경제번영을 누리고 있는 남방 지역에 왔다. 즉 오늘날 제일 중요한 일은 경제발전을 가속화하고 정치형세를 진정시키는 것이며, 지금은 정신오염을 깨끗이 제거하고 세계혁명을 할 때가 아니라는 것이었다.

---

4) James A. Baker, III, "America in Asia : Emerging Architecture for a Pacific Community", *Foreign Affairs*, Winter 1991 / 1992, pp. 15-16.
5) 『探索』, 1992년 4월, p. 19쪽에서 인용함.

덩샤오핑의 남방 순시

1992년 1월 덩샤오핑은 수많은 사람들이 주목하고 있는 가운데, 지난 10년 동안 최대의 경제성장을 거둔 남방 지역을 시찰했다. 1991년에 광둥 성은 21퍼센트의 놀라운 성장을 실현했는데, 아마도 전 세계에서 발전이 가장 빠른 지역일 것이다. 그는 가족을 동반하고, 선전 경제특구, 주장 강 삼각주와 광저우를 방문하고 "높은 빌딩과 광고 및 투자기회로 가득 찬 용감한 신세계(남부)를 열정적으로 찬양했다."6) 그의 얼굴은 빛이 날 정도로 환하여, 전 세계를 향해서 아직도 새로운 개혁개방을 완성하여 중국을 준(準)자본주의로 이끌고 나아가기에 충분한 정력을 가지고 있음을 분명히 보여주었다. 이는 의심할 바 없이 하나의 새로운 경제혁명이었다.

덩샤오핑의 말은 종종 모호했지만 실화였고 풍자도 없었으며, 가끔은 딸인 덩룽(鄧榕)의 번역이 필요했다. 그러나 그 의미는 몇 가지 요점으로 요약할 수 있다.

1. 경제발전은 정부의 중심과업이며, 개혁과 개방은 경제발전의 2가지 기본점이다.

2. 안정은 경제발전의 근본이다.

3. 사회주의의 우월성은 국가경제의 개선으로 구현될 수 있다.

4. 주식시장 투자를 장려하고 더 많은 외국 자본과 선진기술과 관리경험의 도입을 환영하며, 더욱 많은 합자기업을 환영한다.7)

5. 1997년 홍콩이 중국으로 복귀한 이후, 홍콩은 자본주의 제도를 100년 동안 변함없이 유지할 수 있다.

6. 광둥 성은 20년 내에 홍콩, 싱가포르, 타이완, 한국의 뒤를 이어 아시아의 5번째 작은 용이 되도록 노력해야 하고 중국은 거룡(巨龍)이 되어야 한다.8)

---

6) Richard Holme, "China : Tiger's Gilded Cage", *New Statesman & Society*, England, Jan. 22, 1993, p. 19.
7) 원래는 3자기업(三資企業)으로서, 3종류의 외국 투자를 가리킨다. 즉 (1) 외국의 단독 투자, (2) 중국과 외국의 합자[中外合資], (3) 중국과 외국의 합자경영[中外合作經營]이다.

덩샤오핑의 개혁개방이라는 새로운 대약진에 대한 장려로 인하여 그는 그의 가장 중요한 적수인 천원과 직접 충돌하는 위치에 서게 되었다. 덩샤오핑이 정부의 중심업무가 경제발전이라는 것을 고수할 때마다, 천원은 이데올로기 강화와 평화적인 변혁에 대한 단호한 저지를 대대적으로 제창했다. 1992년 3월 10일 정치국 확대회의는 다음과 같이 결의했다. 중국은 마땅히 "우(右, 자본주의로의 전향)"를 방지해야 하지만 더욱 중요한 것은 "좌(左, 급진적인 공산주의)를 방지해야 한다는 것이었다. 정치국은 덩샤오핑의 노선에 대해서 원만하고 긍정적인 태도를 취했다. 그러나 이것은 결코 그가 완전히 승리를 거두었음을 나타내는 것은 아니었다. 덩샤오핑은 식견이 좁고 과격하며 세상사를 제대로 알고 있지 못하는 몇몇 사람들이 그를 비평한다고 생각했다. 1992년 1월 15일 그는 상하이에서 다음과 같이 말했다.

일부 당원들은 사고가 매우 혼란스러움에도 불구하고 자신들이 마르크스주의의 대가라고 생각합니다. 그들은 주변의 모든 비평과 질책에 대해서 장애물을 설치하여 이렇게 반대하고 저렇게 반대하며, 일부 지엽적인 문제를 주류로 보고 있습니다. 이런 사람들을 소위 말하는 과학적인 마르크스주의자라고 할 수 있습니까? 나는 자본주의 사회는 지금 변하고 있고, 전 세계가 지금 모두 변하고 있다고 믿고 있습니다. 그러나 우리의 동지들은 변하지 못하고 있으며 그들은 여전히 자신의 정통적인 교조를 고수하고 있습니다. 이렇게 해서야 사회진보를 촉진시킬 수 있겠습니까? 만약 지난 10여 년 동안 우리가 개혁개방을 실행하지 못하고 다른 조처를 취했다면 우리의 상황은 아마도 소련보다 더욱 나빠졌을 것입니다.[9]

경제성장의 통계수치는 덩샤오핑을 지지해주고 있었다. 1980년대의 10년 동안, 국민총생산액의 연평균 성장률은 8.9퍼센트에 달했으며, 이는 세계 평균

---

8) 中共中央二號文件, 中發(一九九二)二號, 1992년 2월 28일. 전문은 『爭鳴』雜誌, 香港, 1992년 4월, pp. 23-27에 다시 게재됨.
9) 王維新, 「鄧小平路線的觀察」, 『探索』, 紐約, 1992년 5월, p. 41.

성장 속도의 3배였다. 또 1990년대에 들어서 국민총생산액은 1조7,000억 위안(인민폐)에 이르렀다. 향진기업이 급속히 발전하여 이미 1,888만 개에 이르렀고 총생산액은 950억 위안(인민폐)에 도달함으로써 전체 농업생산량의 58.5퍼센트를 차지했다. 민중들의 물질적 생활수준도 매우 크게 개선되었다.

국제적으로, 아시아 태평양 지역이 경제활동을 통해서 급격히 발전하고 있었다. 앞으로 10년 혹은 20년 동안 이 지역은 놀라울 정도로 급성장할 준비를 이미 마친 것처럼 보였다. 덩샤오핑은 이미 이 비약적인 진보에 참여하여 역사가 중국에 부여한 천재일우의 기회를 절대로 놓치지 않기로 결심했다. 그는 자신은 세계경제의 큰 물결 속으로 들어가고 있지만 그의 적수인 천원은 물이 얼마 안 되는 작은 수렁을 지키고 있다고 믿었다.[10]

제14차 당 대표대회

1992년 10월 12일 이후 일주일 동안 당의 제14차 대표대회가 베이징에서 거행되었다. 회의에 참가한 대표는 1,991명이었다. 대회의 주요 임무는 경제개혁을 당 업무의 중심으로 하는 것에 동의하고, 새로운 지도자를 선출하며 아울러 문화와 이데올로기에 대한 통제를 적당히 풀어주는 것을 허용하는 것이었다.

총서기인 장쩌민이 정치보고를 했는데, 그는 개혁개방의 속도를 가속화하고 "사회주의 시장경제"를 건립할 것을 호소했다. 그는 "개혁은 하나의 혁명이며, 생산력 해방을 목표로 하는 혁명으로서 중국 현대회의 유일한 길입니다. 만일 우리의 사고가 계속해서 경직되어 있고 현상에 만족한다면 우리는 아무것도 이루지 못할 것입니다.……빈곤은 사회주의가 아닙니다"라고 말했다. 1993년 1월에 와서야 국무원은 비로소 "사회주의 시장경제"에 대한 해석을 내놓았다. 즉 그것은 일종의 다원적 경제구조체로서 공유경제, 가정

---

10) *Ibid.*, pp. 41-42.

단위, 개인기업, 외자기업이 평등한 기초 위에서 공동으로 이룩하는 것이라는 내용이었다. 실제로 이 새로운 구조는 중앙계획 모델을 벗어나서 다시는 시장경제를 기초로 하는 자본주의를 배척하지 않고, 점차적으로 가격제한을 풀고 사유재산과 개인기업을 인정하며, 주식시장과 외자 및 합자기업을 인정하고 아울러 경제의 공공부문을 재건하는 것을 의미했다.

정치보고는 또한 당이 모든 것을 지도하는 것을 재차 확인하고 마르크스-레닌주의와 마오쩌둥 사상의 이데올로기 및 정치동란 진압의 필요성을 거듭 밝혔다. 이 보고서는 평화로운 변혁에 대해서 경계심을 계속 유지하도록 호소하고, 아울러 "개혁의 목표는 중국 국정(國情)에 적합한 사회주의 민주를 건립하는 것이지, 결코 서양의 다당 의회제는 아니다"라고 선언했다.

독재정치체제 속에서 시장경제를 구축하는 것은 매우 모순적인 일 같지만, 덩샤오핑은 권위주의 정치질서하에서 준(準)자본주의 경제를 추진하는 것은 순리에 어긋나지 않고 이치에 맞는 것이라고 보았다. 19세기 후반의 메이지 시대의 일본과 비스마르크 시대의 독일은 이것을 아주 성공적으로 해냈다는 것이다. 더욱이 근년에는 싱가포르, 타이완, 한국이 권위주의의 통치 하에서 경제기적을 이룩했다는 것이다.[11] 리콴유(李光耀) 총리의 싱가포르 모델이 덩샤오핑에게 준 감동은 유달리 컸다. 이 나라는 도시가 깨끗하고, 질서가 정연하고 부유하며, 정부가 사회에 대해서 엄격한 관리를 하고 있었다. 그곳에서는 가두시위, 윤락업, 마약이 없으며 공공장소에서 껌을 씹거나 인권에 대해서 이러쿵저러쿵 논하는 사람도 없었다. 덩샤오핑은 "우리는 그들의 경험을 배워야 하며 그들보다도 더 잘 해내야 한다"고 했다.[12] 그는 또 남부 지역과 연해 지역의 경제발전을 가속화시킴으로써 중국은 아시아의 거룡이 될 수 있다고 생각했다. 그는 효율이 높고 권력이 집중되어 있는 정부의 영도 아래 경제발전의 실현가능성이 더욱 크다고 생각했다. 그 이유는

11) Maurice Meisner, "What Beijing Leaders Know That Critics Won't See : Repression Can Be Profitable", *Los Angeles Times*, Oct. 25, 1992, M2.
12) Nicholas D. Kristof, "China Sees Singapore as a Model of Progress", *The New York Times*, Aug. 9, 1992; 또한 Richard Holme, pp. 19-20.

정부가 경제도약을 위해서 필요 불가결한 안정된 환경을 제공할 수 있기 때문으로, 이는 연약한 민주정부의 관리하에 있는 것보다 훨씬 더 낫다는 것이었다. 그런 정부는 의견대립으로 인해서 사분오열되고, 정세불안으로 인해서 허약하고 무능하다는 것이었다.

소련이 해체된 후 덩샤오핑은 과거 어느 때보다도 더 정치안정이 경제발전의 기초라는 것을 깊이 확신하게 되었다. 독재정치체제하에서 준자본주의를 발전시키는 중국식 모델은 적지 않은 러시아의 보수주의자와 전(前) 공산당원들의 찬사를 얻었는데, 이들은 자기 국가의 물자부족과 혼란으로 인해서 괴로움을 당하고 있었다. 일찍이 오랫동안 안드로포프와 브레즈네프의 보좌관을 맡았던 아르카디 볼스키는 "중국인들은 스스로 자신의 생계를 해결하고 있는데, 12억의 인구가 누리는 생활은 우리가 꿈에서나 볼 수 있는 생활이다"라고 말했다.13) 동유럽에서는 구시대의 안정적 생활에 대한 그리움이 있었고 또한 공산당의 중앙계획경제와 서방의 민주자유 및 시장경제 사이에 있는 "제3의"길을 찾을 수 있기를 바라고 있었다.14)

인사개편 덩샤오핑은 경제개혁과 독재정치의 두 가지 방안을 관철시키는 새 세대의 지도자를 육성하기 시작했다. 새로운 중앙위원회는 정식위원 189명, 후보위원 130명으로 구성되었는데, 그중에서 47퍼센트가 초선 위원이었다. 그들 중 다수는 기술관료로서 대학 학위를 가지고 있었으며(84퍼센트 차지) 평균연령은 56세였다. 이 기술관료들은 혁명에 의존한 민중동원은 과거의 일이고, 계속해서 권력을 장악하고 당의 합법성을 유지하려면 경제성과에 의존하는 수밖에 없다는 것을 잘 알고 있었다.

경직된 강경보수파의 처지는 선거에서 아주 처량했는데, 3명의 핵심인물 (가오띠[高荻], 왕런즈[王忍之], 허징즈[賀敬之])는 중앙위원직을 상실하고

---

13) William Satire, "Vision in Collision", *The New York Times*, Dec. 23, 1992, A25.
14) Roger Cohen, "An Empty Feeling Is Affecting Eastern Europe", *The New York Times*, March 21, 1993, E3.

매체, 선전, 문화부문의 직책에서 교체되었다.[15] 이 변동은 예술, 문화, 지식 생활에서의 비교적 자유로운 분위기가 조성되리라는 것을 예시했다. "태자당 (太子黨)"이라고 불리는 고위간부 자제들은 이번에는 자기들의 뜻대로 일이 풀리지 않았다. 천원의 아들인 천위안(陳元)은 중앙위원에 당선되지 못했다. 그들 중 많은 사람들이 방침을 바꾸어 정치를 포기하고 사업에 뛰어들었다.

20명으로 구성된 정치국도 대규모적인 재편성이 이루어졌다. 두 명의 새로운 개혁파가 참여하게 되었는데, 즉 부총리인 쩌우자화(鄒家華)와 외교부장인 쳰치천(錢其琛)이었으며, 다른 두 명의 연임된 개혁파 인물인 농업전문가인 톈지윈(田紀雲)과 국가교육위원회 주임인 리티에잉(李鐵映)과 함께 "자유파"를 형성했다. 이 이외에 5명의 새로운 구성원은 각 성에서 왔다. 정치국은 외관상으로 보면 이전보다 좀더 자유로워 보였으며, 가격제한 해제, 주식시장 확대, 국유기업 재편성을 포함한 시장주도의 개혁에 치중함으로써 완전히 시장경제 속으로 들어가게 되었다.

정말로 권력이 있는 자리는 정치국 상무위원인데 그중에서 4명이 연임되었고 3명이 새로 당선되었다. 전자는 66세의 총서기인 장쩌민, 63세의 총리 리펑, 68세의 차오스와 58세의 개혁파 관념을 지니고 있는 리루이환이었고, 후자는 덩샤오핑의 경제팀장이자 심복인 64세의 경제부 부총리인 주룽지(朱鎔基), 군사위원회 부주석인 76세의 류화칭(劉華淸) 대장, 전 티베트 당위원회서기인 49세의 후진타오(胡錦濤)였다. 1993년 3월에 개최된 제8기 전국인민대표대회에서 이들 7명의 정치국 상무위원들은 중요한 정부직책을 안배받았다.[16]

양씨 형제가 권세를 잃은 것은 분명한데, 덩샤오핑의 입장에서 보면 그들의 권세는 지나칠 정도로 대단했다. 85세의 국가주석인 양산쿤은 연령을 이유로 결국 물러나고 말았고, 그의 이복동생인 73세의 양바이빙은 명의상으

---

15) 가오띠, 「人民日報」 편집장; 왕런즈, 중공 중앙선전부부장; 허징즈, 문화부 대리부장.
16) 장쩌민, 중화인민공화국 주석; 리펑, 총리; 주룽지, 제1부총리; 차오스, 전국인민대표대회 위원장; 리루이환, 전국정치협상회의 주석.

로는 "승진하여" 정치국에 진입했지만 중앙군사위원회와 중앙서기처의 직책을 상실했다. 전체적으로 보면 개혁파가 이번 권력분배에서 어느 정도 우위를 차지했지만 장쩌민-리펑 지도체제의 건재는 새로운 방향으로의 돌파가 매우 어렵다는 것을 나타냈다.

역사적 각도에서 보면, 덩샤오핑의 전략은 아마도 중국에서 공산주의가 단시간 내에 파산하는 것을 피하게 할 수는 있지만, 공산주의 경제이론의 많은 기본관점들을 이미 철저히 부정하여 경제제도와 사회제도의 본질에 이미 심각한 영향을 주었다. 공산주의가 남겨놓은 것은 오직 군대와 비밀경찰에 의해서 지탱되고 있는 빈 껍질일 것이다.

중국 공산주의 45주년 : 독재정치하에서의 준자본주의

최근 10년 동안 중국의 사회와 경제는 매우 거대하고 영향이 심대한 변화를 겪었다. 만일 마오 주석이 돌아와서 이 광경을 본다면 크게 놀라서 자기 눈을 감히 믿지 못할 것이다. 공산주의 이데올로기는 아무런 가치가 없는 것으로 변모했고, 이를 진지하게 대하는 사람은 아주 적어졌다. 이윤지상의 기업정신이 사회를 가득 채웠으며 인민들이 추구하는 목표는 금전이 되었다. 연해 지역에서 생활의 맥박은 각종 경제활동 즉 주식거래, 지방 및 국유기업의 사유화, 외자 도입, 합자기업과 수출입무역 및 소비향유를 따라서 박동하고 있다. 이와 동시에 사회와 문화통제가 느슨해지고, 정보혁명으로 인해서 정부의 사상통제가 불가능해졌으며, 게다가 수천수만 명의 농촌노동력이 도시로 이동함으로써 당의 인구이동과 호적관리에 대한 통제에 직접적으로 문제를 제기하게 되었다. 그러나 비록 공산주의의 사회와 경제에 대한 기본작용은 이미 쇠퇴했지만 정치구조는 변화하지 않았다. 준자본주의가 레닌주의 독재체제하에서 출현한 것은 정말로 미증유의 일이다.

이데올로기상의 모순 시장경제의 도입에 대해서 덩샤오핑이 걱정하지 않았

던 것은 결코 아니다. 그 이유는 시장경제는 지금까지 고전 마르크스주의 경제구조의 일부분이었던 적이 없었기 때문이다. 마오쩌둥 시대에는 시장경제는 또한 "자본주의 최대의 적"이라는 명칭이 붙어 있어서 소멸해야 할 대상이었다. 개혁의 최초 단계부터 덩샤오핑은 시장경제의 진정한 본성에 대해서 탐구하지 않고, 그것을 사회주의 술어 속에 감추고는 그의 추종자들에게 기꺼이 받아들이도록 했다. 그는 시장경제를 "공유제의 기초 위에 건립된 일종의 계획적인 상품경제"라고 부르고, "계획을 주로 하고 시장조절을 보조로 할 것"을 강조했으며, 양자의 "내부통일"을 요구했다. 1992년에 이르러 그는 금기를 타파하고 정부의 중심과업은 바로 "사회주의 시장경제"를 건립하는 것이라고 공개적으로 선언했다. 이것은 마르크스 경제이론의 핵심인 공유제 및 중앙계획체제의 포기를 선포한 것과 같은 것이었다. 사회주의라는 용어를 시장경제 앞에 붙인 것은 이 "배반"을 윤색하기 위해서였다. 그의 적수들이 보기에는 이런 표현은 정말로 "모순투성이고 영문을 알 수 없는 것"이었다.[17]

당의 새로운 사명 : 금전과 권력　소련 공산주의의 붕괴와 중국의 경제번영으로 인해서 수많은 중국인들은 혁명으로 출세하던 시대는 이미 지나가버렸고 돈이 있어야 권력이 있고 지위가 있으며 잘살 수 있다고 믿게 되었다. 이런 새로운 생활태도는 이미 당의 최고위 지도층에서 거리의 일반 남녀들에게 이르기까지 사회전체에 가득 차 있었다. 당의 각급 지도자들의 자녀와 손주들은 이미 정치적인 계승에 뜻을 두지 않고 상업에 종사하는 것으로 방향을 바꾸었다. 그들은 이렇게 갑작스럽게 상업활동에 뛰어드는 것을 속칭 "하해(下海)"라고 불렀다.

　이와 동시에 당은 아주 조용히 미묘한 전환을 겪고 있었다. 그들은 마음이 깨끗하고 욕심이 적은 혁명조직에서 엘리트의 정치도구로 전환했다. 다시는

---

17) 冷橫眉, 「十四大爲大陸埋下了動亂的禍根」, 『探索』, 1992년 2월, pp. 35-36.

세계혁명에 힘을 기울이지 않고, 제3세계의 형제들을 위해서 공헌하지 않으며, 민족해방과 공산주의 이상향에 몰두하지 않고, 어떻게 하면 독재정치를 영원히 보존하고 자신들의 핵심당원들과 그들의 가족을 부유하게 할 것인가의 문제에 치중하게 되었다. 국유기업은 유리한 위치에 있는 고위당직자들에게 염가로 분배되었다. 즉, 하룻밤 사이에 그들은 이사장, 총재, 부총재, 주주 및 이윤이 많이 생기는 대기업의 사장이 되어 상당한 규모의 국내의 금융자산과 실업(實業) 및 상당히 많은 수량의 국외투자와 부동산을 장악했다.

중하층 당원들도 마찬가지로 곧바로 기업에 뛰어들어 사업을 하여 돈을 벌었다. 그들의 뒤를 바짝 뒤따라서 중국 사회의 모든 사람들이 움직이기 시작했다. 정치적 반체제 인사들조차도 재단을 조직하여 그들의 미래의 민주분투 사업을 위한 자금을 조달했다. 이런 부에 대한 열광은 민족 에너지의 대폭발을 야기하여 역사상 유례없는 폭리추구의 물결을 형성했다. 과거에 빈곤으로 인해서 고통을 받던 국가가 갑자기 일시에 거대한 경제기기로 변모하여, 자본주의 세계에서 공개적으로 경쟁하여 부와 체면과 공인을 얻었다. 그러나 이런 것들은 마르크스주의자들이 과거에 분쇄하겠다고 맹세했던 것들이었다.[18]

기업의 사유화 3분의 1의 국유기업이 적자 상태였기 때문에 정부는 이 무거운 부담을 떨쳐버리려고 했다. 이를 위해서 몇 가지 방안이 고려되었다. 그 중의 첫 번째는 이윤을 남기지 못하는 기업을 사유화하는 것으로, 개인과 청부계약을 제결하어 정부사는 악정된 부분을 조과하는 것에 대한 이윤을 얻을 수 있다. 또다른 방안은 순 생산액이 1,000만 원 이하의 중형 국유기업을 업무능력이 뛰어난 유능한 당원에게 매각하는 것이다. 그들은 반드시 총액의 10-15퍼센트의 자금을 즉각 지불할 능력이 있고, 3년 이상 이윤을 남긴 기업을 경영한 경험이 있으며, 아울러 5년 내에 나머지 자금을 모두 청산

---

18) 老貝, 「從變革的角度看中國大陸的未來」, 『探索』, 1993년 1월, pp. 76-77.

할 수 있어야 한다. 세 번째 방안은 기업을 개인투자가에게 임대하는 것인데, 그들은 국가와 이윤을 5 : 5로 나눈다. 이들 "개인들" 중의 대다수는 모두 특별한 관계가 있는 당원들인데, 즉 원래의 구성원들이거나 원래의 핵심관리인원들이다. 이 일련의 방법들은 수많은 사람들이 거대한 부를 축적하도록 했다. 수년 전에는 연 수입이 1만 위안인 가정은 부유하다고 생각되었다. 1993년에 이르면 재산이 100만 위안은 되어야 비로소 부유하다고 생각되었다. 그런데 광둥 성에서는 이런 부자들이 이미 4만 명에 이르렀다. 전해지는 바에 의하면 전 중국의 백만장자 수는 이미 500만 명이라고 한다.[19]

주택소유권 1950년대 초기부터 중국인의 주택은 줄곧 본인이 소속되어 있는 직장에서 분배해왔으며, 직장은 모두 당이 통제하고 있었다. 오늘날에는 정부는 아파트와 주택을 상품으로 간주하여 시장가격으로 판매하거나 임대해야 한다고 생각하고 있다. 베이징과 상하이 그리고 기타 일부 대도시에서 정부는 이미 도시 내의 거주민에게 특혜를 주었다. 그들이 현재 거주하고 있는 주택을 구입할 경우 거실이 두 개 있는 아파트를 3,100달러에 제공하여, 먼저 액수의 3분의 1을 지불하고 나머지 액수는 15년 무이자 담보대출로 매월 12달러를 지불하는 것을 허용한다. 그때가 되면 이 아파트는 가격이 10배 이상 오를 것으로 추산된다.

이 조치는 최초에는 사람들을 별로 크게 매료시키지 못한 것 같았는데 그 이유는 대다수의 검소한 중국인들은 많은 보조금을 받은 후 매월 2달러를 지출하는 낮은 집세에 이미 익숙했기 때문이다. 그러나 남부와 연해 지역에서는 도시로 이동한 대량의 인구가 잠재적인 주택구매자였다. 홍콩에 있는 서방의 컨설팅 회사인 매킨지는 5퍼센트의 중국인, 즉 5,000만 명의 사람들이 이미 서방의 소비형식에 습관화되어 있다고 추산했다.[20]

---

19) 李小明,「中國南方的資本主義熱」,『中國之春』, 1992년 10월, pp. 6-10.
20) Nicholas D. Kristof, "A New Class of Chinese Is Emerging: Home Owners", *The New York Times*, Nov. 22, 1992; Richard Holme, p. 19; 杨漫克,「有房階級崛起大陸」,『中國之春』, 1993년 3월, pp. 47-48. Sheryl WuDunn, "China Sells Off Public Land to the Well-

타이완과 홍콩의 자금이 남부와 연해 지역의 부동산 열풍을 점화시켰다. 새로운 규정이 즉시 나와서 외국인과 개인 투자자들이 70년 동안 토지를 임대하는 것을 허용했는데, 선수를 치는 사람이 이로 인해서 큰 이익을 얻게 되었다. 광저우-선전-주장 강 삼각주의 지가(地價)는 줄곧 급속히 상승하여 제곱미터당 50위안에서 1,000위안으로 상승했으며, 최고급 토지의 30퍼센트가 홍콩 투자가들의 수중으로 들어갔다. 선전에서는 100제곱미터 면적의 중급주택의 판매가격이 이미 로스앤젤레스에서의 면적이 거의 비슷한 아파트와 비슷하여, 인민폐 50만 위안(9만5,000달러)이었다. 선전이 이미 홍콩의 교외 지역이 된 것은 확실했다. 또한 푸젠 성은 타이완 투자가들의 행락 장소가 되었는데, 그들은 이미 부동산에 10억 달러를 투자했다. 어떤 이는 빈정대며 푸젠 성이 이미 타이완의 새로운 식민지가 되었다고 말했다. 그리고 하이난다오의 토지투기는 더욱 광적이다.

주식시장 주식시장은 비록 대다수의 공산국가에서는 부패한 서방 자본주의의 상징으로 폄하되었지만 오늘날 중국에서는 사람들의 마음을 타오르게 하는 꿈이 되었다. 상하이의 주식시장은 1989년 12월에 개장되었고 선전은 1991년 7월에 개장되었다. 상하이의 주식은 두 종류의 유형으로 나뉜다. 즉, A 주식은 중국 국내의 투자가를 겨냥한 것이고 B 주식의 자산은 외국인을 겨냥한 것이다. A 주식의 거래는 매우 활발하여 어떤 경우에는 하루에 20퍼센트 상승하여 146이라는 천문학적인 주가수익률을 기록하기도 했다. 비교해보면, 뉴욕 기래소의 주기수익률은 겨우 20이나 30이다. 그러나 B 주식은 줄곧 불경기 상태였는데, 그 이유는 아마도 두 시장의 시가가 겨우 11억 달러 수준이어서 자본총액이 크지 못하므로 외국의 대규모의 주문서와 매도증서를 감당하기 어려웠기 때문일 것이다. 외국인들은 홍콩 주식시장을 통해서 거래하는 것을 더욱 선호하는데 그 이유는 홍콩의 주식자본이 2,500억

Connected", *The New York Times*, May 8, 1993.

달러에 이르기 때문이다.

대다수의 중국인들은 천진난만하게도 주식시장이 오직 값이 오르기만 하고 내려가지는 않는다고 믿었는데, 그 이유는 정부가 이 주식시장 시험이 성공을 거두기를 원하기 때문이다. 평균저축률이 38퍼센트인 상황에서 1991년 연말까지 중국인들의 수중에는 이미 1조 달러가 축적되어 있었다. 선전의 발전은행의 주가가 아주 짧은 기간 내에 80배 상승했을 때, 모든 사람들은 이 기회를 이용하여 신속하게 치부할 수 있기를 희망했다. 1992년 8월, 주식을 구매하려는 100만 명 이상의 사람들이 주식을 구매하는 신청표를 받기 위해서 선전 주식거래소 밖에 길게 줄을 섰다. 그러나 반수의 신청표는 이미 부패한 관리들과 거래소 직원들의 공모하에 선매(先賣)되어버렸다. 소시민들은 가두에서 소란을 피우기 시작했다. 자본주의의 열기로 인해서 공산주의 국가에서 들끓는 항의가 잇따라 발생한 것은 월 가(街)에서 화제가 되었다.

1993년 5월, 중국은 이미 200만 명의 개인주주를 보유하게 되었는데 그 숫자는 매주 5만 명씩 증가하고 있다. 상하이 시장은 1992년에 167퍼센트 상승했으며 거래액의 증가도 놀랄 정도이다. 조만간 결국 아마도 홍콩과 도쿄 시장을 능가하여 아시아 최대의 시장이 될 것이다. 홍콩의 CEF 투자 관리회사의 경영책임자인 덩컨 P. F. 마운트는 "중국은 세계에서 경제성장이 가장 빠른 경제실체로서 대략 30만 개의 법인 지위를 가지고 있는 회사들이 있는데, 그중 70개의 회사가 이미 상장계획의 대열에 들어가 있다. 결국 언젠가는 아시아 최대의 주식시장이 될 것이며 일본의 주식시장보다도 더욱 커질 것이다"라고 했다. 메릴 린치 회사의 이사장인 65세의 윌리엄 A. 슈레이어는 1993년 4월 상하이에 지점을 개설하고, "나는 중국의 경제현대화는 금세기에 사람들의 마음을 가장 흥분시킨 분투 중의 하나라고 생각하며 우리는 그들 속에 참여하여 그들 중의 일부분이 되고자 한다"고 말했다. 그는 이어서 또 개인적인 견해를 하나 보충했다. "만일 내가 25세만 젊어질 수 있다면 나는 반드시 중국어를 배울 것이며, 메릴 린치 회사에 나를 이곳에 파견하여 재직하게 해달라고 요구하겠다"는 것이었다.

주식시장의 매매는 전환 중인 중국에 대해서 중요한 의의를 가진다. 이것은 전반적인 경제가 준자본주의로 접근하도록 하여, 국유기업을 각성시켜서 효율을 제고시키고 이윤획득을 위해서 노력하게 함으로써, 오직 권력과 지위만을 추구하지 않고 경영에 뜻을 두게 했다. 요컨대 주식시장은 개인주주와 투자가라는 이런 새로운 집단을 만들어냈으며, 곧 출현하게 될 공민사회 속에서 그들은 아주 빨리 도시중산계급의 핵심이 될 것이다.[21]

기업가의 낙원 일찍이 어떤 사람은 공산주의는 소련에서 75년간 기업가정신의 성장을 가로막았지만, 공산주의는 중국에서 45년 동안 사람들이 장사를 하여 돈을 벌려고 하는 욕구와 상업주의를 자극했다고 말했다.[22] 확실히 모든 공산국가 중에서 이렇게 금전에 대한 숭배를 공공연하게 인정한 국가는 없었다. 1980년 이후 중국의 연 경제성장률은 9.5퍼센트에 이르러, 일본과 한국과 타이완이 비슷한 단계에 처해 있을 때와 유사했다. 실제로 9퍼센트의 성장률로 인해서 19년 동안 국민총생산액을 5배 성장할 수 있게 했다. 2000년까지 1980년 당시의 국민총생산액을 4배 증가시키겠다는 중국의 목표는 앞당겨 실현될 수 있을 것이다.[23]

오늘날의 중국은 자기 뜻대로 하고 싶어하는 기업가의 천국이다. 한 평범한 소도시가 세계적인 단추의 도시가 되어 1992년 1년 동안만 해도 120억 개의 단추를 생산했다. 한 공장주의 판매액이 50만 달러에 달했고 또다른 공장주의 경우는 20만 달러에 이르렀다. 다른 사람 앞에서 자기의 신용카드, 금팔찌, 다이아몬드 시계, 보석 액세서리를 과시하는 것이 중국인의 새로운 유행이 되었다. 전용 운전사가 운전하는 아우디 자동차를 타고 다니는 현지 당 위원회 서기는 자신의 새로운 역할에 대한 인식도 변했다. "나의 가장

21) Nicholas D. Kristof, "Don't Joke About This Stock Market," *The New York Times*, May 9, 1993.
22) Nicholas D. Kristof, "Entrepreneurial Energy Sets Off a Chinese Boom", *The New York Times*, Feb. 14, 1993.
23) *Ibid.*

중요한 업무는 경제를 잘 발전시키는 것입니다. 이곳 사람들은 모두 내게 말하기를 '경제를 향상시키면 당신은 훌륭한 지도자이고 그렇지 못하면 훌륭한 지도자가 아니다'라고 합니다."24)

성공적인 사례는 일일이 헤아릴 수 없을 정도로 많다. 20대인 형제가 천룡 비행기 임대회사를 설립하여 200만 달러의 순이익을 올렸다. 한 점포의 여주인은 유럽에서 수입한 구두를 판매하여 한 켤레에 200달러에 팔았는데 고객이 끊이지 않는다. 온저우는 "디킨스식의 자본주의" 도시로서 90퍼센트의 경제가 이미 사유화되어 있다. 한 구두공장의 사장은 100명의 노동자를 고용하고 있으며 하루에 500켤레를 생산하고 있는데, 1992년에는 매출 총이익이 100만 달러에 이르렀다. 그는 바닥이 대리석으로 되어 있는 궁전 같은 주택에 살고 있는데, 집 안에는 에어컨이 설치되어 있고 옥상에는 접시형 위성 안테나가 있으며, 실내로 들어가 보면 파나소닉 텔레비전과 켄우드 음향설비를 구비하고 있다. 이런 생활은 금욕적인 마오쩌둥 시대에는 듣지도 보지도 못했던 일이다.25)

또다른 더욱 큰 창업 성공 이야기의 주인공은 52세의 모치중(牟其中)이다. 1979년 그는 55달러를 빌려서 남덕 경제그룹[南德經濟集團]을 설립했다. 현재 그는 이미 5개 국가에 사무소를 설립하고 관광, 투자, 제조 및 구상무역 사업을 운영하고 있다. 그가 현재 하고 있는 거래는 500대의 화물차에 가득 채운 현물(60만 켤레의 구두와 양말, 통조림식품, 보온병 등)을 러시아제의 4대의 164개의 좌석이 있는 TU-154 제트 여객기와 교환한 이후 이 비행기들을 7,500만 달러의 가격으로 중국 민간항공회사에 판매하여 2,500만 달러를 버는 것이다. 그들은 중국의 2,100만 명의 기업가 중 한 사람이고 그들 중 10만 명이 대형 민간기업을 소유하고 있거나 경영하고 있다.26)

---

24) Nicholas D. Kristof, "Poor Chinese Town Bets Its Shirt on Making Buttons and, Bingo!", *The New York Times*, Jan. 18, 1993.

25) Nicholas D. Kristof, "Backed by China, Go-Getters Get Rich", *The New York Times*, Jan. 27, 1993.

26) Nicholas D. Kristof, "A. Tycoon Named Mu: Product of Old China Leading the New",

외국 투자 경제번영은 중국의 사치스러운 소비자의 수효를 6,000만-3억 명으로 증가시켰다.[27] 이 "신화"와 같은 중국시장을 잡기 위해서 모든 외국기업들은 기선을 장악할 수 있기를 바라고 있다. 이곳에 와서 대표부를 설립한 미국 기업들을 열거하면 『포천(*Fortune*)』지에 실려 있는 500여 개의 리스트와 같은데 즉 제너럴 모터스, 포드, 크라이슬러, 미국 전화 전신 회사, 제너럴 일렉트릭, 아이비엠, 디지털 이큅먼트, 모토로라, 피앤지, 에이번, 캠벨, 빅 맥, 나이키, 켄터키, 코카콜라, 하인츠, 팝스트 맥주, 럭스, 메릴 린치 등이다.[28] 나이키 회사의 광저우 주재 총지배인인 찰스 D. 브라운은 "우리는 꿈을 꾸고 있다고 생각하지 않습니다. 이것은 확실한 경제번영이며 유사 이래 최대일 가능성이 아주 높습니다"라고 말했다.[29] 1993년 외국 투자가들의 중국에서의 총 투자액은 100억 달러에 이르렀다. 그들은 엄청난 수효의 취업자들의 낮은 임금(일당 2-4달러)과 높은 자질을 선호하는데, 그들 중 컴퓨터에 정통한 사람들의 비율이 상당히 높다. 중국의 외자기업의 성장은 매우 신속하여, 1992년에는 등록자본이 이미 1656억3,000만 달러에 이르러서 처음으로 타이완을 능가했다. 1992년에는 중국의 대미 무역이 182억 달러의 흑자를 실현시켜 외화 보유액이 400억 달러를 넘어섰다.

향진기업 1980년대 초기에 농촌이 도급 경영책임제를 실시한 이후 농업생산량이 신속히 증가했다. 가정, 농촌 및 향진집단 소유의 향진기업이 하룻밤 사이에 우후죽순처럼 대량으로 생겼으며 농산물에 대한 가공을 통해서 상당한 이윤을 획득했다. 1988년 이런 종류의 기업은 1,888만 개였으며 평균 생

The New York Times, August 30, 1992.
27) 전 하버드 대학교 법과대학장이고 현임 미국 상업계의 중국에서의 이익을 대표하고 있는 제롬 A. 코언(Jerome A. Cohen)에 의한 정보.
28) The New York Times, June 15, 1992; Feb. 24, 1993. 그러나 샌프란시스코의 저명한 복장제조상인 리바이스 스트라우스 앤드 컴퍼니는 중국의 인권실적이 나빠서 중국에서 철수하기로 결정했다.
29) Sheryl WuDunn, "Booming China Is Dream Market for West", The New York Times, Feb. 15, 1993; Los Angeles Times, October 18, 1993.

산액은 5만원(인민폐)이었다. 1979년부터 1988년까지 이들은 연평균 27.9퍼센트의 속도로 성장하여, 생산액이 1980년에는 전국 농업총생산액의 23.5퍼센트를 차지하던 것이 1988년에는 58.1퍼센트로 상승했다. 1990년에는 이들은 125억 달러의 상품을 수출하여 전국 수출총액의 5분의 1을 차지했다. 향진기업은 이로 인해서 전체 경제에서 가장 활력 있는 부분이 되었고, 시장경제를 향해서 매진하고 기업사유화를 촉진시키는 강대한 추진 역량이 되었다. 이 1,888만 개의 기업은 주요도시 주변에 있는 가장 좋은 작물재배 구역 내에 분산되어 있어서 중국의 경관을 바꾸어놓았다. 그들은 촉각을 각 영역으로 뻗쳤는데, 공업제품 69.73퍼센트, 건축 12.73퍼센트, 상업 8.24퍼센트, 운수 7.28퍼센트, 농산품 1.78퍼센트였다. 상당히 큰 농촌 잉여노동력이 그들에게 흡수되었다(다음 절 참조).

그러나 향진기업의 왕성한 발전은 일련의 문제들을 가져왔는데, 가장 중요한 것은 환경파괴였다. 이 기업들은 도시가 관리할 수 있는 경계 밖에 있어서 도시와 정부의 오염 제한, 화학품 배출, 토양침식, 폐물처리 및 생태환경 방면에 관한 통고 및 규정을 거의 상관하지 않았다. 그 결과 중국의 수많은 도시들의 공기오염 정도는 뉴욕 시보다 7, 8배 심각해져, 폐병과 암으로 인한 사망자 수효가 부단히 상승하고 있다.[30] 2000년이 되면 향진기업의 생산액은 전국 공업생산액의 50퍼센트에 이를 것이고, 국유기업과 민간기업은 각각 25퍼센트를 차지할 것이다. 그때가 되면 더 이상 중국 경제가 사회주의적 특성을 가진다고 말하기는 어려울 것이다.

이동하는 농촌 잉여노동력 경제발전은 역사적으로 농촌노동력이 도시로 이동하게 했다. 『중국 인구(中國人口)』의 보도에 의하면 1990년 현재, 대략 5,000

---

30) 達寧, 「中國大陸鄕鎭企業農業和農業環境問題」, 現代中國中心論文, 1992년 2월, 제16기, pp. 2-7; Sheryl WuDunn, "Chinese Suffer from Rising Pollution as Byproduct of the Industrial Boom", *The New York Times*, Feb. 28, 1993. 또한 David Zweig, "Internationalizing China's Countryside: The Political Economy of Exports from Rural Industry", *The China Quarterly*, Dec. 1991, pp. 717-718.

만 명의 노동력이 농촌을 떠나서 이곳저곳 전전하다가 도시로 흘러들어왔다고 한다. 상하이에서는 외래 인구가 이미 183만 명에 이르러 전체주민의 26퍼센트를 차지했고, 베이징에서는 115만 명으로 22퍼센트를 차지하며, 광저우는 88만 명으로 33퍼센트를 차지한다고 한다.[31] 비록 역사상 대량의 인구가 이동하는 현상은 불안, 소란, 심지어 왕조의 멸망을 의미했지만 오늘날의 인구이동은 좋은 징조이다. 그들 중 남성 청년이 93.1퍼센트를 차지하고 있는데, 그중 25세 그리고 심지어 더욱 젊은 층이 70.4퍼센트를 차지하고 있으며 35세 이상은 소수(7.5퍼센트)이다. 이들이 받은 교육수준은 나쁘지 않은데, 중학교 교육을 받은 사람이 67.3퍼센트를 차지하고, 고등학교 교육을 받은 사람은 15.4퍼센트이다. 그들 개개인은 웅대한 포부를 실현하려는 마음이 매우 강렬하고 개인의 창업정신으로 충만해 있으며 일심으로 사람의 마음을 분발시키는 환경 속에서 어떻게 잘 사는가에 대해서 생각하고 있다.[32]

이런 대규모의 인구이동은 동시에 당의 인구에 대한 통제와 호적정책의 파산을 의미한다. 일찍이 인민공화국 건립 초기에 정부는 "일자리 분배"와 "단위주택분배"를 장악함으로써 사람들의 생활을 장악했다. 사람들은 호구가 없으면 주택을 얻을 수 없고 국비에 의한 무상의료를 누릴 수 없으며 식량이나 식용유 배급표 및 각종 배급표가 없으면 마음대로 여행도 할 수 없었다. 이제는 이동하는 거대한 규모의 노동자들이 자신들의 의사에 따라서 원래 가지고 있던 모든 것을 잃는 위험과 처벌을 무릅쓰고 대도시로 몰려들어오면서 정부의 이런 정책들에 도전하고 있다. 그들은 협소하고 난잡하기 이를 데 없는 거주지에 살고, 생활과 건강 그리고 심지어 생명에 대한 보장도 없이 사람들이 하려고 하지 않는 수입이 매우 낮은 비천한 일을 한다. 그렇지만 그들은 어떤 일이라도 기꺼이 필사적으로 하기 때문에 일정한 시간이 경과하면 그들의 상황은 개선된다. 그래서 점차적으로 그들은 사회에 흡수되어 현지의 경제성장을 위해서 기여하고 있다.

---

31) 承濟, 「當前中國大陸的流民問題」, 『探索』, 1993년 1월, pp. 40-41.
32) 베이징으로 이주한 500명의 농민에 대한 조사에 근거함. *Ibid.*, pp. 42-43.

〈타이완과 대륙의 홍콩을 통한 간접무역〉 (단위 : 100만 달러)

연도	타이완의 대륙수출	대륙의 타이완 수출	타이완의 흑자
1987	1,226.53	288.94	937.59
1988	2,242.22	478.69	1,763.53
1989	2,896.49	586.90	2,309.59
1990	3,278.25	765.36	2,512.89
1991	4,667.15	1,125.85	3,541.30
1992	6,287.93	1,118.97	5,168.96

출처 : 홍콩 정부통계처

대중화 경제구 근년에 이르러 급속히 발전한 무역, 투자, 관광업은 중국 연해와 홍콩과 타이완을 점차 연계시킴으로써 "대중화 경제구(大中華經濟區)"라는 표현이 자연스럽게 사람들의 뇌리에 모습을 드러냈다. 비록 여전히 맹아 상태이지만 유럽 경제공동체(European Economic Community, EEC)와 북미 자유무역 협정(North America Free Trade Agreement, NAFTA)과 엇비슷한 삼각구역 시장이 형성될 가능성은 매우 높다.[33] 1987-1992년의 5년간 홍콩을 통해서 중국과 타이완의 무역은 부단히 증가했으며, 3방경제의 상호보완성은 이미 아주 명백해졌다.

중국은 광활한 지역과 풍부한 자원, 충분한 노동력과 대량의 생산설비를 구비하고 있는 한편, 타이완은 자금이 충분하고 기술력이 선진화되어 있으며, 홍콩은 경영관리와 시장판매 경험이 풍부하다. 이 3자간의 상호의존 가능성은 갈수록 커지고 있다. 1992년까지 대략 1만2,000개의 타이완 기업이 대륙에 공장을 설립했는데, 투자액은 110억 달러에 이르렀다. 같은 기간에 중국도 홍콩의 무역, 부동산, 금융업에 같은 액수의 자금을 투입했다. 중국은행은 홍콩에서 두 번째로 큰 은행이 되었다. 약 80퍼센트 정도의 홍콩 제조상은 대륙에 지점을 설치했는데 투자액이 30억 위안(홍콩화폐)(40억 달러)

---

33) James A. Baker, III, p. 16; Allen Pun, "Galbraith Supports China Sphere Idea", *The Free China Journal*, Taipei, Nov. 17, 1992.

에 이르렀으며 노동자 고용수효는 300만 명에 이르렀다. 중국과 타이완은 1995년에 관세 및 무역에 관한 일반협정, 즉 GATT(General Agreement on Tariffs ans Trade, 얼마 뒤에 WTO[World Trade Organization, 세계무역기구]으로 명칭이 변경됨)에 가입이 허가될 것이었으므로, 이 두 지역과 홍콩과의 무역은 더욱 가속화될 것이며 관세는 더욱 낮아져서 시장일체화를 가일층 추진하여 "죽망(竹網)"의 탄생을 촉진시킬 것이다.[34]

그러나 모든 사람들이 대중화 경제구의 출현을 환영하는 것은 결코 아니다. 일본은 경쟁의 격화를 걱정하거나 혹은 별로 호의를 품고 있지 않기 때문에 이런 발전추세를 결코 좋아하지 않으며, 타이완 해협 양안 각자의 내부적 정치저항도 무시할 수 없다. 보수적인 공산당 지도자들은 개방이 더욱 확대됨에 따라서 부르주아 계급 자유민주사상이 몰려들어와서, 이미 존재하고 있는 북부와 남부, 연해와 내륙의 거대한 경제상의 격차가 필연적으로 더욱 악화될 것을 걱정한다. 이와 동시에 타이완의 일부 지도자들도 대륙과 날이 갈수록 긴밀해지는 경제관계로 인해서 공산당의 통치가 더욱 견고해지고 타이완의 의존도가 갈수록 커져서, 그 결과 대륙에게 더욱 쉽게 먹히게 되지 않을까 하고 걱정하고 있다.[35] 그러나 밀접한 경제상의 연계가 가져온 장점은 의심의 여지가 없으며 중국에 거대한 시장이 형성됨으로써 타이완은 돈을 벌게 되어 대륙에 대한 무역흑자(1991년에는 35억4,000만 달러, 1992년에는 51억6,000만 달러)를 누리게 되었다. 그러므로 정치적으로는 주저하고 있지만 경제현실은 "대중화 경제시장"이 점차적으로 형성되는 동력을 야기하고 있다.

지난 10년 동안 출현한 사회와 경제변혁이 이처럼 컸기 때문에 일부 사람들은 이것을 "백색혁명"이라고 부를 만하다고 생각했는데,[36] 이에 대한 완곡

---

34) Murrey Weidenbaum, "Rising Chinese Economy Creates Prime Opportunity for U. S. Investors", *Times*, June 6, 1993; *The Free China Journal*, Oct. 15, 1993(중국 대륙과 타이완은 잇따라 2001년 11월 세계무역기구에 정식으로 가입했다/역주).

35) 李玆祥, 「共創大中華經濟共同圈」, 『探索』, 1992년 3월, pp. 35-38.

한 표현이 이른바 "중국적 특색을 가진 사회주의"이다. 역사적인 각도에서 보면, 덩샤오핑의 경제혁명이 가지고 있는 의의는 어쩌면 마오쩌둥의 정치혁명보다 더 원대할 것이다.

중미 관계 : 최혜국 대우

냉전 후의 세계에 대한 중국의 인식은 깊이 있고 현실적이었다. 미국과 소련 두 초강대국 간의 적대가 아마도 종결된다고 하더라도 국가 간에는 여전히 각자의 이익에 따라서 경쟁, 협력, 타협, 투쟁을 전개하게 될 것이라는 인식이었다. 생존을 추구하기 위해서 어떤 국가든지 우선 고려해야 하는 것은 자기의 자연자원, 경제 및 군사력에 대한 절대적인 통제인 것이다.

냉전 후 두 개의 강력한 영향력이 출현했다. 이것은 바로 나날이 강화되고 있는 경제경쟁 그리고 세계가 어느 단일국가에 의해서 지배되지 않는 새로운 정치균형이다. 미국은 비록 현재도 여전히 유일한 초강대국이지만 거대한 국채, 놀랄 만한 예산적자, 심각한 국내문제 앞에서 미국의 세력은 크게 감소되었다. 미국은 더 이상 이미 사라져버린 소련에 대항하는 서방 동맹국의 유일한 지도자가 아니라 경쟁에 참여하는 수많은 국가들 중의 하나인 것이다. 비록 미국의 세계제패의 야심은 경시할 수 없지만 이미 약간 쇠락해진 초강대국이다.

다른 한편으로 중국은 현재 부상하고 있는 개발도상국으로서, 경제와 군사력이 부단히 증강되고 있다. 중국은 국제문제에 대해서 저자세를 취하여 소련 대신 공산주의의 핵심적 역할을 담당하는 것을 피하고 있으며, 미국과 군사, 경제, 이데올로기 영역에서 대결하려고 하지 않는다. 그 대신 중국은 자신의 역량을 국내의 경제발전, 군사현대화와 정치적인 통제에 집중하고 있다. 중국, 미국, 러시아의 삼각관계 속에서 중국은 전략적인 우위를 약간

---

36) 李小明, pp. 6-10.

상실했지만 지정학적인 각도에서 보면 중국은 여전히 대단히 중요한 국가이다. 국토면적이 광활하며 인구가 많고, 핵능력과 풍부한 자연자원을 구비하고 있으며, 국제연합에서의 거부권이 있고, 경제력과 군사력이 나날이 증강하고 있을 뿐만 아니라 이 모든 것을 효과적으로 통제하고 있다. 경제발전과 정치안정의 형세에서 날이 갈수록 외국의 투자와 국제무역에 매력적인 지역이 되고 있으며 중국도 이런 면에서 얻는 이익을 통해서 현대화 계획을 위한 자금을 조달하고 있다. 그러므로 미국의 최혜국 대우를 얻는 것의 의의는 결코 일반적인 무역이익에 국한되지 않았고, 중국 경제의 지속적인 발전을 지탱하는 자금원이라는 것에 있다. 냉전 후의 시대는 중국의 발전과 부강을 위한 천재일우의 기회를 제공했으며 부유함과 강대함은 이 나라가 1세기 이상 추구해온 이상이다. 이것은 절대로 놓쳐서는 안 되는 좋은 기회였다.[37]

중국과 최혜국 대우 문제에 대한 부시의 입장 중국은 미국이 중국 경제의 개혁 개방 및 조속히 세계시장에 진출하는 정책에 대해서 긍정적인 태도를 가지고 중국의 정치안정을 세계평화에 대한 공헌으로 보아주기를 희망하고 있다. 1991년 7월 부시 대통령은 그의 중국에 대한 "적극적인 접촉 협의"정책을 선포했다. 이것은 미국이 중국을 고립시키려는 것이 아니라 반대로 중국 정부 및 인민과의 접촉을 강화하기를 희망했기 때문이다. 부시는 이런 접촉들을 통해서 중국의 그들의 인권실적 개선, 정치범 석방, 국제군비통제 참여, 핵확산 및 무기거래 방지, 국제무역 관례 준수, 지적소유권 보호, 복역 중인 노동자들의 생산제품 수출금지, 중국 국내시장 개방 촉구 등 일련의 문제에 대해서 온화한 설득이 효과를 거둘 수 있다고 믿었다.[38]

중국은 어느 정도는 부시의 방식을 인정했는데, 그 이유는 중국이 톈안먼

---

37) 王陽敏,「從"建設性"交鋒與"田忌賽馬"看中美關係的新走向」,『探索』, 1992년 9월, pp. 74-77; Nicholas D. Kristof, "As China Looks at World Order, It Detects New Struggles Emerging", *The New York Times*, April 21, 1992; Gen. John Galvin, "America's Asian Challenge", *U. S. News & World Report*, Oct. 19, 1992.
38) James A. Baker, III, pp. 15-16.

진압사건 이후 중국에 대한 국제사회의 고립을 종결시키기를 원했기 때문이다. 덩샤오핑은 무역과 첨단기술이 필요하다는 것을 알고 있기 때문에 미국과 대결하지 않고 선택적인 협력을 하는 태도를 취했으며, 예를 들면 캄보디아와 걸프전 문제에 대해서 그랬다. 중국 측은 또 필요할 시에 일부 정치범을 석방하여 외국의 압력과 무관하다는 것을 보여줄 수 있다고 생각했다. 중국의 대미 무역흑자는 매년 증가하여 1991년에는 120억 달러였고, 1992년은 183억 달러였으며, 1993년은 227억 달러였다. 1991년 말 중국의 외환보유고는 이미 400억 달러를 초과했는데, 이 모든 것은 최혜국 대우가 얼마나 중요한가를 보여주었다. 국가의 부흥을 위하여 베이징은 전력을 다 기울일 것이다.

실제로 최혜국 대우는 결코 어떤 특수한 특혜는 아니다. 미국의 160개 무역상대국 중에는 리비아, 시리아, 최근까지의 이라크를 포함한 모든 나라들이 최혜국 대우를 누리고 있다. 그러나 중국은 공산국가여서 이 대우를 누리지 못했으며, 1979-1980년에 카터 대통령이 중국과의 관계정상화를 실현시키고 일련의 외교 및 무역협정을 체결함으로써 쌍방은 비로소 서로 최혜국 대우를 부여했다. 1974년에 통과된 잭슨-배닉 수정안은 어떤 공산국가든지 최혜국 대우를 받으려면 반드시 그 나라가 자유이민을 허락해야 함을 대통령이 매년 국회에 입증할 것을 요구하고 있다. 홍콩과 타이완에서 온 사람들이 중국인으로 인정받고 있어서 중국의 이민 한도 수는 결국 모두 채워지고 말았다. 대통령이 중국을 위해서 입증하는 것은 아무런 문제가 없다. 그러나 톈안먼 진압, 인권유린, 무기거래 및 나날이 커지는 무역흑자로 인해서 수많은 사람들은 중국에 대한 최혜국 대우 자격을 새로이 심사할 것을 제의했다.

중국의 대미 무역이 결코 줄곧 흑자를 누린 것은 아니다. 1972-1982년 사이에 매년 대미 무역은 거의 모두 적자여서 모두 합치면 81억9,600만 달러에 이르렀다. 1983-1985년 사이에 쌍방의 무역은 다소 평형상태였다. 그후 신속히 중국의 흑자로 기울어졌다.[39] 신속히 증가한 무역적자는 수많은 사람들로 하여금 경각심을 가지게 했는데, 특히 국회의원들이 그랬다. 일부 의

⟨미국의 대중국 무역적자⟩ (단위 : 달러)

1983년	-7,100만
1984년	-6,100만
1985년	-600만
1986년	-16억5,000만
1987년	-27억9,600만
1988년	-34억9,000만
1989년	-62억3,500만
1990년	-104억3,100만
1991년	-126억9,100만
1992년	-183억900만
1993년	-227억7,000만

원들은 중국에 대한 최혜국 대우를 취소하여 적자를 줄일 것을 제의했는데, 즉 중국 상품의 평균수입세율을 8퍼센트에서 40퍼센트로 높일 것을 제의했고, 또 일부 의원들은 매년 중국에 대한 최혜국 대우 연장을 논의할 때, 몇몇 조항을 부가할 것을 제의했다. 자주 언급되는 조항은 중국의 인권실적 개선, 복역 중인 노동자들의 생산제품 수출취소, 무기수출 및 파키스탄과 이란과 알제리에 대한 핵원조 감소, 티베트에서의 탄압 중지, 중국 국내시장의 개방, 지적소유권 보호(특히 컴퓨터 소프트웨어 및 의료)이었다. 오래지 않아 1년에 한 번 있는 관례적인 연장심의가 미국의 격렬한 정치적 논쟁으로 변모했는데, 정부는 무조건 비준을 찬성했고 국회는 조건부 비준을 견지했다.

캘리포니아 주 여성 의원 낸시 펠로시는 무역수단을 이용하여 중국의 상보를 받아내자는 것을 가장 적극적으로 주장한 인물이다. 그녀는 상원 다수당지도자인 조지 J. 미첼, 상원의원 제시 A. 헬름스와 하원 다수당 지도자인 리처드 A. 게파트의 지지를 받고 있었다. 베이징의 지도자들에 대해서 펠로시는 "그들은 아마도 자본주의를 좋아하지 않고 또한 인권도 좋아하지 않을

---

39) 미국 상무부 숫자, 국제무역관리, 무역 및 경제분석처, 1989년과 1993년 6월 및 *Los Angeles Times*, May 4, 1991.

것입니다. 그러나 그들은 돈은 좋아합니다"라고 말했다.40) 그녀의 발기로 하원은 1991년 11월 409표 대 21표로 하나의 안건을 통과시켰다. 즉 중국이 1992년의 최혜국 대우를 얻으려면 톈안먼 사건에서 체포된 약 1,000명에 달하는 인사들을 석방하고, 시리아와 이란에 장거리 미사일 판매를 중지하며, 언론의 자유, 보도의 자유, 국내 및 티베트의 종교의 자유 면에서 "진보"를 보여주어야 하고 핵기술 불매 및 복역 중인 노동자들의 제품 판매중지를 "보증해야" 한다는 것이었다.

1992년 2월 상원은 59표 대 39표로 중국의 최혜국 지위 조건부 연장법안을 통과시켰다. 그러나 대통령이 이에 대해서 행사할 거부권을 뒤집기에는 역부족이었는데, 이에 필요한 3분의 2의 다수표를 얻지 못했기 때문이다. 그래서 부시는 그가 지난 3년간 행한 일관된 방법을 되풀이하여, 계속해서 중국에 대해서 1992년에 조건 없이 최혜국 대우를 부여할 수 있었다.

중국의 항변 무조건 최혜국 대우 연장을 얻기 위해서 중국은 상하 모두 적극적으로 움직였다. 베이징의 고위층에서 워싱턴 주재 대사인 주치정(朱啓禎)에 이르기까지, 또한 중국이 미국 정부와 국회에 로비하기 위해서 초빙한 홍보 및 법률사무소에 이르기까지 그랬다. 그들이 중점을 두고 있는 것은 세심하게 계획한 4가지인데, (1) 중국과 미국의 지정학적 관계는 다른 모든 것보다 더욱 중요하다. (2) 중국인의 인권개념을 인정해야 하는데, 이 개념의 중점은 자기 인민의 물질적 욕구를 만족시키는 것이 서방식의 공민자유를 허용하는 것보다 훨씬 더 중요하다는 데에 있다. (3) 중국이 최혜국 대우를 상실하면 독일 혹은 일본이 중국에서의 미국의 지위를 대체할 가능성이 있다. (4) 미국이 통계를 낸 무역적자는 "원산지 국가"에 기초하여 산출한 것인데 이런 식의 산출은 결코 공평하지 못하다. 그 이유는 중국이 홍콩에 수출한 후 미국에 중계한 상품을 중국의 것으로 산출하기 때문이다. 그러나 제3

---

40) *The New York Times*, May 13, 1991.

(단위 : 억 달러)

연도	중국	홍콩	타이완	대중화권 (3개지역 모두)
1987	-27	-65	-190	-282
1988	-34	-51	-141	-226
1989	-62	-34	-130	-226
1990	-104	-28	-112	-244
1991	-127	-11	-98	-236
1992	-183	-7	-94	-284

국을 통하여 중국에 들어온 미국 제품은 미국의 대중국 수출로 계산되지 않는다.41) 1981-1990년 사이에 중국의 대미수출은 전체 수출액의 8퍼센트를 차지했지만 중국의 미국으로부터의 수입은 전체 수입의 10-13퍼센트를 차지했는데 이것은 미국의 중국에 대한 수출이 부단히 증가하고 있음을 나타내는 것이었다.42)

중국의 "원산지 국가" 통계법에 대한 항변은 정곡을 찌른 것이었다. 그 이유는 1987년 이후 수많은 홍콩과 타이완의 제조상들이 공장을 임금과 원자재 가격이 저렴한 중국 대륙으로 옮기고 있었기 때문이다. 이 공장들의 완제품이 홍콩을 통해서 미국으로 수출된 후에는 사실상 중국이 수출한 것으로 분류되었다. 이것이 바로 미국의 대중국 무역적자가 급속도로 확대되고 동시에 홍콩과 타이완에 대한 무역적자가 축소된 원인이었다. 실제로 미국의 이 세 지역 모두—대중화권(大中華圈)—에 대한 무역적자는 매년 220억-290억 달러 사이로 상대적으로 안정 상태였다.43)

화해적인 조처로서 베이징은 외국의 대표와 인권문제를 논의하기를 원한다는 의사를 밝혔다. 인권문제를 책임지고 있는 리처드 시프터가 초청에 응하여 중국을 방문했고, 미국의 주중 대사인 제임스 R. 릴리가 중국 당국의

---

41) Keith Bradsher, "A Hard Line From China on Trade", *The New York Times*, May 13, 1991.
42) 石柳子, 「最惠國待遇的角力」, 『中國之春』, 1991년 6월, p. 45.
43) 미국 상무부 숫자, Nicholas D. Kristof, "China Is Making Asia's Goods, and the U. S. Is Buying", *The New York Times*, March 12, 1993에서 인용.

허가를 받아 티베트를 시찰했으며, 카터 전 대통령이 중국을 방문했을 때 중국인들은 모든 반체제 인사들에게 관용을 베풀어달라고 요구하는 그의 말을 예의를 갖추어 경청했다. 1991년 5월 로버트 키미트 국무차관이 중국을 방문하여 인권, 핵기술 및 미사일 확산 금지, 쌍방 간의 무역, 중동 및 캄보디아에 관한 문제들을 공개적으로 논의했다.

1991년 11월 제임스 A. 베이커 국무장관이 베이징에 도착하여 다시 동일한 문제들을 제기했다. 이에 대한 호응으로서 중국은 미국에게 그들이 관심을 가지고 있는 800명의 중국 정치범의 상황을 제공했지만, 그들 중의 일부 인사들을 석방하는 것을 거절했으며 국제적십자사가 감옥으로 그들을 방문하러가겠다는 요구에도 동의하지 않았다. 그러나 중국은 범죄사건에 연루되어 있지 않은 반체제 인사들에게 출국비자를 발급하겠다고 확실히 약속하고 베이커 방문 이후 어느 시기에 그들 중의 일부 인사들의 출국을 허용하는 것에 동의했다.44)

무기거래 및 핵확산 방지 문제에 대해서 베이징은 명확한 승낙을 하지 않았다. 다만 1987년의 "미사일 기술 관제조례"를 "준수하겠다는" 것만을 보증하고 그 대가로 중국에 대해서 고속 컴퓨터와 미사일 부속품 판매를 제한한 미국의 조치를 완화하게 했다. 동시에 그들은 연말 전에 핵무기 확산 방지 조약에 정식으로 서명하겠다는 의사를 밝혔다. 이런 보증들에 기초하여 1991년 12월 미국 정부는 중국에 대한 대형 컴퓨터와 미사일 부속품 판매제한을 완화했지만 베이징이 미사일 조약이나 핵 비확산 조약을 정말로 준수하고 있다는 증거는 없었다. 사실상, 미국의 정보부문은 중국이 파키스탄 및 시리아에 M-9 및 M-11형 탄도 미사일을, 알제리에 핵무기를 운송하는 것과 같은 일들에 대한 감시를 결코 중지한 적이 없었다. 1992년 9월 부시 정부가 타이완에 150대의 F-16형 전투기를 판매하는 것에 동의한 이후, 미국은 외교적 경로를 통해서 중국의 태도가 돌변했다는 것을 알게 되었다. 중국

---

44) 반체제 인사이며 기자인 따이칭(戴晴), 허우샤오톈(侯曉天), 왕유차이(王有才), 한동팡(韓東方)이 포함되어 있다.

은 미국의 행위는 1982년에 레이건 정부가 기초한 의정서에 위배된다고 생각했다. 이 의정서에서 미국은 타이완에 대한 무기판매를 점차적으로 줄일 것을 보증했다. 이에 대한 보복으로서 중국은 파키스탄에 대한 미사일 부품 수출을 재개했다. 이로 인해서 무기거래는 여전히 미국 정부와 중국 정부의 마찰의 근원이었으며 그것은 중국의 입장에서는 이익이 거대하여 포기할 수 없는 것이었다.

중국의 재미 유학생, 학자 및 반체제 인사들은 경제적인 압력을 사용하여 중국이 인권을 개선하도록 만드는 방법에 대해서는 찬성했지만, 이로 인해서 수출무역과 관련된 노동자들을 포함한 중미 무역, 중국 기업, 개혁자들이 손해를 입는 것을 보고 싶지는 않았다. 그들은 최혜국 지위의 취소가 개혁개방을 반대하는 완고한 보수파들의 마음에 꼭 들을까봐 걱정했다.[45]

클린턴의 결정 일찍이 1975-1976년에 미국의 베이징 주재 연락사무소 주임(대사급)에 임명되었던 부시 대통령은 스스로 중국 문제에 대한 전문가라고 생각했다. 그러나 여러 차례 중국에게 무조건 최혜국 대우를 해준 일은 많은 사람들의 비평을 받았으며, 그는 부끄러움을 모른다는 비난을 받았다. 1992년 대선 중 민주당 후보자인 빌 클린턴은 그가 중국 지도자를 방임하고 중국의 인권침범 행위를 경시했다고 공격했다.[46] 클린턴은 대중 앞에서 "바그다드에서 베이징에 이르는 폭군들"을 규탄하고, 무역수단을 사용하여 중국의 인권침해, 무기거래, 불공정무역, 종교박해, 티베트 탄압 등을 자제하도록 할 것을 제기했다. 중국 지도층은 긴장했으며 미국과의 무역전쟁에 빠지지 않기로 결정했다. 중국의 완구는 미국의 완구 수입의 30퍼센트를 차지하고 있었고, 구두는 40퍼센트를 차지하고 있었으며, 방직품과 의복은 26퍼센트를 차지하고 있었다. 만일 인권과 지적소유권 문제로 인해서 이 대단히 좋은 상황이 파괴된다면 정말로 안타까운 일이었다.[47]

---

45) LI Xianlu and Lu Mai, "Renew China's Trade Status", *The New York Times*, July 23, 1991.
46) *The New York Times*, Nov. 20, 1992.

중국 외교부의 한 기밀문건은 무역상의 퇴보가 중국에 끼치는 손해는 미국에 끼치는 손해보다 더 클 것이라고 경고했다. 남부와 연해 지역의 수출형 기업, 특히 홍콩 자본과 타이완 자본의 기업이 전문적으로 생산하여 미국에 수출하는 제품은 장차 치명적인 타격을 입게 된다는 것이다. 중국에 미치는 직접적인 여파로 인해서, 장차 (1) 연해지역에 100만 명의 실업이 야기될 것이다(그곳에서의 대량의 농촌 이동인구는 사회와 경제혼란을 초래할 가능성이 있다), (2) 세계은행으로부터 저리대출과 차관을 얻을 수 없다. (3) 외국 투자가와 무역상들의 신뢰가 커다란 타격을 입게 된다는 것이다. "경제도약"의 중요한 순간에 이런 후퇴를 중국은 감당할 수 없으며, 중미 관계의 악화는 개혁개방의 근본정책에 심각한 충격을 줄 가능성이 있다는 것이다. 이 보고서는 중국이 미국의 중국 내정에 대한 간섭에 공개적으로 항의해야 하지만 비공식적으로는 정치범을 인질로 삼아 그 대가로 미국으로부터 더욱 큰 경제적인 이익을 얻어낼 것을 건의하고 있다. 이 문건에는 "정치적으로 1보 후퇴하고 경제적으로 2보 전진하라"라고 언급하고 있다. 이것은 윈윈 (win-win) 계획이라고 할 수 있다.

이에 대해서 덩샤오핑은 찬동했을 뿐만 아니라 아울러 경제를 우선적으로 고려하고 다른 것들은 양보하는 실용주의 방침에 대해서 언급했는데, 그 이유는 정부의 중심사업은 경제발전이었기 때문이다. 확실히 경제성장이 가장 훌륭한 정치이기 때문에 "인질거래"는 마침내 받아들일 수 있는 방안이 되었다.[48] 일련의 지침이 정해졌는데, 수형생활 성적이 좋고 형기가 비교적 짧으며 폭력을 사용한 적이 없는 정치범에 대해서 우선적인 고려를 할 수 있다는 것이었다. 그러나 이것은 감형이 아니고 또한 잘못 체포했음을 인정하는 것도 아니며, 외국의 직접적인 정치압력으로 인해서 그들을 석방하는 것은 더더욱 아니었다. 이것은 "혁명적인 인도주의"에서 그들이 병을 치료하도록 한

47) 何新, 「中共對人權問題會作出響應嗎?」, 『探索』, 1993년 2월, pp. 16-18.
48) 이 어휘는 올리버 노스(Oliver North) 대령이 이란 게이트 사건에서 사용한 "무기거래"의 공식을 연상시킨다.

다는 것이었다.

이렇게 보면 정치범 석방은 결코 국제적 인권기준을 받아들인 것이 아니라 세밀하게 계산된 정치적 도박이었으며, 기껏해야 중국이 인권문제를 국제적 관심을 받고 있는 정당한 문제라고 인정하는 것으로 볼 수 있었다.49) 그 결과 미국의 호의를 얻기 위해서 저명한 정치범들이 적당히 긴급할 때 연이어 석방되었다. 55세이며 철학자인 빠오준신(包遵信)은 1989년의 민주시위 활동의 지도자로서 5년 형을 선고받았지만 1992년 11월 초에 앞당겨 석방되어 출국하여 치료하는 것이 허락되었다. 왕단은 1989년 시위의 학생 지도자로서 4년 형을 받았으나 1993년 2월에 4개월 반 앞당겨서 석방되었으며, 49세인 쉬원리(徐文立)은 1980년대 초의 저명한 민주투사로서 15년 형을 선고받았으나 12년 동안 복역한 후 1993년 5월에 석방되었다. 그 외의 몇몇 인사들이 출국을 허가받았다. 마지막으로 베이징에서의 2000년 올림픽의 개최권을 획득하기 위해서 중국 정부는 9월 중순에 가장 유명한 정치범인 웨이징성을 석방했는데, 15년 형기 중 1년 반을 앞당긴 것이었다.

무역불균형의 차이를 축소시키려는 진정한 소망을 표시하기 위해서 중국은 미국에 구매단을 파견하여 대규모적인 구매를 했다. 1993년 상반기에 중국은 보잉 회사와 8억 달러 상당의 계약을 체결하여 21대의 제트 여객기를 구매하고, 아울러 앞으로 수년 동안 90억 달러 상당의 215대 이상의 비행기를 구매하거나 임대하는 것에 관한 협정을 체결했다. 중국은 제네럴 모터스, 포드, 크라이슬러로부터 각각 4,600대의 자동차를 구입했는데 이것은 1억 6,000만 달러 상당의 가격이었다. 중국은 또한 텍시스 주, 루이지애나 주, 워싱턴 주의 많은 회사들로부터 2억 달러 상당의 석유시추기 및 탐사설비를 구매했다. 휴스 우주항공사로부터 가격이 8억 달러인 위성을 구매했다. 그 이외에 또 기타 몇몇 구매가 이루어졌는데, 예컨대 식량, 인산비료, 전기기계, 전화 및 과학연구 설비 등이었다. 미국 상인들은 중국의 이번 구매는 미

---

49) 陸民聲, 「對美經濟勒索 : 中共用大陸的政治異見人士當肉票」, 『探索』, 1993년 12월, pp. 77-80.

국을 위해서 15만 개의 일자리를 마련해줄 수 있으며 미래의 중국 시장은 정말로 무한하다고 추산했다. 미국 전화 전신 회사는 이후 수년 동안 매년 중국에 750만 대의 전화를 설치하기를 기대했는데, 이 수치는 현재 중국에 매년 설치되는 1,500만 대의 절반에 해당하는 것이었다. 이 회사의 부총재인 랜들 L. 토비아스는 "우리는 현재 중국에서의 업무를 협의하고 있습니다. 이 업무는 우리의 미국에서의 업무량을 초과하지는 못한다고 해도 절대로 그보다 더 적지는 않을 것입니다"라고 말했다. 그는 전화통신 방식을 발전시켜 중국을 개방시키고 중국의 강압적인 수단을 완화시키기를 원했다.[50]

클린턴이 대통령으로 당선된 이후 중국에 대한 태도는 온화해졌다. 그는 부시의 중국의 인권위반 감소와 무역규칙 면에서의 성과는 인정했지만 자신이 중국을 고립시키는 시도를 한 적이 있다는 것은 인정하지 않았다. 그가 이후의 가장 좋은 방안을 면밀히 고려할 즈음에 298개의 대기업과 37개의 무역단체로부터 강력한 압력을 받았는데, 이 기구들은 모두 대중국 무역과 관련이 있었다. 그중에는 제너럴 모터스 회사와 미국 상공회의소가 포함되어 있었다. 1993년 5월 12일 그들은 공동으로 대통령에게 서한을 보내어 인권이나 어떤 기타 조건을 최혜국 대우 문제에 부가시키지 말 것을 요구하고, 그렇지 않으면 미국은 중국 시장을 잃게 될 것이라고 했다. 이 기업들은 그들은 이미 중국에 진입했으며 이 사실 자체가 정당한 무역과 개혁개방 그리고 민주화 진전에 대한 촉진이라는 것을 강조했다.[51]

외국으로부터 오는 요청도 상술한 입장을 증명했다. 홍콩 총독인 크리스토퍼 패튼은 비록 홍콩의 미래의 민주제도를 위해서 중국과 일진일퇴의 공방전을 벌리고 있었지만 그는 여전히 클린턴에게 중국의 최혜국 지위를 연장해줄 것을 촉구했다. 그 이유는 이렇게 하면 어쩌면 평화적이면서도 효과적인 무기를 장악하고 있는 것처럼 중국의 변화에 대해서도 영향력을 미칠

50) Calvin Sims, "China Steps Up Spending to Keep U. S. Trade Status", *The New York Times*, May 7, 1993.
51) *The New York Times*, May, 7, 13, 14, 1993.

수 있고, 동시에 홍콩의 15만 개의 일자리를 지켜낼 수 있기 때문이었다. 티베트의 정신적 지도자인 달라이 라마는 백악관을 방문했을 때, 미국에게 티베트의 종교와 문화전통을 보호하도록 도와달라고 요청했는데, 그 이유는 대량의 한족들이 티베트로 이주하고 있기 때문이었다.

클린턴은 무역적자, 무기거래, 인권, 복역 중인 노동자 및 박해받는 티베트인 등을 포함한 일련의 문제들에 대한 일괄적인 해결방안들을 찾는 데에 전력을 다했다. 그는 만일 만족스러운 방안을 제시하지 못하면 국회는 아마도 중국이 받아들이기 매우 어려운 중국 관련 법안을 통과시키리라는 것을 알고 있었다. 1993년 5월 28일 클린턴 대통령은 중국의 최혜국 지위를 연장하는 행정명령에 서명했지만, 1994년 중반의 중국에 대한 최혜국 대우 재연장에는 조건을 붙였다. 그는 중국이 정치범 석방이나 그들에 관한 상황 설명 등을 포함한 인권실적 면에서 "전면적이고 중대한 진보가 있어야 한다"는 조건을 명확히 언급했다. 1994년 7월 3일 이후 계속 연장할 것인지의 여부에 대해서 국무장관인 워런 크리스토퍼가 아래에 열거한 중국의 성과에 근거하여 보고서를 제출할 예정이었는데, 그 내용은 다음과 같다.

1. 정치범을 석방하거나 정치범 상황에 대해서 설명한다.
2. 모든 범인은 인도적 대우를 받도록 보장하고 적십자사와 같은 인권조직이 감옥을 시찰하도록 허용한다.
3. 티베트의 독특한 종교와 문화전통을 보호한다.
4. 국제방송과 텔레비전 프로그램이 중국에 진입하는 것을 허용한다.
5. 복역 중인 노동자가 생산한 제품의 미국수출을 금지한다.
6. 미국 기업에 대한 차별대우를 중지한다.
7. 국제적인 미사일 기술 및 핵재료 이전 제한에 관한 조약을 준수한다.[52]

---

52) 1993년 8월 25일 미국은 중국이 24개의 M-11 지대지(地對地) 미사일을 파키스탄에 판매한 것에 대해서 제한적인 제재를 가했다. 워싱턴 측은 앞으로 2년간 10억 달러 상당의 첨단장비를 중국에 판매하는 것을 금지했다. M-11 미사일은 사정거리가 190마일이고 적재량이 1,100파운드이고, M-9미사일은 사정거리가 300마일인데, 두 미사일은 모두 1987년의 미사일 수

중국은 미국이 무역문제를 정치화하고 있다고 비난하고 아울러 이것은 중미 국교수립의 기본 원칙에 위배된다고 말했다. 중국은 인권은 내정문제이며 외국의 간섭을 허용하지 않겠다는 입장을 고수했다. 1993년 11월 시애틀에서 개최된 아시아 태평양 경제협력체(Asia-Pacific Economic Cooperation, APEC) 포럼에서 중국의 국가주석인 장쩌민은 클린턴 대통령과 인권 및 무기거래 문제에 대해서 공개적인 대화를 하자는 건의를 단호히 거절했다. 그 대신 그는 15분간에 걸쳐서 자신의 견해를 밝혔는데, 다른 국가의 내부문제에 간섭할 수 없는 것에 대한 중요성을 언급했다. 중국 관원들 사이에 보편적으로 유행하고 있는 견해는 미국 자체의 인권실적이 완벽과는 거리가 멀기 때문에 그들의 관점은 허위라는 것이었다. 재정부장인 류중리(劉仲藜)는 "미국에게는 3중 표준이 있는데, 자기의 인권문제에 대해서는 관심이 없고, 몇몇 국가들의 인권문제에 대해서는 모르는 척하지만, 중국의 인권문제에 대해서는 두 눈을 부릅뜨고 노려보고 있다"고 빈정대며 말했다.[53] 중국인이 이렇게 용감하게 미국과 맞서면서 서방의 가치를 중국에 강요하는 것에 반대하는 태도에 대해서 대다수의 아시아 국가들은 찬동을 표시했고, 일부 국가들은 은밀히 중국에게 갈채를 보냈다.

클린턴 정부 내에서는 어떻게 하면 중국에서의 미국의 이익을 더욱 잘 촉진시킬 것인가에 대한 이견이 잇달아 생겨났다. 재무부와 상무부는 호황 상태인 중국시장에서 무역과 투자기회 확대의 필요성에 관심을 가질 것을 요구하는 미국 기업들의 청원을 받았다. 인권문제의 중요성을 인정함과 동시에 재무장관인 로이드 벤트슨과 상무장관인 로널드 브라운은 상업투자, 무역, 미사일 판매, 군사협력, 지역안전 역시 국가정책을 결정할 때 충분히 고려해야 할 요소라고 지적했다. 중국의 경제규모는 이미 세계 제3위로서

출통제체제가 규정한 사정거리 185마일(300킬로미터)과 적재량 1,100파운드(500킬로그램)의 한도를 초과했다. 중국은 이 미사일 협정에 서명하지 않았지만 1991년 11월에 그것을 준수하겠다고 약속했다. 중국은 수출제한 법례를 이용하여 무기제한 조약을 위반하는 모든 국가들에 대해 제재를 가하고 있다.
53) *The New York Times*, March 20, 1994.

2015년에 이르면 미국과 대등해질 수 있다고 했다. 이제부터 금세기 말까지 중국이 계획한 5,750억 달러의 기본건설 투자로 인해서 미국 기업은 방대한 수량의 주문계약을 받게 될 것이고 추가로 미국 노동자들은 헤아릴 수 없을 만큼 많은 취업의 기회를 얻으리라는 것이었다. 국가경제위원회 위원장인 로버트 E. 루빈과 대통령 경제정책 부차관보인 W. 보먼 커터는 한걸음 더 나아가 매년 최혜국 대우를 취소하겠다고 위협하는 이런 방법은 이미 시대에 뒤떨어진 것이며 오직 반작용을 일으킬 뿐이라고 말했다. 최혜국 대우를 취소하는 방법으로 중국을 징벌하는 것이 미국에 야기하는 손해는 중국과 마찬가지로 엄청나게 크다는 것이었다.

반면에 더욱 온화하고 미묘한 방식을 채택하여 무역과 투자에 의한 부단한 접촉을 통하여 중국을 점차 변화시킬 수 있는데, 즉 개방의 정도가 커질수록 서방의 상업관례와 사상에 대해서 배척하지 않을 것이며 자유화의 정도도 점차 높아져 결국에는 민주화를 실현한다는 것이다. 그것은 중국의 개혁자들에게 이익을 얻게 하고 보수파의 경계심을 감소시킬 수 있다는 것이었다. 격증하는 중국의 위성 안테나, 팩스, 휴대전화, 컬러 텔레비전, 주식시장, 외국 신문, 은행 및 금융 서비스를 보면 마오쩌둥 시대와 참으로 멀어졌다는 것을 느낄 수 있다는 것이었다. 확실히 상품수출이 절대로 사상수출보다 못지않게 중요한데, 그 이유는 경제의 진보는 반드시 정치의 자유를 초래하기 때문이라는 것이었다.54) 그래서 미국의 대중국 정책은 경제실용주의, 무역, 실업투자, 국가안전 고려, 인권과 무역이 분리된 기초 위에 건립되어야 한다는 이야기였다.

이런 의견의 논리에 대해서 클린턴이 결코 모르고 있는 것은 아니었지만, 그는 다만 자신이 하달한 엄격한 행정명령의 제약을 받고 있었다. 외교상의 주동권을 다시 획득하기 위해서, 그는 "협상강화" 계획을 제정했다. 이 계획

---

54) Thomas L. Friedman, "New Tack on China", *The New York Times*, Jan. 23, 1994; Stephen Robert, "In China, Let Free Markets Aid Liberty", *The New York Times*, April 24, 1994; Bill Bradley, "Trade, the Real Engine ofDemocracy", *The New York Times*, May 25, 1994.

에 따르면 고관들을 잇달아 베이징에 파견하여 중국인들에게 그들의 인권, 무역, 무기판매 방면의 기록을 개선하도록 촉구하고 동시에 방법을 강구하여 전반적으로 쌍방이 더 좋은 관계를 이룩한다는 것이었다. 1994년 1월 첫 번째로 먼 길에 나선 사람은 농업장관인 마이크 에스피(Mike Espy)와 재무장관인 로이드 벤트슨이었는데 이 두 사람은 열렬한 환대를 받았다. 이어서 3월에는 국무장관인 워런 크리스토퍼의 순서가 되었다. 사후에 증명된 것과 같이 이 방문에 대해서는 확실히 좋은 평가를 내릴 수는 없다.

크리스토퍼는 일찍이 공개적으로 중국의 인권침해에 대해서 비평한 적이 있는데, 이번에는 클린턴이 중국의 최혜국 대우를 연장할 이유를 얻기 위해서 중국에게 인권실적을 개선하도록 촉구하는 메시지를 가지고 방문하게 되었다. 그가 중국을 방문하기 일주일 전에 인권문제를 책임지고 있는 국무차관보인 존 샤터크가 한발 먼저 가서 이번 방문을 위한 준비를 했다. 중국 관원들을 경악하게 한 것은 2월 27일에 그가 최고의 반체제 인사인 웨이징성을 만난 것으로, 대면 시간은 90분이었다. 같은 시간에 7명의 영향력이 큰 지식인들도 장 주석에게 억압을 중단하고 모든 정치범들을 석방하라고 호소했다. 웨이징성은 클린턴에게 중국 정부에 대한 경제적인 압력을 행사하여 정치범을 석방할 것을 촉구하라고 호소했다. 정부의 이에 대한 응답은 웨이징성과 10여 명의 민주를 호소하는 지도자들을 다시 체포한 것이었다. 이것은 곧 내방할 국무장관에 대한 의도적인 무례였다.

정식회담에서 리펑 총리는 크리스토퍼에게 중국은 영원히 미국의 압력에 굴복하지 않을 것이며 영원히 미국의 인권관념을 받아들일 수 없다고 말했다. 리펑은 경고하기를 클린턴이 최혜국 대우를 취소하게 되면 미국의 중국에서의 상업이익에 손해가 발생할 것이라고 했다. 외교부장 첸치천은 샤터크가 가석방자를 만난 것은 중국의 법률을 위반한 것이라고 비난했다. 그는 중국의 대미 무역흑자가 227억 달러라는 미국의 견해를 반박했다. 그는 대미 수출에서 상당히 큰 부분은 홍콩, 타이완, 싱가포르의 중국에서의 투자기업과 관련된 것이고 그중에는 중미 합자기업이 포함되어 있다고 지적했다.

미국 정부가 최혜국 대우를 취소하면 중국은 새로 아시아 시장에 수출할 수 있어서 손실은 10퍼센트를 초과하지 않을 것이며 중국의 9퍼센트의 연 성장률에 그다지 영향을 미치지 않을 것이라는 것이었다. 주로 자급자족하기 때문에 최혜국 대우가 없어도 중국은 1972년 닉슨의 중국 방문 이전과 마찬가지로 잘 넘길 수 있다는 것이었다.

미국의 기업들은 중국 편에 서 있었다. 베이징에 있는 200명의 미국 실업계 지도자들은 크리스토퍼의 무역과 인권을 연계시킨 "오도된" 정책은 미국 기업이 일본 및 유럽 각국 기업과의 경쟁에서 열세에 놓이도록 할 것이라고 비난했다. 미국 전화 전신 회사 임원인 윌리엄 워릭은 최혜국 대우 취소는 미국 기업을 거대한 중국 시장에서 축출시킬 가능성이 있다고 경고했다. 크리스토퍼는 인내심을 가지고 자신을 변호하면서, 미국은 결코 중국의 정치체제를 변화시킬 생각이 없으며 오직 세계인권선언에 대한 승낙을 고수할 뿐이라고 말했다. 그러나 실제로 인권문제는 중국 정치체제의 핵심과 맞닿아 있다.

중국의 전략　중국의 적대정책은 미국인을 곤혹스럽게 했지만 중국 자신의 정치의 관점에서 보면 순리에 맞는 것이었다. 한동안 최고지도자인 덩샤오핑의 건강상황이 급격히 악화되어(당시 89세), 베이징의 정치인물들은 서로 다투어 공산주의 체제에 대한 충성을 표명했으며 미국에 대한 강경한 입장은 금후의 계승권 쟁탈투쟁에서의 자산이 되었다. 이 정치동향은 크리스토퍼의 방문 결과를 운명적으로 정해놓았으며 더욱 곤란했던 것은 그의 방문 시기에 전국인민대표대회가 개최되고 있었던 것이다.

중국의 인권에 대한 입장을 분석하려면 먼저 공산주의 체제의 본질에 대한 이해가 있어야 한다. 레닌주의의 독재는 비밀경찰, 군대 및 "당이 모든 것을 지도한다"는 강압적인 수단 위에 구축되어 있다. 사상통제와 노동개조는 일종의 생활방식이 되었으므로 인권은 이곳에서는 전혀 자리가 없는 것이다. 오늘날 비교적 개방된 중국에서도 정부는 여전히 정치적인 이견과 민

주계몽을 혁명을 반대하는 위협으로 간주한다. 정치다원화와 권력공유는 여태껏 마르크스주의의 용어인 적이 없었다. 지식인이 본분을 지키지 않는 것은 정치동란과 사회불안의 전주곡으로 간주되었으며, 그것은 경제성장을 혼란시켜 현존질서가 지속되기 어렵게 한다는 것이었다. 진실이든 혹은 상상에서 나왔든 만일 공산주의가 중국에서 위험해진다면 최혜국 대우 문제는 부차적인 문제가 된다는 것이다.

중국 당국의 입장에서는 샤터크가 가서 웨이징성을 만난 것은 범죄자와 결탁하여 반정부운동에 사기를 북돋아주고, 웨이징성의 국제적인 명망을 높여주어 반체제 인사들을 대담해게 만드는 것이었다. 웨이징성이 친구들에게 그들이 크리스토퍼 방문 기간에 "중대한 일"이 발생할 것을 기대할 수 있다고 보낸 전갈의 내용을 알고서, 정부당국은 웨이징성이 크리스토퍼를 만나려고 하고 반체제 인사들이 이 기회를 이용하여 한 차례의 대규모 시위를 벌이지 않을까 본능적으로 걱정했다. 정부의 첫 번째 반격은 주요 반체제 인사들을 체포하거나 그들을 베이징 이외의 장소로 옮기고 모든 지식인들이 외국 사절과 만나는 것을 금지시킨 것이다. 그들의 방법은 덩샤오핑이 상투적으로 사용하는 명령, 즉 항의활동을 분쇄하는 것을 절대로 지체해서는 안 되고 국제적인 반응 역시 고려해서는 안 된다는 것에 근거한 것이다.

정부를 불안하게 하여 마음을 놓지 못하게 한 또다른 문제는 점차 높아지고 있는 사회와 경제상의 긴장인데, 여기에는 1억 명에 이르는 "이동" 잉여노동력, 26퍼센트에 이르는 도시의 인플레이션으로 인한 채소 54퍼센트, 식량 40퍼센트, 육류 30퍼센트씩의 가격상승, 농민이 식량을 정부에 판매할 때에는 임시 영수증만을 받고 돈은 받지 못하는 것에 대한 불만이 포함되어 있었다. 노동자들의 불만과 증가 일로에 있는 실업으로 인해서 중국에서는 1993년 1년 동안만 해도 6,000번의 파업과 200번의 소란이 발생했다. 실제로 정부의 조직력을 갖춘 노동자와 농민에 대한 공포는 반체제 인사들 못지 않았다. 사회안정을 유지하기 위해서 어떤 극단적인 수단도 마다 않고 사용했다.

이렇게 걱정스럽고 불안한 배경 아래 중국의 인권문제에 대한 미국의 간섭은 혼란을 조장하는 것이며 중국을 와해시키는 더욱 큰 음모를 꾸미기 시작하는 것으로 간주되었다. 원래 당은 "정신오염반대", "부르주아 계급자유화 반대"운동을 전개하여 외국의 영향에 대항하려고 했는데, 이제 미국이 내정간섭을 했기 때문에 미국에 대한 당의 보복은 크리스토퍼를 클린턴의 대리인으로 삼아 모욕을 주는 것이었다.

두 번째로 수백 개의 미국 기업이 중국에서의 투자기회를 얻기 위해서 경쟁하고 있고, 5,750억 달러에 달하는 기초시설 프로젝트에 눈독을 들이고 있으며 그 이외에 중국의 수입성장률이 매년 9퍼센트라는 사실로 인해서 베이징은 미국이 이 거대시장으로부터 축출당할 위험을 무릅쓸 리가 없다고 확신했다. 베이징은 결국 인권문제에 대한 고려보다는 미국의 경제이익이 우선할 것이기 때문에 클린턴은 달리 선택할 방법이 없어서 중국에게 계속해서 최혜국 지위를 부여하는 수밖에 없을 것이라고 보았다. 만일 그렇게 하지 않으면 최혜국 대우 취소가 미국에 주는 손해가 중국에 주는 손해보다 더 클 것이라는 것이었다.

세 번째로 베이징은 국제연합이 북한에 제재를 가하기 위해서는 중국의 협력이 필요하다는 것을 알고 있었는데, 그 이유는 북한이 국제연합의 핵시설 시찰을 허락하지 않고 있었기 때문이다. 이 때문에 베이징은 미국이 최혜국 대우 연장을 사례로 할 것이라고 더욱 확신했다. 그 이외에도, 유럽이나 아시아 국가치고 무역을 인권과 연계시키는 국가는 없는데 미국은 왜 그렇게 해야만 하는가? 일본 수상인 호소가와 모리히로(細川护熙)는 1994년 3월 베이징을 방문했을 때, 서방의 인권관념을 장소를 가리지 않고 모든 국가에게 기계적으로 적용해서는 안 된다고 말한 적이 있다.

결국 클린턴은 진퇴양난의 지경에 빠졌다. 즉 인권문제에 대해서는 중국과 힘겨루기를 하면서 동시에 중국과 경제 및 군사관계를 개선하기를 희망한 것이다. 마르크스주의의 관점에 따르면 이렇게 중요한 모순은 충분히 이용해야 하는 것이다. 그래서 중국은 분할하여 처리하는 전술을 채택하여 원

래의 뜻을 굽히고 미국 기업들에 상황을 그들의 정부에 보고하도록 권유했다. 중국은 또한 미국 재무부, 상무부와 좋은 관계를 맺음과 동시에 국무원에 대해서는 강경한 태도를 취하여 늘 경제이익으로써 인권에 대항했다. 최혜국 대우 문제에 대해서 그들은 별로 걱정하지 않았을 뿐만 아니라 클린턴이 감히 취소하지 못할 것이라고 단정했는데, 그 이유는 클린턴은 미국 기업계를 분노하게 함으로써 생기는 결과를 감당할 수 없으며 또한 그는 장래의 선거에서 그들의 지지를 필요로 했기 때문이다. 중국은 미국 정치를 아주 잘 알고 있었기 때문에 미국 정부가 진퇴양난에 빠지게 하는 데에 성공했다.

미국 정책의 역전 클린턴 대통령은 1993년 5월 행정명령에 서명했을 때, 이 뛰어난 행동은 정치가다운 풍모를 보여주었다고 하는 칭찬을 보편적으로 받았다. 그러나 실제로 그는 다만 처리하기 어려운 중국에 대한 정책결정을 1년 동안 뒤로 미루어놓아 자신의 행동에 어느 정도 융통성을 발휘할 여지를 준 것에 불과했다. 중국인이 그의 위협이 허장성세인 것을 간파한 후에 클린턴은 고통스러운 선택에 직면하게 되었는데, 하나는 최혜국 대우를 취소하는 것이고 하나는 무역과 인권과의 연계를 끊는 것이었다. 그는 전자를 선택하면 양국에 치명적인 경제적 결과를 야기할 것이고 후자를 선택하면 그의 개인적인 명예를 손상시키리라는 것을 알고 있었다. 동시에 그의 비평자들—인권조직도 포함—은 미국이 자기의 원칙을 고수하면 협상의 여지가 없는 중국은 굴복할 것인데, 그 이유는 중국은 자국의 현대화에 미국 시장을 필요로 하며 128억 달러에 달하는 무역적자를 메워야 하기 때문이라고 주장했다.

이상한 것은 클린턴 정부 내에는 정말로 중국의 최혜국 대우를 취소하고 싶어하는 사람이 한 사람도 없었고 국회 내에서도 그렇게 하려고 생각하는 사람이 몇 사람 되지 않는다는 것이었다. 긴박한 문제는 어떻게 체면을 유지하는 방법을 찾아내어 클린턴의 대중국 정책을 구제해주는가였다. 미국 정부는 중국의 협력이 필요한 것이 분명했다. 승리를 감지한 리펑 총리는 중국은 최대의 노력을 다하여 미국과의 관계를 개선하기를 원한다고 말했다.

1994년 4월 23일과 5월 14일에 베이징은 1989년 민주운동에 참여한 두 명의 지도자인 35세의 왕쥔타오(王軍濤)와 41세의 천쯔밍(陳子明)이 병보석으로 풀려나 치료를 받게 석방했다. 중국은 스위스 적십자사에게 미리 선정한 감옥을 시찰하는 것을 허용하기로 합의했다. 1994년 4월 200명의 중국 구매단은 미국 기업과 110억 달러 상당의 계약을 체결했다. 결국 5월 18일 베이징은 미국의 기술팀을 접대하여 「미국의 소리」에 대한 방해를 중지하는 문제를 공동으로 논의하는 것에 동의했다.

중국의 인권상황이 오직 조금만 진보된 상황에서 클린턴은 본래 중국에 대한 최혜국 대우를 전부 혹은 부분적으로 혹은 선택적으로 취소할 수 있었다. 국회의 태도는 무역과 인권을 연계시키지 않는 경향이었지만 상원 다수당 지도자인 조지 J. 미첼과 하원의원인 낸시 펠로시는 "표적제재" 방안을 제시했다. 이 방안에 따르면 중국의 국유기업과 군사공업기업의 제품이 미국에 수입될 때에는 관세우대가 취소되지만 사영기업에 대해서는 여전히 우대를 유지한다는 것이었다. 그러나 이 복잡한 절차는 실행하는 경우 악몽이 될 것이며, 게다가 베이징은 부대조건이 붙은 어떤 새로운 최혜국 대우도 단호히 반대하고 있었다.

5월 24일 크리스토퍼는 대통령에게 중국은 이미 두 개의 필요한 조건을 만족시켰다고 보고했다. 즉, 복역 중인 노동자들이 생산한 제품의 수출을 중지했을 뿐만 아니라 일부 반체제 인사들과 그들의 친족들이 국외로 이민하는 것을 허용했다는 것이다. 그러나 기타 5개 면에서는 중국은 결코 "전반적인 면에서의 큰 진보"는 이루지 못했는데, 즉 국제인권협정 준수, 정치범의 석방이나 상황 설명, 국제적십자사의 감옥시찰 허용, 국제적인 대(對)중국 방송 및 텔레비전 프로그램 방해 중지, 티베트 종교 및 전통문화의 보호 등이 그랬다.

중국에 대해서 최혜국 대우를 부여할 것인가의 문제를 결정하는 일에 대해서, 클린턴은 몹시 고민했다. 5월 26일, 그는 일종의 변명이자 거의 고통스러운 어조로 중국은 비록 "계속해서 심각하게 인권을 침해하고 있지만"

미국의 경제와 전략상의 이익으로 인해서 그는 상징성을 띤 조항을 부가하는 상황에서 다시 중국에게 최혜국 지위를 부여한다고 선언했다. 그 부대조항은 바로 중국이 생산한 총기류와 탄약 수입의 금지였다. 총기류와 탄약의 수입액은 매년 2억 달러에 이르는 것으로 추산되었는데, 중국 수입품의 총액수는 310억 달러였다 이 성명에서 클린턴은 정식으로 무역을 인권문제와 연계시키지 않겠다는 견해를 밝혔다. 대통령은 "이런 연계는 과거 여러 해 동안은 적극적인 의의를 가지고 있었지만 지난 수개월 간 우리와 중국과의 적극적인 접촉을 통해서 보면 이 정책의 유용성은 이미 더 이상 존재하지 않는다고 본인은 믿습니다. 이제 새로운 방식을 채용하여 우리의 장기적인 목표를 달성할 시기가 도래했습니다. 우리는 우리의 관계를 더욱 크고 더욱 건설적인 구도 속에 놓아야 합니다"라고 말했다.

이런 충격적인 정책전환은 클린턴이 잘못된 행정명령을 공포했고 부시가 옳았다는 것을 묵인한 것과 다름이 없었다. 더욱이 이것은 전 세계에 대해서 징벌을 두려워하지 않고 미국을 공개적으로 경멸할 수 있다는 메시지를 전달한 것이다. 클린턴의 신망은 큰 타격을 받았다. 상원의원 미첼과 여성 하원의원 펠로시는 입법을 통해서 대통령의 결정을 뒤집을 것이며 중국에 대해서 더욱 많은 제재를 하겠다고 위협했다. 그러나 수많은 국회의원들과 외교정책 전문가들은 대통령의 결정은 아마도 정치적으로는 약간 난처하겠지만 합당하다고 생각했다. 국회의 양원이 모두 반대하지 않으면 그의 결정은 번복될 리 없었다.

클린턴이 이렇게 한 배후원인은 그가 미국과 중국 간의 전반적인 관계, 미국 기업의 중국에서의 이익과 미중 무역이 가져다주는 취업기회 등 일련의 문제들을 고려한 것이었다. 더욱 중요한 것은 그는 그에게 이런 결정을 내리지 않을 수 없게 한 부득이한 몇 가지 원인이 있다고 생각했는데, 그것은 바로 지정학상 북한 문제를 처리하는 데에 중국의 협력이 필요하고 또한 중국 개혁운동의 미래가 있으며, 변화의 역동성으로 인해서 중국은 결국에는 더욱 자유스럽고 개방적인 사회로 변모하게 하는 안정된 길을 받아들이

지 않을 수 없다는 것을 확신했기 때문이었다.

더욱 큰 시각에서 보면 대통령의 행동은 새로운 시대의 정신을 반영한 것으로서, 이 시대는 경제이익이 외교정책의 결정을 지배하고 있으며 가장 중요한 것은 원칙이 아니라 이윤이었다. 이런 전환은 톈안먼 사건이 외교시대의 종식을 주도했고 국제상업거래, 과학중시, 교육과 문화교류의 시대가 시작되었음을 나타내고 있다.

중국은 물론 클린턴의 결정을 환영했으며 미국과의 관계가 개선될 것이라고 예측했다. 대다수의 아시아 및 유럽 국가들은 한시름 놓았으며 최혜국 대우를 둘러싸고 1년에 한 번씩 벌어진 투쟁은 결국 종결되었다.

덩샤오핑의 역사상의 지위

1979년 이후의 중국의 최고지도자였던 덩샤오핑은 1997년 2월 20일 세상을 떠났는데 향년 92세였다. 덩샤오핑은 1904년 8월 22일 쓰촨 성의 한 지주 가정에서 출생했는데, 그가 역사상에 처음으로 모습을 드러낸 것은 1920년 16세 때 프랑스에 가서 고학을 했을 때이다. 그곳에서 그는 중국 사회주의 청년단에 가입했고 충성스러운 공산주의자가 되어 귀국했다. 1935년 덩샤오핑은 『홍성보(紅星報)』 편집장의 신분으로서 역사적 의의가 있는 준의회의에 출석했고 회의에서 마오쩌둥을 지지했으며 이후에 매우 빠르게 승진했다. 1957년 마오쩌둥은 모스크바를 방문했을 때, 덩샤오핑을 가리키면서 흐루쇼프에게 "저쪽에 있는 저 키 작은 사람 보이죠? 저 사람은 총명하기 이를 데 없으며 전도가 양양한 사람입니다"라고 말했다.[55] 마오쩌둥의 이 말은 예지성을 띠고 있었다. 마오쩌둥이 세상을 떠난 후 얼마 되지 않아 덩샤오핑은 격렬한 투쟁 속에서 두각을 나타냈고, 입신출세하여 중국의 제2대 핵심지도자가 되었다.

---

55) Nikita Khrushchev, *Khruschev Remembers: The Last Testament*(Boston, 1974), p. 253, Tr. and ed. by Strobe Talbott.

덩샤오핑이 역사상에서 한자리를 차지할 수 있게 된 가장 중요한 점은 바로 1979년에 용감하게 마오쩌둥 노선을 철저히 바꾼 것이었다. 그는 문화대혁명은 "10년간의 대재난"이라고 선언하고, 국가를 새로운 시대로 진입시켰다. 이 시대에는 "경제우선주의"가 "정치우선주의"를 대체했다. 그는 두 개의 새로운 구호인 "실사구시"와 "실천은 진리를 검증하는 유일한 표준이다"를 제시하여 마오쩌둥 몸 위에 덮여 있는 반인반신(半人半神)의 신비한 베일을 벗겨버렸고, 사람들에게 마오쩌둥 사상은 사실, 실천, 진실세계의 자세한 검증을 필요로 한다고 말했다. 마오쩌둥을 신단 위에서 내려오게 한 후에 덩샤오핑은 단독으로 경제개혁과 대외개방이라는 대담한 정책을 널리 시행했다. 이것이 그가 공산주의의 결함과 한계를 제거하는 방식이었다. 30년 동안 이런 결함들과 한계가 중국을 빈곤과 낙후 속으로 몰아넣었던 것이다.

덩샤오핑은 서양의 과학, 기술, 관리경험을 차용하여 공산당의 통치를 강화했지만 중국을 서양 의회식의 민주의 길로 나아가도록 하는 것에 대해서는 생각해본 적이 없었다. 그에게 삼권분립은 마치 한 국가 내에 3개의 정부가 있어서 각각의 정부가 국사에 대해서 더욱 큰 발언권을 다투고 서로 자기의 의견을 고집하고 공격하는 것과 같았다. 그는 정치다원화를 혐오했는데, 그 이유는 이런 정치모델은 언쟁, 타협, 상호견제를 부추기므로 결과적으로 무기력해지기 때문이라는 것이었다. 덩샤오핑은 중국은 학생시위와 서방의 자유민주주의 사상의 범람과 같은 고통을 감당할 수 없다고 생각했다. 오직 강력한 정부가 실시하는 절대복종과 무조건의 충성만이 국가의 안정을 확보할 수 있으며 이것이 중국에게 부유하고 강대함을 가져다주는 현대화를 실현하는 기초라는 것이었다.

덩샤오핑은 경제적 진보와 정치적 보수 사이에는 아무런 모순이 없다고 판단했다. 그러나 이 양자는 본질적으로 조화를 이루지 못하며 오직 일시적인 편법으로밖에는 공존할 가능성이 없는 것이다. 결국 경제번영과 사회의 부유는 혁명의 신념을 약화시키고 프롤레타리아 계급독재의 권력기초를 침식하게 되는 것이다. 그래서 덩샤오핑은 준자본주의로 공산주의를 구제함으

로써 공산주의를 부지불식간에 소멸시킬 씨를 묻어두었을 가능성이 큰데, 처음에는 느끼지 못하지만 결국에는 정치자유화를 지향하게 될 것이다.

덩샤오핑이 행한 지워버릴 수 없는 유감스러운 일은 그가 1989년 톈안먼 학생운동 시기에 학생들을 진압하라고 명령을 내린 고통스러운 결정을 한 것이다. 무력사용을 반대한 총서기 자오쯔양이 결국 재판을 받고 수감되지 않은 것은 덩샤오핑이 사후에 자신의 행위가 지나쳤다고 생각했기 때문일 것이다. 그러나 수많은 정치가들과 마찬가지로 덩샤오핑은 자기 잘못을 인정하지 않았다. 의심할 여지없이 역사상의 순서 배정에서 덩샤오핑의 중요성은 마오쩌둥보다 낮겠지만, 그의 경제혁명이 중국과 전 세계에 끼친 영향은 마오쩌둥의 정치혁명보다 더 크다. 실제로 이 양자는 상호보완적인 것이다. 마오쩌둥은 구 사회를 분쇄했지만 덩샤오핑은 경제적으로 번영하고 서양 과학기술과 관리경험을 채용한 신중국을 건설하기 위한 기초를 닦아놓았다. 유감스럽게도 그에게는 레닌주의의 독재정치를 변화시킬 능력이 없었기 때문에 그의 위대함은 손상을 입었다. 정치자유화(다섯 번째의 현대화)를 실현해야 비로소 중국의 개혁이 완성되었다고 할 수 있다.

42
중국의 부상

21세기에 들어오면서 중국의 국제적 지위는 19세기 초 이후 최고조에 이르렀다. 장기간에 걸친 내우외환 대신 사회에는 활력이 넘쳐흐르고 국가민족은 새로운 생명을 얻었다. 1세기에 걸쳐 추구해온 국가의 부강과 국제적인 존중의 획득은 가까운 장래에 이루어질 것 같다. 나날이 증강되는 경제, 군사, 정치의 거대한 세력은 중국이 아시아 태평양 지역의 초강대국으로서의 지위를 국제적으로 인정받게 했으며 2020년에는 세계에 웅거할 초강대국 중의 하나로 만들 가능성이 있다.[1]

현재의 세계구도는 중국의 부상에 유리하다. 소련의 해체와 이에 수반된 러시아의 혼란, 유럽 각국의 상대적인 쇠락 및 일본의 경제적인 불균형과 군사력의 한계, 이 모든 것들은 중국이 공백을 채울 수 있도록 하고 아울러 세계의 정치무대에서 중요한 역할을 담당하도록 하고 있다. 다시는 한손으로 해를 가리는 식으로 "세계경찰"의 역할을 맡을 수 없는 미국은 중국이 아시아의 안정적인 세력이 되는 것이 필요하여 중국을 이미 자신의 "전략적인 동반자"로 인정했다. 다음 세 가지 사건이 중국이 새로운 지위를 획득하는 데에 크게 기여했다. 즉, 영국의 홍콩 반환, 중미 관계정상화, 타이완과의 평화통일의 전망이다. 일부 사람들은 20세기 후반의 중국의 부상은 1세기

---

1) The World Bank, *China : 2020*(Washington, D. C., 1997), pp. 97-104; John Nasbitt, *Megatrends Asia*(New York, 1996), pp. 232-235.

전의 미국의 부상과 비교할 수 있다고 본다.

홍콩의 반환

1984년 12월 19일 체결한 중영 공동성명에 따라서, 영국은 1997년 6월 30일 자정에 홍콩, 주룽, 신계를 중국에 반환하는 것에 동의했다. 이 시각은 중국에서의 서양 제국주의 세력의 종식을 상징하는 것이며 또한 대영제국의 쇠락과 중국의 부상을 상징하는 것이기도 했다. 1961년 포르투갈령 고아가 인도로 복귀했고 1999년 12월 20일 마카오가 중국에 반환됨에 따라서 500년 전 콜럼버스가 신대륙을 발견했을 시대로부터 시작된 유럽의 비서방세계로의 확장은 이로써 종식되었다. 오늘날 아시아에서 외국 세력의 통치 아래 있는 곳은 한 곳도 없다.

1970년대에 신계 조차 기간의 만료일(1997. 6. 30)이 나날이 가까워지자 영국인은 불안해지기 시작했다. 1979년 3월 29일 홍콩 총독인 크로퍼드 머리 매클호스는 베이징으로 가서 조차 기간의 연장을 신청했다. 홍콩이 중국의 일부분이라는 것에 근거하여 덩샤오핑은 이 요구를 거절했는데, 그 이유는 중국의 주권문제는 협상할 수 없는 것이기 때문이라는 것이었다. 1982년 9월 24일 덩샤오핑은 재차 영국수상인 마거릿 대처에게 이 점을 천명했다. 1983년 9월 2일 영국은 홍콩의 주권을 반환하는 것에 동의했지만 교환조건으로서 홍콩에 대한 통치를 계속 유지하도록 해달라고 요구했다. 중국은 양자를 동시에 반환할 것을 요구하는 입장을 고수했다.

14개월간에 걸친 반복적인 논쟁과 흥정을 통해서 영국은 결국 홍콩, 주룽, 신계를 모두 포기하기로 약속했으며 덩샤오핑은 영국외상인 제프리 하우에게 "홍콩(현행 사회제도 및 생활방식)"을 50년간 변함없이 유지할 것"을 보증했다. 1984년 12월 19일 대처와 중국 총리 자오쯔양이 「중영의 홍콩 문제에 관한 공동성명서」에 공동으로 서명했는데, 공동성명서에서 영국은 1997년 6월 30일 자정에 홍콩의 3곳 모두를 중국에 반환하는 것에 동의했다. 중

국 측에서는 덩샤오핑이 "일국양제(一國兩制)"를 선언했는데, 즉 홍콩에 대해서 "고도의 자치권을 부여하며", 그뿐만 아니라 "홍콩의 사회 및 경제제도를 50년간 변함없이 유지할 것"을 보증했다. 그리고 홍콩은 홍콩인이 자치한다는 것이었다. 이 방침들은 「홍콩 기본법」에 구체적으로 제시하기로 했다. 1990년 4월 전국인민대표대회의 토론을 거쳐 통과된 이 법률은 미래의 홍콩 관리에 대한 구체적인 세부 사항을 규범화했다. 여기에는 다음과 같은 내용이 포함된다.

1. 홍콩 특별 행정구는 중화인민공화국과 분리할 수 없는 부분이다. 전국인민대표대회는 홍콩 특별 행정구에 대해서 기본법의 규정에 따라서 고도의 자치를 실시하여, 행정관리권, 입법권, 독립적 사법권 및 종심권(終審權)을 누리는 권한을 부여한다.

2. 홍콩 특별 행정구는 사회주의 제도 및 정책을 실시하지 않고 원래의 자본주의 제도와 생활방식을 50년간 변함없이 유지한다.

3. 홍콩 주민은 언론, 보도, 출판의 자유, 결사, 집회, 행진, 시위의 자유, 노동조합을 조직하고 가입하고 파업을 할 권리와 자유를 누린다.

4. 국방 및 외교문제 이외에는 홍콩은 홍콩인이 다스린다.

5. 홍콩의 원래의 법률, 즉 보통법, 형평법, 조례, 부속입법 및 습관법은 기본법에 저촉되거나 홍콩 특별 행정구의 입법기관의 수정을 거친 것 이외에는 그대로 남겨둔다.

6. 종심법원은 홍콩 특별 행정구의 최고법원이다.

7. 홍콩 특별 행정구 입법회 의원은 매회 60명으로 하며 선거를 통해서 선출하고 2007년이 되면 점차적으로 간접선거에서 보통선거로 바꾼다.

8. 홍콩 특별 행정구의 행정기관, 입법기관, 사법기관은 중국어를 사용하는 것 이외에 영어를 사용할 수 있으며 영어도 공식언어이다.

9. 중앙인민정부는 홍콩 특별 행정구의 국방업무를 책임지는 군대를 파견하여 주둔시키지만 홍콩 특별 행정구의 지방업무에는 간섭하지 않는다.

10. 홍콩 특별 행정구는 재정독립을 유지한다. 중앙인민정부는 홍콩 특별 행정구
    에서 세금을 징수하지 않는다.[2]

실제로 "변화"는 홍콩의 본질로서, 홍콩은 매일 변하고 있다. 이른바
"50년 동안의 불변"의 진정한 함의는 50년간 홍콩인이 이 지역을 관리하고
발전을 촉진시키는 권리를 가지며 동시에 고도의 자치를 누리는 것을 가리
킨다. 21세기에 이르러 중국이 초강대국으로 변하는 과정 속에서 홍콩의 도
움은 간과할 수 없다.[3]

영국의 식민통치   1842-1997년의 156년 동안 홍콩은 줄곧 영국의 식민지로
서, 절대적인 권력을 보유하고 있는 총독이 전면적으로 통치했다. 홍콩의 법
률은 영국 의회가 공포한 결정을 위배할 수 없었다. 1985년에 이르러 영국
의회는 "홍콩 법안"을 통과시켜 비로소 홍콩 입법기구에 영국 법안 및 결정
을 수정하거나 거부할 수 있는 권리를 부여했다. 실제로는 총독의 홍콩에
대한 통치는 상당히 느슨했는데, 그는 소지역의 사무에는 관여하지 않았고
전통풍속, 종교활동, 사회습속을 상당히 존중했다. 총독의 직책은 효율성 높
은 관리, 법률제도, 사법독립, 양호한 공공질서, 공민권리, 공평하고 합리적
인 경쟁정신을 유지하는 것이었다. 이것은 일종의 인정(仁政)에 의한 식민관
리로서 경제번영에 필요한 조건을 대단히 많이 제공했다.
　정치적으로 영국은 지금까지 민주제도를 홍콩에 부여한 적이 없었고 식민
통치 마지막 몇 년을 앞두고서야 비로소 이런 상황을 변화시키기 시작했다.
홍콩인들 자신의 입장에서 보면 그들은 일찍이 민주적인 요구를 한 적이 없
었으며 자신들이 주로 경제적인 성공을 추구하는 데에 힘쓰고, "세계시민"식
의 생활을 하고 있는 것에 만족했다. 중국인의 훌륭한 장사수단과 영국인의

---

2) 『香港基本法』. 또한 *Los Angeles Times*, June 30, 1997을 보라.
3) Ambrose Y. C. King, "The Return of Hong Kong and 'One Country, Two Systems'",
   Twenty-First Century, June 1997, p. 14.

훌륭한 관리가 상승효과를 거두어 홍콩을 아시아 태평양 지역과 동남 아시아의 주요 금융 및 경영관리 중심지로 육성시켰다. 이곳 사람들은 부유한 생활을 하면서 언론, 집회, 종교의 자유를 누리고 있어서 대다수의 문명사회와 별로 차이가 없으며, 비록 정치적인 민주는 없지만 사람들은 자기들이 빌려온 시간과 빌려온 토지 위에서 살고 있다는 것을 잘 알고 있다.4)

홍콩의 1인당 국내총생산(GDP)은 1966년의 686달러에서 1997년에는 2만 7,500달러로 크게 상승하여 영국, 캐나다, 오스트레일리아를 능가했다.5) 영국은 홍콩의 성공의 비결은 법치, 공무원제도, 경제자유 및 자주적 생활방식에 있다고 보았다. 마거릿 대처는 여러 차례에 걸쳐 "도의적 책임"을 언급했지만 홍콩인의 민주 문제에 대한 언급은 회피했다.6) 영국의 최대 관심사는 영국이 홍콩에서의 식민통치를 유지하는 것이었으며 가능하면 될 수 있는 대로 온화하고 관대한 방식을 취하는 것이었다.

1989년 영국과 중국은 1997년 7월 1일 정권을 이양하는 그해 안에 홍콩이 최초의 입법회 선거를 거행할 수 있게 하기로 합의를 보았다.7) 1990년 베이징은 입법회의 60석 중 20석은 직접선거를 통해서 선출하는 것에 동의했다. 1991년 9월에 이르러 대략 18명의 민주를 지지하는 인사가 당선되었다. 데이비드 윌슨 총독은 또다른 18명의 친(親)베이징 보수인사들을 임명했으며 나머지 인원수는 "기능별[功能別]"로 선출하여 각각 금융, 부동산, 제조업의 이익을 대표하게 했다.

---

4) Ting Wai, "The External Relations and International Status of Hong Kong", Occasional Papers / Reprint Series in Contemporary Asian Studies, School of Law, University of Maryland, No. 2, 1997, p. 12.

5) Brian Hook, "British Views of the Legacy of the Colonial Administration of Hong Kong : A PreliminaryAssessment", The China Quarterly, September 1997, p. 576; Liu Shuyong, "Hong Kong : A Survey of Its Political and Economic Development over the Past 150 Years", ibid., p. 590.

6) Ming K. Chan, "The Legacy of the British Administration of Hong Kong : A View from Hong Kong", The China Quarterly, op cit., p. 580.

7) Chas. W. Freeman. Jr., "Hong Kong and False Alarms", The New York Times, June 22, 1997.

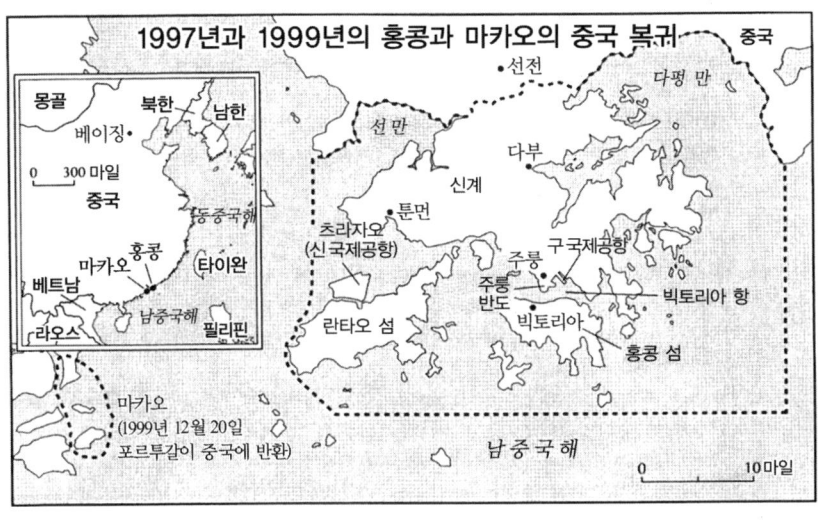

출처 : *The New York Times*, June 30, 1997.

1992년, 전(前) 영국 보수당 당수인 크리스토퍼 패튼이 제28대, 즉 마지막 총독으로 임명되었다. 패튼은 부임한 후 민주화 진행을 가속화했다. 그는 비록 완전한 보통선거를 제시하지 않았지만 입법회의 대다수 의석을 모두 직접선거를 통해서 선출할 것을 제시했다. 이 선거개혁 방안은 1994년 6월 30일 입법국에서 1표 차이로 통과되었다. 1995년 9월 선거가 정식으로 개시되어, 당선의원들은 기정사실화된 민주제도를 확보하기 위해서 1997년 정권 이양 이후 2년여 동안 계속해서 의원신분을 유지할 수 있었다. 이른바 직행 열차를 탄 것이었다. 중국은 패튼이 일정과 기본법의 관련조항에 관한 이전의 합의를 위반했다고 비난했다. 패튼은 자기의 방법은 홍콩인의 이익을 고려하여 홍콩 경제가 금후에 지속적으로 발전할 수 있도록 보증하고 민의를 반영하는 것이라고 항변했다. 베이징은 정권이 이양된 후에 즉각 입법회를 해산하고 새로운 선거가 실시될 때까지 새로 지정된 입법기구로서 입법회의 기능을 대체시킬 것이라고 했다. 4년 동안 베이징은 패튼과의 대화를 거부했지만 패튼은 홍콩인들로부터 커다란 지지를 받았으며, 인민의 권리와 민주를 수호한 투사가 되었다. 수많은 영국 외교부의 관리들과 전임 주중 대사였

던 퍼시 크래덕 경 같은 저명한 중국 문제 전문가들은 패튼의 대결정책은 약간 지나치며 진정으로 홍콩의 최대이익을 보장하기 어렵다고 생각했다.[8]

정권인계 의식 1842년 영국에 할양될 때 홍콩은 하나의 작은 어촌에 불과했다. 그러나 1997년 중국에 반환될 때 홍콩은 이미 국제금융과 무역의 번화한 대도시로 변해버렸는데, 영국의 전 외교대신인 제프리 하우의 말로 형용하면 "홍콩은 진귀한 명대의 화병(花瓶)"이라는 것이다. 1997년 6월 30일 자정, 이양 의식이 정식으로 거행되었다. 찰스 왕자가 영국 여왕을 대표하여 먼저 다음과 같은 치사를 했다.

본인은 홍콩 시민이 그들이 과거 1세기 반 동안 이룩한 모든 성과에 대해서 경의를 표하게 된 것을 매우 기쁘게 생각합니다. 홍콩의 휘황찬란한 성과는 유지할 필요가 있으며 마땅히 유지되어야 합니다. 홍콩은 활력과 안정이 어떻게 하나의 성공적인 사회 제반의 특징을 이룩하게 하는가를 전 세계에 보여주었습니다. 그것들은 공동으로 세계가 부러워하는 위대한 경제를 이룩했습니다.……나날이 번창하는 상업 및 문화의 합류지로서 홍콩은 우리 모든 사람들의 생활을 풍요롭게 했습니다. 1984년의 공동성명은 전 세계 앞에 홍콩의 생활방식은 계속해서 지속될 것이라는 것을 정중히 보증했습니다. 본인은 기꺼이 여왕 폐하와 영국 국민 전체를 대표하여 전체 홍콩시민들에게 우리의 감사와 존경과 열애와 축복을 표시하고자 합니다. 대대로 친구로서 지내온 여러분들은 이와 같이 신뢰할 수 있고 특별한 사람들입니다. 우리는 영원히 여러분들을 잊지 못할 것입니다. 여러분들이 여러분들 자신의 휘황찬란한 역사의 새로운 장 속에서 전진할 때, 우리는 최대의 관심을 가지고 여러분들을 주시할 것입니다.[9]

중국 국가주석 장쩌민은 630만 동포들이 조국의 품속으로 돌아온 것에 대해서 환영을 표시하고 다음과 같이 약속했다.

---

8) Brian Hook, *op cit.*, pp. 562-563.
9) *The New York Times*, July 1, 1997.

홍콩이 조국으로 복귀한 후 중국 정부는 확고하게 "일국양제", "홍콩인에 의한 홍콩 관리", "고도의 자치"의 기본방침을 관철시키고, 홍콩 원래의 사회 및 경제 제도와 생활방식을 유지하고, 법률을 기본적으로 변함없이 유지할 것입니다. 홍 콩 특별 행정구는 홍콩의 실제에 부합하는 민주제도를 점차적으로 널리 시행할 것입니다.……홍콩은 장차 계속해서 자유항의 지위를 유지할 것이고, 계속해서 국제금융과 무역과 해운 센터의 역할을 발휘할 것이며, 기타 국가와 지역 그리고 관련된 국제조직과의 경제적, 문화적 연계를 유지할 것입니다. 홍콩에 있는 모든 국가와 지역의 합법적인 경제이익은 법률상의 보호를 받을 것입니다.[10]

전 세계 각지에서 온 8,000명의 기자들과 매스컴 종사자들이 보도를 했다. 의식이 진행됨에 따라서 영국은 명예스럽게 홍콩에서의 156년간에 걸친 식 민통치를 종식했고 중국은 사람들을 가슴 아프게 했던 국가민족의 굴욕을 자랑스럽게 씻어버렸다. 각지에 분포되어 있는 중국인들은 정치신앙이 어떻 든, 공산당원이든 국민당원이든 또는 무당파 인사이든 모두 이 역사적인 순 간에 대해서 환호했다. 특기할 만한 것은 초청을 받고 이 의식에 참석한 4,000명의 귀빈 중 해협교류재단 이사장인 꾸전푸가 인솔한 타이완 정부대 표단이었다. 정권이양 의식이 끝난 후에는 새로 당선된 홍콩 특별 행정구 행정장관인 둥젠화(董建華)가 취임선서를 했다.

이어서 그는 정무국장 천팡안(陳方安)이 이끄는 정부 주요관리들의 취임 선서를 주재했는데, 약 1,000명 정도의 영국 국적을 가진 공무원들이 계속 유임을 선택했다.[11] 리궈닝(李國能)은 계속해서 종심법원 수석법관을 맡았 으며 대다수의 중요한 홍콩 사회기구는 새로운 시기에 변함없이 유지되었다. 중국 복귀 이전에 선거를 통해서 탄생되었던 입법국은 즉각 해산되고 임시 입법회로 대체되었다. 임시입법회의 위원은 400명의 선거위원회가 선거를

10) *Ibid*.
11) Edward A. Gargan, "Hong Kong Still Carries Britannia's Indelible Mark", *The New York Times*, June 29, 1997.

통해서 선출했으며, 이 위원회의 구성원은 베이징이 선발했는데 주로 친중국 상인들이 독점했다. 홍콩 종심법원은 중국 전국인민대표대회는 홍콩의 기본법을 능가하는 임시입법회를 임명할 권한이 있다고 재정(裁定)했다. 이것은 마치 영국 국회가 과거에 홍콩 법원의 판정을 번복할 수 있었던 것과 같았다. 홍콩에서는 공산당을 포함한 정당들의 조직이 금지되었고, 티베트와 타이완 독립을 고취하는 모든 활동도 금지되었다.

둥젠화는 운항업계의 거상의 후예였으며 비록 영국에서 6년간 공부를 하고 미국에서 10년 동안 살았지만 여전히 농후한 중국 전통문화의 정취를 가지고 있었다. 이제 그가 우선적으로 고려한 것은 교육, 주택, 노인복지상의 개혁이었고 그는 베이징의 대변자일 뿐만 아니라 "그 자신"이 되려고 힘썼다. 둥젠화는 홍콩의 이익을 고려해야 하고 베이징의 이익도 고려해야 한다. 취임선서에서 둥젠화는 그의 홍콩 통치의 이념을 다음과 같이 상세히 밝혔다.

> 모든 사회는 각각 자기 사회의 공통된 목표와 일치된 관념을 가지기 위해서 자기의 가치를 가져야 합니다. 우리는 장차 계속해서 우리 사회의 다양성을 장려해야 하지만 동시에 노인공경, 가정을 보살피는 것, 겸허함, 정직, 부단히 새로워지려는 소망을 포함한 중국의 우수한 전통적인 가치를 재천명하고 존중해야 합니다. 우리는 다양성을 중시하지만 공개적인 대결을 찬성하지 않으며, 우리는 자유를 쟁취하지만 이를 위해서 법치를 희생해서는 안 되며, 우리는 소수인의 의견을 존중하지만 대다수 사람들의 이익을 고려해야 하며, 우리는 개인의 이익을 보호하지만 동시에 집단적인 책임을 지고 있습니다. 우리는 이런 가치들이 우리 사회의 통합을 위해서 견실한 기초를 제공하기를 바랍니다.12)

정권이양 전에 서방의 매체, 정치인물 및 인권활동가들은 중국이 자국의 홍콩에 대한 보증, 즉 "고도의 자치"라는 이 짧은 말이 포괄하는 정치 및 경제의 자유, 법치, 사법독립, 전문 공무원제도, 출판의 자유, 공평한 자유경쟁

---

12) *The New York Times*, July 2, 1997.

등의 보장을 진정으로 실천할 수 있을지 걱정했다. 『포천』지는 심지어「홍콩의 죽음」이라는 제목의 글을 게재하기까지 했다.[13] 얼마 전에 미국은 줄곧 홍콩이 영국 관할에 속한다고 여기어 불간섭정책을 취했다. 그러나 톈안먼 진압 이후 미국은 홍콩의 자유와 자치에 대해서 날이 갈수록 관심을 가지게 되었다. 1992년 미국 국회는 대통령이 홍콩의 정치자유 상황을 국회에 보고해야 한다고 규정한 "미국-홍콩 정책법안"을 통과시켰다.

중국은 그 나름대로 홍콩의 순조로운 이양을 원하는 이유가 있었다. 가장 기본적으로 중국은 홍콩 통치에서 더욱 좋은 성과를 거두지 못한다고 하더라도 최소한 제국주의자들만큼은 된다는 것을 전 세계에 입증하려고 했다. 둘째, 중국은 홍콩으로부터 인재, 자금, 과학기술, 관리경험을 흡수하여 현대화 실현을 도울 수 있다. 셋째, 평온한 이양은 하나의 상징이 될 수 있는데, 즉 개혁개방 지침의 인도하에 관용적이고 진보적인 새로운 시대가 시작되었으며, 이로부터 국제적인 신임을 획득하여 국제사회에서 세계강국으로서의 중국의 부상을 배척하는 것이 아니라 받아들이고 싶어하도록 만드는 것이다.[14] 넷째, 홍콩의 성공적인 인수는 결국에는 타이완을 통일하는 데에 본보기가 될 수 있다. 다섯째, 홍콩의 순조로운 이양은 장쩌민이 가을에 미국을 방문하는 데에 도움이 된다. 마지막으로, 가장 중요한 점은 국제금융계가 중국의 행위에 대해서 강력한 감찰작용을 할 수 있다는 것이었다. 홍콩에서의 외국 투자는 이미 약 1,000억 달러에 이르렀다. 중국이 홍콩 문제에 간섭하는 일은 홍콩의 투자분위기와 환경을 악화시키고, 또한 이는 외국 자본을 빠져나가게 하여 주식시장의 급격한 하락과 부동산 거래이 붕괴를 초래하게 될 것이다. 무디스와 스탠더드 앤드 푸어스 등 국제신용평가기구는 홍콩의 신용등급을 낮출 것이며 이 결과가 홍콩의 금융에 미치는 영향은 파국적일 것이다. 미국, 영국, 유럽, 일본의 투자회사, 즉 예를 들면 메릴 린치, 바클레이스, 피델리티, 뱅가드, 독일은행, 미쓰비시 실업 등은 이로 인해서 철수할

13) Louis Kraar, "The Death of Hong Kong", *Fortune*, June 26, 1995, pp. 118–132.
14) Patrick E. Tyler, "China Issue for the Post-Deng Era", *The New York Times*, June 29, 1997.

수도 있다. 베이징 지도층의 신용지수는 결국 항생(恒生)지수와 연계되어 있어서 정말로 풍자적인 의미를 지니고 있다.15)

복귀 후의 홍콩 수많은 무시무시한 예언이 있었지만, 복귀 이후 홍콩에는 결코 두뇌의 대량유출, 사회불안, 매체에 대한 난폭한 간섭, 경찰의 반체제 인사에 대한 진압 등의 현상이 출현하지 않았다. 4,000명의 인민해방군은 그들의 군영 내에 주둔했으며, 공산당조직도 건립되지 않았다. 하루하루 흘러갔지만 외관상으로는 평소와 별로 다른 것이 없었다.

그러나 평온한 표면 밑의 사람들의 내심 깊은 곳에는 언제나 일종의 불안 감이 존재하고 있다. 일부 지방에서는 생활이 점점 더 그렇게 국제화되지 못하고 중국적 요소가 갈수록 많아지고 있다. 이것은 일종의 미묘하고 감지 하기 어려운 점진적인 과정을 통해서 이루어지고 있는데, 언뜻 보면 알아챌 수 없다. 새롭게 수정된 교과서에는 중국의 각종 사무에 대한 태도가 반영되 어 있다. 작가와 출판업자들은 중국의 감정을 건드리지 않기 위해서 "자체단 속"을 행하고 있다. 사실상 영국 통치가 종식되기 전의 마지막 3년 동안에 이런 변화는 이미 조용히 시작되었다. 기차역과 비행장에서는 이미 표준어, 광둥어, 영어로 방송을 내보내고 있다. 공무원은 회의를 시작할 때와 보고서 를 쓸 때 중국어를 사용해야 했고 다시는 과거처럼 그렇게 영어를 사용하지 않는다. 둥젠화는 홍콩인들이 "2개의 문자와 3개의 언어"에 정통하여 중국 통치 아래 홍콩의 새로운 모습을 보여주기를 희망하고 있다. 수업에서는 영 어가 중국어로 대체되기 시작했다. 400개의 중학교 중 오직 100개(대부분은 천주교 학교)만이 특별 허가를 거쳐 영어로 3년간 수업을 하고 나머지 학교 들은 1998년에는 반드시 중국어로 바꿔서 수업을 해야 한다.

입법회의 새로운 선거법은 상당히 복잡하다. 60개의 의석 중 20석은 민선

---

15) Thomas L. Friedman, "Mighty Saviors of Hong Kong : Greed and Ego", *International Herald Tribune*, Hong Kong, July 5-6, 1997; Chas. W. Freeman, *op cit.*, *The New York Times*, June 22, 1997.

으로 탄생되고, 나머지 40석 중 10명은 선거위원회가 선출하며 나머지 30명은 상업기구, 전문단체 등과 같은 기능조별의 선거로 탄생된다. 민주당 및 그 동맹자들을 저지하기 위해서 설계된 비례대표제로 인해서 유권자의 수효는 1995년의 270만 명에서 18만 명으로 급감했다. 선거위원회는 800명의 선발된 투표자로 구성되어 있는데, 여기에는 모든 임시입법회의 구성원, 홍콩 지역의 전국인민대표가 포함되어 있고, 순종적인 회사대표들이 있다.16)

중국 복귀 후에 홍콩은 두 차례에 걸쳐 홍콩의 중국 복귀와 직접적인 관련이 없는 심각한 타격을 입었다. 첫 번째 위기는 1997년 7월부터 태국에서 시작되어 말레이시아, 인도네시아, 필리핀, 한국으로 파급된 금융위기였다. 홍콩이 받은 영향은 비교적 작았지만, 항생지수는 8월의 1만6,673점에서 12월에는 8,700점으로 폭락했다. 많은 상인들은 극심한 손실을 입었고, 관광업은 30-50퍼센트 하락했다. 부동산의 거품이 꺼졌으며 주택가격은 40퍼센트 폭락했고, 부동산 중개시장은 최고조에 달했던 1997년보다 30퍼센트 하락했다. 실업률은 1998년 10월에 5.3퍼센트에 이르렀다. 소비수준, 소매, 수출입 수준은 크게 하락했다. 1998년의 앞의 3사분기의 홍콩의 생산총액은 각각 2.8퍼센트, 5퍼센트, 7퍼센트였고 그해 전체의 통계는 -5.1퍼센트 성장을 기록했다. 1961년 정부가 통계를 관장한 이후 홍콩은 처음으로 전면적인 쇠퇴에 직면했다.17)

두 번째 위기는 1997년 가을에 발생한 H5N1 바이러스가 일으킨 "조류독감"이다. 이로 인해서 130만 마리의 각종 가금이 도살되었다. 비록 이 감염은 성공적으로 억제되었지만 홍콩의 상업, 특히 요식업에 엄청난 타격을 주었다. 이 경제적 재난의 배경 아래 오랫동안 기대했던 입법회 선거가 드디어 1998년 5월 24일 거행되었다. 투표자 수는 신기록을 세울 정도였다. 유권자

---

16) Robert Stone and Esther Lam, "Stifling Democracy in Hong Kong", *International Herald Tribune*, September 9. 1997.

17) Mark Landler, "Sanctuary Lost : Hong Kong Can't Hide From Asia's Woes", *The New York Times*, May 30, 1998; Min Pao, Hong Kong, August 28, 30, 1998; *Los Angeles Times*, Nov. 28, 1998.

들은 거센 비를 무릅쓰고 가서 투표했다. 이는 사실상 홍콩인들의 미래의 민주제도에 대한 국민투표를 의미하는 것이었다. 자격을 갖춘 전체 유권자 중 투표에 참가한 유권자는 53.3퍼센트를 차지하여 영국 통치시기인 1991년의 39퍼센트와 1995년의 35.8퍼센트를 크게 초과했다. 1997년 7월 1일 중국 복귀 이후 입법회의 의석을 박탈당했던 민주파의 지도자들이 이번에 다시 당선되었는데, 이들은 각각 민주당의 리주밍(李柱铭), 전선(前線)의 류후이칭(劉慧卿), 민권당의 루꽁후이(陆恭蕙)이다. 리주밍이 영도하는 민주당은 13석과 43퍼센트의 표를 획득했고, 그의 동맹자들이 획득한 의석을 합치면 민주당파는 60개의 의석 중 20개의 선거의석과 70퍼센트의 표를 얻었다. 그러나 이 상황은 홍콩의 중국 복귀 이전과 비교하면 27석이 적은 것이다. 이 선거에서 친베이징 및 친상업계의 인사들이 얻은 지지는 아주 형편없었지만 그들은 또다른 두 선거에서 10명이 선거위원회를 통해서 선출되었고 30명이 기능별을 통해서 선출되어 상당히 만족스럽게 생각했다. 입법회에서 그들이 차지한 의석수는 여전히 민주파를 초과했다. 민주인사들이 재차 당선된 것은 베이징의 입법회 임명 방법에 대한 항의로 간주되었고, 대중의 경제 상황에 대한 불만을 표명한 것이었다. 신바람이 난 리주밍은 용기가 배로 늘어나 전면적인 민주화의 진행을 가속화할 것을 호소했다. 그뿐만 아니라 기본법이 규정한 2007년이 아니라 2000년에 홍콩 특별행정장관 선거와 전부 60명의 입법회 의석의 선거를 실시할 것을 요구했다. 법률규정에 근거하면 2007년 이전의 전면민주화 실시는 홍콩 특별행정장관인 둥젠화의 찬동과 전국인민대표대회의 비준을 얻어야 하는데 이 두 가지는 절대로 불가능한 일이다.

중국으로 복귀된 지 1년 후, 홍콩 정부는 전력을 다하여 원래의 모습을 그대로 유지하려고 노력했고, 중국 정부도 줄곧 홍콩 문제에 간섭하지 않겠다는 약속을 지켰다. 홍콩 주민이 중국 통치하에서 누리는 자유는 영국 통치하에서와 별로 다른 것이 없었으며 일상생활에서 누리는 민주적 생활방식은 대체로 유지되고 있다.

중미 관계

국제관계사에서 하나의 새로운 중요국가가 부상한다는 것은 항상 국가 간에 이미 존재하고 있던 균형을 교란시킬 수 있고 이미 정해진 국제행위 모델을 파괴할 수 있다. 이 명제와 서로 관련이 있는 한 가지 사례가 바로 20세기가 다가올 때의 빌헬름 시대의 독일이었다. 그것의 출현은 대영제국이 주도하는 국제질서를 아주 크게 교란시켰다. 이제 중국의 부상은 미국을 리더로 하는 국제체계에 대한 도전인 것은 틀림없다. 독일은 중국과 같은 수준에서 함께 논할 수 없다. 중국은 영토, 인구, 유구한 문화의 힘, 부상 이후에 생길 수 있는 영향 면에서 독일보다 훨씬 더 클 것이다. 싱가포르 원로인 리콴유는 1994년에 "중국의 지위 교체의 작용이 세계에서 이렇게 크니 아마도 30-40년이 지나야 비로소 새로운 균형을 찾을 수 있을 것이다. 단지 중국을 하나의 대국이 추가된 것으로 간주하면 안 된다. 중국은 인류역사상 최대의 국가이다"라고 말했다.[18]

서방의 입장에서 보면 이런 국면은 완전히 예상 밖이라서 일종의 완전히 새로운 사고를 가지고 대해야 한다. 중국은 너무 커서 고립시킬 수 없고, 너무 강해서 억제할 수 없으며, 너무 중요하여 멀리할 수도 없고, 중국 시장에는 벌 수 있는 돈이 너무 많아서 무시할 수는 더더욱 없다. 미국이라는 이 유일한 초강대국은 어떻게 이 새로 부상하는 잠재적인 적수를 상대할 것인가? 마치 미소 관계가 지난 반세기 동안의 세계구도를 결정한 것과 마찬가지로 미국과 중국의 관계가 아마도 금후 반세기 동안의 구도를 결정할 것 같다.[19]

중국의 입장에서 보면 그들은 현재 역사적으로 유리한 시기에 처해 있다.

---

18) Samuel P. Hungtington, *The Clash of Civilizations and the Remaking of World Order*(New York, 1996), p. 231에서 인용.

19) Richard Haass, "Fatal Distraction : Bill Clinton's Foreign Policy", *Foreign Policy,* Fall 1997, p. 120. Haass는 부시 대통령 특별 보좌관(1989-1993)과 국가안전보장회의 수석 국장을 역임했다.

중국은 1세기 반 동안의 내우외환을 거쳤지만, 부유함과 강대함과 국제적인 존중을 얻는 것은 이미 식은 죽 먹기인 것 같다. 중국인은 정신적으로 새롭게 자신을 얻었으며 많은 사람들은 국운이 상승하고 있다고 믿고 있어 마땅히 중국이 자신의 천명현시설(天命顯示說)을 선언할 때인 것이다.

분명한 것은 중국이 경제를 발전시키고 현대화를 실현하는 데에는 지속적인 평화의 환경과 대량의 외국 자본 및 현대 기술이 필요하다는 것이다. 이때문에 미국과의 평화공존과 우호협력은 이 목표를 실현하기 위한 기본정책이 되었다. 워싱턴과 베이징은 협력은 쌍방에게 거대한 이익을 가져다 줄 수 있고 대결은 거대한 손실을 가져다주리라는 것을 명확히 알고 있다.

이런 공감대에 기초하여 일종의 평화로운 동반자 형식의 중미 관계가 모습을 드러내고 있지만, 쌍방에게는 이데올로기, 문화, 정치제도, 사회습관, 지리 및 전략적 고려 등의 면에서 뿌리 깊은 차이가 존재하고 있다. 양국 지도자들은 "현명한 태도를 취하여 견해 차이와 긴장을 허용함과 동시에 쌍방관계가 상호이익의 궤도를 이탈하지 않도록 힘써야" 한다.[20] 언쟁, 이익충돌, 어려운 흥정이 생길 것이지만 최종적인 결과는 전쟁은 아닐 것이다. 상호간의 경계와 방비는 장차 금후 20년 혹은 30년간의 쌍방관계의 특징이 될 것이다. 2020년은 대단히 중요한 해로서 그때가 되면 중국은 초강대국이 될 것이다.

"중국 위협론"? 1990-1995년에 중국의 경제 및 군사력은 신속히 강대해졌다. 1992년 국내생산총액은 13.25퍼센트 증가했고, 1993년에는 13.4퍼센트 증가했으며, 1994년에는 11.8퍼센트 증가했다. 1995년에 이르러, 미국 중앙정보국(CIA)이 채택한 구매력평가 계산법(PPP)에 따르면 중국의 국내총생산액은 3만5,350억 달러를 기록하여 세계 제2위에 올랐다. 이 액수는 미국의 7만3,970억 달러보다는 낮았지만 일본의 2만8,850억 달러, 독일의 1만6,480

---

20) "U. S. -China Summit Stirs Winds of Pragmatism", editorial, *Los Angeles Times*, October 31, 1997.

억 달러, 프랑스의 1만2,480억 달러, 영국의 1만1,500억 달러, 이탈리아의 1만1,870억 달러보다 더 높았다.[21] 중국은 10년(1980-1990) 동안 1인당 국내총생산액을 배로 증가시켰는데, 동일한 결과를 얻는데에 영국은 58년(1780-1838), 미국은 47년(1834-1981), 일본은 33년(1880-1913)이 걸렸다.[22] 2020년이 되면 중국의 경제력은 미국과 우열을 가리게 될 것 같다.

1988년부터 1993년까지의 장부상의 기재 내용으로 보면 중국의 군사비는 2배로 증가했는데, 실제로는 50퍼센트 증가했다. 1993년의 군사예산은 정부측 환율로 계산하면 220-370억 달러로 추산되며, 구매력평가에 의한 계산법으로 추산하면 아마도 900억 달러일 것이다.[23] 중국은 줄곧 약 300만 명의 병력이라는 강대한 군사력을 점진적으로 개선해왔을 뿐만 아니라 이미 첨단기술로 제작된 많은 비행기, 미사일, 잠수함을 보유하게 되었다. 중국의 9,000대의 탱크, 5,000대의 비행기, 1,150척의 함선은 아직 첨단화되어 있지 못하고, 핵무기 능력도 크지 못하지만(대략 프랑스 규모에 해당), 대륙간 탄도 미사일 17개, 중거리 탄도 미사일 70개, 잠수함 발사 미사일 12척을 보유하고 있다. 대륙간 미사일의 사정범위는 8000킬로미터로서 모스크바와 미국 서해안에 도달할 수 있다.[24]

중국의 경제 및 군사력의 신속한 증가는 대미 무역흑자의 고속 증가와 동시에 이루어졌다. 1994년에는 295억 달러, 1995년에는 337억9,000만 달러, 1996년에는 395억2,000만 달러, 1997년에는 497억 달러, 1998년에는 568억9,000만 달러였다. 1997년 말에 이르러 외화 보유액은 1,399억 달러에 이르러 일본의 2,120억 달러 다음이었고, 독일의 740억 달러와 미국의 330억 달러보다는 높았다.[25] 부는 흔히 세력과 지위의 상징으로 생각되며 성공은 사

21) 陳子明, 王軍燾, 『解除中國危機』(Ontario, Canada, 1996), p. 210. CIA, *Handbook of International Economic Statistics, 1997*(Updated Jan. 12, 1998), Table 7.
22) Kishore Mahbutani, "The Pacific Way", *Foreign Affairs*, Jan. / Feb. 1995, p. 103.
23) Huntington, 230. 사실상 중국 군비예산액이 얼마인지 아는 사람은 아주 적은데 그 이유는 대부분의 비용이 기계공업, 화학공업, 전자공업, 채광, 철도, 통신, 우편사업 속에 숨겨져 있기 때문이다. 중국의 군비예산은 400-1400억 달러로 추산된다(구매력평가 계산법).
24) *The New York Times*, Dec. 3, 1996.

람들을 자신감으로 충만하게 하고 존엄을 느끼게 한다. 수많은 중국인들은 조국이 위대하고 국제적으로 중시받는 국가가 되는 시기가 결국 도래하리라고 생각하고 있다.

그러나 실제로 중국은 도대체 얼마나 강대한가? 한 국가의 국력을 측정하는 데는 8개 혹은 9개의 기준이 있다. 즉 (1) 인구와 영토, (2) 자연자원, (3) 경제력, (4) 군사력, (5) 전략과 지리의 중요성, (6) 과학과 기술성과 수준, (7) 국제조직의 참여 상황과 투표권, (8) 문화와 교육수준, (9) 곤란한 상황에서 국가정책을 굳건하게 관철시키려는 의지와 결심이다. 앞의 6개의 기준은 "경성 권력(硬性權力, hard power)"로 볼 수 있고, 뒤의 3개의 기준은 "연성 권력(軟性權力, soft power)"으로 볼 수 있지만 양자는 동일하게 중요하다.26) 상술한 기준에 근거하여, 한 저명한 중국 군사 및 과학 문제 전문가는 1990년대에 중국의 국력은 세계 6위를 차지할 것이며 21세기 초에는 아마도 5위로 상승할 것으로 판단했다. 2000년에 그의 중국의 전반적인 국력에 대한 실제 평가지수는 437.53이고, 미국은 816.85이다.27) 수많은 중국 전문가들은 2020년이나 2030년에 이르러야 중국은 비로소 진정한 강국이 될 수 있다고 생각하고 있다. 그러나 중국 정부는 현재 위대한 강국이라는 목표의 실현을 향해서 전력을 다하여 매진하고 있다.

중국인의 자국의 국력에 대한 평가는 서방보다 엄격하고 엄밀하며 가혹하다. 중국의 서부와 서북 지역에는 3억 명의 주민이 오랫동안 빈곤 속에서 생활해오고 있고, 내륙의 성에서 연해 지역으로 이동하는 임시노동자가 1억 2,000만 명이며, 빈부 격차, 남북 격차 및 도농 격차가 나날이 확대되고 있으며 대형 국유기업의 장기적인 적자 상황은 해결하기가 어렵다. 이런 요소들은 모두 제약적인 요소로서 중국의 정책제정자들은 이것을 잘 알고 있지만, 외국인의 눈에 보이는 것은 오직 중국이 초강대국으로 발전하고 있는 것뿐

25) *Los Angeles Times*, August 15, 1997.
26) Joseph S. Nye, Jr., "Still in the Game", *World Monitor*(The Christian Science Monitor Monthly), March 1990, pp. 42-47.
27) 黃碩風, 『綜合國力論』(北京, 1992), pp. 36-38, 106-111, 218-226, 231-232.

〈미국의 분석에 의한 주요 대국의 국력 대비(1990)〉

	경성 권력			연성 권력			
	기본자원	군사	경제	과학기술	국가응집력	보편적 문화	국제기구
미국	강함	강함	강함	강함	강함	강함	강함
소련	강함	강함	중간	중간	약함	중간	중간
유럽	강함	중간	강함	강함	약함	강함	강함
일본	중간	약함	강함	강함	강함	중간	중간
중국	강함	중간	중간	약함	강함	중간	중간

출처 : Joseph S. Nye Jr., "Still in the Game", *World Monitor*(The Christian Science Monitor Monthly), March 1990, p. 47.

이다. 이것은 중국이 (1) 국제연합 5대 상임이사국 중의 하나이고, (2) 핵대국이며, (3) 구매력평가에 의한 계산법을 기준으로 하면 1인당 국민총생산액은 여전히 가장 낮은 대열에 속해 있지만 국내총생산액은 세계 제2위이고, (4) 경제성장 속도가 가장 빠르고, (5) 거액의 무역흑자를 누리며 막대한 액수의 외화 보유액을 가지고 있으며, (6) 국내적으로 자신이 미래에 반드시 강대해질 운명이라는 것에 대해서 공통된 신념을 가지고 있기 때문이다.[28]

이런 요소들 때문에 서방인들은 중국은 아시아 태평양 지역의 지역강대국이며 2020년에는 세계적인 초강대국이 되리라고 생각한다.

미국의 대중국 정책의 변천   전통적으로 미국은 어느 한 국가가 유럽이나 아시아를 지배하는 것을 용인할 수 없었다. 미국은 일찍이 독일의 유럽 정복을 저지하기 위해서 두 차례에 걸쳐 참전했고 다른 한번은 일본이 아시아에서의 패권을 차지하는 것을 저지하기 위해서 참전했다.[29] 미국이 장차 현재 동아시아의 강대한 세력으로 부상하여 결국에는 더욱 커다란 지정학적인 영역에서 영향력을 발휘할 중국을 어떻게 상대할 것인가? 이 문제에 답변하기 위해서는 중국이 일본과 독일의 전철을 밟아 다른 나라를 침략하여 미국의

---

28) 陳子明, pp. 200-202.
29) Huntington, pp. 228-229.

1210

<中국의 주요 대국의 국력에 대한 분석(1989-2000)>

순위	국가	1989년 종합 국력	연평균 성장(%)	2000년 종합 국력
1	미국	593.33	2.7	816.85
2	소련*	386.72	4.4	648.34
3	독일**	378.10	3.3	558.23
4	일본	368.04	3.2	537.39
5	중국	222.33	5.8	437.35
6	프랑스	276.35	2.8	384.93
7	영국	214.08	2.3	281.24

* 해체 이전의 소련의 통계수치에 의거함.
** 동독, 서독 양쪽을 포함함.
출처 : 黃碩風, 『綜合國力論』(北京, 1992), pp. 220-221.

이익을 위협할 수 있을 것인가의 여부를 분명히 알아야 한다. 중국의 목표는
무엇인가? 21세기에 중국은 전 세계에서의 자신의 위치를 어떻게 자리매김
할 것인가?

역사적으로 중국은 일찍이 수많은 이웃 국가들과 전쟁을 한 적은 있지만
그들을 장기간 점령하거나 식민지화한 적은 없었다. 이런 방법과는 반대로
중국의 전통적인 방법은 그들에게 유가사상을 전파하여 교화로 그들을 개조
시키는 것이었다. 어떤 사람들은 이런 방법이 중국식의 문화제국주의이며
이 전통은 오늘날의 시대에도 결코 중단되지 않고 있다고 말한다. 과거 50년
동안 중국은 1950-1953년의 한국전쟁과 1962년의 중국-인도 국경전쟁과
1979년의 중국-베트남 전쟁에 참가한 적이 있지만 적대적인 대치가 종결된
후에는 군대를 전부 철수시켰다. 오늘날 중국 군대는 국외에 1명도 존재하지
않는 상태이다. 1995년 11월 16일 출판된 중국 군사『백서』는 "중국은 국외
에 군대를 파견하여 주둔시키거나 기지를 설립하지 않을 것이며 그러므로
다른 나라에 대해서 위협이 되지 않을 것이다"라고 명확히 선언했다.

중국 군대는 미국을 가상의 적으로 간주하고 있지만 미국의 군사력에 대
해서는 지금까지 감히 가볍게 여긴 적이 없으며 미국과의 직접적인 군사대
결의 발생을 가능한 피하고 있다.[30] 한 저명한 군사전문가는 일찍이 경고하

기를, "침략전쟁은 아무런 성과도 거두지 못할 것이다. 역사가 증명하는 것과 같이 나폴레옹부터 1930-1940년대의 나치당, 파시스트 분자, 일본 군국주의자들에 이르기까지 모두 치욕스러운 실패와 자아파멸로 끝을 맺었으며 무수한 무고한 백성들에게 엄청난 재난을 가져다주었다"고 했다.[31] 사람들은 일시적인 군사적 승리가 가져다주는 잠시 동안의 영광에 유혹되어서는 안 된다. 그러므로 허세, 엄포, 위협, 강경한 어조의 성명이 신문에 자주 보였지만 중국 군대는 기본적으로 신중하며 경솔하게 모험을 하지 않았다. 강대한 중국은 결코 독일과 일본의 전철을 밟을 리 없겠지만, 중국은 이웃 국가들에게 존중과 우호와 협력의 태도를 취하고 적과 동맹을 체결하지 않는 정책을 수행할 것을 바라고 있다. 중국은 석유자원의 이익을 보호하기 위해서 중국해와 남중국해에서 영향력을 행사할 것이고, 필리핀 부근의 난사 군도, 파슬 섬, 미스치프 암초의 주권을 계속 수호할 것이며, 인도네시아 나투라 섬 부근의 천연 가스전 소유를 선언했지만[32] 탐욕스러운 침략자가 될 의사는 없는 것 같다.[33]

1995년에 중국의 군사사상에 중대한 전환이 생겼다. 1995년 11월 16일 발표한 1만5,000자로 된 『백서』에서 베이징은 타이완과의 전쟁을 포함한 한 차례의 국부전에서 승리할 수 있는 초현대화되고 첨단기술을 갖춘 군대를 창설할 것을 제의했다. 미국의 걸프전에서 발휘된 능력에 시사를 받은 장쩌민은 고도의 기동부대를 창설하여 최단시간 내에 최소의 대가로 첨단기술 전쟁에서 승리할 수 있기를 간절히 바라고 있다. 군대를 병력 밀집형에서 기술 밀집형으로 전환시키기 위해서 그는 50만 병력을 감축할 것을 제의하고 질을 수량 위에 둘 것을 강조하고, 미국이 말하는 "중국 위협론"은 아무런 근거가 없다고 반박했다.

---

30) Ross H. Munro, "Eavesdropping on the Chinese Military : Where It Expects War, Where It Doesn't", *Orbis*, Summer 1994, p. 356.
31) 黃碩風, pp. 231-232.
32) Huntington, p. 230; Ross H. Munro, pp. 358-360
33) 平可夫, "華府在東亞戰略中的兩岸因素", 「中央日報」, 臺北, 1997년 5월 8일.

그러나 중국은 확실히 미국을 대신하여 아시아 태평양 지역의 맹주가 되려고 하는 야심을 가지고 있다. 1997년 8월 브루나이에서 열린 아세안 (Association of Southeast Asian Nations, ASEAN) 회의에서 중국 부총리 겸 외교부장인 첸치천은 "우리는 미국이 말하는, 미국이 아시아 평화와 안정을 유지하는 세력이라는 것을 인정하지 않습니다"라고 말했다. 그는 미국이 다시는 자신을 "동방의 구세주"로 간주하여 도처에서 활동하지 말 것을 요구했다. 그러나 미국의 입장은 일찍이 이미 국무장관인 크리스토퍼를 통해서 "미국은 군사, 경제, 정치상으로 현재에도 그리고 미래에도 계속해서 태평양의 강국입니다"[34]라고 분명하게 밝혀졌다. 미국은 현재 일본의 4만7,000명과 남한의 3만7,000명을 포함하여 10만 명의 군대를 아시아에 주둔시키고 있다. 중국이 나날이 강대해지는 것에 대해서 불안을 느끼는 일부 아시아의 소국들은 미국의 아시아에서의 기반 구축에 대해서 환영을 표시하고 있다.

견제론과 화합론 미국은 현실적인 대중국 정책을 입안하기가 매우 어렵다. 그 부분적인 원인은 일단 이런 도전 자체에 선례가 없고 또한 워싱턴에도 이 문제에 관해서 "견제"와 "화합"의 두 파가 있기 때문이다. 전자는 중국의 경제 및 군사력의 성장은 더욱 긴장된 대치를 피할 수 없게 할 것이고 이런 국면은 아시아 태평양 지역의 안전과 이 지역에서의 미국의 이익에 대한 위협이 될 것이라고 여긴다. 이런 사태를 방지하기 위해서 미국은 아시아에서의 군사력을 증가시키고 중국의 이웃 국가들과의 동맹관계를 강화해야 한다는 것이다. 미국은 냉전 시에 소련에 대해서 취했던 식의 전략을 채택하여 중국을 견제하고 결국은 공산주의가 중국에서 붕괴되도록 해야 한다는 것이다. 리처드 번스타인과 로스 H. 먼로 기자는 『곧 닥쳐올 중국과의 충돌(The Coming Conflict with China)』이라는 책에서 "지난 10년 동안 중국은 자신을

---

34) Jim Mann, "A Confident China No Longer Wants America's Military Muscle in Asia", *Los Angeles Times*, August 7, 1995; Nicholas D. Kristof, "The Real China Threat", *The New York Times Magazine*, August 27, 1995.

위해서 직접 미국의 이익과 첨예하게 대립되는 방침을 제정했는데, 그 목적은 미국을 대신하여 아시아의 최강국이 되려는 것이다'라고 이야기했다. 중국이 받은 "역사적인 굴욕"은 오늘날 대(大)미국주의를 반대하는 일에서 "민족의 존엄과 관련된 중대사"가 되었다는 것이다. 그들은 베이징의 통치자들은 국가의 이익을 위해서가 아니라 그들 통치소집단의 이익과 관련되기 때문에 기꺼이 미국과 전쟁을 시작할 위험을 무릅쓰기를 원하며, 그 때문에 적시에 중국을 "견제하는" 것은 절대적으로 필요하다고 본다.[35]

반면에 "화합"을 찬성하는 사람들은 "견제"는 중국의 민족감정을 부추겨 극단주의를 야기할 것이며 긴장과 적대를 격화시켜 결국 전쟁의 발발을 초래할 수 있다고 여긴다. 이 정책은 미국의 아시아 동맹국들의 지지를 받지 못할 뿐만 아니라 중국에서 추진되는 다원화와 인권의 노력을 하루아침에 무너뜨리고 동시에 중국에서의 미국 기업의 앞날을 망치리라는 것이다. 중국을 견제하는 것은 미국을 틀림없이 고립시키겠지만 대화와 접촉의 증가는 중국 공산주의자들의 평화적인 변화를 점차적으로 촉진시킬 수 있으며 시일이 지나면 내부에서 비롯된 궤멸이 결국에는 일찍이 소련에서 발생한 것처럼 전반적인 쇠망을 야기하리라는 것이다.[36]

"화합"을 적극적으로 지지하는 일파의 사람들 중에는 전임 국방부차관이며 하버드 대학교 케네디 정부 스쿨 원장인 조지프 S. 나이가 있다. 그는 경고하기를, 과거 독일과 일본의 부상에 대처할 때 각국의 처리가 부당했기 때문에 세계대전의 발발을 초래했다고 했다. 이제 만일 중국 문제를 처리하면서 다시 농일한 살못을 범한다면 미국은 이를 감낭해내지 못한다는 것이

---

35) Richard Bernstein and Ross H. Munro, *The Coming Conflict, With China*(New York, 1997), p. 5, 11; "The Coming Conflict With America", *Foreign Affairs*, March / Apri, 1997, pp. 18-32; Gerald Segal, "East Asia and the 'Containment' of China", *International Security*, Spring 1996, pp. 107-135.

36) Kenneth Lieberthal, "A New China Policy", *Foreign Affairs*, Nov. / Dec. 1995, pp. 35-49; Robert S. Ross, "Beijing as a Conservative Power", *Foreign Affairs*, March / Apri, 1997, pp. 18-32; "Why Our Hardliners Are Wrong", *The National Interest*, Fall 1997, pp. 42-51; David Shambaugh, "Containment or Engagement of China? Calculating Beijing's Responses", *International Security*, Fall 1996, pp. 180-209.

다. 미국에 있는 너무 많은 부류의 사람들, 예를 들면 인권 및 핵확산 반대 고취자, 상공계 인사들, 타이완 및 티베트(독립) 제창자들은 모두 중국에 대한 징벌을 요구한다. 그러나 커다란 전략적 의의에서 말하면 우선 고려해야 할 것은 어떻게 중국을 국제체제에 통합시켜 중국이 책임 있는 구성원이 되게 할 것인가의 문제이다. 이렇게 하면 미국은 한 차례의 새로운 냉전을 피할 수 있고 아울러 중요한 세계적인 사건을 처리할 때 중국의 지지를 얻을 수 있다. 경제발전, 외부세계와의 접촉 증진, 중산계급사회의 성장발전과 지역선거 실시를 통하여, 중국은 현재 더욱 개방된 사회로 매진하고 있다. 미국은 반드시 중국과의 전쟁을 피해야 한다.[37]

1996년 봄 타이완 해협 위기가 발생한 후 제3유파인 이른바 "부드러운 견제" 일파가 대두하기 시작했다. 중국의 미사일 실험은 정밀하고 정확하다고 하지만 그들의 군사기술은 아직도 1970년대에 머물러 있었고 1990년대의 수준에는 도달하지 못했다는 것을 노출시켰다. 그러므로 중국을 일종의 "위협적인 존재"라고 말하기는 매우 어렵다. 중국의 방위력이 비록 매우 강대하지만 21세기 초기에는 그저 2류 군사강국일 수밖에 없다. 그러나 중국의 군사력의 성장을 경시하는 것은 현명하지 못하다. 미국은 반드시 군사 및 기술력의 절대적인 우위를 유지해야 비로소 확고부동한 지위를 확보할 수 있다. 중국과 화합함으로써 중국을 서서히 국제사회의 주류 속으로 끌어들이고, 중국의 잠재적인 위협을 최대한도로 감소시킴으로써 건설적인 동반자관계를 구축할 수 있을 것이다.

전 세계의 국력을 대비했을 때 미국은 유일한 초강대국이며, 훈련이 잘되어 있고 장비가 우수한 최상급의 군대를 보유하고 있을 뿐만 아니라, 최첨단기술과 가장 현대화된 정보시스템을 구비하고 있다. 그러나 세계의 다른 국가들과 비교하면 미국의 국력은 약간 하락했는데, 그 이유는 기타 국가들

---

37) Joseph S. Nye, Jr., "The Case for Deep Engagment", *Foreign Affairs*, July / August 1995, pp. 90-102; "We Can't Afford to Lose China Again"; *Los Angeles Times*, December 29, 1996; Jonathan Clark, "Tame the Bull in Clinton's China Shop." *Los Angeles Times*, January 30, 1996.

의 국력이 급격히 성장하고 있기 때문이다. 대중국 전략을 제정하는 데에는 미국과 동맹국의 관계로부터 도움을 받아야 한다. 즉 (1) 일본과 새로운 안보조약을 체결한다. (2) 한국과 견고한 동맹관계를 유지한다. (3) 북한과 대화를 한다. (4) 베트남 및 캄보디아와 외교관계를 수립한다. (5) 타이완에 150대의 F-16 전투기를 판매한다. (6) 인도와의 우호를 강화한다.

미국의 대중국 정책은 군사와 기술의 절대우위의 뒷받침 위에서 친절하고 온화한 화합을 추구하는 것이라고 묘사할 수 있을 것이다. 이것은 달리 표현하면 "부드러운 견제"이다.

미일 안보조약 미국의 아시아 태평양 지역에서의 전략적 이익의 보장은 미일 안보조약에 의존하고 있는데, 원래 1978년의 지침은 소련을 가상의 적으로 삼았다. 소련의 해체와 1996년 3월 발생한 타이완 해협 위기로 인해서 조약의 수정은 필연적인 것이 되었다. 일본의 강대한 경제력과 상당히 많은 국방예산(매년 500억 달러에 이르는 액수)으로 인해서, 긴급상황에서 일본은 중요한 역할을 위임받을 수 있다. 1997년 9월 24일 새롭게 선보인 지침이 특별히 강조하는 것은 만일 미국의 군사력이 "일본 주변지역"에서 발생한 위기에 말려드는 경우, 미국은 일본에 비전투적인 성격을 띤 지원을 해주고 미국을 위해서 항구, 항만, 비행장을 개방해줄 것을 요구한다는 것이다. 만일 중국과 미국이 타이완 문제로 인해서 교전하면 이 새로 첨가된 책임은 일본을 민감한 위치로 몰아넣을 것이다. "일본 주변지역"의 정확한 정의는 무엇인가? 그것은 타이완과 한국을 포함하는 것인가? 소련이 더 이상 존재하지 않는 상황에서 누가 새로운 가상의 적인가? 이렇게 의도적으로 만들어낸 애매모호한 말들은 일본에서뿐만 아니라 타이완과 중국에서도 지대한 관심을 불러일으켰다.

매들린 올브라이트 국무장관은 새로운 지침은 결코 어느 "구체적인 국가"를 겨냥한 것이 아니라고 선언했고, 기타 미국 관리들도 그것은 지리적인 것이 아니라 형세적인 것이며 그것이 언급하는 것은 포괄하는 지역이 아니

라 기능이라고 강조했다.[38] 그러나 베이징은 이 조약의 은밀한 목표는 중국이라고 확신하고 있다. 만일 전쟁이 발발하면 중국이 동시에 직면하는 것은 일본과 미국 두 국가라는 것이다.

엄격히 말하면 지침이 언급하고 있는 것은 오직 미국과 일본 두 국가이고 타이완은 포함되지 않았다. 왜냐하면 타이완은 조약 체결국이 아니어서 타이완을 그 속에 포함시켜서는 안 되기 때문이다. 그러나 만일 타이완이 공격을 당하면 전쟁은 타이완 해협으로까지 확장되어 해상통로의 안전이 영향을 받게 된다. 이때 지침에 대한 해석은 상황에 따라서 정해지게 된다. 워싱턴의 입장에서 보면 아시아 태평양 지역의 평화와 안전은 대중국 무역 및 미국과 중국의 우호유지와 마찬가지로 중요하다. 일본의 입장에서 보면 무역과 해상통로의 원활한 소통은 일본의 경제생활에 대단히 중요하다. 새로운 지침의 주요목적은 타이완에 대해서 방어보장을 해주려는 것이 아니라 중국에 지나치게 사건을 일으키지 말라고 경고하는 것이다.[39]

페리의 역할 미국의 대중국 정책 변화에 대해서 주요한 역할을 한 사람은 클린턴 정부의 국방장관(1994. 2-1997)인 윌리엄 J. 페리였다. 그는 화합은 중국의 공산주의자들을 위무하기 위한 것이 아니라 미국의 국가이익을 보호하는 현실적 방법이라고 여겼다. 제1차 세계대전 후 미국이 취한 고립주의정책은 제2차 세계대전의 발발을 초래한 원인 중의 하나였다. 그래서 페리는 중국과 적극적으로 화합하는 정책은 미래에 전쟁이 발발하는 것을 피하는 역할을 할 수 있다고 생각했다.

페리의 세계 전략구상에 의하면 미국은 시종 최고도의 군사적인 경계와 최대의 기술적인 우위를 유지하고, 동시에 두 차례의 국지전 준비를 하며, 최소의 희생으로 신속히 승리를 거두어야 한다는 것이다. 이 전략구상에 의

---

38) Robert A. Manning, "U. S., Japan Deepen Defense Ties—and China Gets Nervous", *Los Angeles Times*, September 28, 1997; *Los Angeles Times*, Editorial, "Tension Over U. S. -Japan Pact", September 28, 1997.
39) 陳鴻瑜, "美日安保對台海安全影响深遠", 「中央日報」, 臺北, 1997년 9월 25.

하면 국가의 국방업무는 세 단계로 나뉘는데 첫 단계는 분쟁을 맹아단계에서 소멸시켜 그것이 커지지 않도록 해야 한다. 민주의 촉진, 자유로운 시장경제의 장려, 정치적인 화합 등의 방법을 통해서 충돌이 발생할 가능성을 감소시킨다. 동시에 관련국가의 군사지도자들 사이의 건설적인 의견교환과 상호방문은 이해와 신임을 증가시키는 데에 도움이 되며, 소홀과 오판으로 인해서 분규를 야기할 가능성을 감소시킨다는 것이다. "전쟁행위에 필요한 것은 비밀을 지키는 것과 기습이며, 평화행위에 필요한 것은 공개와 신임"이라는 것이다. 그래서 페리는 "군사투명성"을 제창했다. 이 철학을 아시아에 응용하면 미국은 일본, 한국, 오스트레일리아, 뉴질랜드와 긴밀한 동맹을 결성하고, 아세안에 참여함과 동시에 중국을 완전히 "전략 동반자관계" 속으로 끌어들이게 된다.

만일 분쟁이 사전에 제거되지 않으면 미국은 다시 설득, 만류, 심지어 군사적인 위협까지 동원하여 충돌발생을 방지하는 것이다. 만일 이렇게 해서도 여전히 전쟁발생을 제지할 수 없다면 미국은 주저 없이 걸프전 때처럼 절대적인 우위를 가지고 있는 군사력과 기술력으로 타격을 가하여 속전속결로 최소한의 인원 및 물자 손실로 승리를 거두어야 한다.[40]

중국 국방부장인 츠하오톈 장군이 1996년 12월 5일에서 18일까지 초청에 응하여 미국을 방문한 것은 바로 페리의 "군사투명성"과 "개방성"을 띤 정책의 결과였다. 이렇게 정밀한 무기체계, 첨단기술, 훈련조례, 군사수칙에 마주한 츠하오톈은 양국 군사력 사이에 존재하는 엄청난 격차를 인정하지 않을 수 없었다.

미국 국방기구의 결론은 미국의 1990년대의 기준에 따르면 중국은 아직 강대한 공격능력을 구비하지 못했으며 금후 20-30년 동안 진정한 위협이 될 수 없다는 것이다. 그리고 그때가 되면 미국은 군사기술 영역에서 중국을 더욱 한참이나 앞서 있을 것이라는 것이다. 본질적인 면에서 말하면, 미국의

---

40) William J. Perry, "Defense in an Age of Hope", *Foreign Affairs*, Nov. / Dec. 1996, pp. 64-79.

현재의 대중국 정책은 냉전시기에 레이건이 소련의 전술에 대응했던 방식을 연장한 것으로, 한편으로는 군사기술의 우위를 유지하고 또 한편으로는 건설적인 화합이라는 미명하에 견제를 실시하여 결국에는 상대방 내부의 변혁을 발생시키는 것이다.

1996년 중반기에 중국 문제를 둘러싸고 야기된 논쟁이 종식됨에 따라서 클린턴 정부는 결국 "대결"을 "건설적인 화합"으로 전환시켰다. 1996년 7월 국가안전보장 담당 대통령 보좌관인 앤서니 레이크가 베이징에 파견되어 이 정책상의 변경을 전달했다.

중미 관계의 골치 아픈 문제들 워싱턴의 각도에서 보면 3대 문제가 미중 관계의 발전을 심각하게 제약하고 있는데, 각각 인권, 무역적자, 핵확산 방지이다. 이 3개 문제 중에서 인권문제는 서방과 중국의 가치체계의 핵심을 건드리는 것이다. 미국인들은 서방의 민주주의와 가치체계는 2,000년간의 발전을 거친 인류의 최고 업적을 대표하는 인류의 지혜의 결정이기 때문에 만천하의 준칙으로서 세계 어느 곳에서나 통하는 진리라고 생각한다. 소련이 해체되고 걸프전에서 승리한 이후 부시 대통령은 미국의 민주와 자본주의제도를 기초로 하는 "세계 신질서"의 탄생을 선언했다. 국무부 정책기획실 차장인 프랜시스 후쿠야마는 「역사의 종언」이라는 글에서 대담하게 세습군주체제, 파시즘, 공산주의를 정복한 이후 우리는 결국 "인류의 이데올로기상의 진화의 최종결과와 서방 자유민주식의 정부조직형식이 보편적으로 받아들여지는 것을 볼 기회를 가지게 될 것"이라고 주장했다. 서방의 인권개념, 민주원칙, 시장경제체제는 새로운 진보의 물결의 촉진하에서 전 세계를 석권하리라는 것이었다.[41]

비록 서방 가치의 보급은 원칙적으로 수많은 아시아 지식인들과 정치인들의 인정을 받았지만 실천과정에서는 상당히 커다란 저항을 받았다. 대략

---

41) Francis Fukuyama, "The End of History", *The National Interest*, Summer, 1989, pp. 3-18.

1994년 초 일부 동남아 지도자들은 경제적 성과의 고무를 받아서 서방의 관념에 대해서 도전하여 그들 자신의 이른바 "아시아적 가치"라는 것을 제창하기 시작했다. 이런 가치관은 주로 유가의 예교(禮敎), 기율, 책임, 검소, 중용, 예양(禮讓), 가족관념, 천하와 국가와 같은 관념 위에 건립되었다. 싱가포르 총리 리콴유는 이 사상의 주요 주창자이다. 그는 미국은 장소를 불문하고 그들의 제도를 타인에게 강요해서는 안 되는데, 그 이유는 그렇게 해도 전혀 아무런 효과가 없기 때문이라고 경고했다. 말레이시아 총리인 마하티르는 1996년 유럽 지도자들에게 "아시아적 가치는 보편적으로 적용되는 가치이며 유럽의 가치는 유럽 혼자만 가지고 있는 것이다"라고 말했다.

베이징은 일찍이 중국에 인권문제가 존재한다는 것을 한번도 인정해본 일이 없지만 최근 수년 동안 중국은 전략을 약간 바꾸어 도리어 생존권과 발전권이 더욱 기본적이고 중요하며 심지어 "추상적인" 공민의 자유보다 훨씬 더 중요하다는 것을 강조했다. 후자는 이후에 다시 이야기할 수 있지만 12억의 인구가 밥을 먹고, 옷을 입고, 거주 및 교육을 받아야 하는 상황에서 중국의 우선적인 안배는 중국의 특수한 형편[特殊國情]에 따라서 결정해야지 미국이 자기의 가치체계를 중국에게 강요해서는 안 된다는 것이었다.42)

중국의 입장은 수많은 아프리카, 중동의 국가들 및 라틴 아메리카의 개발도상국들의 동정과 지지를 받았다. 이 기초 위에서 중국은 한걸음 더 나아가 자신을 위한 적극적인 활동을 벌였다. 중국은 이윤이 풍성한 자신의 시장을 이용하여 몇몇 유럽 국가들을 자기편으로 끌어들인 뒤, 그들에게 1997년 4월의 제네바 국제연합 인권대회에서 그들에게 미국이 발기한 중국에 대한 규탄에 참여하지 말 것을 요구했다. 그 결과 독일, 프랑스, 에스파냐 및 이탈리아는 규탄 대열에 참여하지 않고 오직 영국, 덴마크, 노르웨이, 스위스만이 미국의 입장을 지지했다. 투표결과는 27표 대 17표로 규탄 제의는 부결되었다.43) 그러나 미국 대중은 중국의 형편없는 인권실적에 대해서 여전히 강

---

42) "1996年中國人權白皮書"摘要,「中央日報」, 1997년 4월 1일에 중판됨. 백서에 관한 두 편의 평론은 같은 신문 1997년 3월 29일, 1997년 3월 30일에 게재됨.

렬한 비평적인 태도를 가지고 있으며 수많은 지명인사들은 웨이징성, 왕단 등의 반체제 인사들의 석방을 요구한다.

1997년 10월, 국제연합 인권고급위원회 신임 위원장이며 아일랜드 전임 대통령인 메리 로빈슨은 "역사상 압박, 폭력, 기아, 빈곤으로 가득 찬 국가에서 온 사람"처럼 그녀는 한 국가의 사회 및 경제발전과 공민권리 및 정치권리의 진보 사이에 균형을 유지하는 것의 필요성을 이해한다고 선언했다. 그녀는 "이 척도에 따라, 예를 들면 중국과 같은 특별히 큰 국가들에 대해서 더욱 많은 신임을 주어야 합니다. 중국은 이미 교육, 음식, 주택 등 기본권리 면에서 거대한 진보를 이루었습니다. 그들이 얻은 모든 것은 예사로운 것이 아닙니다.……그들은……충분한 인정을 받지 못했다고 생각하고 있습니다" 라고 말했다.44)

엄격히 말하면, "아시아적 가치"는 하나의 신화이다. 아시아에는 30여 개의 국가들이 있고, 다양한 문화가 있다. 여기에는 유가의 윤리 위에 건립되어 있는 문화뿐만 아니라 신도(神道), 힌두교, 이슬람교, 기독교 및 기타 수많은 작은 지역의 토착문화와 가치체계들이 있다. 이 모든 문화들을 합쳐서 통일된 "아시아적 가치"체계를 이루게 하는 공통요소들은 결코 존재하고 있지 않다.45) 1997년 하반기에 아시아의 많은 국가들은 경제위기를 겪음으로써 "아시아적 가치"라는 표현은 잠잠해졌다.46) 사실상 서방의 가치와 아시아적 가치의 많은 요소들은 기본적으로 타당한 것들이다. 이 두 종류의 가치

---

43) *The New York Times*, April 16, 1997.
44) Barbara Crossette, "At the U. N. a New Voice Stresses Balance in Approaching Human Rights", *The New York Times*, October 5, 1997. 1997년 10월 중국은 "경제적, 사회적 및 문화적 권리에 관한 국제규약"에 서명했고, 1998년 10월에는 "시민적 및 정치적 권리에 관한 국제규약"에 서명했다. 그러나 이 두 규약은 전국인민대표대회의 비준을 얻지 못했다. *South China Morning Post*, Hong Kong, September 8, 16, 1998; *Los Angeles Times*, October 6, 1998.
45) 蕭新煌, "亞洲民主價値：衝突與對話", 「中央日報」, 1997년 8월 31일에 게재됨; Martin Lee, "Testing AsianValues", *The New York Times*, January 8, 1998.
46) Dayid E. Sange, "The Stock of 'Asian Values' Drops", *The New York Times*, November 23, 1997.

를 현명하게 융합시키면 미래에 크게 유익할 것이다.

　중국의 미국에 대한 흑자는 1990년대에 집중적으로 나타났다. 1994년에는 295억 달러, 1995년에는 337억9,000만 달러, 1996년에는 395억2,000만 달러, 1997년에는 497억 달러였고 1998년에는 568억9,000만 달러였다. 무역흑자가 고속 성장한 부분적 원인은 중국이 1994년에 인민폐를 평가절하하여 5.8위안의 인민폐를 1달러로 태환하는 것에서 8.7위안의 인민폐를 1달러로 태환하는 것으로 바꾼 것이고, 또다른 부분적인 원인은 미국의 "원산지 국가"에 의한 통계법이 흑자의 수치를 높였기 때문이다. 중국은 노동력이 싸고 자원이 풍부하기 때문에, 수많은 타이완, 홍콩, 한국 그리고 심지어 일본의 기업들도 생산기지를 중국으로 이전했다. 현지 노동자들의 월급은 매우 낮아서 겨우 52달러였는데, 이에 비해서 타이완 노동자를 고용하는 데에는 1,224달러를 지불해야 했고 한국의 경우는 1,584달러, 일본은 4,156달러였다. 이 기업들의 제품은 홍콩을 통해서 미국으로 수출되었는데, 이들 모두가 미국 세관에 의해서 중국의 대미 수출로 계산되었기 때문에 미국의 대중국 무역적자는 전혀 감소되지 않았다. 또다른 한편으로 미국의 홍콩, 타이완, 싱가포르, 한국에 대한 무역적자는 이에 상응하여 하락하여, 1994년에는 120억 달러, 1995년에는 80억 달러, 1996년에는 65억 달러였다. 홍콩을 통한 수송의 부가가치가 낮은 것을 고려하면 중국의 대미 무역흑자는 대략 1994년에는 아마도 200억 달러, 1995년에는 220억 달러, 1996년에는 265억 달러였을 것이다. 중국은 이 숫자도 여전히 너무 높다고 반박하고 1995년에는 86억 달러, 1996년에는 100억 달러라고 보아야 한다고 여기고 있다. 워싱턴 브루킹 연구소의 저명한 경제학자인 니컬러스 라디는 미국의 계산오차는 50퍼센트에 이른다고 믿고 있다.[47]

　인권과 무역적자만이 미중 관계의 긴장을 야기한 것은 아니다. 그 외에도 중국의 파키스탄과 이란에 대한 핵무기 판매, 지적재산권 침해, 티베트와 타

---

47) *The New York Times*, March 4, 1997; *Los Angeles Times*, September 22, 1996.

〈미국의 대중국 무역적자〉 (단위 : 억 달러)

연도	미국의 대중국 수출	미국의 대중국 수입	잔액
1994	92.82	387.87	-295.05
1995	117.54	455.43	-337.90
1996	119.93	515.13	-395.20
1997	128.05	625.52	-497.47
1998	142.58	711.56	-568.98

출처 : US Foreign Trade Highlights, Department of Commerce, International Trade Admini-stration, Washington, D. C., 1994, 1995, 1996, 1997, 1998. 또한 U. S. Aggregate Foreign Trade Data 1991-1998, Tables 6, 7, and 8[on line]. www.fedstats.gov/index20.html[15 April 99]을 보라.

이완 문제 및 중국의 남중국해에서의 활동 등 일련의 문제들이 미국과의 마찰을 초래하고 미국의 커다란 관심을 불러일으켰다. 중국인들이 이해하기로는 미국이 중국의 2000년 올림픽 주최와 세계무역기구 가입 문제에 대해서 각종 방해를 놓은 것은 의도적으로 중국이 강대해지는 것을 저지하려는 것이었다. 그러나 이런 근본적인 견해 차이들이 존재함에도 미국과 중국 지도자들은 우호관계를 유지하는 것의 중요성을 명백히 알고 있다.

클린턴의 우호표시 1997년 10월 24일, 클린턴 대통령은 「미국의 소리」를 통하여 중국과의 화해에 관한 중요한 연설을 하여, 그의 화해정책이 미국의 국가이익에 대해서 가지는 근본적인 의의를 설명했다. 그는 미중 관계를 그 이전보다, 더욱 적극적이고 안정적이며 건설적이 되게 하기를 원했다. 이 연설은 협력과 화해정책으로 대결과 견제정책을 대체하는 것의 필요성을 상세히 밝혔는데, 전 세계의 1억 명 이상의 청중들이 이 방송을 청취했다.

클린턴은 미중 관계를 손상시키는 4대 문제를 언급했다. 즉, 그는 인권, 무역적자, 무기 확산, 타이완 문제를 언급한 후 즉시 다음과 같이 선포했다.

미국인은 다음과 같은 기본신념을 가지고 있습니다. 즉 어느 지역의 인민이든지 존중받을 권리가 있고, 그들의 견해를 발표하고 그들의 지도자를 선택하고 그들

이 숭배하고자 하는 것을 숭배할 권리가 있습니다.……(미국은) 반드시 인권을 쟁취하는 활동을 지지할 것이며 중국과 세계 어느 지역에 대한 침범행위에 대해서도 기탄없이 언급할 것입니다. 이렇게 하지 않는 것은 바로 우리 미국인들이 신봉하는 것에 완전히 위배되는 일입니다.……우리의 목표는 견제와 충돌이 아니라 협력입니다.

어떤 사람들은 이렇게 하는 것에 동의하지 않으며, 그들이 중국과 미국 간의 이익은 조화를 이룰 수 없다는 입장을 고수하고 있음을 본인은 알고 있습니다.……그러므로 그들은 중국이 더욱 강대해지기 전에 우리가 전력을 다하여 그들을 견제하고 심지어는 대결을 해야 한다고 믿고 있습니다.

본인은 이런 견해는 잘못된 것이라고 생각합니다. 중국을 고립시켜서는 안 되며, 그렇게 하면 오직 반작용을 불러일으키게 되고 어쩌면 위험해질 것입니다. 이렇게 하면 군사, 정치, 경제상으로 전 세계의 우리의 동맹국들의 지지를 얻기가 어려우며 더욱 중요한 것은 심지어 더욱 큰 자유를 쟁취하려는 중국 인민 자신의 지지도 얻지 못한다는 것입니다.[48]

이 연설의 내용은 중국과의 관계개선의 기초를 구축했고 아울러 1997-1998년의 장쩌민 주석과 클린턴 대통령의 정식 상호방문을 성사시켰다.

타이완과 중국 : 통일의 전망

워싱턴, 베이징, 타이베이의 삼각관계에서 가장 미국을 골치 아프게 하는 것은 어떻게 중국과의 관계를 개선시킴과 동시에 또 타이완을 손상시키거나 희생시키지 않는가의 문제이다. 타이완의 지도자들은 초강대국인 미국이 중국의 부상에 현실적으로 대처해야 하며 중국을 미국의 세계전략의 고려로부터 배제시킬 수 없다는 것을 잘 알고 있다. 그러나 타이완은 타이완의 지리적

---

48) John M. Broder, "Clinton Defends Engagement with China", *The New York Times*, October 25, 1997.

위치(북쪽으로는 일본 및 류큐 열도와 접하고, 남쪽으로는 필리핀 및 인도네시아와 연결됨)가 서태평양에서 하나의 끊어지지 않는 쇠사슬을 이루어, 실제로 태평양을 미국의 하나의 호수 같은 존재로 되게 할 수 있기를 희망한다. 맥아더 장군의 말로 표현하면 타이완은 "영원히 가라앉지 않는 항공모함"으로서 미국과 일본에 대해서 적극적인 전략적 의의를 가지고 있다는 것이다. 타이완 해협은 일본의 99퍼센트 원유와 강철, 91퍼센트의 석탄, 90퍼센트의 소맥 수입의 해상통로를 제공하고 있으며 총 수송량은 매년 7억 톤에 이른다. 타이완은 확실히 일본 경제에서 지극히 중요한 생명선이다.[49]

타이완의 현재 상황 타이완은 부유한 섬으로서 2,150만 명의 인구를 보유하고 있고 1인당 국내총생산액은 1만3,663달러이며 외환 보유액이 900억 달러이다. 이와 비교하면 1997년 말 현재, 중국 대륙의 1인당 국내총생산액은 793달러이고 외환 보유액은 1,399억 달러이다.[50] 10년간의 "조용한 혁명"을 거쳐서 타이완은 이미 장비가 우수하고 훈련이 잘된 군대의 보위를 받는 민주제 정치체제로 변모했다. 타이완의 병력은 50만 명이고, F-16 전투기 150대와 팬텀 2000 60대, 타이완이 자체적으로 생산한 현대화된 IDF 전투기 130대를 보유하고 있으며 또한 "애국자(The Patriot)를" 포함한 상당한 수량의 미사일을 가지고 있다. 타이완은 자체의 방어능력에 대해서 상당히 신뢰하고 있지만 안전과 국방문제에 대해서는 또 1979년에 통과된 미국의 타이완관계법에 의한 보호에 의존하고 있다. 이 법안은 타이완에 대해서 방위성 무기를 제공하는 것 이외에도 미국이 중국의 타이완에 대한 어떤 침략행위도 "미국의 안전과 중대한 관련이 있는 서태평양의 안전"을 손상시킨다고 인정할 권한이 있기 때문에 미국이 상응하는 행동을 취할 권리가 있다고 규정하고 있다.

---

49) 李福鐘, "臺北、華府、北京三角關係細部結構", 「中央日報」, 1997년 9월 28일.
50) *The Free China Journal*, Taipei, June 27, 1997; 중국의 1,399억 달러의 수치는 중국 인민은행행장인 따이샹롱(戴相龍)이 제공한 것이다. *The New York Times*, January 17, 1998에서 인용.

중국은 여태껏 타이완에 중화민국이 존재하고 있다는 것을 인정한 적이 없으며 타이완은 반란을 일으킨 성이기 때문에 홍콩처럼 "일국양제"의 방식으로 조국과 재통일되어야 한다는 입장을 고수하고 있다. 베이징의 견해에 의하면 타이완이 국가통일 문제라는 더욱 큰 이익 면에서 전 중국을 대표한다고 주장하는 것은 완전히 터무니없는 것으로, 타이완은 그 주장을 철저히 포기해야만 하고 하나의 성(省)으로서 오직 "특별 행정구"로서의 지위만을 받아들여야 한다는 것이다. 타이완은 군대의 보유를 포함한 현존하는 경제 및 사회제도와 일정한 정도의 자치를 유지할 수 있지만 국방 및 외교업무는 베이징이 관장해야 한다는 것이다.

타이완은 상술한 베이징의 논조를 단호히 거부했는데 그 이유는 타이완은 홍콩이 아니기 때문이라는 것이었다. 영국은 홍콩을 위해서 전쟁을 하려고 하지 않았을 뿐만 아니라 그곳에는 대규모의 군대가 주둔한 적이 없었고 음식과 물의 공급은 대륙에 의존해야 한다는 것이었다. 타이완은 강대한 군대를 보유하고 있을 뿐만 아니라 음식, 물, 일상필수품을 완전히 자급자족하는 이 도서를 보위할 결심을 하고 있고 또한 그렇게 할 수 있는 능력이 있다는 것이었다.

타이완은 1949년 이후 중국은 이미 타이완의 중화민국과 대륙의 중화인민공화국이라는 두 개의 상호독립된 정치실체로 나뉘어졌으며, 이 두 실체는 각각 자기의 주권을 행사하고 있고 어느 곳도 다른 편의 통치하에 있지 않다고 강력히 주장했다. 따라서 타이완을 중화인민공화국의 하나의 성으로 부르는 것은 사실과 부합하지 않으며 또 받아들일 수도 없다는 것이다. 타이완의 중화민국은 자기들의 합법성은 1912년 쑨원이 건립한 중화민국을 계승한 것에 있으며 그렇기 때문에 80여 년에 걸친 역사가 있는 독립주권국가로서 재차 독립을 선포할 필요가 전혀 없다고 선언했다.

베이징은 이런 논조를 거부하고 있으며, 세계에는 오직 하나의 중국인 대륙의 중화인민공화국이 있을 뿐이라는 입장을 고수하고 있다. 타이완은 중국의 일부분이며 이것은 1972년 중미 공동성명에서 이미 확인되었다는 것이

다. 타이완이 만일 베이징이 제시한 "일국양제"의 방식하에서 중국의 하나의 자치행정구가 되는 것에 동의하지 않으면 타이완의 독립을 선포하는 것과 같은 것이며, 타이완이 독립주권국가라고 칭하는 것도 타이완의 독립과 같은 것이다.[51] 이 두 종류의 상황은 모두 중국의 군사적인 침입을 초래할 수 있는 것이다.

원칙적으로 말하면 타이완도 "하나의 중국"을 인정하고 있지만 이것은 타이완의 중화민국을 가리키는 것이지 대륙의 중화인민공화국을 가리키는 것은 아니다. 타이완은 통일은 가능하지만 반드시 중국이 공산주의를 포기하고 타이완이 실시하는 자유와 민주와 부의 공정한 분배에 찬동해야 한다는 입장을 고수하고 있다. 80퍼센트의 타이완인들은 통일이 아니라 현상유지가 계속되는 것을 지지하고 있다. 간단히 말하면 대륙과 분리를 유지하지만 타이완의 독립이나 타이완 공화국의 건립을 선포하지 않겠다는 것이다.[52]

타이완의 최대 강점은 민주체제와 발달된 경제이고 최대의 약점은 바로 외교상의 고립이다. 타이완은 1971년 국제연합에서 탈퇴한 이후 전 세계의 모든 주요 국가와의 외교관계를 상실했다. 지금까지는 단지 29개의 소국의 승인을 얻고 있지만 90개 국가에 130개의 경제, 무역, 대외 연락사무소를 유지하고 있다. 외교상의 고립을 타파하기 위해서 타이완은 현재 미국의 6번째의 무역동반자이고 세계무역 순위 15위의 국가로서 성장일로에 있는 자국의 경제력에 걸맞는 높은 국제적인 이미지를 수립하기로 결의했다. 타이완은 현재 두 개의 독일과 두 개의 한국 모델에 따라서 국제연합으로 복귀할 것을 모색하고 있지만 줄곧 성공을 하지 못하고 있다.

장쩌민의 8가지 주장 대 리덩후이의 6가지 주장 쌍방이 모두 타협을 하려고 하지 않고 있기 때문에 꾸전푸가 이끄는 타이완 해협교류재단과 왕따오한이

---

51) 辛在台, "重申主權独立絶不等於臺獨", 「中央日報」, 1997년 11월 12일.

52) *Washington Post*의 키스 B. 리치버그(Keith B. Richburg)의 리덩후이 총통 인터뷰; *Asiaweek* 편집장 앤 모리슨(Ann Morrison)의 샤오완창(蕭萬長) 인터뷰. 이 두 편의 보도는 「中央日報」, 1997년 11월 8일, 1997년 11월 10일 및 1997년 11월 14일에 게재되었다.

이끄는 베이징의 해협양안관계 협회는 여러 차례에 걸쳐 논의했지만 아무런 진전도 보지 못했다. 협상에 어느 정도의 활력을 불어넣기 위해서 1995년 1월 30일 중국 음력 설 전야에 장쩌민 주석은 다음 8가지 주장을 제시했다.

1. 하나의 중국 원칙을 견지하는 것은 평화통일을 실현하는 기초이고 전제이다. 중국의 주권과 영토는 절대로 분할을 허용할 수 없다. "타이완 독립"을 조장하는 어떤 언론과 행동이든지 간에 이를 단호히 반대하고 "분열분치", "단계적인 두 개의 중국" 주장 등은 하나의 중국 원칙에 위배되므로 단호하게 반대한다.

2. 타이완이 외국과 민간적인 성격을 띤 경제 및 문화관계를 발전시키는 것에 대해서는 이의가 없다. 그러나 타이완이 "두 개의 중국", "하나의 중국, 하나의 타이완"을 목적으로 하는 이른바 "국제생존공간"의 확장 활동을 하는 것은 반대한다.

3. 해협 양안이 평화적인 통일협상을 하는 것은 중국 공산당의 일관된 주장이다. 평화통일 협상과정 중에 양안 각 당파, 단체의 대표성을 띤 인사를 참가시킬 수 있다. 정치협상의 명의, 지점, 방식 등의 문제는 평등한 협상을 조속히 하려고만 하면 결국 쌍방이 모두 받아들일 수 있는 방법을 찾아낼 수 있을 것이다.

4. 중국인은 중국인을 공격하지 않으며 무력의 사용을 포기한다고 약속하지 않는 것은 절대로 타이완 동포를 겨냥한 것이 아니라 외국 세력의 중국 통일에 대한 간섭과 "타이완 독립"의 획책을 겨냥한 것이다.

5. 양안의 경제 및 문화교류와 협력을 대대적으로 발전시켜, 정치적인 견해 차이로 양안 경제협력에 영향을 주거나 방해하지 않을 것을 주장한다. 실제적인 절차를 강구하여 직접적인 삼통(三通)의 실현을 가속화한다.

6. 중국의 찬란한 5,000년 문화는 전체 중국인을 유지하는 정신적인 유대이며 평화적인 통일을 실현시키는 중요한 기초이다.

7. 타이완 동포의 생활방식과 타이완의 주인이 되고자 하는 소망을 충분히 존중하고, 타이완 동포의 모든 정당한 권익을 보호한다.

8. 타이완 당국의 지도자가 적당한 신분으로 방문하는 것을 환영하며 우리도 타

이완 측의 초청을 받아들여 타이완을 방문하기를 원한다.[53]

이 8가지 주장은 중공의 제3세대 지도자들의 비교적 온화한 관점을 대표하는 것이다. 장쩌민은 처음으로 중화민족의 문명을 평화통일의 정신적인 기초로 삼을 것을 제의하고 "중국인은 중국인을 공격하지 않는다"고 말했다. 그리고 동시에 협상에 참가할 단체를 국민당과 공산당 이외의 단체까지 확대시켰다. 그러나 근본적으로 말하면 이런 주장들은 원래의 전제, 즉 중국 대륙이 본토이고 타이완은 하나의 지방 성에 불과하다는 것을 다시 한번 서술한 것에 불과했다.[54]

3개월간의 연구를 거쳐 1995년 4월 8일 타이완의 리덩후이 총통은 자신의 6가지 주장을 제시했다. 그는 쌍방이 평등과 상호신임의 기초 위에서 교류와 협상을 할 것을 호소하고, 그가 1991년 2월 23일에 제시한 점차적인 통일 3단계론을 재차 천명했다.[55]

1. 양안 분치의 기초 위에서 중국 통일을 추구한다.
2. 중화문화를 기초로 해서 양안 교류를 강화한다.
3. 양안의 경제무역 교류를 증진시켜 상호이익과 상호보완관계를 발전시킨다.
4. 양안은 평등하게 국제조직에 참여하고 쌍방지도자는 이를 통해서 자연스럽게 만난다.
5. 양안은 모두 평화적인 방식으로 모든 분쟁을 해결한다.
6. 양안은 공동으로 홍콩과 마카오의 번영을 수호하고 홍콩과 마카오의 민주발전을 촉진시킨다.[56]

쌍방의 주장은 근본적인 견해 차이가 있어서 조화를 이룰 수 없는 것 같

---

53) 중국어 전문은 「中央日報」, 1995년 2월 4일자에 게재되었다.
54) 俞雨霖, "后鄧時期對台政策指導原則確立", 『中央日報』, 1995년 2월 4일.
55) p. 955를 보라.
56) 중국어 전문은 Press Freedom Guardian, April 14, 1995에 게재되었다. 영어로 된 전문은 The Free China Journal, April 14, 1995에 게재되었다.

다. (1) 베이징은 "중앙과 지방" 혹은 "부자(父子)"관계를 견지하고 타이완은 평등과 일종의 "형제식의 관계"를 요구한다. (2) 중국은 무력에 의한 타이완 공격을 포기하고 있지 않지만 타이완은 평화적인 방식으로 분쟁을 해결하겠다는 방침을 견지한다. (3) 중국은 타이완이 국제조직에 가입하는 것을 허용하지 않으며 타이완은 쌍방이 평등하게 국제조직에 참가할 것을 요구하고 있다.57) 쌍방이 조금도 양보를 하지 않으려고 하기 때문에 통일의 전망은 여전히 매우 암담하다.

리덩후이의 코넬 대학교 방문, 1995년 6월 두 가지 사건으로 인해서, 이미 긴장된 중국과 타이완과의 관계는 더욱 악화되었다. 1995년 2월 코넬 대학교 총장 프랭크 H. T. 로즈는 리덩후이 총통을 자랑스러운 교우(1968년에 농업경제학 박사학위를 획득)이자 국제적인 지도자의 자격으로서, 6월 9-11일까지 학교를 방문하여 스펜서 T. 앤드 앤 W. 올린 시리즈 강좌의 귀빈으로서 학생들과 교원들에게 강연을 하도록 초청했다. 미국과 타이완은 외교관계가 없었기 때문에 비자 문제가 하나의 민감한 사안이 되었다.

1979년 이후 미국은 줄곧 "하나의 중국"정책을 준수하여 이미 15년 동안 국민당 지도자에게 비자를 발급하지 않았다. 클린턴 정부는 특히 북한의 핵계획을 동결하도록 강제하기 위해서 베이징의 지지를 추구하고 있는 시기에 베이징을 분노하게 하고 싶지 않았다. 국무원은 중국 대사에게 리덩후이에게 비자를 발급하지 않겠다고 보증했다. 그러나 1995년 5월 2일에 미 하원은 396표 대 0표로, 5월 9일 상원은 97표 대 1표로 리덩후이의 초청과 내방에 동의했다. 클린턴은 예산안에 대해서 국회와 흥정해야 했기 때문에 국회의 강대한 압력에 굴복하여 리덩후이의 비자를 비준해주었다. 베이징은 미국이 표리부동하고 신의를 저버렸으며 "이로 인해서 생기는 모든 결과"를 감당해야 한다고 비난했다. 중국은 위협조로 다음과 같이 경고했다.

---

57) 楊力宇, "打開兩岸關係的死結", 「中央日報」, 1995년 4월 10일.

만일 미국 정부가 친타이완 세력의 압력에 굴복하여 12억 중국 인민의 감정을 전혀 고려하지 않고 중국의 근본적인 권리와 이익을 침해하면 중미 관계는 후퇴할 수밖에 없다.58)

타이완은 4일간의 방문이 되도록 전 세계의 이목을 끌기를 원했지만 클린턴 정부는 가능한 한 이와는 배치되는 조치를 취했다. 친타이완 세력의 열렬한 환영을 받을 수 있었기 때문에, 리덩후이의 비행기는 뉴욕에 착륙하지 못하고 시러큐스에 설치되어 있는 변두리 비행장으로 인도되었다. 이곳으로부터 그는 차를 타고 코넬 대학교로 가는 수밖에 없었다. 6월 9일 리덩후이는 "항상 내 마음속에 있다"라는 제목의 강연을 했다. 그는 1965-1968년까지의 농업경제 박사과정 학생으로서 그가 코넬 대학교에서 보낸 유쾌한 생활을 회상하고 그가 타이완에서 이룩한 사업에 미국의 민주제도가 어떤 영향을 끼쳤는가에 대해서 설명했다. 리덩후이는 냉전 후 시대에 "공산주의는 이미 사망했거나 자취를 감추고 있다"고 선언했다.59)

중국은 미국이 비자를 발급한 것에 대해서 분노에 찬 비난을 했다. 중국 주미 대사인 리따오위(李道豫)는 클린턴 대통령에게 이번 방문은 미중 관계를 심각하게 손상시켰다고 말했다. 관방 신화통신사는 가장 강력하게 항의했다.

타이완 문제는 마치 폭발할 수 있는 화약통과 같다. 이 화약통을 가열시키는 것이 미국이든 리덩후이든 간에 이는 매우 위험한 짓이다. 이처럼 무책임하게 중국인의 마음의 고통을 가중시키는 처사는 중국 인민에게 미국이 어떤 국가인지를 더욱 분명하게 인식하도록 할 것이다.60)

58) Patrick E. Tyler, "China Demands U. S. Withdraw Consent from Taiwan Chief's Visit", *International Herald Tribune*, May 24, 1995.
59) 리덩후이 연설문의 영어 원문은 *The Free China Journal*, June 16, p. 995에 게재되었고, 중국어 원문은 「中央日報」, 1995년 6월 11일에 게재되었다.
60) *The New York Times*, June 10, 1995.

베이징은 미국이 은밀히 "두 개의 중국"의 조장을 획책하고 있으며 타이완 독립에 대한 지지와 타이완의 국제연합 복귀를 통하여 "중국을 분열시키고 있다"고 비난했다.

리덩후이와 타이완의 입장에서 보면 이번 방문은 한차례의 휘황찬란한 승리였다. 그의 연설은 CBS와 CNN으로 중계되었으며 1995년 6월 19일자 『타임(Time)』지는 리덩후이를 그 주의 표지인물로 했다. 리덩후이는 타이완의 지명도를 높였고 타이완 내외에서의 자신의 지위를 강화시켰다.

베이징은 리덩후이가 은밀히 "하나의 중국" 원칙을 저버리고 세계가 타이완을 독립국가로 인정하도록 만들려고 한다고 비난했다. 그를 징벌하기 위해서 중국은 타이완 해협에서 한차례의 군사훈련을 하고 장시 성에 있는 위에핑 군사기지로부터 타이완 북부 85마일 해상으로 "화약을 장착하지 않은" 지대지 미사일을 발사했다. 1995년 8월 중국은 또 타이완 해협에서 규모가 더욱 큰 제2차 군사훈련을 했는데 이 훈련에는 실탄이 있는 미사일과 로켓을 발사한 것 이외에도 기동성 있는 공군 및 해군부대가 참가했다. 훈련 목적은 리덩후이의 영향력을 약화시키고 그를 권좌에서 축출하기 위해서였다. 그러나 리덩후이는 이로 인해서 이전보다 명망이 더욱 커졌다.

1996년의 타이완 총통 대선　두 번째의 민감한 사건은 1996년 3월의 타이완 최초의 총통 대선이었다. 리덩후이는 국민당의 유일한 후보자였고 롄짠(連戰)은 그의 러닝메이트였다. 그들은 모호한 "하나의 중국"의 공약을 내걸었는데, 실제로는 계속해서 현상을 유지하는 것이었다. 리덩후이는 징치싱의 불확실성을 잘 활용했고, 어떻게 하면 자기의 본색이 사람들에게 알려지지 않을지를 알고 있었다. 어느 누구도 그의 통일에 대한 입장이 도대체 어떤 것인지 명확하게 말하지 못했다. 한 유명한 출판업자인 장쭤장(張作章)은 "그는 마음속으로는 독립을 하고 싶지만 말할 수가 없었다. 그는 결코 대륙과 통일하고 싶지 않지만 지금까지 털어놓을 수 없었다"고 말했다.61) 타이완이 더욱 큰 "국제생존공간"을 추구하고 국제연합 가입을 추구하는 과정에서

그는 의도적으로 베이징과 전 세계가 추측을 하게 만들었다. 그의 총체적인 목표가 무엇인지 아무도 확실히 모르지만 대다수의 유권자들은 마치 그의 은밀한 기도를 알아차린 것처럼 그를 지지했다.

리덩후이의 경쟁상대는 다른 두 당 출신과 몇몇 무소속 인사들이었다. 펑밍민(彭明敏)은 타이완의 두 번째로 큰 정당인 민진당이 지명했는데, 이 당은 공개적으로 타이완 독립을 주장하여 절대다수의 타이완 본토 출신인 타이완인들의 지지를 얻었다. 린양깡(林洋港)은 신당의 지명을 받았는데, 이 당은 주로 전 국민당 당원들로 구성되었으며 중국과의 새로운 화해를 주장했다. 그들 두 사람 이외에 몇몇 무소속 후보들이 있었다.

리덩후이가 은밀히 타이완 독립과 미국의 막후 지지하에서 "두 개의 중국, 하나의 중국, 하나의 타이완"이라는 애매한 입장을 공개적으로 추진하는 것을 분쇄하고 타도하기 위해서 중국은 대규모적인 "언론공세와 무력에 의한 위협[文攻武嚇]" 활동을 전개했다. 베이징은 만일 타이완이 독립을 선포하거나 외국 세력을 타이완 문제에 개입시켜 중국을 "분열시키면", 중국은 무력사용을 포기하지 않을 것이라고 경고했다. 베이징이 리덩후이의 동기에 대해서 의심을 표시한 것처럼, 신당 부총통 후보자이자 전임 국민당 장군이며 행정원장이었던 하오바이춘(郝柏村)도 마찬가지로 리덩후이의 동기를 의심했다. 그는 "나는 리덩후이 씨가 마음 깊이 타이완의 독립을 지지하고 있음을 처음으로 발견한 사람입니다"라고 말했다. 그러나 리덩후이는 공개적으로 그런 의사를 표시한 적이 없었다.62)

중국은 리덩후이를 응징하기로 결정했다. 선거가 고조된 분위기로 진입했을 때, 중국은 타이완 해협에서 대규모적인 해군연습을 실시하고 지정된 목표 구역에 미사일을 발사했다. 미국은 이번 해군연습이 타이완을 침입하는 전주곡이 될 것을 우려하여 인디펜던스 호 항공모함을 포함한 7척으로 구성된 항공모함단을 타이완 해협으로 파견했지만, 중국이 지정한 구역 밖에서

---

61) *Ibid.*, March 22, 1996.
62) *Ibid.*, March 24, 1996.

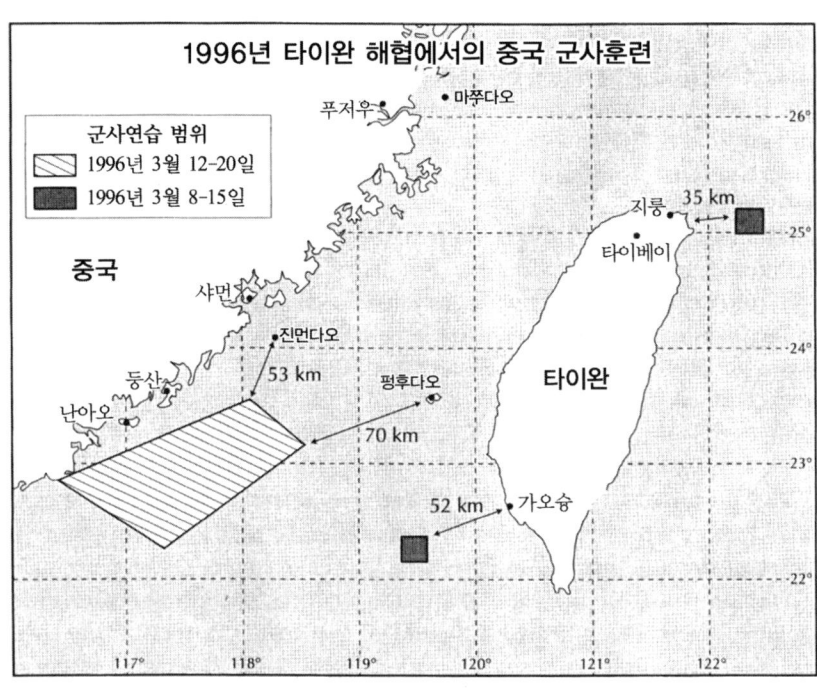

1996년 타이완 해협에서의 중국 군사훈련

군사연습 범위
▨ 1996년 3월 12-20일
■ 1996년 3월 8-15일

중국

타이완

푸저우
마쭈다오

샤먼
진먼다오

53 km

동산
펑후다오

난아오

70 km

지룽 35 km
타이베이

52 km
가오슝

출처 : *The Free China Journal*, March 15, 1996.

순찰을 했다. 동시에 니미츠 호 항공모함단을 인도양에서 서태평양으로 이

동시켜 타이완 해협에서 일정한 거리에 있는 필리핀 부근에 정박시켰다.

긴장이 고조되어가자 1996년 3월 8일 중국 국무원 대외사무실 주임인 류

화추(劉華秋)가 밀사로서 버지니아로 파견되어 미국 국가안보 보좌관 레이

크를 만났다. 9시간에 걸친 회담에서 쌍방은 다음과 같이 합의했다. 즉 중국

의 군사연습은 타이완 침입을 초래하지 않을 것이며 미국은 현재의 위기에

개입하지 않을 것을 보증한다는 것이었다. 위기는 지나가고 아무런 일도 발

생하지 않았으며 군사연습도 3월 25일에 종료되었다.

중국의 군사연습 목적은 리덩후이에게 투표하지 못하도록 유권자들을 위

협하려는 것이었지만, 중국이 바라던 것과는 반대로 도리어 유권자들을 리

덩후이의 주위로 몰려들게 하여 리덩후이는 1,100만 장의 표 중 54퍼센트

(581만3,699장)인 절대다수표를 차지했다. 민진당은 21퍼센트의 표를 획득

했고, 신당은 15퍼센트, 무소속인사들은 10퍼센트를 획득했다. 중국의 무력위협은 상반된 결과를 초래했을 뿐만 아니라 아시아 기타 국가들 앞에서 중국은 침략적이고 충동적이며 잠재적인 위험성을 가진 거대한 위협세력임을 드러냈다. 그러나 임무수행에 조금도 빈틈이 없었던 이 군사연습은 사람들에게 깊은 인상을 주었지만, 예상치 못하게 중국의 군사기술이 1970년대의 구식에 불과할 뿐 전혀 1990년대의 것이 아님을 노출시켰다. 약자에게 이것은 한 차례의 무력시위였고, 강자에게 이것은 중국 무기의 노후성을 연출한 것에 불과했다. 수많은 미국의 옵서버들은 이 군사훈련을 대가가 지극히 큰 실책으로 여겼다. 그러나 베이징은 적어도 타이완 독립운동을 저지하는 데에 승리했다고 주장했다. 민진당의 지지율은 하락하여 오직 21퍼센트의 표를 얻는 것에 그쳤는데, 1995년 선거 시 그들의 지지율은 33퍼센트였고, 1993년의 지방선거에서 얻은 지지율은 41퍼센트여서 이 결과는 유권자들이 타이완 독립을 혐오하고 있다는 증거로 받아들여졌다.63)

중국은 타이완을 공격할 것인가? 만일 타이완이 독립을 지향하면 중국은 공격을 개시할 것인가? 미국과 타이완의 군사전문가들은 보편적으로 중국은 아직 공격에서 성공할 능력이 없다고 생각하는데, 그 이유는 현재 중국은 육해공군의 합동작전능력이 결핍되어 있기 때문이라는 것이다. 중국 군대의 무기와 전술은 여전히 1960-1970년대의 수준의 군사조령, 훈련방식과 시대에 뒤떨어진 기술을 기초로 한 것이다. 현재 상황에서 보면 중국의 타이완 공격은 성공을 보증할 수 없을 뿐만 아니라 도리어 국내에서 파국적인 결과를 초래할 가능성이 있다. 우선, 전쟁은 반드시 신속하게 승리할 수 있는 것이 아니며 시간을 오래 끌면 끌수록 외국이 간섭할 가능성도 커진다. 둘째, 타이완과의 대규모 전쟁은 아마도 중국의 경제발전을 완전히 중단시키거나 종식시키게 될 것인데, 경제발전은 중국의 가장 중요한 사업이며 공산당이

---

63) *Ibid.*, March 24, 1996.

통치를 유지할 수 있는 기초인 것이다. 셋째, 전쟁은 홍콩과 상하이의 번영에 부정적 영향을 줄 것이다. 넷째, 대외작전이 지속적으로 이루어짐에 따라서 중국 국내에서 내란이 일어날 위험성이 커지게 될 것이다. 치열한 전투를 통해서 중국이 마침내 타이완을 획득했다고 하더라도 타이완 섬 전체가 철저히 파괴될 것이다. 공산당은 장차 어떻게 폐허더미 위에서 이미 민주화의 세례를 받은 2,100만 명의 인민들을 관할할 것인가?[64)

군사력으로 타이완을 공격하는 것은 중국의 최후의 그리고 가장 나쁜 선택일 것이다. 왜 중국은 실패를 초래하거나 아무런 결과가 없는 전쟁을 할 위험을 무릅쓰거나 내부가 붕괴되는 위험을 무릅써야 하는가? 왜 국제사회의 규탄에 직면할 위험을 무릅써야 하는가? "타이완 관계법"이 존재하기 때문에 중국은 또 미국과 교전을 할 위험을 무릅쓰게 될 것이다.

손자(孫子)와 카를 폰 클라우제비츠의 이론에 의하면 승리의 최고의 형식은 바로 "싸우지 않고 적군을 굴복시키는 것"이다. 해협 양안의 갈수록 많은 사람들은 "중국인은 중국인을 공격하지 않는다"는 말을 하고 있는데, 이것은 협상과 평화적인 방법으로 문제를 해결하는 것만이 현명한 처사라는 점을 분명하게 밝힌 것이다. 그러나 이것이 이루어지지 않으면 전쟁이 발생할 가능성도 있다. 중국 군부는 미국을 끌어들이는 첨단기술전쟁을 피하고 싶어 하지만 기타 모든 방법을 다 사용해본 이후의 최후의 선택은 또한 군사적인 대결일 것이다. 그러나 수많은 중국의 군사지도자들은 이것은 "대단히 현명하지 못한 결정"이라고 인정했다.[65)

타이완의 정보 및 안전 담당 책임자인 인중원(殷宗义)의 견해에 따르면, 중국은 타이완이 독립을 선포하거나 외국이 국내문제에 간여하지 않는 한 5년 내에 타이완을 공격할 가능성은 "없거나 지극히 작다"는 것이다. 리덩후이 총통은 최소한 8년 내에는 공격의 가능성이 없다고 확신한다. 보도에 근거하면 장쩌민 주석의 "고문단"은 그에게 타이완 문제를 천천히 해결하도록

64) 「中央日報」, 1997년 5월 7일.
65) Ross H. Munro, *Orbis*, pp. 358, 367-368.

요구했다고 한다. 전하는 말에 의하면 그 자신도 타이완 문제를 10년이라는 시간 안에 해결할 수 있기를 바란다고 한다.[66]

　미국은 "하나의 중국" 원칙을 지지하는 입장하에 타이완의 독립을 반대하고, 또한 중국의 타이완 공격도 반대한다. 미국은 양안이 협상을 통해서 평화통일을 실현할 것을 촉구하고 있다. 그러나 만일 중국이 일단 타이완을 공격하면 타이완 관계법의 구속을 받는 미국은 어떤 반응을 하게 될 것인가? 분명히 두 가지 가능성이 존재한다.[67] 몇몇 중국의 정치가와 군사전문가들은 비록 미국의 말투가 강경하지만 결국 미국은 타이완을 위해서 중국과 교전하려는 위험을 무릅쓰지 않을 것이라고 예측한다. 물론 어느 누구도 단정할 수 없다. 타이완 독립이나 외국의 개입이 발생하지 않는 상황에서 중국에게 가장 가능성이 큰 것은, 통일이 평화적으로 실현될 때까지 계속 기다려서 결국에는 홍콩을 접수한 것처럼 타이완 전체를 접수하는 것이다. 타이완도 마찬가지로 앞으로 5-10년 내에 모든 가능한 해결방안 중 가장 좋은 방법은 바로 현상을 유지하는 것이라고 보며, 시간이 흘러 중국 내부에서 민주화의 변혁이 발생하게 되기를 바라고 있다.[68] 그 때문에 1998년 원단에 부총통인 롄짠이 타이완의 입장을 선포했는데, 즉 "독립 거부, 통일 거부, 대결 거부"였다. 타이완은 양안이 "평화, 교류, 쌍방이 모두 이익을 얻는" 정책을 실시하는 것에 찬성한다.[69]

---

66) 「中央日報」, 1997년 7월 23일, 1997년 11월 9일.
67) 중국 대륙 및 타이완의 군비강화에 대한 비교연구는 David Shambaugh, "Taiwan's Security Maintaining Deterrence Amid Political Ambiguity", The China Quarterly, December 1996, pp 1284-1318을 보라. 베이징과 타이베이 간의 협상에 의한 문제해결의 전망에 대한 연구는 Thomas W. Robinson, "America in Taiwan's Post-Cold War Foreign Relations", The China Quarterly, December 1996, pp. 1340-1361을 보라.
68) Peter Kien-hong Yu(ed.)., The Chinese PLA's Perception of an Invasion of Taiwan(New York, 1996).
69) 「中央日報」, 1998년 1월 4일.

21세기 초의 중국

전 세계은행 수석 경제전문가이고 클린턴 정부의 재무장관이었던 로런스 H. 서머스(2001년부터 하버드 대학교 총장 직위를 맡고 있음/역주)는 역사적 관점에서 중국의 미래를 평가했다. 그는 다음과 같이 말했다.

> 아마도 100년 후에 사람들이 20세기 후기의 역사를 쓸 때, 가장 의의가 있는 사건은 중국에서 발생한 혁명적인 변혁이며 그것은 공산주의를 아주 빨리 오직 수사학적 의의를 가진 것으로 변화시켰다고 할 것입니다.……1세기 이상 동안 미국은 세계 최대의 경제실체였습니다. 다음 세대에 이르면 절대규모로 미국을 능가할 기회를 가진 유일한 국가는 바로 중국일 것입니다.[70]

구매력평가 계산법에 근거하여, 1996년 미국 중앙정보국은 중국의 경제력을 세계 제2위에 배열했다.

만일 중국의 경제발전이 연 성장률 8퍼센트의 속도로 지속되면 2020년에 중국의 경제력은 아마도 세계 제1위가 될 것이다. 정치적으로 중국 정부는 머지않아 소멸해버릴 공산주의 이데올로기를 일종의 통합된 철학으로써 대체할 것을 추구하고 있다. 이 철학은 외관상으로 보기에 전통유학, 애국주의, 민족주의를 포함하고 역사상 왕조관념을 다소 반영하는 일종의 "대중화주의"로 구성된 혼합체인 것 같다. 이와 동시에 경제발전의 기세를 계속 유지하기 위해서 정부는 시장경제체제를 적극적으로 추진하고 아울러 이윤을 중심으로 하는 신형 매판식의 준자본주의를 실시하고 있다. 정부는 이윤을 내지 못하는 국유기업에 대해서 그것을 개인주주에게 매각하고, 개인의 주택구매를 장려하기 위해서 담보대출로 지원하고 있다. 군사부문의 투자도 계속 착실하게 행하여 중국이 국제정치에서 중요한 세력이 될 수 있도록 하고 있다.

---

70) Nicholas D. Kristof, "Entrepreneurial Energy Sets Off a Chinese Boom", *The New York Times*, Feb. 14, 1993에서 인용.

〈1996년 주요 국가 국내총생산액과 1인당 국내총생산액 상황〉

국가	1996년(10억 달러)	1인당 평균(달러)
1. 미국	7,576	28,500
2. 중국	3,878	3,200
3. 일본	2,991	23,800
4. 독일	1,670	20,000
5. 인도	1,432	1,500
6. 프랑스	1,267	21,700
7. 이탈리아	1,195	20,800
8. 영국	1,174	20,100

출처 : CIA, *Handbook of International Economic Statistics, 1997*, updated Jan. 12, 1998, Table 2, Selected OECD Countries, and Table 3, Big Emerging Markets. 국내총생산액은 구매력평가 계산법으로 측정한 것이다. 이 계산법은 국제시장에서의 거래수치로 계산한 것이 아니라 국내화폐의 구매력으로 계산한 것이다.

중국 공산당은 이미 하나의 혁명조직에서 집권정당으로 변모했다. 중국 공산당의 주요 임무는 경제발전, 민중의 생활수준 향상과 중국의 국제적 지위향상이다. 중국 공산당은 다시는 자신이 "프롤레타리아 계급의 선봉대"라고 주장하지 않고, 다시는 제3세계의 입장을 지지하지 않으며, 중국을 제1세계의 앞 순위로 끌어올리기를 갈망하고 있다. 부, 권세, 국제적인 존경의 추구가 마르크스 유토피아에 대한 추구를 대체한 것이 확실했다.

제15차 당 대표대회(1997. 9)와 전국인민대표대회(1998. 3)가 선정한 당과 정부지도자들은 대부분이 더욱 젊고, 더욱 높은 수준의 교육을 받은 도시화된 기술관료이다. 최고위층의 4명의 지도자들인 국가주석 장쩌민, 부주석 후진타오, 총리 주룽지, 인민대회 위원장 리펑은 모두 대학교를 졸업한 엔지니어이며, 그들은 조금도 주저하지 않고 중국을 과학과 정보의 새로운 시대로 진입시킬 것이다.

사람들의 생활에 대한 당의 통제는 이미 많이 느슨해졌지만, 여전히 상당한 경계심을 가지고 정치권력에 대한 독점을 유지하고 있다. 어떤 반대의견도 허용되지 않는다. 일부 반체제 인사들은 장기간의 복역을 한 후 병보석으

로 풀려나 국외로 축출되었으며, 종교적인 박해도 여전히 존재한다.

민중은 이에 대해서 어떤 견해를 가지고 있는가? 그들은 정치적 자유가 없는 것을 유감스러워하지만 그럼에도 사회안정과 경제번영을 얻기 위해서 지불하는 이 대가를 받아들이고 있다. 그들은 생활이 전반적으로 1949년 중화인민공화국 수립 후의 어느 시기보다도 훨씬 더 자유롭다고 생각한다. 그들에게는 일자리, 동반자, 거주를 선택할 자유가 있으며 자동차를 구매할 수 있고, 여행할 수 있으며, 그들의 생활수준은 확실히 크게 향상되었다. 과거에는 여가를 많이 즐기는 것이 금지되었지만 현재는 자유로운 것이다. 그들은 일반적으로 낙관적인 견해를 가지고 있으며 자신의 국가가 반드시 도약하여 미래의 생활은 더욱 좋아질 것이라고 전망한다. 그들은 기타 문명국가들처럼 생활할 수 있기를 갈망하고 있다.[71] 대학 졸업생들은 정부가 더 이상 졸업 후의 직장 분배를 책임지지 않기 때문에 더욱 많은 경제상의 선택에 직면하고 있다. 그들은 더욱 실용적으로 변했고, 자기 사업을 계획하기에 바쁘며, 돈을 벌거나 출국하여 공부를 더 많이 하기를 갈망하고 있다. 그들은 정치적인 원인으로 인한 데모와 시위에 참가할 시간이 없다.[72] 사람들은 어떤 사회적 격변이든지 모두 증오하는데, 그것은 예를 들면 문화대혁명 혹은 공산주의가 붕괴된 후의 러시아에서 출현한 것과 같은 사회적, 경제적 혼란[亂]을 초래한 질서의 파괴인 것이다. 그들은 중국에서 폭력으로 공산주의 체제를 전복하는 것을 주장하지 않지만 내부의 평화적인 변혁을 통해서 더욱 분명하고 예민하게 시대의 도전에 대처할 것을 주장하고 있다.[73] 아주 작은 진보의 누적 과정을 거치면 더욱 자유로운 정치제도가 결국 반드시 출현하리라는 것이다. 그들은 중국이 세계의 주류 속으로 진입하기를 바라고 있다.

그들은 홍콩의 중국 복귀, 중국의 지역 초강대국으로의 부상, 2020년이

---

71) Seth Faison, "China Lets 100 Flowers Bloom, in Private Life", *The New York Times*, June 23, 1998.

72) Elisabeth Rosenthal, "China's Leading University Celebrates and Ponders", *The New York Times*, May 5, 1998.

73) Shen Tong, "The Next Generation", *The New York Times*, Sept. 2, 1992.

되면 세계강대국으로 발돋움하리라는 것을 자랑스러워한다. 그들은 타이완과의 평화통일을 찬성하지만 계획표를 설정하기를 요구하지는 않는다. 그들은 시간은 자기들 편에 있으며 결국은 이 양자가 하나로 될 것을 확신하고 있다.

중국 사회는 나날이 부유해지고 있는데 특히 대도시, 연해 지역, 남부 지역이 그렇다. 지도층은 나날이 문명화되는 사회의 신생 중산계급으로부터 오는 압력을 갈수록 많이 느끼고 있다. 새로운 부유계층인 기업가, 금융인, 투자가, 컴퓨터 왕, 회사 사장, 상업계 거두들은 더욱 높은 수준의 정치참여와 법치를 요구할 것이고, 동시에 입법과 예산상의 발언권을 요구할 것이다. 정부는 언론, 집회, 출판의 자유와 종교 신앙, 창작, 예술표현, 지방선거의 자유를 어느 정도 주지 않을 수 없을 것이다. 아주 조용한 평화로운 변화를 통해서 일종의 중국식의 절제 있는 민주정체가 생겨날 것이다. 만일 그것이 1919년 5. 4 운동 이후 학자와 정치가들이 추구하던 것과 유사한 정치체제, 즉 중국과 서양 문화의 정수를 결합하고 완전히 현대적이고 중국적 특색을 구비한 것이라면, 그것은 반드시 대다수 중국인들에 의해서 받아들여질 것이다.

역자 후기

이 책은 이매뉴얼 C. Y. 쉬(Immanuel Chung Yue Hsü, 쉬중웨[徐中約]) 교수의 저서 *The Rise of Modern China*를 우리말로 옮긴 것이다. 이 책 서문에 인용된, "잠자고 있는 중국이 깨어나면 세계를 바꾸어놓을 것"이라는 나폴레옹의 말처럼, 21세기에 들어선 지금 중국은 길고 긴 잠에서 깨어나 그 어느 시기보다도 최고의 국제적인 지위를 누리며 포효하고 있다. 중국은 중국을 "동아병부(東亞病夫)"라고 얕잡아본 서양인들의 비웃음을 일소하고 2030년에 이르면 미국을 앞질러 세계 제일의 초강국이 되리라는 예측 속에서 발전과 변화를 거듭하고 있다.

15세기 지리상의 발견 시대가 도래하여 동서양 문화가 본격적으로 접촉을 시작하면서 서양의 물결이 도도하게 중국으로 밀려들어온다. 서양 문물의 유입은 기원전 2세기 진한(秦漢) 이후 1,700여 년 동안 커다란 변화 없이 유지되어왔던 전통 중국을 해체시키고 정치, 경제, 문화 등 전 방위에서 새로운 중국으로 거듭나기를 촉구했다. 전통 사회에서 현대 사회로 전환되는 노정 속에서 중국은 고통스럽기 그지없는 격동의 세월을 거치고 수많은 희생과 대가를 지불하면서 현재에 이르렀다. 현재의 중국으로 부상하기까지 400년이 넘는 시간 동안, 중국과 중국인들은 외세에 의해서 강요된 격변기 속에서 살아남기 위하여 중국 중심의 세계관을 버리고 세계 속의 중국이라는 처절한 자기인식 과정을 거침과 동시에 무수한 실패와 시행착오를 겪으면서 총체적인 자기변화를 모색하게 되었다. 서양 문화의 유입으로 비롯된 중국 내부의 변화 그리고 외세의 침략에 대응하면서 변화할 수밖에 없었던 중국이 어떻게 서양과 상호교류와 공생관계를 도모하면서 새로운 역사적 전환기를 만들어 현재에 이르렀는지를 이해하고 파악하는 것은 역사적, 지정학적으로 밀접한 관련을 맺고 있는 우리에게 매우 중요한 일임에 틀림없다.

이 책은 명대 말엽부터 20세기 말까지의 기간에 서양의 영향을 받은 전통 중국이 정치, 경제, 사회, 사상, 문화 등 각 방면에서 어떻게 변화해가는지에 초점을 맞추어 역사적 사건을 상세히 분석하면서 서술하고 있다. 저자는 우선 중국 전통사회의 모습을 상세히 서술하고 그런 연후에 서양 문화의 영향을 받은 중국이 정치, 경제, 사회, 사상, 문화 등 각 방면에서 어떠한 대응 과정을 거치고 변화를 취하여 현대

중국으로 변모하는가를 밝히고 있다.

이 책의 장점은 일반적인 역사서처럼 역사적 사실을 순차적으로 나열하여 전하는 것에 그치지 않고 전통사회에서 현대 사회로 진입하는 전환기의 변화 양상을 변화의 요인, 진행과정, 파급 효과 및 문제점 등에 이르기까지 풍성한 자료를 날카로운 역사인식으로 재구성하고 있다는 점이다. 이 책의 또다른 장점은 미국에서 집필된 관계로 중국이나 타이완에서 출간된 책과는 다르게 정치체제의 영향을 전혀 받지 않고 학술상의 자유가 완전히 보장되어 있는 환경에서 방대한 역사적 사실을 공정하고 객관적으로 서술했다는 점이다. 저자는 중국과 타이완에서 출간된 자료 이외에도 서양과 일본에서 이루어진 풍성한 학술적 성과와 토대 위에서 본인이 평생을 바쳐 이룩한 중국 근대사에 대한 연구를 종합하여 책을 저술함으로써, 중국 역사연구의 한 획을 긋는 역작을 세상에 내놓게 되었다.

이 책은 당시의 정치, 경제, 사회, 사상, 문화, 대외관계 등과 연관된 풍부한 자료들을 인용하여 입체적으로 재구성한 역사적 사실을 생생하고 명쾌하게 서술하면서 문제의식을 부각시켜 전달한다. 그러므로 독자들은 이 책을 통하여 평소 무심코 지나쳤던 많은 중요한 사건을 재인식할 수 있고, 납득하지 못했던 의문들을 해소할 수 있는 기회를 가지며 알려지지 않은 중국 관련 정보들을 얻을 수 있는 기회를 가지게 될 것이다. 특히 19세기 중엽 아편전쟁 이후 서양 열강의 침입이 본격적으로 이루어지면서 발생한 서양 열강 및 일본의 착취, 심각화되었던 토지겸병 및 지주의 착취, 민국 이후의 군벌혼전, 국공투쟁, 중일전쟁, 국공내전, 국민당의 부패, 공산당 폭정에 대한 이 책의 생생한 서술은 중국 민중이 처했던 비참한 현실과 그 속에서 그들이 얼마나 고통스러운 삶을 살았는지를 생생하게 전하고 있다. 따라서 이 책은 전통 중국과 현대의 중국의 모습을 명확히 알고자 하는 관심을 가지고 있거나 중국에 대한 이해를 증진하고자 하는 분들에게 좋은 길잡이가 되리라는 것을 역자는 믿어 의심치 않는다.

이 책의 저자인 쉬중웨 교수는 1923년 상하이에서 출생했으며 1946년 중국 옌징 대학교를 졸업하고 하버드 대학교에서 박사학위를 받았다. 그후 2005년에 생을 마감할 때까지 캘리포니아 대학교 샌타 바버라 분교에서 역사학과 교수로 재직했다. 그는 중국 근대사 연구에서 뛰어난 업적을 이룬 권위 있는 학자로서 인정을 받고 있다.

1970년 영문으로 출간된 초판본은 학계의 호평을 받아 그 이듬해에 캘리포니아 주에서 제정된 커먼웰스 상(Commonwealth Prize)을 수상했다. 이후 5, 6년마다 한 번씩 개정판이 나왔으며, 1998년에 제6판인 최종판이 출간되었다. 미국 대학교의

중국 연구 관련 분야에서 권위 있는 저작으로 평가를 받은 이 책은 미국 각 대학교의 중국학 관련 학과에서 교재로 쓰였으며, 판매부수가 수십만 권에 이르러 역사서로서는 보기 드물게 베스트셀러의 반열에 올랐다. 1976년부터는 이 책의 국제판이 동남 아시아 지역에서 유행되기 시작하면서 현대 중국사 연구자들의 필독서가 되었다. 1978년도에 옥스퍼드 대학교 출판부는 창립 500주년을 기념하여 그간에 출판된 서적 중에서 우수도서 수십 권을 선정했는데, 이 책은 그중에 당당히 포함될 정도로 학계에서 학술적 업적을 인정받고 있다. 2005년에는 본서의 중국어 번역판이 홍콩 중문 대학교 출판사에서 간행되었다. 본서는 우리나라에는 아직 별로 알려져 있지 않지만 상술한 바와 같이 국외에서는 권위 있는 서적으로 높은 명성을 누리고 있다.

본서의 번역은 옥스퍼드 대학교 출판부에서 나온 *The Rise of Modern China*의 제6판을 저본으로 했고 홍콩 중문 대학교 출판부에서 출간된 중국어 번역본을 참고했다. 본서의 번역은 직역을 원칙으로 했지만 직역의 결과, 의미의 전달이 제대로 되지 않는다고 판단될 경우에는 의역을 했다.

대학원 학생 시절 이 책을 읽고 난 이후, 반드시 이 책을 번역하여 한국에 소개하겠다는 생각을 실천하기까지 그간 많은 세월을 보냈다. 이제야 비로소 책 번역을 마치게 되어 감회가 새롭다. 이 책은 여타의 역사서와는 다르게 지루하지 않게 재미있게 서술되어 있기 때문에 방대한 분량임에도 불구하고 끝까지 흥미진진하게 읽을 수 있다는 점이 매력이다. 독자들도 이런 즐거움을 누릴 수 있기를 기대해본다.

끝으로 이 책이 출판되도록 애써주신 박종만 사장님께 진심으로 감사를 드린다. 아울러 이 책을 출간하는 과정에서 번역원고를 검토하며 무려 1,000쪽이 넘는 방대한 분량의 영어 원문을 번역원고와 꼼꼼히 대조해서 오자, 탈자, 번역상의 모호함, 오역, 누락된 부분 등 역자의 실수를 지적하여 바로잡아준 편집부 김소라 씨에게도 진심으로 감사의 뜻을 전한다.

2013년 2월 금정산 자락에서

조윤수

서정희

서명 목록

『가을(秋)』

『가족, 사적 소유, 국가의 기원(*Der Ursprung der Familie, des Privateigentums und des Staats*)』

『건국방략(建國方略)』

『곧 닥쳐올 중국과의 충돌(*The Coming Conflict with China*)』

『공산당선언(*Manifest der kommunistischen Partei*)』

『국고(國故)』

『국공합작 성립 후의 절박한 임무(國共合作成立後的迫切任務)』

『국민보(國民報)』

『논어(論語)』

『단편소설(短篇小說)』

『당의 작풍을 바로잡자(整頓黨的作風)』

『당의 팔고에 반대한다(反對黨八股)』

『대공보 문예부간(大公報文藝副刊)』

『대동서(大同書)』

『동서문화 및 그 철학(東西文化及其哲學)』

『동요(動搖)』

『뤄퉈샹즈(駱駝祥子)』

『마오쩌둥 선집(毛澤東選集)』

『매주평론(每週評論)』

『문학계간(文學季刊)』

『문회보(文匯報)』

『민보(民報)』

『번개(電)』

『베이징 만보(北京晚報)』

『베이징 문예(北京文藝)』

『봄(春)』

『비(雨)』

『선진정치사상사(先秦政治思想史)』

『소보(蘇報)』

『시간(詩刊)(*Poetry: A Magazine of Verse*)』

『신민주주의론(新民主主義論)』

『신보(申報)』

『신조(新潮)』

『신청년(新靑年)』

『아Q정전(阿Q正傳)』

『안개(霧)』

『연합정부를 논한다(論聯合政府)』

『영국 기자 버트럼과의 담화(和英國記者貝特蘭的談話)』

『예기(禮記)』

『우주풍(宇宙風)』

『유로머니(*Euromoney*)』

『20세기의 지나(支那)』

『인간세(人間世)』

『인민민주독재를 논함(論人民民主專政)』

『자야(子夜)』

『전쟁과 전략문제(戰爭和戰略問題)』

『중국 인구(中國人口)』

『중국 철학사 대강(中國哲學史大綱)』

『중국 혁명전쟁의 전략문제(中國革命戰爭的戰略問題)』

『중국의 봄(中國之春)』

『중국의 붉은 별(*Red star over China*)』

『지구전을 논함(論持久戰)』

『집(家)』

『천의보(天義報)』

『청년잡지(靑年雜誌)』

『청대학술개론(淸代學術槪論)』

『초사집해(楚辭集解)』

『추구(追求)』

『충칭 회담에 대해서(關於重慶談判)』

『항일 유격전쟁의 전략문제(抗日游擊戰爭的戰略問題)』

『해방군보(解放軍報)』

『홍기(紅旗)』

『홍보서(紅寶書)』

『홍성보(紅星報)』

『환멸(幻滅)』

단체명 목록

가로회 哥老會

공민단 公民團

공진회 共進會

공화당 共和黨

광복회 光復會

국민참정회 國民參政會

국민혁명군 國民革命軍

노동조합 총연합회 總工會

농민협회 農民協會

농촌재건 연합위원회(農村重建聯合委員會)

독군 督軍

독군단 督軍團

마르크스주의 연구회 馬克思主義研究會

문학회 文學會

민정당 民政黨

민주건국연맹 民主建國聯盟

민주당 民主黨

민주동맹 民主同盟

민주진보당(民主進步黨)

민주청년연맹 民主青年聯盟

보로회 保路會

보황당 保皇黨

봉계 奉系

부녀협회 婦女協會

빈농단 貧農團

사회주의 연구회 社會主義研究會

사회주의 청년단 社會主義青年團

삼민주의 청년단 三民主義青年團

상업연합회 商會

소년선봉대 少年先鋒隊

시산 회의파 西山會議派

신사군 新四軍

신조사 新潮社

안복구락부 安福俱樂部

연구계 研究系

정우회 政友會

정치협상회의 政治協商會議

제3당 第三黨(중국농공민주당[中國農工民主黨])

주안회 籌安會

중국 공산당 中國共産黨

중국 국민당 中國國民黨

중국 국민당 혁명위원회 中國國民黨革命委員會

중국 동맹회 中國同盟會

중국 인민구국회 中國人民救國會

중국 좌익작가 연맹 中國左翼作家聯盟

중화 전국노동조합 연합회 中華全國工會聯合會

중화 전국부녀 민주연합회 中華全國婦女民主聯合會

중화 전국청년 연합회 中華全國青年聯合會

중화 전국학생 연합회 中華全國學生聯合會

중화혁명당 中華革命黨

직계 直系   혁명당 革命黨
청년당 靑年黨   호국군 護國軍
치공당 致公黨   홍군 紅軍
통일당 統一黨   홍루 紅樓
통제파 統制派   홍방 紅帮
팔로군 八路軍   홍위병 紅衛兵
항월상단 港粤商團   화흥회 華興會
해협양안관계 협회 海峽兩岸關係協會   황도파 皇道派

지명 목록

가오슝 高雄

간쑤 성 甘肅省

거저우 葛洲

광둥 성 廣東省

광저우 廣州

구이린 桂林

꺼저우 葛洲

꾸링 牯嶺

난강 南港

난사 군도 南沙群島

난징 南京

난창 南昌

닝보 寧波

닝샤 성 寧夏省

다롄 大連

다자이 大寨

다천다오 大陳島

다칭 大慶

둥사 군도 東沙群島

란저우 蘭州

랴오닝 성 遼寧省

랴오둥 반도 遼東半島

러하이 熱海

러허 熱河

롱양협 龍羊峽

루꺼우차오 蘆溝橋

루산 廬山

루이진 瑞金

뤄부보 羅布泊

뤄양 洛陽

뤼순 旅順

리핑 黎平

마쭈다오 馬祖島

민난 閩南

바오산 寶山

바오안현 保安縣

바오지 寶鷄

베이따이허 北戴河

베이징 北京

베이핑 北平

빠바오산 八寶山

빠차다오 八岔島

사오싱 紹興

산둥 성 山東省

산시 성 山西省

산시 성 陝西省

산터우 汕頭

상하이 上海

샤먼 廈門

샹산 현 香山縣

선양 瀋陽

선전 深圳

수아오 蘇澳

수이위엔 绥遠

쉬저우 徐州

스장다오 石匠島

시닝 西寧

시산 西山

시캉 西康

신지에 新界

쑤이위안 綏遠

쑤저우 蘇州

안둥 安東

안후이 성 安徽省

옌안 延安

온저우 溫州

완핑 宛平

우쑹 吳淞

우창 武昌

우치진 吳起鎭

우한 武漢

웨이하이웨이 威海衛

위두 雩都

위에핑 樂平

윈난 성 雲南省

이창 宜昌

잉커우 營口

자오저우 만 膠州灣

장시 성 江西省

장쑤 성 江蘇省

저우산 군도 舟山群島

저장 성 浙江省

전바오다오 珍寶島

전장 鎭江

정저우 鄭州

주룽 九龍

주장 九江

주장 강 珠江

주하이 珠海

준이 遵義

즈리 성 直隷省

지난 濟南

지둥 冀東

지린 吉林

진먼 金門

진산 金山

진저우 錦州

징깡산 井岡山

차하르 察哈爾

창사 長沙

창춘 長春

청두 成都

충칭 重慶

칭다오 靑島

칭하이 성 靑海省

쿤밍 昆明

타이얼쫭 臺兒莊

타이중 臺中

탕구 塘沽

탕산 唐山

톈진 天津

펑현 豊縣

펑후 제도 澎湖諸島

푸저우 福州

푸젠 성 福建省

핑진 平津

하이난다오 海南島

한커우 漢口

항저우 杭州

허난 성 河南省

허베이 성 河北省　　　황푸 黃浦

허페이 合肥　　　황화강 黃花崗

화이하이 淮海　　　후난 성 湖南省

환난 皖南　　　후베이 성 湖北省

황꾸툰 皇姑屯　　　후이저우 惠洲

인명 색인

가오깡 高崗 682, 694, 815
가오띠 高荻 1154
가우스 Gauss, Clarence 736, 748
갈렌 Galen, General (Blücher) 645, 657
게파트 Gephardt, Richard A. 1172
경친왕 慶親王 586, 589
고노에 후미마로 近衛文磨 714, 718
고다마 겐타로 兒玉源太郞 572-573
고르바초프 Gorbachev, Mikhail S. 840, 1087,
    1131, 1133, 1146
광서제 光緖帝 572, 581, 589
괴벨스 Goebbels, Joseph 1142
굿나우 Goodnow, Frank J. 597
궈모뤄 郭沫若 613
그루 Grew, Joseph 781
꾸옌우 顧炎武 562
꾸전푸 辜振甫 1123, 1200, 1227
꿔완롱 郭婉容 1119

나가타 데쓰잔 長田鐵山 712
나이 Nye, Joseph S. 1214
노이만 Neumann, Heinz 681
니에롱전 聶榮臻 858
니카이도 스스무 二階堂進 902
닉슨 Nixon, Richard 836, 838, 876, 881-886,
    888-897, 899-900, 906, 913, 930, 955-957,
    1045

다나카 가쿠에이 田中角榮 898-904, 906
다나카 기이치 田中義一 674
다테가와 요시쓰구 建川美次 674-675
달라이 라마 Dalai Lama 1180
대처 Thatcher, Margaret 1039, 1194, 1197

덕왕 德王 717
덜레스 Dulles, John Foster 877-878, 889,
    1134, 1147
덩룽 鄧榕 1150
덩리췬 鄧力群 1077, 1081, 1149
덩샤오핑 鄧小平 797, 840, 842, 847, 858,
    930-932, 937, 944-952, 959-960, 962, 966-
    971, 973, 991, 998-1000, 1002, 1004, 1012,
    1022-1025, 1039, 1045, 1056, 1062, 1064-
    1065, 1069-1070, 1073, 1075-1077, 1079,
    1081, 1087-1088, 1092, 1097, 1117, 1126,
    1129-1133, 1135-1137, 1142, 1145, 1149-
    1157, 1169, 1171, 1177, 1184-1185, 1190-
    1192, 1194-1195
덩잉차오 鄧穎超 949, 1083
덩퉈 鄧拓 853, 855
데이비스 Davies, John P. 733, 735, 784
도요토미 히데요시 豊臣秀吉 718
도조 히데키 東條英機 712, 714
돤치루이 段祺瑞 586, 588, 595, 599, 601-605
두보 杜甫 949
뒤발리에, 장-클로드 Duvalier, Jean-Claude
    1065
둥젠화 董建華 1200-1201, 1203, 1205
(존)듀이 Dewey, John 614, 620, 626-627
(토머스)듀이 Dewey, Thomas 779
드리슈 Driesch, Hans 628
따이지타오 戴季陶 664

라디 Lardy, Nicholas 1222
라오서 老舍 705
라오수스 饒漱石 800, 815
랴오모사 廖沫沙 835, 855

1253

왕런즈 王忍之 1154
왕뤄왕 王若望 1069-1071, 1077
왕밍 王明 684, 686, 689, 726
왕쟈샹 王稼祥 690-691, 692
왕쥔타오 王軍濤 1188
왕징웨이 汪精衛 577, 647, 649, 654-656,
   667, 670, 718-720
왕총후이 王寵惠 664
왕커민 王克敏 717
왕타오 王韜 567
왕푸즈 王夫之 562
왕하이룽 王海容 998
왕훙원 王洪文 873, 875, 936, 939, 945, 993,
   995-998, 1001
요페 Joffe, Adolf 643-645
우더 吳德 923, 945
우드콕 Woodcock, Leonard 959
우따여우 吳大猷 1123
우얼카이시 吾爾開希 1130
우즈후이 吳稚暉 631
우팅팡 伍廷芳 587
우파시앤 吳法憲 868
우페이푸 吳佩孚 604, 642-643, 649-650, 868
우한 吳晗 852, 855
워싱턴 Washinton, George 1066
워릭 Warrick, William 1184
월리스 Wallace, Henry 743
웨드마이어 Wedemeyer, Albert C. 736-737,
   745, 765, 769, 773
웨이징성 魏京生 1126, 1178, 1183
위안무 袁木 1140
위안스카이 袁世凱 581, 585, 587-600, 611,
   613, 641
위안커띵 袁克定 587, 597
(데이비드)윌슨 Wilson, David 1197
(토머스)윌슨 Wilson, Thomas Woodrow 610,
   622-623, 625
유린 M. L.Yurin 642
이누카이 쓰요시 犬養毅 571, 574, 711
이다 李達 628
이든 Eden, Anthony 740, 749-750

이백 李白 949
이셴니엔 李先念 798, 938, 944-948, 1081
이스정 李石曾 628
이시와라 간지 石原莞爾 672, 674
이지천 李濟琛 666
이타가키 세이시로 板垣征四郎 672, 674-675
이토 히로부미 伊藤博文 573, 904
인중원 殷宗文 1236
인창 蔭昌 585

자오삥쥔 趙秉鈞 592, 594
자오얼펑 趙爾豊 581
자오위안런 趙元任 614
자오쯔양 趙紫陽 937, 947-948, 1004, 1012,
   1039-1042, 1074, 1077, 1079, 1081-1085,
   1088, 1092, 1095, 1097, 1126, 1129-1134,
   1137-1138, 1192, 1194
장궈타오 張國燾 637, 694
장몽린 蔣夢麟 613
장빙린 章炳麟 573, 577
장쉐량 張學良 657, 666, 571, 676, 696-697
장쉰 張勳 591, 602
장원 江文 1000
장원톈 張聞天 689, 691, 692
장쟈선 張嘉森 628
장제스 蔣介石 606, 645, 647, 649-657, 664,
   666-667, 670, 676-677, 687-688, 695-698,
   706, 715-717, 719-720, 722, 725, 732, 734-
   736, 739-750, 752-753, 760-761, 763-766,
   770, 772-779, 784-787, 790, 820-822, 887,
   899, 906, 908, 910-911, 916-918, 924-925,
   1107-1111
장종샹 章宗祥 621, 624
장중정 蔣中正 → 장제스
장즈둥 張之洞 579-580
장지 張繼 634, 664
장징궈 蔣經國 901, 917, 963, 1107-1111,
   1117
장징푸 張勁夫 974-975
장쩌민 江澤民 1130, 1137, 1152, 1155-1156,
   1181, 1183, 1199, 1212, 1224, 1228-1229,